frétiller [fretije] ⟨1a⟩ wriggle

gâteau [gato] *m* (*pl* -x) cake
gérant, gérante [ʒerɑ̃, -t] *m/f* manager
insulaire [ɛ̃syler] **1** *adj* island *atr* **2** *m/f* islander
menacer ⟨1k⟩ threaten (*de* with; *de faire* to do)

Grammatical information

portable [portabl] **1** *adj* portable **2** *m* ordinateur laptop; *téléphone* cellphone, cell, *Br* mobile

Entries divided into grammatical categories

acolyte [akɔlit] *m péj* crony
maint, mainte [mɛ̃, -t] *fml* many
minet, minette [mine, -t] *m/f* F pussy (cat); *fig* darling, sweetie pie F

Register labels

moustache [mustaʃ] *f* mustache, *Br* moustache
courgette [kurʒɛt] *f* BOT zucchini, *Br* courgette

British variants

A
B
C
D
E
F
G
H
I
J
K
L
M
N
O
P
Q
R
S
T
U
V
W
X
Y
Z

Preface

This new dictionary of English and French is a tool with more than 50,000 references for learners of the French language at beginner's or intermediate level.

Thousands of colloquial and idiomatic expressions have been included. The user-friendly layout with all headwords in blue allows the user to have quick access to all the words, expressions and their translations.

Clarity of presentation has been a major objective. Is the *mouse* you need for your computer, for example, the same in French as the *mouse* you don't want in the house? This dictionary is rich in sense distinctions like this - and in translation options tied to specific, identified senses.

Vocabulary needs grammar to back it up. In this dictionary you will find extra grammar information on French conjugation and on irregular verb forms.

The additional activity section provides the user with an opportunity to develop language skills with a selection of engaging word puzzles. The games are designed specifically to improve vocabulary, spelling, grammar and comprehension in an enjoyable style.

Designed for a wide variety of uses, this dictionary will be of great value to those who wish to learn French and have fun at the same time.

Contents

How to use the dictionary

To get the most out of your dictionary you should understand how and where to find the information you need. Whether you are yourself writing text in a foreign language or wanting to understand text that has been written in a foreign language, the following pages should help.

1. How and where do I find a word?

1.1 French and English headwords. The word list for each language is arranged in alphabetical order and also gives irregular forms of verbs and nouns in their correct alphabetical order.

Sometimes you might want to look up terms made up of two separate words, for example **shooting star**, or hyphenated words, for example **hands-on**. These words are treated as though they were a single word and their alphabetical ordering reflects this.

The only exception to this strict alphabetical ordering is made for English phrasal verbs – words like **go off**, **go out**, **go up**. These are positioned in a block directly after their main verb (in this case **go**), rather than being split up and placed apart.

1.2 French feminine headwords are shown as follows:

> **commentateur**, **-trice** *m/f* commentator
> **danseur**, **-euse** *m/f* dancer
> **débutant**, **débutante** [debytã, -t] *m/f* beginner
> **délégué**, **déléguée** *m/f* delegate
> **dentiste** *m/f* dentist
> **échotier**, **-ère** [ekɔtje, -ɛr] *m/f* gossip columnist

When a French headword has a feminine form which translates differently from the masculine form, the feminine is entered as a separate headword in alphabetical order:

> **dépanneur** *m* repairman; *pour voitures* mechanic
> **dépanneuse** *f* wrecker, *Br* tow truck

1.3 Running heads

If you are looking for a French or English word you can use the **running heads** printed in bold in the top corner of each page. The running head on the left tells you the *first* headword on the left-hand page and the one on the right tells you the *last* headword on the right-hand page.

1.4 How is the word spelt?

You can look up the spelling of a word in your dictionary in the same way as you would in a spelling dictionary. British spelling variants are marked *Br*.

2. How do I split a word?

French speakers find English hyphenation very difficult. All you have to do with this dictionary is look for the bold dots between syllables. These dots show you where you can split a word at the end of a line. But you should avoid having just one letter before or after the hyphen as in **a·mend** or **thirst·y**. In such cases it is better to take the entire word over to the next line.

2.1 When an English or a French word is written with a hyphen, then this dictionary makes a distinction between a hyphen which is given just because the dictionary line ends at that point and a hyphen which is actually part of the word. If the hyphen is a real hyphen then it is repeated at the start of the following line. So, for example:

> **allée** [ale] *f* (*avenue*) path; **allées et ve-nues** comings and goings; **des allées et venues continuelles** a constant to--and-fro *sg*

Here the hyphen in *to-and-fro* is a real hyphen; the hyphen in *venue* is not.

3. What do the different typefaces mean?

3.1 All French and English headwords and the Arabic numerals differentiating between parts of speech appear in **bold**:

> **'outline 1** *n* silhouette *f*; *of plan, novel* esquisse *f* **2** *v/t plans etc* ébaucher
> **antagoniste 1** *adj* antagonistic **2** *m/f* antagonist

3.2 *Italics* are used for :

> a) abbreviated grammatical labels: *adj, adv, v/i, v/t* etc
> b) gender labels: *m, f, mpl* etc
> c) all the indicating words which are the signposts pointing to the correct translation for your needs. Here are some examples of indicating words in italics:

> **squeak** [skwiːk] **1** *n of mouse* couinement *m*; *of hinge* grincement *m*
> ◆ **work out 1** *v/t solution*, (*find out*) trouver; *problem* résoudre **2** *v/i at gym* s'entraîner; *of relationship, arrangement etc* bien marcher

spirituel, spirituelle spiritual; *(amusant)* witty

agrafe [agraf] *f d'un vêtement* fastener, hook; *de bureau* staple

réussir ⟨2a⟩ **1** *v/i d'une personne* succeed; ***réussir à faire qch*** manage to do sth, succeed in doing sth **2** *v/t vie, projet* make a success of; *examen* be successful in

Note: subjects of verbs are given with *of* or *d'un, d'une* etc.

3.3 All phrases (examples and idioms) are given in ***bold italics***:

shave [ʃeɪv] **1** *v/t* raser **2** *v/i* se raser **3** *n*: ***have a shave*** se raser; ***that was a close shave*** on l'a échappé belle

porte [pɔrt] *f* door; *d'une ville* gate; ***entre deux portes*** very briefly; ***mettre qn à la porte*** throw s.o. out, show s.o. the door

3.4 The normal typeface is used for the translations.

3.5 If a translation is given in italics, and not in the normal typeface, this means that the translation is more of an *explanation* in the other language and that an explanation has to be given because there just is no real equivalent:

con'trol freak F *personne qui veut tout contrôler*

andouille [āduj] *f* CUIS *type of sausage*

4. Stress

To indicate where to put the **stress** in English words, the stress marker ' appears before the syllable on which the main stress falls:

rec·ord[1] ['rekərd] *n* MUS disque *m*; SP *etc* record *m*

rec·ord[2] [rɪ'kɔːrd] *v/t electronically* enregistrer; *in writing* consigner

Stress is shown either in the pronunciation or, if there is no pronunciation given, in the actual headword or compound itself:

'rec·ord hold·er recordman *m*, recordwoman *f*

5. What do the various symbols and abbreviations tell you?

5.1 A solid blue diamond is used to indicate a phrasal verb:

◆**crack down on** *v/t* sévir contre

5.2 A white diamond is used to divide up longer entries into more easily digested chunks of related bits of text:

> **on** [õ] (*après* **que, et, où, qui, si** *souvent* **l'on**) *pron personnel* ◇ (*nous*) we; **on y a été hier** we went there yesterday; **on est en retard** we're late
> ◇ (*tu, vous*) you; **alors, on s'amuse bien?** having fun?
> ◇ (*quelqu'un*) somebody; **on m'a dit que** I was told that ...; **on a volé mon passe-port** somebody has stolen my passport, my passport has been stolen
> ◇ (*eux, les gens*) they, people; **que pensera-t-on d'un tel comportement?** what will they *ou* people think of such behavior?
> ◇ *autorités* they; **on va démolir ...** they are going to demolish ...
> ◇ *indéterminé* you; **on ne sait jamais** you never know, one never knows *fml*

5.3 The abbreviation **F** tells you that the word or phrase is used colloquially rather than in formal contexts. The abbreviation **V** warns you that a word or phrase is vulgar or taboo. Words or phrases labeled **P** are slang. Be careful how you use these words.

These abbreviations, F, V and P are used both for headwords and phrases (placed after) and for the translations of headwords/phrases (placed after). If there is no such label given, then the word or phrase is neutral.

5.4 A colon before an English or French word or phrase means that usage is restricted to this specific example (at least as far as this dictionary's translation is concerned):

> **catch-22** [kætʃtwentɪ'tuː]: **it's a catch-22 situation** c'est un cercle vicieux
> **opiner** [ɔpine] ⟨1a⟩: **opiner de la tête** *ou* **du bonnet** nod in agreement

6. Does the dictionary deal with grammar too?

6.1 All English headwords are given a part of speech label:

> **tooth·less** ['tuːθlɪs] *adj* édenté
> **top·ple** ['tɑːpl] **1** *v/i* s'écrouler **2** *v/t govern-ment* renverser

But if a headword can only be used as a noun (in ordinary English) then no part of speech is given, since none is needed:

> **'tooth·paste** dentifrice *m*

6.2 French gender markers are given:

> **oursin** [ursɛ̃] *m* ZO sea urchin
> **partenaire** [partənɛr] *m/f* partner

If a French word can be used both as a noun and as an adjective, then this is shown:

> **patient, patiente** *m/f & adj* patient

No part of speech is shown for French words which are only adjectives or only transitive verbs or only intransitive verbs, since no confusion is possible. But where confusion might exist, grammatical information is added:

> **patriote** [patrijɔt] **1** *adj* patriotic **2** *m/f* pat-
> riot
> **verbaliser** ⟨1a⟩ **1** *v/i* JUR bring a charge **2**
> *v/t (exprimer)* verbalize

6.3 If an English translation of a French adjective can only be used in front of a noun, and not after it, this is marked with *atr*:

> **villageois, villageoise 1** *adj* village *atr* **2**
> *m/f* villager
> **vinicole** [vinikɔl] wine *atr*

6.4 If the French, unlike the English, doesn't change form if used in the plural, this is marked with *inv*:

> **volte-face** [vɔltəfas] *f (pl inv)* about-turn
> *(aussi fig)*
> **appuie-tête** *m (pl inv)* headrest

6.5 If the English, in spite of appearances, is not a plural form, this is marked with *nsg*:

> **bil·liards** ['bɪljərdz] *nsg* billard *m*
> **mea·sles** ['miːzlz] *nsg* rougeole *f*

English translations are given a *pl* or *sg* label (for plural or singular) in cases where this does not match the French:

> **bagages** [bagaʒ] *mpl* baggage *sg*
> **balance** [balɑ̃s] *f* scales *pl*

6.6 Irregular English plurals are identified and French plural forms are given in cases where there might well be uncertainty:

> **the·sis** ['θiːsɪs] *(pl theses* ['θiːsiːz]*)* thèse
> *f*
> **thief** [θiːf] *(pl thieves* [θiːvz]*)* voleur(-eu-
> se) *m(f)*

> **trout** [traʊt] (*pl* **trout**) truite *f*
> **fédéral, fédérale** [federal] (*mpl* -aux) fe-
>   deral
> **festival** [festival] *m* (*pl* -s) festival
> **pneu** [pnø] *m* (*pl* -s) tire, *Br* tyre

6.7 Words like **physics** or **media studies** have not been given a label to say if they are singular or plural for the simple reason that they can be either, depending on how they are used.

6.8 Irregular and semi-irregular verb forms are identified:

> **sim·pli·fy** ['sɪmplɪfaɪ] *v/t* (*pret & pp* **-ied**)
>   simplifier
> **sing** [sɪŋ] *v/t & v/i* (*pret* **sang**, *pp* **sung**)
>   chanter
> **la·bel** ['leɪbl] **1** *n* étiquette *f* **2** *v/t* (*pret &*
>   *pp* **-ed**, *Br* **-led**) *also fig* étiqueter

6.9 Cross-references are given to the tables of French conjugations on page 646:

> **balbutier** [balbysje] ⟨1a⟩ stammer, stut-
>   ter
> **abréger** ⟨1g⟩ abridge

6.10 Grammatical information is provided on the prepositions you'll need in order to create complete sentences:

> **un·hap·py** [ʌn'hæpɪ] *adj* malheureux*;
>   *customers etc* mécontent (**with** de)
> **un·re·lat·ed** [ʌnrɪ'leɪtɪd] *adj* sans relation
>   (**to** avec)
> **accoucher** ⟨1a⟩ give birth (**de** to)
> **accro** [akro] F addicted (**à** to)

6.11 In the English-French half of the dictionary an asterisk is given after adjectives which do not form their feminine form just by adding an **-e**. The feminine form of these adjectives can be found in the French-English half of the dictionary:

> **un·true** [ʌn'tru:] *adj* faux*
> **faux, fausse** [fo, fos] **1** *adj* false ...

Comment utiliser le dictionnaire

Pour exploiter au mieux votre dictionnaire, vous devez comprendre comment et où trouver les informations dont vous avez besoin. Que vous vouliez écrire un texte en langue étrangère ou comprendre un texte qui a été écrit en langue étrangère, les pages suivantes devraient vous aider.

1. Comment et où trouver un terme ?

1.1 Entrées françaises et anglaises. Pour chaque langue, la nomenclature est classée par ordre alphabétique et présente également les formes irrégulières des verbes et des noms dans le bon ordre alphabétique.

Vous pouvez parfois avoir besoin de rechercher des termes composés de deux mots séparés, comme **shooting star**, ou reliés par un trait d'union, comme **hands-on**. Ces termes sont traités comme un mot à part entière et apparaissent à leur place dans l'ordre alphabétique.

Il n'existe qu'une seule exception à ce classement alphabétique rigoureux : les verbes composés anglais, tels que **go off**, **go out** et **go up**, sont rassemblés dans un bloc juste après le verbe (ici **go**), au lieu d'apparaître séparément.

1.2 Les formes féminines des entrées françaises sont présentées de la façon suivante :

> **commentateur, -trice** *m/f* commentator
> **danseur, -euse** *m/f* dancer
> **débutant, débutante** [debytɑ̃, -t] *m/f* beginner
> **délégué, déléguée** *m/f* delegate
> **dentiste** *m/f* dentist
> **échotier, -ère** [ekɔtje, -ɛr] *m/f* gossip columnist

Lorsque la forme féminine d'une entrée française ne correspond pas à la même traduction que le masculin, elle est traitée comme une entrée à part entière et classée par ordre alphabétique.

> **dépanneur** *m* repairman; *pour voitures* mechanic
> **dépanneuse** *f* wrecker, *Br* tow truck

1.3 Titres courants

Pour rechercher un terme anglais ou français, vous pouvez utiliser les **titres courants** qui apparaissent en gras dans le coin supérieur de chaque page. Le titre courant à gauche indique la *première* entrée de la page de gauche tandis que celui qui se trouve à droite indique la *dernière* entrée de la page de droite.

12

1.4 Orthographe des mots

Vous pouvez utiliser votre dictionnaire pour vérifier l'orthographe d'un mot exactement comme dans un dictionnaire d'orthographe. Les variantes orthographiques britanniques sont signalées par l'indication *Br*.

2. Comment couper un mot ?

Les francophones trouvent généralement que les règles de coupure des mots en anglais sont très compliquées. Avec ce dictionnaire, il vous suffit de repérer les ronds qui apparaissent entre les syllabes. Ces ronds vous indiquent où vous pouvez couper un mot en fin de ligne, mais évitez de ne laisser qu'une seule lettre avant ou après le tiret, comme dans a·**mend** ou **thirst·y**. Dans ce cas, il vaut mieux faire passer tout le mot à la ligne suivante.

2.1 Lorsqu'un terme anglais ou français est écrit avec le signe « - », ce dictionnaire indique s'il s'agit d'un tiret servant à couper le mot en fin de ligne ou d'un trait d'union qui fait partie du mot. S'il s'agit d'un trait d'union, il est répété au début de la ligne suivante. Par exemple :

> **allée** [ale] *f* (*avenue*) path; ***allées et ve-
> nues*** comings and goings; ***des allées
> et venues continuelles*** a constant to-
> -and-fro *sg*

Dans ce cas, le tiret de *to-and-fro* est un trait d'union, mais pas celui de *venue*.

3. Que signifient les différents styles typographiques ?

3.1 Les entrées françaises et anglaises ainsi que les numéros signalant les différentes catégories grammaticales apparaissent tous en **gras** :

> **'out·line 1** *n* silhouette *f*; *of plan, novel* es-
> quisse *f* **2** *v/t plans etc* ébaucher
> **antagoniste 1** *adj* antagonistic **2** *m/f* anta-
> gonist

3.2 L'*italique* est utilisé pour :

a) les indicateurs grammaticaux abrégés : *adj, adv, v/i, v/t, etc.*
b) les indicateurs de genre : *m, f, mpl, etc.*
c) tous les indicateurs contextuels et sémantiques qui vous permettent de déterminer quelle traduction choisir. Voici quelques exemples d'indicateurs en italique :

> **squeak** [skwi:k] **1** *n of mouse* couinement
> *m*; *of hinge* grincement *m*
> ◆**work out 1** *v/t solution*, (*find out*) trou-
> ver; *problem* résoudre **2** *v/i at gym* s'en-
> traîner; *of relationship, arrangement etc*
> bien marcher
> **spirituel, spirituelle** spiritual; (*amusant*)
> witty

agrafe [agraf] f *d'un vêtement* fastener, hook; *de bureau* staple
réussir (2a) **1** v/i *d'une personne* succeed; **réussir à faire qch** manage to do sth, succeed in doing sth **2** v/t *vie, projet* make a success of; *examen* be successful in

Remarque : les sujets de verbes sont précédés de *of* ou *d'un*, *d'une*, etc.

3.3 Toutes les locutions (exemples et expressions) apparaissent en **gras et *italique*** :

shave [ʃeɪv] **1** v/t raser **2** v/i se raser **3** n: **have a shave** se raser; ***that was a close shave*** on l'a échappé belle
porte [pɔrt] f door; *d'une ville* gate; ***entre deux portes*** very briefly; ***mettre qn à la porte*** throw s.o. out, show s.o. the door

3.4 Le style normal est utilisé pour les traductions.

3.5 Si une traduction apparaît en italique et non en style normal, ceci signifie qu'il s'agit plus d'une *explication* dans la langue d'arrivée que d'une traduction à proprement parler et qu'il n'existe pas vraiment d'équivalent.

con'trol freak F *personne qui veut tout contrôler*
andouille [ɑ̃duj] f CUIS *type of sausage*

4. Accent

Pour indiquer où mettre l'**accent** dans les mots anglais, l'indicateur d'accent « ' » est placé devant la syllabe sur laquelle tombe l'accent tonique.

rec·ord¹ ['rekərd] n MUS disque m; SP *etc* record m
rec·ord² [rɪ'kɔːrd] v/t *electronically* enregistrer; *in writing* consigner

L'accent apparaît dans la prononciation ou, s'il n'y a pas de prononciation, dans l'entrée ou le mot composé.

'rec·ord hold·er recordman m, record-woman f

5. Que signifient les différents symboles et abréviations ?

5.1 Un losange plein bleu indique un verbe composé :

◆crack down on v/t sévir contre

5.2 Un losange blanc sert à diviser des entrées particulièrement longues en plusieurs blocs plus accessibles afin de regrouper des informations apparentées.

> **on** [ɔ̃] (*après* **que, et, où, qui, si** *souvent* l'on) *pron personnel* ◇ (*nous*) we; **on y a été hier** we went there yesterday; **on est en retard** we're late ◇ (*tu, vous*) you; **alors, on s'amuse bien?** having fun? ◇ (*quelqu'un*) someone; **on m'a dit que** … I was told that …; **on a volé mon passeport** somebody has stolen my passport, my passport has been stolen

5.3 L'abréviation F indique que le mot ou la locution s'emploie dans un registre familier plutôt que dans un contexte solennel. L'abréviation V signale qu'un mot ou une locution est vulgaire ou injurieux. L'abréviation P désigne des mots ou locutions argotiques. Employez ces mots avec prudence.

Ces abréviations, F, V et P, sont utilisées pour les entrées et les locutions ainsi que pour les traductions des entrées/locutions, et sont toujours placées après les termes qu'elles qualifient. S'il n'y a aucune indication, le mot ou la locution est neutre.

5.4 Un signe « : » (deux-points) précédant un mot ou une locution signifie que l'usage est limité à cet exemple précis (au moins pour les besoins de ce dictionnaire) :

> **catch-22** [kætʃtwentɪˈtuː]: **it's a catch-22 situation** c'est un cercle vicieux
> **opiner** [ɔpine] (1a): **opiner de la tête** *ou* **du bonnet** nod in agreement

6. Est-ce que le dictionnaire traite aussi de la grammaire ?

6.1 Les entrées anglaises sont, en règle générale, assorties d'un indicateur grammatical :

> **tooth·less** [ˈtuːθlɪs] *adj* édenté
> **top·ple** [ˈtɑːpl] **1** *v/i* s'écrouler **2** *v/t* government renverser

Par contre, si une entrée peut uniquement être utilisée en tant que nom (en anglais courant), l'indicateur grammatical est omis, car inutile :

> **'tooth·paste** dentifrice *m*

6.2 Le genre des entrées françaises est indiqué :

> **oursin** [ursɛ̃] *m* **zo** sea urchin
> **partenaire** [partənɛr] *m/f* partner

Le dictionnaire précise également si un mot français peut être utilisé à la fois en tant que nom et en tant qu'adjectif :

>   patient, patiente *m/f* & *adj* patient

La catégorie grammaticale est omise pour les mots français qui ne peuvent être utilisés qu'en tant qu'adjectifs, verbes transitifs ou verbes intransitifs, étant donné qu'il n'y a pas de confusion possible. Par contre, lorsqu'il y a un risque de confusion, la catégorie grammaticale est précisée :

>   patriote [patrijɔt] **1** *adj* patriotic **2** *m/f* pat-
>   riot
>   verbaliser (1a) **1** *v/i JUR* bring a charge **2**
>   *v/t* (*exprimer*) verbalize

6.3 Si la traduction anglaise d'un adjectif français ne peut être placée que devant un nom, et pas après, la traduction est suivie de l'indication *atr* :

>   villageois, villageoise **1** *adj* village *atr* **1**
>   *m/f* villager
>   vinicole [vinikɔl] wine *atr*

6.4 inv indique que le terme français, contrairement à l'anglais, ne s'accorde pas au pluriel :

>   volte-face [vɔltəfas] *f* (*pl inv*) about-turn
>   (*aussi fig*)
>   appuie-tête *m* (*pl inv*) headrest

6.5 nsg indique que l'anglais, en dépit des apparences, n'est pas au pluriel :

>   bil·liards ['bɪljərdz] *nsg* billard *m*
>   mea·sles ['mi:zlz] *nsg* rougeole *f*

Les traductions anglaises sont assorties d'un indicateur *pl* ou *sg* (pluriel ou singulier) en cas de différence avec le français :

>   bagages [bagaʒ] *mpl* baggage *sg*
>   balance [balɑ̃s] *f* scales *pl*

6.6 Les pluriels irréguliers sont indiqués pour les entrées anglaises. Du côté français, le pluriel est donné à chaque fois qu'il peut y avoir un doute.

>   the·sis ['θi:sɪs] (*pl theses* ['θi:si:z]) thèse
>   *f*
>   thief [θi:f] (*pl thieves* [θi:vz]) voleur(-eu-
>   se) *m(f)*
>   trout [traʊt] (*pl trout*) truite *f*
>   fédéral, fédérale [federal] (*mpl* -aux) fe-
>   deral
>   festival [fɛstival] *m* (*pl* -s) festival
>   pneu [pnø] *m* (*pl* -s) tire, *Br* tyre

6.7 Pour certains termes, tels que **physics** ou **media studies**, aucune indication ne précise s'ils sont singuliers ou pluriels, pour la simple et bonne raison qu'ils peuvent être les deux, selon leur emploi.

6.8 Les formes verbales qui ne suivent pas les modèles réguliers apparaissent après le verbe :

> **sim·pli·fy** ['sɪmplɪfaɪ] v/t (*pret & pp* **-ied**)
> simplifier
> **sing** [sɪŋ] v/t & v/i (*pret* **sang**, *pp* **sung**)
> chanter
> **la·bel** ['leɪbl] **1** n étiquette f **2** v/t (*pret &*
> *pp* **-ed**, *Br* **-led**) *also fig* étiqueter

6.9 Pour les verbes français, des renvois vous permettent de vous reporter au tableau de conjugaison correspondant (page 646) :

> **balbutier** [balbysje] ⟨1a⟩ stammer, stut-
> ter
> **abréger** ⟨1g⟩ abridge

6.10 Les prépositions dont vous aurez besoin pour construire une phrase sont également indiquées :

> **un·hap·py** [ʌn'hæpɪ] *adj* malheureux*;
> *customers etc* mécontent (**with** de)
> **un·re·lat·ed** [ʌnrɪ'leɪtɪd] *adj* sans relation
> (**to** avec)
> **accoucher** ⟨1a⟩ give birth (**de** to)
> **accro** [akro] F addicted (**à** to)

6.11 Dans la partie anglais-français du dictionnaire, un astérisque signale les adjectifs qui ne forment pas leur féminin en ajoutant simplement un **-e** au masculin. Vous trouverez le féminin de ces adjectifs dans la partie français-anglais du dictionnaire.

> **un·true** [ʌn'truː] *adj* faux*
> **faux, fausse** [fo, fos] **1** *adj* false …

Pronunciation / La Prononciation

Equivalent sounds, especially for vowels and diphthongs can only be approximations.
Les équivalences, surtout pour les voyelles et les diphtongues, ne peuvent être qu'approximatives.

1. Consonants / Les consonnes

bouche	[b]	bag	*reine*	[r]	right (*la*	
dans	[d]	dear	(*r from*		*langue*	
foule	[f]	fall	*the*		*vers le*	
gai	[g]	give	*throat*)		*haut*)	
et hop	[h]	hole	*sauf*	[s]	sun	
radio	[j]	yes	*table*	[t]	take	
qui	[k]	come	*vain*	[v]	vain	
la	[l]	land	*oui*	[w]	wait	
mon	[m]	mean	*rose*	[z]	rose	
nuit	[n]	night	*feeling*	[ŋ]	bring	
pot	[p]	pot	*agneau*	[ɲ]	onion	

chat	[ʃ]	she
cha-cha-cha	[tʃ]	chair
adjuger	[dʒ]	join
juge	[ʒ]	leisure
langue entre les dents	[θ]	think
langue derrière les dents	[ð]	the
du haut		
huit	[ɥ]	roughly sweet

2. Les voyelles anglaises

âme	[ɑ:]	far	*i très*	[ɪ]	stick	*entre à et eux*	[ʌ]	mother
salle	[æ]	man	*si*	[i:]	need	*bouquin* (*très court*)	[ʊ]	book
sec	[e]	get	*phase*	[ɒ:]	in-laws			
le	[ə]	utter	*essor*	[ɔ:]	more	*sous*	[u:]	hoot
beurre	[ɜ:]	absurd						

3. Les diphtongues anglaises

aïe	[aɪ]	time	*cow-boy*		
ciao	[au]	cloud	*eau suivi d'un u court*	[ɔɪ]	point
nez suivi d'un y court	[eɪ]	name		[oʊ]	so

4. French vowels and nasals

abats	[a]	fat	*poche*	[ɔ]	hot (*British accent*)	
âme	[ɑ]	Mars	*leur*	[œ]	fur	
les	[e]	pay (*no y sound*)	*meute, nœud*	[ø]	learn (*no r sound*)	
père, sec	[ɛ]	bed	*souci*	[u]	tool	
le, dehors	[ə]	letter	*tu, eu*	[y]	mouth ready to say	
ici, style	[i]	peel			oo, then say ee	
beau, au	[o]	bone				

dans, entrer	[ɑ̃]	*roughly as in* song (*no ng*)
vin, bien	[ɛ̃]	*roughly as in* van (*no n*)
ton, pompe	[õ]	*roughly as in* song (*no ng but with mouth more rounded*)
un, aucun (*also pronounced as* ɛ̃)	[œ̃]	*roughly as in* huh

5. [']means that the following syllable is stressed: *ability* [ə'bɪləti]

Some French words starting with h have ' before the h. This ' is not part of the French word. It shows i) that a preceding vowel does not become an apostrophe and ii) that no elision takes place. (This is called an aspirated h).

'hanche: la hanche, les hanches [leɑ̃ʃ] *but* habit: l'habit, les habits [lezabi]

Abbreviations / Abréviations

and	&	et
see	→	voir
registered trademark	®	marque déposée
abbreviation	*abbr*	abréviation
abbreviation	*abr*	abréviation
adjective	*adj*	adjectif
adverb	*adv*	adverbe
agriculture	AGR	agriculture
anatomy	ANAT	anatomie
architecture	ARCH	architecture
article	*art*	article
astronomy	ASTR	astronomie
astrology	ASTROL	astrologie
attributive	*atr*	devant le nom
motoring	AUTO	automobiles
aviation	AVIAT	aviation
biology	BIOL	biologie
botany	BOT	botanique
British English	*Br*	anglais britannique
chemistry	CHIM	chimie
commerce, business	COMM	commerce
computers, IT term	COMPUT	informatique
conjunction	*conj*	conjonction
cooking	CUIS	cuisine
economics	ÉCON	économie
education	EDU	éducation
education	ÉDU	éducation
electricity	ÉL	électricité
electricity	ELEC	électricité
especially	*esp*	surtout
euphemism	*euph*	euphémisme
familiar, colloquial	F	familier
feminine	*f*	féminin
figurative	*fig*	figuré
finance	FIN	finance
formal	*fml*	langage formel
feminine plural	*fpl*	féminin pluriel
geography	GEOG	géographie
geography	GÉOGR	géographie
geology	GÉOL	géologie
geometry	GÉOM	géométrie
grammar	GRAM	grammaire
historical	HIST	historique
humorous	*hum*	humoristique
IT term	INFORM	informatique
interjection	*int*	interjection
invariable	*inv*	invariable
ironic	*iron*	ironique
law	JUR	juridique
law	LAW	juridique

linguistics	LING	linguistique
literary	*litt*	littéraire
masculine	*m*	masculin
nautical	MAR	marine
mathematics	MATH	mathématiques
medicine	MED	médecine
medicine	MÉD	médecine
masculine and feminine	*m/f*	masculin et féminin
military	MIL	militaire
motoring	MOT	automobiles
masculine plural	*mpl*	masculin pluriel
music	MUS	musique
noun	*n*	nom
nautical	NAUT	marine
plural noun	*npl*	nom pluriel
singular noun	*nsg*	nom singulier
oneself	o.s.	se, soi
popular, slang	P	populaire
pejorative	*pej*	péjoratif
pejorative	*péj*	péjoratif
pharmacy	PHARM	pharmacie
photography	PHOT	photographie
physics	PHYS	physique
plural	*pl*	pluriel
politics	POL	politique
past participle	*pp, p/p*	participe passé
preposition	*prep*	préposition
preposition	*prép*	préposition
preterite	*pret*	prétérite
pronoun	*pron*	pronom
psychology	PSYCH	psychologie
something	*qch*	quelque chose
someone	*qn*	quelqu'un
radio	RAD	radio
railroad	RAIL	chemin de fer
religion	REL	religion
singular	*sg*	singulier
someone	s.o.	quelqu'un
sports	SP	sport
something	*sth*	quelque chose
subjunctive	*subj*	subjonctif
noun	*subst*	substantif
theater	THEA	théâtre
theater	THÉÁT	théâtre
technology	TECH	technique
telecommunications	TÉL	télécommunications
telecommunications	TELEC	télécommunications
typography, typesetting	TYP	typographie
television	TV	télévision
vulgar	V	vulgaire
auxiliary verb	*v/aux*	verbe auxiliaire
intransitive verb	*v/i*	verbe intransitif
transitive verb	*v/t*	verbe transitif
zoology	ZO	zoologie

Part 1

French-English Dictionary

A

à [a] *prép* ◇ *lieu* in; *à la campagne* in the country; *à Chypre / Haïti* in *ou* on Cyprus / Haiti; *aux Pays-Bas* in the Netherlands; *au bout de la rue* at the end of the street; *à 2 heures d'ici* 2 hours from here
◇ *direction* to; *à l'étranger* to the country; *aux Pays-Bas* to the Netherlands
◇ *temps*: *à cinq heures* at five o'clock; *à Noël* at Christmas; *à tout moment* at any moment; *à demain* until tomorrow
◇ *but*: *tasse f à café* coffee cup; *machine f à laver* washing machine
◇ *fonctionnement*: *un moteur à gazoil* a diesel engine; *une lampe à huile* an oil lamp
◇ *appartenance*: *c'est à moi* it's mine, it belongs to me; *c'est à qui?* whose is this?, who does this belong to?; *un ami à moi* a friend of mine
◇ *caractéristiques* with; *aux cheveux blonds* with blonde hair
◇ : *à toi de décider* it's up to you; *ce n'est pas à moi de ...* it's not up to me to ...
◇ *mode*: *à pied* on foot, by foot; *à la russe* Russian-style; *à quatre mains* for four hands; *à dix euros* at *ou* for ten euros; *goutte à goutte* drop by drop; *vendre qch au kilo* sell sth by the kilo; *on y est allé à trois* three of us went
◇ *objet indirect*: *donner qch à qn* give sth to s.o.
◇ *en tennis*: all; *trente à* thirty all

abaissement [abesmɑ̃] *m* d'un store, d'un prix, d'un niveau lowering; (humiliation) abasement

abaisser ⟨1b⟩ rideau, prix, niveau lower; fig (humilier) humble; *s'abaisser* drop; fig demean o.s.

abandon [abɑ̃dɔ̃] *m* abandonment; (cession) surrender; (détente) abandon; SP withdrawal; *laisser à l'abandon* abandon

abandonner ⟨1a⟩ abandon; pouvoir, lutte give up; SP withdraw from; *s'abandonner* (se confier) open up; *s'abandonner à* give way to

abasourdi, abasourdie [abazurdi] amazed, dumbfounded

abasourdir ⟨2a⟩ fig astonish, stun

abat-jour [abaʒur] *m* (*pl inv*) (lamp-)shade

abats [aba] *mpl* variety meat *sg*

abattage [abataʒ] *m* de bois felling; d'un animal slaughter

abattement *m* COMM rebate; PSYCH depression

abattoir *m* slaughterhouse, Br abattoir

abattre ⟨4a⟩ arbre fell; AVIAT bring down, shoot down; animal slaughter; (tuer) kill, slay; fig (épuiser) exhaust; (décourager) dishearten; *je ne me laisserai pas abattre* I won't let myself be discouraged; *abattre beaucoup de besogne* get through a lot of work; *s'abattre* collapse

abattu, abattue (fatigué) weak, weakened; (découragé) disheartened, dejected

abbaye [abei] *f* abbey

abbé [abe] *m* abbot; (prêtre) priest

abcès [apsɛ] *m* abscess

abdomen [abdɔmɛn] *m* abdomen

abdominal, abdominale abdominal

abeille [abɛj] *f* bee

aberrant, aberrante [aberɑ̃, -t] F absurd

aberration *f* aberration

abêtir [abetir] ⟨2a⟩ make stupid

abêtissant, abêtissante: *être abêtissant* addle the brain

abîme [abim] *m* abyss

abîmer ⟨1a⟩ spoil, ruin; *s'abîmer* be ruined; d'aliments spoil, go off

abject, abjecte [abʒɛkt] abject; personne, comportement despicable

abjection *f* abjectness

abjurer [abʒyre] ⟨1a⟩ foi renounce

aboiement [abwamɑ̃] *m* barking

abois [abwa]: *être aux abois* fig have one's back to the wall

abolir [abɔlir] ⟨2a⟩ abolish

abolition *f* abolition

abominable [abɔminabl] appalling

abondance [abɔ̃dɑ̃s] *f* abundance, wealth; *société f d'abondance* affluent society

abondant, abondante abundant

abonder ⟨1a⟩ be plentiful, abound; *abonder en* have an abundance of

abonné, abonnée [abone] *m/f aussi* TÉL subscriber

abonnement *m* subscription; de transport, de spectacles season ticket

abonner ⟨1a⟩: *s'abonner à une revue* subscribe to a magazine

abord [abɔr] *m*: *être d'un abord facile* be approachable; *d'abord* first; *tout*

d'abord first of all; **dès l'abord** from the outset; **au premier abord, de prime abord** at first sight; **abords** surroundings

abordable approachable

abordage *m* MAR (*collision*) collision; (*assaut*) boarding

aborder ⟨1a⟩ **1** *v/t* (*prendre d'assaut*) board; (*heurter*) collide with; *fig: question* tackle; *personne* approach **2** *v/i* land (*à* at)

aboutir [abutir] ⟨2a⟩ *d'un projet* succeed, be successful; **aboutir à/dans** end at / in; **aboutir à** *fig* lead to

aboutissement *m* (*résultat*) result

aboyer [abwaje] ⟨1h⟩ bark

abrasif, -ive [abrazif, -iv] TECH **1** *adj* abrasive **2** *m* abrasive

abrégé [abreʒe] *m d'un roman* abridgement

abréger ⟨1g⟩ abridge

abreuver [abrœve] ⟨1a⟩ water; **s'abreuver** F drink

abreuvoir *m* watering place

abréviation [abrevjasjɔ̃] *f* abbreviation

abri [abri] *m* shelter; **à l'abri de** sheltered from, protected from; **mettre à l'abri de** shelter from, protect from; **être sans abri** be homeless

abribus [abribys] *m* bus shelter

abricot [abriko] *m* apricot

abricotier *m* apricot (tree)

abriter [abrite] ⟨1a⟩ (*loger*) take in, shelter; **abriter de** (*protéger*) shelter from, protect from; **s'abriter** take shelter, take cover

abroger [abrɔʒe] ⟨1l⟩ *JUR* repeal

abrupt, abrupte [abrypt] *pente* steep; *personne, ton* abrupt

abruti, abrutie [abryti] stupid

abrutir ⟨2a⟩: **abrutir qn** turn s.o.'s brain to mush; (*surmener*) exhaust s.o.

abrutissant, abrutissante *bruit* deafening; *travail* exhausting

absence [apsɑ̃s] *f* absence

absent, absente absent; *air* absent-minded

absentéisme *m* absenteeism

absenter ⟨1a⟩: **s'absenter** leave, go away

absolu, absolue [apsɔly] absolute

absolument *adv* (*à tout prix, tout à fait*) absolutely

absolution [apsɔlysjɔ̃] *f* REL absolution

absorbant, absorbante [apsɔrbɑ̃, -t] absorbent

absorber ⟨1a⟩ absorb; *nourriture* eat; *boisson* drink; **s'absorber dans qch** be absorbed *ou* engrossed in sth

absorption *f* absorption

absoudre [apsudr] ⟨4b⟩ absolve

abstenir [apstənir] ⟨2h⟩: **s'abstenir** POL abstain; **s' abstenir de faire qch** refrain from doing sth

abstention *f* POL abstention

abstentionniste *m* POL abstainer

abstraction [apstraksjɔ̃] *f* abstraction; **faire abstraction de qch** disregard sth; **abstraction faite de** leaving aside

abstrait, abstraite [apstrɛ, -t] abstract

absurde [apsyrd] absurd

absurdité *f* absurdity; **absurdité(s)** nonsense *sg*

abus [aby] *m* abuse; **abus de confiance** breach of trust

abuser ⟨1a⟩ overstep the mark, be out of line; **abuser de qch** misuse *ou* abuse sth; **s'abuser** be mistaken; **si je ne m'abuse** if I'm not mistaken

abusif, -ive excessive; *emploi d'un mot* incorrect

académicien [akademisjɛ̃] *m* academician (*especially of the Académie française*)

académie *f* academy

académique academic

acajou [akaʒu] *m* mahogany

acariâtre [akarjɑtr] bad-tempered

accablant, accablante [akablɑ̃, -t] *preuve* overwhelming; *chaleur* oppressive

accabler ⟨1a⟩: **être accablé de** *problèmes, soucis* be weighed down by, be overwhelmed by; **accabler qn de qch** *reproches* shower s.o. with sth, heap sth on s.o.

accalmie [akalmi] *f aussi fig* lull

accaparer [akapare] ⟨1a⟩ ÉCON, *fig* monopolize; **accaparer le marché** corner the market

accapareur: **il est accapareur** he doesn't like sharing

accéder [aksede] ⟨1f⟩: **accéder à** reach, get to; INFORM access; *au pouvoir* gain, achieve; *d'un chemin* lead to

accélérateur [akseleratœr] *m* AUTO gas pedal, *Br* accelerator

accélération *f* acceleration

accélérer ⟨1f⟩ *aussi* AUTO accelerate, speed up

accent [aksɑ̃] *m* accent; (*intonation*) stress; **mettre l'accent sur qch** *fig* put the emphasis on sth

accentuation *f* stressing; *fig* growth

accentuer ⟨1n⟩ *syllabe* stress, accentuate

acceptable [akseptabl] acceptable

acceptation *f* acceptance

accepter ⟨1a⟩ accept; (*reconnaître*) agree; **accepter de faire qch** agree to do sth; **je n'accepte pas que tu fasses ça** I won't have you doing that acception [aksɛpsjõ] *f* sense

accès [aksɛ] *m aussi* INFORM access; MÉD fit

accessible *région, lecture, sujet* accessible (*à* to); *prix* affordable; **accessible à tous** accessible to all, within everyone's reach

accession *f* accession (*à* to)

accessoire [akseswar] **1** *adj* incidental **2** *m* detail; **accessoires** accessories; **accessoires de théâtre** props

accident [aksidã] *m* accident; *événement fortuit* mishap; **accident de terrain** bump, unevenness in the ground; **accident de travail** accident in the workplace, work-related accident; **par accident** by accident, accidentally; **dans un accident** in an accident; **accident avec délit de fuite** hit-and-run accident; **accident mortel** fatality, fatal accident

accidenté, accidentée damaged (in an accident); *terrain* uneven

accidentel, accidentelle accidental

accidentellement *adv* accidentally

acclamation [aklamasjõ] *f* acclamation; **acclamations** cheers, cheering *sg*

acclamer ⟨1a⟩ cheer

acclimatation [aklimatasjõ] *f* acclimatization

acclimater ⟨1a⟩: **s'acclimater** become acclimatized

accointances [akwẽtãs] *fpl souvent péj* contacts; **avoir des accointances avec qn** have dealings with s.o.

accolade [akɔlad] *f* embrace; *signe* brace, *Br* curly bracket

accommodation [akɔmɔdasjõ] *f* adaptation

accommodement *m* compromise

accommoder ⟨1a⟩ adapt; CUIS prepare; **s'accommoder à** adapt to; **s'accommoder de** put up with, make do with

accompagnateur, -trice [akõpaɲatœr, -tris] *m/f* guide; MUS accompanist

accompagnement *m* MUS accompaniment

accompagner ⟨1a⟩ go with, accompany; MUS accompany

accompli, accomplie [akõpli] accomplished

accomplir ⟨2a⟩ accomplish; *souhait* realize, carry out

accomplissement *m* accomplishment

accord [akɔr] *m* agreement, consent; (*pacte*) agreement; MUS chord; **d'accord** OK, alright; **être d'accord** agree (*avec* with); **tomber d'accord** come to an agreement, reach agreement; **avec l'accord de** with the agreement of; **en ac-** **cord avec** in agreement with; **donner son accord** give one's consent, agree; **accord d'extradition** extradition treaty

accordé, accordée [akɔrde]: (**bien**) **accordé** in tune

accordéon [akɔrdeõ] *m* accordion

accorder [akɔrde] ⟨1a⟩ *crédit, délai* grant, give; GRAM make agree; MUS tune; **accorder un sursis à** reprieve, grant a reprieve to; GRAM agree; **s'accorder** get on; GRAM agree; **s'accorder pour faire qch** agree to do sth; **s'accorder qch** allow o.s. sth

accostage [akɔstaʒ] *m* MAR bringing alongside

accoster ⟨1a⟩ **1** *v/i* MAR come alongside **2** *v/t personne* approach

accotement [akɔtmã] *m* shoulder

accouchement [akuʃmã] *m* birth

accoucher ⟨1a⟩ give birth (*de* to)

accoucheur, -euse *m/f* midwife; *médecin* obstetrician

accouder [akude] ⟨1a⟩: **s'accouder** lean (one's elbows)

accoudoir *m* armrest

accouplement [akupləmã] *m* connection; BIOL mating

accoupler ⟨1a⟩ connect; **s'accoupler** BIOL mate

accourir [akurir] ⟨2i⟩ come running

accoutrement [akutrəmã] *m péj* get-up

accoutrer ⟨1a⟩: **s'accoutrer** dress

accoutumance [akutymãs] *f* MÉD dependence

accoutumé, accoutumée usual; **être accoutumé à qch** be used to sth

accoutumer ⟨1a⟩: **accoutumer qn à qch** get s.o. used to sth, accustom s.o. to sth; **s'accoutumer à qch** get used to sth

accréditer [akredite] ⟨1a⟩ give credence to

accro [akro] F addicted (*à* to)

accroc [akro] *m* (*déchirure*) tear; (*obstacle*) hitch

accrochage [akrɔʃaʒ] *m* AUTO (minor) collision, fender-bender F

accrocher ⟨1a⟩ *tableau* hang (up); *manteau* hang up; AUTO collide with; **accrocher le regard** be eye-catching; **s'accrocher à** hang on to, hold tight to; *fig* cling to

accrocheur, -euse eye-catching

accroissement [akrwasmã] *m* increase; **accroissement démographique** population growth

accroître ⟨4w⟩ increase; **s'accroître** grow

accroupir [akrupir] ⟨2a⟩: **s'accroupir** crouch, squat

accroupis squatting on their haunches

accru, accrue [akry] **1** *p/p* → **accroître 2**

adj increased, greater

accu [aky] *m* F battery

accueil [akœj] *m* reception, welcome

accueillant, accueillante friendly, welcoming

accueillir ⟨2c⟩ greet, welcome

accumulateur [akymylatœr] *m* battery

accumulation *f* accumulation

accumuler ⟨1a⟩ accumulate; *s'accumuler* accumulate, pile up

accusateur, -trice [akyzatœr, -tris] *m/f* accuser

accusation *f* accusation; JUR prosecution; *plainte* charge

accusé, accusée *m/f* **1** JUR: *l'accusé* the accused **2** COMM: *accusé m de réception* acknowledgement (of receipt)

accuser ⟨1a⟩ (*incriminer*) accuse (*de* of); (*faire ressortir*) emphasize; *accuser réception de qch* COMM acknowledge receipt of sth

acerbe [asɛrb] caustic

acéré, acérée [asere] sharp (*aussi fig*)

acétique [asetik] acetic; *acide m acétique* acetic acid

acétone *f* CHIM acetone

achalandage [aʃalãdaʒ] *m* custom

acharné, acharnée [aʃarne] *combat, efforts* desperate; *acharné à faire qch* desperate to do sth

acharnement *m* grim determination, desperation

acharner ⟨1a⟩: *s'acharner à faire qch* be bent on doing sth; *s'acharner sur ou contre qn* pick on s.o., have it in for s.o.

achat [aʃa] *m* purchase; *pouvoir m d'achat* purchasing power; *prix m d'achat* purchase price; *faire des achats* go shopping

acheminer [aʃmine] ⟨1a⟩ *paquet* dispatch; *s'acheminer vers* make one's way toward

acheter [aʃte] ⟨1e⟩ buy; *acheter qch à qn* (*pour qn*) buy sth for s.o.; (*de qn*) buy sth from s.o.; *acheter qn* bribe s.o., buy s.o. off F

acheteur, -euse *m/f* buyer, purchaser

achèvement [aʃɛvmã] *m* completion

achever [aʃve] ⟨1d⟩ finish; *achever de faire qch* finish doing sth; *s'achever* finish; *achever qn* fig finish s.o. off

acide [asid] **1** *adj* sour; CHIM acidic **2** *m* CHIM acid

acidité *f* sourness; CHIM acidity

acier [asje] *m* steel; *d'acier regard* steely

aciérie [asjeri] *f* steel plant

acné [akne] *f* acne

acolyte [akɔlit] *m* péj crony

acompte [akõt] *m* installment, Br instal-
ment; *par acomptes* in installments

à-côté [akote] *m* (*pl* à-côtés) side issue; *à-côtés de revenus* extras, perks F

à-coup [aku] *m* (*pl* à-coups) jerk; *par à-coups* in fits and starts

acoustique [akustik] **1** *adj* acoustic; *appareil m acoustique* hearing aid **2** *f* acoustics

acquéreur [akerœr] *m* purchaser

acquérir ⟨2l⟩ acquire; *droit* win; *coutume* acquire, get into

acquiescer [akjese] ⟨1k⟩: *acquiescer à* agree to

acquis, acquise [aki] **1** *p/p* → **acquérir 2** *adj* acquired; *résultats* achieved; *c'est un point acquis* it's an established fact; *considérer qn/qch comme acquis* take s.o./sth for granted

acquisition [akizisjõ] *f* acquisition

acquit [aki] *m* COMM: *pour acquit* received with thanks; *par acquit de conscience* fig to set my / his *etc* mind at rest

acquittement [akitmã] *m* d'une dette discharge; JUR acquittal

acquitter ⟨1a⟩ *facture, dette* pay; JUR acquit; *s'acquitter de* carry out; *dette* pay

acres [akr] *mpl* acreage *sg*

âcre [ɑkr] *goût, fig* bitter

âcreté *f au goût, fig* bitterness

acrimonieux, -euse [akrimɔnjø, -z] acrimonious

acrobate [akrɔbat] *m/f* acrobat

acrobatie *f* acrobatics *pl*

acrobatique acrobatic

acronyme [akrɔnim] *m* acronym

acrylique [akrilik] *m* acrylic

acte [akt] *m* (*action*) action, deed; (*document officiel*) deed; THÉÂT act; *faire acte de présence* put in an appearance; *dresser un acte* draw up a deed; *prendre acte de qch* note sth; *acte de décès* death certificate; *acte de mariage* marriage certificate; *acte de naissance* birth certificate; *acte de vente* bill of sale

acteur, -trice [aktœr, -tris] *m/f* actor; actress

actif, -ive [aktif, -iv] **1** *adj* active **2** *m* COMM assets *pl*

activiste *m/f* activist

action [aksjõ] *f aussi* JUR action; COMM share; *actions* stock *sg*, shares *pl*

actionnaire *m/f* shareholder

actionnement [aksjɔnmã] *m* TECH operation; *d'une alarme etc* activation

actionner ⟨1a⟩ TECH operate; *alarme etc* activate

activer [aktive] ⟨1a⟩ (*accélérer*) speed up

activité [aktivite] *f* activity

A

actualiser [aktɥalize] update, bring up to date

actualité [aktɥalite] f current events pl; **d'actualité** topical; **actualités** TV news sg

actuel, actuelle [aktɥɛl] (présent) current, present; (d'actualité) topical

actuellement adv currently, at present

acuité [akɥite] f des sens shrewdness; d'une douleur intensity, acuteness

acupuncteur, -trice [akypõktœr, -tris] m/f acupuncturist

acupuncture f acupuncture

adaptabilité [adaptabilite] f adaptability, versatility

adaptable adaptable

adaptateur m ÉL adapter

adaptation f adaptation

adapter ⟨1a⟩ adapt; **s'adapter à** adapt to

additif [aditif] m additive

addition [adisjõ] f aussi MATH addition; au restaurant check, Br bill

additionnel, additionnelle additional

additionner ⟨1a⟩ MATH add (up); (ajouter) add

adepte [adɛpt] m/f supporter; d'une activité, d'un sport fan

adéquat, adéquate [adekwa, -t] suitable; montant adequate

adhérence [aderãs] f adherence; des pneus grip

adhérent, adhérente m/f member

adhérer ⟨1f⟩ stick, adhere (**à** to); **adhérer à une doctrine** agree with ou support a doctrine; **adhérer à un parti** be a member of a party, belong to a party; **adhérer à la route** grip ou hold the road

adhésif, -ive [adezif, -iv] 1 adj sticky, adhesive 2 m adhesive

adhésion f membership; (consentement) support (**à** for), agreement (**à** with)

adieu [adjø] m goodbye; **dire adieu à qn** say goodbye to s.o., take one's leave of s.o.; **adieux** farewells; **faire ses adieux** say one's goodbyes (**à qn** to s.o.)

adipeux, -euse [adipø, -z] fatty, adipose

adjacent, adjacente [adʒasã, -t] adjacent

adjectif [adʒɛktif] m GRAM adjective

adjoindre [adʒwɛ̃dr] ⟨4b⟩: **adjoindre à** add to; **s'adjoindre qn** hire ou recruit s.o.

adjoint, adjointe 1 adj assistant atr, deputy atr 2 m/f assistant, deputy; **adjoint au maire** deputy mayor

adjudication [adʒydikasjõ] f dans vente aux enchères sale by auction; travaux award; (attribution) adjudication

adjuger [adʒyʒe] ⟨1l⟩ award

admettre [admɛtr] ⟨4p⟩ (autoriser) allow; (accueillir) admit, allow in; (reconnaître) admit; **admettre que** (+ ind ou subj) admit that; **admettons que, en admettant que** (+ subj) supposing ou assuming that

administrateur, -trice [administratœr, -tris] m/f administrator; **administrateur judiciaire** (official) receiver

administratif, -ive administrative

administration f administration; (direction) management, running

administrer ⟨1a⟩ administer; (diriger) manage

admirable [admirabl] admirable

admirateur, -trice 1 adj admiring, of admiration **2** m/f admirer

admiratif, -ive admiring

admiration f admiration

admirer ⟨1a⟩ admire

admis [admi] admissible

admissible candidat eligible; **ce n'est pas admissible** that's unacceptable

admission [admisjõ] f admission

A.D.N. [adeɛn] m abr (= **acide désoxyribonucléique**) DNA (=desoxyribonucleic acid)

adolescence [adolesãs] f adolescence

adolescent, adolescente m/f adolescent, teenager

adonner [adone] ⟨1a⟩: **s'adonner à qch** devote o.s. to sth; **s'adonner à la boisson** drink, hit the bottle F

adopter [adopte] ⟨1a⟩ adopt

adoptif, -ive enfant adopted; parent adoptive

adoption f adoption; **patrie f d'adoption** adopted country

adorable [adorabl] adorable

adorateur, -trice m/f worshipper; (admirateur) admirer

adoration f adoration

adorer ⟨1a⟩ REL worship; fig (aimer) adore

adosser [adose] ⟨1a⟩ lean; **s'adosser contre** ou **à** lean against ou on

adoucir [adusir] ⟨1a⟩ soften; **s'adoucir du temps** become milder

adoucissant m softener

adrénaline [adrenalin] f adrenalin

adresse [adrɛs] f domicile address; (habileté) skill; **à l'adresse de qn** aimed at s.o., meant for s.o.; **adresse électronique** e-mail address; **adresse personnelle** home address

adresser ⟨1b⟩ lettre address (**à** to); compliment, remarque aim, direct (**à** at); **adresser la parole à qn** address s.o., speak to s.o.; **s'adresser à qn** apply to s.o.; (être destiné à) be aimed at s.o.

adroit, adroite [adrwa, -t] skillful, Br skilful

adulateur, -trice [adylatœr, -tris] *m/f* idolizer

aduler ⟨1a⟩ idolize

adulte [adylt] **1** *adj* adult; *plante* mature **2** *m/f* adult, grown-up

adultère [adylter] **1** *adj* adulterous **2** *m* adultery

advenir [advǝnir] ⟨2h⟩ happen; **advienne que pourra** come what may

adverbe [adverb] *m* GRAM adverb

adversaire [adverser] *m/f* opponent, adversary

adverse [advers] adverse

adversité [adversite] *f* adversity

aérateur [aeratœr] *m* ventilator

aération *f* ventilation

aérer ⟨1f⟩ ventilate; *literie, pièce qui sent le renfermé* air

aérien, aérienne air *atr; vue* aerial; **pont m aérien** airlift

aérobic [aerɔbik] *f* aerobics

aéroclub [aerɔklœb] *m* flying club

aérodrome *m* airfield

aérodynamique aerodynamic

aérogare *f* air terminal, terminal building

aéroglisseur *m* hovercraft

aéronautique 1 *adj* aeronautical **2** *f* aeronautics

aéronef *m* aircraft

aéroport *m* airport

aéroporté *troupes* airborne

aérosol *m* aerosol

affable [afabl] affable

affaiblir [afeblir] ⟨2a⟩ weaken; **s'affaiblir** weaken, become weaker

affaiblissement *m* weakening; (*déclin*) decline

affaire [afer] *f* (*question*) matter, business; (*entreprise*) business; (*marché*) deal; (*bonne occasion*) bargain; JUR case; (*scandale*) affair, business; **avoir affaire à** qn deal with s.o.; **se tirer d'affaire** get out of trouble; **affaires** *biens personnels* things, belongings; **ce sont mes affaires** that's my business; **occupe-toi de tes affaires!** mind your own business!; **le monde des affaires** the business world; **les affaires étrangères** foreign affairs; **affaire qui marche** going concern

affairé, affairée [afere] busy

affairer ⟨1b⟩: **s'affairer** busy o.s.

affaissement [afesmã] *m*: **affaissement de terrain** subsidence

affaisser ⟨1b⟩: **s'affaisser** *du terrain* subside; *d'une personne* collapse

affamé, affamée [afame] hungry; **affamé de gloire** hungry for fame

affectation [afektasjõ] *f d'une chose* allocation; *d'un employé* assignment, appointment; MIL posting; (*pose*) affectation

affecté, affectée affected

affecter ⟨1a⟩ (*destiner*) allocate, allot; *employé* assign, appoint; MIL post; (*émouvoir*) affect; **affecter la forme de** have the shape of

affectif, -ive [afektif, -iv] emotional

affection [afeksjõ] *f* affection; MÉD complaint

affectueux, -euse [afektɥø, -z] affectionate

affermir [afermir] ⟨2a⟩ strengthen

affichage [afiʃaʒ] *m* billposting; INFORM display; **panneau m d'affichage** bulletin board, *Br* notice board; **affichage à cristaux liquides** liquid crystal display; **affichage numérique** digital display; **montre f à affichage numérique** digital watch

affiche [afiʃ] *f* poster

afficher ⟨1a⟩ *affiche* put up, stick up; *attitude* flaunt, display; INFORM display; **afficher des bénéfices** post profits

afficheur *m* billposter

affilée [afile]: **d'affilée** at a stretch

affiler ⟨1a⟩ sharpen

affilier [afilje] ⟨1a⟩: **s'affilier à** club, parti join; **être affilié à un parti** be a member of a party

affiner [afine] ⟨1a⟩ refine

affinité [afinite] *f* affinity

affirmatif, -ive [afirmatif, -iv] *réponse* affirmative; *personne* assertive; **répondre par l'affirmative** answer in the affirmative

affirmation [afirmasjõ] *f* statement

affirmer ⟨1a⟩ (*prétendre*) maintain; *volonté, autorité* assert

affligeant, affligeante [afliʒã, -t] distressing, painful

affliger ⟨1l⟩ distress

affluence [aflyãs] *f*: **heures** *fpl* **d'affluence** rush hour *sg*

affluent [-ã] *m* tributary

affluer ⟨1a⟩ come together

afflux [afly] *m de capitaux* influx

affolement [afɔlmã] *m* panic

affoler ⟨1a⟩ (*bouleverser*) madden, drive to distraction; *d'une foule, d'un cheval* panic; **s'affoler** panic, get into a panic; **être affolé** be in a panic, be panic-stricken

affranchir [afrãʃir] ⟨2a⟩ (*libérer*) free; *lettre* meter, *Br* frank

affranchissement *m montant* postage

affréter [afrete] ⟨1f⟩ MAR, AVIAT charter

affreux, -euse [afrø, -z] horrible; *peur, mal de tête* terrible

affront [afrõ] *m* insult, affront

affrontement *m* POL confrontation

affronter ⟨1a⟩ confront, face; SP meet; *situation* face; *s'affronter* confront *ou* face each other; SP meet

affût [afy] *m*: *être à l'affût de qch* fig be on the lookout for sth

afin [afɛ̃]: *afin de faire qch* in order to do sth, so as to do sth; *afin que* (+ *subj*) so that; *afin de ne pas se mouiller* so as not to get wet; *afin qu'il soit mis au courant* so that he can be put in the picture

africain, africaine [afrikɛ̃, -ɛn] **1** *adj* African **2** *m/f* **Africain, Africaine** African

Afrique *f*: *l'Afrique* Africa

agaçant, agaçante [agasã, -t] infuriating, annoying

agacement *m* annoyance

agacer ⟨1k⟩ annoy; (*taquiner*) tease

âge [aʒ] *m* age; *Moyen-Âge* Middle Ages *pl*; *personnes fpl du troisième âge* senior citizens; *retour m d'âge* MÉD change of life; *quel âge a-t-il?* how old is he?, what age is he?; *limite f d'âge* age limit; *âge de la retraite* retirement age

âgé, âgée elderly; *âgé de deux ans* aged two, two years old

agence [aʒɑ̃s] *f* agency; *d'une banque* branch; *agence immobilière* realtor, Br estate agent's; *agence de placement* employment agency; *agence de presse* news agency; *agence de publicité* advertising agency; *agence de voyages* travel agency

agencement [aʒɑ̃smɑ̃] *m* layout, arrangement

agencer ⟨1k⟩ arrange

agenda [aʒɛ̃da] *m* diary; *agenda électronique* (personal) organizer

agenouiller [aʒnuje] ⟨1a⟩ *s'agenouiller* kneel (down)

agent [aʒɑ̃] *m* agent; *agent d'assurance* insurance broker; *agent de change* stockbroker; *agent de la circulation* traffic policeman; *agent immobilier* realtor, Br real estate agent; *agent de police* police officer; *agent secret* secret agent

agglomération [aglɔmerasjõ] *f* built-up area; *concentration de villes* conurbation; *l'agglomération parisienne* Greater Paris, the conurbation of Paris

aggloméré [aglɔmere] *m planche* chipboard, composite

aggraver ⟨1a⟩ make worse; *s'aggraver* worsen, deteriorate

agile [aʒil] agile

agilité *f* agility

agios [aʒjo] *mpl* ÉCON bank charges

agir [aʒir] ⟨2a⟩ act; *agir sur qn* affect s.o.; *il s'agit de* it's about; *il s'agit de votre santé* it's a question *ou* a matter of your health; *il s'agit de ne pas faire d'erreurs* it's important not to make any mistakes

agitateur, -trice [aʒitatœr, -tris] *m/f* agitator, rabble-rouser

agitation [aʒitasjõ] *f* hustle and bustle; POL unrest; (*nervosité*) agitation

agité, agitée agitated, restless; *mer* rough

agiter ⟨1a⟩ *bouteille, liquide* shake; *mouchoir, main* wave; (*préoccuper, énerver*) upset; *s'agiter* d'un enfant fidget; (*s'énerver*) get upset

agneau [aɲo] *m* (*pl* -x) lamb

agnostique [agnɔstik] *m/f* agnostic

agonie [agɔni] *f* death throes *pl*

agrafe [agraf] *f d'un vêtement* fastener, hook; *de bureau* staple

agrafer ⟨1a⟩ *vêtements* fasten; *papier* staple

agrafeuse *f* stapler; *à tissu* staple gun

agrandir [agrɑ̃dir] ⟨2a⟩ *photographie, ouverture* enlarge

agrandissement *m* enlargement; *d'une ville* expansion

agrandisseur *m* enlarger

agréable [agreabl] pleasant (*à* to)

agréer ⟨1a⟩: *veuillez agréer, Monsieur, mes salutations distinguées* Yours truly

agrégation [agregasjõ] *f competitive examination for people wanting to teach at college and university level*

agrément [agremã] *m* (*consentement*) approval, consent; *les agréments* (*attraits*) the delights

agresser [agrese] ⟨1b⟩ attack

agresseur *m* attacker; *pays* aggressor

agressif, -ive aggressive

agression *f* attack; PSYCH stress

agressivité *f* aggressiveness

agricole [agrikɔl] agricultural, farm *atr*; *ouvrier m agricole* agricultural laborer *ou* Br labourer, farm worker

agriculteur [agrikyltœr] *m* farmer

agriculture *f* agriculture, farming

agripper [agripe] ⟨1a⟩ clutch; *s'agripper à qch* clutch sth, cling to sth

agroalimentaire [agroalimɛ̃tɛr] *f* food industry, agribusiness

agronome [agrɔnɔm] *m* agronomist, agricultural economist; *ingénieur m agronome* agricultural engineer

agrumes [agrym] *mpl* citrus fruit *sg*

aguerri, aguerrie [ageri] (*expérimenté*) veteran

aguets [agɛ]: *être aux aguets* be on the

ahuri

lookout

ahuri, ahurie [ayri] astounded, thunderstruck

ahurir ⟨2a⟩ astound

ahurissant, ahurissante astounding

aide [ɛd] **1** f help, assistance; *à l'aide de qch* with the help of sth, using sth; *avec l'aide de qn* with s.o.'s help; *appeler à l'aide* shout for help **2** m/f (*assistant*) assistant; *aide-soignant* m orderly

aider ⟨1b⟩ **1** v/t help; *s'aider de qch* use sth **2** v/i help; *aider à qch* contribute to sth

aïeul, aïeule [ajœl] m/f ancestor; *aïeux* ancestors

aigle [ɛgl] m eagle

aiglefin [ɛgləfɛ̃] m haddock

aigre [ɛgr] sour; *vent* bitter; *paroles, critique* sharp; *voix* shrill

aigre-doux, aigre-douce CUIS sweet and sour

aigreur [ɛgrœr] f sourness; *fig* bitterness

aigrir ⟨2a⟩ turn sour; *fig* make bitter, embitter

aigu, aiguë [egy] sharp; *son* high-pitched; *conflit* bitter; *intelligence* keen; MÉD, GÉOM, GRAM acute

aiguille [egɥij] f needle; *d'une montre* hand; *tour* spire; *aiguille à tricoter* knitting needle

aiguiller ⟨1a⟩ *fig* steer, guide

aiguilleur m AVIAT: *aiguilleur du ciel* air--traffic controller

aiguillon [egɥijõ] m (*dard*) sting

aiguillonner ⟨1a⟩ *fig* spur (on)

aiguiser [egize] ⟨1a⟩ sharpen; *fig*: *appétit* whet

ail [aj] m (*pl* ails, *parfois* aulx [o]) garlic; *gousse f d'ail* clove of garlic

aile [ɛl] f wing; AUTO fender, *Br* wing

ailier [ɛlje] m SP wing, winger

ailleurs [ajœr] somewhere else, elsewhere; *d'ailleurs* besides; *par ailleurs* moreover; *nulle part ailleurs* nowhere else

aimable [ɛmabl] kind

aimant¹, aimante [ɛmã, -t] loving

aimant² [ɛmã] m magnet

aimanter ⟨1a⟩ magnetize

aimer [ɛme] ⟨1b⟩ like; *parent, enfant, mari etc* love; *aimer mieux* prefer, like … better; *aimer faire qch* like to do sth; *aimer mieux faire qch* prefer to do sth; *je l'aime bien* I like him (a lot), I really like him

aine [ɛn] f groin

aîné, aînée [ene] m/f **1** *adj de deux* elder; *de trois ou plus* eldest **2** m/f elder / eldest; *il est mon aîné* he is older than me; *il*

est mon aîné de deux ans he is two years older than me

ainsi [ɛ̃si] this way, thus *fml*; *ainsi que* and, as well as; *ainsi soit-il!* so be it; *pour ainsi dire* so to speak

aïoli [ajɔli] m CUIS mayonnaise flavored with garlic

air [ɛr] m atmosphérique, vent air; *aspect, expression* look; MUS tune; *en plein air* in the open; *menace f en l'air* empty threat; *avoir l'air fatigué* look tired; *il a l'air de ne pas écouter* he looks as if he isn't listening, he appears not to be listening; *se donner des airs* give o.s. airs; *air conditionné* air conditioning

airbag [ɛrbag] m airbag

aire [ɛr] f area; *aire de jeu* playground; *aire de repos* picnic area

aisance [ɛzɑ̃s] f (*naturel*) ease; (*richesse*) wealth

aise [ɛz] f ease; *à l'aise, à son aise* comfortable; *être à l'aise* be comfortable; *dans une situation* be comfortable, feel at ease; *être mal à l'aise* be uncomfortable; *dans une situation* be uncomfortable, feel ill at ease; *se mettre à l'aise* make o.s. comfortable; *en faire à son aise* do as one pleases; *prendre ses aises* make o.s. at home

aisé, aisée (*facile*) easy; (*assez riche*) comfortable

aisément *adv* easily

aisselle [ɛsɛl] f armpit

ajournement [aʒurnəmã] m postponement; JUR adjournment

ajourner ⟨1a⟩ postpone (*d'une semaine* for a week); JUR adjourn

ajouter [aʒute] ⟨1a⟩ add; *s'ajouter à* be added to

ajusté, ajustée [aʒyste]: (*bien*) *ajusté* close-fitting

ajustement m adjustment

ajuster ⟨1a⟩ adjust; *vêtement* alter; (*viser*) aim at; (*joindre*) fit (*à* to)

alarmant, alarmante [alarmã, -t] alarming

alarme f signal, inquiétude alarm; *donner l'alarme* raise the alarm; *alarme antivol* burglar alarm

alarmer ⟨1a⟩ alarm; *s'alarmer de* be alarmed by

alarmiste m/f alarmist

Albanie [albani] f: *l'Albanie*

albanais, albanaise 1 *adj* Albanian **2** m *langue* Albanian **3** m/f Albanais, Albanaise Albanian

album [albɔm] m album; *album photos* photo album

alcool [alkɔl] *m* alcohol

alcoolémie *f*: **taux *m* d'alcoolémie** blood alcohol level

alcoolique *adj* & *m/f* alcoholic

alcoolisé, alcoolisée alcoholic

alcoolisme alcoholism

alco(o)test [alkɔtɛst] *m* Breathalyzer®, *Br* Breathalyser®

aléas [alea] *mpl* risks, hazards

aléatoire uncertain; INFORM, MATH random

alentour [alãtur] **1** *adv* around about **2**: **alentours** *mpl* surroundings; **aux alentours de** in the vicinity of; (*autour de*) about

alerte [alɛrt] **1** *adj* alert **2** *f* alarm; **donner l'alerte à qn** alert s.o.; **alerte à la bombe** bomb scare

alerter ⟨1a⟩ alert

algèbre [alʒɛbr] *f* algebra

Algérie [alʒeri] *f*: **l'Algérie** Algeria

algérien, algérienne 1 *adj* Algerian **2** *m/f* **Algérien, Algérienne** Algerian

algue [alg] *f* BOT seaweed

alibi [alibi] *m* alibi

aliéner ⟨1f⟩ alienate

alignement [aliɲmã] *m* alignment (**sur** with); (*rangée*) line, row

aligner ⟨1a⟩ TECH align, line up (**sur** with); (*mettre sur une ligne*) line up; **s'aligner** line up; **s'aligner sur qch** align o.s. with sth

aliment [alimã] *m* foodstuff; **aliments** food *sg*; **aliments diététiques** health food; **aliments surgelés** deep-frozen food

alimentaire food *atr*; **chaîne *f* alimentaire** food chain

alimentation *f* food; **en eau, en électricité** supply; **alimentation de base** staple diet; **alimentation en courant** (*électrique*) power supply; **alimentation énergique** energy supply

alimenter ⟨1a⟩ feed; **en eau, en électricité** supply (**en** with); *conversation* keep going

alinéa [alinea] *m* paragraph

aliter [alite] ⟨1a⟩: **être alité(e)** be in bed; **s'aliter** take to one's bed

allaiter [alɛte] ⟨1b⟩ breast-feed

allant [alã] *m* energy, drive

allécher [aleʃe] ⟨1f⟩ tempt

allée [ale] *f* (*avenue*) path; **allées et venues** comings and goings; **des allées et venues continuelles** a constant to-and-fro *sg*

allégation [alegasjõ] *f* allegation

allégé, allégée [aleʒe] *yaourt* low-fat; *confiture* low-sugar; **allégé à 5% de ...** 95% ... -free

alléger ⟨1g⟩ lighten, make lighter; *impôt* reduce; *tension* alleviate

allègre [alɛgr] cheerful

allègrement *adv* cheerfully

alléguer [alege] ⟨1f⟩ *excuse* put forward, offer

Allemagne [almaɲ] *f*: **l'Allemagne** Germany

allemand, allemande 1 *adj* German **2** *m langue* German **3** *m/f* **Allemand, Allemande** German

aller [ale] ⟨1o⟩ *vli* (*aux être*) go; **aller en voiture** drive, go by car; **aller à ou en bicyclette** cycle, go by bike; **aller chercher** go for, fetch; **aller voir qn** go to see s.o.; **comment allez-vous?** how are you?; **je vais bien** I'm fine; **ça va?** is that OK?; (*comment te portes-tu?*) how are you?, how are things?; **ça va bien merci** fine, thanks; **aller bien avec** go well with; **cela me va** *pour mon projet, proposition* that's fine by me, that suits me; **il y va de sa réputation** his reputation is at stake; **on y va!** F let's go!; **il va sans dire** needless to say, it goes without saying; **allez!** go on!; **allons!** come on!; **allons donc!** come now!; **s'en aller** leave; *d'une tâche* disappear; **cette couleur te va bien** that color really suits you **2** *v/aux*: **je vais partir demain** I'm going to leave tomorrow, I'm leaving tomorrow; **j'allais dire** I was going to say, I was about to say **3** *m*: **aller et retour** round trip, *Br* return trip; **billet** round-trip ticket, *Br* return (ticket); **aller simple** one-way ticket, *Br* single; **match *m* aller** away game; **au pis aller** if the worst comes to the worst

allergie [alɛrʒi] *f* allergy

allergique allergic (**à** to)

alliage [aljaʒ] *m* CHIM alloy

alliance *f* POL alliance; (*mariage*) marriage; (*anneau*) wedding ring; **tante *f* par alliance** aunt by marriage

allié, alliée 1 *adj* allied; *famille* related by marriage **2** *m/f* ally; *famille* relative by marriage

allier ⟨1a⟩ combine (**à** with, and); **s'allier à qn** ally o.s. with s.o.

allô [alo] hello

allocation [alɔkasjõ] *f* allowance; **allocations familiales** dependents' allowance *sg*, *Br* child benefit *sg*; **allocation chômage** workers' compensation, *Br* unemployment benefit

allocution [alɔkysjõ] *f* speech

allonger [alõʒe] ⟨1l⟩ lengthen, make longer; *bras, jambes* stretch out; **allonger le pas** lengthen one's stride, step out; **s'al-**

longer get longer; (*s'étendre*) lie down; **être allongé** be lying down, be stretched out

allouer [alwe] ⟨1a⟩ allocate

allumage [alymaʒ] *m* AUTO ignition

allumer ⟨1a⟩ **1** *v/t* cigarette, feu, bougie light; chauffage, télévision etc turn on, switch on **2** *v/i* turn *ou* switch the lights on

allumette *f* match

allure [alyr] *f* (*démarche*) walk; (*vitesse*) speed; (*air*) appearance; **prendre des allures de mannequin** act *ou* behave like a model; **avoir de l'allure** have style *ou* class; **à toute allure** at top speed

allusion [alyzjõ] *f* allusion; **faire allusion à** allude to

alors [alɔr] (*à ce moment-là*) then; (*par conséquence*) so; **ça alors!** well!; **alors?** so?; **alors que** temps when; opposition while

alouette [alwet] *f* lark

alourdir [alurdir] ⟨2a⟩ make heavy

aloyau [alwajo] *m* sirloin

Alpes [alp] *fpl:* **les Alpes** the Alps

alpestre [alpɛstr] alpine

alphabet [alfabɛ] *m* alphabet

alphabétique alphabetical

alphabétiser teach to read and write

alpin [alpɛ̃] alpine, *-in* [-in] alpine

alpinisme *m* mountaineering

alpiniste *m/f* mountaineer

Alsace [alzas] *f:* **l'Alsace** Alsace

alsacien, alsacienne 1 *adj* of / from Alsace, Alsatian **2** *m* LING Alsace dialect **3** *m/f* **Alsacien, Alsacienne** inhabitant of Alsace

altercation [alterkasjõ] *f* argument, altercation *fml*

altérer [altere] ⟨1f⟩ denrées spoil; couleur fade; vérité distort; texte change, alter

altermondialiste [altermõdjalist] *m/f & adj* alternative globalist

alternance [alternãs] *f* alternation; de cultures rotation

alternatif, -ive alternative

alternative *f* alternative

alternativement alternately, in turn

alterner ⟨1a⟩ alternate

altimètre [altimetr] *m* altimeter

altitude *f* altitude

alto [alto] *m* MUS saxophone, voix alto; instrument à cordes viola

altruisme [altryism] *m* altruism

altruiste 1 *adj* altruistic **2** *m/f* altruist

aluminium [alyminjɔm] *m* aluminum, *Br* aluminium

alunir [alynir] ⟨2a⟩ land on the moon

alunissage *m* moon landing

amabilité [amabilite] *f* kindness

amadouer [amadwe] ⟨1a⟩ softsoap

amaigri, amaigrie [amegri] thinner

amaigrir ⟨2a⟩: **amaigrir qn de maladie** cause s.o. to lose weight; **s'amaigrir** lose weight, get thinner

amalgame [amalgam] *m* mixture, amalgamation

amalgamer ⟨1a⟩ amalgamate

amande [amãd] *f* BOT almond

amant [amã] *m* lover

amarre [amar] *f* MAR mooring line

amarrer ⟨1a⟩ MAR moor

amas [ama] *m* pile, heap

amasser ⟨1a⟩ amass

amateur [amatœr] *m* qui aime bien lover; non professionnel amateur; **amateur d'art** art lover; **en amateur** péj as a hobby; **d' amateur** péj amateurish

ambages [ãbaʒ] *fpl:* **sans ambages** without beating about the bush

ambassade [ãbasad] *f* embassy

ambassadeur, -drice *m/f* ambassador

ambiance [ãbjãs] *f* (*atmosphère*) atmosphere

ambiant, ambiante: température f ambiante room temperature

ambidextre [ãbidɛkstr] ambidextrous

ambigu, ambiguë [ãbigy] ambiguous

ambiguïté *f* ambiguity

ambitieux, -euse [ãbisjø, -z] **1** *adj* ambitious **2** *m/f* ambitious person

ambition *f* ambition

ambitionner ⟨1a⟩: **ambitionner de faire qch** want to do sth

ambivalence [ãbivalãs] *f* ambivalence

ambivalent, ambivalente ambivalent

ambulance [ãbylãs] *f* ambulance

ambulancier *m* paramedic, *Br aussi* ambulance man

ambulant, ambulante [ãbylã, -t] traveling, *Br* travelling, itinerant

âme [ɑm] *f* soul; **état m d'âme** state of mind; **rendre l'âme** breathe one's last; **âme charitable** do-gooder

amélioration [ameljɔrasjõ] *f* improvement

améliorer ⟨1a⟩ improve; **s'améliorer** improve, get better

aménagé, aménagée [amenaʒe]: **cuisine f aménagée** fitted kitchen

aménagement *m* arrangement, layout; d'une vieille maison conversion

aménager ⟨1l⟩ appartement arrange, lay out; terrain develop; vieille maison convert

amende [amãd] *f* fine; **sous peine d'amende** or you will be liable to a fine

amendement [amãdmã] *m* improvement;

POL amendment

amender ⟨1a⟩ improve; *projet de loi* amend

amener [amne] ⟨1d⟩ bring; (*causer*) cause; *amener qn à faire qch* get s.o. to do sth; *s'amener* turn up

amer, -ère [amer] bitter

américain, américaine [amerikɛ̃, -ɛn] **1** *adj* American **2** *m* LING American English **3** *m/f* **Américain, Américaine** American

américaniser Americanize

amérindien, amérindienne [amerɛ̃djɛ̃, -ɛn] **1** *adj* Native American, Amerindian; **2** *m/f* **Amérindien, Amérindienne** Native American, Amerindian

Amérique [amerik] *f*: *l'Amérique* America; *l'Amérique centrale* Central America; *l'Amérique latine* Latin America; *l'Amérique du Nord* North America; *l'Amérique du Sud* South America; *les Amériques* the Americas

amerrir [amerir] ⟨2a⟩ AVIAT splash down

amerrissage *m* splashdown

amertume [amertym] *f* bitterness

ameublement [amœbləmɑ̃] *m* (*meubles*) furniture

ameuter [amøte] ⟨1a⟩ rouse

ami, amie [ami] **1** *m/f* friend; (*amant*) boyfriend; (*maîtresse*) girlfriend; *petit ami* boyfriend; *petite amie* girlfriend; *devenir ami avec qn* make friends with s.o. **2** *adj* friendly

amiable: *à l'amiable* amicably; JUR out of court; *arrangement* amicable, friendly; JUR out-of-court

amiante [amjɑ̃t] *m* asbestos

amical, amicale [amikal] (*mpl* -aux) **1** *adj* friendly **2** *f* association

amicalement in a friendly way

amincir [amɛ̃sir] ⟨2a⟩ **1** *v/t chose* make thinner; *d'une robe* make look thinner **2** *v/i* get thinner

amiral [amiral] *m* (*pl* -aux) admiral

amitié [amitje] *f* friendship; *amitiés* best wishes, regards

amnésie [amnezi] *f* amnesia

amnistie [amnisti] *f* amnesty

amoindrir [amwɛ̃drir] ⟨2a⟩ diminish, lessen; *mérite* detract from; *s'amoindrir* diminish

amoindrissement *m* decline, decrease

amollir [amɔlir] ⟨2a⟩ soften

amonceler [amɔ̃sle] ⟨1c⟩ pile up

amont [amɔ̃]: *en amont* upstream (*de* from)

amoral, amorale [amɔral] (*mpl* -aux) amoral

amorce [amɔrs] *f* (*début*) beginning

POL amendment

amorcer ⟨1k⟩ begin; INFORM boot up

amorphe [amɔrf] *sans énergie* listless

amortir [amɔrtir] ⟨2a⟩ *choc* cushion; *bruit* muffle; *douleur* dull; *dettes* pay off

amortisseur *m* AUTO shock absorber

amour [amur] *m* love; *mon amour* my love, darling; *amours* love life *sg*; *faire l'amour* make love

amoureux, -euse *regard* loving; *vie* love *atr*; *personne* in love (*de* with); *tomber amoureux* fall in love

amour-propre [amurprɔpr] *m* pride

amovible [amɔvibl] *housse* removable

amphibie [ɑ̃fibi] amphibious

amphithéâtre [ɑ̃fiteɑtr] *m* *d'université* lecture hall; (*théâtre classique*) amphitheater, Br amphitheatre

ample [ɑ̃pl] *vêtements* loose, roomy; *sujet, matière* broad, wide; *ressources* ample; *pour de plus amples informations* for more *ou* further information

amplement *décrire, expliquer* fully; *c'est amplement suffisant* it's more than enough

ampleur *f* *d'un désastre* extent, scale; *d'une manifestation* size

amplificateur [ɑ̃plifikatœr] *m* TECH amplifier

amplification *f* TECH amplification; *fig* growth, expansion

amplifier ⟨1a⟩ TECH amplify; *fig: problème, scandale* magnify; *idée* expand, develop

amplitude [ɑ̃plityd] *f* PHYS amplitude

ampoule [ɑ̃pul] *f* *sur la peau* blister; *de médicament* ampoule; *lampe* bulb

amputation [ɑ̃pytasjɔ̃] *f* amputation

amputer ⟨1a⟩ amputate; *fig* cut

amusant, amusante [amyzɑ̃, -t] funny, entertaining, amusing

amuse-gueule [amyzgœl] *m* (*pl inv*) appetizer, nibble F

amusement [amyzmɑ̃] *m* amusement

amuser ⟨1a⟩ amuse; (*divertir*) entertain, amuse; *s'amuser* have a good time, enjoy o.s.; *amuse-toi bien!* have fun!, enjoy yourself!; *s'amuser à faire qch* have fun doing sth, enjoy doing sth; *faire qch pour s'amuser* do sth for fun; *s'amuser de* make fun of

amygdale [ami(g)dal] *f* ANAT tonsil

amygdalite *f* tonsillitis

an [ɑ̃] *m year; le jour ou le premier de l'an* New Year's Day, New Year's; *bon an, mal an* averaged out over the years; *deux fois par an* twice a year; *20 000 euros par an* 20,000 euros a year *ou* per annum; *elle a 15 ans* she's 15 (years old); *tous les ans* every year; *l'an prochain* next year; *l'an dernier* last year

anachronisme [anakrɔnism] *m* anachronism

analgésique [analʒezik] *m* PHARM analgesic, pain killer

analogie [analɔʒi] *f* analogy

analogique INFORM analog

analogue analogous (*à* with), similar (*à* to)

analphabète [analfabɛt] illiterate

analphabétisme *m* illiteracy

analyse [analiz] *f* analysis; *de sang* test

analyser ⟨1a⟩ analyze, *Br* analyse; *sang* test

analyste *m/f* analyst

analytique analytical

ananas [anana(s)] *m* BOT pineapple

anarchie [anarʃi] *f* anarchy

anarchiste *m/f* anarchist

anatomie [anatɔmi] *f* anatomy

ancêtres [ɑ̃sɛtr] *mpl* ancestors

anchois [ɑ̃ʃwa] *m* anchovy

ancien, ancienne [ɑ̃sjɛ̃, -ɛn] old; (*précédent*) former, old; *de l'Antiquité* ancient; *ancien combattant* (war) veteran, vet F

anciennement *adv* formerly

ancienneté *f dans une profession* seniority

ancre [ɑ̃kr] *f* anchor

ancrer ⟨1a⟩ anchor; *être ancré* be at anchor; *fig* be embedded, be firmly rooted

Andorre [ɑ̃dɔr] *f: l'Andorre* Andorra

andouille [ɑ̃duj] *f* CUIS *type of sausage*; *fig* F idiot, noodle F

âne [ɑn] *m* donkey; *fig* ass

anéantir [aneɑ̃tir] ⟨2a⟩ annihilate

anéantissement *m* annihilation

anecdote [anɛgdɔt] *f* anecdote

anémie [anemi] *f* MÉD anemia, *Br* anaemia

anémique anemic, *Br* anaemic

anesthésiant [anɛstezjɑ̃] *m* anesthetic, *Br* anaesthetic

anesthésie *f* MÉD anesthesia, *Br* anaesthesia; *anesthésie générale / locale* general / local anesthetic

anesthésier ⟨1a⟩ anesthetize, *Br* anaesthetize

anesthésique *m* anesthetic, *Br* anaesthetic

anesthésiste *m/f* anesthesiologist, *Br* anaesthetist

ange [ɑ̃ʒ] *m* angel; *être aux anges* fig be in seventh heaven; *ange gardien* guardian angel

angélique angelic

angine [ɑ̃ʒin] *f* MÉD throat infection; *angine de poitrine* angina

anglais, anglaise [ɑ̃glɛ, -z] **1** *adj* English

2 *m langue* English **3** *m/f* **Anglais, Anglaise** Englishman; Englishwoman; *les anglais* the English

angle [ɑ̃gl] *m* angle; (*coin*) corner; *angle droit* right angle; *angle mort* blind spot

Angleterre [ɑ̃glətɛr] *f: l'Angleterre* England

anglicisme [ɑ̃glisism] *m* anglicism

anglophone [ɑ̃glɔfɔn] English-speaking

anglo-saxon Anglo-Saxon

angoissant, angoissante painful, distressing

angoisse [ɑ̃gwas] *f* anguish, distress

angoisser ⟨1a⟩ distress

anguille [ɑ̃gij] *f* eel

anguleux, -euse [ɑ̃gylø, -z] angular

anicroche [anikrɔʃ] *f* hitch

animal [animal] (*mpl -aux*) **1** *m* animal; *animal domestique* pet **2** *adj* (*f animale*) animal *atr*

animateur, -trice [animatœr, -tris] *m/f d'une émission de radio, de télévision* host, presenter; *d'une discussion* moderator; *d'activités culturelles* organizer, leader; *d'une entreprise* leader; *de dessin animé* animator

animation *f* (*vivacité*) liveliness; *de mouvements* hustle and bustle; *de dessin animé* animation; *animation* (*culturelle*) community-based activities *pl*

animé, animée *rue, quartier* busy; *conversation* lively, animated

animer ⟨1a⟩ *conversation, fête* liven up; (*stimuler*) animate; *discussion, émission* host; *s'animer d'une rue, d'un quartier* come to life, come alive; *d'une personne* become animated

animosité [animozite] *f* animosity

anis [anis] *m* aniseed; *liqueur aniseed-flavored alcoholic drink*

anisette *f* aniseed-flavored alcoholic drink

anneau [ano] *m* (*pl -x*) ring

année [ane] *f* year; *les années 90* the 90s; *bonne année!* happy New Year!; *année fiscale* fiscal year; *année sabbatique* sabbatical (year)

année-lumière *f* light year

annexe [anɛks] *f d'un bâtiment* annex; *d'un document* appendix; *d'une lettre* enclosure, *Br* attachment

annexer ⟨1a⟩ *document* enclose, *Br* attach; *pays* annex

annihiler [aniile] ⟨1a⟩ annihilate

anniversaire [aniversɛr] *m* birthday; *d'un événement* anniversary; *anniversaire de mariage* wedding anniversary

annonce [anɔ̃s] *f* (*nouvelle*) announcement; *dans journal* ad(vertisement);

(*présage*) sign; **petites annonces** classified advertisements, classifieds

annoncer ⟨1k⟩ announce; **s'annoncer bien / mal** be off to a good / bad start

annonceur *m dans un journal* advertiser; TV, *à la radio* announcer

annotation [anɔtasjɔ̃] *f* annotation

annoter ⟨1a⟩ annotate

annuaire [anɥɛr] *m* yearbook; **annuaire du téléphone** phone book

annuel, annuelle [anɥɛl] annual, yearly

annulaire [anɥlɛr] *m* ring finger

annulation [anylasjɔ̃] *f* cancellation; *d'un mariage* annulment

annuler ⟨1a⟩ cancel; *mariage* annul

anodin, anodine [anɔdɛ̃, -in] harmless; *personne* insignificant; *blessure* slight

anomalie [anɔmali] *f* anomaly

anonymat [anɔnima] *m* anonymity

anonyme anonymous; **société f anonyme** incorporated *ou Br* limited company

anorak [anɔrak] *m* anorak

anorexie [anɔrɛksi] *f* anorexia

anorexique anorexic

anormal, anormale [anɔrmal] abnormal

anse [ɑ̃s] *f d'un panier etc* handle; GÉOGR cove, bay

antagonisme [ɑ̃tagɔnism] *m* antagonism

antagoniste **1** *adj* antagonistic **2** *m/f* antagonist

antarctique [ɑ̃tarktik] **1** *adj* Antarctic **2** *m* **l'Antarctique** Antarctica, the Antarctic

antécédents [ɑ̃tesedɑ̃] *mpl* history *sg*

antenne [ɑ̃tɛn] *f* ZO antenna, feeler; TV, *d'une radio* antenna, *Br* aerial; **être à l'antenne** be on the air

antérieur, antérieure [ɑ̃terjœr] (*de devant*) front; (*d'avant*) previous, earlier; **antérieur à** prior to, before

anthologie [ɑ̃tɔlɔʒi] *f* anthology

anthropologie [ɑ̃trɔpɔlɔʒi] *f* anthropology

anthropologue *m/f* anthropologist

antiadhésif, -ive [ɑ̃tiadezif, -iv] nonstick

antibiotique [ɑ̃tibjɔtik] *m* antibiotic

antibrouillard [ɑ̃tibrujar] *m* fog lamp

antibruit [ɑ̃tibrɥi] soundproof

antichoc [ɑ̃tiʃɔk] shock-proof

anticipation [ɑ̃tisipasjɔ̃] *f* anticipation; **payer par anticipation** pay in advance; **d'anticipation** *film, roman* science-fiction

anticipé, anticipée early; *paiement* advance

anticiper ⟨1a⟩ anticipate; **anticiper un paiement** pay in advance

anticlérical, anticléricale [ɑ̃tiklerikal] (*mpl* -aux) anticlerical

anticonceptionnel, anticonceptionnelle

[ɑ̃tikɔ̃sepsjɔnɛl] contraceptive

anticonstitutionnel, anticonstitutionnelle [ɑ̃tikɔ̃stitysjɔnɛl] unconstitutional

anticorps [ɑ̃tikɔr] *m* antibody

antidater [ɑ̃tidate] ⟨1a⟩ backdate

antidérapant, antidérapante [ɑ̃tiderapɑ̃, -t] AUTO **1** *adj* non-skid **2** *m* non-skid tire, *Br* non-skid tyre

antidote [ɑ̃tidɔt] *m* MÉD antidote

antigel [ɑ̃tiʒɛl] *m* antifreeze

antillais, antillaise [ɑ̃tijɛ, -z] **1** *adj* West Indian **2** *m/f* **Antillais, Antillaise** West Indian

Antilles *f/pl:* **les Antilles** the West Indies

antimondialiste [ɑ̃timɔ̃djalist] *m/f* & *adj* antiglobalist

antipathie [ɑ̃tipati] *f* antipathy

antipathique unpleasant

antipelliculaire [ɑ̃tipelikylɛr]: **shampoing m antipelliculaire** dandruff shampoo

antipode [ɑ̃tipɔd] *m*: **aux antipodes** *fig* poles apart (*de* from)

antipollution [ɑ̃tipɔlysjɔ̃] anti-pollution

antiquaire [ɑ̃tikɛr] *m* antique dealer

antique ancient; *meuble* antique; *péj* antiquated

antiquités *fpl* meubles, *objets d'art* antiques

antirouille [ɑ̃tiruj] antirust

antisocial, antisociale [ɑ̃tisɔsjal] antisocial

antisémite [ɑ̃tisemit] **1** *adj* anti-Semitic **2** *m/f* anti-Semite

antiseptique [ɑ̃tisɛptik] *m* & *adj* antiseptic

antiterroriste [ɑ̃titerɔrist] anti-terrorist

antivol [ɑ̃tivɔl] *m* anti-theft device

anxiété [ɑ̃ksjete] *f* anxiety

anxieux, -euse anxious; **être anxieux de faire qch** be anxious to do sth

août [u(t)] *m* August

apaiser [apeze] ⟨1b⟩ *personne* pacify, calm down; *douleur* soothe; *soif* slake; *faim* satisfy

apathie [apati] *f* apathy

apercevoir [apersəvwar] ⟨3a⟩ see; **s'apercevoir de qch** notice sth

aperçu 1 *p/p →* **apercevoir 2** *m* broad outline

apéritif [aperitif] *m* aperitif

apéro *m* F → **apéritif**

apesanteur [apəzɑ̃tœr] *f* weightlessness

à-peu-près [apøprɛ] *m* (*pl inv*) approximation

apeuré, apeurée [apœre] frightened

apitoyer [apitwaje] ⟨1h⟩: **apitoyer qn** move s.o. to pity; **s'apitoyer sur qn** feel sorry for s.o.

aplanir [aplanir] ⟨2a⟩ flatten, level; *fig*: *différend* smooth over; *difficultés* iron out

aplatir [aplatir] ⟨2a⟩ flatten; **s'aplatir** (*s'écraser*) be flattened; **s'aplatir devant qn** kowtow to s.o.

aplomb [aplɔ̃] *m* (*confiance en soi*) self-confidence; (*audace*) nerve; **d'aplomb** vertical, plumb; **je ne suis pas d'aplomb** *fig* I don't feel a hundred percent; **avec aplomb** confidently

apogée [apɔʒe] *m fig* height, peak

apolitique [apɔlitik] apolitical

apostrophe [apɔstrɔf] *f* (*interpellation*) rude remark; *signe* apostrophe

apostropher ⟨1a⟩: **apostropher qn** F shout at s.o., tear s.o. off a strip

apôtre [apotr] *m* apostle

apparaître [aparetr] ⟨4z⟩ appear; **faire apparaître** bring to light; **il apparaît que** it appears *ou* seems that, it would appear that

appareil [aparɛj] *m* device; AVIAT plane; **qui est à l'appareil?** TÉL who's speaking?, who's this?; **appareil (dentaire)** brace; **appareil ménager** household appliance; **appareil photo** camera

appareiller ⟨1a⟩ match (*à* with); MAR set sail (*pour* for)

apparemment [aparamɑ̃] apparently

apparence [aparɑ̃s] *f* appearance; **en apparence** on the face of things; **sauver les apparences** save face; **selon toute apparence** judging by appearances

apparent, apparente (*visible*) visible; (*illusoire*) apparent

apparenté, apparentée [aparɑ̃te] related (*à* to)

apparition [aparisjɔ̃] *f* appearance

appartement [apartəmɑ̃] *m* apartment, *Br* flat

appartenance [apartənɑ̃s] *f à une association, à un parti* membership

appartenir ⟨2h⟩ belong (*à* to s.o.); **il ne m'appartient pas d'en décider** it's not up to me to decide

appât [apɑ] *m also fig* bait

appâter ⟨1a⟩ lure

appauvrir [apovrir] ⟨2a⟩ impoverish; **s'appauvrir** become impoverished

appauvrissement *m* impoverishment

appel [apɛl] *m* call; TÉL (telephone) call; (*exhortation*) appeal, call; MIL (*recrutement*) draft, *Br* call-up; JUR appeal; ÉDU roll-call; **faire appel** JUR appeal; **sans appel** final; **faire appel à qch** (*nécessiter*) require; **faire appel à qn** appeal to s.o.; **appel d'offres** invitation to tender

appelé *m* MIL conscript

appeler ⟨1c⟩ call; (*nécessiter*) call for; **en appeler à qn** approach s.o., turn to s.o.; **comment t'appelles-tu?** what's your name?, what are you called?; **je m'appelle ...** my name is ..., I'm called ...

appendice [apɛ̃dis] *m* appendix

appendicite *f* MÉD appendicitis

appesantir [apəzɑ̃tir]: **s'appesantir** grow heavier; **s'appesantir sur** dwell on

appétissant, appétissante [apetisɑ̃, -t] appetizing

appétit *m* appetite; **bon appétit!** enjoy (your meal)!

applaudir [aplodir] ⟨2a⟩ applaud, clap

applaudissements *mpl* applause *sg*, clapping *sg*

applicable [aplikabl] applicable

applicateur *m* applicator

application *f* application

appliqué, appliquée *science* applied

appliquer ⟨1m⟩ apply; *loi* apply, enforce; **s'appliquer d'une personne** apply o.s., work hard; **appliquer Y sur X** smear X with Y, smear Y on X; **s'appliquer à qch** apply to sth; **s'appliquer à faire qch** take pains to do sth with

appointements [apwɛ̃tmɑ̃] *mpl* salary *sg*

apport [apɔr] *m* contribution

apporter ⟨1a⟩ bring; **apporter du soin à qch** take care over sth; **apporter de l'attention à qch** pay attention to sth; **apporter des raisons** provide reasons

apposer [apoze] ⟨1a⟩: **apposer sa signature** append one's signature

appréciable [apresjabl] significant, appreciable

appréciation *f d'un prix, d'une distance* estimate; (*jugement*) comment, opinion; COMM appreciation

apprécier ⟨1a⟩ *valeur, distance* estimate; *personne, musique, la bonne cuisine* appreciate

appréhender [apreɑ̃de] ⟨1a⟩: **appréhender qch** be apprehensive about sth; **appréhender qn** JUR arrest s.o.

appréhensif, -ive apprehensive

appréhension *f* apprehension

apprendre [aprɑ̃dr] ⟨4q⟩ *leçon* learn; *nouvelle* learn, hear (*par qn* from s.o.); **apprendre qch à qn** (*enseigner*) teach s.o. sth; (*raconter*) tell s.o. sth; **apprendre à lire** learn to read

apprenti, apprentie [aprɑ̃ti] *m/f* apprentice; *fig* beginner, novice; **apprenti conducteur** student driver, *Br* learner driver

apprentissage *m d'un métier* apprenticeship; *processus psychologique* learning

apprêté, apprêtée [aprɛte] affected

apprêter ⟨1a⟩ prepare; **s'apprêter à faire**

qch prepare to do sth, get ready to do sth

apprivoiser [aprivwaze] ⟨1a⟩ tame

approbateur, -trice [aprɔbatœr, -tris] approving

approbation *f* approval

approche [aprɔʃ] *f* approach

approcher ⟨1a⟩ **1** *v/t* bring closer (*de* to) **2** *v/i* approach; *s'approcher de* approach

approfondi, approfondie [aprɔfɔ̃di] thorough, detailed

approfondir ⟨2a⟩ deepen; (*étudier*) go into in detail

approprié, appropriée [aprɔprije] appropriate, suitable (*à* for)

approprier ⟨1a⟩: *s'approprier qch* appropriate sth

approuver [apruve] ⟨1a⟩ *projet, loi* approve; *personne, manières* approve of

approvisionnement [aprɔvizjɔnmɑ̃] *m* supply (*en* of)

approvisionner ⟨1a⟩ supply; *approvisionner un compte bancaire* pay money into a bank account

approximatif, -ive [aprɔksimatif, -iv] approximate

approximation *f* approximation

approximativement *adv* approximately

appui [apɥi] *m* support; *d'une fenêtre* sill; *prendre appui sur* lean on; *à l'appui de* in support of; *preuves fpl à l'appui* supporting evidence *sg*

appuie-tête *m* (*pl inv*) headrest

appuyer ⟨1h⟩ **1** *v/t* lean; (*tenir debout*) support; *fig candidat, idée* support, back **2** *v/i*: *appuyer sur bouton* press, push; *fig* stress; *s'appuyer sur* lean on; *fig* rely on

âpre [ɑpr] bitter

après [aprɛ] **1** *prép* after; *l'un après l'autre* one after the other; *après coup* after the event; *après quoi* and then, after that; *après tout* after all; *après avoir lu le journal, il ...* after reading the paper he ...; *d'après (ce que disent) les journaux* according to the papers, going by what the papers say **2** *adv* afterward, *Br aussi* afterwards **3** *conj*: *après que* after; *après qu'il soit* (*subj*) *parti nous avons ...* after he left we ...; *après qu'il soit* (*subj*) *parti nous aurons ...* after he leaves we will have ...

après-demain [apredmɛ̃] the day after tomorrow

après-guerre [apreɡɛr] *m* (*pl après-guerres*) post-war period

après-midi [apremidi] *m ou f* (*pl inv*) afternoon

après-rasage [aprerazaʒ] *lotion f après-rasage* aftershave

après-vente [aprevɑ̃t]: *service m après-vente* after-sales service

apr. J.-C. *abr* (= *après Jésus-Christ*) AD (= anno Domini)

à-propos [aprɔpo] *m* aptness

apte [apt] apt (*à* to)

aptitude [aptityd] *f* aptitude

aquarelle [akwarɛl] *f* watercolor, *Br* watercolour

aquarium [akwarjɔm] *m* aquarium

aquatique [akwatik] aquatic; *oiseau water ter atr*

aqueduc [akdyk] *m* aqueduct

arabe [arab] **1** *adj* Arab **2** *m langue* Arabic **3** *m/f* **Arabe** Arab

Arabie *f*: *l'Arabie Saoudite* Saudi (Arabia)

arachide [araʃid] *f* BOT peanut

araignée [arɛɲe] *f* spider

arbitrage [arbitraʒ] *m* arbitration; *à la Bourse* arbitrage

arbitraire [-ɛr] arbitrary

arbitre [arbitr] *m* referee; *libre arbitre* free will

arbitrer ⟨1a⟩ arbitrate

arbre [arbr] *m* tree; TECH shaft; *arbre généalogique* family tree; *arbre de Noël* Christmas tree

arbuste [arbyst] *m* shrub

arc [ark] *m* ARCH arch; GÉOM arc

arcades [arkad] *fpl* ARCH arcade *sg*

arc-boutant [arkbutɑ̃] *m* (*pl arcs-boutants*) ARCH flying buttress

arc-en-ciel [arkɑ̃sjɛl] *m* (*pl arcs-en-ciel*) rainbow

archange [arkɑ̃ʒ] *m* REL archangel

arche [arʃ] *f* arch; *Bible* Ark

archéologie [arkeɔlɔʒi] *f* archeology, *Br* archaeology

archéologique archeological, *Br* archaeology

archéologue *m/f* archeologist, *Br* archaeologist

archet [arʃɛ] *m* MUS bow

archevêque [arʃəvɛk] *m* archbishop

architecte [arʃitɛkt] *m/f* architect

architecture *f* architecture

archives [arʃiv] *fpl* records, archives

arctique [arktik] **1** *adj* Arctic **2** *m* **l'Arctique** the Arctic

ardent, ardente [ardɑ̃, -t] *soleil* blazing; *désir* burning; *défenseur* fervent

ardeur *f fig* ardor, *Br* ardour

ardoise [ardwaz] *f* slate

ardu, ardue [ardy] arduous

arène [arɛn] *f* arena; *arènes* arena *sg*

arête [arɛt] *f d'un poisson* bone; *d'une montagne* ridge

argent [arʒɑ̃] *m* silver; (*monnaie*) money;

argent liquide ou **comptant** cash; **argent du ménage** housekeeping; **argent de poche** allowance, Br pocket money

argenterie f silver(ware)

argentin, argentine [arʒɑ̃tɛ̃, -in] **1** adj Argentinian **2** m/f Argentin, Argentine Argentinian

Argentine f: **l'Argentine** Argentina

argile [arʒil] f GÉOL clay

argot [argo] m slang

argotique slang atr

argument [argymɑ̃] m argument

argumenter ⟨1a⟩ argue

aride [arid] arid, dry; sujet dry

aridité f aridity, dryness

aristocrate [aristɔkrat] m/f aristocrat

aristocratie f aristocracy

aristocratique aristocratic

arithmétique [aritmetik] **1** adj arithmetical **2** f arithmetic

armateur [armatœr] m shipowner

armature [armatyr] f structure, framework

arme [arm] f weapon (aussi fig); **armes** (blason) coat of arms sg; **arme à feu** firearm

armé, armée armed (**de** with); fig equipped (**contre** for; **de** with)

armée f army; **armée de l'air** airforce; **Armée du Salut** Salvation Army

armement m arming; **armements moyens d'un pays** armaments; **course f aux armements** armaments race

armer ⟨1a⟩ arm (**de** with); fig equip (**de** with)

armistice [armistis] m armistice; **l'Armistice** Veterans' Day, Br Remembrance Day

armoire [armwar] f cupboard; pour les vêtements closet, Br wardrobe

arnaque [arnak] f F rip-off F, con F

arnaquer ⟨1b⟩ F rip off F

arnaqueur, -euse m/f F hustler F

aromate [arɔmat] m herb; (épice) spice

aromathérapie f aromatherapy

aromatique aromatic

arome, arôme m flavor, Br flavour; (odeur) aroma

arpenter [arpɑ̃te] ⟨1a⟩ measure; fig: salle pace up and down

arpenteur m surveyor

arrache-pied [araʃpje]: **travailler d'arrache-pied** slave

arracher ⟨1a⟩ pull out; pommes de terre pull up, lift; page pull out, tear out; **arracher qch à qn** snatch sth from s.o.; **arracher un aveu à qn** extract a confession from s.o.; **s'arracher à** ou **de qch** free o.s. from sth; **s'arracher qch** fight over

sth; **s'arracher les cheveux** pull one's hair out

arrangeant, arrangeante [arɑ̃ʒɑ̃] obliging

arrangement m (disposition, accord) MUS arrangement

arranger ⟨1l⟩ arrange; objet mend, fix; différend settle; F **arranger qn** (maltraiter) beat s.o. up; **cela m'arrange** that suits me; **s'arranger avec qn pour faire qch** come to an arrangement with s.o. about sth; **tout s'arrange** everything works out in the end; **s'arranger pour faire qch** manage to do sth; **s'arranger de qch** put up with sth

arrestation [arɛstasjɔ̃] f arrest; **en état d'arrestation** under arrest

arrêt [arɛ] m (interruption) stopping; d'autobus stop; JUR judgment; **sans arrêt** constantly; AUTO **à l'arrêt** stationary; **arrêt(s) de jeu** overtime, Br injury ou stoppage time; **arrêt de travail** work stoppage

arrêté m decree

arrêter ⟨1b⟩ **1** v/i stop **2** v/t stop; moteur turn off, switch off; voleur arrest; jour, date set, fix; **arrêter de faire qch** stop doing sth; **s'arrêter** stop

arrhes [ar] fpl COMM deposit

arrière [arjɛr] **1** adv back; **en arrière** backward; regarder back; (à une certaine distance) behind; **arrière de** behind, at the back of **2** adj inv feu rear atr; **siège m arrière** back seat **3** m AUTO, SP back; **à l'arrière** in back, at the back

arriéré, arriérée [arjere] **1** adj paiement late, in arrears; enfant, idées backward **2** m COMM arrears pl

arrière-goût [arjergu] m aftertaste

arrière-grand-mère [arjergrɑ̃mɛr] f (pl arrière-grand⟨s⟩-mères) great-grandmother

arrière-grand-père m (pl arrière-grands--pères) great-grandfather

arrière-pays [arjerpei] m hinterland

arrière-pensée [arjerpɑ̃se] f (pl arrière--pensées) ulterior motive, hidden agenda

arrière-petit-fils [arjerp(ə)tifis] m (pl arrière-petits-fils) great-grandson

arrière-plan [arjerplɑ̃] m background

arrière-saison [arjersezɔ̃] f fall, Br autumn

arrimer [arime] ⟨1a⟩ chargement stow

arrivage [arivaʒ] m consignment

arrivée f arrival; SP finish line, Br finishing line

arriver ⟨1a⟩ (aux **être**) arrive; d'un événement happen; **arriver à un endroit** reach a place, arrive at a place; **ses cheveux**

lui arrivent aux épaules her hair comes down to her shoulders; *qu'est-ce qui est arrivé?* what happened?; *arriver à faire qch* manage to do sth; *arriver à qn* happen to s.o.; *il arrive qu'il soit (subj) en retard* he's late sometimes; *j'arrive!* (I'm) coming!

arriviste [arivist] *m/f* social climber

ar(r)obase [arɔbaz] *f* INFORM at, at sign

arrogance [arɔgɑ̃s] *f* arrogance

arrogant, arrogante arrogant

arrondir [arɔ̃dir] ⟨2a⟩ *somme d'argent: vers le haut* round up; *vers le bas* round down

arrondissement *m* *d'une ville* district

arroser [aroze] ⟨1a⟩ water; *arroser qch fig* have a drink to celebrate sth

arrosoir *m* watering can

arsenal [arsənal] *m* (*pl* -aux) MAR naval dockyard; MIL arsenal

arsenic [arsənik] *m* arsenic

art [ar] *m* art; *avoir l'art de faire qch* have a knack *ou* a gift for doing sth; *arts décoratifs* decorative arts; *arts graphiques* graphic arts; *arts plastiques* fine arts

artère [artɛr] *f* ANAT artery; (*route*) main road

artériel, artérielle [arterjɛl]: *tension f artérielle* blood pressure

artériosclérose *f* MÉD hardening of the arteries

arthrite [artrit] *f* arthritis

artichaut [artiʃo] *m* artichoke; *cœur m d'artichaut* artichoke heart

article [artikl] *m* article, item; JUR article, clause; *de presse*, GRAM article; *article de fond presse* feature article; *articles de luxe* luxury goods

articulation [artikylasjɔ̃] *f* ANAT joint; *d'un son* articulation

articulé, articulée *son* articulate

articuler ⟨1a⟩ *son* articulate

artifice [artifis] *m* trick

artificiel, artificielle artificial

artillerie [artijri] *f* artillery

artisan [artizɑ̃] *m* craftsman

artisanal, artisanale (*mpl* -aux) *tapis, poterie etc* hand-made; *fromage, pain etc* traditional

artisanat *m* crafts *pl*; *artisanat d'art* arts and crafts *pl*

artiste [artist] **1** *m/f* artist; *comédien, chanteur* performer **2** *adj* artistic

artistique artistic

as [as] *m* ace

asbeste [asbɛst] *m* asbestos

ascendance [asɑ̃dɑ̃s] *f* ancestry

ascendant, ascendante 1 *adj* upward **2** *m*

influence (*sur* on, over)

ascenseur [asɑ̃sœr] *m* elevator, *Br* lift

ascension *f* *d'un alpiniste, d'une fusée, d'un ballon* ascent; *fig* (*progrès*) rise; *l'Ascension* REL Ascension

asiatique [azjatik] **1** *adj* Asian **2** *m/f* **Asiatique** Asian

Asie *f*: *l'Asie* Asia

asile [azil] *m* (*refuge*) shelter; POL asylum; *asile de vieillards* old people's home; *demande f d'asile* request for asylum; *demandeur m d'asile* asylum seeker

asocial, asociale [asɔsjal] antisocial

aspect [aspɛ] *m* (*vue*) look; (*point de vue*) angle, point of view; *d'un problème* aspect; (*air*) appearance; *sous cet aspect* looked at that way; *à l'aspect de* at the sight of

asperge [aspɛrʒ] *f* BOT stalk of asparagus; *asperges* asparagus *sg*

asperger [aspɛrʒe] ⟨1l⟩ sprinkle; *asperger qn de qch* spray s.o. with sth

asphalte [asfalt] *m* asphalt

asphyxie [asfiksi] *f* asphyxiation

asphyxier ⟨1a⟩ asphyxiate

aspirateur [aspiratœr] *m* vacuum (cleaner)

aspiration *f* suction; *fig* aspiration (*à* to)

aspirer [aspire] ⟨1a⟩ *de l'air* breathe in, inhale; *liquide* suck up; *aspirer à qch* aspire to sth; *aspirer à faire qch* aspire to doing sth

aspirine [aspirin] *f* aspirin

assagir [asaʒir] ⟨2a⟩: *s'assagir* settle down

assaillant, assaillante [asajɑ̃, -t] *m/f* assailant

assaillir ⟨2c, *futur* 2a⟩ *vedette* mob; *être assailli de* de doutes be assailed by; *de coups de téléphone* be bombarded by

assainir [asenir] ⟨2a⟩ (*nettoyer*) clean up; *eau* purify

assaisonnement [asɛzɔnmɑ̃] *m* seasoning

assaisonner ⟨1a⟩ season

assassin [asasɛ̃] *m* murderer; *d'un président* assassin

assassinat *m* assassination

assassiner ⟨1a⟩ murder; *un président* assassinate

assaut [aso] *m* assault, attack

assécher [aseʃe] ⟨1f⟩ drain

assemblage [asɑ̃blaʒ] *m* assembly; *fig* collection

assemblée *f* gathering; (*réunion*) meeting; *assemblée générale* annual general meeting; *Assemblée nationale* POL National Assembly

assembler ⟨1a⟩ (*unir*) assemble, gather;

TECH assemble; **s'assembler** assemble, gather

assentiment [asɑ̃timɑ̃] *m* consent

asseoir [aswar] ⟨3l⟩: **s'asseoir** sit down

assermenté, assermentée [asɛrmɑ̃te] *fonctionnaire* sworn; *témoin* on oath

assertion [asɛrsjɔ̃] *f* assertion

assez [ase] *adv* enough; (*plutôt*) quite; **assez d'argent** enough money (*pour faire qch* to do sth); **la maison est assez grande** the house is quite big; **la maison est assez grande pour tous** the house is big enough for everyone; **j'en ai assez!** I've had enough!

assidu, assidue [asidy] *élève* hard-working

assiéger [asjeʒe] ⟨1g⟩ besiege (*aussi fig*)

assiette [asjɛt] *f* plate; **ne pas être dans son assiette** *fig* be under the weather; **assiette anglaise** cold cuts *pl*, *Br* cold meat

assignation [asiɲasjɔ̃] *f* allocation; **assignation (à comparaître)** JUR summons *sg*

assigner ⟨1a⟩ *à un rôle, un emploi, une tâche* assign; **assigner à comparaître** subpoena

assimiler [asimile] ⟨1a⟩ (*comparer*) compare; *connaissances, étrangers* assimilate; **il s'assimile à ...** he thinks he's like ..., he compares himself with ...

assis, assise [asi, -z] **1** *p/p* → **asseoir 2** *adj*: **place f assise** seat; **être assis** be sitting

assise *f fig* basis

assises *fpl* JUR: **cour f d'assises** court of assizes

assistance [asistɑ̃s] *f* (*public*) audience; (*aide*) assistance; **être placé à l'Assistance Publique** be taken into care

assistant, assistante *m/f* assistant; **assistante sociale** social worker

assister ⟨1a⟩ **1** *v/i*: **assister à qch** attend sth, be (present) at sth **2** *v/t*: **assister qn** assist s.o.; **assisté(e) par ordinateur** computer-aided

association [asɔsjasjɔ̃] *f* association; **association de parents d'élèves** parent-teacher association, PTA

associé, associée *m/f* partner

associer ⟨1a⟩ associate (*à* with); **s'associer** join forces; COMM go into partnership; **s'associer à** *douleur* share in

assoiffé, assoiffée [aswafe] thirsty; **assoiffé de** *fig* hungry for

assombrir [asɔ̃brir] ⟨2a⟩: **s'assombrir** darken

assommant, assommante [asɔmɑ̃, -t] F deadly boring

assommer ⟨1a⟩ stun; F bore to death

Assomption [asɔ̃psjɔ̃] *f* REL Assumption

assorti, assortie [asɔrti] matching; **gants assortis au bonnet** matching hat and gloves; **fromages** *mpl* **assortis** cheese platter *sg*, assortment of cheeses; **assorti de** accompanied by

assortiment *m* assortment

assortir ⟨2a⟩ match

assoupir [asupir] ⟨2a⟩ send to sleep; *fig*: *douleur, sens* dull; **s'assoupir** doze off; *fig* die down

assouplissant [asuplisɑ̃] fabric softener

assourdir [asurdir] ⟨2a⟩ (*rendre comme sourd*) deafen; *bruit* muffle

assouvir [asuvir] ⟨2a⟩ satisfy (*aussi fig*)

assujettir [asyʒetir] ⟨2a⟩ subjugate; **assujettir qn à qch** subject s.o. to sth; **assujetti à l'impôt** subject to tax

assujettissement *m* subjugation

assumer [asyme] ⟨1a⟩ take on, assume

assurance [asyrɑ̃s] *f* (*confiance en soi*) assurance, self-confidence; (*promesse*) assurance; (*contrat*) insurance; **assurance auto** car insurance; **assurance maladie** health insurance; **assurance responsabilité civile** public liability insurance; **assurance tous risques** all-risks insurance; **assurance au tiers** third party insurance; **assurance-vie** life insurance

assuré, assurée 1 *adj* (*sûr*) confident **2** *m/f* insured party

assurément *adv* certainly

assurer ⟨1a⟩ *victoire, succès* ensure, make sure of; (*couvrir par une assurance*) insure; **assurer à qn que** assure s.o. that; **assurer qch à qn** provide s.o. with sth; **s'assurer** take out insurance (**contre** against); **s'assurer de qch** (*vérifier*) make sure of sth, check sth

astérisque [asterisk] *m* asterisk

asthmatique [asmatik] asthmatic

asthme *m* asthma

astiquer [astike] ⟨1m⟩ *meuble* polish; *casserole* scour

astre [astr] *m* star

astreindre [astrɛ̃dr] ⟨4b⟩ compel (**à faire qch** to do sth)

astrologie [astrɔlɔʒi] *f* astrology

astrologue *m/f* astrologer

astronaute [astronot] *m/f* astronaut

astronome *m/f* astronomer

astronomie *f* astronomy

astronomique astronomical (*aussi fig*)

astuce [astys] *f* (*ingéniosité*) astuteness, shrewdness; (*truc*) trick

astucieux, -euse astute, shrewd

atelier [atəlje] *m* workshop; **d'un artiste**

studio

athée [ate] *m/f* atheist

athéisme *m* atheism

athlète [atlɛt] *m/f* athlete

athlétique athletic

athlétisme *m* athletics *sg*

atlantique [atlɑ̃tik] **1** *adj* Atlantic; *l'océan m Atlantique* the Atlantic Ocean **2** *m*: *l'Atlantique* the Atlantic

atlas [atlas] *m* (*pl inv*) atlas

atmosphère [atmosfɛr] *f* atmosphere

atmosphérique atmospheric

atome [atom] *m* atom

atomique atomic; *bombe f atomique* atom bomb

atomiseur *m* spray, atomizer

atout [atu] *m fig* asset

atroce [atrɔs] dreadful, atrocious

atrocité *f* atrocity

attabler [atable] ⟨1a⟩: *s'attabler* sit at the table

attachant, attachante [ataʃɑ̃, -t] captivating

attache *f* fastener, tie; *attaches fig* ties

attaché, attachée: *être attaché à qn / qch* be attached to s.o./sth

attaché-case *m* executive briefcase

attacher ⟨1a⟩ **1** *v/t* attach, fasten; *animal* tie up; *prisonnier* secure; *chaussures* do up; *attacher de l'importance à qch fig* attach importance to sth **2** *v/i* CUIS (*coller*) stick; *s'attacher à personne, objet* become attached to

attaquant, attaquante [atakɑ̃, -t] *m/f* SP striker

attaque *f* attack; *attaque à la bombe* bomb attack

attaquer ⟨1m⟩ attack; *travail, difficulté* tackle; *s'attaquer à* attack; *problème* tackle

attarder [atarde] ⟨1a⟩: *s'attarder* linger; *s'attarder à ou sur qch* dwell on sth

atteindre [atɛ̃dr] ⟨4b⟩ reach; *but* reach, achieve; *d'un projectile, d'un coup* strike, hit; *d'une maladie* affect; *être atteint du cancer* have cancer

atteinte *f fig* attack; *porter atteinte à qch* undermine sth; *hors d'atteinte* out of reach

atteler [atle] ⟨1c⟩ *cheval* harness

attenant, attenante [atnɑ̃, -t] adjoining; *attenant à* adjacent to

attendant [atɑ̃dɑ̃]: *en attendant* in the meantime; *en attendant qu'il arrive* (*subj*) while waiting for him to arrive

attendre ⟨4a⟩ wait; *attendre qn* wait for s.o.; *j'attends que les magasins ouvrent* (*subj*) I'm waiting for the shops to open; *s'attendre à qch* expect sth; *at-*

tendre qch de qn, qch expect sth from s.o./sth; *attendre un enfant* be expecting a baby

attendrir [atɑ̃drir] ⟨2a⟩ *fig: personne* move; *cœur* soften; *s'attendrir* be moved (*sur* by)

attendrissement *m* tenderness

attendu, attendue [atɑ̃dy] **1** *adj* expected **2** *prép* in view of; *attendu que* considering that

attentat [atɑ̃ta] *m* attack; *attentat à la bombe* bombing, bomb attack; *attentat à la pudeur* indecent assault; *attentat suicide* suicide bomb attack; *attentat terroriste* terrorist attack

attente [atɑ̃t] *f* wait; (*espoir*) expectation

attenter [atɑ̃te] ⟨1a⟩: *attenter à la vie de qn* make an attempt on s.o.'s life

attentif, -ive [atɑ̃tif, -iv] attentive (*à* to)

attention *f* attention; (*fais*) *attention!* look out!, (be) careful!; *faire attention à qch* pay attention to sth; *faire attention (à ce) que* (+ *subj*) make sure that; *à l'attention de* for (the attention of)

atténuant, atténuante [atenɥɑ̃, -t] JUR: *circonstances fpl atténuantes* mitigating *ou* extenuating circumstances

atténuer ⟨1n⟩ reduce, diminish; *propos, termes* soften, tone down

atterrer [atere] ⟨1b⟩: *être atterré par* be staggered by

atterrir [aterir] ⟨2a⟩ AVIAT land; *atterrir en catastrophe* crash-land

atterrissage *m* AVIAT landing; *atterrissage forcé* crash landing

attestation [atɛstasjõ] *f* certificate

attester ⟨1a⟩ certify; (*prouver*) confirm

attirail [atiraj] *m péj* gear

attirance *f* attraction

attirer ⟨1a⟩ attract; *attirer l'attention de qn sur qch* draw s.o.'s attention to sth; *s'attirer des critiques* come in for criticism, be criticized

attiser [atize] ⟨1b⟩ *émotions* whip up

attitude [atityd] *f* attitude; *d'un corps* pose

attractif, -ive [atraktif, -iv] attractive

attraction *f* attraction; *attraction touristique* tourist attraction

attrait [atre] *m* attraction, appeal

attrape-nigaud [atrapnigo] *m* (*pl attrape-nigauds*) trick, scam F

attraper [atrape] ⟨1a⟩ catch; (*duper*) take in; *attraper un rhume* catch (a) cold

attrayant, attrayante [atrejɑ̃, -t] attractive

attribuer [atribɥe] ⟨1n⟩ attribute; *prix* award; *part, rôle, tâche* assign, allot; *valeur, importance* attach; *s'attribuer* take

attribut *m* attribute

attribution *f* allocation; *d'un prix* award; **attributions** (*compétence*) competence *sg*

attrister [atriste] ⟨1a⟩ sadden

attroupement [atrupmã] *m* crowd

attrouper ⟨1a⟩: **s'attrouper** gather

aubaine [obɛn] *f* stroke of luck

aube [ob] *f* dawn; **à l'aube** at dawn

auberge [obɛrʒ] *f* inn; **auberge de jeunesse** youth hostel

aubergine [obɛrʒin] *f* BOT eggplant, Br aubergine

aubergiste [obɛrʒist] *m/f* innkeeper

aucun, aucune [okœ̃, -yn] **1** *adj* ◇ *avec négatif* no, not ...any; **il n'y a aucune raison** there is no reason, there isn't any reason; **sans aucun doute** without a *ou* any doubt; **en aucun cas** under no circumstances
◇ *avec positif, interrogatif* any; **plus qu'aucun autre** more than any other **2** *pron*
◇ *avec négatif* none; **aucun des deux** neither of the two
◇ *avec positif, interrogatif* anyone, anybody; **d'aucuns** *litt* some (people)

aucunement [okynəmã] *adv* not at all, not in the slightest

audace [odas] *f* daring, audacity; *péj* audacity

audacieux, -euse (*courageux*) daring, audacious; (*insolent*) insolent

au-delà [ou(ə)la] **1** *adv* beyond; **au-delà de** above **2** *m* REL hereafter

au-dessous [odsu] **1** *adv* below **2** *prép*: **au-dessous de** below

au-dessus [odsy] **1** *adv* above **2** *prép*: **au-dessus de** above

au-devant [odvã]: **aller au-devant de personne, danger** meet; *désirs* anticipate

audible [odibl] audible

audience [odjãs] *f* (*entretien*) audience; *d'un tribunal* hearing

audiovisuel, audiovisuelle [odjovizɥɛl] audiovisual

audit *m* FIN audit

auditeur, -trice [oditœr, -tris] *m/f* listener; FIN auditor

audition *f* audition; (*ouïe*) hearing; *de témoins* examination

auditionner ⟨1a⟩ audition

auditoire *m* audience

augmentation [ogmãtasjõ] *f* increase; *de salaire* raise, Br rise

augmenter ⟨1a⟩ **1** *v/t* increase; *salarié* give a raise *ou* Br rise to **2** *v/i* increase, rise

augure [ɔgyr] *m* omen; **être de bon /**

mauvais augure be a good / bad sign *ou* omen

aujourd'hui [oʒurdɥi] today; (*de nos jours*) nowadays, these days, today

auparavant [oparavã] *adv* beforehand; **deux mois auparavant** two months earlier

auprès [oprɛ] *prép*: **auprès de** beside, near

auquel [okel] → **lequel**

aura [ɔra] *f* aura

auréole [ɔreɔl] *f* halo; (*tâche*) ring

auriculaire [ɔrikylɛr] *m* little finger

aurore [ɔrɔr] *f* dawn

ausculter [oskylte, ɔs-] ⟨1a⟩ MÉD sound

aussi [osi] **1** *adv* too, also; **c'est aussi ce que je pense** that's what I think too *ou* also; **il est aussi grand que moi** he's as tall as me; **aussi jeune qu'elle soit** (*subj*) young though she may be, as young as she is **2** *conj* therefore

aussitôt [osito] immediately; **aussitôt que** as soon as

austère [ostɛr] austere

austérité *f* austerity

austral, australe [ostral] (*mpl* -s) GÉOGR southern

Australie [ostrali] *f*: **l'Australie** Australia

australien, australienne 1 *adj* Australian **2 Australien, australienne** *m/f* Australian

autant [otã] ◇ (*tant*) as much (*que* as); *avec pluriel* as many (*que* as); **je ne pensais pas manger autant** I didn't mean to eat as *ou* so much
◇ *comparatif*: **autant de ... que ...** as much ... as ...; *avec pluriel* as many ... as ...
◇ : (*pour*) **autant que je sache** (*subj*) as far as I know; **en faire autant** do the same, do likewise; **d'autant plus / moins / mieux que** all the more / less / better because; **mais elles ne sont pas plus satisfaites pour autant** but that doesn't make them any happier, but they aren't any the happier for that; **autant parler à un sourd** you might as well be talking to a brick wall

autel [otel] *m* altar

auteur [otœr] *m/f* (*écrivain*) author; *d'un crime* perpetrator

auteur-compositeur *m* songwriter

authenticité [otãtisite] *f* authenticity

authentique authentic

autiste [otist] autistic

auto [oto] *f* car, automobile; **auto tamponneuse** dodgem

autobiographie [otobjɔgrafi] *f* autobiography

autobus [otobys] *m* bus

autocar [otokar] *m* bus

autochtone [otɔkton] *adj* & *m/f* native

autocollant, autocollante [otɔkɔlɑ̃, -t] **1** *adj* adhesive **2** *m* sticker

autocrate [otɔkrat] *m* autocrat

autocratique autocratic

autodéfense [otɔdefɑ̃s] *f* self-defense, *Br* self-defence

autodétermination [otɔdetɛrminasjõ] *f* self-determination

autodidacte [otɔdidakt] self-taught

auto-école [otɔekɔl] *f* (*pl* auto-écoles) driving school

autogéré, autogérée [otɔʒere] self-managed

autogestion *f* self-management

autographe [otɔgraf] *m* autograph

automatique [otɔmatik] **1** *adj* automatic **2** *m pistolet* automatic

automatiquement *adv* automatically

automatisation *f* automation

automatiser ⟨1a⟩ automate

automnal, automnale [otɔn] fall *atr*, *Br* autumn *atr*, autumnal

automne *m* fall, *Br* autumn; **en automne** in fall

automobile [otɔmɔbil] **1** *adj* automobile *atr*, car *atr* **2** *f* car, automobile

automobilisme *m* motoring

automobiliste *m/f* driver

autonome [otɔnɔm] independent; POL autonomous

autonomie *f* independence; POL autonomy

autopsie [otɔpsi] *f* autopsy

autoradio [otɔradjo] *m* car radio

autorisation [otɔrizasjõ] *f* authorization, permission

autoriser ⟨1a⟩ authorize, allow

autoritaire [otɔritɛr] authoritarian

autorité *f* authority; **faire autorité en qch** be an authority on sth

autoroute [otɔrut] *f* highway, *Br* motorway

autoroutier, -ère: **réseau** *m* **autoroutier** highway *ou Br* motorway network

auto-stop [otostɔp] *m*: **faire de l'auto-stop** hitchhike, thumb a ride

auto-stoppeur, -euse *m/f* (*pl* auto-stoppeurs, -euses) hitchhiker

autour [otur] *adv* around; **autour de** around

autre [otr] **1** *adj* other; **un / une autre ...** another ...; **l'autre jour** the other day; **nous autres Américains** we Americans; **rien d'autre** nothing else; **d'autre part** somewhere else; **d'autre part** on the other hand; **de temps à autre** from time to

time; **elle est tout autre maintenant** she's quite different now **2** *pron*: **un / une autre** another (one); **l'autre** the other (one); **les autres** the others; (*autrui*) other people; **d'autres** others; **l'un l'autre, les uns les autres** each other, one another; **tout autre que lui** anyone other than him

autrefois [otrəfwa] in the past

autrement [otrəmɑ̃] *adv* (*différemment*) differently; (*sinon*) otherwise; **autrement dit** in other words

Autriche [otriʃ] *f*: **l'Autriche** Austria

autrichien, autrichienne 1 *adj* Austrian **2** *m/f* **Autrichien, Autrichienne** Austrian

autrui [otrɥi] other people *pl*, others *pl*; **l'opinion d'autrui** what other people think

auvent [ovɑ̃] *m* awning

auxiliaire [oksiljɛr] **1** *adj* auxiliary **2** *m/f* (*assistant*) helper, auxiliary; **auxiliaire médical(e)** paramedic **3** *m* GRAM auxiliary

auxquelles, auxquels [okɛl] → **lequel**

av. *abr* (= **avenue**) Ave (= avenue)

aval [aval] **1** *adv*: **en aval** downstream (**de** from); **2** *m* FIN guarantee; **donner son aval** give one's backing

avalanche [avalɑ̃ʃ] *f* avalanche

avaler [avale] ⟨1a⟩ swallow

avance [avɑ̃s] *f* advance; **d'une course** lead; **à l'avance, par avance, d'avance** in advance, ahead of time; **en avance** ahead of time; **avance rapide** fast forward

avancé advanced; **travail** well-advanced

avancement *m* (*progrès*) progress; (*promotion*) promotion

avancer ⟨1k⟩ **1** *v/t chaise* bring forward; *main* put out, stretch out; *argent* advance; *date, rendez-vous* bring forward; *proposition, thèse* put forward **2** *v/i* make progress; MIL advance; *d'une montre* be fast; **s'avancer vers** come up to

avant [avɑ̃] **1** *prép* before; **avant six mois** within six months; **avant tout** above all; **avant de faire qch** before doing sth **2** *adv temps* before; *espace* in front of; **en avant** forward; **il est parti en avant** he went on ahead; **en avant!** let's go!; **en avant, marche!** forward march! **3** *conj*: **avant que** (+ *subj*) before; **avant que cela ne se rompe** before it breaks **4** *adj*: **roue** *f* **avant** front wheel **5** *m* front; *d'un navire* bow; SP forward

avantage [avɑ̃taʒ] *m* advantage; **avantages sociaux** fringe benefits

avantager ⟨1l⟩ suit; (*favoriser*) favor, *Br*

favour

avantageux, -euse advantageous; *prix* good

avant-bras [avɑ̃bʀa] *m* (*pl inv*) forearm

avant-coureur [avɑ̃kuʀœʀ] (*pl* avant-coureurs): *signe m avant-coureur* precursor

avant-dernier, -ère [avɑ̃dɛʀnje, -ɛʀ] (*pl* avant-derniers, avant-dernières) last but one

avant-goût [avɑ̃gu] *m fig* foretaste

avant-hier [avɑ̃tjɛʀ] *adv* the day before yesterday

avant-poste [avɑ̃pɔst] *m* (*pl* avant-postes) outpost

avant-première [avɑ̃pʀəmjɛʀ] *f* preview

avant-projet [avɑ̃pʀɔʒɛ] *m* (*pl* avant-projets) preliminary draft

avant-propos [avɑ̃pʀɔpo] *m* (*pl inv*) foreword

avant-veille [avɑ̃vɛj] *f*: *l'avant-veille* two days before

avare [avaʀ] **1** *adj* miserly; *être avare de qch* be sparing with sth **2** *m* miser

avarice *f* miserliness

avarié, avariée [avaʀje] *nourriture* bad

avec [avɛk] **1** *prép* with; *et avec cela?* (will there be) anything else? **2** *adv*: *tu viens avec?* F are you coming too?

avenant, avenante [avnɑ̃, -t] *fml* **1** *adj* pleasant **2** *adv*: *le reste est à l'avenant* the rest is in keeping with it

avènement [avɛnmɑ̃] *m* advent

avenir [avniʀ] *m* future; *à l'avenir* in future; *dans un avenir prochain* in the near future; *d'avenir* promising

Avent [avɑ̃] *m* Advent; *calendrier m de l'Avent* Advent calendar

aventure [avɑ̃tyʀ] *f* adventure; (*liaison*) affair

aventurer ⟨1a⟩: *s'aventurer* venture (*dans* into)

aventureux, -euse adventurous; *projet* risky

avenu [avny]: *nul et non avenu* null and void

avenue [avny] *f* avenue

avérer [aveʀe] ⟨1f⟩: *s'avérer* (*+ adj*) prove

averse [avɛʀs] *f* shower

aversion [avɛʀsjõ] *f* aversion (*pour ou contre* to); *prendre qn en aversion* take a dislike to s.o.

averti, avertie [avɛʀti] informed

avertir ⟨2a⟩ inform (*de* of); (*mettre en garde*) warn (*de* of)

avertissement *m* warning

avertisseur *m* AUTO horn; *avertisseur d'incendie* fire alarm

aveu [avø] *m* (*pl* -x) confession, admission

aveuglant, aveuglante [avœglɑ̃, -t] blinding

aveugle 1 *adj* blind **2** *m/f* blind man; blind woman

aveuglement *m fig* blindness

aveuglément *adv* blindly

aveugler ⟨1a⟩ blind; *d'une lumière* blind, dazzle

aveuglette: *à l'aveuglette fig* blindly

aviateur, -trice [avjatœʀ, -tʀis] *m/f* pilot

aviation *f* aviation, flying

avide [avid] greedy, avid (*de* for)

avidité *f* greed

avilir [aviliʀ] ⟨2a⟩ degrade

avilissant degrading

avion [avjõ] *m* (air)plane, *Br* (aero)plane; *aller en avion* fly, go by plane; *par avion* (by) airmail; *avion-cargo* freighter, freight plane; *avion de chasse*, *avion de combat* fighter (aircraft); *avion commercial* commercial aircraft; *avion furtif* stealth bomber; *avion de ligne* passenger aircraft *ou* plane

aviron [aviʀõ] *m* oar; SP rowing

avis [avi] *m* (*opinion*) opinion; (*information*) notice; *à mon avis* in my opinion; *je suis du même avis que vous* I share your opinion, I agree with you; *changer d'avis* change one's mind; *sauf avis contraire* unless I/you/*etc* hear anything to the contrary, unless otherwise stated; *avis de réception* acknowledgment of receipt; *avis de tempête* storm warning

avisé, avisée sensible; *être bien avisé de faire qch* be well-advised to do sth

aviser ⟨1a⟩: *aviser qn de qch* advise *ou* inform s.o. of sth; *aviser à qch* think about sth; *s'aviser de qch* notice sth; *s'aviser de faire qch* take it into one's head to do sth

av. J.-C. *abr* (= *avant Jésus-Christ*) BC (= before Christ)

avocat, avocate [avɔka, -t] **1** *m/f* lawyer; (*défenseur*) advocate **2** *m* BOT avocado

avoine [avwan] *f* oats *pl*

avoir [avwaʀ] ⟨1⟩ **1** *v/t* ◇ (*posséder*) have, have got; *il a trois filles* he has three daughters, he's got three daughters

◇ (*obtenir*) *permis etc* get; *il a eu de bonnes notes* he had *ou* he got good grades

◇ F (*duper*): *avoir qn* take s.o. for a ride F; *on vous a eu* you've been had

◇ : *j'ai froid/chaud* I am cold / hot

◇ : *avoir 20 ans* be 20, be 20 years old

◇ : *elle eut un petit cri* she gave a little cry

◇ : *tu n'as qu'à ...* all you have to do is ...

bain B

◇ : **il y a** there is; *avec pluriel* there are; **qu'est-ce qu'il y a?** what's the matter?; **il y a un an** a year ago; **il y a deux mois jusqu'à …** it is *ou* it's two months until … **2** *v/aux* **j'ai déjà parlé** I have *ou* I've already spoken; **il a déjà parlé** he has *ou* he's already spoken; **je lui ai parlé hier** I spoke to him yesterday; **je ne lui ai pas parlé hier** I didn't speak to him yesterday **3** *m* COMM credit; (*possessions*) property, possessions *pl*

avoisinant, avoisinante [avwazinɑ̃, -t] neighboring, *Br* neighbouring

avoisiner ⟨1a⟩: **avoisiner qch** border *ou* verge on sth

avorté, avortée [avɔrte] abortive

avortement *m* miscarriage; *provoqué* abortion

avorter ⟨1a⟩ **1** *v/t femme* terminate the pregnancy of; **se faire avorter** have an abortion *ou* a termination **2** *v/i* miscarry; *fig* fail

avorteur, -euse *m/f* abortionist

avouer [avwe] ⟨1a⟩ confess; **avouer avoir fait qch** confess to having done sth

avril [avril] *m* April

axe [aks] *m* axle; GÉOM axis; *fig* basis

axer ⟨1a⟩ base (**sur** on); **être axé sur qch** center *ou Br* centre on sth

azote [azɔt] *m* CHIM nitrogen

B

baba [baba] **1** *m*: **baba au rhum** rum baba **2** *adj inv* F: **en rester baba** be staggered

babillage [babijaʒ] *m* babble

babiller ⟨1a⟩ babble

babiole [babjɔl] *f* trinket; *fig* trifle

bâbord [bɑbɔr] *m* MAR: **à bâbord** to port

baby-foot [bebifut] *m* (*pl inv*) table football

baby-sitter [bebisitœr] *m/f* (*pl baby-sitters*) baby-sitter

bac[1] [bak] *m bateau* ferry; *récipient* container

bac[2] [bak] *m* F, **baccalauréat** [bakalɔrea] *m exam that is a prerequisite for university entrance*

bâche [bɑʃ] *f* tarpaulin

bacille [basil] *m* BIOL, MÉD bacillus

bâcler [bɑkle] ⟨1a⟩ F botch F

bactérie [bakteri] *f* BIOL, MÉD bacteria *pl*, bacterium *fml*; **bactéries** bacteria

badaud [bado] *m* onlooker, rubberneck F

badge [badʒ] *m* badge

badigeonner [badiʒɔne] ⟨1a⟩ paint (*aussi* MÉD), slap some paint on *péj*

badinage [badinaʒ] *m* banter

badiner [badine] ⟨1a⟩ joke; **ne pas badiner avec qch** not treat sth as a joke

baffe [baf] *f* F slap

bafouer [bafwe] ⟨1a⟩ ridicule

bafouiller [bafuje] ⟨1a⟩ **1** *v/t* stammer **2** *v/i* F talk nonsense

bâfrer [bɑfre] ⟨1a⟩ F pig out F

bagages [bagaʒ] *mpl* baggage *sg*, luggage *sg*; *fig* (*connaissances*) knowledge *sg*; **fai-re ses bagages** pack one's bags; **bagages à main** hand baggage, hand luggage

bagagiste *m* baggage handler

bagarre [bagar] *f* fight, brawl

bagarrer ⟨1a⟩ F: **se bagarrer** fight, brawl

bagarreur, -euse 1 *adj* scrappy, pugnacious **2** *m* F brawler

bagatelle [bagatɛl] *f* trifle

bagne [baɲ] *m* prison

bagnole [baɲɔl] *f* F car

bague [bag] *f* ring; **bague de fiançailles** engagement ring

baguette [bagɛt] *f* stick; MUS baton; *pain* French stick; **baguettes** *pour manger* chopsticks; **baguette magique** magic wand

baie[1] [bɛ] *f* BOT berry

baie[2] [bɛ] *f* (*golfe*) bay; **Baie d'Hudson** Hudson Bay

baignade [bɛɲad] *f action* swimming

baigner ⟨1b⟩ *enfant* bathe, *Br* bath; **se baigner** go for a swim

baigneur *m* doll

baignoire *f* (bath)tub

bail [baj] *m* (*pl baux* [bo]) lease

bâiller [bɑje] ⟨1a⟩ yawn; *d'un trou* gape; *d'une porte* be ajar

bailleur, -eresse [bɑjœr, -rɛs] *m/f* lessor; **bailleur de fonds** backer

bâillon [bɑjõ] *m* gag

bâillonner ⟨1a⟩ gag (*aussi fig*)

bain [bɛ̃] *m* bath; **salle** *f* **de bains** bathroom; **être dans le bain** *fig* (*au courant*) be up to speed; **prendre un bain** take a bath; **prendre un bain de soleil** sun-bathe; **bain de bouche** mouthwash; **bain moussant** bubble bath; **bain de sang** bloodbath

bain-marie m (pl bains-marie) CUIS double boiler

baïonnette [bajɔnɛt] f MIL bayonet

baiser [beze] **1** m kiss **2** v/t ⟨1b⟩ kiss; V screw V; **se faire baiser** V be screwed V

baisse [bɛs] f drop, fall; **être en baisse** be dropping ou falling

baisser ⟨1b⟩ **1** v/t tête, voix, yeux, store, prix etc lower; radio, chauffage turn down **2** v/i de forces fail; de lumière fade; d'un niveau, d'une température, d'un prix, d'actions drop, fall; de vue deteriorate; **se baisser** bend down

bal [bal] m (pl bals) dance; formel ball

balade [balad] f walk, stroll; **faire une balade** go for a walk ou stroll

balader ⟨1a⟩ walk; **se balader** go for a walk ou stroll

baladeur [baladœr] m Walkman®

balafre [balafr] f (blessure) gash; (cicatrice) scar

balai [balɛ] m broom; **donner un coup de balai à qch** give sth a sweep; **un coup de balai** fig F dismissals pl, job losses pl

balai-brosse m (pl balais-brosses) long-handled scrubbing brush

balance [balɑ̃s] f scales pl; COMM balance; ASTROL Libra; **balance commerciale** trade balance

balancer ⟨1k⟩ bras, jambes swing; F (lancer) throw, chuck F; F (jeter) chuck out F; **se balancer** swing; **je m'en balance** F I don't give a damn F

balancier m (pendule) pendulum

balançoire f swing

balayer [baleje] ⟨1i⟩ sweep; fig: gouvernement sweep from power; soucis sweep away, get rid of; **balayer devant sa porte** put one's own house in order

balayette f handbrush

balayeur, -euse m/f street sweeper

balbutier [balbysje] ⟨1a⟩ stammer, stutter

balcon [balkɔ̃] m balcony

Baléares [balear] fpl: **les Baléares** the Balearic Islands, the Balearics

baleine [balɛn] f whale

balise [baliz] f MAR (marker) buoy; AVIAT (marker) light

balivernes [balivern] fpl nonsense sg

balkanique [balkanik] Balkan

Balkans m: **les Balkans** the Balkans

ballade [balad] f ballad

balle [bal] f ball; d'un fusil bullet; de marchandises bale; **renvoyer la balle à qn** fig answer s.o. back; **500 balles** P 500

euros / francs; **balle de golf** golf ball; **balle de match** match point; **balle de tennis** tennis ball

ballerine [balrin] f ballerina

ballet [balɛ] m ballet

ballon [balɔ̃] m ball; pour enfants, AVIAT balloon; **ballon rond** soccer ball, Br football; SP soccer, Br football

ballonné, ballonnée ventre bloated

ballot [balo] m bundle; fig F jerk F, idiot

ballottage m: (**scrutin** m **de) ballottage** second ballot

ballotter ⟨1a⟩ **1** v/t buffet **2** v/i bounce up and down

balnéaire [balneɛr]: **station** f **balnéaire** seaside resort

balourd, balourde [balur, -d] clumsy

balte [balt] Baltic; **les pays baltes** the Baltic countries

Baltique [baltik]: **la (mer) Baltique** the Baltic (Sea)

balustrade [balystrad] f balustrade

bambin [bɑ̃bɛ̃] m child

bambou [bɑ̃bu] m BOT bamboo

banal, banale [banal] (mpl -als) banal

banalité f banality

banane [banan] f banana; sac fanny pack, Br bum bag

bananier m banana tree

banc[1] [bɑ̃] m bench, seat; **banc des accusés** dock; **banc d'essai** test bed; **banc de sable** sandbank

banc[2] m de poissons shoal

bancaire [bɑ̃ker] bank atr; **chèque** m **bancaire** check, Br cheque

bancal, bancale [bɑ̃kal] (mpl -als) table wobbly

bandage [bɑ̃daʒ] m MÉD bandage

bande [bɑ̃d] f de terrain, de tissu strip; MÉD bandage; (rayure) stripe; (groupe) group; péj gang, band; **bande annonce** trailer; **bande dessinée** comic strip; **bande magnétique** magnetic tape; **bande originale** sound track; **bande son** sound track

bandeau m (pl -x) sur le front headband; sur les yeux blindfold

bander ⟨1a⟩ MÉD bandage; P have an erection ou hard-on P; **bander les yeux à qn** blindfold s.o.

banderole [bɑ̃drɔl] f banner

bandit [bɑ̃di] m bandit; (escroc) crook

bandoulière [bɑ̃duljer] f: en bandoulière across the shoulder

banlieue [bɑ̃ljø] f suburbs pl; **de banlieue** suburban; **trains** mpl **de** suburban ou commuter trains

banlieusard, banlieusarde m/f suburbanite

basque B

bannière [banjɛr] *f* banner; **bannière étoilée** Stars and Stripes *sg ou pl*
bannir [banir] ⟨2a⟩ banish
banque [bɑ̃k] *f* bank; **Banque centrale européenne** European Central Bank; **banque de données** data bank; **Banque mondiale** World Bank; **banque du sang** blood bank; **banque du sperme** sperm bank
banqueroute [bɑ̃krut] *f* bankruptcy
banquet [bɑ̃kɛ] *m* banquet
banquette [bɑ̃kɛt] *f* seat
banquier [bɑ̃kje] *m* banker
banquise [bɑ̃kiz] *f* pack ice
bans [bɑ̃] *mpl* banns
baptême [batɛm] *m* baptism
baptiser ⟨1a⟩ baptize
baquet [bakɛ] *m* tub
bar [bar] *m établissement, comptoir* bar; *meuble* cocktail cabinet
baragouin [baragwɛ̃] *m* gibberish
baraque [barak] *f* shack; (*maison*) house
baraqué, baraquée F: (*bien*) **baraqué** well-built
baratin [baratɛ̃] *m* F spiel F
baratiner ⟨1a⟩ sweet-talk; *fille* chat up
barbant, barbante [barbɑ̃, -t] F boring
barbare [barbar] **1** *adj* barbaric **2** *m/f* barbarian
barbarie [barbari] *f* barbarity
barbe [barb] *f* beard; **quelle barbe!** what a drag! F; **barbe à papa** cotton candy, Br candy floss
barbecue [barbəkju, -ky] *m* barbecue
barbelé, barbelée [barbəle] **1** *adj*: **fil m de fer barbelé** barbed wire **2** *m*: **barbelés** barbed wire *sg*
barber [barbe] ⟨1a⟩ F bore rigid F
barbiturique [barbityrik] *m* PHARM barbiturate
barboter [barbɔte] ⟨1a⟩ *dans l'eau* paddle
barbouiller [barbuje] ⟨1a⟩ (*peindre grossièrement*) daub; *visage* smear (**de** with); **avoir l'estomac barbouillé** feel nauseous
barbu, barbue [barby] bearded
barda [barda] *m* kit
barder [barde] ⟨1a⟩ F: **ça va barder** there's going to be trouble
barème [barɛm] *m* scale
baril [baril] *m* barrel
bariolé, bariolée [barjɔle] gaudy
baromètre [barɔmɛtr] *m* barometer
baron [barɔ̃] *m* baron
baronne *f* baroness
baroque [barɔk] ART, MUS baroque; (*bizarre*) weird
barque [bark] *f* MAR boat; **mener la barque** *fig* be in charge

barrage [baraʒ] *m ouvrage hydraulique* dam; (*barrière*) barrier; **barrage de police** roadblock
barre [bar] *f* bar; MAR helm; (*trait*) line; **barre d'espacement** INFORM space-bar; **barre d'état** INFORM status bar; **barre des témoins** JUR witness stand, Br witness box; **barre oblique** oblique, slash
barreau *m* (*pl* -x) bar; *d'échelle* rung; **le barreau** JUR the bar; **derrière les barreaux** behind bars
barrer ⟨1a⟩ (*obstruer*) block, bar; *mot* cross out; *chèque* Br cross; **se barrer** F leave, take off
barrette [barɛt] *f pour cheveux* barrette, Br hairslide
barreur [barœr] *m* helmsman
barricade [barikad] *f* barricade
barricader ⟨1a⟩ barricade
barrière [barjɛr] *f barrier*; (*clôture*) fence; **barrières douanières** customs barriers; **barrière linguistique** language barrier
barrique [barik] *f* barrel
bar-tabac [bartaba] *m* bar-cum-tobacco store
baryton [baritɔ̃] *m* baritone
bas, basse [bɑ, -s] **1** *adj* low (*aussi fig*); GÉOGR lower; *instrument* bass; *voix* deep; **à voix basse** in a low voice, quietly **2** *adv* **bas** low; *parler* in a low voice, quietly; **à bas …!** down with …!; **en bas** downstairs; **là-bas** there **3** *m* (*partie inférieure*) bottom; (*vêtement*) stocking; **au bas de** at the bottom *ou* foot of
basané, basanée [bazane] weather-beaten; *naturellement* swarthy
bas-côté [bɑkote] *m* (*pl* bas-côtés) *d'une route* shoulder
bascule [baskyl] *f jeu* teeter-totter, Br seesaw; (*balance*) scales *pl*; **à bascule** *cheval, fauteuil* rocking *atr*
basculer ⟨1a⟩ topple over
base [baz] *f* base; *d'un édifice* foundation; *fig: d'une science, de discussion* basis; **de base** basic; **à base de lait** milk-based; **être à la base de** form the basis of
base-ball [bezbol] *m* baseball
base f de données [bazdɔdɔne] database
baser [baze] ⟨1a⟩ base (**sur** on); **se baser sur** draw on; *d'une idée* be based on
bas-fond [bafɔ̃] *m* (*pl* bas-fonds) MAR shallow; **bas-fonds** *fig: d'une ville* sleazy area
basilic [bazilik] *m* BOT basil
basilique [bazilik] *f* ARCH basilica
basket(-ball) [basket(bol)] *m* basketball
baskets *fpl* sneakers, Br trainers
basketteur, -euse *m/f* basketball player
basque [bask] **1** *adj* Basque **2** *m langue*

Basque **3** *m/f* **Basque** Basque

basse [bɑs] *f voix, musicien, instrument* bass; *(contrebasse)* double bass

basse-cour [baskur] *f (pl* basses-cours) AGR farmyard; *animaux* poultry

bassin [basɛ̃] *m* basin; *dans un jardin* pond; ANAT pelvis; MAR dock; *bassin de radoub* dry dock

bassine *f* bowl

bassiste [basist] *m/f* bass (player)

basson [basɔ̃] *m* MUS *instrument* bassoon; *musicien* bassoonist

bastide [bastid] *f country house in the South of France*

bastingage [bastɛ̃gaʒ] *m* MAR rail

bastion [bastjɔ̃] *m* bastion

bas-ventre [bavɑ̃tr] *m* lower abdomen

bataille [bataj] *f* battle; *livrer bataille* give battle

batailler ⟨1a⟩ *fig* battle, fight

bataillon *m* MIL battalion

bâtard, bâtarde [batar, -d] *m enfant* bastard; *chien* mongrel

bateau [bato] *m (pl* -x) boat; *faire du bateau (à la voile)* go sailing, sail; *mener qn en bateau fig* put s.o. on, *Br* have s.o. on

bateau-mouche *m (pl* bateaux-mouches) *boat that carries tourists up and down the Seine*

bâti, bâtie [bati] **1** *adj* built on; *bien bâti personne* well-built **2** *m* frame

bâtiment [batimɑ̃] *m (édifice)* building; *secteur* construction industry; MAR ship

bâtir [batir] ⟨2a⟩ build

batisse [batis] *f souvent péj* (ugly) big building

bâton [batɔ̃] *m* stick; *parler à bâtons rompus* make small talk; *bâton de rouge* lipstick; *bâton de ski* ski pole *ou* stick

battage [bataʒ] *m (publicité)* hooha, ballyhoo; *battage médiatique* media hype

batte [bat] *f de base-ball* bat

battement [batmɑ̃] *m de cœur* beat; *intervalle de temps* interval, window

batterie [batri] *f* ÉL battery; MUS drums *pl*; *dans un orchestre* percussion

batteur *m* CUIS whisk; *électrique* mixer; MUS drummer; *en base-ball* batter

battre [batr] ⟨4a⟩ **1** *v/t* beat; *monnaie* mint; *cartes* shuffle; *battre son plein* be in full swing; *battre des cils* flutter one's eyelashes; *battre en retraite* retreat **2** *v/i* beat; *d'une porte, d'un volet* bang; *se battre* fight

battu, battue 1 *p/p →* **battre 2** *adj* beaten

bavard, bavarde [bavar, -d] **1** *adj* talkative **2** *m/f* chatterbox

bavardage *m* chatter

bavarder ⟨1a⟩ chatter; *(divulguer un secret)* talk, blab F

bave [bav] *f* drool, slobber; *d'escargot* slime

baver ⟨1a⟩ drool, slobber

bavette *f* bib

baveux, -euse *omelette* runny

Bavière [bavjɛr]: *la Bavière* Bavaria

bavure [bavyr] *f fig* blunder, blooper F; *sans bavure* impeccable

BCBG [besebeʒe] *adj abr (= bon chic bon genre)* preppie

B.C.E. [beseə] *f abr (= Banque centrale européenne)* ECB (= European Central Bank)

Bd *abr (= boulevard)* Blvd (= Boulevard)

B.D. [bede] *f abr (= bande dessinée)* comic strip

béant, béante [beɑ̃, -t] gaping

béat, béate [bea, -t] *péj: sourire* silly

beau, bel, belle [bo, bɛl] *(mpl* beaux) beautiful, lovely; *homme* handsome, good-looking; *il fait beau (temps)* it's lovely weather; *il a beau dire / faire …* it's no good him saying / doing …; *l'échapper belle* have a narrow escape; *bel et bien* well and truly; *de plus belle* more than ever; *un beau jour* one (fine) day; *le beau monde* the beautiful people *pl*

beaucoup [boku] a lot; *beaucoup de* lots of, a lot of; *beaucoup de gens* lots *ou* a lot of people, many people; *beaucoup d'argent* lots *ou* a lot of money; *je n'ai pas beaucoup d'amis* I don't have a lot of *ou* many friends; *je n'ai pas beaucoup d'argent* I don't have a lot of *ou* much money; *beaucoup trop cher* much too expensive

beau-fils [bofis] *m (pl* beaux-fils) *m* son-in-law; *d'un remariage* stepson

beau-frère *m (pl* beaux-frères) brother-in-law

beau-père *m (pl* beaux-pères) father-in-law; *d'un remariage* stepfather

beauté [bote] *f* beauty

beaux-arts [bozar] *mpl: les beaux-arts* fine art *sg*

beaux-parents [boparɑ̃] *mpl* parents-in-law

bébé [bebe] *m* baby

bébé-éprouvette *m (pl* bébés-éprouvettes) test-tube baby

bec [bɛk] *m d'un oiseau* beak; *d'un récipient* spout; MUS mouthpiece; F mouth;

B

un bec fin a gourmet

bécane [bekan] *f* F bike

béchamel [beʃamel] *f* CUIS: (*sauce f*) *béchamel* béchamel (sauce)

bêche [bɛʃ] *f* spade

bêcher ⟨1b⟩ dig

bedaine [bədɛn] *f* (*beer*) belly, paunch

bée [be]: *bouche bée* open-mouthed

beffroi [befrwa] *m* belfry

bégayer [begeje] ⟨1i⟩ stutter, stammer

béguin [begɛ̃] *m* fig F: *avoir le béguin pour qn* have a crush on s.o.

B.E.I. [beøi] *f abr* (= *Banque européenne d'investissement*) EIB (= European Investment Bank)

beige [bɛʒ] beige

beignet [bɛɲe] *m* CUIS fritter

bêler [bɛle] ⟨1b⟩ bleat

belette [bəlɛt] *f* weasel

belge [bɛlʒ] **1** *adj* Belgian **2** *m/f* **Belge** Belgian

Belgique [bɛlʒik]: *la Belgique* Belgium

bélier [belje] *m* ZO ram; ASTROL Aries

belle → *beau*

belle-famille [bɛlfamij] *f* in-laws *pl*

belle-fille [bɛlfij] *f* (*pl* belles-filles) daughter-in-law; *d'un remariage* stepdaughter

belle-mère *f* (*pl* belles-mères) mother-in-law; *d'un remariage* stepmother

belle-sœur *f* (*pl* belles-sœurs) sister-in-law

belligérant, belligérante [beliʒerɑ̃, -t] belligerent

belliqueux, -euse [belikø, -z] warlike

belvédère [belvedeʁ] *m* viewpoint, lookout point

bémol [bemɔl] *m* MUS flat

bénédictin [benediktɛ̃] *m* Benedictine (monk)

bénédiction [benediksjõ] *f* blessing

bénéfice [benefis] *m* benefit, advantage; COMM profit

bénéficiaire 1 *adj* marge profit **2** *m/f* beneficiary

bénéficier ⟨1a⟩: *bénéficier de* benefit from

bénéfique beneficial

Bénélux [benelyks]: *le Bénélux* the Benelux countries *pl*

bénévolat [benevɔla] *m* voluntary work

bénévole 1 *adj travail* voluntary **2** *m/f* volunteer, voluntary worker

bénin, -igne [benɛ̃, -iɲ] *tumeur* benign; *accident* minor

bénir [benir] ⟨2a⟩ bless

bénit, bénite consecrated; *eau f bénite* holy water

bénitier *m* stoup

benne [bɛn] *f d'un téléphérique* (cable) car; *benne à ordures* garbage truck, *Br* bin lorry

B.E.P. [beøpe] *m abr* (= *brevet d'études professionnelles*) *type of vocational qualification*

B.E.P.C. [beøpese] *m abr* (= *brevet d'études du premier cycle*) *equivalent of high school graduation*

béquille [bekij] *f* crutch; *d'une moto* stand

bercail [bɛrkaj] *m* (*sans pl*) fold

berceau [bɛrso] *m* (*pl* -x) cradle

bercer ⟨1k⟩ rock; *bercer qn de promesses* fig delude s.o. with promises; *se bercer d'illusions* delude o.s.

berceuse *f* lullaby; (*chaise à bascule*) rocking chair

béret [bere] *m* beret

berge [bɛrʒ] *f* bank

berger [bɛrʒe] *m* shepherd; *chien* German shepherd, *Br aussi* Alsatian

bergère *f* shepherd

berline [bɛrlin] *f* AUTO sedan, *Br* saloon

berlingot [bɛrlɛ̃go] *m bonbon* humbug; *emballage* pack

bermuda(s) [bɛrmyda] *m(pl)* Bermuda shorts *pl*

Bermudes [bɛrmyd] *fpl*: *les Bermudes* Bermuda *sg*

berner [bɛrne] ⟨1a⟩: *berner qn* fool s.o., take s.o. for a ride

besogne [bəzɔɲ] *f* job, task

besoin [bəzwɛ̃] *m* need; *avoir besoin de qch* need sth; *avoir besoin de faire qch* need to do sth; *il n'est pas besoin de dire* needless to say; *au besoin* if necessary, if need be; *si besoin est* if necessary, if need be; *être dans le besoin* be in need; *faire ses besoins* relieve o.s.; *d'un animal* do its business

best-seller [bɛstselœr] *m* best-seller

bestial, bestiale [bɛstjal] (*mpl* -iaux) bestial

bestialité *f* bestiality

bestiaux *mpl* cattle *pl*

bestiole *f* small animal; (*insecte*) insect, bug F

bétail [betaj] *m* (*sans pl*) livestock

bête [bɛt] **1** *adj* stupid **2** *f* animal; (*insecte*) insect, bug F; *bêtes* (*bétail*) livestock *sg*; *chercher la petite bête* nitpick, quibble

bêtement *adv* stupidly

bêtise *f* stupidity; *dire des bêtises* talk nonsense; *une bêtise* a stupid thing to do / say

béton [betõ] *m* concrete; *béton armé* reinforced concrete

bétonnière *f* concrete mixer

B

betterave [bɛtrav] *f* beet, *Br* beetroot; **betterave à sucre** sugar beet

beugler [bøgle] ⟨1a⟩ *de bœuf* low; F *d'une personne* shout

beur [bœr] *m/f* F French-born person of North African origin

beurre [bœr] *m* butter; **beurre de cacahuètes** peanut butter

beurrer ⟨1a⟩ butter

beurrier *m* butter dish

beuverie [bœvri] *f* drinking session, booze-up *Br* F

bévue [bevy] *f* blunder; **commettre une bévue** blunder, make a blunder

biais [bjɛ] **1** *adv*: **en biais** traverser, couper diagonally; **de biais** regarder sideways **2** *m fig* (*aspect*) angle; **par le biais de** through

bibelots [biblo] *mpl* trinkets

biberon [bibrõ] *m* (baby's) bottle; **nourrir au biberon** bottlefeed

Bible [bibl] *f* bible

bibliographie [biblijɔgrafi] *f* bibliography

bibliothécaire [biblijɔtekɛr] *m/f* librarian

bibliothèque *f* library; *meuble* bookcase

biblique [biblik] biblical

bic® [bik] *m* ballpoint (pen)

bicarbonate [bikarbɔnat] *m* CHIM: **bicarbonate de soude** bicarbonate of soda

bicentenaire [bisɑ̃tənɛr] *m* bicentennial, *Br* bicentenary

biceps [bisɛps] *m* biceps *sg*

biche [biʃ] *f* zo doe; **ma biche** *fig* my love

bichonner [biʃɔne] ⟨1a⟩ pamper

bicolore [bikɔlɔr] two-colored, *Br* two-coloured

bicoque [bikɔk] *f* tumbledown house

bicyclette [bisiklɛt] *f* bicycle; **aller en** *ou* **à bicyclette** cycle

bidet [bidɛ] *m* bidet

bidon¹ [bidõ] *m*: **bidon à essence** gas *ou Br* petrol can

bidon² [bidõ] *fig* F **1** *adj* phony **2** *m* baloney

bidonville [bidõvil] *m* shanty town

bidule [bidyl] *m* F gizmo F

bien [bjɛ] **1** *m* good; (*possession*) possession, item of property; **le bien** *ce qui est juste* good; **faire le bien** do good; **le bien public** the common good; **faire du bien à qn** do s.o. good; **dire du bien de** say nice things about, speak well of; **c'est pour son bien** it's for his own good; **biens** (*possessions*) possessions, property *sg*; (*produits*) goods; **biens de consommation** consumer goods **2** *adj* good; (*beau, belle*) good-looking; **être bien** feel well; (*à l'aise*) be comfortable; **être bien**

avec qn be on good terms *ou* get on well with s.o.; **ce sera très bien comme ça** that will do very nicely; **se sentir bien** feel well; **avoir l'air bien** look good; **des gens bien** respectable *ou* decent people **3** *adv* well; (*très*) very; **bien jeune** very young; **bien sûr** of course, certainly; **tu as bien de la chance** you're really *ou* very lucky; **bien des fois** lots of times; **eh bien!** well; **oui, je veux bien** yes please; **bien comprendre** understand properly **4** *conj* **bien que** (+ *subj*) although

bien-être [bjɛnɛtr] *m* matériel welfare; *sensation agréable* well-being

bienfaisance [bjɛ̃fəzɑ̃s] *f* charity

bienfaisant, bienfaisante (*salutaire*) beneficial

bienfait *m* benefit

bienfaiteur, -trice *m/f* benefactor

bien-fondé [bjɛ̃fõde] *m* legitimacy

bien-fonds [bjɛ̃fõ] *m* (*pl* biens-fonds) JUR land, property

bienheureux, -euse [bjɛ̃nørø, -z] happy; REL blessed

biennal, biennale [bjenal] (*mpl* -aux) *contrat* two-year *atr*; *événement* biennial

bienséance [bjɛ̃seɑ̃s] *f* propriety

bienséant, bienséante proper

bientôt [bjɛ̃to] soon; **à bientôt!** see you (soon)!

bienveillance [bjɛ̃vejɑ̃s] *f* benevolence

bienveillant, bienveillante benevolent

bienvenu, bienvenue [bjɛ̃vny] **1** *adj* welcome **2** *m/f*: **être le bienvenu / la bienvenue** be welcome **3** *f*: **souhaiter la bienvenue à qn** welcome s.o.; **bienvenue en France!** welcome to France!

bière [bjɛr] *f boisson* beer; **bière blanche** wheat beer; **bière blonde** beer, *Br* lager; **bière brune** dark beer, *Br* bitter; **bière pression** draft (beer), *Br* draught (beer)

bifteck [biftɛk] *m* steak

bifurcation [bifyrkasjõ] *f* fork

bifurquer ⟨1m⟩ fork; **bifurquer vers** fork off onto; *fig* branch out into

bigame [bigam] **1** *adj* bigamous **2** *m/f* bigamist

bigamie *f* bigamy

bigarreau [bigaro] *m type of cherry*

bigot, bigote [bigo, -ɔt] **1** *adj* excessively pious **2** *m/f* excessively pious person

bijou [biʒu] *m* (*pl* -x) jewel; **bijoux** jewelry *sg*, *Br* jewellery *sg*

bijouterie *f* jewelry store, *Br* jeweller's

bijoutier, -ère *m/f* jeweler, *Br* jeweller

bikini [bikini] *m* bikini

bilan [bilɑ̃] *m* balance sheet; *fig* (*résultat*) outcome; **faire le bilan de** take stock of;

déposer son bilan file for bankruptcy; **bilan de santé** check-up
bilatéral, bilatérale [bilateral] (*mpl* -aux) bilateral
bile [bil] *f* F: **se faire de la bile** fret, worry
bilingue [bilɛ̃g] bilingual
bilinguisme *m* bilingualism
billard [bijar] *m* billiards *sg*; *table* billiard table; **billard américain** pool
bille [bij] *f* marble; *billard* (billiard) ball; **stylo** *m* **(à) bille** ball-point (pen)
billet [bijɛ] *m* ticket; (*petite lettre*) note; **billet (de banque)** bill, *Br* (bank)note
billeterie *f* ticket office; *automatique* ticket machine; *Br* ATM, AUTOMATED TELLER machine; *Br* cash dispenser
billion [biljɔ̃] *m* trillion
bimensuel, bimensuelle [bimɑ̃sɥɛl] bimonthly, twice a month
binaire [binɛr] binary
binocles [binɔkl] *mpl* F specs F
biochimie [bjɔʃimi] *f* biochemistry
biochimique biochemical
biochimiste *m/f* biochemist
biodégradable [bjɔdegradabl] biodegradable
biodiversité [bjɔdiversite] *f* biodiversity
biographie [bjɔgrafi] *f* biography
biographique biographical
biologie [bjɔlɔʒi] *f* biology
biologique biological; *aliments* organic
biologiste *m/f* biologist
biopsie [bjɔpsi] *f* biopsy
biorythme [bjɔritm] *m* biorhythm
biotechnologie [bjɔtɛknɔlɔʒi] *f* biotechnology
bipartisme [bipartism] *m* POL two-party system
bipartite POL bipartite
biplace [biplas] *m* two-seater
bipolaire [bipɔlɛr] bipolar
bis [bis] **1** *adj*: **24 bis** 24A **2** *m* (*pl inv*) encore
bisannuel, bisannuelle [bizanɥɛl] biennial
biscornu, biscornue [biskɔrny] *fig* weird
biscotte [biskɔt] *f* rusk
biscuit [biskɥi] *m* cookie, *Br* biscuit
bise [biz] *f*: **faire la bise à qn** kiss s.o., give s.o. a kiss; **grosses bises** love and kisses
bisexuel, bisexuelle [bisɛksɥɛl] bisexual
bison [bizɔ̃] *m* bison, buffalo
bisou [bizu] *m* F kiss
bissextile [bisɛkstil]: **année** *f* **bissextile** leap year
bistro(t) [bistro] *m* bistro
bit [bit] *m* INFORM bit
bitume [bitym] *m* asphalt
bivouac [bivwak] *m* bivouac

bizarre [bizar] strange, bizarre
bizarrerie *f* peculiarity
blafard, blafarde [blafar, -d] wan
blague [blag] *f* (*plaisanterie*) joke; (*farce*) trick, joke; **sans blague!** no kidding!
blaguer ⟨1a⟩ joke
blaireau [blɛro] *m* (*pl* -x) ZO badger; *pour se raser* shaving brush
blâme [blam] *m* blame; (*sanction*) reprimand
blâmer ⟨1a⟩ blame; (*sanctionner*) reprimand
blanc, blanche [blɑ̃, -ʃ] **1** *adj* white; *feuille, page* blank; **examen** *m* **blanc** practice exam; *Br* mock exam; **mariage** *m* **blanc** unconsummated marriage; **nuit** *f* **blanche** sleepless night; **en blanc** blank; **chèque** *m* **en blanc** blank check, *Br* blank cheque **2** *m* white; *de poulet* white meat, *Br* breast; *de vin* (wine); *textile* (household) linen; *par opposé aux couleurs* whites *pl*; *dans un texte* blank; **blanc** (*d'œuf*) (egg) white; **tirer à blanc** shoot blanks **3** *m/f* **Blanc, Blanche** white, White
blanc-bec [blɑ̃bɛk] *m* (*pl* blancs-becs) greenhorn
blanchâtre [blɑ̃ʃatr] whiteish
Blanche-Neige [blɑ̃ʃnɛʒ] *f* Snow-white
blancheur [blɑ̃ʃœr] *f* whiteness
blanchir ⟨2a⟩ **1** *v/t* whiten; *mur* whitewash; *linge* launder, wash; *du soleil* bleach; CUIS blanch; *fig: innocenter* clear; **blanchir de l'argent** launder money **2** *v/i* go white
blanchisserie *f* laundry
blasé, blasée [blaze] blasé
blason [blazɔ̃] *m* coat of arms
blasphème [blasfɛm] *m* blasphemy
blasphémer ⟨1f⟩ blaspheme
blé [ble] *m* wheat, *Br* corn
bled [blɛd] *m* F *péj* dump F, hole F
blême [blɛm] pale
blêmir ⟨2a⟩ turn pale
blessant [blesɑ̃] hurtful
blessé, blessée 1 *adj* hurt (*aussi fig*); *dans un accident* injured; *avec une arme* wounded **2** *m/f*: **les blessés** the injured, the casualties; *avec une arme* the wounded, the casualties
blesser ⟨1b⟩ hurt (*aussi fig*); *dans un accident* injure; *à la guerre* wound; **se blesser** injure *ou* hurt o.s.; **je me suis blessé à la main** I injured *ou* hurt my hand
blessure *f* *d'accident* injury; *d'arme* wound
bleu, bleue [blø] (*mpl* -s) **1** *adj* blue; *viande* very rare, practically raw **2** *m* blue; *fromage* blue cheese; *marque sur la peau*

B

bruise; *fig* (*novice*) new recruit, rookie F; TECH blueprint; ***bleu* (*de travail*), *bleus*** *pl*, overalls *pl*; ***bleu marine*** navy blue; ***avoir une peur bleue*** be scared stiff

bleuet [bløɛ] *m* BOT cornflower

blindage [blɛ̃daʒ] *m* armor, *Br* armour

blindé, blindée 1 *adj* MIL armored, *Br* armoured; *fig* hardened **2** *m* MIL armored *ou Br* armoured vehicle

blinder ⟨1a⟩ armor, *Br* armour; *fig* F harden

bloc [blɔk] *m* block; POL bloc; *de papier* pad; ***en bloc*** in its entirety; ***faire bloc*** join forces (***contre*** against); ***bloc opératoire*** operating room, *Br* operating theatre

blocage [blɔkaʒ] *m* jamming; *d'un compte en banque, de prix* freezing; PSYCH block

bloc-notes [blɔknɔt] *m* (*pl* blocs-notes) notepad

blocus [blɔkys] *m* blockade

blond, blonde [blõ, -d] **1** *adj cheveux* blonde; *tabac* Virginian; *sable* golden; ***bière* *f* blonde** beer, *Br* lager **2** *m/f* blonde **3** *f* bière lager, *Br* lager

bloquer ⟨1m⟩ block; *mécanisme* jam; *roues* lock; *compte, crédits* freeze; (*regrouper*) group together; ***bloquer le passage*** be in the way, bar the way

blottir ⟨2a⟩: ***se blottir*** huddle (up)

blouse [bluz] *f* MÉD white coat; *de chirurgien* (surgical) robe; *d'écolier* lab coat; (*chemisier*) blouse

blouson [bluzõ] *m* jacket, blouson; ***blouson noir*** *fig* young hoodlum

bluff [blœf] *m* bluff

bluffer ⟨1a⟩ bluff

B. O. [beo] *f abr* (= ***bande originale***) sound track

bobard [bobar] *m* F tall tale, *Br* tall story

bobine [bɔbin] *f* reel

bobsleigh [bɔbslɛg] *m* bobsled, *Br aussi* bobsleigh

bocal [bɔkal] *m* (*pl* -aux) (glass) jar

bock [bɔk] *m*: ***un bock*** a (glass of) beer

bœuf [bœf] *m* mâle castré steer; *viande* beef; ***bœufs*** cattle *pl*; ***bœuf bourguignon*** CUIS kind of beef stew

bof! [bɔf] *indifférence* yeah, kinda

bogue [bɔg] *m* INFORM bug

bohème [bɔɛm] *m/f* Bohemian

bohémien, bohémienne *m/f* gipsy

boire [bwar] ⟨4u⟩ drink; (*absorber*) soak up; ***boire un coup*** F have a drink; ***boire comme un trou*** F drink like a fish F

bois [bwa] *m* matière, forêt wood; ***en ou de bois*** wooden; ***bois de construction*** lumber

boisé, boisée wooded

boiserie *f* paneling, *Br* panelling

boisson [bwasõ] *f* drink; ***boissons alcoolisées*** alcohol *sg*, alcoholic drinks

boîte [bwat] *f* box; *en tôle* can, *Br aussi* tin; F (*entreprise*) company; ***sa boîte*** his company, the place where he works; ***boîte* (*de nuit*)** nightclub; ***en boîte*** canned, *Br aussi* tinned; ***boîte de conserves*** can, *Br aussi* tin; ***boîte de gants*** glove compartment; ***boîte aux lettres*** mailbox, *Br* letterbox; ***boîte noire*** black box; ***boîte postale*** post office box; ***boîte de vitesses*** AUTO gearbox; ***boîte vocale*** INFORM voicemail

boiter [bwate] ⟨1a⟩ limp; *fig: de raisonnement* be shaky, not stand up very well

boiteux, -euse *adj chaise, table etc* wobbly; *fig: raisonnement* shaky; ***être boiteux*** *d'une personne* have a limp

boîtier [bwatje] *m* case, housing

bol [bɔl] *m* bowl

bolide [bɔlid] *m* meteorite; AUTO racing car

Bolivie [bɔlivi]: ***la Bolivie*** Bolivia

bolivien, bolivienne 1 *adj* Bolivian **2** *m/f* **Bolivien, Bolivienne** Bolivian

bombardement [bõbardəmã] *m* bombing; *avec obus* bombardment

bombarder ⟨1a⟩ bomb; *avec obus, questions* bombard

bombardier *m* avion bomber

bombe *f* MIL bomb; (*atomiseur*) spray; ***bombe atomique*** atom bomb; ***bombe incendiaire*** incendiary device; ***bombe à retardement*** time bomb

bombé, bombée [bõbe] *front, ventre* bulging

bomber ⟨1a⟩ bulge

bon, bonne [bõ, bɔn] **1** *adj* good; *route, adresse, moment* right, correct; *brave* kind, good-hearted; ***de bonne foi*** *personne* sincere; ***de bonne heure*** early; (***à***) ***bon marché*** cheap; ***être bon en qch*** be good at sth; ***bon à rien*** good-for-nothing; ***elle n'est pas bonne à grand-chose*** she's not much use; ***pour de bon*** for good; ***il est bon que ...*** (+ *subj*) it's a good thing that ..., it's good that ...; ***à quoi bon?*** what's the point?, what's the use?; ***bon mot*** witty remark, witticism; ***bon anniversaire!*** happy birthday!; ***bon voyage!*** have a good trip!, bon voyage!; ***bonne chance!*** good luck!; ***bonne année!*** Happy New Year!; ***bonne nuit!*** good night!; ***ah bon*** really **2** *adv*: ***sentir bon*** smell good; ***tenir bon*** not give in, stand one's ground; ***trouver bon de faire qch*** think it right to do sth;

il fait bon vivre ici it's good living here **3** *m* COMM voucher; *avoir du bon* have its good points; *bon d'achat* gift voucher; *bon de commande* purchase order; *bon du Trésor* Treasury bond

bonbon [bõbõ] *m* candy, *Br* sweet; *bonbons* candy *sg*, *Br* sweets

bonbonne [bõbɔn] *f* cannister; *bonbonne d'oxygène* oxygen tank

bond [bõ] *m* jump, leap; *d'une balle* bounce

bondé, bondée [bõde] packed

bondir [bõdir] ⟨2a⟩ jump, leap (*de* with)

bonheur [bɔnœr] *m* happiness; (*chance*) luck; *par bonheur* luckily, fortunately; *porter bonheur à qn* bring s.o. luck; *au petit bonheur* at random; *se promener au petit bonheur* stroll *ou* wander around

bonhomie [bɔnɔmi] *f* good nature, bonhomie

bonhomme [bɔnɔm] (*pl* bonshommes) *m* F (*type*) guy F, man; *bonhomme de neige* snowman

bonification [bɔnifikasjõ] *f* improvement; *assurance* bonus

bonifier ⟨1a⟩ improve

boniment [bɔnimã] *m battage* spiel F, sales talk; F (*mensonge*) fairy story

bonjour [bõʒur] *m* hello; *avant midi* hello, good morning; *dire bonjour à qn* say hello to s.o.; *donne le bonjour de ma part à ta mère* tell your mother I said hello, give your mother my regards

bonne [bɔn] *f* maid

bonnement [bɔnmã] *adv*: *tout bonnement* simply

bonnet [bɔnɛ] *m* hat; *gros bonnet* fig F big shot F; *bonnet de douche* shower cap

bonsoir [bõswar] *m* hello, good evening

bonté [bõte] *f* goodness; *avoir la bonté de faire qch* be good *ou* kind enough to do sth

bonus [bɔnys] *m* no-claims bonus

boom [bum] *m* boom

bord [bɔr] *m* edge; *d'une route* side; *d'un verre* brim; *au bord de la mer* at the seaside; *être au bord des larmes* be on the verge *ou* brink of tears; *être un peu bête sur les bords* fig F be a bit stupid; *tableau m de bord* AUTO dash(board); *à bord d'un navire/d'un avion* on board a ship / an aircraft; *monter à bord* board, go on board; *jeter qch par-dessus bord* throw sth overboard; *virer de bord* turn, go about; *fig*: *d'opinion* change one's mind; *de parti* switch allegiances

bordeaux [bɔrdo] **1** *adj inv* wine-colored, *Br* wine-coloured, claret **2** *m vin* claret, Bordeaux

bordel [bɔrdɛl] *m* F brothel; (*désordre*) mess F, shambles *sg*

bordelais, bordelaise [bɔrdəlɛ, -z] of / from Bordeaux, Bordeaux *atr*

bordélique [bɔrdelik] F chaotic; *c'est vraiment bordélique* it's a disaster area F

border [bɔrde] ⟨1a⟩ (*garnir*) edge (*de* with); (*être le long de*) line, border; *enfant* tuck in

bordereau [bɔrdəro] *m* (*pl* -x) COMM schedule, list; *bordereau d'expédition* dispatch note

bordure [bɔrdyr] *f* border, edging; *en bordure de forêt, ville* on the edge of

boréal, boréale [bɔreal] (*mpl* -aux) northern

borgne [bɔrɲ] one-eyed

borne [bɔrn] *f* boundary marker; ÉL terminal; *bornes* limits; *sans bornes* unbounded; *dépasser les bornes* go too far; *borne kilométrique* milestone

borné, bornée narrow-minded

borner ⟨1a⟩: *se borner à (faire) qch* restrict o.s. to (doing) sth

bosniaque [bɔznjak] **1** *adj* Bosnian **2** *m/f* **Bosniaque** Bosnian

Bosnie *f* Bosnia

bosquet [bɔskɛ] *m* copse

bosse [bɔs] *f* (*enflure*) lump; *d'un bossu*, *d'un chameau* hump; *du sol* bump; *en ski* mogul; *avoir la bosse de* F have a gift for

bosser [bɔse] ⟨1a⟩ F work hard

bossu, bossue *m/f* [bɔsy] hunchback

botanique [bɔtanik] **1** *adj* botanical **2** *f* botany

botaniste *m/f* botanist

botte¹ [bɔt] *f de carottes, de fleurs, de radis* bunch

botte² [bɔt] *f chaussure* boot

botter [bɔte] ⟨1a⟩: *botter le derrière à qn* F give s.o. a kick up the rear end, let s.o. feel the toe of one's boot; *ça me botte* F I like it

bottin [bɔtɛ̃] *m* phone book

bottine [bɔtin] *f* ankle boot

bouc [buk] *m* goat; *bouc émissaire* fig scapegoat

boucan [bukã] *m* F din, racket

bouche [buʃ] *f* mouth; *de métro* entrance; *bouche d'aération* vent; *bouche d'incendie* (fire) hydrant

bouche-à-bouche *m* MÉD mouth-to--mouth resuscitation

bouché, bouchée [buʃe] blocked; *nez* blocked, stuffed up; *temps* overcast

bouchée [buʃe] *f* mouthful; *bouchée à la reine* vol-au-vent

boucher[1] [buʃe] ⟨1a⟩ block; *trou* fill (in); *se boucher d'un évier, d'un tuyau* get blocked; *se boucher les oreilles* put one's hands over one's ears; *fig* refuse to listen, turn a deaf ear; *se boucher le nez* hold one's nose

boucher[2], **-ère** [buʃe, -ɛr] *m/f* butcher (*aussi fig*)

boucherie [buʃri] *f magasin* butcher's; *fig* slaughter

bouche-trou [buʃtru] *m* (*pl* bouche--trous) stopgap

bouchon [buʃõ] *m* top; *de liège* cork; *fig: trafic* hold-up, traffic jam

boucle [bukl] *f* loop (*aussi* INFORM); *de ceinture, de sandales* buckle; *de cheveux* curl; *boucle d'oreille* earring

bouclé, bouclée *cheveux* curly

boucler ⟨1a⟩ *ceinture* fasten; *porte, magasin* lock; MIL surround; *en prison* lock away; *boucle-la!* F shut up! F

bouclier [buklije] *m* shield (*aussi fig*)

bouddhisme [budism] *m* Buddhism

bouddhiste *m* Buddhist

bouder [bude] ⟨1a⟩ **1** *v/i* sulk **2** *v/t: bouder qn / qch* give s.o./sth the cold shoulder

boudeur, -euse sulky

boudin [budɛ̃] *m: boudin (noir)* blood sausage, *Br* black pudding

boudiné, boudinée [budine] *doigts* stubby; *elle est boudinée dans cette robe* that dress is too small for her

boue [bu] *f* mud

bouée [bwe] *f* MAR buoy; *bouée (de sauvetage)* lifebuoy, lifebelt

boueux, -euse [bwø, -z] muddy

bouffe [buf] *f* F grub F, food

bouffée [bufe] *f de fumée* puff; *de vent* puff, gust; *de parfum* whiff; *une bouffée d'air frais* a breath of fresh air; *bouffée de chaleur* MÉD hot flash, *Br* hot flush

bouffer [bufe] ⟨1a⟩ F eat

bouffi, bouffie [bufi] bloated

bougeoir [buʒwar] *m* candleholder

bougeotte [buʒɔt] *f: avoir la bougeotte* fidget, be fidgety

bouger ⟨1l⟩ move; *de prix* change

bougie [buʒi] *f* candle; AUTO spark plug

bougonner [bugɔne] ⟨1a⟩ F grouse F

bouillabaisse [bujabɛs] *f* CUIS bouillabaisse, fish soup

bouillant, bouillante [bujã, -t] *qui bout* boiling; (*très chaud*) boiling hot

bouillie [buji] *f* baby food

bouillir [bujir] ⟨2e⟩ boil; *fig* be boiling (with rage); *faire bouillir* boil

bouilloire *f* kettle

bouillon [bujõ] *m* (*bulle*) bubble; CUIS stock, broth

bouillonner ⟨1a⟩ *de source, de lave etc* bubble; *fig: d'idées* seethe

bouillotte [bujɔt] *f* hot water bottle

boulanger, -ère [bulãʒe, -ɛr] *m/f* baker

boulangerie *f* bakery, baker's

boule [bul] *f* (*sphère*) ball; *jeu m de boules* bowls *sg*; *boule de neige* snowball; *faire boule de neige* snowball

bouleau [bulo] *m* (*pl* -x) BOT birch (tree)

bouledogue [buldɔg] *m* bulldog

bouler [bule] ⟨1a⟩ F: *envoyer bouler qn* kick s.o. out, send s.o. packing

boulette [bulɛt] *f de papier* pellet; *boulette (de viande)* meatball

boulevard [bulvar] *m* boulevard; *boulevard périphérique* belt road, *Br* ring road

bouleversement [bulvɛrsəmã] *m* upheaval

bouleverser ⟨1a⟩ (*mettre en désordre*) turn upside down; *traditions, idées* overturn; *émotionnellement* shatter, deeply move

boulimie [bulimi] *f* bulimia

boulon [bulõ] *m* TECH bolt

boulonner ⟨1a⟩ **1** *v/t* TECH bolt **2** *v/i fig* F slave away F

boulot[1], **boulotte** [bulo, -ɔt] plump

boulot[2] [bulo] *m* F work

bouquet [bukɛ] *m* bouquet, bunch of flowers; *de vin* bouquet

bouquin [bukɛ̃] *m* F book

bouquiner ⟨1a⟩ read

bouquiniste *m/f* bookseller

bourbe [burb] *f* mud

bourbeux, -euse muddy

bourbier *m* bog; *fig* quagmire

bourde [burd] *f* blunder, booboo F, blooper F

bourdon [burdõ] *m* zo bumblebee; *faux bourdon* drone

bourdonnement [burdɔnmã] *d'insectes* buzzing; *de moteur* humming

bourdonner ⟨1a⟩ *d'insectes* buzz; *de moteur* hum; *d'oreilles* ring

bourg [bur] *m* market town

bourgade *f* village

bourgeois, bourgeoise [burʒwa, -z] **1** *adj* middle-class; *péj* middle-class, bourgeois **2** *m/f* member of the middle classes; *péj* member of the middle classes *ou* the bourgeoisie

bourgeoisie *f* middle classes *pl*; *péj* middle classes *pl*, bourgeoisie; *haute bourgeoisie* upper middle classes *pl*; *petite bourgeoisie* lower middle classes *pl*

bourgeon [burʒõ] *m* BOT bud
Bourgogne [burgɔɲ]: *la Bourgogne* Burgundy
bourgogne *m* burgundy
bourguignon, bourguignonne 1 *adj* Burgundian, of / from Burgundy 2 *m/f* **Bourguignon, Bourguignonne** Burgundian
bourlinguer [burlɛ̃ge] ⟨1m⟩: *il a pas mal bourlingué* F he's been around
bourrage [buraʒ] *m* F: *bourrage de crâne* brain-washing
bourrasque [burask] *f* gust
bourratif, -ive [buratif, -iv] stodgy
bourré, bourrée [bure] full (*de* of), packed (*de* with), crammed (*de* with); F (*ivre*) drunk, sozzled F
bourreau [buro] *m* (*pl* -x) executioner; *bourreau de travail* workaholic
bourrer [bure] ⟨1a⟩ *coussin* stuff; *pipe* fill; *se bourrer de qch* F stuff o.s. with sth
bourrique [burik] *f fig* (*personne têtue*) mule
bourru, bourrue [bury] surly, bad-tempered
bourse [burs] *f d'études* grant; (*porte-monnaie*) coin purse, *Br* purse; **Bourse** (*des valeurs*) Stock Exchange; *la Bourse monte / baisse* stock *ou Br* share prices are rising / falling
boursicoter ⟨1a⟩ dabble on the Stock Exchange
boursier, -ère 1 *adj* stock exchange *atr* 2 *m/f* grant recipient
boursouf(f)lé, boursouf(f)lée [bursufle] swollen
bousculade [buskylad] *f* crush; (*précipitation*) rush
bousculer ⟨1a⟩ (*heurter*) jostle; (*presser*) rush; *fig*: *traditions* overturn, upset
bouse [buz] *f*: *bouse (de vache)* cowpat
bousiller [buzije] ⟨1a⟩ F *travail* screw up F, bungle; (*détruire*) wreck
boussole [busɔl] *f* compass; *perdre la boussole* F lose one's head
bout¹ [bu] *m* (*extrémité*) end; *de doigts, de nez, de bâton* end, tip; (*morceau*) piece; *bout à bout* end to end; *tirer à bout portant* fire at point-blank range; *au bout de* at the end of; *au bout du compte* when all's said and done; *d'un bout à l'autre* right the way through; *aller jusqu'au bout fig* see it through to the bitter end; *être à bout* be at an end; *être à bout de …* have no more … (left); *venir à bout de qch / qn* overcome sth/s.o.; *connaître qch sur le bout des doigts* have sth at one's fingertips; *manger un bout* eat something, have a bite (to eat)

bout² [bu] → *bouillir*
boutade [butad] *f* joke
bouteille [butɛj] *f* bottle; *d'air comprimé, de butane* cylinder
boutique [butik] *f* store, *Br* shop; *de mode* boutique
bouton [butõ] *m* button; *de porte* handle; ANAT spot, zit F; BOT bud
bouton-d'or *m* (*pl* boutons-d'or) BOT buttercup
boutonner ⟨1a⟩ button; BOT bud
boutonneux, -euse spotty
boutonnière *f* buttonhole
bouton-pression *m* (*pl* boutons-pression) snap fastener, *Br aussi* press stud fastener
bouture [butyr] *f* BOT cutting
bovin, bovine [bɔvɛ̃, -in] 1 *adj* cattle *atr* 2 *mpl* **bovins** cattle *pl*
bowling [bulin] *m* bowling, *Br* ten-pin bowling; *lieu* bowling alley
box [bɔks] *m* (*pl* boxes) *f* JUR: *box des accusés* dock
boxe [bɔks] *f* boxing
boxer ⟨1a⟩ box
boxeur *m* boxer
boycott [bɔjkɔt] *m* boycott
boycottage *m* boycott
boycotter ⟨1a⟩ boycott
B.P. [bepe] *abr* (= *boîte postale*) PO Box
bracelet [braslɛ] *m* bracelet
braconner [brakɔne] ⟨1a⟩ poach
braconnier *m* poacher
brader [brade] ⟨1a⟩ sell off
braguette [bragɛt] *f* fly
braille [braj] *m* braille
brailler [braje] ⟨1a⟩ bawl, yell
braire [brɛr] ⟨4s⟩ *d'un âne* bray; F bawl, yell
braise [brɛz] *f* embers *pl*
braiser ⟨1b⟩ CUIS braise
brancard [brɑ̃kar] *m* (*civière*) stretcher
brancardier, -ère *m/f* stretcher-bearer
branche [brɑ̃ʃ] *f* branch; *de céleri* stick
brancher [brɑ̃ʃe] ⟨1a⟩ connect up (*sur* to); *à une prise* plug in; *être branché fig* (*informé*) be clued up; (*en vogue*) be trendy F
brandir [brɑ̃dir] ⟨2a⟩ brandish
brandy [brɑ̃di] *m* brandy
branle [brɑ̃l] *m*: *mettre en branle* set in motion
branle-bas *m fig* commotion
branler ⟨1a⟩ shake
braquage [brakaʒ] *m* AUTO turning; *rayon m de braquage* turning circle
braquer ⟨1m⟩ 1 *v/t arme* aim, point (*sur* at); *braquer qn contre qch / qn fig* turn s.o. against sth/s.o. 2 *v/i* AUTO: *braquer à*

droite turn the wheel to the right
bras [bra, bra] m arm; **être le bras droit de qn** fig be s.o.'s right-hand man; **bras de mer** arm of the sea; **bras dessus bras dessous** arm in arm; **avoir le bras long** fig have influence ou F clout; **avoir qn/qch sur les bras** fig F have s.o./sth on one's hands; **accueillir qn/qch à bras ouverts** welcome s.o./sth with open arms; **cela me coupe bras et jambes** F I'm astonished; *de fatigue* it knocks me out F
brasier [brɑzje] m blaze
brassage [brasaʒ] m brewing
brassard [brasar] m armband
brasse [bras] f stroke; **brasse papillon** butterfly (stroke)
brasser [brase] ⟨1a⟩ *bière* brew; **brasser de l'argent** turn over huge sums of money
brasserie f brewery; *établissement* restaurant
brasseur m brewer
brave [brav] **1** *adj (after the noun: courageux)* brave; *(before the noun: bon)* good **2** m: **un brave** a brave man
braver ⟨1a⟩ *(défier)* defy
bravoure f bravery
break [brɛk] m AUTO station wagon, *Br* estate (car)
brebis [brəbi] f ewe
brèche [brɛʃ] f gap; *dans les défenses* breach; **être toujours sur la brèche** fig be always on the go
bredouille [brəduj]: **rentrer bredouille** return empty-handed
bredouiller ⟨1a⟩ mumble
bref, -ève [brɛf, -ɛv] **1** *adj* brief, short **2** *adv* briefly, in short
Brésil [brezil]: **le Brésil** Brazil
brésilien, brésilienne 1 *adj* Brazilian **2** m/f **Brésilien, Brésilienne** Brazilian
Bretagne [brətaɲ]: **la Bretagne** Brittany
bretelle [brətɛl] f *de lingerie* strap; *d'autoroute* ramp, *Br* slip road; **bretelles de pantalon** suspenders, *Br* braces
breton, bretonne [brətɔ̃, -ɔn] **1** *adj* Breton **2** m *langue* Breton **3** m/f **Breton, Bretonne** Breton
breuvage [brœvaʒ] m drink
brevet [brəvɛ] m *diplôme* diploma; *pour invention* patent
breveter ⟨1c⟩ patent
bribes [brib] *fpl de conversation* snippets
bric-à-brac [brikabrak] m *(pl inv)* bric-a-brac
bricolage [brikolaʒ] m do-it-yourself, DIY
bricole [brikol] f little thing

bricoler [brikole] ⟨1a⟩ do odd jobs
bricoleur, -euse m/f handyman, DIY expert
bride [brid] f bridle
bridé, bridée [bride]: **yeux** mpl **bridés** almond-shaped eyes, slant eyes
bridge [bridʒ] m bridge
brièvement [brijɛvmɑ̃] *adv* briefly
brièveté f briefness, brevity
brigade [brigad] f MIL brigade; *de police* squad; *d'ouvriers* gang
brigadier m MIL corporal
brillamment [brijamɑ̃] *adv* brilliantly
brillant, brillante shiny; *couleur* bright; fig brilliant
briller ⟨1a⟩ shine *(aussi fig)*; **faire briller** *meuble* polish
brimer [brime] ⟨1a⟩ bully
brin [brɛ̃] m *d'herbe* blade; *de corde* strand; *de persil* sprig; **un brin de** fig a bit of
brindille [brɛ̃dij] f twig
brio [brijo] m: **avec brio** with panache
brioche [brijɔʃ] f CUIS brioche; F *(ventre)* paunch
brique [brik] f brick
briquet [brike] m lighter
brise [briz] f breeze
brisé, brisée [brize] broken
brise-glace(s) [brizglas] m *(pl inv)* ice-breaker
brise-lames m *(pl inv)* breakwater
briser [brize] ⟨1a⟩ **1** v/t *chose, grève, cœur, volonté* break; *résistance* crush; *vie, amitié, bonheur* destroy; *(fatiguer)* wear out **2** v/i *de la mer* break; **se briser** *de verre etc* break, shatter; *de la voix* break, falter; *des espoirs* be shattered
brise-tout [briztu] m *(pl inv)* klutz F, clumsy oaf
briseur [brizœr] m: **briseur de grève** strikebreaker
britannique [britanik] **1** *adj* British **2** m/f **Britannique** Briton, Britisher, Brit F; **les britanniques** the British
broc [bro] m pitcher
brocante [brokɑ̃t] f *magasin* second-hand store
brocanteur, -euse m/f second-hand dealer
brocart [brokar] m brocade
broche [brɔʃ] f CUIS spit; *bijou* brooch
brochet [brɔʃe] m pike
brochette [brɔʃet] f CUIS skewer; *plat* shish kebab
brochure [brɔʃyr] f brochure
brocolis [brɔkɔli] mpl broccoli sg
broder [brɔde] ⟨1a⟩ embroider
broderie [brɔdri] f embroidery

bronches [brɔ̃ʃ] *fpl* ANAT bronchial tubes, bronchials

broncher [brɔ̃ʃe] ⟨1a⟩: **sans broncher** without batting an eyelid

bronchite [brɔ̃ʃit] *f* MÉD bronchitis

bronze [brɔ̃z] *m* bronze

bronzé, bronzée [brɔ̃ze] tanned

bronzer ⟨1a⟩ **1** *v/t peau* tan **2** *v/i* get a tan; **se bronzer** sunbathe

brosse [brɔs] *f* brush; *coiffure* crewcut; **brosse à dents / cheveux** toothbrush / hairbrush

brosser ⟨1a⟩ brush; **se brosser les dents / cheveux** brush one's teeth / hair; **brosser un tableau de la situation** *fig* outline the situation

brouette [bruɛt] *f* wheelbarrow

brouhaha [bruaa] *m* hubbub

brouillage [brujaʒ] *m* interference; *déliberé* jamming

brouillard [brujar] *m* fog; **il y a du brouillard** it's foggy

brouille [bruj] *f* quarrel

brouillé, brouillée: être brouillé avec qn have quarrelled *ou* Br quarrelled with s.o.; **œufs** *mpl* **brouillés** CUIS scrambled eggs

brouiller ⟨1a⟩ *œufs* scramble; *cartes* shuffle; *papiers* muddle, jumble; *radio* jam; *involontairement* cause interference to; *amis* cause to fall out; **se brouiller** *du ciel* cloud over, become overcast; *de vitres, lunettes* mist up; *d'idées* get muddled *ou* jumbled; *d'amis* fall out, quarrel

brouillon [brujɔ̃] *m* draft; **papier** *m* **brouillon** scratch paper, Br scrap paper

broussailles [brusaj] *fpl* undergrowth *sg*

broussailleux, -euse *cheveux, sourcils* bushy

brousse [brus] *f* GÉOGR bush; **la brousse** F *péj* the boonies F, the back of beyond

brouter [brute] ⟨1a⟩ graze

broutille [brutij] *f* trifle

broyer [brwaje] ⟨1h⟩ grind; **broyer du noir** *fig* be down

broyeur *m*: **broyeur à ordures** garbage *ou* Br waste disposal unit

bru [bry] *f* daughter-in-law

brugnon [brynɔ̃] *m* BOT nectarine

bruine [bruin] *f* drizzle

bruiner ⟨1a⟩ drizzle

bruineux, -euse drizzly

bruissement [bruismɑ̃] *m* rustle, rustling

bruit [brui] *m* sound; *qui dérange* noise; *(rumeur)* rumor, Br rumour; **un bruit** a sound, a noise; **faire du bruit** make a noise; *fig* cause a sensation; **faire grand bruit de qch** make a lot of fuss about sth; **le bruit court que ...** there's a rumor going around that ...; **bruit de fond** background noise

bruitage *m à la radio, au théâtre* sound effects *pl*

brûlant, brûlante [brylɑ̃, -t] burning *(aussi fig)*; *(chaud)* burning hot; *liquide* scalding

brûlé, brûlée 1 *adj* burnt; **sentir le brûlé** taste burnt **2** *m/f* burns victim

brûle-pourpoint [brylpurpwɛ̃]: **à brûle--pourpoint** point-blank

brûler [bryle] ⟨1a⟩ **1** *v/t brun; d'eau bouillante* scald; *vêtement en repassant* scorch; *électricité* use; **brûler un feu rouge** go through a red light; **brûler les étapes** *fig* cut corners **2** *v/i* burn; **brûler de fièvre** be burning up with fever; **se brûler** burn o.s.; *d'eau bouillante* scald o.s.; **se brûler la cervelle** blow one's brains out

brûleur *m* burner

brûlure *f* sensation burning; *lésion* burn; **brûlures d'estomac** heartburn *sg*

brume [brym] *f* mist

brumeux, -euse misty

brun, brune [brɛ̃ *ou* brœ̃, bryn] **1** *adj* brown; *cheveux, peau* dark **2** *m/f* dark--haired man / woman; **une brune** a brunette **3** *m couleur* brown

brunâtre brownish

brunir ⟨2a⟩ tan

brushing® [brœʃiŋ] *m* blow-dry

brusque [brysk] *(rude)* abrupt, brusque; *(soudain)* abrupt, sudden

brusquement *adv* abruptly, suddenly

brusquer ⟨1m⟩ *personne, choses* rush

brusquerie *f* abruptness

brut, brute [bryt] **1** *adj* raw, unprocessed; *bénéfice, poids, revenu* gross; *pétrole* crude; *sucre* unrefined; *champagne* very dry **2** *m* crude (petroleum) **3** *f* brute

brutal, brutale *(mpl -aux)* brutal

brutalement *adv* brutally

brutaliser ⟨1a⟩ ill-treat

brutalité *f* brutality

Bruxelles [bry(k)sɛl] Brussels

bruyamment [bruijamɑ̃] *adv* noisily

bruyant, bruyante noisy

bruyère [bryjɛr, bruijɛr] *f* BOT heather; *terrain* heath

bu, bue [by] *p/p* → **boire**

buanderie [buɑ̃dri] *f* laundry room

bûche [byʃ] *f* log; **bûche de Noël** Yule log

bûcher[1] [byʃe] *m* woodpile; *(échafaud)* stake

bûcher[2] [byʃe] ⟨1a⟩ work hard; ÉDU F hit the books, Br swot

bûcheur, -euse *m/f* ÉDU grind, Br swot

budget [bydʒɛ] *m* budget; **budget de la**

C

Défense defense budget
budgétaire [bydʒetɛr] budget *atr*; **déficit** *m* **budgétaire** budget deficit
buée [bɥe] *f sur vitre* steam, condensation
buffet [byfɛ] *m de réception* buffet; *meuble* sideboard; **buffet (de la gare)** (station) buffet
buffle [byfl] *m* buffalo
buisson [bɥisɔ̃] *m* shrub, bush
buissonnière: *faire l'école buissonnière* play truant
bulbe [bylb] *f* BOT bulb
bulldozer [buldozœr] *m* bulldozer
bulgare [bylgar] **1** *adj* Bulgarian **2** *m langue* Bulgarian **3** *m/f* **Bulgare** Bulgarian
Bulgarie: *la Bulgarie* Bulgaria
bulle [byl] *f* bubble; *de bande dessinée* (speech) bubble *ou* balloon; **bulle de savon** soap bubble
bulletin [byltɛ̃] *m (formulaire)* form; *(rapport)* bulletin; *à l'école* report card, Br report; **bulletin (de vote)** ballot (paper); **bulletin météorologique** weather report; **bulletin de salaire** paystub, Br payslip
bureau [byro] *m (pl -x)* office; *meuble* desk; **bureau de change** exchange office, Br bureau de change; **bureau de location** box office; **bureau de poste** post office; **bureau de tabac** tobacco store, Br tobacconist's; **bureau de vote** polling station

bureaucrate [byrokrat] *m/f* bureaucrat
bureaucratie *f* bureaucracy
bureaucratique bureaucratic
bureautique [byrotik] *f* office automation
bus [bys] *m* bus
busqué, busquée [byske] *nez* hooked
buste [byst] *m* bust
but [by(t)] *m (cible)* target; *fig (objectif)* aim, goal; *d'un voyage* purpose; SP goal; **de but en blanc** point-blank; **dans le but de faire qch** with the aim of doing sth; **j'ai pour seul but de ...** my sole ambition is to ...; **marquer un but** score (a goal); **errer sans but** wander aimlessly; **à but lucratif** profit-making; **à but non lucratif** not-for-profit, Br non-profit making
butane [bytan] *m* butane gas
buté, butée [byte] stubborn
buter ⟨1a⟩: **buter contre qch** bump into sth, collide with sth; **buter sur un problème** come up against a problem, hit a problem; **se buter** *fig* dig one's heels in
buteur [bytœr] *m* goalscorer
butin [bytɛ̃] *m* booty; *de voleurs* haul
butte [byt] *f (colline)* hillock; **être en butte à** be exposed to
buvable [byvabl] drinkable
buvette *f* bar
buveur, -euse *m/f* drinker

C

c' [s] → **ce**
CA [sea] *abr (= chiffre d'affaires)* turnover; ÉL *(= courant alternatif)* AC (= alternating current)
ça [sa] that; *ça, c'est très bon* that's very good; *nous attendons que ça commence* we're waiting for it to start; *ça va?* how are things?; *(d'accord?)* ok?; *ça y est* that's it; *c'est ça!* that's right!; *ça alors!* well I'm damned!; *et avec ça?* anything else?; *où / qui ça?* where's/who's that?
çà [sa] *adv*: *çà et là* here and there
cabale [kabal] *f (intrigue)* plot
cabane [kaban] *f (baraque)* hut
cabanon *m* cellule padded cell; *en Provence* cottage
cabaret [kabarɛ] *m (boîte de nuit)* night club

cabas [kaba] *m* shopping bag
cabillaud [kabijo] *m* cod
cabine [kabin] *f* AVIAT, MAR cabin; *d'un camion* cab; **cabine d'essayage** changing room; **cabine de pilotage** AVIAT cockpit; **cabine téléphonique** phone booth
cabinet [kabinɛ] *m petite pièce* small room; *d'avocat* chambers *pl*; *de médecin* office, Br surgery; *(clientèle)* practice; POL cabinet; **cabinets** toilet *pl*
câble [kabl] *m* cable; **câble de remorque** towrope; **le câble, la télévision par câble** cable (TV)
cabosser [kabɔse] ⟨1a⟩ dent
cabrer [kabre] ⟨1a⟩: **se cabrer** *d'un animal* rear
cabriolet [kabrijɔle] *m* AUTO convertible

caca [kaka] *m* F poop F, *Br* poo F; **faire caca** do a poop

cacahuète [kakawɛt, -ɥɛt] *f* BOT peanut

cacao [kakao] *m* cocoa; BOT cocoa bean

cache-cache [kaʃkaʃ] *m* hide-and-seek; **jouer à cache-cache** play hide-and-seek

cache-col [kaʃkɔl] *m* (*pl inv*) scarf

cachemire [kaʃmir] *m* tissu cashmere

cache-nez [kaʃne] *m* (*pl inv*) scarf

cacher [kaʃe] ⟨1a⟩ hide; **se cacher de qn** hide from s.o.; **il ne cache pas que** makes no secret of the fact that; **cacher la vérité** hide the truth, cover up

cachet [kaʃe] *m* seal; *fig* (*caractère*) style; PHARM tablet; (*rétribution*) fee; **cachet de la poste** postmark

cacheter [kaʃte] ⟨1c⟩ seal

cachette [kaʃɛt] *f* hiding place; **en cachette** secretly

cachot [kaʃo] *m* dungeon

cachotterie [kaʃɔtri] *f*: **faire des cachotteries** be secretive

cachottier, -ère secretive

cactus [kaktys] *m* cactus

c.-à-d. *abr* (= **c'est-à-dire**) ie (= id est)

cadavre [kadavr] *m* *d'une personne* (dead) body, corpse; *d'un animal* carcass

caddie®¹ [kadi] *m* cart, *Br* trolley

caddie² [kadi] *m* GOLF caddie

cadeau [kado] *m* (*pl* -x) present, gift; **faire un cadeau à qn** give s.o. a present *ou* a gift; **faire cadeau de qch à qn** give s.o. sth (as a present *ou* gift)

cadenas [kadna] *m* padlock

cadenasser ⟨1a⟩ padlock

cadence [kadɑ̃s] *f tempo* rhythm; *de travail* rate

cadencé, cadencée rhythmic

cadet, cadette [kadɛ, -t] *m/f de deux* younger; *de plus de deux* youngest; **il est mon cadet de trois ans** he's three years my junior, he's three years younger than me

cadran [kadrɑ̃] *m* dial; **cadran solaire** sundial

cadre [kadr] *m* frame; *fig* framework; *d'une entreprise* executive; (*environnement*) surroundings *pl*; **s'inscrire dans le cadre de** form part of, come within the framework of; **cadres supérieurs / moyens** senior / middle management *sg*

cadrer ⟨1a⟩: **cadrer avec** tally with

CAF [kaf] **1** *f abr* (= **Caisse d'allocations familiales**) Benefits Agency **2** *m abr* (= **Coût, Assurance, Fret**) CIF (= cost insurance freight)

cafard [kafar] *m* ZO cockroach; **avoir le cafard** F be feeling down; **donner le cafard à qn** depress s.o., get s.o. down

café [kafe] *m boisson* coffee; *établissement* café; **café crème** coffee with milk, *Br* white coffee; **café noir** black coffee

caféine [kafein] *f* caffeine

cafeteria [kafeterja] *f* cafeteria

cafetière [kaftjɛr] *f* coffee pot; **cafetière électrique** coffee maker, coffee machine

cage [kaʒ] *f* cage; **cage d'ascenseur** elevator shaft, *Br* lift shaft; **cage d'escalier** stairwell

cageot [kaʒo] *m* crate

cagibi [kaʒibi] *m* F storage room

cagneux, -euse [kaɲø, -z] *personne* knock-kneed

cagnotte [kaɲɔt] *f* kitty

cagoule [kagul] *f de moine* cowl; *de bandit* hood; (*passe-montagne*) balaclava

cahier [kaje] *m* notebook; ÉDU exercise book

cahot [kao] *m* jolt

cahoter ⟨1a⟩ jolt

cahoteux, -euse bumpy

caille [kaj] *f* quail

cailler [kaje] ⟨1a⟩ *du lait* curdle; *du sang* clot; **ça caille!** *fig* F it's freezing!

caillot [kajo] *m* blood clot

caillou [kaju] *m* (*pl* -x) pebble, stone

caisse [kɛs] *f* chest; *pour le transport* crate; *de démenagement* packing case; *de champagne, vin* case; (*argent*) cash; (*guichet*) cashdesk; *dans un supermarché* checkout; **tenir la caisse** look after the money; **grosse caisse** MUS bass drum; **caisse enregistreuse** cash register; **caisse d'épargne** savings bank; **caisse noire** slush fund; **caisse de retraite** pension fund

caissier, -ère *m/f* cashier

cajoler [kaʒɔle] ⟨1a⟩ (*câliner*) cuddle

cake [kɛk] *m* fruit cake

calamité [kalamite] *f* disaster, calamity

calandre [kalɑ̃dr] *f* AUTO radiator grille

calcaire [kalker] **1** *adj massif* limestone *atr*; *terrain* chalky; *eau* hard **2** *m* GÉOL limestone

calcium [kalsjɔm] *m* calcium

calcul¹ [kalkyl] *m* calculation (*aussi fig*); **calcul mental** mental arithmetic

calcul² [kalkyl] *m* MÉD stone *m*; **calcul biliaire** gallstone; **calcul rénal** kidney stone

calculateur, -trice [kalkylatœr, -tris] **1** *adj* calculating **2** *f*: **calculateur** (*de poche*) (pocket) calculator

calculer [kalkyle] ⟨1a⟩ calculate

calculette *f* pocket calculator

cale [kal] *f* MAR hold; *pour bloquer* wedge; **cale sèche** dry dock

calé, calée [kale] F: **être calé en qch** be

caleçon [kalsō] *m d'homme* boxer shorts *pl*, boxers *pl*; *de femme* leggings *pl*

calembour [kalɑ̃bur] *m* pun, play on words

calendrier [kalɑ̃drije] *m* calendar; *emploi du temps* schedule, *Br* timetable

calepin [kalpɛ̃] *m* notebook

caler [kale] ⟨1a⟩ **1** *v/t moteur* stall; TECH wedge **2** *v/i du moteur* stall

calibre [kalibr] *m d'une arme, fig* caliber, *Br* calibre; *de fruits, œufs* grade

califourchon [kalifurʃõ]: **à califourchon** astride

câlin, câline [kalɛ̃, -in] **1** *adj* affectionate **2** *m* (*caresse*) cuddle

câliner ⟨1a⟩ (*caresser*) cuddle

calmant, calmante [kalmɑ̃, -t] **1** *adj* soothing; MÉD (*tranquillisant*) tranquilizing, *Br* tranquillizing; *contre douleur* painkilling **2** *m* tranquilizer, *Br* tranquillizer; *contre douleur* painkiller

calmar [kalmar] *m* squid

calme [kalm] **1** *adj* calm; *Bourse, vie* quiet **2** *m* calmness, coolness; MAR calm; (*silence*) peace and quiet, quietness

calmement *adv* calmly, coolly

calmer ⟨1a⟩ *personne* calm down; *douleur* relieve; **se calmer** calm down

calomnie [kalɔmni] *f* slander; *écrite* libel

calomnier ⟨1a⟩ insult; *par écrit* libel

calomnieux, -euse slanderous *par écrit* libelous, *Br* libellous

calorie [kalɔri] *f* calorie; *régime basses calories* low-calorie diet

calque [kalk] *m* TECH tracing; *fig* exact copy

calquer ⟨1m⟩ trace; **calquer qch sur** *fig* model sth on

calva [kalva] *m* F, **calvados** [kalvadɔs] *m* Calvados, apple brandy

calvaire [kalver] *m* REL wayside cross; *fig* agony

calvitie [kalvisi] *f* baldness

camarade [kamarad] *m/f* friend; POL comrade; **camarade de jeu** playmate

camaraderie *f* friendship, camaraderie

Cambodge [kɑ̃bɔdʒ]: **le Cambodge** Cambodia

cambodgien, cambodgienne 1 *adj* Cambodian **2** *m langue* Cambodian **3** *m/f* **Cambodgien, Cambodgienne** Cambodian

cambouis [kɑ̃bwi] *m* (dirty) oil

cambrer [kɑ̃bre] ⟨1a⟩ arch

cambriolage [kɑ̃brijɔlaʒ] *m* break-in, burglary

cambrioler ⟨1a⟩ burglarize, *Br* burgle

cambrioleur, -euse *m/f* house-breaker, burglar

cambrousse [kɑ̃brus] *f* F *péj*: **la cambrousse** the back of beyond, the sticks *pl*

came [kam] *f* TECH cam; **arbre** *m* **à cames** camshaft

camelote [kamlɔt] *f* F junk

camembert [kamɑ̃ber] *m* Camembert; *diagramme* pie chart

caméra [kamera] *f* camera; **caméra vidéo** video camera

Cameroun [kamrun]: **le Cameroun** Cameroon

camerounais, camerounaise 1 *adj* Cameroonian **2** *m/f* **Camerounais, Camerounaise** Cameroonian

caméscope [kameskɔp] *m* camcorder

camion [kamjõ] *m* truck, *Br aussi* lorry; **camion de livraison** delivery van

camion-citerne *m* (*pl* camions-citernes) tanker

camionnette [kamjɔnet] *f* van

camionneur *m conducteur* truck driver, *Br aussi* lorry driver; *directeur d'entreprise* trucker, *Br* haulier

camomille [kamɔmij] *f* BOT camomile

camouflage [kamuflaʒ] *m* camouflage

camoufler ⟨1a⟩ camouflage; *fig: intention, gains* hide; *faute* cover up

camp [kɑ̃] *m* camp (*aussi* MIL, POL); **camp de concentration** concentration camp; **camp militaire** military camp *m*; **camp de réfugiés** refugee camp; **camp de vacances** summer camp, *Br* holiday camp; **ficher le camp** F clear off, get lost F

campagnard, campagnarde [kɑ̃paɲar, -d] **1** *adj* country *atr* **2** *m/f* person who lives in the country

campagne [kɑ̃paɲ] *f* country, countryside; MIL, *fig* campaign; **à la campagne** in the country; **en pleine campagne** deep in the countryside; **campagne de diffamation** smear campaign; **campagne électorale** election campaign; **campagne publicitaire** advertising campaign

campement [kɑ̃pmɑ̃] *m action* camping; *installation* camp; *lieu* campground

camper ⟨1a⟩ camp; **se camper devant** plant o.s. in front of

campeur, -euse *m/f* camper

camping [kɑ̃piŋ] *m* camping; (**terrain** *m* **de**) **camping** campground, campsite; **faire du camping** go camping

camping-car *m* (*pl* camping-cars) camper

camping-gaz® *m* campstove

Canada [kanada] **le Canada** Canada

canadien, canadienne 1 *adj* Canadian **2** *m/f* **Canadien, Canadienne** Canadian

canal [kanal] *m* (*pl* -aux) channel; (*tuyau*)

pipe; (*bras d'eau*) canal; **canal d'irriga-tion** irrigation canal; **le canal de Suez** the Suez Canal

canalisation [kanalizasjɔ̃] *f* (*tuyauterie*) pipes *pl*, piping

canaliser *fig* channel

canapé [kanape] *m* sofa; CUIS canapé

canapé-lit *m* sofa-bed

canard [kanar] *m* duck; F newpaper; **il fait un froid de canard** F it's freezing

canari [kanari] *m* canary

cancans [kɑ̃kɑ̃] *mpl* gossip *sg*

cancer [kɑ̃sɛr] *m* MÉD cancer; **avoir un cancer du poumon** have lung cancer; **le Cancer** ASTROL Cancer

cancéreux, -euse [kɑ̃serø, -z] **1** *adj* tumeur cancerous **2** *m/f* person with cancer, cancer patient

cancérigène, -ogène carcinogenic

cancérologue *m/f* cancer specialist

candeur *f* ingenuousness

candidat, candidate [kɑ̃dida, -t] *m/f* candidate

candidature *f* candidacy; *à un poste* application; **candidature spontanée** unsolicited application; **poser sa candidature à un poste** apply for a position

candide [kɑ̃did] ingenuous

cane [kan] *f* (female) duck

caneton *m* duckling

canette [kanɛt] *f* (*bouteille*) bottle

canevas [kanva] *m* canvas; *de projet* outline

caniche [kaniʃ] *m* poodle

canicule [kanikyl] *f* heatwave

canif [kanif] *m* pocket knife

canin, canine [kanɛ̃, -in] dog *atr*, canine

canine [kanin] *f* canine

caniveau [kanivo] *m* (*pl* -x) gutter

canne [kan] *f pour marcher* cane, stick; **canne à pêche** fishing rod; **canne à sucre** sugar cane

cannelle [kanɛl] *f* cinnamon

canoë [kanɔe] *m* canoe; *activité* canoeing

canoéiste *m/f* canoeist

canon [kanɔ̃] *m* MIL gun; HIST cannon; *de fusil* barrel; **canon à eau** water cannon

canoniser [kanɔnize] ⟨1a⟩ REL canonize

canot [kano] *m* small boat; **canot pneumatique** rubber dinghy; **canot de sauvetage** lifeboat

cantatrice [kɑ̃tatris] *f* singer

cantine [kɑ̃tin] *f* canteen

cantonner [kɑ̃tɔne] ⟨1a⟩ MIL billet; **se cantonner** shut o.s. away; **se cantonner à** *fig* confine o.s. to

canular [kanylar] *m* hoax

caoutchouc [kautʃu] *m* rubber; (*bande élastique*) rubber band; **caoutchouc**

mousse foam rubber

cap [kap] *m* GÉOGR cape; AVIAT, MAR course; **franchir le cap de la quarantaine** *fig* turn forty; **mettre le cap sur** head for, set course for

C.A.P. [seape] *m abr* (= **certificat d'aptitude professionnelle**) vocational training certificate

capable [kapabl] capable; **capable de faire qch** capable of doing sth

capacité *f* (*compétence*) ability; (*contenance*) capacity; **capacité d'absorption** absorbency; **capacité de production** production capacity; **capacité de stockage** storage capacity

cape [kap] *f* cape; **rire sous cape** *fig* laugh up one's sleeve

capillaire [kapilɛr] capillary; *lotion, soins* hair *atr*

capitaine [kapitɛn] *m* captain

capital, capitale [kapital] (*mpl* -aux) **1** *adj* essential; **peine f capitale** capital punishment **2** *m* capital; **capitaux** capital *sg*; **capitaux propres** equity *sg* **3** *f ville* capital (city); *lettre* capital (letter)

capitalisme [kapitalism] *m* capitalism

capitaliste *m/f & adj* capitalist

capiteux, -euse [kapitø, -z] *parfum, vin* heady

capitonner [kapitɔne] ⟨1a⟩ pad

capitulation [kapitylasjɔ̃] *f* capitulation

capituler [kapityle] ⟨1a⟩ capitulate

caporal [kapɔral] *m* (*pl* -aux) MIL private first class, *Br* lance-corporal

caporal-chef corporal

capot [kapo] *m* AUTO hood, *Br* bonnet

capote *f vêtement* greatcoat; AUTO top, *Br* hood; **capote (anglaise)** F condom, rubber F

capoter ⟨1a⟩ AVIAT, AUTO overturn

câpre [kɑpr] *f* CUIS caper

caprice [kapris] *m* whim

capricieux, -euse capricious

Capricorne [kaprikɔrn] *m*: **le Capricorne** ASTROL Capricorn

capsule [kapsyl] *f* capsule; *de bouteille* top; **capsule spatiale** space capsule

capter [kapte] ⟨1a⟩ *attention, regard* catch; RAD, TV pick up

capteur *m*: **capteur solaire** solar panel

captif, -ive [kaptif, -iv] *m/f & adj* captive

captivant, captivante *personne* captivating, enchanting; *histoire, lecture* gripping

captiver ⟨1a⟩ *fig* captivate

captivité *f* captivity

capture [kaptyr] *f* capture; (*proie*) catch

capturer ⟨1a⟩ capture

capuche [kapyʃ] *f* hood

capuchon *m de vêtement* hood; *de stylo*

top, cap

capucine [kapysin] *f* BOT nasturtium

car[1] [kar] *m* bus, *Br* coach

car[2] [kar] *conj* for

carabine [karabin] *f* rifle

carabiné, carabinée F: *un ... carabiné* one hell of a ... F

caractère [karaktɛr] *m* character; *en caractères gras* in bold; *caractères d'imprimerie* block capitals; *avoir bon caractère* be good-natured; *avoir mauvais caractère* be bad-tempered

caractériel, caractérielle [karakterjɛl] *troubles* emotional; *personne* emotionally disturbed

caractérisé, caractérisée [karakterize] *affront, agression* outright

caractériser ⟨1a⟩ be characteristic of

caractéristique *f & adj* characteristic

carafe [karaf] *f* carafe

caraïbe [karaib] **1** *adj* Caribbean **2** *fpl* les Caraïbes the Caribbean *sg*; *la mer des caraïbe* the Caribbean (Sea)

carambolage [karɑ̃bɔlaʒ] *m* AUTO pile-up

caramboler ⟨1a⟩ AUTO collide with

caramel [karamɛl] *m* caramel

carapace [karapas] *f* ZO, *fig* shell

carat [kara] *m* carat; *or (à) 18 carats* 18-carat gold

caravane [karavan] *f* AUTO trailer, *Br* caravan

caravaning *m* caravanning

carbone [karbɔn] *m* CHIM carbon

carbonique CHIM carbonic; *neige f carbonique* dry ice; *gaz m carbonique* carbon dioxide

carboniser ⟨1a⟩ burn

carbonisé F burned to a crisp

carburant [karbyrɑ̃] *m* fuel

carburateur *m* TECH carburet(t)or

carcasse [karkas] *f d'un animal* carcass; *d'un bateau* shell

cardiaque [kardjak] MÉD **1** *adj* cardiac, heart *atr*; *être cardiaque* have a heart condition; *arrêt m cardiaque* heart failure **2** *m/f* heart patient

cardinal, cardinale [kardinal] (*mpl* -aux) **1** *adj* cardinal; *les quatre points mpl cardinaux* the four points of the compass **2** *m* REL cardinal

cardiologie [kardjɔlɔʒi] *f* cardiology

cardiologue *m/f* cardiologist, heart specialist

cardio-vasculaire cardiovascular

carême [karɛm] *m* REL Lent

carence [karɑ̃s] *f* (*incompétence*) inadequacy, shortcoming; (*manque*) deficiency; *carence alimentaire* nutritional deficiency; *maladie f par carence* deficiency disease; *carence affective* emo-

tional deprivation

caresse [karɛs] *f* caress

caresser ⟨1b⟩ caress; *projet, idée* play with; *espoir* cherish

cargaison [kargɛzõ] *f* cargo; *fig* load

cargo [kargo] *m* MAR freighter, cargo boat

caricature [karikatyr] caricature

caricaturer ⟨1a⟩ caricature

carie [kari] *f* MÉD: *carie dentaire* tooth decay; *une carie* a cavity

carié, cariée [karje] *dent* bad

carillon [karijõ] *m* air, sonnerie chimes *pl*

caritatif, caritative [karitatif, -iv] charitable

carlingue [karlɛ̃g] *f* AVIAT cabin

carnage [karnaʒ] *m* carnage

carnassier, -ère [karnasje, -ɛr] carnivorous

carnation [karnasjõ] *f* complexion

carnaval [karnaval] *m* (*pl* -als) carnival

carnet [karnɛ] *m* notebook; *de tickets, timbres* book; *carnet d'adresses* address book; *carnet de chèques* checkbook, *Br* chequebook; *carnet de rendez-vous* appointments diary

carnivore [karnivɔr] **1** *adj* carnivorous **2** *m* carnivore

carotte [karɔt] *f* carrot; *poil de carotte* ginger

carpe [karp] *f* ZO carp

carpette [karpɛt] *f* rug

carré, carrée [kare] **1** *adj* square; *fig*: *personne, réponse* straightforward; *mètre m carré* square meter **2** *m* square; *élever au carré* square

carreau [karo] *m* (*pl* -x) *de faïence etc* tile; *fenêtre* pane (of glass); *motif* check; *cartes* diamonds; *à carreaux* tissu check(ed)

carrefour [karfur] *m* crossroads *sg* (*aussi fig*)

carrelage [karlaʒ] *m* (*carreaux*) tiles *pl*

carreler ⟨1c⟩ tile

carrément [karemɑ̃] *adv répondre, refuser* bluntly, straight out

carrière [karjɛr] *f* quarry; *profession* career; *militaire m de carrière* professional soldier

carrossable [karɔsabl] suitable for cars

carrosse [karɔs] *m* coach

carrosserie *f* AUTO bodywork

carrousel [karuzɛl] *m* AVIAT carousel

carrure [karyr] *f* build

cartable [kartabl] *m* schoolbag; *à bretelles* satchel

carte [kart] *f* card; *dans un restaurant* menu; GÉOGR map; MAR, *du ciel* chart; *donner carte blanche à qn* fig give s.o. a free hand; *à la carte* à la carte; *carte d'abonnement* membership card;

carte bancaire cash card; *carte bleue* credit card; *carte de crédit* credit card; *carte d'embarquement* boarding pass; *carte d'étudiant* student card; *carte de fidélité* loyalty card; *carte graphique* graphics card; *carte grise* AUTO registration document; *carte d'identité* identity card; *carte à mémoire* INFORM smartcard; *carte mère* INFORM motherboard; *carte postale* postcard; *carte à puce* IN-FORM smart card; *carte routière* road map; *carte de séjour* residence permit; *carte son* sound card; *carte vermeil* senior citizens' railpass; *carte de vœux* greeting card; *carte (de visite)* card; *carte des vins* wine list

carte-clé *f* key card

cartel [kartɛl] *m* ÉCON cartel

carter [karter] *m* TECH casing; AUTO sump

cartilage [kartilaʒ] *m* cartilage

carton [kartõ] *m* matériau cardboard; *boîte* cardboard box, carton; *carton (à dessin)* portfolio; *carton ondulé* corrugated cardboard; *carton jaune / rouge* en football yellow / red card

cartonné, cartonnée: *livre cartonné* hardback

cartouche [kartuʃ] *f* cartridge; *de cigarettes* carton

cartouchière *f* cartridge belt

cas [kɑ, ka] *m* case; *en aucun cas* under no circumstances; *dans ce cas-là, en ce cas* in that case; *en tout cas* in any case; *au cas où il voudrait faire de la natation* in case he wants to go swimming, if he should want to go swimming; *en cas de* in the event of; *en cas de besoin* if need be; *le cas échéant* if necessary; *faire (grand) cas de* have a high opinion of; *faire peu de cas* not think a lot of

casanier, -ère [kazanje, -ɛr] *m/f* stay-at-home

cascade [kaskad] *f* waterfall

cascadeur *m* stuntman

cascadeuse *f* stuntwoman

case [kɑz] *f* (hutte) hut; (compartiment) compartment; dans formulaire box; dans mots-croisés, échiquier square; *retourner à la case départ* go back to square one

caser [kaze] ⟨1a⟩ (ranger) put; (loger) put up; *se caser* (se marier) settle down

caserne [kazern] *f* barracks sg ou pl; *caserne de pompiers* fire station

cash [kaʃ]: *payer cash* pay cash

casier [kazje] *m* pour courrier pigeon-holes pl; pour bouteilles, livres rack; *casier judiciaire* criminal record

casino [kazino] *m* casino

casque [kask] *m* helmet; *de radio* headphones pl; *les casques bleus* the Blue Berets, the UN forces

casquer ⟨1m⟩ P pay up, cough up P

casquette [kaskɛt] *f* cap

cassable [kasabl] breakable

cassant, cassante fragile; *fig* curt, abrupt

cassation [kasasjiõ] *f* JUR quashing; *Cour f de cassation* final court of appeal

casse [kas] *f* AUTO scrapyard; *mettre à la casse* scrap; *payer la casse* pay for the damage

casse-cou [kasku] *m* (pl inv) daredevil

casse-croûte [kaskrut] *m* (pl inv) snack

casse-noisettes [kasnwazɛt] *m* (pl inv) nutcrackers pl

casse-pieds [kaspje] *m/f* (pl inv) F pain in the neck F

casser [kase] ⟨1a⟩ **1** v/t break; noix crack; JUR quash; *casser les pieds à qn* F bore the pants off s.o. F; (embêter) get on s.o.'s nerves F; *casser les prix* COMM slash prices; *casser la croûte* have a bite to eat; *casser la figure ou gueule à qn* smash s.o.'s face in F; *se casser* break; *se casser la figure ou gueule* F fall over; fig fail; *se casser la tête* rack one's brains; *ne pas se casser* F not exactly bust a gut **2** v/i break

casserole [kasrɔl] *f* (sauce) pan

casse-tête [kastɛt] *m* (pl inv) fig: problème headache

cassette [kasɛt] *f* (bande magnétique) cassette; *magnétophone m à cassette* cassette recorder; *cassette vidéo* video cassette

casseur, -euse *m/f* rioter; AUTO scrap metal merchant

cassis [kasis] *m* BOT blackcurrant; *(crème f de) cassis* blackcurrant liqueur

cassoulet [kasulɛ] *m* CUIS casserole of beans, pork, sausage and goose

cassure [kasyr] *f* (fissure) crack; fig (rupture) split, break-up

caste [kast] *f* caste

castor [kastɔr] *m* beaver

castrer [kastre] ⟨1a⟩ castrate

cataclysme [kataklism] *m* disaster

catalogue [katalɔg] *m* catalog, Br catalogue

cataloguer ⟨1m⟩ catalog, Br catalogue; F péj label, pigeonhole

catalyseur [katalizœr] *m* catalyst (aussi fig)

catalytique AUTO: *pot m catalytique* catalytic converter

catapulte [katapylt] *f* catapult

catapulter ⟨1a⟩ catapult (aussi fig)

cataracte [katarakt] *f* (cascade) waterfall;

MÉD cataract

catastrophe [katastrɔf] *f* disaster, catastrophe; *en catastrophe* in a rush; *catastrophe naturelle* act of God

catastrophé, catastrophée stunned

catastrophique disastrous, catastrophic

catch [katʃ] *m* wrestling

catéchisme [kateʃism] *m* catechism

catégorie [kategɔri] *f* category; *catégorie d'âge* age group

catégorique categorical

catégoriser ⟨1a⟩ categorize

cathédrale [katedral] *f* cathedral

catholicisme [katɔlisism] *m* (Roman) Catholicism

catholique 1 *adj* (Roman) Catholic; *pas très catholique* fig F a bit dubious **2** *m/f* Roman Catholic

catimini [katimini] F: *en catimini* on the quiet

cauchemar [koʃmar] *m* nightmare (*aussi* fig)

cauchemardesque nightmarish

causant, causante [kozã, -t] talkative

cause [koz] *f* cause; JUR case; *à cause de* because of; *pour cause de* owing to, on account of; *sans cause* for no reason; *pour cause* with good reason; *faire cause commune avec qn* join forces with s.o.; *être en cause* d'honnêteté, de loyauté be in question; *mettre en cause* honnêteté, loyauté question; *personne* suspect of being involved

causer ⟨1a⟩ **1** *v/t* (*provoquer*) cause **2** *v/i* (*s'entretenir*) chat (*avec qn de* with s.o. about)

causerie *f* talk

causette *f* chat; *faire la causette* have a chat

causeur, -euse *m/f* speaker

caustique [kostik] CHIM, fig caustic

cautériser [koterize] ⟨1a⟩ MÉD cauterize

caution [kosjõ] *f* security; *pour logement* deposit; JUR bail; fig (*appui*) backing, support; *libéré sous caution* released on bail

cautionner ⟨1a⟩ stand surety for; JUR bail; fig (*se porter garant de*) vouch for; (*appuyer*) back, support

cavale [kaval] *f* F break-out F, escape; *être en cavale* be on the run

cavaler ⟨1a⟩ F: *cavaler après qn* chase after s.o.

cavalerie *f* cavalry

cavalier, -ère 1 *m/f pour cheval* rider; *pour bal* partner **2** *m aux échecs* knight **3** *adj* offhand, cavalier

cave [kav] *f* cellar; *cave (à vin)* wine cellar

caveau *m* (*pl* -x) *d'enterrement* vault

caverne [kavɛrn] *f* cave

caviar [kavjar] *m* caviar

cavité [kavite] *f* cavity

CC [sese] *abr* (= *courant continu*) DC (= direct current); (= *charges comprises*) all inclusive

CD [sede] *m abr* (= *compact disc*) CD

CD-Rom *m* CD-Rom

CE *f abr* (= *Communauté f européenne*) EC (= European Community)

ce [sǝ] *m* (**cet** *m*, **cette** *f*, **ces** *f*) **1** *adj* this, *pl* these; *ce matin / soir* this morning / evening; *en ce moment* at the moment; *ce livre-ci* this book; *ce livre-là* that book; *ces jours-ci* these days; *cette vie est difficile* it's a hard life; **2** *pron* ◇ : *c'est pourquoi* that is *ou* that's why; *c'est triste* it's sad; *ce sont mes enfants* these are my children; *c'est un acteur* he is *ou* he's an actor; *c'est une actrice* she is *ou* she's an actress; *c'est la vie* that's life; *c'est à qui le manteau?* whose coat is this?; *c'est elle qui me l'a dit* she's the one who told me, it was her that told me; *qui est-ce?* who is it?; *c'est que...* it's that ...; *c'est que tu as grandi!* how you've grown!

◇ : *ce que tu fais* what you're doing; *ce qui me plaît* what I like; *ils se sont mis d'accord, ce qui n'arrive pas souvent* they reached an agreement, which doesn't often happen; *ce qu'il est gentil!* isn't he nice!

◇ : *pour ce faire* to do that; *sur ce* with that

ceci [sǝsi] this; *ceci ou cela* this or that

cécité [sesite] *f* blindness

céder [sede] ⟨1f⟩ **1** *v/t* give up; *cédez le passage* AUTO yield; Br give way **2** *v/i* give in (*à* to); (*se casser*) give way; *elle ne lui cède en rien* she is every bit as good as he is

cédille [sedij] *f* cedilla

cèdre [sɛdr] *m* BOT cedar

ceinture [sɛ̃tyr] *f* belt; ANAT waist; *se serrer la ceinture* tighten one's belt; *ceinture de sauvetage* lifebelt; *ceinture de sécurité* seatbelt; *ceinture verte* green belt

cela [s(ǝ)la] that; *il y a cinq ans de cela* that was five years ago; *à cela près* apart from that

célébration [selebrasjõ] *f* celebration

célèbre [selɛbr] famous

célébrer [selebre] ⟨1f⟩ celebrate; *célébrer la mémoire de qn* be a memorial to s.o.

célébrité *f* fame; *personne* celebrity

céleri [selri] *m* BOT: **céleri (en branche)** celery; **céleri(-rave)** celeriac

célérité [selerite] *f litt* speed

céleste [selɛst] heavenly

célibat [seliba] *m* single life; *d'un prêtre* celibacy

célibataire 1 *adj* single, unmarried **2** *m* bachelor **3** *f* single woman

celle, celles [sɛl] → **celui**

cellier [selje] *m* cellar

cellophane [selɔfan] *f* cellophane

cellule [selyl] *f* cell

cellulite [selylit] *f* MÉD cellulite

cellulose [selyloz] *f* cellulose

Celsius [selsjys]: **20 degrés Celsius** 20 degrees Celsius

celtique [seltik] Celtic

celui [səlɥi] *m* (**celle** *f*, **ceux** *mpl*, **celles** *fpl*) the one, *pl* those; **celui dont je parle** the one I'm talking about; **meilleurs que ceux que ma mère fait** better than the ones *ou* than those my mother makes; **celui qui ... personne** he who ...; **chose the one which; tu peux utiliser celle de Claude** you can use Claude's

celui-ci this one

celui-là that one

cendre [sɑ̃dr] *f* ash; **cendres** ashes; **cendres de cigarette** cigarette ash *sg*

cendré, cendrée [sɑ̃dre] ash-gray, *Br* ash-grey

cendrée *f* SP cinder track

cendrier *m* ashtray

cène [sɛn] *f* REL: **la cène** (Holy) Communion; **la Cène** *peinture* the Last Supper

censé, censée [sɑ̃se]: **il est censé être malade** he's supposed to be sick

censeur *m* censor; ÉDU vice-principal, *Br* deputy head; *fig* critic

censure [sɑ̃syr] *f* censorship; *organe* board of censors; **motion *f* de censure** POL motion of censure

censurer ⟨1a⟩ censor

cent [sɑ̃] **1** *adj* hundred **2** *m* a hundred, one hundred; *monnaie* cent; **pour cent** per cent; **deux cents personnes** two hundred people

centaine *f*: **une centaine de personnes** a hundred or so people; **des centaines de personnes** hundreds of people

centenaire 1 *adj* hundred-year-old **2** *m* fête centennial, *Br* centenary

centième [sɑ̃tjɛm] hundredth

centilitre *m* centiliter, *Br* centilitre

centime *m* centime

centimètre *m* centimeter, *Br* centimetre; **ruban** tape measure

central, centrale [sɑ̃tral] (*mpl* -aux) **1** *adj*

central 2 *m* TÉL telephone exchange **3** *f* power station; **centrale nucléaire** *ou* **atomique** nuclear power station

centralisation [sɑ̃tralizasjɔ̃] centralization

centraliser ⟨1a⟩ centralize

centre [sɑ̃tr] *m* center, *Br* centre; **centre d'accueil** temporary accommodations *pl*; **centre d'appel** call center; **centre d'attention** center of attention; **centre commercial** shopping mall, *Br aussi* shopping centre; **centre de gravité** center of gravity; **centre d'intérêt** center of interest; **centre de loisirs** leisure center; **centre de planning familial** family planning clinic

centrer ⟨1a⟩ center, *Br* centre

centre-ville *m* downtown area, *Br* town centre

centrifuge [sɑ̃trify3] centrifugal

centrifugeuse *f* juicer, juice extractor

centuple [sɑ̃typl] *m*: **au centuple** a hundredfold

cep [sɛp] *m* vine stock

cepage *m* wine variety

cèpe [sɛp] *m* BOT cepe, boletus

cependant [səpɑ̃dɑ̃] yet, however

céramique [seramik] *f* ceramic

cercle [sɛrkl] *m* circle; **cercle vicieux** vicious circle

cercueil [sɛrkœj] *m* casket, *Br* coffin

céréales [sereal] *fpl* (breakfast) cereal *sg*

cérébral, cérébrale [serebral] (*mpl* -aux) cerebral

cérémonial [seremɔnjal] *m* ceremonial

cérémonie *f* ceremony; **sans cérémonie** *repas etc* informal; **se présenter etc** informally; **mettre à la porte** unceremoniously

cérémonieux, -euse *manières* formal

cerf [sɛr] *m* deer

cerfeuil [sɛrfœj] *m* BOT chervil

cerf-volant [sɛrvɔlɑ̃] *m* (*pl* cerfs-volants) kite

cerise [s(ə)riz] *f* cherry

cerisier *m* cherry(-tree)

cerne [sɛrn] *m*: **avoir des cernes** have bags under one's eyes

cerner ⟨1a⟩ (*encercler*) surround; *fig: problème* define

certain, certaine [sɛrtɛ̃, -ɛn] **1** *adj* ◇ (*après le subst*) certain; **être certain de qch** be certain of sth; ◇ (*devant le subst*) certain; **d'un certain âge** middle-aged; **certains enfants** certain *ou* some children **2** *pron*: **certains, -aines** some (people); **certains d'entre eux** some of them

certainement [sɛrtɛnmɑ̃] *adv* certainly; (*sûrement*) probably; **certainement pas!** definitely not

C

certes [sɛrt] *adv* certainly

certificat [sɛrtifika] *m* certificate; ***certificat de mariage*** marriage certificate; ***certificat médical*** medical certificate

certifier ⟨1a⟩ guarantee; ***copie f certifiée conforme*** certified true copy; ***certifier qch à qn*** assure s.o. of sth

certitude [sɛrtityd] *f* certainty

cerveau [sɛrvo] *m* (*pl* -x) brain

cervelas [sɛrvəla] *m* saveloy

cervelle [sɛrvɛl] *f* brains *pl*; ***se brûler la cervelle*** *fig* blow one's brains out

ces [se] → ***ce***

césarienne [sezarjɛn] *f* MÉD cesarian, *Br* caesarian

cessation [sɛsasjõ] *f* cessation; ***après leur cessation de commerce*** when they ceased trading; ***cessation de paiements*** suspension of payments

cesse: ***sans cesse*** constantly

cesser ⟨1b⟩ stop; ***cesser de faire qch*** stop doing sth

cessez-le-feu *m* (*pl inv*) ceasefire

cession [sɛsjõ] *f* disposal

c'est-à-dire [sɛtadir] that is, that is to say

cet, cette [sɛt] → ***ce***

ceux [sø] → ***celui***

CFC [seefse] *mpl abr* (= ***chlorofluorocarbones***) CFCs (= chlorofluorocarbons)

chacun, chacune [ʃakœ̃ *ou* ʃakœ, -yn] *m/f* each (one); ***chacun de ou d'entre nous*** each (one) of us; ***c'est chacun pour soi*** it's every man for himself; ***accessible à tout un chacun*** available to each and every person; ***chacun le sait*** everybody knows it

chagrin [ʃagrɛ̃] *m* grief; ***faire du chagrin à qn*** upset s.o.; ***un chagrin d'amour*** an unhappy love affair

chagriner ⟨1a⟩ sadden

chahut [ʃay] *m* F racket, din

chahuter ⟨1b⟩ heckle

chaîne [ʃɛn] *f* chain; *radio*, TV channel; ***chaînes*** AUTO snow chains; ***chaîne hi-fi*** hi-fi; ***chaîne (de montage)*** assembly line; ***travail m à la chaîne*** assembly line work; ***chaîne payante*** TV pay channel; ***chaîne de montagnes*** range of mountains

chair [ʃɛr] *f* flesh; ***en chair et en os*** in the flesh; ***avoir la chair de poule*** have goosebumps, *Br aussi* have goosepimples; ***être bien en chair*** be plump

chaire [ʃɛr] *f dans église* pulpit; *d'université* chair

chaise [ʃɛz] *f* chair; ***chaise longue*** (*transatlantique*) deck chair; ***chaise électrique*** electric chair; ***chaise roulante*** wheelchair

châle [ʃɑl] *m* shawl

chalet [ʃalɛ] *m* chalet

chaleur [ʃalœr] *f* heat; *plus modérée* warmth (*aussi fig*)

chaleureusement warmly

chaleureux, -euse warm

chaloupe [ʃalup] *f* boat

chalumeau [ʃalymo] *m* (*pl* -x) blowtorch

chalutier [ʃalytje] *m* MAR trawler

chamailler [ʃamaje] ⟨1a⟩ F: ***se chamailler*** bicker

chambouler [ʃɑ̃bule] ⟨1a⟩ turn upside down

chambranle [ʃɑ̃brɑ̃l] *m* frame

chambre [ʃɑ̃br] *f* (bed)room; JUR, POL chamber; ***chambre à air*** *de pneu* inner tube; ***Chambre du Commerce et de l'Industrie*** Chamber of Commerce; ***chambre à coucher*** bedroom; ***chambre à un lit*** single (room); ***chambre à deux lits*** twin-bedded room; ***chambre d'amis*** spare room, guest room; ***chambre noire*** PHOT darkroom

chambré [ʃɑ̃bre] *vin* at room temperature

chameau [ʃamo] *m* (*pl* -x) camel

chamois [ʃamwa] *m* ZO chamois; *cuir* shammy

champ [ʃɑ̃] *m* field (*aussi fig*); ***à travers champs*** across country; ***laisser le champ libre à qn*** give s.o. a free hand; ***champ de bataille*** battlefield; ***champ de courses*** racecourse; ***champ de mines*** minefield; ***champ pétrolifère*** oilfield

champagne [ʃɑ̃paɲ] *m* champagne

champêtre [ʃɑ̃pɛtr] country *atr*

champignon [ʃɑ̃piɲõ] *m* BOT, MÉD fungus; *nourriture* mushroom; ***champignon de Paris*** button mushroom; ***champignon vénéneux*** toadstool

champion, championne [ʃɑ̃pjõ, -ɔn] *m/f* champion (*aussi fig*)

championnat *m* championship

chance [ʃɑ̃s] *f* (*sort*) luck, fortune; (*occasion*) chance; ***il y a des chances que cela se produise*** (*subj*) there is a chance that it might happen; ***bonne chance!*** good luck!; ***avoir de la chance*** be lucky; ***c'est une chance que*** (+ *subj*) it's lucky that; ***il y a peu de chances pour que cela se produise*** (+ *subj*) there is little chance of that happening

chanceler [ʃɑ̃sle] ⟨1c⟩ stagger; *d'un gouvernement* totter

chancelier [ʃɑ̃səlje] *m* chancellor

chanceux, -euse [ʃɑ̃sø, -z] lucky

chandail [ʃɑ̃daj] *m* (*pl* -s) sweater

chandelier [ʃɑ̃dəlje] *m* candlestick

chandelle [ʃɑ̃dɛl] *f* candle

change [ʃɑ̃ʒ] *m* exchange; ***taux m de***

change exchange rate, rate of exchange; **contrôle** m **des changes** exchange control; **change du jour** current rate of exchange; **donner le change à qn** deceive s.o.

changeable changeable

changeant, changeante changeable

changement m change; **changement de vitesse** AUTO gear shift

changer [ʃɑ̃ʒe] ⟨11⟩ **1** v/t change (**en** into); (échanger) exchange (**contre** for) **2** v/i change; **changer de qch** change sth; **changer d'adresse** change address; **changer d'avis** change one's mind; **changer de place avec qn** change places with s.o.; **changer de sujet** change the subject; **changer de train** change trains; **changer de vitesse** shift gear(s), Br change gear(s); **se changer** change

chanson [ʃɑ̃sõ] f song

chansonnier m singer

chant [ʃɑ̃] m song; action de chanter singing; d'église hymn

chantage [ʃɑ̃taʒ] m blackmail; **faire du chantage à qn** blackmail s.o.

chanter [ʃɑ̃te] ⟨1a⟩ **1** v/i sing; d'un coq crow; **faire chanter qn** blackmail s.o.; **si cela te chante** if you feel like it **2** v/t sing

chanteur, -euse m/f singer

chantier [ʃɑ̃tje] m building site; **chantier naval** shipyard

chantonner [ʃɑ̃tɔne] ⟨1a⟩ sing under one's breath

chanvre [ʃɑ̃vr] m BOT hemp

chaos [kao] m chaos

chaotique chaotic

chapardage [ʃapardaʒ] m F pilfering

chaparder ⟨1a⟩ F pinch F

chapeau [ʃapo] m (pl -x) hat; **chapeau!** congratulations!

chapeauter fig head up

chapelet [ʃaple] m REL rosary

chapelle [ʃapɛl] f chapel

chapelure [ʃaplyr] f CUIS breadcrumbs pl

chaperon [ʃaprõ] m chaperone

chaperonner chaperone

chapiteau [ʃapito] m (pl -x) de cirque big top; ARCH capital

chapitre [ʃapitr] m chapter; division de budget heading; fig subject

chapon [ʃapõ] m capon

chaque [ʃak] each

char [ʃar] m cart; de carnaval float; MIL tank; **char funèbre** hearse

charabia [ʃarabja] m F gibberish

charbon [ʃarbõ] m coal; **charbon de bois** charcoal; **être sur des charbons ardents** be like a cat on a hot tin roof

charcuterie [ʃarkytri] f CUIS cold cuts pl, Br cold meat; magasin pork butcher's

charcutier m pork butcher

chardon [ʃardõ] m BOT thistle

charge [ʃarʒ] f (fardeau) load; fig burden; ÉL, JUR, MIL, d'explosif charge; (responsabilité) responsibility; **à la charge de qn** dependent on s.o.; FIN chargeable to s.o.; **avoir des enfants à charge** have dependent children; **prendre en charge** take charge of; passager pick up; **charges** charges; (impôts) costs; **charges fiscales** taxation sg; **charges sociales** social security contributions paid by the employer, FICA, Br national insurance contributions

chargé, chargée [ʃarʒe] **1** adj loaded; programme full; **être chargé de faire qch** have been given the job of doing sth **2** m EDUC: **chargé de cours** lecturer

chargement m loading; ce qui est chargé load

charger ⟨11⟩ **1** v/t voiture, navire, arme load; batterie, JUR charge; (exagérer) exaggerate; **charger qn de qch** put s.o. in charge of sth; **se charger de qch/qn** look after sth/s.o. **2** v/i charge

chargeur m: **chargeur (de batterie)** battery charger

chariot [ʃarjo] m pour bagages, achats cart, Br trolley; (charrette) cart

charismatique [karismatik] charismatic

charisme [karism] m charisma

charitable [ʃaritabl] charitable

charité f charity; **faire la charité à qn** give s.o. money; **fête de charité** charity sale ou bazaar

charivari [ʃarivari] m din, racket

charlatan [ʃarlatɑ̃] m péj charlatan

charmant, charmante [ʃarmɑ̃, -t] charming, delightful; **prince charmant** Prince Charming; (mari idéal) Mr Right

charme m charm

charmer ⟨1a⟩ charm

charnel, charnelle [ʃarnɛl] carnal

charnier [ʃarnje] m mass grave

charnière [ʃarnjɛr] f hinge

charnu, charnue [ʃarny] fleshy

charognard [ʃarɔɲar] m scavenger

charogne f P bastard; femme bitch

charpente [ʃarpɑ̃t] f framework

charpentier m carpenter

charrette [ʃarɛt] f cart

charrier ⟨1a⟩ **1** v/t (transporter) carry; (entraîner) carry along **2** v/i F (exagérer) go too far

charrue [ʃary] f plow, Br plough

charte [ʃart] f charter

charter [ʃartɛr] m charter

chasse¹ [ʃas] f hunting; (*poursuite*) chase; *prendre en chasse* chase (after); *la chasse est ouverte/fermée* the hunting season has started/finished; *chasse à courre* hunting; *chasse à l'homme* manhunt; *chasse privée* private game reserve; *chasse aux sorcières* witchhunt

chasse² [ʃas]: *chasse d'eau* flush; *tirer la chasse* flush the toilet, pull the chain

chasse-neige [ʃasnɛʒ] m (pl inv) snowplow, Br snowplough

chasser [ʃase] ⟨1a⟩ *gibier* hunt; (*expulser*) drive away; *employé* dismiss

chasseur m hunter; AVIAT fighter; *dans un hôtel* bellhop, Br bellboy; *chasseur de têtes* headhunter

châssis [ʃɑsi] m frame; AUTO chassis

chaste [ʃast] chaste

chasteté f chastity

chat¹ [ʃa] m cat

chat² [tʃat] m INFORM chatroom; *conversation* (online) chat

châtaigne [ʃatɛɲ] f chestnut

châtaignier m chestnut (tree)

châtain adj inv chestnut

château [ʃato] m (pl -x) castle; *château fort* (fortified) castle; *château d'eau* water tower m; *le château de Versailles* the Palace of Versailles; *construire des châteaux en Espagne* fig build castles in Spain

châtié, châtiée [ʃatje] style polished

châtier [ʃatje] ⟨1a⟩ punish

châtiment m punishment

chatoiement [ʃatwamã] m shimmer

chaton [ʃatõ] m kitten

chatouiller [ʃatuje] ⟨1a⟩ tickle

chatouilleux, -euse ticklish; fig touchy

chatoyer [ʃatwaje] ⟨1h⟩ shimmer

chatte [ʃat] f cat

chatter [tʃate] INFORM chat (online)

chaud, chaude [ʃo, -d] **1** adj hot; *plus modéré* warm; *tenir chaud* keep warm; *il fait chaud* it's hot/warm **2** m heat; *plus modéré* warmth; *j'ai chaud* I'm hot/warm

chaudière f boiler

chaudron [ʃodrõ] m cauldron

chauffage [ʃofaʒ] m heating; *chauffage central* central heating

chauffard [ʃofar] m F roadhog

chauffe-eau [ʃofo] m (pl inv) water heater

chauffe-plats m (pl inv) hot plate

chauffer [ʃofe]⟨1a⟩ **1** v/t heat (up), warm (up); *maison* heat; *se chauffer* warm o.s.; *d'un sportif* warm up **2** v/i *d'eau, d'un four* warm ou heat up; *d'un moteur* overheat; *faire chauffer* eau heat; *moteur* warm up

chaufferie f boiler room

chauffeur [ʃofœr] m driver; *privé* chauffeur, driver; *chauffeur de taxi* taxi ou cab driver

chaume [ʃom] m AGR champ stubble; *toit m de chaume* thatched roof

chaumière f thatched cottage

chaussée [ʃose] f pavement, Br roadway

chausse-pied [ʃospje] m (pl chausse-pieds) shoehorn

chausser ⟨1a⟩ *bottes* put on; *chausser qn* put shoes on s.o.; *se chausser* put one's shoes on; *chausser du 40* take a size 40

chaussette [ʃoset] f sock

chausson m slipper; *chausson (de bébé)* bootee m; *chausson aux pommes* CUIS apple turnover

chaussure f shoe; *chaussures de marche* hiking boots; *chaussures de ski* ski boots

chauve [ʃov] bald

chauve-souris [ʃovsuri] f (pl chauves-souris) bat

chauvin, chauvine [ʃovɛ̃, -in] **1** adj chauvinistic **2** m/f chauvinist

chauvinisme m chauvinism

chaux [ʃo] f lime

chavirer [ʃavire] ⟨1a⟩ MAR capsize; *chavirer qn* fig overwhelm s.o.

chef [ʃef] m (*meneur*), POL leader; (*patron*) boss, chief; *d'une entreprise* head; *d'une tribu* chief; CUIS chef; *au premier chef* first and foremost; *de mon propre chef* on my own initiative; *rédacteur m en chef* editor-in-chief; *chef d'accusation* JUR charge, count; *chef d'équipe* foreman; *chef d'État* head of State; *chef de famille* head of the family; *chef de gare* station manager; *chef d'orchestre* conductor

chef-d'œuvre [ʃedœvr] m (pl chefs-d'œuvre) masterpiece

chef-lieu m (pl chefs-lieux) capital (*of département*)

chemin [ʃ(ə)mɛ̃] m way; (*route*) road; (*allée*) path; *chemin de fer* railroad, Br railway; *se mettre en chemin* set out; *elle n'y est pas allée par quatre chemins* she didn't beat about the bush, she got straight to the point

cheminée [ʃ(ə)mine] f chimney; (*âtre*) fireplace; (*encadrement*) mantelpiece; *de bateau* funnel; *d'usine* smokestack, chimney

cheminement [ʃ(ə)minmã] m progress; *cheminement de la pensée* fig thought

processes *pl*
cheminer ⟨1a⟩ walk, make one's way;
d'une idée take root
cheminot *m* rail worker
chemise [ʃ(ə)miz] *f* shirt; (*dossier*) folder;
chemise de nuit de femme nightdress;
d'homme nightshirt
chemisette *f* short-sleeved shirt
chemisier *m* blouse
chenal [ʃ(ə)nal] *m* (*pl* -aux) channel
chêne [ʃɛn] *m* BOT oak (tree)
chenil [ʃəni(l)] *m* kennels *pl*
chenille [ʃ(ə)nij] *f* ZO caterpillar; *véhicule m à chenilles* tracked vehicle
chèque [ʃɛk] *m* COMM check, *Br* cheque;
chèque barré crossed check; *chèque sans provision* bad check, rubber check
F; *chèque de voyage* traveler's check,
Br traveller's cheque
chéquier *m* checkbook, *Br* chequebook
cher, chère [ʃɛr] **1** *adj* dear (*à qn* to s.o.),
coûteux dear, expensive **2** *adv*: *payer
qch cher* pay a lot for sth; *fig* pay a high
price for sth; *nous l'avons vendu cher*
we got a lot *ou* a good price for it **3** *m/f*
mon cher, ma chère my dear
chercher [ʃɛrʃe] ⟨1a⟩ look for; *chercher
à faire qch* try to do sth; *aller chercher*
fetch, go for; *venir chercher* collect,
come for; *envoyer chercher* send for
chercheur, -euse *m/f* researcher
chère [ʃɛr] *f* food; *aimer la bonne chère*
love good food
chéri, chérie [ʃeri] beloved, darling;
(mon) chéri darling
chérir ⟨2a⟩ cherish
chérubin [ʃerybɛ̃] *m* cherub
chétif, -ive [ʃetif, -iv] puny
cheval [ʃ(ə)val] *m* (*pl* -aux) horse; AUTO
horsepower, HP; *aller à cheval* ride; *faire du cheval* SP ride; *être à cheval sur
qch* straddle sth; *à cheval* on horseback;
cheval à bascule rocking horse; *cheval
de bataille* *fig* hobby-horse; *cheval de
course* racehorse
chevaleresque chivalrous
chevalerie *f* chivalry
chevalet [ʃ(ə)valɛ] *m de peinture* easel
chevalier [ʃ(ə)valje] *m* HIST knight
chevalière *f* signet ring
chevalin, chevaline horse *atr*; *boucherie
f chevaline* horse butcher's
cheval-vapeur *m* horsepower
chevaucher [ʃ(ə)voʃe] ⟨1a⟩ ride; *se chevaucher* overlap
chevelu, chevelue [ʃəvly] *personne* long-haired; *cuir m chevelu* scalp
chevelure *f* hair; *avoir une belle chevelure* have beautiful hair

chevet [ʃəvɛ] *m* bedhead; *table f de chevet* nightstand, *Br aussi* bedside table;
être au chevet de qn be at s.o.'s bedside
cheveu [ʃ(ə)vø] *m* (*pl* -x) hair; *cheveux*
hair *sg*; *aux cheveux courts* short-haired; *avoir les cheveux courts* have
short hair; *couper les cheveux en quatre* *fig* split hairs
cheville [ʃ(ə)vij] *f* ANAT ankle; TECH peg
chèvre [ʃɛvr] *f* goat
chevreau [ʃəvro] *m* kid
chèvrefeuille [ʃɛvrəfœj] *m* BOT honeysuckle
chevreuil [ʃəvrœj] *m* deer; CUIS venison
chevronné, chevronnée [ʃəvrɔne] experienced
chez [ʃe] ◇ : *chez lui* at his place; *direction* to his place; *tout près de chez nous*
close to our place, close to where we live;
chez Marcel at Marcel's; *quand nous
sommes chez nous* when we are at
home; *rentrer chez soi* go home
◇ : *aller chez le coiffeur* go to the hairdresser *ou Br* hairdresser's; *chez le boucher* at the butcher's shop *ou Br* butcher's
◇ : *chez Molière* in Molière
◇ (*parmi*) amongst; *courant chez les
personnes âgées* common amongst
ou with old people; *beaucoup admiré
chez les Américains* much admired by
Americans
chez-soi *m* home
chiant, chiante [ʃjɑ̃, -t] *adj* F boring
chic [ʃik] **1** *m* (*élégance*) style; *avoir le
chic pour faire qch* have a gift for doing
sth **2** *adj* chic; (*sympathique*) decent,
nice; *chic!* F great! F
chicane [ʃikan] *f* (*querelle*) squabble
chicaner ⟨1a⟩ quibble (*sur* over)
chiche [ʃiʃ] mean; BOT *pois m chiche*
chick pea; *tu n'es pas chiche de le faire*
F you're too chicken to do it F
chicorée [ʃikɔre] *f* BOT chicory; *chicorée
(endive)* endive
chien [ʃjɛ̃] *m* dog; *temps de chien fig* F
filthy weather; *chien d'arrêt* retriever;
chien d'aveugle seeing-eye dog, *Br*
guide dog; *chien de berger* sheepdog;
chien de garde guard dog; *chien policier* police dog
chien-loup *m* (*pl* chiens-loups) wolfhound
chienne *f* dog; *le chien et la chienne* the
dog and the bitch
chier [ʃje] ⟨1a⟩ P shit P; *ça me fait chier*
P it pisses me off P
chiffon [ʃifõ] *m* rag; *chiffon (à poussière)* duster

chiffonner ⟨1a⟩ crumple; *fig* F bother

chiffre [ʃifr] *m* numeral; (*nombre*) number; (*code*) cipher; **chiffre d'affaires** COMM turnover

chiffrer ⟨1a⟩ *revenus, somme* work out (**à** at); (*encoder*) encipher; **se chiffrer à** amount to

chignon [ʃiɲõ] *m* bun

Chili [ʃili]: **le Chili** Chili

chilien, chilienne 1 *adj* Chilean **2** *m/f* **Chilien, Chilienne** Chilean

chimère [ʃimɛr] *f* fantasy

chimie [ʃimi] *f* chemistry

chimiothérapie *f* chemotherapy

chimique [ʃimik] chemical

chimiste *m/f* chemist

Chine [ʃin]: **la Chine** China

chinois, chinoise 1 *adj* Chinese **2** *m langue* Chinese **3** *m/f* **Chinois, Chinoise** Chinese

chiot [ʃjo] *m* pup

chiper [ʃipe] ⟨1a⟩ F pinch

chipoter [ʃipɔte]⟨1b⟩ haggle (**sur** for, over)

chips [ʃip(s)] *mpl* chips, *Br* crisps

chirurgical, chirurgicale [ʃiryrʒikal] (*mpl* -aux) surgical

chirurgie *f* surgery; **chirurgie esthétique** plastic surgery

chirurgien, chirurgienne *m/f* surgeon; **chirurgien dentiste** dental surgeon; **chirurgien esthétique** cosmetic surgeon

chlorofluorocarbone [klɔrɔflyɔrɔkarbɔn] *m* chlorofluorocarbon

choc [ʃɔk] *m* impact, shock; MÉD, PSYCH shock; *d'opinions, intérêts* clash

chocolat [ʃɔkɔla] *m* chocolate; **chocolat au lait** milk chocolate

chœur [kœr] *m* choir (*aussi* ARCH); THÉÂT chorus; **en chœur** in chorus

choisir [ʃwazir] ⟨2a⟩ **1** *v/t* choose, select **2** *v/i* (*se décider*) choose; **choisir de faire qch** decide to do sth

choix *m* choice; (*sélection, assortiment*) range, selection; **c'est au choix** you have a choice; **de** (**premier**) **choix** choice; **avoir le choix** have the choice

cholestérol [kɔlesterɔl] *m* cholesterol

chômage [ʃomaʒ] *m* unemployment; **être au chômage** be unemployed, be out of work; **chômage de longue durée** long-term unemployment; **chômage partiel** short time

chômer ⟨1a⟩ be unemployed, be out of work

chômeur, -euse *m/f* unemployed person; **les chômeurs** the unemployed *pl*

chope [ʃɔp] *f* beer mug

choquant, choquante [ʃɔkã, -t] shocking

choquer ⟨1a⟩: **choquer qch** knock sth; **choquer qn** shock s.o.

chorale [kɔral] *f* choir

choriste *m/f* chorister

chose [ʃoz] *f* thing; **autre chose** something else; **c'est peu de chose** it's nothing; **quelque chose** something; **c'est chose faite** it's done; **voilà où en sont les choses** that's where things stand

chou [ʃu] *m* (*pl* -x) BOT cabbage; **choux de Bruxelles** Brussels sprouts; **mon** (**petit**) **chou** *fig* my love

choucroute [ʃukrut] *f* sauerkraut

chouette [ʃwɛt] **1** *f* owl **2** *adj* F great

chou-fleur [ʃuflœr] *m* (*pl* choux-fleurs) cauliflower

choyer [ʃwaje] ⟨1h⟩ coddle

chrétien, chrétienne [kretjɛ̃, -ɛn] **1** *adj* Christian **2** *m/f* Christian

chrétienté *f* Christendom

Christ [krist] *m*: **le Christ** Christ

christianiser [kristjanize]⟨1a⟩ Christianize

christianisme *m* Christianity

chrome [krom] *m* chrome

chromé, chromée chrome-plated

chronique [krɔnik] **1** *adj* chronic **2** *f d'un journal* column; *reportage* report; **la chronique locale** the local news *sg*

chroniqueur *m* *pour un journal* columnist

chronologique [krɔnɔlɔʒik] chronological

chronomètre [krɔnɔmɛtr] *m* stopwatch

chronométrer ⟨1f⟩ time

chuchoter [ʃyʃɔte] ⟨1a⟩ whisper

chut [ʃyt]: **chut!** hush

chute [ʃyt] *f* fall; **chute des cheveux** hair loss; **chute de pluie** rainfall; **faire une chute de bicyclette** fall off one's bike

Chypre [ʃipr]: **l'île f de Chypre** Cyprus

chypriote 1 *adj* Cypriot **2** *m/f* **Chypriote** Cypriot

ci [si] *après ce* (+ *subst*); **à cette heure-ci** at this time; **comme ci comme ça** F so-so; **par-ci par-là** here and there

ci-après [siaprɛ] below

cible [sibl] *f* target

cibler ⟨1b⟩ target

ciboulette [sibulɛt] *f* BOT chives *pl*

cicatrice [sikatris] *f* scar (*aussi fig*)

cicatriser ⟨1a⟩: (**se**) **cicatriser** heal

ci-contre [sikõtr] opposite

ci-dessous below

ci-dessus above

cidre [sidr] *m* cider

ciel [sjɛl] *m* (*pl* cieux [sjø]) sky; REL heaven; **au ciel** in heaven

cierge [sjɛrʒ] *m* *dans église* candle

cigale [sigal] f cicada
cigare [sigar] m cigar
cigarette f cigarette
ci-gît [sigi] here lies
cigogne [sigɔɲ] f stork
ci-inclus [siɛ̃kly] enclosed
ci-joint enclosed, attached
cil [sil] m eyelash
ciller [sije] ⟨1a⟩ blink
cime [sim] f *d'une montagne* top, summit; *d'un arbre* top
ciment [simɑ̃] m cement
cimenter ⟨1a⟩ cement *(aussi fig)*
cimetière [simtjɛr] m cemetery
ciné [sine] m F movie theater, *Br* cinema
cinéaste m film-maker
cinéma m movie theater, *Br* cinema; *art* cinema, movies *pl*
cinématographique cinematic
cinéphile m/f moviegoer
cinglé, cinglée [sɛ̃gle] F mad, crazy
cingler ⟨1a⟩ 1 v/t lash 2 v/i: *cingler vers* MAR make for
cinq [sɛ̃k] five; → *trois*
cinquantaine [sɛ̃kɑ̃tɛn] f about fifty; *une cinquantaine de personnes* about fifty people *pl*; *elle approche la cinquantaine* she's almost fifty, she's getting on for fifty
cinquante fifty
cinquantième fiftieth
cinquième [sɛ̃kjɛm] fifth
cinquièmement *adv* fifthly
cintre [sɛ̃tr] m ARCH arch; *pour vêtements* coathanger
cintré, cintrée *veste* waisted; ARCH arched
cirage [siraʒ] m *pour parquet* wax, polish; *pour chaussures* polish
circoncision [sirkɔ̃sizjɔ̃] f REL circumcision
circonférence [sirkɔ̃ferɑ̃s] f circumference
circonscription [sirɔ̃skripsjɔ̃] f: *circonscription électorale* district, *Br* constituency
circonscrire ⟨4f⟩ MATH circumscribe; *fig: sujet* delimit
circonspect, circonspecte [sirkɔ̃spɛ, -kt] circumspect
circonspection f circumspection
circonstance [sirkɔ̃stɑ̃s] f circumstance; *dans ces circonstances* in the circumstances
circonstancié, circonstanciée detailed
circuit [sirkɥi] m circuit; *de voyage* tour; SP track; *court circuit* short circuit; *circuit intégré* INFORM integrated circuit
circulaire [sirkyler] *adj* & f circular
circulation [sirkylasjɔ̃] f circulation; *voi-*

tures traffic; *circulation du sang* MÉD circulation (of the blood); *libre circulation* freedom of movement; *circulation à double sens* two-way traffic
circuler ⟨1a⟩ circulate; *de personnes, véhicules aussi* move about; *faire circuler nouvelles* spread
cire [sir] f wax
ciré, cirée 1 *adj* polished 2 m MAR oilskin
cirer ⟨1a⟩ *chaussures* polish; *parquet* polish, wax
cirque [sirk] m circus
cirrhose [siroz] f: *cirrhose du foie* cirrhosis of the liver
cisaille(s) [sizaj] f(pl) shears *pl*
ciseau m (pl -x) chisel
ciseaux mpl scissors; *une paire de ciseaux* a pair of scissors, some scissors; *ciseaux à ongles* nail scissors
ciseler ⟨1d⟩ chisel; *fig* hone
citadelle [sitadɛl] f citadel; *fig* stronghold
citadin, citadine [sitadɛ̃, -in] 1 *adj* town *atr*, city *atr* 2 m/f town-dweller, city-dweller
citation [sitasjɔ̃] f quotation; JUR summons *sg*
cité [site] f city; *cité universitaire* fraternity house, *Br* hall of residence; *cité ouvrière* workers' accommodations *pl*; *droit m de cité* freedom of the city
cité-dortoir f (pl cités-dortoirs) dormitory town
citer ⟨1a⟩ quote; JUR summons; *citer qch en exemple* hold sth up as an example
citerne [sitern] f tank
citoyen, citoyenne [sitwajɛ̃, -ɛn] m/f citizen
citoyenneté f citizenship
citron [sitrɔ̃] m lemon; *citron vert* lime
citronnier m lemon (tree)
citrouille [sitruj] f pumpkin
civet [sive] m CUIS: *civet de lièvre* stew made with hare
civière [sivjer] f stretcher
civil, civile [sivil] 1 *adj* civil; *non militaire* civilian; *responsabilité f civile* public liability; *état m civil* marital status; *bureau m de l'état civil* registry office; *mariage m civil* civil marriage; *service m civil* community service 2 m civilian; *en civil* in civilian clothes; *policier in* plain clothes
civilement *adv se marier* in a registry office
civilisation [sivilizasjɔ̃] f civilization
civiliser ⟨1a⟩ civilize
civique [sivik] civic
civisme m public-spiritedness

clair, claire [klɛr] **1** *adj* clear; *couleur* light; *chambre* bright; *vert clair* light green **2** *adv voir* clearly; *dire, parler* plainly **3** *m*: *clair de lune* moonlight

clairière [klɛrjɛr] *f* clearing

clairon [klɛrɔ̃] *m* MUS bugle

clairsemé, clairsemée [klɛrsəme] sparse

clairvoyance [klɛrvwajɑ̃s] *f* perceptiveness

clairvoyant, clairvoyante perceptive

clameur [klamœr] *f* clamor, *Br* clamour

clan [klɑ̃] *m* clan; *fig* clique

clandestin, clandestine [klɑ̃dɛstɛ̃, -in] secret, clandestine; *passager m clandestin* stowaway

clapotement [klapɔtmɑ̃] *m*, **clapotis** [klapɔti] *m* lapping

clapoter ⟨1a⟩ lap

claque [klak] *f* slap

claquement *m d'une porte, d'un volet* slamming, banging; *de fouet* crack; *de dents* chattering; *de doigts* snap

claquer ⟨1m⟩ *v/t porte* slam, bang; *argent* F blow; *claquer des doigts* snap one's fingers; *faire claquer sa langue* click one's tongue **2** *v/i d'un fouet* crack; *des dents* chatter; *d'un volet* slam, bang

claquettes *fpl* tap dancing *sg*

clarifier [klarifje] ⟨1a⟩ clarify

clarinette [klarinɛt] *f* clarinet

clarté [klarte] *f* (*lumière*) brightness; (*transparence*) clarity, clearness; *fig* clarity

classe [klas] *f d'école, fig* class; *local* class(room); *de première classe* first-class; *il a de la classe* he's got class; *faire la classe* teach; *classe affaires* business class; *classe économique* economy class; *classe de neige* school study trip to the mountains; *classe sociale* social class

classement [klasmɑ̃] *m* position, place; BOT, ZO classification; *de lettres* filing; *elle était seconde au classement* SP she took second place

classer [klase] ⟨1a⟩ classify; *actes, dossiers* file; *classer une affaire* consider a matter closed; *classer qn* F size s.o. up; *être classé monument historique* be a registered historic site, *Br* be a listed building

classeur *m cahier* binder; *meuble* file cabinet, *Br* filing cabinet

classicisme [klasisism] *m* classicism

classification [klasifikasjɔ̃] *f* classification

classifier ⟨1a⟩ classify

classique [klasik] **1** *adj* classical; (*traditionnel*) classic **2** *en littérature* classical

author; MUS classical music; *film, livre* classic

claudication [klodikasjɔ̃] *f* limp

clause [kloz] *f* clause; *clause pénale* penalty clause

clavecin [klavsɛ̃] *m* harpsichord

clavicule [klavikyl] *f* collarbone, clavicle *fml*

clavier [klavje] *m d'un ordinateur, d'un piano* keyboard

clé [kle] *f* key; TECH wrench; *clé de fa* MUS bass clef; *fermer à clé* lock; *sous clé* under lock and key; *prendre la clé des champs fig* take off; *mot m clé* key word; *position f clé* key position; *clé de contact* ignition key; *clés de voiture* car keys

clef [kle] *f* → **clé**

clémence [klemɑ̃s] *f* clemency

clément, clémente merciful

clerc [klɛr] *m de notaire* clerk; REL cleric

clergé [klɛrʒe] *m* clergy

clérical, cléricale [klerikal] (*mpl* -aux) clerical

clic [klik] *m bruit*, INFORM click

cliché [kliʃe] *m* cliché; (*photo*) negative

client, cliente [klijɑ̃, -t] *m/f* (*acheteur*) customer; *d'un médecin* patient; *d'un avocat* client

clientèle *f* customers *pl*, clientèle; *d'un médecin* patients *pl*; *d'un avocat* clients *pl*

cligner [kliɲe] ⟨1a⟩: *cligner* (*des yeux*) blink; *cligner de l'œil à qn* wink at s.o.

clignotant [kliɲɔtɑ̃] *m* turn signal, *Br* indicator

clignoter ⟨1a⟩ *d'une lumière* flicker

climat [klima] *m* climate; *fig* atmosphere, climate

climatique climatic; *station f climatique* health resort; *changement m climatique* climate change

climatisation [klimatizasjɔ̃] *f* air conditioning

climatisé, climatisée air conditioned

clin [klɛ̃] *m*: *clin d'œil* wink; *en un clin d'œil* in a flash, in the twinkling of an eye

clinique [klinik] **1** *adj* clinical **2** *f* clinic

clique [klik] *f péj* clique

cliquer [klike] ⟨1a⟩ INFORM click (*sur* on)

cliqueter [klikte] ⟨1c⟩ *de clés* jingle; *de verres* clink, chink

cliquetis *m* jingling; *de verres* chinking

clivage [klivaʒ] *m fig* split

clochard, clocharde [klɔʃar, -d] *m/f* hobo, *Br* tramp

cloche [klɔʃ] *f* bell; F (*idiot*) nitwit F

clocher 1 *m* steeple; *esprit m de clocher fig* parochialism **2** *v/i* ⟨1a⟩ F: *ça cloche*

something's not right
clochette *f* (small) bell
cloison [klwazɔ̃] *f* partition
cloisonner ⟨1b⟩ partition off
cloître [klwatr] *m* monastery; ARCH cloisters *pl*
cloîtrer ⟨1a⟩ *fig*: *se cloîtrer* shut o.s. away
clope [klɔp] *m ou f F* (*cigarette*) cigarette, *Br F* fag; (*mégot*) cigarette end
clopin-clopant [klɔpɛ̃klɔpɑ̃] *adv* F limping, with a limp
clopinettes [klɔpinet] *fpl* F peanuts F
cloque [klɔk] *f* blister
clore [klɔr] ⟨4k⟩ *débat, compte* close
clos, close [klo, -z] *p/p* → *clore*
clôture [klotyr] *f d'un débat* closure; *d'un compte* closing; (*barrière*) fence
clôturer ⟨1a⟩ *espace* enclose, fence off; *débat, compte* close
clou [klu] *m* nail; *fig* main attraction; MÉD boil; *clous F* crosswalk, *Br* pedestrian crossing; *clou de girofle* clove
clouer ⟨1a⟩ nail; *être cloué au lit* be confined to bed
clouté, clouttée studded; *passage m cloutté* crosswalk, *Br* pedestrian crossing
clown [klun] *m* clown
club [klœb] *m* club; *club de golf* golf club; *club de gym* gym
coaguler [kɔagyle] ⟨1a⟩ *du lait* curdle; *du sang* coagulate
coaliser [kɔalize] ⟨1a⟩ POL: *se coaliser* form a coalition
coalition *f* POL coalition
coasser [kɔase] ⟨1a⟩ croak
cobaye [kɔbaj] *m* zo, *fig* guinea pig
coca [kɔka] *m* Coke®
cocagne [kɔkaɲ] *f*: *pays m de cocagne* land flowing with milk and honey
cocaïne [kɔkain] *f* cocaine
cocasse [kɔkas] *f* ridiculous, comical
coccinelle [kɔksinɛl] *f* ladybug, *Br* ladybird; *F* AUTO Volkswagen® beetle
cocher [kɔʃe] ⟨1a⟩ *sur une liste* check, *Br aussi* tick off
cochère [kɔʃer]: *porte f cochère* carriage entrance
cochon [kɔʃɔ̃] **1** *m* zo, *fig* pig; *cochon d'Inde* guinea pig **2** *adj* cochon, cochonne *Br* dirty, smutty
cochonnerie *f* F: *des cochonneries* filth *sg*; *nourriture* junk food *sg*
cocktail [kɔktɛl] *m* cocktail; *réception* cocktail party
coco [kɔko] *m*: *noix f de coco* coconut
cocon [kɔkɔ̃] *m* cocoon
cocotier [kɔkɔtje] *m* coconut palm
cocotte [kɔkɔt] *f* CUIS casserole; F darling; *péj* tart; *cocotte minute* pressure cooker

cocu [kɔky] *m* F deceived husband, cuckold
code [kɔd] *m* code; *code civil* civil code; *code pénal* penal code; *code de la route* traffic regulations, *Br* Highway Code; *se mettre en codes* switch to low beams, *Br aussi* dip one's headlights; *phares mpl codes* low beams, *Br aussi* dipped headlights; *code (à) barres* bar code; *code postal* zipcode, *Br* postcode; *code secret* secret code
coéquipier, -ière [koekipje, -ɛr] *m/f* team mate
cœur [kœr] *m* heart; *à cœur joie rire, s'en donner* whole-heartedly; *au cœur de* in the heart of; *de bon cœur* gladly, willingly; *apprendre qch par cœur* learn sth by heart; *connaître qch par cœur* know sth by heart; *j'ai mal au cœur* I'm nauseous, *Br aussi* I feel sick; *cela lui tient à cœur* he feels quite strongly about it; *avoir bon cœur* have a good heart
coexistence [kɔegzistɑ̃s] *f* co-existence
coexister ⟨1a⟩ co-exist
coffre [kɔfr] *m meuble* chest; FIN safe; AUTO trunk, *Br* boot
coffre-fort *m* (*pl* coffres-forts) safe
coffret [kɔfre] *m* box
cogérer [kɔʒere] ⟨1f⟩ co-manage
cogestion *f* joint management; *avec les ouvriers* worker participation
cognac [kɔɲak] *m* brandy, cognac
cognée [kɔɲe] *f* ax, *Br* axe
cogner [kɔɲe] *d'un moteur* knock; *cogner à ou contre qch* bang against sth; *se cogner à ou contre qch* bump into sth
cohabitation [kɔabitasjɔ̃] *f* living together, cohabitation; POL cohabitation
cohabiter ⟨1a⟩ cohabit
cohérence [kɔerɑ̃s] *f d'une théorie* consistency, coherence
cohérent, cohérente *théorie* consistent, coherent
cohésion [kɔezjɔ̃] *f* cohesiveness
cohue [kɔy] *f* crowd, rabble
coiffer [kwafe] ⟨1a⟩: *coiffer qn* do s.o.'s hair; *coiffer qn de qch* put sth on s.o.'s(head); *coiffer un service* head a department; *se coiffer* do one's hair
coiffeur *m* hairdresser, hair stylist
coiffeuse *f* hairdresser, hair stylist; *meuble* dressing table
coiffure *f de cheveux* hairstyle
coin [kwɛ̃] *m* corner (*aussi fig*); *cale* wedge; *au coin du feu* by the fireside; *les gens du coin* the locals
coincer [kwɛse] ⟨1k⟩ squeeze; *porte, tiroir* jam, stick; *coincer qn fig* (*acculer*)

corner s.o.; *être coincé dans un embou-
teillage* be stuck in a traffic jam
coïncidence [kɔɛ̃sidɑ̃s] *f* coincidence
coïncider ⟨1a⟩ coincide (*avec* with)
col [kɔl] *m d'une robe, chemise* collar;
d'une bouteille, d'un pull neck; GÉOGR
col; *col blanc / bleu* white-collar / blue-
-collar worker
colère [kɔlɛr] *f* anger; *se mettre en colè-
re* get angry
coléreux, -euse: *être coléreux* have a ter-
rible temper
colérique irritable
colimaçon [kɔlimasɔ̃] *m* snail; *escalier m
en colimaçon* spiral staircase
colin [kɔlɛ̃] *m* hake
colique [kɔlik] *f* colic; (*diarrhée*) diarrhea,
Br diarrhoea
colis [kɔli] *m* parcel, package
collaborateur, -trice [kɔlabɔratœr, -tris]
m/f collaborator (*aussi* POL *péj*)
collaboration *f* collaboration, coopera-
tion; POL *péj* collaboration
collaborer ⟨1a⟩ collaborate, cooperate
(*avec* with; *à* on); POL *péj* collaborate
collant, collante [kɔlɑ̃, -t] **1** *adj* sticky; *vê-
tement* close-fitting; F *personne* clingy **2**
m pantyhose *pl*, *Br* tights *pl*
collation [kɔlasjɔ̃] *f* CUIS light meal
colle [kɔl] *f* glue; *fig* F *question* tough
question; (*retenue*) detention
collecte [kɔlɛkt] *f* collection
collectif, -ive collective, joint; *billet m
collectif* group ticket; *voyage m collec-
tif* group tour
collection [kɔlɛksjɔ̃] *f* collection
collectionner ⟨1a⟩ collect
collectionneur, -euse *m/f* collector
collectivité [kɔlɛktivite] *f* community
collège [kɔlɛʒ] *m école* junior high, *Br*
secondary school; (*assemblée*) college
collégien, collégienne *m/f* junior high
student, *Br* secondary school pupil
collègue [kɔlɛg] *m/f* colleague, co-worker
coller [kɔle] ⟨1a⟩ **1** *v/t* stick, glue **2** *v/i* stick
(*à* to); *coller à la peau d'un vêtement* be
close-fitting; *ça colle bien entre eux* F
they get on well; *se coller contre mur*
press o.s against; *personne* cling to
collet [kɔlɛ] *m d'un vêtement* collar; *pour
la chasse* snare; *prendre qn au collet fig*
catch s.o.
collier [kɔlje] *m bijou* necklace; *de chien*
collar
colline [kɔlin] *f* hill
collision [kɔlizjɔ̃] *f* collision; *entrer en
collision avec* collide with
colloque [kɔlɔk] *m* seminar
collyre [kɔlir] *m* eye drops *pl*

colocataire [kɔlɔkatɛr] *m/f* roommate,
Br flatmate
Cologne [kɔlɔɲ]: *eau f de Cologne* eau
de Cologne
colombe [kɔlɔ̃b] *f* dove (*aussi fig*)
Colombie [kɔlɔ̃bi] *la Colombie* Colom-
bia
colombien, colombienne **1** *adj* Colom-
bian **2** *m/f* Colombien, Colombienne
Colombian
colon [kɔlɔ̃] *m* colonist
colonel [kɔlɔnɛl] *m* colonel
colonial, coloniale [kɔlɔnjal] (*mpl* -iaux)
colonial
colonialisme *m* colonialism
colonie *f* colony; *colonie de vacances*
summer camp, *Br* holiday camp
colonisation *f* colonization
coloniser ⟨1a⟩ colonize
colonne [kɔlɔn] *f* column; *colonne verté-
brale* spine, spinal column
colorant, colorante [kɔlɔrɑ̃, -t] **1** *adj
shampoing* color *atr*, *Br* colour *atr* **2** *m*
dye; *dans la nourriture* coloring, *Br* col-
ouring
coloration *f* coloring, *Br* colouring
coloré, colorée *teint* ruddy
colorer ⟨1a⟩ color, *Br* colour
coloris *m* color, *Br* colour
colossal, colossale [kɔlɔsal] (*mpl* -aux)
colossal, gigantic
colosse *m* colossus
colza [kɔlza] *m* BOT rape
coma [kɔma] *m* coma
combat [kɔba] *m* fight; MIL *aussi* battle;
mettre hors de combat put out of ac-
tion; *aller au combat* go into battle;
combat à mains nues unarmed combat
combattant, combattante [kɔbatɑ̃, -t] **1**
adj fighting **2** *m* combatant; *ancien
combattant* veteran, *Br aussi* ex-service-
man
combattre ⟨4a⟩ fight; *combattre contre
qn pour qch* fight s.o. for sth
combien [kɔbjɛ̃] **1** *adv quantité* how
much; *avec pl* how many; *combien de
fois* how many times, how often; *com-
bien de personnes* how many people;
combien de temps how long; *combien
est-ce que ça coûte?* how much is this?;
combien je regrette ... how I regret ... **2**
m: *tous les combien* how often; *on est
le combien aujourd'hui?* what date is it
today?
combinaison [kɔbinɛzɔ̃] *f* combination;
(*astuce*) scheme; *de mécanicien* coveralls
pl, *Br* boiler suit; *lingerie* (full-length)
slip; *combinaison de plongée* wet suit;
combinaison de ski ski suit

combiné [kɔ̃bine] *m* TÉL receiver

combine [kɔ̃bin] *f* F trick

combiner ⟨1a⟩ combine; *voyage, projet* plan

comble [kɔ̃bl] **1** *m fig*: *sommet* height; *combles pl* attic *sg*; *de fond en comble* from top to bottom; *ça, c'est le comble!* that's the last straw! **2** *adj* full (to capacity)

combler ⟨1a⟩ *trou* fill in; *déficit* make good; *personne* overwhelm; *combler une lacune* fill a gap; *combler qn de qch* shower s.o. with sth

combustible [kɔ̃bystibl] **1** *adj* combustible **2** *m* fuel

combustion *f* combustion

comédie [kɔmedi] *f* comedy; *comédie musicale* musical

comédien, comédienne *m/f* actor; *qui joue le genre comique* comedian

comestible [kɔmɛstibl] **1** *adj* edible **2** *mpl comestibles* food *sg*

comète [kɔmɛt] *f* comet

comique [kɔmik] **1** *adj* THÉÂT comic; *(drôle)* funny, comical **2** *m* comedian; *acteur* comic (actor); *genre* comedy

comité [kɔmite] *m* committee; *comité d'entreprise* plant committee, *Br* works council; *comité d'experts* think tank

commandant [kɔmɑ̃dɑ̃] *m* MIL commanding officer; *MAR* captain; *commandant de bord* AVIAT captain; *commandant en chef* commander-in-chief

commande [kɔmɑ̃d] *f* COMM order; *TECH* control; *INFORM* command

commandement *m* MIL command; *(ordre)* command, order; *REL* commandment

commander ⟨1a⟩ **1** *v/t* COMM order; *(ordonner)* command, order; MIL be in command of, command; *TECH* control **2** *v/i (diriger)* be in charge; *(passer une commande)* order

commanditaire [kɔmɑ̃diter] *m* silent partner, *Br* sleeping partner

commandite: *société f en commandite* limited partnership

commanditer ⟨1a⟩ *entreprise* fund, finance

commando [kɔmɑ̃do] *m* MIL commando

comme [kɔm] **1** *adv* like; *chanter comme un oiseau* sing like a bird; *noir comme la nuit* as black as night; *comme cela* like that; *comme ci comme ça* F so-so; *comme vous voulez* as you like; *comme si* as if ◊ *(en tant que)* as; *il travaillait comme ...* he was working as a ... ◊ *(ainsi que)* as well as; *moi, comme les autres, je ...* like the others, I ...

◊ : *j'ai comme l'impression que ...* F I've kind of got the feeling that ... F

◊ : *qu'est-ce qu'on a comme boissons?* what do we have in the way of drinks?, what sort of drinks do we have? **2** *conj (au moment où, parce que)* as; *comme elle sortait de la banque* as she was coming out of the bank; *comme tu m'as aidé autrefois* as *ou* since you helped me once before

commémoratif, -ive [kɔmemɔratif, -iv] *plaque etc* memorial, commemmorative

commémoration *f cérémonie* commemoration

commémorer ⟨1a⟩ commemorate

commencement [kɔmɑ̃smɑ̃] *m* beginning, start

commencer ⟨1k⟩ **1** *v/t* begin, start; *commencer qch par qch* start sth with sth; *commencer à faire qch* start to do sth, start doing sth **2** *v/i* begin, start; *commencer par faire qch* start by doing sth; *commencer par le commencement* start at the beginning; *commencer mal* get off to a bad start

comment [kɔmɑ̃] *adv* how; *comment? (qu'avez-vous dit?)* pardon me?, *Br* sorry?; *comment! surprise* what!; *le pourquoi et le comment* the whys and the wherefores *pl*

commentaire [kɔmɑ̃ter] *m* comment; RAD, TV commentary

commentateur, -trice *m/f* commentator

commenter ⟨1a⟩ comment on; RAD, TV comment on

commérages [kɔmeraʒ] *mpl* gossip *sg*

commerçant, commerçante [kɔmersɑ̃, -t] **1** *adj*: *rue f commerçante* shopping street **2** *m/f* merchant, trader

commerce [kɔmers] *m activité* trade, commerce; *(magasin)* store, *Br* shop; *fig (rapports)* dealings *pl*

commercer ⟨1k⟩ trade, do business

commercial, commerciale [kɔmersjal] *(mpl -iaux)* commercial

commercialiser ⟨1a⟩ market

commère [kɔmer] *f* gossip

commettre [kɔmetr] ⟨4p⟩ commit; *erreur* make

commis [kɔmi] *m dans l'administration* clerk; *d'un magasin* clerk, *Br* (shop) assistant; *commis voyageur* commercial traveler *ou Br* traveller

commissaire [kɔmiser] *m* commission member; *de l'UE* Commissioner; SP steward; *commissaire aux comptes* COMM auditor

commissaire-priseur *m (pl commissaires-priseurs)* auctioneer commissariat [kɔmisarja] *m* commissionership; *commissariat (de police)* police station

commission [kɔmisjõ] *f (comité, mission)*, COMM commission; *(message)* message; *faire les commissions* go shopping

commissionnaire *m* COMM agent; *dans un hôtel* commissionaire

commode [kɔmɔd] **1** *adj* handy; *arrangement* convenient; *pas commode personne* awkward; *commode d'accès lieu* easy to get to **2** *f* chest of drawers

commodité *f d'arrangement* convenience; *toutes les commodités* all mod cons

commotion [kɔmɔsjõ] *f* MÉD: *commotion cérébrale* stroke

commun, commune [kɔmɛ̃ *ou* kɔmœ̃, -yn] **1** *adj* common; *œuvre* joint; *transports* *mpl en commun*, mass transit *sg*, *Br* public transport *sg*; *mettre en commun argent* pool **2** *m*: *hors du commun* out of the ordinary

communal, communale [kɔmynal] *(mpl -aux) (de la commune)* local

communautaire [kɔmynotɛr] community *atr*

communauté *f* community; *de hippies* commune; *communauté européenne* European Community; *la communauté internationale* the international community; *communauté des biens* JUR common ownership of property

commune [kɔmyn] *f* commune

communément [kɔmynemã] *adv* commonly

communicatif, -ive [kɔmynikatif, -iv] *personne* communicative; *rire, peur* contagious

communication *f* communication; *(message)* message; *communications routes, téléphone* communications; *communication téléphonique* telephone call; *la communication a été coupée* the line is dead; *se mettre en communication avec qn* get in touch with s.o.

communier [kɔmynje] ⟨1a⟩ REL take Communion

communion *f* REL Communion

communiqué [kɔmynike] *m* POL press release

communiquer [kɔmynike] ⟨1m⟩ **1** *v/t* communicate; *nouvelle, demande* convey, pass on; *maladie* pass on, give (*à qn* to s.o.) **2** *v/i* communicate

communisme [kɔmynism] *m* communism

communiste *m/f & adj* Communist

commutateur [kɔmytatœr] *m* TECH switch

commutation *f* JUR: *bénéficier d'une commutation de peine* have one's sentence reduced

compact, compacte [kõpakt] compact

compact disc *m* compact disc

compagne [kõpaɲ] *f* companion; *dans couple* wife

compagnie *f* company; *en compagnie de* accompanied by; *tenir compagnie à qn* keep s.o. company; *compagnie aérienne* airline; *compagnie d'assurance* insurance company; *compagnie pétrolière* oil company

compagnon *m* companion; *dans couple* husband; *employé* journeyman

comparable [kõparabl] comparable (*à* to, *avec* with)

comparaison *f* comparison; *en comparaison de, par comparaison à, par comparaison avec* compared with; *par comparaison* by comparison

comparaître [kõparɛtr] ⟨4z⟩ appear (*en justice* in court)

comparer [kõpare] ⟨1a⟩ compare (*à* to, *avec* with)

comparatif, -ive comparative

compartiment [kõpartimã] *m* compartment; *de train* car, *Br* compartment; *compartiment fumeurs* smoking car

comparution [kõparysjõ] *f* JUR appearance

compas [kõpa] *m* MATH, MAR compass

compassion [kõpasjõ] *f* compassion

compatibilité [kõpatibilite] *f* compatibility

compatible compatible

compatir [kõpatir] *v/i*: *compatir à* sympathize with, feel for

compatriote [kõpatrijɔt] *m/f* compatriot

compensation [kõpɑ̃sasjõ] *f* compensation; *en compensation* by way of compensation

compenser ⟨1a⟩ compensate for; *paresse, terreur* make up for

compétence [kõpetɑ̃s] *f (connaissances)* ability, competence; JUR jurisdiction

compétent, compétente competent, skillful, *Br* skilful; JUR competent

compétitif, -ive [kõpetitif, -iv] competitive

compétition *f* competition

compétitivité *f* competitiveness

compiler [kõpile] ⟨1a⟩ compile

complainte [kõplɛ̃t] *f* lament

complaire [kõplɛr] ⟨4a⟩: *se complaire dans qch/à faire qch* delight in sth / in doing sth

complaisance [kõplɛzɑ̃s] *f (amabilité)*

kindness; *péj* complacency

complaisant, complaisante kind (*pour, envers qn* to s.o.); *péj* complacent

complément [kɔ̃plemã] *m* remainder; MAT complement

complémentaire *article, renseignement* further, additional

complet, -ète [kɔ̃plɛ, -t] **1** *adj* complete; *hôtel, description, jeu de cartes* full; *pain* whole wheat, *Br* wholemeal **2** *m* suit

complètement *adv* completely

compléter ⟨1f⟩ complete; *se compléter* complement each other

complexe [kɔ̃plɛks] **1** *adj* complex; (*compliqué*) complex, complicated **2** *m* complex; *complexe d'infériorité* inferiority complex

complexé, complexée uptight, full of complexes

complexité *f* complexity

complication [kɔ̃plikasjɔ̃] *f* complication

complice [kɔ̃plis] **1** *adj* JUR: *être complice de qch* be an accessory to sth **2** *m/f* accomplice

complicité *f* collusion

compliment [kɔ̃plimã] *m* compliment; *mes compliments* congratulations

complimenter ⟨1a⟩ *pour coiffure etc* compliment (*pour* on); *pour réussite etc* congratulate (*pour* on)

compliqué, compliquée [kɔ̃plike] complicated

compliquer ⟨1m⟩ complicate; *se compliquer* become complicated; *pourquoi se compliquer la vie?* why complicate things?, why make life difficult?

complot [kɔ̃plo] *m* plot

comploter plot

comportement [kɔ̃pɔrtəmã] *m* behavior, *Br* behaviour

comporter ⟨1a⟩ (*comprendre*) comprise; (*impliquer*) involve, entail; *se comporter* behave (s.o)

composant [kɔ̃pozã] *m* component

composé, composée [kɔ̃poze] **1** *adj corps, mot* compound **2** *m* compound

composer ⟨1a⟩ **1** *v/t* (*former*) make up; MUS compose; *livre, poème* write; *être composé de* be made up of, consist of; *composer un numéro* dial a number **2** *v/i transiger* come to terms (*avec* with); *se composer de* be made up of, consist of

composite [kɔ̃pozite] composite

compositeur, -trice [kɔ̃pozitœr, -tris] *m/f* composer

composition *f* composition (*aussi* MUS); *de livre, poème* writing; *d'un plat, une équipe* make-up

composter [kɔ̃pɔste] ⟨1a⟩ *billet* punch

composteur *m* punch

compote [kɔ̃pɔt] *f*: *compote de pommes / poires* stewed apples / pears

compréhensible [kɔ̃preãsibl] (*intelligible*) understandable, comprehensible; (*concevable*) understandable

compréhensif, -ive understanding

compréhension *f* understanding, comprehension; (*tolérance*) understanding

comprendre [kɔ̃prãdr] ⟨4q⟩ understand, comprehend *fml*; (*inclure*) include; (*comporter*) comprise; *faire comprendre qch à qn* (*expliquer*) make s.o. understand sth; (*suggérer*) give s.o. to understand sth; *se faire comprendre* make o.s. understood

compresse [kɔ̃prɛs] *f* MÉD compress

compresseur [kɔ̃presœr] *m* TECH compressor

compression *f* compression; *de dépenses, effectifs* reduction

comprimé [kɔ̃prime] *m* tablet

comprimer ⟨1a⟩ *air, substance* compress; *dépenses, effectifs* cut (back), reduce

compris, comprise [kɔ̃pri, -z] (*inclus*) included (*dans* in); *y compris* including

compromettre [kɔ̃prɔmetr] ⟨4p⟩ compromise

compromis *m* compromise

comptabilité [kɔ̃tabilite] *f* accountancy; (*comptes*) accounts *pl*

comptable *m/f* accountant

comptant COMM **1** *adj*: *argent m comptant* cash **2** *m*: *acheter qch au comptant* pay cash for sth

compte [kɔ̃t] *m* account; (*calcul*) calculation; *comptes* accounts *pl*; *à bon compte* for a good price; *en fin de compte* at the end of the day, when all's said and done; *faire le compte de qch* count up sth; *rendre compte de qch* give an account of sth; (*expliquer*) account for sth; *se rendre compte de qch* realize sth; *tenir compte de qch* take sth into account, bear sth in mind; *compte tenu de* bearing in mind, in view of; *pour mon compte* for my part, as far as I'm concerned; *prendre qch à son compte* take responsibility for sth; *mets-le sur le compte de la fatigue* put it down to fatigue; *s'installer à son compte* set up on one's own, go into business for o.s.; *compte chèque postal* post office account; *compte courant* checking account, *Br* current account; *compte de dépôt* savings account, *Br* deposit account; *compte à rebours* countdown; *compte rendu* report; *de*

compte-gouttes 78

réunion minutes *pl*; **faire le compte rendu d'une réunion** take the minutes of a meeting

compte-gouttes [kɔ̃tgut] *m* dropper; **je lui donne son argent au compte-gouttes** *fig* I give him his money in dribs and drabs

compter [kɔ̃te] ⟨1a⟩ **1** *v/t* count; (*prévoir*) allow; (*inclure*) include; **compter faire qch** plan on doing sth; **compter que** hope that; **ses jours sont comptés** his days are numbered; **sans compter le chien** not counting the dog **2** *v/i* (*calculer*) count; (*être important*) matter, count; **compter avec** reckon with; **compter sur** rely on; **il ne compte pas au nombre de mes amis** I don't regard him as a friend; **à compter de demain** starting (from) tomorrow, (as) from tomorrow

compte-tours [kɔ̃t(ə)tur] *m* (*pl inv*) TECH rev counter

compteur [kɔ̃tœr] *m* meter; **compteur de vitesse** speedometer

comptine [kɔ̃tin] *f* nursery rhyme

comptoir [kɔ̃twar] *m* d'un café bar; *d'un magasin* counter

compulsif, -ive [kɔ̃pylsif, -iv] *comportement* compulsive

comte [kɔ̃t] *m* en France count; *en Grande-Bretagne* earl

comté *m* county

comtesse *f* countess

con, conne [kɔ̃, kɔn] P **1** *adj* damn stupid F **2** *m/f* damn idiot F; **espèce de con!** V fucking bastard! V

concave [kɔ̃kav] concave

concéder [kɔ̃sede] ⟨1f⟩ (*accorder*) grant; (*consentir*) concede; **concéder que** admit that

concentration [kɔ̃sɑ̃trasjɔ̃] *f* concentration (*aussi fig*)

concentrer ⟨1a⟩ concentrate; **se concentrer** concentrate (**sur** on)

concept [kɔ̃sɛpt] *m* concept

conception [kɔ̃sɛpsjɔ̃] *f* (*idée*) concept; (*planification*) design; BIOL conception; **avoir la même conception de la vie** have the same outlook on life, share the same philosophy

concernant [kɔ̃sɛrnɑ̃] *prép* concerning, about

concerner ⟨1a⟩ concern, have to do with; **en ce qui me concerne** as far as I'm concerned; **cela ne vous concerne pas du tout** it's none of your concern, it has nothing to do with you

concert [kɔ̃sɛr] *m* MUS concert; **de concert avec** together with; **agir de concert**

take concerted action

concerter [kɔ̃sɛrte] ⟨1a⟩ agree on; **se concerter** consult

concerto [kɔ̃sɛrto] *m* concerto

concession [kɔ̃sɛsjɔ̃] *f* concession; AUTO dealership

concessionnaire *m* dealer

concevable [kɔ̃səvabl] conceivable

concevoir ⟨3a⟩ (*comprendre*) understand, conceive; (*inventer*) design; BIOL, *plan, idée* conceive

concierge [kɔ̃sjɛrʒ] *m/f d'immeuble* superintendent, *Br* caretaker; *d'école* janitor, *Br aussi* caretaker; *d'un hôtel* concierge

concilier ⟨1a⟩ *idées, théories* reconcile

concis, concise [kɔ̃si, -z] concise

concision *f* conciseness, conciseness

concitoyen, concitoyenne [kɔ̃sitwajɛ̃, -ɛn] *m/f* fellow citizen

concluant, concluante [kɔ̃klyɑ̃, -t] conclusive

conclure ⟨4l⟩ **1** *v/t* (*finir, déduire*) conclude; **conclure un contract** enter into a contract **2** *v/i*: **conclure à** JUR return a verdict of; **conclure de** conclude from

conclusion *f* conclusion

concombre [kɔ̃kɔ̃br] *m* BOT cucumber

concordance [kɔ̃kɔrdɑ̃s] *f* agreement

concorder ⟨1a⟩ (*correspondre*) tally (**avec** with); (*convenir*) match; **concorder avec** (*convenir avec*) go with

concourir [kɔ̃kurir] ⟨2i⟩: **concourir à qch** contribute to sth

concours *m* competition; (*assistance*) help; **avec le concours de qn** with the help of s.o.; **concours de circonstances** combination of circumstances; **concours hippique** horse show

concret, -ète [kɔ̃krɛ, -t] concrete

concrétiser ⟨1a⟩ *idée, rêve* turn into reality; *projet* make happen; (*illustrer*) give concrete form to; **le projet se concrétise** the project is taking shape

conçu, conçue [kɔ̃sy] *p/p* → **concevoir**

concubin [kɔ̃kybɛ̃] *m* common-law husband

concubinage *m* co-habitation

concubine *f* common-law wife

concurrence [kɔ̃kyrɑ̃s] *f* competition; **faire concurrence à** compete with; **jusqu'à concurrence de 300 000 euros** to a maximum of 300,000 euros

concurrent, concurrente 1 *adj* competing, rival **2** *m/f d'un concours* competitor; COMM competitor, rival

concurrentiel, concurrentielle competitive

condamnable [kɔ̃danabl] reprehensible

condamnation *f* sentence; *action* sentencing; *fig* condemnation; **condamnation à perpetuité** life sentence

condamner ⟨1a⟩ JUR sentence; *malade* give up; (*réprouver*) condemn; *porte* block up

condenser [kõdãse] ⟨1a⟩ condense (*aussi fig*); **se condenser** condense

condescendance [kõdesãdãs] *f péj* condescension

condescendre ⟨4a⟩: **condescendre à faire qch** condescend to do sth

condiment [kõdimã] *m* seasoning

condition [kõdisjõ] *f* condition; **condition préalable** prerequisite; **condition requise** precondition; **à (la) condition que** (+ *subj*) on condition that, **à (la) condition de faire qch** on condition of doing sth; **conditions de travail** working conditions

conditionnel, conditionnelle **1** *adj* accord etc conditional **2** *m* GRAM conditional

conditionnement *m* (*emballage*) packaging; PSYCH conditioning

conditionner ⟨1a⟩ (*emballer*) package; PSYCH condition

condoléances [kõdɔleãs] *fpl* condolences

conducteur, -trice [kõdyktœr, -tris] **1** *adj* ÉL *matériau* conductive **2** *m/f* driver **3** *m* PHYS conductor

conduire [kõdɥir] ⟨4c⟩ **1** *v/t* (*accompagner*) take; (*mener*) lead; *voiture* drive; *eau* take, carry; ÉL conduct; **conduire qn à faire qch** lead s.o. to do sth; **se conduire** behave **2** *v/i* AUTO drive; (*mener*) lead (**à** to); **permis m de conduire** driver's license, *Br* driving licence

conduit [kõdɥi] *m d'eau, de gaz* pipe; **conduit d'aération** ventilation shaft; **conduit lacrymal** ANAT tear duct

conduite *f* (*comportement*) behavior, *Br* behaviour; *direction* management; *d'eau, de gaz* pipe; AUTO driving; **conduite en état d'ivresse** drunk driving

cône [kon] *m* cone

confection [kõfɛksjõ] *f d'une robe, d'un plat etc* making; *industrie* clothing industry; **une tarte de sa confection** a tart she'd made (herself)

confectionner ⟨1a⟩ make

confédération [kõfederasjõ] *f* confederation

conférence [kõferãs] *f* (*congrès*) conference; (*exposé*) lecture; **être en conférence** be in a meeting; **conférence de presse** press conference; **conférence au sommet** POL summit conference

conférencier, -ère *m/f* speaker

conférer ⟨1f⟩ (*accorder*) confer

confesser [kõfese] ⟨1b⟩ confess (*aussi* REL); **confesser qn** REL hear s.o.'s confession; **se confesser** REL go to confession

confession *f* confession (*aussi* REL); (*croyance*) (religious) denomination, faith

confessionnal *m* (*pl* -aux) confessional

confiance [kõfjãs] *f* (*foi, sécurité*) confidence, trust; (*assurance*) confidence; **avoir confiance en qch / qn** have faith in s.o./sth, trust s.o./sth; **faire confiance à qn** trust s.o.; **confiance en soi** self-confidence

confiant, confiante (*crédule*) trusting; (*optimiste*) confident; (*qui a confiance en soi*) (self-)confident

confidence [kõfidãs] *f* confidence; **faire une confidence à qn** confide in s.o.

confident, confidente *m/f* confidant

confidentiel, confidentielle confidential

confier [kõfje] ⟨1a⟩: **confier qch à qn** (*laisser*) entrust s.o. (with sth); **se confier à** confide in

configuration [kõfigyrasjõ] *f* configuration

confiner [kõfine] ⟨1a⟩ **1** *v/t*: **confiner à** confine to **2** *v/i*: **confiner à** border (on)

confins *mpl* borders; **aux confins de** on the border between

confirmation [kõfirmasjõ] *f* confirmation (*aussi* REL)

confirmer ⟨1a⟩ confirm (*aussi* REL); **l'exception confirme la règle** the exception proves the rule

confiscation [kõfiskasjõ] *f* confiscation

confiserie [kõfizri] *f* confectionery; *magasin* confectioner's; **confiseries** candy *sg*, *Br* sweets

confisquer [kõfiske] ⟨1m⟩ confiscate (**qch à qn** sth from s.o.)

confit, confite [kõfi, -t] *fruits* candied

confiture [kõfityr] *f* jelly, *Br* jam

conflictuel, conflictuelle [kõfliktɥel] adversarial

conflit *m* conflict; *d'idées* clash; **conflit des générations** generation gap; **conflit social** industrial dispute

confluent [kõflyã] *m* tributary

confondre [kõfõdr] ⟨4a⟩ *mêler dans son esprit* confuse (**avec** with); (*déconcerter*) take aback; **se confondre** (*se mêler*) merge, blend; **se confondre en excuses** apologize profusely

conforme [kõfɔrm]: **conforme à** in accordance with; **copie conforme à l'original** exact copy of the original

conformément adv: **conformément à** in accordance with

conformer ⟨1a⟩: **conformer à** adapt to; **se conformer à qch** comply with sth

conformisme m conformity

conformiste m/f conformist

conformité f caractère de ce qui est semblable similarity; **en conformité avec** in accordance with

confort [kɔ̃fɔr] m comfort; **tout confort** with every convenience

confortable [kɔ̃fɔrtabl] comfortable; somme sizeable

confrère [kɔ̃frɛr] m colleague

confrontation [kɔ̃frɔ̃tasjɔ̃] f confrontation; (comparaison) comparison

confronter ⟨1a⟩ confront; (comparer) compare

confus, confuse [kɔ̃fy, -z] amas, groupe confused; bruit indistinct; souvenirs vague; personne (gêné) embarrassed

confusion f confusion; (embarras) embarrassment

congé [kɔ̃ʒe] m (vacances) vacation, Br holiday; MIL leave; avis de départ notice; **prendre congé de qn** take one's leave of s.o.; **être en congé** be on vacation; **congé de maladie** sick leave; **congé de maternité** maternity leave

congédier ⟨1a⟩ dismiss

congélateur [kɔ̃ʒelatœr] m freezer

congélation f freezing

congelé, congelée aliment frozen

congeler ⟨1d⟩ freeze

congénère [kɔ̃ʒenɛr] m: **avec ses congénères** with its own kind

congénital, congénitale [kɔ̃ʒenital] (mpl -aux) congenital

congère [kɔ̃ʒɛr] f (snow)drift

congestion [kɔ̃ʒɛstjɔ̃] f MÉD congestion; **congestion cérébrale** stroke

congestionner ⟨1a⟩ rue cause congestion in, block

congestionné, congestionnée visage flushed

congrès [kɔ̃grɛ] m convention, conference; **Congrès** aux États-Unis Congress

congressiste m/f conventioneer, Br conference member

conifère [kɔnifɛr] m BOT conifer

conique [kɔnik] conical

conjecture [kɔ̃ʒɛktyr] f conjecture

conjecturer ⟨1a⟩ conjecture about

conjoint, conjointe [kɔ̃ʒwɛ̃, -t] **1** adj joint **2** m/f spouse

conjonction [kɔ̃ʒɔ̃ksjɔ̃] f GRAM conjunction

conjonctivite [kɔ̃ʒɔ̃ktivit] f MÉD conjunctivitis

conjoncture [kɔ̃ʒɔ̃ktyr] f situation, circumstances pl; ÉCON economic situation

conjugaison [kɔ̃ʒygɛzɔ̃] f GRAM conjugation

conjugal, conjugale [kɔ̃ʒygal] (mpl -aux) conjugal; vie married; **quitter le domicile conjugal** desert one's wife / husband

conjuguer [kɔ̃ʒyge] ⟨1m⟩ efforts combine; GRAM conjugate

conjuration [kɔ̃ʒyrasjɔ̃] f (conspiration) conspiracy

conjurer ⟨1a⟩: **conjurer qn de faire qch** implore s.o. to do sth; **se conjurer contre** conspire against

connaissance [kɔnɛsɑ̃s] f (savoir) knowledge; (conscience) consciousness; personne connue acquaintance; **connaissances** d'un sujet knowledge sg; **avoir connaissance de qch** know about sth, be aware of sth; **prendre connaissance de qch** acquaint o.s. with sth; **perdre connaissance** lose consciousness; **reprendre connaissance** regain consciousness, come to; **faire connaissance avec qn, faire la connaissance de qn** make s.o.'s acquaintance, meet s.o.; **à ma connaissance** to my knowledge, as far as I know

connaisseur m connoisseur

connaître ⟨4z⟩ know; (rencontrer) meet; **s'y connaître en qch** know all about sth, be an expert on sth; **il s'y connaît** he's an expert

connecter [kɔnɛkte] ⟨1a⟩ TECH connect; **se connecter** INFORM log on

connerie [kɔnri] f P damn stupidity; **une connerie** a damn stupid thing to do / say; **dire des conneries** talk crap P

connexion [kɔnɛksjɔ̃] f connection (aussi ÉL); **hors connexion** INFORM off-line

connivence [kɔnivɑ̃s] f connivance; **être de connivence avec qn** connive with s.o.

connu, connue [kɔny] **1** p/p → **connaître 2** adj well-known

conquérant [kɔ̃kerɑ̃] m winner; **Guillaume le Conquérant** William the Conqueror

conquérir ⟨2l⟩ peuple, pays conquer; droit, indépendance, estime win, gain; marché capture, conquer; personne win over

conquête f conquest

consacrer [kɔ̃sakre] ⟨1a⟩ REL consecrate; (dédier) dedicate; temps, argent spend; **se consacrer à qn** dedicate ou devote o.s. to sth/s.o.; **une expression consacrée** a fixed expression

consanguin, consanguine [kõsãgɛ̃, -in]: **frère consanguin** half-brother (*who has the same father*); **unions** *fpl* **consanguines** inbreeding *sg*

conscience [kõsjãs] *f* moral conscience; *physique*, PSYCH consciousness; **avoir bonne / mauvaise conscience** have a clear / guilty conscience; **prendre conscience de qch** become aware of sth; **perdre conscience** lose consciousness

consciencieux, -euse conscientious

conscient, consciente conscious; **être conscient de qch** be aware *ou* conscious of sth

consécration [kõsekrasjõ] *f* REL consecration; (*confirmation*) confirmation

consécutif, -ive [kõsekytif, -iv] consecutive; **consécutif à** resulting from

consécutivement *adv* consecutively

conseil [kõsɛj] *m* (*avis*) advice; (*conseiller*) adviser; (*assemblée*) council; **un conseil** a piece of advice; **conseil municipal** town council; **conseil d'administration** board of directors; **conseil des ministres** Cabinet; **Conseil de Sécurité** *de l'ONU* Security Council

conseiller[1] [kõsɛje] ⟨1b⟩ *personne* advise; **conseiller qch à qn** recommend sth to s.o.

conseiller[2], **-ère** [kõsɛje, -ɛr] *m* adviser; **conseiller en gestion** management consultant; **conseiller municipal** councilman, *Br* town councillor

consentement [kõsãtmã] *m* consent

consentir ⟨2b⟩ **1** *v/i* consent, agree (*à* to); **consentir à faire qch** agree *ou* consent to do sth; **consentir à ce que qn fasse** (*subj*) agree to s.o.'s doing sth **2** *v/t* *prêt*, *délai* grant, agree

conséquence [kõsekãs] *f* consequence; **en conséquence** (*donc*) consequently; **en conséquence de** as a result of

conséquent, conséquente (*cohérent*) consistent; **par conséquent** consequently

conservateur, -trice [kõsɛrvatœr, -tris] **1** *adj* POL conservative **2** *m/f* POL conservative; *d'un musée* curator **3** *m* CUIS preservative

conservation *f* preservation; *des aliments* preserving

conservatoire [kõsɛrvatwar] *m* school, conservatory

conserve [kõsɛrv] *f* preserve; **en boîte** canned food, *Br aussi* tinned food; **en conserve** (*en boîte*) canned, *Br aussi* tinned

conserver ⟨1a⟩ (*garder*) keep; *aliments* preserve

considérable [kõsiderabl] considerable

considérablement *adv* considerably

considération *f* consideration; **en considération de** in consideration of; **prendre en considération** take into consideration

considérer ⟨1f⟩ consider; **considérer comme** consider as, look on as

consigne [kõsiɲ] *f* orders *pl*; *d'une gare* baggage checkroom, *Br* left luggage office; *pour bouteilles* deposit; ÉDU detention

consigner ⟨1a⟩ (*noter*) record; *écolier* keep in; *soldat* confine to base, *Br* confine to barracks; **bouteille** *f* **consignée** returnable bottle

consistance [kõsistãs] *f* consistency

consistant, consistante *liquide*, *potage* thick; *mets* substantial

consister ⟨1a⟩: **consister en / dans qch** consist of sth; **consister à faire qch** consist in doing sth

consolant, consolante [kõsolã, -t] consoling

consolation *f* consolation

console [kõsol] *f* (*table*) console table; INFORM console; **jouer à la console** play computer games

consoler ⟨1a⟩ console, comfort; **se consoler de qch** get over sth

consolider [kõsolide] ⟨1a⟩ strengthen, consolidate; COMM, FIN consolidate

consommateur, -trice [kõsomatœr, -tris] *m/f* consumer; *dans un café* customer

consommation *f* consumption; *dans un café* drink

consommé [kõsome] *m* CUIS consommé, clear soup

consommer ⟨1a⟩ **1** *v/t bois*, *charbon*, *essence etc* consume, use **2** *v/i dans un café* drink

consonne [kõsɔn] *f* consonant

conspirateur, -trice [kõspiratœr, -tris] *m/f* conspirator

conspiration *f* conspiracy

conspirer ⟨1a⟩ conspire

constamment [kõstamã] *adv* constantly

constance [kõstãs] *f* (*persévérance*) perseverance; *en amour* constancy

constant, constante [kõstã, -t] **1** *adj ami* steadfast, staunch; *efforts* persistent; *souci*, *température*, *quantité* constant; *intérêt* unwavering **2** *f* constant

constat [kõsta] *m* JUR report

constatation [kõstatasjõ] *f* observation

constater ⟨1a⟩ observe

constellation [kõstɛlasjõ] *f* constellation

consternation [kõstɛrnasjõ] *f* consternation

C

consterner ⟨1a⟩ fill with consternation, dismay

consterné, consternée dismayed

constipation [kõstipasjõ] f constipation

constipé, constipée constipated

constituer [kõstitɥe] ⟨1a⟩ constitute; *comité, société* form, set up; *rente* settle (*à* on); *être constitué de* be made up of; *se constituer collection, fortune* amass, build up; *se constituer prisonnier* give o.s. up

constitution [kõstitysjõ] f (*composition*) composition; ANAT, POL constitution; *d'un comité, d'une société* formation, setting up

constitutionnel, constitutionnelle constitutional

constructeur [kõstryktœr] m *de voitures, d'avions, d'ordinateurs* manufacturer; *de maisons* builder; *constructeur mécanicien* m mechanical engineer; *constructeur naval* shipbuilder

constructif, -ive constructive

construction f *action, bâtiment* construction, building

construire ⟨4c⟩ construct, build; *théorie, roman* construct

consul [kõsyl] m consul

consulat m consulate

consultatif, -ive [kõsyltatif, -tiv] consultative

consultation f consultation; (*heures fpl de*) *consultation* MÉD office hours, *Br* consulting hours

consulter ⟨1a⟩ **1** *v/t* consult **2** *v/i* be available for consultation

consumer [kõsyme] ⟨1a⟩ *de feu, passion* consume

contact [kõtakt] m contact; *lentilles fpl ou verres mpl de contact* contact lenses, contacts F; *entrer en contact avec qn* (first) come into contact with s.o.; *prendre contact avec qn, se mettre en contact avec qn* contact s.o., get in touch with s.o.; *mettre / couper le contact* AUTO switch the engine on / off

contagieux, -euse [kõtaʒjø, -z] contagious; *rire* infectious

contagion f contagion

container [kõtɛnœr] m container; *container à verre* bottle bank

contamination [kõtaminasjõ] f contamination; MÉD *d'une personne* infection

contaminer ⟨1a⟩ contaminate; MÉD *personne* infect

conte [kõt] m story, tale; *conte de fées* fairy story *ou* tale

contemplation [kõtãplasjõ] f contemplation

contempler ⟨1a⟩ contemplate

contemporain, contemporaine [kõtãpɔrɛ̃, -ɛn] m/f & adj contemporary

contenance [kõtnãs] f (*capacité*) capacity; (*attitude*) attitude; *perdre contenance* lose one's composure

conteneur m container; *conteneur à verre* m bottle bank

contenir ⟨2h⟩ contain; *foule* control, restrain; *larmes* hold back; *peine* suppress; *se contenir* contain o.s., control o.s.

content, contente [kõtã, -t] pleased, content (*de* with)

contentement m contentment

contenter ⟨1a⟩ *personne, curiosité* satisfy; *se contenter de qch* be content with sth; *se contenter de faire qch* be content with doing sth

contentieux [kõtãsjø] m disputes *pl*; *service* legal department

contenu [kõtny] m content

conter [kõte] ⟨1a⟩ tell

contestable [kõtɛstabl] *décision* questionable

contestataire POL **1** *adj propos* of protest **2** *m/f* protester

contestation f discussion; (*opposition*) protest

contester ⟨1a⟩ challenge

contexte [kõtɛkst] m context

contigu, contiguë [kõtigy] adjoining

continent [kõtinã] m continent

contingent [kõtɛ̃ʒã] m (*part*) quota

contingenter ⟨1a⟩ apply a quota to

continu, continue [kõtiny] continuous; ÉL *courant* direct

continuation f continuation

continuel, continuelle continual

continuer ⟨1n⟩ **1** *v/t voyage, travaux* continue (with), carry on with; *rue, ligne* extend **2** *v/i* continue, carry *ou* go on; *de route* extend; *continuer à ou de faire qch* continue to do sth, carry *ou* go on doing sth

continuité f continuity; *d'une tradition* continuation

contorsion [kõtɔrsjõ] f contorsion

contour [kõtur] m contour; *d'une fenêtre, d'un visage* outline; *contours* (*courbes*) twists and turns

contourner ⟨1a⟩ *obstacle* skirt around; *fig: difficulté* get around

contraceptif, -ive [kõtraseptif, -iv] contraceptive

contraception f contraception

contracter [kõtrakte] ⟨1a⟩ *dette* incur; *maladie* contract, incur; *alliance, obligation* enter into; *assurance* take out; *habitude* acquire

contractuel, contractuelle 1 *adj* contractual **2** *m/f* traffic officer, *Br* traffic warden

contradiction [kɔ̃tradiksjɔ̃] *f* contradiction

contradictoire contradictory

contraindre [kɔ̃trɛ̃dr] ⟨4b⟩: *contraindre qn à faire qch* force *ou* compel s.o. to do sth

contrainte *f* constraint; *agir sous la contrainte* act under duress; *sans contrainte* freely, without restraint

contraire [kɔ̃trɛr] **1** *adj sens* opposite; *principes* conflicting; *vent* contrary; *contraire à* contrary to **2** *m*: *le contraire de* the opposite *ou* contrary of; *au contraire* on the contrary

contrairement *adv*: *contrairement à* contrary to; *contrairement à toi* unlike you

contrarier [kɔ̃trarje] ⟨1a⟩ *personne* annoy; *projet, action* thwart

contrariété *f* annoyance

contraste [kɔ̃trast] *m* contrast

contraster ⟨1a⟩ contrast (*avec* with)

contrat [kɔ̃tra] *m* contract; *contrat de location* rental agreement

contravention [kɔ̃travɑ̃sjɔ̃] *f* (*infraction*) infringement; (*procès-verbal*) ticket; *contravention pour excès de vitesse* speeding fine

contre [kɔ̃tr] **1** *prép* against; *SP aussi* versus; (*en échange*) (in exchange) for; *tout contre qch* right next to sth; *joue contre joue* cheek to cheek; *par contre* on the contrary; *quelque chose contre la diarrhée* something for diarrhea **2** *m*: *le pour et le contre* the pros and the cons *pl*

contre-attaque [kɔ̃tratak] *f* counterattack

contrebalancer [kɔ̃trəbalɑ̃se] ⟨1k⟩ counterbalance

contrebande [kɔ̃trəbɑ̃d] *f* smuggling; *marchandises* contraband; *faire la contrebande de qch* smuggle sth

contrebandier *m* smuggler

contrebasse [kɔ̃trəbas] *f* double bass

contrecarrer [kɔ̃trəkare] ⟨1a⟩ *projets* thwart

contrecœur [kɔ̃trəkœr] *m*: *à contrecœur* unwillingly, reluctantly

contrecoup [kɔ̃trəku] *m* after-effect

contre-courant [kɔ̃trəkurɑ̃] *m*: *nager à contre-courant* swim against the current

contredire [kɔ̃trədir] ⟨4m⟩ contradict

contrée [kɔ̃tre] *f* country

contre-espionnage [kɔ̃trɛspjɔnaʒ] *m* counterespionage

contrefaçon [kɔ̃trəfasɔ̃] *f* action counterfeiting; *de signature* forging; *objet* fake, counterfeit

contrefaire ⟨4n⟩ (*falsifier*) counterfeit; *signature* forge; *personne, gestes* imitate; *voix* disguise

contrefait, contrefaite (*difforme*) deformed

contre-interrogatoire [kɔ̃trɛ̃terogatwar] *m* cross-examination

contre-jour [kɔ̃trəʒur] PHOT backlighting; *à contre-jour* against the light

contremaître [kɔ̃trəmɛtr] *m* foreman

contre-mesure [kɔ̃trəm(ə)zyr] *f* (*pl* contre-mesures) countermeasure

contre-nature [kɔ̃trənatyr] unnatural

contre-offensive [kɔ̃trɔfɑ̃siv] *f* counteroffensive

contrepartie [kɔ̃trəparti] *f* compensation; *en contrepartie* in return

contre-pied [kɔ̃trəpje] *m* opposite; *prendre le contre-pied d'un avis* ask for advice and then do the exact opposite

contre-plaqué [kɔ̃trəplake] *m* plywood

contrepoids [kɔ̃trəpwa] *m* counterweight

contre-productif, -ive [kɔ̃trəprodyktif, -iv] counterproductive

contrer [kɔ̃tre] ⟨1b⟩ counter

contresens [kɔ̃trəsɑ̃s] *m* misinterpretation; *prendre une route à contresens* AUTO go down a road the wrong way

contresigner [kɔ̃trəsiɲe] ⟨1a⟩ countersign

contretemps [kɔ̃trətɑ̃] *m* hitch

contre-terrorisme [kɔ̃trəterorism] *m* counterterrorism

contrevenir [kɔ̃trəv(ə)nir] ⟨2h⟩ JUR: *contrevenir à qch* contravene sth

contribuable [kɔ̃tribɥabl] *m* taxpayer

contribuer ⟨1n⟩ contribute (*à* to); *contribuer à faire qch* help to do sth

contribution *f* contribution; (*impôt*) tax

contrôle [kɔ̃trol] *m* (*vérification*) check; (*domination*) control; (*maîtrise de soi*) self-control; *perdre le contrôle de son véhicule* lose control of one's vehicle; *contrôle aérien* air-traffic control; *contrôle des bagages* baggage check; *contrôle douanier* customs inspection; *contrôle des naissances* birth control; *contrôle des passeports* passport control; *contrôle qualité* quality control; *contrôle radar* radar speed check, radar trap; *contrôle de soi* self-control

contrôler ⟨1a⟩ *comptes, identité, billets etc* check; (*maîtriser, dominer*) control; *se contrôler* control o.s.

contrôleur, -euse *m/f* controller; *de train*

ticket inspector; **contrôleur de trafic aérien** air-traffic controller
controverse [kɔ̃trɔvɛrs] f controversy
controversé, controversée controversial
contumace [kɔ̃tymas] f JUR: **être condamné par contumace** be sentenced in absentia
contusion [kɔ̃tyzjɔ̃] f MÉD bruise, contusion
convaincant, convaincante [kɔ̃vɛ̃kɑ̃, -t] convincing
convaincre ⟨4i⟩ (persuader) convince; JUR convict (de of); **convaincre qn de faire qch** persuade s.o. to do sth
convaincu, convaincue convinced
convalescence [kɔ̃valesɑ̃s] f convalescence
convalescent, convalescente m/f convalescent
convenable [kɔ̃vnabl] suitable, fitting; (correct) personne respectable, decent; tenue proper, suitable; salaire adequate
convenance f: **les convenances** the proprieties; **quelque chose à ma convenance** something to my liking
convenir [kɔ̃vnir] ⟨2h⟩: **convenir à qn** suit s.o.; **conviendra qch** be suitable for sth; **convenir de qch** (décider) agree on sth; (avouer) admit sth; **convenir que** (reconnaître que) admit that; **il convient de respecter les lois** the laws must be obeyed; **il convient que tu ailles** (subj) **voir ta grand-mère** you should go and see your grandmother; **il a été convenu de ...** it was agreed to ...; **comme convenu** as agreed
convention [kɔ̃vɑ̃sjɔ̃] f (accord) agreement, convention; POL convention; **les conventions** the conventions; **convention collective** collective agreement
conventionnel, conventionnelle conventional
convergence [kɔ̃vɛrʒɑ̃s] f ÉCON convergence
converger ⟨1l⟩ converge (aussi fig)
conversation [kɔ̃vɛrsasjɔ̃] f conversation; **conversation téléphonique** telephone conversation, phonecall
converser ⟨1a⟩ converse, talk
conversion [kɔ̃vɛrsjɔ̃] f conversion (aussi REL)
convertible [kɔ̃vɛrtibl] COMM convertible
convertir ⟨2a⟩ convert (en into); REL convert (à to)
conviction [kɔ̃viksjɔ̃] f conviction

convier [kɔ̃vje] ⟨1a⟩ fml: **convier qn à qch** invite s.o. to sth; **convier qn à faire qch** urge s.o. to do sth
convive [kɔ̃viv] m/f guest
convivial, conviviale convivial, friendly; INFORM user-friendly
convivialité f conviviality, friendliness; INFORM user-friendliness
convocation [kɔ̃vɔkasjɔ̃] f d'une assemblée convening; JUR summons sg
convoi [kɔ̃vwa] m convoy
convoiter [kɔ̃vwate] ⟨1a⟩ covet
convoitise f covetousness
convoquer [kɔ̃vɔke] ⟨1m⟩ assemblée convene; JUR summons; candidat notify; employé, écolier call in, summon
convoyer [kɔ̃vwaje] ⟨1h⟩ MIL escort
convulser [kɔ̃vylse] ⟨1a⟩ convulse
convulsion f convulsion
coopérant [kɔɔperɑ̃] m aid worker
coopératif, -ive [kɔɔperatif, -iv] cooperative
coopération [kɔɔperasjɔ̃] f cooperation; **être en coopération** be an aid worker
coopérer [kɔɔpere] ⟨1f⟩ cooperate (à in)
coordinateur, -trice [kɔɔrdinatœr, -tris] m/f coordinator
coordination f coordination
coordonner [kɔɔrdɔne] ⟨1a⟩ coordinate
coordonnées fpl MATH coordinates; d'une personne contact details; **je n'ai pas pris ses coordonnées** I didn't get his address or phone number
copain [kɔpɛ̃] m F pal, Br mate; **être copain avec** be pally with
copie [kɔpi] f copy; ÉDU paper; **copie de sauvegarde** INFORM back-up (copy); **copie sur papier** hard copy
copier [kɔpje] ⟨1a⟩ **1** v/t copy **2** v/i ÉDU copy (sur qn from s.o.)
copieur, -euse m/f copier, copy cat F
copieux, -euse [kɔpjø, -z] copious
copilote [kɔpilɔt] m co-pilot
copinage [kɔpinaʒ] m cronyism
copine [kɔpin] f F pal, Br mate
coproduction [kɔprɔdyksjɔ̃] f d'un film coproduction
copropriétaire [kɔprɔprijetɛr] m/f co-owner
copropriété f joint ownership; **un immeuble en copropriété** a condo
copyright [kɔpirajt] m copyright
coq [kɔk] m rooster, Br cock
coque [kɔk] f d'œuf, de noix shell; MAR hull; AVIAT fuselage; **œuf m à la coque** soft-boiled egg
coquelicot [kɔkliko] m BOT poppy
coqueluche [kɔklyʃ] f whooping cough
coquet, coquette [kɔkɛ, -t] flirtatious;

(*joli*) charming; (*élégant*) stylish; *une somme coquette* a tidy amount

coquetier [kɔktje] *m* eggcup

coquetterie [kɔkɛtri] *f* flirtatiousness; (*élégance*) stylishness

coquillage [kɔkijaʒ] *m* shell; *des coquillages* shellfish *sg*

coquille [kɔkij] *f* d'escargot, d'œuf, de noix *etc* shell; *erreur* misprint, typo; *coquille Saint-Jacques* CUIS scallop

coquin, coquine [kɔkɛ̃, -in] **1** *adj enfant* naughty **2** *m/f* rascal

cor [kɔr] *m* MUS horn; MÉD corn

corail [kɔraj] *m* (*pl* coraux) coral

Coran [kɔrɑ̃]: *le Coran* the Koran

corbeau [kɔrbo] *m* (*pl* -x) zo crow

corbeille [kɔrbɛj] *f* basket; *au théâtre* circle; *corbeille à papier* wastebasket, *Br* wastepaper basket

corbillard [kɔrbijar] *m* hearse

corde [kɔrd] *f* rope; MUS, *de tennis* string; *corde raide* high wire; *cordes* MUS strings; *cordes vocales* vocal cords

cordée *f en alpinisme* rope

cordial, cordiale [kɔrdjal] (*mpl* -iaux) cordial

cordialité *f* cordiality

cordon [kɔrdõ] *m* cord; *cordon littoral* offshore sand bar; *cordon ombilical* umbilical cord

cordon-bleu *m* (*pl* cordons-bleus) cordon bleu chef

cordonnier [kɔrdɔnje] *m* shoe repairer, *Br aussi* cobbler

Corée [kɔre]: *la Corée* Korea

coréen, coréenne 1 *adj* Korean **2** *m langue* Korean **3** *m/f* **Coréen, Coréenne** Korean

coriace [kɔrjas] tough (*aussi fig*); *être coriace en affaires* be a hard-headed businessman

corne [kɔrn] *f* horn; *avoir des cornes fig* be a cuckold

cornée *f* cornea

corneille [kɔrnɛj] *f* crow

cornemuse [kɔrnəmyz] *f* bagpipes *pl*

corner [kɔrnɛr] *m en football* corner

cornet [kɔrnɛ] *m sachet* (paper) cone; MUS cornet

corniche [kɔrniʃ] *f* corniche; ARCH cornice

cornichon [kɔrniʃõ] *m* gherkin

corniste [kɔrnist] *m* MUS horn player

coronaire [kɔrɔnɛr] coronary

coroner [kɔrɔnɛr] *m* coroner

corporation [kɔrpɔrasjõ] *f* body; HIST guild

corporel, corporelle [kɔrpɔrɛl] *hygiène* personal; *châtiment* corporal; *art* body *atr*; *odeur corporelle* BO, body odor

or *Br* odour

corps [kɔr] *m* body; *mort* (dead) body, corpse; MIL corps; *prendre corps* take shape; *le corps diplomatique* the diplomatic corps; *le corps électoral* the electorate; *corps étranger* foreign body; *corps expéditionnaire* task force; *corps médical* medical profession

corpulence [kɔrpylɑ̃s] *f* stoutness, corpulence

corpulent, corpulente stout, corpulent

correct, correcte [kɔrɛkt] correct; *personne* correct, proper; *tenue* right, suitable; F (*convenable*) acceptable, ok F

correcteur [kɔrɛktœr] *m*: *correcteur orthographique* spellchecker

correction [kɔrɛksjõ] *f qualité* correctness; (*modification*) correction; (*punition*) beating

corrélation [kɔrelasjõ] *f* correlation

correspondance [kɔrɛspõdɑ̃s] *f* correspondence; *de train etc* connection

correspondant, correspondante 1 *adj* corresponding **2** *m/f* correspondent

correspondre [kɔrɛspõdr] ⟨4a⟩ *de choses* correspond; *de salles* communicate; *par courrier* correspond (*avec* with); *correspondre à réalité* correspond with; *preuves* tally with; *idées* fit in with

corridor [kɔridɔr] *m* corridor

corriger [kɔriʒe] ⟨1l⟩ correct; *épreuve* proof-read; (*battre*) beat; *corriger le tir* adjust one's aim

corroborer [kɔrɔbɔre] ⟨1a⟩ corroborate

corroder [kɔrɔde] ⟨1a⟩ corrode

corrompre [kɔrõpr] ⟨4a⟩ (*avilir*) corrupt; (*soudoyer*) bribe

corrompu, corrompue 1 *p/p* → **corrompre 2** *adj* corrupt

corrosif, -ive [kɔrozif, -iv] **1** *adj* corrosive; *fig* caustic **2** *m* corrosive

corrosion [kɔrozjõ] *f* corrosion

corruption [kɔrypsjõ] *f* corruption; (*pot-de-vin*) bribery

corsage [kɔrsaʒ] *m* blouse

corse [kɔrs] **1** *adj* Corsican **2** *m/f* **Corse** Corsican **3** *f* **la Corse** Corsica

corsé, corsée [kɔrse] *vin* full-bodied; *sauce* spicy; *café* strong; *facture* stiff; *problème* tough

corset [kɔrsɛ] *m* corset

cortège [kɔrtɛʒ] *m* cortège; (*défilé*) procession; *cortège funèbre* funeral cortège; *cortège nuptial* bridal procession

cortisone [kɔrtizɔn] *f* PHARM cortisone

corvée [kɔrve] *f* chore; MIL fatigue

cosmétique [kɔsmetik] *m & adj* cosmetic

cosmique [kɔsmik] cosmic

cosmonaute [kɔsmonot] *m/f* cosmonaut

cosmopolite [kɔsmɔpɔlit] cosmopolitan

cosmos [kɔsmos] *m* cosmos

cosse [kɔs] *f* BOT pod

cossu, cossue [kɔsy] *personne* well-off; *château* opulent

costaud [kɔsto] ⟨*f inv*⟩ F sturdy

costume [kɔstym] *m* costume; *pour homme* suit

costumer ⟨1a⟩: *se costumer* get dressed up (*comme* as)

cote [kɔt] *f* en Bourse quotation; *d'un livre, document* identification code; *avoir la cote* fig F be popular; *cote de popularité* POL popularity (rating)

côte [kot] *f* ANAT rib; (*pente*) slope; *à la mer* coast; *viande* chop; *côte à côte* side by side

Côte d'Azur [kotdazyr] French Riviera

Côte-d'Ivoire [kotdivwar]: *la Côte-d'Ivoire* the Ivory Coast

côté [kote] *m side*; *à côté* (*près*) nearby; *à côté de l'église* next to the church, beside the church; *de côté* aside; *de l'autre côté de la rue* on the other side of the street; *du côté de* in the direction of; *sur le côté* on one's/its side; *laisser de côté* leave aside; *mettre de côté* put aside; *de tous côtés* from all sides

coteau [kɔto] *m* (*pl* -x) (*colline*) hill; (*pente*) slope

côtelette [kotlet] *f* CUIS cutlet

coter [kɔte] ⟨1a⟩ en Bourse quote; *valeurs cotées en Bourse* listed *ou* quoted stocks

côtier, -ère [kotje, -ɛr] coastal

cotisation [kɔtizasjɔ̃] *f* contribution; *à une organisation* subscription

cotiser ⟨1a⟩ contribute; *à une organisation* subscribe

coton [kɔtɔ̃] *m* cotton; *coton hydrophile* absorbent cotton, *Br* cotton wool

côtoyer [kotwaje] ⟨1h⟩: *côtoyer qn* rub shoulders with s.o.; *côtoyer qch* border sth; *fig* be verging on sth

cottage [kɔtaʒ] *m* cottage

cou [ku] *m* (*pl* -s) neck

couchage [kuʃaʒ] *m*: *sac m de couchage* sleeping bag

couchant 1 *m west* **2** *adj*: *soleil m couchant* setting sun

couche [kuʃ] *f* layer; *de peinture aussi* coat; *de bébé* diaper, *Br* nappy; *fausse couche* MÉD miscarriage; *couche d'ozone* ozone layer; *couches sociales* social strata *pl*

couché, couchée [kuʃe] lying down; (*au lit*) in bed

coucher ⟨1a⟩ **1** *v/t* (*mettre au lit*) put to bed; (*héberger*) put up; (*étendre*) put

ou lay down **2** *v/i* sleep; *coucher avec qn* F sleep with s.o., go to bed with s.o.; *se coucher* go to bed; (*s'étendre*) lie down; *du soleil* set, go down **3** *m*: *coucher du soleil* sunset

couchette [kuʃet] *f* couchette

coucou [kuku] **1** *m* cuckoo; (*pendule*) cuckoo clock **2** *int*: *coucou!* hi!

coude [kud] *m* ANAT elbow; *d'une route* turn; *jouer des coudes* elbow one's way through; *fig* hustle

cou-de-pied [kudpje] *m* (*pl* cous-de-pied) instep

coudre [kudr] ⟨4d⟩ sew; *bouton* sew on; *plaie* sew up

couenne [kwan] *f* rind

couette [kwet] *f* comforter, *Br* quilt

couffin [kufɛ̃] *m* basket

couilles [kuj] *fpl* V balls V

couillon [kujɔ̃] *m* F jerk F

couinement [kwinma] *m* squeak

coulant, coulante [kulã, -t] *style* flowing; *fig* easy-going

couler ⟨1a⟩ **1** *v/i* flow, run; *d'eau de bain* run; *d'un bateau* sink; *l'argent lui coule entre les doigts* money slips through his fingers **2** *v/t* liquide pour; (*mouler*) cast; *bateau* sink

couleur [kulœr] *f* color, *Br* colour

couleuvre [kulœvr] *f* grass snake

coulisse [kulis] *f* TECH runner; *à coulisse* sliding; *coulisses d'un théâtre* wings; *dans les coulisses* fig behind the scenes

couloir [kulwar] *m* d'une maison passage, corridor; *d'un bus, avion, train* aisle; *place f côté couloir* aisle seat

coup [ku] *m* blow; *dans jeu* move; *à coups de marteau* using a hammer; *boire qch à petits coups* sip sth; *boire un coup* F have a drink; *coup droit* TENNIS forehand; *coup franc* SP free kick; *coup monté* frame-up; *à coup sûr* certainly; *du coup* and so; *du même coup* at the same time; *d'un seul coup* tout d'un coup all at once; *pour le coup* as a result; *cette fois* this time; *après coup* after the event; *tout d'un coup, tout à coup* suddenly, all at once; *coup sur coup* in quick succession; *être dans le coup* be with it; *être impliqué* be involved; *tenir le coup* stick it out, hang on in there

coup d'État coup (d'état)

coup de balai fig: *donner un coup de balai dans le couloir* give the passage a sweep; *donner un coup de balai* fig have a shake-up

coup de chance stroke of luck

coup de couteau stab; *il a reçu trois coups de couteau* he was stabbed three times

coup d'envoi kickoff

coup de feu shot

coup de foudre: *ce fut le coup de foudre* it was love at first sight

coup de main: *donner un coup de main à qn* give s.o. a hand

coup de maître master stroke

coup d'œil: *au premier coup d'œil* at first glance

coup de pied kick

coup de poing punch; *donner un coup de poing à* punch

coup de pub F plug

coup de téléphone (phone) call

coup de tête whim

coup de tonnerre clap of thunder

coup de vent gust of wind

coup de soleil: *avoir un coup de soleil* have sun stroke

coupable [kupabl] **1** adj guilty **2** m/f culprit, guilty party; *le / la coupable* JUR the guilty man / woman, the guilty party

coupe[1] [kup] f de cheveux, d'une robe cut

coupe[2] [kup] f (verre) glass; SP cup; de fruits, glace dish

coupe-circuit [kupsirkɥi] m (pl inv) ÉL circuit breaker

coupe-ongles [kupõgl] m (pl inv) nail clippers pl

couper [kupe] ⟨1a⟩ **1** v/t cut; morceau, eau cut off; viande cut (up); robe, chemise cut out; vin dilute; animal castrate **2** v/i cut; *se couper* cut o.s.; (se trahir) give o.s. away; *couper court à qch* put a stop to sth; *couper la parole à qn* interrupt s.o.; *couper par le champ* cut across the field

couplage [kuplaʒ] m TECH coupling

couple [kupl] m couple

coupler ⟨1a⟩ couple

couplet [kuple] m verse

coupole [kupɔl] f ARCH cupola

coupon [kupõ] m de tissu remnant; COMM coupon; (ticket) ticket

coupure [kupyr] f blessure, dans un film, dans un texte cut; de journal cutting, clipping; (billet de banque) bill, Br note; *coupure de courant* power outage, Br power cut

cour [kur] f court; ARCH courtyard; *faire la cour à qn* court s.o.; *Cour internationale de justice* International Court of Justice

courage [kuraʒ] m courage, bravery

courageux, -euse brave, courageous

couramment [kuramɑ̃] adv parler, lire fluently

courant, courante [kurɑ̃, -t] **1** adj current; eau running; langage everyday **2** m current (aussi ÉL); *courant d'air* draft, Br draught; *être au courant de qch* know about sth; *tiens-moi au courant* keep me informed ou posted; *courant alternatif* alternating current; *courant continu* direct current

courbature [kurbatyr] f stiffness; *avoir des courbatures* be stiff

courbe [kurb] **1** adj curved **2** f curve, bend; GÉOM curve

courber ⟨1a⟩ bend; *se courber (se baisser)* stoop, bend down

courbure f curvature

coureur [kurœr] m runner; péj skirt-chaser; *coureur de jupons* womanizer

courge [kurʒ] f BOT squash, Br marrow

courgette [kurʒet] f BOT zucchini, Br courgette

courir [kurir] ⟨2i⟩ **1** v/i run (aussi d'eau); d'un bruit go around; *monter / descendre en courant* run up / down **2** v/t: *courir les magasins* go around the stores; *courir les femmes* run after ou chase women; *courir un risque / courir un danger* run a risk/a danger

couronne [kurɔn] f crown; de fleurs wreath

couronné, couronnée crowned (de with)

couronnement m coronation

couronner ⟨1a⟩ crown; fig: auteur, livre award a prize to; *vos efforts seront couronnés de succès* your efforts will be crowned with success

courrier [kurje] m mail, Br aussi post; (messager) courier; *par retour de courrier* by return of mail, Br by return of post; *le courrier des lecteurs* readers' letters; *courrier électronique* electronic mail, e-mail

courroie [kurwa] f belt

cours [kur] m d'un astre, d'une rivière course (aussi temporel); ÉCON price; de devises rate; (leçon) lesson; *à l'université* class, Br aussi lecture; *au cours de* in the course of; *donner des cours* ÉDU lecture; *en cours de route* on the way; *cours du change* exchange rate; *cours d'eau* waterway; *cours du soir* ÉDU evening class

course [kurs] f à pied running; SP race; en taxi: (commission) errand; courses (achats) shopping sg; *faire les courses* go shopping; *la course aux armements* the arms race

coursier m messenger; *à moto* biker,

courrier

court[1] [kur] *m* (*aussi* **court de tennis**) (tennis) court

court[2], **courte** [kur, -t] short; **à court de** short of

courtage [kurtaʒ] *m* brokerage

court-circuit [kursirkɥi] *m* (*pl* courts-circuits) ÉL short circuit

courtier [kurtje] *m* broker

courtisane [kurtizan] *f* courtesan

courtiser *femme* court, woo

courtois, courtoise [kurtwa, -z] courteous

courtoisie *f* courtesy

couru, courue [kury] *p/p* 1 → **courir** 2 *adj* popular

couscous [kuskus] *m* CUIS couscous

cousin, cousine [kuzɛ̃, -in] *m/f* cousin

coussin [kusɛ̃] *m* cushion

coussinet [kusine] *m* small cushion; TECH bearing

coût [ku] *m* cost; **coûts de production** production costs

coûtant [kutɑ̃]: **au prix coûtant** at cost (price)

couteau [kuto] *m* (*pl* -x) knife; **couteau de poche** pocket knife

coûter ⟨1a⟩ 1 *v/t* cost; **combien ça coûte?** how much is it?, what does it *ou* how much does it cost?; **cette décision lui a coûté beaucoup** it was a very difficult decision for him; **coûte que coûte** at all costs; **coûter les yeux de la tête** cost a fortune, cost an arm and a leg 2 *v/i* cost; **coûter cher** be expensive; **coûter cher à qn** *fig* cost s.o. dear

coûteux, -euse expensive, costly

coutume [kutym] *f* custom; **avoir coutume de faire qch** be in the habit of doing sth

couture [kutyr] *f activité* sewing; *d'un vêtement, bas etc* seam; **haute couture** fashion, haute couture; **battre à plates coutures** take apart

couturier *m* dress designer, couturier

couturière *f* dressmaker

couvée [kuve] clutch; *fig* brood

couvent [kuvɑ̃] *m* convent

couver [kuve] ⟨1a⟩ 1 *v/t* hatch; *fig: projet* hatch; *personne* pamper; **couver une grippe** be coming down with flu 2 *v/i d'un feu* smolder, *Br* smoulder; *d'une révolution* be brewing

couvercle [kuverkl] *m* cover

couvert, couverte [kuver, -t] 1 *p/p* → **couvrir** 2 *adj ciel* overcast; **couvert de** covered with *ou* in; **être bien couvert** be warmly dressed 3 *m à table* place setting; **couverts** flatware *sg*, *Br* cutlery *sg*;

mettre le couvert set the table; **sous le couvert de faire qch** *fig* on the pretext of doing sth; **se mettre à couvert de l'orage** take shelter from the storm

couverture [kuvertyr] *f* cover; *sur un lit* blanket; **couverture chauffante** electric blanket; **couverture médiatique** media coverage

couveuse [kuvøz] *f* broody hen; MÉD incubator

couvre-feu [kuvrəfø] *m* (*pl* couvre-feux) curfew

couvre-lit *m* (*pl* couvre-lits) bedspread

couvreur [kuvrœr] *m* roofer

couvrir [kuvrir] ⟨2f⟩ cover (**de** with *ou* in); **couvrir qn** *fig* (*protéger*) cover (up) for s.o.; **se couvrir** (*s'habiller*) cover o.s. up; *du ciel* cloud over

CPAM [sepeaɛm] *f abr* (= *Caisse primaire d'assurance maladie*) local health authority

cow-boy [koboj] *m* cowboy

crabe [krab] *m* crab

crachat [kraʃa] *m* spit; MÉD sputum; **un crachat** a gob (of spit)

cracher [kraʃe] ⟨1a⟩ 1 *v/i* spit 2 *v/t* spit; *injures* spit, hurl; F *argent* cough up F

crachin [kraʃɛ̃] *m* drizzle

crack [krak] *m* F genius; *drogue* crack

craie [krɛ] *f* chalk

craindre [krɛ̃dr] ⟨4b⟩ (*avoir peur de*) fear, be frightened of; **cette matière craint la chaleur** this material must be kept away from heat; **craint la chaleur** COMM keep cool; **craindre de faire qch** be afraid of doing sth; **craindre que (ne)** (+ *subj*) afraid that

crainte [krɛ̃t] *f* fear; **de crainte de** for fear of

craintif, -ive [krɛ̃tif, -iv] timid

cramoisi, cramoisie [kramwazi] crimson

crampe [krɑ̃p] *f* MÉD cramp; **avoir des crampes d'estomac** have cramps, *Br* have stomach cramps

crampon [krɑ̃pɔ̃] *m d'alpiniste* crampon

cramponner ⟨1a⟩: **se cramponner** hold on (**à** to)

cran [krɑ̃] *m* notch; **il a du cran** F he's got guts F

crâne [krɑn] *m* skull

crâner F (*pavaner*) show off

crâneur, -euse big-headed

crapaud [krapo] *m* ZO toad

crapule [krapyl] *f* villain

craquelé, craquelée [krakle] cracked

craquelure *f* crack

craquement *m* crackle

craquer ⟨1m⟩ crack; *d'un parquet* creak; *de feuilles* crackle; *d'une couture* give way, split; *fig: d'une personne (s'effondrer)* crack up; **plein à craquer** full to bursting

crasse [kras] **1** *adj ignorance* crass **2** *f* dirt

crasseux, -euse filthy

cratère [krater] *m* crater

cravache [kravaʃ] *f* whip

cravate [kravat] *f* necktie, *Br* tie

crawl [krol] *m* crawl

crayon [krejɔ̃] *m* pencil; **crayon à bille** ballpoint pen; **crayon de couleur** crayon; **crayon feutre** felt-tipped pen, felt-tip

créance [kreɑ̃s] *f* COMM debt

créancier, -ère *m/f* creditor

créateur, -trice [kreatœr, -tris] **1** *adj* creative **2** *m/f* creator; *de produit* designer

créatif, -ive creative

création *f* creation; *de mode, design* design

créativité *f* creativity

créature [kreatyr] *f* creature

crèche [krɛʃ] *f* day nursery; *de Noël* crèche, *Br* crib

crédibilité [kredibilite] *f* credibility

crédible credible

crédit [kredi] *m* credit; *(prêt)* loan; *(influence)* influence; **acheter à crédit** buy on credit; **faire crédit à qn** give s.o. credit; **il faut bien dire à son crédit que** *fig* it has to be said to his credit that

crédit-bail *m* leasing

créditer ⟨1a⟩ credit (**de** with)

créditeur, -trice 1 *m/f* creditor **2** *adj solde* credit *atr*; **être créditeur** be in credit

crédule [kredyl] *adj* credulous

crédulité *f* credulity

créer [kree] ⟨1a⟩ create; *institution* set up; COMM *produit nouveau* design

crémaillère [kremajer] *f*: **pendre la crémaillère** *fig* have a housewarming party

crémation [kremasjɔ̃] *f* cremation

crématorium [krematɔrjəm] *m* crematorium

crème [krɛm] **1** *f* cream; **crème anglaise** custard; **crème dépilatoire** hair remover; **crème fouettée** ou **Chantilly** whipped cream; **crème glacée** CUIS ice cream; **crème de nuit** night cream; **crème pâtissière** pastry cream; **crème solaire** suntan cream **2** *m* coffee with milk, *Br* white coffee **3** *adj inv* cream

crémerie *f* dairy

crémeux, -euse creamy

créneau [kreno] *m* (*pl* -x) AUTO space; COMM niche; **faire un créneau** reverse into a tight space

crêpe [krɛp] **1** *m tissu* crêpe; **semelle** *f* **de crêpe** crêpe sole **2** *f* CUIS pancake, crêpe

crêper [krepe] ⟨1b⟩ *cheveux* backcomb

crépi [krepi] *m* roughcast

crépir ⟨2a⟩ roughcast

crépiter [krepite] ⟨1a⟩ crackle

crépu, crépue [krepy] frizzy

crépuscule [krepyskyl] *m* twilight

cresson [kresɔ̃ *ou* krəsɔ̃] *m* BOT cress

Crète [krɛt]: **la Crète** Crete

crête [krɛt] *f* crest; *d'un coq* comb

crétin, crétine [kretɛ̃, -in] **1** *adj* idiotic, cretinous **2** *m/f* idiot, cretin

crétois, crétoise [kretwa, -z] **1** *adj* Cretan **2** *m/f* Crétois, Crétoise Cretan

creuser [krøze] ⟨1a⟩ (*rendre creux*) hollow out; *trou* dig; *fig* look into; **ça creuse** it gives you an appetite; **se creuser la tête** rack one's brains

creuset [krøze] *m* TECH crucible; *fig* melting pot

creux, -euse [krø, -z] **1** *adj* hollow; **assiette** *f* **creuse** soup plate; **heures** *fpl* **creuses** off-peak hours **2** *adv*: **sonner creux** ring hollow **3** *m* hollow; **le creux de la main** the hollow of one's hand

crevaison [krəvɛzɔ̃] *f* flat, *Br* puncture

crevant, crevante [krəvɑ̃, -t] F (*épuisant*) exhausting; (*drôle*) hilarious

crevasse [krəvas] *f de la peau, du sol* crack; GÉOL crevasse

crevasser ⟨1a⟩ *peau, sol* crack; **des mains crevassées** chapped hands; **se crevasser** crack

crever [krəve] ⟨1d⟩ **1** *v/t ballon* burst; *pneu* puncture **2** *v/i* burst; F (*mourir*) kick the bucket F; F AUTO have a flat, *Br* have a puncture; **je crève de faim** F I'm starving; **crever d'envie de faire qch** be dying to do sth

crevette [krəvɛt] *f* shrimp

cri [kri] *m* shout, cry; **c'est le dernier cri** *fig* it's all the rage

criant, criante [krijɑ̃, -t] *injustice* flagrant; *mensonge* blatant

criard, criarde *voix* shrill; *couleur* gaudy, garish

crible [kribl] *m* sieve

cribler ⟨1a⟩ sieve; **criblé de** *fig* riddled with

cric [krik] *m* jack

criée [krije] *f*: **vente** *f* **à la criée** sale by auction

crier ⟨1a⟩ **1** *v/i* shout; *d'une porte* squeak; **crier au scandale** protest **2** *v/t* shout, call; **crier vengeance** call for revenge; **crier qch sur les toits** shout sth from the rooftops

crime [krim] *m* crime; (*assassinat*) murder; **crime organisé** organized crime

criminalité *f* crime; **criminalité informa-**

tique computer crime

criminel, criminelle 1 *adj* criminal **2** *m/f* criminal; *(assassin)* murderer

crin [krɛ̃] *m* horsehair

crinière [krinjɛr] *f* mane

crique [krik] *f* creek

criquet [krikɛ] *m* ZO cricket

crise [kriz] *f* crisis; MÉD attack; *crise cardiaque* heart attack; *avoir une crise de nerfs* have hysterics

crisper [krispe] ⟨1a⟩ *muscles* tense; *visage* contort; *fig* F irritate; *se crisper* go tense, tense up

crisser [krise] ⟨1a⟩ squeak

cristal [kristal] *m (pl -aux)* crystal; *cristal de roche* rock crystal

cristallin, cristalline *eau* crystal clear; *son, voix* clear

cristalliser ⟨1a⟩: *se cristalliser* crystallize

critère [kritɛr] *m* criterion; *critères* criteria

critique [kritik] **1** *adj* critical **2** *m* critic **3** *f* criticism; *d'un film, livre, pièce* review

critiquer ⟨1m⟩ criticize; *(analyser)* look at critically

croasser [krɔase] ⟨1a⟩ crow

croc [kro] *m (dent)* fang; *de boucherie* hook

croche-pied [krɔʃpje] *m (pl croche-pieds)*: *faire un croche-pied à qn* trip s.o. up

crochet [krɔʃɛ] *m* hook; *pour l'ouvrage* crochet hook; *ouvrage* crochet; *d'une route* sharp turn; *crochets* in *typographie* square brackets; *faire du crochet* (do) crochet; *faire un crochet d'une route* bend sharply; *d'une personne* make a detour

crochu, crochue *nez* hooked

crocodile [krɔkɔdil] *m* crocodile

crocus [krɔkys] *m* crocus

croire [krwar] ⟨4v⟩ *v/t* believe; *(penser)* think; *croire qch de qn* believe sth about s.o.; *je vous crois sur parole* I'll take your word for it; *on le croyait médecin* people thought he was a doctor; *à l'en croire* if you believed him / her; *à en croire les journaux* judging by the newspapers **2** *v/i*: *croire à qch* believe in sth; *croire en qn* believe in s.o.; *croire en Dieu* believe in God **3**: *il se croit intelligent* he thinks he's intelligent

croisade [krwazad] *f* crusade *(aussi fig)*

croisé, croisée 1 *adj veston* double-breasted **2** *m* crusader

croisement *m action* crossing *(aussi* BIOL); *animal* cross

croiser ⟨1a⟩ **1** *v/t* cross *(aussi* BIOL); *croi-*

ser qn dans la rue pass s.o. in the street **2** *v/i* MAR cruise; *se croiser de routes* cross; *de personnes* meet; *leurs regards se croisèrent* their eyes met

croiseur *m* MAR cruiser

croisière *f* MAR cruise

croissance [krwasɑ̃s] *f* growth; *croissance zéro* zero growth

croissant *m de lune* crescent; CUIS croissant

croître [krwatr] ⟨4w⟩ grow

croix [krwa] *f* cross; *la Croix-Rouge* the Red Cross; *mettre une croix sur qch fig* give sth up; *chemin m de croix* way of the cross

croquant, croquante [krɔkɑ̃, -t] crisp, crunchy

croque-monsieur [krɔkməsjø] *m (pl inv)* CUIS sandwich of ham and melted cheese

croque-mort [krɔkmɔr] *m* F *(pl croque--morts)* mortician, *Br* undertaker

croquer [krɔke] ⟨1m⟩ **1** *v/t* crunch; *(dessiner)* sketch **2** *v/i* be crunchy

croquis [krɔki] *m* sketch

crosse [krɔs] *f d'un évêque* crosier; *d'un fusil* butt

crotte [krɔt] *f* droppings *pl*

crottin *m* road apples *pl*, *Br* dung

croulant, croulante [krulɑ̃, -t] **1** *adj* crumbling, falling to bits **2** *m/f* F oldie F

crouler ⟨1a⟩ *(s'écrouler)* collapse *(aussi fig)*

croupe [krup] *f* rump

croupir [krupir] ⟨2a⟩ *d'eau* stagnate *(aussi fig)*

croustillant, croustillante [krustijɑ̃, -t] crusty

croûte [krut] *f de pain* crust; *de fromage* rind; MÉD scab

croûter ⟨1a⟩ F eat

croûton *m* crouton

croyable [krwajabl] believable

croyance *f* belief

croyant, croyante *m/f* REL believer

CRS [seeres] *abr (= compagnie républicaine de sécurité)*: *les CRS mpl* the riot police; *un CRS* a riot policeman

cru, crue [kry] **1** *p/p → croire* **2** *adj légumes* raw; *lumière, verité* harsh; *paroles* blunt **3** *m (domaine)* vineyard; *de vin* wine; *de mon cru* fig of my own (devising)

cruauté [kryote] *f* cruelty

cruche [kryʃ] *f* pitcher

crucial, cruciale [krysjal] *(mpl -aux)* crucial

crucifiement [krysifimɑ̃] *m* crucifixion

crucifier ⟨1a⟩ crucify

crucifix *m* crucifix

crucifixion f crucifixion
crudité [krydite] f crudeness; *de paroles* bluntness; *de lumière* harshness; *de couleur* gaudiness, garishness; **crudités** CUIS raw vegetables
crue [kry] f flood; **être en crue** be in spate
cruel, cruelle [kryɛl] cruel
crûment [krymã] adv *parler* bluntly; *éclairer* harshly
crustacés [krystase] mpl shellfish pl
crypte [kript] f crypt
Cuba [kyba] f Cuba
cubage [kyba3] m (*volume*) cubic capacity
cubain, cubaine 1 adj Cuban; **2** m/f **Cubain, Cubaine** Cuban
cube [kyb] MATH **1** m cube **2** adj cubic
cubique cubic
cubisme m cubism
cubiste m cubiste
cueillette [kœjɛt] f picking
cueillir ⟨2c⟩ pick
cuiller, cuillère [kɥijɛr] f spoon; **cuiller à soupe** soupspoon; **cuiller à café** coffee spoon
cuillerée f spoonful
cuir [kɥir] m leather; **cuir chevelu** scalp
cuirasse [kɥiras] f armor, Br armour
cuirasser ⟨1a⟩ *navire* armorplate, Br armourplate
cuire [kɥir] ⟨4c⟩ cook; *au four* bake; *rôti* roast; **faire cuire qch** cook sth
cuisine [kɥizin] f cooking; *pièce* kitchen; **faire la cuisine** do the cooking; **la cuisine italienne** Italian cooking *ou* cuisine *ou* food
cuisiné [kɥizine]: **plat** m **cuisiné** ready--to-eat meal
cuisiner ⟨1a⟩ cook
cuisinier m cook
cuisinière f cook; (*fourneau*) stove; **cuisinière à gaz** gas stove
cuisse [kɥis] f ANAT thigh; CUIS *de poulet* leg
cuisson [kɥisõ] f cooking; *du pain* baking; *d'un rôti* roasting
cuit, cuite [kɥi, -t] **1** p/p → **cuire 2** adj *légumes* cooked, done; *rôti, pain* done; **pas assez cuit** underdone; **trop cuit** overdone
cuivre [kɥivr] m copper; **cuivre jaune** brass; **cuivres** brasses
cul [ky] m P ass P, Br arse P
culasse [kylas] f *d'un moteur* cylinder head
culbute [kylbyt] f somersault; (*chute*) fall; **faire la culbute** do a somersault; (*tomber*) fall
culbuteur [kylbytœr] m tumbler

cul-de-sac [kydsak] m (*pl* culs-de-sac) blind alley; *fig* dead end
culinaire [kyliner] culinary
culminant [kylminã]: **point** m **culminant** *d'une montagne* highest peak; *fig* peak
culminer ⟨1a⟩ *fig* peak, reach its peak; **culminer à 5 000 mètres** be 5,000 metres high at its highest point
culot [kylo] m F nerve, Br cheek
culotte [kylot] f short pants pl, Br short trousers pl; *de femme* panties pl, Br aussi knickers pl
culotté, culottée F: **être culotté** be nervy, Br have the cheek of the devil
culpabilité [kylpabilite] f guilt
culte [kylt] m (*vénération*) worship; (*religion*) religion; (*service*) church service; *fig* cult
cultivable [kyltivabl] AGR suitable for cultivation
cultivateur, -trice m/f farmer
cultivé, cultivée cultivated (*aussi fig*)
cultiver ⟨1a⟩ AGR *terre* cultivate (*aussi fig*); *légumes, tabac* grow; **se cultiver** improve one's mind
culture [kyltyr] f culture; AGR *action* cultivation; *de légumes, fruits etc* growing; **culture générale** general knowledge; **culture physique** physical training; **culture de la vigne** wine-growing
culturel, culturelle cultural; **choc** m **culturel** culture shock
culturisme [kyltyrism] m body building
cumin [kymɛ̃] m BOT cumin
cumulatif, -ive [kymylatif, -iv] cumulative
cumuler ⟨1a⟩: **cumuler des fonctions** hold more than one position; **cumuler deux salaires** have two salaries (coming in)
cupide [kypid] adj greedy
cupidité f greed, cupidity
curable [kyrabl] curable
curateur [-atœr] m JUR *de mineur* guardian
cure [kyr] f MÉD course of treatment; **cure de repos** rest cure; **cure thermale** stay at a spa (in order to take the waters); **je n'en ai cure** I don't care
curé [kyre] m curate
cure-dent [kyrdã] m (*pl* cure-dents) toothpick
curer [kyre] ⟨1a⟩ *cuve* scour; *dents* pick; **se curer le nez** pick one's nose
curieux, -euse [kyrjø, -z] curious
curiosité [kyrjɔzite] f curiosity; *objet bizarre, rare* curio; **une région pleine de curiosités** an area full of things to see
curiste [kyrist] m/f person taking a 'cure'

at a spa
curriculum vitae [kyrikyləmvite] *m* (*pl inv*) resumé, *Br* CV
curry [kyri] *m* curry
curseur [kyrsœr] *m* INFORM cursor
cutané, cutanée [kytane] skin *atr*
cuticule [kytikyl] *f* cuticle
cuve [kyv] *f* tank; *de vin* vat
cuvée *f de vin* vatful; *vin* wine, vintage
cuver ⟨1a⟩ **1** *v/i* mature **2** *v/t*: **cuver son vin** *fig* sleep it off
cuvette [kyvet] *f* (*bac*) basin; *de cabinet* bowl
C.V. [seve] *m abr* (= **curriculum vitae**) résumé, *Br* CV (= curriculum vitae)
cybercafé [siberkafe] *m* Internet café
cyberespace [siberɛspas] *m* cyberspace
cybernétique [sibɛrnetik] *f* cybernetics
cyclable [siklabl]: **piste f cyclable** cycle path

cyclamen [siklamɛn] *m* BOT cyclamen
cycle [sikl] *m nature*, ÉCON, *littérature*, *véhicule* cycle
cyclisme [siklism] *m* cycling
cycliste *m/f* cyclist
cyclomoteur [siklomɔtœr] *m* moped
cyclomotoriste *m/f* moped rider
cyclone [siklon] *m* cyclone
cygne [siɲ] *m* swan
cylindre [silɛ̃dr] *m* MATH, TECH cylinder
cylindrée *f* AUTO cubic capacity
cylindrer ⟨1a⟩ roll
cylindrique cylindrical
cymbale [sɛ̃bal] *f* MUS cymbal
cynique [sinik] **1** *adj* cynical **2** *m/f* cynic
cynisme *m* cynicism
cyprès [sipre] *m* cypress
cystite [sistit] *f* MÉD cystitis

D

dactylo [daktilo] *f* typing; *personne* typist
dactylographie *f* typing
dada [dada] *m* F hobby horse
dahlia [dalja] *m* BOT dahlia
daigner [deɲe] ⟨1b⟩: **daigner faire qch** deign *ou* condescend to do sth
daim [dɛ̃] *m* ZO deer; *peau* suede
dallage [dalaʒ] *m* flagstones *pl*; *action* paving
dalle *f* flagstone
daller ⟨1a⟩ pave
daltonien, daltonienne [daltɔnjɛ̃, -ɛn] colorblind, *Br* colourblind
dame [dam] *f* lady; *aux échecs, cartes* queen; *jeu m de dames* checkers *sg*, *Br* draughts *sg*
damier *m* checkerboard, *Br* draughts board
damnation [danasjō] *f* damnation
damner ⟨1a⟩ damn
dancing [dãsiŋ] *m* dance hall
dandiner [dãdine] ⟨1a⟩: **se dandiner** shift from one foot to the other
Danemark [danmark]: **le Danemark** Denmark
danger [dãʒe] *m* danger; **danger de mort!** danger of death!; **mettre en danger** endanger, put in danger; **courir un danger** be in danger
dangereux, -euse [dãʒrø, -z] dangerous

danois, danoise [danwa, -z] **1** *adj* Danish **2** *m langue* Danish **3** *m/f* Danois, Danoise Dane
dans [dã] ◇ *lieu* in; *direction* in(to); **dans la rue** in the street; **dans le train** on the train; **dans Molière** in Molière; **être dans le commerce** be in business; **boire dans un verre** drink from a glass; **il l'a pris dans sa poche** he took it out of his pocket
◇ *temps* in; **dans les 24 heures** within *ou* in 24 hours; **dans trois jours** in three days, in three days' time;
◇ *mode*: **dans ces circonstances** in the circumstances; **avoir dans les 50 ans** be about 50
dansant, dansante [dãsã, -t]: **soirée f dansante** party (with dancing)
danse *f* dance; *action* dancing; **danse classique** ballet, classical dancing; **danse folklorique** folk dance
danser ⟨1a⟩ dance
danseur, -euse *m/f* dancer
dard [dar] *m d'une abeille* sting
dare-dare [dardar] *adv* F at the double
date [dat] *f* date; **quelle date sommes-nous?** what date is it?, what's today's date?; **de longue date** *amitié* long-standing; **date d'expiration** expiration date, *Br* expiry date; **date limite** deadline; **da-**

D

te limite de conservation use-by date; *date de livraison* delivery date

dater ⟨1a⟩ **1** *v/t* date 2 *v/i*: *dater de* date from; *à dater de ce jour* from today; *cela ne date pas d'hier* that's nothing new

datte [dat] *f* date

dattier *m* date palm

daube [dob] *f* CUIS: *bœuf m en daube* braised beef

dauphin [dofɛ̃] *m* ZO dolphin; *le Dauphin* HIST the Dauphin

davantage [davɑ̃taʒ] *adv* more; *en veux-tu davantage?* do you want (some) more?

de [də] **1** *prép* ◇ *origine*; *il vient de Paris* he comes from Paris; *du centre à la banlieue* from the center to the suburbs

◇ *possession* of; *la maison de mon père* my father's house; *la maison de mes parents* my parents' house; *la maison des voisins* the neighbors' house

◇ *fait par* by; *un film de Godard* a movie by Godard, a Godard movie

◇ *matière* (made) of; *fenêtre de verre coloré* colored glass window, window made of colored glass

◇ *temps*: *de jour* by day; *je n'ai pas dormi de la nuit* I lay awake all night; *de ... à* from ... to

◇ *raison*: *trembler de peur* shake with fear

◇ *mode de force* by force

◇ : *de plus en plus grand* bigger and bigger; *de moins en moins valable* less and less valid

◇ : *la plus grande ... du monde* the biggest ... in the world

◇ *mesure*: *une planche de 10 cm de large* a board 10 centimeters wide

◇ *devant inf*: *cesser de travailler* stop working; *décider de faire qch* decide to do sth **2** *partitif*: *du pain* (some) bread; *des petits pains* (some) rolls; *je n'ai pas d'argent* I don't have any money, I have no money; *est-ce qu'il y a des disquettes?* are there any diskettes?

dé [de] *m jeu* dice; *dé (à coudre)* thimble

dealer [dilœr] *m* dealer

déambulateur [deɑ̃bylatœr] *m* walker

déambuler ⟨1a⟩ stroll

débâcle [debakl] *f de troupes* rout; *d'une entreprise* collapse

déballer [debale] ⟨1a⟩ unpack

débandade [debɑ̃dad] *f* stampede

débarbouiller [debarbuje] ⟨1a⟩: *débarbouiller un enfant* wash a child's face

débarcadère [debarkadɛr] *m* MAR landing stage

débardeur [debardœr] *m vêtement* tank top

débarquement [debarkəmɑ̃] *m de marchandises* unloading; *de passagers* landing; MIL disembarkation

débarquer ⟨1m⟩ *v/t marchandises* unload; *passagers* land, disembark **2** *v/i* land, disembark; MIL disembark; *débarquer chez qn* fig F turn up at s.o.'s place

débarras [debara] *m* **1** F: *bon débarras* good riddance **2** (*cagibi*) storage room, *Br aussi* boxroom

débarrasser ⟨1a⟩ *débarrer*; *débarrasser qn de qch* take sth from *ou* off s.o.; *se débarrasser de qn/qch* get rid of s.o./sth

débat [deba] *m* debate, discussion; POL debate; (*polémique*) argument

débattre [debatr] ⟨4a⟩: *débattre qch* discuss *ou* debate sth; *se débattre* struggle

débauche [debof] *f* debauchery

débauché, débauchée **1** *adj* debauched **2** *m/f* debauched person

débaucher ⟨1a⟩ (*licencier*) lay off; F lead astray

débile [debil] **1** *adj* weak; F idiotic **2** *m*: *débile mental* mental defective

débilité *f* weakness; *débilité mentale* mental deficiency

débiner [debine] ⟨1a⟩ F badmouth, *Br* be spiteful about; *se débiner* run off

débit [debi] *m* (*vente*) sale; *d'un stock* turnover; *d'un cours* rate of flow; *d'une usine, machine* output; (*élocution*) delivery; FIN debit; *débit de boissons* bar; *débit de tabac* smoke shop, *Br* tobacconist's

débiter ⟨1a⟩ *marchandises, boisson* sell (retail); *péj: fadaises* talk; *texte étudié* deliver, *péj* recite; *d'une pompe: liquide, gaz* deliver; *d'une usine, machine, de produits* output; *bois, viande* cut up; FIN débit: *débiter qn d'une somme* debit s.o. with an amount

débiteur, -trice 1 *m/f* debtor **2** *adj compte* overdrawn; *solde* debit

déblais [deblɛ] *mpl* (*décombres*) rubble *sg*

déblatérer [deblatere] ⟨1f⟩: *déblatérer contre qn* run s.o. down

déblayer [debleje] ⟨1i⟩ *endroit* clear; *débris* clear (away), remove

débloquer [debloke] TECH release; ÉCON *des prix, salaires* unfreezing

débloquer [debloke] ⟨1m⟩ **1** *v/t* TECH release; ÉCON *prix, compte* unfreeze; *fonds* release **2** *v/i* F be crazy; *se débloquer d'une situation* be resolved, get sorted out déboguer [deboge] ⟨1m⟩ debug

déboires [debwar] *mpl* disappointments

déboisement [debwazmã] *m* deforestation

déboiser ⟨1a⟩ deforest, clear

déboîter [debwate] ⟨1a⟩ **1** *v/t* MÉD dislocate **2** *v/i* AUTO pull out; *se déboîter l'épaule* dislocate one's shoulder

débonnaire [deboner] kindly

débordé, débordée [deborde] snowed under (*de* with); *débordé par les événements* overwhelmed by events

débordement *m* overflowing; *débordements fig* excesses

déborder ⟨1a⟩ *d'une rivière* overflow its banks; *du lait, de l'eau* overflow; *c'est la goutte d'eau qui fait déborder le vase fig* it's the last straw; *déborder de santé* be glowing with health

débouché [debuʃe] *m d'une vallée* entrance; COMM outlet; *débouchés d'une profession* prospects

déboucher [debuʃe] ⟨1a⟩ unblock; *bouteille* uncork **2** *v/i*: *déboucher de* emerge from; *déboucher sur* lead to (*aussi fig*)

débourser [deburse] ⟨1a⟩ (*dépenser*) spend

déboussolé, déboussolée [debusole] disoriented

debout [dəbu] standing; *objet* upright, on end; *être debout* stand; (*levé*) be up, be out of bed; *tenir debout fig* stand up; *voyager debout* travel standing up; *se mettre debout* stand up, get up

déboutonner [debutone] ⟨1a⟩ unbutton

débraillé, débraillée [debraje] untidy

débrancher [debrãʃe] ⟨1a⟩ ÉL unplug

débrayage [debrejaʒ] *m* AUTO declutching; *fig* work stoppage

débrayer ⟨1i⟩ AUTO declutch; *fig* down tools

débridé, débridée [debride] unbridled

débris [debri] *mpl* debris *sg; fig* remains

débrouillard, débrouillarde [debrujar, -d] resourceful

débrouillardise *f* resourcefulness

débrouiller [debruje] ⟨1a⟩ disentangle; *fig: affaire, intrigue* clear up; *se débrouiller* cope, manage

début [deby] *m* beginning, start; *débuts* THÉÂT debut *sg*, first appearance *sg*; POL debut *sg*; *début mai* at the beginning *ou* start of May

débutant, débutante [debytã, -t] *m/f* beginner

débuter ⟨1a⟩ begin, start

déca [deka] *m* F decaff F

décacheter [dekaʃte] ⟨1c⟩ *lettre* open

décadence [dekadãs] *f* decadence

décadent, décadente decadent

décaféiné, décaféinée [dekafeine]: *café m décaféiné* decaffeinated coffee, decaff F

décalage [dekalaʒ] *m dans l'espace* moving, shifting; (*différence*) difference; *fig* gap; *décalage horaire* time difference

décaler ⟨1a⟩ *rendez-vous* reschedule, change the time of; *dans l'espace* move, shift

décalquer [dekalke] ⟨1m⟩ transfer

décamper [dekãpe] ⟨1a⟩ F clear out

décapant [dekapã] *m* stripper

décaper ⟨1a⟩ *surface métallique* clean; *meuble vernis* strip

décapiter [dekapite] ⟨1a⟩ decapitate

décapotable [dekapotabl] **1** *adj* convertible **2** *f*: (*voiture f*) *décapotable* convertible

décapsuler [dekapsyle] ⟨1a⟩ take the top off, open

décapsuleur *m* bottle opener

décarcasser [dekarkase] ⟨1a⟩: *se décarcasser* F bust a gut F

décédé, décédée [desede] dead

décéder ⟨1f⟩ die

déceler [desle] ⟨1d⟩ (*découvrir*) detect; (*montrer*) point to

décembre [desãbr] *m* December

décemment [desamã] *adv* (*convenablement*) decently, properly; (*raisonnablement*) reasonably

décence [desãs] *f* decency

décennie [deseni] *f* decade

décent, décente [desã, -t] decent, proper; *salaire* decent, reasonable

décentralisation [desãtralizasjõ] *f* decentralization

décentraliser ⟨1a⟩ decentralize

déception [desɛpsjõ] *f* disappointment

décerner [deserne] ⟨1a⟩ *prix* award

décès [desɛ] *m* death

décevant, décevante [desəvã, -t] disappointing

décevoir ⟨3a⟩ disappoint

déchaînement [deʃɛnmã] *m passions, fureur* outburst

déchaîner ⟨1b⟩ *fig* provoke; *se déchaîner d'une tempête* break; *d'une personne* fly into an uncontrollable rage

déchanter [deʃãte] ⟨1a⟩ change one's tune

décharge [deʃarʒ] *f* JUR acquittal; *dans fusillade* discharge; *à la décharge de qn* in s.o.'s defense *ou Br* defence; *décharge publique* dump; *décharge électrique* electric shock

déchargement *m* unloading

décharger ⟨1l⟩ unload; *batterie* discharge; *arme* (*tirer*) fire, discharge; *accusé* acquit; *colère* vent (**contre** on); **décharger qn de qch** relieve s.o. of sth; **décharger sa conscience** get it off one's chest

décharné, décharnée [deʃarne] skeletal

déchausser [deʃose] ⟨1a⟩: **déchausser qn** take s.o.'s shoes off; **se déchausser** take one's shoes off; **avoir les dents qui se déchaussent** have receding gums

déchéance [deʃeɑ̃s] *f* decline; JUR forfeiture

déchets [deʃe] *mpl* waste *sg*; **déchets industriels** industrial waste; **déchets nucléaires** atomic waste; **déchets radioactifs** radioactive waste; **déchets toxiques** toxic waste

déchiffrer [deʃifre] ⟨1a⟩ decipher; *message aussi* decode

déchiqueté, déchiquetée [deʃikte] *montagne, côte* jagged

déchiqueter ⟨1c⟩ *corps, papier* tear to pieces

déchirant, déchirante [deʃirɑ̃, -t] heart-rending, heart-breaking

déchirement *m* tearing; *fig* (*chagrin*) heartbreak

déchirer ⟨1a⟩ *tissu* tear; *papier* tear up; *fig: silence* pierce; **se déchirer** *d'une robe* tear; **se déchirer un muscle** tear a muscle

déchirure *f* tear, rip

déchu, déchue [deʃy] *roi* dethroned; **ange** *m* **déchu** fallen angel

décidé, décidée [deside] (*résolu*) determined; **c'est (une) chose décidée** it's settled; **être décidé à faire qch** be determined to do sth

décidément *adv* really

décider ⟨1a⟩ **1** *v/t* decide on; *question* settle, decide; **décider que** decide that; **décider qn à faire qch** convince *ou* decide s.o. to do sth; **décider de** decide on sth; **décider de faire qch** decide to do sth **2** *v/i* decide; **se décider** make one's mind up, decide (**à faire qch** to do sth)

décideur *m* decision-maker

décimal, décimale [desimal] (*mpl* -aux) decimal

décimer [desime] ⟨1a⟩ decimate

décimètre [desimetr] *m*: **double décimètre** ruler

décisif, -ive [desizif, -iv] decisive

décision *f* decision; (*fermeté*) determination

déclamer [deklame] ⟨1a⟩ declaim

déclaration [deklarasjɔ̃] *f* declaration, statement; (*fait d'annoncer*) declaration; *d'une naissance* registration; *de vol, perte*

report; **déclaration d'impôts** tax return

déclarer ⟨1a⟩ declare; *naissance* register; **se déclarer** o.s.; (*faire une déclaration d'amour*) declare one's love; *d'un feu, d'une épidémie* break out; **déclarer une personne innocente / coupable** find a person innocent / guilty

déclenchement [deklɑ̃ʃmɑ̃] *m* triggering

déclencher ⟨1a⟩ (*commander*) trigger, set off; (*provoquer*) trigger; **se déclencher** be triggered

déclencheur *m* PHOT shutter release

déclic [deklik] *m* bruit click

déclin [deklɛ̃] *m* decline

déclinaison [deklinezɔ̃] *f* GRAM declension

décliner ⟨1a⟩ **1** *v/i du soleil* go down; *du jour, des forces, du prestige* wane; *de la santé* decline **2** *v/t offre* decline (*aussi* GRAM); **décliner ses nom, prénoms, titres et qualités** state one's full name and qualifications; **la société décline toute responsabilité pour** the company will not accept any liability for

décocher [dekɔʃe] ⟨1a⟩ *flèche, regard* shoot

décoder [dekɔde] ⟨1a⟩ decode

décodeur *m* decoder

décoiffer [dekwafe] ⟨1a⟩ *cheveux* ruffle

décollage [dekɔlaʒ] *m* AVIAT take-off

décoller ⟨1a⟩ **1** *v/t* peel off **2** *v/i* AVIAT take off; **se décoller** peel off

décolleté, décolletée [dekɔlte] **1** *adj robe* low-cut **2** *m en V, carré etc* neckline

décolonisation [dekɔlɔnizasjɔ̃] *f* decolonization

décoloniser ⟨1a⟩ decolonize

décolorer [dekɔlɔre] ⟨1a⟩ *tissu, cheveux* bleach; **se décolorer** fade

décombres [dekɔ̃br] *mpl* rubble *sg*

décommander [dekɔmɑ̃de] ⟨1a⟩ cancel; **se décommander** cancel

décomposer [dekɔ̃poze] ⟨1a⟩ *mot, produit* break down (**en** into); CHIM decompose; **se décomposer** *d'un cadavre* decompose; *d'un visage* become contorted

décomposition *f* breakdown; *d'un cadavre* decomposition

décompresser [dekɔ̃prese] ⟨1b⟩ F unwind, relax, chill out F

décompte [dekɔ̃t] *m* deduction; *d'une facture* breakdown

décompter ⟨1a⟩ deduct

déconcentrer [dekɔ̃sɑ̃tre] ⟨1a⟩: **déconcentrer qn** make it hard for s.o. to concentrate

déconcertant, déconcertante [dekɔ̃sertɑ̃, -t] disconcerting

déconcerter ⟨1a⟩ disconcert

déconfit, déconfite [dekõfi, -t] *air, mine* disheartened

déconfiture *f* collapse

décongeler [dekõʒle] ⟨1d⟩ *aliment* thaw out

décongestionner [dekõʒεstjɔne] ⟨1a⟩ *route* relieve congestion on, decongest; *nez* clear

déconnecter [dekɔnεkte] ⟨1a⟩ unplug, disconnect

déconner [dekɔne] ⟨1a⟩ P *(faire des conneries)* fool around, Br *aussi* bugger around P; *(dire des conneries)* talk nonsense *ou* crap P

déconseiller [dekõsεje] ⟨1b⟩ advise against; *je te déconseille ce plat* I wouldn't advise you to have this dish; *c'est tout à fait déconseillé dans votre cas* it's definitely inadvisable in your case

décontenancer [dekõtnãse] ⟨1k⟩ disconcert

décontracté, décontractée [dekõtrakte] relaxed; F relaxed, laid-back F

décontracter relax; *se décontracter* relax

déconvenue [dekõvny] *f* disappointment

décor [dekɔr] *m d'une maison* decor; *fig (cadre)* setting, surroundings *pl*; *décors de théâtre* sets, scenery *sg*

décorateur, -trice *m/f* decorator; THÉÂT set designer

décoratif, -ive decorative

décoration *f* decoration

décorer ⟨1a⟩ decorate *(de* with)

décortiquer [dekɔrtike] ⟨1m⟩ shell; *texte* analyze, Br analyse

découcher [dekuʃe] ⟨1a⟩ not sleep in one's own bed

découdre [dekudr] ⟨4d⟩ *ourlet* unstitch; *se découdre d'un pantalon* come apart at the seams

découler [dekule] ⟨1a⟩: *découler de* arise from

découper [dekupe] ⟨1a⟩ *(diviser en morceaux)* cut up; *photo* cut out *(dans* from); *se découper sur fig* stand out against

décourageant, décourageante [dekuraʒã, -t] discouraging

découragement *m* discouragement

décourager ⟨1l⟩ discourage; *décourager qn de faire qch* discourage s.o. from doing sth; *se décourager* lose heart, become discouraged

décousu, décousue [dekuzy] coming apart at the seams; *fig: propos* incoherent, disjointed

découvert, découverte [dekuvεr, -t] **1** *adj tête, épaules* bare, uncovered; *à dé-* *couvert* FIN overdrawn **2** *m* overdraft **3** *f* discovery

découvreur, -euse *m/f* discoverer

découvrir ⟨2f⟩ uncover; *(trouver)* discover; *ses intentions* reveal; *je découvre que (je comprends que)* I find that; *découvrir les épaules d'un vêtement* leave the shoulders bare; *se découvrir d'une personne* take off a couple of layers (of clothes); *(enlever son chapeau)* take off one's hat; *du ciel* clear

décrépit, décrépite [dekrepi, -t] decrepit

décret [dekrε] *m* decree

décréter ⟨1f⟩ decree

décrire [dekrir] ⟨4f⟩ describe; *décrire une orbite autour de* orbit; *décrire X comme (étant) Y* describe X as Y

décrocher [dekrɔʃe] ⟨1a⟩ *tableau* take down; *fig F prix, bonne situation* land F; *décrocher le téléphone pour ne pas être dérangé* take the phone off the hook; *pour répondre, composer un numéro* pick up the receiver

décroissant, décroissante [dekrwasã, -t] decreasing

décroître [dekrwatr] ⟨4w⟩ decrease, decline

décrypter [dekripte] ⟨1a⟩ decode

déçu, déçue [desy] **1** *p/p* → **décevoir 2** *adj* disappointed

décupler [dekyple] ⟨1a⟩ increase tenfold

dédaigner [dedεɲe] ⟨1b⟩ **1** *v/t* scorn; *personne* treat with scorn; *un avantage qui n'est pas à dédaigner* an advantage that's not to be sniffed at **2** *v/i: dédaigner de faire qch* disdain to do sth

dédaigneux, -euse disdainful

dédain *m* disdain

dédale [dedal] *m* labyrinth, maze

dedans [dədã] **1** *adv* inside; *là-dedans* in it; *en dedans* on the inside; *de dedans* from the inside, from within **2** *m* inside; *au dedans (de)* inside

dédicace [dedikas] *f* dedication

dédicacer ⟨1k⟩ dedicate

dédier [dedje] ⟨1a⟩ dedicate

dédire [dedir] ⟨4m⟩: *se dédire* cry off

dédommagement [dedɔmaʒmã] *m* compensation

dédommager ⟨1l⟩ compensate *(de* for)

dédouanement [dedwanmã] *m* customs clearance

dédouaner ⟨1a⟩: *dédouaner qch* clear sth through customs; *dédouaner qn fig* clear s.o.

dédoublement [dedublmã] *m*: *dédoublement de personnalité* split personality

dédoubler ⟨1a⟩ split in two; *se dédou-*

bler split

dédramatiser [dedramatize] ⟨1a⟩ *situation* play down, downplay

déductible [dedyktibl] COMM deductible; **déductible des impôts** tax-deductible

déduction *f* COMM, *(conclusion)* deduction; **avant / après déductions** before / after tax

déduire ⟨4c⟩ COMM deduct; *(conclure)* deduce (**de** from)

déesse [dees] *f* goddess

défaillance [defajɑ̃s] *f* weakness; *fig* failing, shortcoming; *technique* failure

défaillant, défaillante *santé* failing; *forces* waning

défaillir ⟨2n⟩ *(faiblir)* weaken; *(se trouver mal)* feel faint

défaire [defɛr] ⟨4n⟩ undo; *(démonter)* take down, dismantle; *valise* unpack; **se défaire** come undone; **se défaire de qn ou qch** get rid of s.o./sth

défait, défaite *visage* drawn; *chemise, valise* undone; *armée, personne* defeated

défaite *f* defeat

défaitisme *m* defeatism

défaitiste *m/f* defeatist

défaut [defo] *m (imperfection)* defect, flaw; *(faiblesse morale)* shortcoming, failing; TECH defect; *(manque)* lack; JUR default; **à défaut de glace je prendrai ...** if there isn't any ice cream, I'll have ...; **faire défaut** be lacking, be in short supply; **par défaut** INFORM default *atr*; **défaut de caractère** character flaw; **défaut de conception** design fault; **défaut d'élocution** speech impediment

défaveur [defavœr] *f* disfavor, *Br* disfavour

défavorable [defavɔrabl] unfavorable, *Br* unfavourable

défavorisé disadvantaged; **les milieux défavorisés** the underprivileged classes

défavoriser ⟨1a⟩ put at a disadvantage

défection [defɛksjõ] *f* desertion; POL defection; *d'un invité* cancellation

défectueux, -euse defective

défectuosité *f* defectiveness; *(défaut)* defect

défendable [defɑ̃dabl] defensible

défendre [defɑ̃dr] ⟨4a⟩ *(protéger)* defend *(aussi* JUR, *fig)*; **défendre à qn de faire qch** forbid s.o. to do sth; **le médecin lui a défendu l'alcool** the doctor has forbidden him to drink, the doctor has ordered him to stop drinking

défense [defɑ̃s] *f* defense, *Br* defence *f (aussi* JUR *fig)*; *d'un éléphant* tusk; **défense d'entrer / de fumer / de stationner** no entry / smoking / parking

défenseur *m (protecteur)* defender; *d'une cause* supporter; JUR defense attorney, *Br* counsel for the defence

défensif, -ive 1 *adj* defensive **2** *f* defensive; **être sur la défensif** be on the defensive

déférence [deferɑ̃s] *f* deference

déférent, déférente deferential

déférer ⟨1f⟩ *v/t*: **déférer qn à la justice** prosecute s.o.

déferler [defɛrle] ⟨1a⟩ *de vagues* break; **déferler sur tout le pays** *fig* sweep the entire country

défi [defi] *m* challenge; *(bravade)* defiance

défiance [defjɑ̃s] *f* distrust, mistrust

défiant, défiante distrustful

déficience [defisjɑ̃s] *f* deficiency; **déficience immunitaire** immune deficiency

déficit [defisit] *m* deficit

déficitaire *balance des paiements* showing a deficit; *compte* in debit

défier [defje] ⟨1a⟩ *(provoquer)* challenge; *(braver)* defy; **des prix qui défient toute concurrence** unbeatable prices; **défier qn de faire qch** dare s.o. to do sth

défigurer [defigyre] ⟨1a⟩ disfigure; *fig: réalité, faits* misrepresent; **défigurer la campagne** be a blot on the landscape

défilé [defile] *m* parade; GÉOGR pass; **défilé de mode** fashion show

défiler ⟨1a⟩ parade, march

défini, définie [defini] definite *(aussi* GRAM)*; **article m défini** definite article; **bien défini** well defined

définir ⟨2a⟩ define

définitif, -ive definitive; **en définitive** in the end

définition definition

définitivement *adv* definitely; *(pour de bon)* for good

défiscaliser [defiskalize] ⟨1a⟩ lift the tax on

déflagration [deflagrasjõ] *f* explosion

déflation [deflasjõ] *f* deflation

défoncer [defõse] ⟨1k⟩ *voiture* smash up, total; *porte* break down; *terrain* break up

défoncé, défoncée *route* potholed

déformation [defɔrmasjõ] *f* deformation; *fig: d'un fait* distortion, misrepresentation; *de pensées, idées* misrepresentation

déformer [defɔrme] ⟨1a⟩ deform; *chaussures* stretch (out of shape); *visage, fait* distort; *idée* misrepresent; **se déformer** *de chaussures* lose their shape

défouler [defule] ⟨1a⟩: **se défouler** give vent to one's feelings

défraîchi, défraîchie [defreʃi] dingy

défricher [defriʃe] ⟨1a⟩ AGR clear

défroisser [defrwase] ⟨1a⟩ *vêtement* crumple, crease

défunt, défunte [defɛ̃, -œ̃t] **1** *adj* late **2** *m/f*: **le défunt** the deceased

dégagé, dégagée [degaʒe] *route, ciel* clear; *vue* unimpeded; *air, ton* relaxed

dégagement *m d'une route* clearing; *de chaleur, vapeur* release; **voie f de dégagement** filter lane

dégager ⟨1l⟩ *(délivrer)* free; *route* clear; *odeur* give off; *chaleur, gaz* give off, release; *personne d'une obligation* release, free; **se dégager** free o.s.; *d'une route, du ciel* clear; **une odeur désagréable se dégageait de la cuisine** an unpleasant smell was coming from the kitchen

dégarnir [degarnir] ⟨2a⟩ empty; **se dégarnir** *d'un arbre* lose its leaves; **ses tempes se dégarnissent** he's going a bit thin on top

dégât [dega] *m* damage; **dégâts** damage *sg*

dégel [deʒɛl] *m* thaw *(aussi* POL)

dégeler [deʒle] ⟨1d⟩ **1** *v/t frigidaire* defrost; *crédits* unfreeze **2** *v/i d'un lac* thaw

dégénérer [deʒenere] ⟨1f⟩ degenerate **(en** into)

dégivrer [deʒivre] ⟨1a⟩ defrost; TECH de--ice

dégivreur *m* de-icer

déglingué, déglinguée [deglɛ̃ge] F beat--up F

déglutir [deglytir] ⟨2a⟩ swallow

dégonflé, dégonflée [degɔ̃fle] *pneu* deflated

dégonfler ⟨1a⟩ let the air out of, deflate; **se dégonfler** deflate; *fig* F lose one's nerve

dégot(t)er [degɔte] ⟨1a⟩ F *travail* land; *livre, objet de collection* track down

dégouliner [deguline] ⟨1a⟩ trickle

dégourdi, dégourdie [degurdi] resourceful

dégourdir ⟨2a⟩ *membres* loosen up, get the stiffness out of; **se dégourdir les jambes** stretch one's legs

dégoût [degu] *m* disgust

dégoûtant, dégoûtante disgusting

dégoûter ⟨1a⟩ disgust; **dégoûter qn de qch** put s.o. off sth; **se dégoûter de qch** take a dislike to sth

dégrader ⟨1a⟩ MIL demote; *édifice* damage; *(avilir)* degrade; **se dégrader** *d'une situation, de la santé* deteriorate; *d'un édifice* fall into disrepair; *d'une personne (s'avilir)* demean o.s.

degré [dəgre] *m* degree; *(échelon)* level; **de l'alcool à 90 degrés** 90 degree proof alcohol; **un cousin au premier degré** a first cousin

dégressif, -ive [degresif, -iv] *tarif* tapering

dégrèvement [degrɛvmã] *m*: **dégrèvement d'impôt** tax relief

dégriffé, dégriffée [degrife] *vêtements* sold at a cheaper price with the designer label removed

dégringoler [degrɛ̃gɔle] ⟨1a⟩ fall

dégriser [degrize] ⟨1a⟩ sober up

déguerpir [degerpir] ⟨2a⟩ take off, clear off

dégueulasse [degœlas] P disgusting, F sick-making; **il a été dégueulasse avec nous** P he was a real bastard to us P

dégueuler [degœle] ⟨1a⟩ F puke F, throw up

déguisement [degizmã] *m* disguise; *pour bal masqué, Halloween etc* costume

déguiser ⟨1a⟩ disguise; *enfant* dress up *(en* as); **se déguiser** disguise o.s. *(en* as); *pour bal masqué etc* dress up

dégustation [degystasjɔ̃] *f* tasting; **dégustation de vins** wine tasting

déguster ⟨1a⟩ taste

dehors [dəɔr] **1** *adv* outside; **jeter dehors** throw out **2** *prép*: **en dehors de la maison** outside the house; **un problème en dehors de mes compétences** a problem I'm not competent to deal with, a problem beyond my area of competence **3** *m* exterior

déjà [deʒa] already; **je l'avais déjà vu** I'd seen it before, I'd already seen it; **c'est qui déjà?** F who's he again?

déjanté, déjantée [deʒãte] F crazy, whacky F

déjeuner [deʒœne] **1** *v/i* ⟨1a⟩ *midi* (have) lunch; *matin* (have) breakfast **2** *m* lunch; **petit déjeuner** breakfast; **déjeuner d'affaires** business lunch

déjouer [deʒwe] ⟨1a⟩ thwart

DEL [del] *f abr (= diode électroluminescente)* LED (= light-emitting diode)

delà [dəla] → **au-delà**

délabré, délabrée [delabre] dilapidated

délabrement *m* decay

délacer [delase] ⟨1k⟩ loosen, unlace

délai [dele] *m (temps imparti)* time allowed; *(date limite)* deadline; *(prolongation)* extension; **sans délai** without delay, immediately; **dans les délais** within the time allowed; **dans les plus courts délais** as soon as possible; **dans un délai de 8 jours** within a week; **délai de réflexion**

cooling-off period

délaisser [delɛse] ⟨1b⟩ (*abandonner*) leave; (*négliger*) neglect

délassement [delasmɑ̃] *m* relaxation

délasser ⟨1a⟩ relax; **se délasser** relax

délateur, -trice [delatœr, -tris] *m/f* informer

délation *f* denunciation

délavé, délavée [delave] faded

délayer [deleje] ⟨1i⟩ dilute, water down; *fig: discours* pad out

délectation [delɛktasjɔ̃] *f* delight

délecter ⟨1a⟩: **se délecter de** take delight in

délégation [delegasjɔ̃] *f* delegation

délégué, déléguée *m/f* delegate

délégué(e) syndical(e) *m/f* union representative, *Br* shop steward

déléguer ⟨1f⟩ *autorité, personne* delegate

délestage [delɛstaʒ] *m*: **itinéraire *m* de délestage** diversion, alternative route (to ease congestion)

délester ⟨1a⟩ remove ballast from; **délester qn de qch** *iron* relieve s.o. of sth

délibération [deliberasjɔ̃] *f* (*débat*) deliberation, discussion; (*réflexion*) consideration, deliberation; (*décision*) resolution

délibéré, délibérée [delibere] (*intentionnel*) deliberate

délibérément *adv* deliberate

délibérer [delibere] ⟨1f⟩ deliberate, discuss; (*réfléchir*) consider, deliberately

délicat, délicate [delika, -t] (*fin, fragile*) *situation* delicate; *problème* tricky; (*plein de tact*) tactful

délicatesse *f* delicacy; (*tact*) tact

délicatement *adv* delicately

délice [delis] *m* delight

délicieux, -euse delicious; *sensation* delightful

délier [delje] ⟨1a⟩ loosen, untie; **délier la langue à qn** loosen s.o.'s tongue

délimiter [delimite] ⟨1a⟩ define

délinquance [delɛ̃kɑ̃s] *f* crime, delinquency; **délinquance juvénile** juvenile delinquency

délinquant, délinquante 1 *adj* delinquent **2** *m/f* criminal, delinquent

délire [delir] *m* delirium; *enthousiasme, joie* frenzy; **foule *f* en délire** ecstatic crowd; **c'est du délire!** *fig* F it's sheer madness!

délirer ⟨1a⟩ be delirious; F *être fou* be stark raving mad; **délirer de joie** *fig* be delirious with joy

délit [deli] *m* offense, *Br* offence; **commettre un délit de fuite** leave the scene of an accident; **délit d'initié** insider dealing

délivrance [delivrɑ̃s] *f* release; (*soulagement*) relief; (*livraison*) delivery; **d'un certificat** issue

délivrer ⟨1a⟩ release; (*livrer*) deliver; *certificat* issue

délocaliser [delokalize] ⟨1a⟩ relocate

déloger [deloʒe] ⟨1l⟩ *ennemi* dislodge

déloyal, déloyale [delwajal] (*mpl* -aux) *ami* disloyal; **concurrence *f* déloyale** unfair competition

delta [delta] *m* GÉOGR delta

deltaplane [deltaplan] *m* hang-glider; **faire du deltaplane** go hang-gliding

déluge [delyʒ] *m* flood

déluré, délurée [delyre] sharp; *péj* forward

demain [d(ə)mɛ̃] *adv* tomorrow; **à demain!** see you tomorrow!; **demain matin / soir** tomorrow morning / evening

demande [d(ə)mɑ̃d] *f* (*requête*) request; *écrite* application; ÉCON demand; **sur ou à la demande de qn** at the request of s.o.; **demande d'emploi** job application; **demande en mariage** proposal; **demande de renseignements** inquiry

demandé, demandée [d(ə)mɑ̃de] popular, in demand

demander ⟨1a⟩ ask for; *somme d'argent* ask; (*nécessiter*) call for, take; **demander qch à qn** ask s.o. for sth; (*vouloir savoir*) ask s.o. sth; **demander à qn de faire qch** ask s.o. to do sth; **il demande que le vol soit** (*subj*) **retardé** he's asking for the flight to be delayed; **je ne demande qu'à le faire** I'd be only too delighted; **se demander si** wonder if; **il est demandé au téléphone** he's wanted on the phone, there's a call for him; **on demande un programmeur** *offre d'emploi* programmer wanted

démangeaison [demɑ̃ʒɛzɔ̃] *f* itch

démanger ⟨1l⟩: **le dos me démange** my back itches, I have an itchy back; **ça me démange depuis longtemps** I've been itching to do it for ages

démanteler [demɑ̃tle] ⟨1d⟩ dismantle

démaquillant [demakijɑ̃] *m* cleanser; **lait *m* démaquillant** cleansing milk

démaquiller ⟨1a⟩: **se démaquiller** take off *ou* remove one's make-up

démarcation [demarkasjɔ̃] *f* demarcation; **ligne *f* de démarcation** boundary, demarcation line

démarchage [demarʃaʒ] *m* selling

démarche [demarʃ] *f* step (*aussi fig*); **faire des démarches** take steps

démarquer [demarke] ⟨1a⟩: **se démarquer** stand out (**de** from)

démarrage [demaraʒ] *m* start (*aussi fig*);

démarrage à froid INFORM cold start

démarrer ⟨1a⟩ **1** v/t AUTO start (up) (*aussi fig*); INFORM boot up, start up **2** v/i AUTO start (up); **démarrer bien** *fig* get off to a good start

démarreur *m* AUTO starter

démasquer [demaske] ⟨1m⟩ unmask

démêlé [demele] *m* argument; **avoir des démêlés avec la justice** be in trouble with the law

démêler ⟨1b⟩ disentangle; *fig* clear up

déménagement [demenaʒmɑ̃] *m* move

déménager ⟨1l⟩ move

déménageurs *mpl* movers, *Br* removal men

démence [demɑ̃s] *f* dementia

dément, démente demented; **c'est dément** *fig* F it's unbelievable

démener [demane] ⟨1d⟩: **se démener** struggle; (*s'efforcer*) make an effort

démenti [demɑ̃ti] *m* denial

démentiel, démentielle [demɑ̃sjɛl] insane

démentir [demɑ̃tir] ⟨2b⟩ (*nier*) deny; (*infirmer*) belie

démerder [demerde] ⟨1a⟩: **se démerder** F manage, sort things out

démesure [demazyr] *f* excess

démesuré, démesurée *maison* enormous; *orgueil* excessive

démettre [demetr] ⟨4p⟩ *pied, poignet* dislocate; **démettre qn de ses fonctions** dismiss s.o. from office; **se démettre de ses fonctions** resign one's office

demeurant [dəmœrɑ̃]: **au demeurant** moreover

demeure [dəmœr] *f* residence

demeuré, demeurée retarded

demeurer ⟨1a⟩ (*habiter*) live; (*rester*) stay, remain

demi, demie [d(ə)mi] **1** *adj* half; **une heure et demie** an hour and a half; **il est quatre heures et demie** it's four thirty, it's half past four **2** *adv* half; **à demi** half **3** *m* half; *bière* half a pint; *en football, rugby* halfback; **demi de mêlée** scrum half; **demi d'ouverture** standoff (half), fly half

demi-cercle [d(ə)misɛrkl] *m* semi-circle

demi-finale [d(ə)mifinal] *f* (*pl* demi-finales) semi-final

demi-frère [d(ə)mifrɛr] *m* (*pl* demi-frères) half-brother

demi-heure [d(ə)mijœr]*f* (*pl* demi-heures) half-hour

démilitariser [demilitarize] ⟨1a⟩ demilitarize

demi-litre [d(ə)militr] *m* half liter *ou* Br litre

demi-mot [d(ə)mimo]: **il nous l'a dit à demi-mot** he hinted at it to us

demi-pension [d(ə)mipɑ̃sjɔ̃] *f* American plan, *Br* half board

demi-pression [d(ə)mipresjɔ̃] *f* half-pint of draft *ou* Br draught

demi-sel [d(ə)misel] *m* slightly salted butter

demi-sœur [d(ə)misœr] *f* (*pl* demi-sœurs) half-sister

démission [demisjɔ̃] *f* resignation; *fig* renunciation; **donner sa démission** hand in one's resignation, hand in one's notice

démissionner ⟨1a⟩ **1** *vi* resign; *fig* give up **2** *vt* sack

demi-tarif [d(ə)mitarif] *m* half price

demi-tour [d(ə)mitur] *m* AUTO U-turn; **faire demi-tour** *fig* turn back

démocrate [demokrat] democrat; *US* POL Democrat

démocratie *f* democracy

démocratique democratic

démodé, démodée [demode] old-fashioned

démographique [demografik] demographic; **poussée** *ou* **démographique** population growth

demoiselle [d(ə)mwazel] *f* (*jeune fille*) young lady; **demoiselle d'honneur** bridesmaid

démolir [demolir] ⟨2a⟩ demolish (*aussi fig*)

démolition *f* demolition

démon [demɔ̃] *m* demon

démonstratif, -ive [demɔ̃stratif, -iv] demonstrative

démonstration *f* (*preuve*) demonstration, proof; *d'un outil, sentiment* demonstration

démonter [demɔ̃te] ⟨1a⟩ dismantle; *fig* disconcert

démontrer [demɔ̃tre] ⟨1a⟩ (*prouver*) demonstrate, prove; (*faire ressortir*) show

démoraliser [demoralize] ⟨1a⟩ demoralize

démordre [demɔrdr] ⟨4a⟩: **il n'en démordra pas** he won't change his mind

démotiver [demotive] ⟨1a⟩ demotivate

démuni, démunie [demyni] penniless

démunir ⟨2a⟩: **démunir qn de qch** deprive s.o. of sth

dénaturé, dénaturée [denatyre] unnatural

dénaturer ⟨1a⟩ distort

déneigement [denɛʒmɑ̃] *m* snow removal *ou* clearance

dénicher [deniʃe] ⟨1a⟩ find

dénier [denje] ⟨1a⟩ deny; **dénier à qn le**

droit de faire qch deny s.o. the right to do sth

dénigrer [denigre] ⟨1a⟩ denigrate

dénivellation [denivelasjõ] *f* difference in height

dénombrement [denõbrəmã] *m* count

dénombrer ⟨1a⟩ count

dénominateur [denɔminatœr] *m* MATH denominator

dénomination *f* name

dénoncer [denõse] ⟨1k⟩ denounce; *à la police* report; *contrat* terminate; *se dénoncer à la police* give o.s. up to the police

dénonciateur, -trice *m/f* informer

dénonciation *f* denunciation

dénoter [denɔte] ⟨1a⟩ indicate, point to, denote

dénouement [denumã] *m d'une pièce de théâtre, affaire difficile* ending, denouement *fml*

dénouer ⟨1a⟩ loosen; *se dénouer fig d'une scène* end; *d'un mystère* be cleared up

dénoyauter [denwajote] ⟨1a⟩ pit, *Br* stone

denrée [dãre] *f:* **denrées (alimentaires)** foodstuffs; *une denrée rare fig* a rare commodity

dense [dãs] dense; *brouillard, forêt* dense, thick

densité *f* density; *du brouillard, d'une forêt* denseness, thickness

dent [dã] *f* tooth; *dent de sagesse* wisdom tooth; *j'ai mal aux dents* I've got toothache; *faire ses dents d'un enfant* be teething; *avoir une dent contre qn* have a grudge against s.o.; *dent de lait* milk tooth

dentaire dental

dentelé, dentelée [dãtle] jagged

dentelle [dãtɛl] *f* lace

dentier [dãtje] *m* (dental) plate, false teeth *pl*

dentifrice *m* toothpaste

dentiste *m/f* dentist

dentition *f* teeth *pl*

dénuder [denyde] ⟨1a⟩ strip

dénué, dénuée [denɥe]: *dénué de qch* devoid of sth; *dénué de tout* deprived of everything

dénuement *m* destitution

déodorant [deɔdɔrã] *m* deodorant; *déodorant en aérosol* spray deodorant; *déodorant à bille* roll-on deodorant

dépannage [depanaʒ] *m* AUTO *etc* repairs *pl*; *(remorquage)* recovery; *service m de dépannage* breakdown service

dépanner ⟨1a⟩ repair; *(remorquer)* recov-

er; *dépanner qn fig* F help s.o. out of a spot

dépanneur *m* repairman; *pour voitures* mechanic

dépanneuse *f* wrecker, *Br* tow truck

dépareillé, dépareillée [depareje] odd

départ [depar] *m d'un train, bus, avion* departure; SP start *(aussi fig)*; *au départ* at first, to begin with; *point m de départ* starting point

départager [departaʒe] ⟨1l⟩ decide between

département [departəmã] *m* department

départemental, départementale departmental; *route départementale* secondary road

dépassé, dépassée [depase] out of date, old-fashioned

dépasser ⟨1a⟩ *personne* pass; AUTO pass, *Br* overtake; *but, ligne d'arrivée etc* overshoot; *fig* exceed; *cela me dépasse* it's beyond me, I can't understand it; *tu dépasses les limites* you're overstepping the mark; *se dépasser* surpass o.s.

dépaysé, dépaysée [depeize] : *se sentir dépaysé* feel out of place

dépaysement *m* disorientation; *changement agréable* change of scene

dépecer [depəse] ⟨1d *aussi* 1k⟩ cut up

dépêche [depeʃ] *f* dispatch

dépêcher ⟨1b⟩ dispatch; *se dépêcher de faire qch* hurry to do sth; *dépêche-toi!* hurry up!

dépeindre [depɛ̃dr] ⟨4b⟩ depict

dépendance [depãdãs] *f* dependence, dependency; *dépendances bâtiments* outbuildings; *entraîner une (forte) dépendance* be (highly) addictive

dépendant, dépendante dependent

dépendre ⟨4a⟩: *dépendre de* depend on; *moralement* be dependent on; *cela dépend* it depends

dépens [depã] *mpl:* *aux dépens de* at the expense of

dépense [depãs] *f* expense, expenditure; *de temps, de forces* expenditure; *d'essence, d'électricité* consumption, use; *dépenses* expenditure *sg*; *dépenses publiques* public *ou* government spending

dépenser ⟨1a⟩ spend; *son énergie, ses forces* use up; *essence* consume, use; *se dépenser* be physically active; *(faire des efforts)* exert o.s.

dépensier, -ère 1 *adj* extravagant, spendthrift **2** *m/f* spendthrift

dépérir [deperir] ⟨2a⟩ *d'un malade, d'une plante* waste away; *fig d'une entreprise* go downhill

dépeuplement [depœpləmã] *m* depopu-

D

lation
dépeupler ⟨1a⟩ depopulate
dépilatoire [depilatwar] : **crème f dépilatoire** hair remover, depilatory cream
dépistage [depista3] m **d'un criminel** tracking down; MÉD screening; **dépistage du sida** Aids screening
dépister ⟨1a⟩ track down; MÉD detect; (établir la présence de) detect, discover
dépit [depi] m spite; **en dépit de** in spite of
dépité, dépitée crestfallen
déplacé, déplacée [deplase] out of place; (inconvenant) uncalled for; POL displaced
déplacement m **d'un meuble** moving; du personnel transfer; (voyage) trip; **frais mpl de déplacement** travel expenses
déplacer ⟨1k⟩ move; personnel transfer; problème, difficulté shift the focus of; **se déplacer** move; (voyager) travel
déplaire [depler] ⟨4a⟩ : **déplaire à qn** (fâcher) offend s.o.; **elle me déplaît** (ne me plaît pas) I don't like her, I dislike her; **cela lui déplaît de faire ...** he dislikes doing ..., he doesn't like doing ...; **ça ne me déplaît pas** I quite like it
déplaisant, déplaisante [deplɛzɑ̃, -t] unpleasant
dépliant [deplijɑ̃] m leaflet
déplier ⟨1a⟩ unfold, open out
déploiement [deplwamɑ̃] m MIL deployment; de forces, courage display
déplorable [deplɔrabl] deplorable
déplorer ⟨1a⟩ deplore
déployer [deplwaje] ⟨1h⟩ aile, voile spread; carte, drap open out, unfold; forces, courage etc display
déportation [depɔrtasjɔ̃] f POL deportation
déporter ⟨1a⟩ POL deport; **se déporter d'un véhicule** swing
déposer [depoze] ⟨1a⟩ 1 v/t put down; armes lay down; passager drop; roi depose; argent, boue deposit; projet de loi table; ordures dump; plainte lodge; **déposer ses bagages à la consigne** leave one's bags at the baggage checkroom; **déposer le bilan** file for bankruptcy 2 v/i d'un liquide settle; JUR **déposer contre / en faveur de qn** testify against / on behalf of s.o.; **se déposer** de la boue settle
déposition f JUR testimony, deposition
déposséder [depɔsede] ⟨1f⟩ deprive (de of)
dépôt [depo] m deposit; action deposit, depositing; chez le notaire lodging; d'un projet de loi tabling; des ordures

dumping; (entrepôt) depot
dépotoir [depɔtwar] m dump, Br tip (aussi fig)
dépouille [depuj] f: **la dépouille (mortelle)** the (mortal) remains pl
dépouillé, dépouillée [depuje] style pared down; **dépouillé de** deprived of
dépouiller ⟨1a⟩ animal skin; (voler) rob (de of); (examiner) go through; **dépouiller le scrutin ou les votes** count the votes
dépourvu, dépourvue [depurvy] : **dépourvu de** devoid of; **prendre qn au dépourvu** take s.o. by surprise
dépoussiérer [depusjere] ⟨1f⟩ dust; fig modernize
dépravation [depravasjɔ̃] f depravity
dépraver ⟨1a⟩ deprave
déprécier [depresje] ⟨1a⟩ chose lower ou decrease the value of; personne disparage, belittle; **se déprécier** depreciate, lose value; d'une personne belittle o.s.
dépressif, -ive [depresif, -iv] depressive
dépression f depression; **faire une dépression** be depressed, be suffering from depression
déprimant, déprimante [deprimɑ̃, -t] depressing
déprime f depression
déprimer ⟨1a⟩ depress
dépuceler [depysle] ⟨1c⟩ deflower
depuis [dəpɥi] 1 prép ◇ since; **j'attends depuis une heure** I have been waiting for an hour; **depuis quand es-tu là?** how long have you been there?; **depuis quand permettent-ils que tu ...?** since when do they allow you to ...?; **je ne l'ai pas vu depuis des années** I haven't seen him in years ◇ espace from; **il est venu en courant depuis chez lui** he came running all the way from his place 2 adv since; **elle ne lui a pas reparlé depuis** she hasn't spoken to him again since 3 conj: **depuis que** since; **depuis qu'elle habite ici** since she has been living here
député [depyte] m POL MP, Member of Parliament; **député européen** m Euro MP, Br aussi MEP
déraciner [derasine] ⟨1a⟩ arbre, personne uproot; (extirper) root out, eradicate
dérailler [deraje] ⟨1a⟩ go off the rails; fig F d'un mécanisme go on the blink; (déraisonner) talk nonsense
dérailleur m d'un vélo derailleur
déraisonnable [derɛzɔnabl] unreasonable
dérangeant [derɑ̃ʒɑ̃] disturbing
dérangement [derɑ̃ʒmɑ̃] m disturbance

déranger ⟨1l⟩ disturb

déraper [derape] ⟨1a⟩ AUTO skid

déréglé, déréglée [deregle] *vie* wild

déréglementation [dereglǝmãtasjõ] *f* deregulation

déréglementer ⟨1a⟩ deregulate

dérégler [deregle] ⟨1f⟩ *mécanisme* upset

dérision [derizjõ] *f* derision; *tourner en dérision* deride

dérisoire [derizwar] derisory, laughable

dérivatif [derivatif] *m* diversion

dérivation *f* derivation

dérive [deriv] *f* MAR drift; *aller à la dérive fig* drift; *à la dérive* adrift

dériver ⟨1a⟩ **1** *v/t* MATH derive; *cours d'eau* divert **2** *v/i* MAR, AVIAT drift; *dériver de d'un mot* be derived from

dériveur *m* dinghy

dermatologue [dɛrmatɔlɔg] *m/f* dermatologist

dernier, -ère [dɛrnje, -ɛr] last; *(le plus récent) mode, film, roman etc* latest; *extrême* utmost; *ce dernier* the latter

dernièrement *adv* recently, lately

dérobée [derɔbe]: *à la dérobée* furtively

dérober ⟨1a⟩ steal; *dérober qch à qn* rob s.o. of sth, steal sth from s.o.; *se dérober à discussion* shy away from; *obligations* shirk

dérogation [derɔgasjõ] *f* JUR exception; *dérogation à* exception to, departure from

déroger ⟨1l⟩ JUR: *déroger à* make an exception to, depart from

déroulement [derulmã] *m* unfolding; *pour faciliter le déroulement du projet* to facilitate the smooth running of the project

dérouler ⟨1a⟩ unroll; *bobine, câble* unwind; *se dérouler* take place; *d'une cérémonie* go (off)

déroutant, déroutante [derutã, -t] disconcerting

dérouter ⟨1a⟩ *(déconcerter)* disconcert

derrière [dɛrjɛr] **1** *adv* behind; *être assis derrière en voiture* be sitting in back *ou Br* in the back **2** *prép* behind **3** *m* back; ANAT bottom, rear end; *de derrière patte etc* back *atr*

des [de] → **de**

dès [dɛ] *prép* from, since; *dès lors* from then on; *(par conséquent)* consequently; *dès demain* tomorrow; *(à partir de)* as of tomorrow, as from tomorrow; *dès lundi* as of Monday, as from Monday; *dès qu'il part* the moment (that) he leaves, as soon as he leaves

désabusé, désabusée [dezabyze] disillusioned

désabuser ⟨1a⟩ disillusion

désaccord [dezakɔr] *m* disagreement

désaccordé, désaccordée [dezakɔrde] out of tune

désaffecté, désaffectée [dezafɛkte] disused; *église* deconsecrated

désagréable [dezagreabl] unpleasant, disagreeable

désagréger [dezagreʒe] ⟨1g⟩: *se désagréger* disintegrate

désagrément [dezagremã] *m* unpleasantness, annoyance

désaltérant, désaltérante [dezalterã, -t] thirst-quenching

désamorcer [dezamɔrse] ⟨1k⟩ *bombe, mine* defuse *(aussi fig)*

désappointement [dezapwɛtmã] *m* disappointment

désappointer ⟨1a⟩ disappoint

désapprobateur, -trice [dezaprɔbatœr, -tris] disapproving

désapprouver ⟨1a⟩ disapprove of

désarmement [dezarmǝmã] *m* MIL disarmament

désarmer ⟨1a⟩ disarm *(aussi fig)*

désarroi [dezarwa] *m* disarray

désastre [dezastr] *m* disaster

désastreux, -euse disastrous

désavantage [dezavãtaʒ] *m* disadvantage

désavantager ⟨1l⟩ put at a disadvantage

désavantageux, -euse disadvantageous

désaveu [dezavø] *m* disowning; *d'un propos* retraction

désavouer ⟨1a⟩ disown; *propos* retract

descendance [desãdãs] *f* descendants *pl*

descendant, descendante *m/f* descendant

descendre [desãdr] ⟨4a⟩ **1** *v/i* (aux *être*) *(aller vers le bas)* go down; *(venir vers le bas)* come down; *d'un train, un autobus* get off; *d'une voiture* get out; *d'un cheval* get off, dismount; *(baisser)* go down; *de température, prix* go down, fall; *d'un chemin* drop; AVIAT descend; *descendre à l'hôtel / chez qn* stay at the hotel / with s.o.; *descendre de qn* be descended from s.o.; *descendre d'une voiture* get out of a car; *descendre de son cheval* get off one's horse, dismount; *descendre du troisième étage en ascenseur/à pied* take the elevator down / walk down from the fourth floor; *descendre dans la rue pour manifester* take to the streets; *descendre bien bas (baisser)* sink very low; *le manteau lui descend jusqu'aux pieds* the coat comes down to her feet **2** *v/t (porter vers le bas)* bring down; *(em-*

porter) take down; *passager* drop off; F *(abattre)* shoot down, bring down; *vallée, rivière* descend; **descendre les escaliers** come / go downstairs

descente *f* descent; *(pente)* slope; *en parachute* jump; **descente de lit** bedside rug

description [dɛskripsjõ] *f* description; **description d'emploi** job description

désemparé, désemparée [dezãpare] at a loss

désenchanté, désenchantée [dezãʃãte] disenchanted

déséquilibre [dezekilibr] *m* imbalance

déséquilibré, déséquilibrée PSYCH unbalanced

déséquilibrer ⟨1a⟩ unbalance *(aussi fig)*

désert, déserte [dezer, -t] **1** *adj* deserted; **une île déserte** a desert island **2** *m* desert

déserter [dezerte] ⟨1a⟩ desert *(aussi* MIL*)*

déserteur *m* MIL deserter

désertification [dezertifikasjõ] *f* desertification

désertion [dezersjõ] *f* desertion

désertique [dezertik] desert *atr*

désespérant, désespérante [dezɛspeʀã, -t] *temps etc* depressing; **d'une bêtise désespérante** depressingly *ou* hopelessly stupid

désespéré, désespérée [dezɛspere] desperate; *air, lettre, regard* desperate, despairing

désespérément *adv (en s'acharnant)* desperately; *(avec désespoir)* despairingly

désespérer ⟨1f⟩ **1** *v/t* drive to despair **2** *v/i* despair, lose hope; **désespérer de** despair of

désespoir [dezɛspwar] *m* despair; **il fait le désespoir de ses parents** his parents despair of him; **en désespoir de cause** in desperation

déshabillé [dezabije] *m* negligee

déshabiller ⟨1a⟩ undress; **se déshabiller** get undressed

désherbant [dezerbã] *m* weedkiller, herbicide

déshériter [dezerite] ⟨1a⟩ disinherit

déshonorant, déshonorante [dezɔnɔʀã, -t] dishonorable, *Br* dishonourable

déshonorer ⟨1a⟩ disgrace, bring dishonor *ou Br* dishonour on

déshydraté, déshydratée [dezidrate] *aliments* dessicated; *personne* dehydrated

déshydrater ⟨1a⟩: **se déshydrater** become dehydrated

design [dizajn] *m*: **design d'intérieurs** interior design

désigner [deziɲe] ⟨1a⟩ *(montrer)* point

to, point out; *(appeler)* call; *(nommer)* appoint *(pour* to*)*, designate; **désigner qch du doigt** point at sth

désillusion [dezilyzjõ] disillusionment

désinfectant [dezɛ̃fɛktã] *m* disinfectant

désinfecter ⟨1a⟩ disinfect

désintégration [dezɛ̃tegrasjõ] *f* breakup, disintegration; PHYS disintegration

désintéressé, désintéressée [dezɛ̃teʀese] *(impartial)* disinterested, impartial; *(altruiste)* selfless

désintéressement *m* impartiality; *(altruisme)* selflessness

désintéresser ⟨1b⟩: **se désintéresser de** lose interest in

désintoxication [dezɛ̃tɔksikasjõ] *f*: **faire une cure de désintoxication** go into detox

désinvolte [dezɛ̃vɔlt] casual

désinvolture *f* casualness

désir [dezir] *m* desire; *(souhait)* wish; **le désir de changement / de plaire** the desire for change / to please

désirable desirable

désirer ⟨1a⟩ want; *sexuellement* desire; **désirer faire qch** want to do sth; **nous désirons que vous veniez** *(subj)* **avec nous** we want you to come with us

désireux, -euse eager *(de faire* to do*)*

désister [deziste] ⟨1a⟩ POL: **se désister** withdraw, stand down

désobéir [dezɔbeir] disobey; **désobéir à qn/à la loi/à un ordre** disobey s.o. /the law / an order

désobéissant, désobéissante disobedient

désobligeant, désobligeante [dezɔbliʒã, -t] disagreeable

désodorisant [dezɔdɔʀizã] *m* deodorant

désœuvré, désœuvrée [dezœvre] idle

désolé, désolée [dezɔle] upset *(de* about, over*)*; **je suis désolé** I am so sorry

désoler ⟨1a⟩ upset

désopilant, désopilante [dezɔpilã, -t] hilarious

désordonné, désordonnée [dezɔʀdɔne] untidy

désordre [dezɔʀdʀ] *m* untidiness; **en désordre** untidy

désorganisé, désorganisée [dezɔʀganize] disorganized

désorienter [dezɔʀjãte] ⟨1a⟩ disorient, *Br* disorientate

désormais [dezɔʀme] *adv* now; *à partir de maintenant* from now on

désosser [dezɔse] ⟨1a⟩ bone, remove the bones from

despote [dɛspɔt] *m* despot

despotique despotic

despotisme m despotism

desquels, desquelles [dekεl] → *lequel*

dessécher [desεʃe] ⟨1f⟩ *d'un sol, rivière, peau* dry out; *de fruits* dry

dessein [desɛ̃] m intention; *à dessein* intentionally, on purpose; *dans le dessein de faire qch* with the intention of doing sth

desserrer [desεre] ⟨1b⟩ loosen

dessert [desεr] m dessert

desservir [desεrvir] ⟨2b⟩ *des transport publics* serve; *(s'arrêter à)* call at, stop at; *table* clear; *desservir qn* do s.o. a disservice

dessin [desɛ̃] m drawing; *(motif)* design; *dessin animé* cartoon

dessinateur, -trice [desinatœr, -tris] m/f drawer; TECH draftsman, *Br* draughtsman; *de mode* designer

dessiner ⟨1a⟩ draw

dessoûler [desule] ⟨1a⟩ F sober up

dessous [d(ə)su] **1** *adv* underneath; *en dessous* underneath; *agir en dessous* fig act in an underhanded way; *ci-dessous* below **2** m *(face inférieure)* underside; *les voisins du dessous* the downstairs neighbors, the people in the apartment beneath; *des dessous en dentelle* lace underwear sg; *les dessous de la politique* fig the side of politics people don't get to hear about; *avoir le dessous* get the worst of it

dessous-de-plat m *(pl inv)* table mat

dessus [d(ə)sy] **1** *adv*: *le nom est écrit dessus* the name's written on top; *sens dessus dessous* upside down; *en dessus* on top; *par-dessus* over; *ci-dessus* above; *il nous est tombé dessus* F he came down on us like a ton of bricks F; *il a le nez dessus* it's right under his nose **2** m top; *les voisins du dessus* the upstairs neighbors, the people in the apartment above; *avoir le dessus* fig have the upper hand

dessus-de-lit m *(pl inv)* bedspread

déstabiliser, déstabilisante [destabilizã, -t] unnerving

déstabiliser ⟨1a⟩ destabilize

destin [destɛ̃] m destiny, fate

destinataire [destinatεr] m addressee

destination f destination

destinée f destiny

destiner ⟨1a⟩ mean, intend *(à* for *)*

destituer [destitɥe] ⟨1a⟩ dismiss; MIL discharge; *destitué de ses fonctions* relieved of his duties

destroyer [dεstrwaje] m destroyer

destructeur, -trice [dεstryktœr, -tris] destructive

destruction f destruction

désuet, -ète [desɥε, -t] obsolete; *mode* out of date

désuétude f: *tomber en désuétude* fall into disuse

désuni, désunie [desyni] disunited

détachable [detaʃabl] detachable

détaché, détachée [detaʃe] fig detached

détacher ⟨1a⟩ detach; *ceinture* undo; *chien* release, unchain; *employé* second; *(nettoyer)* clean, remove the spots from; *je ne pouvais pas détacher mes yeux de ...* I couldn't take my eyes off ...; *se détacher sur* stand out against

détail [detaj] m detail; COMM retail trade; *vendre au détail* sell retail; *prix m de détail* retail price; *en détail* detailed

détaillant [detajã] m retailer

détartrage [detartraʒ] m descaling

détartrer ⟨1a⟩ descale

détecter [detεkte] ⟨1a⟩ detect

détecteur m sensor

détective [detεktiv] m detective

déteindre [detɛ̃dr] ⟨4b⟩ fade; *déteindre sur* come off on; fig rub off on

détendre [detãdr] ⟨4a⟩ slacken; *détendre l'atmosphère* fig make the atmosphere less strained, take the tension out of the atmosphere; *se détendre d'une corde* slacken; fig relax

détendu, détendue relaxed; *pull* baggy

détenir [detnir] ⟨2h⟩ hold; JUR detain, hold

détente [detãt] f *d'une arme* trigger; fig relaxation; POL détente

détenteur m holder

détention f holding; JUR detention; *détention préventive* preventive detention

détenu, détenue [detny] m/f inmate

détergent [detεrʒã] m detergent

détériorer [deterjore] ⟨1a⟩ *appareil, machine, santé* damage; *se détériorer* deteriorate

déterminant, déterminante [detεrminã, -t] decisive

détermination f determination

déterminer ⟨1a⟩ establish, determine; *son expérience passée l'a déterminée à se marier* her past experience made her decide to get married

déterrer [detere] ⟨1b⟩ dig up

détestable [detεstabl] detestable

détester ⟨1a⟩ detest, hate

détonation [detɔnasjɔ̃] f detonation

détonner ⟨1a⟩ MUS sing off-key; fig: *de couleurs* clash; *d'un meuble* be ou look out of place

détour [detur] m detour; *d'un chemin, fleuve* bend; *sans détour* fig: dire qch frankly, straight out

détourné, détournée *fig* indirect; *par des moyens détournés* by indirect means

détournement *m* diversion; *détournement d'avion* hijack(ing); *détournement de fonds* misappropriation of funds, embezzlement

détourner ⟨1a⟩ *trafic* divert; *avion* hijack; *tête, yeux* turn away; *de l'argent* embezzle, misappropriate; *détourner la conversation* change the subject; *se détourner* turn away

détracteur, -trice [detraktœr, -tris] *m/f* detractor

détraqué, détraquée [detrake] *montre, radio etc* broken, kaput F; *estomac* upset

détrempé, détrempée [detrɑ̃pe] soggy

détresse [detrɛs] *f* distress

détriment [detrimɑ̃] *m: au détriment de* to the detriment of

détritus [detritys] *m* garbage, *Br* rubbish

détroit [detrwa] *m* strait

détromper [detrɔ̃pe] ⟨1a⟩ put right

détrôner [detrone] ⟨1a⟩ dethrone

détruire [detrɥir] ⟨4c⟩ destroy; *(tuer)* kill

dette [dɛt] *f* COMM, *fig* debt; *dette publique* national debt; *avoir des dettes* be in debt

DEUG [dœg] *m abr* (= *diplôme d'études universitaires générales*) *university degree obtained after two years' study*

deuil [dœj] *m* mourning; *être en deuil* be in mourning; *porter le deuil* be in mourning, wear mourning; *il y a eu un deuil dans sa famille* there's been a bereavement in his family

deux [dø] **1** *adj* two; *les deux* both; *les deux maisons* the two houses, both houses; *tous (les) deux* both; *tous les deux jours* every two days, every second day; *nous deux* the two of us, both of us; *deux fois* twice **2** *m* two; *à nous deux on y arrivera* we'll manage between the two of us; *en deux* in two, in half; *deux à ou par deux* in twos, two by two; → *trois* **deuxième** second; *étage* third, *Br* second

deuxièmement *adv* secondly

deux-pièces [døpjɛs] *m (pl inv)* bikini two-piece swimsuit; *appartement* two-room apartment

deux-points [døpwɛ̃] *m (pl inv)* colon

deux-roues [døru] *m (pl inv)* two-wheeler

dévaliser [devalize] ⟨1a⟩ *banque* rob, raid; *maison* burglarize, *Br* burgle; *personne* rob; *fig: frigo* raid

dévalorisant, dévalorisante [devalɔrizɑ̃,

-t] demeaning

dévalorisation *f* ÉCON drop in value, depreciation; *fig* belittlement

dévaloriser ⟨1a⟩ ÉCON devalue; *fig* belittle

dévaluation [devalɥasjɔ̃] *f* ÉCON devaluation

dévaluer ⟨1a⟩ devalue

devancer [d(ə)vɑ̃se] ⟨1k⟩ (*dépasser, surpasser*), *âge, siècle* be ahead of; *désir, objection* anticipate; *devancer qn de deux mètres / trente minutes* be two meters / thirty minutes ahead of s.o.

devant [d(ə)vɑ̃] **1** *adv* in front; *se fermer devant d'un vêtement* do up at the front, do up in front; *droit devant* straight ahead **2** *prép* in front of; *passer devant l'église* go past the church; *devant Dieu* before God; *devant un tel mensonge fig* when faced with such a lie **3** *m* front; *de devant* front *atr*; *prendre les devants* take the initiative

devanture [d(ə)vɑ̃tyr] *f* shop window

dévaster [devaste] ⟨1a⟩ devastate

développement [devlɔpmɑ̃] *m* ÉCON, ANAT development, growth; PHOT development; *pays m en voie de développement* developing country

développer ⟨1a⟩ develop (*aussi* PHOT); *entreprise, affaire* expand, grow; *se développer* develop

devenir [dəvnir] ⟨2h⟩ (*aux être*) become; *il devient agressif* he's getting aggressive; *que va-t-il devenir?* what's going to become of him?

dévergondé, dévergondée [devɛrgɔ̃de] *sexuellement* promiscuous

déverser [devɛrse] ⟨1a⟩ *ordures* dump; *passagers* disgorge

dévêtir [devetir] ⟨2g⟩ undress

déviation [devjasjɔ̃] *f d'une route* detour; (*écart*) deviation

dévier [devje] ⟨1a⟩ **1** *v/t circulation, convoi* divert, reroute **2** *v/i* deviate (*de* from)

devin [dəvɛ̃] *m: je ne suis pas devin!* I'm not a mind-reader; *pour l'avenir* I can't tell the future

deviner [dəvine] ⟨1a⟩ guess

devinette *f* riddle

devis [d(ə)vi] *m* estimate

dévisager [devisaʒe] ⟨1l⟩ look intently at, stare at

devise [dəviz] *f* FIN currency; (*moto, règle de vie*) motto; *devises étrangères* foreign currency *sg*

dévisser [devise] ⟨1a⟩ unscrew

dévoiler [devwale] ⟨1a⟩ unveil; *secret* reveal, disclose

devoir [dəvwar] ⟨3a⟩ **1** *v/t de l'argent, res-*

pect owe **2** _v/aux nécessité_ have to; _il doit le faire_ he has to do it, he must do it, he has _ou_ he's got to do it; _tu as fait ce que tu devais_ you did what you had to ◇ _obligation_: _il aurait dû me le dire_ he should have told me; _tu devrais aller la voir_ you should go and see her
◇ _conseil_: _tu devrais l'acheter_ you should buy it
◇ _supposition_: _ça doit être cuit_ it should be done; _je crois que ça doit suffire_ I think that should be enough; _tu dois te tromper_ you must be mistaken
◇: _prévision_: _l'usine doit fermer le mois prochain_ the plant is (due) to close down next month **3** _m_ duty; _pour l'école_ homework; _faire ses devoirs_ do one's homework

dévorer [devɔre] ⟨1a⟩ devour
dévotion [devosjõ] _f_ devoutness; _péj_ sanctimoniousness
dévoué, dévouée [devwe] devoted
dévouement _m_ devotion
dévouer ⟨1a⟩: _se dévouer pour cause_ dedicate one's life to
dextérite [deksterite] _f_ dexterity, skill
diabète [djabɛt] _m_ diabetes _sg_
diabétique _m/f_ diabetic
diable [djabl] _m_ devil
diabolique [djabɔlik] diabolical
diagnostic [djagnɔstik] _m_ MÉD diagnosis
diagnostiquer ⟨1m⟩ MÉD diagnose
diagonal, diagonale [djagɔnal] (_mpl_ -aux) **1** _adj_ diagonal **2** _f_ diagonal (line); _en diagonale_ diagonally; _lire un texte en diagonale_ _fig_ skim (through) a text
diagramme [djagram] _m_ diagram
dialecte [djalɛkt] _m_ dialect
dialogue [djalɔg] _m_ dialog, _Br_ dialogue
dialoguer ⟨1m⟩ communicate, enter into a dialog _ou Br_ dialogue with
dialyse [djaliz] _f_ dialysis
diamant [djamã] _m_ diamond
diamétralement [diametralmã] _adv_ diametrically
diamètre [djamɛtr] _m_ diameter; _faire 10 centimètres de diamètre_ be 10 centimeters in diameter
diapason [djapazõ] _m_ MUS tuning fork; _se mettre au diapason de qn_ _fig_ follow s.o.'s lead
diaphragme [djafragm] _m_ ANAT, PHOT, _contraceptif_ diaphragm
diapositive [djapozitiv] _f_ slide
diarrhée [djare] _f_ diarrhea, _Br_ diarrhoea
dictateur [diktatœr] _m_ dictator
dictatorial, dictatoriale dictatorial
dictature _f_ dictatorship
dictée [dikte] _f_ dictation

dicter ⟨1a⟩ dictate
diction [diksjõ] _f_ diction
dictionnaire [diksjɔnɛr] _m_ dictionary
dicton [diktõ] _m_ saying
dièse [djez] _m_ MUS sharp
diesel [djezɛl] _m_ diesel
diète [djɛt] _f_ diet
diététicien, diététicienne [djetetisjɛ̃, -ɛn] _m/f_ dietitian
Dieu [djø] _m_ God; _Dieu merci!_ thank God!
diffamation [difamasjõ] _f_ defamation (of character), slander
diffamatoire defamatory
diffamer ⟨1a⟩ slander
différence [diferãs] _f_ difference (_aussi_ MATH); _à la différence de sa femme_ unlike his wife
différencier ⟨1a⟩ differentiate
différend _m_ dispute
différent, différente different; _différentes personnes_ various people
différentiel _m_ AUTO differential
différer [difere] ⟨1f⟩ **1** _v/t_ (_renvoyer_) defer; _en différé émission_ recorded **2** _v/i_ differ
difficile [difisil] difficult; (_dur_) difficult, hard; (_exigeant_) particular, hard to please
difficulté [difikylte] _f_ difficulty
difforme [difɔrm] deformed; _chaussures_ shapeless
difformité _f_ deformity
diffuser [difyze] ⟨1a⟩ _chaleur, lumière_ spread, diffuse; RAD, TV broadcast; _idées, nouvelle_ spread
diffusion _f_ spread; RAD, TV broadcast; _de chaleur, lumière_ diffusion
digérer [diʒere] ⟨1f⟩ digest
digeste [diʒɛst] digestible
digestif, -ive 1 _adj_ digestive **2** _m_ liqueur
digestion _f_ digestion
digital, digitale [diʒital] (_mpl_ -aux) digital; _empreinte digitale_ fingerprint
digne [diɲ] (_plein de dignité_) dignified; _digne de_ worthy of; _digne de foi_ reliable, _digne d'intérêt_ interesting
dignitaire _m_ dignitary
dignité _f_ dignity; (_charge_) office
digression [digresjõ] _f_ digression
digue [dig] _f_ dyke
dilapider [dilapide] ⟨1a⟩ fritter away, squander
dilatation [dilatasjõ] _f_ expansion; _de pupille_ dilation
dilater ⟨1a⟩ expand; _pupille_ dilate
dilemme [dilɛm] _m_ dilemma
diluer [dilɥe] ⟨1n⟩ dilute
dimanche [dimãʃ] _m_ Sunday
dimension [dimãsjõ] _f_ size, dimension;

MATH dimension; *d'une faute* magnitude
diminuer [diminye] ⟨1n⟩ **1** *v/t nombre,
prix, vitesse* reduce; *joie, enthousiasme,
forces* diminish; *mérites* detract from;
souffrances lessen, decrease; **la maladie
l'a diminuée** the illness has weakened
her **2** *v/i* decrease; **les jours diminuent**
the days are drawing in, the nights are
getting longer
diminutif *m* diminutive
diminution *f* decrease, decline; *d'un nom-
bre, prix* reduction
dinde [dɛ̃d] *f* turkey
dindon *m* turkey
dîner [dine] **1** *v/i* ⟨1a⟩ dine **2** *m* dinner;
dîner dansant dinner-dance
dingue [dɛ̃g] F crazy, nuts F
dinosaure [dinozɔr] *m* dinosaur
diplomate [diplɔmat] *m* diplomat
diplomatie *f* diplomacy
diplomatique diplomatic
diplôme [diplom] *m* diploma; *universitai-
re* degree
diplômé, diplômée diploma holder; *de
l'université* graduate
dire [dir] **1** *v/t & v/i* ⟨4m⟩ say; (*informer,
révéler, ordonner*) tell; (*penser*) think;
poème recite; **elle dit le connaître** tell
says she knows him; **dis-moi où il est** tell
me where he is; **dire à qn de faire qch**
tell s.o. to do sth; **que dis-tu d'une piz-
za?** how about a pizza?; **on dirait qu'elle
a trouvé ce qu'elle cherchait** it looks as
if she's found what she was looking for;
vouloir dire mean; **à vrai dire** to tell the
truth; **ça veut tout dire** that says it all; **et
dire que** and to think that; **cela va sans
dire** that goes without saying; **cela ne
me dit rien de faire ...** I'm not particu-
larly keen on doing ..., I don't feel like
doing ... **2** *m*: **au(x) dire(s) de qn** accord-
ing to s.o.
direct, directe [dirɛkt] direct; **train** *m* **di-
rect** through train; **en direct** *émission*
live
directement *adv* directly
directeur, -trice [dirɛktœr, -tris] **1** *adj co-
mité* management **2** *m/f* manager; *plus
haut dans la hiérarchie* director; ÉDU
principal, *Br* head teacher
direction *f* (*sens*) direction; (*gestion, di-
recteurs*) management; AUTO steering;
sous la direction de Simon Rattle
MUS under the baton of Simon Rattle,
conducted by Simon Rattle; **direction
assistée** power steering
directive *f* instruction; *de l'UE* directive
dirigeable [diriʒabl] *m* airship
dirigeant *m* surtout POL leader

diriger ⟨1l⟩ manage, run; *pays* lead; *or-
chestre* conduct; *voiture* steer; *arme, cri-
tique* aim (**contre** at); *regard, yeux* turn
(**vers** to); *personne* direct; **se diriger
vers** head for
discernement [disɛrnəmɑ̃] *m* discern-
ment
discerner ⟨1a⟩ (*percevoir*) make out; **dis-
cerner le bon du mauvais** tell good
from bad
disciplinaire [disipliner] disciplinary
discipline *f* discipline
discipliné, disciplinée disciplined
disc-jockey [diskʒɔke] *m* disc jockey, DJ
disco [disko] *m* disco
discontinu, discontinue [diskɔ̃tiny] *li-
gne* broken; *effort* intermittent
discordant, discordante [diskɔrdɑ̃, -t]
discordant, unmusical
discorde *f* discord
discothèque [diskɔtɛk] *f* (*boîte*) disco-
theque, disco; *collection* record library
discours [diskur] *m* speech; **faire** *ou* **pro-
noncer un discours** give a speech
discréditer [diskredite] ⟨1a⟩ discredit
discret, -ète [diskrɛ, -t] (*qui n'attire pas
l'attention*) unobtrusive; *couleur* quiet;
robe plain, simple; (*qui garde le secret*)
discreet
discrétion *f* discretion; **à la discrétion de
qn** at s.o.'s discretion
discrimination [diskriminasjɔ̃] *f* discrim-
ination
disculper [diskylpe] ⟨1a⟩ clear, exoner-
ate; **se disculper** clear o.s.
discussion [diskysjɔ̃] *f* discussion; (*alter-
cation*) argument
discutable debatable
discuter ⟨1a⟩ discuss; (*contester*) ques-
tion
diseur, -euse [dizœr, øz] *m/f*: **diseur de
bonne aventure** fortune-teller
disgrace [disgras(ə)] *f* disgrace
disgracier [disgrasje] ⟨1a⟩ dismiss
disjoindre [disʒwɛ̃dr] ⟨4b⟩ separate
disjoncter [disʒɔ̃kte] ⟨1a⟩ **1** *v/t* ÉL break **2**
v/i F be crazy
disjoncteur *m* circuit breaker
disparaître [disparɛtr] ⟨4z⟩ disappear;
(*mourir*) die; *d'une espèce* die out; **faire
disparaître** get rid of
disparité [disparite] *f* disparity
disparition [disparisjɔ̃] *f* disappearance;
(*mort*) death; **être en voie de dispari-
tion** be dying out, be becoming extinct;
espèce en voie de disparition endan-
gered species
dispensaire [dispɑ̃sɛr] *m* clinic
dispenser ⟨1a⟩: **dispenser qn de (faire)
qch** (*exempter*) excuse s.o. from (doing)

sth; *je vous dispense de vos commentaires* I can do without your comments; *je peux me dispenser de faire la cuisine* I don't need to cook

disperser [dispɛrse] ⟨1a⟩ disperse; *se disperser* (*faire trop de choses*) spread o.s. too thin

disponibilité [dispɔnibilite] *f* availability

disponible available

dispos [dispo]: *frais et dispos* bright-eyed and bushy-tailed F

disposé, disposée [dispoze] disposed

disposer ⟨1a⟩ (*arranger*) arrange; *disposer de qn / qch* have s.o./sth at one's disposal; *se disposer à faire qch* get ready to do sth

dispositif *m* device

disposition *f* (*arrangement*) arrangement; *d'une loi* provision; (*humeur*) mood; (*tendance*) tendency; *être à la disposition de qn* be at s.o.'s disposal; *avoir qch à sa disposition* have sth at one's disposal; *prendre ses dispositions pour faire qch* make arrangements to do sth; *avoir des dispositions pour qch* have an aptitude for sth

disproportionné, disproportionnée [disprɔpɔrsjɔne] disproportionate

dispute [dispyt] *f* quarrel, dispute

disputer ⟨1a⟩ *match* play; *disputer qch à qn* compete with s.o for sth.; *se disputer* quarrel, fight

disqualification [diskalifikasjɔ̃] *f* disqualification

disqualifier ⟨1a⟩ disqualify

disque [disk] *m* disk, *Br* disc; SP discus; MUS disk, *Br* record; INFORM disk; *disque compact* compact disc; *disque dur* hard disk

disquette *f* diskette, disk, floppy; *disquette de démonstration* demo disk

dissension [disɑ̃sjɔ̃] *f le plus souvent au pl dissensions* dissension *sg*

disséquer [diseke] ⟨1f *et* 1m⟩ dissect

dissertation [disɛrtasjɔ̃] *f* ÉDU essay

dissident, dissidente [disidɑ̃, -t] *m/f* dissident

dissimuler [disimyle] ⟨1a⟩ conceal, hide (*à* from)

dissiper [disipe] ⟨1a⟩ dispel; *brouillard* disperse; *fortune* squander; *se dissiper du brouillard* clear

dissociation [disɔsjasjɔ̃] *f fig* separation

dissocier [disɔsje] ⟨1a⟩ fig separate

dissolu, dissolue [disɔly] dissolute

dissolution [disɔlysjɔ̃] *f* POL dissolution

dissolvant [disɔlvɑ̃] *m* CHIM solvent; *pour les ongles* nail polish remover

dissoudre [disudr] ⟨4bb⟩ dissolve

dissuader [disɥade] ⟨1a⟩: *dissuader qn*

de faire qch dissuade s.o. from doing sth, persuade s.o. not to do sth

dissuasif, -ive off-putting

dissuasion *f* dissuasion; *dissuasion nucléaire* POL nuclear deterrent

distance [distɑ̃s] *f* distance (*aussi fig*); *commande f à distance* remote control; *tenir qn à distance* keep s.o. at a distance; *prendre ses distances avec qn* distance o.s. from s.o.

distancer ⟨1k⟩ outdistance

distant, distante distant (*aussi fig*)

distiller [distile] ⟨1a⟩ distill

distillerie *f* distillery

distinct, distincte [distɛ̃, -kt] distinct; *distinct de* different from

distinctement *adv* distinctly

distinctif, -ive [distɛ̃ktif, -iv] distinctive

distinction *f* distinction

distingué, distinguée [distɛ̃ge] distinguished

distinguer ⟨1m⟩ (*percevoir*) make out; (*différencier*) distinguish (*de* from); *se distinguer* (*être différent*) stand out (*de* from)

distraction [distraksjɔ̃] *f* (*passe-temps*) amusement, entertainment; (*inattention*) distraction

distraire [distrɛr] ⟨4s⟩ *du travail, des soucis* distract (*de* from); (*divertir*) amuse, entertain; *se distraire* amuse o.s.

distrait, distraite absent-minded

distraitement *adv* absent-mindedly

distribuer [distribɥe] ⟨1n⟩ distribute; *courrier* deliver

distributeur *m* distributor; *distributeur automatique* vending machine; *distributeur de billets* ticket machine; *distributeur de boissons* drinks machine

distribution *f* distribution; *du courrier* delivery

district [distrikt] *m* district

dit, dite [di, -t] 1 *p/p → dire 2 adj* (*surnommé*) referred to as; (*fixé*) appointed

divaguer [divage] ⟨1m⟩ talk nonsense

divan [divɑ̃] *m* couch

divergence [divɛrʒɑ̃s] *f d'opinions* difference

diverger ⟨1l⟩ *de lignes* diverge; *d'opinions* differ

divers, diverse [divɛr, -s] (*différent*) different, varied; *au pl* (*plusieurs*) various

diversification [diversifikasjɔ̃] *f* diversification

diversifier ⟨1a⟩ diversify

diversion [divɛrsjɔ̃] *f* diversion

diversité [diversite] *f* diversity

divertir [divɛrtir] ⟨2a⟩ amuse, entertain

divertissant, divertissante entertaining

divertissement *m* amusement, entertainment

dividende [dividãd] *m* dividend

divin, divine [divɛ̃, -in] divine

divinité *f* divinity

diviser [divize] ⟨1a⟩ divide (*aussi fig,* MATH); *tâche, somme, domaine* divide up; **se diviser** be divided (**en** into)

division *f* division

divorce [divɔrs] *m* divorce; **demander le divorce** ask for a divorce

divorcé, divorcée *m/f* divorcee

divorcer ⟨1k⟩ get a divorce (**d'avec** from)

divulguer [divylge] ⟨1m⟩ divulge, reveal

dix [dis] ten; → *trois*

dix-huit eighteen

dix-huitième eighteenth

dixième tenth

dix-neuf nineteen

dix-neuvième nineteenth

dix-sept seventeen

dix-septième seventeenth

dizaine [dizɛn] *f:* **une dizaine de** about ten *pl,* ten or so *pl*

D.J. [didʒe] *m/f abr* (= *disc-jockey*) DJ, deejay (= disc jockey)

do [do] *m* MUS C

docile [dɔsil] docile

docteur [dɔktœr] *m* doctor

doctorat *m* doctorate, PhD

doctoresse *f* F woman doctor

doctrine [dɔktrin] *f* doctrine

document [dɔkymã] *m* document

documentaire *m & adj* documentary

documentation *f* documentation

documenter ⟨1a⟩: **se documenter** collect information

dodo [dodo] *m* F: **faire dodo** go to beddy-byes F

dodu, dodue [dɔdy] chubby

dogmatique [dɔgmatik] dogmatic

dogme *m* dogma

doigt [dwa] *m* finger; **doigt de pied** toe; **croiser les doigts** keep one's fingers crossed; **savoir qch sur le bout des doigts** have sth at one's fingertips

doigté *m* MUS fingering; *fig* tact

dollar [dɔlar] *m* dollar

domaine [dɔmɛn] *m* estate; *fig* domain

dôme [dom] *m* dome

domestique [dɔmestik] **1** *adj* domestic; **animal domestique** pet **2** *m* servant

domestiquer ⟨1m⟩ tame

domicile [dɔmisil] *m* place of residence

domicilié, domiciliée: domicilié à resident at

dominant, dominante [dɔminã, -t] dominant

dominateur, -trice domineering

domination *f* domination

dominer ⟨1a⟩ **1** *v/t* dominate (*aussi fig*) **2** *v/i* (*prédominer*) be predominant; **se dominer** control o.s.

dommage [dɔmaʒ] *m:* (*quel*) *dommage!* what a pity!; **c'est dommage que** (+ *subj*) it's a pity; **dommages et intérêts** JUR damages

dompter [dõte] ⟨1a⟩ *animal* tame; *rebelle* subdue

dompteur *m* trainer

DOM-TOM [dɔmtɔm] *mpl abr* (= *départements et territoires d'outre-mer*) overseas departments and territories of France

don [dõ] *m* (*donation*) donation; *charité* donation, gift; (*cadeau*) gift, present; (*aptitude*) gift; **don du ciel** godsend

donation *f* donation

donc [dõk] *conclusion* so; **écoutez donc!** do listen!; **comment donc?** how (so)?; **allons donc!** come on!

donjon [dõʒõ] *m* keep

donné, donnée [dɔne] **1** *p/p* → **donner 2** *adj* given; **étant donné** given; **c'est donné** I'm/he's/etc giving it away

données *fpl* data *sg,* information *sg;* INFORM data *sg*

donner ⟨1a⟩ **1** *v/t* give **2** *v/i:* **donner sur la mer** overlook the sea, look onto the sea

donneur *m* MÉD donor

dont [dõ]: **le film dont elle parlait** the movie she was talking about; **une famille dont le père est parti** a family whose father has left; **la manière dont elle me regardait** the way (in which) she was looking at me; **celui dont il s'agit** the one it is about; **ce dont j'ai besoin** that which I need; **plusieurs sujets, dont le sexe** several subjects including sex

dopage [dɔpaʒ] *m* drug taking

doper ⟨1a⟩ drug; **se doper** take drugs

doré, dorée [dɔre] *bijou* gilt, gilded; *couleur* golden

dorénavant [dɔrenavã] from now on

dorer [dɔre] ⟨1a⟩ gild

dorloter [dɔrlɔte] ⟨1a⟩ pamper

dormeur, -euse [dɔrmœr, -øz] *m/f* sleeper

dormir ⟨2b⟩ sleep; **histoire à dormir debout** tall tale, *Br* tall story

dortoir [dɔrtwar] *m* dormitory

dos [do] *m* back; *d'un chèque* back, reverse; **dos d'âne** *m* speed bump; *pont* hump-backed bridge

dosage [dozaʒ] *m* MÉD dose

dose [doz] *f* MÉD dose; PHARM proportion

doser ⟨1a⟩ measure out

dossier [dosje] *m d'une chaise* back; *de documents* file, dossier; **dossier médi-**

duplex

cal medical record(s)

doter [dote] ⟨1a⟩ endow

douane [dwan] *f* customs *pl*

douanier, -ère 1 *adj* customs *atr* **2** *m/f* customs officer

doublage [dublaʒ] *m* d'un vêtement lining; d'un film dubbing

double 1 *adj* double **2** *m* deuxième exemplaire duplicate; au tennis doubles (match); **le double** double, twice as much

doubler ⟨1a⟩ **1** *v/t* double; AUTO pass, Br overtake; film dub; vêtement line **2** *v/i* double

doublon *m* double

doublure *f* d'un vêtement lining

doucement [dusmɑ̃] *adv* gently; (bas) softly; (lentement) slowly

douceur *f* d'une personne gentleness; **douceurs** (jouissance) pleasures; (sucreries) sweet things

douche [duʃ] *f* shower; **prendre une douche** shower, take a shower

doué, douée [dwe] ⟨1a⟩ gifted; **doué de qch** endowed with sth

douille [duj] *f* ÉL outlet, Br socket

douillet, douillette [duje, -t] *lit, vêtement, intérieur* cozy, Br cosy; *personne* babyish

douleur [dulœr] *f* pain

douloureux, -euse [dulurø, -z] painful

doute [dut] *m* doubt; **sans doute** without doubt; **sans aucun doute** undoubtedly

douter ⟨1a⟩: **douter de qn / qch** doubt s.o./sth.; **se douter de qch** suspect sth; **se douter que** suspect that, have an idea that

douteux, -euse doubtful

doux, douce [du, -s] sweet; temps mild; personne gentle; au toucher soft

douzaine [duzɛn] *f* dozen

douze twelve; → **trois**

douzième twelfth

Dow-Jones [dowdʒons] *m*: **indice m Dow-Jones** Dow Jones Average

doyen [dwajɛ̃] *m* doyen; d'une université dean

draconien, draconienne [drakɔnjɛ̃, -ɛn] draconian

dragée [draʒe] *f* sugared almond

dragon [dragõ] *m* dragon

draguer [dragœr] ⟨1m⟩ rivière dredge; F femmes try to pick up

dragueur *m* F ladies' man

drainage [drɛnaʒ] *m* drainage

drainer ⟨1a⟩ drain

dramatique [dramatik] dramatic (aussi fig)

dramatiser ⟨1a⟩ dramatize

dramaturge *m* playwright

drame *m* drama; fig tragedy, drama

drap [dra] *m de lit* sheet

drapeau [drapo] *m* (pl -x) flag

drap-housse [draus] *m* fitted sheet

dressage [drɛsaʒ] *m* d'un échafaudage, d'un monument erection; d'une tente pitching; d'un animal training

dresser ⟨1b⟩ put up; échafaudage, monument erect, put up; tente pitch, put up; contrat draw up; animal train; **dresser qn contre qn** set s.o. against s.o.; **se dresser** straighten up; d'une tour rise up; d'un obstacle arise

drogue [drɔg] *f* drug; **drogue douce** soft drug; **drogue récréative** recreational drug

drogué, droguée *m/f* drug addict

droguer ⟨1a⟩ drug; MÉD (traiter) give medication to; **se droguer** take drugs; MÉD péj pop pills

droguerie *f* hardware store

droit, droite [drwa, -t] **1** *adj côté* right; ligne straight; (debout) erect; (honnête) upright **2** *adv* **tout droit** straight ahead **3** *m* right; (taxe) fee; JUR law; **de droit** de facto; **à qui de droit** to whom it may concern; **être en droit de faire qch** be entitled to do sth; **droits d'auteur** royalties; **droit international** international law

droite [drwat] *f* right; côté right-hand side; **à droite** on the right(-hand side)

droitier, -ère: être droitier be right-handed

droiture *f* rectitude

drôle [drol] (amusant, bizarre) funny; **une drôle d'idée** a funny idea

drôlement *adv* awfully

dromadaire [drɔmadɛr] *m* dromedary

dru, drue [dry] thick

drugstore [drœgstɔr] *m* drugstore

D.S.T. [deɛste] *f abr* (= **direction de la surveillance du territoire**) French secret service

du [dy] → **de**

dû, due [dy] *p/p* → **devoir**

dubitatif, -ive [dybitatif, -iv] doubtful

dubitativement *adv* doubtfully

duc [dyk] *m* duke

duchesse [-es] *f* duchess

duel [dɥel] *m* duel

dûment [dymɑ̃] *adv* duly

dune [dyn] *f* (sand) dune

Dunkerque [dɛ̃kɛrk] Dunkirk

duo [dyo] *m* MUS duet

dupe [dyp] *f* dupe; **être dupe de qch** be taken in by sth

duper ⟨1a⟩ dupe

duplex [dyplɛks] *m* duplex

duplicata [dyplikata] *m* duplicate
duquel [dykɛl] → *lequel*
dur, dure [dyr] **1** *adj* hard (*aussi difficile, sévère*); *climat* harsh; *viande* tough **2** *adv* *travailler, frapper* hard
durable durable, lasting; *croissance, utilisation de matières premières* sustainable
durant *prép* during; *des années durant* for years
durcir [dyrsir] ⟨2a⟩ **1** *v/t* harden (*aussi fig*) **2** *v/i*: *se durcir* harden
durcissement *m* hardening (*aussi fig*)
durée [dyre] *f* duration; *durée de vie* life; *d'une personne* life expectancy
durement [dyrmɑ̃] *adv* harshly; *être frappé durement par* be hard hit by
durer [dyre] ⟨1a⟩ last; *d'un objet, vête-*

ment aussi wear well
dureté [dyrte] *f* hardness (*aussi fig*)
duvet [dyvɛ] *m* down; (*sac de couchage*) sleeping bag
duveteux, -euse fluffy
DVD [devede] *m abr* DVD (= digitally versatile disk)
DVD-Rom *m* DVD-Rom
dynamique [dinamik] **1** *adj* dynamic **2** *f* dynamics
dynamisme *m* dynamism
dynamite [dinamit] *f* dynamite
dynamo [dinamo] *f* dynamo
dynastie [dinasti] *f* dynasty
dyslexie [disleksi] *f* dyslexia
dyslexique dyslexic

E

eau [o] *f* (*pl* -x) water; *eaux internationales* international waters; *tomber à l'eau* fall in the water; *fig* fall through; *faire eau* MAR take in water; *mettre à l'eau na-vire* launch; *eau courante* running water; *eau gazeuse* carbonated water, *Br* fizzy water; *eau de Javel* bleach; *eau minérale* mineral water
eau-de-vie [odvi] *f* (*pl* eaux-de-vie) brandy
ébahi, ébahie [ebai] dumbfounded
ébattre [ebatr] ⟨4a⟩: *s'ébattre* frolic
ébauche [eboʃ] *f* *d'une peinture* sketch; *d'un roman* outline; *d'un texte* draft
ébaucher ⟨1a⟩ *tableau, roman* rough out; *texte* draft; *ébaucher un sourire* smile faintly
ébène [ebɛn] *f* ebony
ébéniste [ebenist] *m* cabinetmaker
éberlué, éberluée [eberlɥe] F flabbergasted F
éblouir [ebluir] ⟨2a⟩ dazzle (*aussi fig*)
éblouissement *m* glare, dazzle
éblouissant, éblouissante dazzling
éboueur [ebwœr] *m* garbageman, *Br* dustman
éboulement [ebulmɑ̃] *m* landslide
éboulis, *m* pile
ébouriffé, ébouriffée [eburife] tousled
ébouriffer ⟨1a⟩ *cheveux* ruffle
ébranler [ebrɑ̃le] ⟨1a⟩ shake; *s'ébranler* move off

ébréché, ébréchée [ebreʃe] chipped
ébriété [ebrijete] *f* inebriation; *en état d'ébriété* in a state of inebriation
ébruiter [ebrɥite] ⟨1a⟩ *nouvelle* spread
ébullition [ebylisjɔ̃] *f* boiling point; *être en ébullition* be boiling
écaille [ekaj] *f* *de coquillage, tortue* shell; *de poisson* scale; *de peinture, plâtre* flake; *matière* tortoiseshell
écailler ⟨1a⟩ *poisson* scale; *huître* open; *s'écailler de peinture* flake (off); *de vernis à ongles* chip
écarlate [ekarlat] *f* & *adj* scarlet
écarquiller [ekarkije] ⟨1a⟩: *écarquiller les yeux* open one's eyes wide
écart [ekar] *m* (*intervalle*) gap; (*différence*) difference; *moral* indiscretion; *à l'écart* at a distance (*de* from)
écarteler [ekartəle] ⟨1d⟩ *fig*: *être écartelé* be torn
écartement [ekartəmɑ̃] *m* space; *action* spacing
écarter ⟨1a⟩ *jambes* spread; *fig*: *idée, possibilité* reject; *danger* avert; *s'écarter de* (*s'éloigner*) stray from
ecclésiastique [eklezjastik] ecclesiastical
écervelé, écervelée [esɛrvəle] scatterbrained
échafaudage [eʃafodaʒ] *m* scaffolding
échafauder ⟨1a⟩ **1** *v/i* erect scaffolding **2** *v/t fig*: *plan* put together

échalote [eʃalɔt] *f* BOT shallot

échancré, échancrée [eʃɑ̃kre] low-cut

échancrure *d'une robe* neckline; *d'une côte* cove

échange [eʃɑ̃ʒ] *m* exchange; **échanges extérieurs** foreign trade *sg*; **en échange** in exchange (**de** for)

échanger ⟨1l⟩ exchange, trade (**contre** for); *regards, lettres* exchange (**avec** with)

échangeur *m* interchange

échangisme *m* partner swapping

échantillon [eʃɑ̃tijɔ̃] *m* COMM sample; **échantillon gratuit** free sample

échappatoire [eʃapatwar] *f* way out

échappée *f de vue* vista; **en cyclisme** breakaway

échappement *m* AUTO exhaust; **tuyau** *m* **d'échappement** tail pipe

échapper ⟨1a⟩: **échapper à qn** *d'une personne* escape from s.o.; **échapper à qch** escape sth; **l'échapper belle** have a narrow escape; **s'échapper** escape; **le verre lui échappa des mains** the glass slipped from his fingers; **un cri lui échappa, il laissa échapper un cri** he let out a cry

écharde [eʃard] *f* splinter

écharpe [eʃarp] *f* scarf; *de maire* sash; **en écharpe** MÉD in a sling

échasse [eʃas] *f* stilt

échauffement [eʃofmɑ̃] *m* heating; SP warm-up

échauffer ⟨1a⟩ heat; **s'échauffer** SP warm up; **échauffer les esprits** get people excited

échéance [eʃeɑ̃s] *f* COMM, JUR *d'un contrat* expiration date, Br expiry date; *de police* maturity; **à brève / longue échéance** short-/long-term; **arriver à échéance** fall due

échéant, échéante [eʃeɑ̃, -t]: **le cas échéant** if necessary

échec [eʃɛk] *m* failure; **essuyer** *ou* **subir un échec** meet with failure

échecs [eʃɛk] *mpl* chess *sg*; **jouer aux échecs** play chess

échelle [eʃɛl] *f* ladder; *d'une carte, des salaires* scale; **sur une grande échelle** on a grand scale; **à l'échelle mondiale** on a global scale; **échelle des salaires** salary scale

échelon [eʃlɔ̃] *m* rung; *fig* level; *de la hiérarchie* grade, echelon

échelonner ⟨1a⟩ space out; *paiements* spread, stagger (**sur un an** over a year)

échevelé, échevelée [eʃəvle] disheveled, Br dishevelled

échine [eʃin] *f* spine (*aussi fig*); **plier** *ou* **courber l'échine** give in

échiner ⟨1a⟩ F: **s'échiner à faire qch** go

to great lengths to do sth

échiquier [eʃikje] *m* chessboard

écho [eko] *m* echo

échographie [ekografi] *f* ultrasound (scan)

échoir [eʃwar] ⟨3m⟩ *d'un délai* expire

échotier, -ère [ekɔtje, -ɛr] *m/f* gossip columnist

échouer [eʃwe] ⟨1a⟩ fail; **(s')échouer** *d'un bateau* run aground

éclabousser [eklabuse] ⟨1a⟩ spatter

éclair [eklɛr] *m* flash of lightning; CUIS éclair; **comme un éclair** in a flash

éclairage *m* lighting

éclaircie [eklɛrsi] *f* clear spell

éclaircir ⟨2a⟩ lighten; *fig: mystère* clear up; **s'éclaircir** *du ciel* clear, brighten

éclairer [eklɛre] ⟨1b⟩ **1** *v/t* light; **éclairer qn** light the way for s.o.; *fig:* **éclairer qn sur qch** enlighten s.o. about sth **2** *v/i:* **cette ampoule n'éclaire pas assez** this bulb doesn't give enough light

éclaireur *m* scout

éclat [ekla] *m de verre* splinter; *de métal* gleam; *des yeux* sparkle; *de couleurs, fleurs* vividness; **éclat de rire** peal of laughter; **faire un éclat** scandale make a fuss; **un éclat d'obus** a piece of shrapnel

éclatant, éclatante [eklatɑ̃, eklatɑ̃t, -t] dazzling; *couleur* vivid; *rire* loud

éclater ⟨1a⟩ *d'une bombe* blow up; *d'une chaudière* explode; *d'un ballon, pneu* burst; *d'un coup de feu* ring out; *d'une guerre, d'un incendie* break out; *fig: d'un groupe, parti* break up; **éclater de rire** burst out laughing; **éclater en sanglots** burst into tears; **éclater de santé** be blooming

éclipse [eklips] *f* eclipse

éclipser ⟨1a⟩ eclipse (*aussi fig*); **s'éclipser** F vanish, disappear

éclore [eklɔr] ⟨4k⟩ *d'un oiseau* hatch out; *de fleurs* open

écluse [eklyz] *f* lock

écœurant, écœurante [ekœrɑ̃, -t] disgusting, sickening; *aliment* sickly; *(décourageant)* discouraging, disheartening

écœurement *m* disgust; *(découragement)* discouragement; **il a mangé de la crème jusqu'à l'écœurement** he ate cream until he felt sick

écœurer ⟨1a⟩ disgust, sicken; *(décourager)* discourage, dishearten; **écœurer qn** *d'un aliment* make s.o. feel nauseous, Br *aussi* make s.o. feel sick

école [ekɔl] *f* school; **école maternelle** nursery school; **école primaire** elementary school, Br primary school; **école**

privée (*du secondaire*) private school; **école publique** state school; **école secondaire** secondary school

écolier *m* schoolboy

écolière *f* schoolgirl

écolo [ekɔlo] *m* F Green

écologie [ekɔlɔʒi] *f* ecology

écologique ecological

écologiste *m/f* ecologist

économe [ekɔnɔm] economical, thrifty

économie [ekɔnɔmi] *f* economy; *science* economics *sg*; *vertu* economy, thriftiness; **économie de marché** market economy; **économie planifiée** planned economy; **économie souterraine** black economy; **économies** savings; **faire des économies** save

économique economic; (*avantageux*) economical

économiser ⟨1a⟩ **1** *v/t* save **2** *v/i* save; **économiser sur qch** save on sth

économiseur *m* **d'écran** INFORM screen saver

économiste *m/f* economist

écorce [ekɔrs] *f d'un arbre* bark; *d'un fruit* rind

écorcher [ekɔrʃe] ⟨1a⟩ *animal* skin; (*égratigner*) scrape; *fig: nom, mot* murder

écossais, écossaise [ekɔsɛ, -z] **1** *adj* Scottish **2** *m/f* **Écossais, Écossaise** Scot

Écosse *f:* **l'Écosse** Scotland

écosser [ekɔse] ⟨1a⟩ shell

écosystème [ekɔsistɛm] *m* ecosystem

écoulement [ekulmã] *m* flow; COMM sale; **système m d'écoulement des eaux usées** drainage

écouler ⟨1a⟩ COMM sell; **s'écouler** flow; *du temps* pass; COMM sell

écourter [ekurte] ⟨1a⟩ shorten; *vacances* cut short

écoute [ekut] *f:* **être à l'écoute** be always listening out; **aux heures de grande écoute** RAD at peak listening times; TV at peak viewing times; **mettre qn sur table d'écoute** TÉL tap s.o.'s phone

écouter ⟨1a⟩ **1** *v/t* listen to **2** *v/i* listen

écouteur *m* TÉL receiver; **écouteurs** RAD headphones

écran [ekrã] *m* screen; *adapter à l'écran* TV adapt for television; **le grand écran** the big screen; **le petit écran** the small screen; **écran d'aide** INFORM help screen; **écran radar** radar screen; **écran solaire** sunblock; **écran tactile** touch screen; **écran total** sunblock

écrasant, écrasante [ekrazã, -t] overwhelming

écraser ⟨1a⟩ (*broyer, accabler, anéantir*) crush; *cigarette* stub out; (*renverser*) run over; **s'écraser au sol** *d'un avion* crash

écrémé, écrémée [ekreme]: **lait m écrémé** skimmed milk

écrémer [ekreme] ⟨1f⟩ skim

écrevisse [ekrəvis] *f* crayfish

écrier [ekrije] ⟨1a⟩: **s'écrier** cry out

écrin [ekrɛ̃] *m* jewel case

écrire [ekrir] ⟨4f⟩ write; **comment est-ce que ça s'écrit?** how do you spell it?

écrit [ekri] *m* document; **l'écrit** *examen* the written exam; **par écrit** in writing

écriteau [ekrito] *m* (*pl* -x) notice

écriture *f* writing; COMM entry; **les** (**Saintes**) **Écritures** Holy Scripture *sg*

écrivain [ekrivɛ̃] *m* writer

écrou [ekru] *m* (*pl* -s) nut

écrouer [ekrue] ⟨1a⟩ JUR imprison

écrouler [ekrule] ⟨1a⟩: **s'écrouler** collapse

écru, écrue [ekry] *couleur* natural

écueil [ekœj] *m* reef; *fig* pitfall

écuelle [ekɥɛl] *f* bowl

éculé, éculée [ekyle] *chaussure* down-at--heel, worn-out; *fig* hackneyed

écume [ekym] *f* foam

écumer ⟨1a⟩ **1** *v/i* foam; **écumer de rage** be foaming at the mouth **2** *v/t* skim; *fig* scour

écumeux, -euse frothy

écureuil [ekyrœj] *m* squirrel

écurie [ekyri] *f* stable (*aussi* SP)

écusson [ekysɔ̃] *m* coat of arms

écuyer, -ère [ekɥije, -ɛr] *m/f* rider

eczéma [egzema] *m* MÉD eczema

édenté, édentée [edɑ̃te] toothless

édifiant, édifiante [edifjɑ̃, -t] edifying

édification *f* ARCH erecting; *fig: d'empire etc* creation

édifice *m* building

édifier ⟨1a⟩ ARCH erect; *fig* build up

Édimbourg [edɛ̃bur] Edinburgh

éditer [edite] ⟨1a⟩ *livre* publish; *texte* edit

éditeur, -trice *m/f* publisher; (*commentateur*) editor

édition *f action, métier* publishing; *action de commenter* editing; (*tirage*) edition; **maison f d'édition** publishing house

éditorial *m* (*pl* -iaux) editorial

édredon [edrədɔ̃] *m* eiderdown

éducateur, -trice [edykatœr, -tris] *m/f* educator; **éducateur spécialisé** special needs teacher

éducatif, -ive educational

éducation *f* (*enseignement*) education; (*culture*) upbringing; **il manque d'éducation** he has no manners

édulcorer [edylkɔre] ⟨1a⟩ sweeten

éduquer [edyke] ⟨1m⟩ (*enseigner*) educate; (*élever*) bring up

effacé, effacée [efase] self-effacing

effacer [efase] ⟨1k⟩ erase; *s'effacer d'une inscription* wear away; *d'une personne* fade into the background

effarant, effarante [efarã, -t] frightening

effarement *m* fear

effarer ⟨1a⟩ frighten

effaroucher [efaruʃe] ⟨1a⟩ *personne* scare; *gibier* scare away

effectif, -ive [efɛktif, -iv] 1 *adj* effective 2 *m* manpower, personnel

effectivement *adv* true enough

effectuer [efɛktɥe] ⟨1a⟩ carry out

efféminé, efféminée [efemine] *péj* effeminate

effervescence [efɛrvesãs] *f* POL ferment

effervescent, effervescente *boisson* effervescent; *fig: foule* excited

effet [efɛ] *m* effect; COMM bill; *à cet effet* with that in mind, to that end; *en effet* sure enough; *faire de l'effet* have an effect; *effets* (personal) effects; *effet de serre* greenhouse effect; *effets spéciaux* special effects

effeuiller [efœje] ⟨1a⟩ leaf through

efficace [efikas] *remède, médicament* effective; *personne* efficient

efficacité *f* effectiveness; *d'une personne* efficiency

effigie [efiʒi] *f* effigy

effilé, effilée [efile] tapering

efflanqué, efflanquée [eflɑ̃ke] thin

effleurer [eflœre] ⟨1a⟩ brush against; (*aborder*) touch on; *effleurer qch du bout des doigts* brush one's fingers against sth

effondrement [efɔ̃drəmɑ̃] *m* collapse

effondrer ⟨1a⟩: *s'effondrer* collapse

efforcer [eforse] ⟨1k⟩: *s'efforcer de faire qch* try very hard to do sth

effort [efɔr] *m* effort; *faire un effort* make an effort, try a bit harder

effraction [efraksjɔ̃] *f* JUR breaking and entering

effrayant, effrayante [efrɛjã, -t] frightening

effrayer ⟨1i⟩ frighten; *s'effrayer* be frightened (*de* at)

effréné, effrénée [efrene] unbridled; *course* frantic

effriter [efrite] ⟨1a⟩: *s'effriter* crumble away (*aussi fig*)

effroi [efrwa] *m* fear

effronté, effrontée [efrɔ̃te] impertinent

effronterie *f* impertinence, effrontery

effroyable [efrwajabl] terrible, dreadful

effusion [efyzjɔ̃] *f*: *effusion de sang* bloodshed; *effusions litt* effusiveness *sg*

égal, égale [egal] (*mpl* -aux) 1 *adj* equal; *surface* even; *vitesse* steady; *ça lui est égal* it's all the same to him 2 *m* equal; *d'égal à égal* between equals; *sans égal* unequaled, *Br* unequalled

également *adv* (*pareillement*) equally; (*aussi*) as well, too

égaler ⟨1a⟩ equal

égaliser 1 *v/t* ⟨1a⟩ *haies, cheveux* even up; *sol* level 2 *v/i* sp tie the game, *Br* equalize

égalité *f* equality; *en tennis* deuce; *être à égalité* be level; *en tennis* be at deuce

égard [egar] *m*: *à cet égard* in that respect; *à l'égard de qn* to(ward) s.o.; *se montrer patient à l'égard de qn* be patient with s.o.; *par égard pour* out of consideration for; *égards* respect *sg*; *manque m d'égards* lack of consideration

égarer [egare] ⟨1a⟩ *personne* lead astray; *chose* lose; *s'égarer* get lost; *du sujet* stray from the point

égayer [egeje] ⟨1i⟩ cheer up; *chose, pièce aussi* brighten up

églantine [eglãtin] *f* dog rose

église [egliz] *f* church

égocentrique [egosãtrik] egocentric

égoïsme [egɔism] *m* selfishness, egoism

égoïste 1 *adj* so selfish 2 *m/f* egoist; *égoïste!* you're so selfish!

égorger [egɔrʒe] ⟨1l⟩: *égorger qn* cut s.o.'s throat

égosiller [egozije] ⟨1a⟩: *s'égosiller* shout

égout [egu] *m* sewer

égoutter [egute] ⟨1a⟩ drain

égouttoir *m* (*à vaisselle*) drain board, *Br* draining board

égratigner [egratiɲe] ⟨1a⟩ scratch; *s'égratigner* scratch

égratignure *f* scratch

égrener [egrəne] ⟨1d⟩ *épi* remove the kernels from; *grappe* pick the grapes from

Égypte [eʒipt] *f*: *l'Égypte* Egypt

égyptien, égyptienne 1 *adj* Egyptian 2 *m/f* Égyptien, Égyptienne Egyptian

éhonté, éhontée [eõte] barefaced, shameless

éjecter [eʒɛkte] ⟨1a⟩ TECH eject; F *personne* kick out

élaboré, élaborée [elabɔre] sophisticated

élaborer ⟨1a⟩ *projet* draw up

élaguer [elage] ⟨1m⟩ *arbre* prune

élan¹ [elã] *m* momentum; SP run-up; *de tendresse* upsurge; *de générosité* fit; (*vivacité*) enthusiasm

élan² [elã] *m* zo elk

élancement [elãsmã] *m* twinge; *plus fort*

shooting pain

élancer ⟨1k⟩ *v/i:* **ma jambe m'élance** I've got shooting pains in my leg; **s'élancer** dash; SP take a run-up

élargir [elarʒir] ⟨2a⟩ widen, broaden; *vêtement* let out; *débat* widen, extend the boundaries of

élasticité [elastisite] *f* elasticity

élastique [elastik] **1** *adj* elastic **2** *m* elastic; *de bureau* rubber band, *Br aussi* elastic band

électeur, -trice [elɛktœr, -tris] *m/f* voter

élection *f* election

électoral, électorale (*mpl* -aux) election *atr*

électorat *m droit* franchise; *personnes* electorate

électricien, électricienne [elɛktrisjɛ̃, -ɛn] *m/f* electrician

électricité *f* electricity; **électricité statique** static (electricity)

électrification *f* electrification

électrifier ⟨1a⟩ electrify

électrique electric

électriser ⟨1a⟩ electrify

électrocardiogramme [elɛktrokardjogram] *m* MÉD electrocardiogram, ECG

électrocuter [elɛktrokyte] ⟨1a⟩ electrocute

électroménager [elɛktromenaʒe]: **appareils** *mpl* **électroménagers** household appliances

électronicien, électronicienne [elɛktronisjɛ̃, -ɛn] *m/f* electronics expert

électronique 1 *adj* electronic **2** *f* electronics

électrophone [elɛktrofon] *m* record player

électrotechnicien, électrotechnicienne [elɛktroteknisjɛ̃, -ɛn] *m/f* electrical engineer

électrotechnique *f* electrical engineering

élégamment [elegamɑ̃] *adv* elegantly

élégance *f* elegance

élégant, élégante elegant

élément [elemɑ̃] *m* element; (*composante*) component; *d'un puzzle* piece; **éléments** (*rudiments*) rudiments

élémentaire elementary

éléphant [elefɑ̃] *m* elephant

élevage [elvaʒ] *m* breeding, rearing; **élevage** (**du bétail**) cattle farming; **élevage en batterie** battery farming

élévation [elevasjɔ̃] *f* elevation; *action de lever* raising; *d'un monument, d'une statue* erection; (*montée*) rise

élève [elɛv] *m/f* pupil

élevé, élevée [elve] *adj* high; *esprit* noble; *style* elevated; **bien / mal élevé** well /

badly brought up; **c'est très mal élevé de faire ça** it's very rude to do that

élever ⟨1d⟩ raise; *prix, température* raise, increase; *statue, monument* put up, erect; *enfants* bring up, raise; *animaux* rear, breed; **s'élever** rise; *d'une tour* rise up; *d'un cri* go up; **s'élever contre** rise up against; **s'élever à** amount to

éleveur, -euse *m/f* breeder

éligible [eliʒibl] eligible

élimé, élimée [elime] threadbare

élimination [eliminasjɔ̃] *f* elimination; *des déchets* disposal

éliminatoire *f* qualifying round

éliminer ⟨1a⟩ eliminate; *difficultés* get rid of

élire [elir] ⟨4x⟩ elect

élite [elit] *f* elite

elle [el] *f* ◇ *personne* she; *après prép* her; **c'est pour elle** it's for her; **je les ai vues, elle et sa sœur** I saw them, her and her sister; **elle n'aime pas ça, elle** she doesn't like that; **ta grand-mère a-t-elle téléphoné?** did your grandmother call? ◇ *chose* it; **ta robe?, elle est dans la machine à laver** your dress?, it's in the washing machine

elle-même [elmɛm] herself; *chose* itself

elles [el] *fpl* they; *après prép* them; **les chattes sont-elles rentrées?** have the cats come home?; **je les ai vues hier, elles et leurs maris** I saw them yesterday, them and their husbands; **elles, elles ne sont pas contentes** they are not happy; **ce sont elles qui** they are the ones who

elles-mêmes [elmɛm] themselves

élocution [elɔkysjɔ̃] *f* way of speaking; **défaut** *m* **d'élocution** speech defect

éloge [elɔʒ] *m* praise; **faire l'éloge de** praise

élogieux, -euse full of praise

éloigné, éloignée [elwaɲe] remote

éloignement [elwaɲmɑ̃] *m* distance, remoteness

éloigner ⟨1a⟩ move away, take away; *soupçon* remove; **s'éloigner** move away (**de** from); **s'éloigner de qn** distance o.s. from s.o.

élongation [elɔ̃gasjɔ̃] *f* MÉD pulled muscle

éloquemment [elɔkamɑ̃] *adv* eloquently

éloquence *f* eloquence

éloquent, éloquente eloquent

élu, élue 1 *p/p →* **élire 2** *adj:* **le président élu** the President elect **3** *m/f* POL (elected) representative; **l'heureux élu** the lucky man

élucider [elyside] ⟨1a⟩ *mystère* clear up;

question clarify, elucidate *fml*

éluder [elyde] ⟨1a⟩ *fig* elude

Élysée [elize]: **l'Élysée** the Elysée Palace (*where the French president lives*)

émacié, émaciée [emasje] emaciated

e-mail [imɛl] *m* e-mail; **envoyer un e-mail à qn** send s.o. an e-mail, e-mail s.o.

émail [emaj] *m* (*pl* émaux) enamel

émancipation [emɑ̃sipasjɔ̃] *f* emancipation

émanciper ⟨1a⟩ emancipate; **s'émanciper** become emancipated

émaner [emane] ⟨1a⟩: **émaner de** emanate from

emballage [ɑ̃balaʒ] *m* packaging

emballer ⟨1a⟩ package; *fig* F thrill; **s'emballer** *d'un moteur* race; *fig* F get excited; **emballé sous vide** vacuum packed

embarcadère [ɑ̃barkadɛr] *m* MAR landing stage

embarcation *f* boat

embargo [ɑ̃bargo] *m* embargo

embarquement [ɑ̃barkəmɑ̃] *m* MAR *d'une cargaison* loading; *de passagers* embarkation

embarquer ⟨1m⟩ **1** *v/t* load **2** *v/i ou* **s'embarquer** embark; **s'embarquer dans** F get involved in

embarras [ɑ̃bara] *m* difficulty; (*gêne*) embarrassment; **être dans l'embarras** be in an embarrassing position; *sans argent* be short of money; **n'avoir que l'embarras du choix** be spoiled for choice

embarrassant, embarrassante [ɑ̃barasɑ̃, -t] (*gênant*) embarrassing; (*encombrant*) cumbersome

embarrassé, embarrassée (*gêné*) embarrassed

embarrasser ⟨1a⟩ (*gêner*) embarrass; (*encombrer*) *escaliers* clutter up

embauche [ɑ̃boʃ] F recruitment, hiring; **offre f d'embauche** job offer

embaucher ⟨1a⟩ take on, hire

embaumer [ɑ̃bome] ⟨1a⟩ *corps* embalm; **embaumer la lavande** smell of lavender

embellir [ɑ̃belir] ⟨1a⟩ **1** *v/t* make more attractive; *fig* embellish **2** *v/i* become more attractive

embêtant, embêtante [ɑ̃betɑ̃, -t] F annoying

embêtement *m* F: **avoir des embêtements** be in trouble

embêter F ⟨1a⟩ (*ennuyer*) bore; (*contrarier*) annoy; **s'embêter** be bored

emblée [ɑ̃ble]: **d'emblée** right away, immediately

emblème [ɑ̃blɛm] *m* emblem

emboîter [ɑ̃bwate] ⟨1a⟩ insert; **emboîter**

le pas à qn fall into step with s.o. (*aussi fig*); **s'emboîter** fit together

embolie [ɑ̃bɔli] *f* embolism; **embolie pulmonaire** pulmonary embolism

embonpoint [ɑ̃bɔ̃pwɛ̃] *m* stoutness, embonpoint *fml*

embouchure [ɑ̃buʃyr] *f* GÉOGR mouth; MUS mouthpiece

embourber [ɑ̃burbe] ⟨1a⟩: **s'embourber** get bogged down

embouteillage [ɑ̃butejaʒ] *m* traffic jam

embouteiller ⟨1b⟩ *rue* block

emboutir [ɑ̃butir] ⟨2a⟩ crash into

embranchement [ɑ̃brɑ̃ʃmɑ̃] *m* branch; (*carrefour*) intersection, *Br* junction

embrasser [ɑ̃brase] ⟨1a⟩ kiss; *période, thème* take in, embrace; *métier* take up; **embrasser du regard** take in at a glance

embrasure [ɑ̃brazyr] *f* embrasure; **embrasure de porte** doorway

embrayage [ɑ̃brejaʒ] *m* AUTO clutch; *action* letting in the clutch

embrouiller [ɑ̃bruje] ⟨1a⟩ muddle; **s'embrouiller** get muddled

embruns [ɑ̃brɛ̃, -œ̃] *mpl* MAR spray *sg*

embryon [ɑ̃brijɔ̃] *m* embryo

embryonnaire embryonic

embûches [ɑ̃byʃ] *fpl fig* traps

embuer [ɑ̃bɥe] ⟨1a⟩ *vitre* steam up

embuscade [ɑ̃byskad] *f* ambush

éméché, éméchée [emeʃe] F tipsy

émeraude [emrod] *f & adj* emerald

émerger [emɛrʒe] ⟨1l⟩ emerge

émerveillement [emɛrvɛjmɑ̃] *m* wonder

émerveiller ⟨1a⟩ amaze; **s'émerveiller** be amazed (*de* by)

émetteur [emetœr] *m* RAD, TV transmitter

émettre [emɛtr] ⟨4p⟩ *radiations etc* give off, emit; RAD, TV broadcast, transmit; *opinion* voice; COMM *action, billet, nouvelle pièce* issue; *emprunt* float

émeute [emøt] *f* riot; **émeute raciale** race riot

émietter [emjete] ⟨1b⟩ crumble

émigrant, émigrante [emigrɑ̃, -t] *m/f* emigrant

émigration *f* emigration

émigré, émigrée *m/f* emigré

émigrer ⟨1a⟩ emigrate

émincer [emɛ̃se] ⟨1k⟩ cut into thin slices

éminence [eminɑ̃s] *f* (*colline*) hill; **Éminence** Eminence

éminent, éminente eminent

émirat [emira] *m*: **les Émirats arabes unis** the United Arab Emirates

émissaire [emiser] *m* emissary

émission *f* emission; RAD, TV program, *Br* programme; COMM, FIN issue

emmagasiner [ɑ̃magazine] ⟨1a⟩ store

emmêler [ãmele] ⟨1a⟩ *fils* tangle; *fig* muddle

emménager [ãmenaʒe] ⟨1l⟩: **emménager dans** move into

emmener [ãmne] ⟨1d⟩ take

emmerder [ãmɛrde] ⟨1a⟩ F: **emmerder qn** get on s.o.'s nerves; **s'emmerder** be bored rigid

emmitoufler [ãmitufle] ⟨1a⟩ wrap up; **s'emmitoufler** wrap up

émoi [emwa] *m* commotion

émotif, -ive [emɔtif, -iv] emotional

émotion [emosjõ] *f* emotion; F (*frayeur*) fright

émotionnel, émotionnelle emotional

émousser [emuse] ⟨1a⟩ blunt, take the edge off (*aussi fig*)

émouvant, émouvante [emuvã, -t] moving

émouvoir ⟨3d⟩ (*toucher*) move, touch; **s'émouvoir** be moved, be touched

empailler [ãpaje] ⟨1a⟩ *animal* stuff

empaqueter [ãpakte] ⟨1c⟩ pack

emparer [ãpare] ⟨1a⟩: **s'emparer de** seize; *clés, héritage* grab; *des doutes, de la peur* overcome

empâter [ãpate] ⟨1a⟩: **s'empâter** thicken

empêchement [ãpɛ∫mã] *m*: **j'ai eu un empêchement** something has come up

empêcher [ãpe∫e] ⟨1b⟩ prevent; **empêcher qn de faire qch** prevent *ou* stop s.o. doing sth; (*il*) **n'empêche que** nevertheless; **je n'ai pas pu m'en empêcher** I couldn't help it

empereur [ãprœr] *m* emperor

empester [ãpɛste] ⟨1a⟩: **elle empeste le parfum** she reeks *ou* stinks of perfume

empêtrer [ãpɛtre] ⟨1b⟩: **s'empêtrer dans** get tangled *ou* caught up in

emphase [ãfaz] *f* emphasis

empiéter [ãpjete] ⟨1f⟩: **empiéter sur** encroach on

empiffrer [ãpifre] ⟨1a⟩ F: **s'empiffrer** stuff o.s.

empiler [ãpile] ⟨1a⟩ pile (up), stack (up)

empire [ãpir] *m* empire; *fig* (*maîtrise*) control

empirer [ãpire] ⟨1a⟩ get worse, deteriorate

empirique [ãpirik] empirical

emplacement [ãplasmã] *m* site

emplette [ãplɛt] *f* purchase; **faire des emplettes** go shopping

emplir [ãplir] ⟨2a⟩ fill; **s'emplir** fill (*de* with)

emploi [ãplwa] *m* (*utilisation*) use; ÉCON employment; **emploi du temps** schedule, *Br* timetable; **plein emploi** full employment; **un emploi** a job; **chercher un**

emploi be looking for work *ou* for a job

employé, employée [ãplwaje] *m/f* employee; **employé de bureau** office worker; **employé à temps partiel** part-timer

employer ⟨1h⟩ use; *personnel* employ; **s'employer à faire** strive to do sth

employeur, -euse *m/f* employer

empocher [ãpɔ∫e] ⟨1a⟩ pocket

empoigner [ãpwaɲe] ⟨1a⟩ grab, seize

empoisonnement [ãpwazɔnmã] *m*: **empoisonnement du sang** blood poisoning

empoisonner ⟨1a⟩ poison

emporter [ãpɔrte] ⟨1a⟩ take; *prisonnier* take away; (*entraîner, arracher*) carry away *ou* off; *du courant* sweep away; *d'une maladie* carry off; **l'emporter** win the day; **l'emporter sur qn / qch** get the better of s.o./sth; **s'emporter** fly into a rage

empoté, empotée [ãpɔte] clumsy

empreinte [ãprɛ̃t] *f* impression; *fig* stamp; **empreinte digitale** fingerprint; **empreinte génétique** genetic fingerprint

empressement [ãprɛsmã] *m* eagerness

empresser ⟨1b⟩: **s'empresser de faire qch** rush to do sth; **s'empresser auprès de qn** be attentive to s.o.

emprise [ãpriz] *f* hold

emprisonnement [ãprizɔnmã] *m* imprisonment

emprisonner ⟨1a⟩ imprison

emprunt [ãprɛ̃, -œ̃] *m* loan

emprunté, empruntée *fig* self-conscious

emprunter ⟨1a⟩ borrow (*à* from); *chemin, escalier* take

ému, émue [emy] **1** *p/p* → **émouvoir 2** *adj* moved, touched

en¹ [ã] *prép* ◇ *lieu* in; **en France** in France; **en ville** in town

◇ *direction* to; **en France** to France; **en ville** to *ou* into town

◇ *temps* in; **en 1789** in 1789; **en l'an 1789** in the year 1789; **en été** in summer; **en 10 jours** in 10 days

◇ *mode*: **agir en ami** act as a friend; **en cercle** in a circle; **en vente** for *ou* on sale; **en français** in French; **habillé en noir** dressed in black; **se déguiser en homme** disguise o.s. as a man

◇ *transport* by; **en voiture / avion** by car / plane

◇ *matière*: **en or** of gold; **une bague en or** a gold ring

◇ *après verbes, adj, subst*: **croire en Dieu** believe in God; **riche en qch** rich in sth; **avoir confiance en qn** have confidence in s.o.

◇ *avec gérondif*: **en même temps** while,

when; *mode* by; *en détachant soigneusement les …* by carefully detaching the …; *en rentrant chez moi, j'ai remarqué que …* when I came home *ou* on coming home I noticed that …; *je me suis cassé une dent en mangeant …* I broke a tooth while *ou* when eating …

en² [ã] *pron* ◇ *qu'en pensez-vous?* what do you think about it?; *tu es sûr de cela? - oui, j'en suis sûr* are you sure about that? - yes, I'm sure; *j'en suis* count me in

◇ *il y en a deux* there are two (of them); *il n'y en a plus* there's none left; *j'en ai* I have some; *j'en ai cinq* I have five; *je n'en ai pas* I don't have any; *qui en est le propriétaire?* who's the owner?, who does it belong to?; *en voici trois* here are three (of them)

◇ *cause:* **je n'en suis pas plus heureux** I'm none the happier for it; *il en est mort* he died of it

◇ *provenance:* **le gaz en sort** the gas comes out (of it); *tu as vu le grenier? - oui, j'en viens* have you seen the attic? - yes, I've just been up there

encadrer [ãkadre] ⟨1a⟩ *tableau* frame; *encadré de deux gendarmes* fig flanked by gendarmes, with a gendarme on either side

encaisser [ãkɛse] ⟨1b⟩ COMM take; *chèque* cash; *fig* take

encart [ãkar] *m* insert

en-cas [ãka] *m* (*pl inv*) CUIS snack

encastrable [ãkastrabl] *four etc* which can be built in

encastrer ⟨1a⟩ TECH build in

enceinte¹ [ãsɛ̃t] pregnant

enceinte² [ãsɛ̃t] *f* enclosure; *enceinte (acoustique)* speaker

encens [ãsã] *m* incense

encéphalopathie *f* **spongiforme bovine** [ãsefalɔpatispɔ̃ʒifɔrmbɔvin] *f* bovine spongiform encephalitis

encercler [ãsɛrkle] ⟨1a⟩ encircle

enchaînement [ãʃɛnmã] *m d'événements* series *sg*

enchaîner ⟨1b⟩ *chien, prisonnier* chain up; *fig: pensées, faits* connect, link up

enchanté, enchantée [ãʃãte] enchanted; *enchanté!* how do you do?

enchantement *m* enchantment; (*ravissement*) delight

enchanter ⟨1a⟩ (*ravir*) delight; (*ensorceler*) enchant

enchère [ãʃɛr] *f* bid; *vente f aux enchères* auction; *mettre aux enchères* put for auction; *vendre aux enchères* sell at auction, auction off

enchevêtrer [ãʃ(ə)vetre] ⟨1b⟩ tangle; *fig: situation* confuse; *s'enchevêtrer de fils* get tangled up; *d'une situation* get muddled

enclave [ãklav] *f* enclave

enclencher [ãklãʃe] ⟨1a⟩ engage; *s'enclencher* engage

enclin, encline [ãklɛ̃, -in]: *être enclin à faire qch* be inclined to do sth

enclos [ãklo] *m* enclosure

enclume [ãklym] *f* anvil

encoche [ãkɔʃ] *f* notch

encoller [ãkɔle] ⟨1a⟩ glue

encolure [ãkɔlyr] *f* neck; *tour de cou* neck (size)

encombrant, encombrante [ãkõbrã, -t] cumbersome; *être encombrant d'une personne* be in the way

encombrement *m trafic* congestion; *d'une profession* overcrowding

encombrer ⟨1a⟩ *maison* clutter up; *rue, passage* block; *s'encombrer de* load o.s. down with

encontre [ãkõtr]: *aller à l'encontre de* go against, run counter to

encore [ãkɔr] **1** *adv* ◇ *de nouveau* again; *il nous faut essayer encore (une fois)* we'll have to try again

◇ *temps (toujours)* still; *est-ce qu'il pleut encore?* is it still raining?; *elles ne sont pas encore rentrées* they still haven't come back, they haven't come back yet; *non, pas encore* no, not yet

◇ *de plus:* *encore une bière?* another beer?; *est-ce qu'il y a encore des …?* are there any more …?; *encore plus rapide/belle* even faster / more beautiful

2 *conj:* *encore que* (+ *subj*) although

encourageant, encourageante [ãkuraʒã, -t] encouraging

encouragement *m* encouragement

encourager ⟨1l⟩ encourage; *projet, entreprise* foster

encourir [ãkurir] ⟨2i⟩ incur

encrasser [ãkrase] ⟨1a⟩ dirty; *s'encrasser* get dirty

encre [ãkr] *f* ink

encrier *m* inkwell

encroûter [ãkrute] ⟨1a⟩: *s'encroûter* fig get stuck in a rut

encyclopédie [ãsiklɔpedi] *f* encyclopedia

endetter [ãdete] ⟨1b⟩: *s'endetter* get into debt

endeuillé, endeuillée [ãdœje] bereaved

endiablé, endiablée [ãdjable] *fig* frenzied, demonic

endimanché, endimanchée [ãdimãʃe] in one's Sunday best

endive [ãdiv] *f* BOT, CUIS chicory

endoctriner [ãdɔktrine] ⟨1a⟩ indoctrinate

endolori, endolorie [ãdɔlɔri] painful

endommager [ãdɔmaʒe] ⟨11⟩ damage

endormi, endormie [ãdɔrmi] asleep; *fig* sleepy

endormir ⟨2b⟩ send *ou* lull to sleep; *douleur* dull; **s'endormir** fall asleep

endosser [ãdose] ⟨1a⟩ *vêtement* put on; *responsabilité* shoulder; *chèque* endorse

endroit [ãdrwa] *m* (*lieu*) place; *d'une étoffe* right side

enduire [ãdɥir] ⟨4c⟩: **enduire de** cover with

enduit *m* de peinture coat

endurance [ãdyrãs] *f* endurance

endurcir [ãdyrsir] ⟨2a⟩ harden; *fig* toughen up, harden

endurcissement *m* hardening

endurer [ãdyre] ⟨1a⟩ endure

énergétique [enerʒetik] energy *atr*; *repas* energy-giving

énergie *f* energy; **énergie solaire** solar energy

énergique energetic; *protestation* strenuous

énergiquement *adv* energetically; *nier* strenuously

énervant, énervante [enervã, -t] irritating

énervé, énervée (*agacé*) irritated; (*agité*) on edge, edgy

énerver ⟨1a⟩: **énerver qn** (*agacer*) get on s.o.'s nerves; (*agiter*) make s.o. edgy; **s'énerver** get excited

enfance [ãfãs] *f* childhood

enfant [ãfã] *m ou f* child; **enfant modèle** model child, goody-goody *péj*; **enfant prodige** child prodigy; **enfants à charge** dependent children *pl*

enfantillage [ãfãtijaʒ] *m* childishness

enfantin, enfantine *air* childlike; *voix* of a child, child's; (*puéril*) childish; (*très simple*) elementary; **c'est enfantin** it's child's play

enfer [ãfer] *m* hell (*aussi fig*)

enfermer [ãferme] ⟨1a⟩ shut *ou* lock up; *champ* enclose; **s'enfermer** shut o.s. up

enfiler [ãfile] ⟨1a⟩ *aiguille* thread; *perles* string; *vêtement* slip on; *rue* turn into

enfin [ãfɛ̃] (*finalement*) at last; (*en dernier lieu*) lastly, last; (*bref*) in a word; **mais enfin, ce n'est pas si mal** come on, it's not that bad; **nous étions dix, enfin onze** there were ten of us, well eleven; **enfin et surtout** last but not least

enflammer [ãflame] ⟨1a⟩ set light to; *allumette* strike; *MÉD* inflame; *fig: imagination* fire; **s'enflammer** catch; *MÉD* become inflamed; *fig: de l'imagination* take flight

enfler [ãfle] ⟨1a⟩ *membre* swell

enflure *f* swelling

enfoncer [ãfõse] ⟨1k⟩ **1** *v/t clou, pieu* drive in; *couteau* thrust, plunge (*dans* into); *porte* break down **2** *v/i dans sable etc* sink (*dans* into); **s'enfoncer** sink; **s'enfoncer dans la forêt** go deep into the forest

enfouir [ãfwir] ⟨2a⟩ bury

enfourcher [ãfurʃe] ⟨1a⟩ *cheval, bicyclette* mount

enfourner [ãfurne] ⟨1a⟩ put in the oven; *fig* (*avaler*) gobble up

enfreindre [ãfrɛ̃dr] ⟨4b⟩ infringe

enfuir [ãfɥir] ⟨2d⟩: **s'enfuir** run away

enfumé, enfumée [ãfyme] smoky

engagé, engagée [ãgaʒe] **1** *adj* committed **2** *m MIL* volunteer

engagement [ãgaʒmã] *m* (*obligation*) commitment; *de personnel* recruitment; *THÉAT* booking; (*mise en gage*) pawning

engager [ãgaʒe] ⟨11⟩ (*lier*) commit (*à* to); *personnel* hire; *TECH* (*faire entrer*) insert; *conversation, discussion* begin; (*entraîner*) involve (*dans* in); *THÉAT* book; (*mettre en gage*) pawn; **cela ne vous engage à rien** this in no way commits you; **s'engager** (*se lier*) commit o.s. (*à faire qch* to doing sth), promise (*à faire qch* to do sth); (*commencer*) begin; *MIL* enlist; **s'engager dans** get involved in; *rue* turn into

engelure [ãʒlyr] *f* chillblain

engendrer [ãʒãdre] ⟨1a⟩ *fig* engender

engin [ãʒɛ̃] *m* machine; *MIL* missile; *F péj* thing

englober [ãglɔbe] ⟨1a⟩ (*comprendre*) include, encompass

engloutir [ãglutir] ⟨2a⟩ (*dévorer*) devour, wolf down; *fig* engulf, swallow up

engorger [ãgɔrʒe] ⟨11⟩ *rue* block

engouement [ãgumã] *m* infatuation

engouffrer [ãgufre] ⟨1a⟩ devour, wolf down; **s'engouffrer dans** *de l'eau* pour in; *fig: dans un bâtiment* rush into; *dans une foule* be swallowed up by

engourdir [ãgurdir] ⟨2a⟩ numb; **s'engourdir** go numb

engrais [ãgrɛ] *m* fertilizer

engraisser ⟨1b⟩ *bétail* fatten

engrenage [ãgrənaʒ] *m TECH* gear

engueuler [ãgœle] ⟨1a⟩ F bawl out; **s'engueuler** have an argument *ou* a fight

énigmatique [enigmatik] enigmatic

énigme *f* (*mystère*) enigma; (*devinette*) riddle

enivrement [ãnivrəmã] *m fig* exhilaration

enivrer ⟨1a⟩ intoxicate; *fig* exhilarate

enjambée [ãʒãbe] *f* stride

enjamber ⟨1a⟩ step across; *d'un pont* span, cross

enjeu [ãʒø] *m* (*pl* -x) stake; *l'enjeu est important fig* the stakes are high

enjoliver [ãʒɔlive] ⟨1a⟩ embellish

enjoliveur *m* AUTO wheel trim, hub cap

enjoué, enjouée [ãʒwe] cheerful, good-humored, *Br* good-humoured

enlacer [ãlase] ⟨1k⟩ *rubans* weave (*dans* through); (*étreindre*) put one's arms around; *s'enlacer de personnes* hug

enlaidir [ãledir] ⟨2a⟩ make ugly

enlèvement [ãlevmã] *m* (*rapt*) abduction, kidnap

enlever ⟨1d⟩ take away, remove; *tache* take out, remove; *vêtement* take off, remove; (*kidnapper*) abduct, kidnap; *enlever qch à qn* take sth away from s.o.

enliser [ãlize] ⟨1a⟩: *s'enliser* get bogged down (*aussi fig*)

enneigé, enneigée [ãneʒe] *route* blocked by snow; *sommet* snow-capped

ennemi, ennemie [ɛnmi] **1** *m/f* enemy **2** *adj* enemy *atr*

ennui [ãnɥi] *m* boredom; *ennuis* problems; *on lui a fait des ennuis à la douane* he had a bit of bother *ou* a few problems at customs

ennuyé, ennuyée (*contrarié*) annoyed; (*préoccupé*) bothered

ennuyer ⟨1h⟩ (*contrarier, agacer*) annoy; (*lasser*) bore; *s'ennuyer* be bored

ennuyeux, -euse (*contrariant*) annoying; (*lassant*) boring

énoncé [enõse] *m* statement; *d'une question* wording

énoncer ⟨1k⟩ state; *énoncer des vérités* state the obvious

enorgueillir [ãnɔrgœjir] ⟨2a⟩: *s'enorgueillir de qch* be proud of sth

énorme [enɔrm] enormous

énormément *adv* enormously; *énormément d'argent* F an enormous amount of money

énormité *f* enormity; *dire des énormités* say outrageous things

enquérir [ãkerir] ⟨2l⟩: *s'enquérir de* enquire about

enquête [ãket] *f* inquiry; *policière aussi* investigation; (*sondage d'opinion*) survey

enquêter ⟨1b⟩: *enquêter sur* investigate

enraciné, enracinée [ãrasine] deep-rooted

enragé, enragée [ãraʒe] MÉD rabid; *fig* fanatical

enrayer [ãreje] ⟨1i⟩ jam; *fig: maladie* stop

enregistrement [ãrʒistrəmã] *m dans l'administration* registration; *de disques* recording; AVIAT check-in; *enregistrement des bagages* check-in; *enregistrement vidéo* video recording

enregistrer ⟨1a⟩ register; *disques* record; *bagages* check in

enregistreur *m*: *enregistreur de vol* flight recorder, black box

enrhumé, enrhumée [ãryme]: *être enrhumé* have a cold

enrhumer ⟨1a⟩: *s'enrhumer* catch (a) cold

enrichir [ãriʃir] ⟨2a⟩ enrich; *s'enrichir* get richer

enrôler [ãrole] ⟨1a⟩ MIL enlist

enroué, enrouée [ãrwe] husky, hoarse

enrouer ⟨1a⟩: *s'enrouer* get hoarse

enrouler [ãrule] ⟨1a⟩ *tapis* roll up; *enrouler qch autour de qch* wind sth around sth

ensanglanté, ensanglantée [ãsãglãte] bloodstained

enseignant, enseignante [ãseɲã, -t] *m/f* teacher

enseigne [ãseɲ] *f* sign

enseignement [ãseɲmã] *m* education; *d'un sujet* teaching

enseigner ⟨1a⟩ teach; *enseigner qch à qn* teach s.o. sth; *enseigner le français* teach French

ensemble [ãsãbl] **1** *adv* (*simultanément*) together; *aller ensemble* go together **2** *m* (*totalité*) whole; (*groupe*) group, set; MUS, *vêtement* ensemble; MATH set; *l'ensemble de la population* the whole *ou* entire population; *dans l'ensemble* on the whole; *vue f d'ensemble* overall picture

ensevelir [ãsəvlir] ⟨2a⟩ bury

ensoleillé, ensoleillée [ãsɔleje] sunny

ensommeillé, ensommeillée [ãsɔmeje] sleepy, drowsy

ensorceler [ãsɔrsəle] ⟨1c⟩ cast a spell on; *fig* (*fasciner*) bewitch

ensuite [ãsɥit] then; (*plus tard*) after

ensuivre [ãsɥivr] ⟨4h⟩: *s'ensuivre* ensue

entacher [ãtaʃe] ⟨1a⟩ smear

entaille [ãtaj] *f* cut; (*encoche*) notch

entailler ⟨1a⟩ notch; *s'entailler la main* cut one's hand

entamer [ãtame] ⟨1a⟩ *pain, travail* start on; *bouteille, négociations* open, start; *conversation* start; *économies* make

entasser [ãtase] ⟨1a⟩ *choses* pile up, stack; *personnes* cram

entendre [ãtãdr] ⟨4a⟩ hear; (*comprendre*) understand; (*vouloir dire*) mean; *entendre faire qch* intend to do sth; *on m'a laissé entendre que* I was given to understand that; *entendre dire que* hear that; **avez-vous entendu parler de ...?** have you heard of ...?; **s'entendre** (*être compris*) be understood; **s'entendre** (**avec qn**) get on (with s.o.); (*se mettre d'accord*) come to an agreement (with s.o.); **cela s'entend** that's understandable

entendu, entendue [ātādy] *regard, sourire* knowing; **bien entendu** of course; **très bien, c'est entendu** it's settled then

entente [ātāt] *f* (*accord*) agreement

enterrement [ātermā] *m* burial; *cérémonie* funeral

enterrer ⟨1b⟩ bury

en-tête [ātɛt] *m* (*pl* en-têtes) heading; INFORM header; COMM letterhead; *d'un journal* headline; **papier** *m* **à en-tête** headed paper

entêté, entêtée [ātete] stubborn

entêtement *m* stubbornness

entêter ⟨1b⟩: **s'entêter** persist (**dans** in; **à faire qch** in doing sth)

enthousiasme [ātuzjasm] *m* enthusiasm

enthousiasmer ⟨1a⟩: **cette idée m'enthousiasme** I'm enthusiastic about *ou Br aussi* keen on the idea; **s'enthousiasmer pour** be enthusiastic about

enthousiaste enthusiastic

enticher [ātiʃe] ⟨1a⟩: **s'enticher de** *personne* become infatuated with; *activité* develop a craze for

entier, -ère [ātje, -ɛr] whole, entire; (*intégral*) intact; *confiance, satisfaction* full; **le livre en entier** the whole book, the entire book; **lait** *m* **entier** whole milk

entièrement *adv* entirely

entonner [ātɔne] ⟨1a⟩ *chanson* start to sing

entonnoir [ātɔnwar] *m* funnel

entorse [ātɔrs] *f* MÉD sprain; **faire une entorse au règlement** *fig* bend the rules

entortiller [ātɔrtije] ⟨1a⟩ (*envelopper*) wrap (*autour de* around; **dans** in)

entourage [āturaʒ] *m* entourage; (*bordure*) surround

entourer ⟨1a⟩: **entourer de** surround with; **s'entourer de** surround o.s. with

entracte [ātrakt] *m* intermission

entraide [ātrɛd] *f* mutual assistance

entraider ⟨1b⟩: **s'entraider** help each other

entrailles [ātraj] *fpl d'un animal* intestines, entrails

entrain [ātrɛ̃] *m* liveliness

entraînant, entraînante lively

entraînement [ātrɛnmā] *m* SP training; TECH drive

entraîner ⟨1b⟩ (*charrier, emporter*) sweep along; SP train; *fig* result in; *frais* entail;

personne drag; TECH drive; **entraîner qn à faire qch** lead s.o. to do sth; **s'entraîner** train

entraîneur *m* trainer

entrave [ātrav] *f fig* hindrance

entraver ⟨1a⟩ hinder

entre [ātr] between; **entre les mains de qn** *fig* in s.o.'s hands; **le meilleur d'entre nous** the best of us; **entre autres** among other things; **il faut garder ce secret entre nous** we have to keep the secret to ourselves; **entre nous, ...** between you and me, ...

entrebâiller [ātrəbaje] ⟨1a⟩ half open

entrechoquer [ātrəʃɔke] ⟨1m⟩: **s'entrechoquer** knock against one another

entrecôte [ātrəkot] *f* rib steak

entrecouper [ātrəkupe] ⟨1a⟩ interrupt (*de* with)

entrecroiser [ātrəkrwaze] ⟨1a⟩ (**s'entrecroiser**) crisscross

entrée [ātre] *f lieu d'accès* entrance, way in; *accès au théâtre, cinéma* admission; (*billet*) ticket; (*vestibule*) entry(way); CUIS starter; INFORM *touche* enter (key); *de données* input, inputting; **d'entrée** from the outset; **entrée gratuite** admission free; **entrée interdite** no admittance

entrefilet [ātrəfile] *m* short news item

entrejambe [ātrəʒāb] *m* crotch

entrelacer [ātrəlase] ⟨1k⟩ interlace, intertwine

entremêler [ātrəmele] ⟨1b⟩ mix; **entremêlé de** *fig* interspersed with

entremets [ātrəmɛ] *m* CUIS dessert

entremise [ātrəmiz] *f*: **par l'entremise de** through (the good offices of)

entreposer [ātrəpoze] ⟨1a⟩ store

entrepôt *m* warehouse

entreprenant, entreprenante [ātrəprənā, -t] enterprising

entreprendre [ātrəprādr] ⟨4q⟩ undertake

entrepreneur, -euse *m/f* entrepreneur; **entrepreneur des pompes funèbres** mortician, *Br* undertaker

entreprise *f* enterprise; (*firme*) company, business; **libre entreprise** free enterprise; **petites et moyennes entreprises** small and medium-sized businesses

entrer [ātre] ⟨1a⟩ **1** *v/i (aux être)* come / go in, enter; **entrer dans** *pièce, gare etc* come / go into, enter; *voiture* get into; *pays* enter; *catégorie* fall into; *l'armée, le parti socialiste etc* join; **faire entrer** *visiteur* show in; **entrez!** come in!; **elle est entrée par la fenêtre** she got in through the window **2** *v/t* bring in; INFORM *données, texte* input, enter

entre-temps [ātrətā] *adv* in the mean-

E

time

entretenir [ãtrətnir] ⟨2h⟩ *route, maison, machine etc* maintain; *famille etc* keep, support; *amitié* keep up; **s'entretenir de qch** talk to each other about sth

entretien [ãtrətjɛ̃] *m* maintenance, upkeep; *(conversation)* conversation

entretuer [ãtrətɥe] ⟨ 1n⟩: **s'entretuer** kill each other

entrevoir [ãtrəvwar] ⟨3b⟩ glimpse; *fig* foresee

entrevue *f* interview

entrouvrir [ãtruvrir] ⟨2f⟩ half open

énumération [enymerasjõ] *f* list, enumeration

énumérer ⟨1f⟩ list, enumerate

envahir [ãvair] ⟨2a⟩ invade; *d'un sentiment* overcome, overwhelm

envahissant, envahissante *personne* intrusive; *sentiments* overwhelming

envahisseur *m* invader

enveloppe [ãvlɔp] *f d'une lettre* envelope

envelopper ⟨1a⟩ wrap; **enveloppé de brume, mystère** enveloped in

envenimer [ãvnime] ⟨1a⟩ poison *(aussi fig)*

envergure [ãvɛrgyr] *f d'un oiseau, avion* wingspan; *fig* scope; *d'une personne* caliber, *Br* calibre

envers [ãvɛr] **1** *prép* toward, *Br* towards; **son attitude envers ses parents** her attitude toward *ou* to her parents **2** *m d'une feuille* reverse; *d'une étoffe:* wrong side; **à l'envers** pull inside out; *(en désordre)* upside down

enviable [ãvjabl] enviable

envie [ãvi] *f (convoitise)* envy; *(désir)* desire *(de* for); **avoir envie de qch** want sth; **avoir envie de faire qch** want to do sth

envier ⟨1a⟩ envy; **envier qch à qn** envy s.o. sth

envieux, -euse envious

environ [ãvirõ] **1** *adv* about **2** *mpl:* **environs** surrounding area *sg;* **dans les environs** in the vicinity; **aux environs de** *ville* in the vicinity of; *Pâques* around about

environnant, environnante surrounding

environnement *m* environment

envisager [ãvizaʒe] ⟨1l⟩ *(considérer)* think about, consider; *(imaginer)* envisage; **envisager de faire qch** think about doing sth

envoi [ãvwa] *m* consignment, shipment; *action* shipment, dispatch; *d'un fax* sending

envoler [ãvɔle] ⟨1a⟩: **s'envoler** fly away; *d'un avion* take off *(pour* for); *fig: du*

temps fly

envoûter [ãvute] ⟨1a⟩ bewitch

envoyé [ãvwaje] *m* envoy; *d'un journal* correspondent; **envoyé spécial** special envoy

envoyer ⟨1p⟩ send; *coup, gifle* give; **envoyer chercher** send for

éolienne [eɔljɛn] *f* wind turbine; **champ** *m* **d'éoliennes** wind farm

épagneul [epaɲœl] *m* spaniel

épais, épaisse [epɛ, -s] thick; *forêt, brouillard* thick, dense; *foule* dense

épaisseur *f* thickness

épaissir ⟨2a⟩ thicken

épancher [epãʃe] ⟨1a⟩: **s'épancher** pour out one's heart *(auprès de* to)

épanoui, épanouie [epanwi] *femme, sourire* radiant; *(ouvert)* open

épanouir ⟨2a⟩: **s'épanouir** *d'une fleur* open up; *(se développer)* blossom

épanouissement *m* opening; *(développement)* blossoming

épargne [eparɲ] *f action* saving; **épargnes** *(économies)* savings

épargne-logement *f:* **plan d'épargne-logement** savings plan for would-be house buyers

épargneur, -euse *m/f* saver

épargner [eparɲe]⟨1a⟩ **1** *v/t* save; *personne* spare; **épargner qch à qn** spare s.o. sth; **ne pas épargner qch** be generous with sth **2** *v/i* save

éparpiller [eparpije] ⟨1a⟩ scatter

épars, éparse [epar, -s] sparse

épatant, épatante [epatã, -t] F great, terrific

épater ⟨1a⟩ astonish

épaule [epol] *f* shoulder

épauler ⟨1a⟩ shoulder; *fig* support

épaulette *f (bretelle)* shoulderstrap; *de veste, manteau* shoulder pad; MIL epaulette

épave [epav] *f* wreck *(aussi fig)*

épée [epe] *f* sword

épeler [eple] ⟨1c⟩ spell

éperdu, éperdue [epɛrdy] *besoin* desperate; **éperdu de** beside o.s. with

éperon [eprõ] *m* spur

éperonner ⟨1a⟩ spur on *(aussi fig)*

éphémère [efemɛr] *fig* short-lived, ephemeral

épi [epi] *m* ear; **stationnement** *m* **en épi** AUTO angle parking

épice [epis] *f* spice

épicer ⟨1k⟩ spice

épicerie [episri] *f* grocery store, *Br* grocer's

épicier, -ère *m/f* grocer

épidémie [epidemi] *f* epidemic

épier [epje] ⟨1a⟩ spy on; *occasion* watch

for
épilation [epilasjɔ̃] *f* removal of unwanted hair (**de** from)
épiler ⟨1a⟩ remove the hair from
épilepsie [epilɛpsi] *f* epilepsy; **crise *f* d'épilepsie** epileptic fit
épileptique *m/f* epileptic
épilogue [epilɔg] *m* epilog, *Br* epilogue
épinards [epinar] *mpl* spinach *sg*
épine [epin] *f d'une rose* thorn; *d'un hérisson* spine, prickle; **épine dorsale** backbone
épineux, -euse *problème* thorny
épingle [epɛ̃gl] *f* pin; **épingle de sûreté ou de nourrice** safety pin; **tiré à quatre épingles** *fig* well turned-out
épingler ⟨1a⟩ pin
Épiphanie [epifani] *f* Epiphany
épique [epik] epic
épisode [epizɔd] *m* episode
épitaphe [epitaf] *f* epitaph
éploré, éplorée [eplɔre] tearful
éplucher [eplyʃe] ⟨1a⟩ peel; *fig* scrutinize
épluchures *fpl* peelings
éponge [epɔ̃ʒ] *f* sponge
éponger ⟨1l⟩ sponge down; *flaque* sponge up; *déficit* mop up
épopée [epɔpe] *f* epic
époque [epɔk] *f* age, epoch; **meubles *mpl* d'époque** period ou antique furniture *sg*
époumoner [epumɔne] ⟨1a⟩: **s'époumoner** F shout o.s. hoarse
épouse [epuz] *f* wife, spouse *fml*
épouser ⟨1a⟩ marry; *idées, principe etc* espouse
épousseter [epuste] ⟨1c⟩ dust
époustouflant, époustouflante [epustuflɑ̃, -t] F breathtaking
épouvantable [epuvɑ̃tabl] dreadful
épouvantail [epuvɑ̃taj] *m* (*pl* -s) scarecrow
épouvante [epuvɑ̃t] *f* terror, dread; **film *m* d'épouvante** horror film
épouvanter ⟨1a⟩ horrify; *fig* terrify
époux [epu] *m* husband, spouse *fml*; **les époux** the married couple
éprendre [eprɑ̃dr] ⟨4q⟩: **s'éprendre de** fall in love with
épreuve [eprœv] *f* trial; *SP* event; *imprimerie* proof; *photographie* print; **à toute épreuve** confiance etc never-failing; **à l'épreuve du feu** fireproof; **mettre à l'épreuve** put to the test, try out
éprouvant, éprouvante [epruvɑ̃, -t] trying
éprouver ⟨1a⟩ (*tester*) test, try out; (*ressentir*) feel, experience; *difficultés* experience
éprouvette *f* test tube

EPS *abr* (= **éducation physique et sportive**) PE (= physical education)
épuisant, épuisante [epɥizɑ̃, -t] punishing
épuisé, épuisée exhausted; *livre* out of print
épuisement *m* exhaustion
épuiser ⟨1a⟩ exhaust; **épuiser les ressources** be a drain on resources; **s'épuiser** tire o.s. out (**à faire qch** doing sth); *d'une source* dry up
épuration [epyrasjɔ̃] *f* purification; **station *f* d'épuration** sewage plant
épurer ⟨1a⟩ purify
équateur [ekwatœr] *m* equator
Équateur [ekwatœr] *m*: **l'Équateur** Ecuador
équation [ekwasjɔ̃] *f* MATH equation
équatorien, équatorienne [ekwatɔrjɛ̃, -ɛn] **1** *adj* Ecuador(i)an **2** *m* **Équatorien, Équatorienne** Ecuador(i)an
équerre [ekɛr] *f à dessin* set square
équestre [ekɛstr] *statue* equestrian
équilibre [ekilibr] *m* balance, equilibrium (*aussi fig*)
équilibré, équilibrée balanced
équilibrer ⟨1a⟩ balance
équinoxe [ekinɔks] *m* equinox
équipage [ekipaʒ] *m* AVIAT, MAR crew
équipe [ekip] *f* team; *d'ouvriers* gang; **travail *m* en équipe** teamwork; **équipe de jour / de nuit** day / night shift; **équipe de secours** rescue party
équipement *m* equipment
équiper ⟨1a⟩ equip (**de** with)
équitable [ekitabl] just, equitable
équitation [ekitasjɔ̃] *f* riding, equestrianism
équité [ekite] *f* justice, equity
équivalence [ekivalɑ̃s] *f* equivalence
équivalent, équivalente [ekivalɑ̃, -t] **1** *adj* equivalent (**à** to) **2** *m* equivalent
équivaloir ⟨3h⟩: **équivaloir à** be equivalent to
équivoque [ekivɔk] **1** *adj* equivocal, ambiguous **2** *f* (*ambiguïté*) ambiguity; (*malentendu*) misunderstanding
érable [erabl] *m* BOT maple
érafler [erafle] ⟨1a⟩ *peau* scratch
éraflure *f* scratch
ère [er] *f* era
érection [erɛksjɔ̃] *f* erection
éreintant, éreintante [erɛ̃tɑ̃, -t] exhausting, back-breaking
éreinter ⟨1a⟩ exhaust; **s'éreinter** exhaust o.s. (**à faire qch** doing sth)
ergothérapeute [ergoterapøt] *m/f* occupational therapist
ergothérapie *f* occupational therapy

ériger [eriʒe] ⟨1l⟩ erect; **s'ériger en** set o.s. up as

ermite [ermit] *m* hermit

éroder [erɔde] ⟨1a⟩ *(aussi fig)* erode

érosion *f* erosion

érotique [erɔtik] erotic

érotisme *m* eroticism

errant, errante [erɑ̃, -t] *personne, vie* roving; *chat, chien* stray

errer ⟨1b⟩ roam; *des pensées* stray

erreur [erœr] *f* mistake, error; **par erreur** by mistake; **erreur de calcul** miscalculation; **erreur judiciaire** miscarriage of justice

erroné, erronée wrong, erroneous *fml*

érudit, érudite [erydi, -t] erudite

érudition *f* erudition

éruption [erypsjɔ̃] *f* eruption; MÉD rash

ès [es] *prép:* **docteur** *m* **ès lettres** PhD

escabeau [eskabo] *m* (*pl* -x) *(tabouret)* stool; *(marchepied)* stepladder

escadron [eskadrɔ̃] *m* squadron

escalade [eskalad] *f* climbing; **escalade de violence** etc escalation in

escalader ⟨1a⟩ climb

escalator [eskalatɔr] *m* escalator

escale [eskal] *f* stopover; **faire escale à** MAR call at; AVIAT stop over in

escalier [eskalje] *m* stairs *pl*, staircase; **dans l'escalier** on the stairs; **escalier roulant** escalator; **escalier de secours** fire escape; **escalier de service** backstairs *pl*

escalope [eskalɔp] *f* escalope

escamotable [eskamɔtabl] retractable

escamoter ⟨1a⟩ *(dérober)* make disappear; *antenne* retract; *fig: difficulté* get around

escapade [eskapad] *f:* **faire une escapade** get away from it all

escargot [eskargo] *m* snail

escarpé, escarpée [eskarpe] steep

escarpement *m* slope; GÉOL escarpment

escarpin [eskarpɛ̃] *m* pump, *Br* court shoe

escient [esjɑ̃] *m:* **à bon escient** wisely

esclaffer [esklafe] ⟨1a⟩: **s'esclaffer** guffaw, laugh out loud

esclandre [esklɑ̃dr] *m* scene

esclavage [esklavaʒ] *m* slavery

esclave *m/f* slave

escompte [eskɔ̃t] *m* ÉCON, COMM discount

escompter ⟨1a⟩ discount; *fig* expect

escorte [eskɔrt] *f* escort

escorter ⟨1a⟩ escort

escrime [eskrim] *f* fencing

escrimer ⟨1a⟩: **s'escrimer** fight, struggle (**à** to)

escroc [eskro] *m* crook, swindler

escroquer [eskrɔke] ⟨1m⟩ swindle; **escroquer qch à qn, escroquer qn de qch** swindle s.o. out of sth

escroquerie *f* swindle

espace [espas] *m* space; **espace aérien** airspace; **espaces verts** green spaces

espacer ⟨1k⟩ space out; **s'espacer** become more and more infrequent

espadrille [espadrij] *f* espadrille, rope sandal

Espagne [espaɲ] *f* Spain

espagnol, espagnole 1 *adj* Spanish **2** *m langue* Spanish **3** *m/f* **Espagnol, Espagnole** Spaniard

espèce [espes] *f* kind, sort (**de** of); BIOL species; **espèce d'abruti!** *péj* idiot!; **en espèces** COMM cash

espérance [esperɑ̃s] *f* hope; **espérance de vie** life expectancy

espérer [espere] ⟨1f⟩ **1** *v/t* hope for; **espérer que** hope that; **espérer faire qch** hope to do sth; **je n'en espérais pas tant** it's more than I'd hoped for **2** *v/i* hope; **espérer en** trust in

espiègle [espjegl] mischievous

espion, espionne [espjɔ̃, -ɔn] *m/f* spy

espionnage *m* espionage, spying

espionner ⟨1a⟩ spy on

esplanade [esplanad] *f* esplanade

espoir [espwar] *m* hope

esprit [espri] *m* spirit; *(intellect)* mind; *(humour)* wit; **faire de l'esprit** show off one's wit; **perdre l'esprit** lose one's mind; **esprit d'équipe** team spirit

Esquimau, Esquimaude [eskimo, -d] (*mpl* -x) *m/f* Eskimo

esquinter [eskɛ̃te] ⟨1a⟩ F *voiture* smash up, total; *(fatiguer)* wear out

esquisse [eskis] *f* sketch; *fig: d'un roman* outline

esquisser ⟨1a⟩ sketch; *fig: projet* outline

esquiver [eskive] ⟨1a⟩ dodge; **s'esquiver** slip away

essai [ese] *m* *(test)* test, trial; *(tentative)* attempt, try; *en rugby* try; *en littérature* essay; **à l'essai, à titre d'essai** on trial

essaim [esɛ̃] *m* swarm

essaimer ⟨1b⟩ swarm

essayage [esejaʒ] *m:* **cabine** *f* **d'essayage** changing cubicle

essayer [eseje] ⟨1i⟩ try; *(mettre à l'épreuve, évaluer)* test; *plat, vin* try, taste; *vêtement* try on; **essayer de faire qch** try to do sth; **s'essayer à qch** try one's hand at sth

essence [esɑ̃s] *f* essence; *carburant* gas, *Br* petrol; BOT species *sg*

essentiel, essentielle [esɑ̃sjel] **1** *adj* essential **2** *m:* **l'essentiel** the main thing; *de sa vie* the main part; **n'emporter que l'essentiel** take only the essentials essieu [esjø] m (pl -x) axle

essor [esɔr] m fig expansion; **prendre un essor** expand rapidly

essorer [esɔre] ⟨1a⟩ linge, à la main wring out; d'une machine à laver spin

essoreuse f spindryer

essoufflé, essoufflée [esufle] out of breath, breathless

essoufflement m breathlessness

essuie-glace [esɥiglas] m (pl inv ou essuie-glaces) AUTO (windshield) wiper, Br (windscreen) wiper

essuie-mains m (pl inv) handtowel

essuie-tout kitchen towel ou paper

essuyer [esɥije] ⟨1h⟩ wipe; (sécher) wipe, dry; fig suffer

est [est] 1 m east; **vent m d'est** east wind; **à l'est de** (to the) east of 2 adj east, eastern; **côte f est** east ou eastern coast

estampe [estɑ̃p] f en cuivre engraving, print

est-ce que [eskə] pour formuler des questions: **est-ce que c'est vrai?** is it true?; **est-ce qu'ils se portent bien?** are they well?

esthéticienne [estetisjɛn] f beautician

esthétique [estetik] esthetic, Br aesthetic

estimable [estimabl] estimable; résultats, progrès respectable

estimatif, -ive estimated; **devis m estimatif** estimate

estimation f estimation; des coûts estimate

estime [estim] f esteem

estimer ⟨1a⟩ valeur, coûts estimate; (respecter) have esteem for; (croire) feel, think; **s'estimer heureux** consider o.s. lucky (**d'être accepté** to have been accepted)

estival, estivale [estival] (mpl -aux) summer atr

estivant, estivante m/f summer resident

estomac [estɔma] m stomach; **avoir mal à l'estomac** have stomach-ache

estomper [estɔ̃pe] ⟨1a⟩: **s'estomper de souvenirs** fade

Estonie [estɔni] f Estonia

estonien, estonienne 1 adj Estonian 2 m langue Estonian 3 m/f **Estonien, Estonienne** Estonian

estrade [estrad] f podium

estragon [estragɔ̃] m tarragon

estropier [estrɔpje] ⟨1a⟩ cripple

estuaire [estɥer] m estuary

et [e] and; **et ... et ...** both ... and ...

étable [etabl] f cowshed

établi [etabli] m workbench

établir [etablir] ⟨2a⟩ camp, entreprise establish, set up; relations, contact, ordre

establish; salaires, prix set, fix; facture, liste draw up; record set; culpabilité establish, prove; raisonnement, réputation base (**sur** on); **s'établir** (s'installer) settle; **s'établir à son compte** set up (in business) on one's own

établissement m establishment; de salaires, prix setting; d'une facture, liste drawing up; d'un record setting; d'une loi, d'un impôt introduction; **établissement scolaire** educational establishment; **établissement bancaire / hospitalier** bank / hospital; **établissement industriel** factory; **établissement thermal** spa

étage [etaʒ] m floor, story; Br storey; d'une fusée stage; **premier / deuxième étage** second / third floor, Br first / second floor

étagère [etaʒer] f meuble bookcase, shelves pl; planche shelf

étain [etɛ̃] m pewter

étalage [etalaʒ] m display; **faire étalage de qch** show sth off

étaler ⟨1a⟩ carte spread out, open out; peinture, margarine spread; paiements spread out (**sur** over); vacances stagger; marchandises display, spread out; fig (exhiber) show off; **s'étaler de peinture** spread; de paiements be spread out (**sur** over); (s'afficher) show off; (se vautrer) sprawl; par terre fall flat

étalon [etalɔ̃] m zo stallion; mesure standard

étanche [etɑ̃ʃ] watertight

étancher [etɑ̃ʃe] ⟨1a⟩ TECH make watertight; soif quench

étang [etɑ̃] m pond

étape [etap] f lieu stopover, stopping place; d'un parcours stage, leg; fig stage

état [eta] m state; de santé, d'une voiture, maison state, condition; (liste) statement, list; **état civil** bureau registry office; condition marital status; **état d'esprit** state of mind; **en tout état de cause** in any case, anyway; **être dans tous ses états** be in a right old state; **être en état de faire qch** be in a fit state to do sth; **hors d'état** out of order

état-major m (pl états-majors) MIL staff

État-providence m welfare state

États-Unis mpl: **les États-Unis** the United States

étau [eto] m (pl -x) vise, Br vice

étayer [eteje] ⟨1i⟩ shore up

été[1] [ete] m summer; **en été** in summer; **été indien** Indian summer

été[2] [ete] p/p → être

éteindre [etɛ̃dr] ⟨4b⟩ incendie, cigarette put out, extinguish; électricité, radio, *chauffage* turn off; *s'éteindre de feu, lumière* go out; *de télé etc* go off; *euph (mourir)* pass away

étendre [etãdr] ⟨4a⟩ *malade, enfant* lay (down); *beurre, enduit* spread; *peinture* apply; *bras* stretch out; *linge* hang up; *vin* dilute; *sauce* thin; *influence, pouvoir* extend; *s'étendre* extend, stretch *(jusqu'à* as far as, to); *d'une personne* lie down; *d'un incendie, d'une maladie* spread; *d'un tissu* stretch; *s'étendre sur qch* dwell on sth

étendue [etãdy] *f* extent; *d'eau* expanse; *de connaissances, affaires* extent, scope; *d'une catastrophe* extent, scale

éternel, éternelle [etɛrnɛl] eternal

éterniser ⟨1a⟩ drag out; *s'éterniser* drag on

éternité *f* eternity

éternuement [etɛrnymã] *m* sneeze

éternuer ⟨1n⟩ sneeze

Éthiopie [etjɔpi] *f:* **l'Éthiopie** Ethiopia

éthiopien, éthiopienne 1 *adj* Ethiopian **2** *m langue* Ethiopic **3** *m/f* **Éthiopien, Éthiopienne** Ethiopian

éthique [etik] **1** *adj* ethical **2** *f* ethics

ethnie [etni] *f* ethnic group

ethnique ethnic

étinceler [etɛ̃sle] ⟨1c⟩ sparkle

étincelle *f* spark

étiqueter [etikte] ⟨1c⟩ label *(aussi fig)*

étiquette [etikɛt] *f d'un vêtement, cahier* label; *(protocole)* etiquette

étirer [etire] ⟨1a⟩: *s'étirer* stretch

étoffe [etɔf] *f* material; *avoir l'étoffe de qch fig* have the makings of sth

étoffer ⟨1a⟩ *fig* flesh out

étoile [etwal] *f* star *(aussi fig)*; **étoile filante** falling star, *Br aussi* shooting star; *à la belle étoile* out of doors; *dormir* under the stars; *étoile de mer* starfish

étonnant, étonnante [etɔnɑ̃, -t] astonishing, surprising

étonné, étonnée astonished, surprised *(de* at, by)

étonnement *m* astonishment, surprise

étonner ⟨1a⟩ astonish, surprise; *s'étonner de* be astonished *ou* surprised at; *s'étonner que* (+ *subj)* be surprised that

étouffant, étouffante [etufɑ̃, -t] stifling, suffocating

étouffée CUIS: *à l'étouffée* braised

étouffer ⟨1a⟩ suffocate; *avec un oreiller* smother, suffocate; *fig: bruit* quash; *révolte* put down, suppress; *cri* smother; *scandale* hush up

étourderie [eturdəri] *f caractère* foolishness; *action* foolish thing to do

étourdi, étourdie [eturdi] foolish,

thoughtless

étourdir ⟨2a⟩ daze; *étourdir qn d'alcool, de succès* go to s.o.'s head

étourdissement *m (vertige)* dizziness, giddiness

étourneau [eturno] *m* starling

étrange [etrɑ̃ʒ] strange

étranger, -ère [etrɑ̃ʒe, -ɛr] **1** *adj* strange; *de l'étranger* stranger **2** *m/f* stranger; *de l'étranger* foreigner **3** *m:* *à l'étranger* aller, vivre abroad; *investissement* foreign, outward

étranglement [etrɑ̃gləmɑ̃] *m* strangulation

étrangler ⟨1a⟩ strangle; *fig: critique, liberté* stifle

être [etr] ⟨1⟩ **1** *v/i* ◇ be; *être ou ne pas être* to be or not to be; *il est avocat* he's a lawyer; *il est de Paris* he is *ou* he's from Paris, he comes from Paris; *nous sommes lundi* it's Monday

◇ *passif* be; *nous avons été éliminé* we were eliminated; *il fut assassiné* he was assassinated

◇: *être à qn* appartenir *à* belong to s.o.; *ce n'est pas à moi de le faire* it's not up to me to do it

◇ *(aller)* go; *j'ai été lui rendre visite* I have *ou* I've been to visit her; *est-ce tu as jamais été à Rouen?* have you ever been to Rouen? **2** *v/aux* have; *elle n'est pas encore arrivée* she hasn't arrived yet; *elle est arrivée hier* she arrived yesterday **3** *m* being; *personne* person

étreindre [etrɛ̃dr] ⟨4b⟩ grasp; *ami* embrace, hug; *de sentiments* grip

étreinte *f* hug, embrace; *de la main* grip

étrenner [etrene] ⟨1a⟩ use for the first time

étrennes [etren] *fpl* New Year's gift *sg*

étrier [etrije] *m* stirrup

étriqué, étriquée [etrike] *pull, habit* too tight, too small; *fig* narrow

étroit, étroite [etrwa, -t] narrow; *tricot* tight, small; *amitié* close; *être étroit d'esprit* be narrow-minded

étroitesse [etrwatɛs] *f* narrowness; *étroitesse d'esprit* narrow-mindedness

Ets. *abr* (= *établissements*): *Ets. Morin* Morin's

étude [etyd] *f* study; MUS *étude*; *salle à l'école* study room; *de notaire* office; *activité* practice; *un certificat d'études* an educational certificate; *faire des études* study; *étude de faisabilité* feasibility study; *étude de marché* market research; *une étude de marché* a market study

étudiant, étudiante [etydjɑ̃, -t] *m/f* student

étudié, étudiée *discours* well thought out; *(affecté)* affected

étudier ⟨1a⟩ study

étui [etɥi] *m* case

étuvée [etyve] CUIS: *à l'étuvée* braised

eu, eue [y] *p/p* → *avoir*

euphémisme [øfemism] *m* understatement; *pour ne pas choquer* euphemism

euphorie [øfɔri] *f* euphoria

euphorique euphoric

euro [øro] *m* euro

Europe [ørɔp] *f*: *l'Europe* Europe

européen, européenne 1 *adj* European **2** *m/f* **Européen, Européenne** European

euthanasie [øtanazi] *f* euthanasia

eux [ø] *mpl* they; *je les ai vues hier, eux et et leurs femmes* I saw them yesterday, them and their wives; *eux, ils ne sont pas contents* they are not happy; *ce sont eux qui* they are the ones who

eux-mêmes [ømɛm] themselves

évacuation [evakɥasjɔ̃] *f* evacuation

évacuer ⟨1n⟩ evacuate

évadé [evade] *m* escaped prisoner, escapee

évader ⟨1a⟩: *s'évader* escape

évaluer [evalɥe] ⟨1a⟩ *(estimer)* evaluate, assess; *tableau, meuble* value; *coût, nombre* estimate

Évangile [evɑ̃ʒil] *m* Gospel

évanouir [evanwir] ⟨2a⟩: *s'évanouir* faint; *fig* vanish, disappear

évanouissement *m* faint; *fig* disappearance

évaporation [evapɔrasjɔ̃] *f* evaporation

évaporer ⟨1a⟩: *s'évaporer* evaporate

évasé [evaze] *vêtement* flared

évasif, -ive evasive

évasion *f* escape

évêché [eveʃe] *m* bishopric; *édifice* bishop's palace

éveil [evɛj] *m* awakening; *en éveil* alert

éveillé, éveillée awake

éveiller ⟨1b⟩ wake up; *fig* arouse; *s'éveiller* wake up; *fig* be aroused

événement [evɛnmɑ̃] *m* event; *événement médiatique* media event

éventail [evɑ̃taj] *m* (*pl* -s) fan; *fig: de marchandises* range; *en éventail* fan-shaped

éventé, éventée *boisson* flat

éventer ⟨1a⟩ fan; *fig: secret* reveal

éventualité [evɑ̃tɥalite] *f* eventuality, possibility

éventuel, éventuelle [evɑ̃tɥɛl] possible

éventuellement possibly

évêque [evɛk] *m* bishop

évertuer [evɛrtɥe] ⟨1n⟩: *s'évertuer à faire qch* try one's hardest *ou* damnedest F to do sth

éviction [eviksjɔ̃] *f* eviction

évidemment [evidamɑ̃] *(bien sûr)* of course

évidence [evidɑ̃s] *f* evidence; *en évidence* plainly visible; *mettre en évidence idée, fait* highlight; *objet* emphasize; *de toute évidence* obviously, clearly

évident, évidente obvious, clear

évier [evje] *m* sink

évincer [evɛ̃se] ⟨1k⟩ oust

évitable [evitabl] avoidable

éviter ⟨1a⟩ avoid; *éviter qch à qn* spare s.o. sth; *éviter de faire qch* avoid doing sth

évocation [evɔkasjɔ̃] *f* evocation

évolué, évoluée [evɔlɥe] developed, advanced

évoluer ⟨1n⟩ *(progresser)* develop, evolve

évolution *f* development; BIOL evolution

évoquer [evɔke] ⟨1m⟩ *esprits* conjure up *(aussi fig)*; *évoquer un problème* bring up a problem

exacerber [ɛgzasɛrbe] ⟨1a⟩ exacerbate

exact, exacte [ɛgza(kt), ɛgzakt] *nombre, poids, science* exact, precise; *compte, reportage* accurate; *calcul, date, solution* right, correct; *personne* punctual; *l'heure exacte* the right time; *c'est exact* that's right *ou* correct

exactitude *f* accuracy; *(ponctualité)* punctuality

ex æquo [ɛgzeko]: *être ex æquo* tie, draw

exagération [ɛgzaʒerasjɔ̃] *f* exaggeration

exagérer ⟨1f⟩ exaggerate

exalter [ɛgzalte] ⟨1a⟩ excite; *(vanter)* exalt

examen [ɛgzamɛ̃] *m* exam; MÉD examination; *passer un examen* take an exam, Br *aussi* sit an exam; *être reçu à un examen* pass an exam; *examen d'entrée* entrance exam; *mise f en examen* JUR indictment

examinateur, -trice [ɛgzaminatœr, -tris] *m/f* examiner

examiner ⟨1a⟩ examine *(aussi* MÉD)

exaspérant, exaspérante [ɛgzasperɑ̃, -t] exasperating

exaspérer ⟨1f⟩ exasperate

exaucer [ɛgzose] ⟨1k⟩ *prière* answer; *vœu* grant; *exaucer qn* grant s.o.'s wish

excavation [ɛkskavasjɔ̃] *f* excavation

excédent [ɛksedɑ̃] *m* excess; *budgétaire, de trésorerie* surplus; *excédent de bagages* excess baggage

excéder ⟨1f⟩ *mesure* exceed, be more

than; *autorité*, *pouvoirs* exceed; (*énerver*) irritate

excellence [ɛksɛlɑ̃s] *f* excellence; **Excellence** *titre* Excellency; **par excellence** par excellence

excellent, excellente excellent

exceller ⟨1b⟩ excel (**dans** in; **en** in, at; **à faire qch** at doing sth)

excentré, excentrée [ɛksɑ̃tre] not in the center *ou Br* centre

excentrique [ɛksɑ̃trik] eccentric

excepté, exceptée [ɛksɛpte] **1** *adj*: **la Chine exceptée** except for China, with the exception of China **2** *prép* except; **excepté que** except for the fact that; **excepté si** unless, except if

excepter ⟨1a⟩ exclude, except

exception [ɛksɛpsjɔ̃] *f* exception; **à l'exception de** with the exception of; **d'exception** exceptional

exceptionnel, exceptionnelle exceptional

excès [ɛksɛ] *m* excess; **à l'excès** to excess, excessively; **excès de vitesse** speeding

excessif, -ive excessive

excitant, excitante [ɛksitɑ̃, -t] *m/f* stimulant

excitation [ɛksitasjɔ̃] *f* excitement; (*provocation*) incitement (**à** to); *sexuelle* arousal

excité, excitée excited; *sexuellement* aroused

exciter ⟨1a⟩ excite; (*provoquer*) incite (**à** to); *sexuellement, envie, passion* arouse, excite; *appétit* whet; *imagination* stir

exclamation [ɛksklamasjɔ̃] *f* exclamation

exclamer ⟨1a⟩: **s'exclamer** exclaim

exclu, exclue [ɛkskly] *m/f* outcast

exclure ⟨4l⟩ exclude

exclusif, -ive [ɛksklyzif, -iv] exclusive

exclusion [ɛksklyzjɔ̃] *f* expulsion; **à l'exclusion de** to the exclusion of; (**à l'exception de**) with the exception of

exclusivement [ɛksklyzivmɑ̃] *adv* exclusively

exclusivité *f* COMM exclusivity, sole rights *pl*; **en exclusivité** exclusively

excommunier [ɛkskɔmynje] ⟨1a⟩ excommunicate

excrément [ɛkskremɑ̃] *m* excrement

excursion [ɛkskyrsjɔ̃] *f* trip, excursion

excuse [ɛkskyz] *f* (*prétexte, justification*) excuse; **excuses** apology *sg*; **faire ses excuses** apologize, make one's apologies

excuser ⟨1a⟩ excuse; **s'excuser** apologize (**de** for); **excusez-moi** excuse me; **excusez-moi de vous déranger** I'm sorry to bother you

exécrable [ɛgzekrabl] horrendous, atrocious

exécuter [ɛgzekyte] ⟨1a⟩ *ordre, projet* carry out; MUS perform, execute; JUR *loi, jugement* enforce; *condamné* execute

exécutif, -ive 1 *adj* executive **2** *m*: **l'exécutif** the executive

exécution *f* *d'un ordre, projet* carrying out, execution; MUS performance, execution; JUR *d'un loi, un jugement* enforcement; *d'un condamné* execution; **mettre à exécution** *menaces, plan* carry out

exemplaire [ɛgzɑ̃plɛr] **1** *adj* exemplary; **une punition exemplaire** a punishment intended to act as an example **2** *m* copy; (*échantillon*) sample; **en deux / trois exemplaires** in duplicate / triplicate

exemple [ɛgzɑ̃pl] *m* example; **par exemple** for example; **donner / ne pas donner l'exemple** set a good / bad example

exempt, exempte [ɛgzɑ̃, -t] exempt (**de** from); *inquiétude, souci* free (**de** from)

exempter ⟨1a⟩ exempt (**de** from)

exemption *f* exemption; **exemption d'impôts** tax exemption

exercer [ɛgzerse] ⟨1k⟩ *corps* exercise; *influence* exert, use; *pouvoir* use; *profession* practise; *mémoire* train; MIL drill; **elle exerce la médecine** she's a doctor; **s'exercer** (*s'entraîner*) practise

exercice [ɛgzersis] *m* exercise (*aussi* ÉDU); *d'une profession* practice; COMM fiscal year, *Br* financial year; MIL drill; **exercice d'évacuation** evacuation drill

exhaler [ɛgzale] ⟨1a⟩ exhale

exhaustif, -ive [ɛgzostif, -iv] exhaustive

exhiber [ɛgzibe] ⟨1a⟩ exhibit; *document* produce; **s'exhiber** make an exhibition of o.s.

exhibitionniste *m* exhibitionist

exhumer [ɛgzyme] ⟨1a⟩ exhume

exigeant, exigeante [ɛgziʒɑ̃, -t] demanding

exigence *f* (*revendication*) demand

exiger ⟨1l⟩ (*réclamer*) demand; (*nécessiter*) need

exigu, exiguë [ɛgzigy] tiny

exil [ɛgzil] *m* exile

exilé, exilée *m/f* exile

exiler ⟨1a⟩ exile; **s'exiler** go into exile

existence [ɛgzistɑ̃s] *f* existence

exister ⟨1a⟩ exist; **il existe** there is, *pl* there are

exode [ɛgzɔd] *m* exodus

exonérer [ɛgzɔnere] ⟨1f⟩ exempt

exorbitant, exorbitante [ɛgzɔrbitɑ̃, -t] exorbitant

exorbité, exorbitée *yeux* bulging

exotique [ɛgzɔtik] exotic

expansif, -ive [ɛkspɑ̃sif, -iv] expansive (*aussi* PHYS)

expansion f expansion; **expansion économique** economic expansion *ou* growth

expatrier [ɛkspatrije] ⟨1a⟩ *argent* move abroad *ou* out of the country; **s'expatrier** settle abroad

expectative [ɛkspɛktativ] f: **rester dans l'expectative** wait and see

expédient [ɛkspedjɑ̃] m expedient

expédier [ɛkspedje] ⟨1a⟩ send; COMM ship, send; *travail* do quickly

expéditeur, -trice [ɛkspeditœr, -tris] m/f sender; COMM shipper, sender

expéditif, -ive speedy; *péj* hasty

expédition f sending; COMM shipment; (*voyage*) expedition

expérience [ɛksperjɑ̃s] f experience; *scientifique* experiment

expérimenté, expérimentée [ɛksperimɑ̃te] experienced

expérimenter ⟨1a⟩ (*tester*) test

expert, experte [ɛksper, -t] **1** *adj* expert; **être expert en la matière** be an expert in the matter **2** m/f expert

expert-comptable m (pl experts-comptables) certified public accountant, Br chartered accountant

expert légiste m forensic scientist

expertise [ɛkspertiz] f (*estimation*) valuation; JUR expert testimony

expertiser ⟨1a⟩ *tableau, voiture* value

expier [ɛkspje] ⟨1a⟩ expiate

expiration [ɛkspirasjɔ̃] f *d'un contrat, délai* expiration, Br expiry; *de souffle* exhalation

expirer ⟨1a⟩ *d'un contrat, délai* expire; (*respirer*) exhale; (*mourir*) die, expire *fml*

explicatif, -ive [ɛksplikatif, -iv] explanatory

explication f explanation; **nous avons eu une explication** we talked things over

explicite [ɛksplisit] explicit

explicitement *adv* explicitly

expliquer [ɛksplike] ⟨1m⟩ explain; **s'expliquer** explain o.s.; **s'expliquer qch** account for sth, find an explanation for sth; **s'expliquer avec qn** talk things over with s.o.

exploit [ɛksplwa] m *sportif, médical* feat, achievement; *amoureux* exploit

exploitant, exploitante m/f *agricole* farmer

exploitation [ɛksplwatasjɔ̃] f *d'une ferme, ligne aérienne* operation, running; *du sol* working, farming; *de richesses naturelles* exploitation; (*entreprise*) operation, concern; *péj*: *des ouvriers* exploitation; **exploitation minière** mining

exploiter ⟨1a⟩ *ferme, ligne aérienne* operate, run; *sol* work, farm; *richesses naturelles* exploit (*aussi péj*)

explorateur, -trice [ɛksplɔratœr, -tris] m/f explorer

exploration f exploration

explorer ⟨1a⟩ explore

exploser [ɛksploze] ⟨1a⟩ explode (*aussi fig*); **exploser de rire** F crack up F

explosif, -ive 1 *adj* explosive (*aussi fig*) **2** m explosive

explosion f explosion (*aussi fig*)

exportateur, -trice [ɛkspɔrtatœr, -tris] **1** *adj* exporting **2** m exporter

exportation f export

exporter ⟨1a⟩ export

exposant, exposante m/f exhibitor

exposé [ɛkspoze] m account, report; ÉDU presentation

exposer ⟨1a⟩ *art, marchandise* exhibit, show; *problème, programme* explain; *à l'air, à la chaleur* expose (*aussi* PHOT)

exposition f *d'art, de marchandise* exhibition; *d'un problème* explanation; *au soleil* exposure (*aussi* PHOT)

exprès[1] [ɛkspre] *adv* (*intentionnellement*) deliberately, on purpose; (*spécialement*) expressly, specially

exprès[2]**, -esse** [ɛkspres] **1** *adj* express **2** *adj inv* **lettre** f **exprès** express letter

express [ɛkspres] **1** *adj inv* express; **voie** f **express** expressway **2** m train express; café espresso

expressément [ɛkspresemɑ̃] *adv* expressly

expressif, -ive [ɛkspresif, -iv] expressive

expression f expression

expresso [ɛkspreso] m espresso (coffee)

exprimer [ɛksprime] ⟨1a⟩ express; **s'exprimer** express o.s.

exproprier [ɛksproprije] ⟨1a⟩ expropriate

expulser [ɛkspylse] ⟨1a⟩ expel; *d'un pays* deport

expulsion f expulsion; *d'un pays* deportation

exquis, exquise [ɛkski, -z] exquisite

extase [ɛkstaz] f ecstasy

extatique ecstatic

extensible stretchable

extensif, -ive AGR extensive

extension f *des bras, jambes* stretching; (*prolongement*) extension; *d'une épidémie* spread; INFORM expansion

exténuer [ɛkstenɥe] ⟨1n⟩ exhaust

extérieur, extérieure [ɛksterjœr] **1** *adj paroi, mur* outside, external; ÉCON, POL foreign, external; *(apparent)* external **2** *m* *(partie externe)* outside, exterior; **à l'extérieur** *(dehors)* outside, out of doors; **à l'extérieur de** outside

extérieurement *adv* externally, on the outside

extérioriser ⟨1a⟩ express, let out; **s'extérioriser** *d'un sentiment* show itself, find expression; *d'une personne* express one's emotions

exterminer [ɛkstɛrmine] ⟨1a⟩ exterminate

externe [ɛkstɛrn] external

extincteur [ɛkstɛ̃ktœr] *m* extinguisher

extinction [ɛkstɛ̃ksjõ] *f* extinction *(aussi fig)*

extirper [ɛkstirpe] ⟨1a⟩ *mauvaise herbe* pull up; MÉD remove; *fig renseignement* drag out

extorquer [ɛkstɔrke] ⟨1m⟩ extort

extorsion [ɛkstɔrsjõ] *f* extortion

extra [ɛkstra] **1** *adj inv* great, terrific **2** *m*: **un extra** something special

extraconjugal, extraconjugale [ɛkstra-kõʒygal] extramarital

extraction [ɛkstraksjõ] *f de pétrole, d'une dent* extraction

extrader [ɛkstrade] ⟨1a⟩ extradite

extradition *f* JUR extradition

extraire [ɛkstrɛr] ⟨4s⟩ extract

extrait [ɛkstrɛ] *m* extract

extraordinaire [ɛkstraɔrdinɛr] extraordinary

extrapoler [ɛkstrapɔle] ⟨1a⟩ extrapolate

extrascolaire [ɛkstraskɔlɛr] extra-curricular

extraterrestre [ɛkstratɛrɛstr] *m/f* extraterrestrial, alien

extravagance [ɛkstravagãs] *f* extravagance; *d'une personne, d'une idée, d'un habit* eccentricity

extravagant, extravagante extravagant; *habits, idées, personne* eccentric

extraverti, extravertie [ɛkstravɛrti] extrovert

extrême [ɛkstrɛm] **1** *adj* extreme **2** *m* extreme; **à l'extrême** to extremes

extrêmement *adv* extremely

extrême-onction *f* REL extreme unction

Extrême-Orient *m*: **l'Extrême-Orient** the Far East

extrémiste [ɛkstremist] *m/f* extremist; **extrémiste de droite** right-wing extremist

extrémité *f d'une rue* (very) end; *d'un doigt* tip; *(situation désespérée)* extremity; **extrémités** ANAT extremities

exubérance [ɛgzyberãs] *f d'une personne* exuberance

exubérant, exubérante exuberant

exulter [ɛgzylte] exult

exutoire [ɛgzytwar] *m fig* outlet

eye-liner [ajlajnœr] *m* eyeliner

F

F *abr* (= **franc(s)**) FF (= French franc(s))

fa [fa] *m* MUS F

fable [fabl] *f* fable

fabricant, fabricante [fabrikã, -t] *m/f* manufacturer, maker

fabrication *f* making; *industrielle* manufacture; **fabrication en série** mass production

fabrique [fabrik] *f* factory

fabriquer ⟨1m⟩ make; *industriellement aussi* manufacture; *histoire* fabricate

fabuler ⟨1m⟩ make things up

fabuleux, -euse [fabylø, -z] fabulous

fac [fak] *f abr* (= **faculté**) uni, university

façade [fasad] *f* façade *(aussi fig)*

face [fas] *f* face; *d'une pièce* head; **de face** from the front; **en face de** opposite; **face à qch** facing sth; *fig* faced with sth; **face à face** face to face; **en face** opposite; **faire face à** *problèmes, responsabilités* face (up to)

face-à-face *m* (*pl inv*) face-to-face (debate)

facétieux, -euse [fasesjø, -z] mischievous

facette [fasɛt] *f* facet

fâché, fâchée [fɑʃe] annoyed

fâcher ⟨1a⟩ annoy; **se fâcher** get annoyed; **se fâcher avec qn** fall out with s.o.

fâcheux, -euse annoying; *(déplorable)* unfortunate

facho [faʃo] F fascist

facile [fasil] easy; *personne* easy-going; **facile à faire / utiliser** easy to do / use

facilement *adv* easily

facilité *f* easiness; *à faire qch* ease; *elle a beaucoup de facilités à l'école* she shows a lot of strengths at school; *facilités de paiement* easy terms; *facilité d'utilisation* ease of use

faciliter ⟨1a⟩ make easier, facilitate

façon [fasɔ̃] *f* (*manière*) way, method; *de façon (à ce) que* (+*subj*) so that; *de toute façon* anyway, anyhow; *de cette façon* (in) that way; *à la façon de chez nous* like we have at home; *à la façon de Monet* in the style of Monet; *façons* (*comportement*) behavior *sg*, *Br* behaviour *sg*, manners; *faire des façons* make a fuss; *sans façon* simple, unpretentious

façonner [fasɔne] ⟨1a⟩ shape, fashion

facteur [faktœr] *m de la poste* mailman, letter carrier, *Br* postman; MATH, *fig* factor

factice [faktis] artificial

faction [faksjɔ̃] *f* (*groupe*) faction

factrice [faktris] *f* mailwoman, *Br* postwoman

factuel, factuelle [faktɥel] factual

facture [faktyr] *f* bill; COMM invoice

facturer ⟨1a⟩ invoice

facultatif, -ive [fakyltatif, -iv] optional; *arrêt m facultatif d'autobus* request stop

faculté [fakylte] *f* faculty (*aussi université*); *faculté d'adaptation* adaptability

fade [fad] insipid (*aussi fig*)

Fahrenheit [farɛnajt] Fahrenheit

faible [fɛbl] **1** *adj* weak; *bruit, lumière, voix, espoir* faint; *avantage* slight **2** *m pour personne* soft spot; *pour chocolat etc* weakness

faiblesse *f* weakness

faiblir ⟨2a⟩ weaken

faïence [fajɑ̃s] *f* earthenware

faille [faj] *f* GÉOL fault; *dans théorie, raisonnement* flaw

faillible [fajibl] fallible

faillir ⟨2n⟩: *il a failli gagner* he almost won, he nearly won

faillite *f* COMM bankruptcy; *faire faillite* go bankrupt; *être en faillite* be bankrupt

faim [fɛ̃] *f* hunger; *avoir faim* be hungry; *manger à sa faim* eat one's fill; *mourir de faim* starve (*aussi fig*)

fainéant, fainéante [feneɑ̃, -t] **1** *adj* idle, lazy **2** *m/f* idler

faire [fer] ⟨4n⟩ **1** *v/t* ◇ do; *gâteau, robe, meuble, repas, liste* make; *qu'est-ce que vous faites dans la vie?* what do you do for a living?; *tu ferais bien ou mieux de te dépêcher* you had better hurry up; *elle ne fait que parler* she does nothing but talk; *faire la cuisine* cook; *faire*

du tennis play tennis; *faire de la natation / du bateau / du ski* swim / sail / ski, go swimming / sailing / skiing; *faire son droit* study law, take a law degree; *faire un voyage* make *ou* take a trip; *faire jeune* look young; *faire le malade / le clown* act *ou* play the invalid / the fool; *ça fait 100 euros* that makes 100 euros; *cinq plus cinq font dix* five and five are *ou* make ten, five and five is ten; *ça ne fait rien* it doesn't matter; *qu'est-ce que ça peut te faire?* what business is it of yours?; *on ne peut rien y faire* we can't do anything about it; *ce qui fait que* which means that; *... fit-il ...* he said

◇ *avec inf: faire rire qn* make s.o. laugh; *faire venir qn* send for s.o.; *faire chauffer de l'eau* heat some water; *faire peindre la salle de bain* have the bathroom painted **2** *v/i: faire vite* hurry up, be quick; *fais comme chez toi* make yourself at home; *faire avec* make do **3** *impersonnel: il fait chaud / froid* it is *ou* it's warm / cold; *ça fait un an que je ne l'ai pas vue* I haven't seen her in a year **4**

◇ *se faire* become; *amis, ennemis, millions* make (for o.s.); *une réputation* be made; *cela se fait beaucoup* it's quite common; *ça ne se fait pas* it's not done; *tu t'es fait couper les cheveux?* have you had your hair cut?; *se faire rare* become rarer and rarer; *je me fais vieux* I'm getting old

◇ : *se faire à qch* get used to sth

◇ : *je ne m'en fais pas* I'm not worried *ou* bothered

faire-part [ferpar] *m* (*pl inv*) announcement

faisable [fəzabl] feasible

faisan [fəzɑ̃] *m* pheasant

faisceau [feso] *m* (*pl -x*) bundle; *de lumière* beam

fait¹ [fɛ] *m* fact; (*action*) act; (*événement*) development; *au fait* by the way, incidentally; *de fait* in fact; *de ce fait* consequently; *en fait* in fact; *du fait de* because of; *en fait de* by way of; *tout à fait* absolutely; *un fait divers* a brief news item; *prendre qn sur le fait* catch s.o. in the act; *tous ses faits et gestes* his every move

fait², faite [fɛ, fɛt] **1** *p/p → faire* **2** *adj: être fait pour qn / qch* be made for s.o./sth; *être fait* F be done for; *bien fait personne* good-looking; *c'est bien fait pour lui* serves him right

falaise [falɛz] *f* cliff

falloir [falwar] ⟨3c⟩ ◇ : *il faut un visa* you

need a visa, you must have a visa; **combien te faut-il?** how much do you need?; **il faut l'avertir** we have to warn him, he has to be warned; **il me faut un visa** I need a visa; **il me faut sortir, il faut que je sorte** (*subj*) I have to go out, I must go out, I need to go out; **s'il le faut** if necessary, if need be; **il aurait fallu prendre le train** we should have taken the train; **il faut vraiment qu'elle soit** (*subj*) **fatiguée** she must really be tired; **comme il faut** respectable

◇ *avec négatif:* **il ne faut pas que je sorte** (*subj*) **avant ...** I mustn't go out until ...

◇ : **il s'en fallait de 20 euros/3 points** another 20 euros/3 points was all that was needed; **il a failli nous heurter: il s'en est fallu de peu** he came within an inch of hitting us; **il s'en est fallu de peu que je vienne** (*subj*) I almost came; **...il s'en faut de beaucoup** not by a long way

falsification [falsifikasjõ] *f* forgery; *document* falsification
falsifier ⟨1a⟩ *argent* forge; *document* falsify; *vérité* misrepresent
famé, famée [fame]: **mal famé** disreputable
famélique [famelik] starving
fameux, -euse [famø, -z] (*célèbre*) famous; (*excellent*) wonderful, marvelous, *Br* marvellous; **c'est un fameux ...** it's quite a ...
familial, familiale [familjal] (*mpl* -aux) family *atr*
familiariser [familjarize] ⟨1a⟩ familiarize (**avec** with)
familiarité *f* familiarity (**avec** with)
familier, -ère [familje] (*impertinent, connu*) familiar; *langage* colloquial, familiar
famille [famij] *f* family; **famille monoparentale** single-parent family; **famille nombreuse** large family
famine [famin] *f* famine
fan [fan] *m/f*, **fana** [fana] *m/f* F fan
fanatique [fanatik] **1** *adj* fanatical **2** *m/f* (*obsédé*) fanatic
fanatisme *m* fanaticism
faner [fane] ⟨1a⟩: **se faner** fade, wither
fanfare [fɑ̃far] *f* (*orchestre*) brass band; (*musique*) fanfare
fanfaron, fanfaronne [fɑ̃farɔ̃] **1** *adj* boastful, bragging **2** *m* boaster
fantaisie [fɑ̃tezi] *f* imagination; (*caprice*) whim; **bijoux** *mpl* **fantaisie** costume jewelry, *Br* costume jewellery
fantaisiste *m/f* & *adj* eccentric
fantasme [fɑ̃tasm] *m* fantasy

fantasmer fantasize
fantasque [fɑ̃task] *personne* strange, weird
fantastique [fɑ̃tastik] **1** *adj* fantastic; (*imaginaire*) imaginary **2** *m*: **le fantastique** fantasy
fantoche [fɑ̃tɔʃ] *m fig* puppet
fantôme [fɑ̃tom] *m* ghost; **train** *m* **fantôme** ghost train; **ville** *f* **fantôme** ghost town
FAQ [efaky] *f abr* (= **Foire aux questions**) FAQ (= frequently asked question(s))
farce [fars] *f au théâtre* farce; (*tour*) joke; CUIS stuffing
farceur, -euse *m/f* joker
farcir ⟨2a⟩ CUIS stuff; *fig* cram
fard [far] *m* make-up; **fard à paupières** eye shadow
fardeau [fardo] *m* (*pl* -x) burden (*aussi fig*)
farder [farde] ⟨1a⟩: **se farder** make up
farfelu, farfelue [farfəly] odd, weird
farfouiller [farfuje] ⟨1a⟩ F rummage around
farine [farin] *f* flour; **farine de maïs** corn starch, *Br* cornflour
farineux, -euse [-nø, -øz] floury
farouche [faruʃ] (*timide*) shy; (*violent*) volonté, haine fierce
fart [far(t)] *m* ski wax
fascicule [fasikyl] *m* installment, *Br* instalment
fascinant, fascinante [fasinɑ̃, -t] fascinating
fascination *f* fascination
fasciner ⟨1a⟩ fascinate
fascisme [faʃism] *m* fascism
fasciste *m/f* & *adj* Fascist
faste [fast] *m* pomp, splendor, *Br* splendour
fast-food [fastfud] *m* fast food restaurant
fastidieux, -euse [fastidjø, -z] tedious
fastoche [fastɔʃ] F dead easy
fastueux, -euse [fastyø, -z] lavish
fatal, fatale [fatal] (*mpl* -s) fatal; (*inévitable*) inevitable
fatalement *adv* fatally
fatalisme *m* fatalism
fataliste **1** *adj* fatalistic **2** *m/f* fatalist
fatalité *f* fate; **la fatalité de l'hérédité** the inescapability of heredity
fatidique [fatidik] fateful
fatigant, fatigante [fatigɑ̃, -t] tiring; (*agaçant*) tiresome
fatigue *f* tiredness, fatigue; **mort de fatigue** dead on one's feet
fatigué, fatiguée tired
fatiguer ⟨1m⟩ tire; (*importuner*) annoy;

se fatiguer tire o.s. out, get tired

faubourg [fobur] *m* (working-class) suburb

fauché, fauchée [foʃe] F broke F

faucher ⟨1a⟩ *fig* mow down; F (*voler*) pinch F, lift F

faucille [fosij] *f* sickle

faucon [fokõ] *m* falcon

faufiler [fofile] ⟨1a⟩: **se faufiler dans une pièce** slip into a room; **se faufiler entre les voitures** thread one's way through the traffic

faune [fon] *f* wildlife, fauna

faussaire [foser] *m* forger

faussement *adv* falsely; *accuser, condamner* wrongly; *croire* wrongly

fausser ⟨1a⟩ *calcul, données* skew, distort; *sens, vérité* distort, twist; *clef* bend; **fausser compagnie à qn** skip out on s.o.

faute [fot] *f* mistake; (*responsabilité*) fault; **c'est (de) ta faute** it's your fault, you're the one to blame; **à qui la faute?** whose fault is that?; **par sa faute** because of him; **être en faute** be at fault; **faute de** for lack of; **sans faute** without fail; **faute professionnelle** professional misconduct

fauteuil [fotœj] *m* armchair; **fauteuil de jardin** garden chair; **fauteuil roulant** wheelchair

fautif, -ive [fotif, -iv] (*coupable*) guilty; (*erroné*) incorrect

fauve [fov] **1** *adj* tawny; **bêtes** *fpl* **fauves** big cats **2** *m* félin big cat

faux, fausse [fo, fos] **1** *adj* false; (*incorrect*) *aussi* wrong; *bijoux* imitation, fake; **fausse couche** *f* miscarriage; **faux billet** forged *ou* dud bill; **faux numéro** wrong number; **faux témoignage** perjury **2** *adv:* **chanter faux** sing off-key, sing out of tune **3** *m* copie forgery, fake

faux-filet [fofile] *m* (*pl* faux-filets) CUIS sirloin

faux-monnayeur [fomɔnɛjœr] *m* counterfeiter, forger

faux-semblant [fosãblã] *m* pretense, *Br* pretence

faveur [favœr] *f* favor, *Br* favour; **de faveur** *traitement* preferential; *prix* special; **en faveur de** in favor of

favorable favorable, *Br* favourable

favorablement *adv* favorably, *Br* favourably

favori, favorite [favɔri, -t] *m/f & adj* favorite, *Br* favourite

favoriser ⟨1a⟩ favor, *Br* favour; *faciliter, avantager* promote, encourage

favoritisme *m* favoritism, *Br* favouritism

fax [faks] *m* fax

faxer ⟨1a⟩ fax

fébrile [febril] feverish

fécond, féconde [fekõ, -d] fertile (*aussi fig*)

fécondation *f* fertilization; **fécondation artificielle** artificial insemination

féconder ⟨1a⟩ fertilize

fécondité *f* fertility

fécule [fekyl] *f* starch

féculent *m* starchy food

fédéral, fédérale [federal] (*mpl* -aux) federal

fédéralisme *m* federalism

fédéraliste *m/f & adj* federalist

fédération *f* federation

fée [fe] *f* fairy

feeling [filiŋ] *m* feeling; **avoir un bon feeling pour qch** have a good feeling about sth

féerique [fe(e)rik] *fig* enchanting

feignant [fɛɲã, -ãt] → **fainéant**

feindre [fɛ̃dr] ⟨4b⟩: **feindre l'étonnement/l'indifférence** pretend to be astonished / indifferent, feign astonishment / indifference; **feindre de faire qch** pretend to do sth

feinte *f* feint

fêlé, fêlée [fɛle] *aussi fig* cracked

fêler ⟨1b⟩: **se fêler** crack

félicitations [felisitasjõ] *fpl* congratulations

féliciter ⟨1a⟩: **féliciter qn de** *ou* **pour qch** congratulate s.o. on sth; **se féliciter de qch** congratulate o.s. on sth

félin, féline [felɛ̃, -in] *m & adj* feline

fêlure [felyr] *f* crack

femelle [fəmɛl] *f & adj* female

féminin, féminine [feminɛ̃, -in] **1** *adj* feminine; *sexe* female; *problèmes, maladies, magazines, mode* women's **2** *m* GRAM feminine

féminisme *m* feminism

féministe *m/f & adj* feminist

féminité *f* femininity

femme [fam] *f* woman; (*épouse*) wife; **jeune femme** young woman; **femme d'affaires** businesswoman; **femme battue** battered wife; **femme-enfant** childlike woman; **femme au foyer** homemaker, *Br* housewife; **femme de ménage** cleaning woman

fendre [fãdr] ⟨4a⟩ split; (*fissurer*) crack; *cœur* break; **se fendre** split; (*se fissurer*) crack

fenêtre [f(ə)nɛtr] *f* window

fenouil [fənuj] *m* BOT fennel

fente [fãt] *f* crack; *d'une boîte à lettres, jupe* slit; *pour pièces de monnaie* slot

fer [fɛr] *m* iron; **volonté / discipline de**

fer *fig* iron will / discipline; **fer à cheval** horseshoe; **fer à repasser** iron

férié [ferje]: **jour** *m* **férié** (public) holiday

ferme[1] [fɛrm] **1** *adj* firm; **terre** *f* **ferme** dry land, terra firma **2** *adv* **travailler** hard; **s'ennuyer ferme** be bored stiff; **discuter ferme** be having a fierce debate

ferme[2] [fɛrm] *f* farm

fermé, fermée [fɛrme] closed, shut; **robinet** off; **club, milieu** exclusive

fermement [fɛrməmɑ̃] *adv* firmly

fermentation [fɛrmɑ̃tasjɔ̃] *f* fermentation

fermenter ⟨1a⟩ ferment

fermer [fɛrme] ⟨1a⟩ **1** *v/t* close, shut; *définitivement* close down, shut down; *eau, gaz, robinet* turn off; *manteau* fasten; *frontière, port, chemin* close; **fermer boutique** close down, go out of business; **fermer à clef** lock; **ferme-la!** shut up! **2** *v/i* close, shut; *définitivement* close down, shut down; *d'un manteau* fasten; **se fermer** close, shut

fermeté [fɛrməte] *f* firmness

fermette [fɛrmɛt] *f* small farmhouse

fermeture [fɛrmətyr] *f* closing; *définitive* closure; *mécanisme* fastener; **fermeture éclair** zipper, *Br* zip (fastener)

fermier [fɛrmje, -jɛr] **1** *adj œufs, poulet* free-range **2** *m* farmer

fermière *f* farmer; *épouse* farmer's wife

fermoir [fɛrmwar] *m* clasp

féroce [ferɔs] fierce, ferocious

férocité *f* fierceness, ferocity

ferraille [fɛraj] *f* scrap; **mettre à la ferraille** scrap, throw on the scrapheap

ferré, ferrée [fɛre]: **voie ferrée** *f* (railroad *ou* Br railway) track

ferroviaire [fɛrɔvjɛr] railroad *atr*, *Br* railway *atr*

ferry-boat [feribot] *m* (*pl* ferry-boats) ferry

fertile [fɛrtil] fertile; **fertile en** full of, packed with

fertilisant *m* fertilizer

fertilité *f* fertility

fervent, fervente [fɛrvɑ̃, -t] *prière, admirateur* fervent

ferveur *f* fervor, *Br* fervour

fesse [fɛs] *f* buttock; **fesses** butt *sg*, *Br* bottom *sg*

fessée *f* spanking

festif, -ive [fɛstif -iv] festive

festin [fɛstɛ̃] *m* feast

festival [fɛstival] *m* (*pl* -s) festival

festivités [fɛstivite] *fpl* festivities

fêtard [fɛtar] *m* F reveler, *Br* reveller

fête *f* festival; (*soirée*) party; *publique* holiday; REL feast (day), festival; *jour d'un saint* name day; **les fêtes** (**de fin d'an-**

née) the holidays, Christmas and New Year; **faire la fête** party; **être en fête** be in party mood; **fête foraine** fun fair; **Fête des mères** Mother's Day; **Fête nationale** Bastille Day

fêter ⟨1b⟩ celebrate; (*accueillir*) fête

fétiche [fetiʃ] *m* fetish; (*mascotte*) mascot; **numéro / animal fétiche** lucky number / animal

feu [fø] *m* (*pl* -x) fire; AUTO, AVIA, MAR light; *de circulation* (traffic) light, *Br* (traffic) lights *pl*; *d'une cuisinière* burner; *fig* (*enthousiasme*) passion; **au coin du feu** by the fireside; **coup** *m* **de feu** shot; **feu d'artifice** fireworks *pl*, firework display; **mettre le feu à qch** set sth on fire, set fire to sth; **prendre feu** catch fire; **en feu** on fire; **à feu doux / vif** over a low / high heat; **faire feu sur** MIL fire *ou* shoot at; **vous avez du feu?** got a light?; **feu rouge** red light, stoplight; **feu vert** green light (*aussi fig*); **feu arrière** AUTO tail light, *Br* rear light; **feu stop** brake light, stoplight; **feu de position** side light; **feux de croisement** low beams, *Br* dipped headlights; **feux de route** headlights on high *ou Br* full beam; **feux de signalisation** traffic light, *Br* traffic lights *pl*; **feux de stationnement** parking lights

feuillage [fœjaʒ] *m* foliage

feuille *f* leaf; *de papier* sheet; **feuille d'impôt** tax return; **feuille de maladie** form used to claim reimbursement of medical expenses; **feuille de paie** payslip

feuillet leaf

feuilleter ⟨1c⟩ *livre etc* leaf through; CUIS **pâte** *f* **feuilletée** puff pastry

feuilleton *m* *d'un journal* serial; TV soap opera

feutre [føtr] *m* felt; *stylo* felt-tipped pen; *chapeau* fedora

feutré, feutrée *bruit* muffled

fève [fɛv] *f* BOT broad bean

février [fevrije] *m* February

FF *m abr* (= **franc**(**s**) **français**) FF (= French franc(s))

fiabilité [fjabilite] *f* reliability

fiable reliable

fiançailles [fjɑ̃sɑj] *fpl* engagement *sg*

fiancé, fiancée *m/f* fiancé, fiancée

fiancer ⟨1k⟩: **se fiancer avec** get engaged to

fiasco [fjasko] *m* fiasco

fibre [fibr] *f* fiber, *Br* fibre; **avoir la fibre paternelle** *fig* be a born father; **faire jouer la fibre patriotique** play on patriotic feelings; **fibre optique** optical fiber; **le domaine des fibres optiques** fiber optics; **fibre de verre** fiberglass, *Br* fibreglass

ficeler [fisle] ⟨1c⟩ tie up

ficelle *f* string; *pain* thin French stick

fiche [fiʃ] *f pour classement* index card; *formulaire* form; ÉL plug

ficher ⟨1a⟩ F (*faire*) do; (*donner*) give; (*mettre*) stick; *par la police* put on file; *fiche-moi la paix!* leave me alone *ou* in peace!; *fiche-moi le camp!* clear out!, go away!; *je m'en fiche* I don't give a damn

fichier [fiʃje] *m* INFORM file; **fichier joint** attachment

fichu, fichue [fiʃy] F (*inutilisable*) kaput F, done-for F; (*sale*) filthy; *être mal fichu* santé be feeling rotten; *être fichu* (*condamné*) have had it F

fictif, -ive [fiktif, -iv] fictitious

fiction *f* fiction

fidéicommis [fideikɔmi] *m* trust

fidéicommissaire *m/f* trustee

fidèle [fidεl] **1** *adj* faithful; *ami, supporter* faithful, loyal **2** *m/f* REL, *fig*: **les fidèles** the faithful *pl*

fidéliser ⟨1a⟩: *fidéliser la clientèle* create customer loyalty

fidélité *f* faithfulness

fier[1] [fje] ⟨1a⟩: *se fier à* trust

fier[2], **-ère** [fjεr] proud (*de* of)

fièrement *adv* proudly

fierté *f* pride

fièvre [fjεvr] *f* fever; *avoir de la fièvre* have a fever, *Br* have a temperature; *avoir 40° de fièvre* have a temperature of 40°

fiévreux, -euse [fjevrø, -øz] feverish (*aussi fig*)

figer [fiʒe] ⟨1l⟩ congeal; *se figer fig: d'un sourire, d'une expression* become fixed

fignoler [fiɲole] ⟨1a⟩ put the finishing touches to

figue [fig] *f fig*

figuier *m* fig tree

figurant, figurante [figyrɑ̃, -t] *m/f de théâtre* walk-on; *de cinéma* extra

figuratif, -ive figurative

figure *f* (*visage*) face; *se casser la figure* F fall flat on one's face

figuré, figurée figurative

figurer ⟨1a⟩ figure; *se figurer qch* imagine sth

fil [fil] *m* thread; *de métal*, ÉL, TÉL wire; *coup m de fil* TÉL (phone) call; *au bout du fil* TÉL on the phone *ou* line; *au fil des jours* with the passage of time; *fil dentaire* (dental) floss; *fil électrique* wire; *fil de fer barbelé* barbed wire

filament *m* ÉL filament

filature *f* spinning; *usine* mill; *prendre qn en filature fig* tail s.o.

file [fil] *f* line; *d'une route* lane; *file (d'attente)* line, *Br* queue; *à la file* one after the other

filer ⟨1a⟩ **1** *v/t* spin; F (*donner*) give; (*épier*) tail F **2** *v/i* F (*partir vite*) fly, race off; *du temps* fly past

filet [filε] *m d'eau* trickle; *de pêche, tennis* net; CUIS fillet; *filet (à provisions)* string bag

filial, filiale [filjal] (*mpl* -aux) **1** *adj* filial **2** *f* COMM subsidiary

filière [filjεr] *f* (career) path; *la filière administrative* official channels *pl*; *filières scientifiques / littéraires* science / arts subjects

filigrane [filigran] *m d'un billet de banque* watermark

fille [fij] *f* girl; *parenté* daughter; *vieille fille* old maid; *jeune fille* girl, young woman; *petite fille* little girl

fillette *f* little girl

filleul [fijœl] *m* godson, godchild

filleule *f* goddaughter, godchild

film [film] *m* movie, *Br aussi* film; *couche* film; *film policier* detective movie *ou Br aussi* film; *se faire un film* see a movie; *se faire des films fig* imagine things

filmer ⟨1a⟩ film

filon [filɔ̃] *m* MIN seam, vein; *trouver un bon filon fig* strike it rich

fils [fis] *m* son; *fils à papa* (spoilt) rich kid

filtre [filtr] *m* filter

filtrer ⟨1a⟩ **1** *v/t* filter; *fig* screen **2** *v/i d'une liquide, de lumière* filter through; *fig* leak

fin[1] [fɛ̃] *f* end; *à la fin* in the end, eventually; *en fin de compte* when all's said and done; *à cette fin* for that purpose; *mettre fin à qch* put an end to sth; *tirer à sa fin* come to an end, draw to a close; *sans fin soirée, histoire* endless; *parler* endlessly

fin[2], **fine** [fɛ̃, fin] **1** *adj* fine; (*mince*) thin; *taille, cheville* slender, neat; *esprit* refined; (*rusé, malin*) sharp, intelligent; *fines herbes fpl* mixed herbs; *au fin fond de* right at the bottom of; *de garage etc* right at the back of **2** *adv* fine(ly)

final, finale [final] (*mpl* -s) **1** *adj* final; *point m final* period, *Br* full stop **2** *m*: *finale* MUS finale **3** *f* SP final

finalement *adv* finally

finaliser ⟨1a⟩ finalize

finaliste *m/f* finalist

finance [finɑ̃s] *f* finance; *finances* finances; *Ministre m des finances* Finance Minister, Minister of Finance

financement *m* funding, financing

financer ⟨1k⟩ fund, finance
financier, -ère 1 *adj* financial **2** *m* financier
financièrement *adv* financially
finesse [fines] *f* (*délicatesse*) fineness
fini, finie [fini] **1** *adj* finished, over *atr*; MATH finite **2** *m* finish
finir ⟨2a⟩ **1** *v/t* finish **2** *v/i* finish; *finir par faire qch* finish doing sth; *en finir avec qch* put an end to sth; *finir par faire qch* end up *ou* finish up doing sth; *finir à l'hôpital* end up *ou* finish up in the hospital
finition *f action* finishing; *qualité* finish
finlandais, Finlandaise [fɛ̃lɑ̃dɛ, -z] **1** *adj* Finnish **2** *m langue* Finnish **3** *m/f* Finlandais, Finlandaise Finn
Finlande *f*: *la Finlande* Finland
finnois, finnoise [finwa, -z] → **finlandais**
fioul [fjul] *m* fuel oil
firme [firm] *f* firm
fisc [fisk] *m* tax authorities *pl*
fiscal, fiscale (*mpl* -aux) tax *atr*
fiscalité *f* tax system; (*charges*) taxation
fission [fisjõ] *f* PHYS fission
fissure *f* (*craquelure*) crack; (*crevasse*) crack, fissure
fixateur [fiksatœr] *m* PHOT fixer; *pour cheveux* hair spray
fixation *f* fastening; (*détermination*) fixing, setting; *en ski* binding; PSYCH fixation
fixe 1 *adj* fixed; *adresse, personnel* permanent; *prix m fixe* fixed *ou* set price **2** *m* basic salary
fixer ⟨1a⟩ fasten; (*déterminer*) fix, set; PHOT fix; (*regarder*) stare at; *se fixer* (*s'établir*) settle down
flacon [flakõ] *m* bottle
flageolet [flaʒɔlɛ] *m* flageolet bean
flagrant, flagrante [flagrã, -t] flagrant; *en flagrant délit* red-handed, in the act
flair [flɛr] *m d'un animal* sense of smell; *fig* intuition
flairer ⟨1b⟩ smell (*aussi fig*)
flamand, flamande [flamã, -d] **1** *adj* Flemish **2** *m/f* Flamand, Flamande Fleming **3** *m langue* Flemish
flamant [flamã] *m*: *flamant rose* flamingo
flambant, flambante [flãbã, -t]: *flambant neuf* (*f inv ou* flambant neuve) brand new
flambeau *m* (*pl* -x) *f* torch
flambée *f* blaze; *fig* flare-up; *flambée des prix* surge in prices
flamber ⟨1a⟩ **1** *v/i* blaze **2** *v/t* CUIS flambé
flamboyant, flamboyante flamboyant
flamme [flam] *f* flame; *fig* fervor; *Br* fervour; *en flammes* in flames

flan [flã] *m* flan
flanc [flã] *m* side; MIL flank
flancher [flɑ̃ʃe] ⟨1a⟩ quail
Flandre [flɑ̃dr]: *la Flandre* Flanders *sg*
flanelle [flanɛl] *f* flannel
flâner [flɑne] ⟨1a⟩ stroll
flanquer [flɑ̃ke] ⟨1m⟩ flank; F (*jeter*) fling; *coup* give
flaque [flak] *f* puddle
flash [flaʃ] *m* flash; *de presse* newsflash
flasque [flask] flabby
flatter [flate] ⟨1a⟩ flatter; *se flatter de qch* congratulate o.s. on sth
flatterie *f* flattery
flatteur, -euse 1 *adj* flattering **2** *m/f* flatterer
flatulences [flatylãs] *fpl* flatulence *sg*
fléau [fleo] *m* (*pl* -x) *fig* scourge
flèche [flɛʃ] *f* arrow; *d'un clocher* spire; *monter en flèche de prix* skyrocket
fléchir [fleʃir] ⟨2a⟩ **1** *v/t* bend; (*faire céder*) sway **2** *v/i d'une poutre* bend; *fig* (*céder*) give in; (*faiblir*) weaken; *d'un prix, de ventes* fall, decline
flegmatique [flɛgmatik] phlegmatic
flemme [flɛm] *f* F laziness; *j'ai la flemme de le faire* I can't be bothered (to do it)
flétrir [fletrir] ⟨2a⟩: *se flétrir* wither
fleur [flœr] *f* flower; *d'un arbre* blossom; *en fleur* arbre in blossom, in flower; *à fleurs* flowery, flowered
fleuri, fleurie *arbre* in blossom; *dessin, style* flowery, flowered
fleurir ⟨2a⟩ flower, bloom; *fig* flourish
fleuriste *m/f* florist
fleuve [flœv] *m* river
flexibilité [flɛksibilite] *f* flexibility
flexible flexible
flic [flik] *m* F cop N
flinguer [flɛ̃ge] ⟨1a⟩ F gun *ou* shoot down
flippant, flippante [flipã, -t] F (*effrayant*) creepy F
flipper 1 *m* [flipɛr] pinball machine; *jeu* pinball **2** *v/i* [flipe] F freak out F
flirter [flœrte] ⟨1a⟩ flirt
flirteur, -euse flirtatious
flocon [flɔkõ] *m* flake; *flocon de neige* snowflake
floraison [florezõ] *f* flowering; *en pleine floraison* in full bloom
floral, florale (*mpl* -aux) flower *atr*, floral; *exposition f florale* flower show
floralies *fpl* flower show *sg*
flore [flor] *f* flora
Floride [florid] *f* Florida
florissant, florissante [florisã, -t] *fig* flourishing
flot [flo] *m* flood (*aussi fig*); *flots* waves; *flots de larmes* floods of tears; *entrer*

F

à flots flood in; **à flot** MAR afloat; **remettre à flot** refloat (aussi fig)

flottant, flottante [flɔtɑ̃, -t] floating; vêtements baggy

flotte [flɔt] f fleet; F (eau) water; F (pluie) rain

flotter ⟨1a⟩ d'un bateau, bois float; d'un drapeau flutter; d'un sourire, air hover; fig waver

flotteur m TECH float

flou, floue [flu] adj blurred, fuzzy; robe loose-fitting

fluctuation [flyktɥasjɔ̃] f fluctuation

fluctuer ⟨1n⟩ COMM fluctuate

fluide [flɥid] **1** adj fluid; circulation moving freely **2** m PHYS fluid

fluidité f fluidity

fluorescent, fluorescente [flyɔresɑ̃, -t] fluorescent

flûte [flyt] f MUS, verre flute; pain thin French stick; **flûte à bec** recorder; **flûte traversière** flute

flûtiste m/f flutist, Br flautist

fluvial, fluviale [flyvjal] (mpl -aux) river atr

flux [fly] m MAR flow

F.M. [efɛm] abr (= frequency modulation) FM

FMI [efɛmi] m abr (= Fonds monétaire international) IMF (= International Monetary Fund)

focaliser [fɔkalize] ⟨1a⟩ focus

fœtal, fœtale [fetal] (mpl -aux) fetal, Br aussi foetal

fœtus m fetus, Br aussi foetus

foi [fwa] f faith; **être de bonne / mauvaise foi** be sincere / insincere; **ma foi!** goodness!

foie [fwa] m liver; **une crise de foie** a stomach upset, an upset stomach

foin [fwɛ̃] m hay

foire [fwar] f fair; **foire-expo(sition)** (trade) fair

fois [fwa] f time; **une fois** once; **deux fois** twice; **trois / quatre fois** three / four times; **il était une fois ...** once upon a time there was ...; **une fois pour toutes** once and for all; **encore une fois** once again; **quatre fois six** four times six; **à la fois** at the same time; **des fois** sometimes; **chaque fois que je le vois** every time ou whenever I see him; **une fois que** once

foisonner [fwazɔne] ⟨1a⟩ be abundant; **foisonner en** ou **de** abound in ou with

folie [fɔli] f madness; **faire des folies** achats go on a spending spree

folk [fɔlk] m folk (music)

folklore [fɔlklɔr] folklore

folklorique folk atr

folle [fɔl] → **fou**

follement adv madly

fomenter [fɔmɑ̃te] ⟨1a⟩ foment

foncé, foncée [fɔ̃se] couleur dark

foncer ⟨1k⟩ de couleurs darken; AUTO speed along; **foncer sur** rush at

foncier, -ère [fɔ̃sje, -er] COMM land

foncièrement adv fundamentally

fonction [fɔ̃ksjɔ̃] f function; (poste) office; **fonction publique** public service, Br civil service; **faire fonction de** act as; **être en fonction** be in office; **en fonction de** according to; **fonctions** duties; **prendre ses fonctions** take up office

fonctionnaire [fɔ̃ksjɔner] m/f public servant, Br civil servant

fonctionnel, fonctionnelle [fɔ̃ksjɔnel] functional

fonctionnement m functioning

fonctionner ⟨1a⟩ work; du gouvernement, système function

fond [fɔ̃] m bottom; d'une salle, armoire back; d'une peinture background; (contenu) content; d'un problème heart; d'un pantalon seat; **au fond du couloir** at the end of the corridor; **de fond en comble** from top to bottom; **à fond** thoroughly; **au fond, dans le fond** basically; **fond de teint** foundation

fondamental, fondamentale [fɔ̃damɑ̃tal] (mpl -aux) fundamental

fondamentalement adv fundamentally

fondamentalisme m fundamentalism

fondamentaliste m/f fundamentalist

fondateur, -trice [fɔ̃datœr, -tris] m/f founder

fondation f foundation; **fondations** d'un édifice foundations

fondé, fondée 1 adj reproche, accusation well-founded, justified; **mal fondé** groundless, ill-founded **2** m: **fondé de pouvoir** authorized representative

fondement m fig basis; **sans fondement** groundless

fonder ⟨1a⟩ found; **fonder qch sur** base sth on; **se fonder sur** d'une personne base o.s. on; d'une idée be based on

fondre [fɔ̃dr] ⟨4a⟩ **1** v/t neige melt; dans l'eau dissolve; métal melt down **2** v/i de la neige melt; dans l'eau dissolve; **fondre en larmes** fig burst into tears; **fondre sur** proie pounce on

fonds [fɔ̃] m **1** sg fund; d'une bibliothèque, collection collection; **fonds de commerce** business; **Fonds monétaire international** International Monetary Fund **2** pl (argent) funds pl; **fonds pu-**

blics public funds; **convoyeur** *m* **de fonds** security guard

fondu, fondue [fõdy] **1** *p/p* → **fondre 2** *adj* melted

fondue [fõdy] *f* CUIS fondue; **fondue bourguignonne** beef fondue

fontaine [fõten] *f* fountain; (*source*) spring

fonte [fõt] *f métal* cast iron; **fonte des neiges** spring thaw

foot [fut] *m* F → **football**

football [futbol] *m* soccer, *Br aussi* football; **football américain** football, *Br* American football

footballeur, -euse *m/f* soccer player, *Br aussi* footballer

footing [futiŋ] *m* jogging; **faire du footing** jog, go jogging

forage [fɔraʒ] *m pour pétrole* drilling

force [fɔrs] *f* strength; (*violence*) force; **à force de travailler** by working; **de force** by force, forcibly; **de toutes ses forces** with all one's strength; **force de frappe** strike force; **forces armées** armed forces; **un cas de force majeure** an act of God

forcé, forcée forced; **atterrissage** *m* **forcé** forced *ou* emergency landing

forcément *adv* (*inévitablement*) inevitably; **pas forcément** not necessarily

forcené, forcenée [fɔrsəne] *m/f* maniac, lunatic

forceps [fɔrseps] *m* forceps

forcer [fɔrse] ⟨1k⟩ force; **forcer qn à faire qch** force s.o. to do sth; **forcer la note** *fig* go too far; **se forcer** force o.s.

forer [fɔre] ⟨1a⟩ drill

forestier, -ère [fɔrestje, -ɛr] **1** *adj* forest *atr* **2** *m* ranger, *Br* forest warden

forêt [fɔre] *f* forest (*aussi fig*); **forêt tropicale** (*humide*) rain forest

forfait [fɔrfe] *m* COMM package; (*prix*) all-in price, flat rate; **déclarer forfait** withdraw

forfaitaire *prix* all-in

forgeron [fɔrʒərõ] *m* blacksmith

formaliser [fɔrmalize] ⟨1a⟩: **se formaliser de qch** take offense *ou Br* offence at sth

formalité *f* formality

format [fɔrma] *m* format

formatage *m* INFORM formatting

formater ⟨1a⟩ format

formateur, -trice [fɔrmatœr, -tris] **1** *adj* formative **2** *m/f* trainer

formation [fɔrmasjõ] *f* formation (*aussi* MIL, GÉOL); (*éducation*) training; **formation continue** continuing education; **formation professionnelle** vocational training;

formation sur le tas on-the-job training

forme [fɔrm] *f* form; (*figure, contour*) shape, form; **sous forme de** in the form of; **en forme de ...** ...-shaped, in the shape of ...; **pour la forme** for form's sake; **être en forme** be in form, be in good shape; **prendre forme** take shape; **garder la forme** keep fit

formel, formelle formal; (*explicite*) categorical

formellement *adv* expressly; **formellement interdit** strictly forbidden

former ⟨1a⟩ form; (*façonner*) shape, form; (*instruire*) train; **se former** form

formidable [fɔrmidabl] enormous; F terrific, great F

formulaire [fɔrmyler] *m* form

formulation [fɔrmylasjõ] *f* wording

formule [fɔrmyl] *f* formula; **formule magique** magic spell

formuler ⟨1a⟩ formulate; *vœux, jugement* express

fort, forte [fɔr, -t] **1** *adj* strong; (*gros*) stout; *coup, pluie* heavy; *somme, différence* big; **à plus forte raison** all the more reason; **être fort en qch** be good at sth; **2** *adv crier*, loud, loudly; *pousser, frapper* hard; (*très*) extremely; (*beaucoup*) a lot **3** *m* strong point; MIL fort

fortement *adv pousser* hard; (*beaucoup*) greatly

forteresse [fɔrtəres] *f* fortress

fortifiant [fɔrtifjã] *m* tonic

fortification [fɔrtifikasjõ] *f* fortification

fortifier ⟨1a⟩ *corps, construction* strengthen; MIL strengthen, fortify

fortuit, fortuite [fɔrtɥi, -t] chance

fortune [fɔrtyn] *f* luck; **de fortune** makeshift

fosse [fos] *f grand trou* pit; (*tombe*) grave

fossé *m* ditch; *fig* gulf

fossette *f* dimple

fossile [fosil] *m & adj* fossil

fossilisé, fossilisée fossilized

fou, folle [fu, fɔl] **1** *adj* mad, crazy, insane; (*incroyable*) staggering, incredible; **être fou de qn / qch** be mad *ou* crazy about s.o./sth; **fou de joie, colère etc** beside o.s. with; **une crise de fou rire** a fit of the giggles; **fou à lier** raving mad **2** *m/f* madman; madwoman

foudre [fudr] *f* lightning; **coup** *m* **de foudre** *fig* love at first sight

foudroyant, foudroyante [fudrwajã, -t] *regard* withering; *nouvelles, succès* stunning

foudroyer ⟨1h⟩ strike down; **foudroyer qn du regard** give s.o. a withering look

F

fouet [fwe] *m* whip; CUIS whisk

fouetter ⟨1b⟩ *avec fouet* whip, flog; CUIS whisk

fougère [fuʒɛr] *f* fern

fougue [fug] *f* passion

fougueux, -euse fiery

fouille [fuj] *f* search; **fouilles** *en archéologie* dig *sg*

fouiller ⟨1a⟩ **1** *v/i* dig; (*chercher*) search **2** *v/t de police* search; *en archéologie* excavate

fouilleur, -euse *m/f en archéologie* excavator

fouiner [fwine] ⟨1a⟩ nose around

foulard [fular] *m* scarf

foule [ful] *f* crowd; *éviter la foule* avoid the crowds; *une foule de* masses of; *en foule* in vast numbers

fouler [fule] ⟨1a⟩ trample; *sol* set foot on; *fouler aux pieds fig* trample underfoot; *se fouler la cheville* twist one's ankle; *ne pas se fouler fig* F not overexert o.s.

foulure *f* sprain

four [fur] *m* oven; TECH kiln; *fig* F (*insuccès*) turkey F, flop F; *faire un four* flop; *petits fours* cookies, candies *etc* served at the end of a meal

fourbe [furb] deceitful

fourbu, fourbue [furby] exhausted

fourche [furʃ] *f* fork

fourchette *f* fork; (*éventail*) bracket

fourchu forked; *cheveux mpl fourchus* split ends

fourgon [furgõ] *m camion* van; RAIL baggage car, *Br* luggage van

fourgonnette *f* small van

fourmi [furmi] *f* ant; *avoir des fourmis (dans les pieds)* have pins and needles (in one's feet)

fourmilière *f* anthill; *c'est une véritable fourmilière* it's a real hive of activity

fourmillements *mpl* pins and needles

fourmiller ⟨1a⟩ swarm (*de* with)

fournaise [furnɛz] *f fig* oven

fourneau *m* (*pl* -x) furnace; CUIS stove; *haut fourneau* blast furnace

fournée *f* batch (*aussi fig*)

fourni, fournie [furni]: *bien fourni* well stocked

fournir ⟨2a⟩ supply (*de, en* with); *occasion* provide; *effort* make; *fournir qch à qn* provide s.o. with sth

fournisseur *m* supplier; *fournisseur d'accès (Internet)* Internet service provider, ISP

fourniture *f* supply; *fournitures de bureau* office supplies; *fournitures scolaires* school stationery and books

fourrage [furaʒ] *m* fodder

fourré¹ [fure] *m* thicket

fourré², fourrée [fure] CUIS filled; *vêtement* lined

fourrer [fure] ⟨1a⟩ stick, shove; (*remplir*) fill; *fourrer son nez partout* stick one's nose into everything; *se fourrer dans* get into

fourre-tout *m* (*pl inv*) (*sac*) carry-all, *Br* holdall

fourrière [furjɛr] *f* pound

fourrure [furyr] *f* fur

fourvoyer [furvwaje] ⟨1h⟩: *se fourvoyer* go astray

foutre [futr] F ⟨4a⟩ do; (*mettre*) put, shove; *coup* give; *se foutre de qn* make fun of s.o.; *indifférence* not give a damn about s.o.; *foutre la paix à qn* stop bothering s.o.; *foutre le camp* get the hell out F; *je m'en fous!* I don't give a damn!; *va te faire foutre!* go to hell F, fuck off V

foutu, foutue 1 *p/p → foutre* **2** *adj → fichu*

foyer [fwaje] *m* fireplace; *d'une famille* home; *de jeunes* club; (*pension*) hostel; *d'un théâtre* foyer; *d'un incendie* seat; *d'une infection* source; *femme f au foyer* home-maker, *Br* housewife

fracas [fraka] *m* crash

fracassant, fracassante *effet, propos* shattering

fracasser ⟨1a⟩ shatter

fraction [fraksjõ] *f* fraction

fractionner ⟨1a⟩ divide (up) (*en* into)

fracture [fraktyr] *f* MÉD fracture

fracturer ⟨1a⟩ *coffre* break open; *jambe* fracture

fragile [fraʒil] fragile; *santé* frail; *cœur, estomac* weak

fragiliser ⟨1a⟩ weaken

fragilité *f* fragility

fragment [fragmɑ̃] *m* fragment

fraîchement [frɛʃmɑ̃] *adv cueilli* freshly; *arrivé* recently, newly; *accueillir* coolly

fraîcheur *f* freshness; (*froideur*) coolness (*aussi fig*)

fraîchir ⟨2a⟩ *du vent* freshen; *du temps* get cooler

frais¹, fraîche [fre, freʃ] **1** *adj* fresh; (*froid*) cool; *nouvelles fraîches* recent news; *servir frais* serve chilled; *il fait frais* it's cool; *peinture fraîche* wet paint **2** *adv* freshly, newly **3** *m: prendre le frais* get a breath of fresh air; *au frais garder* in a cool place

frais² [fre] *mpl* expenses; COMM costs; *faire des frais* incur costs; *oh, tu as fait des frais!* hey, you've been spending a lot of money!, *Br aussi* you've been lashing out!; *à mes frais* at my (own) expense; *frais bancaires* bank charges; *frais de*

déplacement travel expenses; *frais d'expédition* shipping costs; *frais généraux* overhead *sg*, *Br* overheads; *frais de port* postage

fraise [frɛz] *f* strawberry

fraisier *m* strawberry plant; *gâteau* strawberry cake

framboise [frɑ̃bwaz] *f* raspberry

franc¹, franche [frɑ̃, frɑ̃ʃ] *(sincère)* frank; *regard* open; COMM free

franc² [frɑ̃] *m* franc

français, française [frɑ̃sɛ, -z] **1** *adj* French **2** *m langue* French **3** *m* Français Frenchman; *les français* the French *pl* **4** *f* Française Frenchwoman

France *f*: *la France* France

franchement [frɑ̃ʃmɑ̃] *adv* frankly; *(nettement)* really

franchir [frɑ̃ʃir] ⟨2a⟩ cross; *obstacle* negotiate, get over

franchise [frɑ̃ʃiz] *f caractère* frankness; *(exemption)* exemption; COMM franchise; *d'une assurance* deductible, *Br* excess

franchiser franchise

franco [frɑ̃ko] *adv*: *franco (de port)* carriage free; *y aller franco fig* F go right ahead

francophile [frɑ̃kɔfil] *m/f & adj* Francophile

francophobe [frɑ̃kɔfɔb] *m/f & adj* Francophobe

francophone [frɑ̃kɔfɔn] **1** *adj* French-speaking **2** *m/f* French speaker

francophonie *f*: *la francophonie* the French-speaking world

franc-parler [frɑ̃parle] *m* outspokenness

frange [frɑ̃ʒ] *f* bangs *pl*, *Br* fringe

frangin [frɑ̃ʒɛ̃] *m* F brother, broth F

frangine *f* F sister, sis F

frangipane [frɑ̃ʒipan] *f* frangipane

franglais [frɑ̃glɛ] *m* Frenglish, mixture of English and French

franquette [frɑ̃kɛt] F: *à la bonne franquette* simply

frappant, frappante [frapɑ̃, -t] striking

frappe *f* INFORM keying, keyboarding; *sur machine à écrire* typing; *faute f de frappe* typo, typing error

frapper ⟨1a⟩ **1** *v/t* hit, strike; *(impressionner)* strike, impress; *être frappé d'une maladie* be struck by a disease; *être frappé de surprise* be surprised; *frapper qn d'un impôt/d'une amende* tax / fine s.o. **2** *v/i (agir)* strike; *à la porte* knock *(à* at); *frapper dans ses mains* clap (one's hands)

fraternel, fraternelle [fratɛrnɛl] brotherly, fraternal

fraterniser ⟨1a⟩ fraternize

fraternité *f* brotherhood

fraude [frod] *f* fraud; ÉDU cheating; *fraude fiscale* tax evasion; *passer en fraude* smuggle

frauder ⟨1a⟩ **1** *v/t fisc, douane* defraud **2** *v/i* cheat

frauduleusement *adv* fraudulently

frauduleux, -euse fraudulent

frayer [freje] ⟨1i⟩: *se frayer chemin* clear

frayeur [frɛjœr] *f* fright

fredonner [frədɔne] ⟨1a⟩ hum

free-lance [frilɑ̃s] *m/f & adj (adj inv)* freelance

frein [frɛ̃] *m* brake; *mettre un frein à* fig curb, check; *sans frein* fig unbridled; *frein à main* parking brake, *Br* handbrake

freiner ⟨1b⟩ **1** *v/i* brake **2** *v/t fig* curb, check

frêle [frɛl] frail

frelon [frəlɔ̃] *m* hornet

frémir [fremir] ⟨2a⟩ shake; *de feuilles* quiver; *de l'eau* simmer

frémissement *m* shiver; *de feuilles* quivering

frêne [fren] *m* BOT ash (tree)

frénésie [frenezi] *f* frenzy; *avec frénésie* frantically, frenetically

frénétique *applaudissements* frenzied

fréquemment [frekamɑ̃] *adv* frequently

fréquence *f* frequency *(aussi* PHYS*)*; *quelle est la fréquence des bus?* how often do the buses go?

fréquent, fréquente frequent; *situation* common

fréquentation [frekɑ̃tasjɔ̃] *f d'un théâtre, musée* attendance; *tes fréquentations (amis)* the company you keep

fréquenter ⟨1a⟩ *endroit* go to regularly, frequent; *personne* see; *bande, groupe* go around with

frère [frɛr] *m* brother

fresque [frɛsk] *f* fresco

fret [frɛ] *m* freight

frétiller [fretije] ⟨1a⟩ wriggle

freudien, freudienne [frødjɛ̃, -ɛn] Freudian

friable [frijabl] crumbly, friable

friand, friande [frijɑ̃, -d]: *être friand de qch* be fond of sth

friandises *fpl* sweet things

fric [frik] *m* F money, cash, dosh F

friche [friʃ] *f* AGR: *en friche* (lying) fallow

friction [friksjɔ̃] *f* TECH, *fig* friction; *de la tête* scalp massage

frictionner ⟨1a⟩ massage

frigidaire [friʒidɛr] *m* refrigerator

frigide [friʒid] frigid

frigidité *f* frigidity

frigo [frigo] *m* F icebox, fridge

frigorifier ⟨1a⟩ refrigerate

frigorifique *camion*, *wagon* refrigerated

frileux, -euse [frilø, -z]: *être frileux* feel the cold

frimer [frime] ⟨1a⟩ show off

frimeur, -euse show-off

fringale [frɛ̃gal] *f* F: *avoir la fringale* be starving

fringues [frɛ̃g] *fpl* F clothes, gear F *sg*

friper [fripe] ⟨1a⟩ crease

fripouille [fripuj] *f* F rogue

frire [frir] ⟨4m⟩ **1** *v/i* fry **2** *v/t*: *faire frire* fry

frisé, frisée [frize] curly

friser ⟨1a⟩ *cheveux* curl; *fig*: *le ridicule* verge on; *friser la soixantaine* be pushing sixty, be verging on sixty

frisson [frisɔ̃] *m* shiver

frissonner ⟨1a⟩ shiver

frit, frite [fri, -t] **1** *p/p* → *frire* **2** *adj* fried; *(pommes) frites fpl* (French) fries, *Br aussi* chips

friteuse *f* deep fryer

friture *f poissons Br* whitebait, small fried fish; *huile* oil; *à la radio*, *TÉL* interference

frivole [frivɔl] frivolous

frivolité *f* frivolity

froid, froide [frwa, -d] **1** *adj* cold (*aussi fig*); *j'ai froid* I'm cold; *il fait froid* it's cold; *prendre froid* catch a cold **2** *m* cold; *démarrage m à froid* cold start; *à froid fig* just like that; *(par surprise)* off guard; *humour m à froid* dry humor

froidement *adv fig* coldly; *(calmement)* coolly; *tuer* in cold blood

froideur *f* coldness

froissement [frwasmɑ̃] *m bruit* rustle

froisser ⟨1a⟩ crumple; *fig* offend; *se froisser* crumple; *fig* take offense *ou Br* offence

frôler [frole] ⟨1a⟩ brush against; *fig*: *catastrophe*, *mort* come close to

fromage [frɔmaʒ] *m* cheese; *fromage blanc* fromage frais; *fromage de chèvre* goat's cheese; *fromage râpé* grated cheese; *fromage à tartiner* cheese spread

froment [frɔmɑ̃] *m* wheat

froncement [frɔ̃smɑ̃] *m*: *froncement de sourcils* frown

froncer ⟨1k⟩ gather; *froncer les sourcils* frown

fronde [frɔ̃d] *f* slingshot, *Br* catapult

front [frɔ̃] *m* ANAT forehead; MIL, *météorologie* front; *de front* from the front; *fig* head-on; *front de mer* sea front; *marcher de front* walk side by side; *faire front à* face up to

frontalier, -ère frontier *atr*, border *atr*

frontière *f* frontier, border

frottement [frɔtmɑ̃] *m* rubbing

frotter ⟨1a⟩ **1** *v/i* rub **2** *v/t* rub (*de* with); *meuble* polish; *sol* scrub; *allumette* strike

frottis *m* MÉD: *frottis (vaginal)* Pap test, *Br* smear

frousse [frus] *f* F fear; *avoir la frousse* be scared

fructifier [fryktifje] ⟨1a⟩ BOT bear fruit; *d'un placement* yield a profit

fructueux, -euse fruitful

frugal, frugale [frygal] (*mpl* -aux) frugal

fruit [frɥi] *m* fruit; *un fruit* some fruit; *fruits* fruit *sg*; *fruits de mer* seafood *sg*

fruité, fruitée [frɥite] fruity

fruitier, -ère: *arbre m fruitier* fruit tree

frustrant [frystrɑ̃] frustrating

frustration *f* frustration

frustrer ⟨1a⟩ frustrate

fuel [fjul] *m* fuel oil

fugace [fygas] fleeting

fugitif, -ive [fyʒitif, -iv] **1** *adj* runaway; *fig* fleeting **2** *m/f* fugitive, runaway

fugue [fyg] *f d'un enfant* escapade; MUS fugue; *faire une fugue* run away

fuguer ⟨1a⟩ run away

fuir [fɥir] ⟨2d⟩ **1** *v/i* flee; *du temps* fly; *d'un tonneau*, *tuyau* leak; *d'un robinet* drip; *d'un liquide* leak out **2** *v/t* shun; *question* avoid

fuite *f* flight (*devant* from); *d'un tonneau*, *d'un tuyau*, *d'informations* leak; *mettre en fuite* put to flight; *prendre la fuite* take flight

fulgurant, fulgurante [fylgyrɑ̃, -t] dazzling; *vitesse* lightning

fumé, fumée [fyme] smoked; *verre* tinted

fume-cigarette [fymsigarɛt] *m* (*pl inv*) cigarette holder

fumée [fyme] *f* smoke

fumer ⟨1a⟩ smoke; *défense de fumer* no smoking

fumeur, -euse *m/f* smoker

fumeux, -euse *fig* hazy

fumier [fymje] *m* manure

funèbre [fynɛbr] funeral *atr*; *(lugubre)* gloomy

funérailles [fyneraj] *fpl* funeral *sg*

funeste [fynɛst] *erreur*, *suite* fatal

funiculaire [fynikyler] *m* incline railway, *Br* funicular (railway)

fur [fyr]: *au fur et à mesure* as I/you *etc* go along; *au fur et à mesure que* as

furet [fyrɛ] *m* ferret

fureter ⟨1e⟩ ferret around

fureur [fyrœr] *f* fury; *entrer dans une fureur noire* fly into a towering rage; *faire fureur* be all the rage

furibond, furibonde [fyribɔ̃, -d] furious,

livid

furie [fyri] (*colère*) fury; *femme* shrew

furieux, -euse furious (**contre qn** with s.o.; *de qch* with *ou* at sth)

furoncle [fyrõkl] *m* boil

furtif, -ive [fyrtif, -iv] furtive, stealthy

furtivement *adv* furtively, stealthily

fusain [fyzɛ̃] *m* charcoal

fuseau [fyzo] *m* (*pl* -x): **fuseau horaire** time zone

fusée [fyze] *f* rocket; **fusée de détresse** distress rocket

fuselage [fyzlaʒ] *m* fuselage

fuser [fyze] ⟨1a⟩ *fig* come thick and fast

fusible *m* [fysibl] ÉL fuse

fusil [fyzi] *m* rifle; **fusil de chasse** shot-gun

fusillade *f* firing, gun fire

fusiller ⟨1a⟩ execute by firing squad

fusil-mitrailleur *m* (light) machine gun

fusion [fyzjõ] *f* COMM merger; PHYS fusion

fusionner ⟨1a⟩ COMM merge

futé, futée [fyte] cunning, clever

futile [fytil] *chose* futile, trivial; *personne* frivolous

futilité *f* futility

futur, future [fytyr] *m & adj* future

futuriste futuristic

fuyant, fuyante [fɥijã, -t] *menton* receding; *regard* evasive

---

G

gabarit *m* size; TECH template

gâcher [gɑʃe] ⟨1a⟩ *fig* spoil; *travail* bungle; *temps, argent* waste

gâchette [gɑʃet] *f* MIL trigger

gâchis [gɑʃi] *m* (*désordre*) mess; (*gaspillage*) waste

gadget [gadʒet] *m* gadget

gaffe [gaf] *f* F blooper F, blunder; **faire gaffe à** F be careful of, take care of

gaffer ⟨1a⟩ F make a gaffe *ou* blooper F

gag *m* joke

gage [gaʒ] *m* forfeit; (*preuve*) token; **tueur** *m* **à gages** hired killer, hitman; **mettre en gage** pawn

gagnant, gagnante [gaɲɑ̃, -t] **1** *adj* winning **2** *m/f* winner

gagne-pain [gaɲpɛ̃] *m* (*pl inv*) livelihood

gagner [gaɲe] ⟨1a⟩ win; *salaire, réputation, amitié* earn; *place, temps* gain, save; *endroit* reach; *de peur, sommeil* overcome; **gagner sa vie** earn one's living

gai, gaie [ge, gɛ] cheerful; *un peu ivre* tipsy

gaiement *adv* cheerfully

gaieté *f* cheerfulness; **de gaieté de cœur** willingly

gain [gɛ̃] *m* gain; (*avantage*) benefit; **gains** profits; *d'un employé* earnings; **gain de temps** time-saving

gaine [gɛn] *f* sheath

gala [gala] *m* gala

galant, galante [galã, -t] galant; **homme galant** gentleman; **rendez-vous galant** (romantic) rendez-vous

galanterie *f* gallantry

galaxie [galaksi] *f* galaxy

galbé, galbée [galbe] *jambes* shapely

galère [galer] *f*: **il est dans la galère** *fig* F he's in a mess

galérer ⟨1a⟩ sweat

galerie [galri] *f* gallery; AUTO roofrack; **galerie d'art** art gallery; **galerie marchande** mall, *Br aussi* (shopping) arcade

galet [galɛ] *m* pebble

galette [galɛt] *f* type of flat cake; **galette des rois** cake traditionally eaten to celebrate Twelfth Night (6 January)

galipette [galipet] *f* F somersault

Galles [gal] *fpl*: **le pays** *m* **de Galles** Wales

gallois, galloise 1 *adj* Welsh **2** *m langue* Welsh **3 Gallois, Galloise** *m/f* Welshman; Welsh woman

galon [galõ] *m* braid; MIL stripe

galop [galo] *m* gallop

galopant *inflation* galloping

galoper ⟨1a⟩ gallop

galopin [galopɛ̃] *m* urchin

galvaniser [galvanize] ⟨1a⟩ galvanize

gambader ⟨1a⟩ gambol, leap

gamelle [gamel] *f* MIL mess tin

gamin, gamine [gamɛ̃, -in] **1** *m/f* kid **2** *adj* childlike

gamme [gam] *f* MUS scale; *fig* range; **haut de gamme** top-of-the-line, *Br* top-of-the-range; **bas de gamme** downscale, *Br* downmarket

ganglion [gãglijõ] *m*: **avoir des gan-**

glions have swollen glands

gang [gɑ̃g] *m* gang

gangrène [gɑ̃grɛn] *f* gangrene

gangster [gɑ̃gstɛr] *m* gangster

gant [gɑ̃] *m* glove; **gant de boxe** boxing glove; **gant de toilette** washcloth, *Br* facecloth

garage [garaʒ] *m* garage

garagiste *m* auto mechanic, *Br* car mechanic; *propriétaire* garage owner

garant, garante [garɑ̃, -t] *m/f* guarantor; **se porter garant de** answer for; JUR stand guarantor for

garantie *f* guarantee; **sous garantie** COMM under guarantee *ou* warranty

garantir ⟨2a⟩ guarantee

garce [gars] *f* F bitch

garçon [garsõ] *m* boy; (*serveur*) waiter; **garçon d'honneur** best man; **garçon manqué** tomboy; **petit garçon** little boy

garçonnière *f* bachelor apartment *ou Br* flat

garde[1] [gard] *f* care (**de** of); MIL *soldats* guard; **chien** *m* **de garde** guard dog; **droit** *m* **de garde** JUR custody; **prendre garde** be careful; **être sur ses gardes** be on one's guard; **de garde** *médecin, pharmacien* duty *atr*; **être de garde** be on duty; **monter la garde** mount guard; **mettre qn en garde** warn s.o., put s.o. on their guard; **la relève de la garde** MIL the changing of the guard; **garde à vue** police custody

garde[2] [gard] *m* guard; **garde du corps** bodyguard; **garde forestier** (forest) ranger; **garde des Sceaux** Minister of Justice

garde-à-vous *m* MIL attention

garde-boue [gardəbu] *m* (*pl inv*) AUTO fender, *Br* mudguard

garde-chasse [gardəʃas] *m* (*pl gardes--chasse⟨s⟩*) gamekeeper

garde-côte [gardəkot] *m* (*pl garde-cô-te⟨s⟩*) coastguard boat

garde-fou [gardəfu] *m* (*pl garde-fous*) railing

garde-malade [gardəmalad] *m/f* (*pl gar-des-malade⟨s⟩*) nurse

garde-manger [gardəmɑ̃ʒe] *m* (*pl inv*) larder

garde-meuble [gardəmœbl] *m* (*pl garde--meuble⟨s⟩*) furniture repository

garder [garde] ⟨1a⟩ *objet* keep; *vêtement* keep on; (*surveiller*) guard; *malade, enfant, animal* look after, take care of; **garder pour soi** *renseignements* keep to o.s.; **garder le silence** remain silent; **garder la chambre** stay in *ou* keep to one's room; **se garder de faire qch** be careful

not to do sth

garderie *f* daycare center, *Br* daycare centre

garde-robe [gardərɔb] *f* (*pl garde-robes*) *armoire* closet, *Br* wardrobe; *vêtements* wardrobe

gardien, gardienne [gardjɛ̃, -ɛn] *m/f de prison* guard, *Br* warder; *d'un musée* attendant; *d'un immeuble, d'une école* janitor, *Br* aussi caretaker; *fig* guardian; **gardien (de but)** goalkeeper, goalie F; **gardien de la paix** police officer

gare[1] [gar] *f* station; **gare routière** bus station

gare[2] [gar]: **gare à …!** watch out for …!; **gare à toi!** watch out!; *ça va mal se passer* you'll be for it!

garer [gare] ⟨1a⟩ park; **se garer** park; *pour laisser passer* move aside

gargariser [gargarize] ⟨1a⟩: **se gargariser** gargle

gargouille [garguj] *f* ARCH gargoyle

gargouiller ⟨1a⟩ gurgle; *de l'estomac* rumble

garnement [garnəmɑ̃] *m* rascal

garnir [garnir] ⟨2a⟩ (*fournir*) fit (**de** with); (*orner*) trim (**de** with); **garni de légumes** CUIS served with vegetables

garnison [garnizõ] *f* MIL garrison

garniture [garnityr] *f* CUIS *légumes* vegetables *pl*

gars [gɑ] *m* F guy

Gascogne [gaskɔɲ] *f* Gascony; **golfe** *m* **de Gascogne** Bay of Biscay

gasoil [gazwal, gazɔjl] *m* gas oil, *Br* diesel

gaspillage [gaspijaʒ] *m* waste

gaspiller ⟨1a⟩ waste, squander

gaspilleur, -euse 1 *adj* wasteful **2** *m/f* waster

gastrique [gastrik] gastric

gastroentérite [gastroɑ̃terit] *f* gastroenteritis

gastronome [gastrɔnɔm] *m/f* gourmet

gastronomie *f* gastronomy

gastronomique gourmet *atr*

gâté, gâtée [gate] spoilt

gâteau [gato] *m* (*pl -x*) cake; **gâteau sec** cookie, *Br* biscuit; **gâteau d'anniversaire** birthday cake

gâter [gate] ⟨1a⟩ spoil; **se gâter** *d'un aliment* spoil; *du temps* deteriorate

gâteux, -euse [gatø, -z] senile, gaga F

gauche [goʃ] **1** *adj* left, left-hand; *manières* gauche, awkward **2** *f* left; **à gauche** on the left (**de** of); **tourner à gauche** turn left *ou* to the left; **la gauche** POL the left (wing); **de gauche** POL on the left, leftwing

gaucher, -ère 1 *adj* left-handed **2** *m/f* left--hander, lefty F

gauchiste [goʃist] *m/f* POL leftist

gaufre [gofr] *f* waffle

gaufrette *f* wafer

Gaule [gol]: *la Gaule* Gaul

gaulliste [golist] Gaullist

gaulois, gauloise [golwa, -z] **1** *adj* Gallic; *fig* spicy **2** *m langue* Gaulish **3** *m/f* Gaulois, Gauloise Gaul

gaver [gave] ⟨1a⟩ *oie* force-feed; *gaver qn de qch* *fig* stuff s.o. full of sth; *se gaver de qch* stuff o.s. with sth

gaz [gaz] *m* gas; *gaz naturel* natural gas; *mettre les gaz* step on the gas, Br put one's foot down; *gaz pl d'échappement* AUTO exhaust *sg*, exhaust fumes; *gaz à effet de serre* greenhouse gas; *gaz lacrymogène* tear gas

gaze [gaz] *f* gauze

gazelle [gazɛl] *f* gazelle

gazeux, -euse [gazø, -z] *boisson*, *eau* carbonated, Br fizzy

gazinière [gazinjɛr] *f* gas cooker

gazoduc [gazɔdyk] *m* gas pipeline

gazole [gazɔl] *m* gas oil, Br diesel

gazon [gazõ] *m* grass

gazouiller [gazuje] ⟨1a⟩ *oiseaux* twitter

geai [ʒɛ] *m* jay

géant, géante [ʒeã, -t] **1** *adj* gigantic, giant *atr* **2** *m/f* giant

geindre [ʒɛ̃dr] ⟨4b⟩ groan

gel [ʒɛl] *m* frost; *fig*: *des salaires, prix* freeze; *cosmétique* gel

gélatine [ʒelatin] *f* gelatine

gelée [ʒǝle] *f* frost; CUIS aspic; *confiture* jelly, Br jam

geler ⟨1d⟩ **1** *v/t* freeze **2** *v/i d'une personne* freeze; *il gèle* there's a frost

gélule [ʒelyl] *f* PHARM capsule

Gémeaux [ʒemo] *mpl* ASTROL Gemini

gémir [ʒemir] ⟨2a⟩ groan

gémissement *m* groan

gênant, gênante [ʒɛnã, -t] *(embarrassant)* embarrassing

gencive [ʒãsiv] *f* gum

gendarme [ʒãdarm] *m* policeman, gendarme

gendarmerie *f* police force; *lieu* police station

gendre [ʒãdr] *m* son-in-law

gène [ʒɛn] *m* BIOL gene

gêne [ʒɛn] *f (embarras)* embarrassment; *(dérangement)* inconvenience; *physique* difficulty; *sans gêne* shameless

gêné, gênée embarrassed

gêner ⟨1b⟩ bother; *(embarrasser)* embarrass; *(encombrer)* be in the way; *gêner le passage* be in the way

généalogique [ʒenealɔʒik] genealogical; *arbre généalogique* family tree

général, générale [ʒeneral] *(mpl -aux)* **1** *adj* general; *en général* generally, in general; *(habituellement)* generally, usually **2** *m* MIL general **3** *f* THÉÂT dress rehearsal

généralement *adv* generally

généralisation *f* generalization; *d'un cancer* spread

généraliser ⟨1a⟩ generalize; *se généraliser* spread

généraliste *m* MÉD generalist

généralités *fpl* generalities

générateur [ʒeneratœr] *m* generator

génération [ʒenerasjõ] *f* generation

générer ⟨1a⟩ generate

généreux, -euse [ʒenerø, -z] generous

générique [ʒenerik] **1** *adj* generic **2** *m de cinéma* credits *pl*

générosité [ʒenerozite] *f* generosity

genêt [ʒ(ǝ)nɛ] *m* BOT broom, gorse

généticien, généticienne [ʒenetisjɛ̃, -en] *m/f* geneticist

génétique 1 *adj* genetic **2** *f* genetics

génétiquement *adv* genetically; *génétiquement modifié* genetically modified, GM

Genève [ʒ(ǝ)nɛv] Geneva

génial, géniale [ʒenjal] *(mpl -iaux)* of genius; *(formidable)* great, terrific

génie *m* genius; TECH engineering; *de génie* of genius; *idée* which shows genius; *avoir du génie* be a genius; *génie civil* civil engineering; *génie génétique* genetic engineering

génisse [ʒenis] *f* heifer

génital, génitale [ʒenital] *(mpl -aux)* genital

génocide [ʒenɔsid] *m* genocide

génoise [ʒenwaz] *f* sponge cake

genou [ʒ(ǝ)nu] *m (pl -x)* knee; *à genoux* on one's knees; *se mettre à genoux* kneel (down), go down on one's knees

genouillère *f* kneepad

genre [ʒãr] *m* kind, sort; GRAM gender; *bon chic, bon genre* preppie *atr*

gens [ʒã] *mpl* people *pl*

gentil, gentille [ʒãti, -j] nice; *(aimable)* kind, nice; *enfant* good; REL Gentile

gentillesse *f (amabilité)* kindness

gentiment *adv (aimablement)* kindly, nicely; *(sagement)* nicely, well

géographie [ʒeɔgrafi] *f* geography

géographique geographic

géologie [ʒeɔlɔʒi] *f* geology

géologique geological

géologue *m/f* geologist

géomètre [ʒeɔmɛtr] *m/f* geometrician

géométrie *f* geometry

géométrique geometric

géophysique [ʒeɔfizik] *f* geophysics *sg*

géopolitique [ʒeɔpɔlitik] *f* geopolitics *sg*

gérable [ʒerabl] manageable

gérance *f* management

géranium [ʒeranjɔm] *m* BOT geranium

gérant, gérante [ʒerɑ̃, -t] *m/f* manager

gerbe [ʒerb] *f de blé* sheaf; *de fleurs* spray

gercé, gercée [ʒerse] *lèvres* chapped

gérer [ʒere] ⟨1f⟩ manage

gériatrie [ʒerjatri] *f* geriatrics

gériatrique geriatric

germain, germaine [ʒermɛ̃, -ɛn]: *cousin m germain, cousine f germaine* (first) cousin

germanique [ʒermanik] Germanic

germe [ʒerm] *m* germ (*aussi fig*)

germer ⟨1a⟩ germinate

gestation [ʒestasjɔ̃] *f* gestation

geste [ʒest] *m* gesture

gesticuler ⟨1a⟩ gesticulate

gestion [ʒestjɔ̃] *f* management

gestionnaire *m/f* manager; *gestionnaire de fichiers* file manager

ghetto [ɡeto] *m* ghetto

gibet [ʒibɛ] *m* gallows *pl*

gibier [ʒibje] *m* game

giboulée [ʒibule] *f* wintry shower

gicler [ʒikle] ⟨1a⟩ spurt

gifle [ʒifl] *f* slap (in the face)

gifler ⟨1a⟩ slap (in the face)

gigantesque [ʒiɡɑ̃tɛsk] gigantic

gigaoctet [ʒiɡaɔktɛ] *m* gigabyte

gigot [ʒiɡo] *m* CUIS *d'agneau* leg

gigoter [ʒiɡɔte] ⟨1a⟩ F fidget

gilet [ʒile] *m* vest, *Br* waistcoat; (*chandail*) cardigan; *gilet pare-balles* bulletproof vest; *gilet de sauvetage* lifejacket

gin [dʒin] *m* gin; *gin tonic* gin and tonic, G and T

gingembre [ʒɛ̃ʒɑ̃br] *m* BOT ginger

girafe [ʒiraf] *f* giraffe

giratoire [ʒiratwar]: *sens m giratoire* traffic circle, *Br* roundabout

girofle [ʒirɔfl] *m* CUIS: *clou m de girofle* clove

girouette [ʒirwɛt] *f* weather vane

gisement [ʒizmɑ̃] *m* GÉOL deposit; *gisement pétrolifère ou de pétrole* oilfield

gitan, gitane [ʒitɑ̃, -an] 1 *adj* gypsy *atr* 2 *m/f* gypsy

gîte [ʒit] *m* (*rental*) cottage, *Br* holiday cottage *ou* home

givre [ʒivr] *m* frost

givré, givrée covered with frost; *avec du sucre* frosted; F (*fou*) crazy; *orange f givrée* orange sorbet

glaçage [ɡlasaʒ] *m d'un gâteau* frosting, *Br* icing; *d'une tarte* glazing

glace *f* ice (*aussi fig*); (*miroir*) mirror; AUTO window; (*crème glacée*) ice cream; *d'un gâteau* frosting, *Br* icing; *d'une tarte* glaze

glacé, glacée (*gelé*) frozen; *vent, accueil* icy; *boisson* iced; *papier* glossy

glacer ⟨1k⟩ freeze; (*intimider*) petrify; *gâteau* frost, *Br* ice; *tarte* glaze; *se glacer* freeze; *du sang* run cold

glacial, glaciale (*mpl* -iaux *ou* -ials) icy (*aussi fig*)

glacier *m* glacier; *vendeur* ice cream seller

glacière *f* cool bag; *fig* icebox

glaçon [ɡlasɔ̃] *m* icicle; *artificiel* icecube

glaise [ɡlɛz] *f* (*aussi terre f glaise*) clay

gland [ɡlɑ̃] *m* acorn

glande [ɡlɑ̃d] *f* gland

glander [ɡlɑ̃de]⟨1a⟩ F hang around F

glandeur, -euse *m/f* F layabout F

glaner [ɡlane] ⟨1a⟩ *fig* glean

glapir [ɡlapir] ⟨2a⟩ shriek

glas [ɡlɑ] *m* death knell

glauque [ɡlok] *eau* murky; *couleur* blue-green

glissade [ɡlisad] *f* slide; *accidentelle* slip; *faire des glissades* slide

glissant, glissante slippery, slippy

glissement *m* *glissement de terrain* landslide

glisser ⟨1a⟩ 1 *v/t* slip (*dans* into) 2 *v/i* slide; *sur l'eau* glide (*sur* over); (*déraper*) slip; *être glissant* be slippery *ou* slippy; *se glisser dans* slip into

glissière *f* TECH runner; *à glissière* *porte* sliding; *fermeture f à glissière* zipper, *Br* zip; *glissière de sécurité* crash barrier

global, globale [ɡlɔbal] (*mpl* -aux) global; *prix, somme* total, overall

globalement *adv* globally

globalisation *f* globalization

globe *m* globe; *globe oculaire* eyeball; *globe terrestre* globe

globule [ɡlɔbyl] *m* globule; MÉD blood cell, corpuscle

globuleux, -euse *yeux* bulging

gloire [ɡlwar] *f* glory

glorieux, -euse glorious

glorifier ⟨1a⟩ glorify

glossaire [ɡlɔsɛr] *m* glossary

gloussement [ɡlusmɑ̃] *m* clucking; *rire* giggle

glousser ⟨1a⟩ cluck; *rire* giggle

glouton, gloutonne [ɡlutɔ̃, -ɔn] 1 *adj* greedy, gluttonous 2 *m/f* glutton

gloutonnerie *f* gluttony

gluant, gluante [ɡlyɑ̃, -t] sticky

glucide [ɡlysid] *m* CHIM carbohydrate

glucose [glykoz] *m* glucose

gluten [glyten] *m* CHIM gluten

glycine [glicin] *f* wisteria

gnangnan [ɲãɲã] (*fem inv*) F *film, livre* sloppy F, sentimental

G.O. *abr* (= **grandes ondes**) LW (= long wave)

goal [gol] *m* goalkeeper

gobelet [gɔblɛ] *m* tumbler; *en carton, plastique* cup

gober [gɔbe] ⟨1a⟩ gobble; F *mensonge* swallow

godasse [gɔdas] *f* F shoe

godet [gɔdɛ] *m récipient* pot; *de vêtements* flare

goéland [gɔelã] *m* (sea)gull

goélette [gɔelɛt] *f* MAR schooner

gogo [gogo] F: *à gogo* galore

goguenard, goguenarde [gɔgnar, -d] *adj* mocking

goinfre [gwɛ̃fr] **1** *m* glutton **2** *adj* gluttonous

goinfrer ⟨1a⟩: *se goinfrer péj* stuff o.s.

golf [gɔlf] *m* SP golf; *terrain golf* course

golfe [gɔlf] *m* GÉOGR gulf

golfeur, -euse [gɔlfœr, -øz] *m/f* golfer

gomme [gɔm] *f* gum; *pour effacer* eraser

gommer ⟨1a⟩ (*effacer*) erase (*aussi fig*)

gond [gõ] *m* hinge; *sortir de ses gonds* fly off the handle

gondole [gõdɔl] *f* gondola

gondoler ⟨1a⟩: *se gondoler du papier* curl; *du bois* warp

gonflable [gõflabl] inflatable

gonflement *m* swelling

gonfler ⟨1a⟩ **1** *v/i* swell **2** *v/t* blow up, inflate; (*exagérer*) exaggerate

gong [gõg] *m* gong

gonzesse [gõzɛs] *f* F *péj* chick F

gorge [gɔrʒ] *f* throat; (*poitrine*) bosom; GÉOGR gorge; *avoir mal à la gorge* have a sore throat

gorgée *f* mouthful

gorger ⟨1a⟩: *se gorger* gorge o.s. (*de* with)

gorille [gɔrij] *m* gorilla; *fig* F bodyguard, minder F

gosier [gozje] *m* throat

gosse [gɔs] *m/f* F kid F

gothique [gɔtik] **1** *adj* Gothic **2** *m/f* Goth

gouache [gwaʃ] *f* gouache

goudron [gudrõ] *m* tar

goudronner ⟨1a⟩ asphalt, *Br* tar

gouffre [gufr] *m* abyss; *fig* depths *pl*

goujat [guʒa] *m* boor

goulot [gulo] *m* neck; *boire au goulot* drink from the bottle

goulu, goulue [gur, -d] greedy

gourd, gourde [gur, -d] numb (with the cold)

gourde [gurd] *f récipient* water bottle; *fig* F moron F

gourdin [gurdɛ̃] *m* club

gourer [gure] ⟨1a⟩ F: *se gourer* goof F, *Br* boob

gourmand, gourmande [gurmã, -d] **1** *adj* greedy **2** *m/f* person who likes to eat, gourmand

gourmandise *f* greediness; *gourmandises mets* delicacies

gourmet *m* gourmet

gourmette [gurmɛt] *f* chain

gourou [guru] *m* guru

gousse [gus] *f* pod; *gousse d'ail* clove of garlic

goût [gu] *m* taste; *de bon goût* tasteful, in good taste; *de mauvais goût* tasteless, in bad taste; *avoir du goût* have taste; *prendre goût à qch* develop a taste *ou* liking for sth

goûter **1** *v/t* ⟨1a⟩ taste; *fig* enjoy, appreciate **2** *v/i* prendre un goûter have an afternoon snack **3** *m* afternoon snack

goutte [gut] *f* drop; *tomber goutte à goutte* drip; *goutte de pluie* raindrop

goutte-à-goutte *m* MÉD drip

gouttelette *f* little drop

goutter ⟨1a⟩ drip

gouttière *f* gutter

gouvernail [guvernaj] *m* (*pl* -s) tiller, helm

gouverne [guvern] *f* MAR steering; *pour ta / sa gouverne* for your / his guidance

gouvernement [guvernəmã] *m* government

gouvernemental, gouvernementale (*mpl* -aux) government *atr*, governmental

gouverner ⟨1a⟩ *pays* govern; *passions* master, control; MAR steer

gouverneur *m* governor

grabuge [grabyʒ] *m* F stink F

grâce [gras] *f* grace; (*bienveillance*) favor, *Br* favour; JUR pardon; *de bonne grâce* with good grace, willingly; *de mauvaise grâce* grudgingly, unwillingly; *faire grâce à qn de qch* spare s.o. sth; *rendre grâce à Dieu* give thanks to God; *grâce à* thanks to God; *être dans les bonnes grâces de qn* be in s.o.'s good books; *un délai de grâce de deux jours* two days' grace

gracier [grasje] ⟨1a⟩ reprieve

gracieusement *adv* gracefully

gracieux, -euse graceful; *à titre gracieux* free

grade [grad] *m* rank

gradé *m* MIL noncommissioned officer

gradins [gradɛ̃] *mpl* SP bleachers, *Br* terraces

graduel, graduelle [gradɥɛl] gradual

graduellement *adv* gradually

graduer ⟨1n⟩ (*augmenter*) gradually increase; *instrument* graduate

graffitis [grafiti] *mpl* graffiti *sg ou pl*

grain [grɛ̃] *m* grain; MAR squall; *poulet m de grain* cornfed chicken; *grain de beauté* mole, beauty spot; *grain de café* coffee bean; *grain de poivre* peppercorn; *grain de raisin* grape

graine [grɛn] *f* seed

graissage [gresaʒ] *m* lubrication, greasing

graisse *f* fat; TECH grease

graisser ⟨1b⟩ grease, lubricate; (*salir*) get grease on

graisseux, -euse greasy

grammaire [gramɛr] *f* grammar

grammatical, grammaticale (*mpl* -aux) grammatical

gramme [gram] *m* gram

grand, grande [grɑ̃, -d] **1** *adj* big, large; (*haut*) tall; (*adulte*) grown-up; (*long*) long; (*important, glorieux*) great; *frère, sœur* big; *quand je serai grand* when I grow up; *les grandes personnes fpl* grown-ups, adults; *au grand air* in the open air; *grand malade m* seriously ill patient; *il est grand temps* it's high time; *grande surface f* supermarket, *Br* superstore; *il n'y avait pas grand monde* there weren't many people; *les grandes vacances fpl* the summer vacation *sg*, *Br* the summer holidays; *grand ensemble* new development, *Br* (housing) estate **2** *adv ouvrir* wide; *voir grand* think big; *grand ouvert* wide open **3** *m* giant, great man; *les grands de ce monde* those in high places

grand-chose [grɑ̃ʃoz]: *pas grand-chose* not much

Grande-Bretagne [grɑ̃dbrətaɲ]: *la Grande-Bretagne* Great Britain

grandement [grɑ̃dmɑ̃] *adv* (*beaucoup*) greatly

grandeur *f* (*taille*) size; *grandeur nature* lifesize

grandiose *spectacle, vue* magnificent

grandir ⟨2a⟩ **1** *v/i* (*croître*) grow; (*augmenter*) grow, increase **2** *v/t*: *grandir qn* make s.o. look taller; *de l'expérience* strengthen s.o.

grand-mère [grɑ̃mɛr] *f* (*pl* grand(s)-mères) grandmother

grand-père [grɑ̃pɛr] *m* (*pl* grands-pères) grandfather

grand-route [grɑ̃rut] *f* (*pl* grand(s)-routes) highway, main road

grand-rue [grɑ̃ry] *f* (*pl* grand(s)-rues) main street

grands-parents [grɑ̃parɑ̃] *mpl* grand-parents

grange [grɑ̃ʒ] *f* barn

granit(e) [granit] *m* granite

granuleux, -euse [granylø, -z] granular

graphique [grafik] **1** *adj* graphic **2** *m* chart; MATH graph; INFORM graphic

graphiste *m/f* graphic designer

grappe [grap] *f* cluster; *grappe de raisin* bunch of grapes

grappin [grapɛ̃] *m*: *mettre le grappin sur qn* get one's hands on s.o.

gras, grasse [grɑ, -s] **1** *adj* fatty, fat; *personne* fat; *cheveux, peau* greasy; *faire la grasse matinée* sleep late, *Br* have a lie-in **2** *m* CUIS fat

grassouillet, grassouillette plump, cuddly

gratification [gratifikasjɔ̃] *f* (*prime*) bonus; PSYCH gratification

gratifiant, gratifiante gratifying

gratifier ⟨1a⟩: *gratifier qn de qch* present s.o. with sth

gratin [gratɛ̃] *m* dish served with a coating of grated cheese

gratiné, gratinée CUIS with a sprinkling of cheese; *fig* F addition colossal

gratis [gratis] free of charge

gratitude [gratityd] *f* gratitude

gratte-ciel [gratsjɛl] *m* (*pl inv*) skyscraper

gratter [grate] ⟨1a⟩ scrape; (*griffer, piquer*) scratch; (*enlever*) scrape off; *mot, signature* scratch out; *se gratter* scratch

grattoir *m* scraper

gratuit, gratuite [gratɥi, -t] free; *fig* gratuitous

gratuitement *adv* for nothing, free of charge; *fig* gratuitously

gravats [grava] *mpl* rubble *sg*

grave [grav] (*sérieux*) serious, grave; *maladie, faute* serious; *son* deep; *ce n'est pas grave* it's not a problem, it doesn't matter

gravement *adv* gravely, seriously; *gravement malade* seriously ill

graver [grave] ⟨1a⟩ engrave; *disque* cut; *gravé dans sa mémoire* engraved on one's memory

gravier [gravje] *m* gravel

gravillon [gravijɔ̃] *m* grit; *gravillons* gravel *sg*, *Br* loose chippings *pl*

gravir [gravir] ⟨2a⟩ climb

gravité [gravite] *f* gravity, seriousness; *d'une maladie, d'un accident* seriousness; PHYS gravity

graviter ⟨1a⟩ PHYS: *graviter autour de* revolve around

gravure [gravyr] *f* ART engraving; (*reproduction*) print

gré [gre] *m*: *bon gré, mal gré* like it or not; *à mon gré* to my liking; *contre mon gré* against my will; *de bon gré* willingly; *de son plein gré* of one's own free will; *savoir gré de qch à qn* be grateful to s.o. for sth

grec, grecque [grek] **1** *adj* Greek **2** *m langue* Greek **3** *m/f* Grec, Grecque Greek **Grèce**: *la Grèce* Greece

gredin [grədɛ̃] *m* scoundrel

gréement [gremɑ̃] *m* MAR rigging

greffe [gref] AGR, *de peau, tissu* graft; *greffe du cœur* MÉD heart transplant

greffer ⟨1b⟩ AGR, *peau, tissu* graft; *cœur, poumon* transplant

greffier [grefje] *m* clerk of the court

grêle¹ [grɛl] *f jambes* skinny; *voix* shrill

grêle² [grɛl] *f* hail

grêler ⟨1a⟩: *il grêle* it's hailing

grêlon *m* hailstone

grelot [grəlo] *m* (small) bell

grelotter [grələte] ⟨1a⟩ shiver

grenade [grənad] *f* BOT pomegranate; MIL grenade

grenadine [grənadin] *f* grenadine, pomegranate syrup

grenier [grənje] *m* attic

grenouille [grənuj] *f* frog

grès [grɛ] *m* sandstone; *poterie* stoneware

grésiller [grezije] ⟨1a⟩ sizzle; RAD crackle

grève¹ [grɛv] *f* strike; *être en grève, faire grève* be on strike; *se mettre en grève* go on strike; *grève de la faim* hunger strike; *grève du zèle, grève perlée* slowdown, *Br* go-slow

grève² [grɛv] *f* (*plage*) shore

grever [grəve] ⟨1d⟩ *budget* put a strain on

gréviste [grevist] *m/f* striker

gribouillage [gribujaʒ] *m* scribble; (*dessin*) doodle

gribouiller ⟨1a⟩ scribble; (*dessiner*) doodle

gribouillis *m* scribble

grief [grijef] *m* grievance

grièvement [grijevmɑ̃] *adv blessé* seriously

griffe [grif] *f* claw; COMM label; *fig* (*empreinte*) stamp

griffer ⟨1a⟩ scratch

griffonnage [grifɔnaʒ] *m* scribble

griffonner ⟨1a⟩ scribble

grignoter [griɲɔte] ⟨1a⟩ **1** *v/t* nibble on; *économies* nibble away at, eat into **2** *v/i* nibble

grill [gril] *m* broiler, *Br* grill

grillade *f* broil, *Br* grill

grillage [grijaʒ] *m* wire mesh; (*clôture*) fence

grille *f d'une fenêtre* grille; (*clôture*) railings *pl*; *d'un four* rack; (*tableau*) grid

grille-pain *m* (*pl inv*) toaster

griller ⟨1a⟩ **1** *v/t viande* broil, *Br* grill; *pain* toast; *café, marrons* roast **2** *v/i d'une ampoule* burn out; *griller un feu rouge* go through a red light

grillon [grijɔ̃] *m* cricket

grimace [grimas] *f* grimace; *faire des grimaces* pull faces

grimer ⟨1a⟩: (*se*) *grimer* make up

grimper [grɛ̃pe] ⟨1a⟩ climb

grincement [grɛ̃smɑ̃] *m de porte* squeaking

grincer ⟨1k⟩ *d'une porte* squeak; *grincer des dents* grind one's teeth

grincheux, -euse [grɛ̃ʃø, -z] bad-tempered, grouchy

gringalet [grɛ̃gale] *m* F puny little shrimp

griotte [grijɔt] *f* BOT type of cherry

grippe [grip] *f* MÉD flu; *prendre qn en grippe* take a dislike to s.o.; *grippe gastro-intestinale* gastric flu

grippé, grippée MÉD: *être grippé* have flu

gris, grise [gri, -z] gray, *Br* grey; *temps, vie* dull; (*ivre*) tipsy

grisaille *f* grayness, *Br* greyness

grisant, grisante [grizɑ̃, -t] exhilarating

grisâtre [grizatr] grayish, *Br* greyish

griser [grize] ⟨1a⟩: *griser qn* go to s.o.'s head; *se laisser griser par* get carried away by

grisonner [grizɔne] ⟨1a⟩ go gray *ou Br* grey

grive [griv] *f* thrush

grivois, grivoise [grivwa, -z] bawdy

groggy [grɔgi] *adj inv* F groggy

grognement [grɔɲmɑ̃] *m* (*plainte*) grumbling; *d'un cochon etc* grunt

grogner ⟨1a⟩ (*se plaindre*) grumble; *d'un cochon* grunt

grognon, grognonne: *être grognon* be grumpy

grommeler [grɔmle] ⟨1c⟩ mutter

grondement [grɔ̃dmɑ̃] *m d'un chien* growl; *de tonnerre* rumble

gronder ⟨1a⟩ **1** *v/i d'une personne, d'un chien* growl; *de tonnerre* rumble; *d'une révolte* brew **2** *v/t* scold

groom [grum] *m* bellhop, *Br* page

gros, grosse [gro, -s] **1** *adj* big, large; (*corpulent*) fat; *lèvres* thick; *averse, rhume, souliers* heavy; *chaussettes* heavy, thick; *plaisanterie* coarse; *vin* rough; *avoir le cœur gros* be heavy-hearted; *gros bonnet m* F bigwig F; *toucher le gros lot* hit the jackpot; *grosse mer f*

MAR rough *ou* heavy sea; **gros mots** *mpl* bad language *sg*, swear words; **gros plan** *m* close-up **2** *adv*: **gagner gros** win a lot; **en gros** (*globalement*) generally, on the whole; COMM wholesale **3** *m personne* fat man; COMM wholesale trade; **prix** *m* **de gros** COMM wholesale price; **le gros de** the bulk of

groseille [grozɛj] *f* BOT currant; **groseille à maquereau** gooseberry

grosse [gros] *f* fat woman

grossesse [grosɛs] *f* pregnancy

grosseur [grosœr] *f* (*corpulence*) fatness; (*volume*) size; (*tumeur*) growth

grossier, -ère [grosje, -ɛr] (*rudimentaire*) crude; (*indélicat*) coarse, crude; (*impoli*) rude; *erreur* big

grossièrement *adv* crudely; (*impoliment*) rudely; (*à peu près*) roughly

grossièreté *f* crudeness; **dire des grossièretés** use crude *ou* coarse language

grossir [grosir] ⟨2a⟩ **1** *v/t au microscope* magnify; *nombre, rivière* swell; (*exagérer*) exaggerate; **grossir qn** *pantalon, robe etc* make s.o. look fatter **2** *v/i d'une personne* put on weight

grossiste [grosist] *m/f* COMM wholesaler

grosso modo [grosomodo] *adv* roughly

grotesque [grotɛsk] ludicrous, grotesque

grotte [grot] *f* cave

grouiller [gruje] ⟨1a⟩: **grouiller de** swarming with; **se grouiller** F get a move on

groupe [grup] *m* group; **groupe de pression** pressure group; **groupe sanguin** blood group

groupement *m* group; *action* grouping

grouper ⟨1a⟩ group; **se grouper autour de qn** gather around s.o.

groupie [grupi] *f* groupie

grue [gry] *f* ZO, TECH crane

grumeau [grymo] *m* (*pl* -x) *m* lump

grumeleux, -euse lumpy

gué [ge] *m* ford

guenilles [gənij] *fpl* rags

guépard [gepar] *m* cheetah

guêpe [gɛp] *f* wasp

guêpier *m* wasps' nest; **tomber dans un guêpier** *fig* fall into a trap; **se mettre dans un guêpier** *fig* put o.s. in a difficult position

guère [gɛr]: **ne ... guère** hardly; **je ne la connais guère** I hardly know her

guéridon [geridõ] *m* round table

guérilla [gerija] *f* guerrilla warfare

guérillero *m* guerrilla

guérir [gerir] ⟨2a⟩ **1** *v/t malade, maladie* cure (**de** of) **2** *v/i d'une blessure* heal; *d'un malade, d'une maladie* get better

guérissable curable

guérison *f* (*rétablissement*) recovery

guerre [gɛr] *f* war; **Seconde Guerre mondiale** Second World War; **en guerre** at war; **faire la guerre** be at war (**à** with); **faire la guerre à qch** wage war on sth; **guerre bactériologique / biologique** germ / biological warfare; **guerre civile** civil war; **guerre froide** Cold War; **guerre des gangs** gang warfare; **guerre sainte** holy war

guerrier, -ère 1 *adj* warlike **2** *m* warrior

guet [gɛ] *m*: **faire le guet** keep watch

guet-apens [gɛtapã] *m* (*pl* guets-apens) ambush

guetter [gete] ⟨1b⟩ watch for, keep an eye open for; (*épier*) watch

gueule [gœl] *f* F mouth; (*visage*) face; **ta gueule!** F shut up!, *Br aussi* shut it! F; **gueule de bois** hangover

gueuler ⟨1a⟩ F yell, shout

gueuleton *m* F enormous meal, *Br aussi* blow-out

guichet [giʃɛ] *m de banque, poste* wicket, *Br* window; *de théâtre* box office; **guichet automatique** automatic teller (machine), ATM, *Br aussi* cash dispenser

guichetier, -ère *m/f* clerk, *Br* assistant; *dans banque* teller

guide [gid] **1** *m* guide; *ouvrage* guide (-book); **guide de conversation** phrasebook **2** *f* girl scout, *Br* guide **3**: **guides** *fpl* guiding reins

guider ⟨1a⟩ guide

guidon [gidõ] *m de vélo* handlebars *pl*

guignol [giɲol] *m* Punch; **un spectacle de guignol** a Punch-and-Judy show

guillemets [gijmɛ] *mpl* quote marks, *Br aussi* inverted commas

guillotine [gijotin] *f* guillotine

guillotiner ⟨1a⟩ guillotine

guindé, guindée [gɛde] *personne, style* stiff, awkward

guirlande [girlãd] *f* garland; **guirlande lumineuse** string of lights; **guirlandes de Noël** tinsel *sg*

guise [giz] *f*: **agir à sa guise** do as one pleases; **en guise de** as, by way of

guitare [gitar] *f* guitar

guitariste *m/f* guitarist

guttural, gutturale [gytyral] (*mpl* -aux) guttural

guyanais, guyanaise [gɥijanɛ, -z] **1** *adj* *département* Guianese; *république* Guyanese **2** *m/f* **Guyanais, Guyanaise** *département* Guianese; *république* Guyanese

Guyane: la Guyane Guyana

gym [ʒim] *f* gym

gymnase [ʒimnɑz] *m* SP gym

gymnaste *m/f* gymnast

gymnastique *f* gymnastics *sg*; *corrective, matinale* exercises *pl*; **faire de la gymnastique** do gymnastics / exercises

gynécologie [ʒinekɔlɔʒi] *f* gynecology, *Br* gynaecology

gynécologique gynecological, *Br* gynaecological

gynécologue *m/f* MÉD gynecologist, *Br* gynaecologist

gyrophare [ʒirɔfar] *m* flashing light

H

h *abr* (= **heure**) hr (= hour)

ha *abr* (= **hectare**) *approx* 2.5 acres

habile [abil] skillful, *Br* skilful

habileté *f* skill

habiliter [abilite] ⟨1a⟩ JUR: **être habilité à faire qch** be authorized to do sth

habillement [abijmɑ̃] *m* (*vêtements*) clothes *pl*

habillé, habillée (*élégant*) dressy

habiller ⟨1a⟩ dress; **s'habiller** get dressed, dress; *élégamment* get dressed up

habit [abi] *m*: **habits** clothes

habitable [abitabl] inhabitable

habitacle *m* AVIAT cockpit

habitant, habitante *m/f* inhabitant

habitat *m* ZO, BOT habitat

habitation *f* living; (*domicile*) residence

habiter ⟨1a⟩ **1** *v/t* live in **2** *v/i* live (**à Paris** in Paris)

habité, habitée inhabited

habitude [abityd] *f* habit, custom; **d'habitude** usually; **par habitude** out of habit

habitué, habituée *m/f* regular

habituel, habituelle usual

habituer ⟨1a⟩: **habituer qn à qch** get s.o. used to sth; **s'habituer à** get used to; **s'habituer à faire qch** get used to doing sth

'hache *m* [aʃ] *f* ax, *Br* axe; **enterrer la 'hache de guerre** bury the hatchet

'hacher [aʃe] ⟨1a⟩ chop; **viande f hachée** ground beef, *Br* mince

'hachette *f* hatchet

'hachis *m* CUIS *kind of stew in which the meat is covered with mashed potatoes*

'hachisch [aʃiʃ] *m* hashish

'hachoir [aʃwar] *m* *appareil* meat grinder, *Br* mincer; *couteau* cleaver; *planche* chopping board

haddock [adɔk] *m* smoked haddock

'hagard, 'hagarde [agar, -d] *visage* haggard; *air* wild

'haie [ɛ] *f* hedge; SP hurdle; *pour chevaux* fence, jump; **course f de 'haies** hurdles; *pour chevaux* race over jumps; **une 'haie de policiers** *fig* a line of police

'haillons [ajõ] *mpl* rags

'haine [ɛn] *f* hatred

'haineux, -euse full of hatred

'haïr [air] ⟨2m⟩ hate

'haïssable hateful

'hâle [ɑl] *m* (sun)tan

'hâlé, 'hâlée (sun)tanned

haleine [alɛn] *f* breath; **hors d'haleine** out of breath; **c'est un travail de longue haleine** *fig* it's a long hard job; **avoir mauvaise haleine** have bad breath

'halètement [alɛtmɑ̃] *m* gasping

'haleter ⟨1e⟩ pant, gasp

'hall [ol] *m* *d'hôtel, immeuble* foyer; *de gare* concourse

'halle [al] *f* market

halloween [alɔwin] *f* Halloween

hallucination [alysinasjõ] *f* hallucination

'halo [alo] *m* halo

halogène [alɔʒɛn] *m*: (**lampe f**) **halogène** halogen light

'halte [alt] *f* stop; **faire 'halte** halt, make a stop; **'halte!** MIL halt!

haltère [altɛr] *m* dumbbell; **faire des haltères** do weightlifting

haltérophilie *f* weightlifting

'hamac [amak] *m* hammock

'hameau [amo] *m* (*pl* -x) hamlet

hameçon [amsõ] *m* hook

'hamster [amstɛr] *m* hamster

'hanche [ɑ̃ʃ] *f* hip

'handicap [ɑ̃dikap] *m* handicap

'handicapé, 'handicapée **1** *adj* disabled, handicapped **2** *m/f* disabled *ou* handicapped person; **les 'handicapés** the disabled *pl*, the handicapped *pl*; **'handicapé physique** disabled person, physically handicapped person; **'handicapé mental(e)** mentally handicapped person

'hangar [ɑ̃gar] *m* shed; AVIAT hangar

'hanter [ɑ̃te] ⟨1a⟩ haunt

'hantise f fear, dread

'happer [ape] ⟨1a⟩ catch; *fig: de train, autobus* hit

'haranguer [arɑ̃ge] ⟨1a⟩ speak to; *péj* harangue

'haras [aʀɑ] m stud farm

'harassant, 'harassante [arasɑ̃, -t] *travail* exhausting

'harassé, 'harassée exhausted

'harcèlement [arsɛlmɑ̃] m harassment; 'harcèlement sexuel sexual harassment

'harceler ⟨1d⟩ harass

'hard [aʀd] m hardcore; MUS hard rock

'hardi, 'hardie [aʀdi] bold

'hardware [aʀdwɛʀ] m hardware

'hareng [aʀɑ̃] m herring

'hargne [aʀɲ] f bad temper

'hargneux, -euse venomous; *chien* vicious

'haricot [aʀiko] m BOT bean; 'haricots verts green beans; c'est la fin des 'haricots F that's the end

harmonica [aʀmɔnika] m harmonica

harmonie [aʀmɔni] f harmony

harmonieux, -euse harmonious

harmoniser ⟨1a⟩ match (up); MUS harmonize; s'harmoniser *de couleurs* go together; s'harmoniser avec *d'une couleur* go with

'harnais [aʀnɛ] m harness

'harpe [aʀp] f MUS harp

'harpon [aʀpɔ̃] m harpoon

'hasard [azaʀ] m chance; au 'hasard at random; par 'hasard by chance

'hasarder ⟨1a⟩ hazard; se 'hasarder à faire qch venture to do sth

'hasardeux, -euse hazardous

'haschisch [aʃiʃ] m hashish

'hâte [ɑt] f hurry, haste; à la 'hâte in a hurry, hastily; en 'hâte in haste; avoir 'hâte de faire qch be eager to do sth

'hâter ⟨1a⟩ hasten; se 'hâter hurry up; se 'hâter de faire qch hurry to do sth

'hâtif, -ive hasty; AGR early

'hausse [os] f *de prix, cours, température* increase, rise

'hausser ⟨1a⟩ increase; 'hausser la voix raise one's voice; 'hausser les épaules shrug (one's shoulders)

'haut, 'haute [o, ot] 1 *adj* high; *immeuble* tall, high; *cri, voix* loud; *fonctionnaire* high-level, senior; la 'haute Seine the upper Seine; à voix 'haute in a loud voice, loudly; être 'haut de 5 mètres be 5 meters tall; 'haut de gamme upscale, Br upmarket 2 *adv* high; *là-'haut* up there; de 'haut from above; de 'haut en bas from top to bottom; *regarder qn*

up and down; 'haut les mains! hands up!; en 'haut above; en 'haut de at the top of; parler plus 'haut speak up, speak louder; voir plus 'haut *dans un texte* see above 3 m top; du 'haut de from the top of; des 'hauts et des bas ups and downs

'hautain, 'hautaine [otɛ̃, -ɛn] haughty

'hautbois [obwa] m MUS oboe

'hauteur [otœʀ] f height; *fig* haughtiness; être à la 'hauteur de qch be up to sth

'haut-le-cœur [olkœʀ] m (*pl inv*): avoir un 'haut-le-cœur retch

'haut-parleur [oparlœʀ] m (*pl* haut-parleurs) loudspeaker

'havre [avʀ] m haven

'hayon [ɛjɔ̃] m: voiture à 'hayon hatchback

hebdomadaire [ɛbdɔmadɛʀ] m & *adj* weekly

hébergement [ebɛʀʒəmɑ̃] m accommodations *pl, Br* accommodation

héberger [ebɛʀʒe] ⟨1l⟩: héberger qn put s.o. up; *fig* take s.o. in

hébété, hébétée [ebete] *regard* vacant

hébreu [ebʀø] m: l'hébreu Hebrew

hécatombe [ekatɔ̃b] f bloodbath

hectare [ɛktaʀ] m hectare (*approx 2.5 acres*)

'hein [ɛ̃] F eh?; c'est joli, 'hein? it's pretty, isn't it?

'hélas [elɑs] alas

'héler [ele] ⟨1f⟩ hail

hélice [elis] f MAR, AVIAT propeller; escalier m en hélice spiral staircase

hélicoptère [elikɔptɛʀ] m helicopter, chopper F

héliport m heliport

hématome [ematɔm] m MÉD hematoma, *Br* hæmatoma

hémisphère [emisfɛʀ] m hemisphere

hémophilie [emɔfili] f MÉD hemophilia, *Br* hæmophilia

hémorragie [emɔʀaʒi] f hemorrhage, *Br* hæmorrhage

hémorroïdes [emɔʀɔid] *fpl* hemorrhoids, *Br* haemorrhoids, piles

'hennir [eniʀ] ⟨2a⟩ neigh

'hennissement m neigh

hépatite [epatit] f hepatitis

herbe [ɛʀb] f grass; CUIS herb; mauvaise herbe weed; fines herbes herbs

herbeux, -euse grassy

herbicide m herbicide, weedkiller

héréditaire [eʀeditɛʀ] hereditary

hérédité f heredity

hérésie [eʀezi] f heresy

hérétique 1 *adj* heretical 2 *m/f* heretic

'hérissé, 'hérissée [eʀise] ruffled, standing on end

'hérisson *m* hedgehog
héritage [erita3] *m* inheritance
hériter ⟨1a⟩ 1 *v/t* inherit 2 *v/i*: *hériter de qch* inherit sth; *hériter de qn* receive an inheritance from s.o.
héritier, -ère *m/f* heir
hermétique [ɛrmetik] *récipient* hermetically sealed, airtight; *style* inaccessible
hermine [ɛrmin] *f* stoat; *fourrure* ermine
'hernie ⟨ɛrni⟩ *f* MÉD hernia; *'hernie discale* slipped disc
héroïne[1] [erɔin] *f drogue* heroin
héroïnomane *m/f* heroin addict
héroïne[2] [erɔin] *f* heroine
héroïque heroic
héroïsme *m* heroism
'héron ⟨erõ⟩ *m* heron
'héros [ero] *m* hero
herpès [ɛrpɛs] *m* herpes
hésitant, hésitante [ezitɑ̃, -t] hesitant, tentative
hésitation *f* hesitation
hésiter ⟨1a⟩ [etero] F straight F, hetero F
hétéro [etero] F straight F, hetero F
hétérogène [eterɔʒɛn] heterogeneous
hétérosexuel, hétérosexuelle [eterosɛksɥɛl] heterosexual
'hêtre ⟨ɛtr⟩ *m* BOT beech
heure ⟨œr⟩ *f durée* hour; *arriver à l'heure* arrive on time; *de bonne heure* early; *tout à l'heure (tout de suite)* just a minute ago, not long ago; *(avant peu)* in a minute; *à tout à l'heure!* see you soon!; *à l'heure actuelle* at the moment; *à toute heure* at any time; *quelle heure est-il?* what time is it?; *il est six heures* it's six (o'clock); *il est l'heure de partir* it's time to leave; *heure locale* local time; *heures d'ouverture* opening hours; *heures de pointe* rush hour *sg*; *heures supplémentaires* overtime *sg*
heureusement [œrøzmɑ̃] *adv* luckily, fortunately
heureux, -euse happy; *(chanceux)* lucky, fortunate
'heurt ⟨œr⟩ *m de deux véhicules* collision; *fig (friction)* clash
'heurter ⟨œrte⟩ ⟨1a⟩ collide with; *fig* offend; *se 'heurter* collide (*à* with); *fig (s'affronter)* clash (*sur* over)
hexagone [ɛgzagɔn] *m* hexagon; *l'Hexagone* France
hiberner [ibɛrne] ⟨1a⟩ hibernate
'hibou [ibu] *m (pl -x)* owl
'hic [ik] *m* F problem
'hideux, -euse *m/f* [idø, -z] hideous
hier [jɛr] yesterday
'hiérarchie [jerarʃi] *f* hierarchy

hiéroglyphe [jerɔglif] *m* hieroglyph
high-tech [ajtɛk] *adj inv* high tech, hi-tech
hilare [ilar] grinning
hilarité *f* hilarity
hindou, hindoue Hindu
hippique [ipik] SP equestrian; *concours m hippique* horse show
hippisme *m* riding
hippodrome *m* race course
hippopotame [ipɔpɔtam] *m* hippo, hippopotamus
hirondelle [irõdɛl] *f* swallow
hirsute [irsyt] hairy, hirsute *fml*, *hum*
hispanique [ispanik] Hispanic
'hisser [ise] ⟨1a⟩ *drapeau, étendard, voile* hoist; *(monter)* lift, raise; *se 'hisser* pull o.s. up
histoire [istwar] *f* history; *(récit, conte)* story; *faire des histoires* make a fuss
historien, historienne *m/f* historian
historique 1 *adj* historic 2 *m* chronicle
hiver [ivɛr] *m* winter; *en hiver* in winter
hivernal, hivernale *(mpl -aux)* winter *atr*
H.L.M. [aʃɛlɛm] *m ou f abr* (= *habitation à loyer modéré*) low cost housing
'hobby [ɔbi] *m* hobby
'hochement [ɔʃmɑ̃] *m*: *'hochement de tête* en signe d'approbation nod; en signe de désapprobation shake of the head
'hocher ⟨1a⟩: *'hocher la tête* en signe d'approbation nod (one's head); en signe de désapprobation shake one's head
'hochet [ɔʃe] *m* rattle
'hockey [ɔke] *m* sur gazon field hockey, *Br* hockey; *sur glace* hockey, *Br* ice hockey
'holding [ɔldiŋ] *m* holding company
'hold-up [ɔldœp] *m* holdup
'hollandais, 'hollandaise [ɔlɑ̃dɛ, -z] 1 *adj* Dutch 2 *m langue* Dutch 3 Hollandais *m* Dutchman 4 *f* 'Hollandaise Dutchwoman
'Hollande: *la 'Hollande* Holland
holocauste [ɔlɔkost] *m* holocaust
hologramme [ɔlɔgram] *m* hologram
homard [ɔmar] *m* lobster
homéopathe [ɔmeɔpat] *m* homeopath
homéopathie *f* homeopathy
homéopathique *m* homeopathic
homicide [ɔmisid] *m* acte homicide; *homicide involontaire* manslaughter; *homicide volontaire* murder
hommage [ɔmaʒ] *m* homage; *rendre hommage à qn* pay homage to s.o.
homme [ɔm] *m* man; *homme d'affaires* businessman; *homme d'État* statesman; *homme de lettres* man of letters, literary man; *homme de main* henchman; *homme de paille* fig figurehead; *hom-*

me de la rue man in the street
homme-grenouille *m* (*pl* hommes-grenouilles) frogman
homme-sandwich *m* (*pl* hommes-sandwich⟨e⟩s) sandwich man
homo [ɔmo] *m*/*f* gay
homogène [ɔmɔʒɛn] homogenous
homologue [ɔmɔlɔg] *m* counterpart, opposite number
homologuer ⟨1m⟩ *record* ratify; *tarif* authorize
homonyme [ɔmɔnim] *m* namesake; LING homonym
homophobe [ɔmɔfɔb] homophobic
homophobie *f* homophobia
homosexuel, homosexuelle [ɔmɔsɛk-syɛl] *m*/*f* & *adj* homosexual
'Hongrie [õgri] *f*: *la* **'Hongrie** Hungary
'hongrois, 'hongroise 1 *adj* Hungarian **2** *m langue* Hungarian **3** *m*/*f* **Hongrois, 'Hongroise** Hungarian
honnête [ɔnɛt] honest; (*convenable*) decent; (*passable*) reasonable
honnêtement *adv* honestly; (*passablement*) quite well
honnêteté honesty
honneur [ɔnœr] *m* honor, *Br* honour; *en l'honneur de* in honor of; *faire honneur à qch* honor sth
honorable honorable, *Br* honourable
honoraire [ɔnɔrɛr] **1** *adj* honorary **2** *honoraires mpl* fees
honorer ⟨1a⟩ honor, *Br* honour
honorifique honorific
'honte [õt] *f* shame; *avoir 'honte de* be ashamed of; *faire 'honte à qn* make s.o. ashamed
'honteusement *adv* shamefully; *dire, admettre* shamefacedly
'honteux, -euse (*déshonorant*) shameful; (*déconfit*) ashamed; *air* shamefaced
hooligan [uligan] *m* hooligan
hooliganisme *m* hooliganism
hôpital [ɔpital] *m* (*pl* -aux) hospital; *à l'hôpital* in the hospital, *Br* in hospital
hoquet [ɔkɛ] *m* hiccup; *avoir le 'hoquet* have (the) hiccups
horaire [ɔrɛr] **1** *adj* hourly **2** *m emploi du temps* timetable, schedule; *des avions, trains etc* schedule; *Br* timetable; *horaire souple* flextime
horizon [ɔrizõ] *m* horizon
horizontal, horizontale (*mpl* -aux) horizontal
horloge [ɔrlɔʒ] *f* clock
horloger, -ère *m*/*f* watchmaker
'hormis [ɔrmi] *prép* but
hormonal, hormonale [ɔrmɔnal] (*mpl* -aux) hormonal

hormone *f* hormone
horodateur [ɔrɔdatœr] *m dans parking* pay and display machine
horoscope [ɔrɔskɔp] *m* horoscope
horreur [ɔrœr] *f* horror; (*monstruosité*) monstrosity; *avoir horreur de qch* detest sth; (*quelle*) *horreur!* how awful!
horrible horrible
horrifiant, horrifiante horrifying
horrifié, horrifiée horrified (*par* by)
horrifique hair-raising
horripilant, horripilante [ɔripilɑ̃, -t] infuriating
'hors [ɔr] *prép*: *'hors de* (*à l'extérieur de*) outside; *'hors de danger* out of danger; *c'est 'hors de prix* it's incredibly expensive; *'hors sujet* beside the point; *être 'hors de* be beside o.s.; *'hors service* out of service
'hors-bord [ɔrbɔr] *m* (*pl inv*) outboard
'hors-d'œuvre [ɔrdœvr] *m* (*pl inv*) CUIS appetizer, starter
'hors-jeu [ɔrʒø] *adv* offside
'hors-la-loi [ɔrlalwa] *m* (*pl inv*) outlaw
'hors-piste [ɔrpist] *adv* off-piste
hortensia [ɔrtɑ̃sja] *f* hydrangea
horticulture [ɔrtikyltyr] *f* horticulture
hospice [ɔspis] *m* REL hospice; (*asile*) home
hospitalier, -ère [ɔspitalje, -ɛr] hospitable; MÉD hospital *atr*
hospitaliser ⟨1a⟩ hospitalize
hospitalité *f* hospitality
hostie [ɔsti] *f* REL wafer, host
hostile [ɔstil] hostile
hostilité *f* hostility
hosto [ɔsto] *m* F hospital
'hot-dog [ɔtdɔg] *m* hot dog
hôte [ot] *m* (*maître de maison*) host; (*invité*) guest; *table* *f* *d'hôte* set meal, table d'hôte
hôtel [otɛl] *m* hotel; *hôtel* (*particulier*) town house; *hôtel de ville* town hall
hôtelier, hôteliere 1 *adj* hotel *atr* **2** *m*/*f* hotelier
hôtellerie *f*: *l'hôtellerie* the hotel business
hôtesse [otɛs] *f* hostess; *hôtesse de l'air* air hostess
'hotte [ɔt] *f* (*panier*) large basket carried on the back; *d'aération* hood
'houblon [ublõ] *m* BOT hop
'houille [uj] *f* coal
'houle [ul] *f* MAR swell
'houleux, -euse *fig* stormy
'houppe [up] *f de cheveux* tuft
'hourra [ura] **1** *int* hurrah **2** *m*: *pousser des 'hourras* give three cheers
'housse [us] *f de portable, vêtements* protective cover

'houx [u] m BOT holly

'hublot [yblo] m MAR porthole; AVIAT window

'huche [yʃ] f: 'huche à pain bread bin

'huées [ɥe] fpl boos, jeers

'huer ⟨1a⟩ boo, jeer

huile [ɥil] f oil; huile solaire suntan oil

huiler ⟨1a⟩ oil, lubricate

huileux, -euse oily

'huis [ɥi] m: à 'huis clos behind closed doors; JUR in camera

huissier m JUR bailiff

'huit [ɥit] eight; 'huit jours a week; demain en 'huit a week tomorrow

'huitaine f: une 'huitaine de about eight, eight or so; une 'huitaine (de jours) a week

'huitième eighth; 'huitième m de finale last sixteen

huître [ɥitr] f oyster

humain, humaine [ymɛ̃, -ɛn] human; traitement humane

humaniser ⟨1a⟩ humanize

humanitaire humanitarian

humanité f humanity

humble [ɛ̃bl] humble

humecter [ymɛkte] ⟨1a⟩ moisten

'humer ⟨1a⟩ breathe in

humeur [ymœr] f mood; (tempérament) temperament; être de bonne / mauvaise humeur be in a good / bad mood

humide [ymid] damp; (chaud et humide) humid

humidificateur m TECH humidifier

humidifier ⟨1a⟩ moisten; atmosphère humidify

humidité f dampness; humidity

humiliation [ymiljasjɔ̃] f humiliation

humiliant, humiliante humiliating

humilier ⟨1a⟩ humiliate

humilité f [ymilite] f humility

humoriste [ymɔrist] 1 adj humorous 2 m/f humorist

humoristique humorous

humour m humor, Br humour; avoir de l'humour have a (good) sense of humor

'huppé, 'huppée [ype] exclusive

'hurlement [yrləmɑ̃] m d'un loup howl; d'une personne scream

'hurler ⟨1a⟩ d'un loup howl; d'une personne scream; 'hurler de rire roar with laughter

'hutte [yt] f hut

hybride [ibrid] m hybrid

hydratant, hydratante [idratɑ̃, -t] cosmétique moisturizing

hydraulique [idrolik] 1 adj hydraulic 2 f hydraulics

hydravion [idravjɔ̃] m seaplane

hydrocarbure [idrɔkarbyr] m CHIM hydrocarbon

hydroélectrique [idroelektrik] hydroelectric

hydrogène [idrɔʒɛn] m CHIM hydrogen

hydroglisseur [idroglisœr] m jetfoil

hyène [jɛn] f hyena

hygiène [iʒjɛn] f hygiene; avoir une bonne hygiène de vie have a healthy lifestyle; hygiène intime personal hygiene

hygiénique hygienic; papier hygiénique toilet paper; serviette hygiénique sanitary napkin, Br sanitary towel

hymne [imn] m hymn; hymne national national anthem

hyperactif, -ive [iperaktif, -iv] hyperactive

hyperbole [ipɛrbɔl] f hyperbole; MATH hyperbola

hypermarché [ipermarʃe] m supermarket, Br hypermarket

hypermétrope [ipermetrɔp] far-sighted, Br long-sighted

hypersensible [ipersãsibl] hypersensitive

hypertension [ipertãsjɔ̃] f MÉD high blood pressure

hypertexte [ipertɛkst]: lien m hypertexte hypertext link

hypnose [ipnɔz] f hypnosis

hypnothérapie f hypnotherapy

hypnotiser ⟨1a⟩ hypnotize

hypoallergénique [ipoalerʒenik] hypoallergenic

hypocrisie [ipɔkrizi] f hypocrisy

hypocrite 1 adj hypocritical 2 m/f hypocrite

hypocondriaque [ipokɔ̃drijak] m/f hypochondriac

hypothèque [ipɔtɛk] f COMM mortgage

hypothéquer ⟨1m⟩ mortgage

hypothermie [ipotermi] f hypothermia

hypothèse [ipɔtɛz] f hypothesis

hypothétique hypothetical

hystérectomie [isterɛktɔmi] f hysterectomy

hystérie [isteri] f hysteria

hystérique hysterical

H

I

iceberg [ajsbɛrg] *m* GÉOGR iceberg
ici [isi] here; *jusqu'ici* to here; *(jusqu'à maintenant)* so far, till now; *par ici* this way; *(dans le coin)* around about here; *d'ici peu* shortly, before long; *d'ici demain / la semaine prochaine* by tomorrow / next week; *d'ici là* by then, by that time; *d'ici de here; *sors d'ici* get out of here
icône [ikon] *f* icon
id. *abr* (= *idem*) idem
idéal, idéale [ideal] *(mpl -ou -aux)* *m & adj* ideal
idéalement *adv* ideally
idéaliser idealize
idéalisme *m* idealism
idéaliste 1 *adj* idealistic **2** *m/f* idealist
idée [ide] *f* idea; *(opinion)* view; *à l'idée de faire qch* at the idea of doing sth; *avoir dans l'idée de faire qch* be thinking of doing sth; *se faire une idée de qch* get an idea of sth; *tu te fais des idées (tu te trompes)* you're imagining things; *idée fausse* misconception; *idée fixe* obsession; *idée de génie* brainstorm, *Br* brainwave
identification [idãtifikasjɔ̃] *f* identification
identifier ⟨1a⟩ identify (*avec, à* with); *s'identifier avec ou à* identify with
identique [idãtik] identical (*à* to)
identité *f* identity; *carte f d'identité* identity *ou* ID card; *pièce f d'identité* identity, identity papers *pl*, ID
idéologie [ideɔlɔʒi] *f* ideology
idéologique ideological
idiomatique [idjɔmatik] idiomatic
idiome *m* idiom
idiot, idiote [idjo, -ɔt] **1** *adj* idiotic **2** *m/f* idiot
idiotie *f* idiocy; *une idiotie* an idiotic thing to do / say; *dire des idioties* talk nonsense *sg*
idolâtrer [idɔlatre] ⟨1a⟩ idolize
idole *f* idol
idylle [idil] *f* romance
idyllique idyllic
ignare [iɲar] *péj* **1** *adj* ignorant **2** *m/f* ignoramus
ignoble [iɲɔbl] vile
ignorance [iɲɔrɑ̃s] *f* ignorance
ignorant, ignorante ignorant
ignorer ⟨1a⟩ not know; *personne, talent*

ignore; *vous n'ignorez sans doute pas que ...* you are doubtless aware that ...
il [il] ◇ *sujet* he; *chose* it; *le chat est-il rentré?* did the cat come home? ◇ *impersonnel* it; *il ne fait pas beau* it's not very nice (weather); *il va pleuvoir* it is *ou* it's going to rain; *il était une fois ...* once upon a time there was ...
île [il] *f* island; *île déserte* desert island; *des îles* West Indian; *les îles britanniques* the British Isles; *les Îles Anglo-Normandes* the Channel Islands
illégal, illégale [ilegal] *(mpl -aux)* illegal
illégalement illegally
illégitime [ileʒitim] *enfant* illegitimate
illettré, illettrée [iletre] **1** *adj* illiterate **2** *m/f* person who is illiterate
illettrisme *m* illiteracy
illicite [ilisit] illicit
illico (presto) [iliko (presto)] *adv* F pronto F
illimité, illimitée [ilimite] unlimited
illisible [ilizibl] *(indéchiffrable)* illegible; *mauvaise littérature* unreadable
illogique [ilɔʒik] illogical
illuminer [ilymine] ⟨1a⟩ light up, illuminate; *par projecteur* floodlight
illusion [ilyzjɔ̃] *f* illusion; *se faire des illusions* delude *ou* fool o.s.; *illusion d'optique* optical illusion
illusionniste *m* illusionist
illusoire illusory
illustrateur, -trice [ilystratœr, -tris] *m/f* illustrator
illustration *f* illustration
illustre illustrious
illustré 1 *adj* illustrated **2** *m* comic; *(revue)* illustrated magazine
illustrer ⟨1a⟩ illustrate; *s'illustrer* distinguish o.s. (*par* by)
îlot [ilo] *m* (small) island; *de maisons* block
ils [il] *mpl* they; *tes grands-parents ont-ils téléphoné?* did your grand-parents call?
image [imaʒ] *f* picture; *dans l'eau, un miroir* reflection, image; *(ressemblance)* image; *représentation mentale* image, picture; *image de marque* brand image
imaginable [imaʒinabl] imaginable
imaginaire imaginary
imaginatif, -ive imaginative
imagination *f* imagination; *avoir de*

l'imagination be imaginative, have imagination

imaginer ⟨1a⟩ imagine; (*inventer*) devise; *s'imaginer que* imagine that

imbattable [ɛ̃batabl] unbeatable

imbécile [ɛ̃besil] **1** *adj* idiotic **2** *m/f* idiot, imbecile

imbécillité *f* stupidity, idiocy; *chose, parole imbécile* idiotic thing

imberbe [ɛ̃bɛrb] beardless

imbiber [ɛ̃bibe] ⟨1a⟩ soak (*de* with)

imbu, imbue [ɛ̃by]: *imbu de* fig full of

imbuvable [ɛ̃byvabl] undrinkable; *fig* unbearable

imitateur, -trice [imitatœr, -tris] *m/f* imitator; THÉÂT impersonator

imitation *f* imitation; THÉÂT impersonation

imiter ⟨1a⟩ imitate; THÉÂT impersonate

immaculé, immaculée [imakyle] immaculate, spotless; *réputation* spotless

immangeable [ɛ̃mɑ̃ʒabl] inedible

immatriculation [imatrikylasjõ] *f* registration; *plaque f d'immatriculation* AUTO license plate, *Br* number plate; *numéro m d'immatriculation* AUTO license plate number, *Br* registration number

immatriculer ⟨1a⟩ register

immature [imatyr] immature

immédiat, immédiate [imedja, -t] **1** *adj* immediate **2** *m*: *dans l'immédiat* for the moment

immédiatement *adv* immediately

immense [imɑ̃s] immense

immensité *f* immensity, vastness

immerger [imɛrʒe] ⟨11⟩ immerse; *s'immerger d'un sous-marin* submerge

immersion *f* immersion

immeuble [imœbl] *m* building

immigrant, immigrante [imigrɑ̃, -t] *m/f* immigrant

immigration *f* immigration

immigré, immigrée *m/f* immigrant

immigrer ⟨1a⟩ immigrate

imminent, imminente [iminɑ̃, -t] imminent

immiscer [imise] ⟨1k⟩: *s'immiscer dans qch* interfere in sth

immobile [imɔbil] motionless, immobile

immobilier, -ère [imɔbilje, -ɛr] **1** *adj* property *atr*; *agence f immobilière* real estate agency; *agent m immobilier* realtor, *Br* real estate agent; *biens mpl immobiliers* real estate *sg* **2** *m* property

immobiliser [imɔbilize] ⟨1a⟩ immobilize; *train, circulation* bring to a standstill; *capital* lock up, tie up; *s'immobiliser* (*s'arrêter*) come to a standstill

immonde [imõd] foul

immoral, immorale [imɔral] (*mpl* -aux) immoral

immoralité *f* immorality

immortaliser [imɔrtalize] ⟨1a⟩ immortalize

immortalité *f* immortality

immortel, immortelle immortal

immuable [imɥabl] unchanging

immuniser [imynize] ⟨1a⟩ immunize; *immunisé contre* fig immune to

immunitaire: *système immunitaire* immune system

immunité *f* JUR, MÉD immunity; *immunité diplomatique* diplomatic immunity

impact [ɛ̃pakt] *m* impact

impair, impaire [ɛ̃pɛr] **1** *adj* odd **2** *m* blunder

impardonnable [ɛ̃pardɔnabl] unforgivable

imparfait, imparfaite [ɛ̃parfɛ, -t] imperfect

impartial, impartiale [ɛ̃parsjal] (*mpl* -aux) impartial

impasse [ɛ̃pas] *f* dead end; *fig* deadlock, impasse

impassible [ɛ̃pasibl] impassive

impatiemment [ɛ̃pasjamɑ̃] *adv* impatiently

impatience *f* impatience

impatient, impatiente impatient

impatienter ⟨1a⟩: *s'impatienter* get impatient

impayé, impayée [ɛ̃pɛje] unpaid

impeccable [ɛ̃pɛkabl] impeccable; *linge* spotless, impeccable

impeccablement *adv* impeccably

impénétrable [ɛ̃penetrabl] *forêt* impenetrable

impensable [ɛ̃pɑ̃sabl] unthinkable, inconceivable

imper [ɛ̃pɛr] *m* F raincoat, *Br* F mac

impératif, -ive [ɛ̃peratif, -iv] **1** *adj* imperative **2** *m* (*exigence*) requirement; GRAM imperative

impératrice [ɛ̃peratris] *f* empress

imperceptible [ɛ̃pɛrsɛptibl] imperceptible

imperfection [ɛ̃pɛrfɛksjõ] *f* imperfection

impérial, impériale [ɛ̃perjal] imperial

impérialisme *m* imperialism

impérieux, -euse [ɛ̃perjø, -z] *personne* imperious; *besoin* urgent, pressing

impérissable [ɛ̃perisabl] immortal; *souvenir* unforgettable

imperméabiliser [ɛ̃pɛrmeabilize] ⟨1a⟩ waterproof

imperméable 1 *adj* impermeable; *tissu* waterproof **2** *m* raincoat

impersonnel, impersonnelle [ɛ̃pɛrsɔnɛl]

impersonal

impertinence [ɛ̃pɛrtinɑ̃s] *f* impertinence

impertinent, impertinente impertinent

imperturbable [ɛ̃pɛrtyrbabl] imperturbable

impétueux,-euse [ɛ̃petɥø, -z] impetuous

impitoyable [ɛ̃pitwajabl] pitiless, ruthless

impitoyablement *adv* pitilessly, ruthlessly

implacable [ɛ̃plakabl] implacable

implanter [ɛ̃plɑ̃te] ⟨1a⟩ *fig* introduce; *industrie* set up, establish; **s'implanter** become established; *d'une industrie* set up

implication [ɛ̃plikasjɔ̃] *f* implication

implicite implicit

impliquer ⟨1m⟩ *personne* implicate; *(entraîner)* mean, involve; *(supposer)* imply

implorer [ɛ̃plɔre] ⟨1a⟩ *aide* beg for; **implorer qn de faire qch** implore *ou* beg s.o. to do sth

impoli, impolie [ɛ̃pɔli] rude, impolite

impolitesse *f* rudeness

impopulaire [ɛ̃pɔpylɛr] unpopular

importance [ɛ̃pɔrtɑ̃s] *f* importance; *d'une ville* size; *d'une somme d'argent, catastrophe* magnitude

important, importante 1 *adj* important; *ville, somme* large, sizeable **2** *m:* **l'important, c'est que …** the important thing *ou* main thing is that …

importateur,-trice [ɛ̃pɔrtatœr, -tris] **1** *adj* importing **2** *m* importer

importation *f* import

importer ⟨1a⟩ **1** *v/t* import; *mode, musique* introduce **2** *v/i* matter, be important *(à* to); *peu m'importe qu'il arrive (subj) demain (cela m'est égal)* I don't care if he arrives tomorrow; *peu importe la couleur* the color doesn't matter, the color isn't important; *ce qui importe, c'est que …* the important thing is that …; *n'importe où* wherever; *n'importe qui* whoever; *n'importe quand* any time; *n'importe quoi* just anything; *n'importe quoi!* nonsense!

importun, importune [ɛ̃pɔrtɛ̃, -yn] troublesome

importuner ⟨1a⟩ bother

imposable [ɛ̃pozabl] taxable

imposant, imposante imposing

imposer ⟨1a⟩ impose; *marchandise, industrie* tax; *en imposer* be impressive; **s'imposer** *(être nécessaire)* be essential; *(se faire admettre)* gain recognition

imposition *f* taxation

impossibilité [ɛ̃pɔsibilite] *f* impossibility; *être dans l'impossibilité de faire qch* be unable to do sth

impossible 1 *adj* impossible **2** *m:* **l'impossible** the impossible; *faire l'impossible pour faire qch* do one's utmost to do sth

imposteur [ɛ̃pɔstœr] *m* imposter

impôt [ɛ̃po] *m* tax; *impôt sur le revenu* income tax

impotent, impotente [ɛ̃pɔtɑ̃, -t] crippled

impraticable [ɛ̃pratikabl] *projet* impractical; *rue* impassable

imprécis, imprécise [ɛ̃presi, -z] vague, imprecise

imprégner [ɛ̃preɲe] ⟨1f⟩ impregnate *(de* with); *imprégné de fig* full of

imprenable [ɛ̃prənabl] *fort* impregnable; *vue imprenable* unobstructed view

impression [ɛ̃presjɔ̃] *f* impression; *imprimerie* printing

impressionnable impressionable

impressionnant, impressionnante impressive; *(troublant)* upsetting

impressionner ⟨1a⟩ impress; *(troubler)* upset

impressionnisme *m* impressionism

impressionniste *m/f & adj* impressionist

imprévisible [ɛ̃previzibl] unpredictable

imprévu, imprévue 1 *adj* unexpected **2** *m:* **sauf imprévu** all being well, barring accidents

imprimante [ɛ̃primɑ̃t] *f* INFORM printer; *imprimante laser* laser printer; *imprimante à jet d'encre* ink-jet (printer)

imprimé *m (formulaire)* form; *tissu* print; *poste imprimés* printed matter *sg*

imprimer ⟨1a⟩ print; INFORM print out; *édition* publish

imprimerie *f établissement* printing works *sg*; ART printing

imprimeur *m* printer

improbable [ɛ̃prɔbabl] unlikely, improbable

improductif, -ive [ɛ̃prɔdyktif, -iv] *terre, travail* unproductive

imprononçable [ɛ̃prɔnɔ̃sabl] unpronounceable

impropre [ɛ̃prɔpr] *mot, outil* inappropriate; *impropre à* unsuitable for; *impropre à la consommation* unfit for human consumption

improviser [ɛ̃prɔvize] ⟨1a⟩ improvize

improviste *adv: à l'improviste* unexpectedly

imprudemment [ɛ̃prydamɑ̃] *adv* recklessly

imprudence *f* recklessness, imprudence; *commettre une imprudence* be careless

imprudent, imprudente reckless, imprudent

impudence [ɛ̃pydɑ̃s] *f* impudence

impudent, impudente impudent

impudique [ɛ̃pydik] shameless

impuissance [ɛ̃pɥisɑ̃s] f powerlessness, helplessness; MÉD impotence

impuissant, impuissante powerless, helpless; MÉD impotent

impulsif, -ive [ɛ̃pylsif, -iv] impulsive

impulsion f impulse; à l'économie boost; **sous l'impulsion de** urged on by

impunément [ɛ̃pynemɑ̃] adv with impunity

impuni, impunie unpunished; **rester impuni** go unpunished

impur, impure [ɛ̃pyr] eau dirty, polluted; (impudique) impure

imputable [ɛ̃pytabl] FIN chargeable; **imputable à** attributable to, caused by

imputer ⟨1a⟩ attribute (à to); FIN charge (sur to)

inabordable [inabɔrdabl] prix unaffordable

inacceptable [inakseptabl] unacceptable

inaccessible [inaksesibl] inaccessible; personne unapproachable; objectif unattainable

inachevé, inachevée [inaʃve] unfinished

inactif, -ive [inaktif, -iv] idle; population non-working; remède, méthode ineffective; marché slack

inadapté, inadaptée [inadapte] enfant handicapped; **inadapté à** unsuited to

inadéquat, inadéquate [inadekwa, -t] inadequate; méthode unsuitable

inadmissible [inadmisibl] unacceptable

inadvertance [inadvɛrtɑ̃s] f: **par inadvertance** inadvertently

inaltérable [inalterabl] matériel that does not deteriorate; fig unfailing

inanimé, inanimée [inanime] inanimate; (mort) lifeless; (inconscient) unconscious

inanition [inanisjɔ̃] f starvation

inaperçu, inaperçue [inapɛrsy]: **passer inaperçu** go ou pass unnoticed

inapplicable [inaplikabl] règlement unenforceable

inapproprié, inappropriée [inaprɔprije] inappropriate

inapte [inapt]: **inapte à** unsuited to; MÉD, MIL unfit for

inattaquable [inatakabl] unassailable

inattendu, inattendue [inatɑ̃dy] unexpected

inattentif, -ive [inatɑ̃tif, -iv] inattentive

inattention f inattentiveness; **erreur d'inattention** careless mistake

inaudible [inodibl] inaudible

inauguration [inogyrasjɔ̃] f d'un édifice (official) opening; fig inauguration

inaugurer ⟨1a⟩ édifice (officially) open; fig inaugurate

inavouable [inavwabl] shameful

incalculable [ɛ̃kalkylabl] incalculable

incapable [ɛ̃kapabl] incapable (**de qch** of sth; **de faire qch** of doing sth); **nous sommes incapables de vous répondre** we are unable to give you an answer

incapacité f (inaptitude) incompetence; de faire qch inability; **être dans l'incapacité de faire qch** be incapable of doing sth

incarcérer [ɛ̃karsere] ⟨1f⟩ imprison, incarcerate

incarnation [ɛ̃karnasjɔ̃] f embodiment, personification

incarner ⟨1a⟩ THÉÂT play; **incarner qch** be sth personified

incartade [ɛ̃kartad] f indiscretion

incassable [ɛ̃kasabl] unbreakable

incendiaire [ɛ̃sɑ̃djɛr] adj incendiary; discours inflammatory

incendie m fire; **incendie criminel** arson

incendier ⟨1a⟩ set fire to

incertain, incertaine [ɛ̃sɛrtɛ̃, -ɛn] uncertain; temps unsettled; (hésitant) indecisive

incertitude f uncertainty

incessamment [ɛ̃sesamɑ̃] adv any minute now

incessant, incessante incessant

inceste [ɛ̃sɛst] m incest

inchangé, inchangée [ɛ̃ʃɑ̃ʒe] unchanged

incident [ɛ̃sidɑ̃] m incident; **incident de parcours** mishap; **incident technique** technical problem

incinération [ɛ̃sinerasjɔ̃] f incineration; d'un cadavre cremation

incinérer ⟨1f⟩ ordures incinerate; cadavre cremate

incisif, -ive [ɛ̃sizif, -iv] incisive

incision [ɛ̃sizjɔ̃] f incision

inciter [ɛ̃site] ⟨1a⟩ encourage (**à faire qch** to do sth); péj egg on (**à faire qch** to do sth), incite

inclinable [ɛ̃klinabl] tilting

inclinaison [ɛ̃klinɛzɔ̃] f d'un toit slope, slant; d'un terrain incline, slope

inclination f fig inclination (**pour** for); **inclination de tête** (salut) nod

incliner ⟨1a⟩ tilt; **s'incliner** bend; pour saluer bow; **s'incliner devant qch** (céder) yield to sth; **s'incliner devant qn** aussi fig bow to s.o.

inclure [ɛ̃klyr] ⟨4l⟩ include; dans une lettre enclose

inclus, incluse: **ci-inclus** enclosed; **jusqu'au 30 juin inclus** to 30th June inclusive

incohérence [ɛ̃kɔerɑ̃s] f de comportement inconsistency; de discours, explica-

tion incoherence

incohérent, incohérente *comportement* inconsistent; *discours, explication* incoherent

incollable [ɛ̃kɔlabl] *riz* non-stick; *elle est incollable* F she's rock solid

incolore [ɛ̃kɔlɔr] colorless, *Br* colourless

incomber [ɛ̃kɔ̃be] ⟨1a⟩: *il vous incombe de le lui dire* it is your responsibility *ou* duty to tell him

incommoder [ɛ̃kɔmɔde] ⟨1a⟩ bother

incomparable [ɛ̃kɔ̃parabl] incomparable

incompatibilité [ɛ̃kɔ̃patibilite] *f* incompatibility

incompatible incompatible

incompétence [ɛ̃kɔ̃petɑ̃s] *f* incompetence

incompétent, incompétente incompetent

incomplet, -ète [ɛ̃kɔ̃plɛ, -t] incomplete

incompréhensible [ɛ̃kɔ̃preɑ̃sibl] incomprehensible

incompréhension *f* lack of understanding

incompris, incomprise misunderstood (*de* by)

inconcevable [ɛ̃kɔ̃svabl] inconceivable

inconditionnel, inconditionnelle [ɛ̃kɔ̃disjɔnɛl] **1** *adj* unconditional **2** *m/f* fan, fanatic

inconfortable [ɛ̃kɔ̃fɔrtabl] uncomfortable

incongru, incongrue [ɛ̃kɔ̃gry] incongruous

inconnu, inconnue [ɛ̃kɔny] **1** *adj* (*ignoré*) unknown; (*étranger*) strange **2** *m/f* stranger

inconscience [ɛ̃kɔ̃sjɑ̃s] *f physique* unconsciousness

inconscient, inconsciente 1 *adj physique*, PSYCH unconscious; (*irréfléchi*) irresponsible **2** *m* PSYCH: *l'inconscient* the unconscious (mind)

inconsidéré, inconsidérée [ɛ̃kɔ̃sidere] rash, thoughtless

inconsistant, inconsistante [ɛ̃kɔ̃sistɑ̃, -t] inconsistent; *fig: raisonnement* flimsy

inconsolable [ɛ̃kɔ̃sɔlabl] inconsolable

inconstant, inconstante [ɛ̃kɔ̃stɑ̃, -t] changeable

incontestable [ɛ̃kɔ̃tɛstabl] indisputable

incontestablement *adv* indisputably

incontesté, incontestée outright

incontournable [ɛ̃kɔ̃turnabl]: *être incontournable d'un monument, d'un événement* be a must

incontrôlable [ɛ̃kɔ̃trolabl] uncontrollable; *pas vérifiable* unverifiable

inconvénient [ɛ̃kɔ̃venjɑ̃] *m* disadvantage

m; si vous n'y voyez aucun inconvénient if you have no objection

incorporer [ɛ̃kɔrpɔre] ⟨1a⟩ incorporate (*à* with, into); MIL draft; *avec flash incorporé* with built-in flash

incorrect, incorrecte [ɛ̃kɔrɛkt] wrong, incorrect; *comportement, tenue, langage* improper

incorrigible [ɛ̃kɔriʒibl] incorrigible

incorruptible [ɛ̃kɔryptibl] incorruptible

incrédule [ɛ̃kredyl] (*sceptique*) incredulous

incrédulité *f* incredulity

increvable [ɛ̃krəvabl] *pneu* puncture-proof; F full of energy

incriminer [ɛ̃krimine] ⟨1a⟩ *personne* blame; JUR accuse; *paroles, actions* condemn

incroyable [ɛ̃krwajabl] incredible, unbelievable

incroyablement *adv* incredibly, unbelievably

incrustation [ɛ̃krystasjɔ̃] *f ornement* inlay

incruster: *s'incruster chez qn* be impossible to get rid of

incubateur [ɛ̃kybatœr] *m* incubator

incubation *f* incubation

inculpation [ɛ̃kylpasjɔ̃] *f* JUR indictment

inculpé, inculpée *m/f*: *l'inculpé* the accused, the defendant

inculper ⟨1a⟩ JUR charge, indict (*de, pour* with)

inculquer [ɛ̃kylke] ⟨1m⟩: *inculquer qch à qn* instill *or Br* instil sth into s.o.

inculte [ɛ̃kylt] *terre* waste *atr*, uncultivated; (*ignorant*) uneducated

incurable [ɛ̃kyrabl] incurable

incursion [ɛ̃kyrsjɔ̃] *f* MIL raid, incursion; *fig: dans la politique etc* foray, venture (*dans* into)

indécent, indécente [ɛ̃desɑ̃, -t] indecent; (*incorrect*) inappropriate, improper

indéchiffrable [ɛ̃deʃifrabl] *message, écriture* indecipherable

indécis, indécise [ɛ̃desi, -z] undecided; *personne, caractère* indecisive

indécision *f de caractère* indecisiveness

indéfendable [ɛ̃defɑ̃dabl] MIL, *fig* indefensible

indéfini, indéfinie [ɛ̃defini] indefinite; (*imprécis*) undefined; *article m* **indéfini** indefinite article

indéfiniment *adv* indefinitely

indéfinissable indefinable

indélébile [ɛ̃delebil] indelible

indélicat, indélicate [ɛ̃delika, -t] *personne, action* tactless

indemne [ɛ̃dɛmn] unhurt

indemnisation [ɛ̃dɛmnizasjɔ̃] f compensation

indemniser ⟨1a⟩ compensate (**de** for)

indemnité f (**dédommagement**) compensation; (**allocation**) allowance

indémodable [ɛ̃demɔdabl] classic, timeless

indéniable [ɛ̃denjabl] undeniable

indépendamment [ɛ̃depɑ̃damɑ̃] adv independently; **indépendamment de** en faisant abstraction de regardless of; (**en plus de**) apart from

indépendance f independence

indépendant, indépendante independent (**de** of); journaliste, traducteur freelance

indépendantiste (pro-)independence atr

indescriptible [ɛ̃dɛskriptibl] indescribable

indésirable [ɛ̃dezirabl] undesirable

indestructible [ɛ̃dɛstryktibl] indestructible

indéterminé, indéterminée [ɛ̃determine] unspecified

index [ɛ̃dɛks] m d'un livre index; doigt index finger

indic [ɛ̃dik] m/f F grass F

indicateur, -trice [ɛ̃dikatœr, -tris] m (**espion**) informer; TECH gauge, indicator

indicatif m GRAM indicative; de radio signature tune; TÉL code; **à titre indicatif** to give me / you / etc an idea

indication f indication; (**information**) piece of information; **indications** instructions

indice [ɛ̃dis] m (**signe**) sign, indication; JUR clue; **indice des prix** price index; **indice de protection** protection factor

indien, indienne [ɛ̃djɛ̃, -ɛn] 1 adj Indian; d'Amérique aussi native American 2 m/f Indien, Indienne Indian; d'Amérique aussi native American

indifféremment [ɛ̃diferamɑ̃] adv indiscriminately

indifférence f indifference

indifférent, indifférente indifferent

indigène [ɛ̃diʒɛn] 1 adj native, indigenous 2 m/f native

indigeste [ɛ̃diʒɛst] indigestible

indigestion f MÉD indigestion

indignation [ɛ̃diɲasjɔ̃] f indignation

indigne [ɛ̃diɲ] unworthy (**de** of); parents unfit

indigner [ɛ̃diɲe] ⟨1a⟩ make indignant; **s'indigner de qch / contre qn** be indignant about sth / with s.o.

indiqué, indiquée [ɛ̃dike] appropriate; **ce n'est pas indiqué** it's not advisable

indiquer ⟨1m⟩ indicate, show; d'une pen-

dule show; (**recommander**) recommend; **indiquer qn du doigt** point at s.o.

indirect, indirecte [ɛ̃dirɛkt] indirect

indirectement adv indirectly

indiscipline [ɛ̃disiplin] f lack of discipline, indiscipline

indiscipliné, indisciplinée undisciplined; cheveux unmanageable

indiscret, -ète [ɛ̃diskrɛ, -t] indiscreet

indiscrétion indiscretion

indiscutable [ɛ̃diskytabl] indisputable

indispensable [ɛ̃dispɑ̃sabl] indispensable, essential

indisposer [ɛ̃dispoze] ⟨1a⟩ (**rendre malade**) make ill, sicken; (**fâcher**) annoy

indistinct, indistincte [ɛ̃distɛ̃(kt), -ɛ̃kt] indistinct

indistinctement adv indistinctly; (**indifféremment**) without distinction

individu [ɛ̃dividy] m individual (aussi péj)

individualisme m individualism

individualiste individualistic

individualité f individuality

individuel, individuelle individual; secrétaire private, personal; liberté, responsabilité personal; chambre single; maison detached

individuellement adv individually

indivisible [ɛ̃divizibl] indivisible

indolence [ɛ̃dɔlɑ̃s] f laziness, indolence

indolent, indolente lazy, indolent

indolore [ɛ̃dɔlɔr] painless

indomptable [ɛ̃dɔ̃tabl] fig indomitable

Indonésie [ɛ̃dɔnezi] f: **l'Indonésie** Indonesia

indonésien, indonésienne 1 adj Indonesian 2 m langue Indonesian 3 m/f Indonésien, Indonésienne Indonesian

indu, indue [ɛ̃dy]: **à une heure indue** at some ungodly hour

indubitable [ɛ̃dybitabl] indisputable

induire [ɛ̃dɥir] ⟨4c⟩: **induire qn en erreur** mislead s.o.

indulgence [ɛ̃dylʒɑ̃s] f indulgence; d'un juge leniency

indulgent, indulgente indulgent; juge lenient

industrialisation [ɛ̃dystrijalizasjɔ̃] f industrialization

industrialisé: **les pays industrialisés** the industrialized nations

industrialiser ⟨1a⟩ industrialize

industrie f industry; **industrie automobile** car industry, auto industry; **industrie lourde** heavy industry

industriel, industrielle 1 adj industrial 2 m industrialist

inébranlable [inebrɑ̃labl] solid (as a rock); fig: personne, foi aussi unshakeable

inédit, inédite [inedi, -t] (*pas édité*) unpublished; (*nouveau*) original, unique

inefficace [inefikas] inefficient; *remède* ineffective

inégal, inégale [inegal] (*mpl* -aux) unequal; *surface* uneven; *rythme* irregular

inégalé, inégalée unequaled, *Br* unequalled

inégalité *f* inequality; *d'une surface* unevenness

inéligible [inelizibl] ineligible

inéluctable [inelyktabl] unavoidable

inepte [inɛpt] inept

ineptie *f* ineptitude; **inepties** nonsense *sg*

inépuisable [inepɥizabl] inexhaustible

inerte [inɛrt] *corps* lifeless, inert; PHYS inert

inertie *f* inertia (*aussi* PHYS)

inespéré, inespérée [inespere] unexpected, unhoped-for

inestimable [inestimabl] *tableau* priceless; *aide* invaluable

inévitable [inevitabl] inevitable; *accident* unavoidable

inexact, inexacte [inegza(kt), -akt] inaccurate

inexcusable [inɛkskyzabl] inexcusable, unforgiveable

inexistant, inexistante [inegzistɑ̃, -t] non-existent

inexpérimenté, inexpérimentée [inɛksperimɑ̃te] *personne* inexperienced

inexplicable [inɛksplikabl] inexplicable

inexpliqué, inexpliquée [inɛksplike] unexplained

inexploré, inexplorée [inɛksplɔre] unexplored

inexprimable [inɛksprimabl] inexpressible

infaillible [ɛ̃fajibl] infallible

infaisable [ɛ̃fəzabl] not doable, not feasible

infâme [ɛ̃fɑm] vile

infanterie [ɛ̃fɑ̃tri] *f* MIL infantry

infantile [ɛ̃fɑ̃til] *mortalité* infant *atr*; *péj* infantile; *maladie f infantile* children's illness, childhood illness

infarctus [ɛ̃farktys] *m* MÉD: *infarctus du myocarde* coronary (thrombosis), myocardial infarction *fml*

infatigable [ɛ̃fatigabl] tireless, indefatigable

infect, infecte [ɛ̃fɛkt] disgusting; *temps* foul

infecter ⟨1a⟩ infect; *air, eau* pollute; *s'infecter* become infected

infectieux, -euse [ɛ̃fɛksjø, -z] infectious

infection *f* MÉD infection

inférieur, inférieure [ɛ̃ferjœr] **1** *adj* lower; *qualité* inferior **2** *m/f* inferior

infériorité *f* inferiority

infernal, infernale [ɛ̃fɛrnal] (*mpl* -aux) infernal

infester [ɛ̃fɛste] ⟨1a⟩ *d'insectes, de plantes* infest, overrun

infidèle [ɛ̃fidɛl] unfaithful; REL pagan *atr*

infidélité *f* infidelity

infiltrer [ɛ̃filtre] ⟨1a⟩: *s'infiltrer dans* get into; *fig* infiltrate

infime [ɛ̃fim] tiny, infinitesimal

infini, infinie [ɛ̃fini] **1** *adj* infinite **2** *m* infinity; *à l'infini* to infinity

infiniment *adv* infinitely

infinité *f* infinity; *une infinité de* an enormous number of

infinitif [ɛ̃finitif] *m* infinitive

infirme [ɛ̃firm] **1** *adj* disabled **2** *m/f* disabled person

infirmerie [ɛ̃firməri] *f* ÉDU infirmary

infirmier, -ère *m/f* nurse

infirmité *f* disability

inflammable [ɛ̃flamabl] flammable

inflammation *f* MÉD inflammation

inflation [ɛ̃flasjɔ̃] *f* inflation

inflationniste inflationary

inflexible [ɛ̃flɛksibl] inflexible

infliger [ɛ̃flize] ⟨1l⟩ *peine* inflict (*à* on); *défaite* impose

influençable [ɛ̃flɥɑ̃sabl] easily influenced *ou* swayed

influence *f* influence

influencer ⟨1k⟩ influence

influent, influente influential

influer [ɛ̃flɥe] ⟨1a⟩: *influer sur* affect

info [ɛ̃fo] *f* F RAD, TV news item; *les infos* the news *sg*

informateur, -trice *m/f* informant

informaticien, informaticienne [ɛ̃fɔrmatisjɛ̃, -ɛn] *m/f* computer scientist

informatif, -ive [ɛ̃fɔrmatif, -iv] informative

information *f* information; JUR inquiry; *une information* a piece of information; *des informations* some information *sg*; RAD, TV a news item; *les informations* RAD, TV the news *sg*; *traitement m de l'information* data processing

informatique [ɛ̃fɔrmatik] **1** *adj* computer *atr* **2** *f* information technology, IT

informatiser ⟨1a⟩ computerize

informe [ɛ̃fɔrm] shapeless

informer [ɛ̃fɔrme] ⟨1a⟩ inform (*de* of); *s'informer* find out (*de qch auprès de qn* about sth from s.o.)

infraction [ɛ̃fraksjɔ̃] *f* infringement (*à* of); *infraction au code de la route* traffic violation, *Br* traffic offence

infranchissable [ɛ̃frɑ̃ʃisabl] impossible

sang) blood-shot

infrarouge [ɛ̃fraruʒ] infrared

infrastructure [ɛ̃frastryktyr] *f* infrastructure

infroissable [ɛ̃frwasabl] crease-resistant

infructueux, -euse [ɛ̃fryktɥø, -z] unsuccessful

infuser ⟨1a⟩ **1** *v/t* infuse **2** *v/i*: **faire infuser** thé brew

infusion [ɛ̃fyzjɔ̃] *f* herb tea

ingénier [ɛ̃ʒenje] ⟨1a⟩: **s'ingénier à faire qch** go out of one's way to do sth

ingénierie [ɛ̃ʒenjəri] *f* engineering

ingénieur *m* engineer

ingénieux, -euse ingenious

ingéniosité *f* ingeniousness

ingérence [ɛ̃ʒerɑ̃s] *f* interference

ingérer ⟨1f⟩: **s'ingérer dans** interfere (*dans* in)

ingrat, ingrate [ɛ̃gra, -t] ungrateful; *tâche* thankless

ingratitude *f* ingratitude

ingrédient [ɛ̃gredjɑ̃] *m* ingredient

inguérissable [ɛ̃gerisabl] incurable

ingurgiter [ɛ̃gyrʒite] ⟨1a⟩ gulp down

inhabitable [inabitabl] uninhabitable

inhabité, inhabitée uninhabited

inhabituel, inhabituelle [inabitɥɛl] unusual

inhalateur [inalatœr] *m* MED inhaler

inhaler ⟨1a⟩ inhale

inhérent, inhérente [inerɑ̃, -t] inherent (*à* in)

inhibé, inhibée [inibe] inhibited

inhibition *f* PSYCH inhibition

inhospitalier, -ère [inɔspitalje, -er] inhospitable

inhumain, inhumaine [inymɛ̃, -ɛn] inhuman

inimaginable [inimaʒinabl] unimaginable

inimitable [inimitabl] inimitable

ininflammable [inɛ̃flamabl] non-flammable

ininterrompu, ininterrompue [inɛ̃terɔ̃py] uninterrupted; *musique, pluie* non-stop; *sommeil* unbroken

initial, initiale [inisjal] (*mpl* -aux) **1** *adj* initial **2** *f* initial (letter)

initiation *f* initiation; **initiation à** *fig* introduction to

initiative [inisjativ] *f* initiative; **prendre l'initiative** take the initiative

inimitié [inimitje] *f* enmity

inintelligible [inɛ̃teliʒibl] unintelligible

inintéressant, inintéressante [inɛ̃teresɑ̃, -t] uninteresting

initié, initiée [inisje] *m/f* insider

initier ⟨1a⟩ (*instruire*) initiate (*à* in); *fig* introduce (*à* to)

injecté, injectée [ɛ̃ʒɛkte]: **injecté (de**

injecter ⟨1a⟩ inject

injection *f* injection

injoignable [ɛ̃ʒwaɲabl] unreachable, uncontactable

injonction [ɛ̃ʒɔ̃ksjɔ̃] *f* injunction

injure [ɛ̃ʒyr] *f* insult; **injures** abuse *sg*

injurier ⟨1a⟩ insult, abuse

injurieux, -euse insulting, abusive

injuste [ɛ̃ʒyst] unfair, unjust

injustice *f* injustice; *d'une décision* unfairness

injustifié, injustifiée unjustified

inlassable [ɛ̃lasabl] tireless

inné, innée [in(n)e] innate

innocence [inɔsɑ̃s] *f* innocence

innocent, innocente innocent

innocenter ⟨1a⟩ clear

innombrable [inɔ̃brabl] countless; *auditoire, foule* vast

innovant, innovante [inɔvɑ̃, -t] innovative

innovateur, -trice 1 *adj* innovative **2** *m/f* innovator

innovation *f* innovation

inoccupé, inoccupée [inɔkype] *personne* idle; *maison* unoccupied

inoculer [inɔkyle] ⟨1a⟩ inoculate

inodore [inɔdɔr] odorless, *Br* odourless

inoffensif, -ive [inɔfɑ̃sif, -iv] harmless; *humour* inoffensive

inondation [inɔ̃dasjɔ̃] *f* flood

inonder ⟨1a⟩ flood; **inonder de** *fig* inundate with

inopérable [inɔperabl] inoperable

inopiné, inopinée [inɔpine] unexpected

inopinément *adv* unexpectedly

inopportun, inopportune [inɔpɔrtœ̃, -yn] ill-timed, inopportune

inorganique [inɔrganik] inorganic

inoubliable [inublijabl] unforgettable

inouï, inouïe [inwi] unheard-of

inox® [inɔks] *m* stainless steel

inoxydable stainless; **acier inoxydable** stainless steel

inqualifiable [ɛ̃kalifjabl] unspeakable

inquiet, -ète [ɛ̃kjɛ, -t] anxious, worried (*de* about)

inquiétant, inquiétante worrying

inquiéter ⟨1f⟩ worry; **s'inquiéter** worry (*de* about)

inquiétude *f* anxiety

insaisissable [ɛ̃sezisabl] elusive; *différence* imperceptible

insalubre [ɛ̃salybr] insalubrious; *climat* unhealthy

insatiable [ɛ̃sasjabl] insatiable

insatisfaisant, insatisfaisante [ɛ̃satisfəzɑ̃, -t] unsatisfactory

insatisfait, insatisfaite unsatisfied; *mé-content* dissatisfied

inscription [ɛ̃skripsjɔ̃] *f* inscription; *(im-matriculation)* registration

inscrire ⟨4f⟩ *(noter)* write down, note; *dans registre* enter; *à examen* register; *(graver)* inscribe; *s'inscrire* put one's name down; *à l'université* register; *à un cours* enroll, *Br* enrol, put one's name down (*à* for); *s'inscrire dans un club* join a club

insecte [ɛ̃sɛkt] *m* insect

insecticide *m* insecticide

insécurité [ɛ̃sekyrite] *f* insecurity; *il faut combattre l'insécurité* we have to tackle the security problem

insémination [ɛ̃seminasjɔ̃] *f*: *insémination artificielle* artificial insemination

insensé, insensée [ɛ̃sɑ̃se] mad, insane

insensibiliser [ɛ̃sɑ̃sibilize] ⟨1a⟩ numb

insensibilité *f* insensitivity

insensible ANAT numb; *personne* insensitive (*à* to)

inséparable [ɛ̃separabl] inseparable

insérer [ɛ̃sere] ⟨1f⟩ insert, put; *insérer une annonce dans le journal* put an ad in the paper

insertion *f* insertion

insidieux, -euse [ɛ̃sidjø, -z] insidious

insigne [ɛ̃siɲ] *m* *(emblème)* insignia; *(badge)* badge

insignifiant, insignifiante [ɛ̃siɲifjɑ̃, -t] insignificant

insinuer [ɛ̃sinɥe] ⟨1n⟩ insinuate; *s'insinuer dans* worm one's way into

insipide [ɛ̃sipid] insipid

insistance [ɛ̃sistɑ̃s] *f* insistence

insistant, insistante insistent

insister ⟨1a⟩ insist; F *(persévérer)* persevere; *insister pour faire qch* insist on doing sth; *insister sur qch (souligner)* stress sth

insolation [ɛ̃sɔlasjɔ̃] *f* sunstroke

insolence [ɛ̃sɔlɑ̃s] *f* insolence

insolent, insolente insolent

insolite [ɛ̃sɔlit] unusual

insoluble [ɛ̃sɔlybl] insoluble

insolvable [ɛ̃sɔlvabl] insolvent

insomniaque [ɛ̃sɔmnjak] *m/f* insomniac

insomnie *f* insomnia

insonoriser [ɛ̃sɔnɔrize] soundproof

insouciant, insouciante [ɛ̃susjɑ̃, -t] care-free

insoumis [ɛ̃sumi] rebellious

insoupçonnable [ɛ̃supsɔnabl] *personne* above suspicion

insoupçonné, insoupçonnée unsuspect-ed

insoutenable [ɛ̃sutnabl] *(insupportable)*

unbearable; *argument, revendication* un-tenable

inspecter [ɛ̃spekte] ⟨1a⟩ inspect

inspecteur, -trice *m/f* inspector

inspection *f* inspection

inspiration [ɛ̃spirasjɔ̃] *f fig* inspiration

inspirer ⟨1a⟩ **1** *v/i* breathe in, inhale **2** *v/t* inspire; *s'inspirer de* be inspired by

instable [ɛ̃stabl] unstable; *table, échelle* unsteady

installation [ɛ̃stalasjɔ̃] *f* installation; *ins-tallation électrique* wiring; *installation militaire* military installation; *installa-tions* facilities

installer ⟨1a⟩ install; *appartement:* fit out; *(loger, placer)* put, place; *s'installer (s'établir)* settle down; *à la campagne etc* settle; *d'un médecin, dentiste* set up in practice; *s'installer chez qn* make o.s. at home at s.o.'s place

instance [ɛ̃stɑ̃s] *f (autorité)* authority; *ils sont en instance de divorce* they have filed for a divorce

instant [ɛ̃stɑ̃] *m* instant, moment; *à l'ins-tant* just this minute; *en un instant* in an instant *ou* moment; *à l'instant où je vous parle* even as I speak; *ça sera fini d'un instant à l'autre* it will be finished any minute now; *dans un instant* in a minute; *pour l'instant* for the moment

instantané, instantanée [ɛ̃stɑ̃tane] **1** *adj* immediate; *café* instant; *mort* instanta-neous **2** *m* PHOT snap(shot)

instantanément *adv* immediately

instaurer [ɛ̃stɔre] ⟨1a⟩ establish

instigateur, -trice [ɛ̃stigatœr, -tris] *m/f* instigator

instigation *f*: *à l'instigation de qn* at s.o.'s instigation

instinct [ɛ̃stɛ̃] *m* instinct

instinctif, -ive instinctive

instinctivement *adv* instinctively

instituer [ɛ̃stitɥe] ⟨1n⟩ introduce

institut [ɛ̃stity] *m* institute; *institut de beauté* beauty salon

instituteur, -trice [ɛ̃stitytœr, -tris] *m/f* (primary) school teacher

institution [ɛ̃stitysjɔ̃] *f* institution

instructeur [ɛ̃stryktœr] *m* MIL instructor

instructif, -ive instructive

instruction *f (enseignement, culture)* edu-cation; MIL training; JUR preliminary in-vestigation; INFORM instruction; *instruc-tions* instructions

instruire ⟨4c⟩ ÉDU educate, teach; MIL train; JUR investigate

instruit, instruite (well-)educated

instrument [ɛ̃strymɑ̃] *m* instrument; *ins-trument à cordes/à vent/à percussion* string / wind / percussion instrument

insu [ɛsy]: **à l'insu de** unbeknownst to; **à mon insu** unbeknownst to me

insubmersible [ɛsybmɛrsibl] unsinkable

insubordination [ɛsybɔrdinasjõ] *f* insubordination

insubordonné, insubordonnée insubordinate

insuffisance *f* deficiency; **insuffisance respiratoire** respiratory problem; **insuffisance cardiaque** heart problem

insuffisant, insuffisante [ɛsyfizɑ̃, -t] *quantité* insufficient; *qualité* inadequate; **un effort insuffisant** not enough of an effort

insulaire [ɛsylɛr] **1** *adj* island *atr* **2** *m/f* islander

insuline [ɛsylin] *f* insulin

insultant, insultante [ɛsyltɑ̃, -t, -t] insulting

insulte *f* insult

insulter ⟨1a⟩ insult

insupportable [ɛsypɔrtabl] unbearable

insurger [ɛsyrʒe] ⟨11⟩: **s'insurger contre** rise up against

insurmontable [ɛsyrmõtabl] insurmountable

insurrection [ɛsyrɛksjõ] *f* insurrection

intact, intacte [ɛtakt] intact

intarissable [ɛtarisabl] *source* inexhaustible

intégral, intégrale [ɛtegral] (*mpl* -aux) full, complete; *texte* unabridged

intégralement *adv payer, recopier* in full

intégrant, intégrante: **faire partie intégrante de** be an integral part of

intégration *f* (*assimilation*) integration

intègre [ɛtegr] of integrity

intégrer [ɛtegre] ⟨1a⟩ (*assimiler*) integrate; (*incorporer*) incorporate

intégrisme [ɛtegrism] *m* fundamentalism

intégriste *m/f* & *adj* fundamentalist

intégrité [ɛtegrite] *f* integrity

intellectuel, intellectuelle [ɛtelɛktɥel] *m/f* & *adj* intellectual

intelligemment [ɛteliʒamɑ̃] *adv* intelligently

intelligence *f* intelligence; **intelligence artificielle** artificial intelligence

intelligent, intelligente intelligent

intello *m/f* F egghead F

intempéries [ɛtɑ̃peri] *fpl* bad weather *sg*

intempestif, -ive [ɛtɑ̃pɛstif, -iv] untimely

intenable [ɛt(ə)nabl] *situation, froid* unbearable

intense [ɛtɑ̃s] intense

intensif, -ive [ɛtɑ̃sif, -iv] intensive

intensification *f* intensification; *d'un conflit* escalation

intensifier intensify, step up; **s'intensifier**

intensité *f* intensity

intenter [ɛtɑ̃te] ⟨1a⟩: **intenter un procès contre** start proceedings against

intention [ɛtɑ̃sjõ] *f* intention; **avoir l'intention de faire qch** intend to do sth; **à l'intention de** for; **c'est l'intention qui compte** it's the thought that counts

intentionné, intentionnée: **bien intentionné** well-meaning; **mal intentionné** ill-intentioned

intentionnel, intentionnelle intentional

interactif, -ive [ɛteraktif, -iv] interactive

intercaler [ɛterkale] ⟨1a⟩ insert

intercéder [ɛtɛrsede] ⟨1f⟩: **intercéder pour qn** intercede for s.o.

intercepter [ɛtɛrsɛpte] ⟨1a⟩ intercept; *soleil* shut out

interchangeable [ɛterʃɑ̃ʒabl] interchangeable

interclasse [ɛterklas] *m* ÉDU (short) break

intercontinental [ɛterkõtinɑ̃tal] intercontinental

interdépendance [ɛterdepɑ̃dɑ̃s] *f* interdependence

interdépendant, interdépendante interdependent

interdiction [ɛterdiksjõ] *f* ban

interdire ⟨4m⟩ ban; **interdire à qn de faire qch** forbid s.o. to do sth

interdit, interdite forbidden; (*très étonné*) taken aback

intéressant, intéressante [ɛteresɑ̃, -t] interesting; (*avide*) selfish; *prix* good; *situation* well-paid

intéressé, intéressée interested; **les parties intéressées** the people concerned; **être intéressé aux bénéfices** COMM have a share in the profits

intéressement *m aux bénéfices* share in the profits

intéresser ⟨1b⟩ interest; (*concerner*) concern; **s'intéresser à** be interested in

intérêt [ɛtere] *m* interest; (*égoïsme*) self-interest; **intérêts** COMM interest *sg*; **il a intérêt à le faire** it's in his interest to do it; **agir par intérêt** act out of self-interest; **prêt sans intérêt** interest-free loan

interface [ɛterfas] *f* interface

interférence [ɛterferɑ̃s] *f* PHYS, *fig* interference

intérieur, intérieure [ɛterjœr] **1** *adj poche* inside; *porte, cour, vie* inner; *commerce, marché, politique, vol* domestic; *mer* inland **2** *m* inside; *d'un pays, d'une auto* interior; **à l'intérieur (de)** inside; **ministre de l'Intérieur** Secretary of the Interior, *Br* Home Secretary

intérim [ɛterim] *m* interim; *travail tempo-*

rary work; **assurer l'intérim** stand in; **par intérim** acting

intérimaire 1 *adj travail* temporary **2** *m/f* temp

intérioriser [ɛterjɔrize] ⟨1a⟩ internalize

interlocuteur, -trice [ɛterlɔkytœr, -tris] *m/f*: **mon / son interlocuteur** the person I/she was talking to

interloquer [ɛterlɔke] ⟨1m⟩ take aback

interlude [ɛterlyd] *m* interlude

intermède [ɛtermɛd] *m* interlude

intermédiaire [ɛtermedjɛr] **1** *adj* intermediate **2** *m* intermediary, go-between; COMM middleman; **par l'intermédiaire de qn** through s.o.

interminable [ɛterminabl] interminable

intermittence [ɛtermitãs] *f*: **par intermittence** intermittently

intermittent, intermittente intermittent

internat [ɛterna] *m* ÉDU boarding school

international, internationale [ɛternasjɔnal] (*mpl* -aux) *m/f & adj* international

interne [ɛtern] **1** *adj* internal; *oreille* inner; *d'une société* in-house **2** *m/f* élève boarder; *médecin* intern, *Br* houseman

interné, internée *m/f* inmate

interner ⟨1a⟩ intern

Internet [ɛternɛt] *m* Internet; **sur Internet** on the Internet *ou* the Net

interpeller [ɛterpəle] ⟨1a *orthographe*, 1c *prononciation*⟩ call out to; *de la police*, POL question

interphone [ɛterfɔn] *m* intercom; *d'un immeuble* entry phone

interposer [ɛterpoze] ⟨1a⟩ interpose; **par personne interposée** through an intermediary; **s'interposer** (*intervenir*) intervene

interprétation [ɛterpretasjɔ̃] *f* interpretation; *au théâtre* performance

interprète *m/f* (*traducteur*) interpreter; (*porte-parole*) spokesperson

interpréter ⟨1f⟩ interpret; *rôle*, MUS play

interrogateur, -trice [ɛterɔgatœr, -tris] questioning

interrogatif, -ive *air, ton* inquiring, questioning; GRAM interrogative

interrogation *f* question; *d'un suspect* questioning, interrogation; **point** *m* **d'interrogation** question mark

interrogatoire *m par police* questioning; *par juge* cross-examination

interroger ⟨1l⟩ question; *de la police* question, interrogate; *d'un juge* cross-examine

interrompre [ɛterɔ̃pr] ⟨4a⟩ interrupt; **s'interrompre** break off

interrupteur [ɛteryptœr] *m* switch

interruption *f* interruption; **sans interruption** without stopping; **interruption volontaire de grossesse** termination, abortion

intersection [ɛterseksjɔ̃] *f* intersection

interstice [ɛterstis] *m* crack

interurbain, interurbaine [ɛteryrbɛ̃, -ɛn] long-distance

intervalle [ɛterval] *m d'espace* space, gap; *de temps* interval

intervenant, intervenante [ɛtervenã, -t] *m/f* participant

intervenir ⟨2h⟩ (*aux être*) intervene (**en faveur de** on behalf of); *d'une rencontre* take place

intervention [ɛtervãsjɔ̃] *f* intervention; MÉD operation; (*discours*) speech

interview [ɛtervju] *f* interview

interviewer ⟨1a⟩ interview

intestin, intestine [ɛtestɛ̃, -in] **1** *adj* internal **2** *m* intestin

intestinal, intestinale (*mpl* -aux) intestinal

intime [ɛtim] **1** *adj* intimate; *ami* close; *pièce* cozy, *Br* cosy; *vie* private **2** *m/f* close friend

intimidation [ɛtimidasjɔ̃] *f* intimidation

intimider ⟨1a⟩ intimidate

intimité [ɛtimite] *f entre amis* closeness, intimacy; *vie privée* privacy, private life; **dans l'intimité** in private; *dîner* with a few close friends

intituler [ɛtityle] ⟨1a⟩ call; **s'intituler** be called

intolérable [ɛtɔlerabl] intolerable

intolérance *f* intolerance

intolérant, intolérante intolerant

intoxication [ɛtɔksikasjɔ̃] *f* poisoning; **intoxication alimentaire** food poisoning

intoxiquer ⟨1m⟩ poison; *fig* brainwash

intraduisible [ɛtraduizibl] untranslatable; *peine, souffrance* indescribable

intraitable [ɛtretabl] uncompromising

Intranet [ɛtranet] *m* intranet

intransigeant, intransigeante [ɛtrãziʒã, -t] intransigent

intransitif, -ive [ɛtrãzitif, -iv] GRAM intransitive

intraveineux, -euse [ɛtravenø, -z] intravenous

intrépide [ɛtrepid] intrepid

intrigant, intrigante [ɛtrigã, -t] scheming

intrigue *f* plot; **intrigues** scheming *sg*, plotting *sg*

intriguer ⟨1m⟩ **1** *v/i* scheme, plot **2** *v/t* intrigue

intrinsèque [ɛtrɛ̃sek] intrinsic

introduction [ɛtrɔdyksjɔ̃] *f* introduction

introduire [ɛtrɔduir] ⟨4c⟩ introduce; *visiteur* show in; (*engager*) insert; **s'introdui-**

re dans gain entry to

introuvable [ɛ̃truvabl] impossible to find

introverti, introvertie [ɛ̃troverti] *m/f* introvert

intrus, intruse [ɛ̃try, -z] *m/f* intruder

intrusion *f* intrusion

intuitif, -ive [ɛ̃tɥitif, -iv] intuitive

intuition *f* intuition; (*pressentiment*) premonition

inusable [inyzabl] hard-wearing

inutile [inytil] *qui ne sert pas* useless; (*superflu*) pointless, unnecessary

inutilisable unuseable

inutilisé, inutilisée unused

invaincu, invaincue [ɛ̃vɛ̃ky] unbeaten

invalide [ɛ̃valid] 1 *adj* (*infirme*) disabled 2 *m/f* disabled person; **invalide du travail** person who is disabled as the result of an industrial accident

invalider [ɛ̃valide] ⟨1a⟩ JUR, POL invalidate

invalidité *f* disability

invariable [ɛ̃varjabl] invariable

invasion [ɛ̃vazjɔ̃] *f* invasion

invendable [ɛ̃vɑ̃dabl] unsellable

invendus *mpl* unsold goods

inventaire [ɛ̃vɑ̃ter] *m* inventory; COMM *opération* stocktaking

inventer [ɛ̃vɑ̃te] ⟨1a⟩ invent; *histoire* make up

inventeur, -trice *m/f* inventor

inventif, -ive inventive

invention *f* invention

inverse [ɛ̃vers] 1 *adj* MATH inverse; *sens* opposite; **dans l'ordre inverse** in reverse order; **dans le sens inverse des aiguilles d'une montre** counterclockwise, *Br* anticlockwise 2 *m* opposite, reverse

inverser ⟨1a⟩ invert; *rôles* reverse

investigation [ɛ̃vestigasjɔ̃] *f* investigation

investir [ɛ̃vestir] ⟨2a⟩ FIN invest; (*cerner*) surround

investissement *m* FIN investment

investisseur, -euse *m/f* investor

invétéré, invétérée [ɛ̃vetere] inveterate

invincible [ɛ̃vɛ̃sibl] *adversaire, armée* invincible; *obstacle* insuperable

inviolable [ɛ̃vjɔlabl] inviolable

invisible [ɛ̃vizibl] invisible

invitation [ɛ̃vitasjɔ̃] *f* invitation

invité, invitée *m/f* guest

inviter ⟨1a⟩ invite; **inviter qn à faire qch** (*exhorter*) urge s.o. to do sth

invivable [ɛ̃vivabl] unbearable

involontaire [ɛ̃vɔlɔ̃ter] unintentional; *témoin* unwilling; *mouvement* involuntary

invoquer [ɛ̃vɔke] ⟨1m⟩ *Dieu* call on, invoke; *aide* call on; *texte, loi* refer to; *so-*

lution put forward

invraisemblable [ɛ̃vresɑ̃blabl] unlikely, improbable

invulnérable [ɛ̃vylnerabl] invulnerable

iode [jɔd] *m* CHIM iodine

Iran [irɑ̃] *m:* **l'Iran** Iran

iranien, iranienne 1 *adj* Iranian 2 *m/f* **Iranien, Iranienne** Iranian

Iraq [irak] *m:* **l'Iraq** Iraq

iraquien, iraquienne 1 *adj* Iraqi 2 *m/f* **Iraquien, Iraquienne** Iraqi

irascible [irasibl] irascible

iris [iris] *m* MÉD, BOT iris

irlandais, irlandaise [irlɑ̃de, -z] 1 *adj* Irish; 2 *m langue* Irish (Gaelic) 3 **Irlandais** *m* Irishman 4 *f* **Irlandaise** Irishwoman

Irlande *f:* **l'Irlande** Ireland

ironie [irɔni] *f* irony

ironique ironic

ironiser ⟨1a⟩ be ironic

irradier [iradje] ⟨1a⟩ 1 *v/i* radiate 2 *v/t* (*exposer aux radiations*) irradiate

irraisonné, irraisonnée [irezɔne] irrational

irrationnel, irrationnelle [irasjɔnel] irrational

irréalisable [irealizabl] *projet* impracticable; *rêve* unrealizable

irréaliste unrealistic

irréconciliable [irekɔ̃siljabl] irreconcilable

irrécupérable [irekyperabl] beyond repair; *personne* beyond redemption; *données* irretrievable

irréductible [iredyktibl] indomitable; *ennemi* implacable

irréel, irréelle [ireel] unreal

irréfléchi, irréfléchie [irefleʃi] thoughtless, reckless

irréfutable [irefytabl] irrefutable

irrégularité [iregylarite] *f* irregularity; *de surface, terrain* unevenness

irrégulier, -ère irregular; *surface, terrain* uneven; *étudiant, sportif* erratic

irrémédiable [iremedjabl] *maladie* incurable; *erreur* irreparable

irremplaçable [irɑ̃plasabl] irreplaceable

irréparable [ireparabl] *faute, dommage* irreparable; *vélo* beyond repair

irrépressible [irepresibl] irrepressible; *colère* overpowering

irréprochable [ireprɔʃabl] irreproachable, beyond reproach

irrésistible [irezistibl] irresistible

irrésolu, irrésolue [irezɔly] *personne* indecisive; *problème* unresolved

irrespectueux, -euse [irespektɥø, -z] disrespectful

irrespirable [irespirabl] unbreathable

irresponsable [irespɔ̃sabl] irresponsible

irrévérencieux, -euse [ireverɑ̃sjø, -z] irreverent

irréversible [ireversibl] irreversible

irrévocable [irevɔkabl] irrevocable

irrigation [irigasjɔ̃] f AGR irrigation

irriguer ⟨1m⟩ irrigate

irritable [iritabl] irritable

irritant, irritante irritating

irritation f irritation

irriter ⟨1a⟩ irritate; **s'irriter** get irritated

irruption [irypsjɔ̃] f: **faire irruption dans une pièce** burst into a room

islam, Islam [islam] m REL Islam

islamique Islamic

islamiste Islamic fundamentalist

islandais, islandaise [islɑ̃dε, -z] **1** adj Icelandic; **2** m langue Islandic **3** m/f **Islandais, Islandaise** Icelander

Islande: *l'Islande* Iceland

isolant, isolante [izɔlɑ̃, -t] **1** adj insulating **2** m insulation

isolation f insulation; *contre le bruit* soundproofing

isolé, isolée *maison, personne* isolated; TECH insulated

isolement m isolation

isoler ⟨1a⟩ isolate; *prisonnier* place in solitary confinement; EL insulate

isoloir m voting booth

isotherme [izɔtεrm] *camion etc* refrigerated; *sac isotherme* cool bag

Israël [israεl] m Israel

israélien, israélienne 1 adj Israeli **2** m/f **Israélien, Israélienne** Israeli

issu, issue [isy]: *être issu de parenté* come from; *résultat* stem from

issue [isy] f way out (*aussi fig*), exit; (*fin*) outcome; *à l'issue de* at the end of; *voie f sans issue* dead end; *issue de secours* emergency exit

Italie [itali] f: *l'Italie* Italy

italien, italienne 1 adj Italian **2** m langue Italian **3** m/f **Italien, Italienne** Italian

italique [italik] m: *en italique* in italics

itinéraire [itinerεr] m itinerary

IUT [iyt] m abr (= *Institut universitaire de technologie*) technical college

IVG [iveʒe] f abr (= *interruption volontaire de grossesse*) termination, abortion

ivoire [ivwar] m ivory

ivoirien, ivoirienne [ivwarjε̃, -εn] **1** adj Ivorian **2** m/f **Ivoirien, Ivoirienne** Ivorian

ivre [ivr] drunk; *ivre de* fig: *joie, colère* wild with

ivresse f drunkenness; *conduite f en état d'ivresse* drunk driving, Br aussi drink driving

ivrogne m/f drunk

J

j' [ʒ] → *je*

jacasser [ʒakase] ⟨1a⟩ chatter

jachère [ʒaʃεr] f AGR: *en jachère* lying fallow; *mise en jachère* set-aside

jacinthe [ʒasε̃t] f BOT hyacinth

jackpot [dʒakpɔt] m jackpot

jade [ʒad] m jade

jadis [ʒadis] formerly

jaillir [ʒajir] ⟨2a⟩ *d'eau, de flammes* shoot out (*de* from)

jalousement [ʒaluzmɑ̃] adv jealously

jalousie f jealousy; (*store*) Venetian blind

jaloux, -ouse jealous

jamais [ʒame] ◇ *positif* ever; *avez-vous jamais été à Vannes?* have you ever been to Vannes?; *plus que jamais* more than ever; *à jamais* for ever, for good; ◇ *négatif* **ne ... jamais** never; *je ne lui ai jamais parlé* I've never spoken to him; *on ne sait jamais* you never know; *jamais de la vie!* never!, certainly not!

jambe [ʒɑ̃b] f leg

jambon [ʒɑ̃bɔ̃] m ham; *jambon fumé* gammon

jante [ʒɑ̃t] f rim

janvier [ʒɑ̃vje] m January

Japon [ʒapɔ̃]: *le Japon* Japan

japonais, japonaise 1 adj Japanese **2** m/f **Japonais, Japonaise** Japanese **3** m langue Japanese

jappement [ʒapmɑ̃] m yap

japper [ʒape] ⟨1a⟩ yap

jaquette [ʒakεt] f *d'un livre* dust jacket

jardin [ʒardε̃] m garden; *jardin botanique* botanical gardens pl; *jardin d'enfants* kindergarten; *jardin public* park

jardinage [ʒardinaʒ] *m* gardening

jardiner garden

jardinerie *f* garden center *ou Br* centre

jardinier *m* gardener

jardinière *f à fleurs* window box; *femme* gardener

jargon [ʒargõ] *m* jargon; *péj (charabia)* gibberish

jarret [ʒarɛ] *m* back of the knee; CUIS shin

jarretière *f* garter

jaser [ʒɑze] ⟨1a⟩ gossip

jatte [ʒat] *f* bowl

jauge [ʒoʒ] *f* gauge; *jauge de carburant* fuel gauge

jauger ⟨1l⟩ gauge

jaunâtre [ʒonatr] yellowish

jaune 1 *adj* yellow **2** *adv: rire jaune* give a forced laugh **3** *m* yellow; F *ouvrier* scab F; *jaune d'œuf* egg yolk

jaunir ⟨2a⟩ turn yellow

jaunisse *f* MÉD jaundice

Javel [ʒavɛl]: *eau f de Javel* bleach

javelot [ʒavlo] *m sports* javelin

jazz [dʒaz] *m* jazz

jazzman *m* jazz musician

je [ʒə] I

jean [dʒin] *m* jeans *pl*; *veste m en jean* denim jacket

jeep [dʒip] *f* jeep

je-m'en-foutisme [ʒmãfutism] *m* F I-don't-give-a-damn attitude

jérémiades [ʒeremjad] *fpl* complaining *sg*, moaning *sg* F

Jésus-Christ [ʒezykri] Jesus (Christ)

jet [ʒɛ] *m (lancer)* throw; *(jaillissement)* jet; *de sang* spurt; *jet d'eau* fountain

jetable [ʒətabl] disposable

jetée [ʒ(ə)te] *f* MAR jetty

jeter [ʒ(ə)te] ⟨1c⟩ throw; *(se défaire de)* throw away, throw out; *jeter un coup d'œil à qch* glance at sth, cast a glance at sth; *jeter qn dehors* throw s.o. out

jeton [ʒ(ə)tõ] *m* token; *de jeu* chip

jeu [ʒø] *m (pl -x)* play *(aussi* TECH*)*; activité, *en tennis* game; *(série, ensemble)* set; *de cartes* deck, *Br* pack; MUS playing; THÉÂT acting; *un jeu de cartes/- d'échecs / de tennis* a game of cards / of chess / of tennis; *le jeu* gambling; *faites vos jeux* place your bets; *les jeux sont faits* no more bets please; *mettre en jeu* stake; *être en jeu* be at stake; *jeu éducatif* educational game; *jeu de mots* play on words, pun; *Jeux Olympiques* Olympic Games, Olympics; *jeu de société* board game; *jeu vidéo* video game

jeudi [ʒødi] *m* Thursday

jeun [ʒɛ̃, ʒœ̃]: *à jeun* on an empty stomach; *être à jeun* have eaten nothing, have nothing in one's stomach

jeune [ʒœn] **1** *adj* young; *jeunes mariés* newly-weds **2** *m/f: un jeune* a young man; *les jeunes* young people *pl*, the young *pl*

jeûne [ʒøn] *m* fast

jeûner ⟨1a⟩ fast

jeunesse [ʒœnɛs] *f* youth; *caractère* jeune youthfulness

jingle [dʒiŋgəl] *m* jingle

J.O. [ʒio] *mpl abr (= Jeux Olympiques)* Olympic Games

joaillerie [ʒoajri] *f magasin* jewelry store, *Br* jeweller's; *articles* jewelry, *Br* jewellery

joaillier, -ère *m/f* jeweler, *Br* jeweller

jockey [ʒɔke] *m* jockey

jogging [dʒɔgin] *m* jogging; *(survêtement)* sweats *pl*, *Br* tracksuit; *faire du jogging* go jogging

joie [ʒwa] *f* joy; *débordant de joie* jubilant

joignable [ʒwaɲabl] contactable

joindre [ʒwɛ̃dr] ⟨4b⟩ *mettre ensemble* join; *(relier, réunir)* join, connect; *efforts* combine; *à un courrier* enclose (*à* with); *personne* contact, get in touch with; *par téléphone* get, reach; *mains* clasp; *se joindre à qn* pour faire qch join s.o. in doing sth; *joindre les deux bouts* make ends meet; *pièce f jointe* enclosure; *veuillez trouver ci-joint* please find enclosed

joint [ʒwɛ̃] *m* ANAT joint *(aussi* TECH*)*; *d'étanchéité* seal, gasket; *de robinet* washer

joker [ʒɔkɛr] *m cartes* joker; INFORM wild card

joli, jolie [ʒɔli] pretty

joncher [ʒõʃe] ⟨1a⟩ strew (*de* with)

jonction [ʒõksjõ] *f* junction

jongler [ʒõgle] juggle; *jongler avec fig* juggle

jongleur *m* juggler

jonquille [ʒõkij] *f* BOT daffodil

Jordanie [ʒɔrdani] *f: la Jordanie* Jordan

jordanien, jordanienne 1 *adj* Jordanian **2** *m/f* Jordanien, Jordanienne Jordanian

joue [ʒu] *f* cheek

jouer [ʒwe] ⟨1a⟩ **1** *v/t* play; *argent, réputation* gamble; THÉÂT *pièce* perform; *film* show; *jouer un tour à qn* play a trick on s.o.; *jouer la comédie* put on an act **2** *v/i* play; *d'un acteur* act; *d'un film* play, show; *miser de l'argent* gamble; *jouer aux cartes / au football* play cards / football; *jouer d'un instrument* play an instrument; **jouer sur cheval** etc put money on

jouet m toy; fig plaything

joueur, -euse m/f player; de jeux d'argent gambler; **être beau / mauvais joueur** be a good / bad loser

joufflu, joufflue [ʒufly] chubby

jouir [ʒwir] ⟨2a⟩ have an orgasm, come; **jouir de qch** enjoy sth; (posséder) have sth

jouissance f enjoyment; JUR possession

jour [ʒur] m day; (lumière) daylight; (ouverture) opening; **le ou du jour** today; **un jour** one day; **vivre au jour le jour** live from day to day; **au grand jour** in broad daylight; **de nos jours** nowadays, these days; **du jour au lendemain** overnight; **l'autre jour** the other day; **être à jour** be up to date; **mettre à jour** update, bring up to date; **mettre au jour** bring to light; **se faire jour** fig: de problèmes come to light; **trois fois par jour** three times a day; **un jour ou l'autre** one of these days; **il devrait arriver d'un jour à l'autre** he should arrive any day now; **de jour en jour** day by day, from day to day; **deux ans jour pour jour** two years to the day; **il fait jour** it's (getting) light; **à ce jour** to date, so far; **au petit jour** at dawn, at first light; **jour férié** (public) holiday

journal [ʒurnal] m (pl -aux) (news)paper; intime diary, journal; TV, à la radio news sg; **journal de bord** log(book)

journalier, -ère [ʒurnalje, -ɛr] daily

journalisme [ʒurnalism] m journalism

journaliste m/f journalist, reporter

journée [ʒurne] f day; **journée portes ouvertes** open house, open day

jovial, joviale [ʒɔvjal] (pl -aux) jovial

joyau [ʒwajo] m (pl -x) jewel

joyeux, -euse [ʒwajø, -z] joyful; **joyeux Noël!** Merry Christmas!

jubilation [ʒybilasjɔ̃] f jubilation

jubiler ⟨1a⟩ be jubilant; péj gloat

jucher [ʒyʃe] ⟨1a⟩ perch

judas [ʒyda] m spyhole

judiciaire [ʒydisjɛr] judicial, legal; **combat legal**

judicieux, -euse [ʒydisjø, -z] sensible, judicious

judo [ʒydo] m judo

juge [ʒyʒ] m judge; **juge d'instruction** examining magistrate (whose job it is to question witnesses and determine if there is a case to answer); **juge de paix** police court judge; **juge de touche** SP linesman, assistant referee

jugement m judg(e)ment; **en matière criminelle** sentence; **porter un jugement sur qch** pass judg(e)ment on sth; **le Jugement dernier** REL the Last Judg(e)ment

jugeote f F gumption

juger ⟨1l⟩ v/t try; (évaluer) judge; **juger qch / qn intéressant** consider sth/-s.o. to be interesting; **juger que** think that; **juger bon de faire qch** think it right to do sth; **juger de qn / qch** judge s.o./sth **2** v/i judge

juif, -ive [ʒuif, -iv] **1** adj Jewish **2** m/f Juif, -ive Jew

juillet [ʒuijɛ] m July

juin [ʒɥɛ̃] m June

juke-box [dʒukbɔks] m jukebox

jumeau, jumelle [ʒymo, ʒymɛl] (mpl -x) m/f & adj twin

jumelage m de villes twinning

jumeler ⟨1c⟩ villes twin

jumelles fpl binoculars

jument [ʒymɑ̃] f mare

jumping [dʒœmpiŋ] m show-jumping

jungle [ʒɛ̃gl, ʒœ̃-] f jungle

jupe [ʒyp] f m skirt

jupe-culotte f (pl jupes-culottes) culottes pl

jupon [ʒypɔ̃] m slip, underskirt

juré [ʒyre] m JUR juror, member of the jury

jurer ⟨1a⟩ **1** v/t swear; **jurer de faire qch** swear to do sth **2** v/i swear; **jurer avec qch** clash with sth; **jurer de qch** swear to sth

juridiction [ʒyridiksjɔ̃] f jurisdiction

juridique [ʒyridik] legal

jurisprudence [ʒyrisprydɑ̃s] f jurisprudence, case law

juron [ʒyrɔ̃] m curse

jury [ʒyri] m JUR jury; d'un concours panel, judges pl; EDU board of examiners

jus [ʒy] m juice; **jus de fruit** fruit juice

jusque [ʒysk(ə)] **1** prep: **jusqu'à** lieu as far as, up to; temps until; **aller jusqu'à la berge** go as far as the bank; **jusqu'au cou / aux genoux** up to the neck / knees; **jusqu'à trois heures** until three o'clock; **jusqu'alors** up to then, until then; **jusqu'à présent** until now, so far; **jusqu'à quand restez-vous?** how long are you staying?; **jusqu'où vous allez?** how far are you going? **2** adv even, including; **jusqu'à lui** even him **3** conj: **jusqu'à ce qu'il s'endorme** (subj) until he falls asleep

justaucorps [ʒystokɔr] m leotard

juste [ʒyst] **1** adj (équitable) fair, just; salaire, récompense just; (précis) right, correct; vêtement tight **2** adv viser, tirer accurately; (*précisément*) exactly, just; (*seulement*) just, only; **chanter juste** sing in tune

justement *adv* (*avec justice*) justly; (*précisément*) just, exactly; (*avec justesse*) rightly

justesse [ʒystɛs] *f* accuracy; **de justesse** only just

justice [ʒystis] *f* fairness, justice; JUR justice; **la justice** the law; **faire** *ou* **rendre**

justice à qn do s.o. justice
justifiable [ʒystifjabl] justifiable
justification *f* justification
justifier ⟨1a⟩ justify; **justifier de qch** prove sth
juteux, -euse [ʒytø, -z] juicy
juvénile [ʒyvenil] youthful; **délinquance juvénile** juvenile delinquency
juxtaposer [ʒykstapoze] ⟨1a⟩ juxtapose

K

kaki [kaki] khaki
kamikaze [kamikaz] *m/f* suicide bomber
kangourou [kãguru] *m* kangaroo
karaté [karate] *m* karate
kébab [kebab] *m* kabob, *Br* kebab
Kenya [kenja]: **le Kenya** Kenya
kenyan, kenyane 1 *adj* Kenyan **2** *m/f* **Kenyan, Kenyane** Kenyan
képi [kepi] *m* kepi
kermesse [kɛrmɛs] *f* fair
kérosène [kerozɛn] *m* kerosene
ketchup [kɛtʃœp] *m* ketchup
kg *abr* (= **kilogramme**) kg (= kilogram)
kidnapping [kidnapiŋ] *m* kidnapping
kidnapper ⟨1a⟩ kidnap
kidnappeur, -euse *m/f* kidnapper
kif-kif [kifkif]: **c'est kif-kif** F it's all the same
kilo(gramme) [kilo, kilɔgram] *m* kilo (-gram)
kilométrage [kilɔmetraʒ] *m* mileage

kilomètre *m* kilometer, *Br* kilometre
kilométrique *distance* in kilometers, *Br* in kilometres
kilo-octet [kilɔɔktɛ] *m* kilobyte, k
kinésithérapeute [kineziterapøt] *m/f* physiotherapist
kinésithérapie *f* physiotherapy
kiosque [kjɔsk] *m* pavilion; COMM kiosk; **kiosque à journaux** newsstand
kit [kit] *m*: **en kit** kit
kiwi [kiwi] *m* ZO kiwi; BOT kiwi (fruit)
klaxon [klaksɔn] *m* AUTO horn
klaxonner ⟨1a⟩ sound one's horn, hoot
km *abr* (= **kilomètre**) km (= kilometer)
knock-out [nɔkawt] *m* knockout
K-O [kao] *m abr* (= **knock-out**) KO
Ko *m abr* (= **kilo-octet** *m*) k(= kilobyte)
krach [krak] *m* ÉCON crash; **krach boursier** stockmarket crash
Kremlin [kremlɛ̃]: **le Kremlin** the Kremlin
kyste [kist] *m* MÉD cyst

L

l' [l] → **le, la**
la¹ [la] → **le**
la² [la] *pron personnel* her; *chose* it; **je ne la supporte pas** I can't stand her / it
la³ [la] *m* MUS A
là [la] here; *dans un autre lieu qu'ici* there; **de là** from there; *causal* hence; **par là** that way; **que veux-tu dire par là?** what

do you mean by that?
là-bas (over) there
label [label] *m* COMM label
labeur [labœr] *m* labor, *Br* labour, toil
labyrinthe [labirɛ̃t] *m* labyrinth, maze
laboratoire [labɔratwar] *m* laboratory, lab; **laboratoire de langues** language lab

laborieux, -euse [labɔrjø, -z] *tâche* laborious; *personne* hardworking

labour [labur] *m* plowing, *Br* ploughing

labourer ⟨1a⟩ plow, *Br* plough

lac [lak] *m* lake

lacer [lase] ⟨1k⟩ tie

lacérer [lasere] ⟨1f⟩ lacerate

lacet [lasɛ] *m de chaussures* lace; *de la route* sharp turn; *lacets* twists and turns

lâche [lɑʃ] **1** *adj fil* loose, slack; *nœud, vêtement* loose; *personne* cowardly **2** *m* coward

lâcher [lɑʃe] ⟨1a⟩ **1** *v/t* let go of; *(laisser tomber)* drop; *(libérer)* release; *ceinture* loosen; *juron, vérité* let out; SP leave behind **2** *v/i de freins* fail; *d'une corde* break

lâcheté [lɑʃte] *f* cowardice

laconique [lakɔnik] laconic, terse

lacrymogène [lakrimɔʒɛn] *gaz* tear atr; *grenade* tear-gas atr

lacté, lactée [lakte] milk atr

lacune [lakyn] *f* gap

là-dedans [lad(ə)dã] inside

là-dessous underneath; *derrière cette affaire* behind it

là-dessus on it, on top; *à ce moment* at that instant; *sur ce point* about it

lagon [lagõ] *m* lagoon

là-haut [lao] up there

laïc [laik] → **laïque**

laid, laide [lɛ, -d] ugly

laideur [lɛdœr] *f* ugliness; *(bassesse)* meanness, nastiness

lainage [lenaʒ] *m* woolen *ou Br* woollen fabric; *vêtement* woolen

laine *f* wool

laineux, -euse fleecy

laïque [laik] **1** *adj* REL secular; *(sans confession) école* State atr **2** *m/f* lay person

laisse [lɛs] *f* leash; *tenir en laisse chien* keep on a leash

laisser [lese] ⟨1b⟩ leave; *(permettre)* let; *laisser qn faire qch* let s.o. do sth; *se laisser aller* let o.s. go; *se laisser faire* let o.s. be pushed around; *laisse-toi faire!* come on!

laisser-aller [leseale] *m* casualness

laisser-faire [lesefɛr] *m* laissez faire

laissez-passer [lesepase] *m (pl inv)* pass

lait [lɛ] *m* milk

laitage *m* dairy product

laiterie *f* dairy

laitier, -ère **1** *adj* dairy atr **2** *m/f* milkman, milkwoman

laiton [letõ] *m* brass

laitue [lety] *f* BOT lettuce

laïus [lajys] *m* F sermon, lecture

lambeau [lãbo] *m (pl -x)* shred

lambin, lambine [lãbɛ̃, -in] *m/f* F slow-poke F, *Br* slowcoach F

lambris [lãbri] *m* paneling, *Br* panelling

lame [lam] *f* blade; *(plaque)* strip; *(vague)* wave; *lame de rasoir* razor blade

lamentable [lamãtabl] deplorable

lamentation [lamãtasjõ] *f* complaining

lamenter ⟨1a⟩: *se lamenter* complain

laminoir [laminwar] *m* TECH rolling mill

lampadaire [lãpadɛr] *m meuble* floor lamp, *Br aussi* standard lamp; *dans la rue* street light

lampe [lãp] *f* lamp; *lampe de poche* flashlight, *Br* torch

lampée [lãpe] *f* gulp, swallow

lance [lãs] *f* spear; *lance d'incendie* fire hose

lancé, lancée [lãse] well-known, established

lancement [lãsmã] *m* launch(ing) *(aussi* COMM)

lancer [lãse] ⟨1k⟩ throw; *avec force* hurl; *injure* shout, hurl *(à* at); *cri, regard* give; *bateau, fusée,* COMM launch; INFORM *programme* run; *moteur* start; *se lancer sur marché* enter; *piste de danse* step out onto; *se lancer dans des activités* take up; *des explications* launch into; *des discussions* get involved in

lancinant, lancinante [lãsinã, -t] *douleur* stabbing

landau [lãdo] *m* baby carriage, *Br* pram

lande [lãd] *f* heath

langage [lãgaʒ] *m* language; *langage de programmation* programming language; *langage des signes* sign language

lange [lãʒ] *m* diaper, *Br* nappy

langouste [lãgust] *f* spiny lobster

langue [lãg] *f* ANAT, CUIS tongue; LING language; *mauvaise langue* gossip; *de langue anglaise* English-speaking; *langue étrangère* foreign language; *langue maternelle* mother tongue; *langues vivantes* modern languages

languette [lãgɛt] *f d'une chaussure* tongue

langueur [lãgœr] *f (apathie)* listlessness; *(mélancolie)* languidness

languir ⟨2a⟩ languish; *d'une conversation* flag

lanière [lanjɛr] *f* strap

lanterne [lãtɛrn] *f* lantern

laper [lape] ⟨1a⟩ lap up

lapidaire [lapidɛr] *fig* concise

lapider ⟨1a⟩ *(assassiner)* stone to death; *(attaquer)* stone

lapin [lapɛ̃] *m* rabbit

laps [laps] *m*: *laps de temps* period of time

laque [lak] f peinture lacquer; pour cheveux hairspray, lacquer

laquelle [lakɛl] → lequel

larcin [larsɛ̃] m petty theft

lard [lar] m bacon

larder [larde] ⟨1a⟩ CUIS, fig lard

lardon [lardɔ̃] m lardon, diced bacon

large [larʒ] 1 adj wide; épaules, hanches broad; mesure, part, rôle large; (généreux) generous; large d'un millimètre one millimeter wide 2 adv: voir large think big 3 m MAR open sea; faire trois mètres de large be three meters wide; prendre le large fig take off

largement adv widely; (généreusement) generously; elle a largement le temps de finir she's got more than enough time to finish

largesse f generosity

largeur f width; largeur d'esprit broad-mindedness

larme [larm] f tear; une larme de a drop of

larmoyer ⟨1h⟩ des yeux water; (se plaindre) complain

larve [larv] f larva

larvé, larvée latent

laryngite [larɛ̃ʒit] f MÉD laryngitis

larynx [larɛ̃ks] m larynx

las, lasse [lɑ, -s] weary, tired; las de fig weary, tired of

laser [lɑzɛr] m laser

lasser [lɑse] ⟨1a⟩ weary, tire; se lasser de qch tire ou weary of sth

lassitude f weariness, lassitude fml

latent, latente [latɑ̃, -t] latent

latéral, latérale [lateral] (mpl -aux) lateral, side atr

latin, latine [latɛ̃, -in] Latin

latitude [latityd] f latitude; fig latitude, scope

latrines [latrin] fpl latrines

latte [lat] f lath; de plancher board

lattis [lati] m lathwork

lauréat, lauréate [lɔrea, -t] m/f prizewinner

laurier [lɔrje] m laurel; feuille f de laurier CUIS bayleaf

lavable [lavabl] washable

lavabo [lavabo] m (wash)basin; lavabos toilets

lavage m washing; lavage de cerveau POL brain-washing; lavage d'estomac MÉD stomach pump

lavande [lavɑ̃d] f BOT lavender

lave [lav] f lava

lave-glace [lavglas] m (pl lave-glaces) windshield wiper, Br windscreen wiper

lavement [lavmɑ̃] m MÉD enema

laver ⟨1a⟩ wash; tâche wash away; se laver les mains wash one's hands; se laver les dents brush one's teeth

laverie f: laverie automatique laundromat, Br launderette

lavette [lavɛt] f dishcloth; fig péj spineless individual

laveur, -euse [lavœr, -øz] m/f washer; laveur de vitres window cleaner

lave-vaisselle [lavvɛsɛl] m (pl inv) dishwasher

laxatif, -ive [laksatif, -iv] adj & m laxative

laxisme [laksism] m laxness

laxiste lax

layette [lɛjɛt] f layette

le pron personnel, complément d'objet direct ◇ him; chose it; je ne le supporte pas I can't stand him / it
◇ : oui, je le sais yes, I know; je l'espère bien I very much hope so

le, f la, pl les [lə, la, le] article défini ◇ the; le garçon / les garçons the boy / the boys
◇ parties du corps: je me suis cassé la jambe I broke my leg; elle avait les cheveux très longs she had very long hair
◇ généralité: j'aime le vin I like wine; elle ne supporte pas les enfants she doesn't like children; la défense de la liberté the defense of freedom; les dinosaures avaient ... dinosaurs had ...
◇ dates: le premier mai May first, Br first of May; ouvert le samedi open (on) Saturdays
◇ : trois euros le kilo three euros a ou per kilo; 10 euros les 5 10 euros for 5
◇ noms de pays: tu connais la France? do you know France; l'Europe est ... Europe is ...
◇ noms de saison: le printemps est là spring is here
◇ noms propres: le lieutenant Duprieur Lieutenant Duprieur; ah, la pauvre Hélène! oh, poor Helen!
◇ langues: je ne parle pas l'italien I don't speak Italian
◇ avec adjectif: le jaune est plus ... the yellow one is ...

leader [lidœr] m POL leader

leasing [lizin] m leasing

lécher [leʃe] ⟨1f⟩ lick; lécher les bottes à qn F suck up to s.o.

lèche-vitrines [lɛʃvitrin] m: faire du lèche-vitrines go window shopping

leçon [l(ə)sɔ̃] f lesson; leçons particulières private lessons

lecteur, -trice [lɛktœr, -tris] 1 m/f reader; à l'université foreign language assistant 2 m INFORM drive; lecteur de disquette(s) disk drive; lecteur de cassettes cassette

L

player

lecture f reading; *fichier m en lecture seule* read-only file

ledit, ladite [lədi, ladit] (pl lesdits, lesdites) the said

légal, légale [legal] (mpl -aux) legal

légaliser ⟨1a⟩ *certificat, signature* authenticate; (*rendre légal*) legalize

légalité f legality

légataire [legatɛr] m/f legatee; *légataire universel* sole heir

légendaire [leʒɑ̃dɛr] legendary

légende [leʒɑ̃d] f legend; *sous image* caption; *d'une carte* key

léger, -ère [leʒe, -ɛr] *poids, aliment* light; *vent, erreur, retard* slight; *mœurs* loose; (*frivole, irréfléchi*) thoughtless; *à la légère* lightly

légèrement adv lightly; (*un peu*) slightly; (*inconsidérément*) thoughtlessly

légèreté f lightness; (*frivolité, irréflexion*) thoughtlessness

légiférer [leʒifere] ⟨1g⟩ legislate

légion [leʒjɔ̃] f legion; *légion étrangère* Foreign Legion

légionnaire m legionnaire

législateur, -trice [leʒislatœr, -tris] m/f legislator

législatif, -ive legislative; (*élections fpl*) *législatives* fpl parliamentary elections

législation f legislation

législature f legislature

légitime [leʒitim] legitimate; *légitime défense* self-defense, Br self-defence

legs [le(g)] m legacy

léguer [lege] ⟨1f et 1m⟩ bequeath

légume [legym] m vegetable; *légumes secs* pulses

Léman [lemɑ̃]: *le lac Léman* Lake Geneva

lendemain [lɑ̃dmɛ̃] m: *le lendemain* the next ou following day; *le lendemain de son élection* the day after he was elected

lent, lente [lɑ̃, lɑ̃t] slow

lentement adv slowly

lenteur f slowness

lentille [lɑ̃tij] f TECH lens; *légume sec* lentil

léopard [leɔpar] m leopard

lèpre [lɛpr] f leprosy

lépreux, -euse m/f leper (*aussi fig*)

lequel, laquelle [ləkɛl, lakɛl] (pl lesquels, lesquelles) ◇ *pron interrogatif* which (one); *laquelle/lesquelles est-ce que tu préfères?* which (one)/which (ones) do you prefer?

◇ *pron relatif, avec personne* who; *le client pour lequel il l'avait fabriqué* the customer (who) he had made it for,

the customer for whom he had made it ◇ *pron relatif, avec chose* which; *les cavernes dans lesquelles ils s'étaient noyés* the caves in which they had drowned, the caves which they had drowned in; *les entreprises auxquelles nous avons envoyé ...* the companies to which we sent ..., the companies (which) we sent ... to; *un vieux château dans les jardins duquel ...* an old castle in the gardens of which ...

les¹ [le] → **le**

les² [le] *pron personnel* them; *je les ai vendu(e)s* I sold them

lesbien, lesbienne [lɛsbjɛ̃, -ɛn] **1** adj lesbian **2** f lesbian

léser [leze] ⟨1f⟩ (*désavantager*) injure, wrong; *intérêts* damage; *droits* infringe; MÉD injure

lésiner [lezine] ⟨1a⟩ skimp (*sur* on)

lésion [lezjɔ̃] f MÉD lesion

lesquels, lesquelles [lekɛl] → **lequel**

lessive [lɛsiv] f *produit* laundry detergent, Br washing powder; *liquide* detergent; *linge* laundry, Br aussi washing; *faire la lessive* do the laundry

lest [lɛst] m ballast

leste [lɛst] (*agile*) agile; *propos* crude

léthargie [letarʒi] f lethargy

léthargique lethargic

lettre [lɛtr] f (*caractère, correspondance*) letter; *à la lettre, au pied de la lettre* literally; *en toutes lettres* in full; *fig* in black and white; *lettre de change* bill of exchange; *lettres* literature sg; *études* arts

lettré, lettrée [letre] well-read

leucémie [løsemi] f MÉD leukemia, Br leukaemia

leur [lœr] **1** adj possessif their; *leur prof* their teacher; *leurs camarades* their friends **2** pron personnel: *le/la leur, les leurs* theirs; *meilleur que le/la leur* better than theirs **3** complément d'objet indirect (to) them; *je leur ai envoyé un e-mail* I sent them an e-mail; *je le leur ai envoyé hier* I sent it (to) them yesterday

leurre [lœr] m bait; *fig* illusion

leurrer ⟨1a⟩ *fig* deceive

levé, levée [l(ə)ve]: *être levé* be up, be out of bed

levée f lifting; *d'une séance* adjournment; *du courrier* collection; *aux cartes* trick

lever ⟨1d⟩ **1** v/t raise, lift; *main, bras* raise; *poids, interdiction* lift; *impôts* collect **2** v/i de la pâte rise; *se lever* get up; du soleil rise; du jour break **3** m: *lever du jour* daybreak; *lever du soleil* sunrise

levier [l(ə)vje] *m* lever; *levier de vitesse* gear shift, *surtout Br* gear lever

lèvre [lɛvr] *f* lip

lévrier [levrije] *m* greyhound

levure [l(ə)vyr] *f* yeast; *levure chimique* baking powder

lexique [lɛksik] *m* (*vocabulaire*) vocabulary; (*glossaire*) glossary

lézard [lezar] *m* lizard

lézarde [lezard] *f* crack

liaison [ljɛzõ] *f* connection; *amoureuse* affair; *de train* link; LING liaison; *être en liaison avec qn* be in touch with s.o.

liant, liante [ljã, -t] sociable

liasse [ljas] *f* bundle, wad; *de billets* wad

Liban [libã]: *le Liban* (the) Lebanon

libanais, libanaise 1 *adj* Lebanese **2** *m/f* **Libanais, Libanaise** Lebanese

libeller [libɛle] ⟨1b⟩ *document, contrat* word; *libeller un chèque (au nom de qn)* make out *ou* write a check (to s.o.)

libellule [libelyl] *f* dragonfly

libéral, libérale [liberal] (*mpl* -aux) liberal; *profession f libérale* profession

libéralisme *m* liberalism

libéralité *f* generosity, liberality

libérateur, -trice [liberatœr, -tris] **1** *adj* liberating **2** *m/f* liberator

libération *f d'un pays* liberation; *d'un prisonnier* release; *libération conditionnelle* parole

libérer ⟨1f⟩ *pays* liberate; *prisonnier* release, free (*de* from); *gaz, d'un engagement* release

liberté [libɛrte] *f* freedom, liberty; *mettre en liberté* set free, release; *liberté d'expression* freedom of speech; *liberté de la presse* freedom of the press

libraire [librɛr] *m/f* bookseller

librairie *f* bookstore, *Br* bookshop

libre [librɛ] free (*de faire qch* to do sth); *libre concurrence* free competition

libre-échange *m* free trade

libre-service *m* (*pl* libres-services) self-service; *magasin* self-service store

Libye [libi] *f* Libya

libyen, libyenne 1 *adj* Libyan **2** *m/f* **Libyen, Libyenne** Libyan

licence [lisãs] *f* license, *Br* licence; *diplôme* degree

licencié, licenciée *m/f* graduate

licenciement [lisãsimã] *m* layoff; (*renvoi*) dismissal

licencier ⟨1a⟩ lay off; (*renvoyer*) dismiss

licencieux, -euse [lisãsjø, -z] licentious

lié, liée [lije]: *être lié par* be bound by; *être très lié avec qn* be very close to s.o.

liège [ljɛʒ] *m* BOT cork

lien [ljɛ̃] *m* tie, bond; (*rapport*) connection; *ils ont un lien de parenté* they are related

lier ⟨1a⟩ tie (up); *d'un contrat* be binding on; CUIS thicken; *fig: pensées, personnes* connect; *lier amitié avec* make friends with

lierre [ljɛr] *m* BOT ivy

lieu [ljø] *m* (*pl* -x) place; *lieux* premises; JUR scene *sg*; *au lieu de qch / de faire qch* instead of sth / of doing sth; *avoir lieu* take place, be held; *avoir lieu de faire qch* have (good) reason to do sth; *donner lieu à* give rise to; *en premier lieu* in the first place, first(ly); *en dernier lieu* last(ly); *lieu de destination* destination; *il y a lieu de faire qch* there is good reason to do sth; *s'il y a lieu* if necessary; *tenir lieu de qch* act *ou* serve as sth

lieu-dit [ljødi] (*pl* lieux-dits) *m* place

lièvre [ljɛvr] *m* hare

ligne [liɲ] *f* line; *d'autobus* number; *à la ligne!* new paragraph; *hors ligne* top class; *garder la ligne* keep one's figure; *entrer en ligne de compte* be taken into consideration; *pêcher à la ligne* go angling; *adopter une ligne dure sur* take a hard line on

lignée [liɲe] *f* descendants *pl*

ligue [lig] *f* league

liguer ⟨1m⟩: *se liguer* join forces (*pour faire qch* to do sth)

lilas [lila] **1** *m* lilac **2** *adj inv* lilac

limace [limas] *f* slug

lime [lim] *f* file; *lime à ongles* nail file

limer ⟨1a⟩ file

limier [limje] *m* bloodhound

limitation [limitasjõ] *f* limitation; *limitation de vitesse* speed limit

limite [limit] *f* limit; (*frontière*) boundary; *à la limite* if absolutely necessary; *ça va comme ça? - oui, à la limite* is that OK like that? - yes, just about; *je t'aiderai dans les limites du possible* I'll help him as much as I can; *date f limite* deadline; *vitesse f limite* speed limit

limiter ⟨1a⟩ limit (*à* to)

limoger [limɔʒe] ⟨1l⟩ POL dismiss

limon [limõ] *m* silt

limonade [limɔnad] *f* lemonade

limousine [limuzin] *f* limousine, limo F

lin [lɛ̃] *m* BOT flax; *toile* linen

linceul [lɛ̃sœl] *m* shroud

linéaire [lineɛr] linear

linge [lɛ̃ʒ] *m* linen; (*lessive*) washing; *linge (de corps)* underwear

lingerie *f* lingerie

lingot [lɛ̃go] *m* ingot

linguiste [lɛ̃gɥist] *m/f* linguist

L

linguistique 1 f linguistics **2** adj linguistic
lion [ljɔ̃] m lion; ASTROL Leo
lionne f lioness
lipide [lipid] m fat
liqueur [likœr] f liqueur
liquidation [likidasjɔ̃] f liquidation; *vente au rabais* sale
liquide [likid] **1** adj liquid; *argent m liquide* cash **2** m liquid; *liquide de freins* brake fluid
liquider [likide] ⟨1a⟩ liquidate; *stock* sell off; *problème, travail* dispose of
lire [lir] ⟨4x⟩ read
lis [lis] m BOT lily
lisibilité [lizibilite] f legibility
lisible [lizibl] legible
lisière [lizjɛr] f edge
lisse [lis] smooth
lisser ⟨1a⟩ smooth
listage [listaʒ] m printout
liste f list; *liste d'attente* waiting list; *liste de commissions* shopping list; *liste noire* blacklist; *être sur liste rouge* TÉL have an unlisted number, *Br* be ex-directory
lister ⟨1a⟩ list
listing m printout
lit [li] m bed; *aller au lit* go to bed; *faire son lit* make one's bed; *garder le lit* stay in bed; *lit de camp* cot, *Br* camp bed
litanie [litani] f litany; *c'est toujours la même litanie* fig it's the same old thing over and over again
literie [litri] f bedding
litige [litiʒ] m dispute
litigieux, -euse cas contentious
litre [litr] m liter, *Br* litre
littéraire [literer] literary
littéral, littérale [literal] (*mpl* -aux) literal
littéralement adv literally
littérature [literatyr] f literature
littoral, littorale [litoral] (*mpl* -aux) **1** adj coastal **2** m coastline
liturgie [lityrʒi] f liturgy
livraison [livrɛzɔ̃] f delivery
livre[1] [livr] m book; *livre d'images* picture book; *livre de poche* paperback
livre[2] [livr] f poids, monnaie pound
livrer [livre] ⟨1a⟩ marchandises deliver; prisonnier hand over; secret, information divulge; *se livrer* (*se confier*) open up; (*se soumettre*) give o.s. up; *se livrer à* (*se confier*) confide in; activité indulge in; la jalousie, l'abattement give way to
livret [livre] m booklet; d'opéra libretto; *livret de caisse d'épargne* passbook
livreur [livrœr] m delivery man; *livreur de journaux* paper boy
lobby [lɔbi] m lobby

lobe [lɔb] m: *lobe de l'oreille* earlobe
local, locale [lɔkal] (*mpl* -aux) **1** adj local **2** m (salle) premises pl; *locaux* premises
localisation f location; de software etc localization
localiser ⟨1a⟩ locate; (limiter), de software localize
localité f town
locataire [lɔkatɛr] m/f tenant
location f par propriétaire renting out; par locataire renting; (loyer) rent; au théâtre reservation
locomotive [lɔkɔmɔtiv] f locomotive; fig driving force
locution [lɔkysjɔ̃] f phrase
loge [lɔʒ] f d'un concierge, de francs-maçons lodge; de spectateurs box
logement [lɔʒmɑ̃] m accommodations pl, *Br* accommodation; (appartement) apartment, *Br aussi* flat
loger ⟨1l⟩ **1** v/t accommodate **2** v/i live
logeur m landlord
logeuse f landlady
logiciel [lɔʒisjɛl] m INFORM software
logique [lɔʒik] **1** adj logical **2** f logic
logiquement adv logically
logistique [lɔʒistik] **1** adj logistical **2** f logistics
logo [logo] m logo
loi [lwa] f law; *loi martiale* martial law
loin [lwɛ̃] adv far; dans le passé long ago, a long time ago; dans l'avenir far off, a long way off; *au loin* in the distance; *de loin* from a distance; fig by far; *loin de* far from
lointain, lointaine [lwɛ̃tɛ̃, -ɛn] **1** adj distant **2** m distance
loisir m leisure; *loisirs* leisure activities; *avoir le loisir de faire qch* have the time to do sth
Londres [lɔ̃dr] London
long, longue [lɔ̃, -g] **1** adj long; *un voilier long de 25 mètres* a 25-meter (long) yacht, a yacht 25 meters in length; *à long terme* in the long term ou run, long-term; *à la longue* in time, eventually; *être long* (durer) take a long time; *être long à faire qch* take a long time doing sth **2** adv: *en dire long* speak volumes **3** m: *de deux mètres de long* two meters long, two meters in length; *le long de* along; *de long en large* up and down; *tout au ou le long de l'année* throughout the year
longe [lɔ̃ʒ] f CUIS loin
longer [lɔ̃ʒe] ⟨1l⟩ follow, hug
longévité [lɔ̃ʒevite] f longevity
longitude [lɔ̃ʒityd] f longitude
longtemps [lɔ̃tɑ̃] adv a long time; *il y a*

longtemps a long time ago, long ago; *il y a longtemps qu'il habite là* he's been living here for a long time

longuement [lõgmã] *adv* for a long time; *parler* at length

longueur [lõgœr] *f* length; *être sur la même longueur d'onde* be on the same wavelength

longue-vue [lõgvy] *f* (*pl* longues-vues) telescope

lopin [lɔpɛ̃] *m*: *lopin de terre* piece of land

loquace [lɔkas] talkative

loque [lɔk] *f* rag; *loque humaine* wreck

loquet [lɔkɛ] *m* latch

lorgner [lɔrɲe] ⟨1a⟩ (*regarder*) eye; *fig*: *héritage, poste* have one's eye on

lors [lɔr]: *dès lors* from that moment on, from then on; *dès lors que vous ...* should you ...; *lors de* during

lorsque [lɔrsk(ə)] *conj* when

losange [lɔzãʒ] *m* lozenge

lot [lo] *m* (*destin*) fate, lot; *à la loterie* prize; (*portion*) share; COMM batch; *gagner le gros lot* hit the jackpot

loterie [lɔtri] *f* lottery

loti, lotie [lɔti]: *être bien / mal loti* be well / badly off

lotion [losjõ] *f* lotion

lotissement [lɔtismã] *m* (*parcelle*) plot; *terrain loti* housing development, *Br aussi* (housing) estate

loto [lɔto] *m* lotto; *au niveau national* national lottery

louable [lwabl] praiseworthy

louange *f* praise

louche[1] [luʃ] sleazy

louche[2] [luʃ] *f* ladle

loucher [luʃe] ⟨1a⟩ squint, have a squint

louer[1] [lwe] ⟨1a⟩ *du locataire: appartement* rent; *bicyclette, canoë* rent, *Br aussi* hire; *du propriétaire: appartement* rent (out), let; *bicyclette, canoë* rent out, *Br aussi* hire (out)

louer[2] [lwe] ⟨1a⟩ (*vanter*) praise (*de ou pour qch* for sth)

loufoque [lufɔk] F crazy

loup [lu] *m* wolf

loupe [lup] *f* magnifying glass

louper [lupe] ⟨1a⟩ F *travail* botch; *train, bus* miss

loup-garou [lugaru] *m* (*pl* loups-garous) werewolf

lourd, lourde [lur, -d] heavy; *plaisanterie* clumsy; *temps* oppressive

lourdaud, lourdaude 1 *adj* clumsy **2** *m/f* oaf

lourdement *adv* heavily

lourdeur *f* heaviness

louvoyer [luvwaje] ⟨1h⟩ MAR tack; *louvoyer entre des problèmes* *fig* sidestep around problems

loyal, loyale [lwajal] (*mpl* -aux) honest; *adversaire* fair-minded; *ami* loyal; *bons et loyaux services* good and faithful service

loyauté *f* honesty; *d'un ami* loyalty

loyer [lwaje] *m* rent

lubie [lybi] *f* whim

lubrifiant [lybrifjã] *m* lubricant

lubrification *f* lubrication

lubrifier ⟨1a⟩ lubricate

lucarne [lykarn] *f* skylight

lucide [lysid] lucid; (*conscient*) conscious

lucidité *f* lucidity

lucratif, -ive [lykratif, -iv] lucrative; *à but non lucratif* not for profit, *Br aussi* non-profit making

lueur [lyœr] *f* faint light; *une lueur d'espoir* a gleam *ou* glimmer of hope

luge [lyʒ] *f* toboggan; *faire de la luge* go tobogganing

lugubre [lygybr] gloomy, lugubrious

lui [lui] *pron personnel* ◇ *complément d'objet indirect, masculin* (to) him; *féminin* (to) her; *chose, animal* (to) it; *je lui ai envoyé un e-mail* I sent him / her an e-mail; *je le lui ai envoyé hier* I sent it (to) him / her yesterday; *le pauvre chien, je lui ai donné à boire* the poor dog, I gave it something to drink

◇ *après prép, masculin* him; *animal* it; *le jus d'orange, c'est pour lui* the orange juice is for him

◇ : *je les ai vues, lui et sa sœur* I saw them, him and his sister; *il n'aime pas ça, lui* he doesn't like that

lui-même [luimɛm] himself; *de chose* itself

luire [luir] ⟨4c⟩ glint, glisten

lumbago [lœbago] *m* lumbago

lumière [lymjɛr] *f* light (*aussi fig*); *le siècle des lumières* the Enlightenment; *ce n'est pas une lumière* *iron* he's not exactly Einstein; *à la lumière de* in the light of

luminaire [lyminɛr] *m* light

lumineux, -euse luminous; *ciel, couleur* bright; *affiche* illuminated; *idée* brilliant; *rayon m lumineux* beam of light

lunaire [lynɛr] lunar

lunatique [lynatik] lunatic

lundi [lœdi] *m* Monday; *lundi de Pâques* Easter Monday

lune [lyn] *f* moon; *lune de miel* honeymoon

lunette [lynɛt] *f*: *lunettes* glasses; *lunettes de soleil* sunglasses; *lunettes de*

ski ski goggles; *lunette arrière* AUTO rear window
lurette [lyrɛt] f F: *il y a belle lurette* an eternity ago
lustre [lystr] *m* (*lampe*) chandelier; *fig* luster, *Br* lustre
lustrer [lystre] ⟨1a⟩ *meuble* polish
lutte [lyt] f fight, struggle; SP wrestling
lutter ⟨1a⟩ fight, struggle; SP wrestle
luxe [lyks] *m* luxury; *de luxe* luxury *atr*
Luxembourg [lyksɑ̃bur]: *le Luxembourg* Luxembourg
luxembourgeois, luxembourgeoise 1 *adj* of / from Luxemburg, Luxembourg *atr* **2** *m/f* **Luxembourgeois, Luxembourgeoise** Luxemburger
luxer [lykse] ⟨1a⟩: *se luxer l'épaule* dis-

locate one's shoulder
luxueux, -euse [lyksɥø, -z] luxurious
luxueusement *adv* luxuriously
luxuriant, luxuriante [lyksyrjɑ̃, -t] luxuriant
luxurieux, -euse [lyksyrjø, -z] luxurious
lycée [lise] *m* senior high, *Br* grammar school
lycéen, lycéenne *m/f* student (at a lycée)
lyncher [lɛ̃ʃe] ⟨1a⟩ lynch
Lyon [ljɔ̃] Lyons
lyophilisé [ljofilize] freeze-dried
lyrique [lirik] lyric; *qui a du lyrisme* lyrical; *artiste lyrique* opera singer; *comédie lyrique* comic opera
lyrisme *m* lyricism
lys [lis] *m* → *lis*

M

m' [m] → *me*
M. *abr* (= *monsieur*) Mr
ma [ma] → *mon*
macabre [makabr] macabre
macaron [makarɔ̃] *m* CUIS macaroon; (*insigne*) rosette
macédoine [masedwan] f CUIS: *macédoine de légumes* mixed vegetables *pl*; *macédoine de fruits* fruit salad
macérer [masere] ⟨1f⟩ CUIS: *faire macérer* marinate
mâche [maʃ] f BOT lamb's lettuce
mâcher [maʃe] ⟨1a⟩ chew; *elle ne mâche pas ses mots* fig she doesn't mince her words
machin [maʃɛ̃] *m* F thing, thingamajig F
machinal, machinale [maʃinal] (*mpl* -aux) mechanical
machinalement *adv* mechanically
machination [maʃinasjɔ̃] f plot; *machinations* machinations
machine [maʃin] f machine; MAR engine; *fig* machinery; *machine à coudre* sewing machine; *machine à écrire* typewriter; *machine à laver* washing machine; *machine à sous* slot machine
machine-outil f (*pl* machines-outils) machine tool
machiniste *m* au théâtre stage hand
machisme [ma(t)ʃism] *m* machismo
machiste male chauvinist
macho [matʃo] **1** *adj* male chauvinist **2** *m*

macho type
mâchoire [maʃwar] f ANAT jaw
mâchonner [maʃone] ⟨1a⟩ chew (on); (*marmonner*) mutter
maçon [masɔ̃] *m* bricklayer; *avec des pierres* mason
maçonnerie f masonry
macro [makro] f INFORM macro
maculer [makyle] ⟨1a⟩ spatter
madame [madam] f (*pl* mesdames [medam]): *bonjour madame* good morning; *madame!* ma'am!, *Br* excuse me!; *Madame Durand* Mrs Durand; *bonsoir mesdames et messieurs* good evening, ladies and gentlemen
mademoiselle [madmwazɛl] f (*pl* mesdemoiselles [medmwazɛl]): *bonjour mademoiselle* good morning; *mademoiselle!* miss!, *Br* excuse me!; *Mademoiselle Durand* Miss Durand
Madère [mader] *m* Madeira
madone [madɔn] f Madonna
magasin [magazɛ̃] *m* (*boutique*) store, *surtout Br* shop; (*dépôt*) store room; *grand magasin* department store
magasinier *m* storeman
magazine [magazin] *m* magazine
mage [maʒ] *m*: *les Rois mages* the Three Wise Men, the Magi
magicien, magicienne [maʒisjɛ̃, -ɛn] *m/f* magician
Maghreb [magrɛb]: *le Maghreb* French-

speaking North Africa

maghrébin, maghrébine 1 *adj* North Af-
rican **2** *m/f* Maghrébin, Maghrébine
North African

magie [maʒi] *f* magic (*aussi fig*)

magique magic, magical

magistral, magistrale [maʒistral] (*mpl*
-aux) *ton* magisterial; *fig* masterly; *cours
m magistral* lecture

magistrat [maʒistra] *m* JUR magistrate

magnanime [maɲanim] magnanimous

magnat [maɲa] *m* magnate, tycoon

magner [maɲe]: *se magner* F get a move
on, move it F

magnétique [maɲetik] magnetic

magnétisme *m* magnetism

magnéto [maɲeto] *m* F (*magnétophone*)
tape recorder

magnétophone [maɲetɔfɔn] *m* tape re-
corder

magnétoscope [maɲetɔskɔp] *m* video
(recorder)

magnifique [maɲifik] magnificent

magot [mago] *m fig* F *trésor* savings *pl*

magouille [maguj] *f* F scheming; *ma-
gouilles électorales* election shenani-
gans F

magouiller ⟨1a⟩ F scheme

magret [magrɛ] *m*: *magret de canard*
duck's breast

mai [mɛ] *m* May

maigre [mɛgr] thin; *résultat, salaire* mea-
ger, *Br* meagre

maigreur *f* thinness; *de profit, ressources*
meagerness, *Br* meagreness

maigrir ⟨2a⟩ get thin, lose weight

mailing [mɛliŋ] *m* mailshot

maille [maj] *f* stitch

maillet [majɛ] *m* mallet

maillon [majɔ̃] *m*: *une chaîne* link

maillot [majo] *m* SP shirt, jersey; *de cou-
reur* vest; *maillot (de bain)* swimsuit;
maillot jaune SP yellow jersey

main [mɛ̃] *f* hand; *donner un coup de
main à qn* give s.o. a hand; *à la main* te-
nir *qch* in one's hand; *fait / écrit à la
main* handmade / handwritten; *à main
armée* vol, *attaque* armed; *vote à main
levée* show of hands; *la main dans la
main* hand in hand; *prendre qch en
main fig* take sth in hand; *prendre
son courage à deux mains* summon
up all one's courage, steel o.s.; *en mains
propres* in person; *en un tour de main*
in no time at all; *haut les mains!* hands
up!; *donner la main à qn* hold s.o.'s
hand; *perdre la main fig* lose one's
touch; *sous la main* to hand, within
reach

main-d'œuvre [mɛ̃dœvr] *f* (*pl inv*) man-
power, labor, *Br* labour

main-forte [mɛ̃fɔrt] *f*: *prêter main-forte à
qn* help s.o.

mainmise [mɛ̃miz] *f* seizure

maint, mainte [mɛ̃, -t] *fml* many; *à main-
tes reprises* time and again

maintenance [mɛ̃tnãs] *f* maintenance

maintenant [mɛ̃tnã] *adv* now; *mainte-
nant que* now that

maintenir [mɛ̃t(ə)nir] ⟨2h⟩ *paix* keep,
maintain; *tradition* uphold; (*tenir ferme-
ment*) hold; *d'une poutre* hold up; (*con-
server dans le même état*) keep; (*soutenir*)
maintain; *maintenir l'ordre* maintain *ou*
keep law and order; *maintenir son opi-
nion* stick to one's opinion, not change
one's mind; *se maintenir d'un prix* keep
steady; *d'une tradition* last; *de la paix*
hold, last; *se maintenir au pouvoir* stay
in power; *le temps se maintient au
beau fixe* the good weather is holding

maintien *m* maintenance; *maintien de
l'ordre* maintenance of law and order;
maintien de la paix peace keeping

maire [mɛr] *m* mayor

mairie *f* town hall

mais [mɛ] **1** *conj* but **2** *adv*: *mais bien
sûr!* of course!; *mais non!* no!; *mais
pour qui se prend-t-elle?* just who does
she think she is?

maïs [mais] *m* BOT corn, *Br aussi* maize; *en
boîte* sweet corn

maison [mɛzɔ̃] *f* house; (*chez-soi*) home;
COMM company; *à la maison* at home; *je
vais à la maison* I'm going home; *pâté
m maison* homemade pâté; *Maison
Blanche* White House; *maison de cam-
pagne* country house; *maison close*
brothel; *maison mère* parent company;
maison de retraite retirement home, old
people's home

maître [mɛtr] *m* master; (*professeur*)
school teacher; (*peintre, écrivain*) maes-
tro; *maître chanteur* blackmailer; *maî-
tre d'hôtel* maitre d', *Br* head waiter;
maître nageur swimming instructor

maîtresse 1 *f* mistress (*aussi amante*);
(*professeur*) schoolteacher; *maîtresse
de maison* lady of the house; *qui reçoit
des invités* hostess **2** *adj*: *pièce f maîtres-
se* main piece; *idée f maîtresse* main
idea

maîtrise [mɛtriz] *f* mastery; *diplôme* MA,
master's (degree); *maîtrise de soi* self-
-control

maîtriser ⟨1a⟩ *master*; *cheval* gain control
of; *incendie* bring under control, get a
grip on

M

maïzena® [maizena] f corn starch, Br cornflour

majesté [maʒɛste] f majesty

majestueux, -euse majestic

majeur, majeure [maʒœr] 1 adj major; *être majeur* JUR be of age 2 m middle finger

majoration [maʒɔrasjɔ̃] f des prix, salaires increase

majorer ⟨1a⟩ prix increase

majoritaire [maʒɔriter] majority; *scrutin m majoritaire* majority vote

majorité f majority

majuscule [maʒyskyl] f & adj: (*lettre f*) *majuscule* capital (letter)

mal [mal] 1 m (pl maux [mo]) evil; (*maladie*) illness; (*difficulté*) difficulty, trouble; *faire mal* hurt; *avoir mal aux dents* have toothache; *se donner du mal* go to a lot of trouble; *ne voir aucun mal à* not see any harm in; *faire du mal à qn* hurt s.o.; *j'ai du mal à faire cela* I find it difficult to do that; *dire du mal de qn* say bad things about s.o.; *mal de mer* seasickness; *mal du pays* homesickness 2 adv badly; *mal fait* badly done; *pas mal* not bad; *il y avait pas mal de monde* there were quite a lot of people there; *s'y prendre mal* go about it in the wrong way; *se sentir mal* feel ill 3 adj: *faire / dire qch de mal* do / say sth bad; *être mal à l'aise* be ill at ease, be uncomfortable

malade [malad] ill, sick; *tomber malade* fall ill; *malade mental* mentally ill

maladie f illness, disease

maladif, -ive personne sickly; curiosité unhealthy

maladresse [maladrɛs] f clumsiness

maladroit, maladroite clumsy

malaise [malɛz] m physique physical discomfort; (*inquiétude*) uneasiness, discomfort; POL malaise; *il a fait un malaise* he fainted

malaria [malarja] f MÉD malaria

malavisé, malavisée [malavize] ill-advised

malaxer [malakse] ⟨1a⟩ mix

malchance [malʃɑ̃s] f bad luck; *une série de malchances* a series of misfortunes, a string of bad luck

malchanceux, -euse unlucky

mâle [mal] m & adj male

malédiction [malediksjɔ̃] f curse

maléfique [malefik] evil

malencontreux, -euse [malɑ̃kɔ̃trø, -z] unfortunate

malentendant, malentendante [malɑ̃tɑ̃dɑ̃, -t] hard of hearing

malentendu [malɑ̃tɑ̃dy] m misunderstanding

malfaiteur [malfɛtœr] m malefactor

malfamé, malfamée [malfame] disreputable

malformation [malfɔrmasjɔ̃] f deformity

malgache [malgaʃ] 1 adj Malagasy 2 m/f Malgache Malagasy

malgré [malgre] prép in spite of, despite; *malgré moi* despite myself; *malgré tout* in spite of everything

malhabile [malabil] personne, geste awkward; mains unskilled

malheur [malœr] m misfortune; (*malchance*) bad luck; *par malheur* unfortunately; *porter malheur* be bad luck

malheureusement adv unfortunately

malheureux, -euse unfortunate; (*triste*) unhappy; (*insignifiant*) silly little

malhonnête [malɔnɛt] dishonest

malhonnêteté f dishonesty

malice [malis] f malice; (*espièglerie*) mischief

malicieux, -euse malicious; (*coquin*) mischievous

malin, -igne [malɛ̃, maliɲ] (*rusé*) crafty, cunning; (*méchant*) malicious; MÉD malignant

malle [mal] f trunk

malléable [maleabl] malleable

mallette [malɛt] f little bag

malmener [malməne] ⟨1d⟩ personne, objet treat roughly; (*critiquer*) maul

malnutrition [malnytrisjɔ̃] f malnutrition

malodorant, malodorante [malɔdɔrɑ̃, -t] foul-smelling

malpoli, malpolie [malpɔli] impolite

malpropre [malprɔpr] dirty

malsain, malsaine [malsɛ̃, -ɛn] unhealthy

malt [malt] m malt

Malte [malt] f Malta

maltais, maltaise 1 adj Maltese 2 m/f Maltais, Maltaise Maltese

maltraiter [maltrɛte] ⟨1b⟩ mistreat, maltreat

malveillant, malveillante [malvɛjɑ̃, -t] malevolent

malvenu, malvenue [malvəny]: *c'est malvenu de sa part de faire une remarque* it's not appropriate for him to make a comment

malvoyant, malvoyante [malvwajɑ̃, -t] 1 adj visually impaired 2 m/f visually impaired person

maman [mamɑ̃] f Mom, Br Mum

mamelle [mamɛl] f de vache udder; de chienne teat

mamelon [mamlɔ̃] m ANAT nipple

mamie [mami] f F granny

mammifère [mamifer] m mammal

manager [manadʒœr] *m* manager

manche[1] [mɑ̃ʃ] *m d'outils, d'une casserole* handle; *d'un violon* neck

manche[2] [mɑ̃ʃ] *f* sleeve; **la Manche** the English Channel; *la première / deuxième Manche* the first / second round; *faire la Manche* play music on the street, *Br* busk

manchette [mɑ̃ʃɛt] *f* cuff; *d'un journal* headline

manchon *m* muff; TECH sleeve

manchot, manchote [mɑ̃ʃo, -ɔt] **1** *adj* one-armed **2** *m/f* one-armed person **3** *m* zo penguin

mandarine [mɑ̃darin] *f* mandarin (orange)

mandat [mɑ̃da] *m d'un député* term of office, mandate; *(procuration)* proxy; *de la poste* postal order; *mandat d'arrêt* arrest warrant; *mandat de perquisition* search warrant

mandataire *m/f à une réunion* proxy

manège [manɛʒ] *m* riding school; *(carrousel)* carousel, *Br* roundabout; *fig* game

manette [manɛt] *f* TECH lever

mangeable [mɑ̃ʒabl] edible, eatable

mangeoire [mɑ̃ʒwar] *f* manger

manger [mɑ̃ʒe] ⟨1l⟩ **1** *v/t* eat; *fig: argent, temps* eat up; *mots* swallow **2** *v/i* eat **3** *m* food

mangeur, -euse *m/f* eater

mangue [mɑ̃g] *f* mango

maniable [manjabl] *voiture, bateau* easy to handle

maniaque [manjak] fussy

manie *f* mania

manier [manje] ⟨1a⟩ handle

manière [manjer] *f* way, manner; *manières* manners; *affectées* airs and graces, affectation *sg*; *à la manière de* in the style of; *de cette manière* (in) that way; *de toute manière* anyway, in any case; *d'une manière générale* generally speaking, on the whole; *de manière à faire qch* so as to do sth; *de telle manière que* in such a way that

maniéré, maniérée affected

manifestant, manifestante [manifɛstɑ̃, -t] *m/f* demonstrator

manifestation *f de joie etc* expression; POL demonstration; *culturelle, sportive* event

manifeste [manifɛst] **1** *adj* obvious **2** *m* POL manifesto; COMM manifest

manifester [manifɛste] ⟨1a⟩ **1** *v/t courage, haine* show; *se manifester de maladie, problèmes* manifest itself / themselves **2** *v/i* demonstrate

manigance [manigɑ̃s] *f* scheme, plot

manipulateur, -trice [manipylatœr, -tris] manipulative

manipulation *f d'un appareil* handling; *d'une personne* manipulation; *manipulation génétique* genetic engineering

manipuler ⟨1a⟩ handle; *personne* manipulate; *manipulé génétiquement* genetically engineered

manivelle [manivɛl] *f* crank

mannequin [mankɛ̃] *m de couture* (tailor's) dummy; *dans un magasin* dummy; *femme, homme* model

manœuvre [manœvr] **1** *f* maneuver, *Br* manoeuvre; *d'un outil, une machine etc* operation **2** *m* unskilled laborer *ou Br* labourer

manœuvrer ⟨1a⟩ maneuver, *Br* manoeuvre

manoir [manwar] *m* manor (house)

manque [mɑ̃k] *m* lack (*de* of); *par manque de* for lack of; *manques fig* failings; *être en manque d'un drogué* be experiencing withdrawal symptoms; *manque à gagner* COMM loss of earnings

manqué, manquée unsuccessful; *rendez-vous* missed

manquement *m* breach (*à* of)

manquer [mɑ̃ke] ⟨1m⟩ **1** *v/i* (*être absent*) be missing; (*faire défaut*) be lacking; (*échouer*) fail; *tu me manques* I miss you; *manquer à parole, promesse* fail to keep; *devoir* fail in; *manquer de qch* lack sth, be lacking in sth **2** *v/t* (*rater, être absent à*) miss; *examen* fail; *manquer son coup au tir* miss; *fig* miss one's chance; *ne pas manquer de faire qch* make a point of doing sth; *elle a manqué (de) se faire écraser* she was almost run over **3** *impersonnel il manque des preuves* there isn't enough evidence, there's a lack of evidence; *il manque trois personnes* three people are missing

mansarde [mɑ̃sard] *f* attic

manteau [mɑ̃to] *m* (*pl* -x) coat; *de neige* blanket, mantle; *sous le manteau* clandestinely; *manteau de cheminée* mantelpiece

manucure [manykyr] *f* manicure

manuel, manuelle [manɥɛl] **1** *adj* manual **2** *m* manual; *manuel d'utilisation* instruction manual

manufacture [manyfaktyr] *f* manufacture; *usine* factory

manufacturé, manufacturée: produits mpl manufacturés manufactured goods, manufactures

manuscrit, manuscrite [manyskri, -t] **1** *adj* handwritten **2** *m* manuscript

manutention [manytɑ̃sjɔ̃] *f* handling

M

mappemonde [mapmõd] f (carte) map of the world; (globe) globe

maquereau [makro] m (pl -x) zo mackerel; F (souteneur) pimp

maquette [maket] f model

maquillage [makijaʒ] m make-up

maquiller ⟨1a⟩ make up; crime, vérité conceal, disguise; **toute maquillée** all made up; **se maquiller** make up, put one's make-up on

maquis [maki] m maquis, member of the Resistance

maraîcher, -ère [mareʃe, -er] m/f truck farmer; Br market gardener

marais [mare] m swamp, Br aussi marsh

marasme [marasm] m ÉCON slump

marathon [maratõ] m marathon

marbre [marbr] m marble

marbré, marbrée marbled

marc [mar] m: **marc de café** coffee grounds pl

marcassin [markasẽ] m young wild boar

marchand, marchande [marʃɑ̃, -d] 1 adj prix, valeur market atr; rue shopping atr; marine, navire merchant atr 2 m/f merchant, storekeeper, Br shopkeeper; **marchand de vin** wine merchant

marchandage [marʃɑ̃daʒ] m haggling, bargaining

marchander ⟨1a⟩ haggle, bargain

marchandise [marʃɑ̃diz] f: **marchandises** merchandise sg; **train** m **de marchandises** freight train, Br aussi goods train

marche [marʃ] f activité walking; d'escalier step; MUS, MIL march; des événements course; (démarche) walk; **assis dans le sens de la marche** dans un train sitting facing the engine; **marche arrière** AUTO reverse; **mettre en marche** start (up)

marché [marʃe] m market (aussi COMM); (accord) deal; **(à) bon marché** cheaper; **(à) meilleur marché** cheaper; **par-dessus le marché** into the bargain; **marché boursier** stock market; **le Marché Commun** POL the Common Market; **marché noir** black market; **marché aux puces** flea market; **marché de titres** securities market; **le Marché unique** the Single Market

marcher [marʃe] ⟨1a⟩ d'une personne walk; MIL march; d'une machine run, work; F (réussir) work; être en service: d'un bus, train run; **et il a marché!** F and he fell for it!; **faire marcher qn** pull s.o.'s leg, have s.o. on {fam}; **marcher sur** les pieds de qn tread on; pelouse walk on; **défense de marcher sur la pelouse** keep off the grass

mardi [mardi] m Tuesday; **Mardi gras** Mardi Gras, Br Shrove Tuesday

mare [mar] f pond; **mare de sang** pool of blood

marécage [marekaʒ] m swamp, Br aussi marsh

marécageux, -euse swampy, Br aussi marshy

maréchal [mareʃal] m (pl -aux) marshal

maréchal-ferrant m (pl maréchaux-ferrants) blacksmith

marée [mare] f tide; **marée basse** low tide; **marée haute** high tide; **marée noire** oil slick

marelle [marel] f hopscotch

margarine [margarin] f margarine

marge [marʒ] f margin (aussi fig); **marge bénéficiaire** ou **marge de profit** profit margin; **notes** fpl **en marge** marginal notes; **en marge de** on the fringes of; **laisser de la marge à qn** fig give s.o. some leeway

marginal, marginale [marʒinal] (mpl -aux) 1 adj marginal 2 m person who lives on the fringes of society

marguerite [margərit] f daisy

mari [mari] m husband

mariage [marjaʒ] m fête wedding; état marriage; **demander qn en mariage** ask for s.o.'s hand in marriage

marié, mariée 1 adj married **2** m (bride)groom; **les jeunes mariés** the newly weds, the bride and groom

mariée f bride

marier ⟨1a⟩ du maire, du prêtre, des parents marry (qn avec ou à qn s.o. to s.o.); **se marier** get married; **se marier avec qn** marry s.o., get married to s.o.

marijuana [marirwana] f marihuana, marijuana

marin, marine [marẽ, -in] 1 adj sea atr; animaux marine 2 m sailor

marine f MIL navy; (bleu) **marine** navy (blue)

mariner [marine] ⟨1a⟩ CUIS marinate

marionnette [marjɔnet] f puppet; avec des ficelles aussi marionnette

maritime [maritim] climat, droit maritime; port sea atr; ville seaside atr

marmelade [marməlad] f marmalade

marmite [marmit] f (large) pot

marmonner [marmɔne] ⟨1a⟩ mutter

marmotte [marmɔt] f marmot

Maroc [marɔk] m: **le Maroc** Morocco

marocain, marocaine 1 adj Moroccan **2** m/f **Marocain, Marocaine** Moroccan

maroquinerie [marɔkinri] f leather goods shop; **articles** leather goods pl

marquant, marquante [markɑ̃, -t] remarkable, outstanding

marque [mark] *f* mark; COMM brand; *de voiture* make; COMM (*signe*) trademark; **à vos marques!** on your marks!; **marque déposée** registered trademark; **de marque** COMM branded; *fig: personne distinguished;* **une marque de** *fig (preuve de)* a token of

marquer [marke] ⟨1m⟩ mark; (*noter*) write down, note down; *personnalité* leave an impression *ou* its mark on; *d'un baromètre* show; (*exprimer*) indicate, show; (*accentuer*) *taille* emphasize; **marquer un but** score (a goal); **ma montre marque trois heures** my watch says three o'clock, it's three o'clock by my watch

marqueterie [marketri] *f* marquetry

marqueur [markœr] *m* marker pen

marquis [marki] *m* marquis

marquise *f* marchioness

marraine [marɛn] *f* godmother

marrant, marrante [marɑ̃, -t] *F* funny

marre [mar] *F:* **j'en ai marre** I've had enough, I've had it up to here F

marrer [mare] ⟨1a⟩ *F:* **se marrer** have a good laugh

marron [marɔ̃] **1** *m* chestnut **2** *adj inv* brown

marronnier *m* chestnut tree

mars [mars] *m* March

Marseille [marsɛj] Marseilles

marsupiaux [marsypjo] *mpl* marsupials

marteau [marto] (*pl* -x) **1** *m* hammer; **marteau piqueur** pneumatic drill **2** *adj* F crazy, nuts F

marteler [martəle] ⟨1d⟩ hammer

martial, martiale [marsjal] (*mpl* -aux) martial; **cour** *f* **martial** court martial; **arts** *mpl* **martiaux** martial arts

martien, martienne [marsjɛ̃, -ɛn] Martian

martyr, martyre[1] [martir] *m/f* martyr

martyre[2] [martir] *m* martyrdom

martyriser ⟨1a⟩ abuse; *petit frère, camarade de classe* bully

marxisme [marksism] *m* Marxism

marxiste *m/f* & *adj* Marxist

mas [mɑ *ou* mas] *m* farmhouse in the south of France

mascara [maskara] *m* mascara

mascarade [maskarad] *f* masquerade; *fig (mise en scène)* mascot

mascotte [maskɔt] *f* mascot

masculin, masculine [maskylɛ̃,-in] **1** *adj* male; GRAM masculine **2** *m* GRAM masculine

masque [mask] *m* mask (*aussi fig*)

masquer ⟨1m⟩ mask; *cacher à la vue* hide, mask; **bal** *m* **masqué** costume ball

massacre [masakr] *m* massacre

massacrer ⟨1a⟩ massacre (*aussi fig*)

massage [masaʒ] *m* massage

masse [mas] *f* masse; ÉL ground, Br earth; **en masse** in large numbers, en masse; *manifestation* massive: **une masse de choses à faire** masses *pl* (of things) to do; **taillé dans la masse** carved from the solid rock; **être à la masse** F be off one's rocker F

masser [mase] ⟨1a⟩ (*assembler*) gather; *jambes* massage

masseur, -euse *m/f* masseur; masseuse

massif, -ive [masif, -iv] **1** *adj* massif; *or, chêne* solid **2** *m* massif; **massif de fleurs** flowerbed

massue [masy] *f* club

mastic [mastik] *m* mastic; *autour d'une vitre* putty

mastiquer [mastike] ⟨1m⟩ chew, masticate; *vitre* put putty around

mastodonte [mastɔdɔ̃t] *m* colossus, giant

masure [mazyr] *f péj* hovel

mat[1], **mate** [mat] matt; *son* dull

mat[2] [mat] *adj inv aux échecs* checkmated

mât [ma] *m* mast

match [matʃ] *m* game, Br *aussi* match; **match aller** first game; **match retour** return game; **match nul** tied game, Br draw

matelas [matla] *m* mattress; **matelas pneumatique** air bed

matelassé, matelassée quilted

matelot [matlo] *m* sailor

matérialiser [materjalize] ⟨1a⟩: **se matérialiser** materialize

matérialisme *m* materialism

matérialiste 1 *adj* materialistic **2** *m/f* materialist

matériau [materjo] *m* (*pl* -x) material

matériel, matérielle 1 *adj* material **2** *m* MIL matériel; *de camping*, SP equipment; INFORM hardware

maternel, maternelle [matɛrnɛl] **1** *adj* maternal, motherly; *instinct, grand-père* maternal; **lait** *m* **maternel** mother's milk **2** *f* nursery school

materner ⟨1a⟩ mother

maternité *f* motherhood; *établissement* maternity hospital; (*enfantement*) pregnancy; **congé** *m* (**de**) **maternité** maternity leave

mathématicien, mathématicienne [matematisjɛ̃, -ɛn] *m/f* mathematician

mathématique 1 *adj* mathematical **2** *fpl*: **mathématiques** mathematics

math(s) *fpl* math *sg*, Br maths *sg*

matière [matjɛr] *f* PHYS matter; (*substance*) material; (*sujet*) subject; **c'est une**

bonne entrée en matière it's a good introduction; *en la matière* on the subject; *en matière de* when it comes to; *matière grasse* shortening; *matière grise* gray ou Br grey matter, brain cells pl; *matière première* raw material

matin [matɛ̃] *m* morning; *le matin* in the morning; *ce matin* this morning; *du matin au soir* from morning till night; *matin et soir* morning and evening; *tous les lundis matins* every Monday morning; *demain matin* tomorrow morning

matinal, matinale (*mpl* -aux) morning *atr*; *être matinal* be an early riser; *tu es bien matinal!* you're an early bird!, you're up early!

matinée *f* morning; (*spectacle*) matinée

matou [matu] *m* tom cat

matraque [matrak] *f* blackjack, Br cosh

matrice [matris] *f* ANAT uterus; TECH die, matrix; MATH matrix

matricule [matrikyl] *m* number

matrimonial, matrimoniale [matrimɔnjal] (*mpl* -aux) matrimonial; *agence f matrimoniale* marriage bureau

mature [matyr] mature

maturité *f* maturity

maudire [modir] ⟨2a et 4m⟩ curse

maudit, maudite F blasted F, damn F

mausolée [mozɔle] *m* mausoleum

maussade [mosad] *personne* sulky; *ciel, temps* dull

mauvais, mauvaise [mɔvɛ, -z] **1** *adj* bad, poor; (*méchant*) bad; (*erroné*) wrong **2** *adv* bad; *il fait mauvais* the weather is bad; *sentir mauvais* smell (bad)

mauve [mov] mauve

mauviette [movjɛt] F wimp F

maux [mo] *pl de* mal

maximal, maximale [maksimal] (*mpl* -aux) maximum

maximum **1** *adj* (*mpl et fpl aussi* maxima) maximum **2** *m* maximum; *au maximum* (*tout au plus*) at most, at the maximum

mayonnaise [majɔnez] *f* CUIS mayonnaise, mayo F

mazout [mazut] *m* fuel oil

mazouté, mazoutée *oiseau* covered in oil

McDrive® [makdrajv] *m* drive-in McDonald's

me [mə] *pron personnel* ◇ *complément d'objet direct* me; *il ne m'a pas vu* he didn't see me

◇ *complément d'objet indirect* (to) me; *elle m'en a parlé* she spoke to me about it; *tu vas me chercher mon journal?* will you fetch me my paper?

◇ *avec verbe pronominal* myself; *je me suis coupé* I cut myself; *je me lève à …*

I get up at …

mec [mɛk] *m* F guy F

mécanicien [mekanisjɛ̃] *m* mechanic

mécanique **1** *adj* mechanical **2** *f* mechanics

mécaniquement *adv* mechanically

mécaniser ⟨1a⟩ mechanize

mécanisme *m* mechanism

méchanceté [meʃɑ̃ste] *f caractère* nastiness; *action, parole* nasty thing to do / say

méchant, méchante **1** *adj* nasty; *enfant* naughty **2** *m/f* F: *les gentils et les méchants* the goodies and the baddies

mèche [mɛʃ] *f d'une bougie* wick; *d'explosif* fuse; *d'une perceuse* bit; *de cheveux* strand, lock

méconnaissable [mekɔnesabl] unrecognizable

méconnaître ⟨4z⟩ (*mésestimer*) fail to appreciate

mécontent, mécontente [mekɔ̃tɑ̃, -t] unhappy, displeased (*de* with)

mécontenter ⟨1a⟩ displease

Mecque [mɛk]: *la Mecque* Mecca

médaille [medaj] *f* medal; *médaille de bronze/d'argent/d'or* bronze / silver / gold medal

médaillé, médaillée *m/f* medalist, Br medallist

médaillon *m* medallion

médecin [medsɛ̃] *m* doctor; *médecin de famille* family doctor

médecine *f* medicine; *les médecines douces* alternative medicines; *médecine légale* forensic medicine; *médecine du sport* sports medicine

média [medja] *m* (*pl* média *ou* médias) media *pl*

médiateur, -trice [medjatœr, -tris] *m/f* mediator

médiathèque [medjatɛk] *f* media library

médiation [medjasjɔ̃] *f* mediation

médiatique [medjatik] media *atr*

médical, médicale [medikal] (*mpl* -aux) medical

médicament *m* medicine, drug

médicinal, médicinale [medisinal] (*mpl* -aux) medicinal

médiéval, médiévale [medjeval] (*mpl* -aux) medieval, Br mediaeval

médiocre [medjɔkr] mediocre; *médiocre en* ÉDU poor at

médiocrité *f* mediocrity

médire [medir] ⟨4m⟩: *médire de qn* run s.o. down

médisance *f* gossip

méditation [meditasjɔ̃] *f* meditation

méditer ⟨1a⟩ **1** *v/t*: *méditer qch* think about sth, reflect on sth *fml* **2** *v/i* meditate (**sur** on)

Méditerranée [mediterane]: *la Méditerranée* the Mediterranean

méditerranéen, méditerranéenne 1 *adj* Mediterranean **2** *m/f* **Méditerranéen, Méditerranéenne** Mediterranean *atr*

médium [medjɔm] *m* medium

méduse [medyz] *f* zo jellyfish

meeting [mitiŋ] *m* meeting

méfait [mefɛ] *m* jur misdemeanor; *Br* misdemeanor; *méfaits de la drogue* harmful effects

méfiance [mefjɑ̃s] *f* mistrust, suspicion

méfiant, méfiante suspicious

méfier ⟨1a⟩: *se méfier de* mistrust, be suspicious of; *(se tenir en garde)* be wary of

mégalomanie [megalɔmani] *f* megalomania

mégaoctet [megaɔktɛ] *m* INFORM megabyte

mégaphone [megafɔn] *m* bullhorn, *Br* loudhailer

mégarde [megard] *f*: *par mégarde* inadvertently

mégère [meʒɛr] *f* shrew

mégot [mego] *m* cigarette butt

meilleur, meilleure [mɛjœr] **1** *adj* better; *le meilleur ...* the best ... **2** *m*: *le meilleur* the best

mél [mɛl] *m* e-mail

mélancolie [melɑ̃kɔli] *f* gloom, melancholy

mélancolique gloomy, melancholy

mélange [melɑ̃ʒ] *m* mixture; *de tabacs, thés, vins* blend; *action* mixing; *de tabacs, thés, vins* blending

mélanger ⟨1l⟩ *(mêler)* mix; *tabacs, thés, vins* blend; *(brouiller)* jumble up, mix up

mélasse [melas] *f* molasses *sg*

mêlée [mele] *f* fray, melee; *en rugby* scrum

mêler ⟨1b⟩ mix; *(réunir)* combine; *(brouiller)* jumble up, mix up; *mêler qn à qch* *fig* get s.o. mixed up in sth, involve s.o. in sth; *se mêler à qch* get involved with sth; *se mêler de qch* interfere in sth; *mêle-toi de ce qui te regarde!* mind your own business!; *se mêler à la foule* get lost in the crowd

mélo [melo] *m* melodrama

mélodie [melɔdi] *f* tune, melody

mélodieux, -euse tuneful, melodious; *voix* melodious

mélodramatique [melɔdramatik] melodramatic

mélodrame *m* melodrama

melon [m(ə)lɔ̃] *m* BOT melon; *(chapeau m)* melon derby, *Br* bowler (hat)

membrane [mɑ̃bran] *f* membrane

membre [mɑ̃br] *m* ANAT limb; *fig* member; *pays membre* member country

même [mɛm] **1** *adj*: *le / la même, les mêmes* the same; *la bonté même* kindness itself; *il a répondu le jour même* he replied the same day *ou* that very day; *en même temps* at the same time; *même chose* (the) same again; *ce jour même* *fml* today **2** *pron*: *le / la même* the same one; *les mêmes* the same ones; *cela revient au même* it comes to the same thing **3** *adv* even; *même pas* not even; *même si* even if; *ici même* right here; *faire de même* do the same; *de même!* likewise!; *de même que* just as; *boire à même la bouteille* drink straight from the bottle; *être à même de faire qch* be able to do sth; *tout de même* all the same; *quand même* all the same; *moi de même* me too; *à même le sol* on the ground

mémoire [memwar] **1** *f (faculté, souvenir)* memory *(aussi* INFORM*)*; *mémoire morte* read-only memory, ROM; *mémoire vive* random access memory, RAM; *de mémoire* by heart; *à la mémoire de* in memory of, to the memory of; *de mémoire d'homme* in living memory **2** *m (exposé)* report; *(dissertation)* thesis, dissertation; *mémoires* memoirs

mémorable [memɔrabl] memorable

mémorandum [memɔrɑ̃dɔm] *m* memorandum

mémorial [memɔrjal] *m (pl* -aux*)* memorial

mémoriser [memɔrize] memorize

menaçant, menaçante [mənasɑ̃, -t] threatening, menacing

menace *f* threat; *constituer une menace* pose a threat

menacer ⟨1k⟩ threaten (*de* with; *de faire* to do)

ménage [menaʒ] *m (famille)* household; *(couple)* (married) couple; *faire le ménage* clean house, *Br* do the housework; *femme f de ménage* cleaning woman, *Br aussi* cleaner; *ménage à trois* ménage à trois, three-sided relationship; *faire bon ménage avec qn* get on well with s.o.

ménagement [menaʒmɑ̃] *m* consideration

ménager¹ ⟨1l⟩ *(traiter bien)* treat with consideration; *temps, argent* use sparingly; *(arranger)* arrange

ménager², -ère [menaʒe, -ɛr] **1** *adj* household *atr* **2** *f* home-maker, housewife

mendiant, mendiante [mɑ̃djɑ̃, -t] *m/f* beggar

mendier ⟨1a⟩ **1** *v/i* beg **2** *v/t* beg for
mener [məne] ⟨1d⟩ **1** *v/t* lead (*aussi fig*); (*amener, transporter*) take **2** *v/i*: *mener à d'un chemin* lead to; *ne mener à rien des efforts de qn* come to nothing; *ceci ne nous mène nulle part* this is getting us nowhere
meneur *m* leader; *péj* ringleader; *meneur de jeu* RAD, TV question master
menhir [menir] *m* menhir, standing stone
méningite [menɛ̃ʒit] *f* meningitis
ménopause [menopoz] *f* menopause
menotte [mənɔt] *f*: *menottes* handcuffs
menotter ⟨1a⟩ handcuff
mensonge [māsɔ̃ʒ] *m* lie
mensonger, -ère false
menstruation [māstryasjɔ̃] *f* menstruation
mensualité [māsyalite] *f somme à payer* monthly payment
mensuel, mensuelle monthly
mensurations [māsyrasjɔ̃] *fpl* measurements; *de femme* vital statistics
mental, mentale [mātal] (*mpl* -aux) mental; *calcul m mental* mental arithmetic
mentalement *adv* mentally
mentalité *f* mentality
menteur, -euse [mātœr, -øz] *m/f* liar
menthe [māt] *f* BOT mint; *menthe poivrée* peppermint; *menthe verte* spearmint
mention [māsjɔ̃] *f* mention; *à un examen* grade, *Br aussi* mark; *faire mention de* mention; *rayer la mention inutile* delete as appropriate
mentionner ⟨1a⟩ mention
mentir [mātir] ⟨2b⟩ lie (*à qn* to s.o.)
menton [mātɔ̃] *m* chin; *double menton* double chin
mentor [mātɔr] *m* mentor
menu, menue [məny] **1** *adj personne* slight; *morceaux* small; *menue monnaie f* change **2** *adv* finely, fine **3** *m* (*liste*) menu (*aussi* INFORM); (*repas*) set meal; *par le menu* in minute detail
menuiserie [mənqizri] *f* carpentry
menuisier *m* carpenter
méprendre [meprādr] ⟨4q⟩: *se méprendre* be mistaken (*sur* about)
mépris [mepri] *m* (*indifférence*) disdain; (*dégoût*) scorn; *au mépris de* regardless of
méprisable despicable
méprisant, méprisante scornful
mépriser ⟨1a⟩ *argent, ennemi* despise; *conseil, danger* scorn
mer [mer] *f* sea; *en mer* at see; *par mer* by sea; *prendre la mer* go to sea; *la Mer du Nord* the North Sea; *mal m de mer* seasickness

mercenaire [mɛrsənɛr] *m* mercenary
mercerie [mɛrsəri] *f magasin* notions store, *Br* haberdashery; *articles* notions, *Br* haberdashery *pl*
merci [mɛrsi] **1** *int* thanks, thank you (*de, pour* for); *merci beaucoup, merci bien* thanks a lot, thank you very much; *Dieu merci!* thank God! **2** *f* mercy; *être à la merci de* be at the mercy of; *sans merci* merciless, pitiless; *adv* mercilessly, pitilessly
mercredi [mɛrkrədi] *m* Wednesday
mercure [mɛrkyr] *m* CHIM mercury, quicksilver
merde [mɛrd] *f* P shit P
merder ⟨1a⟩ P screw up P
merdique P shitty P, crappy P
mère [mɛr] *f* mother; *mère célibataire* unmarried mother; *mère porteuse* surrogate mother
méridional, méridionale [meridjɔnal] (*mpl* -aux) southern
meringue [mərɛ̃g] *f* CUIS meringue
mérite [merit] *m* merit
mériter ⟨1a⟩ deserve; *mériter le détour* be worth a visit
méritoire praiseworthy
merlan [mɛrlā] *m* whiting
merle [mɛrl] *m* blackbird
merveille [mɛrvɛj] *f* wonder, marvel; *à merveille* wonderfully well
merveilleux, -euse wonderful, marvelous, *Br* marvellous
mes [me] → *mon*
mésange [mezāʒ] *f* ZO tit
mésaventure [mezavātyr] *f* mishap
mesdames [medam] *pl* → *madame*
mesdemoiselles [medmwazɛl] *pl* → *mademoiselle*
mésentente [mezātāt] *f* misunderstanding
mesquin, mesquine [mɛskɛ̃, -in] mean, petty; (*parcimonieux*) mean
message [mesaʒ] *m* message; *message d'erreur* error message; *message téléphonique* telephone message
messager, -ère *m/f* messenger, courier
messagerie *f* parcels service; *électronique* electronic mail; *messagerie vocale* voicemail
messe [mɛs] *f* REL mass
messieurs [mesjø] *pl* → *monsieur*
mesurable [məzyrabl] measurable
mesure *f action* measurement, measuring; *grandeur* measurement; *disposition* measure, step; MUS (*rythme*) time; *à la mesure de* commensurate with; *à mesure que* as; *dans la mesure où* insofar

as; *dans une large mesure* to a large extent; *être en mesure de faire qch* be in a position to do sth; *outre mesure* excessive; *fait sur mesure* made to measure; *sur mesure* fig tailor-made; *en mesure* in time

mesurer ⟨1a⟩ measure; *risque, importance* gauge; *paroles* weigh; *se mesurer avec qn* pit o.s. against s.o.

métabolisme [metabɔlism] *m* metabolism

métal [metal] *m* (*pl* -aux) metal

métallique metallic

métallisé, métallisée metallic

métallurgie *f* metallurgy

métamorphose [metamɔrfoz] *f* metamorphosis

métamorphoser ⟨1a⟩: *se métamorphoser* metamorphose

métaphore [metafɔr] *f* metaphor

métaphysique [metafizik] **1** *adj* metaphysical **2** *f* metaphysics

météo [meteo] *f* weather forecast

météore [meteɔr] *m* meteor

météorite *m* meteorite

météorologie [meteɔrɔlɔʒi] *f science* meteorology; *service* weather office

météorologiste *m/f* meteorologist

méthode [metɔd] *f* method

méthodique methodical

méticuleux, -euse [metikylø, -z] meticulous

métier [metje] *m* (*profession*) profession; (*occupation manuelle*) trade; (*expérience*) experience; *machine* loom

métis, métisse [metis] *m/f & adj* half-caste

métrage [metraʒ] *m d'un film* footage; *court métrage* short; *long métrage* feature film

mètre [metr] *m* meter, *Br* metre; (*règle*) measuring tape, tape measure

métrique metric

métro [metro] *m* subway, *Br* underground; *à Paris* metro

métropole [metrɔpɔl] *f ville* metropolis; *de colonie* mother country

métropolitain, métropolitaine: *la France métropolitaine* metropolitan France

mets [mɛ] *m* dish

metteur [metœr] *m*: *metteur en scène* director

mettre [metr] ⟨4p⟩ ◊ put; *sucre, lait* put in; *vêtements, lunettes, chauffage, radio* put on; *réveil* set; *argent dans entreprise* invest, put in; *mettre deux heures à faire qch* take two hours to do sth; *mettre en bouteilles* bottle; *mettons que je n'aie* (*subj*) *plus d'argent* let's say I have

no more money; *mettre fin à qch* put an end to sth

◊ *je ne savais pas où me mettre* I didn't know where to put myself; *où se mettent les ...?* where do the ... go?; *se mettre au travail* set to work; *se mettre à faire qch* start to do sth; *je n'ai plus rien à me mettre* I have nothing to wear

meuble [mœbl] *m* piece of furniture; *meubles* furniture *sg*

meubler ⟨1a⟩ furnish

meugler [møgle] ⟨1a⟩ moo

meule [møl] *f* millstone; *meule de foin* haystack

meunier, -ère [mønje, -ɛr] **1** *m/f* miller **2** *f* CUIS: (*à la*) *meunier* dusted with flour and fried

meurtre [mœrtr] *m* murder

meurtrier, -ère **1** *adj* deadly **2** *m/f* murderer

meurtrir [mœrtrir] ⟨2a⟩ bruise; *avoir le cœur meurtri* fig be heart-broken

meurtrissure *f* bruise

meute [møt] *f* pack; *fig* mob

mexicain, mexicaine [mɛksikɛ̃, -ɛn] **1** *adj* Mexican **2** *m/f* Mexicain, Mexicaine Mexican

Mexique: *le Mexique* Mexico

mezzanine [medzanin] *f* mezzanine (floor)

mi [mi] *m* MUS E

mi-... [mi] half; *à mi-chemin* half-way; (*à la*) *mi-janvier* mid-January

miam-miam [mjammjam] yum-yum

miaou [mjau] *m* miaow

mi-bas [miba] *mpl* knee-highs, pop socks

miche [miʃ] *f* large round loaf

mi-clos, mi-close [miklo, -z] half-closed

micro [mikro] *m* mike; INFORM computer, PC; *d'espionnage* bug

microbe [mikrɔb] *m* microbe

microbiologie [mikrobiɔlɔʒi] *f* microbiology

microclimat [mikroklima] *m* microclimate

microcosme [mikrokɔsm] *m* microcosm

microélectronique [mikroelektrɔnik] *f* microelectronics

microfilm [mikrofilm] *m* microfilm

micro-onde [mikroɔ̃d] (*pl* micro-ondes) microwave; (*four m à*) *micro-ondes m* microwave (oven)

micro-ordinateur [mikroɔrdinatœr] *m* (*pl* micro-ordinateurs) INFORM microcomputer *m*

micro-organisme [mikroɔrganism] *m* microorganism

microphone [mikrofɔn] *m* microphone

M

microprocesseur [mikroprosesœr] *m* IN-FORM microprocessor

microscope [mikroskɔp] *m* microscope

microscopique microscopic

midi [midi] *m* noon, twelve o'clock; (*sud*) south; *midi et demi* half-past twelve; *le Midi* the South of France

mie [mi] *f de pain* crumb

miel [mjɛl] *m* honey

mielleux, -euse *fig* sugary-sweet

mien, mienne [mjɛ̃, mjɛn]: *le mien, la mienne, les miens, les miennes* mine

miette [mjɛt] *f* crumb

mieux [mjø] **1** *adv* ◇ *comparatif de bien* better; *superlatif de bien* best; *le mieux possible* the best possible; *de mieux en mieux* better and better; *tant mieux* so much the better; *valoir mieux* be better; *vous feriez mieux de …* you would *ou* you'd do best to …; *mieux vaut prévenir que guérir* prevention is better than cure; *on ne peut mieux* extremely well **2** *m* (*progrès*) progress, improvement; *j'ai fait de mon mieux* I did my best; *le mieux, c'est de …* the best thing is to …

mièvre [mjɛvr] insipid

mignon, mignonne [miɲɔ̃, miɲɔn] (*charmant*) cute; (*gentil*) nice, good

migraine [migrɛn] *f* migraine

migrateur, -trice [migratœr, -tris] *oiseau* migratory

migration *f* migration

migrer ⟨1a⟩ migrate

mijoter [miʒɔte] ⟨1a⟩ CUIS simmer; *fig* hatch; *qu'est-ce qu'il mijote encore?* what's he up to now?

milice [milis] *f* militia

mildiou [mildju] *m* mildew

milieu [miljø] *m* (*pl -x*) middle; *biologique* environment; *social* environment, surroundings *pl*; *au milieu de* in the middle of; *en plein milieu de* right in the middle of; *le juste milieu* a happy medium; *le milieu* the underworld; *milieux diplomatiques* diplomatic circles

militaire [militɛr] **1** *adj* military; *service m militaire* military service **2** *m* soldier; *les militaires* the military *sg ou pl*

militant, militante [militɑ̃, -t] active

militariser [militarize] ⟨1a⟩ militarize

militer [milite] ⟨1a⟩: *militer dans* be an active member of; *militer pour/contre qch* *fig* militate for / against sth

mille [mil] **1** (a) thousand **2** *m mesure* mile; *mille marin* nautical mile

millénaire [milenɛr] **1** *adj* thousand-year old **2** *m* millennium

mille-pattes [milpat] *m* (*pl inv*) millipede

millésime [milezim] *m de timbres* date; *de vin* vintage, year

millet [mijɛ] *m* BOT millet

milliard [miljar] *m* billion

milliardaire *m* billionaire

millième [miljɛm] thousandth

millier [milje] *m* thousand

milligramme [miligram] *m* milligram

millimètre [milimetr] millimeter, *Br* millimetre

million [miljɔ̃] *m* million

millionnaire *m/f* millionaire

mime [mim] *m* mimic; *de métier* mime

mimer ⟨1a⟩ mime; *personne* mimic

mimique *f* expression

mimosa [mimoza] *m* BOT mimosa

minable [minabl] mean, shabby; *un salaire minable* a pittance

mince [mɛ̃s] thin; *personne* slim, slender; *taille* slender; *espoir* slight; *somme, profit* small; *argument* flimsy; *mince (alors)!* F what the …!, blast!

mine¹ [min] *f* appearance, look; *faire mine de faire qch* make as if to do sth; *avoir bonne/mauvaise mine* look / not look well

mine² [min] *f* mine (*aussi* MIL); *de crayon* lead

miner ⟨1a⟩ undermine; MIL mine

mineral [minrɛ] *m* ore

minéral, minérale [mineral] (*mpl -aux*) *adj* & *m* mineral

minéralogique [mineralɔʒik] AUTO: *plaque f minéralogique* license plate, *Br* number plate

minet, minette [minɛ, -t] *m/f* F pussy (cat); *fig* darling, sweetie pie F

mineur¹, mineure [minœr] JUR, MUS minor

mineur² [minœr] *m* (*ouvrier*) miner

miniature [minjatyr] *f* miniature

minibus [minibys] *m* minibus

minichaîne [miniʃɛn] *f* mini (hi-fi)

minier, -ère [minje, -er] mining

mini-jupe [miniʒyp] *f* (*pl* mini-jupes) mini (skirt)

minimal, minimale [minimal] minimum

minimalisme *m* minimalism

minime [minim] minimal; *salaire* tiny

minimiser ⟨1a⟩ minimize

minimum [minimɔm] **1** *adj* (*mpl et fpl aussi* minima) minimum **2** *m* minimum; *au minimum* at the very least; *un minimum de* the least little bit of; *il pourrait avoir un minimum de politesse* he could try to be a little polite; *prendre le minimum de risques* take as few risks as possible, minimize risk-taking

ministère [minister] *m* department; (*gou-*

vernement) government; REL ministry

ministériel, ministérielle *d'un ministère* departmental; *d'un ministre* ministerial

ministre [ministr] *m* minister; ***ministre des Affaires étrangères*** Secretary of State, Br Foreign Secretary; ***ministre de la Défense*** Defense Secretary, Br Minister of Defence; ***ministre de l'Intérieur*** Secretary of the Interior, Br Home Secretary

minitel [minitɛl] *m* small home terminal connected to a number of data banks

minoritaire [minɔritɛr] minority

minorité *f* JUR, POL minority

minou [minu] *m* F pussy(-cat) F

minuit [minɥi] *m* midnight

minuscule [minyskyl] **1** *adj* tiny, minuscule; *lettre* small, lower case **2** *f* small *ou* lower-case letter

minute [minyt] *f* minute; *tu n'es quand même pas à la minute?* you're surely not in that much of a rush!; *d'une minute à l'autre* any minute now

minuterie *f* time switch

minutie [minysi] *f* attention to detail, meticulousness

minutieux, -euse meticulous

mioche [mjɔʃ] *m* F kid F

mirabelle [mirabɛl] *f* mirabelle plum

miracle [mirakl] *m* miracle (*aussi fig*)

miraculeux, -euse miraculous

mirador [miradɔr] *m* watch tower

mirage [miraʒ] *m* mirage; *fig* illusion

mire [mir] *f*: *point m de mire* target (*aussi fig*)

miroir [mirwar] *m* mirror

miroiter ⟨1a⟩ sparkle

mis, mise [mi, -z] *p/p* → **mettre**

mise [miz] *f au jeu* stake; *de mise* acceptable; *mise en bouteilles* bottling; *mise en marche ou route* start-up; *mise en scène* d'une pièce de théâtre staging; *d'un film* direction; *mise en service* commissioning; *mise en vente* (putting up for) sale

miser [mize] ⟨1a⟩ *au jeu, fig* stake (*sur* on)

misérable [mizerabl] wretched; (*pauvre*) destitute, wretched

misère *f* (*pauvreté*) destitution; (*chose pénible*) misfortune

miséreux, -euse poverty-stricken

miséricorde [mizerikɔrd] *f* mercifulness

miséricordieux, -euse merciful

misogyne [mizɔʒin] **1** *adj* misogynistic **2** *m* misogynist

missel [misɛl] *m* REL missal

missile [misil] *m* MIL missile

mission [misjõ] *f* (*charge*) mission (*aussi*

POL, REL); (*tâche*) job, task

missionnaire *m* missionary

missive [misiv] *f* brief

mistral [mistral] *m* mistral (*cold north wind on the Mediterranean coast*)

mite [mit] *f* ZO (clothes) moth

mi-temps [mitã] ⟨*pl inv*⟩ **1** *f* SP half-time **2** *m* part-time job; *à mi-temps travail, travailler* part-time

miteux, -euse [mitø, -z] *vêtement* moth-eaten; *hôtel, théâtre* shabby, flea-bitten F

mitigé, mitigée [mitiʒe] moderate; *sentiments* mixed

mitonner [mitɔne] ⟨1a⟩ cook on a low flame

mitoyen, mitoyenne [mitwajɛ̃, -ɛn] *jardin* with a shared wall / hedge; *des maisons mitoyennes* duplexes, Br semi-detached houses; *plus de deux* row houses, Br terraced houses

mitrailler [mitraje] ⟨1a⟩ MIL machine gun; *fig* bombard (*de* with)

mitraillette *f* sub-machine gun

mitrailleuse *f* machine gun

mi-voix [mivwa]: *à mi-voix* under one's breath

mixage [miksaʒ] *m* mixing

mixer, mixeur *m* CUIS blender

mixte mixed

mixture *f péj* vile concoction

MM *abr* (= *Messieurs*) Messrs.

Mme *abr* (= *Madame*) Mrs

Mo *m abr* (= *mégaoctet*) Mb (= megabyte)

mobile [mɔbil] **1** *adj* mobile; (*amovible*) movable (*aussi* REL); *feuilles* loose; *reflets, ombres* moving **2** *m* motive; ART mobile

mobilier, -ère 1 *adj* JUR movable, personal; *valeurs fpl mobilières* FIN securities **2** *m* furniture

mobilisation [mɔbilizasjõ] *f* MIL mobilization (*aussi fig*)

mobiliser ⟨1a⟩ MIL mobilize (*aussi fig*)

mobilité [mɔbilite] *f* mobility

mobylette® [mɔbilɛt] *f* moped

moche [mɔʃ] F (*laid*) ugly; (*méprisable*) mean, rotten F

modalité [mɔdalite] *f*: *modalités de paiement* methods of payment

mode¹ [mɔd] *m* method; *mode d'emploi* instructions (for use); *mode de paiement* method of payment; *mode de vie* life-style

mode² [mɔd] *f* fashion; *être à la mode* be fashionable, be in fashion

modèle [mɔdɛl] *m* model; *tricot* pattern

modeler ⟨1d⟩ model

modem [mɔdɛm] *m* INFORM modem

modération [mɔderasjɔ̃] *f* moderation

modéré, modérée moderate

modérer ⟨1f⟩ moderate; *se modérer* control o.s.

moderne [mɔdɛrn] modern

modernisation *f* modernization

moderniser ⟨1a⟩ modernize

modeste [mɔdɛst] modest

modestie *f* modesty

modification [mɔdifikasjɔ̃] *f* alteration, modification

modifier ⟨1a⟩ alter, modify

modique [mɔdik] modest

modiste [mɔdist] *f* milliner

modulable [mɔdylabl] *meuble* modular; *horaire* flexible

modulation *f* modulation; *modulation de fréquence* frequency modulation

module *m* TECH module

moduler ⟨1a⟩ modulate

moelle [mwal] *f* marrow; *moelle épinière* spinal cord

moelleux, -euse [mwalø, -z] *lit, serviette* soft; *chocolat, vin* smooth

mœurs [mœr(s)] *fpl* (*attitude morale*) morals; (*coutumes*) customs; *brigade f des mœurs* vice squad

mohair [mɔɛr] *m* mohair

moi [mwa] *pron personnel* me; *avec moi* with me; *c'est moi qui l'ai fait* I did it, it was me that did it

moignon [mwaɲɔ̃] *m* stump

moi-même [mwamɛm] myself

moindre [mwɛ̃dr] lesser; *prix, valeur* lower; *quantité* smaller; *le / la moindre* the least; *c'est un moindre mal* it's the lesser of two evils

moine [mwan] *m* monk

moineau [mwano] *m* (*pl* -x) sparrow

moins [mwɛ̃] **1** *adv* less; *moins d'argent* less money; *deux mètres de moins* two meters less; *c'est moins cher que ...* it's less expensive than ..., it's not as expensive as ...; *au ou du moins* at least; *je ne pourrai pas venir à moins d'annuler mon rendez-vous* I can't come unless I cancel my meeting, *à moins que ... ne* (+ *subj*) unless; *de moins en moins* less and less **2** *m*: *le moins* the least **3** *prép* MATH minus; *dix heures moins cinq* five of ten, *Br* five to ten; *il fait moins deux* it's 2 below zero, it's two below freezing

mois [mwa] *m* month; *par mois* a month

moisi, moisie [mwazi] **1** *adj* moldy, *Br* mouldy **2** *m* BOT mold, *Br* mould

moisir ⟨2a⟩ go moldy *ou Br* mouldy

moisissure *f* BOT mold, *Br* mould

moisson [mwasɔ̃] *f* harvest

moissonner ⟨1a⟩ harvest

moissonneur, -euse 1 *m/f* harvester **2** *f* reaper

moissonneuse-batteuse *f* (*pl* moissonneuses-batteuses) combine harvester

moite [mwat] damp, moist

moitié [mwatje] *f* half; *à moitié vide / endormi* half-empty/-asleep; *moitié moitié* fifty-fifty; *à moitié prix* (at) half-price; *à la moitié de travail, vie* halfway through

mol [mɔl] → *mou*

molaire [mɔlɛr] *f* molar

môle [mol] *m* breakwater, mole

moléculaire [mɔlekyler] molecular

molécule *f* molecule

molester [mɔleste] ⟨1a⟩ rough up

molette [mɔlɛt] *f de réglage* knob

mollasse [mɔlas] *péj* spineless; (*paresseux*) lethargic

mollement [mɔlmɑ̃] *adv* lethargically

mollesse *f d'une chose* softness; *d'une personne, d'actions* lethargy

mollet¹, mollette soft; *œuf* soft-boiled

mollet² [mɔlɛ] *m* calf

mollir ⟨2a⟩ *des jambes* give way; *du vent* die down

mollusque [mɔlysk] *m* mollusc

môme [mom] *m/f* F kid F

moment [mɔmɑ̃] *m* moment; *à ce moment* at that moment; *en ce moment* at the moment; *dans un moment* in a moment; *du moment* of the moment; *d'un moment à l'autre* at any moment; *par moments* at times, sometimes; *pour le moment* for the moment, for the time being; *à tout moment* at any moment

momentané, momentanée [mɔmɑ̃tane] temporary

momentanément *adv* for a short while

momie [mɔmi] *f* mummy

mon *m*, *ma* *f*, *mes pl* [mɔ̃, ma, me] my

Monaco [mɔnako]: *la principauté de Monaco* the principality of Monaco

monarchie [mɔnarʃi] *f* monarchy

monarque *m* monarch

monastère [mɔnaster] *m* monastery

monceau [mɔ̃so] *m* (*pl* -x) mound

mondain, mondaine [mɔ̃dɛ̃, -ɛn] *soirée, vie* society *atr*; *elle est très mondain* she's a bit of a socialite

mondanités *fpl* social niceties

monde [mɔ̃d] *m* world; *gens* people *pl*; *tout le monde* everybody, everyone; *dans le monde entier* in the whole world, all over the world; *l'autre monde* the next world; *le beau monde* the beautiful people; *homme m du monde* man of the world; *mettre au monde* bring into the world

mondial, mondiale [mɔ̃djal] (*mpl* -aux) world *atr*, global

mondialement *adv*: ***mondialement connu*** known worldwide

mondialisation *f* globalization

monégasque [mɔnegask] **1** *adj* of / from Monaco, Monacan **2** *m/f* **Monégasque** Monacan

monétaire [mɔnetɛr] monetary; *marché money atr*

moniteur, -trice [mɔnitœr, -tris] **1** *m/f* instructor **2** *m* INFORM monitor

monnaie [mɔnɛ] *f* (*pièces*) change; (*moyen d'échange*) money; (*unité monétaire*) currency; ***une pièce de monnaie*** a coin; ***monnaie forte*** hard currency; ***monnaie unique*** single currency

monologue [mɔnɔlɔg] *m* monolog, *Br* monologue

mononucléose [mɔnɔnykleoz] *f*: ***mononucléose infectieuse*** glandular fever

monoparental, monoparentale [mɔnɔparɑ̃tal] single-parent

monoplace [mɔnɔplas] *m & adj* single-seater

monopole [mɔnɔpɔl] *m* monopoly

monopoliser ⟨1a⟩ monopolize

monospace [mɔnɔspas] *m* people carrier, MPV

monotone [mɔnɔtɔn] monotonous

monotonie *f* monotony

monseigneur [mɔ̃sɛɲœr] *m* monsignor

monsieur [məsjø] *m* (*pl* messieurs [mesjø]) *dans lettre* Dear Sir; ***bonjour monsieur!*** good morning; ***monsieur!*** sir!, *Br* excuse me!; ***Monsieur Durand*** Mr Durand; ***bonsoir mesdames et messieurs*** good evening, ladies and gentlemen

monstre [mɔ̃str] **1** *m* monster (*aussi fig*) **2** *adj* colossal

monstrueux, -euse (*géant*) colossal; (*abominable*) monstrous

monstruosité *f* (*crime*) monstrosity

mont [mɔ̃] *m* mountain; ***par monts et par vaux*** up hill and down dale

montage [mɔ̃taʒ] *m* TECH assembly; *d'un film* editing; *d'une photographie* montage; ÉL connecting

montagnard, montagnarde [mɔ̃taɲar, -d] **1** *adj* mountain *atr* **2** *m/f* mountain dweller

montagne *f* mountain; ***à la montagne*** in the mountains; ***montagnes russes*** roller coaster *sg*; ***en haute montagne*** in the mountains

montagneux, -euse mountainous

montant, montante [mɔ̃tɑ̃, -t] **1** *adj robe* high-necked; *mouvement* upward **2** *m somme* amount; *d'un lit* post

monte-charge [mɔ̃tʃarʒ] *m* (*pl inv*) hoist

montée [mɔ̃te] *f sur montagne* ascent; (*pente*) slope; *de l'eau, des prix, de la température* rise

monter [mɔ̃te] ⟨1a⟩ **1** *v/t montagne* climb; *escalier* climb, go / come up; *valise* take / bring up; *machine, échafaudage, étagère* assemble, put together; *tente* put up, erect; *pièce de théâtre* put on, stage; *film, émission* edit; *entreprise, société* set up; *cheval* ride; *diamant, rubis etc* mount **2** *v/i* (*aux être*) come / go upstairs; *d'un avion, d'une route, d'une voiture* climb; *des prix* climb, rise, go up; *d'un baromètre, fleuve* rise; *d'un avion, train* get on; *voiture* get in(to); ***monte dans ta chambre!*** go up to your room!; ***monter à bord*** go on board, board; ***monter en grade*** be promoted; ***monter à cheval*** ride **3**: ***se monter à*** *de frais* amount to

monteur, -euse [mɔ̃tœr, -øz] *m/f film*, TV editor

montgolfière [mɔ̃gɔlfjɛr] *f* balloon

monticule [mɔ̃tikyl] *m* (*tas*) heap, pile

montre [mɔ̃tr] *f* (wrist)watch; ***faire montre de qch*** (*faire preuve de*) show sth

montre-bracelet *f* wristwatch

Montréal [mɔ̃real] Montreal

montrer [mɔ̃tre] ⟨1a⟩ show; ***montrer qn / qch du doigt*** point at s.o./sth.; ***se montrer*** show o.s.

monture [mɔ̃tyr] *f* (*cheval*) mount; *de lunettes* frame; *d'un diamant* setting

monument [mɔnymɑ̃] *m* monument; *commémoratif* memorial

monumental, monumentale monumental

moquer [mɔke] ⟨1m⟩: ***se moquer de*** (*railler*) make fun of, laugh at; (*dédaigner*) not care about; (*tromper*) fool

moquerie *f* mockery

moquette [mɔkɛt] *f* wall-to-wall carpet

moqueur, -euse [mɔkœr, -øz] **1** *adj* mocking **2** *m/f* mocker

moral, morale [mɔral] **1** *adj* (*mpl* -aux) moral; *souffrance, santé* spiritual; ***personne morale*** JUR legal entity **2** *m* morale **3** *f* morality, morals *pl*; *d'une histoire* moral

moralisateur, -trice moralistic, sanctimonious

moralité morality

moratoire [mɔratwar] *m* moratorium

morbide [mɔrbid] morbid

morceau [mɔrso] *m* (*pl* -x) piece (*aussi* MUS); *d'un livre* extract, passage

morceler [mɔrsəle] ⟨1c⟩ divide up, parcel up

morcellement *m* division

mordant, mordante [mɔrdɑ̃, -t] biting; *fig* biting, scathing

mordiller [mɔrdije] ⟨1a⟩ nibble

mordre [mɔrdr] ⟨4a⟩ bite; *d'un acide* eat into; *mordre à fig* take to

mordu, mordue [mɔrdy] *m/f* fanatic; *un mordu de sport* a sports fanatic

morfondre [mɔrfɔ̃dr] ⟨4a⟩: *se morfondre* mope; (*s'ennuyer*) be bored

morgue [mɔrg] *f endroit* mortuary, morgue

moribond, moribonde [mɔribɔ̃, -d] dying

morille [mɔrij] *f* BOT morel

morne [mɔrn] gloomy

morose [mɔroz] morose

morosité *f* moroseness

morphine [mɔrfin] *f* morphine

mors [mɔr] *m* bit

morse¹ [mɔrs] *m* ZO walrus

morse² [mɔrs] *m* morse code

morsure [mɔrsyr] *f* bite

mort¹ [mɔr] *f* death (*aussi fig*); *à mort lutte* to the death

mort², morte [mɔr, -t] **1** *adj* dead; *eau stagnant*; *yeux lifeless*; *membre* numb; *ivre mort* dead drunk; *mort de fatigue* dead tired; *être mort de rire* F die laughing; *nature f morte* still life **2** *m/f* dead man; dead woman; *les morts* the dead *pl*

mortalité [mɔrtalite] *f* mortality; *taux m de mortalité* death rate, mortality

mortel, mortelle [mɔrtɛl] mortal; *blessure, dose, maladie* fatal; *péché* deadly

morte-saison [mɔrtəsɛzɔ̃] *f* (*pl mortes-saisons*) off-season

mortier [mɔrtje] *m* mortar (*aussi CUIS, MIL*)

mort-né, mort-née [mɔrne] (*pl mort-né⟨e⟩s*) still-born

morue [mɔry] *f* cod

morve [mɔrv] *f* snot F, nasal mucus

morveux, -euse *m/f* F squirt F

mosaïque [mɔzaik] *f* mosaic

Moscou [mɔsku] Moscow

mosquée [mɔske] *f* mosque

mot [mo] *m* word; (*court message*) note; *bon mot* witty remark, witticism; *mot clé* key word; *mot de passe* password; *mots croisés* crossword *sg*; *gros mot* rude word, swearword; *mot à mot* word for word; *traduction* literal; *mot pour mot* word for word; *à mots couverts* in a roundabout way; *au bas mot* at least; *sans mot dire* without (saying) a word; *en un mot* in a word; *avoir le dernier mot* have the last word; *prendre qn au mot* take s.o. at his / her word

motard [mɔtar] *m* motorcyclist, biker; *de la gendarmerie* motorcycle policeman

motel [mɔtɛl] *m* motel

moteur, -trice [mɔtœr, -tris] **1** *adj* TECH *arbre* drive; *force* driving; ANAT motor; *à quatre roues motrices voiture* with four wheel drive **2** *m* TECH engine; *fig: personne qui inspire* driving force (*de* behind); *moteur de recherche* INFORM search engine

motif [mɔtif] *m* motive, reason; (*forme*) pattern; MUS theme, motif; *en peinture* motif

motion [mosjɔ̃] *f* POL motion; *motion de censure* motion of censure

motivation [mɔtivasjɔ̃] *f* motivation

motiver ⟨1a⟩ *personne* motivate; (*expliquer*) be the reason for, prompt; (*justifier par des motifs*) give a reason for

moto [mɔto] *f* motorbike, motorcycle; *faire de la moto* ride one's motorbike

motocyclette [mɔtosiklɛt] *f* moped

motocycliste *m/f* motorcyclist

motoriser [mɔtorize] ⟨1a⟩ mechanize; *je suis motorisé* F I have a car

motte [mɔt] *f de terre* clump; *motte de gazon* turf

mou, molle [mu, mɔl] soft; *personne* spineless; *caractère, résistance* weak, feeble

mouchard, moucharde [muʃar, -d] *m/f* F informer, grass F

moucharder ⟨1a⟩ F inform on, grass on F

mouche [muʃ] *f* fly; *faire mouche* hit the bull's eye (*aussi fig*)

moucher [muʃe] ⟨1a⟩: *se moucher* blow one's nose

moucheron [muʃrɔ̃] *m* gnat

moucheter [muʃte] ⟨1c⟩ speckle

mouchoir [muʃwar] *m* handkerchief, hanky F

moudre [mudr] ⟨4y⟩ grind

moue [mu] *f* pout; *faire la moue* pout

mouette [mwɛt] *f* seagull

mouffette [mufɛt] *f* skunk

moufle [mufl] *f* mitten

mouillé, mouillée [muje] wet; (*humide*) damp

mouiller ⟨1a⟩ **1** *v/t* wet; (*humecter*) dampen; *liquide* water down **2** *v/i* MAR anchor

moule [mul] **1** *m* mold, *Br* mould; CUIS tin **2** *f* ZO mussel

mouler ⟨1a⟩ mold, *Br* mould; *mouler qch sur qch fig* model sth on sth

moulin [mulɛ̃] *m* mill; *moulin (à vent)* windmill; *moulin à café* coffee grinder; *moulin à paroles* F wind-bag F; *moulin à poivre* peppermill

moulu, moulue 1 *p/p* → *moudre* **2** *adj* ground

moulure [mulyr] *f* molding, *Br* moulding

In the left margin: **M**

mourant, mourante [murã, -t] dying

mourir ⟨2k⟩ (aux être) die (de of); mourir de froid freeze to death; mourir de faim die of hunger, starve

moussant, moussante [musã, -t]: bain moussant foam bath

mousse f foam; BOT moss; CUIS mousse; mousse à raser shaving foam

mousser ⟨1a⟩ lather

mousseux, -euse 1 adj foamy 2 m sparkling wine

moustache [mustaʃ] f mustache, Br moustache

moustique [mustik] m mosquito

moutarde [mutard] f mustard

mouton [mutõ] m sheep (aussi fig); viande mutton; fourrure sheepskin; revenons-en à nos moutons fig let's get back to the subject

mouvant, mouvante [muvã, -t]: sables mpl mouvants quicksand sg; terrain m mouvant uncertain ground (aussi fig)

mouvement [muvmã] m movement (aussi POL, MUS etc); trafic traffic; en mouvement moving

mouvementé, mouvementée existence, voyage eventful; récit lively

mouvoir [muvwar] ⟨3d⟩: se mouvoir move

moyen, moyenne [mwajɛ̃, -ɛn] 1 adj average; classe middle; Moyen Âge m Middle Ages pl; Moyen-Orient m Middle East 2 m (façon, méthode) means sg; moyens (argent) means pl; (capacités intellectuelles) faculties; au moyen de, par le moyen de by means of; vivre au-dessus de ses moyens live beyond one's means 3 f average; statistique mean; en moyenne on average

moyenâgeux, -euse [mwajɛnɑʒø, -z] medieval

moyennant [mwajɛnã] for

moyeu [mwajø] m hub

MST [ɛmɛstɛ] f abr (= maladie sexuellement transmissible) STD (= sexually transmitted disease)

Mt abr (= Mont) Mt (= Mount)

mucus [mykys] m mucus

muer [mɥe] ⟨1a⟩ d'un oiseau molt, Br moult; d'un serpent shed its skin; de voix break

muet, muette [mɥe, -t] dumb; fig silent

mufle [myfl] m muzzle; fig F boor

mugir [myʒir] ⟨2a⟩ moo; du vent moan

mugissement m mooing; du vent moaning

muguet [mygɛ] m lily of the valley

mule [myl] f mule

mulet m mule

mulot [mylo] m field mouse

multicolore [myltikɔlɔr] multicolored, Br multicoloured

multiculturel, multiculturelle [myltikyltyrɛl] multicultural

multimédia [myltimedja] m & adj multimedia

multinational, multinationale [myltinasjɔnal] 1 adj multinational 2 f: multinationale multinational

multiple [myltipl] many; (divers) multifaceted

multiplication f MATH multiplication; la multiplication de (augmentation) the increase in the number of

multiplicité f multiplicity

multiplier ⟨1a⟩ MATH multiply; multiplier les erreurs make one mistake after another; se multiplier d'une espèce multiply

multiracial, multiraciale [myltirasjal] multiracial

multirisque [myltirisk] assurance all--risks

multitude [myltityd] f: une multitude de a host of; la multitude péj the masses pl

multiusages [myltiyzaʒ] versatile

municipal, municipale [mynisipal] (mpl -aux) town atr, municipal; bibliothèque, piscine public

municipalité f (commune) municipality; conseil town council

munir [mynir] ⟨2a⟩: munir de fit with; personne provide with; se munir de qch d'un parapluie, de son passeport take sth

munitions [mynisjõ] fpl ammunition sg

mur [myr] m wall; mettre qn au pied du mur have s.o. with his / her back against the wall

mûr, mûre [myr] ripe

muraille [myraj] f wall

mural, murale [myral] (mpl -aux) wall atr

mûre [myr] f BOT des ronces blackberry; d'un mûrier mulberry

murer [myre] ⟨1a⟩ enclos wall in; porte wall up

mûrier [myrje] m mulberry (tree)

mûrir [myrir] ⟨2a⟩ ripen

murmure [myrmyr] m murmur

murmurer ⟨1a⟩ (chuchoter, se plaindre) murmur; (médire) talk

muscade [myskad] f: noix (de) muscade nutmeg

muscadet [myskadɛ] m muscadet

muscat [myska] m raisin muscatel grape; vin muscatel wine

muscle [myskl] m muscle

musclé, musclée muscular; politique

tough
musculaire muscle *atr*
musculation *f* body-building
muse [myz] *f* muse
museau [myzo] *m* (*pl* -x) muzzle
musée [myze] *m* museum
museler [myzle] ⟨1c⟩ muzzle (*aussi fig*)
muselière *f* muzzle
musical, musicale [myzikal] (*mpl* -aux) musical
musicien, musicienne 1 *adj* musical **2** *m/f* musician
musique *f* music; ***musique de chambre*** chamber music; ***musique de fond*** piped music
must [mœst] *m* must
musulman, musulmane [myzylmɑ̃, -an] *m/f* & *adj* Muslim
mutation [mytasjɔ̃] *f* change; BIOL mutation; *d'un fonctionnaire* transfer, relocation
muter ⟨1a⟩ *fonctionnaire* transfer, relocate

mutilation [mytilasjɔ̃] *f* mutilation
mutiler ⟨1a⟩ mutilate
mutinerie [mytinri] *f* mutiny
mutisme [mytism] *m fig* silence
mutuel, mutuelle [mytɥel] mutual
myope [mjɔp] shortsighted, myopic *fml*
myopie *f* shortsightedness, myopia *fml*
myosotis [mjɔzɔtis] *m* forget-me-not
myrtille [mirtij] *f* bilberry
mystère [mistɛr] *m* mystery
mystérieusement *adv* mysteriously
mystérieux, -euse mysterious
mysticisme [mistisism] *m* mysticism
mystifier [mistifje] ⟨1a⟩ fool, take in
mystique [mistik] **1** *adj* mystical **2** *m/f* mystic **3** *f* mystique
mythe [mit] *m* myth
mythique mythical
mythologie *f* mythology
mythologique mythological
mythomane [mitɔman] *m/f* pathological liar

N

n' [n] → **ne**
nabot [nabo] *m péj* midget
nacelle [nasɛl] *f d'un ballon* basket
nacre [nakr] *f* mother-of-pearl
nage [naʒ] *f* swimming; *style* stroke; ***nage sur le dos*** backstroke; ***nage libre*** freestyle; ***traverser une rivière à la nage*** swim across a river; ***être en nage*** *fig* be soaked in sweat
nageoire [naʒwar] *f* fin
nager [naʒe] ⟨1l⟩ **1** *v/i* swim **2** *v/t*: ***nager la brasse*** do the breaststroke
nageur, -euse *m/f* swimmer
naguère [nagɛr] *adv* formerly
naïf, naïve [naif, naiv] naive
nain, naine [nɛ̃, nɛn] *m/f* & *adj* dwarf
naissance [nɛsɑ̃s] *f* birth (*aussi fig*); ***date f de naissance*** date of birth; ***donner naissance à*** give birth to; *fig* give rise to
naître [nɛtr] ⟨4g⟩ (*aux être*) be born (*aussi fig*); ***je suis née en 1968*** I was born in 1968; ***faire naître*** *sentiment* give rise to
naïvement [naivmɑ̃] *adv* naively
naïveté *f* naivety
nana [nana] *f* F chick F, girl
nanti, nantie [nɑ̃ti] **1** *adj* well-off, rich;

nanti de provided with **2** *mpl* ***les nantis*** the rich *pl*
nantir ⟨2a⟩ provide (*de* with)
nappe [nap] *f* tablecloth; GÉOL *de gaz*, *pétrole* layer; ***nappe d'eau (souterraine)***, ***nappe phréatique*** water table
napperon *m* mat
narcodollars [narkɔdɔlar] *mpl* drug money *sg*
narcotique [narkɔtik] *m* & *adj* narcotic
narguer [narge] ⟨1m⟩ taunt
narine [narin] *f* nostril
narquois, narquoise [narkwa, -z] taunting
narrateur, -trice [naratœr, -tris] *m/f* narrator
narratif, -tive narrative
narration *f* narration
nasal, nasale [nazal] (*mpl* -aux) **1** *adj* nasal **2** *f*: ***nasale*** nasal
nasaliser ⟨1a⟩ nasalize
nasillard, nasillarde nasal
natal, natale [natal] (*mpl* -aux) *pays*, *région etc* of one's birth, native
natalité *f*: (***taux m de***) ***natalité*** birth rate
natation [natasjɔ̃] *f* swimming; ***faire de la***

natation swim

natif, -ive [natif, -v] native

nation [nasjõ] *f* nation; *les Nations Unies* the United Nations

national, nationale [nasjɔnal] *(mpl* -aux) 1 *adj* national; *route f nationale* highway 2 *mpl: nationaux* nationals 3 *f* highway

nationalisation *f* nationalization

nationaliser ⟨1a⟩ nationalize

nationalisme *m* nationalism

nationaliste 1 *adj* nationalist; *péj* nationalistic 2 *m/f* nationalist

nationalité [nasjɔnalite] *f* nationality; *de quelle nationalité est-elle?* what nationality is she?

nativité [nativite] *f* ART, REL Nativity

natte [nat] *f (tapis)* mat; *de cheveux* braid, plait

naturalisation [natyralizasjõ] *f* naturalization

naturaliser ⟨1a⟩ naturalize

nature [natyr] 1 *adj yaourt* plain; *thé, café* without milk or sugar; *personne* natural 2 *f* nature; *genre, essence* kind, nature; *être artiste de nature* be a natural artist, an artist by nature; *de nature à faire qch* likely to do sth; *nature morte* ART still life

naturel, naturelle 1 *adj* natural 2 *m (caractère)* nature; *(spontanéité)* naturalness

naturellement *adv* naturally

naufrage [nofraʒ] *m* shipwreck; *faire naufrage* be shipwrecked

naufragé, naufragée person who has been shipwrecked

nauséabond, nauséabonde [nozeabõ, -d] nauseating, disgusting

nausée *f* nausea *(aussi fig); j'ai la nausée* I'm nauseous, *Br* I feel sick; *nausées du matin* morning sickness *sg*

nauséeux, -euse nauseous

nautique [notik] nautical; *ski* water *atr*

nautisme *m* water sports and sailing

naval, navale [naval] *(mpl* -als) naval; *construction* ship *atr; chantier m naval* shipyard

navet [nave] *m* rutabaga, *Br* swede; *fig* turkey F, *Br* flop

navette [navet] *f* shuttle; *faire la navette* shuttle backward and forward; *navette spatiale* space shuttle

navigable [navigabl] navigable

navigant: *le personnel navigant* the navigation crew

navigateur *m* AVIAT navigator; *MAR* sailor; INFORM browser

navigation *f* sailing; *(pilotage)* navigation; *navigation aérienne* air travel; *navigation spatiale* space travel

naviguer ⟨1m⟩ *d'un navire, marin* sail; *d'un avion* fly; *(conduire)* navigate; INFORM navigate; *naviguer sur Internet* surf the Net

navire [navir] *m* ship; *navire de guerre* battleship

navrant, navrante [navrɑ̃, -t] distressing, upsetting

navré, navrée: *je suis navré* I am so sorry

ne [n(ə)] ◇ : *je n'ai pas d'argent* I don't have any money, I have no money; *je comprends pas* I don't understand, I do not understand; *afin de ne pas l'oublier* so as not to forget

◇ : *ne ... guère* hardly; *ne ... jamais* never; *ne ... personne* nobody; *ne ... plus* no longer; not any more; *ne ... que* only; *ne ... rien* nothing; *voir aussi guère, jamais etc*

◇ : *à moins que je ne lui parle* (subj) unless I talk to him; *avant qu'il ne meure* (subj) before he dies

né, née *m/f p/p de naître* 2 *adj* born; *née Lepic* née Lepic

néanmoins [neɑ̃mwɛ̃] *adv* nevertheless

néant [neɑ̃] *m* nothingness

nébuleux, -euse [nebylø, -z] cloudy; *fig* hazy

nébulosité *f* cloudiness; *fig* haziness

nécessaire [neseser] 1 *adj* necessary 2 *m* necessary; *le strict nécessaire* the bare minimum; *nécessaire de toilette* toiletries *pl*

nécessité [nesesite] *f* need, necessity; *nécessités* necessities; *par nécessité* out of necessity

nécessiter ⟨1a⟩ require, necessitate

nécessiteux, -euse needy

nécrologie [nekrɔlɔʒi] *f* deaths column, obituaries *pl*

néerlandais, néerlandaise [neerlɑ̃dɛ, -z] 1 *adj* Dutch 2 *m langue* Dutch 3 *m/f* Néerlandais, Néerlandaise Dutchman; Dutchwoman

nef [nɛf] *f* nave

néfaste [nefast] harmful

négatif, -ive [negatif, -iv] 1 *adj* negative 2 *m* negative

négation *f* negation; GRAM negative

négligé [negliʒe] 1 *adj travail* careless, sloppy; *tenue* untidy; *épouse, enfant* neglected 2 *m* negligee

négligeable negligible

négligence *f* negligence, carelessness; *d'une épouse, d'un enfant* neglect; *(nonchalance)* casualness

négligent, négligente careless, negligent; *parent* negligent; *geste* casual

négliger ⟨1l⟩ *personne, vêtements, intérêts* neglect; *occasion* miss; *avis* disregard; *négliger de faire qch* fail to do sth

négoce [negɔs] *m* trade

négociable [negɔsjabl] negotiable

négociant [negɔsjɑ̃] *m* merchant

négociateur, -trice [negɔsjatœr, -tris] *m/f* negotiator

négociation *f* negotiation

négocier ⟨1a⟩ negotiate

négrier, -ère [negrije, -er] *m/f* F slave-driver

neige [nɛʒ] *f* snow

neiger ⟨1l⟩ snow

neigeux, -euse snowy

nénuphar [nenyfar] *m* BOT waterlily

néon [neɔ̃] *m* neon

nerf [ner] *m* nerve; (*vigueur*) energy, verve; *être à bout de nerfs* be at the end of one's tether

nerveusement [nervøzmɑ̃] *adv* nervously

nerveux, -euse nervous; (*vigoureux*) full of energy; AUTO responsive

nervosité *f* nervousness

n'est-ce pas [nɛspa]: *il fait beau, n'est-ce pas?* it's a fine day, isn't it?; *tu la connais, n'est-ce pas?* you know her, don't you?

net, nette [nɛt] **1** *adj* (*propre*) clean; (*clair*) clear; *différence, amélioration* distinct; COMM net **2** *adv* (*aussi* **nettement**) *tué* outright; *refuser* flatly; *parler* plainly

nétiquette [netiket] *f* netiquette

netteté [nɛtte] *f* cleanliness; (*clarté*) clarity

nettoyage [nɛtwajaʒ] *m* cleaning; *nettoyage ethnique* ethnic cleansing; *nettoyage de printemps* spring-cleaning; *nettoyage à sec* dry cleaning

nettoyer ⟨1h⟩ clean; F (*ruiner*) clean out F; *nettoyer à sec* dryclean

neuf¹ [nœf, *avec liaison* nœv] nine; → **trois**

neuf², neuve [nœf, nœv] new; *refaire à neuf* *maison etc* renovate; *moteur* recondition, rebuild; *quoi de neuf?* what's new?, what's happening?

neurochirurgie [nøroʃiryrʒi] *f* brain surgery

neurochirurgien, neurochirurgienne *m/f* brain surgeon

neurologie [nørɔlɔʒi] *f* neurology

neurologue *m/f* neurologist

neutraliser [nøtralize] ⟨1a⟩ neutralize

neutralité *f* neutrality

neutre [nøtr] neutral; GRAM neuter

neuvième [nœvjɛm] ninth

neveu [n(ə)vø] (*pl* -x) *m* nephew

névralgie [nevralʒi] *f* MÉD neuralgia

névralgique MÉD neuralgic

névrose *f* PSYCH neurosis

névrosé, névrosée *m/f* neurotic

nez [ne] *m* nose; *avoir du nez* have a good sense of smell; *fig* have a sixth sense; *raccrocher au nez de qn* hang up on s.o.; *au nez et à la barbe de qn* (right) under s.o.'s nose

ni [ni] neither, nor; *ni ... ni* (*ne* before verb) neither ... nor; *je n'ai ni intérêt ni désir* I have neither interest nor inclination; *sans sucre ni lait* without sugar or milk, with neither sugar nor milk; *ni l'un ni l'autre* neither (one nor the other); *ni moi non plus* neither *ou* nor do I, me neither

niais, niaise [njɛ, -z] stupid

niaiserie *f* stupidity

niche [niʃ] *f dans un mur* niche; *d'un chien* kennel

nicher ⟨1a⟩ nest; *fig* F live

nicotine [nikɔtin] *f* nicotine

nid [ni] *m* nest; *nid d'amoureux* *fig* love nest; *nid de poule* *fig* pothole

nièce [njɛs] *f* niece

nier [nje] ⟨1a⟩ deny; *nier avoir fait qch* deny doing sth

nigaud, nigaude [nigo, -d] **1** *adj* silly **2** *m* idiot, fool

nippon, nippon(n)e [nipɔ̃, -ɔn] Japanese

nitouche [nituʃ] *f* F: *sainte nitouche* hypocrite

niveau [nivo] *m* (*pl* -x) level; ÉDU standard; *outil* spirit level; *niveau d'eau* water level; *niveau de vie* standard of living

niveler [nivle] ⟨1c⟩ *terrain* grade, level; *fig: différences* even out

nivellement *m* grading, leveling, Br levelling; *fig* evening out

noble [nɔbl] noble

noblesse *f* nobility

noce [nɔs] *f* wedding; *faire la noce* F paint the town red; *noces d'argent* silver wedding anniversary *sg*

nocif, -ive [nɔsif, -iv] harmful, noxious

nocivité *f* harmfulness

noctambule [nɔktɑ̃byl] *m/f* night owl

nocturne [nɔktyrn] **1** *adj* night *atr*; ZO nocturnal **2** *f*: *ouvert en nocturne* open till late; *le match sera joué en nocturne* it's going to be an evening match

Noël [nɔɛl] *m* Christmas; *joyeux Noël!* Merry Christmas!; *le père Noël* Santa Claus, Br *aussi* Father Christmas; *à Noël* at Christmas

nœud [nø] *m* knot (*aussi* MAR); (*ruban*) ribbon; *fig: d'un débat, problème* nub; *nœud coulant* slipknot; (*de bourreau*) noose; *nœud papillon* bow tie; *nœud plat* sailor's knot, Br reef knot

noir, noire [nwar] **1** *adj* black; (*sombre*) dark; F (*ivre*) sozzled; *il fait noir* it's dark

2 *m* black; (*obscurité*) dark; **travail** *m* **au noir** moonlighting; **travailler au noir** moonlight

Noir *m* black man

noirceur [nwarsœr] *f* blackness

noircir ⟨2a⟩ blacken

Noire [nwar] *f* black woman

noisetier [nwaztje] *m* hazel

noisette 1 *f* hazelnut 2 *adj inv* hazelnut

noix [nwa] *f* walnut; **noix de coco** coconut

nom [nõ] *m* name; GRAM noun; **au nom de qn** in *ou* Br on behalf of s.o.; **du nom de** by the name of; **nom déposé** registered trade mark; **nom de famille** surname, family name; **nom de guerre** pseudonym; **nom de jeune fille** maiden name

nombre [nõbr] *m* number; (*bon*) **nombre de mes amis** a good many of my friends; **ils sont au nombre de trois** they are three in number; **être du nombre de ...** be one of the ...; **sans nombre** countless

nombreux, -euse numerous, many; **famille** large

nombril [nõbri(l)] *m* navel

nombrilisme *m* navel-gazing

nominal, nominale [nɔminal] (*mpl* -aux) *autorité, chef* nominal; *valeur* face *atr*

nomination *f* appointment; **à un prix** nomination

nommément [nɔmemã] *adv* by name; (*en particulier*) especially

nommer ⟨1a⟩ name, call; **à une fonction** appoint; **se nommer** be called

non [nõ] no; **dire que non** say no; **j'espère que non** I hope not; **moi non plus** me neither; **et non sa sœur** and not her sister; **c'est normal, non?** that's normal, isn't it?; **elle vient, non?** she is coming, isn't she?; **non que ...** (+ *subj*) not that ...

non-alcoolisé [nõnalkɔlize] non-alcoholic

nonante [nõnãt] *Belgique, Suisse* ninety

non-assistance *f:* **non-assistance à personne en danger** failure to assist a person in danger (*a criminal offense in France*)

nonchalant, nonchalante [nõʃalã, -t] nonchalant, casual

non-fumeur, -euse [nõfymœr, -øz] *m/f* non-smoker

non-intervention [nõnẽtervãsjõ] *f* POL non-intervention

nonobstant [nõnɔpstã] *prép* notwithstanding

non-polluant, non-polluante [nõpolyã, -t] environmentally friendly, non-pollut-

ing

non-sens [nõsãs] *m* (*pl inv*) (*absurdité*) nonsense; *dans un texte* meaningless word

non-violence [nõvjolãs] *f* POL non-violence

nord [nɔr] **1** *m* north; **vent** *m* **du nord** north wind; **au nord de** (to the) north of; **perdre le nord** *fig* F lose one's head **2** *adj* north; *hemisphère* northern; **côte** *f* **nord** north *ou* northern coast

nord-africain, nord-africaine [nɔrdafrikẽ, -en] **1** *adj* North-African **2** *m/f* **Nord-Africain, Nord-Africaine** North-African

nord-américain, nord-américaine [nɔramerikẽ, -en] **1** *adj* North-American **2** *m/f* **Nord-Américain, Nord-Américaine** North-American

nord-est [nɔrɛst] *m* north-east

nordique [nɔrdik] Nordic

Nordiste [nɔrdist] *m/f & adj* HIST Unionist, Yankee

nord-ouest [nɔrwɛst] *m* north-west

normal, normale [nɔrmal] (*mpl* -aux) **1** *adj* normal **2** *f:* **inférieur / supérieur à la normale** above / below average

normalement *adv* normally

normalisation *f* normalization; TECH standardization

normalité *f* normality

normand, normande [nɔrmã, -d] **1** *adj* Normandy *atr* **2** *m/f* **Normand, Normande** Norman

Normandie: *la* **Normandie** Normandy

norme [nɔrm] *f* norm; TECH standard

Norvège [nɔrvɛʒ]: *la* **Norvège** Norway

norvégien, norvégienne 1 *adj* Norwegian **2** *m langue* Norwegian **3** *m/f* **Norvégien, Norvégienne** Norwegian

nos [no] → **notre**

nostalgie [nɔstalʒi] *f* nostalgia; **avoir la nostalgie de son pays** be homesick

notabilité [nɔtabilite] *f* VIP

notable 1 *adj* noteworthy **2** *m* local worthy

notaire [nɔter] *m* notary

notamment [nɔtamã] *adv* particularly

notarié, notariée [nɔtarje] notarized

notation [nɔtasjõ] *f* notation; (*note*) note; ÉDU grading; Écon marking

note [nɔt] *f* note; *à l'école* grade, Br mark; (*facture*) check, Br bill; **prendre note de qch** note sth; **prendre des notes** take notes; **note de bas de page** footnote; **note de frais** expense account; **note de service** memo

noter ⟨1a⟩ (*écrire*) write down, take down; (*remarquer*) note

notice *f* note; (*mode d'emploi*) instruc-

tions *pl*
notification [nɔtifikasjõ] *f* notification
notifier ⟨1a⟩ *v/t*: **notifier qch à qn** notify s.o. of sth
notion [nosjõ] *f (idée)* notion, concept; **notions** basics *pl*
notoire [nɔtwar] well-known; *criminel, voleur* notorious
notoriété [nɔtɔrjete] *f* fame
notre [nɔtr], *pl* **nos** [no] our
nôtre [notr]: **le, la notre, les nôtres** ours
nouer [nwe] ⟨1a⟩ tie; *relations, amitié* establish
noueux, -euse gnarled
nougat [nuga] *m* nougat
nouilles [nuj] *fpl* noodles
nounou [nunu] *f* F nanny
nounours [nunurs] *m* teddy bear
nourrice [nuris] *f* childminder
nourrir ⟨2a⟩ feed; *fig: espoir, projet* nurture
nourrissant nourishing
nourrisson [nurisõ] *m* infant
nourriture [nurityr] *f* food
nous [nu] *pron personnel* ◇ *sujet* we; **à nous deux nous pourrons le faire** the two of us can do it, we can do it between the two of us
◇ *complément d'objet direct* us; **il nous regarde** he is looking at us
◇ *complément d'objet indirect (to) us*; **donnez-le-nous** give it to us; **il nous a dit que ...** he told us that ...
◇ *emphatique*: **nous, nous préférons ...** we prefer ...; **nous autres Français** we French
◇ *réfléchi*: **nous nous sommes levés tôt ce matin** we got up early this morning; **nous nous aimons beaucoup** we love each other very much
nouveau, nouvelle (*m* **nouvel** *before a vowel or silent h; mpl* **nouveaux** [nuvo, -el] 1 *adj* new; **rien de nouveau** nothing new; **de ou à nouveau** again; **nouveau venu, nouvelle venue** newcomer; **Nouvel An** *m* New Year('s); **Nouveau Monde** *m* New World; **Nouvelle-Angleterre** *f* New England; **Nouvelle-Orléans** New Orleans; **Nouvelle Zélande** *f* New Zealand 2 *m* **voilà du nouveau!** that's new! 2 *m/f* new person
nouveau-né, nouveau-née [nuvone] 1 *adj* newborn 2 *m* (*pl* nouveau-nés) newborn baby
nouveauté [nuvote] *f* novelty
nouvelle [nuvel] *f (récit)* short story; *une nouvelle dans les médias* a piece of news
nouvelles [nuvel] *fpl* news *sg*
nouvellement [-mã] *adv* newly
novateur, -trice [nɔvatœr, -tris] 1 *adj* in-

novative 2 *m/f* innovator
novembre [nɔvãbr] *m* November
novice [nɔvis] 1 *m/f* novice, beginner; REL novice 2 *adj* inexperienced
noyade [nwajad] *f* drowning
noyau [nwajo] *m (pl -x)* pit, *Br* stone; BIOL, PHYS nucleus; *fig (groupe)* (small) group
noyauter ⟨1a⟩ POL infiltrate
noyer[1] [nwaje] ⟨1h⟩ drown; AUTO flood; **se noyer** drown; *se suicider* drown o.s.
noyer[2] [nwaje] *m arbre, bois* walnut
nu, nue [ny] 1 *adj* naked; *plaine, arbre, bras, tête etc* bare 2 *m* ART nude
nuage [nµaʒ] *m* cloud; *être dans les nuages fig* be daydreaming
nuageux, -euse cloudy
nuance [nµɑ̃s] *f* shade; *fig* slight difference; *(subtilité)* nuance
nuancé, nuancée subtle
nuancer ⟨1k⟩ qualify
nucléaire [nykleer] 1 *adj* nuclear 2 *m*: **le nucléaire** nuclear power
nudisme [nydism] *m* nudism
nudiste *m/f* & *adj* nudist
nudité *f* nudity
nues [ny] *fpl fig*: **porter aux nues** praise to the skies; **tomber des nues** be astonished
nuée [nµe] *f d'insectes* cloud; *de journalistes* horde
nuire [nµir] ⟨4c⟩: **nuire à** hurt, harm, be harmful to
nuisible [nµizibl] harmful
nuit [nµi] *f* night; **de nuit** night *atr*; **la nuit, de nuit** *voyager* at night; **nuit blanche** sleepless night; **il fait nuit (noire)** it's (pitch) dark
nul, nulle [nyl] 1 *adj* no; *(non valable)* invalid; *(sans valeur)* hopeless; *(inexistant)* nonexistent, nil; **nulle part** nowhere; **match** *m* **nul** tie, draw 2 *pron* no-one
nullement *adv* not in the slightest *ou* the least
nullité *f* JUR invalidity; *fig* hopelessness; *personne* loser
numéraire [nymerer] *m* cash
numéral, numérale (*mpl* -aux) *adj* & *m* numeral
numération *f*: **numération globulaire** blood count
numérique numerical; INFORM digital
numéro [nymero] *m* number; **numéro de compte** account number; **numéro de série** serial number; **numéro sortant** winning number; **numéro vert** toll-free number, *Br* Freefone number
numérotage [nymerɔtaʒ] *m* numbering
numéroter ⟨1a⟩ 1 *v/t* number 2 *v/i* TÉL dial

nu-pieds [nypje] *adj inv* barefoot
nuptial, nuptiale [nypsjal] *(mpl* -aux)
wedding *atr*; *chambre* bridal; *messe* nuptial
nuque [nyk] *f* nape of the neck
nurse [nœrs] *f* nanny

nu-tête [nytɛt] *adj inv* bare-headed
nutritif, -ive [nytritif, -iv] nutritional; *aliment* nutritious
nutrition *f* nutrition
nutritionniste *m/f* nutritionist
nylon [nilō] *m* nylon

O

oasis [ɔazis] *f* oasis
obéir [ɔbeir] ⟨2a⟩ obey; *obéir à* obey
obéissance [ɔbeisãs] *f* obedience
obéissant, obéissante obedient
obèse [ɔbɛz] obese
obésité *f* obesity
objecter [ɔbʒɛkte] ⟨1a⟩: *objecter qch
pour ne pas faire qch* give as a reason;
objecter que object that
objecteur *m*: *objecteur de conscience*
conscientious objector
objectif, -ive [ɔbʒɛktif, -iv] **1** *adj* objective **2** *m* objective, aim; MIL objective;
PHOT lens
objection [ɔbʒɛksjō] *f* objection
objectivité [ɔbʒɛktivite] *f* objectivity
objet [ɔbʒɛ] *m* object; *de réflexions, d'une
lettre* subject
obligation [ɔbligasjō] *f* obligation; COMM
bond; *être dans l'obligation de faire
qch* be obliged to do sth
obligatoire compulsory, obligatory
obligé, obligée [ɔbliʒe] obliged
obligeance *f* obligingness
obligeant, obligeante obliging
obliger ⟨1l⟩ oblige; *(forcer)* compel,
force; *obliger qn à faire qch* compel
ou force s.o. to do sth; *être obligé de faire qch* be obliged to do sth
oblique [ɔblik] oblique
obliquer ⟨1m⟩: *obliquer vers la droite /
la gauche* veer (to the) left / right
oblitérer [ɔblitere] ⟨1f⟩ *timbre* cancel
oblong, oblongue [ɔblō, -g] oblong
obscène [ɔpsɛn] obscene
obscénité *f* obscenity
obscur, obscure [ɔpskyr] obscure; *nuit,
rue* dark
obscurcir ⟨2a⟩ darken; *s'obscurcir* grow
dark, darken
obscurcissement *m* darkening
obscurité *f* obscurity; *de la nuit, d'une rue*
darkness

obsédé, obsédée [ɔpsede] *m/f* sex maniac
obséder ⟨1f⟩ obsess; *être obsédé par* be
obsessed by
obsèques [ɔpsɛk] *fpl* funeral *sg*
observateur, -trice [ɔpsɛrvatœr, -tris]
m/f observer
observation *f* observation; *(remarque)* remark, observation; *d'une règle* observance
observatoire *m* observatory
observer ⟨1a⟩: *(regarder)* watch,
observe; *règle* observe; *changement,
amélioration* notice; *faire observer
qch à qn* point sth out to s.o.
obsession [ɔpsɛsjō] *f* obsession
obsessionnel, obsessionnelle obsessive
obstacle [ɔpstakl] *m* obstacle; SP hurdle;
pour cheval fence, jump; *faire obstacle à
qch* stand in the way of sth
obstétricien, obstétricienne [ɔpstetris-
jɛ̃, -ɛn] *m/f* obstetrician
obstétrique *f* obstetrics
obstination [ɔpstinasjō] *f* obstinacy
obstiné, obstinée obstinate
obstiner ⟨1a⟩: *s'obstiner à faire qch* persist in doing sth, be set on doing sth
obstruction [ɔpstryksjō] *f* obstruction;
dans tuyau blockage
obstruer ⟨1n⟩ obstruct, block
obtempérer [ɔptãpere] ⟨1f⟩: *obtempérer
à* obey
obtenir [ɔptənir] ⟨2h⟩ get, obtain
obtention *f* obtaining; *obtention d'un diplôme* graduation
obturateur [ɔptyratœr] *m* PHOT shutter
obturation *f* sealing; *d'une dent* filling
obturer ⟨1a⟩ seal; *dent* fill
obtus, obtuse [ɔpty, -z] MATH, *fig* obtuse
obus [ɔby] *m* MIL shell
occasion [ɔkazjō] *f* opportunity; *marché*
bargain; *d'occasion* second-hand; *à
l'occasion* when the opportunity arises;

à l'occasion de sa fête on his name day; **en toute occasion** all the time

occasionnel, occasionnelle occasional; *(fortuit)* chance

occasionner ⟨1a⟩ cause

Occident [ɔksidɑ̃] *m*: **l'Occident** the West

occidental, occidentale *(m/pl -aux)* **1** *adj* western **2** *m/f* **Occidental, Occidentale** westerner

occlusion [ɔklyzjõ] *f* MÉD blockage; *buccale* occlusion

occulte [ɔkylt] occult

occupant, occupante [ɔkypɑ̃, -t] **1** *adj* occupying **2** *m* occupant

occupation *f* occupation

occupé, occupée *personne* busy; *pays, appartement* occupied; *chaise* taken; TÉL busy, *Br aussi* engaged; *toilettes* occupied, *Br* engaged

occuper ⟨1a⟩ occupy; *place* take up, occupy; *temps* fill, occupy; *personnel* employ; **s'occuper de** *politique, littérature* take an interest in; *malade* look after; *organisation* deal with

occurrence [ɔkyrɑ̃s] *f*: **en l'occurrence** as it happens

océan [ɔseɑ̃] *m* ocean

océanographie *f* oceanography

octante [ɔktɑ̃t] *Belgique, Suisse* eighty

octet [ɔktɛ] *m* INFORM byte

octobre [ɔktɔbr] *m* October

oculaire [ɔkylɛr] eye *atr*

oculiste *m/f* eye specialist

odeur [ɔdœr] *f* smell, odor, *Br* odour; *parfum* smell, scent; **mauvaise odeur** bad smell; **odeur corporelle** body odor, BO

odieux, -euse [ɔdjø, -z] hateful, odious

odorant, odorante [ɔdɔrɑ̃, -t] scented

odorat *m* sense of smell

œil [œj] *m (pl yeux* [jø]) eye; **à mes yeux** in my opinion, in my eyes; **à vue d'œil** visibly; **avoir l'œil** be sharp-eyed; **coup m d'œil** glance, look; **avoir les yeux bleus** have blue eyes; **fermer les yeux sur qch** close one's eyes to sth, turn a blind eye to sth

œillade *f* glance, look

œillères *fpl* blinders, *Br* blinkers (*aussi fig*)

œillet [œjɛ] *m* BOT carnation; TECH eyelet

œsophage [ezɔfaʒ] *m* esophagus, *Br* œsophagus

œuf [œf] *m (pl -s* [ø]) egg; **œufs brouillés** scrambled eggs; **œuf à la coque** soft-boiled egg; **œuf sur le plat** fried egg; **œuf de Pâques** Easter egg; **dans l'œuf** fig in the bud

œuvre [œvr] *f* **1** *f* work; **œuvre d'art** work of art; **se mettre à l'œuvre** set to work;

mettre en œuvre *(employer)* use; *(exécuter)* carry out, implement **2** *m* ART, *littérature* works *pl*; **gros œuvre** TECH fabric

offense [ɔfɑ̃s] *f (insulte)* insult; *(péché)* sin

offenser ⟨1a⟩ offend; **s'offenser de qch** take offense at sth *ou Br* offence at sth

offensif, -ive 1 *adj* offensive **2** *f* offensive

office [ɔfis] *m (charge)* office; *(bureau)* office, agency; REL service; **bons offices** good offices; **d'office** automatically; **faire office de** act as

officiel, officielle [ɔfisjɛl] official

officier [ɔfisje] *m* officer; **officier de police** police officer

officieux, -euse [ɔfisjø, -z] semi-official

officinal, officinale [ɔfisinal] *(mpl -aux) plante* medicinal

officine *f* PHARM dispensary

offrande [ɔfrɑ̃d] *f* REL offering

offre *f* offer; **offre d'emploi** job offer

offrir ⟨2f⟩ offer; *cadeau* give; **offrir à boire à qn** offer s.o. a drink; **s'offrir qch** treat o.s. to sth

offusquer [ɔfyske] ⟨1m⟩ offend

ogive [ɔʒiv] *f* MIL head; ARCH *m* rib; **ogive nucléaire** nuclear warhead

OGM [oʒeɛm] *m abr* (= **organisme génétiquement modifié**) GMO (= genetically modified organism)

oie [wa] *f* goose

oignon [ɔɲõ] *m* onion; BOT bulb

oiseau [wazo] *m (pl -x)* bird; **à vol d'oiseau** as the crow flies

oiseux, -euse [wazø, -z] idle

oisif, -ive [wazif, -iv] idle

oisiveté *f* idleness

oléoduc [ɔleɔdyk] *m (oil)* pipeline

olfactif, -ive [ɔlfaktif, -iv] olfactory

olive [ɔliv] *f* olive

olivier *m* olive (tree); *bois* olive (wood)

O.L.P. [oɛlpe] *f abr* (= **Organisation de libération palestinienne**) PLO (= Palestine Liberation Organization)

olympique [ɔlɛ̃pik] Olympic

ombrage [õbraʒ] *m* shade

ombragé, ombragée shady

ombrageux, -euse [õbraʒø, -z] *cheval* skittish; *personne* touchy

ombre [õbr] *f (ombrage)* shade; *(projection de silhouette)* shadow *(aussi fig)*; *fig (anonymat)* obscurity; *de regret* hint, touch; **à l'ombre** in the shade; **être dans l'ombre de qn** be in s.o.'s shadow, be overshadowed by s.o.

ombrelle *f* sunshade

omelette [ɔmlɛt] *f* omelet, *Br* omelette

omettre [ɔmɛtr] ⟨4p⟩ *détail, lettre* leave

out, omit; *omettre de faire qch* fail *ou* omit to do sth

omission [ɔmisjɔ̃] *f* omission

omnibus [ɔmnibys] *m*: (*train m*) *omnibus* slow train

on [ɔ̃] (*après que, et, où, qui, si souvent l'on*) *pron personnel* ◇ (*nous*) we; *on y a été hier* we went there yesterday; *on est en retard* we're late
◇ (*tu, vous*) you; *alors, on s'amuse bien?* having fun?
◇ (*quelqu'un*) someone; *on m'a dit que...* I was told that...; *on a volé mon passeport* somebody has stolen my passport, my passport has been stolen
◇ (*eux, les gens*) they, people; *que pensera-t-on d'un tel comportement?* what will they *ou* people think of such behavior?
◇ *autorités* they; *on va démolir ...* they are going to demolish ...
◇ *indéterminé* you; *on ne sait jamais* you never know, one never knows *fml*

oncle [ɔ̃kl] *m* uncle

onction [ɔ̃ksjɔ̃] *f* REL unction

onctueux, -euse [ɔ̃ktɥø, -z] smooth, creamy; *fig* smarmy F, unctuous

onde [ɔ̃d] *f* wave; *sur les ondes* RAD on the air; *ondes courtes* short wave *sg*; *grandes ondes* long wave *sg*; *ondes moyennes* medium wave *sg*

ondée [ɔ̃de] *f* downpour

on-dit [ɔ̃di] *m* (*pl inv*) rumor, *Br* rumour

ondoyer [ɔ̃dwaje] ⟨1h⟩ *du blés* sway

ondulation [ɔ̃dylasjɔ̃] *f de terrain* undulation; *de coiffure* wave

ondulé, ondulée *cheveux* wavy; *tôle* corrugated

onduler ⟨1a⟩ *d'ondes* undulate; *de cheveux* be wavy

onduleux, -euse undulating; *rivière* winding

onéreux, -euse [ɔnerø, -z] expensive; *à titre onéreux* for a fee

ONG [ɔɛ̃ʒe] *f abr* (= *Organisation non gouvernementale*) NGO (= non-governmental organization)

ongle [ɔ̃gl] *m* nail; ZO claw

onguent [ɔ̃gɑ̃] *m* cream, salve

O.N.U. [ɔny *ou* ɔɛny] *f abr* (= *Organisation des Nations Unies*) UN (= United Nations)

onze [ɔ̃z] eleven; *le onze* the eleventh; → *trois*

onzième eleventh

O.P.A. [opea] *f abr* (= *offre publique d'achat*) takeover bid

opale [ɔpal] *f* opal

opaque [ɔpak] opaque

OPEP [ɔpɛp] *f abr* (= *Organisation des pays exportateurs de pétrole*) OPEC (= Organization of Petroleum Exporting Countries)

opéra [ɔpera] *m* opera; *bâtiment* opera house

opérable [ɔperabl] MÉD operable

opérateur, -trice [ɔperatœr, -tris] *m/f* operator; *en cinéma* cameraman; FIN trader

opération [ɔperasjɔ̃] *f* operation; *action* working; FIN transaction

opérationnel, opérationnelle MIL, TECH operational

opératoire MÉD *choc* post-operative; *bloc* operating

opérer ⟨1f⟩ *v/t* MÉD operate on; (*produire*) make; (*exécuter*) implement, put in place 2 *v/i* MÉD operate; (*avoir effet*) work; (*procéder*) proceed; *se faire opérer* have an operation

opérette [ɔperɛt] *f* operetta

ophtalmie [ɔftalmi] *f* MÉD ophthalmia

ophtalmologiste, ophtalmologue *m/f* ophthalmologist

opiner [ɔpine] ⟨1a⟩: *opiner de la tête* ou *du bonnet* nod in agreement

opiniâtre [ɔpinjatr] stubborn

opiniâtreté *f* stubbornness

opinion [ɔpinjɔ̃] *f* opinion

opium [ɔpjɔm] *m* opium

opportun, opportune [ɔpɔrtɛ̃ *ou* ɔpɔrtœ̃, -yn] opportune; *moment* right

opportunisme *m* opportunism

opportuniste *m/f* opportunist

opportunité *f* timeliness; (*occasion*) opportunity

opposant, opposante [ɔpozɑ̃, -t] 1 *adj* opposing 2 *m/f* opponent; *les opposants* the opposition *sg*

opposé, opposée 1 *adj maisons, pôles* opposite; *goûts, opinions* conflicting; *être opposé à qch* be opposed to sth 2 *m* opposite; *à l'opposé* in the opposite direction (*de* from); *à l'opposé de qn* unlike s.o.

opposer ⟨1a⟩ *personnes, pays* bring into conflict; *argument* put forward; *s'opposer à qn/à qch* oppose s.o./sth

opposition *f* opposition; (*contraste*) contrast; *par opposition à* in contrast to, unlike

oppresser [ɔprese] ⟨1b⟩ oppress, weigh down

oppresseur *m* oppressor

oppressif, -ive oppressive

oppression *f* (*domination*) oppression

opprimer [ɔprime] ⟨1a⟩ oppress

opter [ɔpte] ⟨1a⟩: *opter pour* opt for

opticien, opticienne [ɔptisjɛ̃, -ɛn] *m/f* optician

optimal, optimale [ɔptimal] (*mpl* -aux) optimum

optimisme *m* optimism

optimiste 1 *adj* optimistic **2** *m/f* optimist

optimum *m* optimum

option [ɔpsjɔ̃] *f* option

optique [ɔptik] **1** *adj nerf* optic; *verre* optical **2** *f science* optics; *fig* viewpoint

opulent, opulente [ɔpylɑ̃, -t] (*riche*) wealthy; *poitrine* ample

or[1] [ɔr] *m* gold; *d'or, en or* gold *atr*; *plaqué or* gold-plated

or[2] [ɔr] *conj* now

oracle [ɔrakl] *m* oracle

orage [ɔraʒ] *m* storm (*aussi fig*)

orageux, -euse stormy (*aussi fig*)

oraison [ɔrezɔ̃] *f* REL prayer; *oraison funèbre* eulogy

oral, orale [ɔral] (*mpl* -aux) **1** *adj* oral **2** *m* oral (exam)

orange [ɔrɑ̃ʒ] **1** *f* orange **2** *adj inv* orange

oranger *m* orange tree

orateur, -trice [ɔratœr, -tris] *m/f* orator

orbital, orbitale [ɔrbital] (*mpl* -aux) *navigation spatiale* orbital

orbite [ɔrbit] *f* ANAT eyesocket; ASTR orbit (*aussi fig*)

orchestre [ɔrkɛstr] *m* orchestra; *de théâtre* stalls *pl*

orchidée [ɔrkide] *f* BOT orchid

ordinaire [ɔrdinɛr] **1** *adj* ordinary **2** *m essence* regular; *comme à l'ordinaire* as usual; *d'ordinaire* ordinarily

ordinateur [ɔrdinatœr] *m* computer; *assisté par ordinateur* computer-assisted

ordonnance [ɔrdonɑ̃s] *f* arrangement, layout; (*ordre*) order (*aussi* JUR); MÉD prescription

ordonné, ordonnée tidy

ordonner ⟨1a⟩ *choses, pensées* organize; (*commander*) order; MÉD prescribe

ordre [ɔrdr] *m* order; *ordre du jour* agenda; *ordre établi* established order, status quo; *par ordre alphabétique* in alphabetical order, alphabetically; *de l'ordre de* in the order of; *de premier ordre* first-rate; *en ordre* in order; *mettre en ordre pièce* tidy (up); *jusqu'à nouvel ordre* until further notice

ordures [ɔrdyr] *fpl* (*détritus*) garbage *sg*, *Br* rubbish *sg*; *fig* filth *sg*

ordurier, -ère filthy

oreille [ɔrɛj] *f* ANAT ear; *d'un bol* handle; *être dur d'oreille* be hard of hearing

oreiller [ɔreje] *m* pillow

oreillons [ɔrɛjɔ̃] *mpl* MÉD mumps *sg*

ores: d'ores et déjà [dɔrzedeʒa] already

orfèvre [ɔrfɛvr] *m* goldsmith

organe [ɔrgan] *m* organ; (*voix, porte-parole*) voice; *d'un mécanisme* part; *organes génitaux* genitals; *organes vitaux* vital organs

organigramme [ɔrganigram] *m* organization chart; *organigramme de production* production flowchart

organique [ɔrganik] organic

organisateur, -trice [ɔrganizatœr, -tris] *m/f* organizer

organisation *f* organization

organiser ⟨1a⟩ organize; *s'organiser d'une personne* organize o.s., get organized

organiseur *m* INFORM personal organizer

organisme [ɔrganism] *m* organism; ANAT system; (*organisation*) organization, body

organiste [ɔrganist] *m/f* organist

orgasme [ɔrgasm] *m* orgasm

orge [ɔrʒ] *f* BOT barley

orgue [ɔrg] *m* (*pl f*) organ

orgueil [ɔrgœj] *m* pride

orgueilleux, -euse proud

Orient [ɔrjɑ̃] *m*: *l'Orient* the East; *Asie* the East, the Orient

oriental, orientale (*mpl* -aux) **1** *adj* east, eastern; *d'Asie* eastern, Oriental **2** *m/f* **Oriental, Orientale** Oriental

orientation [ɔrjɑ̃tasjɔ̃] *f* direction; *d'une maison* exposure

orienté, orientée (*engagé*) biassed; *être orienté à l'est* face east

orienter ⟨1a⟩ orient, *Br* orientate; (*diriger*) direct; *s'orienter* get one's bearings; *s'orienter vers fig* go in for; *s'orienter à gauche* lean to the left

orifice [ɔrifis] *m* TECH opening

originaire [ɔriʒinɛr] original; *être originaire de* come from

original, originale [ɔriʒinal] (*mpl* -aux) **1** *adj* original; *péj* eccentric **2** *m ouvrage* original; *personne* eccentric

originalité *f* originality

origine [ɔriʒin] *f* origin; *à l'origine* originally; *d'origine française* of French origin, French in origin; *avoir son origine dans qch* have its origins in sth

originel, originelle original; *péché m originel* REL original sin

orme [ɔrm] *m* BOT elm

ornement [ɔrnəmɑ̃] *m* ornament

ornemental, ornementale (*mpl* -aux) ornamental, decorative

ornementer ⟨1a⟩ ornament

orner [ɔrne] ⟨1a⟩ decorate (*de* with)

ornière [ɔrnjɛr] *f* rut

ornithologie [ɔrnitɔlɔʒi] *f* ornithology

orphelin, orpheline [ɔrfəlɛ̃, -in] *m/f* or-

phan
orphelinat *m* orphanage
orteil [ɔrtɛj] *m* toe
orthodoxe [ɔrtɔdɔks] orthodox
orthographe [ɔrtɔgraf] *f* spelling
orthopédique [ɔrtɔpedik] orthopedic
orthopédiste *m/f* orthopedist
orthophonie [ɔrtɔfɔni] *f* speech therapy
orthophoniste *m/f* speech therapist
ortie [ɔrti] *f* BOT nettle
os [ɔs; *pl* o] *m* bone; **trempé jusqu'aux os** F soaked to the skin
O.S. [ɔɛs] *m abr* (= **ouvrier spécialisé**) semi-skilled worker
oscillation [ɔsilasjõ] *f* PHYS oscillation; *fig* swing
osciller ⟨1a⟩ PHYS oscillate; *d'un pendule* swing; **osciller entre** *fig* waver *ou* hesitate between
osé, osée [oze] daring
oseille [ozɛj] *f* BOT sorrel
oser [oze] ⟨1a⟩: **oser faire** dare to do
osier [ozje] *m* BOT osier; **en osier** wicker
ossature [ɔsatyr] *f* skeleton, bone structure
ossements [ɔsmã] *mpl* bones
osseux, -euse ANAT bone *atr*; *visage, mains* bony
ostensible [ɔstãsibl] evident
ostentation [ɔstãtasjõ] *f* ostentation
otage [ɔtaʒ] *m* hostage
OTAN [ɔtã] *f abr* (= **Organisation du Traité de l'Atlantique Nord**) NATO (= North Atlantic Treaty Organization)
ôter [ote] ⟨1a⟩ remove, take away; *vêtement, chapeau* remove, take off; MATH take away; *tâche* remove
oto-rhino(-laryngologiste) [ɔtorino(laʀẽɡɔlɔʒist)] *m* ENT specialist, ear-nose-and-throat specialist
ou [u] *conj* or; **ou bien** or (else); **ou ... ou ...** either ... or
où [u] *adv* where; *direction* **où vas-tu?** where are you going (to)?; **d'où vient-il?** where does he come from?; **d'où l'on peut déduire que ...** from which it can be deduced that ...; **par où es-tu passé?** which way did you go?; **où que** (+ *subj*) wherever; **le jour / soir où ...** the day / evening when ...
ouais [wɛ] F yeah F
ouate [wat] *f* absorbent cotton, *Br* cotton wool
ouater ⟨1a⟩ pad, quilt
oubli [ubli] *m* forgetting; *(omission)* oversight; **tomber dans l'oubli** sink into oblivion; **un moment d'oubli** a moment's forgetfulness
oublier ⟨1a⟩ forget; **oublier de faire qch**

forget to do sth
ouest [west] **1** *m* west; **vent** *m* **d'ouest** west wind; **à l'ouest de** (to the) west of **2** *adj* west, western; **côte** *f* **ouest** *ou* western coast
oui [wi] yes; **je crois que oui** I think so; **mais oui** of course; **tu aimes ça? - oui** do you like this? - yes, I do
ouï-dire [widir] *m*: **par ouï-dire** by hearsay
ouïe [wi] *f* hearing; **ouïes** *zo* gills
ouragan [uraɡã] *m* hurricane
ourdir [urdir] ⟨2a⟩ *fig*: **ourdir un complot** hatch a plot
ourler [urle] ⟨1a⟩ hem
ourlet *m* hem
ours [urs] *m* bear
ourse *f* she-bear; **la Grande Ourse** ASTR the Great Bear
oursin [ursɛ̃] *m* ZO sea urchin
oust(e)! [ust] F (get) out!
outil [uti] *m* tool; **outil pédagogique** teaching aid
outillage *m* tools *pl*
outrage [utraʒ] *m* insult
outrager ⟨1l⟩ insult
outrageusement *adv* excessively
outrance [utrãs] *f* excessiveness; **à outrance** excessively
outre [utr] **1** *prép* (*en plus de*) apart from, in addition to; **outre mesure** excessively **2** *adv*: **en outre** besides; **passer outre à qch** ignore sth
outré, outrée [utre]: **être outré de** *ou* **par qch** be outraged by sth
outre-Atlantique *adv* on the other side of the Atlantic
outre-Manche *adv* on the other side of the Channel
outre-mer [utrəmer]: **d'outre-mer** overseas *atr*
outrepasser [utrəpase] ⟨1a⟩ exceed
outsider [awtsajdœr] *m* outsider
ouvert, ouverte [uvɛr, -t] open (*aussi fig*); **à bras ouverts** with open arms
ouvertement *adv* openly
ouverture *f* opening; MUS overture; **des ouvertures** *fig* overtures
ouvrable *adj* working; **jour** *m* **ouvrable** workday, *Br aussi* working day
ouvrage [uvraʒ] *m* work
ouvragé, ouvragée ornate
ouvrant [uvrã] AUTO: **toit** *m* **ouvrant** sun roof
ouvre-boîtes [uvrəbwat] *m* (*pl inv*) can opener, *Br* tin opener
ouvre-bouteilles *m* (*pl inv*) bottle opener
ouvrier, -ère [uvrije, -ɛr] **1** *adj* working-class; *classe* working **2** *m/f* worker; **ouvrier qualifié** skilled worker

ouvrir [uvrir] ⟨2f⟩ **1** *v/t* open; *radio, gaz* turn on **2** *v/i d'un magasin, musée* open; ***s'ouvrir*** open; *fig* open up
ovaire [ɔvɛr] *m* BIOL ovary
ovale [ɔval] *m* & *adj* oval
ovation [ɔvasjõ] *f* ovation
ovni [ɔvni] *m abr* (= ***objet volant non identifié***) UFO (= unidentified flying object)
oxyder [ɔkside] ⟨1a⟩: ***(s')oxyder*** rust
oxygène [ɔksiʒɛn] *m* oxygen
ozone [ozɔ(o)n] *m* ozone; ***trou m de la couche d'ozone*** hole in the ozone layer

P

p. *abr* (= ***page***) p; (= ***pages***) pp
pacemaker [pɛsmɛkœr] *m* pacemaker
pacifier [pasifje] ⟨1a⟩ pacify
pacifique [pasifik] **1** *adj personne* peace--loving; *coexistence* peaceful; ***l'océan Pacifique*** the Pacific Ocean **2** *m* ***le Pacifique*** the Pacific
pacifisme *m* pacifism
pacifiste *m/f* & *adj* pacifist
pacotille [pakɔtij] *f péj* junk
pacte [pakt] *m* pact
pactiser ⟨1a⟩: ***pactiser avec*** come to terms with
pagaie [pagɛ] *f* paddle
pagaïe, pagaille [pagaj] *f* F mess
paganisme [paganism] *m* paganism
pagayer [pageje] ⟨1i⟩ paddle
page [paʒ] *f page*; ***être à la page*** *fig* be up to date; ***tourner la page*** make a new start, start over; ***page d'accueil*** INFORM home page; ***pages jaunes*** yellow pages
paie, paye [pɛ] *f* pay
paiement [pɛmã] *m* payment
païen, païenne [pajɛ̃, -ɛn] *m/f* & *adj* pagan
paillard, paillarde [pajar, -d] bawdy
paillasson [pajasõ] *m* doormat
paille [paj] *f* straw
paillette [pajɛt] *f* sequin
pain [pɛ̃] *m* bread; ***un pain*** a loaf; ***pain de savon*** bar of soap; ***pain au chocolat*** chocolate croissant; ***pain de campagne*** farmhouse loaf; ***pain complet*** whole wheat *ou* Br wholemeal bread; ***pain d'épice*** gingerbread; ***petit pain*** roll; ***pain de mie*** sandwich loaf
pair, paire [pɛr] **1** *adj nombre* even **2** *m*: ***hors pair*** *succès* unequaled, *Br* unequalled; *artiste, cuisinier* unrivaled, *Br* unrivalled; ***aller de pair*** go hand in hand; ***fille f au pair*** au pair; ***être au pair*** be an au pair

paire [pɛr] *f*: ***une paire de*** a pair of
paisible [pɛzibl] peaceful; *personne* quiet
paisiblement *adv* peacefully
paître [pɛtr] ⟨4z⟩ graze
paix [pɛ] *f* peace; *(calme)* peace and quiet; ***faire la paix*** make peace; ***fiche-moi la paix!*** F leave me alone *ou* in peace!
Pakistan [pakistɑ̃]: ***le Pakistan*** Pakistan
pakistanais, pakistanaise 1 *adj* Pakistani **2** *m/f* **Pakistanais, Pakistanaise** Pakistani
palais [palɛ] *m* palace, ANAT palate; ***palais de justice*** law courts *pl*
pale [pal] *f* blade
pâle [pɑl] *adj*; *fig: style* colorless, *Br* colourless; *imitation* pale
palefrenier, -ère [palfrənje, ɛr] *m/f* groom
Palestine [palɛstin]: ***la Palestine*** Palestine
palestinien, palestinienne 1 *adj* Palestinian **2** *m/f* **Palestinien, Palestinienne** Palestinian
palette [palɛt] *f de peinture* palette
pâleur [palœr] *f* paleness, pallor
palier [palje] *m d'un escalier* landing; TECH bearing; *(phase)* stage; ***par paliers*** in stages
pâlir [palir] ⟨2a⟩ *d'une personne* go pale, pale; *de couleurs* fade
palissade [palisad] *f* fence
pallier [palje] ⟨1a⟩ alleviate; *manque* make up for
palmarès [palmarɛs] *m d'un concours* list of prizewinners; MUS charts *pl*
palme [palm] *f* BOT palm; *de natation* flipper
palmeraie [palmərɛ] *f* palm grove
palmier *m* BOT palm tree
palombe [palõb] *f* wood pigeon
pâlot, pâlotte [pɑlo, -ɔt] pale
palpable [palpabl] palpable

palper ⟨1a⟩ feel; MÉD palpate

palpitant, palpitante [palpitã, -t] *fig* exciting, thrilling

palpitations *fpl* palpitations

palpiter ⟨1a⟩ *du cœur* pound

paludisme [palydism] *m* MÉD malaria

pamphlet [pãflɛ] *m* pamphlet

pamplemousse [pãpləmus] *m* grapefruit

pan [pã] *m de vêtement* tail; *de mur* section

panache [panaʃ] *m* plume; *avoir du panache* have panache

panaché *m* shandy-gaff, *Br* shandy

pancarte [pãkart] *f* sign; *de manifestation* placard

pancréas [pãkreas] *m* ANAT pancreas

paner [pane] ⟨1a⟩ coat with breadcrumbs; *poisson m pané* breaded fish

panier [panje] *m* basket; *panier à provisions* shopping basket

panique [panik] **1** *adj*: *peur f panique* panic **2** *f* panic

paniquer ⟨1a⟩ panic

panne [pan] *f* breakdown; *être ou rester en panne* break down; *tomber en panne sèche* run out of gas *ou Br* petrol; *en panne* broken down; *panne d'électricité* power outage; *panne f* power failure

panneau [pano] *m* (*pl* -x) board; TECH panel; *panneau d'affichage* billboard; *panneau publicitaire* billboard, *Br aussi* hoarding; *panneau de signalisation* roadsign; *panneau solaire* solar panel

panonceau [panõso] *m* (*pl* -x) plaque

panoplie [panɔpli] *f fig* range

panorama [panɔrama] *m* panorama

panoramique panoramic

panse [pãs] *f* F belly

pansement [pãsmã] *m* dressing

panser ⟨1a⟩ *blessure* dress; *cheval* groom

pantalon [pãtalõ] *m* pants *pl*, *Br* trousers *pl*; *un pantalon* a pair of pants

pantelant, pantelante [pãtlã, -t] panting

panthère [pãtɛr] *f* panther

pantin [pãtɛ̃] *m péj* puppet

pantois [pãtwa] *adj inv*: *rester pantois* be speechless

pantouflard [pãtuflar] *m* F stay-at-home

pantoufle [pãtufl] *f* slipper

PAO [peao] *f abr* (= *publication assistée par ordinateur*) DTP (= desk-top publishing)

paon [pã] *m* peacock

papa [papa] *m* dad

papal, papale [papal] (*mpl* -aux) REL papal

papauté *f* REL papacy

pape [pap] *m* REL pope

paperasse [papras] *f* (*souvent au pl* paperasses) *péj* papers *pl*

papeterie [papetri] *f magasin* stationery store, *Br* stationer's; *usine* paper mill

papetier, -ère *m/f* stationer

papi, papy [papi] *m* F grandpa

papier [papje] *m* paper; *papiers* papers, documents; *papier (d')aluminium* kitchen foil; *papier hygiénique* toilet tissue; *papiers d'identité* identification, ID; *papier à lettres* notepaper; *papier peint* wallpaper

papillon [papijõ] *m* butterfly; TECH wing nut; F (*contravention*) parking ticket; *nœud m papillon* bow tie; (*brasse f*) *papillon* butterfly (stroke)

papoter [papɔte] ⟨1a⟩ F shoot the breeze, *Br* chat

paquebot [pakbo] *m* liner

pâquerette [pakrɛt] *f* BOT daisy

Pâques [pak] *m/sg ou fpl* Easter; *à Pâques* at Easter; *joyeuses Pâques!* happy Easter

paquet [pakɛ] *m* packet; *de sucre, café* bag; *de la poste* parcel, package

par [par] *prép* ◊ *lieu* through; *par la porte* through the door; *regarder par la fenêtre de l'extérieur* look in at the window; *de l'intérieur* look out of the window; *tomber par terre* fall down; *assis par terre* sitting on the ground; *passer par Denver* go through *ou* via Denver

◊ *temps*: *par beau temps* in fine weather; *par une belle journée* one fine day

◊ *raison*: *par conséquent* consequently; *par curiosité* out of curiosity; *par hasard* by chance; *par malheur* unfortunately;

◊ *agent du passif* by; *il a été renversé par une voiture* he was knocked over by a car; *faire qch par soi-même* do sth by o.s.

◊ *moyen*: *par bateau* by boat; *partir par le train* leave by train; *par la poste* by mail

◊ *mode* by; *par centaines* in their hundreds; *par avion* by airmail; *par cœur* by heart; *par écrit* in writing; *prendre qn par la main* take s.o. by the hand

◊ MATH: *diviser par quatre* divide by four;

◊ *distributif*: *par an* a year, per annum; *par jour* a day; *par tête* each, a *ou* per head;

◊: *commencer / finir par faire qch* start / finish by doing sth

◊: *de par le monde* all over the world; *de par sa nature* by his very nature

para [para] *m* MIL *abr* → *parachutiste*

parabole [parabɔl] *f* parable; MATH parabola

parabolique: *antenne f parabolique* satellite dish

paracétamol [parasetamɔl] *m* paracetamol

parachute [paraʃyt] *m* parachute; *sauter en parachute* parachute out

parachuter ⟨1a⟩ parachute

parachutiste *m/f* parachutist; MIL paratrooper

parade [parad] *f* (défilé) parade; *en escrime* parry; *à un argument* counter

paradis [paradi] *m* heaven, paradise

paradoxal, paradoxale [paradɔksal] (*mpl* -aux) paradoxical

paradoxe *m* paradox

parages [paraʒ] *mpl*: *dans les parages de* in the vicinity of; *est-ce que Philippe est dans les parages?* is Philippe around?

paragraphe [paragraf] *m* paragraph

paraître [parɛtr] ⟨4z⟩ appear; *d'un livre* come out, be published; *il paraît que* it seems that, it would appear that; *à ce qu'il paraît* apparently; *elle paraît en pleine forme* she seems to be in top form; *cela me paraît bien compliqué* it looks very complicated to me; *laisser paraître* show

parallèle [paralɛl] **1** *adj* parallel (*à* to) **2** *f* MATH parallel (line) **3** *m* GÉOGR parallel (*aussi fig*)

paralyser [paralize] ⟨1a⟩ paralyse; *fig: circulation, production, ville* paralyse, bring to a standstill

paralysie *f* paralysis

paralytique paralytic

paramédical, paramédicale [paramedikal] paramedical

paramètre [parametr] *m* parameter

parano [parano] F paranoid

paranoïaque [paranɔjak] *m/f* & *adj* paranoid

paranormal, paranormale [paranɔrmal] paranormal

parapente [parapãt] *m* paraglider; *activité* paragliding

parapet [parapɛ] *m* parapet

parapharmacie [parafarmasi] *f* (non-dispensing) pharmacy; *produits toiletries pl*

paraphrase [parafrɑz] *f* paraphrase

paraplégique [parapleʒik] *m/f* & *adj* paraplegic

parapluie [paraplɥi] *m* umbrella

parapsychique [parapsiʃik] psychic

parascolaire [paraskɔlɛr] extracurricular

parasite [parazit] **1** *adj* parasitic **2** *m* parasite; *fig* parasite, sponger; *parasites radio* interference *sg*

parasol [parasɔl] *m* parasol; *de plage* beach umbrella

paratonnerre [paratɔnɛr] *m* lightning rod, *Br* lightning conductor

paravent [paravã] *m* windbreak

parc [park] *m* park; *pour enfant* playpen; *parc de stationnement* parking lot, *Br* car park

parcelle [parsɛl] *f de terrain* parcel

parce que [parsk] *conj* because

parchemin [parʃəmɛ̃] *m* parchment

par-ci [parsi] *adv*: *par-ci, par-là espace* here and there; *temps* now and then

parcimonie [parsimɔni] *f*: *avec parcimonie* sparingly, parcimoniously

parcmètre [parkmetr] *m* (parking) meter

parcourir [parkurir] ⟨2i⟩ *région* travel through; *distance* cover; *texte* read quickly, skim

parcours [parkur] *m* route; *course d'automobiles* circuit; *accident m de parcours* snag

par-derrière [parderjer] *adv* from behind

par-dessous [pardəsu] *prép* & *adv* underneath

pardessus [pardəsy] *m* overcoat

par-dessus [pardəsy] *prép* & *adv* over

par-devant [pardəvã] *adv emboutir* from the front

pardon [pardõ] *m* forgiveness; *pardon!* sorry!; *pardon?* excuse me?, *Br aussi* sorry?; *demander pardon à qn* say sorry to s.o.

pardonner ⟨1a⟩: *pardonner qch à qn* forgive s.o. sth

pare-brise [parbriz] *m* (*pl inv*) AUTO windshield, *Br* windscreen

pare-chocs [parʃɔk] *m* (*pl inv*) AUTO bumper

pareil, pareille [parɛj] **1** *adj* (*semblable*) similar (*à* to); (*tel*) such; *sans pareil* without parallel; *elle est sans pareille* there's nobody like her; *c'est du pareil au même* F it comes to the same thing; *c'est toujours pareil* it's always the same **2** *adv*: *habillés pareil* similarly dressed, dressed the same way

parent, parente [parã, -t] **1** *adj* related **2** *m/f* relative; *parents (mère et père)* parents

parental parental

parenté *f* relationship

parenthèse [parãtez] *f* parenthesis, *Br* (round) bracket; (*digression*) digression; *entre parenthèses* in parentheses; *fig* by the way

parer [pare] ⟨1a⟩ *attaque* ward off; *en escrime* parry

pare-soleil [parsɔlej] *m* sun visor

paresse [parɛs] f laziness

paresser ⟨1b⟩ laze around

paresseux, -euse lazy

parfaire [parfɛr] ⟨1b⟩ perfect; *travail* complete

parfait, parfaite 1 *adj* perfect; *before the noun* complete **2** *m* GRAM perfect (tense)

parfaitement *adv* perfectly; *comme réponse* absolutely

parfois [parfwa] *adv* sometimes, on occasions

parfum [parfɛ̃, -œ̃] *m* perfume; *d'une glace* flavor, *Br* flavour

parfumé, parfumée [parfyme] scented; *femme* wearing perfume

parfumer ⟨1a⟩ *(embaumer)* scent

parfumerie f perfume store; *produits perfumes pl*

pari [pari] *m* bet

paria [parja] *m fig* pariah

parier [parje] ⟨1a⟩ bet

Paris [pari] *m* Paris

parisien, parisienne 1 *adj* Parisian, of / from Paris **2** *m/f* **Parisien, Parisienne** Parisian

paritaire [pariter] parity *atr*

parité f ÉCON parity

parjure [parʒyr] *litt* **1** *m* perjury **2** *m/f* perjurer

parka [parka] *m* parka

parking [parkiŋ] *m* parking lot, *Br* car park; *édifice* parking garage, *Br* car park

parlant, parlante [parlɑ̃, -t] *comparaison* striking; *preuves, chiffres* decisive

parlé, parlée spoken

Parlement [parləmɑ̃] *m* Parliament

parlementaire 1 *adj* Parliamentary **2** *m/f* Parliamentarian

parlementer [parləmɑ̃ter] ⟨1a⟩ talk (*avec qn de qch* to s.o. about sth)

parler [parle] ⟨1a⟩ **1** *v/i* speak, talk (*à, avec* to; *de* about); **sans parler de** not to mention; *tu parles!* F you bet!; *refus* you're kidding! **2** *v/t*: *parler affaires* talk business; *parler anglais* speak English; *parler politique* talk politics **3** *m* speech; *parler régional* regional dialect

parloir *m* REL parlor, *Br* parlour

parmi [parmi] *prép* among; *ce n'est qu'un exemple parmi tant d'autres* it's just one example (out of many)

parodie [parɔdi] f parody

parodier ⟨1a⟩ parody

paroi [parwa] f partition

paroisse [parwas] f REL parish

paroissien, paroissienne *m/f* REL parishioner

parole [parɔl] f (*mot, engagement*) word; *faculté* speech; *parole d'honneur* word

of honor *ou Br* honour; *donner la parole à qn* give s.o. the floor; *donner sa parole* give one's word; *paroles de chanson* words, lyrics

parolier, -ère *m/f* lyricist

parquer [parke] ⟨1m⟩ *bétail* pen; *réfugiés* dump

parquet [parke] *m* (parquet) floor; JUR public prosecutor's office

parrain [parɛ̃] *m* godfather; *dans un club* sponsor

parrainer ⟨1b⟩ sponsor

parsemer [parsəme] ⟨1d⟩ sprinkle (*de* with)

part [par] f share; (*fraction*) part, portion; *pour ma part* for my part, as far as I'm concerned; *faire part de qch à qn* inform s.o. of sth; *faire la part des choses* make allowances; *prendre part à* take part in; *chagrin* share (in); *de la part de qn* from s.o., in *ou Br* on behalf of s.o.; *d'une part ... d'autre part* on the one hand ... on the other hand; *autre part* elsewhere; *nulle part* nowhere; *quelque part* somewhere; *à part traiter etc* separately; *un cas à part* a case apart; *à part cela* apart from that; *prendre qn à part* take s.o. to one side

partage [partaʒ] *m* division; *partage des tâches (ménagères)* sharing the housework

partager ⟨1l⟩ share; (*couper, diviser*) divide (up)

partance [partɑ̃s] f: *en partance bateau* about to sail; *avion* about to take off; *train* about to leave; *en partance pour ...* bound for ...

partant [partɑ̃] *m* SP starter

partenaire [partəner] *m/f* partner

parterre [parter] *m/f* de fleurs bed; *au théâtre* rear orchestra, *Br* rear stalls *pl*

parti¹ [parti] *m* side; POL party; *prendre parti pour* side with, take the side of; *prendre parti contre* side against; *prendre le parti de faire qch* decide to so sth; *tirer parti de qch* turn sth to good use; *parti pris* preconceived idea

parti², partie [parti] **1** *p/p → partir* **2** *adj* F: *être parti* (*ivre*) be tight

partial, partiale [parsjal] (*mpl* -aux) biassed, prejudiced

partialité f bias, prejudice

participant, participante [partisipɑ̃, -t] *m/f* participant

participation f participation; *participation aux bénéfices* profit sharing; *participation aux frais* contribution

participer ⟨1a⟩: *participer à* participate in, take part in; *bénéfices* share; *frais con-*

tribute to; *douleur, succès* share in
particularité [partikylarite] *f* special feature, peculiarity
particule [partikyl] *f* particle
particulier, -ère [partikylje, -er] **1** *adj* particular, special; *privé* private; **particulier à** characteristic of, peculiar to; **en particulier** in particular **2** *m* (private) individual
particulièrement *adv* particularly
partie [parti] *f* part (*aussi* MUS); *de boules, cartes, tennis* game; JUR party; *lutte* struggle; **en partie** partly; **faire partie de qch** be part of sth
partiel, partielle [parsjel] partial; **un (examen) partiel** an exam
partir [partir] ⟨2b⟩ (*aux être*) leave (**à, pour** for); SP start; *de la saleté* come out; **partir de qch** (*provenir de*) come from sth; **si on part du fait que ...** if we take as our starting point the fact that ...; **en partant de** (starting) from; **à partir de** (starting) from, with effect from
partisan, partisane [partizɑ̃, -an] *m/f* supporter; MIL partisan; **être partisan de qch** be in favor *ou* Br favour of sth
partition [partisjɔ̃] *f* MUS score; POL partition
partout [partu] *adv* everywhere
paru, parue [pary] *p/p* → **paraître**
parure [paryr] *f* finery; *de bijoux* set; **parure de lit** set of bed linen
parution [parysjɔ̃] *f d'un livre* appearance
parvenir [parvənir] ⟨2h⟩ (*aux être*) arrive; **parvenir à un endroit** reach a place, arrive at a place; **faire parvenir qch à qn** forward sth to s.o.; **parvenir à faire qch** manage to do sth, succeed in doing sth
parvenu, parvenue [parvəny] *m/f* upstart, parvenu *fml*
pas[1] [pɑ] *m* step, pace; **faux pas** stumble; *fig* blunder, faux pas; **pas à pas** step by step; **le Pas de Calais** the Straits *pl* of Dover
pas[2] [pɑ] *adv* ◇ not; **pas lui** not him; **tous les autres sont partis, mais pas lui** all the others left, but not him *ou* but he didn't
◇ **: ne ... pas** not; **il ne pleut pas** it's not raining; **il n'a pas plu** it didn't rain; **j'ai décidé de ne pas accepter** I decided not to accept
passable [pasabl] acceptable
passage [pasaʒ] *m* passage; *fig* (*changement*) changeover; *passage à niveau* grade crossing, Br level crossing; **de passage** passing; **passage clouté** crosswalk, Br pedestrian crossing
passager, -ère 1 *adj* passing, fleeting **2**

m/f passenger; **passager clandestin** stowaway
passant, passante [pasɑ̃, -t] *m/f* passerby
passe [pɑs] *f* SP pass
passé, passée [pase] **1** *adj* past **2** *prép*: **passé dix heures** past *ou* after ten o'clock **3** *m* past; **passé composé** GRAM perfect
passe-partout [paspartu] *m* (*pl inv*) skeleton key
passe-passe [paspas] *m*: **tour** *m* **de passe-passe** conjuring trick
passeport [paspɔr] *m* passport
passer [pase] ⟨1a⟩ *v/i* (*aux être*) *d'une personne, du temps, d'une voiture* pass, go past; *d'une loi* pass; *d'un film* show; **passer avant** take precedence over sth; **je suis passé chez Sophie** I dropped by Sophie's place; **passer dans une classe supérieure** move up to a higher class; **passer de mode** go out of fashion; **passer devant la boulangerie** go past the bakery; **passer en seconde** AUTO shift into second; **passer pour qch** pass as sth; **passer sur qch** go over sth; **faire passer** *personne* let past; *plat, journal* pass, hand; **laisser passer** *personne* let past; *lumière* let in *ou* through; *chance* let slip; **en passant** in passing **2** *v/t rivière, frontière* cross; (*omettre*) ligne miss (out); *temps* spend; *examen* take, Br *aussi* sit; *vêtement* slip on; CUIS strain; *film* show; *contrat* enter into; **passer qch à qn** pass so. sth, pass sth to s.o.; **passer l'aspirateur** vacuum; **passer qch sous silence** pass over sth in silence **3**: **se passer** (*se produire*) happen; **se passer de qch** do without sth
passerelle [pasrel] *f* footbridge; MAR gangway; AVIAT steps *pl*
passe-temps [pɑstɑ̃] *m* (*pl inv*) hobby, pastime
passible [pasibl] JUR: **être passible d'une peine** be liable to a fine
passif, -ive [pasif, -iv] **1** *adj* passive **2** *m* GRAM passive; COMM liabilities *pl*
passion [pasjɔ̃] *f* passion
passionnant, passionnante [pasjɔnɑ̃, -t] thrilling, exciting
passionné, passionnée 1 *adj* passionate **2** *m/f* enthusiast; **être un passionné de...** be crazy about ...
passionner ⟨1a⟩ thrill, excite; **se passionner pour qch** have a passion for sth, be passionate about sth
passivité [pasivite] *f* passiveness, passivity
passoire [paswar] *f* sieve

pastel [pastɛl] *m* pastel; *couleurs pastel* pastel colors

pastèque [pastɛk] *f* BOT watermelon

pasteur [pastœr] *m* REL pastor

pasteuriser [pastœrize] ⟨1a⟩ pasteurize

pastiche [pastiʃ] *m* pastiche

pastille [pastij] *f* pastille

patate [patat] *f* F potato, spud F

patauger [patoʒe] ⟨1l⟩ flounder

pâte [pɑt] *f* paste; CUIS *à pain* dough; *à tarte* pastry; *pâtes* pasta *sg*; *pâte d'amandes* almond paste; *pâte dentifrice* toothpaste; *pâte feuilletée* flaky pastry

pâté [pate] *m* paté; *pâté de maisons* block of houses

patère [patɛr] *f* coat peg

paternaliste [patɛrnalist] paternalistic

paternel, paternelle paternal

paternité [patɛrnite] *f* paternity; *congé de paternité* paternity leave

pâteux, -euse [patø, -z] doughy; *bouche* dry

pathétique [patetik] touching; F (*mauvais*) pathetic

pathologie [patɔlɔʒi] *f* pathology

pathologique pathological

pathologiste *m/f* pathologist

patibulaire [patibylɛr] sinister

patience [pasjɑ̃s] *f* patience

patient, patiente *m/f* & *adj* patient

patienter ⟨1a⟩ wait

patin [patɛ̃] *m*: *faire du patin* go skating; *patin (à glace)* (ice)skate; *patin à roulettes* roller skate

patinage *m* skating; *patinage artistique* figure skating

patiner ⟨1a⟩ skate; AUTO skid; *de roues* spin

patineur, -euse *m/f* skater

patinoire *f* skating rink

pâtisserie [patisri] *f magasin* cake shop; *gâteaux* pastries, cakes

pâtissier, -ère *m/f* pastrycook

patois [patwa] *m* dialect

patraque [patrak] F: *être patraque* be feeling off-color *ou* Br off-colour

patriarche [patrijarʃ] *m* patriarch

patrie [patri] *f* homeland

patrimoine [patrimwan] *m* heritage (*aussi* fig); *patrimoine culturel* fig cultural heritage

patriote [patrijɔt] **1** *adj* patriotic **2** *m/f* patriot

patriotique patriotic

patriotisme *m* patriotism

patron [patrõ] *m* boss; (*propriétaire*) owner; *d'une auberge* landlord; REL patron saint; TECH stencil; *de couture* pattern

patronal, patronale employers' *atr*

patronat *m* POL employers

patronne *f* boss; (*propriétaire*) owner; *d'une auberge* landlady; REL patron saint

patronner ⟨1a⟩ sponsor

patrouille [patruj] *f* MIL, *de police* patrol

patrouiller ⟨1a⟩ patrol

patte [pat] *f* paw; *d'un oiseau* foot; *d'un insecte* leg; ⟨1⟩ hand, paw *péj*: *graisser la patte à qn* fig F grease s.o.'s palm; *pattes d'oie* crow's feet

pâturage [patyraʒ] *m* pasturage

paume [pom] *f* palm; (*jeu m de*) *paume* royal tennis

paumé, paumée [pome] F lost

paumer ⟨1a⟩ F lose

paupière [popjɛr] *f* eyelid

pause [poz] *f* (*silence*) pause; (*interruption*) break; *pause-café* coffee break; *pause-déjeuner* lunch break

pauvre [povr] **1** *adj* poor; *pauvre en calories* low in calories **2** *m/f* poor person; *les pauvres* the poor *pl*

pauvreté [povrəte] *f* poverty

pavaner [pavane] ⟨1a⟩: *se pavaner* strut around

pavé [pave] *m* paving; (*chaussée*) pavement, Br road surface; *pierres rondes* cobbles *pl*, cobblestones *pl*; *un pavé* a paving stone; *rond* a cobblestone

paver ⟨1a⟩ pave

pavillon [pavijõ] *m* (*maisonnette*) small house; MAR flag

pavot [pavo] *m* BOT poppy

payable [pɛjabl] payable

payant, payante [pɛjɑ̃, -t] *spectateur* paying; *parking* which charges; fig profitable, worthwhile

paye [pɛj] *f* → *paie*

payement [pɛjmɑ̃] *m* → *paiement*

payer [pɛje] ⟨1i⟩ **1** *v/t* pay; *payer qch dix euros* pay ten euros for sth; *payer qch à qn* buy sth for s.o. **2** *v/i* pay **3**: *se payer qch* treat o.s. to sth

pays [pei] *m* country; *pays membre de l'UE* member country; *mal m du pays* homesickness; *le Pays basque* the Basque country

paysage [peizaʒ] *m* landscape

paysager, -ère landscaped; *bureau m paysager* open plan office

paysagiste *m/f*: (*architecte m*) *paysagiste* landscape architect

paysan, paysanne [peizɑ̃, -an] **1** *m/f* small farmer; HIST peasant **2** *adj mœurs* country *atr*

Pays-Bas [peiba] *mpl*: *les Pays-Bas* the Netherlands

PC [pese] *m abr* (= *personal computer*) PC (= personal computer); (= *Parti com-*

muniste) CP (= Communist Party)

PCV [peseve] *m abr* (= **paiement contre vérification**): **appel en PCV** collect call

PDG [pedeʒe] *m abr* (= **président-directeur général**) President, CEO (= Chief Executive Officer)

péage [peaʒ] *m* AUTO tollbooth; **autoroute à péage** turnpike, toll road

peau [po] *f* (*pl* -x) skin; *cuir* hide, leather

pêche[1] [pɛʃ] *f* BOT peach

pêche[2] [pɛʃ] *f* fishing; *poissons* catch

péché [peʃe] *m* sin; **péché mignon** peccadillo

pécher ⟨1f⟩ sin; **pécher par** suffer from an excess of

pêcher[1] [peʃe] *m* BOT peach tree

pêcher[2] [peʃe] ⟨1b⟩ **1** *v/t* fish for; (*attraper*) catch **2** *v/i* fish; **pêcher à la ligne** go angling

pêcheur, -eresse [pɛʃœr, -ʃ(ə)rɛs] *m/f* sinner

pêcheur [pɛʃœr] *m* fisherman; **pêcheur à la ligne** angler

pécule [pekyl] *m* nest egg

pécuniaire [pekynjɛr] pecuniary

pédagogie [pedagɔʒi] *f* education, teaching

pédagogique educational; *méthode* teaching

pédagogue *m/f* educationalist; (*professeur*) teacher

pédale [pedal] *f* pedal; **pédale de frein** brake pedal

pédaler ⟨1a⟩ pedal

pédalo [pedalo] *m* pedal boat, pedalo

pédant, pédante [pedã, -t] pedantic

pédé [pede] *m* F faggot F, *Br* poof F

pédéraste [pederast] *m* homosexual, pederast

pédestre [pedɛstr]: **sentier** *m* **pédestre** footpath; **randonnée** *f* **pédestre** hike

pédiatre [pedjatr] *m/f* MÉD pediatrician

pédiatrie *f* pediatrics

pédicure [pedikyr] *m/f* podiatrist, *Br* chiropodist

pedigree [pedigre] *m* pedigree

pègre [pɛgr] *f* underworld

peigne [pɛɲ] *m* comb

peigner ⟨1b⟩ comb; **se peigner** comb one's hair

peignoir *m* robe, *Br* dressing gown

peindre [pɛ̃dr] ⟨4b⟩ paint; (*décrire*) depict

peine [pɛn] *f* (*punition*) punishment; (*effort*) trouble; (*difficulté*) difficulty; (*chagrin*) grief, sorrow; **peine capitale** capital punishment; **ce n'est pas la peine** there's no point, it's not worth it; **valoir la peine de faire qch** be worth doing sth; **avoir de la peine à faire qch** have difficulty doing sth, find it difficult to do sth; **prendre la peine de faire qch** go to the trouble to do sth; **faire de la peine à qn** upset s.o.; **à peine** scarcely, hardly

peiner [pene] ⟨1b⟩ **1** *v/t* upset **2** *v/i* labor, *Br* labour

peintre [pɛ̃tr] *m* painter

peinture [pɛ̃tyr] *f* paint; *action, tableau* painting; *description* depiction

péjoratif, -ive [peʒɔratif, -iv] pejorative

pelage [pəlaʒ] *m* coat

pêle-mêle [pɛlmɛl] *adv* pell-mell

peler [pəle] ⟨1d⟩ peel

pèlerin [pɛlrɛ̃] *m* pilgrim

pèlerinage *m* pilgrimage; *lieu* place of pilgrimage

pélican [pelikã] *m* pelican

pelle [pɛl] *f* spade; **pelle à gâteau** cake slice; **... à la pelle** huge quantities of ...

pelleteuse [pɛltøz] *f* mechanical shovel, digger

pellicule [pelikyl] *f* film; **pellicules** dandruff *sg*

pelote [p(ə)lɔt] *f* de fil ball

peloter [p(ə)lɔte] ⟨1a⟩ F grope, feel up

peloton [p(ə)lɔtɔ̃] *m* ball; MIL platoon; SP pack, bunch

pelotonner ⟨1a⟩ wind into a ball; **se pelotonner** curl up; **se pelotonner contre qn** snuggle up to s.o.

pelouse [p(ə)luz] *f* lawn

peluche [p(ə)lyʃ] *f* jouet cuddly *ou* soft toy; **faire des peluches** de tissu etc go fluffy *ou* picky; **ours** *m* **en peluche** teddy bear

pelure [p(ə)lyr] *f* de fruit peel

pénal, pénale [penal] (*mpl* -aux) JUR penal

pénalisation *f* SP penalty

pénaliser ⟨1a⟩ penalize

pénalité *f* penalty

penalty [penalti] *m* SP penalty

penaud, penaude [pəno, -d] hangdog, sheepish

penchant [pɑ̃ʃɑ̃] *m* fig (*inclination*) liking, penchant

pencher [pɑ̃ʃe] ⟨1a⟩ **1** *v/t pot* tilt; *penché écriture* sloping; **pencher la tête en avant** bend *ou* lean forward **2** *v/i* lean; *d'un plateau* tilt; **pencher pour qch** fig lean *ou* tend toward sth; **se pencher au dehors** lean out; **se pencher sur** fig: *problème* examine

pendaison [pɑ̃dɛzɔ̃] *f* hanging

pendant[1] [pɑ̃dɑ̃] **1** *prép* during; *avec chiffre* for; **elle a habité ici pendant trois ans** she lived here for three years **2** *conj*: **pendant que** while

pendant[2], **pendante** [pɑ̃dɑ̃, -t] *oreilles*

pendulous; (en instance) pending
pendentif m pendant
penderie [pɑ̃dri] f armoire, Br wardrobe
pendiller [pɑ̃dije] ⟨1a⟩ dangle
pendre [pɑ̃dr] ⟨4a⟩ **1** v/t hang (up); condamné hang **2** v/i hang; **se pendre** hang o.s.
pendule [pɑ̃dyl] **1** m pendulum **2** f (horloge) clock
pénétration [penetrasjɔ̃] f penetration; fig (acuité) shrewdness
pénétrer ⟨1f⟩ **1** v/t liquide, lumière pénétrate; pensées, personne fathom out **2** v/i: **pénétrer dans** penetrate; maison, bureaux get into
pénible [penibl] travail laborious; vie hard; nouvelle, circonstances painful; caractère difficult
péniblement adv (avec difficulté) laboriously; (à peine) only just, barely; (avec douleur) painfully
péniche [peniʃ] f barge
pénicilline [penisilin] f penicillin
péninsule [penɛ̃syl] f peninsula
pénis [penis] m penis
pénitence [penitɑ̃s] f REL penitence; (punition) punishment
pénitencier m penitentiary, Br prison
pénombre [penɔ̃br] f semi-darkness
pense-bête [pɑ̃sbet] m reminder
pensée [pɑ̃se] f thought; BOT pansy
penser [pɑ̃se] ⟨1a⟩ **1** v/i think; **penser à** (réfléchir à, s'intéresser à) think of, think about; **faire penser à qch** be reminiscent of sth; **faire penser à qn à faire qch** remind s.o. to do sth **2** v/t think; (imaginer) imagine; **penser faire qch** (avoir l'intention) be thinking of doing sth; **penser de** think of, think about
penseur m thinker
pensif, -ive thoughtful
pension [pɑ̃sjɔ̃] f (allocation) allowance; logement rooming house, Br boarding house; école boarding school; **pension alimentaire** alimony; **pension complète** American plan, Br full board
pensionnaire m/f d'un hôtel guest; écolier boarder
pensionnat m boarding school
pente [pɑ̃t] f slope; **en pente** sloping; **être sur une mauvaise pente** fig be on a slippery slope
Pentecôte [pɑ̃tkot]: **la Pentecôte** Pentecost
pénurie [penyri] f shortage (**de** of)
pépin [pepɛ̃] m de fruit seed; **avoir un pépin** F have a problem
pépinière [pepinjer] f nursery
pépite [pepit] f nugget

perçant, perçante [persɑ̃, -t] regard, froid piercing
percée f breakthrough
percepteur [perseptœr] m tax collector
perceptible perceptible
perception f perception; des impôts collection; bureau tax office
percer [perse] ⟨1k⟩ **1** v/t mur, planche make a hole in; porte make; (transpercer) pierce **2** v/i du soleil break through
perceuse f drill
percevoir [persəvwar] ⟨3a⟩ perceive; argent, impôts collect
perche [perʃ] f zo perch; en bois, métal pole
percher ⟨1a⟩: **(se) percher** d'un oiseau perch; F live
perchiste m pole vaulter
perchoir m perch
percolateur [perkolatœr] m percolator
percussion [perkysjɔ̃] f MUS percussion
percutant, percutante fig powerful
percuter ⟨1a⟩ crash into
perdant, perdante [perdɑ̃, -t] **1** adj losing **2** m/f loser
perdre [perdr] ⟨4a⟩ v/t lose; **perdre courage** lose heart; **perdre une occasion** miss an opportunity, let an opportunity slip; **perdre son temps** waste one's time; **perdre connaissance** lose consciousness; **se perdre** disparaître disappear, vanish; d'une personne get lost **2** v/i: **perdre au change** lose out
perdrix [perdri] f partridge
perdu, perdue [perdy] **1** p/p → **perdre 2** adj lost; occasion missed; endroit remote; balle stray; emballage, verre non-returnable
père [per] m father (aussi REL)
perfection [perfeksjɔ̃] f perfection
perfectionnement m perfecting
perfectionner ⟨1a⟩ perfect; **se perfectionner en anglais** improve one's English
perfectionniste m/f & adj perfectionist
perfide [perfid] treacherous
perfidie f treachery
perforatrice [perforatris] f pour cuir, papier punch
perforer ⟨1a⟩ perforate; cuir punch
performance [performɑ̃s] f performance
performant, performante high-performance
perfusion [perfyzjɔ̃] f MÉD drip
péril [peril] m peril
périlleux, -euse perilous
périmé, périmée [perime] out of date
périmètre [perimetr] m MATH perimeter; **dans un périmètre de 25 km** within a

25km radius

période [perjɔd] *f* period (*aussi* PHYS); **période de transition** transitional period *ou* phase; **en période de** in times of

périodique 1 *adj* periodic **2** *m* periodical

péripéties [peripesi] *fpl* ups and downs

périphérie [periferi] *f d'une ville* outskirts *pl*

périphérique *m & adj*: (**boulevard** *m*) **périphérique** beltway, *Br* ringroad

périple [peripl] *m* long journey

périr [perir] ⟨2a⟩ perish

périscope [periskɔp] *m* periscope

périssable [perisabl] perishable

péritel [peritel]: **prise** *f* **péritel** scart

perle [perl] *f* pearl; (*boule percée*) bead; *fig: personne* gem; *de sang* drop

perler [perle]: *la sueur perlait sur son front* he had beads of sweat on his forehead

permanence [permanãs] *f* permanence; *être de permanence* be on duty; *en permanence* constantly

permanent, permanente 1 *adj* permanent **2** *f coiffure* perm

perméable [permeabl] permeable

permettre [permetr] ⟨4p⟩ allow, permit; *permettre à qn de faire qch* allow s.o. to do sth; *permettre qch à qn* allow s.o. sth; *se permettre qch* allow o.s. sth

permis [permi] *m* permit; *passer son permis* sit one's driving test; *permis de conduire* driver's license, *Br* driving licence; *permis de séjour* residence permit; *permis de travail* work permit

permissif, -ive [permisif, -iv] permissive

permission *f* permission; MIL leave

Pérou [peru]: *le Pérou* Peru

perpendiculaire [perpãdikyler] perpendicular (*à* to)

perpétrer [perpetre] ⟨1f⟩ JUR perpetrate

perpétuel, perpétuelle [perpetyel] perpetual

perpétuellement *adv* perpetually

perpétuer [perpetye] ⟨1n⟩ perpetuate

perpétuité *f*: *à perpétuité* in perpetuity; JUR *condamné* to life imprisonment

perplexe [perpleks] perplexed, puzzled; *laisser perplexe* puzzle

perplexité *f* perplexity

perquisitionner [perkizisjɔne] ⟨1a⟩ JUR carry out a search

perron [perõ] *m* steps *pl*

perroquet [perɔke] *m* parrot

perruche [peryʃ] *f* zo budgerigar

perruque [peryk] *f* wig

persan, persane [persã, -an] **1** *adj* Persian **2** *m/f* Persan, Persane Persian

persécuter [persekyte] ⟨1a⟩ persecute

persécution *f* persecution

persévérance [perseverãs] *f* perseverance

persévérant, persévérante persevering

persévérer ⟨1f⟩ persevere

persienne [persjen] *f* shutter

persil [persi] *m* BOT parsley

Persique [persik]: *golfe m Persique* Persian Gulf

persistance [persistãs] *f* persistence

persister ⟨1a⟩ persist; *persister dans sa décision* stick to one's decision; *persister à faire qch* persist in doing sth

personnage [persɔnaʒ] *m* character; (*dignitaire*) important person

personnaliser [personalize] ⟨1b⟩ personalize

personnalité [personalite] *f* personality

personne¹ [person] *f* person; *deux personnes* two people; *grande personne* grown-up; *en personne* in person, personally; *par personne* per person, each; *les personnes âgées* the old *pl*, old people *pl*

personne² [person] *pron* ◊ no-one, nobody; *personne ne le sait* no-one *ou* nobody knows; *il n'y avait personne* no-one was there, there wasn't anyone there; *je ne vois jamais personne* I never see anyone

◊ *qui que ce soit* anyone, anybody; *sans avoir vu personne* without seeing anyone *ou* anybody

personnel, personnelle [personel] **1** *adj* personal; *conversation, courrier* private **2** *m* personnel *pl*, staff *pl*

personnellement *adv* personally

personnifier [personifje] ⟨1a⟩ personify

perspective [perspektiv] *f* perspective; *fig: pour l'avenir* prospect; (*point de vue*) viewpoint, perspective; *avoir qch en perspective* have sth in prospect

perspicace [perspikas] shrewd

perspicacité *f* shrewdness

persuader [persɥade] ⟨1a⟩ persuade (*de faire qch* to do sth; *de qch* of sth); *je ne suis pas persuadé que ...* I'm not convinced that ...; *se persuader de qch* convince o.s. of sth; *se persuader que* convince o.s. that

persuasif, -ive persuasive

persuasion *f* persuasion; *don* persuasiveness

perte [pert] *f* loss; *fig* (*destruction*) ruin; *à perte vendre* at a loss; *à perte de vue* as far as the eye can see; *une perte de temps* a waste of time

pertinent, pertinente [pertinã, -t] relevant

perturbateur, -trice [pɛrtyrbatœr, -tris] disruptive; *être un élément perturbateur* be a disruptive influence

perturbation *f météorologique, politique* disturbance; *de trafic* disruption

perturber ⟨1a⟩ *personne* upset; *trafic* disrupt

péruvien, péruvienne [peryvjɛ̃, -ɛn] **1** *adj* Peruvian **2** *m/f* **Péruvien, Péruvienne** Peruvian

pervers, perverse [pɛrvɛr, -s] *sexualité* perverse

perversion *f sexuelle* perversion

pervertir ⟨2a⟩ pervert

pesamment [pəzamɑ̃] *adv* heavily

pesant, pesante heavy (*aussi fig*)

pesanteur *f* PHYS gravity

pesée [pəze] *f* weighing

pèse-personne [pɛzpɛrsɔn] *f* (*pl* pèse-personnes) scales *pl*

peser [pəze] ⟨1d⟩ **1** *v/t* weigh; *fig* weigh up; *mots* weigh **2** *v/i* weigh; *peser sur de poids, responsabilité* weigh on; *peser à qn* weigh heavy on s.o.

pessimisme [pesimism] *m* pessimism

pessimiste 1 *adj* pessimistic **2** *m/f* pessimist

peste [pɛst] *f* MÉD plague; *fig* pest

pester ⟨1a⟩ *pester contre qn / qch* curse s.o./sth

pesticide [pɛstisid] *m* pesticide

pet [pɛ] *m* F fart F

pétale [petal] *f* petal

pétanque [petɑ̃k] *f type of bowls*

pétarader [petarade] ⟨1a⟩ AUTO backfire

pétard [petar] *m* firecracker; F (*bruit*) racket

péter [pete] ⟨1f⟩ F fart F

pétillant, pétillante [petijɑ̃, -t] sparkling

pétiller ⟨1a⟩ *du feu* crackle; *d'une boisson, d'yeux* sparkle

petit, petite [p(ə)ti, -t] **1** *adj* small, little; *en petit* in a small size; *petit à petit* gradually, little by little; *petit nom m* first name; *petit ami m* boyfriend; *petite amie f* girlfriend; *au petit jour* at dawn; *petit déjeuner* breakfast **2** *m/f* child; *les petits* the children; *une chatte et ses petits* a cat and her young; *attendre des petits* be pregnant

petit-bourgeois,   petite-bourgeoise [p(ə)tiburʒwa, p(ə)tiburʒwaz] petty-bourgeois

petite-fille [p(ə)titfij] *f* (*pl* petites-filles) granddaughter

petitesse [p(ə)tites] *f* smallness; *fig* pettiness

petit-fils [p(ə)tifis] *m* (*pl* petits-fils) grandson

pétition [petisjɔ̃] *f* petition

petits-enfants [p(ə)tizɑ̃fɑ̃] *mpl* grandchildren

pétrifier [petrifje] ⟨1a⟩ turn to stone; *fig* petrify

pétrin [petrɛ̃] *m fig* F mess

pétrir ⟨2a⟩ knead

pétrochimie [petrɔʃimi] *f* petrochemistry

pétrochimique petrochemical

pétrole [petrɔl] *m* oil, petroleum; *pétrole brut* crude (oil)

pétrolier, -ère 1 *adj* oil *atr* **2** *m* tanker

peu [pø] **1** *adv* ◇ : *peu gentil / intelligent* not very nice / intelligent; *peu après* a little after; *j'ai peu dormi* I didn't sleep much

◇ : *peu de pain* not much bread; *il a eu peu de chance* he didn't have much luck; *il reste peu de choses à faire* there aren't many things left to do; *peu de gens* few people; *dans peu de temps* in a little while

◇ : *un peu* a little, a bit; *un tout petit peu* just a very little, just a little bit; *un peu de chocolat / patience* a little chocolate / patience, a bit of chocolate / patience; *un peu plus long* a bit *ou* little longer

◇ : *de peu* rater le bus etc only just; *peu à peu* little by little, gradually; *à peu près* (*plus ou moins*) more or less; (*presque*) almost; *elle travaille depuis peu* she has only been working for a little while, she hasn't been working for long; *quelque peu* a little; *pour peu que* (+ *subj*) if; *sous peu* before long, by and by **2** *m*: *le peu d'argent que j'ai* what little money I have

peuple [pœpl] *m* people

peupler [pœple, pœ-] ⟨1a⟩ *pays, région* populate; *maison* live in

peuplier [pøplije, pœ-] *m* BOT poplar

peur [pœr] *f* fear (*de* of); *avoir peur* be frightened, be afraid (*de* of); *prendre peur* take fright; *faire peur à qn* frighten s.o.; *je ne veux pas y aller de peur qu'il ne soit* (*subj*) *là* I don't want to go there in case he's there

peureux, -euse fearful, timid

peut-être [pøtɛtr] perhaps, maybe

phalange [falɑ̃ʒ] *f* ANAT, MIL phalanx

phare [far] *m* in MAR lighthouse; AVIAT beacon; AUTO headlight, headlamp; *se mettre en* (*pleins*) *phares* switch to full beam

pharmaceutique [farmasøtik] pharmaceutical

pharmacie *f local* pharmacy, *Br aussi* chemist's; *science* pharmacy; *médica-*

ments pharmaceuticals *pl*

pharmacien, pharmacienne *m/f* pharmacist

phase [faz] *f* phase

phénoménal, phénoménale [fenomenal] phenomenal

phénomène *m* phenomenon

philippin, philippine [filipɛ̃, -in] **1** *adj* Filippino **2: Philippin, philippine** Filippino

philosophe [filɔzɔf] *m* philosopher

philosophie *f* philosophy

philosophique philosophical

phobie [fɔbi] *f* PSYCH phobia

phonétique [fɔnetik] **1** *adj* phonetic **2** *f* phonetics

phoque [fɔk] *m* seal

phosphate [fɔsfat] *m* phosphate

photo [fɔto] *f* photo; *l'art* photography; *faire de la photo* take photos; *prendre qn en photo* take a photo of s.o.

photocopie [fɔtɔkɔpi] *f* photocopy

photocopier ⟨1a⟩ photocopy

photocopieur, photocopieuse *f* photocopier

photogénique [fɔtɔʒenik] photogenic

photographe [fɔtɔgraf] *m/f* photographer

photographie *f* photograph; *l'art* photography

photographier ⟨1a⟩ photograph

photographique photographic

photomaton® [fɔtɔmatɔ̃] *m* photo booth

phrase [fraz] *f* GRAM sentence; MUS phrase; *sans phrases* in plain English, straight out; *faire de grandes phrases* use a lot of pompous *ou* high-falutin language

physicien, physicienne [fizisjɛ̃, -ɛn] *m/f* physicist

physionomie [fizjɔnɔmi] *f* face

physique [fizik] **1** *adj* physical **2** *m* physique **3** *f* physics; *physique nucléaire* nuclear physics; *physique quantique* quantum physics

physiquement *adv* physically

piailler [pjaje] ⟨1a⟩ *d'un oiseau* chirp; F *d'un enfant* scream, shout

pianiste [pjanist] *m/f* pianist

piano *m* piano; *piano à queue* grand piano

pianoter ⟨1a⟩ F *sur piano* play a few notes; *sur table, vitre* drum one's fingers

piaule [pjol] *f* F pad F

PIB [peibe] *m* *abr* (= *produit intérieur brut*) GDP (= gross domestic product)

pic [pik] *m* *instrument* pick; *d'une montagne* peak; *à pic tomber* steeply; *arriver à pic* fig F come at just the right moment

pichet [piʃɛ] *m* pitcher, *Br* jug

pickpocket [pikpɔkɛt] *m* pickpocket

pick-up [pikœp] *m* pick-up (truck)

picorer [pikɔre] ⟨1a⟩ peck

pie [pi] *f* ZO magpie

pièce [pjɛs] *f* piece; *de machine* part; (*chambre*) room; (*document*) document; *de monnaie* coin; *de théâtre* play; *deux pièces* vêtement two-piece; *à la pièce* singly; *cinq euros (la) pièce* five euros each; *mettre en pièces* smash to smithereens; *une pièce d'identité* proof of identity; *pièce jointe* enclosure; *pièce de monnaie* coin; *pièce de rechange* spare part; *pièce de théâtre* play

pied [pje] *m* foot; *d'un meuble* leg; *d'un champignon* stalk; *pied de vigne* vine; *à pied* on foot; *pieds nus* barefoot; *au pied de* at the foot of; *de pied en cap* from head to foot; *mettre sur pied* set up

pied-à-terre [pjetater] *m* (*pl inv*) pied-à-terre

piédestal [pjedɛstal] *m* (*pl* -aux) pedestal

pied-noir [pjenwar] *m/f* (*pl* pieds-noirs) F French Algerian (*French person who lived in Algeria but returned to France before independence*)

piège [pjɛʒ] *m* trap

piégé, piégée: voiture f piégée car bomb

piéger ⟨1b⟩ trap; *voiture* booby-trap

piercing [pɛrsiŋ] *m* body piercing

pierre [pjɛr] *f* stone; *pierre précieuse* precious stone; *pierre tombale* gravestone

pierreux, -euse *sol, chemin* stony

piété [pjete] *f* REL piety

piétiner [pjetine] ⟨1a⟩ **1** *v/t* trample; *fig* trample underfoot **2** *v/i* fig (*ne pas avancer*) mark time

piéton, piétonne [pjetɔ̃, -ɔn] **1** *m/f* pedestrian **2** *adj: zone f piétonne* pedestrianized zone, *Br* pedestrian precinct

piétonnier, -ère pedestrian *atr*

pieu [pjø] *m* (*pl* -x) stake; F pit F

pieuvre [pjœvr] *f* octopus

pieux, -euse [pjø, -z] pious; *pieux mensonge* *m* fig white lie

pif [pif] *m* F nose, honker F, *Br* hooter F; *au pif* by guesswork

pigeon [piʒɔ̃] *m* pigeon

pigeonnier *m* dovecot

piger [piʒe] ⟨1l⟩ F understand, get F

pigment [pigmã] *m* pigment

pignon [piɲɔ̃] *m* ARCH gable; TECH gearwheel

pile¹ [pil] *f* (*tas*) pile; ÉL battery; *monnaie* tails; *à pile ou face?* heads or tails?

pile² [pil] *adv*: *s'arrêter pile* stop dead; *à deux heures pile* at two o'clock sharp, at two o'clock on the dot

piler [pile] ⟨1a⟩ *ail* crush; *amandes* grind

pilier [pilje] *m* ARCH pillar (*aussi fig*)

pillage [pijaʒ] *m* pillage, plunder

piller ⟨1a⟩ pillage, plunder

pilotage [pilɔtaʒ] *m* AVIAT flying, piloting; MAR piloting

pilote 1 *m* MAR, AVIAT pilot; AUTO driver; *pilote automatique* automatic pilot **2** *adj*: *usine à pilote* pilot plant

piloter ⟨1a⟩ AVIAT, MAR pilot; AUTO drive

pilule [pilyl] *f* pill; *la pilule (contraceptive)* the pill; *prendre la pilule* be on the pill, take the pill

piment [pimã] *m* pimento; *fig* spice

pimenter [pimãte] ⟨1a⟩ spice up

pimpant, pimpante [pɛ̃pã, -t] spruce

pin [pɛ̃] *m* BOT pine

pinard [pinar] *m* F wine

pince [pɛ̃s] *f* pliers *pl*; *d'un crabe* pincer; *pince à épiler* tweezers *pl*; *pince à linge* clothespin, *Br* clothespeg

pincé, pincée [pɛ̃se] *lèvres* pursed; *air* stiff

pinceau [pɛ̃so] *m* (*pl -x*) brush

pincée [pɛ̃se] *f* CUIS: *une pincée de sel* pinch of salt

pincer [pɛ̃se] ⟨1k⟩ pinch; MUS pluck; *se pincer le doigt dans la porte* catch one's finger in the door

pince-sans-rire [pɛ̃ssãrir] *m/f* (*pl inv*) person with a dry sense of humor *ou Br* humour

pingouin [pɛ̃gwɛ̃] *m* penguin

ping-pong [piŋpõg] *m* ping-pong

pingre [pɛ̃gr] miserly

pinson [pɛ̃sõ] *m* chaffinch

pintade [pɛ̃tad] *f* guinea fowl

pioche [pjɔʃ] *f* pickax, *Br* pickaxe

piocher ⟨1a⟩ dig

piolet [pjɔle] *m* ice ax, *Br* ice axe

pion [pjõ] *m* piece, man; *aux échecs* pawn

pioncer [pjõse] ⟨1k⟩ F sleep, *Br* kip F

pionnier [pjɔnje] *m* pioneer

pipe [pip] *f* pipe; *fumer la pipe* smoke a pipe

pipeau [-o] *m* (*pl -x*) pipe

pipi [pipi] *m* F pee F; *faire pipi* do a pee

piquant, piquante [pikã, -t] **1** *adj* prickly; *remarque* cutting; CUIS hot, spicy **2** *épine* spine, spike; *fig* spice

pique [pik] *m aux cartes* spades

pique-assiette [pikasjɛt] *m* (*pl pique-assiette(s)*) F freeloader

pique-nique [piknik] *m* (*pl pique-niques*) picnic

pique-niquer ⟨1m⟩ picnic

piquer [pike] ⟨1m⟩ *d'une abeille, des orties* sting; *d'un moustique, serpent* bite; *d'une barbe* prickle; *d'épine* prick; *fig:*

curiosité excite; *fig* F (*voler*) pinch F; *piquer qn* MÉD give s.o. an injection, inject s.o.; *se piquer* prick o.s.; *se faire une piqûre* inject o.s.; *la fumée me pique les yeux* the smoke makes my eyes sting; *se piquer le doigt* prick one's finger

piquet [pike] *m* stake; *piquet de tente* tent peg; *piquet de grève* picket line

piquette [piket] *f* cheap wine

piqûre [pikyr] *f d'abeille* sting; *de moustique* bite; MÉD injection

pirate [pirat] *m* pirate; *pirate informatique* hacker; *pirate de l'air* hijacker

pirater ⟨1a⟩ pirate

pire [pir] worse; *le / la pire* the worst

pirouette [pirwet] *f* pirouette

pis-aller [pizale] *m* (*pl inv*) stopgap

pisciculture [pisikyltyr] *f* fish farming

piscine [pisin] *f* (swimming) pool; *piscine couverte* indoor (swimming) pool; *piscine en plein air* outdoor (swimming) pool

pissenlit [pisãli] *m* BOT dandelion

pisser [pise] ⟨1a⟩ F pee F, piss F

pissotière [pisɔtjɛr] *f* F urinal

pistache [pistaʃ] *f* BOT pistachio (nut)

piste [pist] *f* track; *d'animal, fig* track, trail; AVIAT runway; SP track; *ski alpin* piste; *ski de fond* trail; *piste d'atterrissage* landing strip; *piste cyclable* cycle path; *piste de danse* dance floor; *piste magnétique* magnetic stripe

pistolet [pistɔle] *m* pistol

piston [pistõ] *m* TECH piston; *elle est rentrée dans la boîte par piston fig* F she got the job through contacts

pistonner ⟨1a⟩ F: *pistonner qn* pull strings for s.o., give s.o. a leg-up F

piteux, -euse [pitø, -z] pitiful

pitié [pitje] *f* pity; *avoir pitié de qn* take pity on s.o.

piton [pitõ] *m d'alpiniste* piton; (*pic*) peak

pitoyable [pitwajabl] pitiful

pitre [pitr] *m*: *faire le pitre* clown around

pittoresque [pitɔresk] picturesque

pivert [piver] *m* woodpecker

pivoine [pivwan] *f* BOT peony

pivot [pivo] *m* TECH pivot; *vous êtes le pivot de ce projet fig* the project hinges on you

pivoter ⟨1a⟩ pivot

pizza [pidza] *f* pizza

PJ *abr* (= *pièce(s) jointe(s)*) enclosure(s)

placage [plakaʒ] *m d'un meuble* veneer; *au rugby* tackle

placard [plakar] *m* (*armoire*) cabinet, *Br* cupboard; (*affiche*) poster

placarder ⟨1a⟩ *avis* stick up, post

place [plas] *f de village, ville* square; (*lieu*)

place; *(siège)* seat; *(espace libre)* room, space; *(emploi)* position, place; *sur place* on the spot; *à la place de* instead of; *être en place* have everything in place; *place assise* seat; *place forte* fortress

placé, placée [plase]: *être bien placé d'une maison* be well situated; *être bien placé pour savoir qch* be in a good position to know sth

placement *m (emploi)* placement; *(investissement)* investment; *agence f de placement* employment agency

placer ⟨1k⟩ *(mettre)* put, place; *(procurer emploi à)* find a job for; *argent* invest; *dans une famille etc* find a place for; *je n'ai pas pu placer un mot* I couldn't get a word in edgewise *ou Br* edgeways; *se placer* take one's place

placide [plasid] placid

plafond [plafɔ̃] *m aussi fig* ceiling

plafonner ⟨1a⟩ *de prix* level off

plafonnier *m* ceiling lamp

plage [plaʒ] *f* beach; *lieu* seaside resort; *plage horaire* time slot

plagiat [plaʒja] *m* plagiarism

plagier ⟨1a⟩ plagiarize

plaider [plede] ⟨1b⟩ **1** *v/i* JUR *d'un avocat* plead **2** *v/t*: *plaider la cause de qn* defend s.o.; *fig* plead s.o.'s cause; *plaider coupable / non coupable* plead guilty / not guilty

plaidoirie *f* JUR speech for the defense *ou Br* defence

plaidoyer *m* JUR speech for the defense *ou Br* defence; *fig* plea

plaie [plɛ] *f* cut; *fig* wound; *quelle plaie!* *fig* what a nuisance!

plaignant, plaignante [plɛɲɑ̃, -t] *m/f* JUR plaintiff

plaindre [plɛ̃dr] ⟨4b⟩ pity; *se plaindre* complain *(de* about; *à* to); *se plaindre (de ce) que* complain that

plaine [plɛn] *f* plain

plain-pied [plɛ̃pje]: *de plain-pied maison etc* on one level

plainte [plɛ̃t] *f (lamentation)* moan; *mécontentement,* JUR complaint; *porter plainte* lodge a complaint *(contre* against)

plaintif, -ive plaintive

plaire [plɛr] ⟨4a⟩: *il ne me plaît pas* I don't like him; *s'il vous plaît, s'il te plaît* please; *je me plais à Paris* I like it in Paris; *Paris me plaît* I like Paris; *ça me plairait d'aller ...* I would like to go ...; *ils se sont plu tout de suite* they were immediately attracted to each other

plaisance [plɛzɑ̃s] *f*: *navigation f de plaisance* boating; *port m de plaisance* marina

plaisant, plaisante *(agréable)* pleasant; *(amusant)* funny

plaisanter [plezɑ̃te] ⟨1a⟩ joke

plaisanterie *f* joke

plaisantin *m* joker

plaisir [plezir] *m* pleasure; *avec plaisir* with pleasure, gladly; *par plaisir, pour le plaisir* for pleasure, for fun; *faire plaisir à qn* please s.o.; *prendre plaisir à* take pleasure in sth

plan, plane [plɑ̃, plan] **1** *adj* flat, level **2** *m (surface)* surface; *(projet, relevé)* plan; *premier plan* foreground; *de premier plan personnalité* prominent; *sur ce plan* in that respect, on that score; *sur le plan économique* in economic terms, economically speaking; *plan d'eau* stretch of water; *plan de travail* work surface

planche [plɑ̃ʃ] *f* plank; *planche à voile* sailboard

plancher [plɑ̃ʃe] *m* floor

planer [plane] ⟨1a⟩ hover; *fig* live in another world

planétaire [planetɛr] planetary

planète *f* planet

planeur [planœr] *m* glider

planification [planifikasjɔ̃] *f* planning

planifier ⟨1a⟩ plan

planning [planiŋ] *m*: *planning familial* family planning

planque [plɑ̃k] *f* F *abri* hiding place; *travail* cushy job F

planquer [plɑ̃ke] ⟨1m⟩ F hide; *se planquer* hide

plant [plɑ̃] *m* AGR seedling; *(plantation)* plantation

plantation *f* plantation

plante[1] [plɑ̃t] *f* plant

plante[2] [plɑ̃t] *f*: *plante du pied* sole of the foot

planter [plɑ̃te] ⟨1a⟩ *jardin* plant up; *plantes, arbres* plant; *poteau* hammer in; *tente* erect, put up; *planter là qn* dump s.o.

plantureux, -euse [plɑ̃tyrø, -z] *femme* voluptuous

plaque [plak] *f* plate; *(inscription)* plaque; *plaque électrique* hotplate; *plaque minéralogique, plaque d'immatriculation* AUTO license plate, *Br* number plate; *plaque tournante* turntable; *fig* hub; *être à côté de la plaque* be wide of the mark

plaqué [plake] *m*: *plaqué or* gold plate

plaquer ⟨1m⟩ *argent, or* plate; *meuble* veneer; *fig qn (contre* to, against); F *(abandonner)* dump F; *au rugby* tackle

plaquette [plaket] *f de pilules* strip; *de beurre* pack; *plaquette de frein* brake pad

plastic [plastik] *m* plastic explosive

plastifier [plastifje] ⟨1a⟩ laminate

plastique [plastik] **1** *adj* plastic; *arts mpl plastiques* plastic arts **2** *m* plastic; *une chaise en plastique* a plastic chair

plat, plate [pla, plat] **1** *adj* flat; *eau still*, non-carbonated **2** *m vaisselle, mets* dish

platane [platan] *m* BOT plane tree

plateau [plato] *m* (*pl* -x) tray; *de théâtre* stage; TV, *d'un film* set; GÉOGR plateau; *plateau à ou de fromages* cheeseboard

plate-bande [platbɑ̃d] *f* (*pl* plates-bandes) flower bed

plate-forme [platform] *f* (*pl* plates-formes) platform; *plate-forme électorale* POL election platform; *plate-forme de forage* drilling platform; *plate-forme de lancement* launch pad

platine [platin] **1** *m* CHIM platinum **2** *f*: *platine disques* turntable; *platine laser ou CD* CD player

platitude [platityd] *f* fig: *d'un livre etc* dullness; (*lieu commun*) platitude

platonique [platonik] platonic

plâtre [plɑtr] *m* plaster; MÉD plaster cast

plâtrer ⟨1a⟩ plaster

plausible [plozibl] plausible

plein, pleine [plɛ̃, -ɛn] **1** *adj* full (*de* of); *à plein temps* full time; *en plein air* in the open (air), out of doors; *en plein été* at the height of summer; *en plein Paris* in the middle of Paris; *en plein jour* in broad daylight **2** *adv*: *en plein dans* right in; *plein de* F loads of F, lots of, a whole bunch of F; *j'en ai plein le dos!* fig F I've had it up to here! **3** *m*: *battre son plein* be in full swing; *faire le plein* AUTO fill up; *faire le plein de* vin, eau, nourriture stock up on

pleinement *adv* fully

plein-emploi [plɛ̃ɑ̃plwa] *m* ÉCON full employment

pleurer [plœre] ⟨1a⟩ **1** *v/i* cry, weep; *pleurer sur qch* complain about sth, bemoan sth *fml*; *pleurer de rire* cry with laughter **2** *v/t* (*regretter*) mourn

pleureur BOT: *saule m pleureur* weeping willow

pleurnicher [plœrniʃe] ⟨1a⟩ F snivel

pleurs [plœr] *mpl litt*: *en pleurs* in tears

pleuvoir [pløvwar] ⟨3e⟩ rain; *il pleut* it is raining

pli [pli] *m* fold; *d'une jupe* pleat; *d'un pantalon* crease; (*enveloppe*) envelope; (*lettre*) letter; *au jeu de cartes* trick; (*faux*) *pli* crease; *mise f en plis* coiffure

pliant, pliante [plijɑ̃, -t] folding

plier [plije] ⟨1a⟩ **1** *v/t* (*rabattre*) fold; (*courber, ployer*) bend **2** *v/i d'un arbre*, *d'une planche* bend; *fig* (*céder*) give in; *se plier à* (*se soumettre*) submit to; *caprices* give in to

plisser [plise] ⟨1a⟩ pleat; (*froisser*) crease; *front* wrinkle

plomb [plɔ̃] *m* lead; *soleil m de plomb* scorching hot sun; *sans plomb* essence unleaded

plombage [plɔ̃baʒ] *m* action, amalgame filling

plomber ⟨1a⟩ *dent* fill

plomberie *f* plumbing

plombier *m* plumber

plongée [plɔ̃ʒe] *f* diving; *faire de la plongée* go diving

plongeoir *m* diving board

plongeon *m* SP dive

plonger [plɔ̃ʒe] ⟨1l⟩ **1** *v/i* dive **2** *v/t* plunge; *se plonger dans* bury *ou* immerse o.s. in

plongeur, -euse *m/f* diver

ployer [plwaje] ⟨1h⟩ *litt* (*se courber*) bend; (*fléchir*) give in

pluie [plɥi] *f* rain; *fig* shower; *sous la pluie* in the rain; *pluies acides* acid rain *sg*

plumage [plymaʒ] *m* plumage

plume [plym] *f* feather

plumer ⟨1a⟩ pluck; *fig* fleece

plupart [plypar] *f*: *la plupart des élèves* most of the pupils *pl*; *la plupart d'entre nous* most of us; *pour la plupart* for the most part, mostly; *la plupart du temps* most of the time

pluridisciplinaire [plyridisipliner] multidisciplinary

pluriel, plurielle [plyrjɛl] **1** *adj* plural **2** *m* GRAM plural; *au pluriel* in the plural

plus 1 *adv* ⟨ply⟩ *comparatif* more (*que, de* than); *plus grand / petit* bigger / smaller (*que* than); *plus efficace / intéressant* more efficient / interesting (*que* than); *de plus en plus* more and more; *plus il vieillit plus il dort* the older he gets the more he sleeps

⟨ply⟩ *superlatif*: *le plus grand / petit* the biggest / smallest; *le plus efficace / intéressant* the most efficient / interesting; *le plus* the most; *au plus tard* at the latest; (*tout*) *au plus* [plys] at the (very) most

⟨plys⟩ *davantage* more; *tu en veux plus?* do you want some more?; *rien de plus* nothing more; *je l'aime bien, sans plus* I like her, but it's no more than that *ou* but that's as far as it goes; *20 euros de plus* another 20 euros, 20 euros more; *et de plus ...* (*en outre*) and moreover ...; *en plus* on top of that

⟨ply⟩ *négation, quantité*: *nous*

n'avons plus d'argent we have no more money, we don't have any more money ◇ [ply] *temps*: **elle n'y habite plus** she doesn't live there any more, she no longer lives there; **je ne le reverrai plus** I won't see him again; **je ne le reverrai plus jamais** I won't see him ever again, I will never (ever) see him again ◇ [ply]: **lui, il n'a pas compris non plus** he didn't understand either; **je n'ai pas compris - moi non plus** I didn't understand - neither *ou* nor did I, I didn't either, me neither; **je ne suis pas prêt - moi non plus** I'm not ready - neither *ou* nor am I, me neither **2** *prép* [plys] MATH plus; **trois plus trois** three plus *ou* and three **3** *m* [plys] MATH plus (sign)

plusieurs [plyzjœr] *adj* several

plus-que-parfait [plyskəparfɛ] *m* GRAM pluperfect

plutôt [plyto] rather; **il est plutôt grand** he's rather tall; **plutôt que de partir tout de suite** rather than leave *ou* leaving straight away

pluvieux, -euse [plyvjø, -z] rainy

PME [peɛmə] *abr* (= **petite(s) et moyenne(s) entreprise(s)**) SME (= small and medium-sized enterprise(s)); **une PME** a small business

PMU [peɛmy] *m abr* (= **Pari mutuel urbain**) state-run betting system

PNB [peɛnbe] *m abr* (= **produit national brut**) GDP (= gross domestic product)

pneu [pnø] *m* (*pl* -s) tire, *Br* tyre

pneumatique 1 *adj marteau* pneumatic; *matelas* air **2** *m* → **pneu**

pneumonie [pnømɔni] *f* pneumonia

poche [pɔʃ] *f* pocket; zo pouch; **livre m de poche** paperback; **poche revolver** back pocket; **argent de poche** pocket money; **avoir des poches sous les yeux** have bags under one's eyes

pocher ⟨1a⟩ CUIS *œuf* poach

pochette [pɔʃɛt] *f pour photos, feuilles de papier* folder; *d'un disque, CD* sleeve; (*sac*) bag

podium [pɔdjɔm] *m* podium

poêle [pwal] **1** *m* stove **2** *f* frypan, *Br* frying pan

poêlon [pwalɔ̃] *m* pan

poème [pɔɛm] *m* poem

poésie [pɔezi] *f* poetry; (*poème*) poem

poète [pɔɛt] *m* poet; **femme f poète** poete, female poet

poétique poetic; *atmosphère* romantic

point-virgule [pwɛ̃virgyl] *m* (*pl* points--virgules) GRAM semi-colon

poids [pwa] *m* weight; *fig* (*charge, fardeau*) burden; (*importance*) weight; **poids lourd** *boxeur* heavyweight; AUTO

heavy truck, *Br* heavy goods vehicle; **perdre / prendre du poids** lose / gain weight; **lancer m du poids** putting the shot; **de poids** influential; **ne pas faire le poids** *fig* not be up to it

poignant, poignante [pwaɲã, -t] *souvenir* poignant

poignard [pwaɲar] *m* dagger

poignarder ⟨1a⟩ stab

poignée [pwaɲe] *f quantité, petit nombre* handful; *d'une valise, d'une porte* handle; **poignée de main** handshake

poignet [pwaɲɛ] *m* wrist

poil [pwal] *m* hair; *fig* naked, in the altogether F

poilu, poilue [pwaly] hairy

poinçon [pwɛ̃sɔ̃] *m* (*marque*) stamp

poinçonner ⟨1a⟩ *or, argent* hallmark; *billet* punch

poing [pwɛ̃] *m* fist; **coup m de poing** punch

point¹ [pwɛ̃] *m* point; *de couture* stitch; **deux points** colon *sg*; **être sur le point de faire qch** be on the point of doing sth; **mettre au point** *caméra* focus; TECH finalize; (*régler*) adjust; **à point** *viande* medium; **au point d'être...** to the point of being...; **jusqu'à un certain point** to a certain extent; **sur ce point** on this point; **faire le point** *fig* take stock; **à ce point** so much; **point de côté** MÉD stitch (in one's side); **point d'exclamation** exclamation point, *Br* exclamation mark; **point d'interrogation** question mark; **point du jour** dawn, daybreak; **point de vue** point of view, viewpoint

point² [pwɛ̃] *adv litt*: **il ne lui fera point** he will not do it

pointe [pwɛ̃t] *f* point; *d'asperge* tip; **sur la pointe des pieds** on tippy-toe, *Br aussi* on tiptoe; **en pointe** pointed; **de pointe** *technologie* leading-edge; *secteur* high--tech; **une pointe de** a touch of

pointer ⟨1a⟩ **1** *v/t sur liste* check, *Br* tick off **2** *v/i d'un employé* clock in

pointillé [pwɛ̃tije] *m*: **les pointillés** the dotted line *sg*

pointilleux, -euse [pwɛ̃tijø, -z] fussy

pointu, pointue [pwɛ̃ty] pointed; *voix* high-pitched

pointure [pwɛ̃tyr] *f* (shoe) size; **quelle est votre pointure?** what size are you?, what size (shoe) do you take?

poire [pwar] *f* BOT pear; *F visage, naïf* mug F

poireau [pwaro] *m* (*pl* -x) BOT leek

poireauter [pwarɔte] ⟨1a⟩ F be kept hanging around

poirier [pwarje] *m* BOT pear (tree)

pois [pwa] *m* BOT pea; ***petits pois*** garden peas; ***à pois*** polka-dot

poison [pwazõ] **1** *m* poison **2** *m/f fig* F nuisance, pest

poisse [pwas] *f* F bad luck

poisson [pwasõ] *m* fish; ***poisson d'avril*** April Fool; ***Poissons*** *mpl* ASTROL Pisces

poissonnerie *f* fish shop, *Br* fishmonger's

poitrine [pwatrin] *f* chest; *(seins)* bosom; ***tour*** *f* ***de poitrine*** chest measurement; *d'une femme* bust measurement

poivre [pwavr] *m* pepper; ***poivre et sel*** *cheveux* pepper-and-salt

poivrer ⟨1a⟩ pepper

poivrière *f* pepper shaker

poivron [pwavrõ] *m* bell pepper, *Br* pepper

poker [pɔkɛr] *m* poker

polaire [pɔlɛr] polar

polar [pɔlar] *m* F whodunnit F

polariser [pɔlarize] ⟨1a⟩ PHYS polarize; ***polariser l'attention / les regards*** *fig* be the focus of attention

polaroid® [pɔlarɔid] *m* polaroid

pôle [pol] *m* pole; *fig* center, *Br* centre, focus; ***pôle Nord*** North Pole; ***pôle Sud*** South Pole

polémique [pɔlemik] **1** *adj* polemic **2** *f* controversy

poli, polie [pɔli] *(courtois)* polite; *métal, caillou* polished

police[1] [pɔlis] *f* police; ***police judiciaire*** branch of the police force that carries out criminal investigations

police[2] [pɔlis] *f d'assurances* policy; ***police d'assurance*** insurance policy

polichinelle [pɔliʃinɛl] *m* Punch; ***secret*** *m* ***de polichinelle*** open secret

policier, -ère [pɔlisje, -ɛr] **1** *adj* police *atr*; *film, roman* detective *atr* **2** *m* police officer

polio [pɔljo] *f* polio

polir [pɔlir] ⟨2a⟩ polish

polisson, polissonne [pɔlisõ, -ɔn] **1** *adj* *(coquin)* mischievous; *(grivois)* bawdy **2** *m/f* mischievous child

politesse [pɔlitɛs] *f* politeness

politicard [pɔlitikar] *m* F *péj* unscrupulous politician, politico F

politicien, politicienne [pɔlitisjɛ̃, -ɛn] *m/f* politician

politique [pɔlitik] **1** *adj* political; ***homme*** *m* ***politique*** politician; ***économie*** *f* ***politique*** political economy **2** *f d'un parti, du gouvernement* policy; *(affaires publiques)* politics *sg*; ***politique monétaire*** monetary policy **3** *m* politician

politisation [pɔlitizasjõ] *f* politicization

politiser ⟨1a⟩ politicize

politologie [pɔlitɔlɔʒi] *f* political science

pollen [pɔlen] *m* pollen

polluant, polluante [pɔlyɑ̃, -t] **1** *adj* polluting **2** *m* pollutant

polluer ⟨1n⟩ pollute

pollution *f* pollution; ***pollution atmosphérique*** air pollution

polo [pɔlo] *m* polo

Pologne [pɔlɔɲ]: ***la Pologne*** Poland

polonais, polonaise *l adj* Polish **2** *m langue* Polish **3** *m/f* **Polonais, Polonaise** Pole

poltron, poltronne [pɔltrõ, -ɔn] *m/f* coward

poltronnerie *f* cowardice

polyclinique [pɔliklinik] *f* (general) hospital

polycopié [pɔlikɔpje] *m* (photocopied) handout

polyester [pɔliɛstɛr] *m* polyester

polyéthylène [pɔlietilɛn] *m* polyethylene

polygamie [pɔligami] *f* polygamy

polyglotte [pɔliglɔt] polyglot

Polynésie [pɔlinezi] *f* Polynesia

polynésien, polynésienne **1** *adj* Polynesian **2** *m* LING Polynesian **3** *m/f* **Polynésien, Polynésienne** Polynesian

polystyrène [pɔlistirɛn] *m* polystyrene

polyvalence [pɔlivalɑ̃s] *f* versatility

polyvalent multipurpose; *personne* versatile

pommade [pɔmad] *f* MÉD ointment

pomme [pɔm] *f* apple; ***tomber dans les*** ***pommes*** F pass out; ***pomme d'Adam*** Adam's apple; ***pomme de pin*** pine cone; ***pomme de terre*** potato

pommeau [pɔmo] *m* (*pl* -x) handle; *d'une selle* pommel

pommette [pɔmɛt] *f* ANAT cheekbone

pommier [pɔmje] *m* BOT apple tree

pompe[1] [põp] *f faste* pomp; ***pompes funèbres*** funeral director, *Br aussi* undertaker's

pompe[2] [põp] *f* TECH pump; ***pompe à essence*** gas pump, *Br* petrol pump; ***pompe à eau*** water pump

pomper ⟨1a⟩ pump; *fig (épuiser)* knock out

pompeux, -euse [põpø, -z] pompous

pompier [põpje] *m* firefighter, *Br aussi* fireman; ***pompiers*** fire department *sg*, *Br* fire brigade *sg*

pompiste [põpist] *m* pump attendant

pompon [põpõ] *m* pompom

pomponner ⟨1a⟩ F: ***se pomponner*** get dolled up F

ponce [põs]: ***pierre*** *f* ***ponce*** pumice stone

poncer ⟨1k⟩ sand

ponceuse *f* sander

ponctualité [pɔ̃ktɥalite] *f* punctuality

ponctuation [pɔ̃ktɥasjɔ̃] *f* GRAM punctuation

ponctuel, ponctuelle [pɔ̃ktɥɛl] *personne* punctual; *fig: action* one-off

ponctuer ⟨1n⟩ GRAM punctuate (*aussi fig*)

pondération [pɔ̃derasjɔ̃] *f d'une personne* level-headedness; *de forces* balance; ÉCON weighting

pondéré, pondérée *personne* level-headed; *forces* balanced; ÉCON weighted

pondre [pɔ̃dr] ⟨4a⟩ *œufs* lay; *fig* F come up with; *roman* churn out

poney [pɔnɛ] *m* pony

pont [pɔ̃] *m* bridge; MAR deck; **pont aérien** airlift; **faire le pont** make a long weekend of it

pont-levis *m* (*pl* ponts-levis) drawbridge

pontage [pɔ̃taʒ] *m*: **pontage coronarien** (heart) bypass

pontife [pɔ̃tif] *m* pontiff

ponton [pɔ̃tɔ̃] *m* pontoon

pop [pɔp] *f* MUS pop

popote [pɔpɔt] *f* F: **faire la popote** do the cooking

populace [pɔpylas] *f péj* rabble

populaire [pɔpylɛr] popular

populariser ⟨1a⟩ popularize

popularité *f* popularity

population [pɔpylasjɔ̃] *f* population

porc [pɔr] *m* hog, pig; *fig pig; viande* pork

porcelaine [pɔrsəlɛn] *f* porcelain

porcelet [pɔrsəlɛ] *m* piglet

porc-épic [pɔrkepik] *m* (*pl* porcs-épics) porcupine

porche [pɔrʃ] *m* porch

porcherie [pɔrʃəri] *f élevage* hog *ou* pig farm

pore [pɔr] *m* pore

poreux, -euse porous

porno [pɔrno] F porno F

pornographie [pɔrnɔgrafi] *f* pornography

pornographique pornographic

port¹ [pɔr] *m* port; **port de commerce** commercial port; **port de pêche** fishing port

port² [pɔr] *m d'armes* carrying; *courrier* postage; **le port du casque est obligatoire** safety helmets must be worn; **en port dû** carriage forward

portable [pɔrtabl] **1** *adj* portable **2** *m* ordinateur laptop; *téléphone* cellphone, cell, *Br* mobile

portail [pɔrtaj] *m* (*pl* -s) ARCH portal; *d'un parc* gate

portant, portante [pɔrtɑ̃, -t] *mur* load-

-bearing; **à bout portant** at point-blank range; **bien portant** well; **mal portant** not well, poorly

portatif, -ive portable

porte [pɔrt] *f* door; *d'une ville* gate; **entre deux portes** very briefly; **mettre qn à la porte** throw s.o. out, show s.o. the door

porte-à-porte *m*: **faire du porte-à-porte vendre** be a door-to-door salesman

porte-avions [pɔrtavjɔ̃] *m* (*pl inv*) aircraft carrier

porte-bagages [pɔrt(ə)bagaʒ] *m* AUTO roof rack; *filet* luggage rack

porte-bonheur [pɔrt(ə)bɔnœr] *m* (*pl inv*) lucky charm

porte-cigarettes [pɔrt(ə)sigarɛt] *m* (*pl inv*) cigarette case

porte-clés [pɔrtəkle] *m* (*pl inv*) keyring

porte-documents [pɔrt(ə)dɔkymɑ̃] *m* (*pl inv*) briefcase

portée [pɔrte] *f* ZO litter; *d'une arme* range; *(importance)* significance; **à portée de la main** within arm's reach; **être à la portée de qn** *fig* be accessible to s.o.; **à la portée de toutes les bourses** affordable by all; **hors de portée de voix** out of hearing

porte-fenêtre [pɔrt(ə)fənɛtr] *f* (*pl* portes-fenêtres) French door, *Br* French window

portefeuille [pɔrtəfœj] *m* portfolio (*aussi* POL, FIN); (*porte-monnaie*) billfold, *Br* wallet

porte-jarretelles [pɔrt(ə)ʒartɛl] *m* (*pl inv*) garter belt, *Br* suspender belt

portemanteau [pɔrt(ə)mɑ̃to] *m* (*pl* -x) coat rack; *sur pied* coatstand

portemine [pɔrtəmin] *m* mechanical pencil, *Br* propelling pencil

porte-monnaie [pɔrt(ə)mɔnɛ] *m* (*pl inv*) coin purse, *Br* purse

porte-parole [pɔrt(ə)parɔl] *m* (*pl inv*) spokesperson

porter [pɔrte] ⟨1a⟩ **1** *v/t* carry; *un vêtement, des lunettes etc* wear; (*apporter*) take; bring; *yeux, attention* turn (**sur** to); *toast* drink; *responsabilité* shoulder; *fruits, nom* bear; **porter les cheveux longs / la barbe** have long hair/a beard; **porter plainte** make a complaint; **porter son attention sur qch** direct one's attention to sth; **être porté sur qch** have a weakness for sth **2** *v/i d'une voix* carry; **porter juste** *d'un coup* strike home; **porter sur** (*appuyer sur*) rest on, be borne by; (*concerner*) be about, relate to; **porter sur les nerfs de qn** F get on s.o.'s nerves **3**: **il se porte bien / mal** he's well / not well; **se porter candidat** be a candidate, run

porte-savon [pɔrtsavõ] *m* (*pl* porte-savon(s)) soap dish

porte-serviettes [pɔrtsɛrvjɛt] *m* (*pl inv*) towel rail

porte-skis [pɔrt(ə)ski] *m* (*pl inv*) ski rack

porteur [pɔrtœr] *m pour une expédition* porter, bearer; *d'un message* bearer; MÉD carrier

porte-voix [pɔrtəvwa] *m* (*pl inv*) bull horn, *Br* megaphone

portier [pɔrtje] *m* doorman

portière [pɔrtjɛr] *f* door

portion [pɔrsjõ] *f d'un tout* portion; CUIS serving, portion

portique [pɔrtik] *m* ARCH portico; SP beam

porto [pɔrto] *m* port

Porto Rico [pɔrtoriko] Puerto Rico

portoricain, portoricaine 1 *adj* Puerto Rican; **2** *m/f* **Portoricain, Portoricaine** Puerto Rican

portrait [pɔrtrɛ] *m* portrait; *faire le portrait de qn* paint / draw a portrait of s.o.

portrait-robot *m* (*pl* portraits-robots) composite picture, *Br* Identikit® picture

portuaire [pɔrtɥɛr] port *atr*

portugais, portugaise [pɔrtygɛ, -z] **1** *adj* Portuguese **2** *m langue* Portuguese **3** *m/f* **Portugais, Portugaise** Portuguese

Portugal: *le Portugal* Portugal

pose [poz] *f d'un radiateur* installation; *de moquette* fitting; *de papier peint, rideaux* hanging; (*attitude*) pose

posé, posée [poze] poised, composed

posément *adv* with composure

poser [poze] ⟨1a⟩ *1 v/t* (*mettre*) put (down); *compteur, radiateur* install, *Br* instal; *moquette* fit; *papier peint, rideaux* put up, hang; *problème* pose; *poser une question* ask a question; *poser sa candidature* à un poste apply; *se poser* AVIAT land, touch down; *se poser en* set o.s. up as **2** *v/i* pose

poseur, -euse [pozœr, -øz] *m/f* **1** show-off, *Br* F pseud **2** *m*: *poseur de bombes* person who plants bombs

positif, -ive [pozitif, -iv] positive

position [pozisjõ] *f* position; *prendre position* take a stand; *position sociale* (social) standing

positiver [pozitive] ⟨1b⟩ accentuate the positive

posologie [pozolɔʒi] *f* PHARM dosage

possédé, possédée [pɔsede] possessed (*de* by)

posséder ⟨1f⟩ own, possess

possesseur *m* owner

possessif, -ive possessive

possession *f* possession, ownership; *être*

en possession de qch be in possession of sth

possibilité [pɔsibilite] *f* possibility

possible [pɔsibl] **1** *adj* possible; *le plus souvent possible* as often as possible; *autant que possible* as far as possible; *le plus de pain possible* as much bread as possible **2** *m*: *faire tout son possible* do everything one can, do one's utmost

postal, postale [pɔstal] (*mpl* -aux) mail *atr*, *Br aussi* postal

postdater [pɔstdate] ⟨1a⟩ postdate

poste¹ [pɔst] *f* mail, *Br aussi* post; (*bureau m de*) *poste* post office; *mettre à la poste* mail, *Br aussi* post; *poste restante* general delivery, *Br* poste restante

poste² [pɔst] *m* post; (*profession*) position; RAD, TV set; TÉL extension; *poste de pilotage* AVIAT cockpit; *poste de secours* first-aid post; *poste supplémentaire* TÉL extension; *poste de travail* INFORM work station

poster¹ [pɔste] ⟨1a⟩ *soldat* post; *lettre* mail, *Br aussi* post

postérieur, postérieure [pɔsterjœr] **1** *adj dans l'espace* back *atr*, rear *atr*; *dans le temps* later; *postérieur à qch* after sth **2** *m* F posterior F, rear end F

postérité [pɔsterite] *f* posterity

posthume [pɔstym] posthumous

postiche [pɔstiʃ] *m* hairpiece

postier, -ère [pɔstje, -ɛr] *m/f* post office employee

postillonner [pɔstijɔne] ⟨1a⟩ splutter

postulant, postulante [pɔstylɑ̃, -t] *m/f* candidate

postuler ⟨1a⟩ apply for

posture [pɔstyr] *f* (*attitude*) position, posture; *fig* position

pot [po] *m* pot; *pot à eau* water jug; *pot de fleurs* flowerpot; *prendre un pot* F have a drink; *avoir du pot* F be lucky

potable [pɔtabl] fit to drink; *eau potable* drinking water

potage [pɔtaʒ] *m* soup

potager, -ère: *jardin m potager* kitchen garden

potassium [pɔtasjɔm] *m* potassium

pot-au-feu [pɔtofø] *m* (*pl inv*) boiled beef dinner

pot-de-vin [podvɛ̃] *m* (*pl* pots-de-vin) F kickback F, bribe, backhander F

pote [pɔt] *m* F pal, *Br aussi* mate

poteau [pɔto] *m* (*pl* -x) post; *poteau indicateur* signpost; *poteau télégraphique* utility pole, *Br* telegraph pole

potelé, potelée [pɔtle] chubby

potentiel, potentielle [pɔtɑ̃sjɛl] *m & adj* potential

poterie [pɔtri] *f* pottery; *objet* piece of pottery

potier *m* potter

potins [pɔtɛ̃] *mpl* gossip *sg*

potion [posjɔ̃] *f* potion

potiron [pɔtirɔ̃] *m* BOT pumpkin

pou [pu] *m* (*pl* -x) louse

poubelle [pubɛl] *f* trash can, *Br* dustbin; **mettre qch à la poubelle** throw sth out

pouce [pus] *m* thumb; **manger sur le pouce** grab a quick bite (to eat)

poudre [pudr] *f* powder; **chocolat m en poudre** chocolate powder; **sucre m en poudre** superfine sugar, *Br* caster sugar

poudrier *m* powder compact

poudrière *f fig* powder keg

pouf [puf] *m* pouffe

pouffer [pufe] ⟨1a⟩: **pouffer de rire** burst out laughing

poulailler [pulaje] *m* henhouse; *au théâtre* gallery, *Br* gods *pl*

poulain [pulɛ̃] *m* zo foal

poule [pul] *f* hen

poulet *m* chicken

poulie [puli] *f* TECH pulley

poulpe [pulp] *m* octopus

pouls [pu] *m* pulse; **prendre le pouls de qn** take s.o.'s pulse

poumon [pumɔ̃] *m* lung

poupe [pup] *f* MAR poop

poupée [pupe] *f* doll (*aussi fig*)

poupon [pupɔ̃] *m* little baby

pouponnière *f* nursery

pour [pur] **1** *prép* ◇ for; **pour moi** for me; **pour ce qui est de ...** as regards ...; **c'est pour ça que ...** that's why ...; **c'est pour ça** that's why; **pour moi, pour ma part** as for me; **pour ami** have as *ou* for a friend; **être pour faire qch** be for doing sth, be in favor *ou Br* favour of doing sth; **pour 20 euros de courses** 20 euros' worth of shopping; **pour affaires** on business
◇ : **pour ne pas perdre trop de temps** so as not to *ou* in order not to lose too much time; **je l'ai dit pour te prévenir** I said that to warn you **2** *conj*: **pour que** (+ *subj*) so that, **je l'ai fait exprès pour que tu saches que ...** I did it deliberately so that you would know that ...; **il parle trop vite pour que je le comprenne** he speaks too fast for me to understand **3** *m*: **le pour et le contre** the pros and the cons *pl*

pourboire [purbwar] *m* tip

pourcentage [pursɑ̃taʒ] *m* percentage

pourchasser [purʃase] ⟨1a⟩ chase after, pursue

pourparlers [purparle] *mpl* talks, discus-sions

pourpre [purpr] purple

pourquoi [purkwa] why; **c'est pourquoi, voilà pourquoi** that's why; **le pourquoi** the whys and the wherefores *pl*

pourri, pourrie [puri] rotten (*aussi fig*)

pourrir ⟨2a⟩ **1** *v/i* rot; *fig: d'une situation* deteriorate **2** *v/t* rot; *fig (corrompre)* corrupt; *(gâter)* spoil

pourriture *f* rot (*aussi fig*)

poursuite [pursɥit] *f* chase, pursuit; *fig* pursuit (*de* of); **poursuites** JUR proceedings

poursuivant, poursuivante *m/f* pursuer

poursuivre ⟨4h⟩ pursue, chase; *fig: honneurs, but, bonheur* pursue; *de personnes, images* haunt; JUR sue; *malfaiteur, voleur* prosecute; *(continuer)* carry on with, continue

pourtant [purtɑ̃] *adv* yet

pourtour [purtur] *m* perimeter

pourvoir [purvwar] ⟨3b⟩ **1** *v/t emploi* fill; **pourvoir de** *voiture, maison* equip *ou* fit with **2** *v/i*: **pourvoir à** *besoins* provide for; **se pourvoir de** provide *ou* supply o.s. with; **se pourvoir en cassation** JUR appeal

pourvu [purvy]: **pourvu que** (+ *subj*) provided that; *exprimant désir* hopefully

pousse [pus] *f* AGR shoot

poussée [puse] *f* thrust; MÉD outbreak; *de fièvre* rise; *fig: de racisme etc* upsurge

pousser [puse] ⟨1a⟩ *v/t* push; *du vent, de la marée* drive; *cri, soupir* give; *fig: travail, recherches* pursue; **pousser qn à faire qch** *(inciter)* drive s.o. to do sth; **se pousser** *d'une foule* push forward; *pour faire de la place* move over; *sur banc* move up **2** *v/i* push; *de cheveux, plantes* grow

poussette [pusɛt] *f pour enfants* stroller, *Br* pushchair

poussière [pusjɛr] *f* dust; *particule* speck of dust

poussiéreux, -euse dusty

poussin [pusɛ̃] *m* chick

poutre [putr] *f* beam

pouvoir [puvwar] **1** ⟨3f⟩ be able to, can; **est-ce que vous pouvez m'aider?** can you help me?; **puis-je vous aider?** can *ou* may I help you?; **je ne peux pas aider** I can't *ou* cannot help; **je suis désolé de ne pas pouvoir vous aider** I am sorry not to be able to help you; **je ne pouvais pas accepter** I couldn't accept, I wasn't able to accept; **il ne pourra pas ...** he will not *ou* won't be able to ...; **j'ai fait tout ce que j'ai pu** I did all I could; **je n'en peux plus** I can't take any more; **si l'on peut dire** in a manner of speaking, if I may put it that way; *il peut arriver que* (+ *subj*) it may happen that; *il se peut que* (+ *subj*) it's possible that ◇ *permission* can, be allowed to; *elle ne peut pas sortir seule* she can't go out alone, she is not allowed to go out alone ◇ : *tu aurais pu me prévenir!* you could have *ou* might have warned me! 2 *m* power; *procuration* power of attorney; *les pouvoirs publics* the authorities; *pouvoirs exceptionels* special powers; *pouvoir d'achat* purchasing power; *être au pouvoir* be in power

pragmatique [pragmatik] pragmatic
prairie [preri] *f* meadow; *plaine* prairie
praline [pralin] *f* praline
praticable [pratikabl] *projet* feasible; *route* passable
praticien, praticienne [pratisjɛ̃, -ɛn] *m/f* MÉD general practitioner
pratiquant, pratiquante [pratikɑ̃, -t] REL practising
pratique [pratik] 1 *adj* practical 2 *f* practice; *expérience* practical experience
pratiquement *adv* (*presque*) practically, virtually; *dans la pratique* in practice
pratiquer ⟨1m⟩ practice, *Br* practise; *sports* play; *méthode, technique* use; TECH *trou, passage* make; *se pratiquer* be practiced, *Br* be practised
pré [pre] *m* meadow
préado [preado] *m/f* pre-teen
préalable [prealabl] 1 *adj* (*antérieur*) prior; (*préliminaire*) preliminary 2 *m* condition; *au préalable* beforehand, first
préambule [preɑ̃byl] *m* preamble
préau *m* (*pl* préaux) courtyard
préavis [preavi] *m* notice; *sans préavis* without any notice *ou* warning
précaire [preker] precarious
précaution [prekosjɔ̃] *f* caution, care; *mesure* precaution; *par précaution* as a precaution
précédent, précédente [presedɑ̃, -t] 1 *adj* previous 2 *m* precedent; *sans précédent* unprecedented, without precedent
précéder ⟨1f⟩ precede
préchauffer [preʃofe] ⟨1a⟩ preheat
prêcher ⟨1b⟩ preach (*aussi fig*)
précieusement [presjøzmã] *adv*: *garder qch précieusement* treasure sth
précieux, -euse precious
précipice [presipis] *m* precipice
précipitamment [presipitamɑ̃] *adv* hastily, in a rush
précipitation *f* haste; *précipitations temps* precipitation *sg*
précipiter ⟨1a⟩ (*faire tomber*) plunge (*dans* into); (*pousser avec violence*) hurl; (*brusquer*) precipitate; *pas* hasten; *j'ai dû précipiter mon départ* I had to leave suddenly; *se précipiter* (*se jeter*) throw o.s.; (*se dépêcher*) rush

précis, précise [presi, -z] 1 *adj* precise, exact; *à dix heures précises* at 10 o'clock precisely *ou* exactly 2 *m* précis, summary
précisément *adv* precisely, exactly
préciser [presize] specify; *préciser que* (*souligner*) make it clear that
précision *f* d'un calcul, d'une montre accuracy; *d'un geste* preciseness; *pour plus de précisions* for further details; *merci de ses précisions* thanks for that information
précoce [prekos] early; *enfant* precocious
précocité *f* earliness; *d'un enfant* precociousness
préconçu, préconçue [prekõsy] preconceived
préconiser [prekɔnize] ⟨1a⟩ recommend
précurseur [prekyrsœr] 1 *m* precursor 2 *adj*: *signe m précurseur* warning sign
prédateur, -trice [predatœr, -tris] 1 *adj* predatory 2 *m/f* predator
prédécesseur [predesesœr] *m* predecessor
prédestiner [predɛstine] ⟨1a⟩ predestine (*à qch* for sth; *à faire qch* to do sth)
prédicateur [predikatœr] *m* preacher
prédiction [prediksjɔ̃] *f* prediction
prédilection [predilɛksjɔ̃] *f* predilection (*pour* for); *de prédilection* favorite, *Br* favourite
prédire [predir] ⟨4m⟩ predict
prédominance [predominɑ̃s] *f* predominance
prédominant, prédominante predominant
prédominer ⟨1a⟩ predominate
préfabriqué, préfabriquée [prefabrike] prefabricated
préface [prefas] *f* preface
préfecture [prefɛktyr] *f* prefecture, *local government offices*; *préfecture de police* police headquarters *pl*
préférable [preferabl] preferable (*à* to)
préféré, préférée favorite, *Br* favourite
préférence *f* preference; *de préférence* preferably; *de préférence à* in preference to; *donner la préférence à qn / qch* prefer s.o./sth
préférentiel, préférentielle preferential
préférer ⟨1f⟩ prefer (*à* to); *préférer faire qch* prefer to do sth; *je préfère que tu viennes* (*subj*) demain I would *ou* I'd prefer you to come tomorrow, I'd rather you came tomorrow

préfet [prefɛ] *m* prefect, *head of a département*; **préfet de police** chief of police

préfixe [prefiks] *m* prefix

préhistoire [preistwar] *f* prehistory

préjudice [preʒydis] *m* harm; **porter préjudice à qn** harm s.o.

préjudiciable harmful (**à** to)

préjugé [preʒyʒe] *m* prejudice

prélasser [prelase] ⟨1a⟩: **se prélasser** lounge

prélavage [prelavaʒ] *m* prewash

prélèvement [prelɛvmɑ̃] *m sur salaire* deduction; **prélèvement de sang** blood sample

prélever [prelve] ⟨1d⟩ *échantillon* take; *montant* deduct (**sur** from)

préliminaire [preliminɛr] **1** *adj* preliminary **2** *mpl*: **préliminaires** preliminaries

prélude [prelyd] *m* MUS, *fig* prelude (**de** to)

préluder ⟨1a⟩ *fig*: **préluder à qch** be the prelude to sth

prématuré, prématurée [prematyre] premature

préméditation [premeditasjɔ̃] *f* JUR premeditation

préméditer ⟨1a⟩ premeditate

premier, -ère [prəmje, -ɛr] **1** *adj* first; *rang* front; *objectif, souci, cause* primary; *nombre* prime; **les premiers temps** in the early days, at first; **au premier étage** on the second floor, *Br* on the first floor; **du premier coup** at the first attempt; **Premier ministre** Prime Minister; **premier rôle** *m* lead, leading role; **de premier ordre** first-class, first-rate; **matière** *f* **première** raw material; **le premier août** August first, *Br* the first of August **2** *m/f*: **partir le premier** leave first **3** *m* second floor, *Br* first floor; **en premier** first **4** *f* THÉÂT first night; AUTO first (gear); **en train** first (class)

premièrement *adv* firstly

prémisse [premis] *f* premise

prémonition [premɔnisjɔ̃] *f* premonition

prémonitoire *rêve* prophetic

prenant, prenante [prənɑ̃, -t] *livre, occupation* absorbing, engrossing

prénatal, prénatale [prenatal] antenatal

prendre [prɑ̃dr] ⟨4q⟩ **1** *v/t* take; *(enlever)* take away; *capturer:* *voleur* catch, capture; *ville* take, capture; *aliments* have, take; *froid* catch; *poids* put on; **prendre qch à qn** take sth from s.o.; **prendre bien / mal qch** take sth well / badly; **prendre qn chez lui** pick s.o. up, fetch s.o.; **prendre de l'âge** get old; **prendre qn par surprise** catch *ou* take s.o. by sur-prise; **prendre l'eau** let in water; **prendre qn / qch pour** take s.o./sth for; **à tout prendre** all in all, on the whole **2** *v/i (durcir)* set; *d'une greffe* take; *d'un feu* take hold, catch; *de mode* catch on; **prendre à droite** turn right; **ça ne prend pas avec moi** I don't believe you, I'm not swallowing that F **3**: **se prendre** *(se laisser attraper)* get caught; **s'y prendre bien / mal** go about it the right / wrong way; **se prendre d'amitié pour qn** take a liking to s.o.; **s'en prendre à qn** blame s.o.; **se prendre à faire qch** start *ou* begin to do sth

preneur, -euse [prənœr, -øz] *m/f* COMM, JUR buyer; **il y a des preneurs?** any takers?; **preneur d'otages** hostage taker

prénom [prenɔ̃] *m* first name; **deuxième prénom** middle name

prénuptial, prénuptiale [prenypsjal] pre-nuptial

préoccupant, préoccupante [preɔkypɑ̃, -t] worrying

préoccupation [preɔkypasjɔ̃] *f* concern, worry

préoccuper ⟨1a⟩ *(occuper fortement)* pre-occupy; *(inquiéter)* worry; **se préoccuper de** worry about

préparatifs [preparatif] *mpl* preparations

préparation *f* preparation

préparatoire preparatory

préparer ⟨1a⟩ prepare; *(organiser)* arrange; **préparer qn à qch** prepare s.o. for sth; **préparer un examen** prepare for an exam; **se préparer** get ready; **une dispute / un orage se prépare** an argument/a storm is brewing

prépondérant, prépondérante [prepɔ̃derɑ̃, -t] predominant

préposé [prepoze] *m (facteur)* mailman, *Br* postman; *au vestiaire* attendant; *des douanes* official

préposée *f (factrice)* mailwoman, *Br* postwoman

préposition *f* GRAM preposition

préretraite [prerətrɛt] *f* early retirement

prérogative [prerɔgativ] *f* prerogative

près [prɛ] **1** *adv* close, near; **tout près** very close by; **à peu près** almost; **à peu de choses près** more or less, pretty much; **à cela près que** except that; **de près** closely; **être rasé de près** be close-shaven **2** *prép*: **près de qch** near sth, close to sth; **près de 500** nearly 500, close to 500; **être près de faire qch** be on the point *ou* the brink of doing sth; **je ne suis pas près de l'épouser** I'm not about to marry him

présage [prezaʒ] *m* omen

presbyte [prɛzbit] MÉD farsighted, *Br* long-sighted

prescription [prɛskripsjɔ̃] *f* rule; MÉD prescription; *il y a prescription* JUR the statute of limitations applies

prescrire [prɛskrir] ⟨4f⟩ stipulate; MÉD prescribe

présence [prezɑ̃s] *f* presence; *présence d'esprit* presence of mind; *en présence de* in the presence of; *en présence* face to face, alone together

présent, présente 1 *adj* present **2** *m* present (*aussi* GRAM); *les présents* those present; *à présent* at present; *à présent que* now that; *jusqu'à présent* till now

présentable [prezɑ̃tabl] presentable

présentateur, -trice [prezɑ̃tatœr, -tris] *m/f* TV presenter; *présentateur météo* weatherman

présentation *f* presentation; (*introduction*) introduction; (*apparence*) appearance

présenter ⟨1a⟩ present; *chaise* offer; *personne* introduce; *pour un concours* put forward; *billet* show, present; *condoléances, félicitations* offer; *difficultés, dangers* involve; *se présenter* introduce o.s.; *pour un poste, un emploi* apply; *aux élections* run, *Br aussi* stand; *de difficultés* come up; *cette réunion se présente bien / mal* it looks like being a good / bad meeting

préservatif [prezɛrvatif] *m* condom

préservation [prezɛrvasjɔ̃] *f* protection; *du patrimoine* preservation

préserver ⟨1a⟩ protect, shelter (*de* from); *bois, patrimoine* preserve

présidence [prezidɑ̃s] *f* chairmanship; POL presidency

président, présidente *m/f d'une réunion, assemblée* chair; POL president; *président-directeur m général* president, CEO

présidentiel, présidentielle presidential

présider ⟨1a⟩ *réunion* chair

présomption [prezɔ̃psjɔ̃] *f* (*supposition*) presumption; (*arrogance aussi*) conceit

présomptueux, -euse presumptuous

presque [prɛsk] *adv* almost, nearly

presqu'île [prɛskil] *f* peninsula

pressant, pressante [prɛsɑ̃, -t] *besoin* pressing, urgent; *personne* insistent

presse [prɛs] *f* press; *mise sous presse* going to press

pressé, pressée [prɛse] *lettre, requête* urgent; *citron* fresh; *je suis pressé* I'm in a hurry *ou* a rush

presse-citron [prɛssitrɔ̃] *m* (*pl presse-citron(s)*) lemon squeezer

pressentiment [prɛsɑ̃timɑ̃] *m* foreboding, presentiment

pressentir ⟨2b⟩: *pressentir qch* have a premonition that sth is going to happen; *pressentir qn pour un poste* approach s.o., sound s.o. out

presse-papiers [prɛspapje] *m* (*pl inv*) paperweight

presser [prɛse] ⟨1b⟩ **1** *v/t bouton* push, press; *fruit* squeeze, juice; (*harceler*) press; *pas* quicken; *affaire* hurry along, speed up; (*étreindre*) press, squeeze; *se presser contre* press (o.s.) against **2** *v/i* be urgent; *rien ne presse* there's no rush; *se presser* hurry up, get a move on F

pressing [prɛsiŋ] *m magasin* dry cleaner

pression [prɛsjɔ̃] *f* PHYS, *fig* pressure; *bouton* snap fastener, *Br aussi* press-stud; (*bière f*) *pression* draft beer, *Br* draught beer; *être sous pression* be under pressure; *exercer une pression sur* bring pressure to bear on; *faire pression sur* pressure, put pressure on; *pression artérielle* blood pressure

pressoir [prɛswar] *m vin* wine press

prestance [prɛstɑ̃s] *f* presence

prestation [prɛstasjɔ̃] *f* (*allocation*) allowance; *prestations familiales* child benefit *sg*

prestidigitateur, -trice [prɛstidiʒitatœr, -tris] *m/f* conjuror

prestige [prɛstiʒ] *m* prestige

prestigieux, -euse prestigious

présumer [prezyme] ⟨1a⟩ **1** *v/t*: *présumer que* presume *ou* assume that **2** *v/i*: *présumer de* overrate, have too high an opinion of

présupposer [presypoze] ⟨1a⟩ presuppose

prêt¹, prête [prɛ, -t] ready (*à qch* for sth; *à faire qch* to do sth)

prêt² [prɛ] *m* loan; *prêt immobilier* mortgage, home loan

prêt-à-porter [prɛtaporte] *m* ready-to-wear clothes *pl*, ready-to-wear *sg*

prétendre [pretɑ̃dr] ⟨4a⟩ **1** *v/t* maintain; *prétendre faire qch* claim to do sth **2** *v/i*: *prétendre à* lay claim to

prétendu, prétendue so-called

prétentieux, -euse [pretɑ̃sjø, -z] pretentious

prétention [pretɑ̃sjɔ̃] *f* (*revendication, ambition*) claim, pretention; (*arrogance*) pretentiousness

prêter [prɛte] ⟨1b⟩ **1** *v/t* lend; *intentions* attribute (*à* to) **2** *v/i*: *prêter à* give rise to; *se prêter à d'une chose* lend itself to; *d'une personne* be a party to

P

prétexte [pretɛkst] *m* pretext; *sous prétexte de faire qch* on the pretext of doing sth; *sous aucun prétexte* under no circumstances

prétexter ⟨1a⟩ claim (*que* that); *il a prétexté une tâche urgente* he claimed he had something urgent to do

prêtre [prɛtr] *m* priest

prêtresse *f* woman priest

preuve [prœv] *f* proof, evidence; MATH proof; *preuves* evidence *sg*; *faire preuve de courage* show courage

prévaloir [prevalwar] ⟨3h⟩ prevail (*sur* over); *contre* against); *se prévaloir de qch* (*tirer parti de*) make use of sth; (*se flatter de*) pride o.s. on sth

prévenance [prevnɑ̃s] *f* consideration

prévenant, prévenante considerate, thoughtful

prévenir [prevnir] ⟨2h⟩ (*avertir*) warn (*de* of); (*informer*) tell (*de* about), inform (*de* of); *besoin, question* anticipate; *crise, maladie* avert

préventif, -ive [prevɑ̃tif, -iv] preventive

prévention *f* prevention; *prévention routière* road safety

prévenu, prévenue [prevny] *m/f* accused

prévisible [previzibl] foreseeable

prévision *f* forecast; *prévisions* predictions; *prévisions météorologiques* weather forecast *sg*; *en prévision de* in anticipation of

prévoir [prevwar] ⟨3b⟩ (*pressentir*) foresee; (*planifier*) plan; *les sanctions prévues par la loi* the penalties provided for by the law; *comme prévu* as expected; *son arrivée est prévue pour ce soir* he's expected *ou* scheduled to arrive this evening

prévoyance [prevwajɑ̃s] *f* foresight

prévoyant, prévoyante farsighted

prier [prije] ⟨1a⟩ *v/i* REL pray **2** *v/t* (*supplier*) beg; REL pray to; *prier qn de faire qch* ask s.o. to do sth; *prier Dieu* pray to God; *je vous en prie* not at all, don't mention it

prière *f* REL prayer; (*demande*) entreaty; *faire sa prière* say one's prayers; *prière de ne pas toucher* please do not touch

primaire [primɛr] primary; *péj* narrow-minded

primate [primat] *m* zo primate

prime¹ [prim]: *de prime abord* at first sight

prime² [prim] *f d'assurance* premium; *de fin d'année* bonus; (*cadeau*) free gift

primer [prime] ⟨1a⟩ **1** *v/i* take precedence, come first **2** *v/t* take precedence over,

come before

primeur [primœr] *f*: *avoir la primeur de nouvelle* be the first to hear; *objet* have first use of; *primeurs* early fruit and vegetables

primevère [primvɛr] *f* BOT primrose

primitif, -ive [primitif, -iv] primitive; *couleur, sens* original

primordial, primordiale [primɔrdjal] (*mpl* -aux) essential

prince [prɛ̃s] *m* prince

princesse *f* princess

princier, -ère princely

principal, principale [prɛ̃sipal] (*mpl* -aux) **1** *adj* main, principal; GRAM main **2** *m*: *le principal* the main thing, the most important thing **3** *m/f* principal, *Br* head teacher

principauté [prɛ̃sipote] *f* principality

principe [prɛ̃sip] *m* principle; *par principe* on principle; *en principe* in theory, in principle

printanier, -ère [prɛ̃tanje, -ɛr] spring *atr*

printemps [prɛ̃tɑ̃] *m* spring

prioritaire [prijɔritɛr] priority; *être prioritaire* have priority; *de véhicule aussi* have right of way

priorité [prijɔrite] *f* priority (*sur* over); *sur la route* right of way; *priorité à droite* yield to cars coming from the right, *Br* give way cars to coming from the right; *donner la priorité à* to prioritize, give priority to

pris, prise [pri, -z] 1 *p/p* → *prendre* **2** *adj* place taken; *personne* not free

prise [priz] *f* hold; *d'un pion, une ville etc* capture, taking; *de poissons* catch; ÉL outlet, *Br* socket; CINÉ take; *être aux prises avec* be struggling with; *lâcher prise* let go; *fig* give up; *prise de conscience* awareness, realization; *prise de courant* outlet, *Br* socket; *prise d'otage(s)* hostage-taking; *prise de position* stand, stance; *prise de sang* blood sample; *prise de vue* shot

priser [prize] ⟨1a⟩ *litt* (*apprécier*) value

prison [prizõ] *f* prison

prisonnier, -ère *m/f* prisoner; *prisonnier de guerre* prisoner of war, POW; *prisonnier politique* political prisoner *ou* detainee

privation [privasjõ] *f* deprivation

privatisation [privatizasjõ] *f* privatization

privatiser ⟨1a⟩ privatize

privé, privée [prive] **1** *adj* private; *agir à titre privé* act in a private capacity **2** *m* *en privé* in private; *le privé* (*intimité*) private life; *secteur* private sector

priver ⟨1a⟩: *priver qn de qch* deprive s.o. of sth; *se priver de qch* go without sth

privilège [privilɛʒ] *m* privilege

privilégié, privilégiée [privilɛʒje] **1** *adj* privileged **2** *m/f*: *les privilégiés* the privileged *pl*

privilégier ⟨1a⟩ favor, *Br* favour

prix [pri] *m* price; *(valeur)* value; *(récompense)* prize; *à tout prix* at all costs; *à aucun prix* absolutely not; *hors de prix* prohibitive; *au prix de* at the cost of; *prix brut* gross price; *prix fort* full price; *prix Nobel* Nobel Prize; *personne* Nobel prizewinner, Nobel laureate; *prix de revient* cost price

pro [pro] *m/f (pl inv)* F pro

probabilité [prɔbabilite] *f* probability

probable probable

probant, probante [prɔbɑ̃, -t] convincing; *démonstration* conclusive

problématique [prɔblematik] problematic

problème *m* problem; *pas de problème* no problem

procédé [prɔsede] *m (méthode)* method; TECH process; *procédés (comportement)* behavior, *Br* behaviour *sg*

procéder [prɔsede] ⟨1f⟩ proceed; *procéder à qch* carry out sth

procédure *f* JUR procedure

procès [prɔsɛ] *m* JUR trial

processeur [prɔsesœr] *m* INFORM processor

procession [prɔsesjɔ̃] *f* procession

processus [prɔsesys] *m* process

procès-verbal [prɔsevɛrbal] *m (pl procès-verbaux)* minutes *pl*; *(contravention)* ticket; *dresser un procès-verbal* write a ticket

prochain, prochaine [prɔʃɛ̃, -ɛn] **1** *adj* next **2** *m/f*: *son prochain* one's fellow human being, one's neighbor *ou Br* neighbour

prochainement *adv* shortly, soon

proche [prɔʃ] **1** *adj* close (*de* to), near; *ami* close; *événement, changement* recent; *proche de* fig close to; *dans un futur proche* in the near future **2** *mpl*: *proches* family and friends

proclamation [prɔklamasjɔ̃] *f* d'un événement, résultat declaration, announcement; *d'un roi, d'une république* proclamation

proclamer ⟨1a⟩ roi, république proclaim; résultats, innocence declare

procréer [prɔkree] ⟨1a⟩ procreate

procuration [prɔkyrasjɔ̃] *f* proxy, power of attorney

procurer ⟨1a⟩ get, procure *fml*

procureur *m*: *procureur (de la République)* District Attorney, *Br* public prosecutor

prodige [prɔdiʒ] *m* wonder, marvel; *enfant m prodige* child *ou* infant prodigy

prodigieux, -euse enormous, tremendous

prodigue [prɔdig] extravagant

prodiguer ⟨1m⟩ lavish

producteur, -trice [prɔdyktœr, -tris] **1** *adj* producing; *pays m producteur de pétrole* oil-producing country **2** *m/f* producer

productif, -ive productive

production *f* production

productivité *f* productivity

produire ⟨4c⟩ produce; *se produire* happen

produit *m* product; *d'un investissement* yield; *produit d'entretien* cleaning product; *produit fini* end product; *produit intérieur brut* ÉCON gross domestic product; *produit national brut* ÉCON gross national product

proéminent, proéminente [prɔeminɑ̃, -t] prominent

prof [prɔf] *m/f abr* (= *professeur*) teacher

profanation [prɔfanasjɔ̃] *f* desecration

profane [prɔfan] **1** *adj* art, musique secular **2** *m/f fig* lay person

profaner [prɔfane] ⟨1a⟩ desecrate, profane

proférer [prɔfere] ⟨1f⟩ menaces utter

professeur [prɔfesœr] *m* teacher; *d'université* professor

profession [prɔfesjɔ̃] *f* profession

professionnel, professionnelle *m/f* & *adj* professional

professorat [prɔfesɔra] *m* teaching

profil [prɔfil] *m* profile

profit [prɔfi] *m* COMM profit; *(avantage)* benefit; *au profit de* in aid of; *tirer profit de qch* take advantage of sth

profitable beneficial; COMM profitable

profiter ⟨1a⟩: *profiter de qch* take advantage of sth; *profiter à qn* be to s.o.'s advantage

profiteur, -euse *m/f* profiteer

profond, profonde [prɔfɔ̃, -d] deep; *personne, penseés* deep, profound; *influence* great, profound

profondément *adv* deeply, profoundly

profondeur *f* depth (*aussi fig*)

profusion [prɔfyzjɔ̃] *f* profusion; *à profusion* in profusion

progéniture [prɔʒenityr] *f litt* progeny; *hum* offspring *pl*

programme [prɔgram] *m* program, *Br* programme; INFORM program; *program-*

me antivirus antivirus program; **programme télé** TV program

programmer ⟨1a⟩ TV schedule; INFORM program

programmeur, -euse m/f programmer

progrès [prɔgrɛ] m progress; d'un incendie, d'une épidémie spread

progresser [prɔgrese] ⟨1b⟩ make progress, progress; d'une incendie, d'une épidémie spread; MIL advance, progress

progressif, -ive progressive

progression f progress

progressiste progressive (aussi POL)

progressivement progressively

prohiber [prɔibe] ⟨1a⟩ ban, prohibit

prohibitif, -ive prix prohibitive

prohibition f ban; **la Prohibition** HIST Prohibition

proie [prwa] f prey (aussi fig); **en proie à** prey to

projecteur [prɔʒɛktœr] m (spot) spotlight; au cinéma projector

projectile [-il] m projectile

projection [prɔʒɛksjɔ̃] f projection

projet [prɔʒɛ] m project; personnel plan; (ébauche) draft; **projet de loi** bill

projeter [prɔʒ(ə)te, prɔʃte] ⟨1c⟩ (jeter) throw; film screen; travail, voyage plan

prolétariat [prɔletarja] m/f proletariat

prolétariat [prɔletarja] m proletariat

prolifération [prɔliferasjɔ̃] f proliferation

proliférer ⟨1f⟩ proliferate

prolifique prolific

prologue [prɔlɔg] m prologue

prolongation [prɔlɔ̃gasjɔ̃] f extension; **prolongations** SP overtime, Br extra time

prolongement m extension

prolonger ⟨1l⟩ prolong; mur, route extend; **se prolonger** go on, continue; d'une route continue

promenade [prɔmnad] f walk; en voiture drive

promener ⟨1d⟩ take for a walk; **promener son regard sur** fig run one's eyes over; **se promener** go for a walk; en voiture go for a drive; **envoyer promener** fig F: personne send packing

promeneur, -euse m/f stroller, walker

promesse [prɔmɛs] f promise

prometteur, -euse [prɔmɛtœr, -øz] promising

promettre ⟨4p⟩ promise (qch à qn s.o. sth, sth to s.o., **de faire qch** to do sth); **se promettre de faire qch** make up one's mind to do sth

promiscuité [prɔmiskɥite] f overcrowding; sexuelle promiscuity

promontoire [prɔmɔ̃twar] m promontory

promoteur, -trice [prɔmɔtœr, -tris] **1** m/f

(instigateur) instigator **2** m: **promoteur immobilier** property developer

promotion f promotion; sociale advancement; ÉDU class, Br year; **promotion des ventes** COMM sales promotion; **en promotion** on special offer

promouvoir [prɔmuvwar] ⟨3d⟩ promote

prompt, prompte [prɔ̃, -t] (rapide) prompt, swift; rétablissement speedy; (soudain) swift

prôner [prone] ⟨1a⟩ advocate

pronom [prɔnɔ̃] m GRAM pronoun

prononcé, prononcée [prɔnɔ̃se] fig marked, pronounced; accent, traits strong

prononcer [prɔnɔ̃se] ⟨1k⟩ (dire) say, utter; (articuler) pronounce; discours give; JUR sentence pass, pronounce; **se prononcer d'un mot** be pronounced; (se déterminer) express an opinion; **se prononcer pour/contre qch** come out in favor ou Br favour of /against sth

prononciation f pronunciation; JUR passing

pronostic [prɔnɔstik] m forecast; MÉD prognosis

propagande [prɔpagɑ̃d] f propaganda

propagation [prɔpagasjɔ̃] f spread; BIOL propagation

propager ⟨1l⟩ idée, nouvelle spread; BIOL propagate; **se propager** spread; BIOL reproduce

propane [prɔpan] m propane

propension [prɔpɑ̃sjɔ̃] f propensity (à qch for sth)

prophète, prophétesse [prɔfɛt, -etɛs] m/f prophet

prophétie f prophecy

propice [prɔpis] favorable, Br favourable; moment right; **propice à** conducive to

proportion [prɔpɔrsjɔ̃] f proportion; **toutes proportions gardées** on balance; **en proportion de** in proportion to

proportionnel, proportionnelle proportional (à to)

proportionnellement adv proportionally, in proportion (à to)

propos [prɔpo] **1** mpl (paroles) words **2** m (intention) intention; **à propos** at the right moment; **à tout propos** constantly; **mal à propos, hors de propos** at the wrong moment; **à propos!** by the way; **à propos de** (au sujet de) about

proposer [prɔpoze] ⟨1a⟩ suggest, propose; (offrir) offer; **il m'a proposé de sortir avec lui** he suggested that I should go out with him, he offered to take me out; **se proposer de faire qch** propose doing sth; **se proposer** offer one's services

proposition f (*suggestion*) proposal, suggestion; (*offre*) offer; GRAM clause

propre [prɔpr] **1** adj own; (*net, impeccable*) clean; (*approprié*) suitable; **sens m propre** literal meaning; **propre à** (*particulier à*) characteristic of **2** m: **mettre au propre** make a clean copy of

proprement adv carefully; **à proprement parler** properly speaking; **le / la … proprement dit** the actual …

propreté f cleanliness

propriétaire [prɔprijetɛr] m/f owner; *qui loue* landlord; *femme* landlady; **propriétaire terrien** land owner

propriété f (*possession*) ownership; (*caractéristique*) property

proprio m/f F landlord; landlady

propulser [prɔpylse] ⟨1a⟩ propel

propulsion f propulsion

prorata [prɔrata]: **au prorata de** in proportion to

proscrire [prɔskrir] ⟨4f⟩ (*interdire*) ban; (*bannir*) banish

prose [proz] f prose

prospecter [prɔspɛkte] ⟨1a⟩ prospect

prospectus [prɔspɛktys] m brochure; FIN prospectus

prospère [prɔspɛr] prosperous

prospérer ⟨1f⟩ prosper

prospérité f prosperity

prosterner [prɔstɛrne] ⟨1a⟩: **se prosterner** prostrate o.s.

prostituée [prɔstitɥe] f prostitute

prostituer ⟨1n⟩: **se prostituer** prostitute o.s.

prostitution f prostitution

protagoniste [prɔtagɔnist] m hero, protagonist

protecteur, -trice [prɔtɛktœr, -tris] **1** adj protective; *péj: ton, expression* patronizing **2** m/f protector; (*mécène*) sponsor, patron

protection f protection

protectionnisme m ÉCON protectionism

protectorat m protectorate

protégé, protégée m/f protégé; *péj* favorite, Br favourite

protéger ⟨1g⟩ protect (**contre, de** from); *arts, artistes* be a patron of

protège-slip m (*pl* protège-slips) panty-liner

protéine [prɔtein] f protein

protestant, protestante [prɔtɛstɑ̃, -t] REL m/f & adj Protestant

protestation [prɔtɛstasjɔ̃] f (*plainte*) protest; (*déclaration*) protestation

protester ⟨1a⟩ protest; **protester contre qch** protest sth, Br protest against sth;

protester de son innocence protest one's innocence

prothèse [prɔtɛz] f prosthesis

protocole [prɔtɔkɔl] m protocol

prototype [prɔtɔtip] m prototype

protubérance [prɔtyberɑ̃s] f protuberance

proue [pru] f MAR prow

prouesse [prues] f prowess

prouver [pruve] ⟨1a⟩ prove

provenance [prɔvnɑ̃s] f origin; **en provenance de** avion, train from

provençal, provençale [prɔvɑ̃sal] (*mpl -aux*) Provençal

provenir [prɔvnir] ⟨2h⟩ (*aux être*): **provenir de** come from

proverbe [prɔvɛrb] m proverb

providence [prɔvidɑ̃s] f providence

providentiel, providentielle providential

province [prɔvɛ̃s] f province

provincial, provinciale (*mpl -aux*) provincial (*aussi fig*)

proviseur [prɔvizœr] m principal, Br head (teacher)

provision [prɔvizjɔ̃] f supply (**de** of); **provisions** (*vivres*) provisions; (*achats*) shopping sg; *d'un chèque* funds pl; **chèque m sans provision** bad check, Br bad cheque

provisoire [prɔvizwar] provisional

provocant, provocante [prɔvɔkɑ̃, -t], **provocateur, -trice** [prɔvɔatœr, -tris] provocative

provocation f provocation

provoquer ⟨1m⟩ provoke; *accident* cause

proxénète [prɔksenɛt] m (*souteneur*) pimp

proximité [prɔksimite] f proximity; **à proximité de** near, in the vicinity of

prude [pryd] prudish

prudence [prydɑ̃s] f caution, prudence

prudent, prudente cautious, prudent; *conducteur* careful

prune [pryn] f BOT plum

pruneau [pryno] m (*pl* -x) prune

prunelle [prynɛl] f ANAT pupil; BOT sloe

prunier [prynje] m plum (tree)

PS [peɛs] m abr (= **Parti socialiste**) Socialist Party; (= **Post Scriptum**) postscript

psaume [psom] m psalm

pseudonyme [psødɔnim] m pseudonym

psychanalyse [psikanaliz] f psychoanalysis

psychanalyser ⟨1a⟩ psychoanalyze

psychanalyste m/f psychoanalyst

psychiatre [psikjatr] m/f psychiatrist

psychiatrie f psychiatry

psychique [psiʃik] psychic

P

psychologie [psikɔlɔʒi] *f* psychology
psychologique psychological
psychologue *m/f* psychologist
psychopathe [psikɔpat] *m/f* psychopath, psycho F
psychose [psikoz] *f* psychosis
psychosomatique [psikosɔmatik] psychosomatic
puant, puante [pɥɑ̃, -t] stinking; *fig* arrogant
puanteur *f* stink
pub [pyb] *f*: **une pub** an ad; *à la télé aussi* a commercial; **faire de la pub** do some advertising *ou* promotion; **je t'ai fait de la pub auprès de lui** I put in a plug for you with him
puberté [pybɛrte] *f* puberty
public, publique [pyblik] **1** *adj* public **2** *m* public; *d'un spectacle* audience; **en public** in public
publication [pyblikasjɔ̃] *f* publication
publicitaire [pyblisitɛr] advertising *atr*
publicité *f* publicity; COMM advertising; *(affiche)* ad
publier [pyblije] ⟨1a⟩ publish
publipostage [pyblipɔstaʒ] *m* mailshot; **logiciel** *m* **de publipostage** mailmerge software
puce [pys] *f* ZO flea; INFORM chip; **puce électronique** silicon chip; **marché** *m* **aux puces** flea market
puceau [pyso] *m* F virgin
pucelle [pysɛl] *f* F *iron* virgin; **la pucelle d'Orléans** the Maid of Orleans
pudeur [pydœr] *f* modesty
pudique modest; *(discret)* discreet
puer [pɥe] ⟨1a⟩ **1** *v/i* stink; **puer des pieds** have smelly feet **2** *v/t* stink of
puériculture [pɥerikyltyr] *f* child care
puéril, puérile [pɥeril] childish
puis [pɥi] *adv* then
puiser [pɥize] ⟨1a⟩ draw (**dans** from)
puisque [pɥiskə] *conj* since
puissance [pɥisɑ̃s] *f* power; *d'une armée* strength; **puissance nucléaire** nuclear power
puissant, puissante powerful; *musculature, médicament* strong
puits [pɥi] *m* well; *d'une mine* shaft; **puits de pétrole** oil well
pull(-over) [pyl(ɔvɛr)] *m* (*pl* pulls, pull-overs) sweater, *Br aussi* pullover
pulluler [pylyle] ⟨1a⟩ swarm
pulmonaire [pylmɔnɛr] pulmonary
pulpe [pylp] *f* pulp

pulsation [pylsasjɔ̃] *f* beat, beating
pulsion [pylsjɔ̃] *f* drive; **pulsions** *fpl* **de mort** death wish *sg*
pulvérisateur [pylverizatœr] *m* spray
pulvériser ⟨1a⟩ *solide* pulverize (*aussi fig*); *liquide* spray
punaise [pynɛz] *f* ZO bug; *(clou)* thumbtack, *Br* drawing pin
punch¹ [pɔ̃ʃ] *m* boisson punch
punch² [pœnʃ] *m en boxe* punch (*aussi fig*)
punir [pynir] ⟨2a⟩ punish
punition *f* punishment
pupille [pypij] **1** *m/f* JUR ward **2** *f* ANAT pupil
pupitre [pypitr] *m* desk
pur, pure [pyr] pure; *whisky* straight
purée [pyre] *f* purée; **purée (de pommes de terre)** mashed potatoes *pl*
pureté [pyrte] *f* purity
purge [pyrʒ] *f* MÉD, POL purge
purger ⟨1l⟩ TECH bleed; POL purge; JUR *peine* serve
purification [pyrifikasjɔ̃] *f* purification; **purification ethnique** ethnic cleansing
purifier ⟨1a⟩ purify
puriste [pyrist] *m* purist
puritain, puritaine [pyritɛ̃, -ɛn] **1** *adj* puritanical **2** *m/f* puritan
pur-sang [pyrsɑ̃] *m* (*pl inv*) thoroughbred
pus [py] *m* pus
putain [pytɛ̃] *f* P whore; **putain!** shit! P; **ce putain de ...** this god-damn P *ou Br* bloody F...
pute [pyt] *f* F slut
putréfaction [pytrefaksjɔ̃] *f* putrefaction
putréfier ⟨1a⟩ putrefy; **se putréfier** putrefy
putsch [putʃ] *m* putsch
puzzle [pœzl(ə)] *m* jigsaw (puzzle)
P.-V. [peve] *m abr* (= *procès-verbal*) ticket
PVC [pevese] *m abr* (= *polychlorure de vinyle*) PVC (= polyvinyl chloride)
pygmée [pigme] *m* pygmy
pyjama [piʒama] *m* pajamas *pl*, *Br* pyjamas *pl*
pylône [pilon] *m* pylon
pyramide [piramid] *f* pyramid
Pyrénées [pirene] *fpl* Pyrenees
pyrex [pirɛks] *m* Pyrex®
pyromane [piroman] *m* pyromaniac; JUR arsonist
python [pitɔ̃] *m* python

Q

Q.I. [kyi] *m abr* (= *Quotient intellectuel*) IQ (= intelligence quotient)

quadragénaire [kwadraʒenɛr] *m/f & adj* forty-year old

quadrangulaire [kwadrɑ̃gylɛr] quadrangular

quadrilatère [kwadrilatɛr, ka-] *m* quadrilateral

quadrillé, quadrillée [kadrije] *papier* squared

quadriller ⟨1a⟩ *fig: région* put under surveillance

quadrupède [kwadryped] *m* quadruped

quadruple [kwadryplə, ka-] quadruple

quadrupler ⟨1a⟩ quadruple

quadruplés, -ées *mpl, fpl* quadruplets, quads

quai [ke] *m d'un port* quay; *d'une gare* platform

qualificatif [kalifikatif] *m fig* term, word

qualification *f* qualification (*aussi* SP); (*appellation*) name; **qualification professionnelle** professional qualification

qualifié, qualifiée qualified; *ouvrier m qualifié / non qualifié* skilled / unskilled worker

qualifier ⟨1a⟩ qualify; (*appeler*) describe; *qualifier qn d'idiot* describe s.o. as an idiot, call s.o. an idiot; *se qualifier* SP qualify

qualité [kalite] *f* quality; *de qualité* quality *atr*; *en qualité d'ambassadeur* as ambassador, in his capacity as ambassador; *qualité de la vie* quality of life

quand [kɑ̃] *adv & conj* when; *quand je serai de retour* when I'm back; *quand même* all the same

quant à [kɑ̃ta] *prép* as for; *être certain quant à qch* be certain as to *ou* about sth

quantifier [kɑ̃tifje] ⟨1a⟩ quantify

quantité [kɑ̃tite] *f* quantity; *une quantité de grand nombre* a great many; *abondance* a great deal of; *du vin / des erreurs en quantité* lots of wine / mistakes; *quantité de travail* workload

quarantaine [karɑ̃tɛn] *f* MÉD quarantine; *une quarantaine de personnes* about forty people *pl*, forty or so people *pl*; *avoir la quarantaine* be in one's forties

quarante forty

quarantième fortieth

quart [kar] *m* quarter; *de vin* quarter liter, *Br* quarter litre; *quart d'heure* quarter of an hour; *les trois quarts* three-quarters;

quart de finale quarter-final; *il est trois heures moins le quart* it's a quarter to three, it's two forty-five; *deux heures et quart* two fifteen, a quarter after *ou Br* past two

quartier [kartje] *m* (*quart*) quarter; *d'orange, de pamplemousse* segment; *d'une ville* area, neighborhood, *Br* neighbourhood; *de / du quartier* local *atr*; *quartier général* MIL headquarters *pl*

quartz [kwarts] *m* quartz

quasi [kazi] *adv* virtually

quasiment *adv* virtually

quatorze [katɔrz] fourteen; → *trois*

quatorzième fourteenth

quatre [katr] four; → *trois*

quatre-vingt(s) eighty

quatre-vingt-dix ninety

quatrième [katrijɛm] fourth

quatrièmement *adv* fourthly

quatuor [kwatyɔr] *m* MUS quartet

que [kə] **1** *pron relatif* ⋄ *personne* who, that; *les étudiants que j'ai rencontrés* the students I met, the students who *ou* that I met; *imbécile que tu es!* you fool!

⋄ *chose, animal* which, that; *les croissants que j'ai mangés* the croissants I ate, the croissants which *ou* that I ate

⋄ *: un jour que* one day when **2** *pron interrogatif* what; *que veut-il?* what does he want?; *qu'y a-t-il?* what's the matter?; *qu'est-ce que c'est?* what's that?; *je ne sais que dire* I don't know what to say **3** *adv dans exclamations*: *que c'est beau!* it's so beautiful!, isn't that just beautiful!; *que de fleurs!* what a lot of flowers! **4** *conj* that; *je croyais que tu avais compris* I thought (that) you had understood

⋄ *après comparatif* than; *plus grand que moi* bigger than me

⋄ *dans comparaison* as; *aussi petit que cela* as small as that

⋄ *ne ... que* only; *je n'en ai que trois* I have only three

⋄ *concession*: *qu'il pleuve ou non* whether it rains or not

⋄ *désir*: *qu'il entre* let him come in

⋄ *: que je sache* as far as I know

⋄ *: coûte que coûte* whatever it might cost, cost what it might;

⋄ *: s'il fait beau et que ...* if it's fine and (if) ...; *quand j'aurai fini et que ...* when I have finished and ...

Québec [kebɛk] Québec, Quebec
québécois, québécoise *1 adj* from Quebec *2 m langue* Canadian French *3 m/f* **Québécois, Québécoise** Québecois, Quebecker
quel, quelle [kɛl] *interrogatif* what, which; **quel prof/film as-tu préféré?** which teacher/movie did you prefer?; **quelle est la différence?** what's the difference?; **quel est le plus riche des deux?** which is the richer of the two?; **qui est ce misérable qui ...?** *surtout litt* who is this wretched person who ...? ◇ *exclamatif:* **quelle femme!** what a woman!; **quelles belles couleurs!** what beautiful colors!
◇ : **quel que: quelles que soient** (*subj*) **vos raisons** whatever your reasons might have, whatever your reasons might be
quelconque [kɛlkɔ̃k] ◇ (*médiocre*) very average, mediocre
◇ : **un travail quelconque** some sort of job
quelque [kɛlkə, kɛlk] *1 adj* ◇ some; **quelques** some, a few; **à quelque distance** at some distance; **quelques jours** a few days;
◇ : **quelque ... que** (+ *subj*) whatever, whichever; **quelque solution qu'il propose** whatever *ou* whichever solution he suggests *2 adv devant chiffre* some; **quelque grands qu'ils soient** (*subj*) however big they are, however big they might be
quelque chose *pron* something; *avec interrogatif, conditionnel aussi* anything; **il y a quelque chose d'autre** there's something else
quelquefois [kɛlkəfwa] *adv* sometimes
quelqu'un [kɛlkœ̃] *pron* someone, somebody; *avec interrogatif, conditionnel aussi* anyone, anybody; **il y a quelqu'un?** is anyone *ou* somebody there?; **quelqu'un d'autre** someone *ou* somebody else
quelques-uns, quelques-unes *pron pl* a few, some
quémander [kemɑ̃de] ⟨1a⟩ beg for
querelle [kərɛl] *f* quarrel
quereller ⟨1b⟩: **se quereller** quarrel
querelleur, -euse *1 adj* quarrelsome *2 m/f* quarrelsome person
question [kɛstjɔ̃] *f* question; (*problème*) matter, question; **question travail** as far as work is concerned, when it comes to work; **en question** in question; **c'est hors de question** it's out of the question; **il est question de** it's a question *ou* a matter of
questionnaire *m* questionnaire

questionner ⟨1a⟩ question (**sur** about)
quête [kɛt] *f* (*recherche*) search, quest *fml*; (*collecte*) collection; **en quête de** in search of
quêter ⟨1b⟩ collect; (*solliciter*) seek, look for
queue [kø] *f d'un animal* tail; *d'un fruit* stalk; *d'une casserole* handle; *d'un train, cortège* rear; *d'une classe, d'un classement* bottom; *d'une file* line, *Br* queue; **faire la queue** stand in line, *Br* queue (up); **faire une queue de poisson à qn** AUTO cut in front of s.o.; **à la queue, en queue** at the rear; **queue de cheval** *coiffure* ponytail
qui [ki] *pron* ◇ *interrogatif* who; **de qui est-ce qu'il tient ça?** who did he get that from?; **à qui est-ce?** whose is this?, who does this belong to?; **qui est-ce que tu vas voir?** who are you going to see?; **qui est-ce qui a dit ça?** who said that? ◇ *relatif, personne* who, that; **tous les conducteurs qui avaient ...** all the drivers who *ou* that had ...
◇ *relatif, chose, animal* which, that; **toutes les frites qui restaient** all the fries which *ou* that were left
◇ : **je ne sais qui** someone or other
◇ : **qui que** (+ *subj*) whoever
quiconque [kikɔ̃k] *pron* whoever, anyone who, anybody who; (*n'importe qui*) anyone, anybody
quille [kij] *f* MAR keel
quincaillerie [kɛ̃kajri] *f* hardware, *Br aussi* ironmongery; *magasin* hardware store, *Br aussi* ironmonger's
quinquagénaire [kɛ̃kaʒenɛr] *m/f & adj* fifty-year old
quintal [kɛ̃tal] *m* hundred kilos *pl*
quinte [kɛ̃t] *f*: **quinte (de toux)** coughing fit
quinzaine [kɛ̃zɛn] *f de jours* two weeks *pl*, *Br aussi* fortnight; **une quinzaine de personnes** about fifteen people *pl*, fifteen or so people *pl*
quinze fifteen; **quinze jours** two weeks, *Br aussi* fortnight; **demain en quinze** two weeks tomorrow; → **trois**
quinzième fifteenth
quittance [kitɑ̃s] *f* receipt
quitte [kit]: **être quitte envers qn** be quits with s.o.; **quitte à faire qch** even if it means doing sth
quitter [kite] ⟨1a⟩ *endroit, personne* leave; *vêtement* take off; **se quitter** part; **ne quittez pas** TÉL hold the line please
quoi [kwa] *pron* ◇ what; **quoi?** what?; **à quoi penses-tu?** what are you thinking about?; **après quoi, il ...** after which he

...; **sans quoi** otherwise; **à quoi bon?** what's the point?; **avoir de quoi vivre** have enough to live on; **il n'y a pas de quoi!** not at all, don't mention it; **il n'y a pas de quoi rire / pleurer** there's nothing to laugh / cry about
◇ : **quoi que** (+ *subj*) whatever; **quoi que tu fasses** whatever you do; **quoi que ce soit** anything at all; **quoi qu'il** **en soit** be that as it may

quoique [kwakə] *conj* (+ *subj*) although, though

quote-part [kɔtpar] *f* (*pl* quotes-parts) share

quotidien, quotidienne [kɔtidjẽ, -en] **1** *adj* daily; **de tous les jours** everyday **2** *m* daily

R

rab [rab] F extra; **faire du rab** do a bit extra

rabâcher [rabɑʃe] ⟨1a⟩ keep on repeating

rabais [rabɛ] *m* discount, reduction

rabaisser [rabɛse] ⟨1b⟩ *prix* lower, reduce; *mérites, qualités* belittle

rabat [raba] *m* d'un vêtement etc flap

rabat-joie [raba3wa] *m* killjoy

rabattre [rabatr] ⟨4a⟩ **1** *v/t siège* pull down; *couvercle* close, shut; *col* turn down; *gibier* drive **2** *v/i fig*: **se rabattre sur** make do with, fall back on; *d'une voiture* pull back into

rabbin [rabɛ̃] *m* rabbi

râblé, râblée [rɑble] stocky

rabot [rabo] *m* plane

raboter ⟨1a⟩ plane

rabougri, rabougrie [rabugri] stunted

rabrouer [rabrue] ⟨1a⟩ snub

racaille [rakaj] *f* rabble

raccommodage [rakɔmɔdaʒ] *m* mending

raccommoder ⟨1a⟩ mend; *chaussettes* darn

raccompagner [rakɔ̃paɲe] ⟨1a⟩: **je vais vous raccompagner chez vous** à pied I'll take you home

raccord [rakɔr] *m* join; *de tuyaux aussi* connection; *d'un film* splice

raccorder ⟨1a⟩ join, connect

raccourci [rakursi] *m* shortcut; **en raccourci** briefly

raccourcir ⟨2a⟩ **1** *v/t* shorten **2** *v/i* get shorter

raccrocher [rakrɔʃe] ⟨1a⟩ **1** *v/t* put back up; **raccrocher le téléphone** hang up; **se raccrocher à** cling to **2** *v/i* TÉL hang up

race [ras] *f* race; (*ascendance*) descent; zo breed

rachat [raʃa] *m* repurchase; *d'un otage*

ransoming; REL atonement; *d'une société* buyout

racheter ⟨1e⟩ buy back; *otage* ransom; REL *péché* atone for; *fig: faute* make up for; **se racheter** make amends

racial, raciale [rasjal] (*mpl* -aux) racial

racine [rasin] *f* root (*aussi fig et* MATH); **prendre racine** take root (*aussi fig*); **racine carrée** square root

racisme [rasism] *m* racism

raciste *m/f* & *adj* racist

racket [raket] *m* racket

raclée [rɑkle] F beating, Br *aussi* walloping (*aussi fig*)

racler [rɑkle] ⟨1a⟩ scrape; **se racler la gorge** clear one's throat

raclette *f* TECH scraper; CUIS raclette

racoler [rakɔle] ⟨1a⟩ *péj: d'une prostituée* accost

racoleur, -euse *péj: affiche* flashy; *sourire* cheesy

raconter [rakɔ̃te] ⟨1a⟩ tell

radar [radar] *m* radar

radeau [rado] *m* (*pl* -x) raft

radiateur [radjatœr] *m* radiator

radiation [radjasjɔ̃] *f* PHYS radiation; *d'une liste, facture* deletion

radical, radicale [radikal] (*mpl* -aux) **1** *adj* radical **2** *m* radical

radicalement *adv* radically

radicalisme *m* radicalism

radier [radje] ⟨1a⟩ strike out

radieux, -euse [radjø, -z] radiant; *temps* glorious

radin, radine [radɛ̃, -in] F mean, tight

radio [radjo] *f* radio; (*radiographie*) X-ray; **radio privée** commercial radio; **passer une radio** have an X-ray

radioactif, -ive [radjoaktif, -iv] radioactive

radioactivité f radioactivity
radiocassette [radjokaset] f radio cassette player
radiodiffusion [radjodifyzjõ] f broadcasting
radiographie [radjografi] f procédé radiography; photo X-ray
radiologie [radjɔlɔʒi] f radiology
radiologue m/f radiologist
radiophonique [radjofɔnik] radio atr
radioréveil [radjorevɛj] radio alarm
radiotélévisé, radiotélévisée [radjotelevize] broadcast on both radio and TV
radis [radi] m BOT radish
radoter [radɔte] ⟨1a⟩ ramble
radoucir [radusir] ⟨2a⟩: **radoucir la température** du vent bring milder temperatures; **se radoucir** du temps get milder
rafale [rafal] f de vent gust; MIL burst
raffermir [rafɛrmir] ⟨2a⟩ chair firm up; fig: autorité re-assert
raffinage [rafinaʒ] m TECH refining
raffiné, raffinée refined
raffinement m refinement
raffiner ⟨1a⟩ refine
raffinerie f TECH refinery; **raffinerie de pétrole** oil refinery
raffoler [rafɔle] ⟨1a⟩: **raffoler de qch / qn** adore sth/s.o.
rafistoler [rafistɔle] ⟨1a⟩ F patch up
rafle [rafl] f de police raid
rafler ⟨1a⟩ F take
rafraîchir [rafreʃir] ⟨2a⟩ 1 v/t cool down; mémoire refresh 2 v/i du vin chill; **se rafraîchir** de la température get cooler; d'une personne have a drink (in order to cool down)
rafraîchissant, rafraîchissante refreshing (aussi fig)
rafraîchissement m de la température cooling; **rafraîchissements** (boissons) refreshments
rage [raʒ] f rage; MÉD rabies sg
rageur, -euse furious
ragot [rago] m F piece of gossip; **des ragots** gossip sg
ragoût [ragu] m CUIS stew
raid [rɛd] m raid
raide [rɛd] personne, membres stiff (aussi fig); pente steep; cheveux straight; (ivre, drogué) stoned; **raide mort** stone dead
raideur f d'une personne, de membres stiffness (aussi fig); d'une pente steepness
raidir ⟨2a⟩: **se raidir** de membres stiffen up
raie [rɛ] f (rayure) stripe; des cheveux part, Br parting; ZO skate
raifort [rɛfɔr] m BOT horseradish
rail [raj] m rail; **rail de sécurité** crash barrier
railler [raje] ⟨1a⟩ mock
raillerie f mockery
railleur, -euse mocking
rainure [renyr] f TECH groove
raisin [rezɛ̃] m grape; **raisin de Corinthe** currant; **raisin sec** raisin
raison [rezõ] f reason; **avoir raison** be right; **avoir raison de** get the better of; **à raison de** at a rate of; **à plus forte raison** all the more so, especially; **en raison de** (à cause de) because of; **raison d'être** raison d'etre; **pour cette raison** for that reason; **raison sociale** company name
raisonnable reasonable
raisonné, raisonnée [rezɔne] rational
raisonnement m reasoning
raisonner ⟨1a⟩ 1 v/i reason 2 v/t: **raisonner qn** make s.o. see reason
rajeunir [raʒœnir] ⟨2a⟩ 1 v/t pensée, thème modernize, bring up to date; **rajeunir qn** d'une coiffure, des vêtements etc make s.o. look (years) younger 2 v/i look younger
rajouter [raʒute] ⟨1a⟩ add
rajustement [raʒystəmã] m adjustment
rajuster ⟨1a⟩ adjust; coiffure put straight
ralenti [ralɑ̃ti] m AUTO slow running, idle; dans un film slow motion; **au ralenti** fig at a snail's pace; **tourner au ralenti** AUTO tick over
ralentir ⟨2a⟩ slow down
ralentissement m slowing down
ralentisseur m de circulation speedbump
râler [rɑle] ⟨1a⟩ moan; F beef F, complain
râleur, -euse F 1 adj grumbling 2 m/f grumbler
rallier [ralje] ⟨1a⟩ rally; (s'unir à) join; **se rallier à** rally to
rallonge [ralõʒ] f d'une table leaf; ÉL extension (cable)
rallonger ⟨1l⟩ 1 v/t vêtement lengthen 2 v/i get longer
rallumer [ralyme] ⟨1a⟩ télé, lumière switch on again; fig revive
rallye [rali] m rally
RAM [ram] f (pl inv) RAM (= random access memory)
ramassage [ramasaʒ] m collection; de fruits picking; **car m de ramassage scolaire** school bus
ramasser ⟨1a⟩ collect; ce qui est par terre pick up; fruits pick; F coup get
ramassis m péj pile; de personnes bunch
rambarde [rɑ̃bard] f rail
rame [ram] f (aviron) oar; de métro train
rameau [ramo] m (pl -x) branch (aussi fig); **les Rameaux** REL Palm Sunday

ras

ramener [ramne] ⟨1d⟩ take back; (*rapporter*) bring back; *l'ordre, la paix* restore; *ramener à* (*se réduire à*) come down to; *se ramener à* (*se réduire à*) come down to

ramer [rame] ⟨1a⟩ row

rameur, -euse *m/f* rower

ramification [ramifikasjõ] *f* ramification

ramollir [ramɔlir] ⟨2a⟩ soften; *se ramollir* soften; *fig* go soft

ramoner [ramɔne] ⟨1a⟩ sweep

rampant, rampante [rãpã, -t] crawling; BOT creeping; *fig: inflation* rampant

rampe [rãp] *f* ramp; *d'escalier* bannisters *pl*; *au théâtre* footlights *pl*; *rampe de lancement* MIL launch pad

ramper ⟨1a⟩ crawl (*aussi fig*); BOT creep

rancard [rãkar] *m F* (*rendez-vous*) date

rancart [rãkar] *m*: *mettre au rancart* (*jeter*) throw out

rance [rãs] rancid

ranch [rãtʃ] *m* ranch

rancœur [rãkœr] *f* resentment (*contre* toward), rancor, *Br* rancour

rançon [rãsõ] *f* ransom; *la rançon de fig* the price of

rancune [rãkyn] *f* resentment

rancunier, -ère resentful

randonnée [rãdɔne] *f* walk; *en montagne* hike, hill walk

randonneur *m* walker; *en montagne* hiker, hillwalker

rang [rã] *m* (*rangée*) row; (*niveau*) rank; *se mettre sur les rangs fig* join the fray; *rentrer dans le rang* step back in line; *être au premier rang* be in the forefront

rangé, rangée [rãʒe] *personne* well-behaved; *vie* orderly

rangée [rãʒe] *f* row

rangement *m* tidying; *pas assez de rangements* not enough storage space

ranger ⟨1l⟩ put away; *chambre* tidy up; *voiture* park; (*classer*) arrange; *se ranger* (*s'écarter*) move aside; AUTO pull over; *fig* (*assagir*) settle down; *se ranger à une opinion* come around to a point of view

ranimer [ranime] ⟨1a⟩ *personne* bring around; *fig: courage, force* revive

rap [rap] *m* MUS rap

rapace [rapas] **1** *adj animal* predatory; *personne* greedy, rapacious **2** *m* bird of prey

rapatriement [rapatrimã] *m* repatriation

rapatrier ⟨1a⟩ repatriate

râpe [rap] *f* grater; TECH rasp

râper ⟨1a⟩ CUIS grate; *bois* file; *râpé* CUIS grated; *manteau* threadbare

rapetisser [raptise] ⟨1a⟩ **1** *v/t salle, personne* make look smaller; *vêtement* shrink; (*raccourcir*) shorten, cut down; *fig* belittle **2** *v/i d'un tissu, d'une personne* shrink

rapide [rapid] **1** *adj* fast, rapid; *coup d'œil, décision* quick **2** *m dans l'eau* rapid; *train* express, fast train

rapidité *f* speed, rapidity

rapiécer [rapjese] ⟨1f *et* 1k⟩ patch

rappel [rapɛl] *m* reminder; *d'un ambassadeur, produit* recall; THÉÂT curtain call; MÉD booster; *rappel de salaire* back pay; *descendre en rappel d'un alpiniste* abseil down

rappeler [raple] ⟨1c⟩ call back (*aussi* THÉÂT); *ambassadeur* recall; TÉL call back, *Br aussi* ring back; *rappeler qch / qn à qn* remind s.o. of sth's s.o.; *se rappeler qch* remember sth; *se rappeler avoir fait qch* remember doing sth

rapport [rapɔr] *m écrit, oral* report; (*lien*) connection; (*proportion*) ratio, proportion; COMM return, yield; MIL briefing; *rapports* (*relations*) relations; *rapports* (*sexuels*) intercourse *sg*, sexual relations, sex *sg*; *par rapport à* compared with; *sous tous les rapports* in all respects; *en rapport avec* suited to; *être en rapport avec qn* be in touch *ou* contact with s.o.; *rapport qualité-prix* value for money

rapporter ⟨1a⟩ *return, bring / take back*; *d'un chien* retrieve, fetch; COMM bring in; *relater* report; *se rapporter à* be connected with

rapporteur *m* reporter; *enfant* sneak, telltale

rapporteuse *f enfant* sneak, telltale

rapprochement [raprɔʃmã] *m fig* reconciliation; POL rapprochement; *analogie* connection

rapprocher ⟨1a⟩ *chose* bring closer *ou* nearer (*de* to); *fig: personnes* bring closer together; *établir un lien* connect, link; *se rapprocher* come closer *ou* nearer (*de qch* to sth)

rapt [rapt] *m* abduction

raquette [raket] *f* racket

rare [rar] rare; *marchandises* scarce; (*peu dense*) sparse; *il saura qu'il arrive* (*subj*) *en retard* it's rare for him to be late

raréfier ⟨1a⟩: *se raréfier* become rare; *de l'air* become rarefied

rarement *adv* rarely

rareté *f* rarity

ras, rase [ra, -z] short; *rempli à ras bord* full to the brim; *en rase campagne* in open country; *j'en ai ras le bol F* I've had it up to here F; *faire table rase* make a clean sweep

R

raser [raze] ⟨1a⟩ shave; *barbe* shave off; (*démolir*) raze to the ground; *murs* hug; F (*ennuyer*) bore; *se raser* shave

rasoir *m* razor; *rasoir électrique* electric shaver

rassasier [rasazje] ⟨1a⟩ satisfy

rassemblement [rasɑ̃bləmɑ̃] *m* gathering

rassembler [rasɑ̃ble] ⟨1a⟩ collect, assemble; *se rassembler* gather

rasseoir [raswar] ⟨3l⟩ replace; *se rasseoir* sit down again

rassis, rassise [rasi, -z] stale; *fig* sedate

rassurant, rassurante [rasyrɑ̃, -t] reassuring

rassurer ⟨1a⟩ reassure; *se rassurer: rassurez-vous* don't be concerned

rat [ra] *m* rat

ratatiner [ratatine] ⟨1a⟩: *se ratatiner* shrivel up; *d'une personne* shrink

rate [rat] *f* ANAT spleen

raté, ratée [rate] **1** *adj* unsuccessful; *occasion* missed **2** *m personne* failure; *avoir des ratés* AUTO backfire

râteau [rato] *m* (*pl* -x) rake

rater [rate] ⟨1a⟩ **1** *v/t* miss; *rater un examen* fail an exam **2** *v/i d'une arme* misfire; *d'un projet* fail

ratification [ratifikasjɔ̃] *f* POL ratification

ration [rasjɔ̃] *f* ration; *fig* (fair) share

rationalisation [rasjɔnalizasjɔ̃] *f* rationalization

rationaliser ⟨1a⟩ rationalize

rationalité *f* rationality

rationnel, rationnelle rational

rationner [rasjɔne] ⟨1a⟩ ration

raton laveur *m* [ratɔlavœr] raccoon

ratisser [ratise] ⟨1a⟩ rake; (*fouiller*) search

R.A.T.P. [eratepe] *f abr* (= *Régie autonome des transports parisiens*) mass transit authority in Paris

rattacher [ratafe] ⟨1a⟩ *chien* tie up again; *cheveux* put up again; *lacets* do up again; *conduites d'eau* connect, join; *idées* connect; *se rattacher à* be linked to

rattraper [ratrape] ⟨1a⟩ *animal, fugitif* recapture; *objet qui tombe* catch; (*rejoindre*) catch up (with); *retard* make up; *malentendu, imprudence* make up for; *se rattraper* make up for it; (*se raccrocher*) get caught

rature [ratyr] *f* deletion, crossing out

rauque [rok] hoarse

ravages [rava3] *mpl* havoc *sg*, devastation *sg*; *les ravages du temps* the ravages of time

ravager ⟨1l⟩ devastate

ravaler [ravale] ⟨1a⟩ *aussi fierté etc* swallow; *façade* clean up

rave[1] [rav] *f: céleri rave* celeriac

rave[2] [rɛv] *f* rave

rave-party [rɛvparti] *f* rave

ravi, ravie [ravi] delighted (*de qch* with sth; *de faire qch* to do sth)

ravin [ravɛ̃] *m* ravine

ravir [ravir] ⟨2a⟩ (*enchanter*) delight

raviser [ravize] ⟨1a⟩: *se raviser* change one's mind

ravissant, ravissante [ravisɑ̃, -t] delightful, enchanting

ravisseur, -euse [ravisœr, -øz] *m/f* abductor

ravitaillement [ravitajmɑ̃] *m* supplying; *en carburant* refueling, *Br* refuelling

ravitailler ⟨1a⟩ supply; *en carburant* refuel

raviver [ravive] ⟨1a⟩ revive

rayé, rayée [reje] striped; *papier* lined; *verre, carrosserie* scratched

rayer ⟨1i⟩ *meuble, carrosserie* scratch; *mot* score out

rayon [rejɔ̃] *m* ray; MATH radius; *d'une roue* spoke; (*étagère*) shelf; *de magasin* department; *rayons X* X-rays; *dans un rayon de* within a radius of; *rayon laser* laser beam

rayonnage *m* shelving

rayonnant, rayonnante [rejɔnɑ̃, -t] radiant

rayonnement *m* PHYS radiation

rayonner ⟨1a⟩ *de chaleur* radiate; *d'un visage* shine; *rayonner de fig: bonheur, santé* radiate

rayure [rejyr] *f* stripe; *sur un meuble, du verre* scratch

raz [ra] *m: raz de marée* tidal wave (*aussi fig*)

R&D *f abr* (= *recherche et développement*) R&D (= research and development)

ré [re] *m* MUS D

réabonner [reabɔne] ⟨1a⟩: *se réabonner* renew one's subscription

réac [reak] *m/f* F reactionary

réacteur [reaktœr] *m* PHYS reactor; AVIAT jet engine

réaction [reaksjɔ̃] *f* reaction; *avion m à réaction* jet (aircraft)

réactionnaire *m/f & adj* reactionary

réactualiser [reaktyalize] ⟨1a⟩ update

réagir [reaʒir] ⟨2a⟩ react (*à* to; *contre* against)

réajuster [reaʒyste] ⟨1a⟩ → *rajuster*

réalisable [realizabl] feasible

réalisateur, -trice *m/f* director

réalisation *f d'un projet* execution, realization; *création, œuvre* creation; *d'un film* direction

réaliser ⟨1a⟩ *plan, projet* carry out; *rêve* fulfill, *Br* fulfil; *vente* make; *film* direct; *bien, capital* realize; *(se rendre compte)* realize; **se réaliser** *d'un rêve* come true; *d'un projet* be carried out

réalisme [realism] *m* realism

réaliste 1 *adj* realistic **2** *m/f* realist

réalité *f* reality; **en réalité** actually, in reality; **réalité virtuelle** virtual reality

réanimation [reanimasjõ] *f* MÉD resuscitation; **service** *m* **de réanimation** intensive care

réanimer ⟨1a⟩ resuscitate

réapparaître [reaparɛtr] ⟨4z⟩ reappear

réapparition *f* reappearance

réapprendre [reaprɑ̃dr] ⟨4q⟩ relearn

rebaptiser [rǝbatize] ⟨1a⟩ rename

rébarbatif, -ive [rebarbatif, -iv] off-putting, daunting

rebattu, rebattue [rǝbaty] hackneyed

rebelle [rǝbɛl] **1** *adj* rebellious **2** *m/f* rebel

rebeller ⟨1a⟩: **se rebeller** rebel **(contre** against**)**

rébellion *f* rebellion

reboiser [rǝbwaze] ⟨1a⟩ reforest, *Br* reafforest

rebondi, rebondie [r(ǝ)bõdi] rounded

rebondir ⟨2a⟩ *d'un ballon* bounce; *(faire un ricochet)* rebound; **faire rebondir qch** *fig* get sth going again

rebondissement *m fig* unexpected development

rebord [r(ǝ)bɔr] *m* edge; *d'une fenêtre* sill

rebours [r(ǝ)bur] *m*: **compte** *m* **à rebours** countdown

rebrousse-poil [r(ǝ)bruspwal]: **à rebrousse-poil** the wrong way; **prendre qn à rebrousse-poil** rub s.o. up the wrong way

rebrousser ⟨1a⟩: **rebrousser chemin** retrace one's footsteps

rebuffade [rǝbyfad] *f* rebuff

rebut [r(ǝ)by] *m* dregs *pl*; **mettre au rebut** scrap, get rid of

rebuter [r(ǝ)byte] ⟨1a⟩ *(décourager)* dishearten; *(choquer)* offend

récalcitrant, récalcitrante [rekalsitrɑ̃, -t] recalcitrant

récapituler [rekapityle] ⟨1a⟩ recap

recel [rǝsɛl] *m* JUR receiving stolen property, fencing F

récemment [resamɑ̃] *adv* recently

recensement [r(ǝ)sɑ̃smɑ̃] *m* census

recenser ⟨1a⟩ *population* take a census of

récent, récente [resɑ̃, -t] recent

récépissé [resepise] *m* receipt

récepteur [resɛptœr] *m* TECH, TÉL receiver

réceptif, -ive receptive

réception *f* reception; *d'une lettre, de marchandises* receipt

réceptionniste *m/f* receptionist, desk clerk

récession [resesjõ] *f* ÉCON recession

recette [r(ǝ)sɛt] *f* COMM takings *pl*; CUIS, *fig* recipe

receveur [rǝsvœr] *m des impôts* taxman; *de la poste* postmaster; MÉD recipient

receveuse *f* MÉD recipient

recevoir ⟨3a⟩ receive; **être reçu à un examen** pass an exam

rechange [r(ǝ)ʃɑ̃ʒ] *m*: **de rechange** spare *atr*

rechanger ⟨11⟩ change again

réchapper [reʃape] ⟨1a⟩: **réchapper à qch** survive sth

rechargeable [rǝʃarʒabl] *pile* rechargeable

recharger [r(ǝ)ʃarʒe] ⟨11⟩ *camion, arme* reload; *accumulateur* recharge; *briquet, stylo* refill

réchaud [reʃo] *m* stove

réchauffement [reʃofmɑ̃] *m* warming; **réchauffement de la planète** global warming

réchauffer ⟨1a⟩ warm up

rêche [rɛʃ] *aussi fig* rough

recherche [r(ǝ)ʃɛrʃ] *f (enquête, poursuite)* search **(de** for**)**; *scientifique* research; **recherche et développement** research and development, R&D; **recherches de la police** search *sg*, hunt *sg*

recherché, recherchée sought-after; *criminel* wanted; *(raffiné)* refined, recherché

rechercher ⟨1a⟩ look for, search for; *(prendre)* fetch

rechute [r(ǝ)ʃyt] *f* MÉD relapse

récidiver [residive] ⟨1a⟩ relapse

récif [resif] *m* GÉOGR reef

récipient [resipjɑ̃] *m* container

réciproque [resiprɔk] reciprocal

récit [resi] *m* account; *(histoire)* story

récital [resital] *m (pl -s)* recital

réciter [resite] ⟨1a⟩ recite

réclamation [reklamasjõ] *f* claim; *(protestation)* complaint

réclame [reklam] *f* advertisement

réclamer [reklame] ⟨1a⟩ *secours, aumône* ask for; *son dû, sa part* claim, demand; *(nécessiter)* call for

reclus, recluse [rǝkly] *m/f* recluse

réclusion [reklyzjõ] *f* imprisonment

recoiffer [rǝkwafe] ⟨1a⟩: **se recoiffer** put one's hair straight

recoin [rǝkwɛ̃] *m* nook

récolte [rekɔlt] *f* harvesting; *de produits* harvest, crop; *fig* crop

récolter ⟨1a⟩ harvest

R

recommandable [rəkɔmɑ̃dabl] *personne* respectable

recommandation f recommendation

recommander ⟨1a⟩ recommend; *lettre* register

recommencer [r(ə)kɔmɑ̃se] ⟨1k⟩ 1 *v/t*: **recommencer qch** start sth over, start sth again; **recommencer à faire qch** start doing sth again, start to do sth again 2 *v/i* start *ou* begin again

récompense [rekɔ̃pɑ̃s] f reward

récompenser ⟨1a⟩ reward (*de* for)

réconciliation [rekɔ̃siljasjɔ̃] f reconciliation

réconcilier ⟨1a⟩ reconcile

reconduire [r(ə)kɔ̃dɥir] ⟨4c⟩ JUR renew; **reconduire qn chez lui** take s.o. home; *à la porte* see s.o. out

réconfort [rekɔ̃fɔr] m consolation, comfort

réconforter ⟨1a⟩ console, comfort

reconnaissable [r(ə)kɔnesabl] recognizable

reconnaissance f recognition; *d'une faute* acknowledg(e)ment; (*gratitude*) gratitude; MIL reconnaissance; **reconnaissance de dette** IOU; **reconnaissance vocale** INFORM voice recognition

reconnaissant, reconnaissante grateful (*de* for)

reconnaître ⟨4z⟩ recognize; *faute* acknowledge; **se reconnaître** recognize o.s.; **ils se sont reconnus tout de suite** they immediately recognized each other; **un oiseau qui se reconnaît à ...** a bird which is recognizable by ...

reconnu, reconnue 1 *p/p* → **reconnaître** 2 *adj* known

reconquérir [r(ə)kɔ̃kerir] ⟨2l⟩ reconquer; *fig* regain

reconstituer [r(ə)kɔ̃stitɥe] ⟨1a⟩ reconstitute; *ville, maison* restore; *événement* reconstruct

reconstruction [r(ə)kɔ̃stryksjɔ̃] f rebuilding, reconstruction

reconstruire ⟨4c⟩ rebuild, reconstruct

reconversion [r(ə)kɔ̃vɛr sjɔ̃] f retraining

reconvertir ⟨2a⟩: **se reconvertir** retrain

recopier [rəkɔpje] ⟨1a⟩ *notes* copy out

record [r(ə)kɔr] m record

recordman m record holder

recordwoman f record holder

recoudre [rəkudr] ⟨4d⟩ *bouton* sew back on

recouper [rəkupe] ⟨1a⟩ 1 *vt* re-cut, cut again; *pour vérifier* cross-check 2 *vi* cut again

recourbé, recourbée [r(ə)kurbe] bent

recourir [r(ə)kurir] ⟨2i⟩: **recourir à qn** consult s.o.; **recourir à qch** resort to sth

recours m recourse, resort; **avoir recours à qch** resort to sth; **en dernier recours** as a last resort

recouvrer [r(ə)kuvre] ⟨1a⟩ recover; *santé* regain

recouvrir [r(ə)kuvrir] ⟨2f⟩ recover; *enfant* cover up again; (*couvrir entièrement*) cover (*de* with); (*cacher*) cover (up); (*embrasser*) cover, span

récréation [rekreasjɔ̃] f relaxation; ÉDU recess, Br break, Br recreation

recréer ⟨1a⟩ recreate

récriminations [rekriminasjɔ̃] fpl recriminations

recroqueviller [r(ə)krɔkvije] ⟨1a⟩: **se recroqueviller** shrivel (up); *d'une personne* curl up

recrudescence [rəkrydesɑ̃s] f new outbreak

recrue [r(ə)kry] f recruit

recrutement [r(ə)krytmɑ̃] m recruitment

recruter ⟨1a⟩ recruit

rectangle [rɛktɑ̃gl] m rectangle

rectangulaire rectangular

recteur [rɛktœr] m rector

rectifier [rɛktifje] ⟨1a⟩ rectify; (*ajuster*) adjust; (*corriger*) correct

rectiligne [rɛktiliɲ] rectilinear

recto [rɛkto] m *d'une feuille* front

reçu [r(ə)sy] 1 *p/p* → **recevoir** 2 m receipt

recueil [r(ə)kœj] m collection

recueillement m meditation, contemplation

recueillir ⟨2c⟩ collect; *personne* take in; **se recueillir** meditate

recul [r(ə)kyl] m *d'un canon, un fusil* recoil; *d'une armée* retreat, fall-back; *de la production, du chômage* drop, fall-off (*de* in); *fig* detachment

reculé, reculée [r(ə)kyle] remote; (*passé*) distant

reculer ⟨1a⟩ 1 *v/t* push back; *échéance, décision* postpone 2 *v/i* back away, recoil; MIL retreat, fall back; *d'une voiture* back, reverse; **reculer devant** *fig* back away from

reculons: **à reculons** backward, Br backwards

récupération [rekyperasjɔ̃] f recovery; *de vieux matériel* salvaging; **récupération du temps de travail** taking time off in lieu

récupérer ⟨1f⟩ 1 *v/t* recover, retrieve; *ses forces* regain; *vieux matériel* salvage; *temps* make up 2 *v/i* recover

récurer [rekyre] ⟨1a⟩ scour

recyclable [rəsiklabl] recyclable

recyclage m *du personnel* retraining;

TECH recycling
recycler ⟨1a⟩ retrain; TECH recycle
rédacteur, -trice [redaktœr, -tris] *m/f* editor; (*auteur*) writer; **rédacteur en chef** editor-in-chief; **rédacteur politique** political editor; **rédacteur publicitaire** copy-writer; **rédacteur sportif** sports editor
rédaction *f* editing; (*rédacteurs*) editorial team
redéfinir [rədefinir] ⟨2a⟩ redefine
redescendre [r(ə)desãdr] ⟨4a⟩ **1** *v/i* (*aux être*) come / go down again; *d'un baromètre* fall again; **redescendre d'une voiture** get out of a car again, get back out of a car **2** *v/t* bring / take down again; *montagne* come ou climb down again
redevable [rədəvabl] : **être redevable de qch à qn** owe s.o. sth
redevance *f d'un auteur* royalty; TV licence fee
rediffusion [rədifyzjõ] *f* repeat
rédiger [rediʒe] ⟨1l⟩ write
redire [r(ə)dir] ⟨4m⟩ (*répéter*) repeat, say again; (*rapporter*) repeat; **trouver à redire à tout** find fault with everything
redistribuer [rədistribɥe] ⟨1a⟩ redistribute; *aux cartes* redeal
redonner [r(ə)dɔne] ⟨1a⟩ (*rendre*) give back, return; (*donner de nouveau*) give again
redoubler [r(ə)duble] ⟨1a⟩ **1** *v/t* double **2** *v/i* ÉDU repeat a class, *Br aussi* repeat a year; *d'une tempête* intensify; **redoubler d'efforts** redouble one's efforts
redoutable [r(ə)dutabl] formidable; *hiver* harsh
redouter ⟨1a⟩ dread (**de faire qch** doing sth)
redresser [r(ə)drɛse] ⟨1b⟩ *ce qui est courbe* straighten; *ce qui est tombé* set upright; **redresser l'économie** *fig* get the economy back on its feet; **se redresser** *d'un pays* recover, get back on its feet
réduction [redyksjõ] *f* reduction; MÉD setting
réduire [redɥir] ⟨4c⟩ *dépenses, impôts* reduce, cut; *personnel* cut back; *vitesse* reduce; **se réduire à** amount to
réduit, réduite 1 *adj* reduced; *possibilités* limited **2** *m* small room
rééditer [reedite] ⟨1a⟩ republish
rééducation [reedykasjõ] *f* MÉD rehabilitation
rééduquer ⟨1m⟩ MÉD rehabilitate
réel, réelle [reɛl] real
réélection [reelɛksjõ] *f* re-election
réélire ⟨4x⟩ re-elect
réellement [reɛlmã] *adv* really

rééquilibrer [reekilibre] ⟨1a⟩ *pneus* balance
réévaluer [reevalɥe] ⟨1n⟩ ÉCON revalue
réévaluation *f* revaluation
refaire [r(ə)fɛr] ⟨4n⟩ *faire de nouveau*: *travail* do over, *Br* do again; *examen* take again, retake; *erreur* make again, repeat; *remettre en état*: *maison* do up; **refaire le monde** set the world to rights
réfection [refɛksjõ] *f* repair
réfectoire [refɛktwar] *m* refectory
référence [referãs] *f* reference; **ouvrage m de référence** reference work; **références** (*recommandation*) reference *sg*
référendum [referɛ̃dɔm] *m* referendum
référer [refere] ⟨1f⟩: **en référer à qn** consult s.o.; **se référer à** refer to
refermer [rəfɛrme] ⟨1a⟩ shut again; **se refermer** shut again; *d'une blessure* close (up)
refiler [r(ə)file] ⟨1a⟩ F: **refiler qch à qn** pass sth on to s.o.
réfléchi, réfléchie [refleʃi] thoughtful; GRAM reflexive
réfléchir ⟨2a⟩ **1** *v/t* reflect **2** *v/i* think; **réfléchir à** ou *sur qch* think about sth
reflet [r(ə)flɛ] *m de lumière* glint; *dans eau, miroir* reflection (*aussi fig*)
refléter ⟨1f⟩ reflect (*aussi fig*)
réflexe [reflɛks] *m* reflex
réflexion [reflɛksjõ] *f* PHYS reflection; *fait de penser* thought, reflection; (*remarque*) remark
réformateur, -trice [refɔrmatœr, -tris] *m/f* reformer
réforme *f* reform; **la Réforme** REL the Reformation
réformer ⟨1a⟩ reform; MIL discharge
reformer [rəfɔrme] ⟨1a⟩ reform; **se reformer**
refoulé, refoulée [r(ə)fule] PSYCH repressed
refoulement *m* pushing back; PSYCH repression
refouler ⟨1a⟩ push back; PSYCH repress
refrain [r(ə)frɛ̃] *m* refrain, chorus
réfréner [refrene, rə-] ⟨1f⟩ control
réfrigérateur [refriʒeratœr] *m* refrigerator; **conserver au réfrigérateur** keep refrigerated
refroidir [r(ə)frwadir] ⟨1a⟩ cool down; *fig* cool; **se refroidir** *du temps* get colder; MÉD catch a chill
refroidissement *m* cooling; MÉD chill
refuge [r(ə)fyʒ] *m* (*abri*) refuge, shelter; *pour piétons* traffic island; *en montagne* (mountain) hut
réfugié, réfugiée *m/f* refugee
réfugier ⟨1a⟩: **se réfugier** take shelter

R

refus [r(ə)fy] *m* refusal

refuser ⟨1a⟩ refuse; *refuser qch à qn* refuse s.o. sth; *refuser de ou se refuser à faire qch* refuse to do sth

réfuter [refyte] ⟨1a⟩ refute

regagner [r(ə)gaɲe] ⟨1a⟩ win back, regain; *endroit* get back to, regain

régal [regal] *m* (*pl* -s) treat

régaler ⟨1a⟩ regale (*de* with); *je vais me régaler!* I'm going to enjoy this!

regard [r(ə)gar] *m* look; *au regard de la loi* in the eyes of the law

regardant, regardante *avec argent* careful with one's money; *ne pas être regardant sur qch* not be too worried about sth

regarder ⟨1a⟩ **1** *v/t* look at; *télé* watch; (*concerner*) regard, concern; *regarder qn faire qch* watch s.o. doing sth **2** *v/i* look; *se regarder par la fenêtre* look out (of) the window; *se regarder d'une personne* look at o.s.; *de plusieurs personnes* look at each other

régate [regat] *f* regatta

régie [reʒi] *f entreprise* state-owned company; TV, *cinéma* control room

regimber [r(ə)ʒɛ̃be] ⟨1a⟩ protest

régime [reʒim] *m* POL government, régime; MÉD diet; *fiscal* system; *régime de retraite* pension scheme

régiment [reʒimɑ̃] *m* regiment

région [reʒjɔ̃] *f* region; *région sinistrée* disaster area

régional, régionale (*mpl* -aux) regional

régionalisation *f* POL regionalization

régionalisme *m* regionalism

régir [reʒir] ⟨2a⟩ govern

régisseur [reʒisœr] *m d'un domaine* managing agent; THÉÂT stage manager; *dans le film* assistant director; *régisseur de plateau* floor manager

registre [r(ə)ʒistr] *m* register (*aussi* MUS); *d'un discours* tone; *registre de comptes* ledger

réglable [reglabl] adjustable

réglage *m* adjustment

règle [regl] *f instrument* ruler; (*prescription*) rule; *de règle* customary; *en règle papiers* in order; *en règle générale* as a rule; *règles* (*menstruation*) period *sg*

réglé, réglée [regle] *organisé* settled; *vie* well-ordered; *papier* ruled

règlement [regləmɑ̃] *m d'une affaire, question* settlement; COMM payment, settlement; (*règles*) regulations *pl*

réglementaire [regləmɑ̃ter] in accordance with the rules; *tenue* regulation *atr*

réglementation *f* (*règle*) regulations *pl*

réglementer ⟨1a⟩ control, regulate

régler [regle] ⟨1f⟩ *affaire* settle; TECH adjust; COMM pay, settle; *épicier etc* pay, settle up with

réglisse [reglis] *f* BOT licorice, *Br* liquorice

règne [rɛɲ] *m* reign

régner ⟨1f⟩ reign (*aussi fig*)

regorger [r(ə)gɔrʒe] ⟨1l⟩: *regorger de* abound in, have an abundance of

régression [regresjɔ̃] *f* regression

regret [r(ə)grɛ] *m* (*repentir*) regret (*de* about); *à regret* with regret, reluctantly; *avoir le regret ou être au regret de faire qch* regret to do sth

regrettable regrettable, unfortunate

regretter ⟨1b⟩ regret; *personne absente* miss; *regretter d'avoir fait qch* regret doing sth, regret having done sth; *je ne regrette rien* I have no regrets; *je regrette mais ...* I'm sorry (but) ...

regrouper [r(ə)grupe] ⟨1a⟩ gather together

régulariser [regylarize] ⟨1a⟩ *finances, papiers* put in order; *situation* regularize; TECH regulate

régularité *f d'habitudes* regularity; *d'élections* legality

régulation [regylasjɔ̃] *f* regulation

régulier, -ère [regylje, -ɛr] regular; *allure, progrès* steady; *écriture* even; (*réglementaire*) lawful; (*correct*) decent, honest

régulièrement *adv* regularly

réhabilitation [reabilitasjɔ̃] *f* rehabilitation; *d'un quartier* renovation, redevelopment

réhabiliter ⟨1a⟩ rehabilitate; *d'un quartier* renovate, redevelop

réhabituer [reabitɥe] ⟨1a⟩: *se réhabituer à qch / faire qch* get used to sth / doing sth again

rehausser [rəose] ⟨1a⟩ raise; *fig* (*souligner*) bring out, emphasize

réimpression [reɛ̃presjɔ̃] *f* reprint

réimprimer ⟨1a⟩ reprint

rein [rɛ̃] *m* ANAT kidney; *rein artificiel* kidney machine; *reins* lower back *sg*

réincarnation [reɛ̃karnasjɔ̃] *f* reincarnation

reine [rɛn] *f* queen

réinsérer [reɛ̃sere] ⟨1f⟩ *mot etc* reinstate; *délinquant* rehabilitate

réinsertion *f d'un mot etc* reinstatement; *d'un délinquant* rehabilitation

réintégrer [reɛ̃tegre] ⟨1f⟩ *employé* reinstate; *endroit* return to

réinvestir [reɛ̃vestir] ⟨2a⟩ reinvest

réitérer [reitere] ⟨1f⟩ reiterate

rejaillir [r(ə)ʒajir] ⟨2a⟩ spurt

rejet [r(ə)ʒɛ] *m* rejection

rejeter ⟨1c⟩ reject; (*relancer*) throw back; (*vomir*) bring up; *responsabilité, faute* lay (**sur** onto); *autoroute* get back onto)

rejoindre [r(ə)ʒwɛ̃dr] ⟨4b⟩ *personne* join, meet; (*rattraper*) catch up with; MIL rejoin; *autoroute* get back onto; **se rejoindre** meet

réjouir [reʒwir] ⟨2a⟩ make happy, delight; **se réjouir de qch** be delighted about sth

réjouissance f rejoicing; **réjouissances publiques** public festivities

relâche [r(ə)lɑʃ] f: **sans relâche** travailler without a break, nonstop

relâchement m *d'une corde* loosening; *de discipline* easing

relâcher ⟨1a⟩ loosen; *prisonnier* release; **se relâcher** *d'un élève, de la discipline* get slack

relais [r(ə)lɛ] m SP relay (race); ÉL relay; **relais routier** truck stop, *Br aussi* transport café; **prendre le relais de qn** spell s.o., take over from s.o.

relancer [r(ə)lɑ̃se] ⟨1k⟩ *balle* throw back; *moteur* restart; *fig: économie* kickstart; *personne* contact again, get back onto F

relater [r(ə)late] ⟨1a⟩ relate

relatif, -ive [r(ə)latif, -iv] relative (*aussi* GRAM); **relatif à qch** relating to sth, about sth

relation f (*rapport*) connection, relationship; (*connaissance*) acquaintance; **être en relation avec qn** be in touch with s.o.; **relations** relations; (*connaissances*) contacts; **relations publiques** public relations, PR *sg*

relativement *adv* relatively; **relativement à** compared with; (*en ce qui concerne*) relating to

relativiser ⟨1a⟩ look at in context *ou* perspective

relax [r(ə)laks] *adj inv* F laid-back F, relaxed

relaxation f relaxation

relaxer ⟨1a⟩: **se relaxer** relax

relayer [r(ə)laje] ⟨1i⟩ take over from; TV, *radio* relay; **se relayer** take turns

reléguer [r(ə)lege] ⟨1f⟩ relegate; **reléguer qn au second plan** ignore s.o., push s.o. into the background

relent [r(ə)lɑ̃] m smell; *de scandale* whiff

relève [r(ə)lɛv] f relief; **prendre la relève** take over

relevé, relevée [rəlve] **1** *adj manche* turned up; *style* elevated; CUIS spicy **2** m *de compteur* reading; **relevé de compte** bank statement

relever [rəlve] ⟨1d⟩ **1** *v/t* raise; (*remettre debout*) pick up; *mur* rebuild; *col, chauffage* turn up; *manches* turn up, roll up; *siège* put up, lift; *économie, finances* improve; (*ramasser*) collect; *sauce* spice up; *défi* take up; *faute* find; *adresse, date* copy; *compteur* read; (*relayer*) relieve, take over from; **se relever** get up; *fig* recover; **relever qn de ses fonctions** relieve s.o. of his duties **2** *v/t*: **relever de** (*dépendre de*) report to, be answerable to; (*ressortir de*) be the responsibility of

relief [rəljɛf] m relief; **en relief** in relief; **mettre en relief** *fig* highlight

relier [rəlje] ⟨1a⟩ connect (**à** to), link (**à** with); *livre* bind

relieur, -euse m/f binder

religieux, -euse [r(ə)liʒjø, -z] **1** *adj* religious **2** m monk **3** f nun

religion f religion

relire [r(ə)lir] ⟨4x⟩ re-read

reliure [rəljyr] f binding

reluire [rəlɥir] ⟨4c⟩ shine

remaniement [r(ə)manimɑ̃] m *d'un texte* re-working; POL reorganization, *Br* reshuffle

remanier ⟨1a⟩ *texte* re-work; POL reorganize, *Br* reshuffle

remarier [r(ə)marje] ⟨1a⟩: **se remarier** remarry, get married again

remarquable [r(ə)markabl] remarkable

remarque f remark

remarquer ⟨1m⟩ (*apercevoir*) notice; (*dire*) remark; **faire remarquer qch à qn** point sth out to s.o., comment on sth to s.o.; **se remarquer** *d'une chose* be noticed; **se faire remarquer** *d'un acteur, sportif* get o.s. noticed; *d'un écolier* get into trouble; *se différencier* be conspicuous

remboursage [rɑ̃buraʒ] m stuffing

rembourrer ⟨1a⟩ stuff

remboursable [rɑ̃bursabl] refundable

remboursement m refund; *de dettes, d'un emprunt* repayment

rembourser ⟨1a⟩ *frais* refund, reimburse; *dettes, emprunt* pay back

remède [r(ə)mɛd] m remedy, cure

remédier ⟨1a⟩: **remédier à qch** remedy sth

remerciement [r(ə)mɛrsimɑ̃] m: **remerciements** thanks; **une lettre de remerciement** a thank-you letter, a letter of thanks

remercier ⟨1a⟩ thank (**de, pour** for); (*congédier*) dismiss

remettre [r(ə)mɛtr] ⟨4p⟩ *chose* put back; *vêtement, chapeau* put on again, put back on; *peine* remit; *décision* postpone; (*ajouter*) add; **remettre à neuf** recondition; **remettre qch à qn** hand *ou* give sth to s.o.; **remettre à l'heure** put to

R

the right time; **se remettre au beau** du *temps* brighten up again; **se remettre à** *qch* get up with sth again; **se remettre à faire qch** start doing sth again; **se remettre de qch** recover from sth; **s'en remettre à** *qn* rely on s.o.

réminiscence [reminisɑ̃s] *f* reminiscence

remise [r(ə)miz] *f* (*hangar*) shed; *d'une lettre* delivery; *de peine* remission, reduction; COMM discount; *d'une décision* postponement; **remise des bagages** baggage retrieval; **remise en jeu** goal kick; **remise à neuf** reconditioning; **remise en question** questioning

rémission [remisjɔ̃] *f* MÉD remission

remontant [r(ə)mɔ̃tɑ̃] *m* tonic

remonte-pente [r(ə)mɔ̃tpɑ̃t] *m* (*pl* remonte-pentes) ski lift

remonter [r(ə)mɔ̃te] ⟨1a⟩ **1** *v/i* (*aux être*) come / go up again; *dans une voiture* get back in; *d'un baromètre* rise again; *de prix, température* rise again, go up again; *d'un avion, chemin* climb, rise; **remonter à** (*dater de*) go back to **2** *v/t* bring / take back up; *rue, escalier* come / go back up; *montre* wind; TECH reassemble; *col* turn up; *stores* raise; **remonter qn** *fig* boost s.o.'s spirits

remords [r(ə)mɔr] *mpl* remorse *sg*

remorque [r(ə)mɔrk] *f véhicule* trailer; *câble* towrope

remorquer ⟨1m⟩ *voiture* tow

remorqueur *m* tug

remous [r(ə)mu] *m d'une rivière* eddy; *d'un bateau* wash; *fig pl* stir *sg*

rempart [rɑ̃par] *m* rampart

remplaçant, remplaçante [rɑ̃plasɑ̃, -t] *m/f* replacement

remplacement *m* replacement

remplacer ⟨1k⟩ replace; **remplacer X par Y** replace X with Y, substitute Y for X

remplir [rɑ̃plir] ⟨2a⟩ fill (*de* with); *formulaire* fill out; *conditions* fulfill, *Br* fulfil, meet; *tâche* carry out

remplissage [rɑ̃plisaʒ] *m* filling

remporter [rɑ̃pɔrte] ⟨1a⟩ take away; *prix* win; **remporter une victoire** win

remue-ménage [r(ə)mymenaʒ] *m* (*pl inv*) (*agitation*) commotion

remuer [rəmɥe] ⟨1a⟩ **1** *v/t* move (*aussi fig*); *sauce* stir; *salade* toss; *terre* turn over **2** *v/i* move; **se remuer** move; *fig* F get a move on F

rémunérateur, -trice [remynerater, -tris] well-paid

rémunération *f* pay, remuneration

rémunérer ⟨1f⟩ pay

renaissance [r(ə)nɛsɑ̃s] *f* renaissance, rebirth (*aussi* REL); **la Renaissance** the Renaissance

renaître [r(ə)nɛtr] ⟨4g⟩ (*aux être*) REL be born again; *fig* be reborn

renard [r(ə)nar] *m* fox

renchérir [rɑ̃ʃerir] ⟨2a⟩ go up again; **renchérir sur** *qn* outdo s.o./sth, go one better than s.o./sth

rencontre [rɑ̃kɔ̃tr] *f* meeting; **faire la rencontre de qn** meet s.o.; **aller à la rencontre de qn** go and meet s.o.

rencontrer ⟨1a⟩ meet; *accueil* meet with; *difficulté* encounter, run into; *amour* find; (*heurter*) meet; **se rencontrer** meet

rendement [rɑ̃dmɑ̃] *m* AGR yield; *d'un employé, d'une machine* output; *d'un placement* return

rendez-vous [rɑ̃devu] *m* (*pl inv*) appointment; *amoureux* date; *lieu* meeting place; **prendre rendez-vous** make an appointment; **donner rendez-vous à qn** arrange to meet s.o.; **avoir rendez-vous avec qn** have an appointment / date with s.o.

rendormir [rɑ̃dɔrmir] ⟨2b⟩: **se rendormir** fall asleep again, go back to sleep again

rendre [rɑ̃dr] ⟨4a⟩ **1** *v/t* (*donner en retour, restituer*) give back; *salut, invitation* return; (*donner*) give; (*traduire*) render; (*vomir*) bring up; MIL surrender; **rendre un jugement** pass sentence; **rendre visite à qn** visit s.o., pay s.o. a visit; **rendre les choses plus difficiles** make things more difficult **2** *v/i de terre, d'un arbre* yield; **se rendre** à *un endroit* / MIL surrender; **se rendre à l'avis de qn** come around to s.o.'s way of thinking; **se rendre présentable / malade** make o.s. presentable / sick

rêne [rɛn] *f* rein

renfermé, renfermée [rɑ̃fɛrme] **1** *adj* withdrawn **2** *m*: **sentir le renfermé** smell musty

renfermer ⟨1a⟩ (*contenir*) contain; **se renfermer dans le silence** withdraw into silence

renforcement [rɑ̃fɔrsəmɑ̃] *m* reinforcement

renforcer ⟨1k⟩ reinforce

renfort [rɑ̃fɔr] *m* reinforcements *pl*; **à grand renfort de** with copious amounts of

rengaine [rɑ̃gɛn] *f* song; **la même rengaine** *fig* the same old story

rengorger [rɑ̃gɔrʒe] ⟨1l⟩: **se rengorger** strut (*aussi fig*)

renier [rənje] ⟨1a⟩ *personne* disown

renifler [r(ə)nifle] ⟨1a⟩ sniff

renne [rɛn] *m* reindeer

renom [r(ə)nɔ̃] *m* (*célébrité*) fame, renown; (*réputation*) reputation

renommé, renommée known, famous (**pour** for)

renommée *f* fame

renoncement [r(ə)nɔ̃smɑ̃] *m* renunciation (**à** of)

renoncer ⟨1k⟩: **renoncer à qch** give sth up; **renoncer à faire qch** give up doing sth

renouer [rənwe] ⟨1a⟩ **1** *v/t fig*: *amitié, conversation* renew **2** *v/i*: **renouer avec qn** get back in touch with s.o.; *après brouille* get back together with s.o.

renouveau [rənuvo] *m* revival

renouveler [rənuvle] ⟨1c⟩ *contrat, passeport etc* renew; (*changer*) change, renew; *demande, promesse* repeat; **se renouveler** (*se reproduire*) happen again

renouvellement *m* renewal

rénovation [renɔvasjɔ̃] *f* renovation; *fig* (*modernisation*) updating

rénover ⟨1a⟩ renovate; *fig* bring up to date

renseignement [rɑ̃sɛɲmɑ̃] *m* piece of information (**sur** about); **renseignements** information *sg*; MIL intelligence *sg*; **prendre des renseignements sur** find out about

renseigner ⟨1a⟩: **renseigner qn sur qch** tell *ou* inform s.o. about sth; **se renseigner** find out (**auprès de qn** from s.o.; **sur** about)

rentabilité [rɑ̃tabilite] *f* profitability

rentable cost-effective; *entreprise* profitable; **ce n'est pas rentable** there's no money in it

rente [rɑ̃t] *f revenu d'un bien* private income; (*pension*) annuity; *versée à sa femme etc* allowance

rentrée [rɑ̃tre] *f* return; **rentrée des classes** beginning of the new school year; **rentrées** COMM takings

rentrer [rɑ̃tre] ⟨1a⟩ **1** *v/i* (*aux être*) (*entrer*) go / come in; *de nouveau* go / come back in; *chez soi* go / come home; *dans un récipient* go in, fit; *de l'argent* come in; **rentrer dans** (*heurter*) collide with, run into; *serrure, sac* fit in, go into; *ses responsabilités* be part of; *attributions, fonctions* form part of, come under **2** *v/t* bring / take in; *voiture* put away; *ventre* pull in

renverse [rɑ̃vɛrs] *f*: **tomber à la renverse** fall backward *ou Br* backwards

renversé, renversée overturned; *image* reversed; *fig* astonished

renversement *m* POL *d'un régime* overthrow

renverser ⟨1a⟩ *image* reverse; *chaise, verre* (*mettre à l'envers*) upturn; (*faire tom-*

ber) knock over, overturn; *piéton* knock down *ou* over; *liquide* spill; *gouvernement* overthrow; **se renverser** *d'une voiture, d'un bateau* overturn; *d'une bouteille, chaise* fall over

renvoi [rɑ̃vwa] *m de personnel* dismissal; *d'un élève* expulsion; *d'une lettre* return; *dans un texte* cross-reference (**à** to)

renvoyer ⟨1p⟩ (*faire retourner*) send back; *ballon* return; *personnel* dismiss; *élève* expel; *rencontre, décision* postpone; (*réfléchir*) reflect; *dans un texte* refer

réorganiser [reɔrganize] ⟨1a⟩ reorganize

réouverture [reuvɛrtyr] *f* reopening

repaire [r(ə)pɛr] *m* den (*aussi fig*)

répandre [repɑ̃dr] ⟨4a⟩ spread; (*renverser*) spill; **se répandre** spread; (*être renversé*) spill; **se répandre en excuses** apologize profusely

répandu, répandue widespread

reparaître [r(ə)parɛtr] ⟨4z⟩ reappear

réparateur [reparatœr] *m* repairman

réparation *f* repair; (*compensation*) reparation; **en réparation** being repaired; **surface f de réparation** SP penalty area

réparer ⟨1a⟩ repair; *fig* make up for

répartie [reparti] *f* retort; **avoir de la répartie** have a gift for repartee

repartir [r(ə)partir] ⟨2b⟩ (*aux être*) *partir de nouveau* leave again; *d'un train* set off again; **il est reparti chez lui** he went back home again; **repartir de zéro** start again from scratch

répartir [repartir] ⟨2a⟩ share out; *chargement* distribute; *en catégories* divide

répartition *f* distribution; *en catégories* division

repas [rəpɑ] *m* meal; **repas d'affaires** business lunch / dinner

repassage [rəpasaʒ] *m* ironing

repasser ⟨1a⟩ **1** *v/i* (*aux être*) come / go back again **2** *v/t couteau* sharpen; *linge* iron; *examen* take again

repêcher [r(ə)peʃe] ⟨1b⟩ fish out; *fig* F help out; *candidat* let pass

repeindre [rəpɛ̃dr] ⟨4b⟩ repaint

repenser [r(ə)pɑ̃se] ⟨1a⟩ **1** *v/t* rethink **2** *v/i* (*réfléchir*) think again (**à** about)

repentir [r(ə)pɑ̃tir] **1** ⟨2b⟩: **se repentir** REL repent; **se repentir de qch** be sorry for sth **2** *m* penitence

répercussions [reperkysjɔ̃] *fpl* repercussions

répercuter ⟨1a⟩: **se répercuter** reverberate; *fig* have repercussions (**sur** on)

repère [r(ə)pɛr] *m* mark; (**point** *m* **de**) **repère** landmark

repérer ⟨1f⟩ (*situer*) pinpoint; (*trouver*)

R

find, F spot; (*marquer*) mark

répertoire [repertwar] *m* directory; THÉÂT repertoire

répéter [repete] ⟨1f⟩ repeat; *rôle, danse* rehearse

répétitif, -ive repetitive

répétition *f* repetition; THÉÂT rehearsal

répit [repi] *m* respite; *sans répit* without respite

replacer [r(ə)plase] ⟨1k⟩ put back, replace

repli [r(ə)pli] *m* fold; *d'une rivière* bend

replier ⟨1a⟩ fold; *jambes* draw up; *journal* fold up; *manches* roll up; *se replier* MIL fall back; *se replier sur soi-même* retreat into one's shell

réplique [replik] *f* retort; (*copie*) replica

répliquer ⟨1m⟩ retort; *d'un enfant* answer back

répondeur [repõdœr] *m*: *répondeur automatique* answering machine

répondre ⟨4a⟩ **1** *v/t* answer, reply **2** *v/i* answer; (*réagir*) respond; *répondre à* answer, reply to; (*réagir à*) respond to; *besoin* meet; *attente* come up to; *signalement* match; *répondre de* answer for

réponse [repõs] *f* answer; (*réaction*) response

reportage [r(ə)pɔrtaʒ] *m* report

reporter[1] [r(ə)pɔrte] ⟨1a⟩ take back; *chiffres, solde* carry over; (*ajourner*) postpone

reporter[2] [r(ə)pɔrter] *m/f* reporter

repos [r(ə)po] *m* rest

reposer ⟨1a⟩ **1** *v/t* (*remettre*) put back; *question* ask again; (*détendre*) rest; *se reposer* rest; *se reposer sur* fig (*compter sur*) rely on **2** *v/i*: *reposer sur* rest on; fig (*être fondé sur*) be based on

repoussant, repoussante [r(ə)pusã, -t] repulsive, repellant

repousser ⟨1a⟩ **1** *v/t* (*dégoûter*) repel; (*différer*) postpone; *pousser en arrière*, MIL push back; (*rejeter*) reject **2** *v/i* grow again

reprendre [r(ə)prãdr] ⟨4q⟩ **1** *v/t* take back; (*prendre davantage de*) take more; *ville* recapture; (*recommencer*) resume, start again; (*réprimander*) reprimand; (*corriger*) correct; *entreprise* take over (*à* from); (*recouvrer*) regain; (*remporter*) pick up **2** *v/i retrouver vigueur* recover, pick up; (*recommencer*) start again; *se reprendre* (*se corriger*) correct o.s.; (*se maîtriser*) pull o.s. together

représailles [r(ə)prezaj] *fpl* reprisals; *exercer des représailles* take reprisals

représentant, représentante [r(ə)prezãtã, -t] *m/f* representative (*aussi* COMM)

représentatif, -ive representative

représentation *f* representation; *au théâtre* performance

représenter ⟨1a⟩ represent; *au théâtre* perform; *se représenter qch* imagine sth; *se représenter* POL run again for election

répressif, -ive [represif, -iv] POL repressive

répression *f* repression; *mesures fpl de répression* crackdown (*contre* on)

réprimande [reprimãd] *f* reprimand

réprimander ⟨1a⟩ reprimand

réprimer [reprime] ⟨1a⟩ suppress

reprise [r(ə)priz] *f d'une ville* recapture; *d'une marchandise* taking back; *d'un travail, d'une lutte* resumption; *à plusieurs reprises* on several occasions; *reprise économique* economic recovery

repriser ⟨1a⟩ darn, mend

réprobateur, -trice [reprobatœr, -tris] reproachful

réprobation *f* reproof

reproche [r(ə)prɔʃ] *m* reproach

reprocher ⟨1a⟩ reproach; *reprocher qch à qn* reproach s.o. for sth

reproducteur, -trice [rəprɔdyktœr, -tris] BIOL reproductive

reproduction *f* reproduction

reproduire ⟨4c⟩ reproduce; *se reproduire* happen again; BIOL reproduce, breed

reptile [reptil] *m* reptile

républicain, républicaine [repyblikɛ̃, -ɛn] *m/f & adj* republican

république *f* republic

répugnance [repyɲãs] *f* repugnance (*pour* for)

répugnant, répugnante repugnant

répugner ⟨1a⟩: *répugner à qch* be repelled by sth; *répugner à faire qch* be reluctant to do sth

répulsif, -ive [repylsif, -iv] *m* repellent

répulsion *f* repulsion

réputation [repytasjõ] *f* reputation

réputé, réputée famous; *elle est réputée être ...* she is said *ou* supposed to be ...

requérir [rəkerir] ⟨2l⟩ require

requête [rəkɛt] *f* request

requiem [rekwijɛm] *m* requiem

requin [r(ə)kɛ̃] *m* shark

requis, requise [rəki, -z] necessary

réquisitionner [rekizisjɔne] ⟨1a⟩ requisition

rescapé, rescapée [reskape] *m/f* survivor

réseau [rezo] *m* (*pl -x*) network; *réseau routier* road network *ou* system

réservation [rezervasjõ] *f* booking, reservation

réserve [rezɛrv] *f* reserve; (*entrepôt*

stockroom, storeroom; (*provision*) stock, reserve; *indienne* reservation; **émettre des réserves (*à propos de qch*)** express reservations (about sth); **réserve naturelle** nature reserve; **en réserve** in reserve; **sans réserve** unreservedly; **sous réserve de** subject to

réservé, réservée [rezerve] reserved (*aussi fig*)

réserver ⟨1a⟩ reserve; *dans un hôtel, un restaurant* book, reserve; (*mettre de côté*) put aside; **réserver qch à qn** keep *ou* save sth for s.o.; **réserver une surprise à qn** have a surprise for s.o.

réservoir [rezervwar] *m* tank; *lac etc* reservoir

résidence [rezidɑ̃s] *f* residence; **résidence universitaire** dormitory, *Br* hall of residence

résidentiel, résidentielle residential

résider ⟨1a⟩ live; **résider dans** *fig* lie in

résidu [rezidy] *m* residue; MATH remainder

résignation [reziɲasjɔ̃] *f* resignation

résigner ⟨1a⟩ *d'une fonction* resign; **se résigner** resign o.s. (*à* to)

resiliation [reziljasjɔ̃] *f* cancellation

resilier ⟨1a⟩ *contrat* cancel

résine [rezin] *f* resin

résistance [rezistɑ̃s] *f* resistance; (*endurance*) stamina; *d'un matériau* strength; **la Résistance** HIST the Resistance

résistant, résistante strong, tough; **résistant à la chaleur** heatproof, heat-resistant

résister ⟨1a⟩ resist; **résister à** *tentation, personne* resist; *sécheresse* withstand, stand up to

résolu, résolue [rezɔly] determined (*à faire qch* to do sth)

résolution *f* (*décision*) resolution; (*fermeté*) determination; *d'un problème* solving

résonance [rezɔnɑ̃s] *f* resonance

résonner ⟨1a⟩ echo, resound

résorber [rezɔrbe] ⟨1a⟩ absorb

résoudre [rezudr] ⟨4bb⟩ **1** *v/t problème* solve **2** *v/i*: **résoudre de faire qch** decide to do sth; **se résoudre à faire qch** decide to do sth

respect [respe] *m* respect; **tenir qn en respect** fend s.o. off; **par respect pour** out of respect for

respectable [respektabl] *personne, somme* respectable

respecter ⟨1a⟩ respect; **respecter le(s) délai(s)** meet the deadline; **respecter la priorité** AUTO yield, *Br* give way; **se respecter** have some self-respect; *mutuellement* respect each other; **se faire**

respecter command respect

respectif, -ive [respektif, -iv] respective

respectivement *adv* respectively

respectueux, -euse [respektɥø, -z] respectful

respirateur [respiratœr] *m* respirator; **respirateur artificiel** life support system

respiration *f* breathing; **retenir sa respiration** hold one's breath; **respiration artificielle** MÉD artificial respiration

respirer ⟨1a⟩ **1** *v/t* breathe; *fig* exude **2** *v/i* breathe

resplendir [resplɑ̃dir] ⟨2a⟩ glitter

responsabilité [respɔ̃sabilite] *f* responsibility (**de** for); JUR liability; **accepter la responsabilité de** accept responsibility for

responsable responsible (**de** for)

ressaisir [r(ə)sezir] ⟨2a⟩: **se ressaisir** pull o.s. together

ressemblance [r(ə)sɑ̃blɑ̃s] *f* resemblance

ressembler ⟨1a⟩: **ressembler à** resemble, be like; **se ressembler** resemble each other, be like each other; **ne ressembler à rien** *péj* look like nothing on earth

ressemeler [r(ə)səmle] ⟨1c⟩ resole

ressentiment [r(ə)sɑ̃timɑ̃] *m* resentment

ressentir [r(ə)sɑ̃tir] ⟨2b⟩ feel; **se ressentir de qch** still feel the effects of sth

resserrer [r(ə)sere] ⟨1b⟩ *nœud, ceinture* tighten; *fig: amitié* strengthen

resservir [r(ə)servir] ⟨2b⟩ **1** *v/t*: **puis-je vous resservir?** would you like some more? **2** *v/i* be used again

ressort [r(ə)sɔr] *m* TECH spring; *fig* motive; (*énergie*) energy; (*compétence*) province; JUR jurisdiction; **ce n'est pas de mon ressort** that's not my province *ou* responsibility; **en dernier ressort** JUR without appeal; *fig* as a last resort

ressortir [r(ə)sɔrtir] ⟨2b⟩ (*aux être*) come / go out again; (*se détacher*) stand out; **faire ressortir** bring out, emphasize; **il ressort de cela que** it emerges from this that; **ressortir à** JUR fall within the jurisdiction of

ressortissant, ressortissante [r(ə)sɔrtisɑ̃, -t] *m/f* national

ressource [r(ə)surs] *f* resource

ressusciter [resysite] ⟨1a⟩ **1** *v/t* resuscitate; *fig aussi* revive **2** *v/i* come back to life

restant, restante [restɑ̃, -t] **1** *adj* remaining **2** *m* remainder

restaurant [restɔrɑ̃] *m* restaurant

restaurateur, -trice *m/f* restaurateur; ART restorer

restauration *f* catering; ART restoration;

restauration rapide fast food

restaurer ⟨1a⟩ restore

reste [rɛst] *m* rest, remainder; *restes* CUIS leftovers; *du reste, au reste* moreover; *être en reste avec* be in debt to

rester [rɛste] ⟨1a⟩ 1 *v/i* (*aux être*) (*subsister*) be left, remain; (*demeurer*) stay, remain; *on en reste là* we'll stop there 2 *impersonnel*: *il reste du vin* there's some wine left; *il ne reste plus de pain* there's no bread left; *(il) reste que* nevertheless

restituer [rɛstitɥe] ⟨1n⟩ (*rendre*) return; (*reconstituer*) restore

restitution *f* restitution

restoroute [rɛstɔrut] *m* freeway *ou* Br motorway restaurant

restreindre [rɛstrɛ̃dr] ⟨4b⟩ restrict

restriction [rɛstriksjɔ̃] *f* restriction; *sans restriction* unreservedly

résultat [rezylta] *m* result

résulter ⟨1a⟩ result (*de* from)

résumé [rezyme] *m* summary

résumer ⟨1a⟩ *article, discours* summarize; *situation* sum up

résurrection [rezyrɛksjɔ̃] *f* REL resurrection (*aussi fig*)

rétablir [retablir] ⟨2a⟩ (*restituer*) restore; (*remettre*) re-establish, restore; *se rétablir* recover

rétablissement *m* restoration; *malade* recovery

retaper [r(ə)tape] ⟨1a⟩ *lettre* re-type; F *maison* do up

retard [r(ə)tar] *m* lateness; *dans travail, paiement* delay; *dans un développement* backwardness; *avoir deux heures de retard* be two hours late; *avoir du retard en anglais* be behind in English; *avoir du retard sur qn* be behind s.o.; *être en retard* be late; *d'une montre* be slow; *fig* be behind; *avec 3 heures de retard* three hours late; *sans retard* without delay

retardataire *m/f* latecomer; (*traînard*) straggler

retardé, retardée delayed; *enfant* retarded

retarder ⟨1a⟩ 1 *v/t* delay, hold up; *montre* put back 2 *v/i d'une montre* be slow; *retarder de cinq minutes* be five minutes slow; *retarder sur son temps* be behind the times

retenir [rətnir] ⟨2h⟩ *personne* keep; *argent* withhold; (*rappeler*) remember; *proposition, projet* accept; (*réserver*) reserve; *se retenir* restrain o.s.

retentir [rətɑ̃tir] ⟨2a⟩ sound; *d'un canon, du tonnerre* boom; *retentir sur* impact on

retentissant, retentissante resounding

retentissement *m* impact

retenu, retenue [rətny] (*réservé*) reserved; (*empêché*) delayed, held up

retenue *f sur salaire* deduction; *fig* (*modération*) restraint

réticence [retisɑ̃s] *f* (*omission*) omission; (*hésitation*) hesitation

rétine [retin] *f* ANAT retina

retirer [r(ə)tire] ⟨1a⟩ withdraw; *vêtement, chapeau* take off, remove; *promesse* take back; *profit* derive; *retirer qch de* remove sth from; *se retirer* withdraw; (*prendre sa retraite*) retire

retombées [r(ə)tɔ̃be] *fpl fig* repercussions, fallout F *sg*; *retombées radioactives* PHYS radioactive fallout

retomber ⟨1a⟩ (*aux être*) *tomber de nouveau* fall again; (*tomber*) land; *de cheveux, rideau* fall; *retomber sur qch fig* come back to sth; *retomber sur qn de responsabilité* fall on s.o.; *retomber dans qch* sink back into sth

rétorquer [retɔrke] ⟨1m⟩ retort

rétorsion [retɔrsjɔ̃] POL: *mesure f de rétorsion* retaliatory measure

retouche [r(ə)tuʃ] *f d'un texte, vêtement* alteration; *d'une photographie* retouch

retoucher ⟨1a⟩ *texte, vêtement* alter; *photographie* retouch

retour [r(ə)tur] *m* return; *être de retour* be back; *en retour* in return; ; *bon retour!* have a good trip home!; *par retour du courrier* by return of mail

retourner ⟨1a⟩ 1 *v/i* (*aux être*) return, go back; *retourner sur ses pas* backtrack 2 *v/t matelas, tête* turn; *lettre* return; *vêtement* turn inside out; *retourner qn fig* get s.o. to change their mind; *tourner et retourner fig*: *d'une idée* turn over and over in one's mind; *se retourner au lit* turn over (*aussi* AUTO); (*tourner la tête*) turn (around); *se retourner contre qn* turn against s.o.

rétracter [retrakte] ⟨1a⟩: *se rétracter* retract

retrait [r(ə)trɛ] *m* withdrawal; *en retrait* set back

retraite [r(ə)trɛt] *f* retirement; (*pension*) retirement pension; MIL retreat; *prendre sa retraite* retire

retraité, retraitée *m/f* pensioner, retired person

retrancher [r(ə)trɑ̃ʃe] ⟨1a⟩ (*enlever*) remove, cut (*de* from); (*déduire*) deduct; *se retrancher* MIL dig in; *fig* take refuge

retransmettre [rətrɑ̃smɛtr] ⟨4p⟩ relay

retransmission *f* TV broadcast

rétrécir [retresir] ⟨2a⟩ 1 *v/t* shrink; *fig* narrow 2 *v/i* shrink; *se rétrécir* narrow

rétribuer [retribɥe] ⟨1n⟩ pay

rétribution *f* remuneration, payment

rétroactif, -ive [retrɔaktif, -iv] retroactive

rétrograde [retrɔgrad] *mouvement* backward; *doctrine, politique* reactionary

rétrograder ⟨1a⟩ **1** *v/t* demote **2** *v/i* retreat; AUTO downshift

rétroprojecteur [retrɔprɔʒɛktœr] *m* overhead projector

rétrospectif, -ive [retrɔspɛktif, -iv] **1** *adj* retrospective **2** *f*: *rétrospective* retrospective

retrousser [r(ə)truse] ⟨1a⟩ *manches* roll up

retrouvailles [r(ə)truvaj] *fpl* F reunion *sg*

retrouver ⟨1a⟩ (*trouver*) find; *trouver de nouveau* find again; (*rejoindre*) meet; *santé* regain; *se retrouver* meet; *se retrouver seul* find o.s. alone; *on ne s'y retrouve pas* it's confusing

rétroviseur [retrɔvizœr] *m* AUTO rear-view mirror

réunification [reynifikasjõ] *f* reunification

réunifier ⟨1a⟩ reunify

réunion [reynjõ] *f* (*assemblée*) meeting; POL reunion; *être en réunion* be in a meeting

réunir ⟨2a⟩ bring together; *pays* reunite; *documents* collect; *se réunir* meet

réussi, réussie [reysi] successful

réussir ⟨2a⟩ **1** *v/i d'une personne* succeed; *réussir à faire qch* manage to do sth, succeed in doing sth **2** *v/t vie, projet* make a success of; *examen* be successful in; *réussir un soufflé* make a successful soufflé

réussite *f* success; *aux cartes* solitaire, *Br aussi* patience

réutilisable [reytilizabl] reusable

réutiliser ⟨1a⟩ reuse

revanche [r(ə)vãʃ] *f* revenge; *en revanche* on the other hand

rêve [rɛv] *m* dream

revêche [rəvɛʃ] harsh

réveil [revɛj] *m* awakening; (*pendule*) alarm (clock)

réveiller ⟨1b⟩ *personne* waken, wake up; *fig* revive; *se réveiller* wake up

réveillon [revɛjõ] *m* special meal eaten on Christmas Eve or New Year's Eve

réveillonner ⟨1a⟩ have a réveillon

révélateur, -trice [revelatœr, -tris] revealing; *être révélateur de qch* point to sth

révélation *f* revelation

révéler ⟨1f⟩ reveal; *se révéler faux* prove to be false

revenant [rəvnã] *m* ghost

revendeur, -euse [r(ə)vãdœr, -øz] *m/f* retailer

revendication [r(ə)vãdikasjõ] *f* claim, demand

revendiquer ⟨1m⟩ claim, demand; *responsabilité* claim; *revendiquer un attentat* claim responsibility for an attack

revendre [r(ə)vãdr] ⟨4a⟩ resell; *avoir du temps à revendre* have plenty of time to spare

revenir [rəvnir] ⟨2h⟩ (*aux être*) come back, return (*à* to); *d'un mot* crop up; *revenir sur thème, discussion* go back to; *décision, parole* go back on; *revenir sur ses pas* retrace one's footsteps; *revenir à qn d'une part* be due to s.o.; *sa tête ne me revient pas* I don't like the look of him; *revenir de évanouissement* come around from; *étonnement* get over, recover from; *illusion* lose; *revenir cher* cost a lot; *cela revient au même* it comes to the same thing; *faire revenir* CUIS brown

revente [r(ə)vãt] *f* resale

revenu [rəvny] *m* income; *revenus* revenue *sg*

rêver [reve] ⟨1a⟩ dream (*de* about); *éveillé* (day)dream (*à* about)

réverbère [reverbɛr] *m* street lamp

révérence [reverãs] *f* (*salut*) bow; *d'une femme* curtsey

rêverie [revri] *f* daydream

revérifier [rəverifje] ⟨1a⟩ double-check

revers [r(ə)ver] *m* reverse, back; *d'une enveloppe, de la main* back; *d'un pantalon* cuff, *Br* turn-up; *fig* (*échec*) reversal; *revers de la médaille* other side of the coin

revêtement [r(ə)vetmã] *m* TECH cladding; *d'une route* surface

revêtir ⟨2g⟩ *vêtement* put on; *forme, caractère* assume; *revêtir qn d'une autorité / dignité* lend s.o. authority /dignity; *revêtir qch de* TECH cover *ou* clad sth in sth; *revêtir une importance particulière* take on particular importance

rêveur, -euse [revœr, -øz] **1** *adj* dreamy **2** *m/f* dreamer

revigorer [r(ə)vigɔre] ⟨1a⟩ *fig* reinvigorate

revirement [r(ə)virmã] *m*: *revirement d'opinion* sudden change in public attitude

réviser [revize] ⟨1a⟩ *texte* revise; *machine* service

révision *f* revision; TECH, AUTO service

revivre [r(ə)vivr] ⟨4e⟩ **1** *v/t* relive **2** *v/i* revive

révocation [revɔkasjõ] *f* revocation; *d'un*

R

dirigeant etc dismissal
revoir [r(ə)vwar] **1** vt ⟨3b⟩ see again; texte review; ÉDU review, Br revise **2** m: **au revoir!** goodbye!
révolte [revɔlt] f revolt
révolter ⟨1a⟩ revolt; **se révolter** rebel, revolt
révolu, révolue [revɔly] bygone
révolution [revɔlysjɔ̃] f revolution
révolutionnaire [revɔlysjɔnɛr] m/f & adj revolutionary
révolutionner ⟨1a⟩ revolutionize
revolver [revɔlvɛr] m revolver
révoquer [revɔke] ⟨1m⟩ fonctionnaire dismiss; contrat revoke
revue [r(ə)vy] f review; **passer en revue** fig review
rez-de-chaussée [redʃose] m (pl inv) first floor, Br ground floor
R.F.A. [erefa] f abr (= **République fédérale d'Allemagne**) FRG (Federal Republic of Germany)
rhabiller [rabije] ⟨1a⟩: **se rhabiller** get dressed again
rhétorique [retɔrik] f rhetoric
Rhin [rɛ̃] m Rhine
rhinocéros [rinɔserɔs] m rhinoceros, rhino F
Rhône [ron] m Rhone
rhubarbe [rybarb] f BOT rhubarb
rhum [rɔm] m rum
rhumatisant, rhumatisante [rymatizɑ̃, -t] rheumatic
rhumatismes mpl rheumatism sg
rhume [rym] m cold; **rhume de cerveau** head cold; **rhume des foins** hay fever
riant, riante [rijɑ̃, -t] merry
ricanement [rikanmɑ̃] m sneer; bête snigger
ricaner ⟨1a⟩ sneer; bêtement snigger
riche [riʃ] rich (**en** in); sol fertile; décoration, meubles elaborate
richesse f wealth; du sol fertility
ricocher [rikɔʃe] ⟨1a⟩ ricochet
ricochet [rikɔʃɛ] m ricochet
rictus [riktys] m grimace
ride [rid] f wrinkle, line
ridé, ridée wrinkled, lined
rideau [rido] m (pl -x) drape, Br curtain; **rideau de fer** POL Iron Curtain
rider [ride] ⟨1a⟩ peau wrinkle; **se rider** become wrinkled ou lined
ridicule [ridikyl] **1** adj ridiculous (**de faire qch** to do sth) **2** m ridicule; (absurdité) ridiculousness; **tourner qch en ridicule** poke fun at sth
ridiculiser ⟨1a⟩ ridicule; **se ridiculiser** make a fool of o.s.
rien² [rjɛ̃] **1** pron ◇ nothing; **de rien** comme réponse not at all, you're welcome; **ils ne se ressemblent en rien**

they are not at all alike; **rien que cela?** just that?, nothing else?; **j'y suis pour rien** I have nothing to do with it
◇ **ne … rien** nothing, not anything; **il ne sait rien** he knows nothing, he doesn't know anything; **rien de rien** nothing at all, absolutely nothing; **rien du tout** nothing at all; **il n'en est rien** it's not the case, it's not so
◇ **quelque chose** anything; **sans rien dire** without saying anything **2** m trifle; **en un rien de temps** in no time; **pour un rien** se fâcher for nothing, for no reason; **un rien de** a touch of
rigide [riʒid] rigid (aussi fig)
rigolade [rigɔlad] f F joke
rigole [rigɔl] f (conduit) channel
rigoler [rigɔle] ⟨1a⟩ F joke; (rire) laugh
rigolo, rigolote F (amusant) funny
rigoureusement [rigurøzmɑ̃] adv rigorously
rigoureux, -euse rigorous, strict
rigueur f rigor, Br rigour; **à la rigueur** if absolutely necessary; **de rigueur** compulsory
rime [rim] f rhyme
rimer ⟨1a⟩ rhyme; **ne rimer à rien** fig not make sense
rinçage [rɛ̃saʒ] m rinse
rincer ⟨1k⟩ rinse
ring [riŋ] m en boxe ring
riposte [ripɔst] f riposte, response; avec armes return of fire
riposter ⟨1a⟩ reply, response; avec armes return fire
rire [rir] **1** vi ⟨4r⟩ laugh (**de** about, at); (s'amuser) have fun; **rire aux éclats** roar with laughter; **pour rire** as a joke, for a laugh; **rire de qn** make fun of s.o., laugh at s.o.; **se rire de** fml laugh at **2** m laugh; **rires** laughter sg
risée [rize] f mockery
risible [rizibl] laughable
risque [risk] m risk; **à mes / tes risques et périls** at my / your own risk; **au risque de faire qch** at the risk of doing sth; **courir le risque de faire qch** risk doing sth, run the risk of doing sth
risqué, risquée risky; plaisanterie, remarque risqué
risquer ⟨1m⟩ risk; **risquer de faire qch** risk doing sth, run the risk of doing sth; ; **se risquer dans** pièce venture into; entreprise venture on
rissoler [risɔle] ⟨1a⟩ CUIS brown
rite [rit] m REL rite; fig ritual
rituel, rituelle m & adj ritual
rivage [rivaʒ] m shore
rival, rivale [rival] (mpl -aux) m/f & adj

rival
rivaliser ⟨1a⟩ compete, vie
rivalité f rivalry
rive [riv] f *d'un fleuve* bank; *d'une mer,
d'un lac* shore; **la Rive Gauche** à Paris
the Left Bank
river [rive] ⟨1a⟩ TECH rivet
riverain, riveraine [rivrɛ̃, -ɛn] m/f resident
rivet [rive] m TECH rivet
rivière [rivjɛr] f river
rixe [riks] f fight, brawl
riz [ri] m BOT rice
robe [rɔb] f dress; *d'un juge, avocat* robe;
robe de chambre dressing gown, Br dressing
gown; **robe de mariée** wedding dress; **robe
du soir** evening dress
robinet [rɔbinɛ] m faucet, Br tap
robot [rɔbo] m robot
robuste [rɔbyst] sturdy, robust
roc [rɔk] m rock
rocaille [rɔkaj] f *terrain* stony ground
rocailleux, -euse stony; *voix* rough
roche [rɔʃ] f rock
rocher m rock
rocheux, -euse rocky; **les Montagnes
Rocheuses** the Rocky Mountains
rock [rɔk] m MUS rock
rococo [rɔkɔko] m rococo
rodage [rɔdaʒ] m AUTO running in
rôder [rode] ⟨1a⟩ prowl
rôdeur, -euse m/f prowler
rogne [rɔɲ] f: **être en rogne** F be in a bad
mood
rogner [rɔɲe] ⟨1a⟩ **1** v/t cut, trim **2** v/i: **rogner
sur qch** cut ou trim sth
rognon [rɔɲɔ̃] m CUIS kidney
roi [rwa] m king
rôle [rol] m role; *(registre)* roll; **à tour de
rôle** turn and turn about
ROM [rɔm] f *(pl inv)* abr (= **read only
memory**) ROM
romain, romaine [rɔmɛ̃, -ɛn] **1** adj Roman **2** m/f **Romain, romaine** Roman
roman [rɔmɑ̃] m novel
romancier, -ère [rɔmɑ̃sje, -er] m/f novelist
romand, romande [rɔmɑ̃, -d]: **la Suisse
romande** French-speaking Switzerland
romanesque [rɔmanɛsk] *(sentimental)*
romantic
romantique [rɔmɑ̃tik] m/f & adj romantic
romantisme [rɔmɑ̃tism] m romanticism
romarin [rɔmarɛ̃] m BOT rosemary
rompre [rɔ̃pr] ⟨4a⟩ **1** v/i break; **rompre
avec** *petit ami* break it off with; *tradition*
break with; *habitude* break **2** v/t break
(aussi fig); *relations, négociations, fiançailles* break off; **se rompre** break

rouer
rompu, rompue *(cassé)* broken; **rompu à**
used to
ronce [rɔ̃s] f BOT: **ronces** brambles
rond, ronde [rɔ̃, -d] **1** adj round; *joues,
personne* plump; F *(ivre)* drunk **2** adv:
tourner rond *moteur,* fig run smoothly
3 m *figure* circle m **4** f: **faire la ronde**
dance in a circle; **faire sa ronde** do one's
rounds; *d'un soldat* be on patrol; *d'un policier* be on patrol, Br aussi be on the
beat; **à la ronde** around
rondelet, rondelette plump
rondelle [rɔ̃dɛl] f disk, Br disc; *de saucisson* slice; TECH washer
rondement [rɔ̃dmɑ̃] adv *(promptement)*
briskly; *(carrément)* frankly
rondeur [rɔ̃dœr] f roundness; *des bras,
d'une personne* plumpness; *fig* frankness;
rondeurs *d'une femme* curves
rondin [rɔ̃dɛ̃] m log
rond-point [rɔ̃pwɛ̃] m *(pl ronds-points)*
traffic circle, Br roundabout
ronflement [rɔ̃fləmɑ̃] m snoring; *d'un
moteur* purr
ronfler ⟨1a⟩ snore; *d'un moteur* purr
ronger [rɔ̃ʒe] ⟨1l⟩ gnaw at; fig torment;
se ronger les ongles bite one's nails
rongeur m zo rodent
ronronnement [rɔ̃rɔnmɑ̃] m purr
ronronner ⟨1a⟩ purr
rosace [rozas] f ARCH rose window
rosaire [rozer] m REL rosary
rosbif [rɔzbif] m CUIS roast beef
rose [roz] **1** f BOT rose **2** m *couleur* pink **3**
adj pink
rosé, rosée **1** m rosé **2** adj pinkish
roseau [rozo] m *(pl -x)* BOT reed
rosée [roze] f dew
rosier [rozje] m rose bush
rossignol [rɔsiɲɔl] m zo nightingale
rot [ro] m F belch
rotation [rɔtasjɔ̃] f rotation
roter [rɔte] ⟨1a⟩ F belch
rôti [roti, ro-] m roast
rôtie [roti, ro-] f slice of toast
rotin [rɔtɛ̃] m rattan
rôtir [rotir, ro-] ⟨2a⟩ roast
rôtisserie [rotisri] f grill-room
rôtissoire f spit
rotule [rɔtyl] f ANAT kneecap
rouage [rwaʒ] m cogwheel; **rouages**
d'une montre works; fig machinery sg
roublard, roublarde [rublar, -d] crafty
roucouler [rukule] ⟨1a⟩ *d'un pigeon* coo;
d'amoureux bill and coo
roue [ru] f wheel; **deux roues** m two-wheeler; **roue libre** freewheel
roué, rouée [rwe] crafty
rouer [rwe] ⟨1a⟩: **rouer qn de coups** beat

R

s.o. black and blue

rouge [ruʒ] **1** *adj* red (*aussi* POL) **2** *adv fig*: **voir rouge** see red **3** *m couleur, vin* red; **rouge à lèvres** lipstick; **rouge à joues** blusher

rougeâtre reddish

rouge-gorge [ruʒgɔrʒ] *m* (*pl* rouges-gorges) robin (redbreast)

rougeole [ruʒɔl] *f* MÉD measles *sg*

rouget [ruʒɛ] *m* mullet

rougeur [ruʒœr] *f* redness; (*irritation*) blotch

rougir ⟨2a⟩ go red; *d'une personne aussi* blush (*de* with); *de colère* flush (*de* with)

rouille [ruj] *f* rust

rouillé, rouillée rusty (*aussi fig*)

rouiller ⟨1a⟩ rust; **se rouiller** rust; *fig* go rusty

rouleau [rulo] *m* (*pl* -x) roller; *de papier peint, pellicule* roll; CUIS rolling pin

roulement [rulmɑ̃] *m de tambour* roll; *d'un train* rumble; TECH bearing; **roulement à billes** TECH ball bearing

rouler [rule] ⟨1a⟩ **1** *v/i* roll; *d'une voiture* travel; *ça roule?* F how are things?, how goes it? F; **rouler sur qch** *d'une conversation* be about sth **2** *v/t* roll; **rouler qn** F cheat s.o.; **se rouler par terre**: roll on the ground

roulette [rulɛt] *f de meubles* caster; *jeu* roulette

roulis [ruli] *m* MAR swell

roulotte [rulɔt] *f* trailer, *Br* caravan

roumain, roumaine [rumɛ̃, -ɛn] **1** *adj* Romanian **2** *m langue* Romanian **3** *m/f* **Roumain, Roumaine** Romanian

Roumanie: *la Roumanie* Romania

round [rund] *m en boxe* round

rouquin, rouquine [rukɛ̃, -in] *m/f* F redhead

rousseur [rusœr] *f*: **taches fpl de rousseur** freckles

roussir ⟨2a⟩ **1** *v/t linge* scorch **2** *v/i de feuilles* turn brown; **faire roussir** CUIS brown

route [rut] *f* road; (*parcours*) route; (*chemin*) path; **en route** on the way; *fig* **mettre en route** *moteur, appareil* start up; **se mettre en route** set off; *fig* get under way; **faire fausse route** take the wrong turning; *fig* be on the wrong track, be wrong; **faire route vers** be heading for

routier, -ère 1 *adj* road *atr* **2** *m* (*conducteur*) truck driver, *Br* long-distance lorry driver; *restaurant* truck stop, *Br aussi* transport café

routine [rutin] *f* routine; **de routine** routine *atr*

routinier, -ère routine *atr*

rouvrir [ruvrir] ⟨2f⟩ open again, re-open

roux, rousse [ru, -s] **1** *adj* red-haired; *cheveux* red **2** *m* CUIS roux

royal, royale [rwajal] (*mpl* -aux) royal; *fig*: *pourboire, accueil* superb, right royal

royaliste *m/f & adj* royalist

royaume [rwajom] *m* kingdom

Royaume-Uni United Kingdom

royauté [rwajote] *f* royalty

R.-U. *abr* (= **Royaume-Uni**) UK (= United Kingdom)

ruban [rybɑ̃] *m* ribbon; **ruban adhésif** adhesive tape

rubéole [rybeɔl] *f* German measles *sg*

rubis [rybi] *m* ruby

rubrique [rybrik] *f* heading

ruche [ryʃ] *f* hive

rude [ryd] *personne, manières* uncouth; *sévère: personne, voix, climat* harsh; *travail, lutte* hard

rudimentaire [rydimɑ̃tɛr] rudimentary

rudiments *mpl* rudiments, basics

rudoyer [rydwaje] ⟨1h⟩ be unkind to

rue [ry] *f* street; *dans la rue* on the street, *Br* in the street; *en pleine rue* in the middle of the street; *descendre dans la rue* take to the streets; *rue à sens unique* one-way street; *rue piétonne* pedestrianized zone, *Br aussi* pedestrian precinct

ruée [rɥe] *f* rush

ruelle [rɥɛl] *f* alley

ruer [rɥe] ⟨1n⟩ *d'un cheval* kick; **ruer dans les brancards** *fig* kick over the traces; **se ruer sur** make a headlong dash for

rugby [rygbi] *m* rugby

rugir [ryʒir] ⟨2a⟩ roar; *du vent* howl

rugissement *m* roar

rugueux, -euse [rygø, -z] rough

ruine [rɥin] *f* ruin

ruiner ⟨1a⟩ ruin

ruineux, -euse incredibly expensive

ruisseau [rɥiso] *m* (*pl* -x) stream (*aussi fig*); (*caniveau*) gutter (*aussi fig*)

ruisseler [rɥisle] ⟨1c⟩ run

rumeur [rymœr] *f* hum; *de personnes* murmuring; (*nouvelle*) rumor, *Br* rumour

ruminer [rymine] **1** *v/i* chew the cud, ruminate **2** *v/t fig*: **ruminer qch** mull sth over

rupture [ryptyr] *f* breaking; *fig* split; *de négociations* breakdown; *de relations diplomatiques, fiançailles* breaking off; *de contrat* breach

rural, rurale [ryral] (*mpl* -aux) rural

ruse [ryz] *f* ruse; *la ruse* cunning

rusé, rusée crafty, cunning

russe [rys] **1** adj Russian **2** m langue Russian **3** m/f **Russe** Russian

Russie: la Russie Russia

rustique [rystik] rustic

rustre [rystr] péj **1** adj uncouth **2** m oaf

rutilant, rutilante [rytilã, -t] (rouge) glowing; (brillant) gleaming

rythme [ritm] m rhythm; (vitesse) pace

rythmique rhythmical

S

S. abr (= **sud**) S (= south)

s' [s] → **se**

sa [sa] → **son**[1]

S.A. [εsa] f abr (= **société anonyme**) Inc, Br plc

sable [sabl] m sand

sablé m CUIS shortbread biscuit

sabler ⟨1a⟩ sand; **sabler le champagne** break open the champagne

sablier m CUIS eggtimer

sablonneux, -euse sandy

sabot [sabo] m clog; ZO hoof; **sabot de Denver** Denver boot, Br clamp

sabotage [sabotaʒ] m sabotage

saboter ⟨1a⟩ sabotage; F travail make a mess of

saboteur, -euse m/f saboteur

sac [sak] m bag; de pommes de terre sack; **sac de couchage** sleeping bag; **sac à dos** backpack; **sac à main** purse, Br handbag; **sac à provisions** shopping bag

saccadé, saccadée [sakade] mouvements jerky; voix breathless

saccager [sakaʒe] ⟨1l⟩ (piller) sack; (détruire) destroy

saccharine [sakarin] f saccharine

sachet [saʃε] m sachet; **sachet de thé** teabag

sacoche [sakɔʃ] f bag; de vélo saddlebag

sacre [sakr] m d'un souverain coronation

sacré, sacrée [sakre] sacred; devant le substantif F damn F, Br aussi bloody F

sacrement [sakrəmã] m REL sacrament

sacrifice [sakrifis] m sacrifice (aussi fig)

sacrifier ⟨1a⟩ sacrifice (aussi fig); **sacrifier à la mode** fig be a slave to fashion, be a fashion victim; **se sacrifier** sacrifice o.s.

sacrilège [sakrilεʒ] **1** adj sacrilegious **2** m sacrilege

sacro-saint, sacro-sainte [sakrosε̃, -t] iron sacrosanct

sadique [sadik] **1** adj sadistic **2** m/f sadist

sadisme m sadism

safran [safrã] m BOT, CUIS saffron

saga [saga] f saga

sagace [sagas] shrewd

sagacité f shrewdness

sage [saʒ] **1** adj wise; enfant good **2** m sage, wise man

sage-femme f (pl sages-femmes) midwife

sagesse f wisdom; d'un enfant goodness

Sagittaire [saʒitεr] m ASTROL Sagittarius

saignant, saignante [sεɲã, -t] bleeding; CUIS rare

saignement m bleeding

saigner ⟨1b⟩ v/i bleed; **je saigne du nez** my nose is bleeding, I have a nosebleed **2** v/t fig bleed dry ou white

saillant, saillante [sajã, -t] pommettes prominent; fig salient

saillie f ARCH projection; fig quip

saillir ⟨2c⟩ ARCH project

sain, saine [sε̃, sεn] healthy (aussi fig); gestion sound; **sain et sauf** safe and sound; **sain d'esprit** sane

saindoux [sε̃du] m lard

saint, sainte [sε̃, -t] **1** adj holy; **vendredi m saint** Good Friday **2** m/f saint

Saint-Esprit m Holy Spirit

sainteté f holiness

Saint-Sylvestre: la Saint-Sylvestre New Year's Eve

saisie [sezi] f JUR, de marchandises de contrebande seizure; **saisie de données** INFORM data capture

saisir ⟨2a⟩ seize; personne, objet take hold of, seize; sens, intention grasp; occasion seize, grasp; INFORM capture; **se saisir de qn / de qch** take hold of ou seize s.o./sth

saisissant, saisissante striking; froid penetrating

saison [sεzõ] f season

saisonnier, -ère **1** adj seasonal **2** m ouvrier seasonal worker

salade [salad] f salad; **salade de fruits**

fruit salad

saladier *m* salad bowl

salaire [salɛr] *m d'un ouvrier* wages *pl*; *d'un employé* salary; **salaire net** take-home pay

salami [salami] *m* salami

salarial, salariale [salarjal] (*mpl* -aux) wage *atr*

salarié, salariée 1 *adj travail* paid **2** *m/f ouvrier* wage-earner; *employé* salaried employee

salaud [salo] *m* P bastard F

sale [sal] dirty; *devant le substantif* nasty

salé, salée [sale] *eau* salt; *cuis* salted; *fig*: *histoire* daring; *prix* steep

saler ⟨1a⟩ salt

saleté [salte] *f* dirtiness; **saletés** *fig* (*grossièretés*) filthy remarks; F *choses sans valeur, mauvaise nourriture* junk *sg*

salière [saljɛr] *f* salt cellar

salir [salir] ⟨2a⟩: **salir qch** get sth dirty, dirty sth

salissant, salissante *travail* dirty; *tissu* easily dirtied

salive [saliv] *f* saliva

salle [sal] *f* room; **salle d'attente** waiting room; **salle de bain(s)** bathroom; **salle de classe** classroom; **salle d'eau** shower room; **salle à manger** dining room; **salle de séjour** living room

salmonellose [salmɔneloz] *f* MÉD salmonella (poisoning)

salon [salɔ̃] *m* living room; *d'un hôtel* lounge; (*foire*) show; **salon de l'automobile** auto show, Br motor show; **salon de thé** tea room; **salon de coiffure** hair salon, Br hairdressing salon

salopard [salɔpar] P *m* → **salaud**

salope *f* P bitch

saloperie *f* F *chose sans valeur* piece of junk; (*bassesse*) dirty trick

salopette [salɔpɛt] *f* dungarees *pl*

salubre [salybr] healthy

saluer [salɥe] ⟨1n⟩ greet; MIL salute; **saluer qn (de la main)** wave to s.o.

salut [saly] *m* greeting; MIL salute; (*sauvegarde*) safety; REL salvation; **salut!** F hi!; (*au revoir*) bye!

salutaire [salytɛr] salutary

salutation *f* greeting; *dans lettre* **recevez mes salutations distinguées** yours truly, Br yours sincerely

samedi [samdi] *m* Saturday

sanatorium [sanatɔrjɔm] *m* sanitarium, Br aussi sanitorium

sanction [sɑ̃ksjɔ̃] *f* (*peine, approbation*) sanction

sanctionner ⟨1a⟩ (*punir*) punish; (*approuver*) sanction

sanctuaire [sɑ̃ktɥer] *m* sanctuary

sandale [sɑ̃dal] *f* sandal

sandwich [sɑ̃dwitʃ] *m* (*pl* -(e)s) sandwich

sang [sɑ̃] *m* blood; **se faire du mauvais sang** F worry, fret

sang-froid *m* composure, calmness; **garder son sang-froid** keep one's cool; **tuer qn de sang-froid** kill s.o. in cold blood

sanglant, sanglante bloodstained; *combat, mort* bloody

sanglier [sɑ̃glije] *m* (wild) boar

sanglot [sɑ̃glo] *m* sob

sangloter ⟨1a⟩ sob

sanguin, sanguine [sɑ̃gɛ̃, -in] blood *atr*; *tempérament* sanguine; **groupe** *m* **sanguin** blood group

sanguinaire *personne* bloodthirsty; *combat* bloody

sanguine *f* BOT blood orange

sanitaire [saniter] sanitary; **installations** *fpl* **sanitaires** sanitary fittings, sanitation *sg*; *tuyauterie* plumbing *sg*

sans [sɑ̃] **1** *prép* without; **sans manger / travailler** without eating / working; **sans sucre** sugar-free, without sugar; **sans parapluie / balcon** without an umbrella/a balcony; **sans toi nous serions tous …** if it hadn't been for you we would all … **2** *conj*: **sans que je le lui suggère** (*subj*) without me suggesting it to him

sans-abri [sɑ̃zabri] *m/f* (*pl inv*): **les sans-abri** the homeless *pl*

sans-emploi [sɑ̃zɑ̃plwa] *m* person without a job; **les sans-emploi** the unemployed *pl*

sans-façon [sɑ̃fasɔ̃] *m* informality

sans-gêne [sɑ̃ʒen] **1** *m/f* (*pl inv*): **être un / une sans-gêne** be brazen *ou* impudent **2** *m* shamelessness

sans-souci [sɑ̃susi] *adj inv* carefree

santé [sɑ̃te] *f* health; **être en bonne santé** be in good health; **à votre santé!** cheers!, your very good health!

saoudien, saoudienne [saudjɛ̃, -ɛn] **1** *adj* Saudi (Arabian) **2** *m/f* **Saoudien, Saoudienne** Saudi (Arabian)

saoul [su] → **soûl**

saper [sape] ⟨1a⟩ undermine (*aussi fig*)

sapeur [sapœr] *m* MIL sapper

sapeur-pompier *m* (*pl* sapeurs-pompiers) firefighter, Br aussi fireman

saphir [safir] *m* sapphire

sapin [sapɛ̃] *m* BOT fir

sarcasme [sarkasm] *m* sarcasm

sarcastique sarcastic

Sardaigne [sardɛɲ]: **la Sardaigne** Sardinia

sarde 1 *adj* Sardinian **2** *m/f* **Sarde** Sardinian

sardine [sardin] *f* sardine

sardonique [sardɔnik] sardonic

S.A.R.L. [ɛsaɛrɛl] *f abr* (= *société à responsabilité limitée*) Inc, *Br* Ltd

Satan [satɑ̃] *m* Satan

satanique satanic

satellite [satelit] *m* satellite (*aussi fig*); *ville f satellite* satellite town

satin [satɛ̃] *m* satin

satire [satir] *f* satire

satirique satirical

satisfaction [satisfaksjɔ̃] *f* satisfaction

satisfaire ⟨4n⟩ **1** *v/i*: *satisfaire à besoins, conditions* meet; *satisfaire à la demande* COMM keep up with *ou* meet demand **2** *v/t satisfy*; *attente* come up to

satisfaisant, satisfaisante satisfactory

satisfait, satisfaite satisfied (*de* with)

saturation [satyrasjɔ̃] *f* saturation

saturer ⟨1a⟩ saturate; *je suis saturé de fig* I've had more than enough of

sauce [sos] *f* sauce; *sauce tomate* tomato sauce

saucisse [sosis] *f* sausage

saucisson *m* (dried) sausage

sauf¹ [sof] *prép* except; *sauf que* except that; *sauf si* except if; *sauf le respect que je vous dois* with all due respect

sauf², sauve [sof, sov] safe, unharmed

sauf-conduit *m* (*pl* sauf-conduits) safe-conduct

sauge [soʒ] *f* BOT sage

saugrenu, saugrenue [sogrəny] ridiculous

saule [sol] *m* BOT willow; *saule pleureur* weeping willow

saumon [somɔ̃] *m* salmon

saumure [somyr] *f* brine

sauna [sona] *m* sauna

saupoudrer [sopudre] ⟨1a⟩ sprinkle (*de* with)

saut [so] *m* jump; *faire un saut chez qn fig* drop in briefly on s.o.; *au saut du lit* on rising, on getting out of bed; *saut à l'élastique* bungee jumping; *saut en hauteur* high jump; *saut en longueur* broad jump, *Br* long jump; *saut à la perche* pole vault; *saut périlleux* somersault in the air

saute [sot] *f* abrupt change; *saute de vent* abrupt change in wind direction

sauté, sautée [sote] CUIS sauté(ed)

sauter [sote] ⟨1a⟩ **1** *v/i* jump; (*exploser*) blow up; EL *d'un fusible* blow; *d'un bouton* come off; *sauter sur personne* pounce on; *occasion, offre* jump at; *faire sauter* CUIS sauté; *cela saute aux yeux*

it's obvious, it's as plain as the nose on your face **2** *v/t obstacle, fossé* jump (over); *mot, repas* skip

sauterelle [sotrɛl] *f* grasshopper

sautiller [sotije] ⟨1a⟩ hop

sauvage [sovaʒ] **1** *adj* wild; (*insociable*) unsociable; (*primitif, barbare*) savage; *pas autorisé* unauthorized **2** *m/f* savage; (*solitaire*) unsociable person

sauvagement *adv* savagely

sauvegarde [sovgard] *f* safeguard; IN-FORM back-up; *copie f de sauvegarde* backup (copy)

sauvegarder ⟨1a⟩ safeguard; INFORM back up

sauve-qui-peut [sovkipø] *m* (*pl inv*) (*débandade*) stampede

sauver ⟨1a⟩ save; *personne en danger* save, rescue; *navire* salvage; *sauver les apparences* save face; *sauver les meubles fig* salvage something from the wreckage; *sauve qui peut* it's every man for himself; *se sauver* run away; F (*partir*) be off; (*déborder*) boil over

sauvetage [sovtaʒ] *m* rescue; *de navire* salvaging

sauveteur *m* rescuer

sauveur [sovœr] *m* savior, *Br* saviour; *le Sauveur* REL the Savior

savamment [savamɑ̃] *adv* (*habilement*) cleverly; *j'en parle savamment* (*en connaissance de cause*) I know what I'm talking about

savant, savante [savɑ̃, -t] **1** *adj* (*érudit*) *personne, société, revue* learned; (*habile*) skillful, *Br* skilful **2** *m* scientist

saveur [savœr] *f* taste

savoir [savwar] **1** *v/t & v/i* ⟨3g⟩ know; *sais-tu nager?* can you swim?, do you know how to swim?; *j'ai su que* I found out that; *je ne saurais vous le dire* I couldn't rightly say; *reste à savoir si* it remains to be seen whether; *à savoir* namely; *faire savoir qch à qn* tell s.o. sth; *à ce que je sais, (pour autant) que je sache* (*subj*) as far as I know; *sans le savoir* without realizing it, unwittingly **2** *m* knowledge

savoir-faire [savwarfɛr] *m* expertise, knowhow

savoir-vivre [savwarvivr] *m* good manners *pl*

savon [savɔ̃] *m* soap

savonner ⟨1a⟩ soap

savonnette *f* bar of toilet soap

savonneux, -euse soapy

savourer [savure] ⟨1a⟩ savor, *Br* savour

savoureux, -euse tasty; *fig*: *récit* spicy

saxophone [saksɔfɔn] *m* saxophone, sax

S

scalpel [skalpɛl] *m* scalpel

scandale [skɑ̃dal] *m* scandal; *au grand scandale de* to the great indignation of; *faire scandale* cause a scandal; *faire tout un scandale* make a scene

scandaleux, -euse scandalous

scandaliser ⟨1a⟩ scandalize; *se scandaliser de* be shocked by

scandinave [skɑ̃dinav] **1** *adj* Scandinavian **2** *m/f* **scandinave** Scandinavian

Scandinavie: *la Scandinavie* Scandinavia

scanner ⟨1a⟩ **1** *v/t* [skane] INFORM scan **2** *m* [skanɛr] INFORM, MÉD scanner

scaphandre [skafɑ̃dr] *m de plongeur* diving suit; *d'astronaute* space suit

scaphandrier *m* diver

scarlatine [skarlatin] *f* scarlet fever

sceau [so] *m (pl -x)* seal; *fig (marque, signe)* stamp

scellé [sele] *m* official seal

sceller ⟨1b⟩ seal *(aussi fig)*

scénario [senarjo] *m* scenario; *(script)* screenplay; *scénario catastrophe* worst-case scenario

scénariste *m/f* scriptwriter

scène [sɛn] *f* scene *(aussi fig)*; *(plateau)* stage; *ne me fais pas une scène!* don't make a scene!; *mettre en scène pièce, film* direct; *présenter* stage; *mise f en scène* direction; *présentation* staging; *scène de ménage* domestic argument

scepticisme [sɛptisism] *m* skepticism, *Br* scepticism

sceptique **1** *adj* skeptical, *Br* sceptical **2** *m* skeptic, *Br* sceptic

sceptre [sɛptr] *m* scepter, *Br* sceptre

schéma [ʃema] *m* diagram

schématique *adj* diagrammatic

schématisation *f* oversimplification

schématiser ⟨1a⟩ oversimplify

schisme [ʃism] *m fig* split; REL schism

schizophrène [skizofrɛn] schizophrenic

sciatique [sjatik] *f* MÉD sciatica

scie [si] *f* saw; *fig* F bore

sciemment [sjamɑ̃] *adv* knowingly

science [sjɑ̃s] *f* science; *(connaissance)* knowledge; *sciences économiques* economics *sg*; *sciences naturelles* natural science *sg*

science-fiction *f* science-fiction

scientifique **1** *adj* scientific **2** *m/f* scientist

scier [sje] ⟨1a⟩ saw; *branche etc* saw off

scinder [sɛ̃de] ⟨1a⟩ *fig* split; *se scinder* split up

scintiller [sɛ̃tije] ⟨1a⟩ sparkle

scission [sisjõ] *f* split

sciure [sjyr] *f* sawdust

sclérose [skleroz] *f* MÉD sclerosis; *sclérose artérielle* arteriosclerosis

scolaire [skɔlɛr] school *atr*; *succès, échec* academic; *année f scolaire* school year

scolarité *f* education, schooling

scoop [skup] *m* scoop

scooter [skutœr, -tɛr] *m* motor scooter

score [skɔr] *m* SP score; POL share of the vote

scorpion [skɔrpjõ] *m* ZO scorpion; ASTROL *Scorpion* Scorpio

scotch [skɔtʃ] *m* Scotch tape®, *Br* sellotape®

scotcher ⟨1a⟩ tape, *Br* sellotape

scout [skut] *m* scout

scoutisme *m* scouting

script [skript] *m* block letters *pl*; *d'un film* script

scrupule [skrypyl] *m* scruple

scrupuleux, -euse scrupulous

scrutateur, -trice [skrytatœr, -tris] *regard* searching

scruter ⟨1a⟩ scrutinize

scrutin [skrytɛ̃] *m* ballot; *scrutin de ballottage* second ballot; *scrutin majoritaire* majority vote system, *Br aussi* first-past-the-post system; *scrutin proportionnel* proportional representation

sculpter [skylte] ⟨1a⟩ *statue* sculpt; *pierre* carve

sculpteur *m* sculptor

sculpture *f* sculpture; *sculpture sur bois* wood carving

se [sə] *pron* ◇ *réfléchi masculin* himself; *féminin* herself; *chose, animal* itself; *pluriel* themselves; *avec 'one'* oneself; *elle s'est fait mal* she hurt herself; *il s'est cassé le bras* he broke his arm
◇ *réciproque* each other, one another; *ils se respectent* they respect each other *ou* one another
◇ *passif*: *cela ne se fait pas* that isn't done; *comment est-ce que ça se prononce?* how is it pronounced?

séance [seɑ̃s] *f* session; *(réunion)* meeting, session; *de cinéma* show, performance; *séance tenante fig* immediately

seau [so] *m (pl -x)* bucket

sec, sèche [sɛk, sɛʃ] **1** *adj* dry; *fruits, légumes* dried; *(maigre)* thin; *réponse, ton* curt **2** *m*: *tenir au sec* keep dry, keep in a dry place **3** *adv*: *être à sec* fig F be broke; *boire son whisky sec* drink one's whiskey neat *ou* straight

sécateur [sekatœr] *m* secateurs *pl*

sèche-cheveux [seʃʃəvø] *m (pl inv)* hair dryer

sèche-linge [-lɛ̃ʒ] *m* clothes dryer

sécher ⟨1f⟩ **1** *v/t* dry; *rivière* dry up; *sécher un cours* cut a class **2** *v/i* dry;

d'un lac dry up

sécheresse *f* dryness; *manque de pluie* drought; *fig: de réponse, ton* curtness

séchoir *m* dryer

second, seconde [s(ə)gõ, -d] **1** *adj* second **2** *m* *étage* third floor, *Br* second floor; *(adjoint)* second in command **3** *f* second; *en train* second class

secondaire secondary; *enseignement m secondaire* secondary education

seconder ⟨1a⟩ *personne* assist

secouer [s(ə)kwe] ⟨1a⟩ shake; *poussière* shake off

secourir [s(ə)kurir] ⟨2i⟩ come to the aid of

secourisme *m* first aid

secouriste *m/f* first-aider

secours *m* help; *matériel* aid; *au secours!* help!; *appeler au secours* call for help; *poste m de secours* first-aid post; *sortie f de secours* emergency exit; *premiers secours* first aid *sg*

secousse [s(ə)kus] *f* jolt; *électrique* shock *(aussi fig)*; *tellurique* tremor

secret, -ète [səkrε, -t] **1** *adj* secret; *garder qch secret* keep sth secret **2** *m* secret; *(discrétion)* secrecy; *en secret* in secret, secretly; *dans le plus grand secret* in the greatest secrecy

secrétaire [s(ə)kreter] **1** *m/f* secretary; *secrétaire de direction* executive secretary; *secrétaire d'État* Secretary of State **2** *m* writing desk

secrétariat *m* bureau secretariat; *profession* secretarial work

sécréter [sekrete] ⟨1f⟩ MÉD secrete

sécrétion *f* secretion

sectaire [sekter] sectarian

secte *f* REL sect

secteur [sektœr] *m* sector; *(zone)* area, district; ÉL mains *pl*

section [seksjõ] *f* section

sectionner ⟨1a⟩ *(couper)* sever; *région etc* divide up

séculaire [sekyler] a hundred years old; *très ancien* centuries-old

séculier, -ère [sekylje, -er] secular

sécurité [sekyrite] *f* security; *(manque de danger)* safety; *sécurité routière* road safety; *Sécurité sociale* welfare, *Br* social security; *être en sécurité* be safe; *des problèmes de sécurité* security problems

sédatif [sedatif] *m* sedative

sédentaire [sedãter] *profession* sedentary; *population* settled

sédiment [sedimã] *m* sediment

séditieux, -euse [sedisjø, -z] seditious

sédition *f* sedition

séducteur, -trice [sedyktœr, -tris] **1** *adj* seductive **2** *m/f* seducer

séduction *f* seduction; *fig (charme)* attraction

séduire ⟨4c⟩ seduce; *fig (charmer)* appeal to; *d'une personne* charm

séduisant, séduisante appealing; *personne* attractive

segment [segmã] *m* segment

ségrégation [segregasjõ] *f* segregation

seigle [segl] *m* AGR rye

seigneur [seɲœr] *m* REL: *le Seigneur* the Lord; HIST the lord of the manor

sein [sɛ̃] *m* breast; *fig* bosom; *au sein de* within

séisme [seism] *m* earthquake

seize [sez] sixteen; → *trois*

seizième sixteenth

séjour [seʒur] *m* stay; *(salle f de) séjour* living room

séjourner ⟨1a⟩ stay

sel [sel] *m* salt

sélect, sélecte [selεkt] select

sélectif, -ive selective

sélection *f* selection

sélectionner ⟨1a⟩ select

selle [sel] *f* saddle *(aussi* CUIS*)*; MÉD stool; *être bien en selle* *fig* be firmly in the saddle

seller ⟨1b⟩ saddle

sellette *f*: *être sur la sellette* be in the hot seat

selon [s(ə)lõ] **1** *prép* according to; *selon moi* in my opinion; *c'est selon* it all depends **2** *conj*: *selon que* depending on whether

semaine [s(ə)men] *f* week; *à la semaine louer* weekly, by the week; *en semaine* during the week, on weekdays

semblable [sãblabl] **1** *adj* similar; *tel* such; *semblable à* like, similar to **2** *m* *(être humain)* fellow human being

semblant [sãblã] *m* semblance; *faire semblant de faire qch* pretend to do sth

sembler [sãble] ⟨1a⟩ seem; *sembler être / faire* seem to be / to do; *il (me) semble que* it seems (to me) that

semelle [s(ə)mel] *f* sole; *pièce intérieure* insole

semence [s(ə)mãs] *f* AGR seed

semer [s(ə)me] ⟨1d⟩ sow; *fig (répandre)* spread; *semer qn* F shake s.o. off

semestre [s(ə)mestr] *m* half-year; ÉDU semester, *Br* term

semestriel, semestrielle half-yearly

semi-circulaire [səmisirkyler] semi-circular

séminaire [seminer] *m* seminar; REL seminary

S

semi-remorque [səmirmɔrk] *m* (*pl* semi-remorques) semi, tractor-trailer, *Br* articulated lorry

semonce [səmõs] *f* reproach

semoule [s(ə)mul] *f* CUIS semolina

Sénat [sena] *m* POL Senate

sénateur *m* senator

sénatorial, sénatoriale (*mpl* -aux) senatorial

sénile [senil] senile

sénilité *f* senility

sens [sãs] *m* sense; (*direction*) direction; (*signification*) sense, meaning; **sens interdit** no entry; **sens dessous dessous** [sãdsydsu] upside down; **dans tous les sens** this way and that; **dans tous les sens du terme** in the full sense of the word; **en un sens** in a way; **à mon sens** to my way of thinking; **le bon sens, le sens commun** common sense; **sens giratoire** traffic circle, *Br* roundabout; **sens de l'humour** sense of humor *ou Br* humour; (**rue** *f* **à**) **sens unique** one-way street

sensation [sãsasjõ] *f* feeling, sensation; **effet de surprise** sensation; **faire sensation** cause a sensation; **la presse à sensation** the gutter press

sensationnel, sensationnelle *en* sensational

sensé, sensée [sãse] sensible

sensibiliser [sãsibilize] ⟨1a⟩ MÉD sensitize; **sensibiliser qn à qch** *fig* heighten s.o.'s awareness of sth

sensibilité *f* sensitivity

sensible sensitive; (*notable*) appreciable

sensiblement *adv* appreciably; **plus ou moins** more or less

sensiblerie *f* sentimentality

sensualité [sãsɥalite] *f* sensuality

sensuel, sensuelle sensual

sentence [sãtãs] *f* JUR sentence

senteur [sãtœr] *f* *litt* scent, perfume

sentier [sãtje] *m* path

sentiment [sãtimã] *m* feeling

sentimental, sentimentale (*mpl* -aux) *vie* love *atr*; *péj* sentimental

sentimentalité *f* sentimentality

sentinelle [sãtinel] *f* MIL guard

sentir [sãtir] ⟨2b⟩ **1** *v/t* feel; (*humer*) smell; (*dégager une odeur de*) smell of; **se sentir bien** feel well; **sentir le goût de qch** taste sth; **je ne peux pas la sentir** F I can't stand her **2** *v/i*: **sentir bon** smell good

séparable [separabl] separable

séparateur *m* delimiter

séparation *f* separation; (*cloison*) partition

séparatisme *m* POL separatism

séparatiste POL separatist

séparé, séparée [separe] separate; *époux* separated

séparément *adv* separately

séparer ⟨1a⟩ separate; **se séparer** separate

sept [set] seven; → **trois**

septante *Belgique, Suisse* seventy

septembre [septãbr] *m* September

septennat [septena] *m* term of office (*of French President*)

septentrional, septentrionale [septãtrijonal] (*mpl* -aux) northern

septicémie [septisemi] *f* septicemia

septième [setjem] seventh

septique [septik] septic

séquelles [sekel] *fpl* MÉD after-effects; *fig* aftermath *sg*

séquence [sekãs] *f* sequence

serein, sereine [sərɛ̃, -ɛn] calm, serene; *temps* calm

sérénade [serenad] *f* serenade

sérénité [serenite] *f* serenity

sergent [serʒã] *m* MIL sergeant

série [seri] *f* series *sg*; *de casseroles, timbres* set; SP (*épreuve*) heat; **hors série** *numéro* special; **série** *fabrication* mass *atr*; *produits* mass-produced; **fabriquer en série** mass-produce

sérieusement [serjøzmã] *adv* seriously; *travailler* conscientiously

sérieux, -euse 1 *adj* serious; *entreprise, employé* professional; (*consciencieux*) conscientious **2** *m* seriousness; **prendre au sérieux** take seriously; **garder son sérieux** keep a straight face

serin [s(ə)rɛ̃] *m* ZO canary

seringue [s(ə)rɛ̃g] *f* MÉD syringe

serment [sermã] *m* oath; **prêter serment** take the oath

sermon [sermõ] *m* sermon (*aussi fig*)

séropositif, -ive [serɔpozitif, -iv] HIV-positive

serpent [serpã] *m* snake

serpenter ⟨1a⟩ wind, meander

serpentin *m* paper streamer

serpillière [serpijer] *f* floor cloth

serre [ser] *f* greenhouse; **serres** ZO talons

serré, serrée [sere] tight; *pluie* heavy; *personnes* closely packed; *café* strong; **avoir le cœur serré** have a heavy heart

serre-livres *m* (*pl inv*) bookend

serrer ⟨1b⟩ **1** *v/t* (*tenir*) clasp; *ceinture, nœud* tighten; *d'un vêtement* be too tight for; **serrer les dents** clench one's jaw; *fig* grit one's teeth; **serrer la main à qn** squeeze s.o.'s hand; *pour saluer* shake s.o.'s hand; **serrer les rangs** *fig* close

sifflet

ranks **2** v/i: **serrer à droite** keep to the right; **se serrer** (*s'entasser*) move up, squeeze up; **se serrer contre qn** press against s.o.; **se serrer les uns contre les autres** huddle together

serrure [seryr] f lock

serrurier m locksmith

serveur [servœr] m dans un café bartender, Br barman; dans un restaurant waiter; INFORM server

serveuse f dans un café bartender, Br barmaid; dans un restaurant server, Br waitress

serviabilité [servjabilite] f helpfulness

serviable helpful

service [servis] m service; (*faveur*) favor, Br favour; au tennis service, serve; d'une entreprise, d'un hôpital department; **être de service** be on duty; **à votre service!** at your service!; **rendre service à qn** do s.o. a favor; **service compris** service included; **mettre en service** put into service; **hors service** out of order

serviette [servjet] f serviette; de toilette towel; pour documents briefcase; **serviette hygiénique** sanitary napkin, Br aussi sanitary towel; **serviette de bain** bath towel

servile [servil] servile

servir [servir] ⟨2b⟩ **1** v/t patrie, intérêts, personne, mets serve **2** v/i serve; (*être utile*) be useful; **servir à qn** be of use to s.o.; **servir à qch/à faire qch** be used for sth / for doing sth; **ça sert à quoi?** what's this for?; **ça ne sert à rien** (*c'est vain*) it's pointless, it's no use; **servir de qch** act as sth; **cette planche me sert de table** I use the plank as a table; **servir d'interprète** act as (an) interpreter **3**: **se servir à table** help o.s. (*en* to); **se servir de** (*utiliser*) use

servodirection [servodireksjɔ̃] f AUTO power steering

servofrein [servofrɛ̃] m AUTO servobrake

ses [se] → **son**[1]

set [set] m au tennis set; **set de table** place mat

seuil [sœj] m doorstep; fig threshold; **seuil de rentabilité** break-even (point)

seul, seule [sœl] **1** adj alone; (*solitaire*) lonely; devant le subst. only, sole; **d'un seul coup** with (just) one blow, with a single blow **2** adv **seul** alone; **faire qch tout seul** do sth all by o.s. ou all on one's own; **parler tout seul** talk to o.s. **3** m/f: **un seul, une seule** just one

seulement adv only; **non seulement ... mais encore** ou **mais aussi** not only ... but also

sève [sev] f BOT sap

sévère [sever] severe

sévèrement adv severely

sévérité f severity

sévices [sevis] mpl abuse sg

sévir [sevir] ⟨2a⟩ d'une épidémie rage; **sévir contre qn** come down hard on s.o.; **sévir contre qch** clamp down on sth

sevrer [savre] ⟨1d⟩ enfant wean

sexagénaire [seksazener] m/f & adj sixty--year old

sexe [seks] m sex; organes genitals pl

sexiste m/f & adj sexist

sexualité f sexuality

sexuel, sexuelle sexual

sexy adj inv sexy

seyant, seyante [sejɑ̃, -t] becoming

shampo(o)ing [ʃɑ̃pwɛ̃] m shampoo

shérif [ʃerif] m sheriff

shit [ʃit] m F shit F, pot F

short [ʃɔrt] m shorts pl

si[1] [si] **1** conj (**s'il, s'ils**) if; **si j'achetais celui-ci ...** if I bought this one, if I were to buy this one; **je lui ai demandé si ...** I asked him if ou whether ...; **si ce n'est que** apart from the fact that; **comme si** as if, as though; **même si** even if ◇: **si bien que** with the result that, and so **2** adv ◇ (*tellement*) so; **de si bonnes vacances** such a good vacation; **si riche qu'il soit** (subj) however rich he may be ◇ après négation yes; **tu ne veux pas? - mais si!** you don't want to? - oh yes, I do

si[2] [si] m MUS B

Sicile [sisil]: **la Sicile** Sicily

sicilien, sicilienne 1 adj Sicilian **2** m/f Sicilien, Sicilienne Sicilian

sida [sida] m MÉD Aids

sidéré, sidérée [sidere] F thunderstruck

sidérurgie [sideryrzi] f steel industry

sidérurgique steel atr

siècle [sjekl] m century; fig (*époque*) age

siège [sjeʒ] m seat; d'une entreprise, d'un organisme headquarters pl; MIL siege; **siège social** COMM head office

siéger ⟨1g⟩ sit; **siéger à** d'une entreprise, d'un organisme be headquartered in

sien, sienne [sjɛ̃, sjɛn]: **le sien, la sienne, les siens, les siennes** d'homme his; de femme hers; de chose, d'animal its; avec 'one' one's; **il avait perdu le sienne** he had lost his; **y mettre du sien** do one's bit

sieste [sjest] f siesta, nap

sifflement [sifləmɑ̃] m whistle

siffler ⟨1a⟩ **1** v/i whistle; d'un serpent hiss **2** v/t whistle

sifflet m whistle; **sifflets** whistles, whis-

S

tling *sg*; **coup** *m* **de sifflet** blow on the whistle; *il a donné un coup de sifflet* he blew his whistle

sigle [sigl] *m* acronym

signal [sinal] *m* (*pl* -aux) signal; **signal d'alarme** alarm (signal); **signal de détresse** distress signal

signalement [sinalmã] *m* description

signaler [sinale] ⟨1a⟩ *par un signal* signal; (*faire remarquer*) point out; (*dénoncer*) report; *se signaler par* distinguish o.s. by

signalisation [sinalizasjõ] *f dans rues* signs *pl*; **feux** *mpl* **de signalisation** traffic light *sg*, *Br* traffic lights *pl*

signataire [sinater] *m* signatory

signature [sinatyr] *f* signature

signe [sin] *m* sign; *geste* sign, gesture; *en signe de* as a sign of; *faire signe à qn* gesture *ou* signal to s.o.; (*contacter*) get in touch with s.o.; *c'est signe que* it's a sign that; *signe de ponctuation* punctuation mark; *signe extérieur de richesse* ÉCON status symbol; *signes du zodiaque* signs of the zodiac

signer [sine] ⟨1a⟩ sign; *se signer* REL make the sign of the cross, cross o.s.

signet [sine] *m* bookmark

significatif, -ive [sinifikatif, -iv] significant; *significatif de* indicative of

signification *f* meaning

signifier ⟨1a⟩ mean; *signifier qch à qn* (*faire savoir*) notify s.o. of sth

silence [silãs] *m* silence; *en silence* in silence, silently

silencieux, -euse [silãsjø, -z] 1 *adj* silent 2 *m d'une arme* muffler, *Br* silencer

silhouette [silwet] *f* outline, silhouette; (*figure*) figure

silicium [silisjɔm] *m* silicon

silicone [silikɔn] *f* silicone

sillage [sijaʒ] *m* wake (*aussi fig*)

sillon [sijõ] *m dans un champ* furrow; *d'un disque* groove

sillonner ⟨1a⟩ (*parcourir*) criss-cross

silo [silo] *m* silo

simagrées [simagre] *fpl* affectation *sg*; *faire des simagrées* make a fuss

similaire [similer] *adj* similar

similarité *f* similarity

simili [simili] *m* F imitation; *en simili* imitation *atr*

similicuir *m* imitation leather

similitude [similityd] *f* similarity

simple [sɛ̃pl] 1 *adj* simple; *c'est une simple formalité* it's merely *ou* just a formality 2 *m au tennis* singles *pl*

simplement *adv* simply

simplet, simplette (*niais*) simple; *idée* simplistic

simplicité *f* simplicity

simplification [sɛ̃plifikasjõ] *f* simplification

simplifier ⟨1a⟩ simplify

simpliste [sɛ̃plist] *idée* simplistic

simulacre [simylakr] *m* semblance

simulateur, -trice [simylatœr, -tris] 1 *m/f*: *c'est un simulateur* he's pretending 2 *m* TECH simulator

simulation *f* simulation

simuler ⟨1a⟩ simulate

simultané, simultanée [simyltane] simultaneous

simultanéité *f* simultaneousness

simultanément *adv* simultaneously

sincère [sɛ̃ser] sincere

sincérité *f* sincerity

sinécure [sinekyr] *f* sinecure

singe [sɛ̃ʒ] *m* monkey

singer ⟨1l⟩ ape

singerie *f* imitation; *singeries* F antics

singulariser [sɛ̃gylarize] ⟨1a⟩: *se singulariser* stand out (*de* from)

singularité *f* (*particularité*) peculiarity; (*étrangeté*) oddness

singulier, -ère [sɛ̃gylje, -er] 1 *adj* odd, strange 2 *m* GRAM singular

sinistre [sinistr] 1 *adj* sinister; (*triste*) gloomy 2 *m* disaster, catastrophe

sinistré, sinistrée 1 *adj* stricken 2 *m* victim of a disaster

sinon [sinõ] *conj* (*autrement*) or else, otherwise; (*sauf*) except; (*si ce n'est*) if not

sinueux, -euse [sinɥø, -z] *route* winding; *ligne* squiggly; *fig: explication* complicated

sinus [sinys] *m* sinus

sinusite *f* sinusitis

sionisme [sjɔnism] *m* POL Zionism

siphon [sifõ] *m* siphon; *d'évier* U-bend

sirène [siren] *f* siren

sirop [siro] *m* syrup; *sirop d'érable* maple syrup

siroter [sirɔte] ⟨1a⟩ sip

sis, sise [si, -z] JUR situated

sismique [sismik] seismic

sismologie *f* seismology

sitcom [sitkɔm] *m ou f* sitcom

site [sit] *m* (*emplacement*) site; (*paysage*) area; *site Web* INFORM web site

sitôt [sito] 1 *adv*: *sitôt parti, il ...* as soon as he had left he ...; *sitôt dit, sitôt fait* no sooner said than done 2 *conj*: *sitôt que* as soon as

situation [sitɥasjõ] *f* situation; (*emplacement, profession*) position

situé, située situated

situer ⟨1n⟩ place, site; *histoire* set; *se situer* be situated; *d'une histoire* be set

| **solfège**

six [sis] six; → *trois*

sixième sixth

sixièmement *adv* sixthly

skateboard [skɛtbɔrd] *m* skateboard; *activité* skateboarding

skateur, -euse *m/f* skateboarder

sketch [skɛtʃ] *m* sketch

ski [ski] *m* ski; *activité* skiing; *faire du ski* ski, go skiing; *ski alpin* downhill (skiing); *ski de fond* cross-country (skiing); *ski nautique* water-skiing

skier ⟨1a⟩ ski

skieur, -euse *m/f* skier

slave [slav] 1 *adj* Slav 2 *m/f Slave* Slav

slip [slip] *m de femme* panties *pl*, *Br aussi* knickers *pl*; *d'homme* briefs; *slip de bain* swimming trunks *pl*

slogan [slɔgã] *m* slogan

slovaque [slɔvak] 1 *adj* Slovak(ian) 2 *m/f Slovaque* Slovak(ian)

slovène [slɔvɛn] 1 *adj* Slovene, Slovenian 2 *m/f Slovène* Slovene, Slovenian

S.M.I.C. [smik] *m abr* (= *salaire minimum interprofessionnel de croissance*) minimum wage

smog [smɔg] *m* smog

smoking [smɔkiŋ] *m* tuxedo, *Br* dinner jacket

SMS [ɛsɛmɛs] *m* text (message)

S.N.C.F. [ɛsɛnseef] *f abr* (= *Société nationale des chemins de fer français*) French national railroad company

snob [snɔb] 1 *adj* snobbish 2 *m/f* snob

snober ⟨1a⟩ snub

snobisme *m* snobbery

sobre [sɔbr] sober; *style* restrained

sobriété *f* soberness; *d'un style* restraint

sobriquet [sɔbrikɛ] *m* nickname

sociabilité [sɔsjabilite] *f* sociability

sociable sociable

social, sociale [sɔsjal] (*mpl* -aux) social; COMM company *atr*

social-démocrate *m* (*pl* sociaux-démocrates) social-democrat

socialisation [sɔsjalizasjõ] *f* socialization

socialiser ⟨1a⟩ socialize

socialisme [sɔsjalism] *m* socialism

socialiste *m/f* & *adj* socialist

société [sɔsjete] *f* society; *firme* company; *société anonyme* corporation, *Br* public limited company, plc; *société en commandite* limited partnership; *société à responsabilité limitée* limited liability company; *société de vente par correspondance* mail-order firm

sociologie [sɔsjɔlɔʒi] *f* sociology

sociologue *m/f* sociologist

socle [sɔkl] *m* plinth

socquette [sɔkɛt] *f* anklet, *Br* ankle sock

soda [sɔda] *m* soda, *Br* fizzy drink; *un whisky soda* a whiskey and soda

sodium [sɔdjɔm] *m* CHIM sodium

sœur [sœr] *f* sister; REL nun, sister

sofa [sɔfa] *m* sofa

soi [swa] oneself; *avec soi* with one; *ça va de soi* that goes without saying; *en soi* in itself

soi-disant [swadizã] *adj inv* so-called

soie [swa] *f* silk

soif [swaf] *f* thirst (*de* for); *avoir soif* be thirsty

soigné, soignée [swaɲe] *personne* well-groomed; *travail* careful

soigner ⟨1a⟩ look after, take care of; *d'un médecin* treat; *se soigner* take care of o.s.

soigneux, -euse careful(*de* about)

soi-même [swamɛm] oneself

soin [swɛ̃] *m* care; *soins* care *sg*; MÉD care *sg*, treatment *sg*; *avoir ou prendre soin de* look after, take care of; *être sans soin* be untidy; *soins à domicile* home care *sg*; *soins dentaires* dental treatment *sg*; *soins médicaux* health care *sg*

soir [swar] *m* evening; *ce soir* this evening; *un soir* one evening; *le soir* in the evening

soirée *f* evening; (*fête*) party; *soirée dansante* dance

soit¹ [swat] very well, so be it

soit² [swa] *conj soit ..., soit ...* either ..., or ...; (*à savoir*) that is, ie

soixantaine [swasãtɛn] *f* about sixty

soixante sixty; *soixante et onze* seventy-one

soixante-dix seventy

soja [sɔʒa] *m* BOT soy bean, *Br* soya

sol¹ [sɔl] *m* ground; (*plancher*) floor; (*patrie*), GÉOL soil

sol² [sɔl] *m* MUS G

solaire [sɔlɛr] solar

soldat [sɔlda] *m* soldier; *soldat d'infanterie* infantry soldier, infantryman

solde¹ [sɔld] *f* MIL pay

solde² [sɔld] *m* COMM balance; *solde débiteur/créditeur* debit/credit balance; *soldes marchandises* sale goods; *vente au rabais* sale *sg*

solder [sɔlde] ⟨1a⟩ COMM *compte* close, balance; *marchandises* sell off; *se solder par* end in

sole [sɔl] *f* ZO sole

soleil [sɔlɛj] *m* sun; *il y a du soleil* it's sunny; *en plein soleil* in the sunshine; *coup m de soleil* sunburn

solennel, solennelle [sɔlanɛl] solemn

solennité *f* solemnity

solfège [sɔlfɛʒ] *m* sol-fa

solidaire [solidɛr]: *être solidaire de qn* suport s.o.

solidariser ⟨1a⟩: *se solidariser* show solidarity (*avec* with)

solidarité *f* solidarity

solide [solid] **1** *adj porte, meubles* solid, strong; *tissu* strong; *argument* sound; *personne* sturdy, robust; (*consistant*) solid **2** *m* PHYS solid

solidité *f* solidity, strength; *d'un matériau* strength; *d'un argument* soundness

soliste [solist] *m/f* soloist

solitaire [soliter] **1** *adj* solitary **2** *m/f* loner **3** *m* diamant solitaire

solitude *f* solitude

sollicitation [solisitasjɔ̃] *f* plea

solliciter ⟨1a⟩ request; *attention* attract; *curiosité* arouse; *solliciter qn de faire qch* plead with s.o. to do sth; *solliciter un emploi* apply for a job

sollicitude [solisityd] *f* solicitude

solo [solo] *m* MUS solo

solstice [solstis] *m* ASTR solstice

soluble [solybl] soluble; *café* m *soluble* instant coffee

solution [solysjɔ̃] *f* solution

solvabilité [solvabilite] *f* COMM solvency; *pour offrir un crédit* creditworthiness

solvable solvent; *digne de crédit* creditworthy

solvant [solvã] *m* CHIM solvent

sombre [sɔ̃br] *couleur, ciel, salle* dark; *temps* overcast; *avenir, regard* somber, *Br* sombre

sombrer ⟨1a⟩ *bateau* sink; *sombrer dans la folie* fig lapse *ou* sink into madness

sommaire [somer] **1** *adj* brief; *exécution* summary **2** *m* summary

sommation [somasjɔ̃] *f* JUR summons *sg*

somme[1] [som] *f* sum; (*quantité*) amount; *d'argent* sum, amount; *en somme, somme toute* in short

somme[2] [som] *m* nap, snooze; *faire un somme* have a nap *ou* snooze

sommeil [somɛj] *m* sleep; *avoir sommeil* be sleepy

sommeiller ⟨1b⟩ doze

sommelier [soməlje] *m* wine waiter

sommer [some] ⟨1a⟩: *sommer qn de faire qch* order s.o. to do sth

sommet [some] *m d'une montagne* summit, top; *d'un arbre, d'une tour, d'un toit* top; *fig* pinnacle; POL summit

sommier [somje] *m* mattress

sommité [somite] *f* leading figure

somnambule [somnãbyl] *m/f* sleepwalker

somnambulisme *m* sleepwalking

somnifère [somnifer] *m* sleeping tablet

somnolence [somnolãs] *f* drowsiness, sleepiness

somnoler ⟨1a⟩ doze

somptueux, -euse [sɔ̃ptɥø, -z] sumptuous

somptuosité *f* sumptuousness

son[1] *m*, sa *f*, ses *pl* [sɔ̃, sa, se] *d'homme* his; *de femme* her; *de chose, d'animal* its; *avec 'one'* one's; *il / elle a perdu son ticket* he lost his ticket / she lost her ticket

son[2] [sɔ̃] *m* sound; *son et lumière* son et lumière

son[3] [sɔ̃] *m* BOT bran

sondage [sɔ̃daʒ] *m* probe; TECH drilling; *sondage (d'opinion)* opinion poll, survey

sonde [sɔ̃d] *f* probe

sonder ⟨1a⟩ MÉD probe; *personne, atmosphère* sound out; *sonder le terrain* see how the land lies

songe [sɔ̃ʒ] *m* litt dream

songer ⟨1l⟩: *songer à* think about *ou* of; *songer à faire qch* think about *ou* of doing sth

songeur, -euse thoughtful

sonné, sonnée [sone] **1**: *il est midi sonné* it's gone twelve o'clock **2** *fig* F: *il est sonné* he's cracked F, he's got a slate loose F

sonner [sone] ⟨1a⟩ **1** *v/i de cloches, sonnette* ring; *d'un réveil* go off; *d'un instrument, d'une voix* sound; *d'une horloge* strike; *dix heures sonnent* it's striking ten, ten o'clock is striking; *midi a sonné* it has struck noon; *sonner du cor* blow the horn; *sonner creux / faux* fig ring hollow / false **2** *v/t cloches* ring; *sonner l'alarme* MIL sound the alarm

sonnerie [sonri] *f de cloches* ringing; *mécanisme* striking mechanism; (*sonnette*) bell

sonnet [sone] *m* sonnet

sonnette [sonet] *f* bell

sonore [sonor] *voix* loud; *rire* resounding; *cuivres* sonorous; *onde, film* sound *atr*

sonorisation *f appareils* PA system

sonoriser ⟨1a⟩ *film* dub

sonorité *f* sound, tone; *d'une salle* acoustics *pl*

sophistication [sofistikasjɔ̃] *f* sophistication

sophistiqué, sophistiquée sophisticated

soporifique [soporifik] sleep-inducing, soporific (*aussi fig*)

soprano [soprano] **1** *f* soprano **2** *m* treble

sorbet [sorbe] *m* sorbet

sorcellerie [sorselri] *f* sorcery, witchcraft

sorcier [sorsje] *m* sorcerer

sorcière f witch

sordide [sɔrdid] filthy; fig sordid

sornettes [sɔrnɛt] fpl nonsense sg

sort [sɔr] m fate; (condition) lot; **tirer au sort** draw lots; **jeter un sort à qn** cast a spell on s.o.; **le sort en est jeté** fig the die is cast

sortant, sortante [sɔrtɑ̃, -t] POL outgoing; numéro winning

sorte [sɔrt] f (manière) way; (espèce) sort, kind; **toutes sortes de** all sorts ou kinds of; **une sorte de** a sort ou kind of; **de la sorte** of the sort ou kind; (de cette manière) like that, in that way; **en quelque sorte** in a way; **de (telle) sorte que** and so; **faire en sorte que** (+subj) see to it that

sortie [sɔrti] f exit; (promenade, excursion) outing; d'un livre publication; d'un disque release; d'une voiture launch; TECH outlet; MIL sortie; **sorties** argent outgoings; **sortie de bain** bathrobe; **sortie (sur) imprimante** printout

sortilège [sɔrtilɛʒ] m spell

sortir [sɔrtir] ⟨2b⟩ **1** v/i (aux être) come / go out; **pour se distraire** go out (**avec** with); d'un livre, un disque come out; au loto come up; **sortir de** endroit leave; accident, affaire, entretien emerge from; (provenir de) come from **2** v/t chose bring / take out; enfant, chien, personne take out; COMM bring out; F bêtises come out with **3**: **s'en sortir** d'un malade pull through

S.O.S. [ɛsoɛs] m SOS

sosie [sɔzi] m double, look-alike

sot, sotte [so, sɔt] **1** adj silly, foolish **2** m/f fool

sottise f d'une action, une remarque foolishness; action / remarque foolish thing to do / say

sou [su] m fig penny; **être sans le sou** be penniless; **être près de ses sous** be careful with one's money

soubresaut [subrəso] m jump

souche [suʃ] f d'un arbre stump; d'un carnet stub

souci [susi] m worry, care; **un souci pour** a worry to; **sans souci** carefree; **avoir le souci de** care about; **se faire du souci** worry

soucier ⟨1a⟩: **se soucier de** worry

soucieux, -euse anxious, concerned (**de** about)

soucoupe [sukup] f saucer; **soucoupe volante** flying saucer

soudain, soudaine [sudɛ̃, -en] **1** adj sudden **2** adv suddenly

soudainement adv suddenly

Soudan [sudɑ̃]: **le Soudan** the Sudan

soudanais, soudanaise 1 adj Sudanese **2** m/f **Soudanais, Soudanaise** Sudanese

soude [sud] f CHIM, PHARM soda

souder [sude] ⟨1a⟩ TECH weld; fig bring closer together

soudoyer [sudwaje] ⟨1h⟩ bribe

soudure [sudyr] f TECH welding; d'un joint weld

souffle [sufl] m breath; d'une explosion blast; **second souffle** fig new lease of life; **être à bout de souffle** be breathless, be out of breath; **retenir son souffle** hold one's breath

soufflé, soufflée [sufle] **1** adj fig: **être soufflé** F be amazed **2** m CUIS soufflé

souffler [sufle] ⟨1a⟩ **1** v/i du vent blow; (haleter) puff; (respirer) breathe; (reprendre son souffle) get one's breath back **2** v/t chandelle blow out; ÉDU, au théâtre prompt; **ne pas souffler mot** not breathe a word; **souffler qch à qn** F (dire) whisper sth to s.o.; (enlever) steal sth from s.o.

souffleur, -euse [suflœr, -øz] m/f au théâtre prompter

souffrance [sufrɑ̃s] f suffering; **en souffrance** affaire pending

souffrant, souffrante unwell

souffrir ⟨2f⟩ **1** v/i be in pain; **souffrir de** suffer from **2** v/t suffer; **je ne peux pas la souffrir** I can't stand her

soufre [sufr] m CHIM sulfur, Br sulphur

souhait [swɛ] m wish; **à vos souhaits!** bless you!

souhaitable desirable

souhaiter ⟨1b⟩ wish for; **souhaiter qch à qn** wish s.o. sth; **souhaiter que** (+ subj) hope that

souiller [suje] ⟨1a⟩ dirty, soil; fig: réputation tarnish

soûl, soûle [su, -l] **1** adj drunk **2** m: **manger tout son soûl** F eat to one's heart's content

soulagement [sulaʒmɑ̃] m relief

soulager ⟨1l⟩ relieve; **soulager qn au travail** help out

soûler [sule] ⟨1a⟩ F: **soûler qn** get s.o. drunk; **se soûler** get drunk

soulèvement [sulɛvmɑ̃] m uprising

soulever ⟨1d⟩ raise; fig: enthousiasme arouse; protestations generate; problème, difficultés raise; **se soulever** raise o.s.; (se révolter) rise up

soulier [sulje] m shoe

souligner [suliɲe] ⟨1a⟩ underline; fig stress, underline

soumettre ⟨4p⟩ pays, peuple subdue; à un examen subject (**à** to); (présenter) submit; **se soumettre à** submit to

soumis, soumise [sumi, -z] **1** *p/p → soumettre* **2** *adj peuple* subject; *(obéissant)* submissive

soumission *f* submission; COMM tender

soupape [supap] *f* TECH valve

soupçon [supsõ] *m* suspicion; *un soupçon de* a trace *ou* hint of

soupçonner ⟨1a⟩ suspect; *soupçonner que* suspect that

soupçonneux, -euse suspicious

soupe [sup] *f* CUIS (thick) soup

soupente [supãt] *f* loft; *sous escaliers* cupboard

souper [supe] **1** *v/i* ⟨1a⟩ have dinner *ou* supper **2** *m* dinner, supper

soupeser [supəze] ⟨1d⟩ weigh in one's hand; *fig* weigh up

soupière [supjɛr] *f* soup tureen

soupir [supir] *m* sigh

soupirail [supiraj] *m* (*pl* -aux) basement window

soupirer [supire] ⟨1a⟩ sigh

souple [supl] supple, flexible; *fig* flexible

souplesse *f* flexibility

source [surs] *f* spring; *fig* source; *prendre sa source dans* rise in

sourcil [sursi] *m* eyebrow

sourciller ⟨1a⟩: *sans sourciller* without batting an eyelid

sourcilleux, -euse fussy, picky

sourd, sourde [sur, -d] deaf; *voix* low; *douleur, bruit* dull; *colère* repressed; *sourd-muet* deaf-and-dumb

sourdine [surdin] *f* MUS mute; *en sourdine* quietly; *mettre une sourdine à qch fig* tone sth down

souriant, souriante [surjã, -t] smiling

souricière [surisjɛr] *f* mousetrap; *fig* trap

sourire [surir] **1** *v/i* ⟨4r⟩ smile **2** *m* smile

souris [suri] *f* mouse

sournois, sournoise [surnwa, -z] **1** *adj* underhanded **2** *m/f* underhanded person

sournoiserie *f* underhandedness

sous [su] *prép* under; *sous la main* to hand, within reach; *sous terre* under ground; *sous peu* shortly, soon; *sous forme de* in the form of; *sous ce rapport* in this respect; *sous mes yeux* under my nose; *sous la pluie* in the rain; *mettre sous enveloppe* put in an envelope

sous-alimenté, sous-alimentée [suzalimãte] undernourished

sous-bois [subwa] *m* undergrowth

souscription [suskripsjõ] *f* subscription

souscrire ⟨4f⟩: *souscrire à* subscribe to (*aussi fig*); *emprunt* approve; *souscrire un emprunt* take out a loan

sous-développé, sous-développée [su-

devlɔpe] underdeveloped

sous-développement *m* underdevelopment

sous-emploi [suzãplwa] *m* underemployment

sous-entendre [suzãtãdr] ⟨4a⟩ imply

sous-entendu, sous-entendue 1 *adj* implied **2** *m* implication

sous-estimer [suzɛstime] ⟨1a⟩ underestimate

sous-jacent, sous-jacente [suʒasã, -t] *problème* underlying

sous-locataire [sulɔkater] *m/f* subletter

sous-location *f* subletting

sous-louer [sulwe] ⟨1a⟩ sublet

sous-marin, sous-marine [sumarɛ̃, -in] **1** *adj* underwater **2** *m* submarine, F sub

sous-officier [suzɔfisje] *m* non-commissioned officer

sous-préfecture [suprefɛktyr] *f* subprefecture

sous-produit [suprɔdɥi] *m* by-product

sous-secrétaire [sus(ə)kreter] *m*: *sous-secrétaire d'Etat* assistant Secretary of State

soussigné, soussignée [susiɲe] *m/f*: *je, soussigné …* I the undersigned …

sous-sol [susɔl] *m* GÉOL subsoil; *d'une maison* basement

sous-titre [sutitr] *m* subtitle

soustraction [sustraksjõ] *f* MATH subtraction

soustraire [sustrɛr] ⟨4s⟩ MATH subtract (*de* from); *fig: au regard de* remove; *à un danger* protect (*à* from)

sous-traitance [sutrɛtãs] *f* COMM sub-contracting

sous-traiteur *m* sub-contractor

sous-vêtements [suvɛtmã] *mpl* underwear *sg*

soutane [sutan] *f* REL cassock

soute [sut] *f* MAR, AVIAT hold

soutenable [sutnabl] tenable

soutenance [sutnãs] *f université* viva (voce)

souteneur [sutnœr] *m* protector

soutenir [sutnir] ⟨2h⟩ support; *attaque, pression* withstand; *conversation* keep going; *opinion* maintain; *soutenir que* maintain that; *se soutenir* support each other

soutenu, soutenue *effort* sustained; *style* elevated

souterrain, souterraine [suterɛ̃, -en] **1** *adj* underground, subterranean **2** *m* underground passage

soutien [sutjɛ̃] *m* support (*aussi fig*)

soutien-gorge *m* (*pl* soutiens-gorge) brassière, bra

soutirer [sutire] ⟨1a⟩: **soutirer qch à qn** get sth out of s.o.

souvenir [suvnir] 1 ⟨2h⟩: **se souvenir de qn / qch** remember s.o./sth; **se souvenir que** remember that 2 m memory; **objet** souvenir

souvent [suvã] often; **assez souvent** quite often; **moins souvent** less often, less frequently; **le plus souvent** most of the time

souverain, souveraine [suvrɛ̃, -ɛn] m/f sovereign

souveraineté f sovereignty

soviétique [sɔvjetik] HIST 1 adj Soviet 2 m/f **Soviétique** Soviet

soyeux, -euse [swajø, -z] silky

spacieux, -euse [spasjø, -z] spacious

spaghetti [spageti] mpl spaghetti sg

sparadrap [sparadra] m Band-Aid®, Br Elastoplast®

spartiate [sparsjat] spartan

spasme [spasm] m MÉD spasm

spasmodique spasmodic

spatial, spatiale [spasjal] (mpl -iaux) spatial; ASTR space atr; **recherches** fpl **spatiales** space research

spatule [spatyl] f spatula

speaker, speakerine [spikœr, spikrin] m/f radio, TV announcer

spécial, spéciale [spesjal] (mpl -aux) special

spécialement adv specially

spécialiser ⟨1a⟩: **se spécialiser** specialize

spécialiste m/f specialist

spécialité f speciality

spécieux, -euse [spesjø, -z] specious

spécifier [spesifje] ⟨1a⟩ specify

spécifique specific

spécimen [spesimɛn] m specimen

spectacle [spɛktakl] m spectacle; théâtre, cinéma show, performance

spectaculaire spectacular

spectateur, -trice m/f (témoin) onlooker; SP spectator; au cinéma, théâtre member of the audience

spectre [spɛktr] m ghost; PHYS spectrum

spéculateur, -trice [spekylatœr, -tris] m/f speculator

spéculatif, -ive speculative

spéculation f speculation

spéculer ⟨1a⟩ FIN speculate (**sur** in); fig speculate (**sur** on, about)

spéléologie [speleolɔʒi] f caving

spermatozoïde [spɛrmatozoid] m BIOL sperm

sperme [spɛrm] m BIOL sperm

sphère [sfɛr] f MATH sphere (aussi fig)

sphérique spherical

spirale [spiral] f spiral

spirite [spirit] m/f spiritualist

spiritisme m spiritualism

spiritualité [spiritualite] f spirituality

spirituel, spirituelle spiritual; (amusant) witty

spiritueux [spirituø] mpl spirits

splendeur [splãdœr] f splendor, Br splendour

splendide splendid

spongieux, -euse [spõʒjø, -z] spongy

sponsor [spõsɔr] m sponsor

sponsoriser ⟨1a⟩ sponsor

spontané, spontanée [spõtane] spontaneous

spontanéité f spontaneity

sporadique [spɔradik] sporadic

sport [spɔr] 1 m sport; **faire du sport** do sport; **sports d'hiver** winter sports 2 adj vêtements casual atr; **être sport** d'une personne be a good sport

sportif, -ive 1 adj résultats, association sports atr; allure sporty; (fair-play) sporting 2 m sportsman 3 f sportswoman

sprint [sprint] m sprint

spumeux, -euse [spymø, -z] foamy

square [skwar] m public garden

squash [skwaʃ] m SP squash

squatter [skwate] ⟨1a⟩ squat

squatteur, -euse m/f squatter

squelette [skəlɛt] m ANAT skeleton

St abr (= **saint**) St (= saint)

stabilisateur, -trice [stabilizatœr, -tris] 1 adj stabilizing 2 m stabilizer

stabilisation f des prix, d'une devise stabilization

stabiliser ⟨1a⟩ stabilize

stabilité f stability; **stabilité des prix** price stability

stable stable

stade [stad] m SP stadium; d'un processus stage

stage [staʒ] m training period; (cours) training course; pour professeur teaching practice; (expérience professionnelle) work placement

stagiaire m/f trainee

stagnant, stagnante [stagnã, -t] eau stagnant; **être stagnant** fig be stagnating

stagnation f ÉCON stagnation

stalactite [stalaktit] f icicle

stalle [stal] f d'un cheval box; **stalles** REL stalls

stand [stãd] m de foire booth, Br stand; de kermesse stall; **stand de ravitaillement** SP pits pl

standard [stãdar] m standard; TÉL switchboard

standardisation [stãdardizasjõ] f stand-

ardization
standardiser ⟨1a⟩ standardize
standardiste [stɑ̃dardist] *m/f* TÉL (switchboard) operator
standing [stɑ̃diŋ] *m* status; *de grand standing* hôtel, immeuble high-class
star [star] *f* star
starter [starter] *m* AUTO choke
station [stasjɔ̃] *f* station; *de bus* stop; *de vacances* resort; *station balnéaire* seaside resort; *station de sports d'hiver* winter sport resort, ski resort; *station de taxis* cab stand, *Br* taxi rank; *station thermale* spa
stationnaire [stasjɔnɛr] stationary
stationnement *m* AUTO parking
stationner ⟨1a⟩ park
station-service [stasjɔ̃sɛrvis] *f* (*pl* stations-service) gas station, *Br* petrol station
statique [statik] static
statisticien, statisticienne [statistisjɛ̃, -ɛn] *m/f* statistician
statistique 1 *adj* statistical **2** *f* statistic; *science* statistics *sg*
statue [staty] *f* statue; *Statue de la Liberté* Statue of Liberty
stature [statyr] *f* stature
statut [staty] *m* status; *statut social* social status; *statuts d'une société* statutes
Ste *abr* (= *sainte*) St (= saint)
sténographie [stenɔgrafi] *f* shorthand
stéréo(phonie) [stereo(fɔni)] *f* stereo; *en stéréo* in stereo
stéréo(phonique) stereo(phonic)
stéréotype [stereɔtip] *m* stereotype
stéréotypé, stéréotypée stereotype
stérile [steril] sterile
stériliser ⟨1a⟩ sterilize
stérilité *f* sterility
stéroïde [sterɔid] *m* steroid; *stéroïde anabolisant* anabolic steroid
stéthoscope [stetɔskɔp] *m* MÉD stethoscope
steward [stiwart] *m* flight attendant, steward
stigmate [stigmat] *m* mark; *stigmates* REL stigmata
stigmatiser ⟨1a⟩ *fig* stigmatize
stimulant, stimulante [stimylɑ̃, -t] **1** *adj* stimulating **2** *m* stimulant; *fig* incentive, stimulus
stimulateur *m* MÉD: *stimulateur cardiaque* pacemaker
stimuler ⟨1a⟩ stimulate
stimulus *m* (*pl le plus souvent* stimuli) PSYCH stimulus
stipulation [stipylasjɔ̃] *f* stipulation
stipuler ⟨1a⟩ stipulate

stock [stɔk] *m* stock
stockage *m* stocking; INFORM storage; *stockage de données* data storage
stocker ⟨1a⟩ stock; INFORM store
stoïcisme [stɔisism] *m* stoicism
stoïque stoical
stop [stɔp] *m* stop; *écriteau* stop sign; (*feu m*) *stop* AUTO brake light; *faire du stop* F thumb a ride, hitchhike
stopper ⟨1a⟩ stop
store [stɔr] *m* *d'une fenêtre* shade, *Br* blind; *d'un magasin, d'une terrasse* awning
strabisme [strabism] *m* MÉD squint
strapontin [strapɔ̃tɛ̃] *m* tip-up seat
stratagème [stratazɛm] *m* stratagem
stratégie [stratezi] *f* strategy
stratégique strategic
stratifié, stratifiée [stratifje] GÉOL stratified; TECH laminated
stress [strɛs] *m* stress
stressant, stressante stressful
stressé, stressée stressed(-out)
strict, stricte [strikt] strict; *au sens strict* in the strict sense (of the word); *le strict nécessaire* the bare minimum
strident, stridente [stridɑ̃, -t] strident
strip-tease [striptiz] *m* strip(tease)
structuration [stryktyrasjɔ̃] *f* structuring
structure *f* structure
stuc [styk] *m* stucco
studieux, -euse [stydjø, -z] studious
studio [stydjo] *m* studio; (*appartement*) studio, *Br aussi* studio flat
stupéfaction [stypefaksjɔ̃] *f* stupefaction
stupéfait, stupéfaite stupefied
stupéfiant, stupéfiante 1 *adj* stupefying; **2** *m* drug
stupéfier ⟨1a⟩ stupefy
stupeur [stypœr] *f* stupor
stupide [stypid] stupid
stupidité *f* stupidity
style [stil] *m* style
stylisé, stylisée stylized
styliste *m/f de mode, d'industrie* stylist
stylistique 1 *adj* stylistic **2** *f* stylistics
stylo [stilo] *m* pen; *stylo à bille, stylo-bille* (*pl* stylos à bille, stylos-billes) ballpoint (pen); *stylo plume* fountain pen
stylo-feutre *m* (*pl* stylos-feutres) felt tip, felt-tipped pen
su, sue [sy] *p/p* → *savoir*
suave [sɥav] *voix, goût* sweet
subalterne [sybaltɛrn] **1** *adj* junior, subordinate; *employé* junior **2** *m/f* junior, subordinate
subconscient [sybkɔ̃sjɑ̃] *m* subconscious
subdivision [sybdivizjɔ̃] *f* subdivision
subir [sybir] ⟨2a⟩ (*endurer*) suffer; (*se*

soumettre volontairement à) undergo; **subir une opération** undergo a an operation

subit, subite [sybi, -t] sudden

subitement *adv* suddenly

subjectif, -ive [sybʒɛktif, -iv] subjective

subjonctif [sybʒɔ̃ktif] *m* GRAM subjunctive

subjuguer [sybʒyge] ⟨1m⟩ *fig* captivate

sublime [syblim] sublime

submerger [sybmɛrʒe] ⟨1l⟩ submerge; **être submergé de travail** *fig* be up to one's eyes in work, be buried in work

subordination [sybɔrdinasjɔ̃] *f* subordination

subordonné, subordonnée [sybɔrdɔne] **1** *adj* subordinate **2** *m/f* subordinate **3** *f* GRAM subordinate clause

subordonner ⟨1a⟩ subordinate (**à** to)

subrepticement [sybrɛptismɑ̃] *adv* surreptitiously

subside [sybzid, sypsid] *m* subsidy

subsidiaire subsidiary

subsistance [sybzistɑ̃s] *f* subsistence

subsister ⟨1a⟩ survive; *d'une personne aussi* live

substance [sypstɑ̃s] *f* substance

substantiel, substantielle [sypstɑ̃sjɛl] substantial

substituer [sypstitɥe] ⟨1n⟩: **substituer X à Y** substitute X for Y

substitution *f* substitution

subterfuge [syptɛrfyʒ] *m* subterfuge

subtil, subtile [syptil] subtle

subtiliser ⟨1a⟩ F pinch F (**à qn** from s.o.)

subtilité *f* subtlety

suburbain, suburbaine [sybyrbɛ̃, -ɛn] suburban

subvenir [sybvənir] ⟨2h⟩: **subvenir à besoins** provide for

subvention [sybvɑ̃sjɔ̃] *f* grant, subsidy

subventionner ⟨1a⟩ subsidize

subversif, -ive [sybvɛrsif, -iv] subversive

subversion *f* subversion

suc [syk] *m*: **sucs gastriques** gastric juices

succédané [syksedane] *m* substitute

succéder [syksede] ⟨1f⟩: **succéder à** follow; *personne* succeed; **se succéder** follow each other

succès [syksɛ] *m* success; **avec succès** successfully, with success; **sans succès** unsuccessfully, without success

successeur [syksesœr] *m* successor

successif, -ive successive

succession *f* succession; JUR (*biens dévolus*) inheritance

successivement *adv* successively

succomber [sykɔ̃be] ⟨1a⟩ (*mourir*) die,

succumb; **succomber à** succumb to

succulent, succulente [sykylɑ̃, -t] succulent

succursale [sykyrsal] *f* COMM branch

sucer [syse] ⟨1k⟩ suck

sucette *f bonbon* lollipop; *de bébé* pacifier, *Br* dummy

sucre [sykr] *m* sugar; **sucre glace** confectioner's sugar, *Br* icing sugar

sucré, sucrée sweet; *au sucre* sugared; *péj* sugary

sucrer ⟨1a⟩ sweeten; *avec sucre* sugar

sucreries *fpl* sweet things

sucrier *m* sugar bowl

sud [syd] **1** *m* south; **vent m du sud** south wind; **au sud de** (to the) south of **2** *adj* south; *hemisphère* southern; **côte f sud** south *ou* southern coast

sud-africain, sud-africaine [sydafrikɛ̃, -ɛn] **1** *adj* South African **2** *m/f* Sud-Africain, Sud-Africaine South African

sud-américain, sud-américaine [sydamerikɛ̃, -ɛn] **1** *adj* South American **2** *m/f* Sud-Américain, Sud-Américaine South American

sud-est [sydɛst] *m* south-east

Sudiste [sydist] *m/f & adj* HIST Confederate

sud-ouest [sydwɛst] *m* south-west

Suède [sɥɛd]: **la Suède** Sweden

suédois, suédoise **1** *adj* Swedish **2** *m langue* Swedish **3** *m/f* Suédois, Suédoise Swede

suer [sɥe] ⟨1n⟩ **1** *v/i* sweat **2** *v/t* sweat; *fig* (*dégager*) ooze

sueur *f* sweat

suffire [syfir] ⟨4o⟩ be enough; **suffire pour faire qch** be enough to do sth; **cela me suffit** that's enough for me; **il suffit que tu le lui dises** (*subj*) all you have to do is tell her; **il suffit de ...** all you have to do is ...; **ça suffit!** that's enough!, that'll do!

suffisamment [syfizamɑ̃] *adv* sufficiently, enough; **suffisamment intelligent** sufficiently intelligent, intelligent enough; **suffisamment de ...** enough ..., sufficient ...

suffisance *f* arrogance

suffisant, suffisante sufficient, enough; (*arrogant*) arrogant

suffixe [syfiks] *m* LING suffix

suffocant, suffocante [syfɔkɑ̃, -t] suffocating; *fig* breathtaking

suffocation *f* suffocation

suffoquer ⟨1m⟩ **1** *v/i* suffocate **2** *v/t* suffocate; **suffoquer qn** *fig* take s.o.'s breath away

suffrage [syfraʒ] *m* vote; **remporter tous**

les suffrages fig get everyone's vote, win all the votes; *suffrage universel* universal suffrage

suggérer [sygʒere] ⟨1f⟩ suggest (*à* to)

suggestif, -ive [sygʒestjɔ̃] suggestive; *robe etc* revealing

suggestion *f* suggestion

suicide [sɥisid] *m* suicide

suicidé, suicidée *m/f* suicide victim

suicider ⟨1a⟩: *se suicider* kill o.s., commit suicide

suie [sɥi] *f* soot

suinter [sɥɛ̃te] ⟨1a⟩ *d'un mur* ooze

suisse [sɥis] **1** *adj* Swiss **2** *m/f* **Suisse** Swiss **3**: *la Suisse* Switzerland

suite [sɥit] *f* pursuit; (*série*) series *sg*; (*continuation*) continuation; *d'un film, un livre* sequel; (*escorte*) retinue, suite; MUS, *appartement* suite; *la suite de l'histoire* the rest of the story, what happens next; *suites* (*conséquences*) consequences, results; *d'un choc, d'une maladie* after-effects; *faire suite à qch* come after sth; *prendre la suite de qn* succeed s.o.; *donner suite à lettre* follow up; *suite à votre lettre du ...* further to *ou* with reference to your letter of ...; *trois fois de suite* three times in succession *ou* in a row; *et ainsi de suite* and so on; *par suite de* as a result of, due to; *tout de suite* immediately, at once; *par la suite* later, subsequently; *à la suite de qn* in s.o.'s wake, behind s.o.; *à la suite de qch* following sth, as a result of sth

suivant, suivante [sɥivã, -t] **1** *adj* next, following **2** *m/f* next person; *au suivant!* next! **3** *prép* (*selon*) according to **4** *conj*: *suivant que* depending on whether

suivi, suivie [sɥivi] *travail, effort* sustained; *relations* continuous, unbroken; *argumentation* coherent

suivre [sɥivr] ⟨4h⟩ **1** *v/t* follow; *cours* take **2** *v/i* follow; *à l'école* keep up; *faire suivre lettre* please forward; *à suivre* to be continued

sujet, sujette [syʒe, -t] **1** *adj*: *sujet à qch* subject to sth **2** *m* subject; *à ce sujet* on that subject; *au sujet de* on the subject of

sulfureux, -euse [sylfyrø, -z] sultry

summum [sɔmɔm] *m* fig: *le summum de* the height of

super [syper] **1** *adj* F great F, neat F **2** *m* essence premium, *Br* four-star

superbe [syperb] superb

supercarburant [syperkarbyrã] *m* high-grade gasoline *ou Br* petrol

supercherie [syperʃəri] *f* hoax

superficie [syperfisi] *f* fig: aspect superficiel surface; (*surface, étendue*) (surface) area

superficiel, superficielle superficial

superflu, superflue [syperfly] **1** *adj* superfluous **2** *m* surplus

supérieur, supérieure [syperjœr] **1** *adj* higher; *étages, face, mâchoire* upper; (*meilleur, dans une hiérarchie*) superior (*aussi péj*); *supérieur à* higher than; (*meilleur que*) superior to **2** *m/f* superior

supériorité *f* superiority

superlatif [syperlatif] *m* GRAM, *fig* superlative

supermarché [sypermarʃe] *m* supermarket

superposer [syperpoze] ⟨1a⟩ stack; *couches* superimpose; *lits mpl superposés* bunk beds; *se superposer* stack; *d'images* be superimposed

super-puissance [syperpɥisãs] *f* superpower

supersonique [sypersɔnik] supersonic

superstitieux, -euse [syperstisjø, -z] superstitious

superstition *f* superstition

superstructure [syperstryktyr] *f* superstructure

superviser [sypervize] ⟨1a⟩ supervise

superviseur *m* supervisor

supplanter [syplãte] ⟨1a⟩ supplant

suppléant, suppléante [sypleã, -t] **1** *adj* acting **2** *m/f* stand-in, replacement

suppléer ⟨1a⟩: *suppléer à* make up for

supplément [syplemã] *m* supplement; *un supplément de ...* additional *ou* extra ...

supplémentaire additional

suppliant, suppliante [syplijã, -t] pleading

supplication *f* plea

supplice [syplis] *m* torture; *fig* agony

supplicier ⟨1a⟩ torture

supplier [syplije] ⟨1a⟩: *supplier qn de faire qch* beg s.o. *ou* plead with s.o. to do sth

support [sypɔr] *m* support; *support de données* INFORM data carrier

supportable bearable

supporter[1] [sypɔrte] ⟨1a⟩ TECH, ARCH support, hold up; *conséquences* take; *frais* bear; *douleur, personne* bear, put up with; *chaleur, alcool* tolerate

supporter[2] [sypɔrter] *m* SP supporter, fan

supposé, supposée [sypoze] supposed; *nom* assumed

supposer ⟨1a⟩ suppose; (*impliquer*) presuppose; *à supposer que, en supposant que* (+ *subj*) supposing that

supposition *f* supposition

suppositoire [sypozitwar] *m* PHARM suppository

suppression [sypresjɔ̃] *f* suppression

supprimer ⟨1a⟩ *institution, impôt* abolish, get rid of; *emplois* cut; *mot, passage* delete; *cérémonie, concert* cancel; **supprimer qn** get rid of s.o.

suppurer ⟨1a⟩ suppurate

supranational, supranationale [sypranasjɔnal] (*mpl* -aux) supranational

suprématie [sypremasi] *f* supremacy

suprême supreme

sur¹ [syr] *prép* ◇ on; **prendre qch sur l'étagère** take sth off the shelf; **la clé est sur la porte** the key's in the lock; **avoir de l'argent sur soi** have some money on one; **sur le moment** at the time
◇ : **une fenêtre sur la rue** a window looking onto the street
◇ : **tirer sur qn** shoot at s.o.
◇ *sujet* on, about; **un film sur ...** a movie on *ou* about ...
◇ : **un sur dix** one out of ten; **une semaine sur trois** one week in three, every three weeks
◇ *mesure* by **4 cms sur 10** 4 cms by 10; **le plage s'étend sur 2 kilomètres** the beach stretches for 2 kilometers

sur², **sure** [syr] sour

sûr, sûre [syr] sure; (*non dangereux*) safe; (*fiable*) reliable; *jugement* sound; **sûr de soi** sure of o.s., self-confident; **être sûr de son fait** be sure of one's facts; **bien sûr** of course; **à coup sûr il sera ...** he's bound to be ...

surcharge [syrʃarʒ] *f* overloading; (*poids excédentaire*) excess weight

surcharger ⟨1l⟩ overload

surchauffer [syrʃofe] ⟨1a⟩ overheat

surclasser [syrklase] ⟨1a⟩ outclass

surcroît [syrkrwa] *m*: **un surcroît de travail** extra *ou* additional work; **de surcroît, par surcroît** moreover

surdité [syrdite] *f* deafness

surdoué, surdouée [syrdwe] extremely gifted

sureau [syro] *m* (*pl* -x) BOT elder

surélever [syrelve] ⟨1d⟩ TECH raise

sûrement [syrmɑ̃] *adv* surely

surenchère [syrɑ̃ʃɛr] *f dans vente aux enchères* higher bid

surenchérir ⟨2a⟩ bid more; *fig* raise the ante

surestimer [syrestime] ⟨1a⟩ overestimate

sûreté [syrte] *f* safety; MIL security; *de jugement* soundness; **Sûreté** FBI, *Br* CID; **pour plus de sûreté** to be on the safe side

surexciter [syreksite] ⟨1a⟩ overexcite

surexposer [syrekspoze] ⟨1a⟩ *photographie* overexpose

surf [sœrf] *m* surfing; (*planche*) surfboard

surface [syrfas] *f* surface; **grande surface** COMM supermarket; **remonter à la surface** resurface; **refaire surface** *fig* resurface, reappear

surfait, surfaite [syrfɛ, -t] overrated

surfer [sœrfe] ⟨1a⟩ surf; **surfer sur Internet** surf the Net

surgelé, surgelée [syrʒəle] **1** *adj* deep-frozen **2** *mpl*: **surgelés** frozen food *sg*

surgir [syrʒir] ⟨2a⟩ suddenly appear; *d'un problème* crop up

surhumain, surhumaine [syrymɛ̃, -ɛn] superhuman

sur-le-champ [syrləʃɑ̃] *adv* at once, straightaway

surlendemain [syrlɑ̃dmɛ̃] *m* day after tomorrow

surligner [syrliɲe] ⟨1a⟩ highlight

surligneur *m* highlighter

surmenage [syrmənaʒ] *m* overwork

surmener ⟨1d⟩ overwork; **se surmener** overwork, overdo it F

surmontable [syrmɔ̃tabl] surmountable

surmonter ⟨1a⟩ dominate; *fig* overcome, surmount

surnaturel, surnaturelle [syrnatyrel] supernatural

surnom [syrnɔ̃] *m* nickname

surnombre [syrnɔ̃br] *m*: **en surnombre** too many; **ils étaient en surnombre** there were too many of them

surnommer [syrnɔme] ⟨1a⟩ nickname

surpasser [syrpase] ⟨1a⟩ surpass

surpeuplé, surpeuplée [syrpœple] *pays* overpopulated; *endroit* overcrowded

surpeuplement *m d'un pays* overpopulation; *d'un endroit* overcrowding

surplomb [syrplɔ̃] *m*: **en surplomb** overhanging

surplomber ⟨1a⟩ overhang

surplus [syrply] *m* surplus; **au surplus** moreover

surprenant, surprenante [syrprənɑ̃, -t] surprising

surprendre ⟨4q⟩ surprise; *voleur* catch (in the act); **se surprendre à faire qch** catch o.s. doing sth

surpris, surprise [syrpri, -z] **1** *p/p* → **surprendre 2** *adj* surprised

surprise [syrpriz] *f* surprise

surprise-partie *f* (*pl* surprises-parties) surprise party

surréalisme [syrealism] *m* surrealism

sursaut [syrso] *m* jump, start

sursauter ⟨1a⟩ jump, give a jump

sursis [syrsi] *m fig* reprieve, stay of execution; *peine de trois mois avec sursis* JUR suspended sentence of three months

surtaxe [syrtaks] *f* surcharge

surtension [syrtɑ̃sjɔ̃] *f* ÉL surge

surtout [syrtu] *adv* especially; *(avant tout)* above all; *non, surtout pas!* no, absolutely not!; *surtout que* F especially since

surveillance [syrvejɑ̃s] *f* supervision; *par la police etc* surveillance; *exercer une surveillance constante sur* keep a permanent watch on

surveillant, surveillante *m/f* supervisor; *de prison* guard, *Br aussi* warder

surveiller ⟨1b⟩ keep watch over, watch; *(contrôler) élèves, employés* supervise; *de la police etc* observe, keep under surveillance; *sa ligne, son langage* watch; *se surveiller comportement* watch one's step; *poids* watch one's figure

survenir [syrvənir] ⟨2h⟩ *(aux être) d'une personne* turn up *ou* arrive unexpectedly; *d'un événement* happen; *d'un problème* come up, arise

survêtement [syrvɛtmɑ̃] *m* sweats *pl*, *Br* tracksuit

survie [syrvi] *f* survival; REL afterlife

survivant, survivante 1 *adj* surviving 2 *m/f* survivor

survivre ⟨4e⟩: *survivre à personne* survive, outlive; *accident* survive

survoler [syrvole] ⟨1a⟩ fly over; *fig* skim over

sus [sy(s)]: *en sus de qch* over and above sth, in addition to sth

susceptibilité [syseptibilite] *f* sensitivity, touchiness

susceptible sensitive, touchy; *être susceptible de faire qch* be likely to do sth

susciter [sysite] ⟨1a⟩ arouse

suspect, suspecte [syspe(kt), -kt] *(équivoque)* suspicious; *(d'une qualité douteuse)* suspect; *suspect de qch* suspected of sth

suspecter ⟨1a⟩ suspect

suspendre [syspɑ̃dr] ⟨4a⟩ suspend; *(accrocher)* hang up

suspendu, suspendue suspended; *suspendu au plafond* hanging *ou* suspended from the ceiling; *être bien / mal suspendu d'une voiture* have good / bad suspension

suspens [syspɑ̃]: *en suspens personne* in suspense; *affaire* outstanding

suspense [syspɛns] *m* suspense

suspension [syspɑ̃sjɔ̃] *f* suspension; *points mpl de suspension* suspension points

suspicion [syspisjɔ̃] *f* suspicion

susurrer [sysyre] ⟨1a⟩ whisper

suture [sytyr] *f* MÉD suture

S.V.P. *abr* (= *s'il vous plaît*) please

sweat(shirt) [swit](ʃœrt)] *m* sweatshirt

svelte [svɛlt] trim, slender

sycomore [sikɔmɔr] *m* sycamore

syllabe [silab] *f* syllable

sylviculture [silvikyltyr] *f* forestry

symbiose [sɛ̃bjoz] *f* BIOL symbiosis

symbole [sɛ̃bɔl] *m* symbol

symbolique symbolic

symboliser ⟨1a⟩ symbolize

symbolisme *m* symbolism

symétrie [simetri] *f* symmetry

symétrique symmetrical

sympa [sɛ̃pa] F nice, friendly

sympathie [sɛ̃pati] *f* sympathy; *(amitié, inclination)* liking

sympathique nice, friendly

sympathiser ⟨1a⟩ get on (*avec qn* with s.o.)

symphonie [sɛ̃fɔni] *f* MUS symphony

symphonique symphonic

symptôme [sɛ̃ptom] *m* symptom

synagogue [sinagɔg] *f* synagogue

synchronisation [sɛ̃krɔnizasjɔ̃] *f* synchronization

synchroniser ⟨1a⟩ synchronize

syncope [sɛ̃kɔp] *f* MUS syncopation; MÉD fainting fit

syndical, syndicale [sɛ̃dikal] *(mpl -aux)* labor *atr*, *Br* (trade) union *atr*

syndicaliser ⟨1a⟩ unionize

syndicaliste 1 *adj* labor *atr*, *Br* (trade) union *atr* 2 *m/f* union member

syndicat *m* (labor) union, *Br* (trade) union; *syndicat d'initiative* tourist information office

syndiqué, syndiquée unionized

syndrome [sɛ̃drom] *m* syndrome

synonyme [sinɔnim] 1 *adj* synonymous (*de* with) 2 *m* synonym

syntaxe [sɛ̃taks] *f* GRAM syntax

synthèse [sɛ̃tez] *f* synthesis

synthétique *m & adj* synthetic

synthétiseur *m* MUS synthesizer

syphilis [sifilis] *f* syphilis

Syrie [siri]: *la Syrie* Syria

syrien, syrienne 1 *adj* Syrian 2 *m/f* Syrien, Syrienne Syrian

systématique [sistematik] systematic

systématiser ⟨1a⟩ systematize

système *m* system; *le système D* F *(débrouillard)* resourcefulness; *système antidémarrage* immobilizer; *système d'exploitation* INFORM operating system; *système immunitaire* immune system; *système solaire* solar system

T

ta [ta] → **ton**²
tabac [taba] *m* tobacco; **bureau** *m ou* **débit** *m* **de tabac** tobacco store, *Br* tobacconist's
tabagisme *m* smoking
tabasser [tabase] ⟨1a⟩ beat up
table [tabl] *f* table; **table pliante** folding table; **table des matières** table of contents; **à table!** come and get it!, food's up!; **table ronde** round table; **se mettre à table** sit down to eat
tableau [tablo] *m* (*pl* -x) à *l'école* board; (*peinture*) painting; *fig* picture; (*liste*) list; (*schéma*) table; **tableau d'affichage** bulletin board, *Br* notice board; **tableau de bord** AVIAT instrument panel
tablette [tablet] *f* shelf; **tablette de chocolat** chocolate bar
tableur [tablœr] *m* INFORM spreadsheet
tablier [tablije] *m* apron
tabou [tabu] **1** *m* taboo **2** *adj* (*inv ou f* **taboue**, *pl* **tabou(e)s**) taboo
tabouret [taburɛ] *m* stool
tabulation [tabylasjõ] *f* tab
tac [tak] *m*: **répondre du tac au tac** answer quick as a flash
tache [taʃ] *f* stain (*aussi fig*)
tâche [taʃ] *f* task
tacher [taʃe] ⟨1a⟩ stain
tâcher [taʃe] ⟨1a⟩: **tâcher de faire qch** try to do sth
tacheté, tachetée [taʃte] stained
tachymètre [takimɛtr] *m* AUTO speedometer
tacite [tasit] tacit
taciturne [tasityrn] taciturn
tact [takt] *m* tact; **avoir du tact** be tactful
tactile [taktil] tactile
tactique 1 *adj* tactical **2** *f* tactics *pl*
taffetas [tafta] *m* taffeta
taie [tɛ] *f*: **taie (d'oreiller)** pillowslip
taille¹ [taj] *f* BOT pruning; *de la pierre* cutting
taille² [taj] *f* (*hauteur*) height; (*dimension*) size; ANAT waist; **être de taille à faire qch** *fig* be capable of doing sth; **de taille** F enormous
taille-crayon(s) [tajkrejõ] *m* (*pl inv*) pencil sharpener
tailler [taje] ⟨1a⟩ BOT prune; *vêtement* cut out; *crayon* sharpen; *diamant, pierre* cut
tailleur *m* (*couturier*) tailor; *vêtement* (*woman's*) suit; **tailleur de diamants** diamond cutter

taillis [taji] *m* coppice
taire [tɛr] ⟨4a⟩ not talk about, hide; **se taire** keep quiet (**sur** about); *s'arrêter de parler* stop talking, fall silent; **tais-toi!** be quiet!, shut up!
Taïwan [tajwan] Taiwan
taïwanais, taïwanaise 1 *adj* Taiwanese **2** *m/f* **Taïwanais, Taïwanaise** Taiwanese
talc [talk] *m* talc
talent [talã] *m* talent
talentueux, -euse talented
talon [talõ] *m* ANAT, *de chaussure* heel; *d'un chèque* stub; **talons aiguille** spike heels, *Br* stilettos
talonner ⟨1a⟩ (*serrer de près*) follow close behind; (*harceler*) harass
talonneur *m* en *rugby* hooker
talus [taly] *m* bank
tambour [tãbur] *m* MUS, TECH drum
tambouriner ⟨1a⟩ drum
tamis [tami] *m* sieve
Tamise [tamiz]: **la Tamise** the Thames
tamiser [tamize] ⟨1a⟩ sieve; *lumière* filter
tampon [tãpõ] *m* d'ouate pad; *hygiène féminine* tampon; (*amortisseur*) buffer; (*cachet*) stamp
tamponnement *m* AUTO collision
tamponner ⟨1a⟩ *plaie* clean; (*cacheter*) stamp; AUTO collide with
tamponneuse, -euse: auto *f* **tamponneuse** Dodgem®
tandem [tãdɛm] *m* tandem; *fig* twosome
tandis que [tãdi(s)k] *conj* while
tangent, tangente [tãʒã, -t] **1** *adj* MATH tangential **2** *f* MATH tangent
tangible [tãʒibl] tangible
tango [tãgo] *m* tango
tanguer [tãge] ⟨1a⟩ lurch
tanière [tanjɛr] *f* lair, den (*aussi fig*)
tank [tãk] *m* tank
tanker *m* tanker
tanné, tannée [tane] tanned; *peau* weatherbeaten
tanner ⟨1a⟩ tan; *fig* F pester
tannerie *f* tannery
tanneur *m* tanner
tant [tã] **1** *adv* so much; **tant de vin** so much wine; **tant d'erreurs** so many errors; **tant bien que mal** *réparer* after a fashion; (*avec difficulté*) with difficulty; **tant mieux** so much the better; **tant pis** too bad, tough **2** *conj*: **tant que** *temps* as long as; **tant qu'à faire!** might as well!; **en tant que Français** as a Frenchman;

tant ... que ... both ... and ...

tante [tɑ̃t] *f* aunt

tantième [tɑ̃tjɛm] *m* COMM percentage

tantôt [tɑ̃to] this afternoon; *à tantôt* see you soon; *tantôt ... tantôt ...* now ... now ...

taon [tɑ̃] *m* horsefly

tapage [tapaʒ] *m* racket; *fig* fuss; *faire du tapage nocturne* JUR cause a disturbance

tapageur, -euse (*voyant*) flashy, loud; (*bruyant*) noisy

tape [tap] *f* pat

tape-à-l'œil [tapalœj] *adj inv* loud, in-·-your-face F

tapecul [tapky] *m* AUTO F boneshaker

tapée [tape] *f* F: *une tapée de* loads of

taper [tape] ⟨1a⟩ 1 *v/t personne* hit; *table* bang on; *taper (à la machine)* F type 2 *v/i* hit; *à l'ordinateur* type, key; *taper sur les nerfs de qn* F get on s.o.'s nerves; *taper dans l'œil de qn* catch s.o.'s eye; *taper (dur) du soleil* beat down; *se taper* F *gâteaux, vin* put away; *corvée* be landed with

tapi, tapie [tapi] crouched; (*caché*) hidden

tapir ⟨2a⟩: *se tapir* crouch

tapis [tapi] *m* carpet; SP mat; *mettre sur le tapis* *fig* bring up; *tapis roulant* TECH conveyor belt; *personnes* traveling *ou Br* travelling walkway; *tapis de souris* mouse mat; *tapis vert* gaming table

tapisser [tapise] ⟨1a⟩ *avec du papier peint* (wall)paper

tapisserie *f* tapestry; (*papier peint*) wallpaper

tapissier, -ère *m/f*: *tapissier (décorateur)* interior decorator

tapoter [tapɔte] ⟨1a⟩ tap; *personne* pat; *rythme* tap out

taquin, taquine [takɛ̃, -in] teasing

taquiner ⟨1a⟩ tease

taquinerie *f* teasing

tarabiscoté, tarabiscotée [tarabiskɔte] over-elaborate

tarabuster [tarabyste] ⟨1a⟩ pester; (*travailler*) worry

tard [tar] 1 *adv* late; *plus tard* later (on); *au plus tard* at the latest; *pas plus tard que* no later than; *tard dans la nuit* late at night; *il se fait tard* it's getting late; *mieux vaut tard que jamais* better late than never 2 *m*: *sur le tard* late in life

tarder [tarde] ⟨1a⟩ delay; *tarder à faire qch* take a long time doing sth; *il me tarde de te revoir* I'm longing to see you again

tardif, -ive late

targuer [targe] ⟨1m⟩: *se targuer de qch*

litt pride o.s. on sth

tarif [tarif] *m* rate; *tarif unique* flat rate

tarir [tarir] ⟨2a⟩ dry up (*aussi fig*); *se tarir* dry up

tarmac [tarmak] *m* tarmac

tartan [tartɑ̃] *m* tartan

tarte [tart] *f* tart

tartelette *f* tartlet

tartine [tartin] *f* slice of bread; *tartine de beurre / confiture* slice of bread and butter / jam

tartiner ⟨1a⟩ spread; *fromage m à tartiner* cheese spread

tartre [tartr] *m* tartar

tas [tɑ] *m* heap, pile; *un tas de choses* heaps *pl ou* piles *pl* of things; *formation f sur le tas* on-the-job training

tasse [tɑs] *f* cup; *une tasse de café* a cup of coffee; *une tasse à café* a coffee cup

tassement [tɑsmɑ̃] *m* TECH subsidence, settlement

tasser ⟨1a⟩ (*bourrer*) cram; *se tasser* settle; *ça va se tasser* *fig* F things will sort themselves out

tâter [tɑte] ⟨1a⟩ 1 *v/t* feel; *tâter qn* *fig* sound s.o. out 2 *v/i* F: *tâter de qch* try sth, have a shot at sth

tatillon, tatillonne [tatijɔ̃, -ɔn] fussy

tâtonner [tɑtɔne] ⟨1a⟩ grope about

tâtons *adv*: *avancer à tâtons* feel one's way forward

tatouage [tatwaʒ] *m action* tattooing; *signe* tattoo

tatouer ⟨1a⟩ tattoo

taudis [todi] *m* slum

taule [tol] *f* P (*prison*) jail, slammer

taupe [top] *f* ZO mole

taureau [tɔro] *m* (*pl* -x) bull; *Taureau* ASTROL Taurus

tauromachie [tɔromaʃi] *f* bullfighting

taux [to] *m* rate; *taux d'escompte* discount rate; *taux d'expansion* rate of expansion, expansion rate; *taux d'intérêt* interest rate

taverne [tavɛrn] *f* (*restaurant*) restaurant

taxe [taks] *f* duty; (*impôt*) tax; *taxe professionnelle* tax paid by people who are self-employed; *taxe de séjour* visitor tax; *taxe sur ou à la valeur ajoutée* sales tax, *Br* value added tax, VAT

taxer ⟨1a⟩ tax; *taxer qn de qch* *fig* (*accuser*) tax s.o. with sth; *il la taxe d'égoïsme* he accuses her of selfishness, he describes her as selfish

taxi [taksi] *m* taxi, cab

taximètre [taksimɛtr] *m* meter

tchèque [tʃɛk] 1 *adj* Czech 2 *m langue* Czech 3 *m/f* Tchèque Czech

te [tə] *pron personnel* ◇ *complément*

d'objet direct you; *il ne t'a pas vu* he didn't see you

◇ *complément d'objet indirect* (to) you; *elle t'en a parlé* she spoke to you about it; *je vais te chercher un ...* I'll go and get you a ...

◇ *avec verbe pronominal* yourself; *tu t'es coupé* you've cut yourself; *si tu te lèves à ...* if you get up at ...

technicien, technicienne [tɛknisjɛ̃, -ɛn] *m/f* technician

technicité *f* technicality

technique **1** *adj* technical **2** *f* technique

technocrate [tɛknɔkrat] *m* technocrat

technocratie *f* technocracy

technologie [tɛknɔlɔʒi] *f* technology; *technologie informatique* computer technology; *technologie de pointe* high-tech

technologique technological

teck [tɛk] *m* teak

teckel [tɛkɛl] *m* dachshund

tee-shirt [tiʃœrt] *m* T-shirt

TEG [teɔʒe] *m abr* (= *taux effectif global*) APR (= annual percentage rate)

teindre [tɛ̃dr] ⟨4b⟩ dye

teint, teinte [tɛ̃, -t] **1** *adj* dyed **2** *m* complexion; *fond ou de teint* foundation (cream); *bon ou grand teint inv* colorfast, *Br* colourfast **3** *f* tint; *fig* tinge, touch

teinter ⟨1a⟩ tint; *bois* stain

teinture *f action* dyeing; *produit* dye; PHARM tincture

teinturerie *f* dry cleaner's

tel, telle [tɛl] such; *une telle surprise* such a surprise; *de ce genre* a surprise like that; *tel(s) ou telle(s) que* such as, like; *tel quel* as it is / was; *rien de tel que* nothing like, nothing to beat; *à tel point que* to such an extent that, so much that; *tel jour* on such and such a day

télé *f* TV, tube *F* TV, *Br* telly *F*

télébenne [teleben] *f* cable car

télécharger [teleʃarʒe] ⟨1l⟩ INFORM download

télécommande [telekɔmɑ̃d] *f* remote control

télécommander ⟨1a⟩: *télécommandé* remote-controlled

télécommunications [telekɔmynikasjɔ̃] *f pl* telecommunications

téléconférence [telekɔ̃ferɑ̃s] *f* teleconference

téléférique [teleferik] → *téléphérique*

téléguidage [telegidaʒ] *m* remote control

téléguider ⟨1a⟩ operate by remote control

téléinformatique [teleɛ̃fɔrmatik] *f* teleprocessing

téléobjectif [teleɔbʒɛktif] *m* telephoto lens

télépathie [telepati] *f* telepathy

téléphérique [teleferik] *m* cable car

téléphone [telefɔn] *m* phone, telephone; *téléphone portable* cellphone, *Br* mobile (phone); *abonné m au téléphone* telephone subscriber; *coup m de téléphone* (phone)call; *par téléphone* by phone; *avoir le téléphone* have a telephone

téléphoner ⟨1a⟩ **1** *v/i* phone, telephone; *téléphoner à qn* call s.o.; *Br aussi* phone s.o. **2** *v/t* phone, telephone

téléphonique phone *attr*, telephone *attr*; *appel m téléphonique* phonecall, telephone call

téléphoniste *m/f* operator

téléréalité [telerealite] *f* reality TV

télescope [teleskɔp] *m* telescope

télescoper ⟨1a⟩ crash into, collide with; *se télescoper* crash, collide

télescopique telescopic

télésiège [telesjɛʒ] *m* chair lift

téléski [teleski] *m* ski lift

téléspectateur, -trice [telespɛktatœr, -tris] *m/f* (TV) viewer

téléthon [teletɔ̃] *m* telethon

télévisé, télévisée [televize] televised

téléviseur *m* TV (set), television (set)

télévision *f* television; *télévision câblée* cable (TV)

tellement [tɛlmɑ̃] *adv* so; *avec verbe* so much; *tellement facile* so easy; *il a tellement bu que ...* he drank so much that ...; *tu veux? - pas tellement* do you want to? - not really; *tellement de chance* so much good luck, such good luck; *tellement de filles* so many girls

téméraire [temerer] reckless

témérité *f* recklessness

témoignage [temwaɲaʒ] *m* JUR testimony, evidence; *(rapport)* account; *fig: d'affection, d'estime* token

témoigner ⟨1a⟩ **1** *v/t: témoigner que* testify that **2** *v/i* JUR testify, give evidence; *témoigner de* (*être le témoignage de*) show, demonstrate

témoin [temwɛ̃] *m* witness; *être (le) témoin de qch* witness sth; *appartement m témoin* show apartment *ou Br* flat; *témoin oculaire* eyewitness

tempe [tɑ̃p] *f* ANAT temple

tempérament [tɑ̃peramɑ̃] *m* temperament; *à tempérament* in installments *ou Br* instalments; *achat m à tempérament* installment plan, *Br* hire purchase

tempérance [tɑ̃perɑ̃s] *f* moderation

température [tɑ̃peratyr] *f* temperature;

T

avoir de la température have a fever, *Br aussi* have a temperature

tempéré, tempérée moderate; *climat* temperate

tempérer [tɑ̃pere] ⟨1f⟩ moderate

tempête [tɑ̃pɛt] *f* storm (*aussi fig*)

temple [tɑ̃pl] *m* temple; *protestant* church

tempo [tɛmpo] *m* MUS tempo

temporaire [tɑ̃pɔrɛr] temporary

temporel, temporelle [tɑ̃pɔrɛl] REL, GRAM temporal

temporiser [tɑ̃pɔrize] ⟨1a⟩ stall, play for time

temps [tɑ̃] *m* time; *atmosphérique* weather; TECH stroke; **mesure** *f* **à trois temps** MUS three-four time; **moteur** *m* **à deux temps** two-stroke engine; **à temps** in time; **de temps à autre, de temps en temps** from time to time, occasionally; **avoir tout son temps** have plenty of time, have all the time in the world; **tout le temps** all the time; **dans le temps** in the old days; **de mon temps** in my time *ou* day; **en tout temps** at all times; **du temps que** when; **il est temps de partir** it's time to go; **il est temps que tu t'en ailles** (*subj*) it's time you left; **il est grand temps** it's high time, it's about time; **en même temps** at the same time; **au bon vieux temps** in the good old days; **par beau temps** in good weather; **quel temps fait-il?** what's the weather like?

tenace [tənas] tenacious

ténacité [tenasite] *f* tenacity

tenailles [t(ə)naj] *fpl* pincers

tenancier, -ère [tənɑ̃sje, -ɛr] *m/f* manager

tendance [tɑ̃dɑ̃s] *f* trend; (*disposition*) tendency; **avoir tendance à faire qch** have a tendency to do sth, tend to do sth

tendon [tɑ̃dõ] *m* ANAT tendon

tendre[1] [tɑ̃dr] ⟨4a⟩ *v/t* élan; *ailes* spread; *piège* set; *bras, main* hold out, stretch out; *muscles* tense; *corde* tighten; **tendre qch à qn** hold sth out to s.o.; **se tendre** *de rapports* become strained **2** *v/i*: **tendre à qch** strive for sth; **tendre à faire qch** tend to do sth

tendre[2] [tɑ̃dr] tender; *couleur* soft; **âge** *m* **tendre** fig childhood

tendresse [tɑ̃drɛs] *f* tenderness

tendu, tendue [tɑ̃dy] **1** *p/p* → **tendre 2** *adj* *corde* tight; *fig* tense; *relations* strained

ténèbres [tenɛbr] *fpl* darkness *sg*

ténébreux, -euse [tenebrø, -z] dark

teneur [tənœr] *f d'une lettre* contents *pl*; (*concentration*) content; **teneur en alcool** alcohol content

tenir [t(ə)nir] ⟨2h⟩ **1** *v/t* hold; (*maintenir*)

keep; *registre, comptes, promesse* keep; *caisse* be in charge of; *restaurant* run; *place* take up; **tenir pour** regard as; **tenir compte de qch** take sth into account, bear sth in mind; **tenir (bien) la route** AUTO hold the road well; **tenir qch de qn** get sth from s.o.; **tenir (sa) parole** keep one's word; **tenir au chaud** keep warm; **tenir le coup** F hold out; **tenir à qch / qn** (*donner de l'importance à*) value sth/s.o.; *à un objet* be attached to sth; **tenir à faire qch** really want to do sth; **cela ne tient qu'à toi** (*dépend de*) it's entirely up to you; **tenir de qn** take after s.o.; **tenir bon** hang in there, not give up; **tenir dans** fit into; **tiens!** surprise well, well!; **tiens?** really? **3**: **se tenir** *d'un spectacle* be held, take place; (*être, se trouver*) stand; **se tenir mal** misbehave, behave badly; **se tenir à qch** hold *ou* hang on to sth; **s'en tenir à** confine o.s. to

tennis [tenis] *m* tennis; **terrain** tennis court; **tennis** *pl* sneakers, *Br* trainers; SP tennis shoes; **tennis de table** table tennis

ténor [tenɔr] *m* MUS tenor

tension [tɑ̃sjõ] *f* tension (*aussi fig*); ÉL voltage, tension; MÉD blood pressure; **haute tension** high voltage; **faire de la tension** F have high blood pressure

tentaculaire [tɑ̃takylɛr] sprawling

tentacule *m* tentacle

tentant, tentante [tɑ̃tɑ̃, -t] tempting

tentation *f* temptation

tentative [tɑ̃tativ] *f* attempt

tente [tɑ̃t] *f* tent; **dresser** *ou* **monter** *ou* **planter / démonter une tente** pitch / take down a tent

tenter [tɑ̃te] ⟨1a⟩ tempt; (*essayer*) attempt, try; **être tenté(e) de faire qch** be tempted to do sth; **tenter de faire qch** attempt *ou* try to do sth

tenture [tɑ̃tyr] *f* wallhanging

tenu, tenue [t(ə)ny] **1** *p/p* → **tenir 2** *adj*: **être tenu de faire qch** be obliged to do sth; **bien tenu** well looked after; **mal tenu** badly kept; *enfant* neglected

ténu, ténue [teny] fine; *espoir* slim

tenue [t(ə)ny] *f de comptes* keeping; *de ménage* running; (*conduite*) behavior, *Br* behaviour; *du corps* posture; (*vêtements*) clothes *pl*; **en grande tenue** MIL in full dress uniform; **tenue de route** AUTO roadholding; **tenue de soirée** evening wear

térébenthine [terebɑ̃tin] *f* turpentine, turps *sg*

tergiverser [tɛrʒiverse] ⟨1a⟩ hum and

haw

terme [tɛrm] *m* (*fin*) end; (*échéance*) time limit; (*expression*) term; **à court / moyen / long terme** in the short / medium / long term; *emprunt, projet* short-/-medium-/long-term; **mener à terme** complete; *grossesse* see through, go through with; **être en bons termes avec qn** be on good terms with s.o.

terminaison [tɛrminɛzɔ̃] *f* GRAM ending

terminal, terminale (*mpl* -aux) **1** *adj* terminal **2** *m* terminal **3** *f* ÉDU twelfth grade, *Br* upper sixth form

terminer ⟨1a⟩ finish; **se terminer** end; **se terminer par** end with; *d'un mot* end in; **se terminer en pointe** end in a point

terminologie [tɛrminɔlɔʒi] *f* terminology

terminus [tɛrminys] *m* terminus

terne [tɛrn] dull

ternir ⟨2a⟩ tarnish (*aussi fig*)

terrain [tɛrɛ̃] *m* ground; GÉOL, MIL terrain; SP field; **un terrain** a piece of land; **sur le terrain** *essai* field *atr*; *essayer* in the field; **terrain d'atterrissage** landing field; **terrain d'aviation** airfield; **terrain à bâtir** building lot; **terrain de camping** campground; **terrain de jeu** play park; **un terrain vague** a piece of waste ground, a gap site; **véhicule** *m* **tout terrain** 4x4, off-road vehicle

terrasse [tɛras] *f* terrace

terrassement *m* (**travaux** *mpl* **de**) **terrassement** *travail* banking; *ouvrage* embankment

terrasser ⟨1a⟩ *adversaire* fell, deck F

terre [tɛr] *f* (*sol, surface*) ground; *matière* earth, soil; *opposé à mer, propriété* land; (*monde*) earth, world; *pays, région* land, country; ÉL ground, *Br* earth; **terre à terre** *esprit, personne* down to earth; **à ou par terre** on the ground; **tomber par terre** fall down; **sur terre** on earth; **sur la terre** on the ground; **de / en terre** clay *atr*; **terre cuite** terracotta; **terre ferme** dry land, terra firma; **la Terre Sainte** the Holy Land

terreau [tɛro] *m* (*pl* -x) compost

Terre-Neuve [tɛrnœv] Newfoundland

terre-plein [tɛrplɛ̃] *m* (*pl* terre-pleins): **terre-plein central** median strip, *Br* central reservation

terrer [tɛre] ⟨1a⟩: **se terrer** *d'un animal* go to earth

terrestre [tɛrɛstr] *animaux* land *atr*; REL earthly; TV terrestrial

terreur [tɛrœr] *f* terror

terrible [tɛribl] terrible; F (*extraordinaire*) terrific; **c'est pas terrible** it's not that good

terriblement *adv* terribly, awfully

terrien, terrienne [tɛrjɛ̃, -ɛn] **1** *adj*: **propriétaire** *m* **terrien** landowner **2** *m/f* (*habitant de la Terre*) earthling

terrier [tɛrje] *m de renard* earth; *chien* terrier

terrifier [tɛrifje] ⟨1a⟩ terrify

territoire [tɛritwar] *m* territory

territorial, territoriale (*mpl* -aux) territorial; **eaux** *fpl* **territoriales** territorial waters

terroir [tɛrwar] *m viticulture* soil; **du terroir** (*régional*) local

terroriser [tɛrɔrize] ⟨1a⟩ terrorize

terrorisme *m* terrorism

terroriste *m/f* & *adj* terrorist

tertiaire [tɛrsjɛr] tertiary; **secteur** *m* **tertiaire** ÉCON tertiary sector

tertre [tɛrtr] *m* mound

tes [te] → **ton**²

test [tɛst] *m* test; **passer un test** take a test; **test d'aptitude** aptitude test; **test de résistance** endurance test

testament [tɛstamɑ̃] *m* JUR will; **Ancien / Nouveau Testament** REL Old / New Testament

tester [tɛste] ⟨1a⟩ test

testicule [tɛstikyl] *m* ANAT testicle

tétanos [tetanos] *m* MÉD tetanus

têtard [tɛtar] *m* tadpole

tête [tɛt] *f* head; (*cheveux*) hair; (*visage*) face; SP header; **sur un coup de tête** on impulse; **j'en ai par-dessus la tête** I've had it up to here (**de** with); **la tête basse** hangdog, sheepish; **la tête haute** with (one's) head held high; **de tête** *calculer* mentally, in one's head; *répondre* without looking anything up; **avoir la tête dure** be pigheaded *ou* stubborn; **se casser la tête** *fig* rack one's brains; **n'en faire qu'à sa tête** do exactly as one likes, suit o.s.; **tenir tête à qn** stand up to s.o.; *péj* defy s.o.; **par tête** à head, each; **faire une sale tête** look miserable; **faire la tête** sulk; **il se paie ta tête** *fig* he's making a fool of you; **tête nucléaire** nuclear warhead; **en tête** in the lead; **à la tête de** at the head of

tête-à-queue *m* (*pl inv*) AUTO spin

tête-à-tête *m* (*pl inv*) tête-à-tête; **en tête-à-tête** in private

tétine [tetin] *f de biberon* teat; (*sucette*) pacifier, *Br* dummy

téton [tetɔ̃] *m* F boob F

têtu, têtue [tety] obstinate, pigheaded

texte [tɛkst] *m* text; **textes choisis** selected passages

textile [tɛkstil] **1** *adj* textile **2** *m* textile; **le textile industrie** the textile industry, textiles *pl*

texto [tɛksto] *m* text (message); ***envoyer un texto à qn*** send s.o. a text, text s.o.

textuel, textuelle [tɛkstɥɛl] *traduction* word-for-word

texture [tɛkstyr] *f* texture

T.G.V. [teʒeve] *m abr* (= *train à grande vitesse*) high-speed train

thaï [taj] *m* Thai

thaïlandais, thaïlandaise 1 *adj* Thai **2** *m/f* **Thaïlandais, Thaïlandaise**Thai

Thaïlande *f* Thailand

thé [te] *m* tea

théâtral, théâtrale [teɑtral] (*mpl* -aux) theatrical

théâtre *m* theater, *Br* theatre; *fig:* **cadre** scene; ***pièce f de théâtre*** play; ***théâtre en plein air*** open-air theater

théière [tejɛr] *f* teapot

thème [tɛm] *m* theme; ÉDU translation (*into a foreign language*)

théologie [teɔlɔʒi] *f* theology

théologien *m* theologian

théorème [teɔrɛm] *m* theorem

théoricien, théoricienne [teɔrisjɛ̃, -ɛn] *m/f* theoretician

théorie *f* theory

théorique theoretical

thérapeute [terapøt] *m/f* therapist

thérapeutique 1 *f* (*thérapie*) treatment, therapy **2** *adj* therapeutic

thérapie *f* therapy; ***thérapie de groupe*** group therapy

thermal, thermale [tɛrmal] (*mpl* -aux) thermal; ***station f thermal*** spa

thermique [tɛrmik] PHYS thermal

thermomètre [tɛrmɔmɛtr] *m* thermometer

thermonucléaire [tɛrmɔnykleɛr] thermonuclear

thermos [tɛrmos] *f ou m* thermos®

thermostat [tɛrmɔsta] *m* thermostat

thèse [tɛz] *f* thesis

thon [tɔ̃] *m* tuna

thorax [tɔraks] *m* ANAT thorax

thrombose [trɔ̃boz] *f* thrombosis

thym [tɛ̃] *m* BOT thyme

thyroïde [tiroid] *f* MÉD thyroid

tibia [tibja] *m* ANAT tibia

tic [tik] *m* tic, twitch; *fig* habit

ticket [tikɛ] *m* ticket; ***ticket de caisse*** receipt

ticket-repas *m* (*pl* tickets-repas) luncheon voucher

tic-tac *m* (*pl inv*) ticking

tiède [tjɛd] warm; *péj* tepid, lukewarm (*aussi fig*)

tiédeur [tjedœr] *f du climat, du vent* warmth, mildness; *péj* tepidness; *fig:*

d'un accueil half-heartedness

tiédir ⟨2a⟩ cool down; *devenir plus chaud* warm up

tien, tienne [tjɛ̃, tjɛn]: ***le tien, la tienne, les tiens, les tiennes*** yours; ***à la tienne!*** F cheers!

tiercé [tjɛrse] *m* bet in which money is placed on a combination of three horses

tiers, tierce [tjɛr, -s] **1** *adj* third; ***le tiers monde*** the Third World **2** *m* MATH third; JUR third party

tige [tiʒ] *f* BOT stalk; TECH stem; ***tiges de forage*** drill bits

tignasse [tiɲas] *f* mop of hair

tigre [tigr] *m* tiger

tigré, tigrée striped

tigresse *f* tigress (*aussi fig*)

tilleul [tijœl] *m* BOT lime (tree); *boisson* lime-blossom tea

timbre [tɛ̃br] *m* (*sonnette*) bell; (*son*) timbre; (*timbre-poste*) stamp; (*tampon*) stamp

timbré, timbrée *papier, lettre* stamped

timbre-poste *m* (*pl* timbres-poste) postage stamp

timide [timid] timid; *en société* shy

timidité *f* timidity; *en société* shyness

timon [timɔ̃] *m d'un navire* tiller

timoré, timorée [timɔre] timid

tintamarre [tɛ̃tamar] *m* din, racket

tintement [tɛ̃tmɑ̃] *m* tinkle; *de clochettes* ringing

tinter ⟨1a⟩ *de verres* clink; *de clochettes* ring

tir [tir] *m* fire; *action*, SP shooting; ***tir à l'arc*** archery

tirade [tirad] *f* tirade

tirage [tiraʒ] *m à la loterie* draw; PHOT print; TYP printing; (*exemplaires de journal*) circulation; *d'un livre* print run; COMM *d'un chèque* drawing; F (*difficultés*) trouble; ***par un tirage au sort*** by drawing lots

tiraillé [tiraje] ⟨1a⟩ pull; ***tiraillé entre*** *fig* torn between

tirant [tirɑ̃] *m* MAR: ***tirant d'eau*** draft, *Br* draught

tire [tir] *f* P AUTO car, jeep P; ***vol m à la tire*** pickpocketing

tiré, tirée [tire] *traits* drawn

tire-au-flanc [tiroflɑ̃] *m* (*pl inv*) F shirker

tire-bouchon [tirbuʃɔ̃] *m* (*pl* tire-bouchons) corkscrew

tire-fesses [tirfɛs] *m* F (*pl inv*) T-bar

tirelire [tirlir] *f* piggy bank

tirer [tire] ⟨1a⟩ **1** *v/t* pull; *chèque, ligne, conclusions* draw; *rideaux* pull, draw; *coup de fusil* fire; *oiseau, cible* shoot at, fire at; PHOT, TYP print; *plaisir, satis-*

faction derive; **tirer les cartes** read the cards; **tirer avantage de la situation** take advantage of the situation; **tirer la langue** stick out one's tongue **2** *v/i* pull (**sur** on); *avec arme* shoot, fire (**sur** at); SP shoot; *d'une cheminée* draw; **tirer à sa fin** draw to a close; **tirer sur le bleu** verge on blue **3**: **se tirer de** *situation difficile* get out of; **se tirer** F take off

tiret [tirɛ] *m* dash; (*trait d'union*) hyphen

tireur [tirœr, -øz] *m* marksman; *d'un chèque* drawer; **tireur d'élite** sharpshooter

tireuse *f*: **tireuse de cartes** for-tune-teller

tiroir [tirwar] *m* drawer

tiroir-caisse *m* (*pl* tiroirs-caisses) cash register

tisane [tizan] *f* herbal tea, infusion

tisonnier [tizɔnje] *m* poker

tissage [tisaʒ] *m* weaving

tisser ⟨1a⟩ weave; *d'une araignée* spin; *fig* hatch

tisserand *m* weaver

tissu [tisy] *m* fabric, material; BIOL tissue

tissu-éponge *m* (*pl* tissus-éponges) toweling, *Br* towelling

titre [titr] *m* title; *d'un journal* headline; FIN security; **à ce titre** therefore; **à juste titre** rightly; **à titre d'essai** on a trial basis; **à titre d'information** for your information; **à titre officiel** in an official capacity; **à titre d'ami** as a friend; **au même titre** on the same basis; **en titre** official

tituber [titybe] ⟨1a⟩ stagger

titulaire [tityler] **1** *adj professeur* tenured **2** *m/f d'un document, d'une charge* holder

toast [tost] *m* (*pain grillé*) piece *ou* slice of toast; *de bienvenue* toast

toboggan [tɔbɔgɑ̃] *m* slide; *rue flyover*; **toboggan de secours** escape chute

tocsin [tɔksɛ̃] *m* alarm bell

toge [tɔʒ] *f de professeur, juge* robe

tohu-bohu [tɔybɔy] *m* commotion

toi [twa] *pron personnel* you; **avec toi** with you; **c'est toi qui l'as fait** you did it, it was you that did it

toile [twal] *f de lin* linen; (*peinture*) canvas; **toile d'araignée** spiderweb, *Br* spider's web; **toile cirée** oilcloth; **toile de fond** backcloth; *fig* backdrop

toilette [twalet] *f* (*lavage*) washing; (*mise*) outfit; (*vêtements*) clothes *pl*; **toilettes** toilet *sg*; **aller aux toilettes** go to the toilet; **faire sa toilette** get washed

toi-même [twamɛm] yourself

toiser [twaze] ⟨1a⟩ *fig*: **toiser qn** look s.o. up and down

toison [twazɔ̃] *f de laine* fleece; (*cheveux*)

mane of hair

toit [twa] *m* roof; **toit ouvrant** AUTO sun roof

toiture *f* roof

tôle [tol] *f* sheet metal; **tôle ondulée** corrugated iron

tolérable [tɔlerabl] tolerable, bearable

tolérance *f aussi* TECH tolerance

tolérant, tolérante tolerant

tolérer ⟨1f⟩ tolerate

tollé [tɔle] *m* outcry

tomate [tɔmat] *f* tomato

tombe [tõb] *f* grave

tombeau *m* (*pl* -x) tomb

tombée [tõbe] *f*: **à la tombée de la nuit** at nightfall

tomber ⟨1a⟩ (*aux être*) fall; *de cheveux* fall out; *d'une colère* die down; *d'une fièvre, d'un prix, d'une demande* drop, fall; *d'un intérêt, enthousiasme* wane; **tomber en ruine** go to rack and ruin; **tomber malade** fall sick; **tomber amoureux** fall in love; **tomber en panne** have a breakdown; **faire tomber** knock down; **laisser tomber** drop (*aussi fig*); **laisse tomber!** never mind!, forget it!; **tomber sur** MIL attack; (*rencontrer*) bump into; **tomber juste** get it right; **je suis bien tombé** I was lucky; **ça tombe bien** it's perfect timing; **tomber d'accord** reach agreement

tombeur [tõbœr] *m* F womanizer

tome [tɔm] *m* volume

ton[1] [tõ] *m* tone; MUS key; **il est de bon ton** it's the done thing

ton[2] *m*, **ta** *f*, **tes** *pl* [tõ, ta, te] your

tonalité [tɔnalite] *f* MUS key; *d'une voix, radio* tone; TÉL dial tone, *Br aussi* dialling tone

tondeuse [tõdøz] *f* lawnmower; *de coiffeur* clippers *pl*; AGR shears *pl*

tondre ⟨4a⟩ *mouton* shear; *haie* clip; *herbe* mow, cut; *cheveux* shave off

tonifier [tɔnifje] ⟨1a⟩ tone up

tonique [tɔnik] **1** *m* tonic **2** *adj climat* bracing

tonitruant, tonitruante [tɔnitryɑ̃, -t] thunderous

tonnage [tɔnaʒ] *m* tonnage

tonne [tɔn] *f* (metric) ton

tonneau *m* (*pl* -x) barrel; MAR ton

tonnelet *m* keg

tonner [tɔne] ⟨1a⟩ thunder; *fig* rage

tonnerre [tɔner] *m* thunder

tonton [tõtõ] *m* F uncle

tonus [tɔnys] *m d'un muscle* tone; (*dynamisme*) dynamism

top [tɔp] *m* pip

topaze [tɔpaz] *f* topaz

tope! [tɔp] done!

topo [tɔpo] m F report

topographie [tɔpɔgrafi] f topography

toqué, toquée [tɔke] F mad; **toqué de** mad about

toquer ⟨1m⟩ F: **se toquer de** be madly in love with

torche [tɔrʃ] f flashlight, Br torch

torchon [tɔrʃɔ̃] m dishtowel

tordre [tɔrdr] ⟨4a⟩ twist; *linge* wring; **se tordre** twist; **se tordre (de rire)** be hysterical with laughter; **se tordre le pied** twist one's ankle

tordu, tordue twisted; *fig: esprit* warped, twisted

tornade [tɔrnad] f tornado

torpille [tɔrpij] f MIL torpedo

torpiller [tɔrpije] ⟨1a⟩ torpedo (*aussi fig*)

torpilleur m MIL motor torpedo boat

torrent [tɔrɑ̃] m torrent; *fig: de larmes* flood; *d'injures* torrent

torrentiel, torrentielle torrential

torse [tɔrs] m chest, torso; *sculpture* torso

tort [tɔr] m fault; (*préjudice*) harm; **à tort** wrongly; **à tort et à travers** wildly; **être en tort** *ou* **dans son tort** be in the wrong, be at fault; **avoir tort** be wrong (**de faire qch** to do sth); **il a eu le tort de …** it was wrong of him to …; **donner tort à qn** prove s.o. wrong; (*désapprouver*) blame s.o.; **faire du tort à qn** hurt *ou* harm s.o.

torticolis [tɔrtikɔli] m MÉD stiff neck

tortiller [tɔrtije] ⟨1a⟩ twist; **se tortiller** wriggle

tortionnaire [tɔrsjɔner] m torturer

tortue [tɔrty] f tortoise; **tortue de mer** turtle

tortueux, -euse [tɔrtɥø, -z] winding; *fig* tortuous; *esprit, manœuvres* devious

torture [tɔrtyr] f torture (*aussi fig*)

torturer ⟨1a⟩ torture (*aussi fig*)

tôt [to] adv early; (*bientôt*) soon; **plus tôt** sooner, earlier; **le plus tôt possible** as soon as possible; **au plus tôt** at the soonest *ou* earliest; **il ne reviendra pas de si tôt** he won't be back in a hurry; **tôt ou tard** sooner or later; **tôt le matin** early in the morning

total, totale [tɔtal] (*mpl* -aux) **1** *adj* total **2** *m* total; **au total** in all; *fig* on the whole; **faire le total** work out the total

totalement *adv* totally

totaliser ⟨1a⟩ *dépenses* add up, total

totalité f: **la totalité de** all of; **en totalité** in full

totalitaire [tɔtaliter] POL totalitarian

totalitarisme m POL totalitarianism

touchant, touchante [tuʃɑ̃, -t] touching

touche [tuʃ] f touch; *de clavier* key; SP

touchline; (*remise en jeu*) throw-in; *pêche* bite; **ligne f de touche** SP touchline; **être mis sur la touche** *fig* F be sidelined; **faire une touche** make a hit; **touche entrée** INFORM enter (key)

touche-à-tout [tuʃatu] m (*pl inv*) *qui fait plusieurs choses à la fois* jack-of-all-trades

toucher¹ [tuʃe] ⟨1a⟩ touch; *but* hit; (*émouvoir*) touch, move; (*concerner*) affect, concern; (*contacter*) contact, get in touch with; *argent* get; **je vais lui en toucher un mot** I'll mention it to him; **toucher à** touch; *réserves* break into; *d'une maison* adjoin; (*concerner*) concern; **toucher au but** near one's goal; **toucher à tout** *fig* be a jack-of-all-trades; **se toucher** touch; *de maisons, terrains* adjoin

toucher² [tuʃe] m touch

touffe [tuf] f tuft

touffu, touffue dense, thick

toujours [tuʒur] always; (*encore*) still; **pour toujours** for ever; **toujours est-il que** the fact remains that

toupet [tupe] m F nerve; **avoir le toupet de faire qch** have the nerve to do sth

tour¹ [tur] f tower; (*immeuble*) high-rise; **tour de forage** drilling rig

tour² [tur] m turn; (*circonférence*) circumference; (*circuit*) lap; (*promenade*) stroll, walk; (*excursion, voyage*) tour; (*ruse*) trick; TECH lathe; *de potier* wheel; **à mon tour, c'est mon tour** it's my turn; **à tour de rôle** turn and turn about; **tour de taille** waist measurement; **en un tour de main** in no time at all; **avoir le tour de main** have the knack; **faire le tour de** go round; *fig* review; **faire le tour du monde** go around the world; **fermer à double tour** double-lock; **jouer un tour à qn** play a trick on s.o.; **tour d'horizon** overview; **tour de scrutin** POL ballot *33/45 tours* LP / single

tourbe [turb] f *matière* peat

tourbière f peat bog

tourbillon [turbijɔ̃] m *de vent* whirlwind; *d'eau* whirlpool; **tourbillon de neige** flurry of snow

tourbillonner ⟨1a⟩ whirl

tourelle [turel] f turret

tourisme [turism] m tourism; **agence f de tourisme** travel *ou* tourist agency; **tourisme écologique** ecotourism

touriste m/f tourist; **classe f touriste** tourist class

touristique *guide, informations* tourist *atr*; **renseignements** *mpl* **touristiques** tourist information *sg*

tourment [turmɑ̃] m *litt* torture, torment

tourmente f *litt* storm

tourmenter ⟨1a⟩ torment; **se tourmenter** worry, torment o.s.

tournage [turnaʒ] m *d'un film* shooting

tournant, tournante [turnɑ̃, -t] **1** *adj* revolving **2** m turn; *fig* turning point

tourne-disque [turnədisk] m (*pl* tourne-disques) record player

tournée [turne] f round; *d'un artiste* tour; **payer une tournée** F buy a round (of drinks)

tourner [turne] ⟨1a⟩ **1** *v/t* turn; *sauce* stir; *salade* toss; *difficulté* get around; *film* shoot; **bien tourné(e)** well-put; *phrase* well-turned; **tourner la tête** turn one's head; *pour ne pas voir* turn (one's head) away; **tourner en ridicule** make fun of **2** *v/i* turn; *du lait* turn, go bad *ou* Br off; **tourner à droite** turn right; **j'ai la tête qui tourne** my head is spinning; **le temps tourne au beau** the weather is taking a turn for the better; **tourner de l'œil** *fig* F faint; **tourner en rond** *fig* go around in circles; **faire tourner** *clé* turn; *entreprise* run; **tourner autour de** ASTR revolve around; *fig: d'une discussion* center *ou* Br centre on **3**: **se tourner** turn; **se tourner vers** *fig* turn to

tournesol [turnəsɔl] m BOT sunflower

tournevis [turnəvis] m screwdriver

tourniquet [turnikɛ] m turnstile; (*présentoir*) (revolving) stand

tournoi [turnwa] m tournament

tournoyer [turnwaje] ⟨1h⟩ *d'oiseaux* wheel; *de feuilles, flocons* swirl

tournure [turnyr] f (*expression*) turn of phrase; *des événements* turn; **sa tournure d'esprit** the way his mind works, his mindset

tourte [turt] f CUIS pie

tourterelle [turtərɛl] f turtledove

tous [tus *ou* tu] → **tout**

Toussaint [tusɛ̃]: **la Toussaint** All Saints' Day

tousser [tuse] ⟨1a⟩ cough

toussoter ⟨1a⟩ have a slight cough

tout [tu, tut] m, **toute** [tut] f, **tous** [tu, tus] *mpl*, **toutes** [tut] *fpl* **1** *adj* all; (*n'importe lequel*) any; **toute la ville** all the city, the whole city; **toutes les villes** all cities; **toutes les villes que ...** all the cities that ...; **tout Français** every Frenchman, all Frenchmen; **tous les deux jours** every two days, every other day; **tous les ans** every year; **tous / toutes les trois, nous ...** all three of us ...; **tout Paris** all Paris; **il pourrait arriver à tout moment** he could arrive at any moment **2** *pron sg* everything; *pl* **tous,**

toutes all of us / them; **c'est tout, merci** that's everything thanks, that's all thanks; **après tout** after all; **avant tout** first of all; (*surtout*) above all; **facile comme tout** F as easy as anything; **nous tous** all of us; **c'est tout ce que je sais** that's everything *ou* all I know; **elle ferait tout pour ...** she would do anything to ...; **il a tout oublié** he has forgotten it all, he has forgotten the lot **3** *adv* **tout** very, quite; **c'est tout comme un ...** it's just like a ...; **tout nu** completely naked; **il est tout mignon!** he's so cute!; **tout doux!** gently now!; **c'est tout près d'ici** it's just nearby, it's very near; **je suis tout seule** I'm all alone; **tout à fait** altogether; **oui, tout à fait** yes, absolutely; **tout autant que** just as much as; **tout de suite** immediately, straight away ◇ *avec gérondif*: **il prenait sa douche tout en chantant** he sang as he showered; **tout en acceptant ... je me permets de ...** while I accept that ... I would like to ...

◇: **tout ... que: tout pauvres qu'ils sont** (*ou* **soient** (*subj*)) however poor they are, poor though they may be **4** m: **le tout** the whole lot, the lot, everything; (*le principal*) the main thing; **pas du tout** not at all; **plus du tout** no more; **du tout au tout** totally; **en tout** in all

tout-à-l'égout [tutalegu] m mains drainage

toutefois [tutfwa] *adv* however

toute-puissance [tutpɥisɑ̃s] f omnipotence

toux [tu] f cough m

toxicomane [tɔksikɔman] m/f drug addict

toxicomanie f drug addiction

toxine [tɔksin] f toxin

toxique [tɔksik] **1** *adj* toxic **2** m poison

trac [trak] m nervousness; *pour un acteur* stage fright

traçabilité [trasabilite] f traceablility

tracas [traka] m: **des tracas** worries

tracasser ⟨1a⟩: **tracasser qn** *d'une chose* worry s.o.; *d'une personne* pester s.o.; **se tracasser** worry

tracasserie f: **tracasseries** hassle *sg*

trace [tras] f (*piste*) track, trail; (*marque*) mark; *fig* impression; **traces de sang, poison** traces; **des traces de pas** footprints; **suivre les traces de qn** *fig* follow in s.o.'s footsteps

tracé [trase] m (*plan*) layout; (*ligne*) line; *d'un dessin* drawing

tracer ⟨1k⟩ *plan, ligne* draw

traceur *m* INFORM plotter

trachée [traʃe] *f* windpipe, trachea

tractation [traktasjɔ̃] *f péj*: **tractations** horse-trading *sg*

tracteur [traktœr] *m* tractor; **tracteur à chenilles** caterpillar (tractor)

traction [traksjɔ̃] *f* TECH traction; SP, *suspendu par terre* push-up; SP, *par terre* push-up; **traction avant** AUTO front wheel drive

tradition [tradisjɔ̃] *f* tradition

traditionaliste *m/f & adj* traditionalist

traditionnel, traditionnelle traditional

traducteur, -trice [tradyktœr, -tris] *m/f* translator

traduction *f* translation; **traduction automatique** machine translation

traduire ⟨4c⟩ translate (**en** into); *fig* be indicative of; **traduire qn en justice** JUR take s.o. to court, prosecute s.o.; **se traduire par** result in

trafic [trafik] *m* traffic; **trafic aérien** air traffic; **trafic de drogues** drugs traffic

trafiquant *m* trafficker; **trafiquant de drogue(s)** drug trafficker

trafiquer ⟨1m⟩ traffic in; *moteur* tinker with

tragédie [traʒedi] *f* tragedy (*aussi fig*)

tragique **1** *adj* tragic **2** *m* tragedy

trahir [trair] ⟨2a⟩ betray

trahison *f* betrayal; *crime* treason

train [trɛ̃] *m* train; *fig: de lois, décrets etc* series *sg*; **le train de Paris** the Paris train; **être en train de faire qch** be doing sth; **aller bon train** go at a good speed; **mener grand train** live it up; **mettre en train** set in motion; **aller son petit train** jog along; **au train où vont les choses** at the rate things are going; **train d'atterrissage** undercarriage, landing gear; **train express** express; **train à grande vitesse** high-speed train; **train de vie** lifestyle

traînard [trɛnar] *m* dawdler

traîne *f*: **à la traîne** in tow

traîneau [-o] *m* (*pl* -x) sledge; *pêche* seine net

traînée [trɛne] *f* trail

traîner [trɛne] ⟨1b⟩ **1** *v/t* drag; *d'un bateau, d'une voiture* pull, tow; **laisser traîner ses affaires** leave one's things lying around **2** *v/i* *de vêtements, livres* lie around; *d'un procès* drag on; **traîner dans les rues** hang around street corners **3**: **se traîner** drag o.s. along

train-train [trɛ̃trɛ̃] *m* F: **le train-train quotidien** the daily routine

traire [trɛr] ⟨4s⟩ milk

trait [trɛ] *m* (*ligne*) line; *du visage* feature; *de caractère* trait; *d'une œuvre, époque* feature, characteristic; **avoir trait à** about, concern; **boire d'un seul trait** drink in a single gulp, F knock back; **trait d'esprit** witticism; **trait d'union** hyphen

traite [trɛt] *f* COMM draft, bill of exchange; *d'une vache* milking; **traite des noirs** slave trade; **d'une seule traite** in one go

traité [trɛte] *m* treaty

traitement [trɛtmã] *m* treatment (*aussi* MÉD); (*salaire*) pay; TECH, INFORM processing; **traitement électronique des données** INFORM electronic data processing; **traitement de l'information** data processing; **traitement de texte** word processing

traiter ⟨1b⟩ **1** *v/t* treat (*aussi* MÉD); TECH, INFORM process; **traiter qn de menteur** call s.o. a liar **2** (*négocier*) negotiate; **traiter de qch** deal with sth

traiteur [trɛtœr] *m* caterer

traître, traîtresse [trɛtrə, -ɛs] *m/f* traitor **2** *adj* treacherous

traîtrise *f* treachery

trajectoire [traʒɛktwar] *f* path, trajectory

trajet [traʒɛ] *m* (*voyage*) journey; (*chemin*) way; **une heure de trajet à pied / en voiture** one hour on foot / by car

tram [tram] *m abr* → **tramway**

trame [tram] *f* *fig: d'une histoire* background; *de la vie* fabric; *d'un tissu* weft; TV raster

trampoline [trãpɔlin] *m* trampoline

tramway [tramwɛ] *m* streetcar, *Br* tram

tranchant, tranchante [trãʃã, -t] **1** *adj* cutting **2** *m d'un couteau* cutting edge, sharp edge

tranche [trãʃ] *f* (*morceau*) slice; (*bord*) edge; **tranche d'âge** age bracket

tranché, tranchée [trãʃe] *fig* clear-cut; *couleur* definite

tranchée [trãʃe] *f* trench

trancher [trãʃe] ⟨1a⟩ **1** *v/t* cut; *fig* settle **2** *v/i*: **trancher sur** stand out against

tranquille [trãkil] *adj* quiet; (*sans inquiétude*) easy in one's mind; **laisse-moi tranquille!** leave me alone!; **avoir la conscience tranquille** have a clear conscience

tranquillement *adv* quietly

tranquillisant *m* tranquillizer

tranquilliser ⟨1a⟩: **tranquilliser qn** set s.o.'s mind at rest

tranquillité *f* quietness, tranquillity; *du sommeil* peacefulness; (*stabilité morale*) peace of mind

transaction [trãzaksjɔ̃] *f* JUR compromise; COMM transaction

transatlantique [trãzatlãtik] **1** *adj* transatlantic **2** *m bateau* transatlantic liner;

chaise deck chair

transcription [trãskripsjõ] *f* transcription

transcrire ⟨4f⟩ transcribe

transférer [trãsfere] ⟨1f⟩ transfer

transfert *m* transfer; PSYCH transference; **transfert de données** data transfer

transfigurer [trãsfigyre] ⟨1a⟩ transfigure

transformateur [trãsformatœr] *m* ÉL transformer

transformation *f* transformation, change; TECH processing; *en rugby* conversion

transformer ⟨1a⟩ change, transform; TECH process; *maison, appartement* convert; *en rugby* convert; **transformer en** turn *ou* change into

transfuge [trãsfyʒ] *m* defector

transfusion [trãsfyzjõ] *f*: **transfusion (sanguine)** (blood) transfusion

transgénique [trãsʒenik] genetically modified, transgenic

transgresser [trãsgrese] ⟨1b⟩ *loi* break, transgress

transi, transie [trãzi]: **transi (de froid)** frozen

transiger [trãziʒe] ⟨1l⟩ come to a compromise (**avec** with)

transistor [trãzistɔr] *m* transistor

transit [trãzit] *m* transit; **en transit** in transit

transitif, -ive [trãzitif, -iv] GRAM transitive

transition [trãzisjõ] *f* transition

transitoire transitional; (*fugitif*) transitory

translucide [trãslysid] translucent

transmettre [trãsmetr] ⟨4p⟩ transmit; *message, talent* pass on; *maladie* pass on, transmit; *tradition, titre, héritage* hand down; **transmettre en direct** RAD, TV broadcast live

transmissible: **sexuellement transmissible** sexually transmitted

transmission [trãsmisjõ] *f* transmission; *d'un message* passing on; *d'une tradition, d'un titre* handing down; **transmission en direct / en différé** RAD, TV live / recorded broadcast

transparaître [trãsparetr] ⟨4z⟩ show through

transparence [trãsparãs] *f* transparency

transparent, transparente transparent (*aussi fig*)

transpercer [trãsperse] ⟨1k⟩ pierce; *de l'eau, de la pluie* go right through; **transpercer le cœur à qn** *fig* break s.o.'s heart

transpiration [trãspirasjõ] *f* perspiration

transpirer ⟨1a⟩ perspire

transplant [trãsplã] *m* transplant

transplantation *f* transplanting; MÉD

transplant

transplanter ⟨1a⟩ transplant

transport [trãspɔr] *m* transport; **transports publics** mass transit, *Br* public transport *sg*

transportable [trãspɔrtabl] transportable

transporté, transportée: **transporté de joie** beside o.s. with joy

transporter ⟨1a⟩ transport, carry

transporteur *m* carrier

transposer [trãspoze] ⟨1a⟩ transpose

transposition *f* transposition

transvaser [trãsvaze] ⟨1a⟩ decant

transversal, transversale [trãsversal] (*mpl* -aux) cross *atr*

trapèze [trapɛz] *m* trapeze

trappe [trap] *f* (*ouverture*) trapdoor

trapu, trapue [trapy] stocky

traquenard [traknar] *m* trap

traquer [trake] ⟨1m⟩ hunt

traumatiser [tromatize] ⟨1a⟩ PSYCH traumatize

traumatisme *m* MÉD, PSYCH trauma

travail [travaj] *m* (*pl* travaux) work; **être sans travail** be out of work, be unemployed; **travaux pratiques** practical work *sg*; **travaux** (*construction*) construction work *sg*; **travaux ménagers** housework *sg*

travailler ⟨1a⟩ **1** *v/i* work; **travailler à qch** work on sth **2** *v/t* work on; *d'une pensée, d'un problème* trouble

travailleur, -euse 1 *adj* hard-working **2** *m/f* worker

travailliste *m/f* member of the Labour Party

travers [traver] **1** *adv*: **de travers** squint, crooked; *marcher* not in a straight line, not straight; **en travers** across; **prendre qch de travers** *fig* take sth the wrong way **2** *prép*: **à travers qch, au travers de qch** through sth; **à travers champs** cross country **3** *m* shortcoming

traversée [traverse] *f* crossing

traverser ⟨1a⟩ *rue, mer* cross; *forêt, crise* go through; (*percer*) go right through

travesti, travestie [travesti] **1** *adj pour fête* fancy-dress **2** *m* (*déguisement*) fancy dress; (*homosexuel*) transvestite

travestir [travestir] ⟨2a⟩ *vérité* distort; **se travestir** dress up (**en** as a)

trébucher [trebyʃe] ⟨1a⟩ trip, stumble (**sur** over)

trèfle [trɛfl] *m* BOT clover; *aux cartes* clubs *pl*

treillage [trejaʒ] *m* trellis; **treillage métallique** wire mesh

treize [trɛz] thirteen; → *trois*

treizième thirteenth

tremblant, tremblante [trãblã, -t] trembling, quivering

tremblement m trembling; **tremblement de terre** earthquake

trembler ⟨1a⟩ tremble, shake (**de** with); *de la terre* shake

trémousser [tremuse] ⟨1a⟩: *se trémousser* wriggle

trempe [trãp] f fig caliber, Br calibre

trempé, trempée soaked; *sol* saturated

tremper ⟨1a⟩ soak; *pain dans café etc* dunk; *pied dans l'eau* dip; *acier* harden; **tremper dans** fig be involved in

tremplin [trãplɛ̃] m springboard; *pour ski* ski jump; *fig* stepping stone, launchpad

trentaine [trãtɛn] f: *une trentaine de personnes* about thirty people pl, thirty or so people pl

trente thirty; → *trois*

trentième thirtieth

trépied [trepje] m tripod

trépigner [trepiɲe] ⟨1a⟩ stamp (one's feet)

très [trɛ] adv very; **très lu / visité** much read / visited; **avoir très envie de qch** really feel like sth

trésor [trezɔr] m treasure; **des trésors de ...** endless ...; **Trésor** Treasury

trésorerie f treasury; *service* accounts sg ou pl; *(fonds)* finances pl; **des problèmes de trésorerie** cashflow problems

trésorier, -ère m/f treasurer

tressaillement [tresajmã] m jump

tressaillir ⟨2c, *futur* 2a⟩ jump

tresse [trɛs] f de cheveux braid, Br plait

tresser ⟨1b⟩ *cheveux* braid, Br plait; *corbeille, câbles* weave

tréteau [treto] m (pl -x) TECH trestle

treuil [trœj] m TECH winch

trêve [trɛv] f truce; **trêve de ...** that's enough ...; **sans trêve** without respite

tri [tri] m aussi de données sort; **faire un tri dans qch** sort sth out; **le tri des déchets** waste separation

triangle [trijãgl] m triangle

triangulaire triangular

tribal, tribale [tribal] (mpl -aux) tribal

tribord [tribɔr] m MAR starboard

tribu [triby] f tribe

tribulations [tribylasjõ] fpl tribulations

tribunal [tribynal] m (pl -aux) court

tribune [tribyn] f platform (*aussi* fig); *(débat)* discussion; **à la tribune aujourd'hui ...** today's topic for discussion ...; **tribunes** pl stade bleachers, Br stands

tributaire [tribytɛr]: **être tributaire de** be dependent on; **cours m d'eau tributaire** tributary

tricher [triʃe] ⟨1a⟩ cheat

tricherie f cheating

tricheur, -euse m/f cheat

tricolore [trikɔlɔr]: **drapeau m tricolore** tricolor *ou* Br tricolour (flag)

tricot [triko] m knitting; *vêtement* sweater; **de** *ou* **en tricot** knitted

tricotage m knitting

tricoter ⟨1a⟩ knit

tricycle [trisikl] m tricycle

triennal, triennale [trijɛnal] (mpl -aux) *qui a lieu tous les trois ans* three-yearly; *qui dure trois ans* three-year

trier [trije] ⟨1a⟩ *(choisir)* pick through; *(classer)* sort

trilingue [trilɛ̃g] trilingual

trille [trij] m MUS trill

trimballer [trɛ̃bale] ⟨1a⟩ F hump F, lug

trimer [trime] ⟨1a⟩ F work like a dog F

trimestre [trimɛstr] m quarter; ÉDU trimester, Br term

trimestriel, trimestrielle quarterly; ÉDU term atr

trinquer [trɛ̃ke] ⟨1m⟩ *(porter un toast)* clink glasses (**avec qn** with s.o.); **trinquer à** fig F toast, drink to

triomphe [trijõf] m triumph

triompher ⟨1a⟩ triumph (**de** over)

tripartite [tripartit] tripartite

tripes [trip] fpl guts; CUIS tripe sg

triple [tripl] triple

tripler ⟨1a⟩ triple

triplés, -ées mpl, fpl triplets

tripoter [tripɔte] ⟨1a⟩ *v/t objet* play around with; *femme* grope, feel up **2** *v/i: tripoter dans (prendre part à)* be involved in; *(toucher)* play around with

triste [trist] sad; *temps, paysage* dreary; **dans un triste état** in a sorry state

tristesse f sadness

trivial, triviale [trivjal] (mpl -aux) vulgar; *litt (banal)* trite

trivialité f vulgarity; *litt* triteness; *expression* vulgarism

troc [trɔk] m barter

trognon [trɔɲõ] m *d'un fruit* core; *d'un chou* stump

trois [trwa] **1** adj three; **le trois mai** May third, Br the third of May **2** m three

troisième third

troisièmement thirdly

trombe [trõb] f: **des trombes d'eau** sheets of water; **en trombe** fig at top speed

trombone [trõbɔn] m MUS trombone; *pour papiers* paper clip

trompe [trõp] f MUS horn; *d'un éléphant* trunk

tromper [trõpe] ⟨1a⟩ deceive; *époux, épouse* be unfaithful to; *confiance* abuse;

se tromper be mistaken, make a mistake; **se tromper de numéro / jour** get the wrong number / day

tromperie f deception

trompette [trɔ̃pɛt] **1** f trumpet **2** m trumpet player, trumpeter

trompeur, -euse [trɔ̃pœr, -øz] deceptive; (*traître*) deceitful

tronc [trɔ̃] m BOT, ANAT trunk; *à l'église* collection box

tronçon [trɔ̃sɔ̃] m section

trône [tron] m throne

trop [tro, liaison: trop *ou* trɔp] adv *avec verbe* too much; *devant adjectif ou adverbe* too; **trop de lait / gens** too much milk / too many people; **un verre de** *ou* **en trop** one glass too many; **être de trop** be in the way, be de trop

trophée [trɔfe] m trophy

tropical, tropicale [trɔpikal] (*mpl* -aux) tropical

tropique m GÉOGR tropic

les Tropiques the Tropics

trop-plein [troplɛ̃] m (*pl* trop-pleins) overflow

troquer [trɔke] ⟨1m⟩ exchange, swap (**contre** for)

trot [tro] m trot; **aller au trot** trot

trotter ⟨1a⟩ *d'un cheval* trot; *d'une personne* run around

trotteuse f second hand

trottiner ⟨1a⟩ scamper

trottinette f scooter

trottoir [trɔtwar] m sidewalk, *Br* pavement; **faire le trottoir** F be on the streets, be a streetwalker

trou [tru] m (*pl* -s) hole; **j'ai un trou** my mind's a blank; **trou de mémoire** lapse of memory

troublant, troublante [trublɑ̃, -t] disturbing

trouble 1 *adj eau, liquide* cloudy; *fig: explication* unclear; *situation* murky **2** m (*désarroi*) trouble; (*émoi*) excitement; MÉD disorder; **troubles** POL unrest *sg*

trouble-fête m (*pl inv*) spoilsport, party-pooper F

troubler ⟨1a⟩ *liquide* make cloudy; *silence, sommeil* disturb; *réunion* disrupt; (*inquiéter*) bother, trouble; **troubler l'ordre public** cause a disturbance; **se troubler** *d'un liquide* become cloudy; *d'une personne* get flustered

troué, trouée [true]: **avoir des semelles trouées** have holes in one's shoes

trouée f gap

trouer ⟨1a⟩ make a hole in

trouille [truj] f F: **avoir la trouille** be scared witless

troupe [trup] f troop; *de comédiens* troupe

troupeau [trupo] m (*pl* -x) *de vaches* herd; *de moutons* flock (*aussi fig*)

trousse [trus] f kit; **être aux trousses de qn** fig be on s.o.'s heels; **trousse d'écolier** pencil case; **trousse de toilette** toilet bag

trousseau [truso] m (*pl* -x) *d'une mariée* trousseau; **trousseau de clés** bunch of keys

trouvaille [truvaj] f (*découverte*) find; (*idée*) bright idea

trouver ⟨1a⟩ find; *plan* come up with; (*rencontrer*) meet; **aller trouver qn** go and see s.o.; **trouver que** think that; **je la trouve sympathique** I think she's nice; **se trouver** (*être*) be; **se trouver bien** be well; **il se trouve que** it turns out that

truand [tryɑ̃] m crook

truc [tryk] m F (*chose*) thing, thingamajig F; (*astuce*) trick

trucage → **truquage**

truchement [tryʃmɑ̃] m: **par le truchement de** through

truelle [tryɛl] f trowel

truffe [tryf] f BOT truffle; *d'un chien* nose

truffé, truffée with truffles; **truffé de** fig: *citations* peppered with

truie [trɥi] f sow

truite [trɥit] f trout

truquage [trykaʒ] m *dans film* special effect; *d'une photographie* faking

truquer ⟨1m⟩ *élections, cartes* rig

T.S.V.P. *abr* (= **tournez s'il-vous-plaît**) PTO (= turn over)

tu [ty] you

tuant, tuante [tɥɑ̃, -t] F exhausting, *Br* knackering F

tuba [tyba] m snorkel; MUS tuba

tube [tyb] m tube; F (*chanson*) hit; **tube digestif** ANAT digestive tract

tuberculose [tybɛrkyloz] f MÉD tuberculosis, TB

tubulaire [tybylɛr] tubular

tuer [tɥe] ⟨1n⟩ kill; *fig* (*épuiser*) exhaust; (*peiner*) bother; **se tuer** (*se suicider*) kill o.s.; (*trouver la mort*) be killed

tuerie f killing, slaughter

tue-tête [tytɛt]: **à tue-tête** at the top of one's voice

tueur [tɥœr] m killer; **tueur à gages** hired assassin, hitman

tuile [tɥil] f tile; *fig* F bit of bad luck

tulipe [tylip] f tulip

tuméfié, tuméfiée [tymefje] swollen

tumeur [tymœr] f MÉD tumor, *Br* tumour

tumulte [tymylt] m uproar; *fig* (*activité*

excessive) hustle and bustle

tumultueux, -euse noisy; *passion* tumultuous, stormy

tungstène [tɛ̃kstɛn, tœ̃-] *m* tungsten

tunique [tynik] *f* tunic

Tunisie [tynizi]: *la Tunisie* Tunisia

tunisien, tunisienne 1 *adj* Tunisian **2** *m/f* **Tunisien, Tunisienne** Tunisian

tunnel [tynɛl] *m* tunnel

turbine [tyrbin] *f* TECH turbine

turbiner ⟨1a⟩ P slave away

turbo-moteur [tyrbɔmɔtœr] *m* turbomotor

turbo-réacteur [tyrbɔreaktœr] *m* AVIAT turbojet

turbulence [tyrbylɑ̃s] *f* turbulence; *d'un élève* unruliness

turbulent, turbulente turbulent; *élève* unruly

turc, turque [tyrk] **1** *adj* Turkish **2** *m langue* Turkish **3** *m/f* **Turc, Turque** Turk

turf [tœrf, tyrf] *m* SP horseracing; *terrain* racecourse

Turquie [tyrki]: *la Turquie* Turkey

turquoise [tyrkwaz] *f* turquoise

tutelle [tytɛl] *f* JUR guardianship; *d'un*
état, *d'une société* supervision, control; *fig* protection

tuteur, -trice 1 *m/f* JUR guardian **2** *m* BOT stake

tutoyer [tytwaje] ⟨1h⟩ address as 'tu'

tuyau [tɥijo] *m* (*pl* -x) pipe; *flexible* hose; F (*information*) tip; *tuyau d'arrosage* garden hose; *tuyau d'échappement* exhaust pipe

tuyauter ⟨1a⟩ F: *tuyauter qn* tip s.o. off

T.V.A. [tevea] *f abr* (= *taxe sur ou à la valeur ajoutée*) sales tax, *Br* VAT (= value added tax)

tympan [tɛ̃pɑ̃] *m* ANAT eardrum

type [tip] *m* type; F (*gars*) guy F; *un chic type* a great guy; *contrat m type* standard contract

typhoïde [tifɔid] *f* typhoid

typhon [tifɔ̃] *m* typhoon

typique [tipik] typical (*de* of)

typiquement *adv* typically

tyran [tirɑ̃] *m* tyrant (*aussi fig*)

tyrannie *f* tyranny (*aussi fig*)

tyrannique tyrannical

tyranniser ⟨1a⟩ tyrannize; *petit frère etc* bully

U

U.E. [yə] *f abr* (= *Union européenne*) EU (= European Union)

ulcère [ylsɛr] *m* MÉD ulcer

ulcérer ⟨1f⟩ *fig* aggrieve

ultérieur, ultérieure [ylterjœr] later, subsequent

ultérieurement *adv* later, subsequently

ultimatum [yltimatɔm] *m* ultimatum

ultime [yltim] last

ultra-conservateur, -trice [yltrakɔ̃servatœr, -tris] ultra-conservative

ultrason [yltrasɔ̃] *m* PHYS ultrasound

ultraviolet, ultraviolette [yltravjɔle, -t] **1** *adj* ultraviolet **2** *m* ultraviolet

un, une [ɛ̃ *ou* œ̃, yn] *article* ◇ a; *devant voyelle* an; *un tigre / un éléphant* a tiger / an elephant; *un utilisateur* a user; *pas un seul ...* not a single ..., not one single ...
◇ *pron* one; *le un* one; *un à un* one by one; *un sur trois* one in three; *à la une dans journal* on the front page; *faire la une* make the headlines; *l'un/l'une des*
touristes one of the tourists; *les uns avaient ...* some (of them) had ...; *elles s'aident les unes les autres* they help each other *ou* one another; *l'un et l'autre* both of them; *l'un après l'autre* one after the other, in turn
◇ *chiffre* one; *à une heure* at one o'clock

unanime [ynanim] unanimous

unanimité *f* unanimity; *à l'unanimité* unanimously

uni, unie [yni] *pays* united; *surface* even, smooth; *tissu* solid(-colored), *Br* self-coloured; *famille* close-knit

unification [ynifikasjɔ̃] *f* unification

unifier ⟨1a⟩ unite, unify

uniforme [ynifɔrm] **1** *adj* uniform; *existence* unchanging **2** *m* uniform

uniformiser ⟨1a⟩ standardize

uniformité *f* uniformity

unilatéral, unilatérale [ynilateral] (*mpl* -aux) unilateral

union [ynjɔ̃] *f* union; (*cohésion*) unity;

Union européenne European Union; **l'Union soviétique** HIST the Soviet Union; **union** (*conjugale*) marriage

unique [ynik] (*seul*) single; *fils* only; (*extraordinaire*) unique

uniquement *adv* only

unir [ynir] ⟨2a⟩ POL unite; *par moyen de communication* link; *couple* join in marriage, marry; **unir la beauté à l'intelligence** combine beauty with intelligence; **s'unir** unite; (*se marier*) marry

unitaire [yniter] unitary; *prix* unit *atr*

unité [ynite] *f* unit; **unité centrale** INFORM central processing unit, CPU; **unité de commande** control unit

univers [yniver] *m* universe; *fig* world

universel, universelle universal

universitaire [yniversiter] **1** *adj* university *atr* **2** *m/f* academic

université *f* university

Untel [ɛ̃tɛl, œ̃-]: **monsieur Untel** Mr So-and-So

uranium [yranjɔm] *m* CHIM uranium

urbain, urbaine [yrbɛ̃, -ɛn] urban

urbaniser ⟨1a⟩ urbanize

urbanisme *m* town planning

urbaniste *m* town planner

urgence [yrʒɑ̃s] *f* urgency; **une urgence** an emergency; **d'urgence** emergency *atr*; **état** *m* **d'urgence** state of emergency

urgent, urgente urgent

urine [yrin] *f* urine

uriner ⟨1a⟩ urinate

urne [yrn] *f*: **aller aux urnes** go to the polls

usage [yzaʒ] *m* use; (*coutume*) custom, practice; *linguistique* usage; **hors d'usa-ge** out of use; **à l'usage** with use; **à l'usa-ge de qn** for use by s.o.; **faire usage de** use; **d'usage** customary

usagé, usagée *vêtements* worn

usager *m* user

usé, usée [yze] worn; *vêtement* worn-out; *pneu* worn, threadbare; *personne* worn-out, exhausted; **eaux usées** waste water *sg*

user ⟨1a⟩ *du gaz, de l'eau* use, consume; *vêtement* wear out; *yeux* ruin; **user qn** wear s.o. out, exhaust s.o.; **s'user** wear out; *personne* wear o.s. out, exhaust o.s.; **user de qch** use sth

usine [yzin] *f* plant, factory; **usine d'au-tomobiles** car plant; **usine de retraite-ment** reprocessing plant

usiner ⟨1a⟩ machine

usité, usitée [yzite] *mot* common

ustensile [ystɑ̃sil] *m* tool; **ustensile de cuisine** kitchen utensil

usuel, usuelle [yzɥɛl] usual; *expression* common

usure [yzyr] *f* (*détérioration*) wear; *du sol* erosion

utérus [yterys] *m* ANAT womb, uterus

utile [ytil] useful; **en temps utile** in due course

utilisable [ytilizabl] usable

utilisateur, -trice *m/f* user; **utilisateur fi-nal** end user

utilisation *f* use

utiliser ⟨1a⟩ use

utilitaire [ytiliter] utilitarian

utilité [ytilite] *f* usefulness, utility; **ça n'a aucune utilité** it's (of) no use whatever

V

v. *abr* (= **voir**) see

vacance [vakɑ̃s] *f poste* opening, *Br* vacancy; **vacances** vacation *sg*, *Br* holiday(s); **prendre des vacances** take a vacation; **en vacances** on vacation

vacancier, -ère *m/f* vacationer, *Br* holiday-maker

vacant, vacante vacant

vacarme [vakarm] *m* din, racket

vaccin [vaksɛ̃] *m* MÉD vaccine

vaccination *f* MÉD vaccination

vacciner ⟨1a⟩ vaccinate (**contre** against)

vache [vaʃ] **1** *f* cow; *cuir* cowhide; **vache à lait** *fig* milch cow; **la vache!** F Christ! F **2** *adj* F mean, rotten F

vachement *adv* F *bon, content* damn F, *Br aussi* bloody F; *changer, vieillir* one hell-uva lot F

vaciller [vasije] ⟨1a⟩ *sur ses jambes* sway; *d'une flamme, de la lumière* flicker; (*hé-siter*) vacillate

vadrouiller [vadruje] ⟨1a⟩ F roam about

va-et-vient [vaevjɛ̃] *m* (*pl inv*) *d'une pièce mobile* backward and forward motion;

d'une personne toing-and-froing

vagabond, vagabonde [vagabõ, -d] **1** *adj* wandering **2** *m/f* hobo, *Br* tramp

vagabondage *m* wandering; JUR vagrancy

vagabonder ⟨1a⟩ wander (*aussi fig*)

vagin [vaʒɛ̃] *m* vagina

vague[1] [vag] *f* wave (*aussi fig*); **vague de chaleur** heatwave; **vague de froid** cold snap

vague[2] [vag] **1** *adj* vague; *regard* faraway; **un vague magazine** *péj* some magazine or other; **terrain** *m* **vague** waste ground **2** *m* vagueness; **regarder dans le vague** stare into the middle distance; **laisser qch dans le vague** leave sth vague

vaguement *adv* vaguely

vaillant, vaillante [vajã, -t] brave, valiant; **se sentir vaillant** feel fit and well

vaille [vaj] *subj de* **valoir**; **vaille que vaille** come what may

vain, vaine [vɛ̃, vɛn] vain; *mots* empty; **en vain** in vain

vaincre [vɛ̃kr] ⟨4i⟩ conquer; SP defeat; *fig: angoisse* overcome, conquer; *obstacle* overcome

vaincu, vaincue 1 *p/p* → **vaincre 2** *adj* conquered; SP defeated; **s'avouer vaincu** admit defeat **3** *m* loser; **l'armée des vaincus** the defeated army

vainement [vɛnmã] *adv* in vain, vainly

vainqueur [vɛ̃kœr] *m* winner, victor

vaisseau [vɛso] *m* (*pl* -x) ANAT, *litt* (*bateau*) vessel; **vaisseau sanguin** blood vessel; **vaisseau spatial** spaceship

vaisselle [vɛsɛl] *f* dishes *pl*; **laver** *ou* **faire la vaisselle** do *ou* wash the dishes, *Br aussi* do the washing-up

val [val] *m* (*pl* vaux [vo] *ou* vals) *litt* valley

valable [valabl] valid

valet [valɛ] *m cartes* jack, knave

valeur [valœr] *f* value, worth; *d'une personne* worth; **valeurs** COMM securities; **valeur ajoutée** added value; **sans valeur** worthless; **mettre en valeur** emphasize, highlight; **avoir de la valeur** be valuable

validation [validasjõ] *f* validation

valide (*sain*) fit; *passeport, ticket* valid

valider ⟨1a⟩ validate; *ticket* stamp

validité *f* validity

valise [valiz] *f* bag, suitcase; **faire sa valise** pack one's bags

vallée [vale] *f* valley

vallon [valõ] *m* (small) valley

vallonné, vallonnée hilly

valoir [valwar] ⟨3h⟩ **1** *v/i* be worth; (*coûter*) cost; **ça ne vaut rien** (*c'est médiocre*) it's no good, it's worthless; **valoir pour** apply to; **valoir mieux** be better (*que*

than); **il vaut mieux attendre** it's better to wait (*que de faire qch* than to do sth); **il vaut mieux que je …** (+ *subj*) it's better for me to…; **ça vaut le coup** F it's worth it; **faire valoir** *droits* assert; *capital* make work; (*mettre en valeur*) emphasize **2** *v/t*: **valoir qch à qn** earn s.o. sth; **à valoir sur** *d'un montant* to be offset against **3**: **se valoir** be alike

valoriser [valorize] ⟨1a⟩ enhance the value of; *personne* enhance the image of

valse [vals] *f* waltz

valser ⟨1a⟩ waltz

valve [valv] *f* TECH valve

vampire [vãpir] *m* vampire; *fig* bloodsucker

vandale [vãdal] *m/f* vandal

vandaliser ⟨1a⟩ vandalize

vandalisme *m* vandalism

vanille [vanij] *f* vanilla

vanité [vanite] *f* (*fatuité*) vanity, conceit; (*inutilité*) futility

vaniteux, -euse vain, conceited

vanne [van] *f* sluice gate; F dig F

vannerie [vanri] *f* wickerwork

vantard, vantarde [vãtar, -d] **1** *adj* bragging, boastful **2** *m/f* bragger, boaster

vantardise *f* bragging, boasting

vanter [vãte] ⟨1a⟩ praise; **se vanter** brag, boast; **se vanter de qch** pride o.s. on sth

vapeur [vapœr] *m* vapor, *Br* vapour; **vapeur (d'eau)** steam; **cuire à la vapeur** steam; **à vapeur** *locomotive* steam *atr*

vaporeux, -euse [vaporø, -z] *paysage* misty; *tissu* flowing

vaporisateur *m* spray

vaporiser ⟨1a⟩ spray

varappe [varap] *f* rock-climbing; **mur de varappe** climbing wall

varappeur, -euse *m/f* rock-climber

variabilité [varjabilite] *f* variability; *du temps, d'humeur* changeability

variable variable; *temps, humeur* changeable

variante *f* variant

variation *f* (*changement*) change; (*écart*) variation

varice [varis] *f* ANAT varicose vein

varicelle [varisɛl] *f* MÉD chickenpox

varié, variée [varje] *varied*

varier ⟨1a⟩ vary

variété *f* variety; **variétés** *spectacle* vaudeville *sg*, *Br* variety show *sg*

variole [varjɔl] *f* MÉD smallpox

Varsovie [varsɔvi] Warsaw

vase[1] [vaz] *m* vase

vase[2] [vaz] *f* mud

vasectomie [vazɛktɔmi] *f* vasectomy

vaseux, -euse [vazø, -z] muddy; F (*nau-*

séeux) under the weather; F *explication, raisonnement* muddled

vasistas [vazistas] *m* fanlight

vau-l'eau [volo]: *(s'en) aller à vau-l'eau* go to rack and ruin

vaurien, vaurienne [vorjɛ̃, -ɛn] *m/f* good--for-nothing

vautour [votur] *m* vulture (*aussi fig*)

vautrer [votre] ⟨1a⟩: *se vautrer* sprawl (out); *dans la boue* wallow

veau [vo] *m* (*pl* -x) calf; *viande* veal; *cuir* calfskin

vedette [vədɛt] *f au théâtre, d'un film* star; (*bateau*) launch; *en vedette* in the headlines; *mettre en vedette* highlight; *match m vedette* big game

végétal, végétale [veʒetal] (*mpl* -aux) **1** *adj* plant *atr*; *huile* vegetable **2** *m* plant

végétalien, végétalienne *m/f* & *adj* vegan

végétarien, végétarienne [veʒetarjɛ̃, -ɛn] *m/f* & *adj* vegetarian

végétation [veʒetasjõ] *f* vegetation

végéter ⟨1f⟩ vegetate

véhémence [veemɑ̃s] *f* vehemence

véhément, véhémente vehement

véhicule [veikyl] *m* vehicle (*aussi fig*)

veille [vɛj] *f* previous day; *absence de sommeil* wakefulness; *la veille au soir* the previous evening; *la veille de Noël* Christmas Eve; *à la veille de* on the eve of

veillée *f d'un malade* night nursing; (*soirée*) evening; *veillée funèbre* vigil

veiller ⟨1b⟩ stay up late; *veiller à qch* see to sth; *veiller à ce que tout soit* (*subj*) *prêt* see to it that everything is ready; *veiller à faire qch* see to it that sth is done; *veiller sur qn* watch over s.o.

veilleuse *f* nightlight; (*flamme*) pilot light; AUTO sidelight; *mettre en veilleuse flamme* turn down low; *fig: affaire* put on the back burner; *en veilleuse* IN--FORM on standby

veinard, veinarde [vɛnar, -d] *m/f* F lucky devil F

veine *f* vein; F luck; *avoir de la veine* be lucky

véliplanchiste [veliplɑ̃ʃist] *m/f* windsurfer

vélo [velo] *m* bike; *faire du vélo* go cycling; *vélo tout-terrain* mountain bike

vélocité [velosite] *f* speed; TECH velocity

vélodrome [velodrom] *m* velodrome

vélomoteur [velomotœr] *m* moped

velours [v(ə)lur] *m* velvet; *velours côtelé* corduroy

velouté, veloutée [vəlute] velvety; (*soupe*) smooth, creamy

velu, velue [vəly] hairy

venaison [vənɛzõ] *f* venison

vendable [vɑ̃dabl] saleable

vendange [vɑ̃dɑ̃ʒ] *f* grape harvest

vendanger ⟨1l⟩ bring in the grape harvest

vendeur [vɑ̃dœr] *m* sales clerk, *Br* shop assistant

vendeuse *f* sales clerk, *Br* shop assistant

vendre ⟨4a⟩ sell; *fig* betray; *à vendre* for sale; *se vendre* sell out

vendredi [vɑ̃drədi] *m* Friday; *Vendredi saint* Good Friday

vendu, vendue [vɑ̃dy] **1** *p/p* → *vendre* **2** *adj* sold **3** *m/f péj* traitor

vénéneux, -euse [venenø, -z] *plantes* poisonous

vénérable [venerabl] venerable

vénération [venerasjõ] *f* veneration

vénérer ⟨1f⟩ revere

vénérien, vénérienne [venerjɛ̃, -ɛn]: *maladie f vénérienne* venereal disease

vengeance [vɑ̃ʒɑ̃s] *f* vengeance

venger [vɑ̃ʒe] ⟨1l⟩ avenge (*qn de qch* s.o. for sth); *se venger de qn* get one's revenge on s.o.; *se venger de qch sur qn* get one's revenge for sth on s.o.; *ne te venge pas de son erreur sur moi* don't take his mistake out on me

vengeur, -eresse **1** *adj* vengeful **2** *m/f* avenger

venimeux, -euse [vənimø, -z] *serpent* poisonous; *fig aussi* full of venom

venin [v(ə)nɛ̃] *m* venom (*aussi fig*)

venir [v(ə)nir] ⟨2h⟩ (*aux être*) come; *à venir* to come; *j'y viens* I'm coming to that; *en venir à croire que* come to believe that; *en venir aux mains* come to blows; *où veut-il en venir?* what's he getting at?; *venir de* come from; *je viens / je venais de faire la vaisselle* I have / I had just washed the dishes; *venir chercher, venir prendre* come for; *faire venir médecin* send for

Venise [vəniz] Venice

vent [vɑ̃] *m* wind; *être dans le vent fig* be modern; *c'est du vent fig* it's all hot air; *coup m de vent* gust of wind; *il y a du vent* it's windy; *avoir vent de qch fig* get wind of sth

vente [vɑ̃t] *f* sale; *activité* selling; *être dans la vente* be in sales; *vente à crédit* installment plan, *Br* hire purchase

venteux, -euse [vɑ̃tø, -z] windy

ventilateur [vɑ̃tilatœr] *m* ventilator; *électrique* fan

ventilation *f* ventilation

ventiler ⟨1a⟩ *pièce* air; *montant* break down

ventre [vɑ̃tr] *m* stomach, belly F; *à plat*

ventre flat on one's stomach; **ventre à bière** beer belly, beer gut

ventriloque [vãtrilɔk] *m* ventriloquist

venu, venue [v(ə)ny] **1** *adj*: **bien / mal venu** action appropriate / inappropriate **2** *m/f*: **le premier venu, la première venue** the first to arrive; **(n'importe qui)** anybody; **nouveau venu, nouvelle venue** newcomer

venue [v(ə)ny] *f* arrival, advent

ver [vɛr] *m* worm; **ver de terre** earthworm; **ver à soie** silkworm

véracité [verasite] *f* truthfulness, veracity

verbal, verbale [vɛrbal] (*mpl* -aux) verbal

verbaliser ⟨1a⟩ **1** *v/i* bring a charge **2** *v/t* (*exprimer*) verbalize

verbe [vɛrb] *m* LING verb

verdâtre [vɛrdɑtr] greenish

verdict [vɛrdikt] *m* verdict

verdir [vɛrdir] ⟨2a⟩ turn green

verdure [vɛrdyr] *f* (*feuillages*) greenery; (*salade*) greens *pl*

verge [vɛrʒ] *f* ANAT penis; (*baguette*) rod

verger [vɛrʒe] *m* orchard

verglacé, verglacée [vɛrglase] icy

verglas [vɛrgla] *m* black ice

vergogne [vɛrgɔɲ] *f*: **sans vergogne** shameless; **avec verbe** shamelessly

véridique [veridik] truthful

vérifiable [verifjabl] verifiable, which can be checked

vérification *f* check

vérifier ⟨1a⟩ check; **se vérifier** turn out to be true

vérin [verɛ̃] *m* jack

véritable [veritabl] real; *amour* true

véritablement *adv* really

vérité [verite] *f* truth; **en vérité** actually; **à la vérité** to tell the truth

vermeil, vermeille [vɛrmɛj] bright red, vermillion

vermine [vɛrmin] *f* vermin

vermoulu, vermoulue [vɛrmuly] worm-eaten

vermouth [vɛrmut] *m* vermouth

verni, vernie [vɛrni] varnished; F lucky

vernir ⟨2a⟩ varnish; *céramique* glaze

vernis *m* varnish; *de céramique* glaze; **vernis à ongle** nail polish, *Br aussi* nail varnish

vernissage *m du bois* varnishing; *de la céramique* glazing; (*exposition*) private view

vérole [verɔl] *f* MÉD F syphilis; **petite vérole** smallpox

verre [vɛr] *m* glass; **prendre un verre** have a drink; **verres de contact** contact lenses, contacts F; **verre dépoli** frosted glass; **verre à eau** tumbler, water glass;

verre à vin wine glass

verrerie *f* glass-making; *fabrique* glassworks *sg*; *objets* glassware

verrière *f* (*vitrail*) stained-glass window; *toit* glass roof

verroterie *f* glass jewelry *ou Br* jewellery

verrou [vɛru] *m* (*pl* -s) bolt; **sous les verrous** F behind bars

verrouillage *m*: **verrouillage central** AUTO central locking

verrouiller ⟨1a⟩ bolt; F lock up, put behind bars

verrue [vɛry] *f* wart

vers[1] [vɛr] *m* verse

vers[2] [vɛr] *prép* toward, *Br* towards; (*environ*) around, about

versant [vɛrsã] *m* slope

versatile [vɛrsatil] changeable

versatilité *f* changeability

verse [vɛrs]: **il pleut à verse** it's pouring down, it's bucketing down

Verseau [vɛrso] *m* ASTROL Aquarius

versement [vɛrsəmã] *m* payment

verser [vɛrse] **1** *v/t* pour (out); *sang, larmes* shed; *argent à un compte* pay in, deposit; *intérêts, pension* pay; **verser à boire à qn** pour s.o. a drink **2** *v/i* (*basculer*) overturn; **verser dans qch** *fig* succumb to sth

verset [vɛrse] *m* verse

version [vɛrsjõ] *f* version; (*traduction*) translation; (*film m en*) **version originale** original language version

verso [vɛrso] *m d'une feuille* back; **au verso** on the back, on the other side

vert, verte [vɛr, -t] **1** *adj* green; *fruit* unripe; *vin* too young; *fig*: *personne âgée* spry; *propos* risqué; **l'Europe f verte** AGR European agriculture **2** *m* green; **les verts** POL *mpl* the Greens

vertébral, vertébrale [vɛrtebral] (*mpl* -aux) ANAT vertebral; **colonne f vertébrale** spine, spinal column

vertèbre *f* ANAT vertebra

vertébrés *mpl* vertebrates

vertement [vɛrtəmã] *adv* severely

vertical, verticale [vɛrtikal] (*mpl* -aux) **1** *adj* vertical **2** *f* vertical (line)

verticalement *adv* vertically

vertige [vɛrtiʒ] *m* vertigo, dizziness; *fig* giddiness; **un vertige** a dizzy spell; **j'ai le vertige** I feel dizzy; **des sommes qui donnent le vertige** mind-blowing sums of money

vertigineux, -euse *hauteurs* dizzy; *vitesse* breathtaking

vertu [vɛrty] *f* virtue; (*pouvoir*) property; **en vertu de** in accordance with

vertueux, -euse virtuous

verve [vɛrv] *f* wit; *plein de verve* witty

vésicule [vezikyl] *f* ANAT: *vésicule biliaire* gall bladder

vessie [vesi] *f* ANAT bladder

veste [vɛst] *f* jacket; *retourner sa veste* F be a turncoat; *ramasser une veste* F suffer a defeat

vestiaire [vɛstjɛr] *m de théâtre* checkroom; *Br* cloakroom; *d'un stade* locker room

vestibule [vɛstibyl] *m* hall

vestige [vɛstiʒ] *m le plus souvent au pl*: *vestiges* traces, remnants

veston [vɛstɔ̃] *m* jacket, coat

vêtement [vɛtmɑ̃] *m* item of clothing, garment; *vêtements* clothes; *(industrie f du) vêtement* clothing industry, rag trade F

vétéran [veterɑ̃] *m* veteran

vétérinaire [veteriner] **1** *adj* veterinary **2** *m/f* veterinarian, vet

vétille [vetij] *f (souvent au pl* **vétilles**) trifle, triviality

vêtir [vetir] ⟨2g⟩ *litt* dress

veto [veto] *m* veto; *droit m de veto* right of veto; *opposer son veto à* veto

vêtu, vêtue [vety] dressed

vétuste [vetyst] *bâtiment* dilapidated, ramshackle

veuf [vœf] **1** *adj* widowed **2** *m* widower

veuve 1 *adj* widowed **2** *f* widow

vexant, vexante [vɛksɑ̃, -t] humiliating, mortifying; *c'est vexant contrariant* that's really annoying

vexation *f* humiliation, mortification

vexer ⟨1a⟩: *vexer qn* hurt s.o.'s feelings; *se vexer* get upset

viabilité [vjabilite] *f d'un projet*, BIOL viability

viable *projet*, BIOL viable

viaduc [vjadyk] *m* viaduct

viager, -ère [vjaʒe, -ɛr]: *rente f viagère* life annuity

viande [vjɑ̃d] *f* meat

vibrant, vibrante [vibrɑ̃, -t] vibrating; *fig* vibrant; *discours* stirring

vibration *f* vibration

vibrer ⟨1a⟩ vibrate; *faire vibrer fig* give a buzz

vice [vis] *m (défaut)* defect; *(péché)* vice

vice-président [visprezidɑ̃] *m* COMM, POL vice-president; *Br* COMM vice-chairman

vicié, viciée [visje]: *air m vicié* stale air

vicieux, -euse [visjø, -z] *homme, regard* lecherous; *cercle* vicious

victime [viktim] *f* victim; *victime de guerre* war victim

victoire [viktwar] *f* victory; SP win, victory; *remporter la victoire* be victorious,

win

victorieux, -euse victorious

vidange [vidɑ̃ʒ] *f* emptying, draining; AUTO oil change; *faire une vidange* change the oil

vidanger ⟨1l⟩ empty, drain; AUTO *huile* empty out, drain off

vide [vid] **1** *adj* empty *(aussi fig)*; *vide de sens* devoid of meaning **2** *m (néant)* emptiness; *physique* vacuum; *(espace non occupé)* (empty) space; *à vide* empty; *regarder dans le vide* gaze into space; *avoir peur du vide* suffer from vertigo, be afraid of heights

vidéo [video] **1** *f* video **2** *adj inv* video; *bande f vidéo* video tape; *vidéo amateur* home movie

vidéocassette [videokasɛt] *f* video cassette

vidéoclip [videoklip] *m* video

vidéoconférence [videokɔ̃ferɑ̃s] *f* videoconference

vide-ordures [vidɔrdyr] *m (pl inv)* rubbish chute

vidéothèque [videotɛk] *f* video library

vider [vide] ⟨1a⟩ empty (out); F *personne d'une boîte de nuit* throw out; CUIS *volaille* draw; *salle* vacate, leave; *vider qn* F drain *ou* exhaust s.o.; *se vider* empty

videur *m* F bouncer

vie [vi] *f* life; *(vivacité)* life, liveliness; *moyens matériels* living; *à vie* for life; *de ma vie* in all my life *ou* days; *sans vie* lifeless; *être en vie* be alive; *coût de la vie* cost of living; *gagner sa vie* earn one's living; *vie conjugale* married life; *vie sentimentale* love life

vieil [vjɛj] → *vieux*

vieillard [vjejar] *m* old man; *les vieillards* old people *pl*, the elderly *pl*

vieille [vjɛj] → *vieux*

vieillesse [vjɛs] *f* old age

vieillir ⟨2a⟩ **1** *v/t*: *vieillir qn de soucis, d'une maladie* age s.o.; *de vêtements, d'une coiffure* make s.o. look older **2** *v/i d'une personne* get old, age; *d'un visage* age; *d'une théorie, d'un livre* become dated; *d'un vin* age, mature

vieillissement *m* ageing

Vienne [vjɛn] Vienna

viennoiseries *fpl croissants and similar types of bread*

vierge [vjɛrʒ] **1** *f* virgin; *la Vierge (Marie)* REL the Virgin (Mary); *Vierge* ASTROL Virgo **2** *adj* virgin; *feuille* blank; *forêt f vierge* virgin forest; *laine f vierge* pure new wool

Viêt-nam [vjɛtnam]: *le Viêt-nam* Vietnam

vietnamien, vietnamienne *1 adj* Vietnamese *2 m langue* Vietnamese *3 m/f*
Vietnamien, Vietnamienne Vietnamese

vieux, (*m* **vieil** *before a vowel or silent h*),
vieille (*f*) [vjø, vjɛj] *1 adj* old; *vieux jeu*
old-fashioned *2 m/f* old man / old woman; *les vieux* old people *pl*, the aged
pl; *mon vieux / ma vieille* F (*père / ma mère*) my old man / woman F;
prendre un coup de vieux age, look older

vif, vive [vif, viv] *1 adj* lively; (*en vie*)
alive; *plaisir, satisfaction, intérêt* great,
keen; *critique, douleur* sharp; *air* bracing;
froid biting; *couleur* bright; *de vive voix*
in person *2 m à vif plaie* open; *piqué au
vif* cut to the quick; *entrer dans le vif du
sujet* get to the heart of the matter, get
down to the nitty gritty F; *prendre sur le
vif* catch in the act; *avoir les nerfs à vif*
be on edge

vigie [viʒi] *f* MAR lookout man

vigilance [viʒilɑ̃s] *f* vigilance; *endormir
la vigilance de qn* lull s.o. into a false
sense of security

vigilant, vigilante vigilant

vigile [viʒil] *m* (*gardien*) security man,
guard

vigne [viɲ] *f* (*arbrisseau*) vine; (*plantation*) vineyard

vigneron, vigneronne *m/f* wine grower

vignette [viɲɛt] *f de Sécurité Sociale*: label from medication which has to accompany an application for a refund; AUTO license tab, Br tax disc

vignoble [viɲɔbl] *m plantation* vineyard;
région wine-growing area

vigoureux, -euse [viguʁø, -z] *personne,
animal, plante* robust, vigorous

vigueur [vigœʁ] *f* vigor, Br vigour, robustness; *plein de vigueur* full of energy *ou*
vitality; *en vigueur* in force *ou* effect;
entrer en vigueur come into force *ou* effect

V.I.H. [veiaʃ] *m abr* (= *Virus de l'Immuno-
déficience Humaine*) HIV (= human
immunodeficiency virus)

vil, vile [vil] *litt* vile; *à vil prix* for next to
nothing

vilain, vilaine [vilɛ̃, -ɛn] nasty; *enfant*
naughty; (*laid*) ugly

villa [vila] *f* villa

village [vilaʒ] *m* village

villageois, villageoise *1 adj* village *atr 2
m/f* villager

ville [vil] *f* town; *grande* city; *ville d'eau*
spa town; *la ville de Paris* the city of Paris; *aller en ville* go into town

villégiature [vileʒjatyʁ] *f* holiday

vin [vɛ̃] *m* wine; *vin blanc* white wine; *vin
d'honneur* reception; *vin de pays* regional wine; *vin rouge* red wine; *vin
de table* table wine

vinaigre [vinɛgʁ] *m* vinegar

vinaigrette [vinɛgʁɛt] *f* salad dressing

vindicatif, -ive [vɛ̃dikatif, -iv] vindictive

vingt [vɛ̃] twenty; → *trois*

vingtaine: *une vingtaine de personnes*
about twenty people *pl*, twenty or so
people *pl*

vingtième twentieth

vinicole [vinikɔl] wine *atr*

vinyle [vinil] *m* vinyl; *un vinyle* a record

viol [vjɔl] *m* rape; *d'un lieu saint* violation; *viol collectif* gang rape

violacé, violacée [vjɔlase] purplish

violation [vjɔlasjɔ̃] *f d'un traité* violation;
d'une église desecration; *violation de
domicile* JUR illegal entry

violemment [vjɔlamɑ̃] *adv* violently; *fig*
intensely

violence *f* violence; *fig* intensity

violent, violente violent; *fig* intense

violer [vjɔle] ⟨1a⟩ *loi* break, violate; *promesse, serment* break; *sexuellement* rape;
(*profaner*) desecrate

violeur *m* rapist

violet, violette [vjɔlɛ, -t] violet

violette [vjɔlɛt] *f* BOT violet

violon [vjɔlɔ̃] *m* violin; *musicien* violinist;
F *prison* slammer F

violoncelle [vjɔlɔ̃sɛl] *m* cello

violoncelliste *m/f* cellist

violoniste [vjɔlɔnist] *m/f* violinist

V.I.P. [veipe *ou* viajpi] *m* (*pl inv*) F VIP (=
very important person)

vipère [vipɛʁ] *f* adder, viper; *fig* viper

virage [viʁaʒ] *m de la route* curve, corner;
d'un véhicule turn; *fig* change of direction; *prendre le virage* corner, take
the corner; *virage en épingle à cheveux* hairpin curve

viral, virale [viʁal] (*mpl* -aux) viral

virée [viʁe] *f* F trip; (*tournée*) tour; (*balade*) stroll

virement [viʁmɑ̃] *m* COMM transfer

virer [viʁe] ⟨1a⟩ *1 v/i* (*changer de couleur*)
change color *ou* Br colour; *d'un véhicule*
corner; *virer de bord* MAR tack; *fig*
change direction; *sexuellement* go gay *2
v/t argent* transfer; *virer qn* F throw *ou*
kick s.o. out

virevolte [viʁvɔlt] *f* spin

virginal, virginale [viʁʒinal] (*mpl* -aux)
virginal

virginité [viʁʒinite] *f* virginity; *se refaire une virgi-
nité fig* get one's good reputation back

virgule [viʁgyl] *f* comma

viril, virile [viril] male; (*courageux*) manly

virilité *f* manhood; (*vigueur sexuelle*) virility

virtuel, virtuelle [virtɥɛl] virtual; (*possible*) potential

virtuose [virtɥoz] *m/f* virtuoso

virtuosité *f* virtuosity

virulent, virulente [virylã, -t] virulent

virus [virys] *m* MÉD, INFORM virus

vis [vis] *f* screw; *escalier m à vis* spiral staircase; *serrer la vis à qn fig* F tighten the screws on s.o.

visa [viza] *m* visa

visage [vizaʒ] *m* face

visagiste *m/f* beautician

vis-à-vis [vizavi] **1** *prép*: *vis-à-vis de* opposite; (*envers*) toward, *Br* towards; (*en comparaison de*) compared with **2** *m* person sitting opposite; (*rencontre*) face-to-face meeting

viscéral, viscérale [viseral] (*mpl* -aux) *fig*: *peur, haine* deep-rooted

visée [vize] *f*: *visées* (*intentions*) designs

viser [vize] ⟨1a⟩ **1** *v/t* aim at; (*s'adresser à*) be aimed at **2** *v/i* aim (*à* at); *viser à faire qch* aim to do sth; *viser haut fig* aim high

viseur [vizœr] *m d'une arme* sights *pl*; PHOT viewfinder

visibilité [vizibilte] *f* visibility

visible visible; (*évident*) clear

visière [vizjɛr] *f de casquette* peak

visioconférence [vizjokõferãs] *f* video conference

vision [vizjõ] *f* sight; (*conception, apparition*) vision

visionnaire *m/f & adj* visionary

visionneuse *f* PHOT viewer

visiophone [vizjofon] *m* videophone

visite [vizit] *f* visit; *d'une ville* tour; *être en visite chez qn* be visiting s.o.; *rendre visite à qn* visit s.o.; *avoir droit de visite d'un parent divorcé* have access; *visite de contrôle* follow-up visit; *visites à domicile* MÉD house calls; *visite de douane* customs inspection; *visite guidée* guided tour; *visite médicale* medical (examination)

visiter ⟨1a⟩ visit; (*faire le tour de*) tour; *bagages* inspect

visiteur, -euse *m/f* visitor

vison [vizõ] *m* mink

visqueux, -euse [viskø, -z] viscous; *péj* slimy

visser [vise] ⟨1a⟩ screw

visuel, visuelle [vizɥɛl] visual; *champ m visuel* field of vision

vital, vitale [vital] (*mpl* -aux) vital

vitalité *f* vitality

vitamine [vitamin] *f* vitamin

vite [vit] *adv* fast, quickly; (*sous peu, bientôt*) soon; *vite!* hurry up!, quick!

vitesse *f* speed; AUTO gear; *à toute vitesse* at top speed; *en vitesse* F quickly

viticole [vitikɔl] wine *atr*

viticulteur [vitikyltœr] *m* wine-grower

viticulture *f* wine-growing

vitrage [vitraʒ] *m cloison* glass partition; *action* glazing; *ensemble de vitres* windows *pl*; *double vitrage* double glazing

vitrail [vitraj] *m* (*pl* -aux) stained-glass window

vitre [vitr] *f* window (pane); *de voiture* window

vitrer ⟨1a⟩ glaze

vitreux, -euse *regard* glazed

vitrier *m* glazier

vitrine [vitrin] *f* (*étalage*) (store) window; *meuble* display cabinet

vivace [vivas] hardy; *haine, amour* strong, lasting

vivacité *f d'une personne, d'un regard* liveliness, vivacity

vivant, vivante [vivã, -t] **1** *adj* (*en vie*) alive; (*plein de vie*) lively; (*doué de vie*) living; *langue* modern **2** *m* living person; *de son vivant* in his lifetime; *c'est un bon vivant* he enjoys life

vivement *adv* (*d'un ton vif*) sharply; (*vite*) briskly; *ému, touché* deeply; *vivement dimanche!* roll on Sunday!, Sunday can't come soon enough!

vivier [vivje] *m* fishpond; *dans un restaurant* fish tank

vivifier [vivifje] ⟨1a⟩ invigorate

vivoter [vivɔte] ⟨1a⟩ just get by

vivre [vivr] ⟨4e⟩ live **2** *v/t* experience; *vive …!* long live …! **3** *mpl*: *vivres* supplies

vocabulaire [vɔkabylɛr] *m* vocabulary

vocal, vocale [vɔkal] (*mpl* -aux) vocal

vocation [vɔkasjõ] *f* vocation, calling; *une entreprise à vocation philanthropique* a philanthropic organization

vociférer [vɔsifere] ⟨1f⟩ shout

vodka [vɔdka] *f* vodka

vœu [vø] *m* (*pl* -x) REL vow; (*souhait*) wish; *faire vœu de faire qch* vow to do sth; *tous mes vœux!* best wishes!

vogue [vɔg] *f*: *être en vogue* be in fashion

voici [vwasi] here is *sg*, here are *pl*; *me voici!* here I am!; *le livre que voici* this book

voie [vwa] *f* way (*aussi fig*); *de chemin de fer* track; *d'autoroute* lane; *être en voie de formation* be being formed; *être en voie de guérison* be on the road to recovery, be on the mend; *par (la) voie de* by means of; *par voie aérienne* by air; *par la voie hiérarchique* through channels; *voie d'eau* leak; *voie express* expressway; *Voie lactée* Milky Way; *voie navigable* waterway; *voies de fait* JUR assault *sg*

voilà [vwala] there is *sg*, there are *pl*; *(et) voilà!* there you are!; *voilà assez!* that's enough!; *voilà tout* that's all; *voilà pourquoi* that's why; *me voilà* here I am; *voilà deux ans qu'il ne nous a pas écrit* he hasn't written to us in two years

voile [vwal] **1** *m* veil (*aussi fig*) **2** *f* MAR sail; SP sailing; *mettre les voiles* F take off

voiler¹ [vwale] ⟨1a⟩ veil; *se voiler d'une femme* wear the veil; *du ciel* cloud over

voiler² [vwale] ⟨1a⟩: *se voiler du bois* warp; *d'une roue* buckle

voilier [vwalje] *m* sailboat

voilure [vwalyr] *f* MAR sails *pl*

voir [vwar] ⟨3b⟩ see; *faire voir* show; *être bien vu* be acceptable; *cela n'a rien à voir* that has nothing to do with it; *voir à qch* see to sth; *se voir* see each other; *se voir décerner un prix* be given a prize; *cela se voit* that's obvious; *voyons!* let's see!; *reproche* come now!; *je ne peux pas le voir* I can't stand him

voire [vwar] *adv* even

voirie [vwari] *f* (*voies*) roads *pl*; *administration* roads department

voisin, voisine [vwazẽ, -in] **1** *adj* neighboring, Br neighbouring; (*similaire*) similar **2** *m/f* neighbor, Br neighbour

voisinage *m* (*ensemble de gens*) neighborhood, Br neighbourhood; (*proximité*) vicinity

voisiner ⟨1a⟩: *voisiner avec* adjoin

voiture [vwatyr] *f* car; *d'un train* car, Br carriage; *voiture de tourisme* touring car; *en voiture* by car, in the car; *voiture de fonction* company car; *voiture-piégée* car bomb

voix [vwa] *f* voice (*aussi* GRAM); POL vote; *avoir voix au chapitre* fig have a say in the matter; *à haute voix* in a loud voice, aloud; *à voix basse* in a low voice, quietly

vol¹ [vɔl] *m* theft; *c'est du vol!* that's daylight robbery!; *vol à main armée* armed robbery

vol² [vɔl] *m* flight; *à vol d'oiseau* as the crow flies; *au vol* in flight; *saisir l'occasion au vol* jump at the chance; *attraper un bus au vol* jump on a bus; *vol à voile* gliding

volage [vɔlaʒ] flighty

volaille [vɔlaj] *f* poultry; (*poulet etc*) bird

volant [vɔlã] *m* AUTO (steering) wheel; SP shuttlecock; *d'un vêtement* flounce

volatil, volatile [vɔlatil] CHIM volatile

volcan [vɔlkã] *m* GÉOGR volcano

volcanique volcanic

volée [vɔle] *f groupe d'oiseaux* flock; *en tennis, de coups de feu* volley; *volée de coups* shower of blows; *attraper un ballon à la volée* catch a ball in mid-air; *lion à la volée* shoplifter

voler¹ [vɔle] ⟨1a⟩ steal; *voler qch à qn* steal sth from s.o., rob s.o. of sth; *voler qn* rob s.o.

voler² [vɔle] ⟨1a⟩ fly (*aussi fig*)

volet [vɔle] *m de fenêtre* shutter; *fig* part; *trier sur le volet* fig handpick

voleter [vɔlte] ⟨1c⟩ flutter

voleur, -euse [vɔlœr, -øz] **1** *adj* thieving **2** *m/f* thief; *voleur à la tire* pickpocket; *voleur à l'étalage* shoplifter

volley(-ball) [vɔlebɔl] *m* volleyball

volière [vɔljer] *f* aviary

volontaire [vɔlõter] **1** *adj* voluntary; (*délibéré*) deliberate; (*décidé*) headstrong **2** *m/f* volunteer

volonté *f faculté de vouloir* will; (*souhait*) wish; (*fermeté*) willpower; *de l'eau / du pain à volonté* as much water / bread as you like; *faire preuve de bonne volonté* show willing; *tirer à volonté* fire at will

volontiers [vɔlõtje] *adv* willingly, with pleasure

volt [vɔlt] *m* ÉL volt

voltage [vɔltaʒ] *m* ÉL voltage

volte-face [vɔltafas] *f* (*pl inv*) about-turn (*aussi fig*)

voltmètre [vɔltmetr] *m* ÉL voltmeter

volubilité [vɔlybilite] *f* volubility

volume [vɔlym] *m* volume

volumineux, -euse bulky

voluptueux, -euse [vɔlyptɥø, -z] voluptuous

volute [vɔlyt] *f* curl

vomi [vɔmi] *m* vomit

vomir ⟨2a⟩ **1** *v/i* vomit, throw up **2** *v/t* bring up; *fig* spew out

vomissement *m* vomiting

vorace [vɔras] voracious

vos [vo] → *votre*

votant, votante [vɔtã, -t] *m/f* voter

vote [vɔt] *m* vote; *action* voting

voter ⟨1a⟩ **1** *v/i* vote **2** *v/t loi* pass

votre [vɔtr], *pl* vos [vo] your

vôtre [vɔtr] *le / la vôtre, les vôtres* yours

vouer [vwe] ⟨1a⟩ dedicate (*à* to); *vouer sa vie à* dedicate *ou* devote one's life to; *se vouer à* dedicate *ou* devote o.s. to

vouloir [vulwar] ⟨3i⟩ want; *il veut partir*

he wants to leave; *il veut que tu partes* (*subj*) he wants you to leave; *je voudrais* I would like, I'd like; *je veux bien* I'd like to; *je veux bien que tu prennes ...* (*subj*) I'd like you to take ...; *il veut bien* he'd like to; (*il est d'accord*) it's fine with him, it's ok by him; *veuillez ne pas fumer* please do not smoke; *on ne veut pas de moi* I'm not wanted ◇ : *vouloir dire* mean

◇ : *en vouloir à qn* have something against s.o., bear s.o. a grudge; *je m'en veux de ne pas avoir ...* I feel bad about not not having ...

◇ : *veux-tu te taire!* will you shut up!

voulu, voulue [vuly] 1 *p/p* → *vouloir* 2 *adj* requisite; *délibéré* deliberate

vous [vu] *pron personnel* ◇ *sujet, sg et pl* you

◇ *complément d'objet direct, sg et pl* you; *il ne vous a pas vu* he didn't see you

◇ *complément d'objet indirect, sg et pl* (to) you; *elle vous en a parlé* she spoke to you about it; *je vais vous chercher ...* I'll go and get you ...

◇ *avec verbe pronominal* yourself; *pl* yourselves; *vous vous êtes coupé* you've cut yourself; *vous vous êtes coupés* you've cut yourselves; *si vous vous levez à ...* if you get up at ...

vous-même [vumɛm], *pl* **vous-mêmes** [vumɛm] yourself; *pl* yourselves

voûte [vut] *f* ARCH vault

voûté, voûtée *personne* hunched; *dos* bent; ARCH vaulted

voûter ⟨1a⟩ ARCH vault; *se voûter* have a stoop

vouvoyer [vuvwaje] ⟨1h⟩ address as 'vous'

voyage [vwajaʒ] *m* trip, journey; *en paquebot* voyage; *être en voyage* be traveling *ou Br* travelling; *bon voyage!* have a good trip!; *voyage d'affaires* business trip; *voyage de noces* honeymoon; *voyage organisé* package holiday

voyager ⟨1l⟩ travel

voyageur, -euse *m/f* traveler, *Br* traveller; *par train, avion* passenger; *voyageur de commerce* traveling salesman, *Br* travelling salesman

voyagiste *m* (tour) operator

voyant, voyante [vwajã, -t] 1 *adj couleur* garish 2 *m* (*signal*) light 3 *m/f* (*devin*) clairvoyant

voyelle [vwajɛl] *f* GRAM vowel

voyou [vwaju] *m* (*pl* -s) *jeune* lout

vrac [vrak] *m*: *en vrac* COMM loose; *fig* jumbled together

vrai, vraie [vrɛ] 1 *adj* (*après le subst*) true; (*devant le subst*) real, genuine; *ami* true, genuine; *il est vrai que* it is true that 2 *m*: *à vrai dire, à dire vrai* to tell the truth

vraiment [vrɛmã] *adv* really

vraisemblable [vrɛsãblabl] likely, probable

vraisemblance *f* likelihood, probability

vrille [vrij] *f* BOT tendril; TECH gimlet; *descendre en vrille* AVIAT go into a spin dive

vrombir [vrõbir] ⟨2a⟩ throb

VTT [vetete] *m abr* (= *vélo tout terrain*) mountain bike

vu[1] [vy] *prép* in view of; *vu que* seeing that; *au vu et au su de tout le monde* openly, in front of everybody

vu[2], **vue** [vy] *p/p* → *voir*

vue [vy] *f* view; *sens, faculté* sight; *à vue d'œil* visibly; *à première vue* at first sight; *à perte de vue* as far as the eye can see; *perdre qn de vue* lose sight of s.o.; (*perdre le contact*) lose touch with s.o.; *connaître qn de vue* know s.o. by sight; *avoir la vue basse* be shortsighted; *point m de vue* viewpoint, point of view; *en vue* (*visible*) in view; *en vue de faire qch* with a view to doing sth

vulgaire [vylgɛr] (*banal*) common; (*grossier*) common, vulgar

vulgariser [vylgarize] ⟨1a⟩ popularize

vulgarité *f péj* vulgarity

vulnérabilité [vylnerabilite] *f* vulnerability

vulnérable vulnerable

W

wagon [vagõ] *m* car, *Br* carriage; *de marchandises* car, *Br* wagon
wagon-lit *m* (*pl* wagons-lits) sleeping car, *Br aussi* sleeper
wagon-restaurant *m* (*pl* wagons-restaurants) dining car
waters [watɛr] *mpl* toilet *sg*

watt [wat] *m* ÉL watt
W.-C. [vese] *mpl* WC *sg*
week-end [wikɛnd] *m* (*pl* week-ends) weekend; *ce week-end* on *ou Br* at the weekend
western [wɛstɛrn] *m* western
whisky [wiski] *m* whiskey, *Br* whisky

X, Y

xénophobe [gzenɔfɔb] xenophobic
xénophobie *f* xenophobia
xérès [gzerɛs, ks-] *m* sherry
xylophone [gzilɔfɔn] *m* xylophone
y [i] there; *on y va!* let's go!; *je ne m'y fie pas!* I don't trust it; *ça y est!* that's it!; *j'y suis* (je comprends) now I see, now I get it; *y compris* including; *n'y compte pas*
don't count on it; *je m'y attendais* I thought as much; *j'y travaille* I'm working on it
yacht [jɔt] *m* yacht
yaourt [jaurt] *m* yoghurt
yeux [jø] *pl* → *œil*
yoga [jɔga] *m* yoga

Z

zapper [zape] channel-hop, *Br aussi* zap
zèbre [zebr] *m* zebra
zèle [zɛl] *m* zeal; *faire du zèle* be over-zealous
zélé, zélée zealous
zéro [zero] **1** *m* zero, *Br aussi* nought; sp *Br* nil; *fig* nonentity; *au-dessous de zéro* below zero; *partir de zéro* start from nothing **2** *adj*: *zéro faute* no mistakes
zeste [zɛst] *m* peel, zest
zézaiement [zezɛmã] *m* lisp
zézayer ⟨1i⟩ lisp
zigouiller [ziguje] ⟨1a⟩ F bump off F
zigzag [zigzag] *m* zigzag
zigzaguer ⟨1m⟩ zigzag
zinc [zɛ̃g] *m* zinc
zizanie [zizani] *f*: *semer la zizanie* cause
trouble
zodiaque [zɔdjak] *m* zodiac
zombie [zõbi] *m/f* zombie
zona [zona] *m* shingles *sg*
zone [zon] *f* area, zone; *péj* slums *pl*; *zone de basse pression* low-pressure area, low; *zone bleue* restricted parking area; *zone euro* euro zone; *zone industrielle* industrial park, *Br* industrial estate; *zone interdite* prohibited area, no-go area; *zone de libre-échange* free trade area; *zone résidentielle* residential area
zoo [zo] *m* zoo
zoologie [zɔɔlɔʒi] *f* zoology
zoologiste *m/f* zoologist
zoom [zum] *m* zoom lens
zut! [zyt] F blast!

Activity & Reference Section

The following section contains three parts, each of which will help you in your learning:

Games and puzzles to help you learn to use this dictionary and practice your French-language skills. You'll learn about the different features of this dictionary and how to look something up effectively.

Basic words and expressions to reinforce your learning and help you master the basics.

A short grammar reference to help you use the language correctly.

Using Your Dictionary

Using a bilingual dictionary is important if you want to speak, read or write in a foreign language. Unfortunately, if you don't understand the symbols in your dictionary or the structure of the entries, you'll make mistakes.

What kind of mistakes? Think of some of the words you know in English that sound or look alike. For example, think about the word *ring*. How many meanings can you think of for the word *ring*? Try to list at least three:

a. _____

b. _____

c. _____

Now look up *ring* in the English side of the dictionary. There are more than ten French words that correspond to the single English word *ring*. Some of these French words are listed below in scrambled form.

Unscramble the jumbled French words, then draw a line connecting each French word or expression with the appropriate English meaning.

French jumble	*English meanings*
1. NOSREN	a. a circle around something
2. NAEUNA	b. the action of a bell or telephone (to ring)
3. ETSPI	c. jewelry worn on the finger
4. LEASUPRUCDFINPSOE	d. the boxing venue
5. GNRI	e. one of the venues at a circus
6. CLCERE	f. to call someone

With so many French words to choose from, each meaning something different, you must be careful to choose the right one to fit the context of your translation. Using the wrong word can make it hard for people to understand you. Imagine the confusing sentences you would make if you never looked beyond the first translation.

For example:

The boxer wearily entered the circle.

She always wore the circle left to her by her grandmother.

I was waiting for the phone to circle when there was a knock at the door.

If you choose the wrong meaning, you simply won't be understood. Mistakes like these are easy to avoid once you know what to look for when using your dictionary. The following pages will review the structure of your dictionary and show you how to pick the right word when you use it. Read the tips and guidelines, then complete the puzzles and exercises to practice what you have learned.

Identifying Headwords

If you are looking for a single word in the dictionary, you simply look for that word's location in alphabetical order. However, if you are looking for a phrase, or an object that is described by several words, you will have to decide which word to look up.

Two-word terms are listed by their first word. If you are looking for the French equivalent of *shooting star*, you will find it under *shooting*.

So-called phrasal verbs in English are found in a block under the main verb. The phrasal verbs *go ahead*, *go back*, *go off*, *go on*, *go out*, and *go up* are all found in a block after *go*.

Idiomatic expressions are found under the key word in the expression. The phrase *give someone a ring*, meaning to call someone, is found in the entry for *ring*.

Feminine headwords that are variants of a masculine headword and share a meaning with that word are listed in alphabetical order with their masculine counterpart. In French, a male dancer is called a **danseur** and a female dancer is a **danseuse**. Both of the words are found in alphabetical order under the masculine form, **danseur**.

Find the following words and phrases in your bilingual dictionary. Identify the headword that each is found under. Then, try to find all of the headwords in the word-search puzzle on the next page.

1. in the middle of
2. be in shock
3. break-in
4. dog
5. bring up
6. string someone along
7. be in jeopardy
8. let someone get away with something
9. that's a relief
10. take advantage of
11. domestiquer
12. tir à l'arc
13. étudiante
14. épargne
15. pharmaceutique

z	ç	r	ü	o	v	ô	l	x	q	ü	è	r	p	o	u	j	k
u	g	ë	d	u	a	v	c	ç	x	f	ï	û	e	t	è	c	i
ì	a	e	z	ò	v	c	d	e	z	ú	i	e	j	l	j	k	u
m	e	q	t	b	a	h	g	l	w	a	u	ç	e	p	i	r	y
e	é	w	c	i	o	a	p	f	m	q	r	g	o	h	r	e	s
k	n	k	b	g	t	y	z	o	i	ú	n	i	p	a	s	h	f
c	f	w	i	n	g	b	s	t	z	i	d	r	a	r	i	g	e
ô	s	é	a	d	n	r	s	é	r	è	a	ä	r	m	y	é	t
u	e	v	o	l	u	e	r	t	a	è	l	d	d	a	o	t	r
s	d	e	n	u	m	a	s	é	m	s	e	z	y	c	è	u	y
a	h	d	s	o	i	k	b	r	i	n	g	w	o	e	l	d	s
ï	e	o	d	q	m	i	d	d	l	e	j	d	l	u	r	i	q
b	d	g	c	o	r	g	l	e	y	t	n	i	o	t	u	a	l
e	z	g	n	k	z	w	a	c	s	i	n	s	e	i	e	n	f
l	w	y	u	f	v	é	ö	o	i	r	a	i	l	q	r	t	g
c	é	f	g	i	r	a	m	l	o	r	c	e	d	u	i	é	a
a	n	r	y	t	e	i	u	é	p	a	r	g	n	e	n	r	w
u	z	a	c	a	s	n	e	l	e	ç	s	e	s	g	r	d	ë

Alphabetization

The entries in a bilingual dictionary are listed in alphabetical order. If words begin with the same letter or letters, they are alphabetized from A to Z using the first unique letter in each word.

Practice alphabetizing the following words. Rewrite the words in alphabetical order, using the space provided below. Next to each word also write the number that is associated with it. Then follow that order to connect the dots on the next page. Not all of the dots will be used, only those whose numbers appear in the word list.

serveur	1	rendez-vous	93
traduction	3	paraître	95
universitaire	5	angine	98
droit	6	vedette	98
annuaire	15	question	99
élève	25	marché	43
nouveau	28	feu	47
déchets	34	parfum	49
regard	38	boîte	56
numéro	77	dire	65
varappe	78	mal	67
boisson	87	homme	72
direct	88	jeu	73
circulation	91	élévation	74

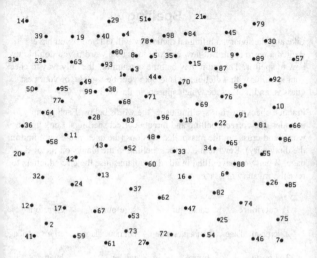

Quel pays voyez-vous ?

_____ _____ _____ _____ _____ _____

Spelling

Like any dictionary, a bilingual dictionary will tell you if you have spelled a word right. But how can you look up a word if you don't know how to spell it? Though it may be time consuming, the only way to check your spelling with a dictionary is to take your best guess, or your best guesses, and look to see which appears in the dictionary.

Practice checking your spelling using the words below. Each group includes one correct spelling and three incorrect spellings. Look up the words and cross out the misspelled versions (the ones you do not find in the dictionary). Rewrite the correct spelling in the blanks on the next page. When you have filled in all of the blanks, use the circled letters to reveal a mystery message.

1. caerfoure	caaréefur	carefoure	carrefour
2. embouteillage	embbutessaige	emmbuteillage	emmvouteillage
3. houîte	huître	witèer	huéttr
4. faame	faeme	femme	faime
5. ofrire	ufreer	ouvrir	uvrire
6. conduire	codweere	contuire	contuair
7. gratuit	grratwi	cretuit	créetw
8. sansiple	sensible	sensiple	senssibl
9. feele	feile	fille	fieye
10. enjeu	enjue	enjou	enjoo

1. __ __ __ __ ◯ __ __ __

2. __ __ ◯ __ __ __ __ __ __ __ __

3. __ __ ◯ __ __ __ __ __

4. __ __ ◯ __ __ __

5. __ __ __ ◯ __ __ __

6. __ __ ◯ __ __ __ __ __

7. __ ◯ __ __ __ __ __

8. __ __ __ __ ◯ __ __ __

9. __ ◯ __ __ __

10. __ __ __ ◯ __ __

__ __ __ __ __ __ __ __ __ __ !
 1 2 3 4 5 6 7 8 9 10

Entries in Context

In addition to the literal translation of each headword in the dictionary, entries sometimes include phrases using that word.

Solve the crossword puzzle below using the correct word in context.

Hint: Each clue contains key words that will help you find the answer. Look up the key words in each clue. You'll find the answers in expressions within each entry.

ACROSS

5. The sign indicating two-way traffic read
   " _____ à double sens."

7. A dictionary is organized in alphabetical order
   (par _____ alphabetique).

12. The woman chased after the purse-snatcher, yelling
    "Help! au _____ !"

13. The children received an allowance (argent de _____)
    for the chores they had completed.

15. I wondered what time it was; I asked a friend,
    "quelle _____ est-il ?"

16. Last but not least! "_____ et surtout."

DOWN

1. Tonight she will pick out her clothes and pack her bag
   (faire sa _____). Tomorrow she is leaving on vacation.

2. You need to stay in bed. The doctor instructed you,
   "Gardez le _____ ."

3. Merci ? Oh, don't mention it. Il n'y a pas de _____ !
   It was nothing!

4. I can't wait for you to come home. I miss you.
   Tu me _____ .

DOWN (continued)

6. De nos _____ (nowadays), many women have careers.
This may not have been the case for previous generations.

8. What a shame! **Quel** _____ .

9. When the French fall in love, they **tombent** _____ .

10. I'd prefer to eat in the open-air patio, **en** _____ **air.**

11. I wondered how much it cost, so I asked
"_____ **est-ce que ça coûte ?**"

14. She had lost her lighter, so she asked the man next to her for
a light, "**Vous avez du** _____ **?**"

Word Families

Some English words have several related meanings that are represented by different words in French. These related meanings belong to the same word family and are grouped together under a single English headword. Other words, while they look the same, do not belong to the same word family. These words are written under a separate headword.

Think back to our first example, *ring*. The translations **anneau, cercle**, and **ring** all refer to related meanings of *ring* in English. They are all circular things, though in different contexts. **Sonner** and **donner un coup de fil**, however, refer to a totally different meaning of *ring* in English: the sound a bell or phone makes.

The word family for circles, with all of its nuanced French translations, is grouped together under *ring*[1]. The word family for sounds is grouped together under *ring*[2].

Study the lists of words below. Each group includes three French translations belonging to one word family, and one French translation of an identical-looking but unrelated English word. Eliminate the translation that is not in the same word family as the others. Then rewrite the misfit word in the corresponding blanks. When you have filled in all of the blanks, use the circled letters to reveal a bonus message.

Hint: Look up the French words to find out what they mean. Then look up those translations in the English-French side of your dictionary to find the word family that contains the French words.

1. pause	poser	repos	reste
2. bloquer	confiture	embouteillage	pétrin
3. coup	éclater	rater	souffler
4. amende	bien	excellent	subtil
5. anneau	cercle	piste	sonner

1. __ __ ◯ __ __

2. __ __ __ __ __ __ __ ◯ __ __

3. __ __ __ ◯ __ __ __

4. __ __ ◯ __ __ __ __

5. __ __ __ __ __ ◯ __

___ ___ ___ ___ ___!
 1   2   3   4   5

Pronunciation

Though French has more vowel sounds than English, pronunciation of letters in the two languages is similar. Refer to the pronunciation guide in this dictionary to see equivalent sounds across the two languages. Study the guide to familiarize yourself with the symbols used to give pronunciations in this dictionary.

Practice recognizing pronunciations as they are written in the dictionary. Look at the pronunciations below, then write the corresponding word in the puzzle. All of the across clues are English words. All of the down clues are French words.

ACROSS (English)	*DOWN (French)*
1. frend	1. furʃet
3. ˈverɪ	2. dinamik
4. ˈœpl	3. vwala
5. keɪk	6. ʃa
8. haʊs	7. lœr
10. ət *or* æt	9. gro
11. triː	10. anivɛrsɛr
13. sloʊ	12. ɛspri
15. ˈɪntʊ	14. pwasõ
16. ˈwrːter	17. ami

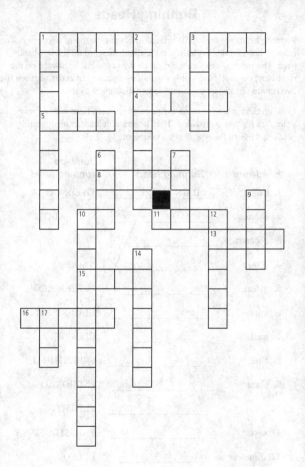

Running Heads

Running heads are the words printed in blue at the top of each page. The running head on the left tells you the first headword on the left-hand page. The running head on the right tells you the last headword on the right-hand page. All the words that fall in alphabetical order between the two running heads appear on those two dictionary pages.

Look up the running head on the page where each headword appears, and write it in the space provided. Then unscramble the jumbled running heads and match them with what you wrote.

Headword	Running head	Jumbled running head
1. ballon	BAIN-MARIE	TIFÉDNOC
2. chômage		SERÎMAIRT
3. décontracté		CEALP
4. école		NAGG
5. gâteau		PSYEIGOLCOH
6. injuste		NIAB-RIEAM
7. maillot		CEOGNÉ
8. Noël		FNERNFOHCI
9. pizza		PNEHOXAOS
10. punir		ELTUMTU
11. savoir		TNASSITAIFINSA
12. trompeur		ECLÉO

Parts of Speech

In French and English, words are categorized into different *parts of speech*. These labels tell us what function a word performs in a sentence. In this dictionary, the part of speech is given before a word's definition.

Nouns are things. *Verbs* describe actions. *Adjectives* describe nouns in sentences. For example, the adjective *pretty* tells you about the noun *girl* in the phrase *a pretty girl*. *Adverbs* also describe, but they modify verbs, adjectives, and other adverbs. The adverb *quickly* tells you more about how the action is carried out in the phrase *ran quickly*.

Prepositions specify relationships in time and space. They are words such as *in*, *on*, *before*, or *with*. *Articles* are words that accompany nouns. Words like *the* and *a* or *an* modify the noun, marking it as specific or general, and known or unknown.

Conjunctions are words like *and*, *but*, and *if* that join phrases and sentences together. Pronouns take the place of nouns in a sentence.

The following activity uses words from the dictionary in a Sudoku-style puzzle. In Sudoku puzzles, the numbers 1 to 9 are used to fill in grids. All digits 1 to 9 must appear, but cannot be repeated, in each square, row, and column.

In the following puzzles, you are given a set of words for each part of the grid. Look up each word to find out its part of speech. Then arrange the words within the square so that, in the whole puzzle, you do not repeat any part of speech within a column or row.

Hint: If one of the words given in the puzzle is a noun, then you know that no other nouns can be put in that row or column of the grid. Use the process of elimination to figure out where the other parts of speech can go.

Let's try a small puzzle first. Use the categories noun *n*, verb *v*, adjective *adj*, and adverb *adv* to solve this puzzle. Each section corresponds to one section of the puzzle.

Section 1

bronzer, chien, **correct**, délibérément

Section 2

dollar, drôlement, faire, formidable

Section 3

franchement, humide, icône, jouer

Section 4

loterie, naïf, **nuire**, physiquement

	correct		
			dollar
		nuire	
franchement			

Now try a larger puzzle. For this puzzle, use the categories noun *n*,
verb *v*, adjective *adj*, preposition *prep*, article *art*, and pronoun *pro*.

Section 1
   ascenseur, attractif, **brûler**, eux, la, sur

Section 2
   autre, avant, **classer**, **dessin**, le, vous

Section 3
   avec, chômage, **contracter**, frêle, **nous**, une

Section 4
   effacer, **exclusive**, il, les, **lumière**, sans

Section 5
   après, discret, étape, hausser, **je**, l'

Section 6
   famille, **lui**, **sous**, trapu, marcher, un

		brûler	dessin		
ascenseur					classer
	contracter			lumière	
	nous			exclusive	
après					lui
		je	sous		

Gender

French nouns belong to one of two groups: feminine or masculine. A noun's gender is indicated in an entry after the headword or pronunciation with **m** for masculine, **f** for feminine, and **m/f** if the same form of the word can be used for a man or a woman.

In some cases, the masculine and feminine forms of one word mean two different things. For example, the masculine **un livre** means *a book*, but the feminine **une livre** means *a pound*. **Un dépanneur** is *a mechanic*, but **une dépanneuse** is *a tow-truck*. The gender associated with each meaning follows the headword in the dictionary entry.

Look up the words in the grids below. Circle the feminine words. Put an **X** through the masculine words.

pied	dent	main
ordinateur	clavier	disquette
pomme	jambon	lait

personne	instant	patrie
huile	carte	état
grève	geste	chien

objet	escalier	station
croix	orange	table
film	blague	canot

Think of these as tic-tac-toe grids. Does masculine or feminine win more matches?

Adjectives

In French, adjectives change form to agree in gender and number with the noun they modify. In most cases, an –e is added to the adjective for the feminine form, and an –s is added for the plural form. If the base form of an adjective already ends in –e, then no change is made for the feminine form. If an –e is required for the feminine form, it is shown after the headword.

Use the dictionary to determine whether the nouns in the following phrases are masculine or feminine. Look up the French translations of the English adjectives. Then write in the correct form of the adjective to complete the phrase. Check your answers against the word search. The correct forms are found in the puzzle.

1. a knowing smile =   un sourire _____

2. a blonde woman =   une femme _____

3. an important message =   un message _____

4. secondary school =   l'école _____

5. the green car =   la voiture _____

6. an unforgettable picnic = un pique-nique _____

7. a pretty girl =   une _____ fille

8. an interesting book =   un livre _____

9. a native speaker =   un locuteur _____

10. a French guide =   un guide _____

11. a heavy backback =   un sac à dos _____

t	r	v	g	m	k	u	o	b	w	o	â	o	â	e	j	è	ò
f	e	â	i	f	ì	n	l	ù	b	ï	q	ù	t	ü	á	n	i
k	f	ä	i	ç	o	b	v	m	h	t	ä	ï	y	ù	q	a	r
p	r	c	j	ù	g	m	s	i	n	n	a	t	i	f	ù	e	ü
g	a	b	o	u	m	c	é	a	o	e	ù	w	ê	k	s	q	ü
q	n	i	l	r	d	e	s	y	o	z	i	g	î	f	k	e	é
ê	ç	s	i	d	o	s	ê	á	c	z	e	b	e	m	f	ô	b
n	a	á	e	ä	e	s	y	ê	u	e	ù	n	i	ô	n	d	e
n	i	ò	n	r	u	è	î	a	ù	ù	k	j	t	ü	x	î	ò
ü	s	e	é	p	ï	j	e	â	ç	r	v	m	ç	e	ô	u	ï
ì	é	t	ô	á	é	l	o	u	r	d	ç	j	ê	é	n	á	d
p	n	ç	î	k	s	e	c	o	n	d	a	i	r	e	û	d	v
i	ü	o	ä	b	l	o	n	d	e	è	â	o	g	h	g	è	u
r	ö	v	á	p	k	e	x	p	h	â	r	w	g	a	h	g	ä
ë	w	ô	ì	d	t	ü	e	i	m	p	o	r	t	a	n	t	q
è	s	ü	z	r	e	v	c	g	u	ô	á	û	o	ï	è	v	u
v	ô	n	e	i	ë	n	ï	z	ö	ê	i	v	ü	h	o	k	î
x	z	v	l	t	i	n	o	u	b	l	i	a	b	l	e	k	û

Verbs

Verbs are listed in the dictionary in their infinitive form. To use the verb in a sentence, you must conjugate it and use the form that agrees with the sentence's subject.

Most verbs fall into categories with other verbs that are conjugated in the same way. In the verb appendix of this dictionary, you will find an example of each category, along with conjugations of common irregular verbs.

For this puzzle, conjugate the given verbs in the present tense. Use the context and the subject pronoun to determine the person and number of the form you need. The correct answer fits in the crossword spaces provided.

Hint: The verb class code given in the verb's dictionary entry tells you which model conjugation to follow.

ACROSS

2. Elle _____ en larmes à chaque fois qu'elle le voit. **fondre**

4. Nous _____ souvent au cinéma. **aller**

6. Vous _____ le déjeuner maintenant ? **prendre**

9. Il _____ sa valise avant de partir en vacances. **faire**

11. L'ordinateur ne _____ plus. **marcher**

13. Je _____ élève à l'école secondaire. **être**

14. L'équipe française _____ le match. **gagner**

15. Vous _____ un mot dans le dictionnaire ? **chercher**

16. Je _____ du thé au petit déjeuner. **boire**

17. Ce marchand ? Il _____ des fruits et des légumes. **vendre**

18. Tu _____ à la fête ce soir ? **aller**

DOWN

1. Les étudiants, ils _____ une bonne question. **poser**

2. Nous ne _____ pas les devoirs à l'heure. **finir**

3. Il _____ bien. **danser**

5. Il _____ le vin rouge. **préférer**

7. J' _____ un chat et un chien chez moi. **avoir**

8. Nous _____ beaucoup en été. **voyager**

9. Elle n'a pas de feu. Elle ne _____ pas. **fumer**

10. Ils _____ le guide avant de visiter le musée. **lire**

12. Nous _____ de vacances. **rêver**

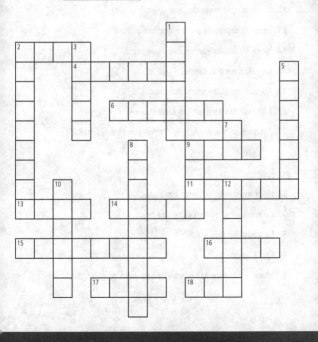

When you are reading French, you face a different challenge. You see a conjugated verb in context and need to determine what its infinitive is in order to understand its meaning.

For the next puzzle, you will see conjugated verbs in the sentences. Figure out which verb the conjugated form represents, and write the infinitive (the headword form) in the puzzle.

ACROSS

1. Nous **avons allumé** l'ordinateur.

4. Tu es au régime ? Tu **maigris** beaucoup.

7. Tu n'**obéis** pas à tes parents.

9. Jean **alla** à toute allure.

12. Je veux que vous **fassiez** vos devoirs !

13. Je ne comprends pas ce que vous **dites**.

14. Vous **parliez** souvent avec vos amis.

15. Le téléphone **a sonné**.

16. Ils **vécurent** toujours heureux.

17. Les enfants **aiment** les jeux vidéos.

18. Jacques **a commandé** un sandwich et des frites.

DOWN

2. Ils **mangeront** le dîner chez eux.

3. Le mannequin **était** grand et beau.

5. Le chat **dort** au soleil.

6. On **a gagné** !

8. Marie et Yvette **arriveront** à six heures.

DOWN (continued)

10. L'enfant **cachait** le chocolat sous le lit.

11. Le roi **est mort**.

12. Il **faut** le faire.

14. Il **partagerait** son repas avec ses amis.

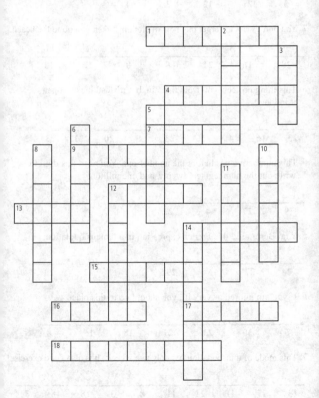

Riddles

Solve the following riddles in English. Then write the French translation of the answer on the lines.

1. This cold season is followed by spring.

$$\overline{\hspace{1cm}}_{5} \quad \overline{\hspace{1cm}}_{21} \quad \overline{\hspace{1cm}}_{12} \quad \overline{\hspace{1cm}}_{3} \quad \overline{\hspace{1cm}}_{4}$$

2. You don't want to forget this type of clothing when you go to the beach.

$$\overline{\hspace{1cm}}_{28} \quad \overline{\hspace{1cm}}_{16} \quad \overline{\hspace{1cm}}_{21} \quad \overline{\hspace{1cm}}_{8} \quad \overline{\hspace{1cm}}_{8} \quad \overline{\hspace{1cm}}_{22} \quad \overline{\hspace{1cm}}_{18}$$

3. This thing protects you from the rain, but it's bad luck to open it indoors!

$$\overline{\hspace{1cm}}_{23} \quad \overline{\hspace{1cm}}_{16} \quad \overline{\hspace{1cm}}_{4} \quad \overline{\hspace{1cm}}_{16} \quad \overline{\hspace{1cm}}_{23} \quad \overline{\hspace{1cm}}_{8} \quad \overline{\hspace{1cm}}_{20} \quad \overline{\hspace{1cm}}_{21} \quad \overline{\hspace{1cm}}_{3}$$

4. This number comes before the number one. You need this digit to write out the numbers ten, twenty, and one million.

$$\overline{\hspace{1cm}}_{9} \quad \overline{\hspace{1cm}}_{27} \quad \overline{\hspace{1cm}}_{4} \quad \overline{\hspace{1cm}}_{22}$$

5. Yogi Berra used this French expression in a famous quotation.

$$\overline{\hspace{1cm}}_{24} \quad \overline{\hspace{1cm}}_{27} \quad \overline{\hspace{1cm}}_{6} \quad \overline{\hspace{1cm}}_{29} \qquad \overline{\hspace{1cm}}_{12} \quad \overline{\hspace{1cm}}_{20}$$

6. If you are injured or very ill, you should go to this place.

$$\overline{\hspace{1cm}}_{5} \quad \overline{\hspace{1cm}}_{30} \quad \overline{\hspace{1cm}}_{23} \quad \overline{\hspace{1cm}}_{21} \quad \overline{\hspace{1cm}}_{18} \quad \overline{\hspace{1cm}}_{16} \quad \overline{\hspace{1cm}}_{8}$$

7. This mode of transportation has only two wheels. It is also good exercise!

$$\overline{\hspace{1cm}}_{13} \quad \overline{\hspace{1cm}}_{21} \quad \overline{\hspace{1cm}}_{11} \quad \overline{\hspace{1cm}}_{21} \quad \overline{\hspace{1cm}}_{11} \quad \overline{\hspace{1cm}}_{8} \quad \overline{\hspace{1cm}}_{3} \quad \overline{\hspace{1cm}}_{18} \quad \overline{\hspace{1cm}}_{18} \quad \overline{\hspace{1cm}}_{3}$$

8. This large mammal lives in the ocean.

__13__ __16__ __8__ __3__ __21__ __14__ __3__

9. This person is your mother's mother.

__25__ __4__ __16__ __14__ __24__ __28__ __15__ __4__ __3__

10. There are twelve of these in a year.

__28__ __22__ __21__ __26__

11. Wearing this in the car is a safety precaution.

__11__ __3__ __21__ __14__ __18__ __20__ __4__ __3__

12. Snow White bit into this red fruit and fell into a long slumber.

__23__ __22__ __28__ __28__ __3__

13. This professional brings letters and packages to your door.

__17__ __16__ __11__ __18__ __3__ __20__ __4__

14. This midday meal falls between breakfast and dinner.

__24__ __27__ __6__ __3__ __20__ __14__ __3__ __4__

15. A very young dog is referred to as this.

__11__ __5__ __21__ __22__ __18__

Cryptogram

Write the letter that corresponds to each number in the spaces. When you are done, translate the French message into English. What does it say?

8	21	13	3	4	18	27		27	25	16	8	21	18	27
	3	18		17	4	16	18	3	4	14	21	18	27	:
12	22	21	8	29		8	3	26		28	22	18	26	
		24	3		8	16		24	3	12	21	26	3	
14	16	18	21	22	14	16	8	3		24	3		8	16
	17	4	16	14	11	3								

____________, ____________ et ____________:

____________ ________ ____________

________ ______________________________

________ ________ ____________

Answer Key

Using Your Dictionary

a–c. Answers will vary

1. sonner, b
2. anneau, c
3. piste, e

4. passer un coup de fil, f
5. ring, d
6. cercle, a

Identifying Headwords

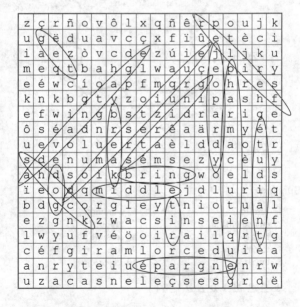

Alphabetization

angine, annuaire, boisson, boîte, circulation, déchets, dire, direct,
droit, élévation, élève, feu, homme, jeu, mal, marché, nouveau,
numéro, paraître, parfum, question, regard, rendez-vous, serveur,
traduction, universitaire, varappe, vedette

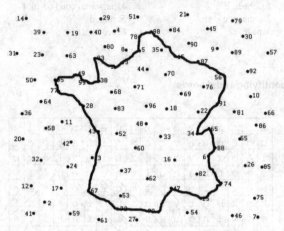

<u>F</u> <u>R</u> <u>A</u> <u>N</u> <u>C</u> <u>E</u>

Spelling

1. carrefour
2. embouteillage
3. huître
4. femme
5. ouvrir
6. conduire
7. gratuit
8. sensible
9. fille
10. enjeu

<u>F</u> <u>O</u> <u>R</u> <u>M</u> <u>I</u> <u>D</u> <u>A</u> <u>B</u> <u>L</u> <u>E</u> !

Entries in Context

Crossword solution:

- 1 Down: VAIS
- 2 Down: LI
- 3 Down: QUI
- 4 Down: MANQUE
- 5 Across: CIRCULATION
- 6 Down: JOUR
- 7 Across: ORDRE
- 9 Down: AMOUREUX
- 10 Down: PLEIN
- 11 Down: COMBIEN
- 12 Across: SECOURS
- 13 Across: POCHE
- 14 Down: FAUT
- 15 Across: HEURE
- 16 Across: ENFIN

(with intersecting words: ROMMAGE / FOMMAGE column)

Word Families

1. reste
2. confiture
3. coup

4. amende
5. sonner

S U P E R!

Pronunciation

Crossword solution:

- 1 Across: FRIEND
- 1 Down: FOURHETTE
- 2 Down: DYNAMIQUE
- 3 Across: VERY
- 3 Down: VOICI
- 4 Across: APPLE
- 4 Down: A-LA
- 5 Across: CAKE
- 6 Down: CAT
- 7 Down: LEU
- 8 Across: HOUSE
- 9 Down: GRS
- 10 Down: ANNIVERSAIRE
- 11 Across: TREE
- 12 Down: ESPRIT
- 13 Across: SLOW
- 14 Down: POISSON
- 15 Across: INTO
- 16 Across: WATER
- 17 Down: WMI

Running Heads

Headword	Running head	Jumbled running head
1. ballon	BAIN-MARIE	TIFÉDNOC
2. chômage	CHIFFONNER	SERÎMAIRT
3. décontracté	DÉCONFIT	CEALP
4. école	ÉCOLE	NAGG
5. gâteau	GANG	PSYEIGOLCOH
6. injuste	INSATISFAISANT	NIAB-RIEAM
7. maillot	MAÎTRISER	CEOGNÉ
8. Noël	NÉGOCE	FNERNFOHCI
9. pizza	PLACE	PNEHOXAOS
10. punir	PSYCHOLOGIE	ELTUMTU
11. savoir	SAXOPHONE	TNASSITAIFINSA
12. trompeur	TUMULTE	ECLÉO

Parts of Speech

chien	**correct**	drôlement	faire
bronzer	délibérément	formidable	**dollar**
humide	icône	**nuire**	physiquement
franchement	jouer	loterie	naïf

Parts of Speech (continued)

eux	la	brûler	dessin	avant	autre
ascenseur	sur	attractif	le	vous	classer
frêle	contracter	avec	il	lumière	les
une	nous	chômage	effacer	exclusive	sans
après	étape	l'	trapu	marcher	lui
hausser	discret	je	sous	un	famille

Gender

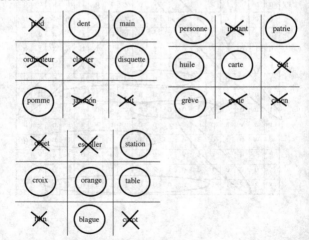

Feminine wins the most matches.

Adjectives

1. un sourire entendu
2. une femme blonde
3. un message important
4. l'école secondaire
5. la voiture verte
6. un pique-nique inoubliable
7. une jolie fille
8. un livre intéressant
9. un locuteur natif
10. un guide français
11. un sac à dos lourd

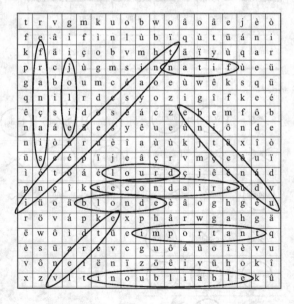

Verbs

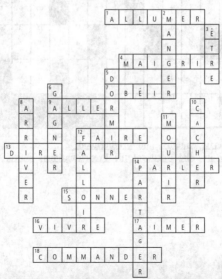

Riddles

1. hiver
2. maillot
3. parapluie
4. zéro
5. déjà vu
6. hôpital
7. bicyclette
8. baleine
9. grand-mère
10. mois
11. ceinture
12. pomme
13. facteur
14. déjeuner
15. chiot

Cryptogram

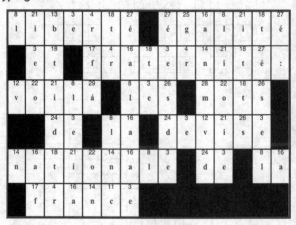

Liberty, equality, and brotherhood:
here are the words of the French national motto.

BASIC FRENCH PHRASES & GRAMMAR

Pronunciation

In this section we have used a simplified phonetic system to represent the sounds of French. Simply read the pronunciation as if it were English.

Nasal Sounds

French contains nasal vowels, which are transcribed with a vowel symbol plus N. This N should not be pronounced strongly but is included to show the nasal quality of the previous vowel. A nasal vowel is pronounced simultaneously through the mouth and the nose.

Liaison

Final consonants of words are not pronounced in French. However, when a word ending in a consonant is followed by one beginning with a vowel, they are often run together, and the consonant is pronounced as if it began the following word.

BASIC PHRASES

Essential

Good afternoon!	Bonjour !	bohN-zhoor
Good evening!	Bonsoir !	bohN-swahr
Goodbye!	Au revoir.	oh-ruh-vwah
..., please!	..., s'il vous plaît.	seel voo play
Thank you.	Merci.	mehr-see
Yes.	Oui.	wee
No.	Non.	nohN
Sorry!	Excusez-moi.	ex-kew-zeh-mwah
Where are the restrooms?	Où sont les toilettes ?	oo sohN lay twah-let
When?	Quand ?	kahN
What?	Quoi ?	kwah
Where?	Où ?	oo
Here.	Ici.	ee-see
There.	Là-bas.	lah bah

On the right.	À droite.	ah drwaht
On the left.	À gauche.	ah gohsh
Do you have…?	Avez-vous…?	ah-veh-voo
I'd like…	J'aimerais bien…	zhem-eh-reh bee-aN
How much is that?	Ça coûte combien ?	sah koot kohN-bee-aN
Where is …?	Où est…?	oo eh
Where can I get…?	Où est-ce-qu'il y a…?	oo es-keel yah

Communication Difficulties

Do you speak English?	Parlez-vous anglais ?	pah-lay voo ahN-glay
Does anyone here speak English?	Est-ce que quelqu'un parle anglais ici ?	es-kuh kel-kaN ee-see pahrl ahN-glay
Did you understand that?	Vous avez compris ?	vooz-ah-veh kohN-pree
I understand.	J'ai compris.	zheh kohN-pree
I didn't understand that.	Je n'ai pas compris.	zhuh nay pah kohN-pree
Could you speak a bit more slowly, please?	Vous pourriez parler un peu plus lentement, s'il vous plaît ?	voo poor-ee-eh pah-lay aN puh plew lahN-tuh-mahN see voo-play
Could you repeat that?	Vous pourriez répéter ?	voo poor-ee-eh ray-pay-teh
What does … mean?	Que veut dire …?	kuh vuh deer
Could you write it down for me?	Vous pourriez me l'écrire ?	voo poor-ee-eh muh lay-creer

Greetings

Good morning / afternoon!	Bonjour !	bohN-zhoor
Good evening!	Bonsoir !	bohN-swah
Goodnight!	Bonne nuit !	bun nwee
Hello!	Salut !	sah-lew
How are you?	Comment allez-vous / vas-tu ?	koh-mahN-tah-lay-voo / vah-tew
How are things?	Comment ça va ?	koh-mahN sah-vah

Fine, thanks. And you?	Très bien, merci. Et vous ?	tray bee-aN mehr-see eh voo
I'm afraid I have to go now.	Je suis désolé, mais je dois partir maintenant.	zhuh swee day-zo-lay may zhuh dwah pah-teer maN-tuh-nahN
Goodbye!	Au revoir !	oh-ruh-vwah
See you soon / tomorrow!	A bientôt / demain !	ah bee-aN-toh / duh-maN
Bye!	Salut !	sah-lew
It was nice meeting you.	Je suis heureux (m) / heureuse (f) d'avoir fait votre connaissance.	zhuh swee uhr-uh / uhr-uhz dah-vwah feh vo-truh kohN-nay-sahNs
Thank you for a lovely evening / day.	Merci pour cette charmante soirée / journée.	mehr-see poor set shahr-mahNt swah-ray / zhoor-nay
Have a good trip!	Bon voyage !	bohN vwah-yazh

Meeting People

What's your name?	Comment vous appelez-vous / tu t'appelles ?	koh-mahN voo-zah-play voo / tew-tah-pel
My name is …	Je m'appelle …	zhuh mah-pel
May I introduce …	Permettez-moi de vous présenter…	pehr-met-teh-mwah duh voo pray-sahN-teh
— my husband.	— mon mari.	mohN mah-ree
— my wife.	— ma femme.	mah fahm
— my (boy)friend.	— mon ami.	mohN-nah-mee
— my (girl)friend.	— mon amie.	mohN-nah-mee
Where are you from?	D'où venez-vous / viens-tu ?	doo vuh-nay-voo / vee-aN tew
I'm from …	Je viens …	zhuh vee-aN
— the US.	— des États-Unis.	day-zeh-tah-sew-nee
— Canada.	— du Canada.	dew kah-nah-dah
— the UK	— du Royaume-Uni.	dew rwah-yohm-ew-nee
How old are you?	Quel âge avez-vous / as-tu ?	kel ahzh ah-veh-voo / ah tew
I'm …	J'ai … ans.	zhay … ahN

Expressing Likes and Dislikes

Very good!	Très bien !	treh bee-aN
I'm very happy.	Je suis très content (m) / contente (f).	zhuh swee treh kohN-taN / kohN-taNt
I like that.	Ça me plaît.	sah-muh-play
What a shame!	Dommage !	doh-mazh
I'd rather …	J'aimerais mieux …	zhem-eh-reh myuh
I don't like it.	Ça ne me plaît pas.	sahn nuh muh play pah
I'd rather not.	Je ne préfèrerais pas.	zhuh nuh pray-fehr-eh pah
Certainly not.	En aucun cas.	ahN oh-kaN kah

Expressing Requests and Thanks

Thank you very much.	Merci beaucoup.	mehr-see bo-koo
May I?	Vous permettez ?	voo pehr-met-teh
Please, …	S'il vous plaît, …	seel-voo-play
No, thank you.	Non, merci.	nohN mehr-see
Could you help me, please?	Est-ce que vous pourriez m'aider, s'il vous plaît ?	es-kuh voo poor-ee-eh meh-day see-voo-play
Thank you. That's very nice of you.	Merci beaucoup. C'est très aimable de votre part.	mehr-see bo-koo seh treh-zem-ah-bluh duh vo-truh pah
You're welcome.	Il n'y a pas de quoi.	eel nee-ah pahd-kwah

Apologies

Sorry!	Pardon !	pahr-dohN
Excuse me!	Excusez-moi !	ex-kew-say mwah
I'm sorry about that.	Je suis désolé.	zhuh swee day-zo-lay
Don't worry about it!	Ça ne fait rien !	sahn nuh feh ree-aN
How embarrassing!	C'est très gênant pour moi !	seh treh-zheh-nahN poor mwah
It was a misunderstanding.	C'était un malentendu.	say-teh aN mah-lahN-tahn-dew

GRAMMAR

Verbs and Their Tenses

There are three verb types that follow a regular pattern, their infinitives ending in -er, -ir, and -re, e.g. *to speak*, parler, *to finish*, finir, *to return*, rendre. Here are the most commonly used present, past, and future forms.

	Present	*Past*	*Future*
je / j' I	parle	ai parlé	parlerai
tu you (informal)	parles	as parlé	parleras
il / elle he / she	parle	a parlé	parlera
nous we	parlons	avons parlé	parlerons
vous you	parlez	avez parlé	parlerez
ils / elles they	parlent	ont parlé	parleront
je / j' I	finis	ai fini	finirai
tu you (informal)	finis	as fini	finiras
il / elle he / she	finit	a fini	finira
nous we	finissons	avons fini	finirons
vous you	finissez	avez fini	finirez
ils / elles they	finissent	ont fini	finiront
je / j' I	rends	ai rendu	rendrai
tu you (informal)	rends	as rendu	rendras
il / elle he / she	rend	a rendu	rendra
nous we	rendons	avons rendu	rendrons
vous you	rendez	avez rendu	rendrez
ils / elles they	rendent	ont rendu	rendront

Examples:

J'aime la musique.	I like music.
Parlez-vous anglais ?	Do you speak English?

There are many irregular verbs whose forms differ considerably. The most common way to express the past is by using the conjugated form of *to have*, **avoir**, and the past participle of the verb. Many verbs, especially verbs related to movement are conjugated with *to be*, **être**. In that case the participle agrees with number and gender of the subject.

avoir to have	**être** to be
j'ai I have	**je suis** I am
tu as you have	**tu es** you are
il / elle a he / she has	**il / elle est** he / she is
nous avons we have	**nous sommes** we are
vous avez you have	**vous êtes** you are
ils / elles ont they have	**ils / elles sont** they are

Examples:

Nous avons visité Paris.	We visited Paris.
Elle est arrivée en retard.	She arrived late.
Elles sont allées au cinéma.	They (f) went to the movies.

Imperatives (Command Form)

Imperative sentences are formed by using the stem of the verb with the appropriate ending.

tu you (informal)	**Parle !** Speak!
nous we	**Parlons !** Let's speak!
vous you	**Parlez !** Speak!
tu you (informal)	**Finis !** Finish!
nous we	**Finissons !** Let's finish!
vous you	**Finissez !** Finish!

Nouns and Their Determiners

In French, nouns are either **masculine** (m) or **feminine** (f). Generally, nouns ending in -e, -té and -tion are **feminine.** The definite articles, meaning *the*, are **le** (m), **la** (f), and **les** (m and f plural). Plural nouns end in -s or -x but the final s or x is not pronounced.

Examples:

Singular	le train the train	la table the table
Plural	les trains the trains	les tables the tables

The indefinite articles also indicate gender: **un** (m), **une** (f), **des** (pl. m and f).

Examples:

Singular	un livre a book	une porte a door
Plural	des livres books	des portes doors

Possessive adjectives agree in gender and number with their noun:

	Masculine	*Feminine*	*Plural*
my	mon	ma	mes
your	ton	ta	tes
his / her / its	son	sa	ses
our	notre	notre	nos
your	votre	votre	vos
their	leur	leur	leurs

Examples:

Je cherche leurs clés.	I'm looking for their keys.
Où est votre billet ?	Where is your ticket?
C'est ma place.	That's my seat.

Comparatives and Superlatives

Comparatives and superlatives are formed by adding **plus** *(more),* **moins** *(less),* **le / la plus** *(the most)* or **le / la moins** *(the least)* before the adjective.

Adjective	*Comparative*	*Superlative*
grand	plus grand(e)	le / la / les plus grand(e)(s)
big	bigger	the biggest

| cher | moins cher | le / la / les moins cher(s) / chère(s) |
| cheap | cheaper | cheapest |

Example:

| Où est l'école la plus proche ? | Where is the nearest school? |

Adverbs and Adverbial Expressions

Adverbs describe verbs. They are often formed by adding -ment to the feminine form of the adjective.

Examples:

| Jean conduit lentement. | Jean drives slowly. |
| Robert conduit rapidement. | Robert drives fast. |

Some common adverbial time expressions:

tout de suite	immediately
pas encore	not yet
encore	still
avant	before
déjà	already
ne . . . jamais	never

Possessive Pronouns

Pronouns serve as substitutes for nouns and relate to number and gender.

	Singular	Plural
mine	le mien / la mienne	les miens / les miennes
yours (inf.)	le tien / la tienne	les tiens / les tiennes
his / her / its	le sien / la sienne	les siens / les siennes
ours	le / la nôtre	les nôtres
yours	le / la vôtre	les vôtres
theirs	le / la leur	les leurs

Example:

Nos passeports ? Le mien est dans mon sac et le tien est dans la valise.

Our passports? Mine is in my bag and yours is in the suitcase.

Demonstrative Pronouns

The following are used to differentiate *this* and *that*:

this one	**celui-ci** (sing. m)	**celle-ci** (sing. f)
that one	**celui-là** (sing. m)	**celle-là** (sing. f)
these	**ceux-ci** (pl. m)	**celles-ci** (pl. f)
those	**ceux-là** (pl. m)	**celles-là** (pl. f)

Examples:

Celui-ci coûte moins cher.	This one costs less.
Je préfère celle-là.	I prefer that one.

Word Order

The conjugated verb comes after the subject.

Example:

Tu es en vacances.   You are on vacation.

Questions are formed by simply raising your voice at the end of the sentence, by adding **Est-ce que** before the sentence, or by reversing the order of subject and verb. Subject and verb must be reversed when using key question words like *where*, **où**.

Examples:

Tu es en vacances ?	Are you on vacation?
Est-ce que tu es en vacances ?	Are you on vacation?
Es-tu en vacances ?	Are you on vacation?

Negations

Negative sentences are generally formed by adding ne before the verb
and pas after it.

Examples:

Nous ne fumons pas.	We don't smoke.
Ce n'est pas neuf.	It's not new.
Tu n'as pas acheté ça ?	You didn't buy that?

English-French Dictionary

A

a [ə], *stressed* [eɪ] *art* un(e); *$5 a ride* 5 $ le tour; *she's a dentist / an actress* elle est dentiste / actrice; *have a broken arm* avoir le bras cassé

a•back [ə'bæk] *adv*: *taken aback* décontenancé

a•ban•don [ə'bændən] *v/t* abandonner

a•bashed [ə'bæʃt] *adj* honteux*

a•bate [ə'beɪt] *v/i of storm* se calmer; *of flood waters* baisser

ab•at•toir ['æbətwɑːr] abattoir *m*

ab•bey ['æbɪ] abbaye *f*

ab•bre•vi•ate [ə'briːvɪeɪt] *v/t* abréger

ab•bre•vi•a•tion [əbriːvɪ'eɪʃn] abréviation *f*

ab•do•men ['æbdəmən] abdomen *m*

ab•dom•i•nal [æb'dɑːmɪnl] *adj* abdominal

ab•duct [əb'dʌkt] *v/t* enlever

ab•duc•tion [əb'dʌkʃn] enlèvement *m*

◆ **a•bide by** [ə'baɪd] *v/t* respecter

a•bil•i•ty [ə'bɪlətɪ] capacité *f*; *skill* faculté *f*

a•blaze [ə'bleɪz] *adj*: *be ablaze* être en feu

a•ble ['eɪbl] *adj* (*skillful*) compétent; *be able to do sth* pouvoir faire qch; *I wasn't able to hear* je ne pouvais pas entendre

a•ble-bod•ied ['eɪblbɑːdiːd] *adj* en bonne condition physique

ab•nor•mal [æb'nɔːrml] *adj* anormal

ab•nor•mal•ly [æb'nɔːrmlɪ] *adv* anormalement

a•board [ə'bɔːrd] **1** *prep* à bord **2** *adv*: *be aboard* être à bord; *go aboard* monter à bord

a•bol•ish [ə'bɑːlɪʃ] *v/t* abolir

a•o•li•tion [æbə'lɪʃn] abolition *f*

a•bort [ə'bɔːrt] *v/t mission etc* suspendre; COMPUT: *program* suspendre l'exécution de

a•bor•tion [ə'bɔːrʃn] MED avortement *m*; *have an abortion* se faire avorter

a•bor•tive [ə'bɔːrtɪv] *adj* avorté

a•bout [ə'baut] **1** *prep* (*concerning*) à propos de; *a book about* un livre sur; *talk about* parler de; *what's it about? of book, movie* de quoi ça parle? **2** *adv* (*roughly*) à peu près; *about noon* aux alentours de midi; *be about to do sth* (*be going to*) être sur le point de faire qch; (*have intention*) avoir l'intention de faire qch; *be about* (*somewhere near*) être dans les parages

a•bove [ə'bʌv] **1** *prep* au-dessus de; *above all* surtout **2** *adv* au-dessus; *on the floor above* à l'étage du dessus

a•bove-men•tioned [əbʌv'menʃnd] *adj* ci-dessus, susmentionné

ab•ra•sion [ə'breɪʒn] écorchure *f*

ab•ra•sive [ə'breɪsɪv] *adj personality* abrupt

a•breast [ə'brest] *adv*: *three abreast* les trois l'un à côté de l'autre; *keep abreast of* se tenir au courant de

a•bridge [ə'brɪdʒ] *v/t* abréger

a•broad [ə'brɔːd] *adv* à l'étranger

a•brupt [ə'brʌpt] *adj* brusque

a•brupt•ly [ə'brʌptlɪ] *adv* brusquement; *say* d'un ton brusque

ab•scess ['æbsɪs] abcès *m*

ab•sence ['æbsəns] absence *f*

ab•sent ['æbsənt] *adj* absent

ab•sen•tee [æbsən'tiː] absent(e) *m(f)*

ab•sen•tee•ism [æbsən'tiːɪzm] absentéisme *m*

ab•sent-mind•ed [æbsənt'maɪndɪd] *adj* distrait

ab•sent-mind•ed•ly [æbsənt'maɪndɪdlɪ] *adv* distraitement

ab•so•lute ['æbsəluːt] *adj* absolu

ab•so•lute•ly ['æbsəluːtlɪ] *adv* (*completely*) absolument; *mad* complètement; *absolutely not!* absolument pas!; *do you agree? – absolutely* tu es d'accord? - tout à fait

ab•so•lu•tion [æbsə'luːʃn] REL absolution *f*

ab•solve [əb'zɑːlv] *v/t* absoudre

ab•sorb [əb'sɔːrb] *v/t* absorber; *absorbed in ...* absorbé dans

ab•sorb•en•cy [əb'sɔːrbənsɪ] capacité *f* d'absorption

ab•sorb•ent [əb'sɔːrbənt] *adj* absorbant

ab•sorb•ent 'cot•ton coton *m* hydrophile

ab•sorb•ing [əb'sɔːrbɪŋ] *adj* absorbant

ab•stain [əb'steɪn] *v/i from voting* s'abstenir

ab•sten•tion [əb'stenʃn] *in voting* abstention *f*

ab•stract ['æbstrækt] *adj* abstrait

ab•struse [əb'struːs] *adj* abstrus

ab•surd [əb'sɜːrd] *adj* absurde

ab•surd•i•ty [əb'sɜːrdətɪ] absurdité *f*

ab•surd•ly [əb'sɜːrdlɪ] *adv* absurdement

a•bun•dance [ə'bʌndəns] abondance *f*

a•bun•dant [ə'bʌndənt] *adj* abondant

a•buse¹ [ə'bjuːs] *n verbal* insultes *fpl*;

physical violences *fpl* physiques; *sexual* sévices *mpl* sexuels; *of power etc* abus *m*

a•buse² [ə'bjuːz] *v/t verbally* insulter; *physically* maltraiter; *sexually* faire subir des sévices sexuels à; *power etc* abuser de

a•bu•sive [ə'bjuːsɪv] *adj language* insultant; **become abusive** devenir insultant

a•byss [ə'bɪs] abîme *m*

AC ['eɪsiː] *abbr* (= **alternating current**) CA (= courant *m* alternatif)

ac•a•dem•ic [ækə'demɪk] **1** *n* universitaire *m/f* **2** *adj year: at school* scolaire; *at university* universitaire; *person, interests, studies* intellectuel*

a•cade•em•ic [ə'kædəmɪ] académie *f*

ac•cel•e•rate [ək'seləreɪt] *v/i & v/t* accélérer

ac•cel•e•ra•tion [əkselə'reɪʃn] accélération *f*

ac•cel•e•ra•tor [ək'seləreɪtər] accélérateur *m*

ac•cent ['æksənt] *when speaking, (emphasis)* accent *m*

ac•cen•tu•ate [ək'sentʊeɪt] *v/t* accentuer

ac•cept [ək'sept] *v/t & v/i* accepter

ac•cept•a•ble [ək'septəbl] *adj* acceptable

ac•cept•ance [ək'septəns] acceptation *f*

ac•cess ['ækses] **1** *n* accès *m*; **have access to** avoir accès à **2** *v/t also* COMPUT accéder à

ac•ces•si•ble [ək'sesəbl] *adj* accessible

ac•ces•so•ry [ək'sesərɪ] *for wearing* accessoire *m*; LAW complice *m/f*

'ac•cess road route *f* d'accès

'ac•cess time COMPUT temps *m* d'accès

ac•ci•dent ['æksɪdənt] accident *m*; **by accident** par hasard

ac•ci•den•tal [æksɪ'dentl] *adj* accidentel*

ac•ci•den•tal•ly [æksɪ'dentlɪ] *adv* accidentellement

ac•claim [ə'kleɪm] **1** *n*: **meet with acclaim** recevoir des louanges **2** *v/t* saluer (**as** comme)

ac•cla•ma•tion [əklə'meɪʃn] acclamation *f*

ac•cli•mate, ac•cli•ma•tize [ə'klaɪmət, ə'klaɪmətaɪz] *v/t of plant* s'acclimater

ac•com•mo•date [ə'kɑːmədeɪt] *v/t* loger; *special requirements* s'adapter à

ac•com•mo•da•tions [əkɑːmə'deɪʃnz] *npl* logement *m*

ac•com•pa•ni•ment [ə'kʌmpənɪmənt] MUS accompagnement *m*

ac•com•pa•nist [ə'kʌmpənɪst] MUS accompagnateur(-trice) *m/f*

ac•com•pa•ny [ə'kʌmpənɪ] *v/t (pret & pp -ied) also* MUS accompagner

ac•com•plice [ə'kʌmplɪs] complice *m/f*

ac•com•plish [ə'kʌmplɪʃ] *v/t (achieve)*, *task, mission* accomplir

ac•com•plished [ə'kʌmplɪʃt] *adj pianist, cook etc* accompli

ac•com•plish•ment [ə'kʌmplɪʃmənt] *of task, mission* accomplissement *m*; *(achievement)* réussite *f*; *(talent)* talent *m*

ac•cord [ə'kɔːrd] accord *m*; **of one's own accord** de son plein gré

ac•cord•ance [ə'kɔːrdəns]: **in accordance with** conformément à

ac•cord•ing [ə'kɔːrdɪŋ] *adv*: **according to** selon

ac•cord•ing•ly [ə'kɔːrdɪŋlɪ] *adv (consequently)* par conséquent; *(appropriately)* en conséquence

ac•cor•di•on [ə'kɔːrdɪən] accordéon *m*

ac•cor•di•on•ist [ə'kɔːrdɪənɪst] accordéoniste *m/f*

ac•count [ə'kaʊnt] *financial* compte *m*; *(report, description)* récit *m*; **give an account of** faire le récit de; **on no account** en aucun cas; **on account of** en raison de; **take ... into account, take account of ...** tenir compte de ...

◆ **account for** *v/t (explain)* expliquer; *(make up, constitute)* représenter

ac•count•a•ble [ə'kaʊntəbl] *adj*: **be accountable to** devoir rendre des comptes à; **be held accountable** être tenu responsable

ac•count•ant [ə'kaʊntənt] comptable *m/f*

ac'count hold•er titulaire *m/f* de compte

ac'count num•ber numéro *m* de compte

ac•counts [ə'kaʊnts] comptabilité *f*

ac•cu•mu•late [ə'kjuːmjoleɪt] **1** *v/t* accumuler **2** *v/i* s'accumuler

ac•cu•mu•la•tion [əkjuːmjo'leɪʃn] accumulation *f*

ac•cu•ra•cy ['ækjʊrəsɪ] justesse *f*

ac•cu•rate ['ækjʊrət] *adj* juste

ac•cu•rate•ly ['ækjʊrətlɪ] *adv* avec justesse

ac•cu•sa•tion [ækjuː'zeɪʃn] accusation *f*

ac•cuse [ə'kjuːz] *v/t* accuser; **accuse s.o. of doing sth** accuser qn de faire qch; **be accused of** LAW être accusé de

ac•cused [ə'kjuːzd] LAW: **the accused** l'accusé(e) *m(f)*

ac•cus•ing [ə'kjuːzɪŋ] *adj* accusateur*

ac•cus•ing•ly [ə'kjuːzɪŋlɪ] *adv* say d'un ton accusateur; *look* d'un air accusateur

ac•cus•tom [ə'kʌstəm] *v/t*: **get accustomed to** s'accoutumer à; **be accustomed to** être accoutumé à faire qch; **be accustomed to doing sth** avoir l'habitude de faire qch, être accoutumé à faire qch

ace [eɪs] *in cards* as *m*; *tennis shot* ace *m*

ache [eɪk] **1** *n* douleur *f* **2** *v/i*: **my arm /**

head aches j'ai mal au bras/à la tête

a•chieve [ə'tʃiːv] v/t accomplir

a•chieve•ment [ə'tʃiːvmənt] (*thing achieved*) accomplissement *m*; *of ambition* réalisation *f*

ac•id ['æsɪd] *n* acide *m*

ac•id•i•ty [ə'sɪdətɪ] acidité *f*

ac•id ['æsɪd] *rain* pluies *fpl* acides

'ac•id test *fig* test *m* décisif

ac•knowl•edge [ək'nɑːlɪdʒ] v/t reconnaître; **acknowledge receipt of a letter** accuser réception d'une lettre

ac•knowl•edg(e)•ment [ək'nɑːlɪdʒmənt] reconnaissance *f*; *of a letter* accusé *m* de réception

ac•ne ['ækni] MED acné *m*

a•corn ['eɪkɔːrn] BOT gland *m* (de chêne)

a•cous•tics [ə'kuːstɪks] acoustique *f*

ac•quaint [ə'kweɪnt] v/t *fml*: **be acquainted with** connaître

ac•quaint•ance [ə'kweɪntəns] *person* connaissance *f*

ac•qui•esce [ækwɪ'es] v/i *fml* acquiescer

ac•quire [ə'kwaɪr] v/t acquérir

ac•qui•si•tion [ækwɪ'zɪʃn] acquisition *f*

ac•quis•i•tive [æ'kwɪzətɪv] *adj* avide

ac•quit [ə'kwɪt] v/t LAW acquitter

ac•quit•tal [ə'kwɪtl] LAW acquittement *m*

a•cre ['eɪkər] acre *f*

a•cre•age ['eɪkrɪdʒ] acres *mpl*

ac•rid ['ækrɪd] *adj smell* âcre

ac•ri•mo•ni•ous [ækrɪ'mouniəs] *adj* acrimonieux*

ac•ro•bat ['ækrəbæt] acrobate *m/f*

ac•ro•bat•ic [ækrə'bætɪk] *adj* acrobatique

ac•ro•bat•ics [ækrə'bætɪks] *npl* acrobaties *fpl*

ac•ro•nym ['ækrənɪm] acronyme *m*

a•cross [ə'krɑːs] **1** *prep* de l'autre côté de; **sail across the Atlantic** traverser l'Atlantique en bateau; **walk across the street** traverser la rue; **across Europe** all over dans toute l'Europe; **across from ...** en face de ... **2** *adv*: **swim across** traverser à la nage; **jump across** sauter par-dessus; **10m across** 10 m de large

a•cryl•ic [ə'krɪlɪk] acrylique *m*

act [ækt] **1** v/i (*take action*) agir; THEA faire du théâtre; (*pretend*) faire semblant; **act as** faire office de **2** *n* (*deed*) fait *m*; *of play* acte *m*; *in variety show* numéro *m*; (*law*) loi *f*; **it's an act** (*pretense*) c'est du cinéma; **act of God** catastrophe *f* naturelle

act•ing ['æktɪŋ] **1** *adj* (*temporary*) intérimaire **2** *n performance* jeu *m*; **go into acting** devenir acteur

ac•tion ['ækʃn] action *f*; **out of action**

(*not functioning*) hors service; **take action** prendre des mesures; **bring an action against** LAW intenter une action en justice contre

action 're•play TV reprise *f*

ac•tive ['æktɪv] *adj also* GRAM actif*

ac•tiv•ist ['æktɪvɪst] POL activiste *m/f*

ac•tiv•i•ty [æk'tɪvətɪ] activité *f*

ac•tor ['æktər] acteur *m*

ac•tress ['æktrɪs] actrice *f*

ac•tu•al ['æktʃʊəl] *adj* véritable

ac•tu•al•ly ['æktʃʊəlɪ] *adv* (*in fact, to tell the truth*) en fait; *expressing surprise* vraiment; **actually I do know him** *stressing converse* à vrai dire, je le connais

ac•u•punc•ture ['ækjəpʌŋktʃər] acupuncture *f*, acuponcture *f*

a•cute [ə'kjuːt] *adj pain, embarrassment* intense; *sense of smell* très développé

a•cute•ly [ə'kjuːtlɪ] *adv* (*extremely*) extrêmement

AD [eɪ'diː] *abbr* (= **anno domini**) av. J.-C. (= avant Jésus Christ)

ad [æd] → **advertisement**

ad•a•mant ['ædəmənt] *adj*: **be adamant that ...** soutenir catégoriquement que ...

Ad•am's ap•ple [ædəmz'æpl] pomme *f* d'Adam

a•dapt [ə'dæpt] **1** v/t adapter **2** v/i *of person* s'adapter

a•dapt•a•bil•i•ty [ədæptə'bɪlətɪ] faculté *f* d'adaptation

a•dapt•a•ble [ə'dæptəbl] *adj person, plant* adaptable; *vehicle etc* multifonction *inv*

a•dap•ta•tion [ædæp'teɪʃn] *of play etc* adaptation *f*

a•dapt•er [ə'dæptər] *electrical* adaptateur *m*

add [æd] **1** v/t ajouter; MATH additionner **2** v/i *of person* faire des additions

◆ **add on** v/t 15% *etc* ajouter

◆ **add up 1** v/t additionner **2** v/i *fig* avoir du sens

ad•der ['ædər] vipère *f*

ad•dict ['ædɪkt] (*drug addict*) drogué(e) *m(f)*; *of TV program etc* accro *m/f* F

ad•dict•ed [ə'dɪktɪd] *adj to drugs* drogué; *to TV program etc* accro F; **be addicted to** être accro à

ad•dic•tion [ə'dɪkʃn] *to drugs* dépendance *f* (**to** de)

ad•dic•tive [ə'dɪktɪv] *adj*: **be addictive** entraîner une dépendance

ad•di•tion [ə'dɪʃn] MATH addition *f*; *to list* ajout *m*; *to company* recrue *f*; **in addition** de plus; **in addition to** en plus de; **the latest addition to the family** le petit dernier / la petite dernière

ad•di•tion•al [ə'dɪʃnl] *adj* supplémentaire

ad•di•tive ['æditiv] additif *m*
add-on ['ædɑ:n] accessoire *m*
ad•dress [ə'dres] **1** *n of person* adresse *f*; **form of address** titre *m* **2** *v/t letter* adresser; *audience, person* s'adresser à
ad'dress book carnet *m* d'adresses
ad•dress•ee [ædre'si:] destinataire *m/f*
ad•ept ['ædept] *adj expert*; **be adept at doing sth** être expert dans l'art de faire qch
ad•e•quate ['ædikwət] *adj (sufficient)* suffisant; *(satisfactory)* satisfaisant
ad•e•quate•ly ['ædikwətli] *adv* suffisamment
ad•here [əd'hır] *v/i* adhérer
♦ adhere to *v/t* adhérer à
ad•he•sive [əd'hi:sıv] *n* adhésif *m*
ad•he•sive 'tape (ruban *m*) adhésif *m*
ad•ja•cent [ə'dʒeısnt] *adj* adjacent
ad•jec•tive ['ædʒıktıv] adjectif *m*
ad•join [ə'dʒɔın] *v/t* être à côté de
ad•join•ing [ə'dʒɔınıŋ] *adj* attenant
ad•journ [ə'dʒɜ:rn] *v/i* ajourner
ad•journ•ment [ə'dʒɜ:rnmənt] ajournement *m*
ad•just [ə'dʒʌst] *v/t* ajuster
ad•just•a•ble [ə'dʒʌstəbl] *adj* ajustable
ad•just•ment [ə'dʒʌstmənt] ajustement *m*
ad lib [æd'lıb] **1** *adj* improvisé **2** *adv* en improvisant **3** *v/i (pret & pp* **-bed)** improviser
ad•min•is•ter [əd'mınıstər] *v/t medicine* donner; *company, country* administrer
ad•min•is•tra•tion [ədmını'streıʃn] *of company, institution* administration *f*; *(administrative work)* tâches *fpl* administratives; *(government)* gouvernement *m*
ad•min•is•tra•tive [ədmını'strətıv] *adj* administratif
ad•min•is•tra•tor [əd'mınıstreıtər] administrateur(-trice) *m/f*
ad•mi•ra•ble ['ædmərəbl] *adj* admirable
ad•mi•ra•bly ['ædmərəbli] *adv* admirablement
ad•mi•ral ['ædmərəl] amiral *m*
ad•mi•ra•tion [ædmə'reıʃn] admiration *f*
ad•mire [əd'maır] *v/t* admirer
ad•mir•er [əd'maırər] admirateur(-trice) *m/f*
ad•mir•ing [əd'maırıŋ] *adj* admiratif*
ad•mir•ing•ly [əd'maırıŋli] *adv* admirativement
ad•mis•si•ble [əd'mısəbl] *adj evidence* admis
ad•mis•sion [əd'mıʃn] *(confession)* aveu *m*; **admission free** entrée *f* gratuite
ad•mit [əd'mıt] *v/t (pret & pp* **-ted)** *into a place, (accept)* admettre; *(confess)*

avouer
ad•mit•tance [əd'mıtəns]: *no admittance* entrée *f* interdite
ad•mit•ted•ly [əd'mıtedli] *adv* il faut l'admettre
ad•mon•ish [əd'mɑ:nıʃ] *v/t fml* réprimander
a•do [ə'du:]: *without further ado* sans plus parler
ad•o•les•cence [ædə'lesns] adolescence *f*
ad•o•les•cent [ædə'lesnt] **1** *adj* adolescent **2** *n* adolescent(e) *m(f)*
a•dopt [ə'dɑ:pt] *v/t* adopter
a•dop•tion [ə'dɑ:pʃn] adoption *f*
a•dop•tive [ə'dɑ:ptıv] *adj: adoptive parents* parents *mpl* adoptifs
a•dor•a•ble [ə'dɔ:rəbl] *adj* adorable
ad•o•ra•tion [ædə'reıʃn] adoration *f*
a•dore [ə'dɔ:r] *v/t* adorer
a•dor•ing [ə'dɔ:rıŋ] *adj expression* d'adoration; *fans* plein d'adoration
ad•ren•a•lin [ə'drenəlın] adrénaline *f*
a•drift [ə'drıft] *adj also fig* à la dérive
ad•u•la•tion [ædju'leıʃn] adulation *f*
a•dult ['ædʌlt] **1** *adj* adulte **2** *n* adulte *m/f*
a•dult ed•u•ca•tion enseignement *m* pour adultes
a•dul•ter•ous [ə'dʌltərəs] *adj* adultère
a•dul•ter•y [ə'dʌltərı] adultère *m*
'a•dult film *euph* film *m* pour adultes
ad•vance [əd'væns] **1** *n money* avance *f*; *in science etc* avancée *f*; MIL progression *f*; *in advance* à l'avance; *payment in advance* paiement *m* anticipé; *make advances (progress)* faire des progrès; *sexually* faire des avances **2** *v/i* MIL, *(make progress)* avancer **3** *v/t theory, sum of money* avancer; *human knowledge, cause* faire avancer
ad•vance 'book•ing: *advance booking advised* il est conseillé de réserver à l'avance
ad•vanced [əd'vænst] *adj* avancé
ad•vance 'no•tice préavis *m*
ad•vance 'pay•ment acompte *m*
ad•van•tage [əd'væntıdʒ] avantage *m*; *it's to your advantage* c'est dans ton intérêt; *take advantage of opportunity* profiter de
ad•van•ta•geous [ædvən'teıdʒəs] *adj* avantageux*
ad•vent ['ædvent] *fig* arrivée *f*
'ad•vent cal•en•dar calendrier *m* de l'avent
ad•ven•ture [əd'ventʃər] aventure *f*
ad•ven•tur•ous [əd'ventʃərəs] *adj* aventureux*
ad•verb ['ædvɜ:rb] adverbe *m*
ad•ver•sa•ry ['ædvərsərı] adversaire *m/f*

ad•verse ['ædvɜːrs] adj adverse

ad•vert ['ædvɜːrt] Br → **advertisement**

ad•ver•tise ['ædvərtaɪz] 1 v/t product faire de la publicité pour; job mettre une annonce pour 2 v/i for a job faire de la publicité; to fill job mettre une annonce

ad•ver•tise•ment [ədvɜːr'taɪsmənt] for a product publicité f, pub f F; for job annonce f

ad•ver•tis•er ['ædvərtaɪzər] annonceur (-euse) m(f)

ad•ver•tis•ing ['ædvərtaɪzɪŋ] publicité f

'ad•ver•tis•ing a•gen•cy agence f de publicité

'ad•ver•tis•ing budg•et budget m de publicité

'ad•ver•tis•ing cam•paign campagne f de publicité

'ad•ver•tis•ing rev•e•nue recettes fpl publicitaires

ad•vice [əd'vaɪs] conseils mpl; **a bit of advice** un conseil; **take s.o.'s advice** suivre le conseil de qn

ad•vis•a•ble [əd'vaɪzəbl] adj conseillé

ad•vise [əd'vaɪz] v/t conseiller; **advise s.o. to do sth** conseiller à qn de faire qch

ad•vis•er [əd'vaɪzər] conseiller(-ère) m(f)

ad•vo•cate ['ædvəkeɪt] v/t recommander

aer•i•al ['erɪəl] n Br antenne f

aer•i•al 'pho•to•graph photographie f aérienne

aer•o•bics [e'roubɪks] nsg aérobic m

aer•o•dy•nam•ic [eroudaɪ'næmɪk] adj aérodynamique

aer•o•nau•ti•cal [erou'nɒːtɪkl] adj aéronautique

aer•o•plane ['eroupleɪn] Br avion m

aer•o•sol ['erəsɒl] aérosol m

aer•o•space in•dus•try ['erəspeɪs] industrie f aérospatiale

aes•thet•ic etc Br → **esthetic** etc

af•fa•ble ['æfəbl] adj affable

af•fair [ə'fer] (matter, business) affaire f; (love affair) liaison f; **foreign affairs** affaires f étrangères; **have an affair with** avoir une liaison avec

af•fect [ə'fekt] v/t MED endommager; decision influer sur; person emotionally, (concern) toucher

af•fec•tion [ə'fekʃn] affection f

af•fec•tion•ate [ə'fekʃnət] adj affectueux*

af•fec•tion•ate•ly [ə'fekʃnətlɪ] adv affectueusement

af•fin•i•ty [ə'fɪnətɪ] affinité f

af•fir•ma•tive [ə'fɜːrmətɪv] 1 adj affirmatif* 2 n: answer in the affirmative ré-

pondre affirmativement

af•flu•ence ['æfluəns] richesse f

af•flu•ent ['æfluənt] adj riche; **the affluent society** la société de consommation

af•ford [ə'fɔːrd] v/t: **be able to afford sth** financially pouvoir se permettre d'acheter qch; **I can't afford the time** je n'ai pas assez de temps; **it's a risk we can't afford to take** c'est un risque qu'on ne peut pas se permettre de prendre

af•ford•a•ble [ə'fɔːrdəbl] adj abordable

a•float [ə'flout] adj boat sur l'eau; **keep the company afloat** maintenir l'entreprise à flot

a•fraid [ə'freɪd] adj: **be afraid** avoir peur (of de); **I'm afraid of upsetting him** j'ai peur de le contrarier; **I'm afraid** expressing regret je crains; **I'm afraid so / not** je crains que oui / non

a•fresh [ə'freʃ] adv: **start afresh** recommencer

Af•ri•ca ['æfrɪkə] Afrique f

Af•ri•can ['æfrɪkən] 1 adj africain 2 n Africain(e) m(f)

af•ter ['æftər] 1 prep après; **after doing sth** après avoir fait qch; **after all** après tout; **it's ten after two** il est deux heures dix; **that's what I'm after** c'est ça que je cherche 2 adv (afterward) après; **the day after** le lendemain

af•ter•math ['æftərmæθ] suite f

af•ter•noon [æftər'nuːn] après-midi m; **in the afternoon** l'après-midi; **this afternoon** cet après-midi

'af•ter sales ser•vice service m après-vente

'af•ter•shave lotion f après-rasage

'af•ter•taste arrière-goût m

af•ter•ward ['æftərwərd] adv ensuite

a•gain [ə'geɪn] adv encore; **I never saw him again** je ne l'ai jamais revu; **start again** recommencer

a•gainst [ə'genst] prep contre; **I'm against the idea** je suis contre cette idée

age [eɪdʒ] 1 n âge m; **at the age of ten** à l'âge de dix ans; **she's five years of age** elle a cinq ans; **under age** mineur; **I've been waiting for ages** F ça fait une éternité que j'attends 2 v/i vieillir

aged¹ [eɪdʒd] adj: **aged 16** âgé de 16 ans

aged² ['eɪdʒɪd] 1 adj: **her aged parents** ses vieux parents 2 npl: **the aged** les personnes fpl âgées

'age group catégorie f d'âge

'age lim•it limite f d'âge

a•gen•cy ['eɪdʒənsɪ] agence f

a•gen•da [ə'dʒendə] of meeting ordre m du jour; **on the agenda** à l'ordre du jour

a•gent ['eɪdʒənt] COMM agent m

ag•gra•vate ['ægrəveɪt] v/t *rash* faire empirer; *situation* aggraver, faire empirer; *(annoy)* agacer

ag•gre•gate ['ægrɪgət] SP: **win on aggregate** totaliser le plus de points

ag•gres•sion [ə'greʃn] agression f

ag•gres•sive [ə'gresɪv] adj agressif*; *(dynamic)* dynamique

ag•gres•sive•ly [ə'gresɪvlɪ] adv agressivement

a•ghast [ə'gæst] adj horrifié

ag•ile ['ædʒəl] adj agile

a•gil•i•ty [ə'dʒɪlətɪ] agilité f

ag•i•tate ['ædʒɪteɪt] v/i: **agitate for** militer pour

ag•i•tat•ed ['ædʒɪteɪtɪd] adj agité

ag•i•ta•tion [ædʒɪ'teɪʃn] agitation f

ag•i•ta•tor ['ædʒɪteɪtər] agitateur(-trice) m(f)

ag•nos•tic [æg'nɒːstɪk] n agnostique m/f

a•go [ə'gou] adv: **two days ago** il y a deux jours; **long ago** il y a longtemps; **how long ago?** il y a combien de temps?

ag•o•nize ['ægənaɪz] v/i se tourmenter (*over* sur)

ag•o•niz•ing ['ægənaɪzɪŋ] adj terrible

ag•o•ny ['ægənɪ] mental tourment m; *physical* grande douleur f; **be in agony** être à l'agonie

a•gree [ə'griː] 1 v/i être d'accord; *of figures, accounts* s'accorder; *(reach agreement)* s'entendre; **I agree** je suis d'accord; **it doesn't agree with me** *of food* je ne le digère pas 2 v/t *price* s'entendre sur; **I agree that ...** je conviens que ...

a•gree•a•ble [ə'griːəbl] adj *(pleasant)* agréable; **be agreeable** *(in agreement)* être d'accord

a•gree•ment [ə'griːmənt] *(consent, contract)* accord m; **reach agreement on** parvenir à un accord sur

ag•ri•cul•tur•al [ægrɪ'kʌltʃərəl] adj agricole

ag•ri•cul•ture ['ægrɪkʌltʃər] agriculture f

a•head [ə'hed] adv devant; **be ahead of s.o.** être devant qn; **plan / think ahead** prévoir / penser à l'avance

aid [eɪd] 1 n aide f 2 v/t aider

aide [eɪd] aide m/f

Aids [eɪdz] nsg sida m

ail•ing ['eɪlɪŋ] adj *economy* mal en point

ail•ment ['eɪlmənt] mal m

aim [eɪm] 1 n in shooting visée f; *(objective)* but m 2 v/i in shooting viser; **aim at doing sth, aim to do sth** essayer de faire qch 3 v/t: **be aimed at s.o.** of remark etc viser qn; **be aimed at** of gun être pointé sur qn

aim•less ['eɪmlɪs] adj sans but

air [er] 1 n air m; **by air** par avion; **in the open air** en plein air; **on the air** RAD, TV à l'antenne 2 v/t *room* aérer; *fig: views* exprimer

'air•bag airbag m

'air•base base f aérienne

air-con•di•tioned adj climatisé

air-con•di•tion•ing climatisation f

'air•craft avion m

'air•craft car•ri•er porte-avions m inv

'air fare tarif m aérien

'air•field aérodrome m

'air force armée f de l'air

'air host•ess hôtesse f de l'air

'air let•ter aérogramme m

'air•lift 1 n pont m aérien 2 v/t transporter par avion

'air•line compagnie f aérienne

'air•lin•er avion m de ligne

'air•mail: **by airmail** par avion

'air•plane avion m

'air•pock•et trou m d'air

air pol•lu•tion pollution f atmosphérique

'air•port aéroport m

'air•sick; **get airsick** avoir le mal de l'air

'air•space espace m aérien

'air ter•mi•nal aérogare f

'air•tight adj *container* étanche

'air traf•fic trafic m aérien

air-traf•fic con'trol contrôle m aérien

air-traf•fic con'trol•ler contrôleur(-euse) aérien(ne) m(f)

air•y ['erɪ] adj *room* aéré; *attitude* désinvolte

aisle [aɪl] in airplane couloir m; in theater allée f

'aisle seat in airplane place f couloir

a•jar [ə'dʒaːr] adj: **be ajar** être entrouvert

a•lac•ri•ty [ə'lækrətɪ] empressement m

a•larm [ə'laːrm] 1 n *(fear)* inquiétude f; *device* alarme f; *(alarm clock)* réveil m; **raise the alarm** donner l'alarme 2 v/t alarmer

a'larm clock réveil m

a•larm•ing [ə'laːrmɪŋ] adj alarmant

a•larm•ing•ly [ə'laːrmɪŋlɪ] adv de manière alarmante; **alarmingly quickly** à une vitesse alarmante

al•bum ['ælbəm] for photographs, *(record)* album m

al•co•hol ['ælkəhɔːl] alcool m

al•co•hol•ic [ælkə'hɔːlɪk] 1 adj *drink* alcoolisé 2 n alcoolique m/f

a•lert [ə'lɜːrt] 1 adj vigilant 2 n signal alerte f; **be on the alert** of troops être en état d'alerte; of person être sur le qui-vive 3 v/t alerter

al•ge•bra ['ældʒɪbrə] algèbre f

al•i•bi ['ælɪbaɪ] n alibi m

al•ien ['eɪlɪən] **1** adj étranger* (**to** à) **2** n (foreigner) étranger(-ère) m(f); from space extra-terrestre m/f

al•ien•ate ['eɪlɪəneɪt] v/t s'aliéner

a•light [ə'laɪt] adj: **be alight** on fire être en feu

a•lign [ə'laɪn] v/t aligner

a•like [ə'laɪk] **1** adj: **be alike** se ressembler **2** adv: **old and young alike** les vieux comme les jeunes

al•i•mo•ny ['ælɪmənɪ] pension f alimentaire

a•live [ə'laɪv] adj: **be alive** être en vie

all [ɔːl] **1** adj tout **2** pron tout; **all of us / them** nous / eux tous; **he ate all of it** il l'a mangé en entier; **that's all, thanks** ce sera tout, merci; **for all I care** pour ce que j'en ai à faire; **for all I know** pour autant que je sache; **all but him** (except) tous sauf lui **3** adv: **all at once** (suddenly) tout d'un coup; (at the same time) tous ensemble; **all but** (nearly) presque; **all the better** encore mieux; **all the time** tout le temps; **they're not at all alike** ils ne se ressemblent pas du tout; **not at all!** (please do) pas du tout!; **two all** SP deux à deux; **thirty all** in tennis trente à; **all right → thirty**

al•lay [ə'leɪ] v/t apaiser

al•le•ga•tion [ælɪ'geɪʃn] allégation f

al•lege [ə'ledʒ] v/t alléguer

al•leged [ə'ledʒd] adj supposé

al•leg•ed•ly [ə'ledʒɪdlɪ] adv: **he allegedly killed two women** il aurait assassiné deux femmes

al•le•giance [ə'liːdʒəns] loyauté f (**to** à)

al•ler•gic [ə'lɜːrdʒɪk] adj allergique (**to** à)

al•ler•gy ['ælərdʒɪ] allergie f

al•le•vi•ate [ə'liːvɪeɪt] v/t soulager

al•ley ['ælɪ] ruelle f

al•li•ance [ə'laɪəns] alliance f

al•lied ['ælaɪd] adj MIL allié

al•lo•cate ['æləkeɪt] v/t assigner

al•lo•ca•tion [ælə'keɪʃn] action assignation f; amount allocated part f

al•lot [ə'lɑːt] v/t (pret & pp **-ted**) assigner

al•low [ə'laʊ] v/t (permit) permettre; **it's not allowed** ce n'est pas permis; **allow s.o. to do sth** permettre à qn de faire qch

◆ **allow for** v/t prendre en compte

al•low•ance [ə'laʊəns] money allocation f; (pocket money) argent m de poche; **make allowances for** fact prendre en considération; person preuve de tolérance envers

al•loy ['ælɔɪ] alliage m

all-pur•pose adj device universel*; vehicle tous usages

all-round adj improvement général; athlete complet

all-time: **be at an all-time low** être à son point le plus bas

◆ **al•lude** to [ə'luːd] v/t faire allusion à

al•lur•ing [ə'luːrɪŋ] adj alléchant

all-wheel 'drive quatre roues motrices fpl; vehicle 4x4 m

al•ly ['ælaɪ] n allié(e) m(f)

Al•might•y [ɔːl'maɪtɪ]: **the Almighty** le Tout-Puissant

al•mond ['ɑːmənd] amande f

al•most ['ɔːlmoʊst] adv presque; **I almost came to see you** j'ai failli venir te voir

a•lone [ə'loʊn] adj seul

a•long [ə'lɔːŋ] **1** prep le long de; **walk along this path** prenez ce chemin **2** adv: **she always brings the dog along** elle amène toujours le chien avec elle; **along with** in addition to ainsi que; **if you knew all along** si tu le savais

a•long•side [əlɔːŋ'saɪd] prep parallel to à côté de; in cooperation with aux côtés de

a•loof [ə'luːf] adj distant

a•loud [ə'laʊd] adv à haute voix

al•pha•bet ['ælfəbet] alphabet m

al•pha•bet•i•cal [ælfə'betɪkl] adj alphabétique

al•pine ['ælpaɪn] adj alpin

Alps [ælps] npl Alpes fpl

al•read•y [ɔːl'redɪ] adv déjà

al•right [ɔːl'raɪt] adj (permitted) permis; (acceptable) convenable; **be alright** (in working order) fonctionner; **she's alright** not hurt elle n'est pas blessée; **would $50 be alright?** est-ce que 50 $ vous iraient?; **is it alright with you if I …?** est-ce que ça vous dérange si je …?; **alright, you can have one!** d'accord, tu peux en prendre un!; **alright, I heard you!** c'est bon, je vous ai entendu!; **everything is alright now between them** tout va bien maintenant entre eux; **that's alright** (don't mention it) c'est rien

al•so ['ɔːlsoʊ] adv aussi

al•tar ['ɔːltər] autel m

al•ter ['ɔːltər] v/t plans, schedule modifier, faire des modifications à; person changer, transformer; garment retoucher, faire une retouche à

al•ter•a•tion [ɔːltə'reɪʃn] to plans etc modification f; to clothes retouche f

al•ter•nate 1 ['ɔːltərneɪt] v/i alterner (**between** entre) **2** ['ɔːltərnət] adj: **on alternate Mondays** un lundi sur deux

al•ter•nat•ing cur•rent ['ɔːltərneɪtɪŋ] courant m alternatif

al•ter•na•tive [ɔːl'tɜːrnətɪv] **1** adj alternatif* **2** n alternative f al•ter•na•tive•ly [ɔːl'tɜːrnətɪvlɪ] adv sinon; **or alternatively** ou bien

al•though [ɔːl'ðəʊ] conj bien que (+subj), quoique (+subj)

al•ti•tude [ˈæltɪtuːd] altitude f

al•to•geth•er [ɔːltəˈɡeðər] adv (completely) totalement; (in all) en tout

al•tru•ism [ˈæltrʊɪzm] altruisme m

al•tru•ist [ˈæltruːɪst] adj altruiste

a•lu•min•ium [əˈluːmɪnəm], Br a•lu•min•i•um [æljʊˈmɪnɪəm] aluminium m

al•ways [ˈɔːlweɪz] adv toujours

a. m. [ˈeɪem] abbr (= ante meridiem) du matin

a•mal•gam•ate [əˈmælɡəmeɪt] v/i of companies fusionner

a•mass [əˈmæs] v/t amasser

am•a•teur [ˈæmətʃʊr] n also pej, SP amateur m/f

am•a•teur•ish [ˈæmətʃʊrɪʃ] adj pej: attempt d'amateur; painter sans talent

a•maze [əˈmeɪz] v/t étonner

a•mazed [əˈmeɪzd] adj étonné

a•maze•ment [əˈmeɪzmənt] étonnement m

a•maz•ing [əˈmeɪzɪŋ] adj étonnant; F (very good) impressionnant

a•maz•ing•ly [əˈmeɪzɪŋlɪ] adv étonnamment

am•bas•sa•dor [æmˈbæsədər] ambassadeur(-drice) m(f)

am•ber [ˈæmbər] n: **at amber** à l'orange

am•bi•dex•trous [æmbɪˈdekstrəs] adj ambidextre

am•bi•ence [ˈæmbɪəns] ambiance f

am•bi•gu•i•ty [æmbɪˈɡjuːɪtɪ] ambiguïté f

am•big•u•ous [æmˈbɪɡjʊəs] adj ambigu*

am•bi•tion [æmˈbɪʃn] ambition f

am•bi•tious [æmˈbɪʃəs] adj ambitieux*

am•biv•a•lent [æmˈbɪvələnt] adj ambivalent

am•ble [ˈæmbl] v/i déambuler

am•bu•lance [ˈæmbjʊləns] ambulance f

am•bush [ˈæmbʊʃ] **1** n embuscade f **2** v/t tendre une embuscade à; **be ambushed** tomber dans une embuscade

a•mend [əˈmend] v/t modifier

a•mend•ment [əˈmendmənt] modification f

a•mends [əˈmendz]: **make amends** se racheter

a•men•i•ties [əˈmiːnətɪz] npl facilités fpl

A•mer•i•ca [əˈmerɪkə] (United States) États-Unis mpl; continent Amérique f

A•mer•i•can [əˈmerɪkən] **1** adj américain **2** n Américain(e) m(f)

A•mer•i•can plan pension f complète

a•mi•a•ble [ˈeɪmɪəbl] adj aimable

a•mi•ca•ble [ˈæmɪkəbl] adj à l'amiable

a•mi•ca•bly [ˈæmɪkəblɪ] adv à l'amiable

am•mu•ni•tion [æmjʊˈnɪʃn] munitions fpl

am•ne•si•a [æmˈniːzɪə] amnésie f

am•nes•ty [ˈæmnəstɪ] amnistie f

a•mong(st) [əˈmʌŋ(st)] prep parmi

a•mor•al [eɪˈmɔːrəl] adj amoral

a•mount [əˈmaʊnt] quantité f; (sum of money) somme f

◆ amount to v/t s'élever à; (be equivalent to) revenir à

am•phib•i•an [æmˈfɪbɪən] amphibien m

am•phib•i•ous [æmˈfɪbɪəs] adj amphibie

am•phi•the•a•ter, Br am•phi•the•a•tre [ˈæmfɪθɪətər] amphithéâtre m

am•ple [ˈæmpl] adj beaucoup de; **$4 will be ample** 4 $ sera amplement suffisant

am•pli•fi•er [ˈæmplɪfaɪər] amplificateur m

am•pli•fy [ˈæmplɪfaɪ] v/t (pret & pp -ied) sound amplifier

am•pu•tate [ˈæmpjuːteɪt] v/t amputer

am•pu•ta•tion [æmpjʊˈteɪʃn] amputation f

a•muse [əˈmjuːz] v/t (make laugh) amuser; (entertain) distraire

a•muse•ment [əˈmjuːzmənt] (merriment) amusement m; (entertainment) divertissement m; **to our great amusement** à notre grand amusement

a•muse•ment park parc m d'attractions

a•mus•ing [əˈmjuːzɪŋ] adj amusant

an [æn], unstressed [ən] → **a**

an•a•bol•ic ster•oid [ænəˈbɑːlɪk] stéroïde m anabolisant

a•nae•mi•a etc Br → **anemia** etc

an•aes•thet•ic etc Br → **anesthetic** etc

an•a•log [ˈænəlɑːɡ] adj COMPUT analogique

a•nal•o•gy [əˈnælədʒɪ] analogie f

an•a•lyse v/t Br → **analyze**

a•nal•y•sis [əˈnæləsɪz] (pl **analyses** [əˈnæləsiːz]) also PSYCH analyse f

an•a•lyst [ˈænəlɪst] also PSYCH analyste m/f

an•a•lyt•i•cal [ænəˈlɪtɪkl] adj analytique

an•a•lyze [ˈænəlaɪz] v/t also PSYCH analyser

an•arch•y [ˈænərkɪ] anarchie f

a•nat•o•my [əˈnætəmɪ] anatomie f

an•ces•tor [ˈænsestər] ancêtre m/f

an•chor [ˈæŋkər] **1** n NAUT ancre f; TV présentateur(-trice) principal(e) m(f) **2** v/t NAUT ancrer

an•cient [ˈeɪnʃənt] adj Rome, Greece antique; object, buildings, tradition ancien

an•cil•lar•y [ænˈsɪlərɪ] adj staff auxiliaire

and [ənd], stressed [ænd] conj et; **bigger and bigger** de plus en plus grand; **go and look it** vas le chercher

An•dor•ra [ænˈdɔːrə] Andorre f

An·dor·ran [æn'dɔːrən] **1** *adj* andorran **2** *n* Andorran(e) *m(f)*

an·ec·dote ['ænɪkdəʊt] anecdote *f*

a·ne·mi·a [ə'niːmɪə] anémie *f*

a·ne·mic [ə'niːmɪk] *adj* anémique

an·es·the·si·ol·o·gist [ænəsθiːziː'ɒlədʒɪst] anesthésiste *m/f*

an·es·thet·ic [ænəs'θetɪk] *n* anesthésiant *m*

anesthetic: local / general anesthetic anesthésie *f* locale / générale

an·es·the·tist [ə'niːsθətɪst] *Br* anesthésiste *m/f*

an·gel ['eɪndʒl] REL, *fig* ange *m*

an·ger ['æŋgər] **1** *n* colère *f* **2** *v/t* mettre en colère

an·gi·na [æn'dʒaɪnə] angine *f* de poitrine

an·gle ['æŋgl] *n* angle *m*

an·gry ['æŋgrɪ] *adj* person en colère; *mood, voice, look* fâché; **be angry with s.o.** être en colère contre qn

an·guish ['æŋgwɪʃ] angoisse *f*

an·gu·lar ['æŋgjʊlər] *adj* anguleux*

an·i·mal ['ænɪml] animal *m*

an·i·mat·ed ['ænɪmeɪtɪd] *adj* animé

an·i·mat·ed car·toon dessin *m* animé

an·i·ma·tion [ænɪ'meɪʃn] (*liveliness*), *technique* animation *f*

an·i·mos·i·ty [ænɪ'mɒsətɪ] animosité *f*

an·kle ['æŋkl] cheville *f*

an·nex ['æneks] **1** *n building, to document* annexe *f* **2** *v/t state* annexer

an·nexe *n Br* → **annex**

an·ni·hi·late [ə'naɪəleɪt] *v/t* anéantir

an·ni·hi·la·tion [ənaɪə'leɪʃn] anéantissement *m*

an·ni·ver·sa·ry [ænɪ'vɜːrsərɪ] anniversaire *m*

an·no·tate ['ænəteɪt] *v/t report* annoter

an·nounce [ə'naʊns] *v/t* annoncer

an·nounce·ment [ə'naʊnsmənt] annonce *f*

an·nounc·er [ə'naʊnsər] TV, RAD speaker *m*, speakrine *f*

an·noy [ə'nɔɪ] *v/t* agacer; **be annoyed** être agacé

an·noy·ance [ə'nɔɪəns] (*anger*) agacement *m*; (*nuisance*) désagrément *m*

an·noy·ing [ə'nɔɪɪŋ] *adj* agaçant

an·nu·al ['ænʊəl] *adj* annuel*

an·nu·i·ty [ə'nuːətɪ] rente *f* (annuelle)

an·nul [ə'nʌl] *v/t* (*pret & pp* **-led**) *marriage* annuler

an·nul·ment [ə'nʌlmənt] annulation *f*

a·non·y·mous [ə'nɒnɪməs] *adj* anonyme

an·o·rex·i·a [ænə'reksɪə] anorexie *f*

an·o·rex·ic [ænə'reksɪk] *adj* anorexique

an·oth·er [ə'nʌðər] **1** *adj* (*different, additional*) autre **2** *pron* un(e) autre *m(f)*;

help one another s'entraider; **they know one another** ils se connaissent

an·swer ['ænsər] **1** *n* réponse *f*; (*solution*) solution *f* (**to** à) **2** *v/t* répondre à; **answer the door** ouvrir la porte; **answer the telephone** répondre au téléphone **3** *v/i* répondre

♦ **answer back 1** *v/t* répondre à **2** *v/i* répondre

♦ **answer for** *v/t one's actions, person* répondre de

an·swer·phone répondeur *m*

ant [ænt] fourmi *f*

an·tag·o·nism [æn'tægənɪzm] antagonisme *m*

an·tag·o·nis·tic [æntægə'nɪstɪk] *adj* hostile

an·tag·o·nize [æn'tægənaɪz] *v/t* provoquer

Ant·arc·tic [ænt'ɑːrktɪk] *n*: **the Antarctic** l'Antarctique *m*

an·te·na·tal [æntɪ'neɪtl] *adj* prénatal; **antenatal class** cours *m* de préparation à l'accouchement

an·ten·na [æn'tenə] antenne *f*

an·thol·o·gy [æn'θɒlədʒɪ] anthologie *f*

an·thro·pol·o·gy [ænθrə'pɒlədʒɪ] anthropologie *f*

an·ti·bi·ot·ic [æntɪbaɪ'ɒtɪk] *n* antibiotique *m*

an·ti·bod·y ['æntɪbɒdɪ] anticorps *m*

an·tic·i·pate [æn'tɪsɪpeɪt] *v/t* prévoir

an·tic·i·pa·tion [æntɪsɪ'peɪʃn] prévision *f*

an·ti·clock·wise [æntɪ'klɒkwaɪz] *adv Br* dans le sens inverse des aiguilles d'une montre

an·tics ['æntɪks] *npl* singeries *fpl*

an·ti·dote ['æntɪdəʊt] antidote *m*

an·ti·freeze ['æntɪfriːz] antigel *m*

an·ti·pa·thy [æn'tɪpəθɪ] antipathie *f*

an·ti·quat·ed ['æntɪkweɪtɪd] *adj* antique

an·tique [æn'tiːk] *n* antiquité *f*

an·tique deal·er antiquaire *m/f*

an·tiq·ui·ty [æn'tɪkwətɪ] antiquité *f*

an·ti·sep·tic [æntɪ'septɪk] **1** *adj* antiseptique **2** *n* antiseptique *m*

an·ti·so·cial [æntɪ'səʊʃl] *adj* asocial, antisocial

an·ti·vi·rus pro·gram [æntɪ'vaɪrəs] COMPUT programme *m* antivirus

anx·i·e·ty [æŋ'zaɪətɪ] (*worry*) inquiétude *f*

anx·ious ['æŋkʃəs] *adj* (*worried*) inquiet*; (*eager*) soucieux*; **be anxious for** for news etc désirer vivement

an·y ['enɪ] **1** *adj*: **are there any diskettes / glasses?** est-ce qu'il y a des disquettes / des verres?; **is there any bread / improvement?** est-ce qu'il y a

du pain / une amélioration?; *there aren't
any diskettes / glasses* il n'y a pas de
disquettes / de verres; *there isn't any
bread / improvement* il n'y a pas de
pain/d'amélioration; *have you any idea
at all?* est-ce que vous avez une idée?;
take any one you like prends celui / cel-
le que tu veux; *at any moment* à tout
moment **2** *pron: do you have any?*
est-ce que vous en avez?; *there aren't-
isn't any left* il n'y en a plus; *any of them
could be guilty* ils pourraient tous être
coupables **3** *adv: is that any better / eas-
ier?* est-ce que c'est mieux / plus facile?;
I don't like it any more je ne l'aime plus
an•y•bod•y ['enɪbɑːdɪ] *pron* ◇ quelqu'un
◇ *with negatives* personne; *there wasn't
anybody there* il n'y avait personne
◇ *no matter who* n'importe qui; *any-
body can see that …* tout le monde peut
voir que …
an•y•how ['enɪhaʊ] *adv (anyway)* enfin;
(in any way) de quelque façon que ce soit
an•y•one ['enɪwʌn] → **anybody**
an•y•thing ['enɪθɪŋ] *pron* ◇ quelque cho-
se; *anything else?* quelque chose d'au-
tre?; *absolutely anything* n'importe
quoi
◇ *with negatives* rien; *I didn't hear any-
thing* je n'ai rien entendu
◇ *anything but …* tout sauf …; *no, an-
ything but* non, pas du tout;
an•y•way ['enɪweɪ] → **anyhow**
an•y•where ['enɪwer] *adv* quelque part;
with negative nulle part; *I can't find it an-
ywhere* je ne le trouve nulle part; *did
you go anywhere else?* est-ce que tu
es allé ailleurs *or* autre part?
a•part [ə'pɑːrt] *adv* séparé; *the two cities
are 250 miles apart* les deux villes sont à
250 miles l'une de l'autre; *live apart* vi-
vre séparés; *apart from (except)* à l'ex-
ception de; *apart from (in addition to)*
en plus de
a•part•ment [ə'pɑːrtmənt] appartement
m
a'part•ment block immeuble *m*
ap•a•thet•ic [æpə'θetɪk] *adj* apathique
ap•a•thy ['æpəθɪ] apathie *f*
ape [eɪp] *n* singe *m*
a•pe•ri•tif [ə'perɪtiːf] apéritif *m*
ap•er•ture ['æpərtʃər] PHOT ouverture *f*
a•piece [ə'piːs] *adv* chacun
a•pol•o•get•ic [əpɑːlə'dʒetɪk] *adj person,
expression* désolé; *letter* d'excuse; *he
was very apologetic* il s'est confondu
en excuses
a•pol•o•gize [ə'pɑːlədʒaɪz] *v/i* s'excuser
(*to s.o.* auprès de qn; *for sth* pour

qch); *apologize for doing sth* s'excuser
de faire qch
a•pol•o•gy [ə'pɑːlədʒɪ] excuses *fpl*
a•pos•tle [ə'pɑːsl] REL apôtre *m*
a•pos•tro•phe [ə'pɑːstrəfɪ] GRAM apos-
trophe *f*
ap•pall [ə'pɔːl] *v/t* scandaliser
ap•pal•ling [ə'pɔːlɪŋ] *adj* scandaleux*
ap•pa•ra•tus [æpə'reɪtəs] appareils *mpl*
ap•par•ent [ə'pærənt] *adj (obvious)* évi-
dent; *(seeming)* apparent; *become ap-
parent that …* devenir évident que …
ap•par•ent•ly [ə'pærəntlɪ] *adv* apparem-
ment
ap•pa•ri•tion [æpə'rɪʃn] *ghost* apparition
f
ap•peal [ə'piːl] **1** *n (charm)* charme *m*; *for
funds etc*, LAW appel *m*
ap•peal **2** *v/i* LAW faire appel
◆ **appeal for** *v/t calm etc* appeler à; *funds*
demander
◆ **appeal to** *v/t (be attractive to)* plaire à
ap•peal•ing [ə'piːlɪŋ] *adj idea, offer* sé-
duisant
ap•pear [ə'pɪr] *v/i of person, new product*
apparaître; *in court* comparaître; *in mov-
ie* jouer; *(look, seem)* paraître; *appear to
be …* avoir l'air d'être …; *it appears that
…* il paraît que …
ap•pear•ance [ə'pɪrəns] apparition *f*; *in
court* comparution *f*; *(look)* apparence
f; *put in an appearance* faire acte de
présence
ap•pease [ə'piːz] *v/t* apaiser
ap•pen•di•ci•tis [əpendɪ'saɪtɪs] appendi-
cite *f*
ap•pen•dix [ə'pendɪks] MED, *of book etc*
appendice *m*
ap•pe•tite ['æpɪtaɪt] appétit *m*
ap•pe•tiz•er ['æpɪtaɪzər] *to drink* apéritif
m; *to eat* amuse-gueule *m*; *(starter)* en-
trée *f*
ap•pe•tiz•ing ['æpɪtaɪzɪŋ] *adj* appétissant
ap•plaud [ə'plɔːd] **1** *v/i* applaudir **2** *v/t
performer* applaudir; *fig* saluer
ap•plause [ə'plɔːz] *for performer* applau-
dissements *mpl*; *fig* louanges *fpl*
ap•ple ['æpl] pomme *f*
ap•ple 'pie tarte *f* aux pommes
ap•ple 'sauce compote *f* de pommes
ap•pli•ance [ə'plaɪəns] appareil *m*
ap•plic•a•ble [ə'plɪkəbl] *adj* applicable
ap•pli•cant ['æplɪkənt] *for job* candi-
dat(e) *m(f)*
ap•pli•ca•tion [æplɪ'keɪʃn] *for job* candi-
dature *f*; *for passport etc* demande *f*
ap•pli'ca•tion form *for job* formulaire *m*
de candidature; *for passport etc* deman-
de *f*

ap•ply [ə'plaɪ] **1** v/t (pret & pp **-ied**) appliquer **2** v/i of rule, law s'appliquer

◆ **apply for** v/t job poser sa candidature pour; passport etc faire une demande de

◆ **apply to** v/t (contact) s'adresser à; of rules etc s'appliquer à

ap•point [ə'pɔɪnt] v/t to position nommer

ap•point•ment [ə'pɔɪntmənt] to position nomination f; (meeting) rendez-vous m; **make an appointment** prendre (un) rendez-vous

ap•point•ments di•a•ry carnet m de rendez-vous

ap•prais•al [ə'preɪzəl] évaluation f

ap•pre•ci•a•ble [ə'priːʃəbl] adj considérable

ap•pre•ci•ate [ə'priːʃɪeɪt] **1** v/t (be grateful for), wine, music apprécier; (acknowledge) reconnaître; **thanks, I appreciate it** merci, c'est très gentil **2** v/i FIN s'apprécier

ap•pre•ci•a•tion [əpriːʃɪ'eɪʃn] of kindness etc gratitude f (**of** pour), reconnaissance f (**of** de)

ap•pre•ci•a•tive [ə'priːʃətɪv] adj showing gratitude reconnaissant; showing understanding approbateur*; audience réceptif*

ap•pre•hen•sive [æprɪ'hensɪv] adj appréhensif*

ap•pren•tice [ə'prentɪs] apprenti(e) m(f)

ap•proach [ə'prəʊtʃ] **1** to problem, place approche f; (proposal) proposition f **2** v/t (get near to) approcher; (contact) faire des propositions à; problem aborder

ap•proach•a•ble [ə'prəʊtʃəbl] adj person accessible, d'un abord facile

ap•pro•pri•ate¹ [ə'prəʊprɪət] adj approprié

ap•pro•pri•ate² [ə'prəʊprɪeɪt] v/t s'approprier

ap•prov•al [ə'pruːvl] approbation f

ap•prove [ə'pruːv] **1** v/i être d'accord **2** v/t plan, suggestion approuver; application accepter

◆ **approve of** v/t plan, suggestion approuver; person aimer

ap•prox•i•mate [ə'prɑːksɪmət] adj approximatif*

ap•prox•i•mate•ly [ə'prɑːksɪmətlɪ] adv approximativement

ap•prox•i•ma•tion [əprɑːksɪ'meɪʃn] approximation f

APR [eɪpiː'ɑːr] abbr (= **annual percentage rate**) TEG (= taux m effectif global)

a•pri•cot ['eɪprɪkɑːt] abricot m

A•pril ['eɪprəl] avril m

apt [æpt] adj student intelligent; remark pertinent; **be apt to ...** avoir tendance à

ap•ti•tude ['æptɪtuːd] aptitude f

'ap•ti•tude test test m d'aptitude

a•quar•i•um [ə'kweɪriəm] aquarium m

A•quar•i•us [ə'kweɪriəs] ASTROL Verseau m

a•quat•ic [ə'kwætɪk] adj aquatique

Ar•ab ['ærəb] **1** adj arabe **2** n Arabe m/f

Ar•a•bic ['ærəbɪk] **1** adj arabe **2** n arabe m

ar•a•ble ['ærəbl] adj arable

ar•bi•tra•ry ['ɑːbɪtrərɪ] adj arbitraire

ar•bi•trate ['ɑːbɪtreɪt] v/i arbitrer

ar•bi•tra•tion [ɑːbɪ'treɪʃn] arbitrage m

ar•bi•tra•tor ['ɑːbɪtreɪtər] arbitre m

arch [ɑːtʃ] n voûte f

ar•chae•ol•o•gy etc Br → **archeology** etc

ar•cha•ic [ɑː'keɪɪk] adj archaïque

arch•bish•op [ɑːtʃ'bɪʃəp] archevêque m

ar•che•o•log•i•cal [ɑːkɪə'lɑːdʒɪkl] adj archéologique

ar•che•ol•o•gist [ɑːkɪ'ɑːlədʒɪst] archéologue m/f

ar•che•ol•o•gy [ɑːkɪ'ɑːlədʒɪ] archéologie f

arch•er ['ɑːtʃər] archer m

ar•chi•tect ['ɑːkɪtekt] architecte m/f

ar•chi•tec•tur•al [ɑːkɪ'tektʃərəl] adj architectural

ar•chi•tec•ture ['ɑːkɪtektʃər] architecture f

ar•chives ['ɑːkaɪvz] npl archives fpl

'arch•way arche f; entrance porche m

Arc•tic ['ɑːktɪk] n: **the Arctic** l'Arctique m

ar•dent ['ɑːdənt] adj fervent

ar•du•ous ['ɑːdjuəs] adj ardu

ar•e•a ['eriə] of city quartier m; of country région f; of research, study etc domaine m; of room surface f; of land, figure etc superficie f; **in the Boston area** dans la région de Boston

'ar•e•a code TELEC indicatif m régional

a•re•na [ə'riːnə] SP arène f

Ar•gen•ti•na [ɑːrdʒən'tiːnə] Argentine f

Ar•gen•tin•i•an [ɑːrdʒən'tɪnɪən] **1** adj argentin **2** n Argentin(e) m(f)

ar•gu•a•bly ['ɑːrgjuəblɪ] adv: **it was arguably the best book of the year** on peut dire que c'était le meilleur livre de l'année

ar•gue ['ɑːrgjuː] **1** v/i (quarrel) se disputer; (reason) argumenter; **argue with s.o.** discuss se disputer avec qn **2** v/t: **argue that ...** soutenir que ...

ar•gu•ment ['ɑːrgjʊmənt] (quarrel) dispute f; (discussion) discussion f; (reasoning) argument m

ar•gu•men•ta•tive [ɑːrgjʊ'mentətɪv] adj: **stop being so argumentative and ...** arrête de discuter et ...

a•ri•a ['ɑːrɪə] MUS aria f

ar•id ['ærɪd] adj land aride

Ar•ies ['eriːz] ASTROL Bélier m

a•rise [ə'raɪz] v/i (pret **arose**, pp **arisen**) of situation, problem survenir

a•ris•en [ə'rɪzn] pp → **arise**

a•ris•toc•ra•cy [ærɪ'stɑːkrəsɪ] aristocratie f

a•ris•to•crat ['ærɪstəkræt] aristocrate m/f

a•ris•to•crat•ic [ærɪstə'krætɪk] adj aristocratique

a•rith•me•tic [ə'rɪθmətɪk] arithmétique f

arm[1] [ɑːrm] n bras m

arm[2] [ɑːrm] v/t armer

ar•ma•ments ['ɑːrməmənts] npl armes fpl

'arm•chair fauteuil m

armed [ɑːrmd] adj armé

armed 'forc•es npl forces fpl armées

armed 'rob•ber•y vol m à main armée

ar•mor ['ɑːrmər] on tank, armored vehicle blindage m; of knight armure f

ar•mored 've•hi•cle ['ɑːrmərd] véhicule m blindé

ar•mour etc Br → **armor** etc

'arm•pit aisselle f

arms [ɑːrmz] npl (weapons) armes fpl

'ar•my ['ɑːrmɪ] armée f

a•ro•ma [ə'roumə] arôme m

a•rose [ə'rouz] pret → **arise**

a•round [ə'raund] **1** prep (encircling) autour de; **it's around the corner** c'est juste à côté **2** adv (in the area) dans les parages; (encircling) autour; (roughly) à peu près; with expressions of time à environ; **he lives around here** il habite dans ce quartier; **she's been around** F (has traveled, is experienced) elle n'est pas née de la dernière pluie; **he's still around** F (alive) il est toujours là

a•rouse [ə'rauz] v/t susciter; sexually exciter

ar•range [ə'reɪndʒ] v/t flowers, music, room arranger; furniture disposer; meeting, party etc organiser; time fixer; appointment with doctor, dentist prendre; **I've arranged to meet her** j'ai prévu de la voir

◆ **arrange for** v/t: **arrange for s.o. to do sth** s'arranger pour que qn fasse (subj) qch

ar•range•ment [ə'reɪndʒmənt] (agreement), music arrangement m; of furniture disposition f; flowers composition f

ar•rears [ə'rɪərz] npl arriéré m; **be in arrears** of person être en retard

ar•rest [ə'rest] **1** n arrestation f; **be under arrest** être en état d'arrestation **2** v/t arrêter

ar•riv•al [ə'raɪvl] arrivée f; **arrivals** at airport arrivées fpl

ar•rive [ə'raɪv] v/i arriver

◆ **arrive at** v/t place, decision arriver à

ar•ro•gance ['ærəgəns] arrogance f

ar•ro•gant ['ærəgənt] adj arrogant

ar•ro•gant•ly ['ærəgəntlɪ] adv avec arrogance

ar•row ['ærou] flèche f

'ar•row key COMPUT touche f fléchée

ar•se•nic ['ɑːrsənɪk] arsenic m

ar•son ['ɑːrsn] incendie m criminel

ar•son•ist ['ɑːrsənɪst] incendiaire m/f

art [ɑːrt] art m; **the arts** les arts et les lettres mpl

ar•te•ry ['ɑːrtərɪ] ANAT artère f

'art gal•ler•y galerie f d'art

ar•thri•tis [ɑːr'θraɪtɪs] arthrite f

ar•ti•choke ['ɑːrtɪtʃouk] artichaut m

ar•ti•cle ['ɑːrtɪkl] article m; **article of clothing** vêtement m

ar•tic•u•late [ɑːr'tɪkjulət] adj person qui s'exprime bien

ar•ti•fi•cial [ɑːrtɪ'fɪʃl] adj artificiel*

ar•ti•fi•cial in'tel•li•gence intelligence f artificielle

ar•til•ler•y [ɑːr'tɪlərɪ] artillerie f

ar•ti•san ['ɑːrtɪzən] artisan m

ar•tist ['ɑːrtɪst] artiste m/f

ar•tis•tic [ɑːr'tɪstɪk] adj artistique

'arts de•gree licence f de lettres

as [æz] **1** conj (while, when) alors que; (because) comme; (like) comme; **as it got darker** au fur et à mesure que la nuit tombait; **as if** comme si; **as usual** comme d'habitude; **as necessary** quand c'est nécessaire **2** adv: **as high / pretty as ...** aussi haut / jolie que ...; **as much as that?** autant que ça?; **as soon as possible** aussi vite que possible **3** prep comme; **work as a team** travailler en équipe; **as a child / schoolgirl, I ...** quand j'étais enfant / écolière, je ...; **work as a teacher / translator** travailler comme professeur / traducteur; **as for** quant à; **as Hamlet** dans le rôle de Hamlet; **as from** or **of Monday** à partir de lundi

asap ['eɪzæp] abbr (= **as soon as possible**) dans les plus brefs délais

as•bes•tos [æz'bestɑːs] amiante m

As•cen•sion [ə'senʃn] REL Ascension f

as•cent [ə'sent] ascension f

ash [æʃ] from cigarette etc cendres fpl; **ashes** cendres fpl

a•shamed [ə'ʃeɪmd] adj honteux*; **be ashamed of** avoir honte de; **you should be ashamed of yourself** tu devrais avoir honte

'ash can poubelle f

a•shore [ə'ʃɔːr] adv à terre; **go ashore** débarquer

'ash•tray cendrier m

A•sia ['eɪʃə] Asie f

A•sian ['eɪʃən] 1 adj asiatique 2 n Asiatique m/f

a•side [ə'saɪd] adv de côté; **move aside please** poussez-vous, s'il vous plaît; **take s.o. aside** prendre qn à part; **aside from** à part

ask [æsk] 1 v/t favor demander; question poser; (invite) inviter; **can I ask you something?** est-ce que je peux vous demander quelque chose?; **I asked him about his holidays** je lui ai demandé comment ses vacances s'étaient passées; **ask s.o. for sth** demander qch à qn; **ask s.o. to do sth** demander à qn de faire qch 2 v/i demander

♦ ask after v/t person demander des nouvelles de

♦ ask for v/t demander; person demander à parler à; **you asked for that!** tu l'as cherché!

♦ ask out v/t: **he's asked me out** il m'a demandé de sortir avec lui

ask•ing price ['æskɪŋ] prix m demandé

a•sleep [ə'sliːp] adj: **be (fast) asleep** être (bien) endormi; **fall asleep** s'endormir

as•par•a•gus [ə'spærəgəs] nsg asperges fpl

as•pect ['æspekt] aspect m

as•phalt ['æsfælt] n bitume m

as•phyx•i•ate [æs'fɪksɪeɪt] v/t asphyxier

as•phyx•i•a•tion [əsfɪksɪ'eɪʃn] asphyxie f

as•pi•ra•tions [æspə'reɪʃnz] npl aspirations fpl

as•pi•rin ['æsprɪn] aspirine f

ass¹ [æs] P (backside, sex) cul m P

ass² [æs] F (idiot) idiot(e) m(f)

as•sai•lant [ə'seɪlənt] assaillant(e) m(f)

as•sas•sin [ə'sæsɪn] assassin m

as•sas•sin•ate [ə'sæsɪneɪt] v/t assassiner

as•sas•sin•a•tion [əsæsɪ'neɪʃn] assassinat m

as•sault [ə'sɔːlt] 1 n agression f (**on** contre); MIL attaque f (**on** contre) 2 v/t agresser

as•sem•ble [ə'sembl] 1 v/t parts assembler 2 v/i of people se rassembler

as•sem•bly [ə'semblɪ] POL assemblée f; of parts assemblage m

as'sem•bly line chaîne f de montage

as'sem•bly plant usine f de montage

as•sent [ə'sent] v/i consentir

as•sert [ə'sɜːrt] v/t (maintain), right affirmer; **assert o.s.** s'affirmer

as•ser•tive [ə'sɜːrtɪv] adj person assuré

as•sess [ə'ses] v/t situation évaluer; value estimer

as•sess•ment [ə'sesmənt] of situation évaluation f; of value estimation f

as•set ['æset] FIN actif m; fig atout m

'ass•hole P trou m du cul V; (idiot) abruti(e) m(f)

as•sign [ə'saɪn] v/t assigner

as•sign•ment [ə'saɪnmənt] mission f; EDU devoir m

as•sim•i•late [ə'sɪmɪleɪt] v/t assimiler

as•sist [ə'sɪst] v/t aider

as•sis•tance [ə'sɪstəns] aide f

as•sis•tant [ə'sɪstənt] assistant(e) m(f)

as•sis•tant di'rec•tor of movie assistant(e) réalisateur(-trice) m(f); of organization sous-directeur(-trice) m(f)

as•sis•tant 'man•ag•er sous-directeur m, sous-directrice f; of department assistant(e) m(f) du / de la responsable

as•so•ci•ate 1 v/t [ə'souʃɪeɪt] associer 2 n [ə'souʃɪət] (colleague) collègue m/f

♦ associate with v/t fréquenter

as•so•ci•ate pro'fes•sor maître m de conférences

as•so•ci•a•tion [əsousɪ'eɪʃn] (organization) association f; **in association with** en association avec

as•sort•ed [ə'sɔːrtɪd] adj assorti

as•sort•ment [ə'sɔːrtmənt] assortiment m

as•sume [ə'suːm] v/t (suppose) supposer

as•sump•tion [ə'sʌmpʃn] supposition f

as•sur•ance [ə'ʃurəns] (reassurance, confidence) assurance f

as•sure [ə'ʃur] v/t (reassure) assurer

as•sured [ə'ʃurd] adj (confident) assuré

as•ter•isk ['æstərɪsk] astérisque m

asth•ma ['æsmə] asthme m

asth•mat•ic [æs'mætɪk] adj asthmatique

as•ton•ish [ə'stɑːnɪʃ] v/t étonner; **be astonished that ...** être étonné que ... (+subj)

as•ton•ish•ing [ə'stɑːnɪʃɪŋ] adj étonnant

as•ton•ish•ing•ly [ə'stɑːnɪʃɪŋlɪ] adv étonnamment

as•ton•ish•ment [ə'stɑːnɪʃmənt] étonnement m

as•tound [ə'staund] v/t stupéfier

as•tound•ing [ə'staundɪŋ] adj stupéfiant

a•stray [ə'streɪ] adv: **go astray** se perdre; **go astray** morally se détourner du droit chemin

a•stride [ə'straɪd] 1 adv à califourchon 2 prep à califourchon sur

as•trol•o•ger [ə'strɑːlədʒər] astrologue m/f

as•trol•o•gy [ə'strɑːlədʒɪ] astrologie f

as•tro•naut ['æstrənɔːt] astronaute m/f

as•tron•o•mer [ə'strɑːnəmər] astronome m/f

as•tro•nom•i•cal [æstrə'nɑːmɪkl] adj price etc F astronomique F

as•tron•o•my [ə'strɑːnəmɪ] astronomie f

as•tute [ə'stuːt] adj mind, person fin

a•sy•lum [ə'saɪləm] political, (mental asylum) asile m

at [ət], stressed [æt] prep with places à; at Joe's chez Joe; at the door à la porte; at 10 dollars au prix de 10 dollars; at the age of 18 à l'âge de 18 ans; at 5 o'clock à 5 heures; at 100 mph à 100 miles à l'heure; be good / bad at ... être bon / mauvais en ...; at his suggestion sur sa suggestion

ate [eɪt] pret → eat

a•the•ism ['eɪθiːɪzm] athéisme m

a•the•ist ['eɪθiːɪst] athée m/f

ath•lete ['æθliːt] athlète m/f

ath•let•ic [æθ'letɪk] adj d'athlétisme; (strong, sporting) sportif*

ath•let•ics [æθ'letɪks] nsg athlétisme m

At•lan•tic [ət'læntɪk] n: the Atlantic l'Atlantique m

at•las ['ætləs] atlas m

at•mos•phere ['ætməsfɪr] of earth atmosphère f; (ambience) atmosphère f, ambiance f

at•mos•pher•ic [ætməs'ferɪk] atmosphérique lighting, music d'ambiance; atmospheric pollution pollution f atmosphérique

at•om ['ætəm] atome m

'at•om bomb bombe f atomique

a•tom•ic [ə'tɑːmɪk] adj atomique

a•tom•ic 'en•er•gy énergie f atomique

a•tom•ic 'waste déchets mpl nucléaires

at•om•iz•er ['ætəmaɪzər] atomiseur m

◆ a•tone for [ə'toʊn] v/t sins, mistake racheter

a•tro•cious [ə'troʊʃəs] adj F (very bad) atroce

a•troc•i•ty [ə'trɑːsətɪ] atrocité f

at•tach [ə'tætʃ] v/t attacher; be attached to emotionally être attaché à

at•tach•ment [ə'tætʃmənt] fondness attachement m; to e-mail fichier m joint

at•tack [ə'tæk] 1 n attaque f 2 v/t attaquer

at•tempt [ə'tempt] 1 n tentative f 2 v/t essayer; attempt to do sth essayer de faire qch

at•tend [ə'tend] v/t assister à; school aller à

◆ attend to v/t s'occuper de

at•tend•ance [ə'tendəns] at meeting, wedding etc présence f

at•tend•ant [ə'tendənt] in museum etc gardien(ne) m(f)

at•ten•tion [ə'tenʃn] attention f; bring sth to s.o.'s attention attirer l'attention de qn sur qch; your attention please votre attention s'il vous plaît; pay attention faire attention

at•ten•tive [ə'tentɪv] adj attentif*

at•tic ['ætɪk] grenier m

at•ti•tude ['ætɪtuːd] attitude f

attn abbr (= for the attention of) à l'attention de

at•tor•ney [ə'tɜːrnɪ] avocat m; power of attorney procuration f

at•tract [ə'trækt] v/t attirer; be attracted to s.o. être attiré par qn

at•trac•tion [ə'trækʃn] of job, doing sth attrait m; romantic attirance f; in city, touristic attraction f

at•trac•tive [ə'træktɪv] adj person attirant; idea, proposal, city attrayant

at•trib•ute¹ [ə'trɪbjuːt] v/t attribuer (to à)

at•trib•ute² [ˈætrɪbjuːt] n attribut m

au•ber•gine ['oʊbərʒiːn] Br aubergine f

auc•tion ['ɔːkʃn] 1 n vente f aux enchères 2 v/t vendre aux enchères

◆ auction off v/t mettre aux enchères

auc•tion•eer [ɔːkʃə'nɪr] commissaire-priseur m

au•da•cious [ɔː'deɪʃəs] adj audacieux*

au•dac•i•ty [ɔː'dæsətɪ] audace f

au•di•ble ['ɔːdəbl] adj audible

au•di•ence ['ɔːdɪəns] public m

au•di•o ['ɔːdɪoʊ] adj audio

au•di•o•vis•u•al adj audiovisuel*

au•dit ['ɔːdɪt] 1 n FIN audit m 2 v/t FIN contrôler, vérifier; course suivre en auditeur libre

au•di•tion [ɔː'dɪʃn] 1 n audition f 2 v/i passer une audition

au•di•tor ['ɔːdɪtər] auditeur(-trice) m(f); at course auditeur(-trice) m(f) libre

au•di•to•ri•um [ɔːdɪ'tɔːrɪəm] of theater etc auditorium m

Au•gust ['ɔːgəst] août m

aunt [ænt] tante f

au pair [oʊ'per] jeune fille f au pair

au•ra ['ɔːrə] aura f

aus•pic•es ['ɔːspɪsɪz]: under the auspices of sous les auspices de

aus•pi•cious [ɔː'spɪʃəs] adj favorable

aus•tere [ɔː'stɪr] adj austère

aus•ter•i•ty [ɔː'sterətɪ] economic austérité f

Aus•tra•li•a [ɔː'streɪlɪə] Australie f

Aus•tra•li•an [ɔː'streɪlɪən] 1 adj australien* 2 n Australien(ne) m(f)

Aus•tri•a ['ɔːstrɪə] Autriche f

Aus•tri•an ['ɔːstrɪən] 1 adj autrichien* 2 n Autrichien(ne) m(f)

au•then•tic [ɔː'θentɪk] adj authentique

au•then•tic•i•ty [ɔːθenˈtɪsətɪ] authenticité f

au•thor [ˈɔːθər] auteur m

au•thor•i•tar•i•an [əθɑːrɪˈterɪən] adj autoritaire

au•thor•i•ta•tive [əˈθɑːrɪtətɪv] adj source qui fait autorité; person, manner autoritaire

au•thor•i•ty [əˈθɑːrətɪ] autorité f; (permission) autorisation f; be an authority on être une autorité en matière de; the authorities les autorités fpl

au•thor•i•za•tion [ɔːθərəˈzeɪʃn] autorisation f

au•thor•ize [ˈɔːθəraɪz] v/t autoriser; be authorized to do sth avoir l'autorisation officielle de faire qch

au•tis•tic [ɔːˈtɪstɪk] adj autiste

au•to•bi•og•ra•phy [ɔːtəbaɪˈɑːɡrəfɪ] autobiographie f

au•to•crat•ic [ɔːtəˈkrætɪk] adj autocratique

au•to•graph [ˈɔːtəɡræf] n autographe m

au•to•mate [ˈɔːtəmeɪt] v/t automatiser

au•to•mat•ic [ɔːtəˈmætɪk] 1 adj automatique 2 n car automatique f; gun automatique m

au•to•mat•i•cal•ly [ɔːtəˈmætɪklɪ] adv automatiquement

au•to•ma•tion [ɔːtəˈmeɪʃn] automatisation f

au•to•mo•bile [ˈɔːtəmoubiːl] automobile f

'au•to•mo•bile in•dus•try industrie f automobile

au•ton•o•mous [ɔːˈtɑːnəməs] adj autonome

au•ton•o•my [ɔːˈtɑːnəmɪ] autonomie f

au•to•pi•lot [ˈɔːtoupaɪlət] pilotage m automatique

au•top•sy [ˈɔːtɑːpsɪ] autopsie f

au•tumn [ˈɔːtəm] Br automne m

aux•il•ia•ry [ɔːɡˈzɪljərɪ] adj auxiliaire

a•vail [əˈveɪl] 1 n: to no avail en vain 2 v/t: avail o.s. of offer, opportunity saisir

a•vai•la•ble [əˈveɪləbl] adj disponible; make sth available for s.o. mettre qch à la disposition de qn

av•a•lanche [ˈævəlænʃ] avalanche f

av•a•rice [ˈævərɪs] avarice m

a•venge [əˈvendʒ] v/t venger

av•e•nue [ˈævənuː] avenue f; explore all avenues fig explorer toutes les possibilités

av•e•rage [ˈævərɪdʒ] 1 adj (also mediocre) moyen* 2 n moyenne f; above/ below

average au-dessus / au-dessous de la moyenne; on average en moyenne 3 v/t: I average six hours of sleep a night je dors en moyenne six heures par nuit

◆ average out v/t faire la moyenne de

◆ average out at v/t faire une moyenne de

a•verse [əˈvɜːrs] adj: not be averse to ne rien avoir contre

a•ver•sion [əˈvɜːrʃn] aversion f (to pour)

a•vert [əˈvɜːrt] v/t one's eyes détourner; crisis empêcher

a•vi•a•tion [eɪvɪˈeɪʃn] aviation f

av•id [ˈævɪd] adj avide

av•o•ca•do [ɑːvəˈkɑːdou] fruit avocat m

a•void [əˈvɔɪd] v/t éviter

a•void•a•ble [əˈvɔɪdəbl] adj évitable

a•wait [əˈweɪt] v/t attendre

a•wake [əˈweɪk] adj éveillé; it's keeping me awake ça m'empêche de dormir

a•ward [əˈwɔːrd] 1 n (prize) prix m 2 v/t décerner; as damages attribuer

a'wards ce•re•mo•ny cérémonie f de remise des prix; EDU cérémonie f de remise des diplômes

a•ware [əˈwer] adj: be aware of sth avoir conscience de qch; become aware of sth prendre conscience de qch

a•ware•ness [əˈwernɪs] conscience f

a•way [əˈweɪ] adv: be away être absent, ne pas être là; walk away s'en aller; look away tourner la tête; it's 2 miles away c'est à 2 miles d'ici; Christmas is still six weeks away il reste encore six semaines avant Noël; take sth away from s.o. enlever qch à qn; put sth away ranger qch

a'way game SP match m à l'extérieur

awe [ɔː] émerveillement m; worshipful révérence f

awe•some [ˈɔːsəm] adj F (terrific) super F inv

aw•ful [ˈɔːfəl] adj affreux*

aw•ful•ly [ˈɔːfəlɪ] adv F windy, expensive terriblement; pretty, nice, rich drôlement

awk•ward [ˈɔːkwərd] adj (clumsy) maladroit; (difficult) difficile; (embarrassing) gênant; feel awkward se sentir mal à l'aise; arrive at an awkward time arriver mal à propos

awn•ing [ˈɔːnɪŋ] store m

ax, Br axe [æks] 1 n hache f 2 v/t project abandonner; budget faire des coupures dans; job supprimer

ax•le [ˈæksl] essieu m

B

BA [biːˈeɪ] *abbr* (= *Bachelor of Arts*) licence *d'arts et lettres*
ba•by [ˈbeɪbɪ] *n* bébé *m*
'ba•by boom baby-boom *m*
ba•by car•riage [ˈbeɪbɪkærɪdʒ] landau *m*
ba•by•ish [ˈbeɪbɪʃ] *adj* de bébé
'ba•by-sit *v/i* (*pret & pp* **-sat**) faire du baby-sitting
ba•by-sit•ter [ˈbeɪbɪsɪtər] baby-sitter *m/f*
bach•e•lor [ˈbætʃələr] célibataire *m*
back [bæk] **1** *n of person, animal, hand, sweater, dress* dos *m*; *of chair* dossier *m*; *of wardrobe, drawer* fond *m*; *of house* arrière *m*; SP arrière *m*; **in back (of the car)** à l'arrière (de la voiture); **at the back of the bus** à l'arrière du bus; **at the back of the book** à la fin du livre; **back to front** à l'envers; **at the back of beyond** en pleine cambrousse F **2** *adj door, steps of* derrière; *wheels, legs, seat* arrière *inv*; **back road** petite route *f* **3** *adv*: **please move / stand back** reculez / écartez-vous s'il vous plaît; **2 metres back from the edge** à 2 mètres du bord; **back in 1935** en 1935; **give sth back to s.o.** rendre qch à qn; **she'll be back tomorrow** elle sera de retour demain; **when are you coming back?** quand est-ce que tu reviens?; **take sth back to the shop** because unsatisfactory ramener qch au magasin; **they wrote / phoned back** ils ont répondu à la lettre / ont rappelé; **he hit me back** il m'a rendu mon coup **4** *v/t* (*support*) soutenir; *car* faire reculer; *horse in race* miser sur **5** *v/i of driver* faire marche arrière
◆ **back away** *v/i* s'éloigner à reculons
◆ **back down** *v/i* faire marche arrière
◆ **back off** *v/i* reculer
◆ **back onto** *v/t* donner à l'arrière sur
◆ **back out** *v/i of commitment* se dégager
◆ **back up 1** *v/t* (*support*) soutenir; *file* sauvegarder; **be backed up** *of traffic* être ralenti **2** *v/i in car* reculer
'back•ache mal *m* de dos
'back•bit•ing médisances *fpl*
'back•bone ANAT colonne *f* vertébrale; *fig* (*courage*) caractère *m*; *fig* (*mainstay*) pilier *m*
'back-break•ing *adj* éreintant
back 'burn•er: **put sth on the back burner** mettre qch en veilleuse
'back•date *v/t* antidater
back 'door porte *f* arrière

back•er [ˈbækər] producteur(-trice) *m(f)*
'back•fire *v/i fig* se retourner (**on** contre)
'back•ground *of picture* arrière-plan *m*; *social* milieu *m*; *of crime* contexte *m*; **her educational background** sa formation; **his work background** son expérience professionnelle
'back•hand *in tennis* revers *m*
'back•ing [ˈbækɪŋ] (*support*) soutien *m*; MUS accompagnement *m*
'back•ing group MUS groupe *m* d'accompagnement
'back•lash répercussion(s) *f(pl)*
'back•log retard *m* (**of** dans)
'back•pack 1 *n* sac *m* à dos **2** *v/i* faire de la randonnée
'back•pack•er randonneur(-euse) *m(f)*
'back•pack•ing randonnée *f*
'back•ped•al *v/i fig* faire marche arrière
back 'seat *of car* siège *m* arrière
'back•space (key) touche *f* d'espacement arrière
'back•stairs *npl* escalier *m* de service
back 'streets *npl* petites rues *fpl*; *poor area* bas-fonds *mpl*, quartiers *mpl* pauvres
'back•stroke SP dos *m* crawlé
'back•track *v/i* retourner sur ses pas
'back•up (*support*) renfort *m*; COMPUT copie *f* de sauvegarde; **take a backup** COMPUT faire une copie de sauvegarde
'back•up disk COMPUT disquette *f* de sauvegarde
back•ward [ˈbækwərd] **1** *adj child* attardé; *society* arriéré; *glance* en arrière **2** *adv* en arrière
back'yard arrière-cour *f*; **Mexico is the United States' backyard** Mexico est à la porte des États-Unis
ba•con [ˈbeɪkn] bacon *m*
bac•te•ri•a [bækˈtɪrɪə] *npl* bactéries *fpl*
bad [bæd] *adj* mauvais; *person* méchant; (*rotten*) avarié; **go bad** s'avarier; **it's not bad** c'est pas mal; **that's really too bad** (*a shame*) c'est vraiment dommage; **feel bad about sth** (*guilty*) s'en vouloir de qch; **I feel bad about it** je m'en veux; **be bad at sth** être mauvais en qch; **be bad at doing sth** avoir du mal à faire qch; **Friday's bad, how about Thursday?** vendredi ne va pas, et jeudi?
bad 'debt mauvaise créance *f*
badge [bædʒ] insigne *f*
badg•er [ˈbædʒər] *v/t* harceler

bad '**lan•guage** grossièretés *fpl*

bad•ly ['bædlɪ] *adv* mal; *injured* grièvement; *damaged* sérieusement; *badly behaved* mal élevé; *do badly* mal réussir; *he badly needs a haircut / rest* il a grand besoin d'une coupe de cheveux / de repos; *he is badly off (poor)* il n'est pas fortuné

bad-man•nered [bæd'mænərd] *adj* mal élevé

bad•min•ton ['bædmɪntən] badminton *m*

bad-tem•pered [bæd'tempərd] *adj* de mauvaise humeur

baf•fle ['bæfl] *v/t* déconcerter; *be baffled* être perplexe

baf•fling ['bæflɪŋ] *adj* déconcertant

bag [bæg] *of plastic, leather, woman's* sac *m*; *(piece of baggage)* bagage *m*

bag•gage ['bægɪdʒ] bagages *mpl*

'**bag•gage car** RAIL fourgon *m* (à bagages)

'**bag•gage cart** chariot *m* à bagages

'**bag•gage check** contrôle *m* des bagages

bag•gage re•claim ['ri:kleɪm] remise *f* des bagages

bag•gy ['bægɪ] *adj too big* flottant; *fashionably* large

bail [beɪl] *n* LAW caution *f*; *be out on bail* être en liberté provisoire sous caution

◆ **bail out** **1** *v/t* LAW se porter caution pour; *fig: company etc* RAIL tirer d'affaire **2** *v/i from airplane* sauter en parachute

bait [beɪt] *n* appât *m*

bake [beɪk] *v/t* cuire au four

baked 'beans [beɪkt] *npl* haricots *mpl* blancs à la sauce tomate

baked po'ta•to pomme *f* de terre au four

bak•er ['beɪkər] boulanger(-ère) *m(f)*

bak•er•y ['beɪkərɪ] boulangerie *f*

bak•ing pow•der ['beɪkɪŋ] levure *f* (chimique)

bal•ance ['bæləns] **1** *n* équilibre *m*; *(remainder)* reste *m*; *of bank account* solde *m* **2** *v/t* mettre en équilibre; *balance the books* balancer les livres **3** *v/i* rester en équilibre; *of accounts* équilibrer

bal•anced ['bælənst] *adj (fair)* objectif*; *diet, personality* équilibré

bal•ance of 'pay•ments balance *f* des paiements

bal•ance of 'trade balance *f* commerciale

'**bal•ance sheet** bilan *m*

bal•co•ny ['bælkənɪ] balcon *m*

bald [bɒːld] *adj* chauve

bald•ing ['bɒːldɪŋ] *adj* qui commence à devenir chauve

Bal•kan ['bɒːlkən] *adj* balkanique

Bal•kans ['bɒːlkənz] *npl: the Balkans* les Balkans *mpl*

ball[1] [bɒːl] *for soccer, baseball, basketball etc* ballon *m*; *for tennis, golf* balle *f*; *be on the ball* fig F: *know one's stuff* connaître son affaire; *I'm not on the ball today* je ne suis pas dans mon assiette aujourd'hui F; *play ball* fig coopérer; *the ball's in his court* la balle est dans son camp

ball[2] [bɒːl] *dance* bal *m*

bal•lad ['bæləd] ballade *f*

ball 'bear•ing roulement *m* à billes

bal•le•ri•na [bælə'ri:nə] ballerine *f*

bal•let [bæ'leɪ] ballet *m*

bal'let danc•er danceur(-euse) *m(f)* de ballet

'**ball game** match *m* de baseball; *that's a different ball game* F c'est une tout autre histoire F

bal•lis•tic mis•sile [bə'lɪstɪk] missile *m* balistique

bal•loon [bə'lu:n] *child's* ballon *m*; *for flight* montgolfière *f*

bal•loon•ist [bə'lu:nɪst] aéronaute *m/f*

bal•lot ['bælət] **1** *n* vote *m* **2** *v/t members* faire voter

'**bal•lot box** urne *f*

'**bal•lot pa•per** bulletin *m* de vote

'**ball•park terrain** *m* de baseball; *be in the right ballpark* F ne pas être loin; *we're not in the same ballpark* F on n'est pas du même monde

'**ball•park fig•ure** F chiffre *m* en gros

'**ball•point (pen)** stylo *m* bille

balls [bɒːlz] *npl* V *(also: courage)* couilles *fpl* V

bam•boo [bæm'bu:] *n* bambou *m*

ban [bæn] **1** *n* interdiction *f* **2** *v/t (pret & pp -ned)* interdire

ba•nal [bə'næl] *adj* banal

ba•na•na [bə'nænə] banane *f*

band [bænd] MUS *brass* orchestre *m*; *pop* groupe *m*; *of material* bande *f*

ban•dage ['bændɪdʒ] **1** *n* bandage *m* **2** *v/t* faire un bandage

'**Band-Aid**® sparadrap *m*

B&B [bi:n'bi:] *abbr (= bed and breakfast)* bed and breakfast *m*

ban•dit ['bændɪt] bandit *m*

'**band•wag•on**: *jump on the bandwagon* prendre le train en marche

ban•dy ['bændɪ] *adj legs* arqué

bang [bæŋ] **1** *n noise* boum *m*; *(blow)* coup *m* **2** *v/t door* claquer; *(hit)* cogner **3** *v/i* claquer; *the shutter banged shut* le volet s'est fermé en claquant

ban•gle ['bæŋgl] bracelet *m*

bangs [bæŋz] *npl* frange *f*

ban•is•ters ['bænɪstərz] *npl* rampe *f*

ban•jo ['bændʒoʊ] banjo *m*

bank[1] [bæŋk] *of river* bord *m*, rive *f*

bank² [bæŋk] **1** n FIN banque f **2** v/i: **bank with** être à **3** v/t money mettre à la banque

◆**bank on** v/t compter avoir; **don't bank on it** ne compte pas trop là-dessus; **bank on s.o. doing sth** compter sur qn pour faire qch

'bank ac•count compte m en banque

'bank bal•ance solde m bancaire

'bank bill billet m de banque

bank•er ['bæŋkər] banquier(-ière) m(f)

'bank•er's card carte f d'identité bancaire

bank•ing ['bæŋkɪŋ] banque f

'bank loan emprunt m bancaire

'bank man•ag•er directeur(-trice) m(f) de banque

'bank rate taux m bancaire

'bank•roll v/t F financer

bank•rupt ['bæŋkrʌpt] **1** adj en faillite; **go bankrupt** faire faillite **2** v/t faire faire faillite à

bank•rupt•cy ['bæŋkrʌpsɪ] faillite f

'bank state•ment relevé m bancaire

ban•ner ['bænər] bannière f

banns [bænz] npl Br bans mpl

ban•quet ['bæŋkwɪt] n banquet m

ban•ter ['bæntər] n plaisanteries fpl

bap•tism ['bæptɪzm] baptême m

bap•tize [bæp'taɪz] v/t baptiser

bar¹ [bɑːr] n of iron, chocolate barre f; of drinks, counter bar m; **a bar of soap** une savonnette; **be behind bars** être derrière les barreaux

bar² [bɑːr] v/t (pret & pp **-red**) exclure

bar³ [bɑːr] prep (except) sauf

bar•bar•i•an [bɑːr'berɪən] also fig barbare m/f

bar•bar•ic [bɑːr'bærɪk] adj barbare

bar•be•cue ['bɑːrbɪkjuː] **1** n barbecue m **2** v/t cuire au barbecue

barbed 'wire [bɑːrbd] fil m barbelé

bar•ber ['bɑːrbər] coiffeur m

bar•bi•tu•rate [bɑːr'bɪtjərət] barbiturique m

'bar code code m barre

bare [ber] adj (naked), mountainside, floor m; room, shelves vide; **in your / their bare feet** pieds nus

'bare•foot adj: **be barefoot** être pieds nus

bare-head•ed [ber'hedɪd] adj tête nue

bare•ly ['berlɪ] adv à peine

bar•gain ['bɑːrgɪn] **1** n (deal) marché m; (good buy) bonne affaire f; **it's a bargain!** (deal) entendu!; **into the bargain** par-dessus le marché **2** v/i marchander

◆**bargain for** v/t (expect) s'attendre à; **you might get more than you bargained for** tu pourrais avoir une mauvaise surprise

barge [bɑːrdʒ] n NAUT péniche f

◆**barge into** v/t se heurter contre; (enter quickly and noisily) faire irruption dans

bar•i•tone ['bærɪtoun] n baryton m

bark¹ [bɑːrk] **1** n of dog aboiement m **2** v/i aboyer

bark² [bɑːrk] of tree écorce f

bar•ley ['bɑːrlɪ] orge f

barn [bɑːrn] grange f

ba•rom•e•ter [bə'rɑːmɪtər] also fig baromètre m

Ba•roque [bə'rɑːk] adj baroque

bar•racks ['bæræks] npl MIL caserne f

bar•rage [bə'rɑːʒ] MIL barrage m; fig flot m

bar•rel ['bærəl] container tonneau m

bar•ren ['bærən] adj land stérile

bar•rette [bə'ret] barrette f

bar•ri•cade [bærɪ'keɪd] n barricade f

bar•ri•er ['bærɪər] also fig barrière f; **language barrier** barrière linguistique

bar•ring ['bɑːrɪŋ] prep: **barring accidents** sauf accident

bar•row ['bærou] brouette f

'bar tend•er barman m, barmaid f

bar•ter ['bɑːrtər] **1** n troc m **2** v/t troquer (**for** contre)

base [beɪs] **1** n (bottom: of spine; center, MIL) base f; of vase dessous m **2** v/t baser (**on** sur); **be based in France / Paris** of employee etc être basé en France/à Paris

'base•ball game baseball m; ball balle f de baseball

'base•ball bat batte f de baseball

'base•ball cap casquette f de baseball

'base•ball play•er joueur(-euse) m(f) de baseball

'base•board plinthe f

base•less ['beɪslɪs] adj sans fondement

base•ment ['beɪsmənt] sous-sol m

'base rate FIN taux m de base

bash [bæʃ] **1** n F coup m **2** v/t F cogner

ba•sic ['beɪsɪk] adj (rudimentary: idea) rudimentaire; knowledge, hotel rudimentaire; (fundamental: beliefs) de base, fondamental; salary de base

ba•sic•al•ly ['beɪsɪklɪ] adv au fond, en gros

ba•sics ['beɪsɪks] npl: **the basics** les bases fpl; **get down to basics** en venir au principal

ba•sil ['bæzɪl] basilic m

ba•sin ['beɪsn] for washing dishes bassine f; in bathroom lavabo m

ba•sis ['beɪsɪs] (pl **bases** ['beɪsiːz]) base f; of argument fondement m

bask [bæsk] v/i se dorer

bas•ket ['bæskɪt] for shopping, in basketball panier m

'bas•ket•ball *game* basket(ball) *m*; **bas-ketball player** joueur(euse) *m(f)* de basket(-ball)

bass [beɪs] **1** *adj part, accompaniment* de basse; **bass clef** clef *f* de fa **2** *n part, singer, instrument* basse *f*; **double bass** contrebasse *f*; **bass guitar** basse *f*

bas•tard ['bɑːstəd] F salaud(e) *m(f)* F; **poor / stupid bastard** pauvre couillon *m* F

bat¹ [bæt] **1** *n for baseball* batte *f*; *for table tennis* raquette *f* **2** *v/i* (*pret & pp* **-ted**) *in baseball* batter

bat² [bæt] *v/t* (*pret & pp* **-ted**): **he didn't bat an eyelid** il n'a pas sourcillé

bat³ [bæt] *animal* chauve-souris *f*

batch [bætʃ] *n of students, data, goods* T lot *m*; *of bread* fournée *f*

ba•ted ['beɪtɪd] *adj*: **with bated breath** en retenant son souffle

bath [bɑːθ] (*bathtub*) baignoire *f*; **have a bath, take a bath** prendre un bain

bathe [beɪð] *v/i* (*have a bath*) se baigner **2** *v/t child* faire prendre un bain à

'bath mat tapis *m* de bain

'bath•robe peignoir *m*

'bath•room salle *f* de bains; *toilet* toilettes *fpl*

'bath tow•el serviette *f* de bain

'bath•tub baignoire *f*

ba•ton ['bætən] *of conductor* baguette *f*

bat•tal•ion [bə'tæljən] MIL bataillon *m*

bat•ter¹ ['bætər] *n for making cakes, pancakes etc* pâte *f* lisse; *for deepfrying* pâte *f* à frire

bat•ter² ['bætər] *n in baseball* batteur *m*

bat•tered ['bætərd] *adj wife, children* battu

bat•ter•y ['bætərɪ] *in watch, toy etc* pile *f*; мот batterie *f*

bat•ter•y charg•er ['tʃɑːrdʒər] chargeur *m* (de batterie)

bat•tle ['bætl] **1** *n* bataille *f*; *fig* lutte *f*, combat *m* **2** *v/i against illness etc* se battre, lutter

'bat•tle•field, 'bat•tle•ground champ *m* de bataille

'bat•tle•ship cuirassé *m*

bawd•y ['bɔːdɪ] *adj* paillard

bawl [bɔːl] *v/i* brailler

◆ **bawl out** *v/t* F engueuler F

bay [beɪ] (*inlet*) baie *f*

Bay of Bis•cay ['bɪskeɪ] Golfe *m* de Gascogne

bay•o•net ['beɪənet] *n* baïonnette *f*

bay 'win•dow fenêtre *f* en saillie

BC [biː'siː] *abbr* (= *before Christ*) av. J.-C.

be [biː] *v/i* (*pret* **was / were**, *pp* **been**)
◇ être; **be 15** avoir 15 ans; **it's me** c'est moi; **was she there?** est-ce qu'elle était là?; **how much is …?** combien coûte …?; **there is / are** il y a; **be careful** sois prudent; (*polite or plural*) soyez prudent; **don't be sad** ne sois / soyez pas triste; **he's very well** il va très bien; **how are you?** comment ça va?
◇ : **has the mailman been?** est-ce que le facteur est passé?; **I've never been to Japan** je ne suis jamais allé au Japon; **I've been here for hours** je suis ici depuis des heures
◇ *tags*: **that's right, isn't it?** c'est juste, n'est-ce pas?; **she's American, isn't she?** elle est américaine, n'est-ce pas?
◇ *v/aux*: **I am thinking** je pense; **he was running** il courait; **stop being stupid** arrête de faire l'imbécile; **he was just being sarcastic** il faisait juste de l'ironie; **I have been looking at your file** j'ai jeté un œil à votre fichier
◇ *obligation*: **you are to do what I tell you** vous devez faire ce que je vous dis; **I was to tell you this** je devais vous dire ceci; **you were not to tell anyone** vous ne deviez rien dire à personne
◇ *passive*: **he was killed** il a été tué; **they have been sold** ils ont été vendus; **it hasn't been decided** on n'a encore rien décidé

◆ **be in for** *v/t* aller avoir; **he's in for it!** F il va se faire engueuler F

beach [biːtʃ] *n* plage *f*

'beach ball ballon *m* de plage

'beach•wear vêtements *mpl* de plage

beads [biːdz] *npl necklace* collier *m* de perles

beak [biːk] bec *m*

'be-all: **the be-all and end-all** *aim* le but suprême; **she thinks she's the be-all and end-all** pour elle c'est le centre du monde

beam [biːm] **1** *n in ceiling etc* poutre *f* **2** *v/i* (*smile*) rayonner **3** *v/t* (*transmit*) transmettre

bean [biːn] *haricot m; of coffee* grain *m*; **be full of beans** F péter la forme F

'bean•bag *seat* fauteuil *m* poire

bear¹ [ber] *n animal* ours *m*

bear² [ber] **1** *v/t* (*pret* **bore**, *pp* **borne**) *weight* porter; *costs* prendre en charge; (*tolerate*) supporter; *child* donner naissance à; **she bore him six children** elle lui a donné six enfants **2** *v/i* (*pret* **bore**, *pp* **borne**) (*weigh*) peser; **bring pressure to bear on** exercer une pression sur; **bear** left / right prendre à gauche / droite

◆ bear out v/t (confirm) confirmer; **bear s.o. out** confirmer ce que qn a dit

bear•a•ble ['berəbl] adj supportable

beard [bɪrd] barbe f

beard•ed ['bɪrdɪd] adj barbu

bear•ing ['berɪŋ] in machine roulement m; **that has no bearing on the situation** cela n'a aucun rapport avec la situation

'bear mar•ket FIN baissier m

beast [biːst] bête f; (fig: nasty person) peau f de vache

beat [biːt] **1** n of heart battement m, pulsation f; of music mesure f **2** v/i (pret **beat**, pp **beaten**) of heart battre; of rain s'abattre; **beat about the bush** tourner autour du pot **3** v/t (pret **beat**, pp **beaten**) in competition battre; (hit) battre; (pound) frapper; **beat it!** F filez! F; **it beats me** je n'y pige rien F

◆ beat up v/t tabasser

beat•en ['biːtən] **1** pp → **beat 2** adj: **off the beaten track** à l'écart; **off the beaten track: go somewhere off the beaten track** sortir des sentiers battus

beat•ing ['biːtɪŋ] physical raclée f

'beat-up adj déglingué F

beau•ti•cian [bjuː'tɪʃn] esthéticien (ne) m(f)

beau•ti•ful ['bjuːtəfəl] adj beau*; **thanks, that's just beautiful!** merci, c'est magnifique!

beau•ti•ful•ly ['bjuːtɪfəlɪ] adv admirablement

beau•ty ['bjuːtɪ] beauté f

'beau•ty par•lor ['pɑːrlər] institut m de beauté

bea•ver ['biːvər] castor m

◆ beaver away v/i F bosser dur F

be•came [bɪ'keɪm] pret → **become**

be•cause [bɪ'kɑːz] conj parce que; **because of** à cause de

beck•on ['bekn] v/i faire signe (**to s.o.** à qn)

be•come [bɪ'kʌm] v/i (pret **became**, pp **become**) devenir; **what's become of her?** qu'est-elle devenue?

be•com•ing [bɪ'kʌmɪŋ] adj hat etc seyant; **it looks very becoming on you** ça te va très bien

bed [bed] n also of sea, river lit m; of flowers parterre m; **he's still in bed** il est toujours au lit; **go to bed** aller se coucher; **go to bed with s.o.** coucher avec qn

'bed•clothes npl draps mpl de lit

'bed•ding [bedɪŋ] literie f

bed•lam ['bedləm] bazar m

be•rid•den ['bedrɪdən] adj cloué au lit

'bed•room chambre f (à coucher)

'bed•side: **be at the bedside of** être au chevet de qn

'bed•spread couvre-lit m, dessus-de -lit m

'bed•time heure f du coucher

bee [biː] abeille f

beech [biːtʃ] hêtre m

beef [biːf] **1** n bœuf m; F (complaint) plainte f **2** v/i F (complain) grommeler

◆ beef up v/t F étoffer

'beef•bur•ger steak m hâché

'bee•hive ruche f

'bee•line: **make a beeline for** aller droit vers

been [bɪn] pp → **be**

beep [biːp] **1** n bip m **2** v/i faire bip **3** v/t (call on pager) appeler sur son récepteur d'appels

beep•er ['biːpər] récepteur m d'appels

beer [bɪr] bière f

beet [biːt] betterave f

bee•tle ['biːtl] coléoptère m, cafard m

be•fore [bɪ'fɔːr] **1** prep avant; **before signing it** avant de le signer; **before a vowel** devant une voyelle **2** adv auparavant; (already) déjà; **the week / day before** la semaine / le jour d'avant **3** conj avant que (+ subj); **before I could stop him** avant que je (ne) puisse l'arrêter; **before it's too late** avant qu'il ne soit trop tard ◇ with same subject: **I had a coffee before I left** j'ai pris un café avant de partir

be•fore•hand [bɪ'fɔːrhænd] adv à l'avance

be•friend [bɪ'frend] v/t se lier d'amitié avec; (assist) prendre sous son aile

beg [beg] **1** v/i (pret & pp -ged) mendier **2** v/t (pret & pp -ged): prier; **beg s.o. to do sth** prier qn de faire qch

be•gan [bɪ'gæn] pret → **begin**

beg•gar ['begər] n mendiant(e) m(f)

be•gin [bɪ'gɪn] **1** v/i (pret **began**, pp **begun**) commencer; **to begin with** (at first) au début; (in the first place) d'abord **2** v/t (pret **began**, pp **begun**) commencer

be•gin•ner [bɪ'gɪnər] débutant(e) m(f)

be•gin•ning [bɪ'gɪnɪŋ] début m

be•grudge [bɪ'grʌdʒ] v/t (envy) envier (**s.o. sth** qch à qn); (give reluctantly) donner à contre-cœur

be•gun [bɪ'gʌn] pp → **begin**

be•half [bɪ'hæf]: **in or on behalf of** au nom de, de la part de; **on my / his behalf** de ma / sa part

be•have [bɪ'heɪv] v/i se comporter; **behave (yourself)!** sois sage!

be•hav•ior, Br be•hav•iour [bɪ'heɪvɪər] comportement m

be•hind [bɪ'haɪnd] **1** prep derrière; **be behind sth** (responsible for, support) être derrière qch; **be behind s.o.** (support) être derrière qn **2** *adv* (*at the back*) à l'arrière; *leave, stay* derrière; **be behind in** *match* être derrière; **be behind with sth** être en retard dans qch

beige [beɪʒ] *adj* beige

be•ing ['biːɪŋ] (*creature*) être *m*; (*existence*) existence *f*

be•lat•ed [bɪ'leɪtɪd] *adj* tardif

belch [beltʃ] **1** *n* éructation *f*, rot *m* F **2** *v/i* éructer, roter F

Bel•gian ['beldʒən] **1** *adj* belge **2** *n* Belge *m/f*

Bel•gium ['beldʒəm] Belgique *f*

be•lief [bɪ'liːf] conviction *f*; REL *also* croyance *f*; *in person* foi *f* (*in* en); **it's my belief that ...** je crois que ...

be•lieve [bɪ'liːv] *v/t* croire
◆ **believe in** *of God, person* croire en; *sth* croire à; **I don't believe in hiding the truth from people** je ne pense pas qu'il faille cacher la vérité aux gens

be•liev•er [bɪ'liːvər] *in God* croyant(e) *m(f)*; *fig: in sth* partisan(e) *m(f)* (*in* de)

be•lit•tle [bɪ'lɪtl] *v/t* déprécier, rapetisser

bell [bel] *on bike, door* sonnette *f*; *in church* cloche *f*; *in school: electric* sonnerie *f*

'**bell•hop** groom *m*

bel•lig•er•ent [bɪ'lɪdʒərənt] *adj* belligérant

bel•low ['beloʊ] **1** *n* braillement *m*; *of bull* beuglement *m* **2** *v/i* brailler; *of bull* beugler

bel•ly ['belɪ] *of person* ventre *m*; (*fat stomach*) bedaine *f*; *of animal* panse *f*

'**bel•ly•ache** *v/i* F rouspéter F

be•long [bɪ'lɒŋ] *v/i*: **where does this belong?** où cela se place-t-il?; **I don't belong here** je n'ai pas ma place ici
◆ **belong to** *v/t of object* appartenir à; *club, organization* faire partie de

be•long•ings [bɪ'lɒːŋɪŋz] *npl* affaires *fpl*

be•loved [bɪ'lʌvd] *adj* bien-aimé

be•low [bɪ'loʊ] **1** *prep* au-dessous de; **below freezing** au-dessous de zéro **2** *adv* en bas, au-dessous; *see below* voir en bas; **10 degrees below** moins dix

belt [belt] *n* ceinture *f*; **tighten one's belt** *fig* se serrer la ceinture

bench [bentʃ] *seat* banc *m*; *in lecture hall* gradin *m*

bench (*workbench*) établi *m*

'**bench•mark** référence *f*

bend [bend] **1** *n* tournant *m* **2** *v/t* (*pret & pp* **bent**) *head* baisser; *arm, knees etc* plier; *metal, plastic* tordre **3** *v/i* (*pret & pp* **bent**) *of road, river* tourner; *of person* se pencher; *of rubber etc* se plier
◆ **bend down** *v/i* se pencher

bend•er ['bendər] F soûlerie *f* F

be•neath [bɪ'niːθ] **1** *prep* sous; *in status* en dessous de **2** *adv* (au-)dessous

ben•e•fac•tor ['benɪfæktər] bienfaiteur(-trice) *m(f)*

ben•e•fi•cial [benɪ'fɪʃl] *adj* bénéfique

ben•e•fit ['benɪfɪt] **1** *n* bénéfice *m* **2** *v/t* bénéficier à **3** *v/i* bénéficier (*from* de)

be•nev•o•lence [bɪ'nevələns] bienveillance *f*

be•nev•o•lent [bɪ'nevələnt] *adj* bienveillant

be•nign [bɪ'naɪn] *adj* doux; MED bénin

bent [bent] *pret & pp* → **bend**

be•queath [bɪ'kwiːð] *v/t* léguer

be•quest [bɪ'kwest] legs *m*

be•reaved [bɪ'riːvd] **1** *adj* endeuillé **2** *npl*: **bereaved**; **the bereaved** la famille du défunt / de la défunte

be•ret ['bereɪ] béret *m*

ber•ry ['berɪ] baie *f*

ber•serk [bər'zɜːrk] *adv*: **go berserk** F devenir fou* furieux*

berth [bɜːrθ] couchette *f*; *for ship* mouillage *m*; **give s.o. a wide berth** éviter qn

be•seech [bɪ'siːtʃ] *v/t*: **beseech s.o. to do sth** implorer qn de faire qch

be•side [bɪ'saɪd] *prep* à côté de; *work* aux côtés de; **be beside o.s.** être hors de soi; **that's beside the point** c'est hors de propos

be•sides [bɪ'saɪdz] **1** *adv* en plus, d'ailleurs **2** *prep* (*apart from*) à part, en dehors de

be•siege [bɪ'siːdʒ] *v/t fig* assiéger

best [best] **1** *adj* meilleur **2** *adv* le mieux; **it would be best if ...** ce serait mieux si ...; **I like her best** c'est elle que j'aime le plus **3** *n*: **do one's best** faire de son mieux; **the best** le mieux; (*outstanding thing or person*) le (la) meilleur(e) *m(f)*; **make the best of** it s'y accommoder; **all the best!** meilleurs vœux!; (*good luck*) bonne chance!

best be•fore date *for food* date *f* limite de consommation

best 'man *at wedding* garçon *m* d'honneur

'**best-sell•er** *book* best-seller *m*

bet [bet] **1** *n* pari *m* **2** *v/i* parier; **you bet!** évidemment! **3** *v/t* parier

be•tray [bɪ'treɪ] *v/t* trahir

be•tray•al [bɪ'treɪəl] trahison *f*

bet•ter ['betər] **1** *adj* meilleur; **get better** s'améliorer; **he's getting better** *in health* il va de mieux en mieux; **he's better** *in health* il va mieux **2** *adv* mieux; **you'd better ask permission** tu devrais demander la permission; **I'd really better**

not je ne devrais vraiment pas; **all the better for us** tant mieux pour nous; **I like her better** je l'aime plus, je la préfère

bet•ter-'off *adj* (*richer*) plus aisé; **you're better-off without them** tu es bien mieux sans eux

be•tween [bɪ'twiːn] *prep* entre; **between you and me** entre toi et moi

bev•er•age ['bevərɪdʒ] *fml* boisson *f*

be•ware [bɪ'wer]: **beware of** méfiez-vous de, attention à; **beware of the dog** (attention) chien méchant!

be•wil•der [bɪ'wɪldər] *v/t* confondre, ahurir

be•wil•der•ment [bɪ'wɪldərmənt] confusion *f*, ahurissement *m*

be•yond [bɪ'jɑːnd] **1** *prep* au-delà de; **it's beyond me** (*I don't understand*) cela me dépasse; (*I can't do it*) c'est trop difficile pour moi; **for reasons beyond my control** pour des raisons indépendantes de ma volonté **2** *adv* au-delà

bi•as ['baɪəs] *n* parti *m* pris, préjugé *m*

bi•as(s)ed ['baɪəst] *adj* partial, subjectif*

bib [bɪb] *for baby* bavette *f*

Bi•ble ['baɪbl] Bible *f*

bib•li•cal ['bɪblɪkl] *adj* biblique

bib•li•og•ra•phy [bɪblɪ'ɑːgrəfɪ] bibliographie *f*

bi•car•bon•ate of so•da [baɪ'kɑːrbəneɪt] bicarbonate *m* de soude

bi•cen•ten•ni•al [baɪsen'tenɪəl] bicentennial bicentenaire *m*

bi•ceps ['baɪseps] *npl* biceps *m*

bick•er ['bɪkər] *v/i* se chamailler

bi•cy•cle ['baɪsɪkl] *n* bicyclette *f*

bid [bɪd] **1** *n at auction* enchère *m*; (*attempt*) tentative *f*; *in takeover* offre *f* **2** *v/i* (*pret & pp bid*) *at auction* faire une enchère, faire une offre

bid•der ['bɪdər] enchérisseur(-euse) *m(f)*

bi•en•ni•al [baɪ'enɪəl] *adj* biennal

bi•fo•cals [baɪ'foʊkəlz] *npl* verres *mpl* à double foyer

big [bɪg] **1** *adj* grand; *sum of money, mistake* gros; **a great big helping** une grosse portion; **my big brother / sister** mon grand frère / ma grande sœur; **big name** grand nom **2** *adv*: **talk big** se vanter

big•a•mist ['bɪgəmɪst] bigame *m/f*

big•a•mous ['bɪgəməs] *adj* bigame

big•a•my ['bɪgəmɪ] bigamie *f*

'big•head *F* crâneur(-euse) *m(f) F*

big•head•ed [bɪg'hedɪd] *adj F* crâneur* *F*

big•ot ['bɪgət] fanatique *mf*, sectaire *mf*

bike [baɪk] **1** *n F* vélo *m*; (*motorbike*) moto *f* **2** *v/i F* faire du vélo; *with motorbike* faire de la moto; **bike to work** aller au travail en vélo / moto

bik•er ['baɪkər] motard(e) *m(f)*

bi•ki•ni [bɪ'kiːnɪ] bikini *m*

bi•lat•er•al [baɪ'lætərəl] *adj* bilatéral

bi•lin•gual [baɪ'lɪŋgwəl] *adj* bilingue

bill [bɪl] **1** *n* facture *f*; *money* billet *m* (de banque); POL projet *m* de loi; (*poster*) affiche *f* **2** *v/t* (*invoice*) facturer

'bill•board panneau *m* d'affichage

'bill•fold portefeuille *m*

bil•liards ['bɪljərdz] *nsg* billard *m*

bil•lion ['bɪljən] milliard *m*

bill of ex'change FIN traite *f*, lettre *f* de change

bill of 'sale acte *m* de vente

bin [bɪn] *n for storage* boîte *f*

bi•na•ry ['baɪnərɪ] *adj* binaire

bind [baɪnd] *v/t* (*pret & pp bound*) (*connect*) unir; (*tie*) attacher; LAW (*oblige*) obliger, engager

bind•ing ['baɪndɪŋ] **1** *adj agreement, promise* obligatoire **2** *n of book* reliure *f* *fpl*

bi•noc•u•lars [bɪ'nɑːkjʊlərz] *npl* jumelles *fpl*

bi•o•chem•ist ['baɪoʊkemɪst] biochimiste *m/f*

bi•o•chem•is•try [baɪoʊ'kemɪstrɪ] biochimie *f*

bi•o•de•grad•able [baɪoʊdɪ'greɪdəbl] *adj* biodégradable

bi•og•ra•pher [baɪ'ɑːgrəfər] biographe *m/f*

bi•og•ra•phy [baɪ'ɑːgrəfɪ] biographie *f*

bi•o•log•i•cal [baɪə'lɑːdʒɪkl] *adj* biologique

bi•ol•o•gist [baɪ'ɑːlədʒɪst] biologiste *m/f*

bi•ol•o•gy [baɪ'ɑːlədʒɪ] biologie *f*

bi•o•tech•nol•o•gy [baɪoʊtek'nɑːlədʒɪ] biotechnologie *f*

birch [bɜːrtʃ] bouleau *m*

bird [bɜːrd] oiseau *m*

'bird•cage cage *f* à oiseaux

bird of 'prey oiseau *m* de proie

'bird sanc•tu•a•ry réserve *f* d'oiseaux

bird's eye 'view vue *f* aérienne

birth [bɜːrθ] naissance *f*; (*labor*) accouchement *m*; **give birth to** *child* donner naissance à, mettre au monde; **date of birth** date *f* de naissance

'birth cer•tif•i•cate acte *m* de naissance

'birth con•trol contrôle *m* des naissances

'birth•day anniversaire *m*

'birthday: **happy birthday!** bon anniversaire!

'birth•mark tache *f* de naissance

'birth•place lieu *m* de naissance

'birth•rate natalité *f*

bis•cuit ['bɪskɪt] biscuit *m*

bi•sex•u•al ['baɪseksjʊəl] **1** *adj* bisexuel **2** *n* bisexuel(le) *m(f)*

bish•op ['bɪʃəp] REL évêque m

bit¹ [bɪt] n (*piece*) morceau m; (*part: of book*) passage m; (*part: of garden, road*) partie f; COMPUT bit m; **a bit** (*a little*) un peu; **a bit of** (*a little*) un peu de; **you haven't changed a bit** tu n'as pas du tout changé; **a bit of a problem** un petit problème; **a bit of news** une nouvelle; **bit by bit** peu à peu; **I'll be there in a bit** (*in a little while*) je serai là dans peu de temps

bit² [bɪt] pret → **bite**

bitch [bɪtʃ] **1** n dog chienne f; F: woman garce f F **2** v/i F (*complain*) rouspéter F

bitch•y ['bɪtʃɪ] adj F vache F

bite [baɪt] **1** n of dog, snake morsure f; of spider, mosquito, flea piqûre f; (of food) morceau m; **let's have a bite** (to eat) et si on mangeait quelque chose **2** v/t (pret **bit**, pp **bitten**) of dog, snake, person mordre; of spider, flea, mosquito piquer; **bite one's nails** se ronger les ongles **3** v/i (pret **bit**, pp **bitten**) of dog, snake, person, fish mordre; of spider, flea, mosquito piquer

bit•ten ['bɪtn] pp → **bite**

bit•ter ['bɪtər] adj taste, person amer; weather glacial; argument violent

bit•ter•ly ['bɪtərlɪ] adv resent amèrement; **it's bitterly cold** il fait un froid de canard

bi•zarre [bɪ'zɑːr] adj bizarre

blab [blæb] v/i (pret & pp **-bed**) F vendre la mèche

blab•ber•mouth ['blæbərmaʊθ] F bavard(e) m(f)

black [blæk] **1** adj noir; tea nature; future sombre **2** n color noir m; person Noir(e) m(f); **in the black** FIN créditeur; **in black and white** fig noir sur blanc

◆ **black out** v/i s'évanouir

'**black•ber•ry** mûre f

'**black•bird** merle m

'**black•board** tableau m noir

black e•con•o•my économie f souterraine

black•en ['blækn] v/t fig: person's name noircir

black 'eye œil m poché

'**black•head** point m noir

black 'ice verglas m

'**black•list 1** n liste f noire **2** v/t mettre à l'index, mettre sur la liste noire

'**black•mail 1** n chantage m; **emotional blackmail** chantage m psychologique **2** v/t faire chanter

black•mail•er ['blækmeɪlər] maître m chanteur

black 'mar•ket marché m noir

'**black•ness** ['blæknɪs] noirceur f

'**black•out** ELEC panne f d'électricité; MED évanouissement m

black•smith ['blæksmɪθ] forgeron m

blad•der ['blædər] ANAT vessie f

blade [bleɪd] of knife, sword lame f; of helicopter ailette f; of grass brin m

blame [bleɪm] **1** n responsabilité f; **I got the blame** c'est moi qu'on a accusé **2** v/t: **blame s.o. for sth** reprocher qch à qn; **I blame her parents** c'est la faute de ses parents

bland [blænd] adj fade

blank [blæŋk] **1** adj paper, tape vierge; look vide **2** n (empty space) espace m vide; **my mind's a blank** j'ai un trou (de mémoire)

blank 'check, Br **blank 'cheque** chèque m en blanc

blan•ket ['blæŋkɪt] n couverture f; **a blanket of snow** un manteau de neige

blare [bler] v/i bugler

◆ **blare out 1** v/i retentir **2** v/t: **the speakers were blaring out military music** des musiques militaires retentissaient dans les haut-parleurs

blas•pheme [blæs'fiːm] v/i blasphémer

blas•phe•my ['blæsfəmɪ] blasphème m

blast [blæst] **1** n (explosion) explosion f; (gust) rafale f **2** v/t tunnel etc percer (à l'aide d'explosifs); **blast!** F mince!

◆ **blast off** v/i of rocket décoller

'**blast fur•nace** haut-fourneau m

'**blast-off** lancement m

bla•tant ['bleɪtənt] adj flagrant, évident; person éhonté

blaze [bleɪz] **1** n (fire) incendie m; **be a blaze of color** être resplendissant de couleur(s) **2** v/i of fire flamber

◆ **blaze away** v/i with gun tirer en rafales

blaz•er ['bleɪzər] blazer m

bleach [bliːtʃ] **1** n for clothes eau f de Javel; for hair décolorant m **2** v/t hair décolorer

bleak [bliːk] adj countryside désolé; weather morne; future sombre

blear•y-eyed ['blɪrɪaɪd] adj aux yeux troubles

bleat [bliːt] v/i of sheep bêler

bled [bled] pret & pp → **bleed**

bleed [bliːd] **1** v/i (pret & pp **bled**) saigner **2** v/t (pret & pp **bled**) fig saigner; radiator purger

bleed•ing ['bliːdɪŋ] n saignement m

bleep [bliːp] **1** n bip m **2** v/i faire bip **3** v/t (call on pager) appeler sur bip, biper

bleep•er ['bliːpər] (pager) bip m

blem•ish ['blemɪʃ] n tache f

blend [blend] **1** n mélange m **2** v/t mélanger

◆ **blend in 1** *v/i of person* s'intégrer; *of furniture* se marier **2** *v/t in cooking* mélanger
blend•er ['blendər] *machine* mixeur *m*
bless [bles] *v/t* bénir; **(God) bless you!** Dieu vous bénisse!; **bless you!** *in response to sneeze* à vos souhaits!; **be blessed with** disposition être doté de; *children* avoir
bless•ing ['blesiŋ] REL, *fig* bénédiction *f*
blew [bluː] *pret* → **blow**
blind [blaind] **1** *adj person* aveugle; **blind corner** virage *m* masqué; **be blind to sth** *fig* ne pas voir qch **2** *npl*: **the blind** les aveugles *mpl* **3** *v/t (make blind)* rendre aveugle; *of sun* aveugler, éblouir; **blind s.o. to sth** *fig* empêcher qn de voir qch
blind 'al•ley impasse *f*
'blind date rendez-vous *m* arrangé
'blind•fold 1 *n* bandeau *m* **2** *v/t* bander les yeux à **3** *adv* les yeux bandés
blind•ing ['blaindiŋ] *adj light* aveuglant; *headache* terrible
blind•ly ['blaindli] *adv* sans rien voir; *fig*: *obey, follow* aveuglément
'blind spot *in road* angle *m* mort; *(ability that is lacking)* faiblesse *f*
blink [bliŋk] *v/i of person* cligner des yeux; *of light* clignoter
blink•ered ['bliŋkərd] *adj fig* à œillères
blip [blip] *on radar screen* spot *m*; *fig* anomalie *f* passagère
bliss [blis] bonheur *m* (suprême)
blis•ter ['blistər] **1** *n* ampoule *f* **2** *v/i of skin, paint* cloquer
bliz•zard ['blizərd] tempête *f* de neige
bloat•ed ['bloutid] *adj* gonflé, boursouflé
blob [blɑːb] *of cream, paint etc* goutte *f*
bloc [blɑːk] POL bloc *m*
block [blɑːk] **1** *n* bloc *m*; *buildings* pâté *m* de maisons; *of shares* paquet *m*; *(blockage)* obstruction *f*, embouteillage *m*; *it's three blocks away* c'est à trois rues d'ici **2** *v/t* bloquer
◆ **block in** *v/t with vehicle* bloquer le passage de
◆ **block out** *v/t light* empêcher de passer; *memory* refouler
◆ **block up** *v/t sink etc* boucher
block•ade [blɑːˈkeid] **1** *n* blocus *m* **2** *v/t* faire le blocus de
block•age ['blɑːkidʒ] obstruction *f*
block•bust•er ['blɑːkbʌstər] *movie* film *m* à grand succès; *novel* roman *m* à succès
block 'let•ters *npl* capitales *fpl*
blond [blɑːnd] *adj* blond
blonde [blɑːnd] *n woman* blonde *f*

blood [blʌd] sang *m*; **in cold blood** de sang-froid
'blood al•co•hol lev•el alcoolémie *f*
'blood bank banque *f* du sang
'blood bath bain *m* de sang
'blood do•nor donneur(-euse) *m(f)* de sang
'blood group groupe *m* sanguin
blood•less ['blʌdlis] *adj coup* sans effusion de sang
blood poi•son•ing ['blʌdpɔizniŋ] empoisonnement *m* du sang
'blood pres•sure tension *f* (artérielle)
'blood re•la•tion, 'blood rel•a•tive parent *m* par le sang
'blood sam•ple prélèvement *m* sanguin
'blood•shed carnage *m*; **without bloodshed** sans effusion de sang
'blood•shot *adj* injecté de sang
'blood•stain tache *f* de sang
'blood•stained *adj* taché de sang
'blood•stream sang *m*
'blood test test *m* sanguin
'blood•thirst•y *adj* sanguinaire
'blood trans•fu•sion transfusion *f* sanguine
'blood ves•sel vaisseau *m* sanguin
blood•y ['blʌdi] *adj hands etc* ensanglanté; *battle* sanguinaire; *esp Br* F sacré
bloom [bluːm] **1** *n fleur f*; **in full bloom** en fleurs **2** *v/i also fig* fleurir
bloop•er ['bluːpər] F gaffe *f*
blos•som ['blɑːsəm] **1** *n* fleur *f* **2** *v/i* fleurir; *fig* s'épanouir
blot [blɑːt] **1** *n* tache *f*; **be a blot on the landscape** *fig* faire tache dans le paysage **2** *v/t (pret & pp -ted) (dry)* sécher
◆ **blot out** *v/t* effacer
blotch [blɑːtʃ] *on skin* tache *f*
blotch•y ['blɑːtʃi] *adj* taché
blouse [blauz] chemisier *m*
blow[1] [blou] *n also fig* coup *m*
blow[2] [blou] **1** *v/t (pret blew, pp blown)* souffler; F *(spend)* claquer F; F *opportunity* rater; **blow one's own trumpet** donner un coup de sifflet; **blow one's nose** se moucher **2** *v/i (pret blew, pp blown) of wind*, *person* souffler; *of whistle* retentir; *of fuse* sauter; *of tire* éclater
◆ **blow off 1** *v/t* arracher **2** *v/i of hat etc* s'envoler
◆ **blow out 1** *v/t candle* souffler **2** *v/i of candle* s'éteindre
◆ **blow over 1** *v/t* renverser **2** *v/i* se renverser; *(pass)* passer
◆ **blow up 1** *v/t with explosives* faire sauter, faire exploser; *balloon* gonfler; *photograph* agrandir **2** *v/i of car, boiler etc* sauter, exploser; F *(get angry)* devenir fu-

rieux*

'blow-dry v/t (pret & pp **-ied**) sécher (au sèche-cheveux)

'blow job V pipe f V

blown [bloun] pp → **blow**

'blow-out of tire éclatement m; F (big meal) gueuleton m F

'blow-up of photo agrandissement m

blue [bluː] **1** adj bleu; F movie porno F **2** n bleu m

'blue•ber•ry myrtille f

blue 'chip adj company de premier ordre

blue-'col•lar work•er travailleur(-euse) m(f) manuel(le)

'blue•print plan m; fig projet m

blues [bluːz] npl MUS blues m; **have the blues** avoir le cafard F

'blues sing•er chanteur(-euse) m(f) de blues

bluff [blʌf] **1** n (deception) bluff m **2** v/i bluffer

blun•der ['blʌndər] **1** n bévue f, gaffe f **2** v/i faire une bévue or gaffe

blunt [blʌnt] adj émoussé; person franc*

blunt•ly ['blʌntlɪ] adv speak franchement

blur [blɜːr] **1** n masse f confuse **2** v/t (pret & pp **-red**) brouiller

blurb [blɜːrb] on book promotion f

◆ blurt out [blɜːrt] v/t lâcher

blush [blʌʃ] **1** n rougissement m **2** v/i rougir

blush•er ['blʌʃər] cosmetic rouge m

blus•ter ['blʌstər] v/i faire le fanfaron

blus•ter•y ['blʌstərɪ] adj weather à bourrasques

BO [biː'ou] abbr (= **body odor**) odeur f corporelle

board [bɔːrd] **1** n of wood planche f; cardboard carton m; for game plateau m de jeu; for notices panneau m; **board (of directors)** conseil m d'administration; **on board** à bord; **take on board** comments etc prendre en compte; (fully realize truth of) réaliser; **across the board** d'une manière générale **2** v/t plane, ship monter à bord de; train, bus monter dans **3** v/i of passengers embarquer; on train, bus monter (à bord)

◆ board up v/t windows condamner

◆ board with v/t être en pension chez

board and 'lodg•ing ['lɑːdʒɪŋ] pension f complète

board•er ['bɔːrdər] pensionnaire m/f; EDU interne m/f

'board game jeu m de société

'board•ing card ['bɔːrdɪŋ] carte f d'embarquement

'board•ing house pension f (de famille)

'board•ing pass carte f d'embarquement

'board•ing school internat m, pensionnat m

'board meet•ing réunion f du conseil d'administration

'board room salle f du conseil

'board•walk promenade f (en planches) fpl

boast [boust] v/i se vanter (**about** de)

boast•ing ['boustɪŋ] vantardise f

boat [bout] (ship) bateau m; small, for leisure canot m; **go by boat** aller en bateau

bob[1] [baːb] n haircut coupe f au carré

bob[2] [baːb] v/i (pret & pp **-bed**) of boat etc se balancer, danser

◆ bob up v/i se lever subitement

'bob•sled, 'bob•sleigh bobsleigh m

bod•i•ly ['baːdɪlɪ] **1** adj corporel **2** adv: **they bodily ejected him** ils l'ont saisi à bras-le-corps et l'ont mis dehors

bod•y ['baːdɪ] corps m; dead cadavre m; **body (suit)** undergarment body m; **body of water** étendue f d'eau

'bod•y•guard garde m du corps

'bod•y lan•guage langage m du corps; **I could tell by her body language that …** je pouvais voir à ses gestes que …

'bod•y o•dor odeur f corporelle

'bod•y pierc•ing piercing m

'bod•y shop MOT atelier m de carrosserie

'bod•y stock•ing body m

'bod•y suit body m

'bod•y•work MOT carrosserie f

bog•gle ['baːgl] v/t: **it boggles the mind!** j'ai du mal à le croire!

bo•gus ['bougəs] adj faux

boil[1] [bɔɪl] n (swelling) furoncle m

boil[2] [bɔɪl] **1** v/t faire bouillir **2** v/i bouillir

◆ boil down to v/t se ramener à

◆ boil over v/i of milk etc déborder

boil•er ['bɔɪlər] chaudière f

'boil•ing point ['bɔɪlɪŋ] of liquid point m d'ébullition; **reach boiling point** fig éclater

bois•ter•ous ['bɔɪstərəs] adj bruyant

bold [bould] **1** adj (brave) courageux*; text en caractères gras **2** n print caractères mpl gras; **in bold** en caractères gras

bol•ster ['boulstər] v/t confidence soutenir

bolt [boult] **1** n (metal pin) boulon m; on door verrou m; of lightning coup m; **come like a bolt from the blue** faire l'effet d'une bombe **2** adv: **bolt upright** tout droit **3** v/t (fix with bolts) boulonner; close verrouiller **4** v/i (run off) décamper; of horse s'emballer

bomb [baːm] **1** n bombe f **2** v/t from airplane bombarder; of terrorist faire sauter

bom•bard [baːm'baːrd] v/t (attack) bombarder; **bombard with questions** bombarder de questions

'bomb at•tack attaque *f* à la bombe

bomb•er ['bɑːmər] *airplane* bombardier *m*; *terrorist* poseur *m(f)* de bombes

'bomb•er jack•et blouson *m* d'aviateur

'bomb•proof *adj bunker* blindé; *building* protégé contre les bombes

'bomb scare alerte *f* à la bombe

'bomb•shell *fig* bombe *f*; **come as a bombshell** faire l'effet d'une bombe

bond [bɑːnd] **1** *n (tie)* lien *m*; FIN obligation *f* **2** *v/i of glue* se coller

bone [boʊn] **1** *n* os *m*; *in fish* arête *f* **2** *v/t meat, fish* désosser

bon•er ['boʊnər] F gaffe *f*

bon•fire ['bɑːnfaɪr] feu *m* (de jardin)

bo•nus ['boʊnəs] *money* prime *f*; *(something extra)* plus *m*

boo [buː] **1** *n* huée *f* **2** *v/t actor, speaker* huer **3** *v/i* pousser des huées

boob [buːb] *n* P *(breast)* nichon *m* P

boo•boo ['buːbuː] F bêtise *f*

book [bʊk] **1** *n* livre *m*; **book of matches** pochette *f* d'allumettes **2** *v/t table, seat* réserver; *ticket* prendre; *pop group, artiste* retenir; *of policeman* donner un P.V. à F; **book s.o. on a flight** réserver une place à qn sur un vol **3** *v/i (reserve)* réserver

'book•case bibliothèque *f*

booked up [bʊkt'ʌp] *adj* complet*; *person* complètement pris

book•ie ['bʊkɪ] F bookmaker *m*

book•ing ['bʊkɪŋ] *(reservation)* réservation *f*

'book•ing clerk employé(e) *m(f)* du guichet

'book•keep•er [bʊkiːpər] comptable *m*

'book•keep•ing comptabilité *f*

book•let ['bʊklɪt] livret *m*

'book•mak•er bookmaker *m*

books [bʊks] *npl (accounts)* comptes *mpl*; **do the books** faire la comptabilité

'book•sell•er libraire *m/f*

'book•shelf étagère *f*

'book•stall kiosque *m* à journaux

'book•store librairie *f*

'book to•ken chèque-livre *m*

boom¹ [buːm] **1** *n* boum *m* **2** *v/i of business* aller très fort

boom² [buːm] *n* noise boum *m*

boon•ies ['buːnɪz] *npl* F en pleine cambrousse F

boor [bʊr] rustre *m*

boor•ish ['bʊrɪʃ] *adj* rustre

boost [buːst] **1** *n*: **give sth a boost** stimuler qch **2** *v/t* stimuler

boot [buːt] *n* botte *f*; *for climbing, foot-*

ball chaussure *f*

◆ **boot out** *v/t* virer F

◆ **boot up** COMPUT **1** *v/i* démarrer **2** *v/t* faire démarrer

booth [buːð] *at market* tente *f* (de marché); *at fair* baraque *f*; *at trade fair* stand *m*; *in restaurant* alcôve *f*

booze [buːz] *n* F boisson *f* (alcoolique)

bor•der ['bɔːrdər] **1** *n between countries* frontière *f*; *(edge)* bordure *f* **2** *v/i country* avoir une frontière avec; *river* longer

◆ **border on** *v/t country* avoir une frontière avec; *(be almost)* friser

'bor•der•line *adj*: **a borderline case** un cas limite

bore¹ [bɔːr] *v/t hole* percer

bore² [bɔːr] **1** *n person* raseur(-euse) *m(f)* **2** *v/t* ennuyer

bore³ [bɔːr] *pret* → **bear²**

bored [bɔːrd] *adj* ennuyé; **be bored** s'ennuyer; **I'm bored** je m'ennuie

bore•dom ['bɔːrdəm] ennui *m*

bor•ing ['bɔːrɪŋ] *adj* ennuyeux*, chiant F

born [bɔːrn] *adj*: **be born** être né; **be a born ...** être un(e) ... né(e)

borne [bɔːrn] *pp* → **bear²**

bor•row ['bɑːroʊ] *v/t* emprunter

bos•om ['bʊzm] *of woman* poitrine *f*

boss [bɑːs] patron(ne) *m(f)*

◆ **boss around** *v/t* donner des ordres à

boss•y ['bɑːsɪ] *adj* autoritaire

bo•tan•i•cal [bə'tænɪkl] *adj* botanique

bo•tan•i•cal gar•dens *npl* jardin *m* botanique

bot•a•nist ['bɑːtənɪst] botaniste *m/f*

bot•a•ny ['bɑːtənɪ] botanique *f*

botch [bɑːtʃ] *v/t* bâcler

both [boʊθ] **1** *adj* les deux; **I know both brothers** je connais les deux frères **2** *pron* les deux; **I know both of the brothers** je connais les deux frères; **both of them** tous(-tes) *m(f)* les deux **3** *adv*: **both ... and ...** à la fois ... et ...; **is it sweet or sour? – both** c'est sucré ou amer? – les deux (à la fois)

both•er ['bɑːðər] **1** *n* problèmes *mpl*; **it's no bother** ça ne pose pas de problème **2** *v/t (disturb)* déranger; *(worry)* ennuyer **3** *v/i* s'inquiéter **(with** de); **don't bother!** *(you needn't do it)* ce n'est pas la peine!; **you needn't have bothered** ce n'était pas la peine

bot•tle ['bɑːtl] **1** *n* bouteille *f*; *for medicines* flacon *m*; *for baby* biberon *m* **2** *v/t* mettre en bouteille(s)

◆ **bottle up** *v/t feelings* réprimer

'bot•tle bank conteneur *m* à verre

bot•tled wa•ter ['bɑːtld] eau *f* en bouteille

'bot•tle•neck *in road* rétrécissement *m*; *in*

production goulet *m* d'étranglement

bot•tle-o•pen•er ['bɒːtloupnər] ouvre-bouteilles *m inv*

bot•tom ['bɑːtəm] **1** *adj* du bas **2** *n of drawer, pan, garden* fond *m*; (*underside*) dessous *m*; (*lowest part*) bas *m*; *of street* bout *m*; (*buttocks*) derrière *m*; **at the bottom of the screen** au bas de l'écran

♦ **bottom out** *v/i* se stabiliser

bot•tom 'line *fig* (*financial outcome*) résultat *m*; (*the real issue*) la question principale

bought [bɔːt] *pret & pp* → **buy**

boul•der ['bouldər] rocher *m*

bounce [bauns] **1** *v/t ball* faire rebondir **2** *v/i of ball* rebondir; *on sofa etc* sauter; *of check* être refusé

bounc•er ['baunsər] videur *m*

bounc•y ['baunsɪ] *adj ball, cushion, chair* qui rebondit

bound¹ [baund] *adj:* **be bound to do sth** (*sure to*) aller forcément faire qch; (*obliged to*) être tenu de faire qch

bound² [baund] *adj:* **be bound for** *of ship* être à destination de

bound³ [baund] **1** *n* (*jump*) bond *m* **2** *v/i* bondir

bound⁴ [baund] *pret & pp* → **bind**

bound•a•ry ['baundərɪ] frontière *f*

bound•less ['baundlɪs] *adj* sans bornes, illimité

bou•quet [buˈkeɪ] *flowers, of wine* bouquet *m*

bour•bon ['bɜːrbən] bourbon *m*

bout [baut] *MED* accès *m*; *in boxing* match *m*

bou•tique [buːˈtiːk] boutique *f*

bow¹ [bau] **1** *n as greeting* révérence *f* **2** *v/i* faire une révérence **3** *v/t head* baisser

bow² [bou] (*knot*) nœud *m*; *MUS* archet *m*

bow³ [bau] *of ship* avant *m*

bow•els ['bauəlz] *npl* intestins *mpl*

bowl¹ [boul] bol *m*; *for soup etc* assiette *f* creuse; *for serving salad etc* saladier *m*; *for washing dishes* cuvette *f*

bowl² [boul] *v/i* jouer au bowling

♦ **bowl over** *v/t fig* (*astonish*) renverser

bowl•ing ['boulɪŋ] bowling *m*

bowl•ing al•ley bowling *m*

bow 'tie [bou] (*nœud m*) papillon *m*

box¹ [bɑːks] *n container* boîte *f*; *on form* case *f*

box² [bɑːks] *v/i* boxer

box•er ['bɑːksər] *sp* boxeur *m*

'box•er shorts *npl* caleçon *m*

box•ing ['bɑːksɪŋ] boxe *f*

'box•ing glove gant *m* de boxe

'box•ing match match *m* de boxe

'box•ing ring ring *m* (de boxe)

'box num•ber boîte *f* postale

'box of•fice bureau *m* de location

boy [bɔɪ] garçon *m*; (*son*) fils *m*

boy•cott ['bɔɪkɑːt] **1** *n* boycott *m* **2** *v/t* boycotter

'boy•friend petit ami *m*; *younger also* copain *m*

boy•ish ['bɔɪʃ] *adj* de garçon

boy 'scout scout *m*

brace [breɪs] *on teeth* appareil *m* (dentaire)

brace•let ['breɪslɪt] bracelet *m*

brack•et ['brækɪt] *for shelf* support *m* (d'étagère); *in text* crochet *m*; *Br:* round parenthèse *f*

brag [bræg] *v/i* (*pret & pp* **-ged**) se vanter (**about** de)

braid [breɪd] *n in hair* tresse *f*; (*trimming*) galon *m*

braille [breɪl] braille *m*

brain [breɪn] *ANAT* cerveau *m*; **use your brain** fais travailler votre cerveau

'brain dead *adj* *MED* en coma dépassé

'brain•less ['breɪnlɪs] *adj* F écervelé

brains [breɪnz] *npl* (*intelligence*), *also person* cerveau *m*; **it doesn't take much brains** il n'y a pas besoin d'être très intelligent

'brain•storm idée *f* de génie

brain•storm•ing ['breɪnstɔːrmɪŋ] brainstorming *m*

'brain sur•geon neurochirurgien(ne) *m(f)*

'brain sur•ger•y neurochirurgie *f*

'brain tu•mor tumeur *f* au cerveau

'brain•wash *v/t by media etc* conditionner

'brain•wave F idée *f* de génie

brain•y ['breɪnɪ] *adj* F intelligent

brake [breɪk] **1** *n* frein *m* **2** *v/i* freiner

'brake flu•id liquide *m* de freins

'brake light feu *m* de stop

'brake ped•al pédale *f* de frein

branch [bræntʃ] *of tree, bank, company* branche *f*

♦ **branch off** *v/i of road* bifurquer

♦ **branch out** *v/i* (*diversify*) se diversifier

brand [brænd] **1** *n* marque *f* **2** *v/t:* **be branded a liar** être étiqueté comme voleur

brand 'im•age image *f* de marque

bran•dish ['brændɪʃ] *v/t* brandir

brand 'lead•er marque *f* dominante

brand name nom *m* de marque

brand 'loy•al•ty fidélité *f* à la marque

brand-'new *adj* flambant neuf*

bran•dy ['brændɪ] brandy *m*

brass [bræs] cuivre *m* jaune, laiton *m*; **the brass** *MUS* les cuivres *mpl*

brass 'band fanfare *f*

B

bras•sière [brɑˈzɪ(r)] soutien-gorge *m*

brat [bræt] *pej* garnement *m*

bra•va•do [brəˈvɑːdəʊ] bravade *f*

brave [breɪv] *adj* courageux*

brave•ly [ˈbreɪvlɪ] *adv* courageusement

brav•er•y [ˈbreɪvərɪ] courage *m*

brawl [brɔːl] **1** *n* bagarre *f* **2** *v/i* se bagarrer

brawn•y [ˈbrɔːnɪ] *adj* costaud

Bra•zil [brəˈzɪl] Brésil *m*

Bra•zil•ian [brəˈzɪljən] **1** *adj* brésilien* **2** *n* Brésilien(ne) *m(f)*

breach [briːtʃ] *n* (*violation*) violation *f*; *in party* désaccord *m*, différend *m*; (*split*) scission *f*

breach of 'con•tract LAW rupture *f* de contrat

bread [bred] pain *m*

'bread•crumbs *npl* miettes *fpl* de pain

'bread knife couteau *m* à pain

breadth [bredθ] largeur *m*; *of knowledge* étendue *f*

'bread•win•ner soutien *m* de famille

break [breɪk] **1** *n in bone* fracture *f*; (*rest*) repos *m*; *in relationship* séparation *f*; *give s.o. a break* F (*opportunity*) donner une chance à qn; *take a break* s'arrêter; *without a break* work, travel sans interruption **2** *v/t* (*pret broke, pp broken*) casser; *rules, law, promise* violer; *news* annoncer; *record* battre; *break one's arm / leg* se casser le bras / la jambe **3** *v/i* (*pret broke, pp broken*) se casser; *of news, storm* éclater; *of boy's voice* muer; *the news has just broken that ...* on vient d'apprendre que ...

♦ break away *v/i* (*escape*) s'échapper; *from family, organization, tradition* rompre (*from* avec)

♦ break down **1** *v/i of vehicle, machine* tomber en panne; *of talks* échouer; *in tears* s'effondrer; *mentally* faire une dépression **2** *v/t door* défoncer; *figures* détailler

♦ break even *v/i* COMM rentrer dans ses frais

♦ break in *v/i* (*interrupt*) interrompre qn; *of burglar* s'introduire par effraction

♦ break off **1** *v/t* casser; *relationship* rompre; *they've broken it off* engagement ils ont rompu leurs fiançailles; *relationship* ils ont rompu **2** *v/i* (*stop talking*) s'interrompre

♦ break out *v/i* (*start up*) éclater; *of prisoners* s'échapper; *he broke out in a rash* il a eu une éruption (cutanée)

♦ break up **1** *v/t into component parts* décomposer; *fight* interrompre **2** *v/i of ice* se briser; *of couple, band* se séparer; *of meeting* se dissoudre

break•a•ble [ˈbreɪkəbl] *adj* cassable

break•age [ˈbreɪkɪdʒ] casse *f*

'break•down *of vehicle, machine* panne *f*; *of talks* échec *m*; (*nervous breakdown*) dépression *f* (nerveuse); *of figures* détail *m*

break-'e•ven point seuil *m* de rentabilité

break•fast [ˈbrekfəst] *n* petit-déjeuner *m*; *have breakfast* prendre son petit-déjeuner

'break•fast tel•e•vi•sion programmes *mpl* du petit-déjeuner

'break-in cambriolage *m*

'break•ing [ˈbreɪkɪŋ] *adj: breaking news* information *f* de dernière minute

'break•through percée *f*

'break-up *of marriage, partnership* échec *m*

breast [brest] *of woman* sein *m*

'breast•feed *v/t* (*pret & pp breastfed*) allaiter

'breast•stroke brasse *f*

breath [breθ] souffle *m*; *be out of breath* être essoufflé; *take a deep breath* inspirer profondément

Breath•a•lyz•er® [ˈbreθəlaɪzər] alcootest *m*

breathe [briːð] **1** *v/i* respirer **2** *v/t* (*inhale*) respirer; (*exhale*) exhaler

♦ breathe in **1** *v/i* inspirer **2** *v/t* respirer

♦ breathe out *v/i* expirer

breath•ing [ˈbriːðɪŋ] *n* respiration *f*

breath•less [ˈbreθlɪs] *adj* essoufflé

breath•less•ness [ˈbreθlɪsnɪs] essoufflement *m*

breath•tak•ing [ˈbreθteɪkɪŋ] *adj* à vous couper le souffle

bred [bred] *pret & pp* → **breed**

breed [briːd] **1** *n* race *f* **2** *v/t* (*pret & pp bred*) racehorses, dogs élever; *plants, also fig* cultiver **3** *v/i* (*pret & pp bred*) *of animals* se reproduire

breed•er [ˈbriːdər] *of animals* éleveur (-euse) *m(f)*

breed•ing [ˈbriːdɪŋ] *of animals* élevage *m*; *of person* éducation *f*

'breed•ing ground *fig* terrain *m* propice (*for* à)

breeze [briːz] brise *f*

breez•i•ly [ˈbriːzɪlɪ] *adv fig* jovialement

breez•y [ˈbriːzɪ] *adj* venteux*; *fig* jovial

brew [bruː] **1** *v/t beer* brasser **2** *v/i* couver

brew•er [ˈbruːər] brasseur(-euse) *m(f)*

brew•er•y [ˈbruːərɪ] brasserie *f*

bribe [braɪb] **1** *n* pot-de-vin *m* **2** *v/t* soudoyer

brib•er•y [ˈbraɪbərɪ] corruption *f*

brick [brɪk] brique *f*

'brick•lay•er maçon *m*

brid•al suite ['braɪdl] suite *f* nuptiale
bride [braɪd] *about to be married* (future) mariée *f*; *married* jeune mariée *f*
'bride•groom *about to be married* (futur) marié *m*; *married* jeune marié *m*
'brides•maid demoiselle *f* d'honneur
bridge[1] [brɪdʒ] **1** *n* pont *m*; *of nose* arête *f*; *of ship* passerelle *f* **2** *v/t gap* combler
bridge[2] [brɪdʒ] *card game* bridge *m*
bri•dle ['braɪdl] bride *f*
brief[1] [briːf] *adj* bref, court
brief[2] [briːf] **1** *n* (*mission*) instructions *fpl* **2** *v/t*: **brief s.o. on sth** (*give information*) informer qn de qch; (*instruct*) donner à qn des instructions sur qch
'brief•case serviette *f*
brief•ing ['briːfɪŋ] *session* séance *f* d'information; *instructions* instructions *fpl*
brief•ly ['briːflɪ] *adv* (*for short time, in a few words*) brièvement; (*to sum up*) en bref
briefs [briːfs] *npl underwear* slip *m*
bright [braɪt] *adj color* vif*; *smile* radieux*; *future* brillant; (*sunny*) clair; (*intelligent*) intelligent
◆ **brighten up** ['braɪtn] **1** *v/t room* donner de la couleur à; *emotionally* donner de l'animation à **2** *v/i of weather* s'éclaircir; *of face, person* s'animer
bright•ly ['braɪtlɪ] *adv smile* d'un air radieux; *colored* vivement; **shine brightly** resplendir
bright•ness ['braɪtnɪs] *of weather* clarté *f*; *of smile* rayonnement *m*; (*intelligence*) intelligence *f*
bril•liance ['brɪljəns] *of person* esprit *m* lumineux; *of color* vivacité *f*
bril•liant ['brɪljənt] *adj sunshine etc* resplendissant; (*very good*) génial; (*very intelligent*) brillant
brim [brɪm] *of container, hat* bord *m*
brim•ful ['brɪmful] *adj* rempli à ras bord
bring [brɪŋ] *v/t* (*pret & pp brought*) *object* apporter; *person, peace* amener; *hope, happiness etc* donner; **bring shame on** déshonorer; **bring it here, will you?** tu veux bien l'apporter ici?; **can I bring a friend?** puis-je amener un ami?
◆ **bring around** *v/t from a faint* ranimer; (*persuade*) faire changer d'avis
◆ **bring back** *v/t* (*return*) ramener; (*re-introduce*) réintroduire; **it brought back memories of my childhood** ça m'a rappelé mon enfance
◆ **bring down** *v/t also fig: government* faire tomber; *bird, airplane* abattre; *inflation, prices etc* faire baisser
◆ **bring in** *v/t interest, income* rapporter;

legislation introduire; *verdict* rendre; (*involve*) faire intervenir
◆ **bring on** *v/t illness* donner; **it brings on my asthma** ça me donne des crises d'asthme
◆ **bring out** *v/t* (*produce*) sortir
◆ **bring to** *v/t from a faint* ranimer
◆ **bring up** *v/t child* élever; *subject* soulever; (*vomit*) vomir
brink [brɪŋk] bord *m*; **be on the brink of doing sth** être sur le point de faire qch
brisk [brɪsk] *adj vif*; (*businesslike*) énergique; *trade* florissant
brist•le ['brɪsl] *v/i*: **be bristling with spines, weapons** être hérissé de; *police etc* grouiller de
brist•les ['brɪslz] *npl on chin* poils *mpl* raides; *of brush* poils *mpl*
Brit [brɪt] F Britannique *m/f*
Brit•ain ['brɪtn] Grande-Bretagne
Brit•ish ['brɪtɪʃ] **1** *adj* britannique **2** *npl*: **the British** les Britanniques
Brit•ish•er ['brɪtɪʃər] Britannique *m/f*
Brit•on ['brɪtn] Britannique *m/f*
Brit•ta•ny ['brɪtənɪ] Bretagne *f*
brit•tle ['brɪtl] *adj* fragile, cassant
broach [brouʃ] *v/t subject* soulever
broad [brɔːd] **1** *adj street; shoulders, hips* large; *smile* grand; (*general*) général; **in broad daylight** en plein jour **2** *n* F gonzesse *f*
'broad•cast 1 *n* émission *f* **2** *v/t* (*pret & pp -cast*) transmettre
'broad•cast•er *on radio / TV* présentateur(-trice) *m(f)* (radio / télé)
'broad•cast•ing ['brɔːdkæstɪŋ] *radio f*; télévision *f*
broad•en ['brɔːdn] **1** *v/i* s'élargir **2** *v/t* élargir
'broad jump *n* saut *m* en longueur
broad•ly ['brɔːdlɪ] *adv*: **broadly speaking** en gros
broad-mind•ed [brɔːd'maɪndɪd] *adj* large d'esprit
broad-mind•ed•ness [brɔːd'maɪndɪdnɪs] largeur *f* d'esprit
broc•co•li ['brɑːkəlɪ] brocoli(s) *m(pl)*
bro•chure ['brouʃər] brochure *f*
broil [brɔɪl] *v/t* griller
broil•er ['brɔɪlər] *on stove* grill *m*; *chicken* poulet *m* à rôtir
broke [brouk] **1** *adj* F fauché F; **go broke** (*go bankrupt*) faire faillite **2** *pret* → **break**
bro•ken ['broukn] **1** *adj* cassé; *home* brisé; *English* haché **2** *pp* → **break**
bro•ken-heart•ed [broukn'hɑːrtɪd] *adj* au cœur brisé
bro•ker ['broukər] courtier *m*
bron•chi•tis [brɑːŋ'kaɪtɪs] bronchite *f*

B

bronze [brɑːnz] *n metal* bronze *m*; *medal* médaille *f* de bronze

brooch [brəʊtʃ] broche *f*

brood [bruːd] *v/i of person* ruminer

broom [bruːm] balai *m*

broth [brɒθ] bouillon *m*

broth•el ['brɒθl] bordel *m*

broth•er ['brʌðər] frère *m*

'broth•er-in-law (*pl* **brothers-in-law**) beau-frère *m*

broth•er•ly ['brʌðəlɪ] *adj* fraternel*

brought [brɔːt] *pret & pp* → **bring**

brow [braʊ] (*forehead*) front *m*; *of hill* sommet *m*

brown [braʊn] **1** *adj* marron *inv*; (*tanned*) bronzé **2** *n* marron *m* **3** *v/t in cooking* faire dorer **4** *v/i in cooking* dorer

'brown bag *v/t* (*pret & pp* **-ged**); **brown-bag it** F apporter son repas

Brown•ie ['braʊnɪ] jeannette *f*

brown•ie ['braʊnɪ] brownie *m*

'Brownie points *npl*: **earn Brownie points** se faire bien voir

'brown-nose *v/t* P lécher le cul à P

brown 'pa•per papier *m* d'emballage, papier *m* kraft

brown pa•per 'bag sac *m* en papier kraft

brown 'sug•ar sucre *m* roux

browse [braʊz] *v/i in store* flâner; COMPUT surfer; **browse through a book** feuilleter un livre

brows•er ['braʊzər] COMPUT navigateur *m*

bruise [bruːz] **1** *n* bleu *m*; *on fruit* meurtrissure *f* **2** *v/t fruit* abîmer; *leg* se faire un bleu sur **3** *v/i of fruit* s'abîmer; *of person* se faire des bleus

bruis•ing ['bruːzɪŋ] *adj fig* douloureux

brunch [brʌntʃ] brunch *m*

bru•nette [bruː'net] brune *f*

brunt [brʌnt]: **bear the brunt of ...** subir le pire de ...

brush [brʌʃ] **1** *n* brosse *f*; (*conflict*) accrochage *m* **2** *v/t jacket, floor* brosser; (*touch lightly*) effleurer; **brush one's teeth / hair** se brosser les dents / les cheveux

◆ brush against *v/t* effleurer

◆ brush aside *v/t person* mépriser; *remark, criticism* écarter

◆ brush off *v/t dust etc* enlever; *criticism* ignorer

◆ brush up *v/t fig* réviser

'brush•off: **give s.o. the brushoff** F repousser qn; **get the brushoff** F se faire repousser

'brush•work *in art* touche *f* (de pinceau)

brusque [brʊsk] *adj* brusque

Brus•sels ['brʌslz] Bruxelles

Brus•sels 'sprouts *npl* choux *mpl* de Bruxelles

bru•tal ['bruːtl] *adj* brutal

bru•tal•i•ty [bruː'tælətɪ] brutalité *f*

bru•tal•ly ['bruːtəlɪ] *adv* brutalement; **be brutally frank** dire les choses carrément

brute [bruːt] brute *f*

'brute force force *f*

BSc [biːes 'siː] *abbr* (= **Bachelor of Science**) licence scientifique

bub•ble ['bʌbl] bulle *f*

'bub•ble bath bain *m* moussant

'bub•ble gum bubble-gum *m*

'bub•ble wrap *n* film *m* de protection à bulles

bub•bly ['bʌblɪ] *n* F (*champagne*) champagne *m*

buck¹ [bʌk] *n* F (*dollar*) dollar *m*

buck² [bʌk] *v/i of horse* ruer

buck³ [bʌk] *n*: **pass the buck** renvoyer la balle

buck•et ['bʌkɪt] *n* seau *m*

buck•le¹ ['bʌkl] **1** *n* boucle *f* **2** *v/t belt* boucler

buck•le² ['bʌkl] *v/i of wood, metal* déformer

◆ buck•le down *v/i* s'y mettre

bud [bʌd] *n* BOT bourgeon *m*

bud•dy ['bʌdɪ] F copain *m*, copine *f*; *form of address* mec F

budge [bʌdʒ] **1** *v/t* (*move*) déplacer; (*make reconsider*) faire changer d'avis **2** *v/i* (*move*) bouger; (*change one's mind*) changer d'avis

bud•ger•i•gar ['bʌdʒərɪgɑːr] perruche *f*

bud•get ['bʌdʒɪt] **1** *n* budget *m*; **be on a budget** faire des économies **2** *v/i* prévoir ses dépenses

◆ budget for *v/t* prévoir

bud•gie ['bʌdʒɪ] F perruche *f*

buff¹ [bʌf] *adj color* couleur chamois

buff² [bʌf] *n* passionné(e) *m(f)*; **a movie / jazz buff** un(e) passionné(e) *m(f)* de cinéma / de jazz

buf•fa•lo ['bʌfələʊ] buffle *m*

buff•er ['bʌfər] RAIL, COMPUT, *fig* tampon *m*

buf•fet¹ ['bʊfeɪ] *n meal* buffet *m*

buf•fet² ['bʌfɪt] *v/t of wind* battre

bug [bʌg] **1** *n* (*insect*) insecte *m*; (*virus*) virus *m*; COMPUT bogue *f*; (*spying device*) micro *m* **2** *v/t* (*pret & pp* **-ged**) *room, telephone* mettre sur écoute; F (*annoy*) énerver

bug•gy ['bʌgɪ] *for baby* poussette *f*

build [bɪld] **1** *n of person* carrure *f* **2** *v/t* (*pret & pp* **built**) construire

◆ build up **1** *v/t strength* développer; *relationship* construire; **build up a collection** faire collection (**of** de) **2** *v/i* s'accumuler; *fig* s'intensifier

build·er ['bɪldər] constructeur(-trice) m(f)

build·ing ['bɪldɪŋ] structure bâtiment m; activity construction f

'build·ing blocks npl for child cube m

'build·ing site chantier m

'build·ing trade (industrie f du) bâtiment m

'build-up (accumulation) accumulation f, augmentation f; (publicity) publicité f; **give s.o./sth a big build-up** faire beaucoup de battage autout de qn / qch

built [bɪlt] pret & pp → **build**

'built-in adj encastré; flash incorporé

'built-up 'are•a agglomération f (urbaine)

bulb [bʌlb] BOT bulbe m; (light bulb) ampoule f

bulge [bʌldʒ] **1** n gonflement m, saillie f **2** v/i être gonflé, faire saillie

bu·lim·i·a [buːˈlɪmɪə] boulimie f

bulk [bʌlk]: **the bulk of** la plus grande partie de; **in bulk** en bloc

'bulk·y ['bʌlkɪ] adj encombrant; sweater gros*

bull [bʊl] animal taureau m

bull·doze ['bʊldoʊz] v/t (demolish) passer au bulldozer; **bulldoze s.o. into sth / doing sth** amener qn de force à qch / forcer qn à faire qch

bull·doz·er ['bʊldoʊzər] bulldozer m

bul·let ['bʊlɪt] balle f

bul·le·tin ['bʊlɪtɪn] bulletin m

'bul·le·tin board on wall tableau m d'affichage; COMPUT serveur m télématique

'bul·let-proof adj protégé contre les balles; vest pare-balles

'bull horn mégaphone m

'bull mar·ket FIN marché m orienté à la hausse

'bull's-eye mille m; **hit the bull's-eye** also fig mettre dans le mille

'bull·shit V **1** n merde f V, conneries fpl V **2** v/i (pret & pp **-ted**) V raconter des conneries P

bul·ly ['bʊlɪ] **1** n brute f **2** v/t (pret & pp **-ied**) brimer

bul·ly·ing ['bʊlɪɪŋ] n brimades fpl

bum [bʌm] **1** n F (worthless person) bon à rien m; (tramp) clochard m **2** v/t (pret & pp **-med**): **can I bum a cigarette?** est-ce que je peux vous taper une cigarette?

◆ **bum around** v/i F (travel) vagabonder; (be lazy) traînasser F

bum·ble·bee ['bʌmblbi:] bourdon m

bump [bʌmp] **1** n bosse f; **get a bump on the head** recevoir un coup sur la tête **2** v/t se cogner

◆ **bump into** v/t se cogner contre; (meet) rencontrer (par hasard)

◆ **bump off** v/t F (murder) zigouiller F

◆ **bump up** v/t F prices gonfler

bump·er ['bʌmpər] **1** n MOT pare-chocs m inv; **the traffic was bumper to bumper** les voitures étaient pare-chocs contre pare-chocs **2** adj (extremely good) exceptionnel*

'bump-start v/t: **bump-start a car** pousser une voiture pour la faire démarrer; **bump-start the economy** donner un coup de pouce à l'économie

bump·y ['bʌmpɪ] adj road cahoteux*; **we had a bumpy flight** nous avons été secoués pendant le vol

bun [bʌn] hairstyle chignon m; for eating petit pain m au lait

bunch [bʌntʃ] of people groupe m; of keys trousseau m; of grapes grappe f; of flowers bouquet m; **thanks a bunch** iron merci beaucoup; **a whole bunch of things to do** F tout un tas de choses à faire F

bun·dle ['bʌndl] n paquet m

◆ **bundle up** v/t mettre en paquet; (dress warmly) emmitoufler

bun·gee jump·ing ['bʌndʒɪdʒʌmpɪŋ] saut m à l'élastique

bun·gle ['bʌŋgl] v/t bousiller F

bunk [bʌŋk] couchette f

'bunk beds npl lits mpl superposés

buoy [bɔɪ] n NAUT bouée f

buoy·ant ['bɔɪənt] adj mood jovial; economy prospère

bur·den ['bɜːrdn] **1** n fardeau m **2** v/t: **burden s.o. with sth** fig accabler qn de qch

bu·reau ['bjʊroʊ] (office, chest of drawers) bureau m

bu·reauc·ra·cy [bjuːˈrɑːkrəsɪ] bureaucratie f

bu·reau·crat ['bjʊrəkræt] bureaucrate m/f

bu·reau·crat·ic [bjʊrəˈkrætɪk] adj bureaucratique

bur·ger ['bɜːrgər] steak m hâché; in roll hamburger m

bur·glar ['bɜːrglər] cambrioleur(-euse) m(f)

'bur·glar a·larm alarme f antivol

bur·glar·ize ['bɜːrglərɑɪz] v/t cambrioler

bur·glar·y ['bɜːrglərɪ] cambriolage m

bur·i·al ['berɪəl] enterrement m

bur·ly ['bɜːrlɪ] adj robuste

burn [bɜːrn] **1** n brûlure f **2** v/t (pret & pp **burnt**) brûler; **he burnt his hand** il s'est brûlé la main **3** v/i (pret & pp **burnt**) brûler

◆ **burn down 1** v/t incendier **2** v/i être réduit en cendres

◆ **burn out** v/t: **burn o.s. out** s'épuiser; **a**

B

burned-out car incendié

burn•er [ˈbɜːrnər] *on cooker* brûleur *m*

'burn•out F (*exhaustion*) épuisement *m*

burnt [bɜːrnt] *pret & pp* → **burn**

burp [bɜːrp] **1** *n* rot *m* **2** *v/i* roter **3** *v/t baby* faire faire son rot à

burst [bɜːrst] **1** *n in water pipe* trou *m*; *act* éclatement *m*; *of gunfire* explosion *f*; *in a burst of energy* dans un accès d'énergie **2** *adj tire* crevé **3** *v/t (pret & pp burst)* balloon crever **4** *v/i (pret & pp burst)* of balloon, tire crever; *of pipe* éclater; *burst into a room* faire irruption dans une pièce; *burst into tears* fondre en larmes; *burst out laughing* éclater de rire

bur•y [ˈberɪ] *v/t (pret & pp -ied)* person, animal enterrer; (*conceal*) cacher; *be buried under (covered by)* être caché sous; *bury o.s. in work* s'absorber dans son travail

bus [bʌs] **1** *n local* (auto)bus *m*; *long distance* (auto)car *m* **2** *v/t (pret & pp -sed)* amener en (auto)bus

'bus•boy aide-serveur(-euse) *m(f)*

'bus driv•er *local* conducteur(-trice) *m(f)* d'autobus; *long-distance* conducteur (-trice) *m(f)* d'autocar

bush [bʊʃ] *plant* buisson *m*; *land* brousse *f*

bushed [bʊʃt] *adj* F (*tired*) crevé F

bush•y [ˈbʊʃɪ] *adj beard* touffu

busi•ness [ˈbɪznɪs] (*trade*), *as subject of study* commerce *m*; (*company*) entreprise *f*; (*work*) travail *m*; (*sector*) secteur *m*; (*affair, matter*) affaire *f*; *how's business? – business is good* comment vont les affaires? – les affaires vont bien; *on business* en déplacement (professionnel); *that's none of your business!* ça ne vous regarde pas!; *you have no business being in my office* vous n'avez rien à faire dans mon bureau!; *mind your own business!* occupe-toi de tes affaires!

'busi•ness card carte *f* de visite

'busi•ness class classe *f* affaires

'busi•ness hours *npl* heures *fpl* d'ouverture

'busi•ness•like *adj* sérieux*

'busi•ness lunch déjeuner *m* d'affaires

'busi•ness•man homme *m* d'affaires

'busi•ness meet•ing réunion *f* d'affaires

'busi•ness school école *f* de commerce

'busi•ness stud•ies *nsg course* études *fpl* de commerce

'busi•ness trip voyage *m* d'affaires

'busi•ness•wom•an femme *f* d'affaires

'bus lane couloir *m* d'autobus

'bus shel•ter abribus *m*

'bus sta•tion gare *f* routière

'bus stop arrêt *m* d'autobus

bust¹ [bʌst] *n of woman* poitrine *f*; *measurement* tour *m* de poitrine

bust² [bʌst] **1** *adj F* (*broken*) cassé; *go bust* faire faillite **2** *v/t* F casser

'bus tick•et ticket *m* d'autobus

◆ **bus•tle around** [ˈbʌsl] *v/i* s'affairer

'bust-up F brouille *f*

bust•y [ˈbʌstɪ] *adj* à la poitrine plantureuse

bus•y [ˈbɪzɪ] **1** *adj person*, TELEC occupé; *day, life* bien rempli; *street, shop, restaurant* plein de monde; *be busy doing sth* être occupé à faire qch **2** *v/t (pret & pp -ied)*: *busy o.s. with* s'occuper à

'bus•y•bod•y curieux(-se) *m(f)*; *he's a real busybody* il se mêle toujours de ce qui ne le regarde pas

'bus•y sig•nal TELEC tonalité *f* occupé

but [bʌt], *unstressed* [bət] **1** *conj* mais; *but that's not fair!* mais ce n'est pas juste!; *but then* (*again*) mais après tout **2** *prep*: *all but him* tous sauf lui; *the last but one* l'avant-dernier; *the next but one* le deuxième; *but for you* si tu n'avais pas été là; *nothing but the best* rien que le meilleur

butch•er [ˈbʊtʃər] *n* boucher(-ère) *m(f)*

butt [bʌt] **1** *n of cigarette* mégot *m*; *of joke* cible *f*; P (*backside*) cul *m* P **2** *v/t donner un coup de tête à

◆ **butt in** *v/i* intervenir

but•ter [ˈbʌtər] **1** *n* beurre *m* **2** *v/t* beurrer

◆ **butter up** *v/t* F lécher les bottes à F

'but•ter•fly *also swimming* papillon *m*

but•tocks [ˈbʌtəks] *npl* fesses *fpl*

but•ton [ˈbʌtn] **1** *n* bouton *m*; (*badge*) badge *m* **2** *v/t* boutonner

◆ **button up** → **button 2**

'but•ton col•lar col *m* boutons

'but•ton•hole 1 *n in suit* boutonnière *f* **2** *v/t* coincer F

bux•om [ˈbʌksəm] *adj* bien en chair

buy [baɪ] **1** *n* achat *m* **2** *v/t (pret & pp bought)* acheter; *can I buy you a drink?* est-ce que je peux vous offrir quelque chose à boire?; *$5 doesn't buy much* on n'a pas grand chose pour 5 $

◆ **buy off** *v/t* (*bribe*) acheter

◆ **buy out** *v/t* COMM racheter la part de

◆ **buy up** *v/t* acheter

buy•er [ˈbaɪr] acheteur(-euse) *m(f)*

buzz [bʌz] **1** *n* bourdonnement *m*; F (*thrill*) grand plaisir *m* **2** *v/i of insect* bourdonner; *with buzzer* faire un appel à l'interphone **3** *v/t with buzzer* appeler à l'interphone

◆ **buzz off** *v/i* F ficher le camp

buzz•er [ˈbʌzər] sonnerie *f*

by [baɪ] **1** *prep* ◇ *agency* par; **a play by ...** une pièce de ...; **hit by a truck** renversé par un camion
◇ *(near, next to)* près de; **sea, lake** au bord de; **side by side** côte à côte
◇ *(no later than)* pour; **can you fix it by Tuesday?** est-ce que vous pouvez le réparer pour mardi?; **by this time tomorrow** demain à cette heure
◇ *(past)* à côté de
◇ *mode of transport* en; **by bus / train** en bus / train
◇ *measurement:* **2 by 4** 2 sur 4
◇ *phrases:* **by day / night** le jour / la nuit; **by the hour / ton** à l'heure / à la ton-

ne; **by my watch** selon ma montre; **by o.s.** tout seul; **he won by a couple of minutes** il a gagné à quelques minutes près **2** *adv:* **by and by** *(soon)* sous peu
bye(-bye) [baɪ] au revoir
by•gones ['baɪgɑːnz]: **let bygones be bygones** passons l'éponge
'**by•pass 1** *n road* déviation *f*; MED pontage *m* (coronarien) **2** *v/t* contourner
'**by-prod•uct** sous-produit *m*
by•stand•er ['baɪstændər] spectateur (-trice) *m(f)*
byte [baɪt] octet *m*
'**by•word: be a byword for** être synonyme de

C

cab [kæb] *(taxi)* taxi *m*; *of truck* cabine *f*
'**cab driv•er** chauffeur *m* de taxi
cab•a•ret ['kæbəreɪ] spectacle *m* de cabaret
cab•bage ['kæbɪdʒ] chou *m*
cab•in ['kæbɪn] *of plane, ship* cabine *f*
'**cab•in at•tend•ant** *male* steward *m*; *female* hôtesse *f* (de l'air)
'**cab•in crew** équipage *m*
cab•i•net ['kæbɪnɪt] *furniture* meuble *m* (de rangement); POL cabinet *m*; **display cabinet** vitrine *f*; **medicine cabinet** armoire *f* à pharmacie
'**cab•i•net mak•er** ébéniste *m/f*
ca•ble ['keɪbl] câble *m*; **cable (TV)** câble *m*
'**ca•ble car** téléphérique *m*; *on rail* funiculaire *m*
'**ca•ble tel•e•vi•sion** (télévision *f* par) câble *m*
'**cab stand,** *Br* '**cab rank** station *f* de taxis
cac•tus ['kæktəs] cactus *m*
ca•dav•er [kə'dævər] cadavre *m*
cad•die ['kædɪ] **1** *n in golf* caddie *m* **2** *v/i:* **caddie for s.o.** être le caddie de qn
ca•det [kə'det] élève *m* (officier)
cadge [kædʒ] *v/t:* **cadge sth from s.o.** taxer qch à qn F
ca•fé ['kæfeɪ] café *m*
caf•e•te•ri•a [kæfɪ'tɪrɪə] cafétéria *f*
caf•feine ['kæfiːn] caféine *f*
cage [keɪdʒ] cage *f*
ca•gey ['keɪdʒɪ] *adj* évasif*
ca•hoots [kə'huːts] *npl* F: **be in cahoots**

with être de mèche avec F
ca•jole [kə'dʒoʊl] *v/t* enjôler
cake [keɪk] **1** *n* gâteau *m*; **be a piece of cake** F être du gâteau F **2** *v/i of mud, blood* sécher, se solidifier
ca•lam•i•ty [kə'læmətɪ] calamité *f*
cal•ci•um ['kælsɪəm] calcium *m*
cal•cu•late ['kælkjuleɪt] *v/t (work out)* évaluer; *in arithmetic* calculer
cal•cu•lat•ing ['kælkjuleɪtɪŋ] *adj* calculateur*
cal•cu•la•tion [kælkju'leɪʃn] calcul *m*
cal•cu•la•tor ['kælkjuleɪtər] calculatrice *f*
cal•en•dar ['kælɪndər] calendrier *m*
calf[1] [kæf] *(pl* **calves** [kævz]) *(young cow)* veau *m*
calf[2] [kæf] *(pl* **calves** [kævz]) *of leg* mollet *m*
'**calf•skin** *n* veau *m*, vachette *f*
cal•i•ber ['kælɪbər] *of gun* calibre *m*; **a man of his caliber** un homme de ce calibre
call [kɒːl] **1** *n (phone call)* appel *m*, coup *m* de téléphone; *(shout)* appel, cri *m*; *(demand)* demande *f*, demande *f*; **there's a call for you** on te demande au téléphone, il y a un appel pour toi; **be on call** être de garde **2** *v/t also on phone* appeler; **be called ...** s'appeler ...; **call s.o. a liar** traiter qn de menteur; **and you call yourself a Socialist!** et tu te dis socialiste!; **call s.o. names** injurier qn; insulter qn **3** *v/i also on phone* appeler; *(visit)* passer

◆ **call at** v/t (stop at) s'arrêter à; of train also s'arrêter à, desservir

◆ **call back 1** v/t on phone, (summon) rappeler **2** v/i on phone rappeler; (make another visit) repasser

◆ **call for** v/t (collect) passer prendre, venir chercher; (demand, require) demander

◆ **call in 1** v/t (summon) appeler, faire venir **2** v/t (phone) appeler, téléphoner

◆ **call off** v/t (cancel) annuler

◆ **call on** v/t (urge) demander à; (visit) rendre visite à, passer voir

◆ **call out** v/t (shout) crier; (summon) appeler

◆ **call up** v/t on phone appeler, téléphoner à; COMPUT ouvrir

'**call cen•ter** centre m d'appel

call•er ['kɔːlər] on phone personne f qui appelle; (visitor) visiteur m

'**call girl** call-girl f

cal•lous ['kæləs] adj person dur

cal•lous•ly ['kæləslɪ] adv durement

cal•lous•ness ['kæləsnɪs] dureté f

calm [kɑːm] **1** adj calme, tranquille **2** n calme m

◆ **calm down 1** v/t calmer **2** v/i of sea, weather, person se calmer

calm•ly ['kɑːmlɪ] adv calmement

cal•o•rie ['kælərɪ] calorie f

cam•cor•der ['kæmkɔːrdər] caméscope m

came [keɪm] pret → **come**

cam•e•ra ['kæmərə] appareil m photo; TV caméra f

'**cam•e•ra•man** cadreur m, caméraman m

cam•i•sole ['kæmɪsoʊl] caraco m

cam•ou•flage ['kæməflɑːʒ] **1** n camouflage m **2** v/t camoufler

camp [kæmp] **1** n camp m **2** v/i camper

cam•paign [kæm'peɪn] **1** n campagne f **2** v/i faire campagne

cam•paign•er [kæm'peɪnər] militant m

camp•er ['kæmpər] person campeur m; vehicle camping-car m

camp•ing ['kæmpɪŋ] camping m; **go camping** faire du camping

'**camp•site** (terrain m de) camping m

cam•pus ['kæmpəs] campus m

can¹ [kæn], unstressed [kən] v/aux ◇ (pret could) ability pouvoir; **can you hear me?** tu m'entends?; **I can't see** je ne vois pas; **can you speak French?** parlez-vous français?; **she swim?** sait-elle nager?; **can he call me back?** peut-il me rappeler?; **as fast / well as you can** aussi vite / bien que possible; **that can't be right** ça ne peut pas être vrai

◇ permission pouvoir; **can I help you?**

est-ce que je peux t'aider?

can² [kæn] **1** n for food boîte f; for drinks canette f; of paint bidon m **2** v/t (pret & pp **-ned**) mettre en conserve

Can•a•da ['kænədə] Canada m

Ca•na•di•an [kə'neɪdɪən] **1** adj canadien* **2** n Canadien m

ca•nal [kə'næl] canal m

ca•na•ry [kə'nerɪ] canari m

can•cel ['kænsl] v/t (pret & pp **-ed**, Br **-led**) annuler

can•cel•la•tion [kænsə'leɪʃn] annulation f

can•cel•la•tion fee frais mpl d'annulation

can•cer ['kænsər] cancer m

Can•cer ['kænsər] ASTROL Cancer m

can•cer•ous ['kænsərəs] adj cancéreux*

c & f abbr (= **cost and freight**) C&F (coût et fret)

can•did ['kændɪd] adj franc*

can•di•da•cy ['kændɪdəsɪ] candidature f

can•di•date ['kændɪdət] candidat m

can•did•ly ['kændɪdlɪ] adv franchement

can•died ['kændiːd] adj confit

can•dle ['kændl] bougie f; in church cierge m

'**can•dle•stick** bougeoir m; long, thin chandelier m

can•dor ['kændər] franchise f

can•dy ['kændɪ] (sweet) bonbon m; (sweets) bonbons mpl

cane [keɪn] (tige f de) bambou m

can•is•ter ['kænɪstər] boîte f (métallique); for gas, spray bombe f

can•na•bis ['kænəbɪs] cannabis m

canned [kænd] adj fruit, tomatoes en conserve, en boîte; F (recorded) enregistré

can•ni•bal•ize ['kænɪbəlaɪz] v/t cannibaliser

can•not ['kænɑːt] → **can¹**

can•ny ['kænɪ] adj (astute) rusé

ca•noe [kə'nuː] canoë m

'**can o•pen•er** ouvre-boîte m

can't [kænt] → **can**

can•teen [kæn'tiːn] in factory cantine f

can•vas ['kænvəs] toile f

can•vass ['kænvəs] **1** v/t (seek opinion of) sonder, interroger **2** v/i POL faire campagne

can•yon ['kænjən] canyon m

cap [kæp] hat bonnet m; with peak casquette f; of soldier, policeman képi m; of bottle, jar bouchon m; of pen, lens capuchon m

ca•pa•bil•i•ty [keɪpə'bɪlətɪ] capacité f

ca•pa•ble ['keɪpəbl] adj (efficient) capable, compétent; **be capable of** être capable de

ca•pac•i•ty [kə'pæsətɪ] capacité f; of fac-

tory capacité f de production; aptitude f;
in my capacity as … en ma qualité de …
cap•i•tal ['kæpɪtl] n *of country* capitale f;
letter majuscule f; *money* capital m
cap•i•tal ex'pend•i•ture dépenses *fpl*
d'investissement
cap•i•tal 'gains tax impôt m sur la plus-
-value
cap•i•tal 'growth augmentation f de capi-
tal
cap•i•tal•ism ['kæpɪtəlɪzm] capitalisme m
cap•i•tal•ist ['kæpɪtəlɪst] **1** *adj* capitaliste
2 n capitaliste *m/f*
◆ cap•i•tal•ize on ['kæpɪtəlaɪz] *v/t* tirer
parti de, exploiter
cap•i•tal 'let•ter majuscule f
cap•i•tal 'pun•ish•ment peine f capitale
ca•pit•u•late [kə'pɪtʃʊleɪt] *v/i* capituler
ca•pit•u•la•tion [kəpɪtʃʊ'leɪʃn] capitula-
tion f
Cap•ri•corn ['kæprɪkɔːrn] ASTROL Capri-
corne m
cap•size [kæp'saɪz] **1** *v/i* chavirer **2** *v/t* fai-
re chavirer
cap•sule ['kæpsʊl] *of medicine* gélule f;
(space capsule) capsule f spatiale
cap•tain ['kæptɪn] n *of ship, team* capitai-
ne m; *of aircraft* commandant m de bord
cap•tion ['kæpʃn] n légende f
cap•ti•vate ['kæptɪveɪt] *v/t* captiver, fasci-
ner
cap•tive ['kæptɪv] *adj* captif*; **be held
captive** être en captivité
cap•tive 'mar•ket marché m captif
cap•tiv•i•ty [kæp'tɪvəti] captivité f
cap•ture ['kæptʃər] **1** n *of city* prise f; *of
person, animal* capture f *v/t person, an-
imal* capturer; *city, building* prendre;
market share conquérir; *(portray)* repro-
duire; *moment* saisir
car [kɑːr] n *of train* wagon m, voiture f; *of
train* wagon m, voiture f; **by car** en voiture
ca•rafe [kə'ræf] carafe f
car•at ['kærət] carat m
car•bo•hy•drate [kɑːrbou'haɪdreɪt] gluci-
de m
'car bomb voiture f piégée
car•bon mon•ox•ide [kɑːrbənmən'ɑːk-
saɪd] monoxyde m de carbone
car•bu•ret•er, car•bu•ret•or [kɑːrbu-
'retər] carburateur m
car•cass ['kɑːrkəs] carcasse f
car•cin•o•gen [kɑːr'sɪnədʒen] substance
f cancérigène
car•cin•o•genic [kɑːrsɪnə'dʒenɪk] *adj*
cancérigène, cancérogène
card [kɑːrd] carte f
'card•board carton m
card•board 'box carton m

car•di•ac ['kɑːrdɪæk] *adj* cardiaque
car•di•ac ar'rest arrêt m cardiaque
car•di•gan ['kɑːrdɪgən] cardigan m, gilet
m
car•di•nal ['kɑːrdɪnl] n REL cardinal m
'card in•dex fichier m
'card key carte f magnétique
'card phone téléphone m à carte
care [ker] **1** n *of baby, pet* garde f; *of the
elderly, sick* soins *mpl*; MED soins *mpl*
médicaux; *(worry)* souci m; *care of* chez;
take care *(be cautious)* faire attention;
goodbye, **take care** *(of yourself)!* au re-
voir, fais bien attention à toi!; **take care
of** s'occuper de; *(handle)* faire attention
à; *label* fragile **2** *v/i* se soucier; **I don't care!**
ça m'est égal!; **I couldn't** or F **could care
less**, Br **I couldn't care less** ça m'est
complètement égal, je m'en fous complè-
tement F
◆ care about *v/t* s'intéresser à; **they don't
care about the environment** ils ne se
soucient pas de l'environnement
◆ care for *v/t* *(look after)* s'occuper de,
prendre soin de; *(like, be fond of)* aimer;
would you care for …? aimeriez-vous
…?
ca•reer [kə'rɪr] *(profession)* carrière f
ca'reers of•fi•cer conseiller m d'orienta-
tion
'care•free *adj* insouciant, sans souci
care•ful ['kerfəl] *adj (cautious)* prudent;
(thorough) méticuleux*; **(be) careful!**
(fais) attention!
care•ful•ly ['kerfəli] *adv (with caution)*
prudemment; *worded etc* soigneuse-
ment, avec soin
care•less ['kerlɪs] *adj* négligent; *work* né-
gligé; **you are so careless!** tu es telle-
ment tête en l'air!
care•less•ly ['kerlɪsli] *adv* négligemment
car•er ['kerər] accompagnateur(-trice)
m(f)
ca•ress [kə'res] **1** n caresse f **2** *v/t* caresser
care•tak•er ['kerteɪkər] gardien m
'care•worn *adj* rongé par les soucis
'car fer•ry (car-)ferry m, transbordeur m
car•go ['kɑːrgou] cargaison f, chargement
m
car•i•ca•ture ['kærɪkətʃər] n caricature f
car•ing ['kerɪŋ] *adj* attentionné; **a more
caring society** une société plus humaine
'car me•chan•ic mécanicien m (dans un
garage)
car•nage ['kɑːrnɪdʒ] carnage m
car•na•tion [kɑːr'neɪʃn] œillet m
car•ni•val ['kɑːrnɪvl] fête f foraine; *with
processions etc* carnaval m
car•ol ['kærəl] n chant m (de Noël)

car•ou•sel ['kærə'sel] *at airport* tapis *m* roulant (à bagages); *for slide projector* carrousel *m*; (*merry-go-round*) manège *m*

'**car park** *Br* parking *m*

car•pen•ter ['kɑːrpɪntər] charpentier *m*; *for smaller objects* menuisier *m*

car•pet ['kɑːrpɪt] tapis *m*; *fitted* moquette *f*

'**car phone** téléphone *m* de voiture

'**car•pool 1** *n* voyage *m* groupé, co-voiturage *m* **2** *v/i* voyager en groupes, faire du co-voiturage

'**car port** auvent *m* pour voiture(s)

'**car ra•di•o** autoradio *m*

'**car rent•al** location *f* de voitures

'**car rent•al com•pa•ny** société *f* de location de voitures

car•riage ['kærɪdʒ] *Br: of train* wagon *m*

car•ri•er ['kærɪər] *company* entreprise *f* de transport; *of disease* porteur(-euse) *m(f)*

car•rot ['kærət] carotte *f*

car•ry ['kærɪ] **1** *v/t* (*pret & pp* -**ied**) porter; (*from a place to another*), *of ship, plane, bus etc* transporter; (*have on one's person*) avoir sur soi; *disease* être porteur de; *proposal* adopter; *get carried away* se laisser entraîner **2** *v/i of sound* porter

◆ **carry on 1** *v/i* (*continue*) continuer (*with sth* qch); F (*make a fuss*) faire une scène; F (*have an affair*) avoir une liaison avec **2** *v/t business* exercer; *conversation* tenir

◆ **carry out** *v/t survey etc* faire; *orders etc* exécuter

cart [kɑːrt] charrette *f*

car•tel [kɑːr'tel] cartel *m*

car•ton ['kɑːrtn] carton *m*; *of cigarettes* cartouche *f*

car•toon [kɑːr'tuːn] dessin *m* humoristique; *on TV, movie* dessin *m* animé; (*strip cartoon*) BD *f*, bande *f* dessinée

car•toon•ist [kɑːr'tuːnɪst] dessinateur (-trice) *m(f)* humoristique

car•tridge ['kɑːrtrɪdʒ] *for gun, printer etc* cartouche *f*

carve [kɑːrv] *v/t meat* découper; *wood* sculpter

carv•ing ['kɑːrvɪŋ] *figure* sculpture *f*

'**car wash** lave-auto *m*

case[1] [keɪs] *n for eyeglasses, camera* étui *m*; *for gadget* pochette *f*; *in museum* vitrine *f*; *of Scotch, wine* caisse *f*; *Br* (*suitcase*) valise *f*

case[2] [keɪs] *n* (*instance*) cas *m*; (*argument*) arguments *mpl* (**for sth/s.o.**) en faveur de qch / qn; *for police, mystery* affaire *f*; MED cas *m*; LAW procès *m*; *in case it*

rains / you have forgotten au cas où il pleuvrait / tu aurais oublié; *just in case* au cas où; *in any case* en tout cas; *in that case* dans ce cas-là

'**case his•to•ry** MED antécédents *mpl*

'**case•load** dossiers *mpl*

cash [kæʃ] **1** *n* (*money*) argent *m*; (*coins and notes*) espèces *fpl*, argent *m* liquide *m*; *cash down* argent *m* comptant; *pay* (*in*) *cash* payer en espèces *or* en liquide; *cash in advance* paiement *m* par avance **2** *v/t check* toucher

◆ **cash in on** *v/t* tirer profit de

'**cash cow** vache *f* à lait

'**cash desk** caisse *f*

cash 'dis•count escompte *m* au comptant

cash dis•pens•er distributeur *m* automatique (de billets)

'**cash flow** COMM trésorerie *f*; *I've got cash flow problems* j'ai des problèmes d'argent

cash•ier [kæ'ʃɪr] *n in store etc* caissier (-ère) *m(f)*

cash ma•chine distributeur *m* automatique (de billets)

cash•mere ['kæʃmɪr] *adj* en cashmere

'**cash re•gis•ter** caisse *f* enregistreuse

ca•si•no [kə'siːnou] casino *m*

cas•ket ['kæskɪt] (*coffin*) cercueil *m*

cas•se•role ['kæsəroul] *meal* ragoût *m*; *container* cocotte *f*

cas•sette [kə'set] cassette *f*

cas'sette play•er lecteur *m* de cassettes

cas'sette re•cord•er magnétophone *m* à cassettes

cast [kæst] **1** *n of play* distribution *f*; (*mold*) moule *m*; *object cast* moulage *m* **2** *v/t* (*pret & pp* **cast**) *doubt, suspicion* jeter; *metal* couler; *play* distribuer les rôles de; *cast s.o. as* donner à qn le rôle de

◆ **cast off** *v/i of ship* larguer les amarres

caste [kæst] caste *f*

cast•er ['kæstər] *on chair etc* roulette *f*

cast 'i•ron *n* fonte *f*

cast-'iron *adj* en fonte

cas•tle ['kæsl] chateau *m*

'**cas•tor** ['kæstər] → **caster**

cas•trate [kæ'streɪt] *v/t* castrer

cas•tra•tion [kæ'streɪʃn] castration *f*

cas•u•al ['kæʒuəl] *adj* (*chance*) sans hasard; (*offhand*) désinvolte; (*not formal*) décontracté; (*not permanent*) temporaire; *casual sex* relations *fpl* sexuelles sans engagement

cas•u•al•ly ['kæʒuəlɪ] *adv dressed* de manière décontractée; *say* de manière désinvolte

cas•u•al•ty ['kæʒuəltɪ] victime *f*; *casualties* MIL pertes *fpl* 'cas•u•al wear vêtements *mpl* sport

cat [kæt] chat(te) *m(f)*

cat•a•log ['kætəlɔ:g] *n* catalogue *m*

cat•a•lyst ['kætəlɪst] *fig* catalyseur *m*

cat•a•lyt•ic con•vert•er [kætəlɪtɪk-kən'vɜːrtər] pot *m* catalytique

cat•a•pult ['kætəpʌlt] 1 *v/t fig: to fame, stardom* catapulter 2 *n Br* catapulte *f*

cat•a•ract ['kætərækt] MED cataracte *f*

ca•tas•tro•phe [kə'tæstrəfi] catastrophe *f*

cat•a•stroph•ic [kætə'strɑ:fɪk] *adj* catastrophique

catch [kætʃ] 1 *n* prise *f* (au vol); *of fish* pêche *f*; *(lock: on door)* loquet *m*; *on window* loqueteau *m*; *(problem)* entourloupette *f* F; **good catch!** bien joué! 2 *v/t* (*pret & pp* **caught**), *escaped prisoner* attraper; (*get on: bus, train*) prendre; (*not miss: bus, train*) attraper; *fish* attraper; *in order to speak to* trouver; (*hear*) entendre; *illness* attraper; **catch (a) cold** attraper un rhume; **catch s.o.'s eye** *of person, object* attirer l'attention de qn; **catch sight of, catch a glimpse of** apercevoir; **catch s.o. doing sth** surprendre qn en train de faire qch

◆ catch on *v/i* (*become popular*) avoir du succès; (*understand*) piger

◆ catch up 1 *v/i of runner, in work etc* rattraper son retard 2 *v/t*: **I'll catch you up** je vous rejoins plus tard

◆ catch up on *v/t* rattraper

◆ catch up with *v/t* rattraper

catch-22 [kætʃtwenti'tuː]: **it's a catch-22 situation** c'est un cercle vicieux

catch•er ['kætʃər] *in baseball* attrapeur *m*

catch•ing ['kætʃɪŋ] *adj also fig* contagieux*

catch•y ['kætʃi] *adj tune* facile à retenir

cat•e•gor•ic [kætə'gɑːrɪk] *adj* catégorique

cat•e•gor•i•cal•ly [kætə'gɑːrɪkli] *adv* catégoriquement

cat•e•go•ry ['kætəgɔːri] catégorie *f*

◆ ca•ter for ['keɪtər] *v/t* (*meet the needs of*) s'adresser à; (*provide food for*) fournir les repas pour

ca•ter•er ['keɪtərər] traiteur *m*

ca•ter•pil•lar ['kætərpɪlər] chenille *f*

ca•the•dral [kə'θiːdrəl] cathédrale *f*

Cath•o•lic ['kæθəlɪk] 1 *adj* catholique 2 *n* catholique *m/f*

Ca•thol•i•cism [kə'θɑːlɪsɪzm] catholicisme *m*

'cat•nap *n* (petit) somme *m*

'cat's eyes *npl on road* catadioptres *mpl*

cat•sup ['kætsʌp] ketchup *m*

cat•tle ['kætl] *npl* bétail *m*

cat•ty ['kæti] *adj* méchant

'cat•walk passerelle *f*

caught [kɔːt] *pret & pp →* **catch**

cau•li•flow•er ['kɔːlɪflaʊər] chou-fleur *m*

cause [kɔːz] 1 *n* cause *f*; (*grounds*) raison *f* 2 *v/t* causer; **cause s.o. to do sth** pousser qn à faire qch

caus•tic ['kɔːstɪk] *adj fig* caustique

cau•tion ['kɔːʃn] 1 *n* (*carefulness*) prudence *f* 2 *v/t* (*warn*) avertir; **caution s.o. against sth** mettre qn en garde contre qch

cau•tious ['kɔːʃəs] *adj* prudent

cau•tious•ly ['kɔːʃəsli] *adv* prudemment

cave [keɪv] caverne *f*, grotte *f*

◆ cave in *v/i of roof* s'effondrer

cav•i•ar ['kævɪɑːr] caviar *m*

cav•i•ty ['kævəti] cavité *f*

cc 1 *n* copie *f*; (*cubic centimeters*) cm³ (centimètre *m* cube) 2 *v/t* envoyer une copie à

CD [siː'diː] *abbr* (*= compact disc*) CD *m* (*= compact-disc m, disque m compact*)

C'D play•er lecteur *m* de CD

CD-'ROM [siːdiː'rɑːm] CD-ROM *m*

CD-'ROM drive lecteur *m* de CD-ROM

cease [siːs] *v/i* cesser 2 *v/t* cesser; **cease doing sth** cesser de faire qch

'cease-fire cessez-le-feu *m*

cei•ling ['siːlɪŋ] *also fig* plafond *m*

cel•e•brate ['selɪbreɪt] 1 *v/i* faire la fête 2 *v/t* fêter; *Christmas, public event* célébrer

cel•e•brat•ed ['selɪbreɪtɪd] *adj* célèbre

cel•e•bra•tion [selɪ'breɪʃn] fête *f*; *of public event, wedding* célébration *f*

ce•leb•ri•ty [sɪ'lebrəti] célébrité *f*

cel•e•ba•cy ['selɪbəsi] célibat *m*

cel•e•ry ['seləri] céleri *m*

cel•i•bate ['selɪbət] *adj* chaste

cell [sel] *for prisoner, of spreadsheet*, BIOL cellule *f*; *phone* portable *m*

cel•lar ['selər] cave *f*

cel•list ['tʃelɪst] violoncelliste *m/f*

cel•lo ['tʃeloʊ] violoncelle *m*

cel•lo•phane ['seləfeɪn] cellophane *f*

'cell phone, cel•lu•lar phone ['seljulər] (téléphone *m*) portable *m*

cel•lu•lite ['seljulaɪt] cellulite *f*

ce•ment [sɪ'ment] 1 *n* ciment *m* 2 *v/t also fig* cimenter

cem•e•ter•y ['semətri] cimetière *m*

cen•sor ['sensər] *v/t* censurer

cen•sor•ship ['sensərʃɪp] censure *f*

cen•sus ['sensəs] recensement *m*

cent [sent] cent *m*

cen•te•na•ry [sen'tiːnəri] centenaire *m*

cen•ter ['sentər] 1 *n* centre *m*; *in the center of* au centre de 2 *v/t* centrer

◆ center on *v/t* tourner autour de

cen•ter of 'grav•i•ty centre *m* de gravité

cen•ti•grade ['sentɪgreɪd] centigrade *m*; **10 degrees centigrade** 10 degrés centigrades

cen•ti•me•ter ['sentɪmi:tər] centimètre *m*

cen•tral ['sentrəl] *adj* central; **central Washington / de la France** le centre de Washington / de la France; **be central to sth** être au cœur de qch

cen•tral 'heat•ing chauffage *m* central

cen•tral•ize ['sentrəlaɪz] *v/t decision making* centraliser

cen•tral 'lock•ing MOT verrouillage *m* centralisé

centre *Br* → **center**

cen•tu•ry ['sentʃərɪ] siècle *m*; **in the last century** au siècle dernier

CEO [si:i:'ou] *abbr* (= **Chief Executive Officer**) directeur *m* général

ce•ram•ic [sɪ'ræmɪk] *adj* en céramique

ce•ram•ics [sɪ'ræmɪks] *objets mpl* en céramique; (*sg: art*) céramique *f*

ce•re•al ['sɪrɪəl] (*grain*) céréale *f*; (*breakfast cereal*) céréales *fpl*

cer•e•mo•ni•al [serɪ'mounɪəl] **1** *adj* de cérémonie **2** *n* cérémonial *m*

cer•e•mo•ny ['serɪmounɪ] cérémonie *f*

cer•tain ['sɜ:rtn] *adj* (*sure*) certain, sûr; (*particular*) certain; **it's certain that …** il est sûr *or* certain que …; **a certain Mr Stein** un certain M. Stein; **make certain that's** s'assurer que; **know for certain that …** avoir la certitude que …; **say for certain** dire de façon sûre *or* certaine

cer•tain•ly ['sɜ:rtnlɪ] *adv* certainement; **certainly not!** certainement pas!

cer•tain•ty ['sɜ:rtntɪ] certitude *f*; **he's a certainty to be elected** il est sûr d'être élu

cer•tif•i•cate [sər'tɪfɪkət] certificat *m*

cer•ti•fied pub•lic ac•count•ant ['sɜ:rtɪfaɪd] expert *m* comptable

cer•ti•fy ['sɜ:rtɪfaɪ] *v/t* (*pret & pp* **-ied**) certifier

Ce•sar•e•an [sɪ'zerɪən] césarienne *f*

ces•sa•tion [se'seɪʃn] cessation *f*

c/f *abbr* (= **cost and freight**) C&F (coût et fret)

CFC [si:ef'si:] *abbr* (= **chlorofluorocarbon**) C.F.C. *m* (= chlorofluorocarbone *m*)

chain [tʃeɪn] **1** *n also of stores etc* chaîne *f* **2** *v/t*: **chain sth/s.o. to sth** enchaîner qch / qn à qch

chain re'ac•tion réaction *f* en chaîne

'chain smoke *v/i* fumer cigarette sur cigarette

'chain smok•er gros fumeur *m*, grosse fumeuse *f*

'chain store magasin *m* à succursales multiples

chair [tʃer] **1** *n* chaise *f*; (*armchair*) fauteuil *m*; *at university* chaire *f*; **the chair** (*electric chair*) la chaise électrique; *at meeting* le (la) président(e) *m(f)*; **go to the chair** passer à la chaise électrique; **take the chair** prendre la présidence **2** *v/t meeting* présider

'chair lift télésiège *m*

'chair•man président *m*

chair•man•ship ['tʃermənʃɪp] présidence *f*

'chair•per•son président(e) *m(f)*

'chair•wom•an présidente *f*

cha•let ['ʃæleɪ] chalet *m*

chal•ice ['tʃælɪs] REL calice *m*

chalk [tʃɔ:k] craie *f*

chal•lenge ['tʃælɪndʒ] **1** *n* défi *m*, challenge *m*; **I enjoy a challenge** j'aime les défis; **his challenge for the presidency** sa candidature à la présidence **2** *v/t* (*defy*) défier; (*call into question*) mettre en doute; **challenge s.o. to a debate / game** proposer à qn de faire un débat / une partie

chal•leng•er ['tʃælɪndʒər] challenger *m*

chal•leng•ing ['tʃælɪndʒɪŋ] *adj job, undertaking* stimulant

cham•ber•maid ['tʃeɪmbərmeɪd] femme *f* de chambre

'cham•ber mu•sic musique *f* de chambre

Cham•ber of 'Com•merce Chambre *f* de commerce

cham•ois (*leath•er*) ['ʃæmɪ] (peau *f* de) chamois *m*

cham•pagne [ʃæm'peɪn] champagne *m*

cham•pi•on ['tʃæmpɪən] **1** *n* SP, *of cause* champion(ne) *m(f)* **2** *v/t cause* être le (la) champion(ne) *m(f)* de

cham•pi•on•ship ['tʃæmpɪənʃɪp] *event* championnat *m*; *title* titre *m* de champion(ne)

chance [tʃæns] (*possibility*) chances *fpl*; (*opportunity*) occasion *f*; (*risk*) risque *m*; (*luck*) hasard *m*; **by chance** par hasard; **take a chance** prendre un risque; **give s.o. a chance** donner une chance à qn; **no chance!** pas question!

Chan•cel•lor ['tʃænsələr] *in Germany* chancelier *m*; **Chancellor (of the Exchequer)** *in Britain* Chancelier *m* de l'Échiquier

chan•de•lier [ʃændə'lɪr] lustre *m*

change [tʃeɪndʒ] **1** *n* changement *m*; (*money*) monnaie *f*; **for a change** pour changer un peu; **a change of clothes** des vêtements *mpl* de rechange **2** *v/t* changer; *bankbill* faire la monnaie sur;

change trains / planes / one's clothes changer de train/d'avion / de vêtements **3** *v/i* changer; *(put on different clothes)* se changer

change•a•ble ['tʃeɪndʒəbl] *adj* changeant

'change•o•ver changement *m*; *in relay race* relève *f*; *the changeover to* le passage à

chang•ing room ['tʃeɪndʒɪŋ] SP vestiaire *m*; *in shop* cabine *f* d'essayage

chan•nel ['tʃænl] *on TV, radio* chaîne *f*; *(waterway)* chenal *m*

'Chan•nel Is•lands Îles *fpl* Anglo-Normandes

chant [tʃænt] **1** *n* slogans *mpl* scandés; REL chant **2** *v/i of crowds etc* scander des slogans; REL psalmodier

cha•os ['keɪɒs] chaos *m*

cha•ot•ic [keɪˈɒtɪk] *adj* chaotique

chap [tʃæp] *n Br* F type *m* F

chap•el ['tʃæpl] chapelle *f*

chapped [tʃæpt] *adj* gercé

chap•ter ['tʃæptər] *of book* chapitre *m*; *of organization* filiale *f*

char•ac•ter ['kærɪktər] *also in writing* caractère *m*; *(person)* personne *f*; *in book, play* personnage *m*; *he's a real character* c'est un personnage

char•ac•ter•is•tic [kærɪktəˈrɪstɪk] **1** *n* caractéristique *f* **2** *adj* caractéristique

char•ac•ter•is•ti•cal•ly [kærɪktəˈrɪstɪklɪ] *adv* de manière caractéristique

char•ac•ter•ize ['kærɪktəraɪz] *v/t* caractériser

cha•rade [ʃəˈrɑːd] *fig* mascarade *f*

char•broiled ['tʃɑːrbrɔɪld] *adj* grillé au charbon de bois

char•coal ['tʃɑːrkoʊl] *for barbecue* charbon *m* de bois; *for drawing* fusain *m*

charge [tʃɑːrdʒ] **1** *n (fee)* frais *mpl*; LAW accusation *f*; *will there be a charge?* est-ce qu'il y aura quelque chose à payer?; *free of charge* enter gratuitement; *free of charge be* gratuit; *will that be cash or charge?* est-ce que vous payez comptant ou je le mets sur votre compte?; *be in charge* être responsable; *take charge (of things)* prendre les choses en charge **2** *v/t sum of money* faire payer; LAW inculper *(with de)*; *battery* charger; *can you charge it?* (put on account) pouvez-vous le mettre sur mon compte? **3** *v/i (attack)* charger

'charge ac•count compte *m*

'charge card carte *f* de paiement

cha•ris•ma [kəˈrɪzmə] charisme *m*

char•is•mat•ic [kærɪzˈmætɪk] *adj* charismatique

char•i•ta•ble ['tʃærɪtəbl] *adj* charitable

char•i•ty ['tʃærətɪ] *(assistance)* charité *f*; *(organization)* organisation *f* caritative

char•la•tan ['ʃɑːrlətən] charlatan *m*

charm [tʃɑːrm] **1** *n also on bracelet* charme *m* **2** *v/t (delight)* charmer

charm•ing ['tʃɑːrmɪŋ] *adj* charmant

charred [tʃɑːrd] *adj* carbonisé

chart [tʃɑːrt] *(diagram)* diagramme *m*; *(map)* carte *f*; *the charts* MUS le hit-parade

char•ter ['tʃɑːrtər] *v/t* affréter

'char•ter flight (vol *m*) charter *m*

chase [tʃeɪs] **1** *n* poursuite *f*; *car chase* course-poursuite *f* (en voiture) **2** *v/t* poursuivre; *I chased it out of the house* je l'ai chassé de la maison

◆ **chase away** *v/t* chasser

chas•er ['tʃeɪsər]: *with a whiskey chaser* suivi par un verre de whisky

chas•sis ['tʃæsɪ] *of car* châssis *m*

chat [tʃæt] **1** *n* causette *f* **2** *v/i (pret & pp -ted)* causer

'chat room chat *m*

'chat show *Br* talk-show *m*

chat•ter ['tʃætər] **1** *n* bavardage *m* **2** *v/i (talk)* bavarder; *my teeth were chattering* je claquais des dents

'chat•ter•box moulin *m* à paroles F

chat•ty ['tʃætɪ] *adj person* bavard; *letter* plein de bavardages

chauf•feur ['ʃoʊfər] *n* chauffeur *m*

'chauf•feur-driv•en *adj* avec chauffeur

chau•vin•ist ['ʃoʊvɪnɪst] *n (male chauvinist)* machiste *m*

chau•vin•is•tic [ʃoʊvɪˈnɪstɪk] *adj* chauvin; *(sexist)* machiste

cheap [tʃiːp] *adj* bon marché, pas cher; *(nasty)* méchant; *(mean)* pingre

cheat [tʃiːt] **1** *n person* tricheur(-euse) *m(f)* **2** *v/t* tromper; *cheat s.o. out of sth* escroquer qch à qn **3** *v/i* tricher; *cheat on one's wife* tromper sa femme

check¹ [tʃek] **1** *adj shirt* à carreaux **2** *n* carreaux *m*

check² [tʃek] FIN chèque *m*; *in restaurant etc* addition *f*; *the check please* l'addition, s'il vous plaît

check³ [tʃek] **1** *n to verify sth* contrôle *m*, vérification *f*; *keep a check on* contrôler; *keep in check, hold in check* maîtriser; contenir **2** *v/t* vérifier; *(restrain)* réfréner, contenir; *(stop)* arrêter; *with a checkmark* cocher; *coat, package etc* mettre au vestiaire **3** *v/i* vérifier; *check for sth* vérifier qu'il n'y a pas qch

◆ **check in** *v/i at airport* se faire enregistrer; *at hotel* s'inscrire

◆ **check off** *v/t* cocher

◆ **check on** *v/t get information about* se

renseigner sur; *workforce etc* surveiller; *check on the children* jeter un coup d'œil sur les enfants

◆ **check out 1** v/i *of hotel* régler sa note; *of alibi etc: make sense* tenir debout **2** v/t (*look into*) enquêter sur; *club, restaurant etc* essayer

◆ **check up** v/i se renseigner sur

◆ **check with** v/t *of person* demander à; (*tally: of information*) correspondre à

'check•book carnet *m* de chèques

checked [tʃekt] *adj material* à carreaux

check•er•board ['tʃekərbɔːrd] damier *m*

check•ered ['tʃekərd] *adj pattern* à carreaux; *career* varié

check•ers ['tʃekərz] jeu *m* de dames; *play checkers* jouer aux dames

'check-in (coun•ter) enregistrement *m*

check•ing ac•count ['tʃekɪŋ] compte *m* courant

'check-in time heure *f* d'enregistrement

'check•list liste *f* (de contrôle)

'check mark: *put a check mark against sth* cocher qch

'check•mate *n* échec et mat *m*

'check-out *in supermarket* caisse *f*

'check-out time *from hotel* heure *f* de départ

'check•point contrôle *m*

'check•room *for coats* vestiaire *m*; *for baggage* consigne *f*

'check•up *medical* examen *m* médical; *dental* examen *m* dentaire

cheek [tʃiːk] *on face* joue *f*

'cheek•bone pommette *f*

cheek•i•ly ['tʃiːkɪlɪ] *adv Br* de manière insolente

cheer [tʃɪr] **1** *n* hourra *m*, cri *m* d'acclamation; *give a cheer* pousser des hourras; *cheers!* (*toast*) (à votre) santé!; *Br* (*thanks*) merci! **2** v/t acclamer **3** v/i pousser des hourras

◆ **cheer on** v/t encourager

◆ **cheer up 1** v/i reprendre courage, s'égayer; *cheer up!* courage! **2** v/t remonter le moral à

cheer•ful ['tʃɪrfəl] *adj* gai, joyeux*

cheer•ing ['tʃɪrɪŋ] acclamations *fpl*

cheer•i•o [tʃɪrɪ'ou] *Br F* salut F

'cheer•lead•er meneuse *f* de claque

cheer•y ['tʃɪrɪ] *adj →* **cheerful**

cheese [tʃiːz] fromage *m*

'cheese•burg•er cheeseburger *m*

'cheese•cake gâteau *m* au fromage blanc

chef [ʃef] chef *m* (de cuisine)

chem•i•cal ['kemɪkl] **1** *adj* chimique **2** *n* produit *m* chimique

chem•i•cal 'war•fare guerre *f* chimique

chem•ist ['kemɪst] *in laboratory* chimiste *m/f*

chem•is•try ['kemɪstrɪ] chimie *f*; *the chemistry was right fig* le courant passait

chem•o•ther•a•py [kiːmou'θerəpɪ] chimiothérapie *f*

cheque [tʃek] *Br →* **check**[2]

cher•ish ['tʃerɪʃ] v/t *memory* chérir; *hope* entretenir

cher•ry ['tʃerɪ] *fruit* cerise *f*; *tree* cerisier *m*

cher•ub ['tʃerəb] chérubin *m*

chess [tʃes] (jeu *m* d')échecs *mpl*; *play chess* jouer aux échecs

'chess•board échiquier *m*

'chess•man, chess•piece pièce *f* (d'échecs)

chest [tʃest] *of person* poitrine *f*; (*box*) coffre *m*, caisse *f*; *get sth off one's chest* déballer ce qu'on a sur le cœur

chest•nut ['tʃesnʌt] châtaigne *f*, marron *m*; *tree* châtaignier *m*, marronnier *m*

chest of 'draw•ers commode *f*

chew [tʃuː] v/t mâcher; *of rats* ronger

◆ **chew out** v/t F engueuler F

chew•ing gum ['tʃuːɪŋ] chewing-gum *m*

chic [ʃiːk] *adj* chic *inv*

chick [tʃɪk] poussin *m*; F: *girl* nana *f*

chick•en ['tʃɪkɪn] **1** *n* poulet *m*; F *froussard(e) m(f)* **2** *adj* F (*cowardly*) lâche

◆ **chicken out** v/i F se dégonfler F

'chick•en•feed F bagatelle *f*

'chick•en pox varicelle *f*

chief [tʃiːf] **1** *n* chef *m* **2** *adj* principal

chief•ly ['tʃiːflɪ] *adv* principalement

chil•blain ['tʃɪlbleɪn] engelure *f*

child [tʃaɪld] (*pl: children* ['tʃɪldrən]) enfant *m/f*; *pej gamin(e) m(f)* F

'child a•buse mauvais traitements *mpl* infligés à un enfant; *sexual* abus *m* sexuel sur enfant

'child•birth accouchement *m*

'child-friend•ly *adj* aménagé pour les enfants

'child•hood ['tʃaɪldhud] enfance *f*

child•ish ['tʃaɪldɪʃ] *adj pej* puéril

child•ish•ness ['tʃaɪldɪʃnɪs] *pej* puérilité *f*

child•ish•ly ['tʃaɪldɪʃlɪ] *adv pej* de manière puérile

child•less ['tʃaɪldlɪs] *adj* sans enfant

child•like ['tʃaɪldlaɪk] *adj* enfantin

'child-mind•er gardienne *f* d'enfants

chil•dren ['tʃɪldrən] *pl →* **child**

Chil•e ['tʃɪlɪ] *n* Chili *m*

Chil•e•an ['tʃɪlɪən] **1** *adj* chilien* **2** *n* Chilien(ne) *m(f)*

chill [tʃɪl] **1** *n in air* froideur *f*, froid *m*; *illness* coup *m* de froid; *there's a chill in the air* l'air est frais *or* un peu froid **2** v/t *wine* mettre au frais

◆ **chill out** v/i P se détendre

chil•(l)i (pep•per) ['tʃɪlɪ] piment m (rouge)

chill•y ['tʃɪlɪ] adj weather frais*; welcome froid; **I'm chilly** j'ai un peu froid

chime [tʃaɪm] v/i carillonner

chim•ney ['tʃɪmnɪ] cheminée f

chim•pan•zee [tʃɪm'pænzɪ] chimpanzé m

chin [tʃɪn] menton m

Chi•na ['tʃaɪnə] Chine f

chi•na ['tʃaɪnə] **1** n porcelaine f **2** adj en porcelaine

Chi•nese [tʃaɪ'niːz] **1** adj chinois **2** n language chinois m; person Chinois(e) m(f)

chink [tʃɪŋk] (gap) fente f; sound tintement m

chip [tʃɪp] **1** n fragment copeau m; damage brèche f; in gambling jeton m; COMPUT puce f; **chips** (potato chips) chips mpl **2** v/t (pret & pp **-ped**) damage ébrécher

◆ **chip in** v/i (interrupt) intervenir

chi•ro•prac•tor ['kaɪroʊpræktər] chiropracteur m

chirp [tʃɜːrp] v/i gazouiller

chis•el ['tʃɪzl] n ciseau m, burin m

chit•chat ['tʃɪttʃæt] bavardages mpl

chiv•al•rous ['ʃɪvlrəs] adj chevaleresque, courtois

chive [tʃaɪv] ciboulette f

chlo•rine ['klɔːriːn] chlore m

chlor•o•form ['klɔːrəfɔːrm] chloroforme m

choc•a•hol•ic [tʃɑːkə'hɑːlɪk] F accro m/f du chocolat F

chock-full [tʃɑːk'fʊl] adj F plein à craquer

choc•o•late ['tʃɑːkələt] chocolat m; **hot chocolate** chocolat m chaud

'choc•o•late cake gâteau m au chocolat

choice [tʃɔɪs] **1** n choix m; **I had no choice** je n'avais pas le choix **2** adj (top quality) de choix

choir ['kwaɪr] chœur m

'choir•boy enfant m de chœur

choke [tʃoʊk] **1** n MOT starter m **2** v/i s'étouffer, s'étrangler; **he choked on a bone** il s'est étranglé avec un os **3** v/t étouffer; (strangle) étrangler

cho•les•te•rol [kə'lestəroʊl] cholestérol m

choose [tʃuːz] v/t & v/i (pret **chose**, pp **chosen**) choisir

choos•ey ['tʃuːzɪ] adj F difficile

chop [tʃɑːp] **1** n of meat côtelette f **2** v/t (pret & pp **-ped**) wood couper, fendre; meat, vegetables couper en morceaux

◆ **chop down** v/t tree abattre

chop•per ['tʃɑːpər] tool hachoir m; F (helicopter) hélico m F

chop•ping board ['tʃɑːpɪŋ] planche f à découper

'chop•sticks npl baguettes fpl

cho•ral ['kɔːrəl] adj choral

chord [kɔːrd] MUS accord m

chore [tʃɔːr] n: **chores** travaux mpl domestiques

chor•e•o•graph ['kɔːrɪəgræf] v/t chorégraphier

chor•e•og•ra•pher [kɔːrɪ'ɑːgrəfər] chorégraphe m/f

chor•e•og•ra•phy [kɔːrɪ'ɑːgrəfɪ] chorégraphie f

cho•rus ['kɔːrəs] singers chœur m; of song refrain m

chose [tʃoʊz] pret → **choose**

cho•sen ['tʃoʊzn] pp → **choose**

Christ [kraɪst] Christ m; **Christ!** mon Dieu!

chris•ten ['krɪsn] v/t baptiser

chris•ten•ing ['krɪsnɪŋ] baptême m

Chris•tian ['krɪstʃən] **1** n chrétien(ne) m(f) **2** adj chrétien*

Chris•ti•an•i•ty [krɪstɪ'ænɪtɪ] christianisme m

'Chris•tian name prénom m

Christ•mas ['krɪsməs] Noël m; **at Christmas** à Noël; **Merry Christmas!** Joyeux Noël!

'Christ•mas card carte f de Noël

Christ•mas 'Day jour m de Noël

Christ•mas 'Eve veille f de Noël

'Christ•mas pres•ent cadeau m de Noël

'Christ•mas tree arbre m de Noël

chrome, chro•mi•um [kroʊm, 'kroʊmɪəm] chrome m

chro•mo•some ['kroʊməsoʊm] chromosome m

chron•ic ['krɑːnɪk] adj chronique

chron•o•log•i•cal [krɑːnə'lɑːdʒɪkl] adj chronologique; **in chronological order** dans l'ordre chronologique

chrys•an•the•mum [krɪ'sænθəməm] chrysanthème m

chub•by ['tʃʌbɪ] adj potelé

chuck [tʃʌk] v/t F lancer

◆ **chuck out** v/t F object jeter; person flanquer dehors

chuck•le ['tʃʌkl] **1** n petit rire m **2** v/i rire tout bas

chum [tʃʌm] copain m, copine f

chum•my ['tʃʌmɪ] adj F copain*

chunk [tʃʌŋk] gros morceau m

chunk•y ['tʃʌŋkɪ] adj sweater, tumbler gros*; person, build trapu

church [tʃɜːrtʃ] église f

church 'hall salle f paroissiale

church 'serv•ice office m

'church•yard cimetière m (autour d'une église)

churl•ish ['tʃɜːrlɪʃ] adj mal élevé

C

chute [ʃuːt] *for coal etc* glissière *f*; *for garbage* vide-ordures *m*; *for escape* toboggan *m*

CIA [siːaɪ'eɪ] *abbr* (= *Central Intelligence Agency*) C.I.A. *f* (= Central Intelligence Agency)

ci•der ['saɪdər] cidre *m*

CIF [siːaɪ'ef] *abbr* (= *cost insurance freight*) CAF (= Coût Assurance Fret)

ci•gar [sɪ'gɑːr] cigare *m*

cig•a•rette [sɪgə'ret] cigarette *f*

cig•a•rette end mégot *m*

cig•a•rette light•er briquet *m*

cig•a•rette pa•pers *npl* papier *m* à cigarettes

cin•e•ma ['sɪnɪmə] (*Br if building*) cinéma *m*

cin•na•mon ['sɪnəmən] cannelle *f*

cir•cle ['sɜːrkl] **1** *n* cercle *m* **2** *v/t* (*draw circle around*) entourer **3** *v/i of plane, bird* tournoyer

cir•cuit ['sɜːrkɪt] circuit *m*; (*lap*) tour *m* (de circuit)

'cir•cuit board COMPUT plaquette *f*

'cir•cuit break•er ELEC disjoncteur *m*

'cir•cuit train•ing SP programme *m* d'entraînement général

cir•cu•lar ['sɜːrkjʊlər] **1** *n giving information* circulaire *f* **2** *adj* circulaire

cir•cu•late ['sɜːrkjʊleɪt] **1** *v/i* circuler **2** *v/t memo* faire circuler

cir•cu•la•tion [sɜːrkjʊ'leɪʃn] BIOL circulation *f*; *of newspaper, magazine* tirage *m*

cir•cum•fer•ence [sər'kʌmfərəns] circonférence *f*

cir•cum•flex ['sɜːrkəmfleks] accent *m* circonflexe

cir•cum•stances ['sɜːrkəmstænsɪs] *npl* circonstances *fpl*; *financial situation* situation *f* financière; *under no circumstances* en aucun cas; *under the circumstances* en de telles circonstances

cir•cus ['sɜːrkəs] cirque *m*

cir•rho•sis (of the liv•er) [sɪ'roʊsɪs] cirrhose *f* (du foie)

cis•tern ['sɪstərn] réservoir *m*; *of WC* réservoir *m* de chasse d'eau

cite [saɪt] *v/t also* LAW citer

cit•i•zen ['sɪtɪzn] citoyen(ne) *m(f)*

cit•i•zen•ship ['sɪtɪznʃɪp] citoyenneté *f*

cit•y ['sɪtɪ] (grande) ville *f*

cit•y 'cen•ter, *Br* **cit•y 'cen•tre** centre-ville *m*

cit•y 'hall hôtel *m* de ville

civ•ic ['sɪvɪk] *adj* municipal; (*polite*) responsibilities civique

civ•il ['sɪvl] *adj* civil; (*polite*) poli

civ•il en•gi•neer ingénieur *m* des travaux publics

ci•vil•ian [sɪ'vɪljən] **1** *n* civil(e) *m(f)* **2** *adj clothes* civil

ci•vil•i•ty [sɪ'vɪlɪtɪ] politesse *f*

civ•i•li•za•tion [sɪvəlaɪ'zeɪʃn] civilisation *f*

civ•i•lize ['sɪvəlaɪz] *v/t* civiliser

civ•il 'rights *npl* droits *mpl* civils

civ•il 'ser•vant fonctionnaire *m/f*

civ•il 'ser•vice fonction *f* publique, administration *f*

civ•il 'war guerre *f* civile

claim [kleɪm] **1** *n for compensation etc* demande *f*; (*right*) droit *m* (*to sth* à qch); (*assertion*) affirmation *f* **2** *v/t* (*ask for as a right*) demander, réclamer; (*assert*) affirmer; *lost property* réclamer; *they have claimed responsibility for the attack* ils ont revendiqué l'attentat

claim•ant ['kleɪmənt] demandeur(-euse) *m(f)*

clair•voy•ant [kler'vɔɪənt] *n* voyant(e) *m(f)*

clam [klæm] palourde *f*, clam *m*

◆ **clam up** *v/i* (*pret* & *pp* **-med**) F se taire (brusquement)

clam•ber ['klæmbər] *v/i* grimper

clam•my ['klæmɪ] *adj hands, weather* moite

clam•or ['klæmər] *noise* clameur *f*; *outcry* vociférations *fpl*

◆ **clamor for** *v/t* demander à grands cris

clamp [klæmp] **1** *n fastener* pince *f*, crampon *m* **2** *v/t fasten* cramponner; *car* mettre un sabot à

◆ **clamp down** *v/i* sévir

◆ **clamp down on** *v/t* sévir contre

clan [klæn] clan *m*

clan•des•tine [klæn'destɪn] *adj* clandestin

clang [klæŋ] **1** *n* bruit *m* métallique *or* retentissant **2** *v/i* retentir; *the metal door clanged shut* la porte de métal s'est refermée avec un bruit retentissant

clap [klæp] **1** *v/i* (*pret* & *pp* **-ped**) (*applaud*) applaudir **2** *v/t* (*pret* & *pp* **-ped**) (*applaud*) applaudir; *clap one's hands* battre des mains; *clap s.o. on the back* donner à qn une tape dans le dos

clar•et ['klærɪt] *wine* bordeaux *m* (rouge)

clar•i•fi•ca•tion [klærɪfɪ'keɪʃn] clarification *f*

clar•i•fy ['klærɪfaɪ] *v/t* (*pret* & *pp* **-ied**) clarifier

clar•i•net [klærɪ'net] clarinette *f*

clar•i•ty ['klærətɪ] clarté *f*

clash [klæʃ] **1** *n between people* affrontement *m*, heurt *m*; *clash of personalities* incompatibilité *f* de caractères **2** *v/i* s'affronter; *of opinions* s'opposer; *of colors* détonner; *of events* tomber en même temps

clasp [klæsp] **1** *n of medal* agrafe *f* **2** *v/t in hand, to self* serrer

class [klæs] **1** *n* (*lesson*) cours *m*; (*group of people, category*) classe *f*; **social class** classe *f* sociale; *the class of 2002* la promo(tion) 2002 **2** *v/t* classer

clas•sic ['klæsɪk] **1** *adj* classique **2** *n* classique *m*

clas•si•cal ['klæsɪkl] *adj music* classique

clas•si•fi•ca•tion [klæsɪfɪ'keɪʃn] classification *f*

clas•si•fied ['klæsɪfaɪd] *adj information* secret*

'**clas•si•fied ad**(**ver•tise•ment**) petite annonce *f*

'**clas•si•fy** ['klæsɪfaɪ] *v/t* (*pret & pp* **-ied**) (*categorize*) classifier

'**class•mate** camarade *m/f* de classe

'**class•room** salle *f* de classe

'**class war•fare** lutte *f* des classes

class•y ['klæsɪ] *adj* F: *restaurant etc* chic *inv*; *person* classe F

clat•ter ['klætər] **1** *n* fracas *m*

clat•ter 2 *v/i* faire du bruit

clause [klɔːz] (*in agreement*) clause *f*; GRAM proposition *f*

claus•tro•pho•bi•a [klɔːstrə'foʊbɪə] claustrophobie *f*

claw [klɔː] **1** *n of cat* griffe *f*; *of lobster, crab* pince *f* **2** *v/t* (*scratch*) griffer

clay [kleɪ] argile *f*, glaise *f*

clean [kliːn] **1** *adj* propre **2** *adv* F (*completely*) complètement **3** *v/t* nettoyer; *clean one's teeth* se laver les dents; *have sth cleaned* donner qch à nettoyer

◆ **clean out** *v/t room, closet* nettoyer à fond; *fig* dévaliser

◆ **clean up 1** *v/t also fig* nettoyer **2** *v/i in house* faire le ménage; (*wash*) se débarbouiller; *on stock market etc* faire fortune

clean•er ['kliːnər] *male* agent *m* de propreté; *female* femme *f* de ménage; (*dry-cleaner*) teinturier(-ère) *m(f)*

clean•ing wom•an ['kliːnɪŋ] femme *f* de ménage

cleanse [klenz] *v/t skin* nettoyer

cleans•er ['klenzər] *for skin* démaquillant *m*

cleans•ing cream ['klenzɪŋ] crème *f* démaquillante

clear [klɪr] **1** *adj voice, photograph, vision, skin* net*; *to understand, weather, sky, water, eyes* clair; *conscience* tranquille; *I'm not clear about it* je ne comprends pas; *I didn't make myself clear* je ne me suis pas fait comprendre **2** *adv*: *stand*

clear of s'écarter de; *steer clear of* éviter **3** *v/t roads etc* dégager; *people out of a place, place* (faire) évacuer; *table* débarrasser; *ball* dégager; (*acquit*) innocenter; (*authorize*) autoriser; (*earn*) toucher net; *clear one's throat* s'éclaircir la voix **4** *v/i of sky* se dégager; *of mist* se dissiper; *of face* s'éclairer

◆ **clear away** *v/t* ranger

◆ **clear off** *v/i* F ficher le camp F

◆ **clear out 1** *v/t closet* vider **2** *v/i* ficher le camp F

◆ **clear up 1** *v/i in room etc* ranger; *of weather* s'éclaircir; *of illness, rash* disparaître **2** *v/t* (*tidy*) ranger; *mystery* éclaircir; *problem* résoudre

clear•ance ['klɪrəns] (*space*) espace *m* (libre); (*authorization*) autorisation *f*

'**clear•ance sale** liquidation *f*

clear•ing ['klɪrɪŋ] clairière *f*

clear•ly ['klɪrlɪ] *adv speak, see* clairement; *hear* distinctement; (*evidently*) manifestement

cleav•age ['kliːvɪdʒ] décolleté *m*

cleav•er ['kliːvər] couperet *m*

clem•en•cy ['klemənsɪ] clémence *f*

clench [klentʃ] *v/t teeth, fist* serrer

cler•gy ['klɜːrdʒɪ] clergé *m*

cler•gy•man ['klɜːrdʒɪmæn] ecclésiastique *m*; *Protestant* pasteur *m*

clerk [klɜːrk] *administrative* employé(e) *m(f)* de bureau; *in store* vendeur(-euse) *m(f)*

clev•er ['klevər] *adj* intelligent; *gadget, device* ingénieux*; (*skillful*) habile

clev•er•ly ['klevərlɪ] *adv* intelligemment

cli•ché ['kliːʃeɪ] cliché *m*

cli•ched ['kliːʃeɪd] *adj* rebattu

click [klɪk] **1** *n* COMPUT clic *m* **2** *v/i* cliqueter; *of camera* faire un déclic

◆ **click on** *v/t* COMPUT cliquer sur

cli•ent ['klaɪənt] client(e) *m(f)*

cli•en•tele [kliːən'tel] clientèle *f*

cliff [klɪf] falaise *f*

cli•mate ['klaɪmət] *also fig* climat *m*

'**cli•mate change** changement *m* climatique

cli•mat•ic [klaɪ'mætɪk] *adj* climatique

cli•max ['klaɪmæks] *n* point *m* culminant

climb [klaɪm] **1** *n up mountain* ascension *f*; *up stairs* montée *f* **2** *v/t* monter sur, grimper sur; *mountain* escalader **3** *v/i into tree* monter, grimper; *in mountains* faire de l'escalade; *of road, inflation* monter

◆ **climb down** *v/i* descendre; *fig* reculer

climb•er ['klaɪmər] alpiniste *m/f*

climb•ing ['klaɪmɪŋ] escalade *f*

'**climb•ing wall** mur *m* d'escalade

clinch [klɪntʃ] *v/t deal* conclure; *that clinches it* ça règle la question

cling [klɪŋ] *v/i (pret & pp **clung**)* of clothes coller

♦ **cling to** *v/t also fig* s'accrocher à

'**cling-film** film *m* transparent

cling-y ['klɪŋɪ] *adj child, boyfriend* collant

clin-ic ['klɪnɪk] clinique *f*

clin-i-cal ['klɪnɪkl] *adj* clinique; *fig: decision etc* froid

clink [klɪŋk] **1** *n noise* tintement *m* **2** *v/i* tinter

clip[1] [klɪp] **1** *n fastener* pince *f*; *for hair* barrette *f* **2** *v/t (pret & pp **-ped**)*: **clip sth to sth** attacher qch à qch

clip[2] [klɪp] **1** *n (extract)* extrait *m* **2** *v/t (pret & pp **-ped**)* hair, grass couper; *hedge* tailler

'**clip-board** planche *f* à papiers; COMPUT bloc-notes *m*

clip-pers ['klɪpərz] *npl for hair* tondeuse *f*; *for nails* pince *f* à ongles; *for gardening* sécateur *m*

clip-ping ['klɪpɪŋ] *from newspaper* coupure *f* (de presse)

clique [kliːk] coterie *f*

cloak [klouk] *n* grande cape *f*; *fig* voile *m*

'**cloak-room** *Br: for coats* vestiaire *m*

clock [klɑːk] *n* horloge *f*; F *(odometer)* compteur *m*

'**clock ra•di•o** radio-réveil *m*

'**clock-wise** *adv* dans le sens des aiguilles d'une montre

'**clock-work** *of toy* mécanisme *m*; *it went like clockwork* tout est allé comme sur des roulettes

♦ **clog up** [klɑːg] *(pret & pp **-ged**)* **1** *v/i* se boucher **2** *v/t* boucher

clone [kloun] **1** *n* clone *m* **2** *v/t* cloner

close[1] [klous] **1** *adj family, friend* proche; *resemblance* étroit **2** *adv* près; *close at hand, close by* tout près

close[2] [klouz] *v/t & v/i* fermer

♦ **close down** *v/t & v/i* fermer

♦ **close in** *v/i of troops* se rapprocher (**on** de); *of fog* descendre

♦ **close up 1** *v/t building* fermer **2** *v/i (move closer)* se rapprocher

closed [klouzd] *adj* fermé

closed-cir•cuit 'tel•e•vi•sion télévision *f* en circuit fermé

'**close-knit** *adj* très uni

close-ly ['klouslɪ] *adv listen* attentivement; *watch also* de près; *cooperate* étroitement

clos-et ['klɑːzɪt] armoire *f*, placard *m*

close-up ['klousʌp] gros plan *m*

'**clos-ing date** ['klouzɪŋ] date *f* limite

'**clos-ing time** heure *f* de fermeture

clo-sure ['klouʒər] fermeture *f*

clot [klɑːt] **1** *n of blood* caillot *m* **2** *v/i (pret & pp **-ted**) of blood* coaguler

cloth [klɑːθ] *(fabric)* tissu *m*; *for drying* torchon *m*; *for washing* lavette *f*

clothes [klouðz] *npl* vêtements *mpl*

'**clothes brush** brosse *f* à vêtements

'**clothes hang•er** cintre *m*

'**clothes-horse** séchoir *m* (à linge)

'**clothes-line** corde *f* à linge

'**clothes peg**, '**clothes-pin** pince *f* à linge

cloth-ing ['klouðɪŋ] vêtements *mpl*

cloud [klaud] *n also of dust etc* nuage *m*

♦ **cloud over** *v/i of sky* se couvrir (de nuages)

'**cloud-burst** rafale *f* de pluie

cloud-less ['klaudlɪs] *adj sky* sans nuages

cloud-y ['klaudɪ] *adj* nuageux*

clout [klaut] *n (fig: influence)* influence *f*

clove of 'gar•lic [klouv] gousse *f* d'ail

clown [klaun] *also pej* clown *m*

club [klʌb] *n weapon* massue *f*; *in golf* club *m*; *organization* club *m*

'**club class** classe *f* affaires

clue [kluː] *n* indice *m*; *I haven't a clue* F je n'en ai pas la moindre idée; *he hasn't a clue (is useless)* il n'y comprend rien

clued-up [kluːd'ʌp] *adj* F calé F

clump [klʌmp] *n of earth* motte *f*; *(group)* touffe *f*

clum-si-ness ['klʌmzɪnɪs] maladresse *f*

clum-sy ['klʌmzɪ] *adj person* maladroit

clung [klʌŋ] *pret & pp* → **cling**

clus-ter ['klʌstər] **1** *n of people, houses* groupe *m* **2** *v/i of people* se grouper; *of houses* être groupé

clutch [klʌtʃ] **1** *n* MOT embrayage *m* **2** *v/t* étreindre

♦ **clutch at** *v/t* s'agripper à

clut-ter ['klʌtər] **1** *n* fouillis *m* **2** *v/t (also: clutter up)* mettre le fouillis dans

Co. *abbr (= Company)* Cie (= Compagnie)

c/o *abbr care of* chez

coach [koutʃ] **1** *n (trainer)* entraîneur (-euse) *m(f)*; *on train* voiture *f*; *Br (bus)* (auto)car *m* **2** *v/t* SP entraîner

coach-ing ['koutʃɪŋ] SP entraînement *m*

co-ag-u-late [kou'ægjuleɪt] *v/i of blood* coaguler

coal [koul] charbon *m*

co-a-li-tion [kouə'lɪʃn] coalition *f*

'**coal-mine** mine *f* de charbon

coarse [kɔːrs] *adj skin, fabric* rugueux*; *hair* épais*; *(vulgar)* grossier

coarse-ly ['kɔːrslɪ] *adv (vulgarly), ground* grossièrement

coast [koust] *n* côte *f*; *at the coast* sur la côte

coast•al ['kəʊstl] *adj* côtier*

coast•er ['kəʊstər] *dessous m* de verre

'coast•guard *organization* gendarmerie *f* maritime; *person* gendarme *m* maritime

'coast•line littoral *m*

coat [kəʊt] **1** *n* veston *m*; (*overcoat*) pardessus *m*; *of animal* pelage *m*; *of paint etc* couche *f* **2** *v/t* (*cover*) couvrir (**with** de)

'coat•hang•er cintre *m*

coat•ing ['kəʊtɪŋ] couche *f*

co-au•thor [kəʊn:θər] **1** *n* coauteur *m* **2** *v/t* écrire en collaboration

coax [kəʊks] *v/t* cajoler; **coax s.o. into doing sth** encourager qn à faire qch en le cajolant; **coax sth out of s.o.** *truth etc* obtenir qch de qn en le cajolant

cob•bled ['kɑ:bld] *adj* pavé

cob•ble•stone ['kɑ:blstəʊn] pavé *m*

cob•web ['kɑ:bweb] toile *f* d'araignée

co•caine [kə'keɪn] cocaïne *f*

cock [kɑ:k] *n chicken* coq *m*; *any male bird* (oiseau *m*) mâle *m*

cock•eyed [kɑ:k'aɪd] *adj* F *idea etc* absurde

'cock•pit *of plane* poste *m* de pilotage, cockpit *m*

'cock•roach ['kɑ:krəʊtʃ] cafard *m*

'cock•tail cocktail *m*

'cock•tail par•ty cocktail *m*

'cock•tail shak•er shaker *m*

cock•y ['kɑ:kɪ] *adj* F trop sûr de soi

co•coa ['kəʊkəʊ] *drink* cacao *m*

co•co•nut ['kəʊkənʌt] *to eat* noix *f* de coco

'co•co•nut palm cocotier *m*

COD [si:əʊ'di:] *abbr* (= **collect** ou Br **cash on delivery**) livraison contre remboursement

code [kəʊd] *n* code *m*; **in code** codé

co•ed•u•ca•tion•al [kəʊedʊ'keɪʃnl] *adj school* mixte

co•erce [kəʊ'ɜːrs] *v/t* contraindre, forcer

co•ex•ist [kəʊɪg'zɪst] *v/i* coexister

co•ex•is•tence [kəʊɪg'zɪstəns] coexistence *f*

cof•fee ['kɑ:fɪ] café *m*

'cof•fee bean grain *m* de café

'cof•fee break pause-café *f*

'cof•fee cup tasse *f* à café

'cof•fee grind•er [graɪndər] moulin *m* à café

'cof•fee mak•er machine *f* à café

'cof•fee pot cafetière *f*

'cof•fee shop café *m*

'cof•fee ta•ble petite table basse *f*

cof•fin ['kɑ:fɪn] cercueil *m*

cog [kɑ:g] dent *f*; *fig*

co•gnac ['kɑ:njæk] cognac *m*

'cog•wheel roue *f* dentée

co•hab•it [kəʊ'hæbɪt] *v/i* cohabiter

co•her•ent [kəʊ'hɪrənt] *adj* cohérent

coil [kɔɪl] **1** *n of rope, wire* rouleau *m*; *of smoke, snake* anneau *m*

coil 2 *v/t*: **coil (up)** enrouler

coin [kɔɪn] *n* pièce *f* (de monnaie)

co•in•cide [kəʊɪn'saɪd] *v/i* coïncider

co•in•ci•dence [kəʊ'ɪnsɪdəns] coïncidence *f*

coke [kəʊk] P (*cocaine*) coke *f* F

Coke® [kəʊk] coca® *m* F

cold [kəʊld] **1** *adj* froid; **I'm (feeling) cold** j'ai froid; **it's cold** *of weather* il fait froid; **in cold blood** de sang-froid; **get cold feet** F avoir la trouille **2** *n* froid *m*; MED rhume *m*; **I have a cold** j'ai un rhume, je suis enrhumé

cold-blood•ed [kəʊld'blʌdɪd] *adj animal* à sang froid; *fig* insensible; *murder* commis de sang-froid

cold call•ing ['kɔ:lɪŋ] COMM appels *mpl* à froid; *visits* visites *fpl* à froid

'cold cuts *npl* assiette *f* anglaise

cold•ly ['kəʊldlɪ] *adv* froidement

cold•ness ['kəʊldnəs] *fig* froideur *f*

'cold sore bouton *m* de fièvre

cole•slaw ['kəʊlslɔ:] salade *f* de choux

col•ic ['kɑ:lɪk] colique *f*

col•lab•o•rate [kə'læbəreɪt] *v/i* collaborer

col•lab•o•ra•tion [kəlæbə'reɪʃn] collaboration *f*

col•lab•o•ra•tor [kə'læbəreɪtər] collaborateur(-trice) *m(f)*

col•lapse [kə'læps] *v/i* s'effondrer; *of building etc* also s'écrouler

col•lap•si•ble [kə'læpsəbl] *adj* pliant

col•lar ['kɑ:lər] col *m*; *for dog* collier *m*

'col•lar•bone clavicule *f*

col•lat•er•al [kə'lætərəl] *n* nantissement *m*; **collateral damage** MIL dommage *m* collatéral

col•league ['kɑ:li:g] collègue *m/f*

col•lect [kə'lekt] **1** *v/t person, cleaning etc* aller / venir chercher; *as hobby* collectionner; (*gather: clothes etc*) recueillir; *wood* ramasser **2** *v/i* (*gather together*) s'assembler **3** *adv*: **call collect** appeler en PCV

col'lect call communication *f* en PCV

col•lect•ed [kə'lektɪd] *adj works, poems etc* complet*; *person* serein

col•lec•tion [kə'lekʃn] collection *f*; *in church* collecte *f*

col•lec•tive [kə'lektɪv] *adj* collectif*

col•lec•tive bar•gain•ing convention *f* collective

col•lec•tor [kə'lektər] collectionneur (-euse) *m(f)*

C

col•lege ['kɑːlɪdʒ] université f
col•lide [kə'laɪd] v/i se heurter; **collide with sth/s.o.** heurter qch / qn
col•li•sion [kə'lɪʒn] collision f
col•lo•qui•al [kə'loʊkwɪəl] adj familier*
co•lon ['koʊlən] punctuation deux-points mpl; ANAT côlon m
co•lo•nel ['kɜːrnl] colonel m
co•lo•ni•al [kə'loʊnɪəl] adj colonial
co•lo•nize ['kɑːlənaɪz] v/t country coloniser
co•lo•ny ['kɑːlənɪ] colonie f
col•or ['kʌlər] 1 n couleur f; in cheeks couleurs fpl; **in color** en couleur; **colors** MIL couleurs fpl, drapeau m 2 v/t one's hair teindre 3 v/i (blush) rougir
'col•or-blind adj daltonien*
col•ored [kʌlərd] adj person de couleur
'col•or fast adj bon teint inv
col•or•ful ['kʌlərfəl] adj also fig coloré
col•or•ing ['kʌlərɪŋ] teint f
'col•or pho•to•graph photographie f (en) couleur
'col•or scheme combinaison f de couleurs
'col•or TV télé f (en) couleur
co•los•sal [kə'lɑːsl] adj colossal
col•our etc Br → color etc
colt [koʊlt] poulain m
col•umn ['kɑːləm] architectural, of text colonne f; in newspaper chronique f
col•umn•ist ['kɑːləmɪst] chroniqueur (-euse) m(f)
co•ma ['koʊmə] coma m; **be in a coma** être dans le coma
comb [koʊm] 1 n peigne m 2 v/t peigner; area ratisser, passer au peigne fin
com•bat ['kɑːmbæt] 1 n combat m 2 v/t combattre
com•bi•na•tion [kɑːmbɪ'neɪʃn] also of safe combinaison f
com•bine [kəm'baɪn] v/t allier, combiner; ingredients mélanger; (associate) associer; **combine business with pleasure** joindre l'utile à l'agréable 2 v/i of sauce etc se marier; of chemical elements se combiner
com•bine har•vest•er [kɑːmbaɪn-'hɑːrvɪstər] moissonneuse-batteuse f
com•bus•ti•ble [kəm'bʌstɪbl] adj combustible
com•bus•tion [kəm'bʌstʃn] combustion f
come [kʌm] v/i (pret came, pp come) venir; of train, bus arriver; **you'll come to like it** tu finiras par l'aimer; **how come?** F comment ça se fait? F
◆ **come about** v/i (happen) arriver
◆ **come across 1** v/t (find) tomber sur 2 v/i of humor etc passer; **she comes across as being ...** elle donne l'impression d'être ...
◆ **come along** v/i (come too) venir (aussi); (turn up) arriver; (progress) avancer
◆ **come apart** v/i tomber en morceaux; (break) se briser
◆ **come around** v/i to s.o.'s home passer; (regain consciousness) revenir à soi
◆ **come away** v/i (leave), of button etc partir
◆ **come back** v/i revenir; **it came back to me** ça m'est revenu
◆ **come by 1** v/i passer 2 v/t (acquire) obtenir; bruise avoir; (find) trouver
◆ **come down** v/i descendre; in price, amount etc baisser; of rain, snow tomber
◆ **come for** v/t (attack) attaquer; (to collect) venir chercher
◆ **come forward** v/i (present o.s.) se présenter
◆ **come in** v/i entrer; of train, in race arriver; of tide monter; **come in!** entrez!
◆ **come in for** v/t recevoir; **come in for criticism** recevoir des critiques
◆ **come in on** v/t prendre part à; **come in on a deal** prendre part à un marché
◆ **come off** v/i of handle etc se détacher
◆ **come on** v/i (progress) avancer; **come on!** (hurry) dépêche-toi!; in disbelief allons!
◆ **come out** v/i of person sortir; of results être communiqué; of sun, product apparaître; of stain partir; of gay révéler son homosexualité
◆ **come to 1** v/t (reach) arriver à; **that comes to $70** ça fait 70 $ 2 v/i (regain consciousness) revenir à soi, reprendre conscience
◆ **come up** v/i monter; of sun se lever; **something has come up** quelque chose est arrivé
◆ **come up with** v/t new idea etc trouver
'come•back of singer, actor retour m, come-back m; of fashion retour m; **make a comeback** of singer, actor revenir en scène, faire un comeback; of fashion revenir à la mode
co•me•di•an [kə'miːdɪən] (comic) comique m/f; pej pitre m/f
'come•down déchéance f
com•e•dy ['kɑːmədɪ] comédie f
'com•e•dy ac•tor acteur(-trice) m(f) comique
com•et ['kɑːmɪt] comète f
come•up•pance [kʌm'ʌpəns] F: **he'll get his comeuppance** il aura ce qu'il mérite
com•fort ['kʌmfərt] 1 n confort m; (consolation) consolation f, réconfort m 2 v/t consoler, réconforter

com•for•ta•ble ['kʌmfərtəbl] *adj* chair, house, room confortable; **be comfortable** *of person* être à l'aise; *financially* être aisé

com•ic ['kɑːmɪk] **1** *n to read* bande *f* dessinée; *(comedian)* comique *m/f* **2** *adj* comique

com•i•cal ['kɑːmɪkl] *adj* comique

'com•ic book bande *f* dessinée, BD *f*

com•ics ['kɑːmɪks] *npl* bandes *fpl* dessinées

'com•ic strip bande *f* dessinée

com•ma ['kɑːmə] virgule *f*

com•mand [kə'mænd] **1** *n (order)* ordre *m*; *(control: of situation, language)* maîtrise *f*; COMPUT commande *f*; MIL commandement *m* **2** *v/t* commander; **command s.o. to do sth** ordonner à qn de faire qch

com•man•deer [kɑːmən'dɪr] *v/t* réquisitionner

com•mand•er [kə'mændər] commandant(e) *m(f)*

com•mand•er-in-'chief commandant(e) *m(f)* en chef

com•mand•ing of•fi•cer [kə'mændɪŋ] commandant(e) *m(f)*

com•mand•ment [kə'mændmənt]: **the Ten Commandments** REL les dix commandements *mpl*

com•mem•o•rate [kə'meməreɪt] *v/t* commémorer

com•mem•o•ra•tion [kəmemə'reɪʃn]: **in commemoration of** en commémoration de

com•mence [kə'mens] *v/t & v/i* commencer

com•mend [kə'mend] *v/t* louer

com•mend•a•ble [kə'mendəbl] *adj* louable

com•men•da•tion [kəmen'deɪʃn] *for bravery* éloge *m*

com•men•su•rate [kə'menʃərət] *adj*: **commensurate with** proportionné à

com•ment ['kɑːment] **1** *n* commentaire *m*; **no comment!** sans commentaire! **2** *v/i*: **comment on** commenter

com•men•ta•ry ['kɑːmənterɪ] commentaire *m*

com•men•tate ['kɑːmənteɪt] *v/i* faire le commentaire (**on** de)

com•men•ta•tor ['kɑːmənteɪtər] commentateur(-trice) *m(f)*

com•merce ['kɑːmɜːrs] commerce *m*

com•mer•cial [kə'mɜːrʃl] **1** *adj* commercial **2** *n (advert)* publicité *f*

com•mer•cial 'break page *f* de publicité

com•mer•cial•ize [kə'mɜːrʃlaɪz] *v/t Christmas etc* commercialiser

com•mer•cial tel•e•vi•sion télévision *f* commerciale

com•mer•cial 'trav•el•er, *Br* com•mer•cial 'trav•el•ler représentant(e) *m(f)* de commerce

com•mis•e•rate [kə'mɪzəreɪt] *v/i* compatir; **commiserate with s.o.** témoigner de la sympathie à qn

com•mis•sion [kə'mɪʃn] **1** *n (payment)* commission *f*; *(job)* commande *f*; *(committee)* commission *f* **2** *v/t for a job* charger (**to do sth** de faire qch)

com•mis•sion•er [kə'mɪʃənər] *in European Union* commissaire *m/f*

com•mit [kə'mɪt] *v/t (pret & pp -ted) crime* commettre; *money* engager; **commit o.s.** s'engager

com•mit•ment [kə'mɪtmənt] *to job, in relationship* engagement *m*; *(responsibility)* responsabilité *f*

com•mit•tee [kə'mɪtɪ] comité *m*

com•mod•i•ty [kə'mɑːdɪtɪ] marchandise *f*

com•mon ['kɑːmən] *adj* courant; *species etc* commun; *(shared)* commun; **in common** en commun; **have sth in common** avoir qch en commun

com•mon•er ['kɑːmənər] roturier(-ère) *m(f)*

com•mon 'law hus•band concubin *m*

com•mon 'law wife concubine *f*

com•mon•ly ['kɑːmənlɪ] *adv* communément

Com•mon 'Mar•ket Marché *m* commun

'com•mon•place *adj* banal

com•mon 'sense bon sens *m*

com•mo•tion [kə'mouʃn] agitation *f*

com•mu•nal [kəm'juːnl] *adj* en commun

com•mu•nal•ly [kəm'juːnəlɪ] *adv* en commun

com•mu•ni•cate [kə'mjuːnɪkeɪt] *v/t & v/i* communiquer

com•mu•ni•ca•tion [kəmjuːnɪ'keɪʃn] communication *f*

com•mu•ni•ca•tions *npl* communications *fpl*

com•mu•ni•ca•tions sat•el•lite satellite *m* de communication

com•mu•ni•ca•tive [kə'mjuːnɪkətɪv] *adj person* communicatif*

Com•mu•nion [kə'mjuːnjən] REL communion *f*

com•mu•ni•qué [kə'mjuːnɪkeɪ] communiqué *m*

Com•mu•nism ['kɑːmjunɪzəm] communisme *m*

Com•mu•nist ['kɑːmjunɪst] **1** *adj* communiste **2** *n* communiste *m/f*

com•mu•ni•ty [kə'mjuːnətɪ] communau-

C

té f

com•mu•ni•ty cen•ter, *Br* com•mu•ni•ty cen•tre centre *m* social

com•mu•ni•ty serv•ice travail *m* d'intérêt général

com•mute [kə'mjuːt] **1** *v/i* faire la navette (pour aller travailler) **2** *v/t* LAW commuer

com•mut•er [kə'mjuːtər] banlieusard *m*

com•mut•er traf•fic circulation *f* aux heures de pointe

com•mut•er train train *m* de banlieue

com•pact **1** *adj* [kəm'pækt] compact **2** *n* ['kɑːmpækt] *for face powder* poudrier *m*; MOT petite voiture *f*

com•pact 'disc → *CD*

com•pan•ion [kəm'pænjən] compagnon *m*

com•pan•ion•ship [kəm'pænjənʃɪp] compagnie *f*

com•pa•ny ['kʌmpənɪ] COMM société *f*; *ballet* troupe *f*; (*companionship*) compagnie *f*; (*guests*) invités *mpl*; **keep s.o. company** tenir compagnie à qn

com•pa•ny 'car voiture *f* de fonction

com•pa•ny 'car voiture *f* de fonction

com•pa•ra•ble ['kɑːmpərəbl] comparable

com•par•a•tive [kəm'pærətɪv] **1** *adj* (*relative*) relatif*; *study*, GRAM comparatif **2** *n* GRAM comparatif *m*

com•par•a•tive•ly [kəm'pærətɪvlɪ] *adv* comparativement

com•pare [kəm'per] **1** *v/t* comparer; **compare X with Y** comparer X à *or* avec Y; **compared with ...** par rapport à ... **2** *v/i* soutenir la comparaison

com•par•i•son [kəm'pærɪsn] comparaison *f*; **there's no comparison** ce n'est pas comparable

com•part•ment [kəm'pɑːrtmənt] compartiment *m*

com•pass ['kʌmpəs] compas *m*

com•pas•sion [kəm'pæʃn] compassion *f*

com•pas•sion•ate [kəm'pæʃənət] *adj* compatissant

com•pas•sion•ate 'leave congé *m* exceptionnel (pour cas de force majeure)

com•pat•i•bil•i•ty [kəmpætə'bɪlɪtɪ] compatibilité *f*

com•pat•i•ble [kəm'pætəbl] compatible; **we're not compatible** nous ne nous entendons pas

com•pel [kəm'pel] *v/t* (*pret & pp* -**led**) obliger

com•pel•ling [kəm'pelɪŋ] *adj argument* irréfutable; *reason* impératif*; *movie, book* captivant

com•pen•sate ['kɑːmpənseɪt] **1** *v/t with money* dédommager **2** *v/i*: **compensate**

for compenser

com•pen•sa•tion [kɑːmpən'seɪʃn] (*money*) dédommagement *m*; (*reward*) compensation *f*; (*comfort*) consolation *f*

com•pete [kəm'piːt] *v/i* être en compétition; (*take part*) participer (**in** à); **compete for sth** se disputer qch

com•pe•tence ['kɑːmpɪtəns] compétence *f*; **her competence as an accountant** ses compétences de comptable

com•pe•tent ['kɑːmpɪtənt] *adj person* compétent, capable; *piece of work* (très) satisfaisant; **I'm not competent to judge** je ne suis pas apte à juger

com•pe•tent•ly ['kɑːmpɪtəntlɪ] *adv* de façon compétente

com•pe•ti•tion [kɑːmpə'tɪʃn] (*contest*) concours *m*, SP compétition *f*; (*competing, competitors*) concurrence *f*; **they want to encourage competition** on veut encourager la concurrence

com•pet•i•tive [kəm'petətɪv] *adj* compétitif*; *price, offer also* concurrentiel*

com•pet•i•tive•ly [kəm'petətɪvlɪ] *adv* de façon compétitive; **competitively priced** à prix compétitif

com•pet•i•tive•ness COMM compétitivité *f*; *of person* esprit *m* de compétition

com•pet•i•tor [kəm'petɪtər] *in contest*, COMM concurrent *m*

com•pile [kəm'paɪl] *v/t anthology* compiler; *dictionary, list* rédiger

com•pla•cen•cy [kəm'pleɪsənsɪ] complaisance *f*

com•pla•cent [kəm'pleɪsənt] complaisant, suffisant

com•plain [kəm'pleɪn] *v/i* se plaindre; *to shop, manager also* faire une réclamation; **complain of** MED se plaindre de

com•plaint [kəm'pleɪnt] plainte *f*; *in shop* réclamation *f*; MED maladie *f*

com•ple•ment [kə:mplɪ'ment] **1** *v/t* compléter; *of food* accompagner; **they complement each other** ils se complètent **2** *n* complément *m*

com•ple•men•ta•ry [kɑːmplɪ'mentərɪ] *adj* complémentaire

com•plete [kəm'pliːt] **1** *adj* complet*; (*finished*) terminé **2** *v/t task, building etc* terminer, achever; *form* remplir

com•plete•ly [kəm'pliːtlɪ] *adv* complètement

com•ple•tion [kəm'pliːʃn] achèvement *m*

com•plex ['kɑːmpleks] **1** *adj* complexe **2** *n building*, PSYCH complexe *m*

com•plex•ion [kəm'plekʃn] *facial* teint *m*

com•plex•i•ty [kəm'pleksɪtɪ] complexité *f*

com•pli•ance [kəm'plaɪəns] conformité *f*, respect *m*

com•pli•cate ['kɑ:mplɪkeɪt] v/t compliquer

com•pli•cat•ed ['kɑ:mplɪkeɪtɪd] adj compliqué

com•pli•ca•tion [kɑ:mplɪ'keɪʃn] complication f

com•pli•ment ['kɑ:mplɪmənt] **1** n compliment m **2** v/t complimenter (*on* sur)

com•pli•men•ta•ry [kɑ:mplɪ'mentərɪ] adj élogieux*, flatteur*; (*free*) gratuit

com•pli•ments slip ['kɑ:mplɪmənts] carte f avec les compliments de l'expéditeur

com•ply [kəm'plaɪ] v/i (*pret & pp -ied*) obéir; *comply with ...* se conformer à

com•po•nent [kəm'poʊnənt] composant m

com•pose [kəm'poʊz] v/t composer; *be composed of* se composer de, être composé de; *compose o.s.* se calmer

com•posed [kəm'poʊzd] adj (*calm*) calme

com•pos•er [kəm'poʊzər] MUS compositeur m

com•po•si•tion [kɑ:mpə'zɪʃn] composition f

com•po•sure [kəm'poʊʒər] calme m, sang-froid m

com•pound ['kɑ:mpaʊnd] n chemical composé m

'com•pound in•ter•est intérêts mpl composés

com•pre•hend [kɑ:mprɪ'hend] v/t (*understand*) comprendre

com•pre•hen•sion [kɑ:mprɪ'henʃn] compréhension f

com•pre•hen•sive [kɑ:mprɪ'hensɪv] adj complet*

com•pre•hen•sive in•sur•ance assurance f tous risques

com•pre•hen•sive•ly [kɑ:mprɪ'hensɪvlɪ] adv de façon complète; *beaten* à plates coutures

com•press ['kɑ:mpres] **1** n MED compresse f **2** v/t [kəm'pres] air, gas comprimer; information condenser

com•prise [kəm'praɪz] v/t comprendre, être composé de; (*make up*) constituer; *be comprised of* se composer de

com•pro•mise ['kɑ:mprəmaɪz] **1** n compromis m **2** v/i trouver un compromis **3** v/t compromettre; *compromise o.s.* se compromettre

com•pul•sion [kəm'pʌlʃn] PSYCH compulsion f

com•pul•sive [kəm'pʌlsɪv] adj behavior compulsif*; reading captivant

com•pul•so•ry [kəm'pʌlsərɪ] adj obligatoire; *compulsory ed•u•ca•tion* scolarité f obligatoire

com•put•er [kəm'pju:tər] ordinateur m; *have sth on computer* avoir qch sur ordinateur

com•put•er-aid•ed de'sign conception f assistée par ordinateur

com•put•er-aid•ed man•u'fac•ture production f assistée par ordinateur

com•put•er-con'trolled adj contrôlé par ordinateur

com'put•er game jeu m informatique

play computer-aided designs jouer à la console

com•put•er•ize [kəm'pju:təraɪz] v/t informatiser

com•put•er 'lit•er•ate adj qui a des connaissances en informatique

com•put•er 'sci•ence informatique f

com•put•er 'sci•en•tist informaticien (-ne) m(f)

com•put•ing [kəm'pju:tɪŋ] informatique f

com•rade ['kɑ:mreɪd] camarade m/f

com•rade•ship ['kɑ:mreɪdʃɪp] camaraderie f

con [kɑ:n] **1** n F arnaque f F **2** v/t (*pret & pp -ned*) F arnaquer F; *he conned her out of her money* il lui a volé son argent

con•ceal [kən'si:l] v/t cacher, dissimuler

con•ceal•ment [kən'si:lmənt] dissimulation f; *live in concealment* vivre caché

con•cede [kən'si:d] v/t (*admit*), goal concéder

con•ceit [kən'si:t] vanité f

con•ceit•ed [kən'si:tɪd] adj vaniteux*, prétentieux*

con•cei•va•ble [kən'si:vəbl] adj concevable

con•ceive [kən'si:v] v/i of woman concevoir; *conceive of* (*imagine*) concevoir, imaginer

con•cen•trate ['kɑ:nsəntreɪt] **1** v/i se concentrer **2** v/t attention, energies concentrer

con•cen•trat•ed ['kɑ:nsəntreɪtɪd] adj juice etc concentré

con•cen•tra•tion [kɑ:nsən'treɪʃn] concentration f

con•cept ['kɑ:nsept] concept m

con•cep•tion [kən'sepʃn] of child conception f

con•cern [kən'sɜ:rn] **1** n (*anxiety, care*) inquiétude f, souci m; (*intent, aim*) préoccupation f; (*business*) affaire f; (*company*) entreprise f; *it's no concern of yours* cela ne vous regarde pas **2** v/t (*involve*) concerner; (*worry*) inquiéter, préoccuper; *concern o.s. with* s'occuper de qch

con•cerned [kən'sɜ:rnd] adj (*anxious*) in-

C

quiet*; (caring, involved) concerné; **as far as I'm concerned** en ce qui me concerne

con•cern•ing [kən'sɜːrnɪŋ] prep concernant, au sujet de

con•cert ['kɑːnsərt] concert m

con•cert•ed [kən'sɜːrtɪd] adj (joint) concerté

'con•cert•mas•ter premier violon m

con•cer•to [kən'tʃertoʊ] concerto m

con•ces•sion [kən'seʃn] (compromise) concession f

con•cil•i•a•to•ry [kənsɪlı'eɪtərı] adj conciliant

con•cise [kən'saɪs] adj concis

con•clude [kən'kluːd] 1 v/t conclure; **conclude sth from sth** déduire qch de qch 2 v/i conclure

con•clu•sion [kən'kluːʒn] conclusion f; **in conclusion** pour conclure

con•clu•sive [kən'kluːsɪv] adj concluant

con•coct [kən'kɑːkt] v/t meal, drink préparer, concocter; excuse, story inventer

con•coc•tion [kən'kɑːkʃn] (food, drink) mixture f

con•crete ['kɑːnkriːt] 1 n béton m 2 adj concret*

con•cur [kən'kɜːr] v/i (pret & pp -red) être d'accord

con•cus•sion [kən'kʌʃn] commotion f cérébrale

con•demn [kən'dem] v/t condamner

con•dem•na•tion [kɑːndəm'neɪʃn] of action condamnation f

con•den•sa•tion [kɑːnden'seɪʃn] on walls, windows condensation f

con•dense [kən'dens] 1 v/t (make shorter) condenser 2 v/i of steam se condenser

con•densed milk [kən'densd] lait m concentré

con•de•scend [kɑːndɪ'send] v/i daigner (to do faire); **he condescended to speak to me** il a daigné me parler

con•de•scend•ing [kɑːndɪ'sendɪŋ] adj (patronizing) condescendant

con•di•tion [kən'dɪʃn] 1 n (state) condition f, état m; (requirement, term) condition f; MED maladie f; **conditions** (circumstances) conditions fpl; **on condition that …** à condition que … 2 v/t PSYCH conditionner

con•di•tion•al [kən'dɪʃnl] 1 adj (acceptance) conditionnel* 2 n GRAM conditionnel m

con•di•tion•er [kən'dɪʃnər] for hair après-shampooing m; for fabric adoucissant m

con•di•tion•ing [kən'dɪʃnɪŋ] PSYCH conditionnement m

con•do ['kɑːndoʊ] F building immeuble

m (en copropriété); apartment appart m F

con•do•len•ces [kən'doʊlənsɪz] npl condoléances fpl

con•dom ['kɑːndəm] préservatif m

con•do•min•i•um [kɑːndə'mɪnɪəm] → **condo**

con•done [kən'doʊn] v/t actions excuser

con•du•cive [kən'duːsɪv] adj: **conducive to** favorable à

con•duct ['kɑːndʌkt] 1 n (behavior) conduite f 2 v/t [kən'dʌkt] (carry out) mener; ELEC conduire; MUS diriger; **conduct o.s.** se conduire

con•duct•ed tour [kəndʌktɪd'tʊr] visite f guidée

con•duc•tor [kən'dʌktər] MUS chef m d'orchestre; on train chef m de train; PHYS conducteur m

cone [koʊn] figure cône m; for ice cream cornet m; of pine tree pomme f de pin; on highway cône m de signalisation

con•fec•tion•er [kən'fekʃənər] confiseur m

con•fec•tion•ers' 'sug•ar sucre m glace

con•fec•tion•e•ry [kən'fekʃənerɪ] (candy) confiserie f

con•fed•e•ra•tion [kənfedə'reɪʃn] confédération f

con•fer [kən'fɜːr] 1 v/t (bestow) conférer (on à) 2 v/i (pret & pp -red) (discuss) s'entretenir

con•fe•rence ['kɑːnfərəns] conférence f; discussion réunion f

'con•fe•rence room salle f de conférences

con•fess [kən'fes] 1 v/t confesser, avouer; REL confesser; **I confess I don't know** j'avoue que je ne sais pas 2 v/i also to police avouer; REL se confesser; **confess to a weakness for sth** avouer avoir un faible pour qch

con•fes•sion [kən'feʃn] confession f, aveu m; REL confession f

con•fes•sion•al [kən'feʃnl] REL confessionnal m

con•fes•sor [kən'fesər] REL confesseur m

con•fide [kən'faɪd] 1 v/t confier 2 v/i: **confide in s.o.** (trust) faire confiance à qn; (tell secrets) se confier à qn

con•fi•dence ['kɑːnfɪdəns] (assurance) assurance f, confiance f en soi; (trust) confiance f; (secret) confidence f; **in confidence** confidentiellement

con•fi•dent ['kɑːnfɪdənt] adj (self-assured) sûr de soi; (convinced) confiant

con•fi•den•tial [kɑːnfɪ'denʃl] adj confidentiel*; adviser, secretary particulier*

con•fi•den•tial•ly [kɑːnfɪ'denʃlɪ] adv confidentiellement

con•fi•dent•ly ['kɑːnfɪdəntlɪ] *adv* avec assurance

con•fine [kən'faɪn] *v/t* (*imprison*) enfermer; *in institution* interner; (*restrict*) limiter; *be confined to one's bed* être alité

con•fined [kən'faɪnd] *adj space* restreint

con•fine•ment [kən'faɪnmənt] (*imprisonment*) emprisonnement *m*; *in institution* internement *m*; MED accouchement *m*

con•firm [kən'fɜːrm] *v/t* confirmer

con•fir•ma•tion [kɑːnfər'meɪʃn] confirmation *f*

con•firmed [kən'fɜːrmd] *adj* (*inveterate*) convaincu; *a confirmed bachelor* un célibataire endurci

con•fis•cate ['kɑːnfɪskeɪt] *v/t* confisquer

con•flict ['kɑːnflɪkt] **1** *n* (*disagreement*) conflit *m* **2** *v/i* [kən'flɪkt] (*clash*) s'opposer, être en conflit; *of dates* coïncider

con•form [kən'fɔːrm] *v/i* se conformer; *of product* être conforme (**to** à)

con•form•ist [kən'fɔːrmɪst] *n* conformiste *m/f*

con•front [kən'frʌnt] *v/t* (*face*) affronter; (*tackle*) confronter

con•fron•ta•tion [kɑːnfrən'teɪʃn] confrontation *f*; (*clash, dispute*) affrontement *m*

con•fuse [kən'fjuːz] *v/t* (*muddle*) compliquer; *person* embrouiller; (*mix up*) confondre; *confuse s.o. with s.o.* confondre qn avec qn

con•fused [kən'fjuːzd] *adj person* perdu, désorienté; *ideas, situation* confus

con•fus•ing [kən'fjuːzɪŋ] *adj* déroutant

con•fu•sion [kən'fjuːʒn] (*muddle, chaos*) confusion *f*

con•geal [kən'dʒiːl] *v/i of blood* se coaguler; *of fat* se figer

con•gen•ial [kən'dʒiːnɪəl] *adj* (*pleasant*) agréable, sympathique

con•gen•i•tal [kən'dʒenɪtl] *adj* MED congénital

con•gest•ed [kən'dʒestɪd] *adj roads* encombré

con•ges•tion [kən'dʒestʃn] *on roads* encombrement *m*; *in chest* congestion *f*; *traffic congestion* embouteillage *m*

con•grat•u•late [kən'grætʊleɪt] *v/t* féliciter (**on** pour)

con•grat•u•la•tions [kəngrætʊ'leɪʃnz] *npl* félicitations *fpl*; *congratulations on …* félicitations pour …

con•grat•u•la•to•ry [kəngrætʊ'leɪtərɪ] *adj* de félicitations

con•gre•gate ['kɑːŋgrɪgeɪt] *v/i* (*gather*) se rassembler

con•gre•ga•tion [kɑːŋgrɪ'geɪʃn] *people in*

a church assemblée *f*

con•gress ['kɑːŋgres] (*conference*) congrès *m*; *Congress in US* le Congrès

Con•gres•sion•al [kən'greʃnl] *adj* du Congrès

Con•gress•man ['kɑːŋgresmən] membre *m* du Congrès

'Con•gress•wom•an membre *m* du Congrès

co•ni•fer ['kɑːnɪfər] conifère *m*

con•jec•ture [kən'dʒektʃər] *n* (*speculation*) conjecture *f*, hypothèse *f*

con•ju•gate ['kɑːndʒʊgeɪt] *v/t* GRAM conjuguer

con•junc•tion [kən'dʒʌŋkʃn] GRAM conjonction *f*; *in conjunction with* conjointement avec

con•junc•ti•vi•tis [kəndʒʌŋktɪ'vaɪtɪs] conjonctivite *f*

◆ **con•jure up** ['kʌndʒər] *v/t* (*produce*) faire apparaître (comme par magie); (*evoke*) évoquer

con•jur•er, con•jur•or ['kʌndʒərər] (*magician*) prestidigitateur *m*

con•jur•ing tricks ['kʌndʒərɪŋ] *npl* tours *mpl* de prestidigitation

con man ['kɑːnmæn] F escroc *m*, arnaqueur *m* F

con•nect [kə'nekt] *v/t* (*join*) raccorder, relier; TELEC passer; (*link*) associer; *to power supply* brancher; *I'll connect you with …* TELEC je vous passe …; *the two events are not connected* il n'y a aucun rapport entre les deux événements

con•nect•ed [kə'nektɪd] *adj*: *be well--connected* avoir des relations; *be connected with* être lié à; *in family* être apparenté à

con•nect•ing flight [kə'nektɪŋ] (*vol m de*) correspondance *f*

con•nec•tion [kə'nekʃn] *in wiring* branchement *m*, connexion *f*; *causal etc* rapport *m*; *when traveling* correspondance *f*; (*personal contact*) relation *f*; *in connection with* à propos de

con•nois•seur [kɑːnə'sɜːr] connaisseur *m*, connaisseuse *f*

con•quer ['kɑːŋkər] *v/t* conquérir; *fig: fear etc* vaincre

con•quer•or ['kɑːŋkərər] conquérant *m*

con•quest ['kɑːŋkwest] conquête *f*

con•science ['kɑːnʃəns] conscience *f*; *have a guilty conscience* avoir mauvaise conscience; *have sth on one's conscience* avoir qch sur la conscience

con•sci•en•tious [kɑːnʃɪ'enʃəs] *adj* consciencieux*

con•sci•en•tious•ness [kɑːnʃɪ'enʃəsnəs]

conscience f

con•sci•en•tious ob'ject•or objecteur m de conscience

con•scious ['kɑːnʃəs] adj (aware), MED conscient; (deliberate) délibéré; **be conscious of ...** être conscient de ...; **become conscious of ...** se rendre compte de ...

con•scious•ly ['kɑːnʃəslɪ] adv (knowingly) consciemment; (deliberately) délibérément

con•scious•ness ['kɑːnʃəsnɪs] conscience f; **lose / regain consciousness** perdre / reprendre connaissance

con•sec•u•tive [kən'sekjʊtɪv] adj consécutif*

con•sen•sus [kən'sensəs] consensus m

con•sent [kən'sent] **1** n consentement m, accord m **2** v/i consentir (**to** à); **consent to do sth** consentir à faire qch, accepter de faire qch

con•se•quence ['kɑːnsɪkwəns] (result) conséquence f

con•se•quent•ly ['kɑːnsɪkwəntlɪ] adv (therefore) par conséquent

con•ser•va•tion [kɑːnsər'veɪʃn] (preservation) protection f

con•ser•va•tion•ist [kɑːnsər'veɪʃnɪst] écologiste m/f

con•ser•va•tive [kən'sɜːrvətɪv] **1** adj (conventional) conservateur*, conventionnel*; clothes classique; estimate prudent; **Conservative** Br POL conservateur* **2** n Br POL: **Conservative** conservateur(-trice) m(f)

con•ser•va•to•ry [kən'sɜːrvətɔːrɪ] for plants véranda f, serre f; MUS conservatoire m

con•serve ['kɑːnsɜːrv] **1** n (jam) confiture f **2** v/t [kən'sɜːrv] energy économiser; strength ménager

con•sid•er [kən'sɪdər] v/t (regard) considérer; (show regard for) prendre en compte; (think about) penser à; **consider yourself lucky** estime-toi heureux; **it is considered to be ...** c'est censé être ...

con•sid•e•ra•ble [kən'sɪdrəbl] adj considérable

con•sid•e•ra•bly [kən'sɪdrəblɪ] adv considérablement, beaucoup

con•sid•er•ate [kən'sɪdərət] adj attentionné

con•sid•er•ate•ly [kən'sɪdərətlɪ] adv gentiment

con•sid•e•ra•tion [kənsɪdə'reɪʃn] (thought) réflexion f; (factor) facteur m; (thoughtfulness, concern) attention f; **under consideration** à l'étude; **take**

sth into consideration prendre qch en considération

con•sign•ment [kən'saɪnmənt] COMM cargaison f

◆ **con•sist of** [kən'sɪst] v/t consister en, se composer de

con•sis•ten•cy [kən'sɪstənsɪ] (texture) consistance f; (unchangingness) constance f; (logic) cohérence f

con•sis•tent [kən'sɪstənt] adj (unchanging) constant; logically etc cohérent

con•sis•tent•ly [kən'sɪstəntlɪ] adv constamment, invariablement; logically etc de façon cohérente

con•so•la•tion [kɑːnsə'leɪʃn] consolation f

con•sole [kən'soʊl] v/t consoler

con•sol•i•date [kən'sɑːlɪdeɪt] v/t consolider

con•so•nant ['kɑːnsənənt] n GRAM consonne f

con•sor•ti•um [kən'sɔːrtɪəm] consortium m

con•spic•u•ous [kən'spɪkjʊəs] adj voyant; **look conspicuous** se faire remarquer

con•spir•a•cy [kən'spɪrəsɪ] conspiration f, complot m

con•spir•a•tor [kən'spɪrətər] conspirateur(-trice) m(f)

con•spire [kən'spaɪr] v/i conspirer, comploter

con•stant ['kɑːnstənt] adj (continuous) constant, continuel*

con•stant•ly ['kɑːnstəntlɪ] adv constamment, continuellement

con•ster•na•tion [kɑːnstər'neɪʃn] consternation f

con•sti•pat•ed ['kɑːnstɪpeɪtɪd] adj constipé

con•sti•pa•tion [kɑːnstɪ'peɪʃn] constipation f

con•sti•tu•en•cy [kən'stɪtʊənsɪ] Br POL circonscription f (électorale)

con•sti•tu•ent [kən'stɪtʊənt] n (component) composant m; Br POL électeur m (d'une circonscription)

con•sti•tute ['kɑːnstɪtuːt] v/t constituer

con•sti•tu•tion [kɑːnstɪ'tuːʃn] POL, of person constitution f

con•sti•tu•tion•al [kɑːnstɪ'tuːʃənl] adj POL constitutionnel*

con•straint [kən'streɪnt] (restriction) contrainte f

con•struct [kən'strʌkt] v/t building etc construire

con•struc•tion [kən'strʌkʃn] construction f; (trade) bâtiment m; **under construction** en construction

con•struc•tion in•dus•try industrie f du bâtiment

con•struc•tion site chantier m (de construction)

con•struc•tion work•er ouvrier m du bâtiment

con•struc•tive [kənˈstrʌktɪv] adj constructif*

con•sul [ˈkɑːnsl] consul m

con•su•late [ˈkɑːnsʊlət] consulat m

con•sult [kənˈsʌlt] v/t (seek the advice of) consulter

con•sul•tan•cy [kənˈsʌltənsɪ] company cabinet-conseil m; (advice) conseil

con•sul•tant [kənˈsʌltənt] n (adviser) consultant m

con•sul•ta•tion [kɑːnslˈteɪʃn] consultation f

con•sume [kənˈsuːm] v/t consommer

con•sum•er [kənˈsuːmər] consommateur m

con•sum•er con•fi•dence confiance f des consommateurs

con•sum•er goods npl biens mpl de consommation

con•sum•er so•ci•e•ty société f de consommation

con•sump•tion [kənˈsʌmpʃn] consommation f

con•tact [ˈkɑːntækt] 1 n contact m; person also relation f; keep in contact with s.o. rester en contact avec qn 2 v/t contacter

'con•tact lens lentille f de contact

'con•tact num•ber numéro m de téléphone

con•ta•gious [kənˈteɪdʒəs] adj contagieux*; fig also communicatif*

con•tain [kənˈteɪn] v/t (hold), also laughter etc contenir; contain o.s. se contenir

con•tain•er [kənˈteɪnər] récipient m; COMM conteneur m, container m

con'tain•er ship porte-conteneurs m inv

con'tain•er ter•min•al terminal m (de conteneurs)

con•tam•i•nate [kənˈtæmɪneɪt] v/t contaminer

con•tam•i•na•tion [kəntæmɪˈneɪʃn] contamination f

con•tem•plate [ˈkɑːntəmpleɪt] v/t (look at) contempler; (think about) envisager

con•tem•po•ra•ry [kənˈtempərerɪ] 1 adj contemporain 2 n contemporain m; I was a contemporary of his at university il était à l'université en même temps que moi

con•tempt [kənˈtempt] mépris m; be beneath contempt être tout ce qu'il y a de plus méprisable

con•temp•ti•ble [kənˈtemptəbl] adj méprisable

con•temp•tu•ous [kənˈtemptʊəs] adj méprisant

con•tend [kənˈtend] v/i: contend for ... se disputer ...; contend with ... affronter

con•tend•er [kənˈtendər] in sport prétendant m; in competition concurrent m; POL candidat m

con•tent[1] [ˈkɑːntent] n contenu m

con•tent[2] [kənˈtent] 1 adj content, satisfait 2 v/t: content o.s. with ... se contenter de ...

con•tent•ed [kənˈtentɪd] adj satisfait

con•ten•tion [kənˈtenʃn] (assertion) affirmation f; be in contention for ... être en compétition pour ...

con•ten•tious [kənˈtenʃəs] adj controversé

con•tent•ment [kənˈtentmənt] contentement m

con•tents [ˈkɑːntents] npl of house, letter, bag etc contenu m

con•test[1] [ˈkɑːntest] n (competition) concours m; in sport compétition f; (struggle for power) lutte f

con•test[2] [kənˈtest] v/t leadership etc disputer; (oppose) contester; contest an election se présenter à une élection

con•test•ant [kənˈtestənt] concurrent m

con•text [ˈkɑːntekst] contexte m; look at sth in context / out of context regarder qch dans son contexte / hors contexte

con•ti•nent [ˈkɑːntɪnənt] n continent m; the continent Br l'Europe f continentale

con•ti•nen•tal [kɑːntɪˈnentl] adj continental

con•ti•nen•tal 'break•fast Br petit-déjeuner m continental

con•tin•gen•cy [kənˈtɪndʒənsɪ] éventualité f

con'tin•gen•cy plan plan m d'urgence

con•tin•u•al [kənˈtɪnʊəl] adj continuel*

con•tin•u•al•ly [kənˈtɪnʊəlɪ] adv continuellement

con•tin•u•a•tion [kəntɪnʊˈeɪʃn] continuation f; of story, book suite f

con•tin•ue [kənˈtɪnjuː] 1 v/t continuer; continue to do sth, continue doing sth continuer à faire qch; to be continued à suivre 2 v/i continuer

con•ti•nu•i•ty [kɑːntɪˈnuːətɪ] continuité f

con•tin•u•ous [kənˈtɪnjuːəs] adj continu, continuel*

con•tin•u•ous•ly [kənˈtɪnjuːəslɪ] adv continuellement, sans interruption

con•tort [kənˈtɔːrt] v/t face tordre; contort one's body se contorsionner

con•tour [ˈkɑːntʊr] contour m

con•tra•cep•tion [kɑːntrə'sepʃn] contra-ception f

con•tra•cep•tive [kɑːntrə'septɪv] n con-traceptif m

con•tract¹ ['kɑːntrækt] n contrat m

con•tract² [kən'trækt] 1 v/i (shrink) se contracter 2 v/t illness contracter

con•trac•tor [kən'træktər] entrepreneur m

con•trac•tu•al [kən'træktʊəl] adj contrac-tuel*

con•tra•dict [kɑːntrə'dɪkt] v/t contredire

con•tra•dic•tion [kɑːntrə'dɪkʃn] contra-diction f

con•tra•dic•to•ry [kɑːntrə'dɪktərɪ] adj ac-count contradictoire

con•trap•tion [kən'træpʃn] F truc m F, machin m F

con•tra•ry¹ ['kɑːntrərɪ] 1 adj contraire; contrary to ... contrairement à ... 2 n : on the contrary au contraire

con•tra•ry² [kən'trerɪ] adj (perverse) con-trariant

con•trast ['kɑːntræst] 1 n contraste m 2 v/t [kən'træst] mettre en contraste 3 v/i opposer, contraster

con•trast•ing [kən'træstɪŋ] adj contras-tant; personalities, views contrastés

con•tra•vene [kɑːntrə'viːn] v/t enfreindre

con•trib•ute [kən'trɪbjuːt] 1 v/i with mon-ey, material contribuer (to à); to maga-zine, paper collaborer (to à) 2 v/t money, suggestion donner, apporter

con•tri•bu•tion [kɑːntrɪ'bjuːʃn] money, to debate contribution f, participation f; to political party, church don m; to magazine article m; poème m

con•trib•u•tor [kən'trɪbjutər] of money donateur m; to magazine collabora-teur(-trice) m(f)

con•trive [kən'traɪv] v/t: contrive to do sth réussir à faire qch

con•trol [kən'troul] 1 n contrôle m; lose control of ... perdre le contrôle de ...; lose control of o.s. perdre son sang-froid; circumstances beyond our con-trol circonstances fpl indépendantes de notre volonté; be in control of sth con-trôler qch; get out of control devenir in-contrôlable; the situation is under con-trol nous avons la situation bien en main; bring a blaze under control maîtriser un incendie; controls of aircraft, vehicle commandes fpl; (restrictions) contrôle m 2 v/t (dominate) contrôler; company diriger; control o.s. se contrôler

con'trol cen•ter, Br con'trol cen•tre cen-tre m de contrôle

con'trol freak F personne qui veut tout contrôler

con'trolled 'sub•stance [kən'trould] substance f illégale

con•trol•ling 'in•ter•est [kən'troulɪŋ] FIN participation f majoritaire

con'trol pan•el tableau m de contrôle

con'trol tow•er tour f de contrôle

con•tro•ver•sial [kɑːntrə'vɜːrʃl] adj con-troversé

con•tro•ver•sy ['kɑːntrəvɜːrsɪ] contro-verse f

con•va•lesce [kɑːnvə'les] v/i être en con-valescence

con•va•les•cence [kɑːnvə'lesns] conva-lescence f

con•vene [kən'viːn] v/t convoquer, orga-niser

con•ve•ni•ence [kən'viːnɪəns] of having sth, location commodité f; at your / my convenience à votre / ma convenance; (with) all (modern) conveniences tout confort

con•ve•ni•ence food plats mpl cuisinés

con•ve•ni•ence store magasin m de proximité

con•ve•ni•ent [kən'viːnɪənt] adj commo-de, pratique

con•ve•ni•ent•ly [kən'viːnɪəntlɪ] adv de façon pratique; conveniently located bien situé

con•vent ['kɑːnvənt] couvent m

con•ven•tion [kən'venʃn] (tradition) conventions fpl; (conference) convention f, congrès m; it's a convention that ... traditionnellement ...

con•ven•tion•al [kən'venʃnl] adj conven-tionnel*; person conformiste

con•ven•tion cen•ter palais m des con-grès

con•ven•tion•eer [kənvenʃ'nɪr] congres-siste m/f

◆ con•verge on [kən'vɜːrdʒ] v/t conver-ger vers / sur

con•ver•sant [kən'vɜːrsənt] adj: be con-versant with sth connaître qch, s'y con-naître en qch

con•ver•sa•tion [kɑːnvər'seɪʃn] conver-sation f

con•ver•sa•tion•al [kɑːnvər'seɪʃnl] adj de conversation; a course in conversa-tional Japanese un cours de conversa-tion japonaise

con•verse ['kɑːnvɜːrs] n (opposite) con-traire m, opposé m

con•verse•ly [kən'vɜːrslɪ] adv inverse-ment

con•ver•sion [kən'vɜːrʃn] conversion f; of building aménagement m, transfor-mation f

con•ver•sion ta•ble table *f* de conversion
con•vert 1 *n* ['kɑːnvɜːrt] converti *m* 2 *v/t* [kən'vɜːrt] convertir; (*transmit*) aménager, transformer 3 *v/i* [kən'vɜːrt]: **convert to** se convertir à
con•ver•ti•ble [kən'vɜːrtəbl] *n car* (voiture *f*) décapotable *f*
con•vey [kən'veɪ] *v/t* (*transmit*) transmettre, communiquer; (*carry*) transporter
con•vey•or belt [kən'veɪər] convoyeur *m*, tapis *m* roulant
con•vict 1 *n* ['kɑːnvɪkt] détenu *m* 2 *v/t* [kən'vɪkt] LAW déclarer coupable; **convict s.o. of sth** déclarer or reconnaître qn coupable de qch
con•vic•tion [kən'vɪkʃn] LAW condamnation *f*; (*belief*) conviction *f*
con•vince [kən'vɪns] *v/t* convaincre, persuader
con•vinc•ing [kən'vɪnsɪŋ] *adj* convaincant
con•viv•i•al [kən'vɪvɪəl] *adj* (*friendly*) convivial
con•voy ['kɑːnvɔɪ] *of ships, vehicles* convoi *m*
con•vul•sion [kən'vʌlʃn] MED convulsion *f*
cook [kʊk] 1 *n* cuisinier(-ière) *m(f)* 2 *v/t meal* préparer; *food* faire cuire; **a cooked meal** un repas chaud; **cook the books** F truquer les comptes 3 *v/i* faire la cuisine, cuisiner; *of food* cuire
'cook•book livre *m* de cuisine
cook•e•ry ['kʊkərɪ] cuisine *f*
cook•ie ['kʊkɪ] cookie *m*; **she's a smart cookie** F c'est une petite maline F
cook•ing ['kʊkɪŋ] (*food*) cuisine *f*
cool [kuːl] 1 *n* F: **keep one's cool** garder son sang-froid; **lose one's cool** F perdre son sang-froid 2 *adj weather, breeze, drink* frais*; *dress* léger*; (*calm*) calme; (*unfriendly*) froid 3 *v/i of food* refroidir; *of tempers* se calmer; *of interest* diminuer 4 *v/t* F: **cool it** on se calme F
◆ **cool down** 1 *v/i* refroidir; *of weather* se rafraîchir; *fig: of tempers* se calmer 2 *v/t food* faire refroidir; *fig* calmer
cool•ing 'off pe•ri•od délai *m* de réflexion
co•op•e•rate [koʊ'ɑːpəreɪt] *v/i* coopérer, collaborer
co•op•e•ra•tion [koʊɑːpə'reɪʃn] coopération *f*
co•op•e•ra•tive [koʊ'ɑːpərətɪv] 1 *n* COMM coopérative *f* 2 *adj* coopératif*
co•or•di•nate [koʊ'ɔːrdɪneɪt] *v/t* coordonner
co•or•di•na•tion [koʊɔːrdɪ'neɪʃn] coordination *f*

cop [kɑːp] *n* F flic *m* F
cope [koʊp] *v/i* se débrouiller; **cope with ...** faire face à ...; (*deal with*) s'occuper de ...
cop•i•er ['kɑːpɪər] *machine* photocopieuse *f*
co•pi•ous ['koʊpɪəs] *adj* copieux*; *notes* abondant
cop•per ['kɑːpər] *n metal* cuivre *m*
cop•y ['kɑːpɪ] 1 *n* copie *f*; (*duplicate, imitation also*) reproduction *f*; *of key* double *m*; *of book* exemplaire *m*; **advertising copy** texte *m* publicitaire; **make a copy of a file** COMPUT faire une copie d'un fichier 2 *v/t* (*pret & pp -ied*) copier; (*imitate also*) imiter; (*photocopy*) photocopier
'cop•y cat F copieur(-euse) *m(f)*
'cop•y•cat 'crime crime inspiré par un autre
'cop•y•right *n* copyright *m*, droit *m* d'auteur
'cop•y•writ•er *in advertising* rédacteur (-trice) *m(f)* publicitaire
cor•al ['kɑːrəl] corail *m*
cord [kɔːrd] (*string*) corde *f*; (*cable*) fil *m*, cordon *m*
cor•di•al ['kɔːrdʒəl] *adj* cordial
cord•less phone ['kɔːrdlɪs] téléphone *m* sans fil
cor•don ['kɔːrdn] cordon *m*
◆ **cordon off** *v/t* boucler; *street* barrer
cords [kɔːrdz] *npl pants* pantalon *m* en velours (côtelé)
cor•du•roy ['kɔːrdərɔɪ] velours *m* côtelé
core [kɔːr] 1 *n of fruit* trognon *m*, cœur *m*; *of problem* cœur *m*; *of organization, party* noyau *m* 2 *v/t fruit* évider 3 *adj issue, meaning* fondamental, principal
cork [kɔːrk] *in bottle* bouchon *m*; *material* liège *m*
'cork•screw *n* tire-bouchon *m*
corn [kɔːrn] *grain* maïs *m*
cor•ner ['kɔːrnər] 1 *n of* coin *m*; *of room, street also* angle *m*; (*bend: in road*) virage *m*, tournant *m*; *in soccer* corner *m*; **in the corner** dans le coin; **on the corner of** *street* au coin, à l'angle 2 *v/t person* coincer F; **corner the market** accaparer le marché 3 *v/i of driver, car* prendre le / les virage(s)
'cor•ner kick *in soccer* corner *m*
'corn•flakes *npl* corn-flakes *mpl*, pétales *fpl* de maïs
'corn•starch fécule *f* de maïs, maïzena *f*
corn•y ['kɔːrnɪ] *adj* F (*trite*) éculé, banal (à mourir); (*sentimental*) à l'eau de rose
cor•o•na•ry ['kɑːrənərɪ] 1 *adj* coronaire 2

C

n infarctus *m* (du myocarde)

cor•o•ner ['kɒrənər] coroner *m*

cor•po•ral ['kɔːrpərəl] *n* caporal *m*

cor•po•ral 'pun•ish•ment châtiment *m* corporel

cor•po•rate ['kɔːrpərət] *adj* COMM d'entreprise, des sociétés; **corporate image** image *f* de marque de l'entreprise

cor•po•ra•tion [kɔːrpə'reɪʃn] (*business*) société *f*, entreprise *f*

corps [kɔːr] corps *m*

corpse [kɔːrps] cadavre *m*, corps *m*

cor•pu•lent ['kɔːrpjulənt] *adj* corpulent

cor•pus•cle ['kɔːrpʌsl] globule *m*

cor•ral [kə'ræl] *n* corral *m*

cor•rect [kə'rekt] **1** *adj* correct; **the correct answer** la bonne réponse; **that's correct** c'est exact **2** *v/t* corriger

cor•rec•tion [kə'rekʃn] correction *f*

cor•rect•ly [kə'rektlɪ] *adv* correctement

cor•re•spond [kɑːrɪ'spɑːnd] *v/i* correspondre (**to** à)

cor•re•spon•dence [kɑːrɪ'spɑːndəns] correspondance *f*

cor•re•spon•dent [kɑːrɪ'spɑːndənt] correspondant(e) *m(f)*

cor•re•spon•ding [kɑːrɪ'spɑːndɪŋ] *adj* (*equivalent*) correspondant; **in the corresponding period last year** à la même période l'année dernière

cor•ri•dor ['kɔːrɪdər] *in building* couloir *m*

cor•rob•o•rate [kə'rɑːbəreɪt] *v/t* corroborer

cor•rode [kə'roud] **1** *v/t* corroder **2** *v/i* désagréger; *of battery* couler

cor•ro•sion [kə'rouʒn] corrosion *f*

cor•ru•gat•ed 'card•board ['kɑːrəgeɪtɪd] carton *m* ondulé

cor•ru•gat•ed 'i•ron tôle *f* ondulée

cor•rupt [kə'rʌpt] **1** *adj* also COMPUT corrompu; *morals, youth* dépravé **2** *v/t* corrompre

cor•rup•tion [kə'rʌpʃn] corruption *f*

Cor•si•ca ['kɔːrsɪkə] Corse *f*

Cor•si•can ['kɔːrsɪkən] **1** *adj* corse **2** *n* Corse *m/f*

cos•met•ic [kɑːz'metɪk] *adj* cosmétique; *fig* esthétique

cos•met•ics [kɑːz'metɪks] *npl* cosmétiques *mpl*, produits *mpl* de beauté

cos•met•ic 'sur•geon chirurgien(ne) *m(f)* esthétique

cos•met•ic 'sur•ger•y chirurgie *f* esthétique

cos•mo•naut ['kɑːzmənɔːt] cosmonaute *m/f*

cos•mo•pol•i•tan [kɑːzmə'pɑːlɪtən] *adj city* cosmopolite

cost¹ [kɑːst] **1** *n also fig* coût *m*; **at all costs** à tout prix; **to my cost** à mes dépens **2** *v/t* (*pret & pp* **cost**) coûter; **how much does it cost?** combien est-ce que cela coûte?, combien ça coûte?; **it cost me my health** j'en ai perdu la santé; **it cost him his life** cela lui a coûté la vie

cost² [kɑːst] *v/t* (*pret & pp* **-ed**) FIN *proposal, project* évaluer le coût de

cost and 'freight COMM coût et fret

'cost-con•scious économe

'cost-ef•fec•tive *adj* rentable

'cost, insurance and freight COMM CAF, coût, assurance, fret

cost•ly ['kɑːstlɪ] *adv mistake* coûteux

cost of 'liv•ing coût *m* de la vie

'cost price prix *m* coûtant

cos•tume ['kɑːstuːm] *for actor* costume *m*

cos•tume 'jew•el•ry bijoux *mpl* fantaisie

cot [kɑːt] (*camp-bed*) lit *m* de camp; *Br: for child* lit *m* d'enfant

cot•tage ['kɑːtɪdʒ] cottage *m*

'cot•tage cheese cottage *m*

cot•ton ['kɑːtn] **1** *n* coton *m* **2** *adj* en coton

◆ **cotton on** *v/i* F piger F

◆ **cotton on to** *v/i* F piger F

◆ **cotton to** *v/t* F accrocher avec

cot•ton 'can•dy barbe *f* à papa

cot•ton 'wool *Br* coton *m* hydrophile, ouate *f*

couch [kautʃ] *n* canapé *m*

cou•chette [kuː'ʃet] couchette *f*

'couch po•ta•to F téléphage *m/f*

cough [kɑːf] **1** *n* toux *f* **2** *v/i* tousser

◆ **cough up 1** *v/t also money* cracher **2** *v/i* F (*pay*) banquer F

'cough med•i•cine, 'cough syr•up sirop *m* contre la toux

could [kud] *pret* → **can**; **could I have my key?** pourrais-je avoir ma clef (s'il vous plaît)?; **could you help me?** pourrais-tu m'aider?; **this could be our bus** ça pourrait être notre bus; **you could be right** vous avez peut-être raison; **he could have got lost** il s'est peut-être perdu; **you could have warned me!** tu aurais pu me prévenir!

coun•cil ['kaunsl] (*assembly*) conseil *m*, assemblée *f*

'coun•cil•man conseiller *m* municipal

coun•cil•or ['kaunsələr] conseiller *m*

coun•sel ['kaunsl] **1** *n* (*advice*) conseil *m*; (*lawyer*) avocat *m* **2** *v/t* conseiller

coun•sel•ing ['kaunslɪŋ] aide *f* (psychologique)

coun•sel•or, *Br* **coun•sel•lor** ['kaunslər] (*adviser*) conseiller *m*; LAW maître *m*

count¹ [kaunt] **1** *n* compte *m*; **keep count**

of compter; *lose count of* ne plus compter; *I've lost count of the number we've sold* je ne sais plus combien nous en avons vendu; *at the last count* au dernier décompte **2** *v/i (also: matter)* compter; *that doesn't count* ça ne compte pas **3** *v/t* compter

◆ **count on** *v/t* compter sur

count² [kaunt] *nobleman* comte *m*

'count•down compte *m* à rebours

coun•te•nance ['kauntənəns] *v/t* approuver

coun•ter¹ ['kauntər] *in shop, café* comptoir *m*; *in game* pion *m*

coun•ter² ['kauntər] **1** *v/i (retaliate)* riposter, contre-attaquer **2** *v/i* contrer

coun•ter³ ['kauntər] *adv*: *run counter to* aller à l'encontre de

'coun•ter•act *v/t* neutraliser, contrecarrer

coun•ter•at•tack 1 *n* contre-attaque *f* **2** *v/i* contre-attaquer

'coun•ter•bal•ance 1 *n* contrepoids *m* **2** *v/t* contrebalancer, compenser

coun•ter'clock•wise *adv* dans le sens inverse des aiguilles d'une montre

coun•ter•es•pi•o•nage contre-espionnage *m*

coun•ter•feit ['kauntərfɪt] **1** *v/t* contrefaire **2** *adj* faux*

'coun•ter•part *person* homologue *m/f*

coun•ter•pro'duc•tive *adj* contre-productif*

'coun•ter•sign *v/t* contresigner

coun•tess ['kauntes] comtesse *f*

count•less ['kauntlɪs] *adj* innombrable

coun•try ['kʌntrɪ] *n nation* pays *m*; *as opposed to town* campagne *f*; *in the country* à la campagne

coun•try and 'west•ern MUS (musique *f*) country *f*

'coun•try•man *(fellow countryman)* compatriote *m*

'coun•try•side campagne *f*

coun•ty ['kauntɪ] comté *m*

coup [kuː] POL coup *m* d'État; *fig* beau coup *m*

cou•ple ['kʌpl] *n (two people)* couple *m*; *just a couple* juste deux ou trois; *a couple of (a pair)* deux; *(a few)* quelques

cou•pon ['kuːpɑːn] *(form)* coupon-réponse *m*; *(voucher)* bon *m* (de réduction)

cour•age ['kʌrɪdʒ] courage *m*

cou•ra•geous [kəˈreɪdʒəs] *adj* courageux*

cou•ri•er ['kʊrɪər] *(messenger)* coursier *m*; *with tourist party* guide *m/f*

course [kɔːrs] *n (of lessons)* cours *m(pl)*; *(part of meal)* plat *m*; *of ship, plane* route *f*; *for sports event* piste *f*; *for golf* terrain

m; *of course* bien sûr, évidemment; *of course not* bien sûr que non; *course of action* ligne *f* de conduite; *course of treatment* traitement *m*; *in the course of …* au cours de …

court [kɔːrt] *n* LAW tribunal *m*, cour *f*; SP *for tennis* court *m*; *for basketball* terrain *m*; *take s.o. to court* faire un procès à qn

'court case affaire *f*, procès *m*

cour•te•ous ['kɜːrtɪəs] *adj* courtois

cour•te•sy ['kɜːrtəsɪ] courtoisie *f*

'court•house palais *m* de justice, tribunal *m*

court 'mar•tial 1 *n* cour *m* martiale **2** *v/t* faire passer en cour martiale

'court or•der ordonnance *f* du tribunal

'court•room salle *f* d'audience

'court•yard cour *f*

cous•in ['kʌzn] cousin(e) *m(f)*

cove [kouv] *(small bay)* crique *f*

cov•er ['kʌvər] **1** *n protective* housse *f*; *of book, magazine, bed* couverture *f*; *for bed* couverture *f*; *(shelter)* abri *m*; *(insurance)* couverture *f*, assurance *f* **2** *v/t* couvrir

◆ **cover up 1** *v/t* couvrir; *crime, scandal* dissimuler **2** *v/i fig* cacher la vérité; *cover up for s.o.* couvrir qn

cov•er•age ['kʌvərɪdʒ] *by media* couverture *f* (médiatique)

cov•er•ing let•ter ['kʌvərɪŋ] lettre *f* d'accompagnement

cov•ert ['kouvərt] *adj* secret*, clandestin

'cov•er-up black-out *m inv*; *there has been a police cover-up* la police a étouffé l'affaire

cow [kau] vache *f*

cow•ard ['kauərd] lâche *m/f*

cow•ard•ice ['kauərdɪs] lâcheté *f*

cow•ard•ly ['kauərdlɪ] *adj* lâche

'cow•boy cow-boy *m*

cow•er ['kauər] *v/i* se recroqueviller

coy [kɔɪ] *adj (evasive)* évasif*; *(flirtatious)* coquin

co•zy ['kouzɪ] *adj* confortable, douillet*

CPU [siːpiːˈjuː] *abbr (= central processing unit)* CPU *m*, unité *f* centrale

crab [kræb] *n* crabe *m*

crack [kræk] **1** *n* fissure *f*; *in cup, glass* fêlure *f*; *(joke)* vanne *f* F, *(mauvaise)* blague *f* F **2** *v/t cup, glass* fêler; *nut* casser; *(solve)* résoudre; *code* décrypter; *crack a joke* sortir une blague F **3** *v/i* se fêler; *get cracking Br* F s'y mettre

◆ **crack down on** *v/t* sévir contre

◆ **crack up** *v/i (have breakdown)* craquer; F *(laugh)* exploser de rire F

crack•brained ['krækbreɪnd] *adj* F *(complètement)* dingue F

C

'**crack•down** mesures *fpl* de répression (**on** contre)

cracked [krækt] *adj* cup, glass fêlé; dingue F

crack•er ['krækər] *to eat* cracker *m*, biscuit *m* salé

crack•le ['krækl] *v/i* of fire crépiter

cra•dle ['kreɪdl] *n* for baby berceau *m*

craft[1] [kræft] NAUT embarcation *f*

craft[2] (trade) métier *m*; weaving, pottery etc artisanat *m*; (craftsmanship) art *m*; **crafts** at school travaux *mpl* manuels

crafts•man ['kræftsmən] (artisan) artisan *m*; (artist) artiste *m/f*

craft•y ['kræftɪ] *adj* malin*, rusé

crag [kræg] (rock) rocher *m* escarpé

cram [kræm] *v/t* fourrer F; food enfourner; people entasser

cramp [kræmp] *n* crampe *f*

cramped [kræmpt] *adj* apartment exigu*

cramps [kræmps] *npl* crampe *f*

cran•ber•ry ['krænberɪ] canneberge *f*

crane [kreɪn] **1** *n* (machine) grue *f* **2** *v/t*: **crane one's neck** tendre le cou

crank [kræŋk] *n* (strange person) allumé *m*

'**crank•shaft** vilebrequin *m*

crank•y ['kræŋkɪ] *adj* (bad-tempered) grognon*

crash [kræʃ] **1** *n* (noise) fracas *m*, grand bruit *m*; accident accident *m*; COMM faillite *f*; of stock exchange krach *m*; COMPUT plantage *m* F **2** *v/i* s'écraser; of car avoir un accident; COMM: of market s'effondrer; COMPUT se planter F; (sleep) pioncer F; **the car crashed into a wall** la voiture a percuté un mur **3** *v/t* car avoir un accident avec

◆ **crash out** *v/i* F (fall asleep) pioncer F

'**crash bar•ri•er** glissière *f* de sécurité

'**crash course** cours *m* intensif

'**crash di•et** régime *m* intensif

'**crash hel•met** casque *m*

'**crash-land** *v/i* atterrir en catastrophe

'**crash land•ing** atterrissage *m* forcé

crate [kreɪt] (packing case) caisse; for fruit cageot *m*

cra•ter ['kreɪtər] of volcano cratère *m*

crave [kreɪv] *v/t* avoir très envie de; **this child craves attention** cet enfant a grand besoin d'affection

crav•ing ['kreɪvɪŋ] envie *f* (irrépressible); **a craving for attention** un (grand) besoin d'attention; **a craving for fame** la soif de gloire

crawl [krɔːl] **1** *n* in swimming crawl *m*; **at a crawl** (very slowly) au pas **2** *v/i* on belly ramper; on hands and knees marcher à quatre pattes; (move slowly) se traîner

◆ **crawl with** *v/t* grouiller de

cray•on ['kreɪɑːn] *n* crayon *m* de couleur

craze [kreɪz] engouement *m*; **the latest craze** la dernière mode

cra•zy ['kreɪzɪ] *adj* fou*; **be crazy about** être fou de

creak [kriːk] **1** *n* craquement *m*, grincement *m* **2** *v/i* craquer, grincer

creak•y ['kriːkɪ] *adj* qui craque, grinçant

cream [kriːm] *n* for skin, coffee, cake crème *f*; color crème *m* **2** *adj* crème *inv*

cream 'cheese fromage *m* à tartiner

cream•er ['kriːmər] (pitcher) pot *m* à crème; for coffee crème *m* en poudre

cream•y ['kriːmɪ] *adj* with lots of cream crémeux*

crease [kriːs] **1** *n* pli *m* **2** *v/t* accidentally froisser

cre•ate [kriː'eɪt] **1** *v/t* créer; (cause) provoquer **2** *v/i* (be creative) créer

cre•a•tion [kriː'eɪʃn] création *f*

cre•a•tive [kriː'eɪtɪv] *adj* créatif*

cre•a•tor [kriː'eɪtər] créateur(-trice) *m(f)*; **the Creator** REL le Créateur

crea•ture ['kriːtʃər] (animal) animal *m*; (person) créature *f*

crèche [kreʃ] for kids, REL crèche *f*

cred•i•bil•i•ty [kredə'bɪlətɪ] of person crédibilité *f*

cred•i•ble ['kredəbl] *adj* crédible

cred•it ['kredɪt] **1** *n* crédit *m*; (honor) honneur *m*, mérite *m*; **be in credit** être créditeur; **get the credit for sth** se voir attribuer le mérite de qch **2** *v/t* (believe) croire; **credit an amount to an account** créditer un compte d'une somme

cred•it•a•ble ['kredɪtəbl] *adj* honorable

'**cred•it card** carte *f* de crédit

'**cred•it lim•it** limite *f* de crédit

cred•i•tor ['kredɪtər] créancier *m*

cred•it•wor•thy *adj* solvable

cred•u•lous ['kredjələs] *adj* crédule

creed [kriːd] (beliefs) credo *m inv*

creek [kriːk] (stream) ruisseau *m*

creep [kriːp] **1** *n pej* sale type *m* F **2** *v/i* (pret & pp **crept**) se glisser (en silence); (move slowly) avancer lentement; **creep into a room** entrer dans une pièce sans faire de bruit

creep•er ['kriːpər] BOT creeping plante *f* rampante; climbing plante *f* grimpante

creeps [kriːps] *npl* F: **the house/he gives me the creeps** la maison / il me donne la chair de poule

creep•y ['kriːpɪ] *adj* F flippant F

cre•mate [krɪ'meɪt] *v/t* incinérer

cre•ma•tion [krɪ'meɪʃn] incinération *f*, crémation *f*

cre•ma•to•ri•um [kremə'tɔːrɪəm] crématorium *m*

crept [krept] *pret & pp* → *creep*

cres•cent ['kresənt] *shape* croissant *m*

crest [krest] crête *f*

'crest•fal•len *adj* dépité

crev•ice ['krevɪs] fissure *f*

crew [kruː] *n of ship, airplane* équipage *m*; *of repairmen etc* équipe *f*; *(crowd, group)* bande *f*

'crew cut cheveux *mpl* en brosse

'crew neck col *m* rond

crib [krɪb] *n for baby* lit *m* d'enfant

crick [krɪk]: **crick in the neck** torticolis *m*

crick•et ['krɪkɪt] *insect* grillon *m*

crime [kraɪm] *also fig* crime *m*; **crime rate** taux *m* de criminalité

crim•i•nal ['krɪmɪnl] **1** *n* criminel *m* **2** *adj* criminel*; *(shameful)* honteux*

crim•son ['krɪmzn] *adj* cramoisi

cringe [krɪndʒ] *v/i* tressaillir, frémir

crip•ple ['krɪpl] **1** *n (disabled person)* handicapé(e) *m(f)* **2** *v/t person* estropier; *fig* paralyser

cri•sis ['kraɪsɪs] (*pl* **crises** ['kraɪsiːz]) crise *f*

crisp [krɪsp] *adj air, weather* vivifiant; *lettuce, apple* croquant; *bacon, toast* croustillant; *new shirt, bills* raide

crisps [krɪsps] *Br* chips *fpl*

cri•te•ri•on [kraɪˈtɪrɪən] (*pl* **criteria** [kraɪˈtɪrɪə]) critère *m*

crit•ic ['krɪtɪk] critique *m*

crit•i•cal ['krɪtɪkl] *adj* critique

crit•i•cal•ly ['krɪtɪklɪ] *adv speak etc* en critiquant, sévèrement; **critically ill** gravement malade

crit•i•cism ['krɪtɪsɪzm] critique *f*

crit•i•cize ['krɪtɪsaɪz] *v/t* critiquer

croak [krouk] **1** *n of frog* coassement *m*; *of person* voix *f* rauque **2** *v/i of frog* coasser; *of person* parler d'une voix rauque

crock•e•ry ['krɑːkərɪ] vaisselle *f*

croc•o•dile ['krɑːkədaɪl] crocodile *m*

cro•cus ['kroukəs] crocus *m*

cro•ny ['krounɪ] *F* pote *m* F, copain *m*

crook [kruk] *n* escroc *m*

crook•ed ['krukɪd] *adj (not straight)* de travers; *streets* tortueux*; *(dishonest)* malhonnête

crop [krɑːp] **1** *n* culture *f*; *(harvest)* récolte *f*; *fig* fournée *f* **2** *v/t (pret & pp* **-ped**) *hair, photo* couper

◆ **crop up** *v/i* surgir; **something has cropped up** il y a un contretemps

cross [krɑːs] **1** *adj (angry)* fâché, en colère **2** *n* croix *f* **3** *v/t (go across)* traverser; **cross o.s.** REL se signer; **cross one's legs** croiser les jambes; **keep one's fingers crossed** croiser les doigts; **it never crossed my mind** ça ne m'est jamais venu à l'esprit **4** *v/i (go across)* traverser; *of lines* se croiser

◆ **cross off, cross out** *v/t* rayer

'cross•bar *of goal* barre *f* transversale; *of bicycle, in high jump* barre *f*

'cross-check **1** *n* recoupement *m* **2** *v/t* vérifier par recoupement

cross-coun•try 'skiing ski *m* de fond

cross-ex•am•i'na•tion LAW contre-interrogatoire *m*

cross-ex'am•ine *v/t* LAW faire subir un contre-interrogatoire à

cross-eyed ['krɑːsaɪd] *adj* qui louche

cross•ing ['krɑːsɪŋ] NAUT traversée *f*

'cross•roads *nsg or npl also fig* carrefour *m*

'cross-sec•tion *of people* échantillon *m*

'cross•walk passage *m* (pour) piétons

'cross•word (puz•zle) mots *mpl* croisés

crotch [krɑːtʃ] entrejambe *m*

crouch [krautʃ] *v/i* s'accroupir

crow [krou] *n bird* corbeau *m*; **as the crow flies** à vol d'oiseau

'crow•bar pied-de-biche *m*

crowd [kraud] *n* foule *f*; *at sports event* public *m*

crowd•ed ['kraudɪd] *adj* bondé, plein (de monde)

crown [kraun] *n also on tooth* couronne *f*

cru•cial ['kruːʃl] *adj* crucial

cru•ci•fix ['kruːsɪfɪks] crucifix *m*

cru•ci•fix•ion [kruːsɪˈfɪkʃn] crucifiement *m*; *of Christ* crucifixion *f*

cru•ci•fy ['kruːsɪfaɪ] *v/t (pret & pp* **-ied**) REL crucifier; *fig* assassiner

crude [kruːd] **1** *adj (vulgar)* grossier*; *(unsophisticated)* rudimentaire **2** *n*: **crude (oil)** pétrole *m* brut

crude•ly ['kruːdlɪ] *adv speak, made* grossièrement

cru•el ['kruːəl] *adj* cruel*

cru•el•ty ['kruːəltɪ] cruauté *f*

cruise [kruːz] **1** *n* croisière *f* **2** *v/i of people* faire une croisière; *of car* rouler (à une vitesse de croisière); *of plane* voler (à une vitesse de croisière)

'cruise lin•er paquebot *m* (de croisière)

'cruise mis•sile missile *m* de croisière

cruis•ing speed ['kruːzɪŋ] *also fig* vitesse *f* de croisière

crumb [krʌm] miette *f*

crum•ble ['krʌmbl] **1** *v/t* émietter **2** *v/i of bread* s'émietter; *of stonework* s'effriter; *fig: of opposition etc* s'effondrer

crum•bly ['krʌmblɪ] *adj* friable

crum•ple ['krʌmpl] **1** *v/t (crease)* froisser **2** *v/i (collapse)* s'écrouler

crunch [krʌntʃ] **1** *n* F: **when it comes to the crunch** au moment crucial **2** *v/i of* snow, gravel crisser

cru•sade [kru:'seɪd] n also fig croisade f

crush [krʌʃ] **1** n (crowd) foule f; **have a crush on s.o.** craquer pour qn F **2** v/t écraser; (crease) froisser; **they were crushed to death** ils se sont fait écraser **3** v/i (crease) se froisser

crust [krʌst] on bread croûte f

crust•y ['krʌstɪ] adj bread croustillant

crutch [krʌtʃ] for injured person béquille f

cry [kraɪ] **1** n (call) cri m; **have a cry** pleurer **2** v/t (pret & pp **-ied**) (call) crier **3** v/i (weep) pleurer

◆ **cry out 1** v/t crier, s'écrier **2** v/i crier, pousser un cri

◆ **cry out for** v/t (need) avoir grand besoin de

cryp•tic ['krɪptɪk] adj énigmatique

crys•tal ['krɪstl] cristal m

crys•tal•ize ['krɪstlaɪz] **1** v/t cristalliser, concrétiser **2** v/i of thoughts etc se concrétiser

cub [kʌb] petit m

Cu•ba ['kju:bə] Cuba m

Cu•ban ['kju:bən] **1** adj cubain **2** n Cubain(e) m(f)

cube [kju:b] (shape) cube m

cu•bic ['kju:bɪk] adj cubique; **cubic meter/centimeter** mètre m/centimètre m cube

cu•bic ca•pac•i•ty TECH cylindrée f

cu•bi•cle ['kju:bɪkl] (changing room) cabine f

cuck•oo ['kuku:] coucou m

cu•cum•ber ['kju:kʌmbər] concombre m

cud•dle ['kʌdl] **1** n câlin m **2** v/t câliner

cud•dly ['kʌdlɪ] adj kitten etc adorable; (liking cuddles) câlin

cue [kju:] n for actor etc signal m; for pool queue f

cuff [kʌf] **1** n of shirt poignet m; of pants revers m; (blow) gifle f; **off the cuff** au pied levé **2** v/t (hit) gifler

'cuff link bouton m de manchette

cul-de-sac ['kʌldəsæk] cul-de-sac m, impasse f

cu•li•nar•y ['kʌlɪnerɪ] adj culinaire

cul•mi•nate ['kʌlmɪneɪt] v/i aboutir; **culminate in ...** se terminer par ...

cul•mi•na•tion [kʌlmɪ'neɪʃn] apogée f

cul•prit ['kʌlprɪt] coupable m/f

cult [kʌlt] (sect) secte f

cul•ti•vate ['kʌltɪveɪt] v/t land, person cultiver

cul•ti•vat•ed ['kʌltɪveɪtɪd] adj person cultivé

cul•ti•va•tion [kʌltɪ'veɪʃn] of land culture f

cul•tur•al ['kʌltʃərəl] adj culturel*

cul•ture ['kʌltʃər] n culture f

cul•tured ['kʌltʃərd] adj (cultivated) cultivé

'cul•ture shock choc m culturel

cum•ber•some ['kʌmbərsəm] adj big encombrant; heavy, also fig lourd

cu•mu•la•tive ['kju:mjolətɪv] adj cumulatif*; **the cumulative effect of ...** l'accumulation f de ...

cun•ning ['kʌnɪŋ] **1** n ruse f **2** adj rusé

cup [kʌp] n tasse f; (trophy) coupe f; **a cup of tea** une tasse de thé

'cup•board ['kʌbərd] placard m

'cup fi•nal finale f de (la) coupe

cu•po•la ['kju:pələ] coupole f

cu•ra•ble ['kjurəbl] adj guérissable

cu•ra•tor [kju'reɪtər] conservateur(-trice) m(f)

curb [kɜ:rb] **1** n of street bord m du trottoir; on powers etc frein m **2** v/t réfréner; inflation juguler

cur•dle ['kɜ:rdl] v/i of milk (se) cailler

cure [kjur] **1** n MED remède m **2** v/t MED guérir; meat, fish saurer

cur•few ['kɜ:rfju:] couvre-feu m

cu•ri•os•i•ty [kjurɪ'ɑ:sətɪ] (inquisitiveness) curiosité f

cu•ri•ous ['kjurɪəs] adj (inquisitive, strange) curieux*

cu•ri•ous•ly ['kjurɪəslɪ] adv (inquisitively) avec curiosité; (strangely) curieusement; **curiously enough** chose curieuse

curl [kɜ:rl] **1** n in hair boucle f; of smoke volute f **2** v/t hair boucler; (wind) enrouler **3** v/i of hair boucler; of leaf, paper etc se gondoler

◆ **curl up** v/i se pelotonner; **curl up into a ball** se rouler en boule

curl•y ['kɜ:rlɪ] adj hair bouclé; tail en tire-bouchon

cur•rant ['kʌrənt] raisin m sec

cur•ren•cy ['kʌrənsɪ] (money) monnaie f; **foreign currency** devise f étrangère

cur•rent ['kʌrənt] **1** n in sea, ELEC courant m **2** adj (present) actuel*

cur•rent af•fairs, cur•rent e•vents actualité f

cur•rent af•fairs pro•gram émission f d'actualité

cur•rent•ly ['kʌrəntlɪ] adv actuellement

cur•ric•u•lum [kə'rɪkjuləm] programme m

cur•ry ['kʌrɪ] (spice) curry m; **a lamb curry** un curry d'agneau

curse [kɜ:rs] **1** n (spell) malédiction f; (swearword) juron m **2** v/t maudire; (swear at) injurier **3** v/i (swear) jurer

cur•sor ['kɜ:rsər] COMPUT curseur m

cur•so•ry ['kɜːrsərɪ] adj superficiel*

curt [kɜːrt] adj abrupt

cur•tail [kɜːr'teɪl] v/t écourter

cur•tain ['kɜːrtn] also THEA rideau m

curve [kɜːrv] **1** n courbe f; *curves of woman* formes fpl **2** v/i (bend) s'incurver; *of road* faire or décrire une courbe

cush•ion ['kuʃn] **1** n for couch etc coussin m **2** v/t blow, fall amortir

cus•tard ['kʌstərd] crème f anglaise

cus•to•dy ['kʌstədɪ] of children garde f; *in custody* LAW en détention

cus•tom ['kʌstəm] (tradition) coutume f; COMM clientèle f; *as was his custom* comme à l'accoutumée

cus•tom•a•ry ['kʌstəmerɪ] adj habituel*; *it is customary to ...* il est d'usage de ...

cus•tom•er ['kʌstəmər] client m

cus•tom•er re'la•tions relations fpl avec les clients

cus•tom•er 'serv•ice service m clientèle

cus•toms ['kʌstəmz] douane f

Customs and Excise Br administration f des douanes et des impôts indirects

'cus•toms clear•ance dédouanement m

'cus•toms in•spec•tion contrôle m douanier

'cus•toms of•fi•cer douanier m

cut [kʌt] **1** n with knife, scissors entaille f; (injury) coupure f; of garment, hair coupe f; (reduction) réduction f; *my hair needs a cut* mes cheveux ont besoin d'être coupés **2** v/t (pret & pp **cut**) couper; *into several pieces* découper; (reduce) réduire; *get one's hair cut* se faire couper les cheveux

◆ **cut back 1** v/i in costs faire des économies **2** v/t employees réduire

◆ **cut down 1** v/t tree abattre **2** v/i smoking etc réduire (sa consommation m)

◆ **cut down on** v/t smoking etc réduire (sa consommation de); *cut down on the cigarettes* fumer moins

◆ **cut off** v/t with knife, scissors etc couper; (isolate) isoler; *we were cut off* TELEC nous avons été coupés

◆ **cut out** v/t with scissors découper; (eliminate) éliminer; alcohol, food supprimer; *cut that out!* F ça suffit (maintenant)!; *be cut out for sth* être fait pour qch

◆ **cut up** v/t meat etc découper

cut•back réduction f

cute [kjuːt] adj in appearance mignon*; (clever) malin*

cu•ti•cle ['kjuːtɪkl] cuticule f

'cutoff date date f limite

cut-'price adj à prix m réduit

cut-throat adj competition acharné

cut•ting ['kʌtɪŋ] **1** n from newspaper coupure f **2** adj remark blessant

cy•ber•space ['saɪbərspeɪs] cyberespace m

cy•cle ['saɪkl] **1** n (bicycle) vélo m; (series of events) cycle m **2** v/i aller en vélo

'cy•cle path piste f cyclable

cy•cling ['saɪklɪŋ] cyclisme m

cy•clist ['saɪklɪst] cycliste m/f

cyl•in•der ['sɪlɪndər] in engine cylindre m

cyl•in•dri•cal [sɪ'lɪndrɪkl] adj cylindrique

cyn•ic ['sɪnɪk] cynique m/f

cyn•i•cal ['sɪnɪkl] adj cynique

cyn•i•cal•ly ['sɪnɪklɪ] adv cyniquement

cyn•i•cism ['sɪnɪsɪzm] cynisme m

cy•press ['saɪprəs] cyprès m

cyst [sɪst] kyste m

Czech [tʃek] **1** adj tchèque; *the Czech Republic* la République tchèque **2** n person Tchèque m/f; language tchèque m/f

D

DA abbr (= **district attorney**) procureur m

dab [dæb] **1** n (small amount): *a dab of* un peu de **2** v/t (pret & pp **-bed**) with cloth etc tamponner

◆ **dab off** v/t enlever (en tamponnant)

◆ **dab on** v/t appliquer

◆ **dabble in** v/t toucher à

dad [dæd] papa m

dad•dy ['dædɪ] papa m

dad•dy 'long-legs Br cousin m

daf•fo•dil ['dæfədɪl] jonquille f

dag•ger ['dægər] poignard m

dai•ly ['deɪlɪ] **1** n paper quotidien m

daily 2 adj quotidien*

dain•ty ['deɪntɪ] adj délicat

dair•y ['derɪ] on farm laiterie f

'dair•y prod•ucts npl produits mpl laitiers

dais ['deɪɪs] estrade f

dai•sy ['deɪzɪ] pâquerette f; *bigger* marguerite f

dam [dæm] n *for water* barrage m

dam•age ['dæmɪdʒ] **1** n dégâts mpl, dommage(s) m(pl); fig: *to reputation* préjudice m

damage 2 v/t endommager; abîmer; fig: *reputation* nuire à; *chances* compromettre

dam•a•ges ['dæmɪdʒɪz] npl LAW dommages-intérêts mpl

dam•ag•ing ['dæmɪdʒɪŋ] adj *to reputation* préjudiciable

dame [deɪm] F (*woman*) gonzesse f F, nana f F

damn [dæm] **1** interj F merde F, zut F **2** n: F; *I don't give a damn!* je m'en fous F

damn 3 adj F sacré **4** adv F vachement F **5** v/t (*condemn*) condamner; *damn it!* merde! F, zut! F; *I'm damned if ...* F (*I won't*) il est hors de question que ...

damned [dæmd] adj, adv

damn•ing ['dæmɪŋ] adj *evidence, report* accablant

damp [dæmp] adj humide

damp•en ['dæmpən] v/t humecter, humidifier

dance [dæns] **1** n danse f; *social event* bal m, soirée f (*dansante*) **2** v/i danser; *would you like to dance?* vous dansez?

danc•er ['dænsər] danseur(-euse) m(f)

danc•ing ['dænsɪŋ] danse f

dan•de•li•on ['dændɪlaɪən] pissenlit m

dan•druff ['dændrʌf] pellicules fpl

dan•druff sham•poo shampoing m antipelliculaire

Dane [deɪn] Danois(e) m(f)

dan•ger ['deɪndʒər] danger m; *be in danger* être en danger; *be out of danger* patient être hors de danger

dan•ger•ous ['deɪndʒərəs] adj dangereux*; *assumption* risqué

dan•ger•ous 'driv•ing conduite f dangereuse

dan•ger•ous•ly ['deɪndʒərəslɪ] adv *drive* dangereusement; *dangerously ill* gravement malade

dan•gle ['dæŋgl] **1** v/t balancer; *dangle sth in front of s.o.* mettre qch sous le nez de qn; fig faire miroiter qch à qn **2** v/i pendre

Da•nish ['deɪnɪʃ] **1** adj danois **2** n *language* danois m; *to eat* feuilleté m (*sucré*)

dare [der] **1** v/i oser; *dare to do sth* oser faire qch; *how dare you!* comment oses-tu? **2** v/t: *dare s.o. to do sth* défier qn de faire qch

'dare•dev•il casse-cou m/f F, tête f brûlée

dar•ing ['derɪŋ] adj audacieux*

dark [dɑːrk] **1** n noir m, obscurité f; *after dark* après la tombée de la nuit; *keep s.o. in the dark* fig laisser qn dans l'ignorance; ne rien dire à qn **2** adj *room, night* sombre, noir; *hair* brun; *eyes* foncé; *color, clothes* foncé, sombre; *dark green / blue* vert / bleu foncé

dark•en ['dɑːrkn] v/i *of sky* s'assombrir

dark 'glass•es npl lunettes fpl noires

dark•ness ['dɑːrknɪs] obscurité f

'dark•room PHOT chambre f noire

dar•ling ['dɑːrlɪŋ] **1** n chéri(e) m(f); *be a darling and ...* tu serais un amour or un ange si ... **2** adj adorable; *darling Margaret ...* ma chère Margaret ...

darn[1] [dɑːrn] **1** n (*mend*) reprise f **2** v/t repriser

darn[2], **darned** [dɑːrn, dɑːrnd] → **damn** adj, adv

dart [dɑːrt] **1** n *weapon* flèche f; *for game* fléchette f **2** v/i se précipiter, foncer

darts [dɑːrts] nsg fléchettes fpl

'dart(s)•board cible f (de jeu de fléchettes)

dash [dæʃ] **1** n *punctuation* tiret m; MOT (*dashboard*) tableau m de bord; *a dash of* un peu de; *a dash of brandy* une goutte de cognac; *a dash of salt* une pincée de sel; *make a dash for* se précipiter sur **2** v/i se précipiter; *I must dash* il faut que je file F **3** v/t *hopes* anéantir

◆ **dash off 1** v/i partir précipitamment **2** v/t (*write quickly*) griffonner

'dash•board MOT tableau m de bord

da•ta ['deɪtə] données fpl, informations fpl

'da•ta•base base f de données

da•ta 'cap•ture saisie f de données

da•ta 'pro•cess•ing traitement m de données

da•ta pro•'tec•tion protection f de l'information

da•ta 'stor•age stockage m de données

date[1] [deɪt] *fruit* datte f

date[2] [deɪt] **1** n *date* f; *meeting* rendez-vous m; *person* ami(e) m(f), rendez-vous m F; *what's the date today?* quelle est la date aujourd'hui?, on est le combien? F; *out of date clothes* démodé; *passport* périmé; *up to date information* à jour; *style* à la mode, branché F **2** v/t *letter, check* dater; (*go out with*) sortir avec; *that dates you* cela ne te rajeunit pas F

dat•ed ['deɪtɪd] adj démodé

daub [dɔːb] v/t barbouiller; *daub paint on a wall* barbouiller un mur (de peinture)

daugh•ter ['dɔːtər] fille f

'daugh•ter-in-law (pl *daughters-in-law*)

belle-fille f
daunt [dɔ:nt] v/t décourager
daw•dle ['dɔ:dl] v/i traîner
dawn [dɔ:n] **1** n also fig aube f **2** v/i: **it dawned on me that ...** je me suis rendu compte que ...
day [deɪ] jour m; stressing duration journée f; **what day is it today?** quel jour sommes-nous (aujourd'hui)?; **day off** jour m de congé; **by day** le jour; **travel by day** voyager de jour; **day by day** jour après jour; **the day after** le lendemain; **the day after tomorrow** après-demain; **the day before** la veille; **the day before yesterday** avant-hier; **day in day out** jour après jour; **in those days** en ce temps-là, à l'époque; **one day** un jour; **the other day** (recently) l'autre jour; **let's call it a day!** ça suffit pour aujourd'hui!; **have a nice day!** bonne journée!
'**day•break** aube f, point m du jour
'**day care** for kids garde f des enfants
'**day•dream 1** n rêverie f **2** v/i rêvasser
'**day dream•er** rêveur m
'**day•time:** **in the daytime** pendant la journée
'**day•trip** excursion f d'une journée
daze [deɪz] n: **in a daze** dans un état de stupeur
dazed [deɪzd] adj by news hébété, sous le choc; by blow étourdi
daz•zle ['dæzl] v/t also fig éblouir
DC abbr (= **direct current**) CC (= courant m continu); (= **District of Columbia**) DC (= district m de Columbia)
dead [ded] **1** adj mort; battery à plat; **the phone's dead** il n'y a pas de tonalité **2** adv F (very) très; **dead beat, dead tired** crevé F; **that's dead right** c'est tout à fait vrai **3** n: **the dead** les morts mpl; **in the dead of night** en pleine nuit
dead•en ['dedn] v/t pain calmer; sound amortir
dead 'end street impasse f
dead-'end job emploi m sans avenir
dead 'heat arrivée f ex æquo
'**dead•line** date f limite; heure f limite, délai m; for newspaper, magazine heure f de clôture; **meet the deadline** respecter le(s) délai(s)
'**dead•lock** impasse f
dead•ly ['dedlɪ] adj (fatal) mortel*; weapon meurtrier*; F (boring) mortel* F
deaf [def] adj sourd
deaf-and-'dumb adj sourd-muet*
deaf•en ['defn] v/t assourdir
deaf•en•ing ['defnɪŋ] adj assourdissant
deaf•ness ['defnɪs] surdité f
deal [di:l] **1** n accord m, marché m; **it's a**

deal! d'accord!, marché conclu!; **a good deal** (bargain) une bonne affaire; (a lot) beaucoup; **a great deal of** (lots of) beaucoup de **2** v/t (pret & pp **dealt**) cards distribuer; **deal a blow to** porter un coup à
◆ **deal in** v/t (trade in) être dans le commerce de; **deal in drugs** faire du trafic de drogue, dealer F
◆ **deal out** v/t cards distribuer
◆ **deal with** v/t (handle) s'occuper de; (do business with) traiter avec; (be about) traiter de
deal•er ['di:lər] (merchant) marchand m; (drug dealer) dealer m, dealeuse f; large-scale trafiquant m de drogue; in card game donneur m
deal•ing ['di:lɪŋ] (drug dealing) trafic m de drogue
deal•ings ['di:lɪŋz] npl (business) relations fpl
dealt [delt] pret & pp → **deal**
dean [di:n] of college doyen m
dear [dɪr] adj cher*; **Dear Sir** Monsieur; **Dear Richard / Margaret** Cher Richard / Chère Margaret; (oh) **dear!, dear me!** oh là là!
dear•ly ['dɪrlɪ] adv love de tout son cœur
death [deθ] mort f
'**death cer•tif•i•cate** acte m de décès
'**death pen•al•ty** peine f de mort
'**death toll** nombre m de morts, bilan m
de•ba•ta•ble [dɪ'beɪtəbl] adj discutable
de•bate [dɪ'beɪt] **1** n débat m; a lot of de-bate beaucoup de discussions; POL débat m **2** v/i débattre, discuter; **debate with o.s.** se demander **3** v/t débattre de, discuter de
de•bauch•er•y [dɪ'bɔ:tʃərɪ] débauche f
deb•it ['debɪt] **1** n débit m **2** v/t account débiter; amount porter au débit
'**deb•it card** carte f bancaire
de•bris [də'bri:] débris mpl
debt [det] dette f; **be in debt** financially être endetté, avoir des dettes
debt•or ['detər] débiteur m
de•bug [di:'bʌɡ] v/t (pret & pp **-ged**) room enlever les micros cachés dans; COMPUT déboguer
dé•but ['deɪbju:] n débuts mpl
dec•ade ['dekeɪd] décennie f
dec•a•dence ['dekədns] décadence f
dec•a•dent ['dekədnt] adj décadent
de•caf•fein•at•ed [dɪ'kæfɪneɪtɪd] adj décaféiné
de•cant•er [dɪ'kæntər] carafe f
de•cap•i•tate [dɪ'kæpɪteɪt] v/t décapiter
de•cay [dɪ'keɪ] **1** n (process) détérioration f, déclin m; of building délabrement m; in wood, plant pourriture f; in teeth carie

D

f **2** v/i of wood, plant pourrir; of civilization tomber en décadence; of teeth se carier

de•ceased [dɪ'siːst] *adj: the deceased* le défunt

de•ceit [dɪ'siːt] duplicité f

de•ceit•ful [dɪ'siːtfʊl] *adj* fourbe

de•ceive [dɪ'siːv] v/t tromper, duper; *deceive s.o. about sth* mentir à qn sur qch

De•cem•ber [dɪ'sembər] décembre m

de•cen•cy ['diːsənsɪ] décence f

de•cent ['diːsənt] *adj person* correct, honnête; *salary, price correct*, décent; *meal, sleep* bon*; *(adequately dressed)* présentable, visible F

de•cen•tral•ize [diː'sentrəlaɪz] v/t décentraliser

de•cep•tion [dɪ'sepʃn] tromperie f

de•cep•tive [dɪ'septɪv] *adj* trompeur*

de•cep•tive•ly [dɪ'septɪvlɪ] *adv: it looks deceptively simple* c'est plus compliqué qu'il n'y paraît

dec•i•bel ['desɪbel] décibel m

de•cide [dɪ'saɪd] **1** v/t décider; *(settle)* régler **2** v/i décider, se décider; *you decide* c'est toi qui décides

de•cid•ed [dɪ'saɪdɪd] *adj (definite)* décidé; *views* arrêté; *improvement* net*

de•cid•er [dɪ'saɪdər] *: be the decider* être décisif*

dec•i•du•ous [dɪ'sɪdʊəs] *adj* à feuilles caduques

dec•i•mal ['desɪml] *n* décimale f

dec•i•mal 'point virgule f

dec•i•mate ['desɪmeɪt] v/t décimer

de•ci•pher [dɪ'saɪfər] v/t déchiffrer

de•ci•sion [dɪ'sɪʒn] décision f; *come to a decision* arriver à une décision

de'ci•sion-mak•er décideur m, décideuse f

de•ci•sive [dɪ'saɪsɪv] *adj* décidé; *(crucial)* décisif*

deck [dek] *of ship* pont m; *of cards* jeu m (de cartes)

'deck•chair transat m, chaise f longue

dec•la•ra•tion [deklə'reɪʃn] déclaration f

de•clare [dɪ'kler] v/t déclarer

de•cline [dɪ'klaɪn] **1** n baisse f; of civilization, health déclin m **2** v/t invitation décliner; *decline to comment* refuser de commenter **3** v/i *(refuse)* refuser; *(decrease)* baisser; of health décliner

de•clutch [diː'klʌtʃ] v/i débrayer

de•code [diː'koʊd] v/t décoder

de•com•pose [diːkəm'poʊz] v/i se décomposer

dé•cor ['deɪkɔːr] décor m

dec•o•rate ['dekəreɪt] v/t room refaire; *with paint* peindre; *with paper* tapisser;

(adorn), soldier décorer

dec•o•ra•tion [dekə'reɪʃn] *paint, paper* décoration f *(intérieur)*; *(ornament, medal)* décoration f

dec•o•ra•tive ['dekərətɪv] *adj* décoratif*

dec•o•ra•tor ['dekəreɪtər] *(interior decorator)* décorateur m *(d'intérieur)*

de•co•rum [dɪ'kɔːrəm] bienséance f

de•coy ['diːkɔɪ] n appât m, leurre m

de•crease [dɪ'kriːs] **1** n baisse f, diminution f; *in size* réduction f **2** v/t & v/i diminuer

de•crep•it [dɪ'krepɪt] *adj* décrépit; *car, building* délabré; *coat, shoes* usé

ded•i•cate ['dedɪkeɪt] v/t book etc dédicacer, dédier; *dedicate o.s. to ...* se consacrer à ...

ded•i•cat•ed ['dedɪkeɪtɪd] *adj* dévoué

ded•i•ca•tion [dedɪ'keɪʃn] *in book* dédicace f; *to cause, work* dévouement m

de•duce [dɪ'duːs] v/t déduire

de•duct [dɪ'dʌkt] v/t déduire *(from* de)

de•duc•tion [dɪ'dʌkʃn] *from salary* prélèvement m, retenue f; *(conclusion)* déduction f

deed [diːd] n *(act)* acte m; LAW acte m *(notarié)*

dee•jay ['diːdʒeɪ] F DJ *inv*

deem [diːm] v/t considérer, juger

deep [diːp] *adj* profond; *voice* grave; *color* intense, sombre; *be in deep trouble* avoir de gros problèmes

deep•en [diːpn] **1** v/t creuser **2** v/i devenir plus profond; of crisis s'aggraver; of mystery s'épaissir

deep freeze n congélateur m

'deep-froz•en food aliments mpl surgelés

'deep-fry v/t *(pret & pp -ied)* faire frire

deep fry•er [diːp'fraɪər] friteuse f

deer [dɪr] *(pl deer)* cerf m; *female* biche f

de•face [dɪ'feɪs] v/t abîmer, dégrader

def•a•ma•tion [defə'meɪʃn] diffamation f

de•fam•a•to•ry [dɪ'fæmətɔːrɪ] *adj* diffamatoire

de•fault ['diːfɔːlt] **1** *adj* COMPUT par défaut **2** v/i: *default on payments* ne pas payer

de•feat [dɪ'fiːt] **1** n défaite f **2** v/t battre, vaincre; *of task, problem* dépasser

de•feat•ist [dɪ'fiːtɪst] *adj attitude* défaitiste

de•fect ['diːfekt] n défaut m

de•fec•tive [dɪ'fektɪv] *adj* défectueux*

de•fence etc Br → **defense** etc

de•fend [dɪ'fend] v/t défendre; *action, decision* justifier

de•fend•ant [dɪ'fendənt] défendeur m, défenderesse f; *in criminal case* accusé(e) m(f)

de•fense [dɪ'fens] défense f; *come to*

s.o.'s defense prendre la défense de qn

de•fense budg•et POL budget *m* de la Défense

de'fense law•yer avocat *m* de la défense

de'fense•less [dɪ'fenslɪs] *adj* sans défense

de'fense play•er SP défenseur *m*

De'fense Se•cre•ta•ry POL ministre de la Défense

de'fense wit•ness LAW témoin *m* à décharge

de•fen•sive [dɪ'fensɪv] **1** *n*: **on the defensive** sur la défensive; **go on(to) the defensive** se mettre sur la défensive **2** *adj* défensif*; **be defensive** être sur la défensive

de•fen•sive•ly [dɪ'fensɪvlɪ] *adv* say d'un ton défensif; *play* d'une manière défensive

de•fer [dɪ'fɜːr] *v/t (pret & pp **-red**)* reporter, repousser

def•er•ence ['defərəns] déférence *f*

def•er•en•tial [defə'renʃl] *adj* déférent

de•fi•ance [dɪ'faɪəns] défi *m*; **in defiance of** au mépris de

de•fi•ant [dɪ'faɪənt] *adj* provocant; *look also* de défi

de•fi•cien•cy [dɪ'fɪʃənsɪ] *(lack)* manque *m*, insuffisance *f*; MED carence *f*

de•fi•cient [dɪ'fɪʃənt] *adj* insuffisant; **be deficient in …** être pauvre en …, manquer de …

def•i•cit ['defɪsɪt] déficit *m*

de•fine [dɪ'faɪn] *v/t* définir

def•i•nite ['defɪnɪt] *adj* date, time précis, définitif*; *answer* définitif*; *improvement* net*; *(certain)* catégorique; **are you definite about that?** es-tu sûr de cela?; **nothing definite has been arranged** rien n'a été fixé

def•i•nite 'ar•ti•cle GRAM article *m* défini

def•i•nite•ly ['defɪnɪtlɪ] *adv* sans aucun doute; **I definitely want to go** je veux vraiment y aller; **definitely not** certainement pas!

def•i•ni•tion [defɪ'nɪʃn] définition *f*

de•fin•i•tive [dɪ'fɪnətɪv] *adj* magistral, qui fait autorité

de•flect [dɪ'flekt] *v/t* ball, blow faire dévier; *criticism, from course of action* détourner; **be deflected from** se laisser détourner de

de•for•est•a•tion [dɪfɑːrɪs'teɪʃn] déboisement *m*

de•form [dɪ'fɔːrm] *v/t* déformer

de•for•mi•ty [dɪ'fɔːrmətɪ] difformité *f*, malformation *f*

de•fraud [dɪ'frɔːd] *v/t* tax authority frauder; *person, company* escroquer

de•frost [diː'frɔːst] *v/t* food décongeler; *fridge* dégivrer

deft [deft] *adj* adroit

de•fuse [diː'fjuːz] *v/t* bomb, situation désamorcer

de•fy [dɪ'faɪ] *v/t (pret & pp **-ied**)* défier; *superiors, orders* braver

de•gen•e•rate [dɪ'dʒenəreɪt] *v/i* dégénérer *(into* en)

de•grade [dɪ'greɪd] *v/t* avilir, être dégradant pour

de•grad•ing [dɪ'greɪdɪŋ] *adj* position, work dégradant, avilissant

de•gree [dɪ'griː] *from university* diplôme *m*

degree of temperature, angle, latitude, *(amount)* degré *m*; **by degrees** petit à petit; **get one's degree** avoir son diplôme

de•hy•drat•ed [diːhaɪ'dreɪtɪd] *adj* déshydraté

de-ice [diː'aɪs] *v/t* dégivrer

de-ic•er [diː'aɪsər] spray dégivrant *m*

deign [deɪn] *v/i*: **deign to …** daigner …

de•i•ty ['diːɪtɪ] divinité *f*

de•jec•ted [dɪ'dʒektɪd] *adj* déprimé

de•lay [dɪ'leɪ] **1** *n* retard *m*

delay 2 *v/t* retarder; **delay doing sth** attendre pour faire qch, remettre qch à plus tard; **be delayed** être en retard, être retardé **3** *v/i* attendre, tarder

del•e•gate ['delɪgət] **1** *n* délégué(e) *m(f)* **2** ['delɪgeɪt] *v/t* déléguer

del•e•ga•tion [delɪ'geɪʃn] délégation *f*

de•lete [dɪ'liːt] *v/t* effacer; *(cross out)* rayer; **delete where not applicable** rayer les mentions inutiles

de'lete key COMPUT touche *f* de suppression

de•le•tion [dɪ'liːʃn] *act* effacement *m*; *that deleted* rature *f*, suppression *f*

del•i ['delɪ] → **delicatessen**

de•lib•e•rate [dɪ'lɪbərət] **1** *adj* délibéré **2** [dɪ'lɪbəreɪt] *v/i* délibérer; *(reflect)* réfléchir

de•lib•e•rate•ly [dɪ'lɪbərətlɪ] *adv* délibérément, exprès

del•i•ca•cy ['delɪkəsɪ] délicatesse *f*; *(food)* mets *m* délicat; **a matter of some delicacy** une affaire assez délicate

del•i•cate ['delɪkət] *adj* délicat

del•i•ca•tes•sen [delɪkə'tesn] traiteur *m*, épicerie *f* fine

de•li•cious [dɪ'lɪʃəs] *adj* délicieux*

de•light [dɪ'laɪt] *n* joie *f*, plaisir *m*; **take great delight in sth** être ravi de qch; **take great delight in doing sth** prendre grand plaisir à faire qch

de•light•ed [dɪ'laɪtɪd] *adj* ravi, enchanté

de•light•ful [dɪˈlaɪtfʊl] adj charmant
de•lim•it [diːˈlɪmɪt] v/t délimiter
de•lin•quen•cy [dɪˈlɪŋkwənsɪ] délinquance f
de•lin•quent [dɪˈlɪŋkwənt] n délinquant(e) m(f)
de•lir•i•ous [dɪˈlɪrɪəs] adj MED délirant; (ecstatic) extatique, fou* de joie; **be delirious** délirer
de•liv•er [dɪˈlɪvər] 1 v/t goods livrer; letters distribuer; parcel etc remettre; message transmettre; baby mettre au monde; speech faire 2 v/i tenir ses promesses
de•liv•er•y [dɪˈlɪvərɪ] of goods livraison f; of mail distribution f; of baby accouchement m; of speech débit m
de•liv•er•y charge frais mpl de livraison
de•liv•er•y date date f de livraison
de•liv•er•y man livreur m
de•liv•er•y note bon m de livraison
de•liv•er•y serv•ice service m de livraison
de•liv•er•y van camion m de livraison
de•lude [dɪˈluːd] v/t tromper; **you're deluding yourself** tu te fais des illusions
de•luge [ˈdeljuːdʒ] 1 n also fig déluge m 2 v/t fig submerger, inonder
de•lu•sion [dɪˈluːʒn] illusion f
de luxe [dəˈlʌks] adj de luxe; model haut de gamme inv
◆ delve into [delv] v/t subject approfondir; person's past fouiller dans
de•mand [dɪˈmænd] 1 n also COMM demande f; of terrorist, unions etc revendication f; **in demand** demandé, recherché 2 v/t exiger; pay rise etc réclamer
de•mand•ing [dɪˈmændɪŋ] adj job éprouvant; person exigeant
de•mean•ing [dɪˈmiːnɪŋ] adj dégradant
de•ment•ed [dɪˈmentɪd] adj fou*
de•mise [dɪˈmaɪz] décès m, mort f; fig mort f
dem•i•tasse [ˈdemɪtæs] tasse f à café
dem•o [ˈdeməʊ] (protest) manif f f; of video etc démo f f
de•moc•ra•cy [dɪˈmɑːkrəsɪ] démocratie f
dem•o•crat [ˈdeməkræt] démocrate m/f; **Democrat** POL démocrate m/f
dem•o•crat•ic [deməˈkrætɪk] adj démocratique
dem•o•crat•ic•al•ly [deməˈkrætɪklɪ] adv démocratiquement
'dem•o disk disquette f de démonstration
de•mo•graph•ic [deməʊˈgræfɪk] adj démographique
de•mol•ish [dɪˈmɑːlɪʃ] v/t building, argument démolir
dem•o•li•tion [deməˈlɪʃn] of building, argument démolition f
de•mon [ˈdiːmən] démon m

dem•on•strate [ˈdemənstreɪt] 1 v/t (prove) démontrer; machine etc faire une démonstration de 2 v/i politically manifester
dem•on•stra•tion [demənˈstreɪʃn] démonstration f; (protest) manifestation f; of machine démonstration f
de•mon•stra•tive [dɪˈmɑːnstrətɪv] adj démonstratif*
dem•on•stra•tor [ˈdemənstreɪtər] (protester) manifestant(e) m(f)
de•mor•al•ized [dɪˈmɔːrəlaɪzd] adj démoralisé
de•mor•al•iz•ing [dɪˈmɔːrəlaɪzɪŋ] adj démoralisant
de•mote [dɪˈməʊt] v/t rétrograder
de•mure [dɪˈmjʊər] adj sage
den [den] room antre f
de•ni•al [dɪˈnaɪəl] of rumor, accusation démenti m, dénégation f; of request refus m
den•im [ˈdenɪm] jean m; **denim jacket** veste m en jean
den•ims [ˈdenɪmz] npl (jeans) jean m
Den•mark [ˈdenmɑːrk] le Danemark
de•nom•i•na•tion [dɪnɑːmɪˈneɪʃn] of money coupure f; religious confession f
de•nounce [dɪˈnaʊns] v/t dénoncer
dense [dens] adj (thick) dense; (stupid) stupide, bête
dense•ly [ˈdenslɪ] adv: **densely populated** densément peuplé
den•si•ty [ˈdensɪtɪ] densité f
dent [dent] 1 n bosse f 2 v/t bosseler
den•tal [ˈdentl] adj treatment, hospital dentaire; **dental surgeon** chirurgien(ne) m(f) dentiste
dent•ed [ˈdentɪd] adj bosselé
den•tist [ˈdentɪst] dentiste m/f
den•tist•ry [ˈdentɪstrɪ] dentisterie f
den•tures [ˈdentʃərz] npl dentier m
Den•ver boot [ˈdenvər] sabot m de Denver
de•ny [dɪˈnaɪ] v/t (pret & pp -ied) charge, rumor nier; right, request refuser
de•o•do•rant [diːˈəʊdərənt] déodorant m
de•part [dɪˈpɑːrt] v/i partir; **depart from** normal procedure etc ne pas suivre
de•part•ment [dɪˈpɑːrtmənt] of company service m; of university département m; of government ministère m; of store rayon m
De•part•ment of 'De•fense ministère m de la Défense
De•part•ment of the In•te•ri•or ministère m de l'Intérieur
De•part•ment of 'State ministère m des Affaires étrangères
de'part•ment store grand magasin m

de•par•ture [dɪˈpɑːrtʃər] départ *m*; *from standard procedure etc* entorse *f* (**from** à); *a new departure* un nouveau départ

de•par•ture lounge salle *f* d'embarquement

de•par•ture time heure *f* de départ

de•pend [dɪˈpend] *v/i* dépendre; *that depends* cela dépend; *it depends on the weather* ça dépend du temps; *I'm depending on you* je compte sur toi

de•pen•da•ble [dɪˈpendəbl] *adj* digne de confiance, fiable

de•pen•dence, de•pen•den•cy [dɪˈpendəns, dɪˈpendənsɪ] dépendance *f*

de•pen•dent [dɪˈpendənt] **1** *n* personne *f* à charge **2** *adj* dépendant; *dependent children* enfants *mpl* à charge

de•pict [dɪˈpɪkt] *v/t in painting, writing* représenter

de•plete [dɪˈpliːt] *v/t* épuiser

de•plor•a•ble [dɪˈplɔːrəbl] *adj* déplorable

de•plore [dɪˈplɔːr] *v/t* déplorer

de•ploy [dɪˈplɔɪ] *v/t* (*use*) faire usage de; (*position*) déployer

de•pop•u•la•tion [diːpɑːpjəˈleɪʃn] dépeuplement *m*

de•port [dɪˈpɔːrt] *v/t from a country* expulser

de•por•ta•tion [diːpɔːrˈteɪʃn] expulsion *f*

de•por•ta•tion or•der arrêté *m* d'expulsion

de•pose [dɪˈpouz] *v/t* déposer

de•pos•it [dɪˈpɑːzɪt] **1** *n in bank* dépôt *m*; *on purchase* acompte *m*; *security* caution *f*; *of mineral* gisement *m* **2** *v/t money, object* déposer

dep•o•si•tion [diːpouˈzɪʃn] LAW déposition *f*

de•pot [ˈdepou] (*train station*) gare *f*; (*bus station*) gare *f* routière; *for storage* dépôt *m*, entrepôt *m*

de•praved [dɪˈpreɪvd] *adj* dépravé

de•pre•ci•ate [dɪˈpriːʃɪeɪt] *v/i* FIN se déprécier

de•pre•ci•a•tion [dɪpriːʃɪˈeɪʃn] FIN dépréciation *f*

de•press [dɪˈpres] *v/t person* déprimer

de•pressed [dɪˈprest] *adj* déprimé

de•press•ing [dɪˈpresɪŋ] *adj* déprimant

de•pres•sion [dɪˈpreʃn] MED, *meteorological* dépression *f*; *economic* crise *f*, récession *f*

dep•ri•va•tion [depriˈveɪʃn] privation(s) *f(pl)*

de•prive [dɪˈpraɪv] *v/t*: *deprive s.o. of sth* priver qn de qch

de•prived [dɪˈpraɪvd] *adj* défavorisé

depth [depθ] profondeur *f*; *of voice* gravité *f*; *of color* intensité *f*; *in depth* (*thor-* oughly) en profondeur; *in the depths of winter* au plus fort de l'hiver, en plein hiver; *be out of one's depth in water* ne pas avoir pied; *fig: in discussion etc* être dépassé

dep•u•ta•tion [depjuˈteɪʃn] députation *f*

◆ dep•u•tize for [ˈdepjutaɪz] *v/t* remplacer, suppléer

dep•u•ty [ˈdepjutɪ] adjoint(e) *m(f)*; *of sheriff* shérif *m* adjoint

de•rail [dɪˈreɪl] *v/t*: *be derailed of train* dérailler

de•ranged [dɪˈreɪndʒd] *adj* dérangé

de•reg•u•late [diːˈregjulet] *v/t* déréglementer

de•reg•u•la•tion [diːregjuˈleɪʃn] déréglementation *f*

der•e•lict [ˈderəlɪkt] *adj* délabré

de•ride [dɪˈraɪd] *v/t* se moquer de

de•ri•sion [dɪˈrɪʒn] dérision *f*

de•ri•sive [dɪˈraɪsɪv] *adj remarks, laughter* moqueur*

de•ri•sive•ly [dɪˈraɪsɪvlɪ] *adv* avec dérision

de•ri•so•ry [dɪˈraɪsərɪ] *adj amount, salary* dérisoire

de•riv•a•tive [dɪˈrɪvətɪv] *adj* (*not original*) dérivé

de•rive [dɪˈraɪv] *v/t* tirer (**from** de); *be derived from of word* dériver de

der•ma•tol•o•gist [dɜːrməˈtɑːlədʒɪst] dermatologue *m/f*

de•rog•a•to•ry [dɪˈrɑːgətɔːrɪ] *adj* désobligeant; *term* péjoratif*

de•scend [dɪˈsend] **1** *v/t* descendre; *be descended from* descendre de **2** *v/i* descendre; *of darkness* tomber; *of mood* se répandre

◆ descend on *v/t of mood, darkness* envahir

de•scen•dant [dɪˈsendənt] descendant(e) *m(f)*

de•scent [dɪˈsent] descente *f*; (*ancestry*) descendance *f*, origine *f*; *of Chinese descent* d'origine chinoise

de•scribe [dɪˈskraɪb] *v/t* décrire; *describe X as Y* décrire X comme (étant) Y

de•scrip•tion [dɪˈskrɪpʃn] description *f*; *of criminal* signalement *m*

des•e•crate [ˈdesɪkreɪt] *v/t* profaner

des•e•cra•tion [desɪˈkreɪʃn] profanation *f*

de•seg•re•gate [diːˈsegrəgeɪt] *v/t* supprimer la ségrégation dans

des•ert¹ [ˈdezərt] *n also fig* désert *m*

des•ert² [dɪˈzɜːrt] **1** *v/t* (*abandon*) abandonner **2** *v/i of soldier* déserter

des•ert•ed [dɪˈzɜːrtɪd] *adj* désert

de•sert•er [dɪˈzɜːrtər] MIL déserteur *m*

D

de•ser•ti•fi•ca•tion [dɪzɜːrtɪfɪˈkeɪʃn] désertification f
de•ser•tion [dɪˈzɜːrʃn] (abandonment) abandon m; MIL désertion f
des•ert 'is•land île f déserte
de•serve [dɪˈzɜːrv] v/t mériter
de•sign [dɪˈzaɪn] 1 n (subject) design m; (style) style m, conception f; (drawing, pattern) dessin m 2 v/t (draw) dessiner; building, car, ship, machine concevoir
des•ig•nate ['dezɪgneɪt] v/t person désigner
de•sign•er [dɪˈzaɪnər] designer m/f, dessinateur(-trice) m(f); of car, ship concepteur(-trice) m(f); of clothes styliste m/f
de•sign•er clothes npl vêtements mpl de marque
de'sign fault défaut m de conception
de'sign school école f de design
de•sir•a•ble [dɪˈzaɪrəbl] adj souhaitable; sexually, change désirable; offer, job séduisant; **a very desirable residence** une très belle propriété
de•sire [dɪˈzaɪr] n désir m; **have no desire to ...** n'avoir aucune envie de ...
desk [desk] bureau m; in hotel réception f
'desk clerk réceptionniste m/f
'desk di•a•ry agenda m de bureau
'desk•top bureau m; computer ordinateur m de bureau
desk•top 'pub•lish•ing publication f assistée par ordinateur, microédition f
des•o•late ['desələt] adj place désolé
de•spair [dɪˈsper] 1 n désespoir m; **be in despair** être au désespoir 2 v/i désespérer (of de); **despair of s.o.** ne se faire aucune illusion sur qn
des•per•ate ['despərət] adj désespéré; **be desperate for a whiskey/cigarette** avoir très envie d'un whisky/d'une cigarette; **be desperate for news** attendre désespérément des nouvelles
des•per•a•tion [despəˈreɪʃn] désespoir m; **in desperation** en désespoir de cause; **an act of desperation** un acte désespéré
des•pic•a•ble [dɪsˈpɪkəbl] adj méprisable
de•spise [dɪˈspaɪz] v/t mépriser
de•spite [dɪˈspaɪt] prep malgré, en dépit de
de•spon•dent [dɪˈspɑːndənt] adj abattu, découragé
des•pot ['despɑːt] despote m
des•sert [dɪˈzɜːrt] dessert m
des•ti•na•tion [destɪˈneɪʃn] destination f
des•tined ['destɪnd] adj: **be destined for** fig être destiné à
des•ti•ny ['destɪnɪ] destin m, destinée f

des•ti•tute ['destɪtuːt] adj démuni
de•stroy [dɪˈstrɔɪ] v/t détruire
de•stroy•er [dɪˈstrɔɪər] NAUT destroyer m, contre-torpilleur m
de•struc•tion [dɪˈstrʌkʃn] destruction f
de•struc•tive [dɪˈstrʌktɪv] adj power destructeur*; criticism négatif*, non constructif*; **a destructive child** un enfant qui casse tout
de•tach [dɪˈtætʃ] v/t détacher
de•tach•a•ble [dɪˈtætʃəbl] adj détachable
de•tached [dɪˈtætʃt] adj (objective) neutre, objectif*
de•tach•ment [dɪˈtætʃmənt] (objectivity) neutralité f, objectivité f
de•tail ['diːteɪl] n détail m; **in detail** en détail; **for more details** pour plus de renseignements
de•tailed ['diːteɪld] adj détaillé
de•tain [dɪˈteɪn] v/t (hold back) retenir; as prisoner détenir
de•tain•ee [dɪteɪnˈiː] détenu(e) m(f); **political detainee** prisonnier m politique
de•tect [dɪˈtekt] v/t déceler; of device détecter
de•tec•tion [dɪˈtekʃn] of crime découverte f; of smoke etc détection f
de•tec•tive [dɪˈtektɪv] inspecteur m de police
de•tec•tive nov•el roman m policier
de•tec•tor [dɪˈtektər] détecteur m
dé•tente [deɪtɑːnt] POL détente f
de•ten•tion [dɪˈtenʃn] (imprisonment) détention f
de•ter [dɪˈtɜːr] v/t (pret & pp -red) décourager, dissuader; **deter s.o. from doing sth** dissuader qn de faire qch
de•ter•gent [dɪˈtɜːrdʒənt] détergent m
de•te•ri•o•rate [dɪˈtɪrɪəreɪt] v/i se détériorer, se dégrader
de•te•ri•o•ra•tion [dɪtɪrɪəˈreɪʃn] détérioration f
de•ter•mi•na•tion [dɪtɜːrmɪˈneɪʃn] (resolution) détermination f
de•ter•mine [dɪˈtɜːrmɪn] v/t (establish) déterminer
de•ter•mined [dɪˈtɜːrmɪnd] adj déterminé, résolu; effort délibéré
de•ter•rent [dɪˈterənt] n moyen m de dissuasion
de•test [dɪˈtest] v/t détester
de•test•a•ble [dɪˈtestəbl] adj détestable
de•to•nate ['detəneɪt] 1 v/t faire exploser 2 v/i détoner
de•to•na•tion [detəˈneɪʃn] détonation f
de•tour ['diːtʊr] n détour m; (diversion) déviation f
◆ de•tract from [dɪˈtrækt] v/t diminuer
de•tri•ment ['detrɪmənt]: **to the detri-**

ment of au détriment de

de·tri·men·tal [detrɪ'mentl] *adj* néfaste, nuisible

deuce [du:s] *in tennis* égalité *f*

de·val·u·a·tion [di:vælju'eɪʃn] *of currency* dévaluation *f*

de·val·ue [di:'vælju:] *v/t currency* dévaluer

dev·a·state ['devəsteɪt] *v/t crops, countryside, city* dévaster, ravager; *fig: person* anéantir

dev·a·stat·ing ['devəsteɪtɪŋ] *adj* désastreux*; *news* accablant

de·vel·op [dɪ'veləp] **1** *v/t film, business* développer; *land, site* aménager; *technique, vaccine* mettre au point; *illness, cold* attraper **2** *v/i (grow)* se développer; grandir; **develop into** devenir, se transformer en

de·vel·op·er [dɪ'veləpər] *of property* promoteur(-trice) *m(f)*; **be a late developer** *of student etc* se développer tard

de·vel·op·ing coun·try [dɪ'veləpɪŋ] pays *m* en voie de développement

de·vel·op·ment [dɪ'veləpmənt] *of film, business* développement *m*; *of land, site* aménagement *m*; *(event)* événement *m*; *of technique, vaccine* mise *f* au point

de·vice [dɪ'vaɪs] *(tool)* appareil *m*

dev·il ['devl] diable *m*; **a little devil** un petit monstre

de·vi·ous ['di:vɪəs] *person* sournois; *method* détourné

de·vise [dɪ'vaɪz] *v/t* concevoir

de·void [dɪ'vɔɪd] *adj:* **be devoid of** être dénué de, être dépourvu de

dev·o·lu·tion [di:və'lu:ʃn] POL décentralisation *f*

de·vote [dɪ'vout] *v/t* consacrer

de·vot·ed [dɪ'voutɪd] *adj* son etc dévoué **(to)** à)

dev·o·tee [drvou'ti:] passionné(e) *m(f)*

de·vo·tion [dɪ'vouʃn] dévouement *m*

de·vour [dɪ'vauər] *v/t also fig* dévorer

de·vout [dɪ'vaut] *adj* fervent, pieux*

dew [du:] rosée *f*

dex·ter·i·ty [dek'sterətɪ] dextérité *f*

di·a·be·tes [daɪə'bi:ti:z] *nsg* diabète *m*

di·a·bet·ic [daɪə'betɪk] **1** *n* diabétique *m/f* **2** *adj* pour diabétique

di·ag·nose ['daɪəgnouz] *v/t* diagnostiquer

di·ag·no·sis [daɪəg'nousɪs] *(pl **diagnoses** [daɪəg'nousi:z])* diagnostic *m*

di·ag·o·nal [daɪ'ægənl] *adj* diagonal

di·ag·o·nal·ly [daɪ'ægənlɪ] *adv* en diagonale

di·a·gram ['daɪəgræm] diagramme *m*, schéma *m*

di·al ['daɪl] **1** *n* cadran *m* **2** *v/i (pret & pp -ed,* Br *-led)* TELEC faire le numéro **3** *v/t (pret & pp -ed,* Br *-led)* TELEC *number* composer, faire

di·a·lect ['daɪəlekt] dialecte *m*

di·a·log, Br **di·a·logue** [daɪəlɑ:g] dialogue *m*

'di·a·log box COMPUT boîte *f* de dialogue

'di·al tone tonalité *f*

di·am·e·ter [daɪ'æmɪtər] diamètre *m*; **6 inches in diameter** 6 pouces de diamètre

di·a·met·ri·cal·ly [daɪə'metrɪklɪ] *adv:* **diametrically opposed** diamétralement opposé

di·a·mond ['daɪmənd] *jewel* diamant *m*; *in cards* carreau *m*; *shape* losange *m*

di·a·per ['daɪpər] couche *f*

di·a·phragm ['daɪəfræm] diaphragme *m*

di·ar·rhe·a, Br **di·ar·rhoe·a** [daɪə'ri:ə] diarrhée *f*

di·a·ry ['daɪrɪ] *for thoughts* journal *m (intime); for appointments* agenda *m*

dice [daɪs] **1** *n* dé *m; pl dés mpl* **2** *v/t (cut)* couper en dés

di·chot·o·my [daɪ'kɑ:təmɪ] dichotomie *f*

dic·tate [dɪk'teɪt] *v/t letter, course of action* dicter

dic·ta·tion [dɪk'teɪʃn] dictée *f*

dic·ta·tor [dɪk'teɪtər] POL, *fig* dictateur *m*

dic·ta·to·ri·al [dɪktə'tɔ:rɪəl] *adj tone, person* autoritaire; *powers* dictatorial

dic·ta·tor·ship [dɪk'teɪtərʃɪp] dictature *f*

dic·tion·a·ry ['dɪkʃənerɪ] dictionnaire *m*

did [dɪd] *pret →* **do**

die [daɪ] *v/i* mourir; **die of cancer / Aids** mourir d'un cancer / du sida; **I'm dying to know** je meurs d'envie de savoir; **I'm dying for a beer** je meurs d'envie de boire une bière

◆ **die away** *v/i of noise* diminuer, mourir

◆ **die down** *v/i of noise* diminuer; *of storm* se calmer; *of fire* mourir, s'éteindre; *of excitement* s'apaiser

◆ **die out** *v/i* disparaître

die·sel ['di:zl] *fuel* diesel *m*, gazole *m*

di·et ['daɪət] **1** *n (regular food)* alimentation *f; to lose weight, for health* régime *m*; **be on a diet** être au régime **2** *v/i to lose weight* faire un régime

di·e·ti·tian [daɪə'tɪʃn] diététicien(ne) *m(f)*

dif·fer ['dɪfər] *v/i* différer; *(disagree)* différer

dif·fer·ence ['dɪfrəns] différence *f; (disagreement)* différend *m*, désaccord *m*; **it doesn't make any difference** cela ne fait pas de différence; *(doesn't matter)* peu importe

dif·fe·rent ['dɪfrənt] adj différent

dif·fe·ren·ti·ate [dɪfə'renʃɪeɪt] v/i: **differentiate between** things faire la différence entre; people faire des différences entre

dif·fe·rent·ly ['dɪfrəntlɪ] adv différemment

dif·fi·cult ['dɪfɪkəlt] adj difficile

dif·fi·cul·ty ['dɪfɪkəltɪ] difficulté f; **with difficulty** avec difficulté, difficilement

dif·fi·dent ['dɪfɪdənt] adj hésitant

dig [dɪg] **1** v/t (pret & pp **dug**) creuser **2** v/i (pret & pp **dug**): **it was digging into my back** cela me rentrait dans le dos

◆ **dig out** v/t (find) retrouver, dénicher

◆ **dig up** v/t (find) déterrer; garden, earth fouiller, retourner

di·gest [daɪ'dʒest] v/t digérer; information assimiler

di·ges·ti·ble [daɪ'dʒestəbl] adj food digestible, digeste

di·ges·tion [daɪ'dʒestʃn] digestion f

di·ges·tive [daɪ'dʒestɪv] adj digestif*

dig·ger ['dɪgər] machine excavateur m, excavatrice f

di·git ['dɪdʒɪt] (number) chiffre m; **a 4 digit number** un nombre à 4 chiffres

di·gi·tal ['dɪdʒɪtl] adj digital, numérique

dig·ni·fied ['dɪgnɪfaɪd] adj digne

dig·ni·ta·ry ['dɪgnɪtərɪ] dignitaire m

dig·ni·ty ['dɪgnɪtɪ] dignité f

di·gress [daɪ'gres] v/i faire une parenthèse

di·gres·sion [daɪ'greʃn] digression f

dike [daɪk] wall digue f

di·lap·i·dat·ed [dɪ'læpɪdeɪtɪd] adj délabré

di·late [daɪ'leɪt] v/i of pupils se dilater

di·lem·ma [dɪ'lemə] dilemme m; **be in a dilemma** être devant un dilemme

dil·et·tante [dɪle'tæntɪ] dilettante m/f

dil·i·gent ['dɪlɪdʒənt] adj consciencieux*

di·lute [daɪ'luːt] v/t diluer

dim [dɪm] **1** adj room, prospects sombre; light faible; outline flou, vague; (stupid) bête **2** v/t (pret & pp **-med**): **dim the headlights** se mettre en code(s) **3** v/i (pret & pp **-med**) of lights baisser

dime [daɪm] (pièce f de) dix cents mpl

di·men·sion [daɪ'menʃn] dimension f

di·min·ish [dɪ'mɪnɪʃ] v/t & v/i diminuer

di·min·u·tive [dɪ'mɪnʊtɪv] **1** n diminutif m **2** adj tout petit, minuscule

dim·ple ['dɪmpl] in cheeks fossette f

din [dɪn] n brouhaha m, vacarme

dine [daɪn] v/i fml dîner

din·er ['daɪnər] person dîneur(-euse) m(f); restaurant petit restaurant m

din·ghy ['dɪŋgɪ] small yacht dériveur m;

rubber boat canot m pneumatique

din·gy ['dɪndʒɪ] adj atmosphere glauque; (dirty) défraîchi

din·ing car ['daɪnɪŋ] RAIL wagon-restaurant m

'din·ing room salle f à manger; in hotel salle f de restaurant

'din·ing ta·ble salle f de salle à manger

din·ner ['dɪnər] dîner m; at midday déjeuner f; gathering repas m

'din·ner guest invité(e) m(f)

'din·ner jack·et smoking m

'din·ner par·ty dîner m, repas m

'din·ner ser·vice service m de table

di·no·saur ['daɪnəsɔːr] dinosaure m

dip [dɪp] **1** n (swim) baignade f; for food sauce f (dans laquelle on trempe des aliments); in road inclinaison f **2** v/t (pret & pp **-ped**) plonger, tremper; **dip the headlights** se mettre en code **3** v/i (pret & pp **-ped**) of road s'incliner

di·plo·ma [dɪ'ploʊmə] diplôme m

di·plo·ma·cy [dɪ'ploʊməsɪ] also (tact) diplomatie f

di·plo·mat ['dɪploʊmæt] diplomate m/f

di·plo·mat·ic [dɪplə'mætɪk] adj diplomatique; (tactful) diplomate

dip·lo·mat·i·cal·ly [dɪplə'mætɪklɪ] adv diplomatiquement

dip·lo·mat·ic im·mu·ni·ty [dɪ'mjuːnɪtɪ] immunité f diplomatique

dire ['daɪr] adj situation désespérée; consequences terrible; need extrême

di·rect [daɪ'rekt] **1** adj direct **2** v/t to a place indiquer (**to sth** qch); play mettre en scène; movie réaliser; attention diriger

di·rect 'cur·rent ELEC courant m continu

di·rec·tion [dɪ'rekʃn] direction f; of movie réalisation f; of play mise f en scène; **directions** (instructions) indications fpl; for use mode m d'emploi; for medicine instructions fpl; **ask for directions** to a place demander son chemin

di·rec·tion 'in·di·ca·tor Br MOT clignotant m

di·rec·tive [dɪ'rektɪv] of UN etc directive f

di·rect·ly [dɪ'rektlɪ] **1** adv (straight) directement; (soon) dans très peu de temps; (immediately) immédiatement **2** conj aussitôt que

di·rec·tor [dɪ'rektər] of company directeur(-trice) m(f); of movie réalisateur (-trice) m(f); of play metteur(-euse) m(f) en scène

di·rec·to·ry [dɪ'rektərɪ] répertoire m (d'adresses); TELEC annuaire m (des téléphones); COMPUT répertoire m

dirt [dɜːrt] saleté f, crasse f

'dirt cheap adj F très bon marché

dirt•y ['dɜːrtɪ] 1 adj sale; (pornographic) cochon* F 2 v/t (pret & pp -ied) salir

'dirt•y 'trick sale tour m

dis•a•bil•i•ty [dɪsə'bɪlətɪ] infirmité f, handicap m

dis•a•bled [dɪs'eɪbld] 1 npl: the disabled les handicapés mpl 2 adj handicapé

dis•ad•van•tage [dɪsəd'væntɪdʒ] désavantage m, inconvénient m; be at a disadvantage être désavantagé

dis•ad•van•taged [dɪsəd'væntɪdʒd] adj défavorisé

dis•ad•van•ta•geous [dɪsædvən'teɪdʒəs] adj désavantageux*, défavorable

dis•a•gree [dɪsə'griː] v/i of person ne pas être d'accord

◆ disagree with v/t of person être contre; lobster disagrees with me je ne digère pas le homard

dis•a•gree•a•ble [dɪsə'griːəbl] adj désagréable

dis•a•gree•ment [dɪsə'griːmənt] désaccord m; (argument) dispute f

dis•ap•pear [dɪsə'pɪr] v/i disparaître

dis•ap•pear•ance [dɪsə'pɪrəns] disparition f

dis•ap•point [dɪsə'pɔɪnt] v/t décevoir

dis•ap•point•ed [dɪsə'pɔɪntɪd] adj déçu

dis•ap•point•ing [dɪsə'pɔɪntɪŋ] adj décevant

dis•ap•point•ment [dɪsə'pɔɪntmənt] déception f

dis•ap•prov•al [dɪsə'pruːvl] désapprobation f

dis•ap•prove [dɪsə'pruːv] v/i désapprouver; disapprove of actions désapprouver; s.o. ne pas aimer

dis•ap•prov•ing [dɪsə'pruːvɪŋ] adj désapprobateur*

dis•ap•prov•ing•ly [dɪsə'pruːvɪŋlɪ] adv avec désapprobation

dis•arm [dɪs'ɑːrm] 1 v/t désarmer 2 v/i désarmer

dis•ar•ma•ment [dɪs'ɑːrməmənt] désarmement m

dis•arm•ing [dɪs'ɑːrmɪŋ] adj désarmant

dis•as•ter [dɪ'zæstər] désastre m

di'sas•ter ar•e•a région f sinistrée; fig: person catastrophe f (ambulante)

di•sas•trous [dɪ'zæstrəs] adj désastreux*

dis•band [dɪs'bænd] 1 v/t disperser 2 v/i se disperser

dis•be•lief [dɪsbə'liːf] incrédulité f; in disbelief avec incrédulité

disc [dɪsk] disque m; CD CD m

dis•card [dɪ'skɑːrd] v/t old clothes etc se débarrasser de; boyfriend, theory abandonner

di•scern [dɪ'sɜːrn] v/t discerner

di•scern•i•ble [dɪ'sɜːrnəbl] adj visible; improvement perceptible

di•scern•ing [dɪ'sɜːrnɪŋ] adj judicieux*

dis•charge ['dɪstʃɑːrdʒ] 1 n from hospital sortie f; MIL for disciplinary reasons révocation f; MIL for health reasons réforme f 2 v/t [dɪs'tʃɑːrdʒ] from hospital faire sortir; MIL for disciplinary reasons révoquer; MIL for health reasons réformer; from job renvoyer; discharge o.s. from hospital décider de sortir

di•sci•ple [dɪ'saɪpl] religious disciple m/f

dis•ci•pli•nar•y [dɪsɪ'plɪnərɪ] adj disciplinaire

dis•ci•pline ['dɪsɪplɪn] 1 n discipline f 2 v/t child, dog discipliner; employee punir

dis•claim [dɪs'kleɪm] v/t nier

dis•close [dɪs'klouz] v/t révéler, divulguer

dis•clo•sure [dɪs'klouʒər] of information, name révélation f, divulgation f; about scandal etc révélation f

dis•co ['dɪskou] discothèque f; type of dance, music disco m; school disco soirée f (de l'école)

dis•col•or, Br dis•col•our [dɪs'kʌlər] v/i décolorer

dis•com•fort [dɪs'kʌmfərt] n gêne f; be in discomfort être incommodé

dis•con•cert [dɪskən'sɜːrt] v/t déconcerter

dis•con•cert•ed [dɪskən'sɜːrtɪd] adj déconcerté

dis•con•nect [dɪskə'nekt] v/t hose etc détacher; electrical appliance etc débrancher; supply, telephones couper; I was disconnected TELEC j'ai été coupé

dis•con•so•late [dɪs'kɑːnsələt] adj inconsolable

dis•con•tent [dɪskən'tent] mécontentement m

dis•con•tent•ed [dɪskən'tentɪd] adj mécontent

dis•con•tin•ue [dɪskən'tɪnuː] v/t product, magazine arrêter; bus, train service supprimer

dis•cord ['dɪskɔːrd] MUS dissonance f; in relations discorde f

dis•co•theque ['dɪskətek] discothèque f

dis•count ['dɪskaunt] 1 n remise f 2 v/t [dɪs'kaunt] goods escompter; theory ne pas tenir compte de

dis•cour•age [dɪs'kʌrɪdʒ] v/t décourager

dis•cour•age•ment [dɪs'kʌrɪdʒmənt] découragement m

dis•cov•er [dɪ'skʌvər] v/t découvrir

dis•cov•er•er [dɪˈskʌvərər] découvreur (-euse) m(f)

dis•cov•e•ry [dɪˈskʌvərɪ] découverte f

dis•cred•it [dɪsˈkredɪt] v/t discréditer

dis•creet [dɪˈskriːt] adj discret*

dis•creet•ly [dɪˈskriːtlɪ] adv discrètement

dis•crep•an•cy [dɪˈskrepənsɪ] divergence f

dis•cre•tion [dɪˈskreʃn] discrétion f; **at your discretion** à votre discrétion

dis•crim•i•nate [dɪˈskrɪmɪneɪt] v/i: **discriminate against** pratiquer une discrimination contre; **be discriminated against** être victime de discrimination; **discriminate between sth and sth** distinguer qch de qch

dis•crim•i•nat•ing [dɪˈskrɪmɪneɪtɪŋ] adj avisé

dis•crim•i•na•tion [dɪskrɪmɪˈneɪʃn] sexual, racial etc discrimination f

dis•cus [ˈdɪskəs] SP object disque m; event (lancer m du) disque m

dis•cuss [dɪˈskʌs] v/t discuter de; of article traiter de

dis•cus•sion [dɪˈskʌʃn] discussion f

'dis•cus throw•er [ˈθrouər] lanceur (-euse) m(f) de disque

dis•ease [dɪˈziːz] maladie f

dis•em•bark [dɪsəmˈbɑːrk] v/i débarquer

dis•en•chant•ed [dɪsənˈtʃæntɪd] adj désenchanté (**with** par)

dis•en•gage [dɪsənˈgeɪdʒ] v/t dégager

dis•en•tan•gle [dɪsənˈtæŋgl] v/t démêler

dis•fig•ure [dɪsˈfɪgər] v/t défigurer

dis•grace [dɪsˈgreɪs] **1** n honte f; **be a disgrace to** faire honte à; **it's a disgrace** c'est une honte ou un scandale; **in disgrace** en disgrâce **2** v/t faire honte à

dis•grace•ful [dɪsˈgreɪsfʊl] adj behavior, situation honteux*, scandaleux*

dis•grunt•led [dɪsˈgrʌntld] adj mécontent

dis•guise [dɪsˈgaɪz] **1** n déguisement m; **in disguise** déguisé **2** v/t voice, handwriting déguiser; fear, anxiety dissimuler; **disguise o.s. as** se déguiser en; **he was disguised as** il était déguisé en

dis•gust [dɪsˈgʌst] **1** n dégoût m; **in disgust** dégoûté **2** v/t dégoûter

dis•gust•ing [dɪsˈgʌstɪŋ] adj dégoûtant

dish [dɪʃ] plat m; **dishes** vaisselle f

'dish•cloth for washing lavette f; Br for drying torchon m

dis•heart•ened [dɪsˈhɑːrtnd] adj découragé

dis•heart•en•ing [dɪsˈhɑːrtnɪŋ] adj décourageant

di•shev•eled, Br **di•shev•el•led** [dɪˈʃ-

evld] adj hair ébouriffé; clothes en désordre; person débraillé

dis•hon•est [dɪsˈɑːnɪst] adj malhonnête

dis•hon•est•y [dɪsˈɑːnɪstɪ] malhonnêteté f

dis•hon•or [dɪsˈɑːnər] n déshonneur m; **bring dishonor on** déshonorer

dis•hon•o•ra•ble [dɪsˈɑːnərəbl] adj déshonorant

dis•hon•our etc Br → **dishonor** etc

'dish•wash•er person plongeur(-euse) m(f); machine lave-vaisselle m

'dish•wash•ing liq•uid produit m à vaisselle

'dish•wa•ter eau f de vaisselle

dis•il•lu•sion [dɪsɪˈluːʒn] v/t désillusionner

dis•il•lu•sion•ment [dɪsɪˈluːʒnmənt] désillusion f

dis•in•clined [dɪsɪnˈklaɪnd] adj peu disposé or enclin (**to** à)

dis•in•fect [dɪsɪnˈfekt] v/t désinfecter

dis•in•fec•tant [dɪsɪnˈfektənt] désinfectant m

dis•in•her•it [dɪsɪnˈherɪt] v/t déshériter

dis•in•te•grate [dɪsˈɪntəgreɪt] v/i se désintégrer; of marriage se désagréger

dis•in•ter•est•ed [dɪsˈɪntərestɪd] adj (unbiased) désintéressé

dis•joint•ed [dɪsˈdʒɔɪntɪd] adj incohérent, décousu

disk [dɪsk] also COMPUT disque m; floppy disquette f; **on disk** sur disque / disquette

'disk drive COMPUT lecteur m de disque / disquette

disk•ette [dɪsˈket] disquette f

dis•like [dɪsˈlaɪk] **1** n aversion f; **take a dislike to s.o.** prendre qn en grippe; **her likes and dislikes** ce qu'elle aime et ce qu'elle n'aime pas **2** v/t ne pas aimer

dis•lo•cate [ˈdɪsləkeɪt] v/t shoulder disloquer

dis•lodge [dɪsˈlɑːdʒ] v/t déplacer

dis•loy•al [dɪsˈlɔɪəl] adj déloyal

dis•loy•al•ty [dɪsˈlɔɪəltɪ] déloyauté f

dis•mal [ˈdɪzməl] adj weather morne; news, prospect sombre; person (sad) triste; person (negative) lugubre; failure lamentable

dis•man•tle [dɪsˈmæntl] v/t object démonter; organization démanteler

dis•may [dɪsˈmeɪ] **1** n consternation f **2** v/t consterner

dis•miss [dɪsˈmɪs] v/t employee renvoyer; suggestion rejeter; idea, thought écarter; possibility exclure

dis•miss•al [dɪsˈmɪsl] of employee renvoi m

dis•mount [dɪsˈmaʊnt] *v/i* descendre

dis•o•be•di•ence [dɪsəˈbiːdɪəns] désobéissance *f*

dis•o•be•di•ent [dɪsəˈbiːdɪənt] *adj* désobéissant

dis•o•bey [dɪsəˈbeɪ] *v/t* désobéir à

dis•or•der [dɪsˈɔːrdər] (*untidiness*) désordre *m*; (*unrest*) désordre(s) *m(pl)*; MED troubles *mpl*

dis•or•der•ly [dɪsˈɔːrdərlɪ] *adj room, desk* en désordre; (*unruly*) indiscipliné; *disorderly conduct* trouble *m* à l'ordre public

dis•or•gan•ized [dɪsˈɔːrgənaɪzd] *adj* désorganisé

dis•or•ient•ed [dɪsˈɔːrɪəntɪd] *adj* désorienté

dis•own [dɪsˈoʊn] *v/t* désavouer, renier

dis•par•ag•ing [dɪˈspærɪdʒɪŋ] *adj* désobligeant

dis•par•i•ty [dɪˈspærətɪ] disparité *f*

dis•pas•sion•ate [dɪˈspæʃənət] *adj* (*objective*) impartial, objectif*

dis•patch [dɪˈspætʃ] *v/t* (*send*) envoyer

dis•pen•sa•ry [dɪˈspensərɪ] *in pharmacy* officine *f*

◆ dis•pense with [dɪˈspens] *v/t* se passer de

dis•perse [dɪˈspɜːrs] **1** *v/t* disperser **2** *v/i* se disperser

dis•pir•it•ed [dɪˈspɪrɪtɪd] *adj* abattu

dis•place [dɪsˈpleɪs] *v/t* (*supplant*) supplanter

dis•play [dɪˈspleɪ] **1** *n of paintings etc* exposition *f*; *of emotion, in store window* étalage *m*; COMPUT affichage *m*; *be on display at exhibition, for sale* être exposé **2** *v/t emotion* montrer; *at exhibition, for sale* exposer; COMPUT afficher

dis•play cab•i•net *in museum, store* vitrine *f*

dis•please [dɪsˈpliːz] *v/t* déplaire à

dis•plea•sure [dɪsˈpleʒər] mécontentement *m*

dis•po•sa•ble [dɪˈspoʊzəbl] *adj* jetable

dis•po•sa•ble in•come salaire *m* disponible

dis•pos•al [dɪˈspoʊzl] *of waste* élimination *f*; (*sale*) cession *f*; *I am at your disposal* je suis à votre disposition; *put sth at s.o.'s disposal* mettre qch à la disposition de qn

◆ dis•pose of [dɪˈspoʊz] *v/t* (*get rid of*) se débarrasser de; *rubbish* jeter; (*sell*) céder

dis•posed [dɪˈspoʊzd] *adj*: *be disposed to do sth* (*willing*) être disposé à faire qch; *be well disposed toward* être bien disposé à l'égard de

dis•po•si•tion [dɪspəˈzɪʃn] (*nature*) disposition *f*

dis•pro•por•tion•ate [dɪsprəˈpɔːrʃənət] *adj* disproportionné

dis•prove [dɪsˈpruːv] *v/t* réfuter

dis•pute [dɪˈspjuːt] **1** *n* contestation *f*; *between two countries* conflit *m*; *industrial dispute* conflit *m* social; *that's not in dispute* cela n'est pas remis en cause **2** *v/t* contester; (*fight over*) se disputer

dis•qual•i•fi•ca•tion [dɪskwɑːlɪfɪˈkeɪʃn] disqualification *f*

dis•qual•i•fy [dɪsˈkwɑːlɪfaɪ] *v/t* (*pret & pp -ied*) disqualifier

dis•re•gard [dɪsrəˈgɑːrd] **1** *n* indifférence *f* (*for* à l'égard de) **2** *v/t* ne tenir aucun compte de

dis•re•pair [dɪsrəˈper]: *in a state of disrepair* délabré

dis•rep•u•ta•ble [dɪsˈrepjʊtəbl] *adj* peu recommandable

dis•re•spect [dɪsrəˈspekt] manque *m* de respect, irrespect *m*

dis•re•spect•ful [dɪsrəˈspektfʊl] *adj* irrespectueux*

dis•rupt [dɪsˈrʌpt] *v/t* perturber

dis•rup•tion [dɪsˈrʌpʃn] perturbation *f*

dis•rup•tive [dɪsˈrʌptɪv] *adj* perturbateur*; *be a disruptive influence* être un élément perturbateur

dis•sat•is•fac•tion [dɪssætɪsˈfækʃn] mécontentement *m*

dis•sat•is•fied [dɪsˈsætɪsfaɪd] *adj* mécontent

dis•sen•sion [dɪˈsenʃn] dissension *f*

dis•sent [dɪˈsent] **1** *n* dissensions *fpl* **2** *v/i*: *dissent from* s'opposer à

dis•si•dent [ˈdɪsɪdənt] *n* dissident(e) *m(f)*

dis•sim•i•lar [dɪˈsɪmɪlər] *adj* différent

dis•so•ci•ate [dɪˈsoʊʃɪeɪt] *v/t*: *dissociate o.s. from* se démarquer de

dis•so•lute [ˈdɪsəluːt] *adj* dissolu

dis•so•lu•tion [ˌdɪsəluːʃn] POL dissolution *f*

dis•solve [dɪˈzɑːlv] **1** *v/t in liquid* dissoudre **2** *v/i of substance* se dissoudre

dis•suade [dɪˈsweɪd] *v/t* dissuader (*from doing sth* de faire qch)

dis•tance [ˈdɪstəns] **1** *n* distance *f*; *in the distance* au loin **2** *v/t*: *distance o.s. from* se distancier de

dis•tant [ˈdɪstənt] *adj place, time, relative* éloigné; *fig* (*aloof*) distant

dis•taste [dɪsˈteɪst] dégoût *m*

dis•taste•ful [dɪsˈteɪstfʊl] *adj* désagréable

dis•till•er•y [dɪsˈtɪlərɪ] distillerie *f*

dis•tinct [dɪˈstɪŋkt] *adj* (*clear*) net*; (*different*) distinct; *as distinct from* par opposition à

dis•tinc•tion [dɪ'stɪŋkʃn] (*differentiation*) distinction *f*; **hotel / product of distinction** hôtel / produit réputé

dis•tinc•tive [dɪ'stɪŋktɪv] *adj* distinctif*

dis•tinct•ly [dɪ'stɪŋktlɪ] *adv* distinctement; (*decidedly*) vraiment

dis•tin•guish [dɪ'stɪŋgwɪʃ] *v/t* (*see*) distinguer; **distinguish between X and Y** distinguer X de Y

dis•tin•guished [dɪ'stɪŋgwɪʃt] *adj* distingué

dis•tort [dɪ'stɔːrt] *v/t* déformer

dis•tract [dɪ'strækt] *v/t person* distraire; *attention* détourner

dis•tract•ed [dɪ'stræktɪd] *adj* (*worried*) préoccupé

dis•trac•tion [dɪ'strækʃn] distraction *f*; *of attention* détournement *m*; **drive s.o. to distraction** rendre qn fou

dis•traught [dɪ'strɔːt] *adj* angoissé; **distraught with grief** fou* de chagrin

dis•tress [dɪ'stres] **1** *n* douleur *f*; **in distress** *ship, aircraft* en détresse **2** *v/t* (*upset*) affliger

dis•tress•ing [dɪ'stresɪŋ] *adj* pénible

dis•tress sig•nal [dɪ'stresɪŋ] signal *m* de détresse

dis•trib•ute [dɪ'strɪbjuːt] *v/t also* COMM distribuer; *wealth* répartir

dis•tri•bu•tion [dɪstrɪ'bjuːʃn] *also* COMM distribution *f*; *of wealth* répartition *f*

dis•trib•u•tor [dɪ'strɪbjuːtər] COMM distributeur *m*

dis•trict [dɪstrɪkt] *of town* quartier *m*; *of country* région *f*

dis•trict at•tor•ney procureur *m*

dis•trust [dɪs'trʌst] **1** *n* méfiance *f* **2** *v/t* se méfier de

dis•turb [dɪ'stɜːrb] (*interrupt*) déranger; (*upset*) inquiéter; **do not disturb** ne pas déranger

dis•turb•ance [dɪ'stɜːrbəns] (*interruption*) dérangement *m*; **disturbances** (*civil unrest*) troubles *mpl*

dis•turbed [dɪ'stɜːrbd] *adj* (*concerned, worried*) perturbé; (*mentally*) dérangé

dis•turb•ing [dɪ'stɜːrbɪŋ] *adj* perturbant

dis•used [dɪs'juːzd] *adj* désaffecté

ditch [dɪtʃ] **1** *n* fossé *m* **2** *v/t* F (*get rid of*) se débarrasser de; *boyfriend, plan* laisser tomber

dith•er ['dɪðər] *v/i* hésiter

dive [daɪv] **1** *n* plongeon *m*; *underwater* plongée *f*; *of plane* (vol *m*) piqué *m*; *F bar etc* bouge *m*, boui-boui *m* F; **take a dive** F *of dollar etc* dégringoler **2** *v/i* (*pret also* **dove** [douv]) plonger; *underwater* faire de la plongée sous-marine; *of plane* descendre en piqué

div•er ['daɪvər] plongeur(-euse) *m(f)*

di•verge [daɪ'vɜːrdʒ] *v/i* diverger

di•verse [daɪ'vɜːrs] *adj* divers

di•ver•si•fi•ca•tion [daɪvɜːrsɪfɪ'keɪʃn] COMM diversification *f*

di•ver•si•fy [daɪ'vɜːrsɪfaɪ] *v/i* (*pret & pp -ied*) COMM se diversifier

di•ver•sion [daɪ'vɜːrʃn] *for traffic* déviation *f*; *to distract attention* diversion *f*

di•ver•si•ty [daɪ'vɜːrsətɪ] diversité *f*

di•vert [daɪ'vɜːrt] *v/t traffic* dévier; *attention* détourner

di•vest [daɪ'vest] *v/t*: **divest s.o. of sth** dépouiller qn de qch

di•vide [daɪ'vaɪd] *v/t* (*share*) partager; MATH, *fig: country, family* diviser

div•i•dend ['dɪvɪdend] FIN dividende *m*; **pay dividends** *fig* porter ses fruits

di•vine [daɪ'vaɪn] *adj also* F divin

div•ing ['daɪvɪŋ] *from board* plongeon *m*; *underwater* plongée *f* (sous-marine)

'div•ing board plongeoir *m*

di•vis•i•ble [dɪ'vɪzəbl] *adj* divisible

di•vi•sion [dɪ'vɪʒn] division *f*

di•vorce [dɪ'vɔːrs] **1** *n* divorce *m*; **get a divorce** divorcer **2** *v/t* divorcer de; **get divorced** divorcer **3** *v/i* divorcer

di•vorced [dɪ'vɔːrst] *adj* divorcé

di•vor•cee [dɪvɔːr'siː] divorcé(e) *m(f)*

di•vulge [daɪ'vʌldʒ] *v/t* divulguer

DIY [diːaɪ'waɪ] *abbr* (= **do it yourself**) bricolage *m*

DI'Y store magasin *m* de bricolage

diz•zi•ness ['dɪzɪnɪs] vertige *m*

diz•zy ['dɪzɪ] *adj*: **feel dizzy** avoir un vertige *or* des vertiges, avoir la tête qui tourne

DJ ['diːdʒeɪ] *abbr* (= **disc jockey**) D.J. *m/f* (= disc-jockey); (= **dinner jacket**) smoking *m*

DNA [diːen'eɪ] *abbr* (= **deoxyribonucleic acid**) AND *m* (= acide *m* désoxyribonucléique)

do [duː] **1** *v/t* (*pret* **did**, *pp* **done**) faire; **do one's hair** se coiffer; **do French / chemistry** faire du français / de la chimie; **do 100mph** faire du 100 miles à l'heure; **what are you doing tonight?** que faites-vous ce soir?; **I don't know what to do** je ne sais pas quoi faire; **have one's hair done** se faire coiffer **2** *v/i* (*be suitable, enough*) aller; **that will do!** ça va!; **do well** *in health, of business* aller bien; (*be successful*) réussir; **do well at school** être bon à l'école; **well done!** (*congratulations!*) bien!; **how do you do?** enchanté **3** *v/aux* ◇: **do you know him?** est-ce que vous le connaissez?; **I don't know** je ne sais pas; **do be quick** surtout dépêche-toi; **do you like Cherbourg?** -

yes **I do** est-ce que vous aimez Cherbourg? - oui; **you don't know the answer, do you? - no I don't** vous ne connaissez pas la réponse, n'est-ce pas? - non
◇ *tags*: **he works hard, doesn't he?** il travaille beaucoup, non?; **you don't believe me, do you?** tu ne me crois pas, hein?; **you do believe me, don't you?** vous me croyez, n'est-ce pas?
♦ **do away with** *v/t* (*abolish*) supprimer
♦ **do in** *v/t* F (*exhaust*) épuiser; **I'm done in** je suis mort (de fatigue) F
♦ **do out of** *v/t*: **do s.o. out of sth by cheating** escroquer qn de qch
♦ **do up** *v/t building* rénover; *street* refaire; (*fasten*), *coat etc* fermer; *laces* faire
♦ **do with** *v/t*: **I could do with a cup of coffee** j'aurais bien besoin d'un café; **this room could do with new drapes** cette pièce aurait besoin de nouveaux rideaux; **he won't have anything to do with it** (*won't be involved*) il ne veut pas y être impliqué
♦ **do without** *v/i* s'en passer **2** *v/t* se passer de
do•cile ['dəusaɪl] *adj* docile
dock[1] [dɑːk] **1** *n* NAUT bassin *m* **2** *v/i of ship* entrer au bassin; *of spaceship* s'arrimer
dock[2] [dɑːk] *n* LAW banc *m* des accusés
'**dock•yard** *Br* chantier *m* naval
doc•tor ['dɑːktər] *n* MED docteur *m*, médecin *m*; *form of address* docteur
doc•tor•ate ['dɑːktərət] doctorat *m*
doc•trine ['dɑːktrɪn] doctrine *f*
doc•u•dra•ma ['dɑːkjuːdrɑːmə] docudrame *m*
doc•u•ment ['dɑːkjuːmənt] *n* document *m*
doc•u•men•ta•ry [dɑːkjuː'mentərɪ] *n program* documentaire *m*
doc•u•men•ta•tion [dɑːkjumen'teɪʃn] documentation *f*
dodge [dɑːdʒ] *v/t blow, person, issue* éviter; *question* éluder
dodg•ems ['dɑːdʒəms] *npl Br* auto *f* tamponneuse
doe [dəu] *deer* biche *f*
dog [dɔːg] **1** *n* chien *m* **2** *v/t* (*pret & pp* **-ged**) *of bad luck* poursuivre
'**dog catch•er** employé(e) municipal(e) qui recueille les chiens errants
'**dog-eared** ['dɔːgɪrd] *adj book* écorné
'**dog•ged** ['dɔːgɪd] *adj* tenace
'**dog•gie** ['dɔːgɪ] *in children's language* toutou *m* F
'**dog•gy bag** ['dɔːgɪbæg] sac pour emporter les restes
'**dog•house**: **be in the doghouse** F être

en disgrâce
dog•ma ['dɔːgmə] dogme *m*
dog•mat•ic [dɔːg'mætɪk] *adj* dogmatique
do-good•er ['duːgudər] *pej* âme *f* charitable
'**dogs•body** ['dɔːgzbɑːdɪ] F bon(ne) *m(f)* à tout faire
'**dog tag** MIL plaque *f* d'identification
'**dog-tired** *adj* F crevé F
do-it-your•self ['duːɪtjər'self] bricolage *m*
dol•drums ['dəuldrəmz]: **be in the doldrums** *of economy* être dans le marasme; *of person* avoir le cafard
♦ **dole out** *v/t* distribuer
doll [dɑːl] *also* F *woman* poupée *f*
♦ **doll up** *v/t*: **get dolled up** se bichonner
dol•lar ['dɑːlər] dollar *m*
dol•lop ['dɑːləp] *n* F *of cream etc* bonne cuillerée *f*
dol•phin ['dɑːlfɪn] dauphin *m*
dome [dəum] *of building* dôme *m*
do•mes•tic [də'mestɪk] *adj chores* domestique; *news* national; *policy* intérieur
do•mes•tic 'an•i•mal animal *m* domestique
do•mes•ti•cate [də'mestɪkeɪt] *v/t animal* domestiquer; **be domesticated** *of person* aimer les travaux ménagers
do'mes•tic flight vol *m* intérieur
dom•i•nant ['dɑːmɪnənt] *adj* dominant
dom•i•nate ['dɑːmɪneɪt] *v/t* dominer
dom•i•na•tion [dɑːmɪ'neɪʃn] domination *f*
dom•i•neer•ing [dɑːmɪ'nɪrɪŋ] *adj* dominateur*
do•nate [dəu'neɪt] *v/t* faire don de
do•na•tion [dəu'neɪʃn] don *m*
don•key ['dɑːŋkɪ] âne *m*
do•nor ['dəunər] *of money* donateur(-trice) *m(f)*; MED donneur(-euse) *m(f)*
do•nut ['dəunʌt] beignet *m*
doo•dle ['duːdl] *v/i* griffonner
doom [duːm] *n* (*fate*) destin *m*; (*ruin*) ruine *f*
doomed [duːmd] *adj project* voué à l'échec; **we are doomed** nous sommes condamnés; **the doomed ship** le navire qui allait couler; **the doomed plane** l'avion qui allait s'écraser
door [dɔːr] porte *f*; *of car* portière *f*; (*entrance*) entrée *f*; **there's someone at the door** il y a quelqu'un à la porte
'**door•bell** sonnette *f*
'**door•knob** poignée *f* de porte *or* de portière
'**door•man** portier *m*
'**door•mat** paillasson *m*
'**door•step** pas *m* de porte

'**door•way** embrasure *f* de porte

dope [doup] **1** *n* (*drugs*) drogue *f*; (*idiot*) idiot(e) *m(f)*; (*information*) tuyaux *mpl* F **2** *v/t* doper

dor•mant ['dɔːrmənt] *adj* plant dormant; **dormant volcano** volcan *m* en repos

dor•mi•to•ry ['dɔːrmɪtɔːrɪ] résidence *f* universitaire; *Br* dortoir *m*

dos•age ['dousɪdʒ] dose *f*

dose [dous] *n* dose *f*

dot [dɑːt] *n* also e-mail address point *m*; **at six o'clock on the dot** à six heures pile

dot.com (**com•pa•ny**) [dɑːt'kɑːm] société *f* dot.com

◆ **dote on** [dout] *v/t* raffoler de

dot•ing ['doutɪŋ] *adj: his doting parents* ses parents qui raffolent de lui

dot•ted line ['dɑːtɪd] pointillés *mpl*

dot•ty ['dɑːtɪ] *adj* F toqué F

dou•ble ['dʌbl] **1** *n* double *m*; *of film star* doublure *f*; *room* chambre *f* pour deux personnes **2** *adj* double; *doors* à deux battants; *sink* à deux bacs; *her salary is double his* son salaire est le double du sien; *in double figures* à deux chiffres **3** *adv* deux fois (plus); *double the size* deux fois plus grand **4** *v/t* doubler **5** *v/i* doubler

◆ **double back** *v/i* (*go back*) revenir sur ses pas

◆ **double up** *v/i in pain* se plier en deux; *sharing room* partager une chambre

dou•ble-'bass contrebasse *f*

dou•ble 'bed grand lit *m*

dou•ble-breast•ed [dʌbl'brestɪd] *adj* croisé

dou•ble'check *v/t & v/i* revérifier

dou•ble 'chin double menton *m*

dou•ble 'cross *v/t* trahir

dou•ble 'glaz•ing double vitrage *m*

dou•ble'park *v/i* stationner en deux file

dou•ble-quick *adj: in double-quick time* en un rien de temps

'**dou•ble room** chambre *f* pour deux personnes

dou•bles ['dʌblz] *in tennis* double *m*

doubt [daut] **1** *n* doute *m*; *be in doubt* être incertain; *no doubt* (*probably*) sans doute **2** *v/t: doubt s.o./sth* douter de qn / qch; *doubt that ...* douter que ... (+*subj*)

doubt•ful ['dautful] *adj* remark, look douteux*; *be doubtful of person* avoir des doutes; *it is doubtful whether ...* il est douteux que ... (+*subj*)

doubt•ful•ly ['dautflɪ] *adv* dubitativement

doubt•less ['dautlɪs] *adv* sans aucun doute

dough [dou] pâte *f*; F (*money*) fric *m* F

dough•nut ['dounʌt] *Br* beignet *m*

dove[1] [dʌv] *also fig* colombe *f*

dove[2] [douv] *pret* → *dive*

Do•ver ['douvər] Douvres

dow•dy ['daudɪ] *adj* peu élégant

Dow Jones Av•er•age [dau'dʒounz] indice *m* Dow-Jones

down[1] [daun] *n* (*feathers*) duvet *m*

down[2] **1** *adv* (*downward*) en bas, vers le bas; (*onto the ground*) par terre; *down there* là-bas; *take the plates down* descendre les assiettes; *put sth down* poser qch; *pull the shade down* baisser le store; *come down* of leaves etc tomber; *shoot a plane down* abattre un avion; *cut down a tree* abattre or couper un arbre; *fall down* tomber; *die down* se calmer; *$200 down* (*as deposit*) 200 dollars d'acompte; *down south* dans le sud; *be down* of price, rate, numbers, amount être en baisse; (*not working*) être en panne; F (*depressed*) être déprimé **2** *prep* (*along*) le long de; *run down the stairs* descendre les escaliers en courant; *look down a list* parcourir une liste; *it's half-way down Baker Street* c'est au milieu de Baker Street; *it's just down the street* c'est à deux pas **3** *v/t* (*swallow*) avaler; (*destroy*) abattre

'**down-and-out** *n* clochard(e) *m(f)*

'**down•cast** *adj* abattu

'**down•fall** chute *f*; *alcohol etc* ruine *f*

'**down•grade** *v/t* employee rétrograder

down•heart•ed [daun'hɑːrtɪd] *adj* déprimé

down'hill *adv: the road goes downhill* la route descend; *go downhill fig* être sur le déclin

down'hill ski•ing ski *m* alpin

'**down•load** *v/t* COMPUT télécharger

'**down•mar•ket** *adj* bas de gamme

'**down pay•ment** paiement *m* au comptant

'**down•play** *v/t* minimiser

'**down•pour** averse *f*

'**down•right 1** *adj* idiot, nuisance etc parfait; *lie* éhonté **2** *adv* dangerous, stupid etc franchement

'**down•side** (*disadvantage*) inconvénient *m*

'**down•size 1** *v/t* car etc réduire la taille de; *company* réduire les effectifs de **2** *v/i* of company réduire ses effectifs

'**down•stairs 1** *adj* neighbors etc d'en bas **2** *adv* en bas

down-to-'earth *adj* approach, person terre-à-terre

'down•town 1 adj du centre-ville **2** adv en ville

'down•turn in economy baisse f

'down•ward 1 adj glance vers le bas; trend à la baisse **2** adv look vers le bas; revise figures à la baisse

doze [dəʊz] **1** n petit somme m **2** v/i sommeiller

◆ **doze off** v/i s'assoupir

doz•en ['dʌzn] douzaine f; **a dozen eggs** une douzaine d'œufs; **dozens of** F des tas mpl de

drab [dræb] adj terne

draft [dræft] **1** n of air courant m d'air; of document brouillon m; MIL conscription f; **draft (beer), beer on draft** bière f à la pression **2** v/t document faire le brouillon de; (write) rédiger; MIL appeler

draft dodg•er ['dræftdɑːdʒər] MIL réfractaire m

draft•ee [dræft'iː] MIL appelé m

drafts•man ['dræftsmən] dessinateur (-trice) m(f)

draft•y ['dræftɪ] adj plein de courants d'air

drag [dræg] **1** n: **it's a drag having to ...** F c'est barbant de devoir ... F; **he's a drag** F il est mortel F; **the main drag** P la rue principale; **in drag** en travesti **2** v/t (pret & pp -ged) traîner, tirer; (search) draguer; **drag o.s. into work** se traîner jusqu'au boulot **3** v/i of time se traîner; of show, movie traîner en longueur; **drag s.o. into sth** (involve) mêler qn à qch; **drag sth out of s.o.** (get information from) arracher qch à qn

◆ **drag away** v/t: **drag o.s. away from the TV** s'arracher de la télé

◆ **drag in** v/t into conversation placer

◆ **drag on** v/i (last long time) s'éterniser

◆ **drag out** v/t (prolong) faire durer

◆ **drag up** v/t F (mention) remettre sur le tapis

drag•on ['drægn] also fig dragon m

drain [dreɪn] **1** n pipe tuyau m d'écoulement; under street égout m; **be a drain on resources** épuiser les ressources **2** v/t oil vidanger; vegetables égoutter; land drainer; glass, tank vider; (exhaust: person) épuiser **3** v/i of dishes égoutter

◆ **drain away** v/i of liquid s'écouler

◆ **drain off** v/t water évacuer

drain•age ['dreɪnɪdʒ] (drains) système m d'écoulement des eaux usées; of water from soil drainage m

'drain•pipe tuyau m d'écoulement

dra•ma ['drɑːmə] art form art m dramatique; (excitement) action f, drame m; (play) drame m

dra•mat•ic [drə'mætɪk] adj dramatique; events, scenery, decision spectaculaire; gesture théâtral

dra•mat•i•cal•ly [drə'mætɪklɪ] adv say d'un ton théâtral; decline, rise, change etc radicalement

dram•a•tist ['dræmətɪst] dramaturge m/f

dram•a•ti•za•tion [dræmətaɪ'zeɪʃn] of novel etc adaptation f

dram•a•tize ['dræmətaɪz] v/t story adapter (for pour); fig dramatiser

drank [dræŋk] pret → **drink**

drape [dreɪp] v/t cloth, coat draper, poser; **draped in** (covered with) recouvert de, enveloppé dans

drap•er•y ['dreɪpərɪ] draperie f

drapes [dreɪps] npl rideaux mpl

dras•tic ['dræstɪk] adj radical; measures also drastique

draw [drɔː] **1** n in competition match m nul; in lottery tirage m (au sort); (attraction) attraction f **2** v/t (pret **drew**, pp **drawn**) picture, map dessiner; (pull), in lottery, gun, knife tirer; (attract) attirer; (lead) emmener; from bank account retirer **3** v/i of artist dessiner; in competition faire match nul; **draw near** of person s'approcher; of date approcher

◆ **draw back 1** v/i (recoil) reculer **2** v/t (pull back) retirer; drapes ouvrir

◆ **draw on 1** v/i (approach) approcher **2** v/t (make use of) puiser dans, s'inspirer de

◆ **draw out** v/t wallet, money from bank retirer

◆ **draw up 1** v/t document rédiger; chair approcher **2** v/i of vehicle s'arrêter

'draw•back désavantage m, inconvénient m

draw•er¹ [drɔːr] of desk etc tiroir m

draw•er² [drɔːr] artist dessinateur(-trice) m(f)

draw•ing ['drɔːɪŋ] dessin m

'draw•ing board planche f à dessin; **go back to the drawing board** retourner à la case départ

drawl [drɔːl] n voix f traînante

drawn [drɔːn] pp → **draw**

dread [dred] v/t: **dread doing sth** redouter de faire qch; **dread s.o. doing sth** redouter que qn fasse (subj) qch

dread•ful ['dredful] adj épouvantable

dread•ful•ly ['dredflɪ] adv F (extremely) terriblement; behave de manière épouvantable

dream [driːm] **1** n rêve m **2** adj F house etc de ses / vos etc rêves **3** v/t & v/i rêver (about, of de)

◆ **dream up** v/t inventer

dream•er ['dri:mər] (*daydreamer*) rêveur (-euse) *m(f)*

dream•y ['dri:mɪ] *adj voice, look* rêveur*

drear•y ['drɪrɪ] *adj* morne

dredge [dredʒ] *v/t harbor, canal* draguer

◆ **dredge up** *v/t fig* déterrer

dregs [dregz] *npl* lie *f*; *of coffee* marc *m*; *the dregs of society* la lie de la société

drench [drentʃ] *v/t* tremper; *get drenched* se faire tremper

dress [dres] **1** *n for woman* robe *f*; (*clothing*) tenue *f*; *dress code* code *m* vestimentaire **2** *v/t person* habiller; *wound* panser; *get dressed* s'habiller **3** *v/i* s'habiller

◆ **dress up** *v/i* s'habiller chic, se mettre sur son trente et un; (*wear a disguise*) se déguiser; *dress up as* se déguiser en

'**dress cir•cle** premier balcon *m*

dress•er ['dresər] (*dressing table*) coiffeuse *f*; *in kitchen* buffet *m*; *be a snazzy dresser* s'habiller classe F

dress•ing ['dresɪŋ] *for salad* assaisonnement *m*; *for wound* pansement *m*

dress•ing '**down** savon *m* F; *give s.o. a dressing down* passer un savon à qn F

'**dress•ing gown** *Br* robe *f* de chambre

'**dress•ing room** *in theater* loge *f*

'**dress•ing ta•ble** coiffeuse *f*

'**dress•mak•er** couturière *f*

'**dress re•hears•al** (répétition *f*) générale *f*

dress•y ['dresɪ] *adj* F habillé

drew [dru:] *pret* → **draw**

drib•ble ['drɪbl] *v/i of person* baver; *of water* dégouliner; SP dribbler

dried [draɪd] *adj fruit etc* sec*

dri•er ['draɪər] → **dryer**

drift [drɪft] **1** *n of snow* amas *m* **2** *v/i of snow* s'amonceler; *of ship* être à la dérive; (*go off course*) dériver; *of person* aller à la dérive; *drift from town to town* aller de ville en ville

◆ **drift apart** *v/i of couple* s'éloigner l'un de l'autre

drift•er ['drɪftər] personne qui vit au jour le jour; *be a bit of a drifter* être un peu bohème

drill [drɪl] **1** *n tool* perceuse *f*; *exercise* exercice(s) *m(pl)*; MIL exercice *m* **2** *v/t hole* percer **3** *v/i for oil* forer; MIL faire l'exercice

dril•ling rig ['drɪlɪŋrɪg] *platform* plate-forme *f* de forage; *on land* tour *f* de forage

dri•ly ['draɪlɪ] *adv remark* d'un ton pince--sans-rire

drink [drɪŋk] **1** *n* boisson *f*; *can I have a drink of water* est-ce que je peux avoir de l'eau?; *go for a drink* aller boire un

verre **2** *v/t & v/i* (*pret* **drank**, *pp* **drunk**) boire; *I don't drink* je ne bois pas

◆ **drink up 1** *v/i* (*finish drink*) finir son verre **2** *v/t* (*drink completely*) finir

drink•a•ble ['drɪŋkəbl] *adj* buvable; *water* potable

drink•er ['drɪŋkər] buveur(-euse) *m(f)*

drink•ing ['drɪŋkɪŋ] *of alcohol* boisson *f*

'**drink•ing wa•ter** eau *f* potable

'**drinks ma•chine** distributeur *m* de boissons

drip [drɪp] **1** *n liquid* goutte *f*; MED goutte-à-goutte *m*, perfusion *f* **2** *v/i* (*pret & pp -ped*) goutter

drip•ping ['drɪpɪŋ] *adv*: *dripping wet* trempé

drive [draɪv] **1** *n* trajet *m* (en voiture); *outing* promenade *f* (en voiture); (*energy*) dynamisme *m*; COMPUT unité *f*, lecteur *m*; (*campaign*) campagne *f*; *it's a short drive from the station* c'est à quelques minutes de la gare en voiture; *left-/-right-hand drive* MOT conduite *f* à gauche / droite **2** *v/t* (*pret* **drove**, *pp* **driven**) *vehicle* conduire; (*be owner of*) avoir; (*take in car*) amener; TECH faire marcher, actionner; *that noise is driving me mad* ce bruit me rend fou; *driven by a desire to …* poussé par le désir de … **3** *v/i* (*pret* **drove**, *pp* **driven**) conduire; *drive to work* aller au travail en voiture

◆ **drive at** *v/t*: *what are you driving at?* où voulez-vous en venir?

◆ **drive away 1** *v/t* emmener; (*chase off*) chasser **2** *v/i* partir

◆ **drive in** *v/t nail* enfoncer

◆ **drive off** → **drive away**

'**drive-in** *n movie theater* drive-in *m*

driv•el ['drɪvl] *n* bêtises *fpl*

driv•en ['drɪvn] *pp* → **drive**

driv•er ['draɪvər] conducteur(-trice) *m(f)*; *of truck* camionneur(-euse) *m(f)*; COMPUT pilote *m*

'**driv•er's li•cense** permis *m* de conduire

'**drive-thru** *restaurant / banque où l'on sert le client sans qu'il doive sortir de sa voiture*; Mc-Drive® *m*

'**drive•way** allée *f*

driv•ing ['draɪvɪŋ] **1** *n* conduite *f* **2** *adj rain* battant

'**driv•ing force** force *f* motrice

'**driv•ing in•struc•tor** moniteur(-trice) *m(f)* de conduite

'**driv•ing les•son** leçon *f* de conduite

'**driv•ing li•cence** *Br* permis *m* de conduire

'**driv•ing school** auto-école *f*

'**driv•ing test** (examen *m* du) permis *m* de conduire

driz•zle ['drɪzl] **1** *n* bruine *f* **2** *v/i* bruiner
drone [droun] *n of engine* ronronnement *m*
droop [druːp] *v/i* s'affaisser; *of shoulders* tomber; *of plant* baisser la tête
drop [drɑːp] **1** *n* goutte *f*; *in price, temperature, number* chute *f* **2** *v/t* (*pret & pp* **-ped**) *object* faire tomber; *bomb* lancer; *person from car* déposer; *person from team* écarter; (*stop seeing*) charges, demand, subject laisser tomber; (*give up*) arrêter; **drop a line to** envoyer un mot à **3** *v/i* (*pret & pp* **-ped**) tomber
◆ **drop in** *v/i* (*visit*) passer
◆ **drop off 1** *v/t person, goods* déposer; (*deliver*) **2** *v/i* (*fall asleep*) s'endormir; (*decline*) diminuer
◆ **drop out** *v/i* (*withdraw*) se retirer (*of* de); *of school* abandonner (*of sth* qch)
'drop•out *from school* personne qui abandonne l'école; *from society* marginal(e) *m(f)*
drops [drɑːps] *npl for eyes* gouttes *fpl*
drought [draut] sécheresse *f*
drove [drouv] *pret* → **drive**
drown [draun] **1** *v/i* se noyer **2** *v/t person* noyer; *sound* étouffer; **be drowned** se noyer
drow•sy ['drauzɪ] *adj* somnolent
drudge•ery ['drʌdʒərɪ] corvée *f*
drug [drʌg] **1** *n* MED médicament *m*; *illegal* drogue *f*; **be on drugs** se droguer **2** *v/t* (*pret & pp* **-ged**) droguer
'drug ad•dict toxicomane *m/f*
'drug deal•er dealer *m*, dealeuse *f*; *large-scale* trafiquant(e) *m(f)* de drogue
drug•gist ['drʌgɪst] pharmacien(ne) *m(f)*
'drug•store drugstore *m*
drug traf•fick•ing ['drʌgtræfɪkɪŋ] trafic *m* de drogue
drum [drʌm] *n* MUS tambour *m*; *container* tonneau *m*; **drums** batterie *f*
◆ **drum into** *v/t* (*pret & pp* **-med**): **drum sth into s.o.** enfoncer qch dans la tête de qn
◆ **drum up** *v/t*: **drum up support** obtenir du soutien
drum•mer ['drʌmər] joueur(-euse) *m(f)* de tambour *m*; *in pop band* batteur *m*
'drum•stick MUS baguette *f* de tambour; *of poultry* pilon *m*
drunk [drʌŋk] **1** *n* ivrogne *m/f*; *habitually* alcoolique *m/f* **2** *adj* ivre, soûl; **get drunk** se soûler **3** *pp* → **drink**
drunk•en ['drʌŋkn] *voices, laughter* d'ivrogne; *party* bien arrosé
drunk 'driv•ing conduite *f* en état d'ivresse
dry [draɪ] **1** *adj* sec*; (*ironic*) pince-sans-rire; *dry humor* humour *m* à froid **2** *v/t* (*pret & pp* **-ied**) *clothes* faire sécher; *dishes, eyes* essuyer **3** *v/i* (*pret & pp* **-ied**) sécher
◆ **dry out** *v/i* sécher; *of alcoholic* subir une cure de désintoxication
◆ **dry up** *v/i of river* s'assécher; F (*be quiet*) se taire
'dry-clean *v/t* nettoyer à sec
'dry clean•er pressing *m*
'dry-clean•ing *clothes* vêtements *mpl* laissés au pressing
dry•er ['draɪər] *machine* sèche-linge *m*
DTP [diːtiːˈpiː] *abbr* (= **desk-top publishing**) PAO *f* (= publication assistée par ordinateur)
du•al ['duːəl] *adj* double
du•al car•riage•way *Br* route *f* à deux chaussées, quatre voies *f*
dub [dʌb] *v/t* (*pret & pp* **-bed**) *movie* doubler
du•bi•ous ['duːbɪəs] *adj* douteux*; *I'm still dubious about the idea* j'ai encore des doutes quant à cette idée
duch•ess ['dʌʃɪs] duchesse *f*
duck [dʌk] **1** *n* canard *m*; *female* cane *f* **2** *v/i* se baisser **3** *v/t one's head* baisser (subitement); *question* éviter
dud [dʌd] *n* F (*false bill*) faux *m*
due [duː] *adj* (*owed*) dû; (*proper*) qui convient; *the rent is due tomorrow* il faut payer le loyer demain; *be due to do sth* devoir faire qch; *be due (to arrive)* devoir arriver; *when is the baby due?* quand est-ce que le bébé doit naître?; *due to* (*because of*) à cause de; *be due to* (*be caused by*) être dû à; *in due course* en temps voulu
dues [duːz] *npl* cotisation *f*
du•et [duːˈet] MUS duo *m*
dug [dʌg] *pret & pp* → **dig**
duke [duːk] duc *m*
dull [dʌl] *adj weather* sombre; *sound, pain* sourd; (*boring*) ennuyeux*
du•ly ['duːlɪ] *adv* (*as expected*) comme prévu; (*properly*) dûment, comme il se doit
dumb [dʌm] *adj* (*mute*) muet*; F (*stupid*) bête
◆ **dumb down** *v/t TV programs etc* abaisser le niveau (intellectuel) de
dumb•found•ed [dʌmˈfaundɪd] *adj* abasourdi
dum•my ['dʌmɪ] *in store window* mannequin *m*; *Br: for baby* tétine *f*
dump [dʌmp] **1** *n for garbage* décharge *f*; (*unpleasant place*) trou *m* F; *house, hotel* taudis *m* **2** *v/t* (*deposit*) déposer; (*throw away*) jeter; (*leave*) laisser; *waste* déver-

ser

dump•ling ['dʌmplɪŋ] boulette f

dune [du:n] dune f

dung [dʌŋ] fumier m, engrais m

dun•ga•rees [dʌŋgə'ri:z] npl for workman bleu(s) m(pl) de travail; for child salopette f

dunk [dʌŋk] v/t in coffee etc tremper

Dun•kirk [dʌn'kɜ:rk] Dunkerque

du•o [du:'ou] MUS duo m

du•plex (a•part•ment) ['du:pleks] duplex m

du•pli•cate ['du:plɪkət] **1** n double m; **in duplicate** en double **2** v/t ['du:plɪkeɪt] (copy) copier; (repeat) reproduire

du•pli•cate 'key double m de clef

du•ra•ble ['durəbl] adj material résistant, solide; relationship durable

du•ra•tion [du'reɪʃn] durée f

du•ress [du'res]: **under duress** sous la contrainte

dur•ing ['durɪŋ] prep pendant

dusk [dʌsk] crépuscule m

dust [dʌst] **1** n poussière f **2** v/t épousseter; **dust sth with sth** (sprinkle) saupoudrer qch de qch

'dust•bin Br poubelle f

'dust cov•er for book jaquette f

dust•er ['dʌstər] cloth chiffon m (à poussière)

'dust jack•et of book jaquette f

'dust•man Br éboueur m

'dust•pan pelle f à poussière

dust•y ['dʌstɪ] adj poussiéreux*

Dutch [dʌtʃ] **1** adj hollandais; **go Dutch** F partager les frais **2** n language néerlandais m, hollandais m; **the Dutch** les Hollandais mpl, les Néerlandais mpl

du•ty ['du:tɪ] devoir m; (task) fonction f; on goods droit(s) m(pl); **be on duty** être de service; **be off duty** ne pas être de service

du•ty-free adj hors taxe

du•ty'free shop magasin m hors taxe

DVD [di:vi:'di:] abbr (= digital versatile disk) DVD m

dwarf [dwɔ:rf] **1** n nain(e) m(f) **2** v/t rapetisser

♦ **dwell on** [dwel] v/t s'étendre sur

dwin•dle ['dwɪndl] v/i diminuer

dye [daɪ] **1** n teinture f **2** v/t teindre; **dye one's hair** se teindre les cheveux

dy•ing ['daɪɪŋ] adj person mourant; industry moribond; tradition qui se perd

dy•nam•ic [daɪ'næmɪk] adj dynamique

dy•na•mism ['daɪnəmɪzm] dynamisme m

dy•na•mite ['daɪnəmaɪt] n dynamite f

dy•na•mo ['daɪnəmou] TECH dynamo f

dy•nas•ty ['daɪnəstɪ] dynastie f

dys•lex•i•a [dɪs'leksɪə] dyxlexie f

dys•lex•ic [dɪs'leksɪk] **1** adj dyslexique **2** n dyslexique m/f

E

each [i:tʃ] **1** adj chaque; **each one** chacun(e) **2** adv chacun; **they're $1.50 each** ils coûtent 1,50 $ chacun, ils sont 1,50 $ pièce **3** pron chacun(e) m(f); **each of them** chacun(e) d'entre eux(elles) m(f); **we know each other** nous nous connaissons; **do you know each other?** est-ce que vous vous connaissez?; **they drive each other's cars** ils (elles) conduisent la voiture l'un(e) de l'autre

ea•ger ['i:gər] adj désireux*; look avide; **be eager to do sth** désirer vivement faire qch

ea•ger•ly ['i:gərlɪ] adv avec empressement; wait impatiemment

ea•ger•ness ['i:gərnɪs] ardeur f, empressement m

ea•gle ['i:gl] aigle m

ea•gle-eyed [i:gl'aɪd] adj: **be eagle-eyed** avoir des yeux d'aigle

ear[1] [ɪr] oreille f

ear[2] of corn épi m

'ear•ache mal m d'oreilles

'ear•drum tympan m

earl [ɜ:rl] comte m

'ear•lobe lobe m de l'oreille

early ['ɜ:rlɪ] **1** adv (not late) tôt; (ahead of time) en avance; **it's too early to say** c'est trop tôt pour le dire **2** adj hours, stages, Romans premier*; potato précoce; arrival en avance; retirement anticipé; music ancien; (in the near future) prochain; **early vegetables** primeurs fpl; (in) early October début octobre; **an early Picasso** une des premières œuvres de Picasso; **have an early supper** dîner tôt *or* de bonne heure; **be an early riser** se lever tôt *or* de bonne heure

'**ear•ly bird**: **be an early bird** *(early riser)* être matinal; *(ahead of others)* arriver avant les autres

ear•mark ['ɪrmɑːrk] *v/t*: **earmark sth for sth** réserver qch à qch

earn [ɜːrn] *v/t money, holiday, respect* gagner; *interest* rapporter

ear•nest ['ɜːrnɪst] *adj* sérieux*; **be in earnest** être sérieux

earn•ings ['ɜːrnɪŋz] *npl* salaire *m*; *of company* profits *mpl*

'**ear•phones** *npl* écouteurs *mpl*

'**ear-pierc•ing** *adj* strident

'**ear•ring** boucle *f* d'oreille

'**ear•shot**: **within earshot** à portée de la voix; *out of earshot* hors de portée de la voix

earth [ɜːrθ] terre *f*; **where on earth ...?** F où diable ...? F

earth•en•ware ['ɜːrθnwer] *n* poterie *f*

earth•ly ['ɜːrθlɪ] *adj* terrestre; *it's no earthly use doing that* F ça ne sert strictement à rien de faire cela

earth•quake ['ɜːrθkweɪk] tremblement *m* de terre

earth-shat•ter•ing ['ɜːrθʃætərɪŋ] *adj* stupéfiant

ease [iːz] **1** *n* facilité *f*; **be or feel at (one's) ease** être *or* se sentir à l'aise; **be or feel ill at ease** être *or* se sentir mal à l'aise **2** *v/t pain, mind* soulager; *suffering, shortage* diminuer **3** *v/i of pain* diminuer

◆ **ease off** *v/t (remove)* enlever doucement **2** *v/i of pain, rain* se calmer

ea•sel ['iːzl] chevalet *m*

eas•i•ly ['iːzɪlɪ] *adv (with ease)* facilement; *(by far)* de loin

east [iːst] **1** *n* est *m*; *to the east of* à l'est de **2** *adj* est *inv*; *wind* d'est; *east San Francisco* l'est de San Francisco **3** *adv* *travel* vers l'est; *east of* à l'est de

Eas•ter ['iːstər] Pâques *fpl*

Eas•ter 'Day (jour *m* de) Pâques *m*

'**Eas•ter egg** œuf *m* de Pâques

eas•ter•ly ['iːstərlɪ] *adj wind* de l'est; *direction* vers l'est

Eas•ter 'Mon•day lundi *m* de Pâques

east•ern ['iːstərn] *adj* de l'est; *(oriental)* oriental

east•ern•er ['iːstərnər] habitant(e) *m(f)* de l'Est des États-Unis

east•ward ['iːstwərd] *adv* vers l'est

eas•y ['iːzɪ] *adj* facile; *(relaxed)* tranquille; *take things easy (slow down)* ne pas se fatiguer; *take it easy! (calm down)* calme-toi!

'**eas•y chair** fauteuil *m*

eas•y-go•ing ['iːzɪgoʊɪŋ] *adj* accommodant

eat [iːt] *v/t & v/i (pret* **ate**, *pp* **eaten**) manger

◆ **eat out** *v/i* manger au restaurant

◆ **eat up** *v/t food* finir; *fig* consumer

eat•a•ble ['iːtəbl] *adj* mangeable

eat•en ['iːtn] *pp* → **eat**

eaves [iːvz] *npl* avant-toit *m*

eaves•drop ['iːvzdrɑːp] *v/i (pret & pp* **-ped)** écouter de façon indiscrète *(on s.o.* qn)

ebb [eb] *v/i of tide* descendre

◆ **ebb away** *v/i of courage, strength* baisser, diminuer

'**ebb tide** marée *f* descendante

ec•cen•tric [ɪk'sentrɪk] **1** *adj* excentrique **2** *n* original(e) *m(f)*

ec•cen•tric•i•ty [ɪksen'trɪsɪtɪ] excentricité *f*

ech•o ['ekoʊ] **1** *n* écho *m* **2** *v/i* faire écho, retentir *(with* de) **3** *v/t words* répéter; *views* se faire l'écho de

e•clipse [ɪ'klɪps] **1** *n* éclipse *f* **2** *v/t fig* éclipser

e•co•log•i•cal [iːkə'lɑːdʒɪkl] *adj* écologique; *ecological balance* équilibre *m* écologique

e•co•log•i•cal•ly [iːkə'lɑːdʒɪklɪ] *adv* écologiquement

e•co•log•i•cal•ly friend•ly *adj* écologique

e•col•o•gist [iː'kɑːlədʒɪst] écologiste *m/f*

e•col•o•gy [iː'kɑːlədʒɪ] écologie *f*

ec•o•nom•ic [iːkə'nɑːmɪk] *adj* économique

ec•o•nom•i•cal [iːkə'nɑːmɪkl] *adj (cheap)* économique; *(thrifty)* économe

ec•o•nom•i•cal•ly [iːkə'nɑːmɪklɪ] *adv* économiquement

ec•o•nom•ics [iːkə'nɑːmɪks] *(verb in sg) science* économie *f*, *(verb in pl) financial aspects* aspects *mpl* économiques

e•con•o•mist [ɪ'kɑːnəmɪst] économiste *m/f*

e•con•o•mize [ɪ'kɑːnəmaɪz] *v/i* économiser

◆ **economize on** *v/t* économiser

e•con•o•my [ɪ'kɑːnəmɪ] économie *f*

e•con•o•my class classe *f* économique

e•con•o•my drive plan *m* d'économies

e•con•o•my size taille *f* économique

e•co•sys•tem ['iːkoʊsɪstm] écosystème *m*

e•co•tour•ism ['iːkoʊtʊrɪzm] tourisme *m* écologique

ec•sta•sy ['ekstəsɪ] extase *f*

ec•stat•ic [ɪk'stætɪk] *adj* extatique

ec•ze•ma ['eksmə] eczéma *m*

edge [edʒ] **1** *n of table, seat, road, cliff*

bord *m*; *of knife, in voice* tranchant *m*; **on edge** énervé **2** *v/t* border **3** *v/i (move slowly)* se faufiler

edge•wise ['edʒwaɪz] *adv*: **I couldn't get a word in edgewise** je n'ai pas pu en placer une F

edg•y ['edʒɪ] *adj* énervé

ed•i•ble ['edɪbl] *adj* comestible

Ed•in•burgh ['edɪnbrə] Édimbourg

ed•it ['edɪt] *v/t text* mettre au point; *book* préparer pour la publication; *newspaper* diriger; *TV program* réaliser; *film* monter

e•di•tion [ɪ'dɪʃn] édition *f*

ed•i•tor ['edɪtər] *of text, book* rédacteur(-trice) *m(f)*; *of newspaper* rédacteur(-trice) *m(f)* en chef; *of TV program* réalisateur(-trice) *m(f)*; *of film* monteur (-euse) *m(f)*; *sports / political editor* rédacteur(-trice) sportif(-ive)/politique *m(f)*

ed•i•to•ri•al [edɪ'tɔːrɪəl] **1** *adj* de la rédaction **2** *n* éditorial *m*

EDP [iːdiː'piː] *abbr* (= *electronic data processing*) traitement *m* électronique des données

ed•u•cate ['edʊkeɪt] *v/t* instruire (*about* sur); **she was educated in France** elle a fait sa scolarité en France

ed•u•cat•ed ['edʊkeɪtɪd] *adj person* instruit

ed•u•ca•tion [edʊ'keɪʃn] éducation *f*; *as subject* pédagogie *f*; **he got a good education** il a reçu une bonne instruction; **continue one's education** continuer ses études

ed•u•ca•tion•al [edʊ'keɪʃnl] *adj* scolaire; (*informative*) instructif*

eel [iːl] anguille *f*

ee•rie ['ɪrɪ] *adj* inquiétant

ef•fect [ɪ'fekt] effet *m*; **take effect** *of drug* faire son effet; **come into effect** *of law* prendre effet, entrer en vigueur

ef•fec•tive [ɪ'fektɪv] *adj* (*efficient*) efficace; (*striking*) frappant; **effective May 1** à compter du 1er mai

ef•fem•i•nate [ɪ'femɪnət] *adj* efféminé

ef•fer•ves•cent [efər'vesnt] *adj* gazeux*; *fig* pétillant

ef•fi•cien•cy [ɪ'fɪʃənsɪ] efficacité *f*

ef•fi•cient [ɪ'fɪʃənt] *adj* efficace

ef•fi•cient•ly [ɪ'fɪʃntlɪ] *adv* efficacement

ef•flu•ent ['efluənt] effluent *m*

ef•fort ['efərt] effort *m*; **make an effort to do sth** faire un effort pour faire qch

ef•fort•less ['efərtlɪs] *adj* aisé, facile

ef•fort•less•ly ['efərtlɪslɪ] *adv* sans effort

ef•fron•te•ry [ɪ'frʌntərɪ] effronterie *f*, toupet *m* F

ef•fu•sive [ɪ'fjuːsɪv] *adj* démonstratif*

e.g. [iː'dʒiː] ex; *spoken* par example

e•gal•i•tar•i•an [ɪgælɪ'terɪən] *adj* égalitariste

egg [eg] œuf *m*; *of woman* ovule *m*
◆ **egg on** *v/t* inciter, pousser (**to do sth** à faire qch)

'egg•cup coquetier *m*

'egg•head F intello *m/f* F

'egg•plant aubergine *f*

'egg•shell coquille *f* (d'œuf)

'egg tim•er sablier *m*

e•go ['iːgoʊ] PSYCH ego *m*, moi *m*; (*self-esteem*) ego *m*

e•go•cen•tric [iːgoʊ'sentrɪk] *adj* égocentrique

e•go•ism ['iːgoʊɪzm] égoïsme *m*

e•go•ist ['iːgoʊɪst] égoïste *m/f*

E•gypt ['iːdʒɪpt] Égypte *f*

E•gyp•tian [ɪ'dʒɪpʃn] **1** *adj* égyptien* **2** *n* Égyptien(ne) *m(f)*

ei•der•down ['aɪdərdaʊn] (*quilt*) édredon *m*

eight [eɪt] huit

eigh•teen [eɪ'tiːn] dix-huit

eigh•teenth [eɪ'tiːnθ] dix-huitième; → **fifth**

eighth [eɪtθ] huitième; → **fifth**

eigh•ti•eth ['eɪtɪɪθ] quatre-vingtième

eigh•ty ['eɪtɪ] quatre-vingts; **eighty-two / four etc** quatre-vingt-deux/-quatre etc

ei•ther ['iːðər] **1** *adj* l'un ou l'autre; (*both*) chaque **2** *pron* l'un(e) ou l'autre, n'importe lequel (laquelle) **3** *adv*: **I won't go either** je n'irai pas non plus **4** *conj*: **either ... or** soit ... soit ...; *with negative* ni ... ni ...

e•ject [ɪ'dʒekt] **1** *v/t* éjecter; *person* expulser **2** *v/i from plane* s'éjecter
◆ **eke out** [iːk] *v/t* suppléer à l'insuffisance de; **eke out a living** vivoter, gagner juste de quoi vivre

el [el] métro *m* aérien

e•lab•o•rate [ɪ'læbərət] **1** *adj* (*complex*) compliqué; *preparations* soigné; *embroidery* minutieux* **2** *v/i* [ɪ'læbəreɪt] donner des détails (**on** sur)

e•lab•o•rate•ly [ɪ'læbəreɪtlɪ] *adv* minutieusement

e•lapse [ɪ'læps] *v/i* (se) passer, s'écouler

e•las•tic [ɪ'læstɪk] **1** *adj* élastique **2** *n* élastique *m*

e•las•ti•ca•ted [ɪ'læstɪkeɪtɪd] *adj* élastique

e•las•ti•ci•ty [ɪlæs'tɪsɪtɪ] élasticité *f*

e•las•ti•cized [ɪ'læstɪsaɪzd] *adj* élastique

e•lat•ed [ɪ'leɪtɪd] *adj* transporté (de joie)

e•la•tion [ɪ'leɪʃn] exultation *f*

el•bow ['elboʊ] **1** *n* coude *m* **2** *v/t*: **elbow**

out of the way écarter à coups de coude

el•der ['eldər] **1** adj aîné **2** n plus âgé(e) m(f), aîné(e) m(f); of tribe ancien m
el•der•ly ['eldəlɪ] adj âgé
el•dest ['eldəst] **1** adj aîné **2** n: **the eldest** l'aîné(e) m(f)
e•lect [ɪ'lekt] v/t élire; **elect to …** choisir de …
e•lect•ed [ɪ'lektɪd] adj élu
e•lec•tion [ɪ'lekʃn] élection f
e•lec•tion cam•paign campagne f électorale
e•lec•tion day jour m des élections
e•lec•tive [ɪ'lektɪv] adj facultatif*
e•lec•tor [ɪ'lektər] électeur(-trice) m(f)
e•lec•tor•al sys•tem [ɪ'lektərəl] système m électoral
e•lec•tor•ate [ɪ'lektərət] électorat m
e•lec•tric [ɪ'lektrɪk] adj also fig électrique
e•lec•tri•cal [ɪ'lektrɪkl] adj électrique
e•lec•tri•cal en•gi•neer électrotechnicien(ne) m(f), ingénieur m/f électricien(ne)
e•lec•tri•cal en•gi•neer•ing électrotechnique f
e•lec•tric 'blan•ket couverture f chauffante
e•lec•tric 'chair chaise f électrique
e•lec•tri•cian [ɪlek'trɪʃn] électricien(ne) m(f)
e•lec•tri•ci•ty [ɪlek'trɪsətɪ] électricité f
e•lec•tric 'ra•zor rasoir m électrique
e•lec•tri•fy [ɪ'lektrɪfaɪ] v/t (pret & pp -ied) électrifier; fig électriser
e•lec•tro•cute [ɪ'lektrəkjuːt] v/t électrocuter
e•lec•trode [ɪ'lektroʊd] électrode f
e•lec•tron [ɪ'lektrɑːn] électron m
e•lec•tron•ic [ɪlek'trɑːnɪk] adj électronique; **electronic engineer** ingénieur m/f électronicien(ne), électronicien(ne) m(f); **electronic engineering** électronique f
e•lec•tron•ic da•ta 'pro•ces•sing traitement m électronique de l'information
e•lec•tron•ic 'mail courrier m électronique
e•lec•tron•ics [ɪlek'trɑːnɪks] électronique f
el•e•gance ['elɪgəns] élégance f
el•e•gant ['elɪgənt] adj élégant
el•e•gant•ly ['elɪgəntlɪ] adv élégamment
el•e•ment ['elɪmənt] élément m
el•e•men•ta•ry [elɪ'mentərɪ] adj élémentaire
el•e•phant ['elɪfənt] éléphant m
el•e•vate ['elɪveɪt] v/t élever
el•e•vat•ed rail•road ['elɪveɪtɪd] métro m aérien

el•e•va•tion [elɪ'veɪʃn] (altitude) altitude f, hauteur f
el•e•va•tor ['elɪveɪtər] ascenseur m
el•e•ven [ɪ'levn] onze
el•e•venth [ɪ'levnθ] onzième; → **fifth**; **at the eleventh hour** à la dernière minute
el•i•gi•ble ['elɪdʒəbl] adj: **be eligible to do sth** avoir le droit de faire qch; **be eligible for sth** avoir droit à qch
el•i•gi•ble 'bach•e•lor bon parti m
e•lim•i•nate [ɪ'lɪmɪneɪt] v/t éliminer; (kill) supprimer; **be eliminated** from competition être éliminé
e•lim•i•na•tion [ɪ'lɪmɪneɪʃn] élimination f; (murder) suppression f; **by a process of elimination** par élimination
e•lite [eɪ'liːt] **1** n élite f **2** adj d'élite
elk [elk] élan m
el•lipse [ɪ'lɪps] ellipse f
elm [elm] orme m
e•lope [ɪ'loʊp] v/i s'enfuir (avec un amant)
el•o•quence ['eləkwəns] éloquence f
el•o•quent ['eləkwənt] adj éloquent
el•o•quent•ly ['eləkwəntlɪ] adv éloquemment
else [els] adv: **anything else?** autre chose?; in store vous désirez autre chose?; **if you've got nothing else to do** si tu n'as rien d'autre à faire; **no one else** personne d'autre; **everyone else is going** tous les autres y vont; **who else was there?** qui d'autre y était?; **someone else** quelqu'un d'autre; **something else** autre chose; **let's go somewhere else** allons autre part; **or else** sinon
else•where ['elswer] adv ailleurs
e•lude [ɪ'luːd] v/t (escape from) échapper à; (avoid) éviter
e•lu•sive [ɪ'luːsɪv] adj insaisissable
e•ma•ci•at•ed [ɪ'meɪsɪeɪtɪd] adj émacié
e-mail ['iːmeɪl] **1** n e-mail m, courrier m électronique **2** v/t person envoyer un e-mail à; text envoyer par e-mail
'e-mail ad•dress adresse f e-mail, adresse f électronique
e•man•ci•pat•ed [ɪ'mænsɪpeɪtɪd] adj woman émancipé
e•man•ci•pa•tion [ɪmænsɪ'peɪʃn] émancipation f
em•balm [ɪm'bɑːm] v/t embaumer
em•bank•ment [ɪm'bæŋkmənt] of river berge f, quai m; RAIL remblai m, talus m
em•bar•go [em'bɑːrgoʊ] embargo m
em•bark [ɪm'bɑːrk] v/i (s')embarquer
◆ **embark on** v/t adventure etc s'embarquer dans
em•bar•rass [ɪm'bærəs] v/t gêner, embarrasser; government mettre dans l'embarras

em•bar•rassed [ɪm'bærəst] *adj* gêné, embarrassé

em•bar•rass•ing [ɪm'bærəsɪŋ] *adj* gênant, embarrassant

em•bar•rass•ment [ɪm'bærəsmənt] gêne *f*, embarras *m*

em•bas•sy ['embəsi] ambassade *f*

em•bel•lish [ɪm'belɪʃ] *v/t* embellir; *story* enjoliver

em•bers ['embərz] *npl* braise *f*

em•bez•zle [ɪm'bezl] *v/t* détourner (*from* de)

em•bez•zle•ment [ɪm'bezlmənt] détournement *m* de fonds

em•bez•zler [ɪm'bezlər] détourneur (-euse) *m(f)* de fonds

em•bit•ter [ɪm'bɪtər] *v/t* aigrir

em•blem ['embləm] emblème *m*

em•bod•i•ment [ɪm'bɑːdɪmənt] incarnation *f*, personnification *f*

em•bod•y [ɪm'bɑːdɪ] *v/t* (*pret & pp -ied*) incarner, personnifier

em•bo•lism ['embəlɪzm] embolie *f*

em•boss [ɪm'bɑːs] *v/t* metal travailler en relief; *paper, fabric* gaufrer

em•brace [ɪm'breɪs] **1** *n* étreinte *f* **2** *v/t* (*hug*) serrer dans ses bras, étreindre; (*take in*) embrasser **3** *v/i of two people* se serrer dans les bras, s'étreindre

em•broi•der [ɪm'brɔɪdər] *v/t* broder; *fig* enjoliver

em•broi•der•y [ɪm'brɔɪdərɪ] broderie *f*

em•bry•o ['embrɪoʊ] embryon *m*

em•bry•on•ic [embrɪ'ɑːnɪk] *adj fig* embryonnaire

em•er•ald ['emərəld] *precious stone* émeraude *f*; *color* (vert *m*) émeraude *m*

e•merge [ɪ'mɜːrdʒ] *v/i* sortir; *from mist, of truth* émerger; *it has emerged that ...* il est apparu que ...

e•mer•gen•cy [ɪ'mɜːrdʒənsɪ] urgence *f*; *in an emergency* en cas d'urgence

e•mer•gen•cy ex•it sortie *f* de secours

e•mer•gen•cy land•ing atterrissage *m* forcé

e•mer•gen•cy serv•ices *npl* services *mpl* d'urgence

em•er•y board ['emərɪbɔːrd] lime *f* à ongles

em•i•grant ['emɪgrənt] émigrant(e) *m(f)*

em•i•grate ['emɪgreɪt] *v/i* émigrer

em•i•gra•tion [emɪ'greɪʃn] émigration *f*

Em•i•nence ['emɪnəns] REL: *His Eminence* son Éminence

em•i•nent ['emɪnənt] *adj* éminent

em•i•nent•ly ['emɪnəntlɪ] *adv* éminemment

e•mis•sion [ɪ'mɪʃn] *of gases* émission *f*

e•mit [ɪ'mɪt] *v/t* (*pret & pp -ted*) émettre

e•mo•tion [ɪ'moʊʃn] émotion *f*

e•mo•tion•al [ɪ'moʊʃnl] *adj problems, development* émotionnel*; affectif*; (*full of emotion: person*) ému; *reunion, moment* émouvant

em•pa•thize ['empəθaɪz] *v/i* compatir; *empathize with sth* compatir à; *s.o.* avoir de la compassion pour

em•per•or ['empərər] empereur *m*

em•pha•sis ['emfəsɪs] accent *m*

em•pha•size ['emfəsaɪz] *v/t syllable* accentuer; *fig* souligner

em•phat•ic [ɪm'fætɪk] *adj* énergique, catégorique; *be very emphatic about sth* être catégorique à propos de qch

em•pire ['empaɪr] *also fig* empire *m*

em•ploy [ɪm'plɔɪ] *v/t* employer

em•ploy•ee [emplɔɪ'iː] employé(e) *m(f)*

em•ploy•er [em'plɔɪər] employeur(-euse) *m(f)*

em•ploy•ment [em'plɔɪmənt] (*jobs*) emplois *mpl*; (*work*) emploi *m*; *be seeking employment* être à la recherche d'un emploi

em•ploy•ment a•gen•cy agence *f* de placement

em•press ['emprɪs] impératrice *f*

emp•ti•ness ['emptɪnɪs] vide *m*

emp•ty ['emptɪ] **1** *adj* vide; *promises* vain **2** (*pret & pp -ied*) vider **3** *v/i of room, street* se vider

em•u•late ['emjuleɪt] *v/t* imiter

e•mul•sion [ɪ'mʌlʃn] *paint* peinture *f* mate

en•a•ble [ɪ'neɪbl] *v/t* permettre; *enable s.o. to do sth* permettre à qn de faire qch

en•act [ɪ'nækt] *v/t law* décréter; THEA représenter

e•nam•el [ɪ'næml] émail *m*

enc *abbr* (= *enclosure(s)*) PJ (= pièce(s) jointe(s))

en•chant [ɪn'tʃænt] *v/t* (*delight*) enchanter

en•chant•ing [ɪn'tʃæntɪŋ] *adj* ravissant

en•cir•cle [ɪn'sɜːrkl] *v/t* encercler, entourer

encl *abbr* (= *enclosure(s)*) PJ (= pièce(s) jointe(s))

en•close [ɪn'kloʊz] *v/t in letter* joindre; *area* entourer; *please find enclosed ...* veuillez trouver ci-joint ...

en•clo•sure [ɪn'kloʊʒər] *with letter* pièce *f* jointe

en•core ['ɑːŋkɔːr] bis *m*

en•coun•ter [ɪn'kaʊntər] **1** *n* rencontre *f* **2** *v/t person* rencontrer; *problem, resistance* affronter

en•cour•age [ɪn'kʌrɪdʒ] *v/t* encourager

en•cour•age•ment [ɪn'kʌrɪdʒmənt] encouragement *m*

en•cour•ag•ing [ɪnˈkʌrɪdʒɪŋ] adj encouraging

◆ encroach on [ɪnˈkrəʊtʃ] v/t land, rights, time empiéter sur

en•cy•clo•pe•di•a [ɪnsaɪkləˈpiːdɪə] encyclopédie f

end [end] 1 n (extremity) bout m; (conclusion, purpose) fin f; in the end à la fin; for hours on end pendant des heures; stand sth on end mettre qch debout; at the end of July à la fin du mois de juillet; put an end to mettre fin à 2 v/t terminer, finir 3 v/i se terminer, finir

◆ end up v/i finir; I ended up (by) doing it myself j'ai fini par le faire moi-même

en•dan•ger [ɪnˈdeɪndʒər] v/t mettre en danger

en•dan•gered spe•cies nsg espèce f en voie de disparition

en•dear•ing [ɪnˈdɪrɪŋ] adj attachant

en•deav•or [ɪnˈdevər] 1 n effort m, tentative f 2 v/t essayer (to do sth de faire qch), chercher (to do sth à faire qch)

en•dem•ic [ɪnˈdemɪk] adj endémique

end•ing [ˈendɪŋ] fin f; GRAM terminaison f

end•less [ˈendlɪs] adj sans fin

en•dorse [ɪnˈdɔːrs] v/t check endosser; candidacy appuyer; product associer son image à

en•dorse•ment [ɪnˈdɔːrsmənt] of check endos(sement) m; of candidacy appui m; of product association f de son image à

end ˈprod•uct produit m fini

end re•sult résultat m final

en•dur•ance [ɪnˈdurəns] of person endurance f; of car résistance f

en•dur•ance test for machine test m de résistance; for person test m d'endurance

en•dure [ɪnˈdʊər] 1 v/t endurer 2 v/i (last) durer

en•dur•ing [ɪnˈdʊrɪŋ] adj durable

end-ˈus•er utilisateur(-trice) m(f) final(e)

en•e•my [ˈenəmɪ] ennemi(e) m(f); in war ennemi m

en•er•get•ic [enərdʒetɪk] adj also fig énergique

en•er•get•i•cal•ly [enərdʒetɪklɪ] adv énergiquement

en•er•gy [ˈenərʒɪ] énergie f

ˈen•er•gy-sav•ing adj device à faible consommation d'énergie

ˈen•er•gy sup•ply alimentation f en énergie

en•force [ɪnˈfɔːrs] v/t appliquer, mettre en vigueur

en•gage [ɪnˈgeɪdʒ] 1 v/t (hire) engager 2 v/i of machine part s'engrener; of clutch s'embrayer

◆ engage in v/t s'engager dans

en•gaged [ɪnˈgeɪdʒd] adj to be married fiancé; Br TELEC occupé; get engaged se fiancer

en•gage•ment [ɪnˈgeɪdʒmənt] (appointment) rendez-vous m; to be married fiançailles fpl; MIL engagement m

en•gage•ment ring bague f de fiançailles

en•gag•ing [ɪnˈgeɪdʒɪŋ] adj smile, person engageant

en•gine [ˈendʒɪn] moteur m; of train locomotive f

en•gi•neer [endʒɪˈnɪr] 1 n ingénieur m/f; NAUT, RAIL mécanicien(ne) m(f) 2 v/t fig: meeting etc combiner

en•gi•neer•ing [endʒɪˈnɪrɪŋ] ingénierie f, engineering m

Eng•land [ˈɪŋglənd] Angleterre f

Eng•lish [ˈɪŋglɪʃ] 1 adj anglais 2 n language anglais m; the English les Anglais mpl

Eng•lish ˈChan•nel Manche f

Eng•lish•man [ˈɪŋglɪʃmən] Anglais m

Eng•lish•wom•an [ˈɪŋglɪʃwʊmən] Anglaise f

en•grave [ɪnˈgreɪv] v/t graver

en•grav•ing [ɪnˈgreɪvɪŋ] gravure f

en•grossed [ɪnˈgrəʊst] adj: engrossed in absorbé dans

en•gulf [ɪnˈgʌlf] v/t engloutir

en•hance [ɪnˈhæns] v/t beauty, flavor rehausser; reputation accroître; performance améliorer; enjoyment augmenter

e•nig•ma [ɪˈnɪgmə] énigme f

e•nig•mat•ic [enɪgˈmætɪk] adj énigmatique

en•joy [ɪnˈdʒɔɪ] v/t aimer; enjoy o.s. s'amuser; enjoy! said to s.o. eating bon appétit!

en•joy•a•ble [ɪnˈdʒɔɪəbl] adj agréable

en•joy•ment [ɪnˈdʒɔɪmənt] plaisir m

en•large [ɪnˈlɑːrdʒ] v/t agrandir

en•large•ment [ɪnˈlɑːrdʒmənt] agrandissement m

en•light•en [ɪnˈlaɪtn] v/t éclairer

en•list [ɪnˈlɪst] 1 v/i MIL enrôler 2 v/t: enlist the help of se procurer l'aide de

en•liv•en [ɪnˈlaɪvn] v/t animer

en•mi•ty [ˈenmətɪ] inimitié f

e•nor•mi•ty [ɪˈnɔːrmətɪ] énormité f

e•nor•mous [ɪˈnɔːrməs] adj énorme

e•nor•mous•ly [ɪˈnɔːrməslɪ] adv énormément

e•nough [ɪˈnʌf] 1 adj assez de 2 pron assez; will $50 be enough? est-ce que 50 $ suffiront?; I've had enough! j'en ai assez!; that's enough, calm down! ça suffit, calme-toi! 3 adv assez; big / strong enough assez grand / fort; strangely

enough chose curieuse, curieusement
en•quire *etc* → **inquire** *etc*
en•raged [ɪnˈreɪdʒd] *adj* furieux*
en•rich [ɪnˈrɪtʃ] *v/t* enrichir
en•roll [ɪnˈrool] *v/i* s'inscrire
en•roll•ment [ɪnˈroolmənt] inscriptions *fpl*
en•sue [ɪnˈsuː] *v/i* s'ensuivre; *the ensuing months* les mois qui ont suivi
en suite (bath•room) [ˈɑːnswiːt] salle *f* de bains attenante
en•sure [ɪnˈʃʊər] *v/t* assurer; *ensure that …* s'assurer que …
en•tail [ɪnˈteɪl] *v/t* entraîner
en•tan•gle [ɪnˈtæŋgl] *v/t in rope* empêtrer; *become entangled in* also fig s'empêtrer dans
en•ter [ˈentər] **1** *v/t room, house* entrer dans; *competition* entrer en; *person, horse in race* inscrire; *write down* inscrire (*in* sur); COMPUT entrer **2** *v/i* entrer; *in competition* s'inscrire **3** *n* COMPUT touche *f* entrée
en•ter•prise [ˈentərpraɪz] (*initiative*) (esprit *m* d')initiative *f*; (*venture*) entreprise *f*
en•ter•pris•ing [ˈentərpraɪzɪŋ] *adj* entreprenant
en•ter•tain [entərˈteɪn] **1** *v/t* (*amuse*) amuser, divertir; (*consider: idea*) envisager **2** *v/i* (*have guests*) recevoir
en•ter•tain•er [entərˈteɪnər] artiste *m/f* de variété
en•ter•tain•ing [entərˈteɪnɪŋ] *adj* amusant, divertissant
en•ter•tain•ment [entərˈteɪnmənt] *adj* divertissement *m*
en•thrall [ɪnˈθrɔːl] *v/t* captiver
en•thu•si•asm [ɪnˈθuːziæzəm] enthousiasme *m*
en•thu•si•ast [ɪnˈθuːziˈæst] enthousiaste *m/f*
en•thu•si•as•tic [ɪnθuːziˈæstɪk] *adj* enthousiaste
en•thu•si•as•tic•al•ly [ɪnθuːziˈæstɪklɪ] *adv* avec enthousiasme
en•tice [ɪnˈtaɪs] *v/t* attirer
en•tire [ɪnˈtaɪr] *adj* entier*
en•tire•ly [ɪnˈtaɪrlɪ] *adv* entièrement
en•ti•tle [ɪnˈtaɪtl] *v/t*: *entitle s.o. to sth / to do sth* donner à qn droit à qch / le droit de faire qch; *be entitled to sth / to do sth* avoir droit à qch / le droit de faire qch
en•ti•tled [ɪnˈtaɪtld] *adj book* intitulé
en•trance [ˈentrəns] entrée *f*
'en•trance ex•am(•i•na•tion) examen *m* d'entrée
en•tranced [ɪnˈtrænst] *adj* enchanté

'en•trance fee droit *m* d'entrée
en•trant [ˈentrənt] inscrit(e) *m(f)*
en•treat [ɪnˈtriːt] *v/t*: *entreat s.o. to sth* supplier qn de faire qch
en•trenched [ɪnˈtrentʃt] *adj attitudes* enraciné
en•tre•pre•neur [ɑːntrəprəˈnɜːr] entrepreneur(-euse) *m(f)*
en•tre•pre•neur•i•al [ɑːntrəprəˈnɜːrɪəl] *adj skills* d'entrepreneur
en•trust [ɪnˈtrast] *v/t*: *entrust X with Y, entrust Y to X* confier Y à X
en•try [ˈentrɪ] (*way in, admission*) entrée *f*; *for competition: person* participant(e) *m(f)*; *in diary, accounts* inscription *f*; *in reference book* article *m*; *no entry* défense d'entrer
'en•try form feuille *f* d'inscription
'en•try•phone interphone *m*
'en•try vi•sa visa *m* d'entrée
e•nu•me•rate [ɪˈnuːmərət] *v/t* énumérer
en•vel•op [ɪnˈveləp] *v/t* envelopper
en•ve•lope [ˈenvəloup] enveloppe *f*
en•vi•a•ble [ˈenviəbl] *adj* enviable
en•vi•ous [ˈenviəs] *adj* envieux*; *be envious of s.o.* envier qn
en•vi•ron•ment [ɪnˈvaɪrənmənt] environnement *m*
en•vi•ron•men•tal [ɪnvaɪrənˈmentl] *adj* écologique
en•vi•ron•men•tal•ist [ɪnvaɪrənˈmentəlɪst] écologiste *m/f*
en•vi•ron•men•tal•ly friend•ly [ɪnvaɪrənməntəlɪˈfrendlɪ] *adj* écologique
en•vi•ron•men•tal pol•lu•tion pollution *f* de l'environnement
en•vi•ron•men•tal pro•tec•tion protection *f* de l'environnement
en•vi•rons [ɪnˈvaɪrənz] *npl* environs *mpl*
en•vis•age [ɪnˈvɪzɪdʒ] *v/t* envisager; *I can't envisage him doing that* je ne peux pas l'imaginer faire cela
en•voy [ˈenvɔɪ] envoyé(e) *m(f)*
en•vy [ˈenvɪ] **1** *n* envie *f*; *be the envy of* être envié par **2** *v/t* (*pret & pp -ied*): *envy s.o. sth* envier qch à qn
e•phem•er•al [ɪˈfemərəl] *adj* éphémère
ep•ic [ˈepɪk] **1** *n* épopée *f*; *movie* film *m* à grand spectacle **2** *adj journey, scale* épique
ep•i•cen•ter [ˈepɪsentər] épicentre *m*
ep•i•dem•ic [epɪˈdemɪk] *also fig* épidémie *f*
ep•i•lep•sy [ˈepɪlepsɪ] épilepsie *f*
ep•i•lep•tic [epɪˈleptɪk] épileptique *m/f*
ep•i•lep•tic 'fit crise *f* d'épilepsie
ep•i•log [ˈepɪlɑːg] épilogue *m*
ep•i•sode [ˈepɪsoud] épisode *m*
ep•i•taph [ˈepɪtæf] épitaphe *f*

e•poch ['i:pɒk] époque f

e•poch-mak•ing ['i:pɒkmeɪkɪŋ] adj qui fait époque

e•qual ['i:kwl] **1** adj égal; **be equal to** task être à la hauteur de **2** n égal m **3** v/t (pret & pp -ed, Br -led) égaler

e•qual•i•ty [ɪ'kwɑːlətɪ] égalité f

e•qual•ize ['i:kwəlaɪz] **1** v/t égaliser **2** v/i Br SP égaliser

e•qual•iz•er ['i:kwəlaɪzər] Br SP but m égalisateur

e•qual•ly ['i:kwəlɪ] adv divide de manière égale; qualified, intelligent tout aussi; **equally, ...** pareillement, ...

e•qual 'rights npl égalité f des droits

e•quate [ɪ'kweɪt] v/t mettre sur le même pied; **equate X with Y** mettre X et Y sur le même pied

e•qua•tion [ɪ'kweɪʒn] MATH équation f

e•qua•tor [ɪ'kweɪtər] équateur m

e•qui•lib•ri•um [i:kwɪ'lɪbrɪəm] équilibre m

e•qui•nox ['i:kwɪnɒks] équinoxe m

e•quip [ɪ'kwɪp] v/t (pret & pp -ped) équiper; **he's not equipped to handle it** fig il n'est pas préparé pour gérer cela

e•quip•ment [ɪ'kwɪpmənt] équipement m

eq•ui•ty ['ekwətɪ] FIN capitaux mpl propres

e•quiv•a•lent [ɪ'kwɪvələnt] **1** adj équivalent **2** n équivalent m

e•ra ['ɪrə] ère f

e•rad•i•cate [ɪ'rædɪkeɪt] v/t éradiquer

e•rase [ɪ'reɪz] v/t effacer

e•ras•er [ɪ'reɪzər] gomme f

e•rect [ɪ'rekt] **1** adj droit

e•rect 2 v/t ériger, élever

e•rec•tion [ɪ'rekʃn] of building, penis érection f

er•go•nom•ic [ɜːrgoʊ'nɑːmɪk] adj ergonomique

e•rode [ɪ'roʊd] v/t éroder; fig: power miner; rights supprimer progressivement

e•ro•sion [ɪ'roʊʒn] érosion f; fig: of rights suppression f progressive

e•rot•ic [ɪ'rɑːtɪk] adj érotique

e•rot•i•cism [ɪ'rɑːtɪsɪzm] érotisme m

er•rand ['erənd] commission f; **run errands** faire des commissions

er•rat•ic [ɪ'rætɪk] adj performance, course irrégulier*; driving capricieux*; behavior changeant

er•ror ['erər] erreur f

'er•ror mes•sage COMPUT message m d'erreur

e•rupt [ɪ'rʌpt] v/i of volcano entrer en éruption; of violence éclater; of person exploser R

e•rup•tion [ɪ'rʌpʃn] of volcano éruption f;

of violence explosion f

es•ca•late ['eskəleɪt] v/i s'intensifier

es•ca•la•tion [eskə'leɪʃn] intensification f

es•ca•la•tor ['eskəleɪtər] escalier m mécanique, escalator m

es•cape [ɪ'skeɪp] **1** n of prisoner évasion f; of animal, gas fuite f; **have a narrow escape** l'échapper belle **2** v/i of prisoner s'échapper, s'évader; of animal s'échapper, s'enfuir; of gas s'échapper **3** v/t: **the word escapes me** le mot m'échappe

es'cape chute AVIAT toboggan m de secours

es•cort ['eskɔːrt] **1** n (companion) cavalier(-ière) m(f); (guard) escorte f **2** v/t [ɪ'skɔːrt] socially accompagner; (act as guard to) escorter

es•pe•cial [ɪ'speʃl] → **special**

es•pe•cial•ly [ɪ'speʃlɪ] adv particulièrement, surtout

es•pi•o•nage ['espɪənɑːʒ] espionnage m

es•pres•so (cof•fee) [es'presoʊ] expresso m

es•say ['eseɪ] n at school rédaction f; at university dissertation f; by writer essai m

es•sen•tial [ɪ'senʃl] adj essentiel*

es•sen•tial•ly [ɪ'senʃlɪ] adv essentiellement

es•tab•lish [ɪ'stæblɪʃ] v/t company fonder, créer; (create, determine) établir; **establish o.s. as** s'établir comme

es•tab•lish•ment [ɪ'stæblɪʃmənt] firm, shop été établissement m; **the Establishment** l'establishment m

es•tate [ɪ'steɪt] (area of land) propriété f, domaine m; (possessions of dead person) biens mpl

es'tate a•gen•cy Br agence f immobilière

es•thet•ic [ɪs'θetɪk] adj esthétique

es•ti•mate ['estɪmət] **1** n estimation f; from builder etc devis m **2** v/t estimer

es•ti•ma•tion [estɪ'meɪʃn] estime f; **he has gone up / down in my estimation** il a monté / baissé dans mon estime; **in my estimation** à mon avis m

es•tu•a•ry ['estʃəwerɪ] estuaire m

ETA [i:ti:'eɪ] abbr (= **estimated time of arrival**) heure f prévue d'arrivée

etc [et'setrə] abbr (= **et cetera**) etc.

etch•ing ['etʃɪŋ] (gravure f à l')eau--forte f

e•ter•nal [ɪ'tɜːrnl] adj éternel*

e•ter•ni•ty [ɪ'tɜːrnətɪ] éternité f

eth•i•cal ['eθɪkl] adj problem éthique; (morally right), behavior moral

eth•ics ['eθɪks] éthique f

eth•nic ['eθnɪk] adj ethnique

eth•nic 'cleans•ing purification f ethnique

eth•nic 'group ethnie f

eth•nic mi'nor•i•ty minorité *f* ethnique

EU [iː'juː] *abbr* (= *European Union*) U.E. *f* (= Union *f* européenne)

eu•phe•mism ['juːfəmɪzm] euphémisme *m*

eu•pho•ri•a [juː'fɔːrɪə] euphorie *f*

eu•ro ['jʊrou] FIN euro *m*

'Eu•ro MP député(e) européen(ne) *m(f)*

Eu•rope ['jʊrəp] Europe *f*

Eu•ro•pe•an [jʊrə'pɪən] **1** *adj* européen* **2** *n* Européen(ne) *m(f)*

Eu•ro•pe•an Com'mis•sion Commission *f* européenne

Eu•ro•pe•an Com'mis•sion•er Commissaire européen(ne) *m(f)*

Eu•ro•pe•an 'Par•lia•ment Parlement *m* européen

Eu•ro•pe•an 'Un•ion Union *f* européenne

eu•tha•na•si•a [juːθə'neɪzɪə] euthanasie *f*

e•vac•u•ate [ɪ'vækjʊeɪt] *v/t* (*clear people from*) faire évacuer; (*leave*) évacuer

e•vade [ɪ'veɪd] *v/t* éviter; *question* éluder

e•val•u•ate [ɪ'væljʊeɪt] *v/t* évaluer

e•val•u•a•tion [ɪvæljʊ'eɪʃn] évaluation *f*

e•van•gel•ist [ɪ'vændʒəlɪst] évangélisateur(-trice) *m(f)*

e•vap•o•rate [ɪ'væpəreɪt] *v/i also fig* s'évaporer

e•vap•o•ra•tion [ɪvæpə'reɪʃn] *of water* évaporation *f*

e•va•sion [ɪ'veɪʒn] fuite *f*; *evasion of responsibilities* fuite *f* devant ses responsabilités; *tax evasion* fraude *f* fiscale

e•va•sive [ɪ'veɪsɪv] *adj* évasif*

eve [iːv] veille *f*; *on the eve of* à la veille de

e•ven ['iːvn] **1** *adj breathing* régulier*; *distribution* égal, uniforme; (*level*) plat; *surface* plan; *number* pair; *get even with ...* prendre sa revanche sur ... **2** *adv* même; *even bigger / smaller* encore plus grand / petit; *not even* pas même; *even so* quand même; *even if* même si **3** *v/t*: *even the score* égaliser

eve•ning ['iːvnɪŋ] soir *m*; *in the evening* le soir; *at 7 in the evening* à 7 heures du soir; *this evening* ce soir; *good evening* bonsoir

'eve•ning class cours *m* du soir

'eve•ning dress *for woman* robe *f* du soir; *for man* tenue *f* de soirée

eve•ning 'pa•per journal *m* du soir

eve•nly ['iːvnlɪ] *adv* (*regularly*) de manière égale; *breathing* régulièrement

e•vent [ɪ'vent] événement *m*; SP épreuve *f*; *at all events* en tout cas

e•vent•ful [ɪ'ventfl] *adj* mouvementé

e•ven•tu•al [ɪ'ventʃʊəl] *adj* final

e•ven•tu•al•ly [ɪ'ventʃʊəlɪ] *adv* finalement

ev•er ['evər] *adv* jamais; *have you ever been to Japan?* est-ce que tu es déjà allé au Japon?; *for ever* pour toujours; *ever since* depuis lors; *ever since we ...* depuis le jour où nous ...; *the fastest ever* le / la plus rapide qui ait jamais existé

ev•er•green ['evərgriːn] *n* arbre *m* à feuilles persistantes

ev•er•last•ing [evər'læstɪŋ] *adj* éternel*

ev•ery ['evrɪ] *adj*: *every day* tous les jours, chaque jour; *every one of his fans* chacun de ses fans, tous ses fans; *one in every ten houses* une maison sur dix; *every now and then* de temps en temps

ev•ery•bod•y ['evrɪbɑːdɪ] → **everyone**

ev•ery•day ['evrɪdeɪ] *adj* de tous les jours

ev•ery•one ['evrɪwʌn] *pron* tout le monde; *everyone who knew him* tous ceux qui l'ont connu

ev•ery•thing ['evrɪθɪŋ] *pron* tout; *everything I say* tout ce que je dis

ev•ery•where ['evrɪwer] *adv* partout; *everywhere you go* (*wherever*) partout où tu vas, où que tu ailles (*subj*)

e•vict [ɪ'vɪkt] *v/t* expulser

ev•i•dence ['evɪdəns] preuve(s) *f(pl)*; LAW témoignage *m*; *give evidence* témoigner

ev•i•dent ['evɪdənt] *adj* évident

ev•i•dent•ly ['evɪdəntlɪ] *adv* (*clearly*) à l'évidence; (*apparently*) de toute évidence

e•vil ['iːvl] **1** *adj* mauvais, méchant **2** *n* mal *m*

e•voke [ɪ'vouk] *v/t image* évoquer

ev•o•lu•tion [iːvə'luːʃn] évolution *f*

e•volve [ɪ'vɑːlv] *v/i* évoluer

ewe [juː] brebis *f*

ex- [eks] ex-

ex [eks] F *wife, husband* ex *m/f*

ex•act [ɪg'zækt] *adj* exact

ex•act•ing [ɪg'zæktɪŋ] *adj* exigeant

ex•act•ly [ɪg'zæktlɪ] *adv* exactement

ex•ag•ge•rate [ɪg'zædʒəreɪt] *v/t & v/i* exagérer

ex•ag•ge•ra•tion [ɪgzædʒə'reɪʃn] exagération *f*

ex•am [ɪg'zæm] examen *m*; *take an exam* passer un examen; *pass / fail an exam* réussir à/échouer à un examen

ex•am•i•na•tion [ɪgzæmɪ'neɪʃn] examen *m*

ex•am•ine [ɪg'zæmɪn] *v/t* examiner

ex•am•in•er [ɪg'zæmɪnər] EDU examinateur(-trice) *m(f)*

ex•am•ple [ɪg'zæmpl] exemple *m*; *for example* par exemple; *set a good / bad example* donner / ne pas donner l'exemple

ex•as•pe•rat•ed [ɪg'zæspəreɪtɪd] adj
exaspéré

ex•as•pe•rat•ing [ɪg'zæspəreɪtɪŋ] adj
exaspérant

ex•ca•vate ['ekskəveɪt] v/t (dig) excaver;
of archeologist fouiller

ex•ca•va•tion [ekskə'veɪʃn] excavation f;
archeological fouille(s) f(pl)

ex•ceed [ɪk'siːd] v/t dépasser; authority
outrepasser

ex•ceed•ing•ly [ɪk'siːdɪŋlɪ] adv extrême-
ment

ex•cel [ɪk'sel] 1 v/i (pret & pp -led) excel-
ler; excel at exceller en 2 v/t: excel o.s.
se surpasser

ex•cel•lence ['eksələns] excellence f

ex•cel•lent ['eksələnt] adj excellent

ex•cept [ɪk'sept] prep sauf; except for à
l'exception de

ex•cep•tion [ɪk'sepʃn] exception f; with
the exception of à l'exception de; take
exception to s'offenser de

ex•cep•tion•al [ɪk'sepʃnl] adj exception-
nel*

ex•cep•tion•al•ly [ɪk'sepʃnlɪ] adv (ex-
tremely) exceptionnellement

ex•cerpt ['eksɜːrpt] extrait m

ex•cess [ɪk'ses] 1 n excès m; drink to ex-
cess boire à l'excès; in excess of au-des-
sus de 2 adj: excess water excédent m
d'eau

ex•cess 'bag•gage excédent m de baga-
ges

ex•cess 'fare supplément m

ex•ces•sive [ɪk'sesɪv] adj excessif*

ex•change [ɪks'tʃeɪndʒ] 1 n échange m; in
exchange for en échange de 2 v/t échan-
ger; exchange X for Y échanger X con-
tre Y

ex'change rate FIN cours m du change,
taux m du change

ex•ci•ta•ble [ɪk'saɪtəbl] adj excitable

ex•cite [ɪk'saɪt] v/t (make enthusiastic) en-
thousiasmer

ex•cit•ed [ɪk'saɪtɪd] adj excité; get excit-
ed s'exciter; get excited about sth trip
etc être excité à l'idée de qch; changes
etc être enthousiaste à l'idée de qch

ex•cite•ment [ɪk'saɪtmənt] excitation f

ex•cit•ing [ɪk'saɪtɪŋ] adj passionnant

ex•claim [ɪk'skleɪm] v/t s'exclamer

ex•cla•ma•tion [eksklə'meɪʃn] exclama-
tion f

ex•cla•ma•tion point point m d'exclama-
tion

ex•clude [ɪk'skluːd] v/t exclure

ex•clud•ing [ɪk'skluːdɪŋ] prep sauf; six
excluding the children six sans compter
les enfants; open year-round excluding

... ouvert toute l'année à l'exclusion de
....

ex•clu•sive [ɪk'skluːsɪv] adj hotel, restau-
rant huppé; rights, interview exclusif*

ex•com•mu•ni•cate [ekskə'mjuːnɪkeɪt]
v/t REL excommunier

ex•cru•ci•at•ing [ɪk'skruːʃɪeɪtɪŋ] adj pain
atroce

ex•cur•sion [ɪk'skɜːrʃn] excursion f

ex•cuse [ɪk'skjuːs] 1 n excuse f 2 v/t
[ɪk'skjuːz] excuser; (forgive) pardonner;
excuse X from Y dispenser X de Y; ex-
cuse me excusez-moi

ex-di•rec•to•ry Br: be ex-directory être
sur liste rouge

e•x•e•cute ['eksɪkjuːt] v/t criminal, plan
exécuter

ex•e•cu•tion [eksɪ'kjuːʃn] of criminal,
plan exécution f

ex•e•cu•tion•er [eksɪ'kjuːʃnər] bourreau
m

ex•ec•u•tive [ɪg'zekjutɪv] 1 n cadre m 2
adj de luxe

ex•ec•u•tive 'brief•case attaché-case m

ex•em•pla•ry [ɪg'zemplərɪ] adj exemplai-
re m

ex•empt [ɪg'zempt] adj exempt; be ex-
empt from être exempté de

ex•er•cise ['eksərsaɪz] 1 n exercice m;
take exercise prendre de l'exercice 2
v/t muscle exercer; dog promener; cau-
tion, restraint user de 3 v/i prendre de
l'exercice

'ex•er•cise bike vélo m d'appartement

'ex•er•cise book EDU cahier m (d'exerci-
ces)

'ex•er•cise class cours m de gymnastique

ex•ert [ɪg'zɜːrt] v/t authority exercer; ex-
ert o.s. se dépenser

ex•er•tion [ɪg'zɜːrʃn] effort m

ex•hale [eks'heɪl] v/t exhaler

ex•haust [ɪg'zɒːst] 1 n fumes gaz m
d'échappement; pipe tuyau m d'échap-
pement 2 v/t (tire, use up) épuiser

ex•haust•ed [ɪg'zɒːstɪd] adj (tired) épuisé

ex'haust fumes npl gaz mpl d'échappe-
ment

ex•haust•ing [ɪg'zɒːstɪŋ] adj épuisant

ex•haus•tion [ɪg'zɒːstʃn] épuisement m

ex•haus•tive [ɪg'zɒːstɪv] adj exhaustif*

ex'haust pipe tuyau m d'échappement

ex•hib•it [ɪg'zɪbɪt] 1 n in exhibition objet
m exposé 2 v/t of artist exposer; (give ev-
idence of) montrer

ex•hi•bi•tion [eksɪ'bɪʃn] exposition f; of
bad behavior étalage m; of skill démons-
tration f

ex•hi•bi•tion•ist [eksɪ'bɪʃnɪst] exhibition-
niste m/f

ex•hil•a•rat•ing [ɪɡˈzɪlǝreɪtɪŋ] *adj weather* vivifiant; *sensation* grisant

ex•ile [ˈeksaɪl] **1** *n* exil *m*; *person* exilé(e) *m(f)* **2** *v/t* exiler

ex•ist [ɪɡˈzɪst] *v/i* exister; *exist on* subsister avec

ex•ist•ence [ɪɡˈzɪstǝns] existence *f*; *be in existence* exister; *come into existence* être créé, naître

ex•ist•ing [ɪɡˈzɪstɪŋ] *adj* existant

ex•it [ˈeksɪt] **1** *n* sortie *f* **2** *v/i* COMPUT sortir

ex•on•e•rate [ɪɡˈzɑːnǝreɪt] *v/t* (*clear*) disculper

ex•or•bi•tant [ɪɡˈzɔːrbɪtǝnt] *adj* exorbitant

ex•ot•ic [ɪɡˈzɑːtɪk] *adj* exotique

ex•pand [ɪkˈspænd] **1** *v/t* étendre, développer **2** *v/i of population* s'accroître, augmenter; *of business, city* se développer, s'étendre; *of metal, gas* se dilater
♦ **expand on** *v/t* s'étendre sur

ex•panse [ɪkˈspæns] étendue *f*

ex•pan•sion [ɪkˈspænʃn] *of business, city* développement *m*, extension *f*; *of population* accroissement *m*, augmentation *f*; *of metal, gas* dilatation *f*

ex•pa•tri•ate [eksˈpætrɪǝt] **1** *adj* expatrié **2** *n* expatrié(e) *m(f)*

ex•pect [ɪkˈspekt] **1** *v/t also baby* attendre; (*suppose*) penser, croire; (*demand*) exiger, attendre (**from sth** de qch) **2** *v/i: be expecting* attendre un bébé; *I expect so* je pense que oui

ex•pec•tant [ɪkˈspektǝnt] *adj crowd, spectators* impatient; *silence* d'expectative

ex•pec•tant 'moth•er future maman *f*

ex•pec•ta•tion [ekspekˈteɪʃn] attente *f*, espérance *f*; *expectations* (*demands*) exigence *f*

ex•pe•dient [ɪkˈspiːdɪǝnt] *adj* opportun, pratique

ex•pe•di•tion [ekspɪˈdɪʃn] expédition *f*

ex•pel [ɪkˈspel] *v/t* (*pret & pp* -**led**) *person* expulser

ex•pend [ɪkˈspend] *v/t energy* dépenser

ex•pend•a•ble [ɪkˈspendǝbl] *adj person* pas indispensable, pas irremplaçable

ex•pen•di•ture [ɪkˈspendɪtʃǝr] dépenses *fpl* (*on* de)

ex•pense [ɪkˈspens] dépense *f*; *at vast expense* à grands frais; *at the company's expense* aux frais *mpl* de la compagnie; *a joke at my expense* une plaisanterie à mes dépens; *at the expense of his health* aux dépens de sa santé

ex'pense ac•count note *f* de frais

ex•pen•ses [ɪkˈspensɪz] *npl* frais *mpl*

ex•pen•sive [ɪkˈspensɪv] *adj* cher*

ex•pe•ri•ence [ɪkˈspɪrɪǝns] **1** *n* expérience *f* **2** *v/t pain, pleasure* éprouver; *problem, difficulty* connaître

ex•pe•ri•enced [ɪkˈspɪrɪǝnst] *adj* expérimenté

ex•per•i•ment [ɪkˈsperɪmǝnt] **1** *n* expérience *f* **2** *v/i* faire des expériences; *experiment on animals* faire des expériences sur; *experiment with* (*try out*) faire l'expérience de

ex•per•i•men•tal [ɪksperɪˈmentl] *adj* expérimental

ex•pert [ˈekspɜːrt] **1** *adj* expert **2** *n* expert(e) *m(f)*

ex•pert ad'vice conseil *m* d'expert

ex•pert•ise [ekspɜːrˈtiːz] savoir-faire *m*

ex•pi'ra•tion date date *f* d'expiration

ex•pire [ɪkˈspaɪr] *v/i* expirer

ex•pi•ry [ɪkˈspaɪrɪ] expiration *f*

ex•plain [ɪkˈspleɪn] *v/t & v/i* expliquer

ex•pla•na•tion [eksplǝˈneɪʃn] explication *f*

ex•plan•a•to•ry [eksˈplænǝtɔːrɪ] *adj* explicatif*

ex•plic•it [ɪkˈsplɪsɪt] *adj instructions* explicite

ex•plic•it•ly [ɪkˈsplɪsɪtlɪ] *adv state, forbid* explicitement

ex•plode [ɪkˈsploud] **1** *v/i of bomb, fig* exploser **2** *v/t bomb* faire exploser

ex•ploit¹ [ˈeksplɔɪt] *n* exploit *m*

ex•ploit² [ɪkˈsplɔɪt] *v/t person, resources* exploiter

ex•ploi•ta•tion [eksplɔɪˈteɪʃn] *of person* exploitation *f*

ex•plo•ra•tion [eksplǝˈreɪʃn] exploration *f*

ex•plor•a•to•ry [ɪkˈsplɑːrǝtɔːrɪ] *adj surgery* exploratoire

ex•plore [ɪkˈsplɔːr] *v/t country, possibility* explorer

ex•plo•rer [ɪkˈsplɔːrǝr] explorateur (-trice) *m(f)*

ex•plo•sion [ɪkˈsplouʒn] *also in population* explosion *f*

ex•plo•sive [ɪkˈsplousɪv] *n* explosif *m*

ex•port [ˈekspɔːrt] **1** *n* exportation *f* **2** *v/t also* COMPUT exporter

'ex•port cam•paign campagne *f* export

ex•port•er [eksˈpɔːrtǝr] exportateur (-trice) *m(f)*

ex•pose [ɪkˈspouz] *v/t* (*uncover*) mettre à nu; *scandal* dévoiler; *person* démasquer; *expose X to Y* exposer X à Y

ex•po•sure [ɪkˈspouʒǝr] exposition *f*; MED effets *mpl* du froid; *of dishonest behaviour* dénonciation *f*; PHOT pose *f*; *in media* couverture *f*

ex•press [ɪkˈspres] **1** *adj* (*fast*) express;

(explicit) formel*, explicite **2** *n train, bus* express **m 3** *v/t* exprimer; **express o.s. well/clearly** s'exprimer bien/clairement; **express o.s.** *(explicitly)* s'exprimer

ex'press el•e•va•tor ascenseur *m* sans arrêt

ex•pres•sion [ɪk'spreʃn] expression *f*

ex•pres•sive [ɪk'spresɪv] *adj* expressif*

ex•press•ly [ɪk'spreslɪ] *adv (explicitly)* formellement, expressément; *(deliberately)* exprès

ex•press•way [ɪk'spreswei] voie *f* express

ex•pul•sion [ɪk'spʌlʃn] expulsion *f*

ex•qui•site [ek'skwɪzɪt] *adj (beautiful)* exquis

ex•tend [ɪk'stend] **1** *v/t house, garden* agrandir; *search* étendre (**to** à); *runway, contract, visa* prolonger; *thanks, congratulations* présenter **2** *v/i of garden etc* s'étendre

ex•ten•sion [ɪk'stenʃn] *to house* agrandissement *m; of contract, visa* prolongation *f;* TELEC poste *m*

ex'ten•sion ca•ble rallonge *f*

ex•ten•sive [ɪk'stensɪv] *adj search, knowledge* vaste, étendu; *damage, work* considérable

ex•tent [ɪk'stent] étendue *f*, ampleur *f;* **to such an extent that** à tel point que; **to a certain extent** jusqu'à un certain point

ex•ten•u•at•ing cir•cum•stan•ces [ɪk-'stenuetɪŋ] *npl* circonstances *fpl* atténuantes

ex•te•ri•or [ɪk'stɪrɪər] **1** *adj* extérieur **2** *n of building* extérieur *m; of person* dehors *mpl*

ex•ter•mi•nate [ɪk'stɜːrmɪneɪt] *v/t* exterminer

ex•ter•nal [ɪk'stɜːrnl] *adj (outside)* extérieur

ex•tinct [ɪk'stɪŋkt] *adj species* disparu

ex•tinc•tion [ɪk'stɪŋkʃn] *of species* extinction *f*

ex•tin•guish [ɪk'stɪŋgwɪʃ] *v/t fire, cigarette* éteindre

ex•tin•guish•er [ɪk'stɪŋgwɪʃər] extincteur *m*

ex•tort [ɪk'stɔːrt] *v/t* extorquer; **extort money from s.o.** extorquer de l'argent à qn

ex•tor•tion [ɪk'stɔːrʃn] extortion *f*

ex•tor•tion•ate [ɪk'stɔːrʃənət] *adj prices* exorbitant

ex•tra ['ekstrə] **1** *n* extra *m* **2** *adj (spare)* de rechange; *(additional)* en plus, supplémentaire; **be extra** *(cost more)* être en supplément **3** *adv* ultra-

ex•tra 'charge supplément *m*

ex•tract¹ ['ekstrækt] *n* extrait *m*

ex•tract² [ɪk'strækt] *v/t* extraire; *tooth also* arracher; *information* arracher

ex•trac•tion [ɪk'strækʃn] extraction *f*

ex•tra•dite ['ekstrədaɪt] *v/t* extrader

ex•tra•di•tion [ekstrə'dɪʃn] extradition *f*

ex•tra•di•tion trea•ty accord *m* d'extradition

ex•tra•mar•i•tal [ekstrə'mærɪtl] *adj* extra-conjugal

ex•tra•or•di•nar•i•ly [ɪkstrə'ɔːrdn'erɪlɪ] *adv* extraordinairement

ex•tra•or•di•na•ry [ɪkstrə'ɔːrdnerɪ] *adj* extraordinaire

ex•tra 'time *Br* SP prolongation(s) *f(pl)*

ex•trav•a•gance [ɪk'strævəgəns] dépenses *fpl* extravagantes; *single act* dépense *f* extravagante

ex•trav•a•gant [ɪk'strævəgənt] *adj person* dépensier*; *price* exorbitant; *claim* excessif*

ex•treme [ɪk'striːm] **1** *n* extrême *m* **2** *adj* extrême

ex•treme•ly [ɪk'striːmlɪ] *adv* extrêmement

ex•trem•ist [ɪk'striːmɪst] extrémiste *m/f*

ex•tri•cate ['ekstrɪkeɪt] *v/t* dégager, libérer *(from* de)

ex•tro•vert ['ekstrəvɜːrt] **1** *n* extraverti(e) *m(f)* **2** *adj* extraverti

ex•u•ber•ant [ɪg'zuːbərənt] *adj* exubérant

ex•ult [ɪg'zʌlt] *v/i* exulter

eye [aɪ] **1** *n* œil *m; of needle* trou *m;* **have blue eyes** avoir les yeux bleus; **keep an eye on** surveiller; **in my eyes** à mes yeux **2** *v/t* regarder

'eye•ball globe *m* oculaire

'eye•brow sourcil *m*

'eye-catch•ing *adj* accrocheur*

'eye•glasses lunettes *fpl*

'eye•lash cil *m*

'eye•lid paupière *f*

'eye-lin•er eye-liner *m*

'eye-sha•dow ombre *f* à paupières

'eye•sight vue *f*

'eye•sore horreur *f*

'eye strain fatigue *f* des yeux

'eye•wit•ness témoin *m* oculaire

F

F *abbr* (= *Fahrenheit*) F (= Fahrenheit)
fab•ric ['fæbrɪk] (*material*) tissu *m*
fab•u•lous ['fæbjuləs] *adj* fabuleux*
fab•u•lous•ly ['fæbjuləslɪ] *adv* fabuleuse-
  ment
fa•çade [fə'sɑːd] *of building, person* façade *f*
face [feɪs] **1** *n* visage *m*, figure *f*; *of moun-
  tain* face *f*; **face to face** en personne;
  lose face perdre la face **2** *v/t person,
  sea* faire face à
◆ **face up to** *v/t bully* affronter; *responsi-
  bilities* faire face à
'face•cloth gant *m* de toilette
'face•lift lifting *m*; **the building / area has
  been given a facelift** le bâtiment / quar-
  tier a été complètement refait
'face pack masque *m* de beauté
face 'val•ue: take sth at face value juger
  qch sur les apparences
fa•cial ['feɪʃl] *n* soin *m* du visage
fa•cil•i•tate [fə'sɪlɪteɪt] *v/t* faciliter
fa•cil•i•ties [fə'sɪlətiz] *npl of school, town
  etc* installations *fpl*; (*equipment*) équipe-
  ments *mpl*
fact [fækt] fait *m*; **in fact, as a matter of
  fact** en fait
fac•tion ['fækʃn] faction *f*
fac•tor ['fæktər] facteur *m*
fac•to•ry ['fæktərɪ] usine *f*
fac•tu•al ['fæktjuəl] *adj* factuel*
fac•ul•ty ['fækəltɪ] (*hearing etc*), *at uni-
  versity* faculté *f*
fad [fæd] lubie *f*
fade [feɪd] *v/i of colors* passer
fad•ed ['feɪdɪd] *adj color, jeans* passé
fag [fæg] *pej* F (*homosexual*) pédé *m* F
Fahr•en•heit ['færənhaɪt] *adj* Fahrenheit
fail [feɪl] **1** *v/i* échouer **2** *n*: **without fail**
  sans faute
fail•ing ['feɪlɪŋ] *n* défaut *m*, faiblesse *f*
fail•ure ['feɪljər] échec *m*; **feel a failure**
  avoir l'impression de ne rien valoir
faint [feɪnt] **1** *adj* faible, léger* **2** *v/i* s'éva-
  nouir
faint•ly ['feɪntlɪ] *adv* légèrement
fair[1] [fer] *n* (*funfair*), COMM foire *f*
fair[2] [fer] *adj hair* blond; *complexion*
  blanc*
fair[3] [fer] *adj* (*just*) juste, équitable; **it's
  not fair** ce n'est pas juste
fair•ly ['ferlɪ] *adv treat* équitablement;
  (*quite*) assez
fair•ness ['fernɪs] *of treatment* équité *f*

fai•ry ['ferɪ] fée *f*
'fai•ry tale conte *m* de fées
faith [feɪθ] *also* REL foi *f*; **the Catholic
  faith** la religion catholique
faith•ful ['feɪθfl] *adj* fidèle
faith•ful•ly ['feɪθflɪ] *adv* fidèlement;
  Yours faithfully *Br* veuillez agréer l'ex-
  pression de mes salutations distinguées
fake [feɪk] **1** *n* (*article m*) faux *m* **2** *adj*
  faux*; *suicide attempt* simulé **3** *v/t* (*forge*)
  falsifier; (*feign*) feindre; *suicide, kidnap*
  simuler
fall[1] [fɔːl] *n season* automne *m*
fall[2] [fɔːl] **1** *v/i* (*pret fell, pp fallen*) *of per-
  son, government, night* tomber; *of prices,
  temperature* baisser; **it falls on a Tues-
  day** ça tombe un mardi; **fall ill** tomber
  malade **2** *n of person, government, min-
  ister* chute *f*; *in price, temperature* baisse *f*
◆ **fall back on** *v/t* se rabattre sur
◆ **fall behind** *v/i with work, studies* pren-
  dre du retard
◆ **fall down** *v/i of person* tomber (par ter-
  re); *of wall, building* s'effondrer
◆ **fall for** *v/t person* tomber amoureux de;
  (*be deceived by*) se laisser prendre à
◆ **fall out** *v/i of hair* tomber; (*argue*) se
  brouiller
◆ **fall over** *v/i of person, tree* tomber (par
  terre)
◆ **fall through** *v/i of plans* tomber à l'eau
fal•len ['fɔːlən] *pp* → **fall**
fal•li•ble ['fæləbl] *adj* faillible
'fallout retombées *fpl* (radioactives)
false [fɔːls] *adj* faux*
false a'larm fausse alarme *f*
false•ly ['fɔːlslɪ] *adv*: **be falsely accused
  of sth** être accusé à tort de qch
false 'start *in race* faux départ *m*
false 'teeth *npl* fausses dents *fpl*
fal•si•fy ['fɔːlsɪfaɪ] *v/t* (*pret & pp -ied*) fal-
  sifier
fame [feɪm] célébrité *f*
fa•mil•i•ar [fə'mɪljər] *adj* familier*; **be fa-
  miliar with sth** bien connaître qch; **that
  looks / sounds familiar** ça me dit quel-
  que chose
fa•mil•i•ar•i•ty [fəmɪlɪ'ærɪtɪ] *with subject
  etc* (bonne) connaissance *f* (**with** de)
fa•mil•i•ar•ize [fə'mɪljəraɪz] *v/t* familiari-
  ser; **familiarize o.s. with** se familiariser
  avec
fam•i•ly ['fæmlɪ] famille *f*
fam•i•ly 'doc•tor médecin *m* de famille

fam•i•ly 'name nom m de famille

fam•i•ly 'plan•ning planning m familial

fam•i•ly 'plan•ning clin•ic centre m de planning familial

fam•i•ly 'tree arbre m généalogique

fam•ine ['fæmɪn] famine f

fam•ished ['fæmɪʃt] F affamé

fa•mous ['feɪməs] adj célèbre

fan¹ [fæn] n in sport fana m/f F; of singer, band fan m/f

fan² [fæn] 1 n for cooling: electric ventilateur m; handheld éventail m 2 v/t (pret & pp -ned): fan o.s. s'éventer

'fan belt мот courroie f de ventilateur

'fan club fan-club m

fan•cy ['fænsɪ] adj restaurant huppé

fan•cy 'dress déguisement m

fan•cy-'dress par•ty fête f déguisée

fang [fæŋ] of dog croc m; of snake crochet m

'fan mail courrier m des fans

fan•ta•size ['fæntəsaɪz] v/i rêver; fantasmer (about sur)

fan•tas•tic [fæn'tæstɪk] adj fantastique

fan•tas•ti•cal•ly [fæn'tæstɪklɪ] adv (extremely) fantastiquement

fan•ta•sy ['fæntəsɪ] hopeful rêve m; unrealistic, sexual fantasme m; the realm of fantasy le domaine de l'imaginaire

fan•zine ['fænzɪn] n fanzine m

far [fɑːr] adv loin; (much) bien; far away très loin; how far is it? c'est loin?, c'est à quelle distance?; how far have you got in …? où en êtes-vous dans …?; as far as the corner / hotel jusqu'au coin / jusqu'à l'hôtel; as far as I know pour autant que je sache; you've gone too far in behavior tu vas trop loin; so far so good tout va bien pour le moment

farce [fɑːrs] farce f

fare [fer] n for ticket prix m du billet; for taxi prix m

Far 'East Extrême-Orient m

fare•well [fer'wel] n adieu m

fare•well par•ty fête f d'adieu

far-fetched [fɑːr'fetʃt] adj tiré par les cheveux

farm [fɑːrm] n ferme f

farm•er [fɑːr'mər] fermier(-ière) m(f)

'farm•house (maison f de) ferme f

farm•ing ['fɑːrmɪŋ] n agriculture f

'farm•work•er ouvrier(-ière) m(f) agricole

'farm•yard cour f de ferme

far-'off adj lointain, éloigné

far•sight•ed [fɑːr'saɪtɪd] adj prévoyant;

visually hypermétrope

fart [fɑːrt] 1 n F pet m 2 v/i F péter

far•ther ['fɑːrðər] adv plus loin

far•thest ['fɑːrðəst] adv travel etc le plus loin

fas•ci•nate ['fæsɪneɪt] v/t fasciner

fas•ci•nat•ing ['fæsɪneɪtɪŋ] adj fascinant

fas•ci•na•tion [fæsɪ'neɪʃn] fascination f

fas•cism ['fæʃɪzm] fascisme m

fas•cist ['fæʃɪst] 1 n fasciste m/f 2 adj fasciste

fash•ion ['fæʃn] n mode f; (manner) manière f, façon f; in fashion à la mode; out of fashion démodé

fash•ion•a•ble ['fæʃnəbl] adj à la mode

fash•ion•a•bly ['fæʃnəblɪ] adv à la mode

'fash•ion-con•scious adj au courant de la mode

'fash•ion de•sign•er créateur(-trice) m(f) de mode

'fash•ion mag•a•zine magazine m de mode

'fash•ion show défilé m de mode

fast¹ [fæst] 1 adj rapide; be fast of clock avancer 2 adv vite; stuck fast coincé; be fast asleep dormir à poings fermés

fas•ten ['fæsn] 1 v/t attacher; lid, window fermer; fasten sth onto sth attacher qch à qch 2 v/i of dress etc s'attacher

fas•ten•er ['fæsnər] for dress agrafe f; for lid fermeture f

fast 'food fast-food m

fast-food 'res•tau•rant fast-food m

fast 'for•ward n on video etc avance f rapide 2 v/i avancer

'fast lane on road voie f rapide; live in the fast lane fig: of life vivre à cent à l'heure

'fast train train m rapide

fat [fæt] 1 adj gros² 2 n on meat gras m; for baking graisse f; food category lipide m; 95% fat free allégé à 5% de matières grasses

fa•tal ['feɪtl] adj also error fatal

fa•tal•i•ty [fə'tælətɪ] accident m mortel; there were no fatalities il n'y a pas eu de morts

fa•tal•ly ['feɪtlɪ] adv: fatalement; fatally injured mortellement blessé

fate [feɪt] destin m

fat•ed ['feɪtɪd] adj: be fated to do sth être destiné à faire qch

fa•ther ['fɑːðər] n père m; Father Martin REL le père Martin

Fa•ther 'Christ•mas Br le père m Noël

fa•ther•hood ['fɑːðərhʊd] paternité f

'fa•ther-in-law (pl fathers-in-law) beau--père m

fa•ther•ly ['fɑːðərlɪ] adj paternel*

fath•om ['fæðəm] n NAUT brasse f
♦ **fathom out** v/t fig comprendre
fa•tigue [fə'ti:g] n fatigue f
fat•so ['fætsou] n F gros(se) m(f); **hey, fatso!** hé, gros lard! F
fat•ten ['fætn] v/t animal engraisser
fat•ty ['fætɪ] 1 adj adipeux* 2 n F person gros(se) m(f)
fau•cet ['fɒ:sɪt] robinet m
fault [fɒ:lt] n (defect) défaut m; **it's your / my fault** c'est de ta / ma faute; **find fault with** trouver à redire à
fault•less ['fɒ:ltlɪs] adj impeccable
fault•y ['fɒ:ltɪ] adj goods défectueux*
fa•vor ['feɪvər] 1 n faveur f; **do s.o. a favor** rendre (un) service à qn; **do me a favor!** (don't be stupid) tu plaisantes!; **in favor of** resign, withdraw en faveur de; **be in favor of** être en faveur de 2 v/t (prefer) préférer
fa•vo•ra•ble ['feɪvərəbl] adj reply etc favorable (**to** à)
fa•vo•rite ['feɪvərɪt] 1 n person préféré(e) m(f); food plat m préféré; in race, competition favori(te) m(f); **that's my favorite** c'est ce que je préfère 2 adj préféré
fa•vo•rit•ism ['feɪvərɪtɪzm] favoritisme m
fax [fæks] 1 n fax m; **by fax** par fax 2 v/t faxer; **fax sth to s.o.** faxer qch à qn
FBI [efbi:'aɪ] abbr (= **Federal Bureau of Investigation**) F.B.I. m
fear [fɪr] 1 n peur f 2 v/t avoir peur de
fear•less ['fɪrlɪs] adj sans peur
fear•less•ly ['fɪrlɪslɪ] adv sans peur
fea•si•bil•i•ty stud•y [fi:zə'bɪlətɪ] étude f de faisabilité
fea•si•ble ['fi:zəbl] adj faisable
feast [fi:st] n festin m
'feast day REL fête f
feat [fi:t] exploit m
fea•ther ['feðər] plume f
fea•ture ['fi:tʃər] 1 n on face trait m; of city, building, style caractéristique f; article in paper chronique f; movie long métrage m; **make a feature of** mettre en valeur 2 v/t of movie mettre en vedette
'fea•ture film long métrage m
Feb•ru•a•ry ['februərɪ] février m
fed [fed] pret & pp → **feed**
fed•e•ral ['fedərəl] adj fédéral
fed•e•ra•tion [fedə'reɪʃn] fédération f
fed 'up adj F: **be fed up with** en avoir ras-le-bol de F
fee [fi:] of lawyer, doctor etc honoraires mpl; for entrance, membership frais mpl
fee•ble ['fi:bl] adj faible
feed [fi:d] v/t (pret & pp **fed**) nourrir
'feed•back réactions fpl; **we need more customer feedback** nous devons con-

naître mieux l'avis de nos clients

feel [fi:l] 1 v/t (pret & pp **felt**) (touch) toucher; (sense) sentir; pain, pleasure, sensation ressentir; (think) penser 2 v/i: **it feels like silk / cotton** on dirait de la soie / du coton; **your hand feels hot / cold** vos mains sont chaudes / froides; **I feel hungry / tired** j'ai faim / je suis fatigué; **how are you feeling today?** comment vous sentez-vous aujourd'hui?; **how does it feel to be rich?** qu'est-ce que ça fait d'être riche?; **do you feel like a drink / meal?** est-ce que tu as envie de boire / manger quelque chose?; **I feel like leaving / staying** j'ai envie de m'en aller / rester; **I don't feel like it** je n'en ai pas envie
♦ **feel up to** v/t se sentir capable de (doing sth faire qch); **I don't feel up to it** je ne m'en sens pas capable
feel•er ['fi:lər] of insect antenne f
'feel•good fac•tor sentiment m de bien-être
feel•ing ['fi:lɪŋ] (emotional, mental) sentiment m; (sensation) sensation f; **what are your feelings about it?** quels sont tes sentiments là-dessus?; **I have mixed feelings about him** je ne sais pas quoi penser de lui
feet [fi:t] pl → **foot**
fe•line ['fi:laɪn] adj félin
fell [fel] pret → **fall**
fel•la ['felə] F mec m F; **listen, fella** écoute mon vieux
fel•low ['felou] n (man) type m
fel•low 'cit•i•zen n concitoyen(ne) m(f)
fel•low 'coun•try•man n compatriote m/f
fel•low 'man prochain m
fel•o•ny ['felənɪ] crime m
felt[1] [felt] pret & pp → **feel**
felt[2] [felt] n feutre m
felt 'tip, felt tip 'pen stylo m feutre
fe•male ['fi:meɪl] 1 adj animal, plant femelle; relating to people féminin 2 n of animals, plants femelle f; person femme f; F (woman) nana f F
fem•i•nine ['femɪnɪn] 1 adj féminin 2 n GRAM féminin m
fem•i•nism ['femɪnɪzm] féminisme m
fem•i•nist ['femɪnɪst] 1 n féministe m/f 2 adj féministe
fence [fens] n around garden etc barrière f, clôture f; F criminal receleur(-euse) m(f); **sit on the fence** fig ne pas se prononcer, attendre de voir d'où vient le vent
♦ **fence in** v/t land clôturer
fenc•ing ['fensɪŋ] SP escrime f
fend [fend] v/i: **fend for o.s.** se débrouil-

ler tout seul

fend•er ['fendər] мот aile f

fer•ment¹ ['fɜːment] v/i of liquid fermenter

fer•ment² [fə'ment] n (unrest) effervescence f; agitation f

fer•men•ta•tion [fɜːmen'teɪʃn] fermentation f

fern [fɜːn] fougère f

fe•ro•cious [fə'rəʊʃəs] adj féroce

fer•ry ['ferɪ] n ferry m

fer•tile ['fɜːtl] adj fertile

fer•til•i•ty [fɜːr'tɪlətɪ] fertilité f

fer•til•i•ty drug médicament m contre la stérilité

fer•til•ize ['fɜːrtəlaɪz] v/t ovum féconder

fer•til•iz•er ['fɜːrtəlaɪzər] for soil engrais m

fer•vent ['fɜːrvənt] adj admirer fervent

fer•vent•ly ['fɜːrvəntlɪ] adv avec ferveur

fes•ter ['festər] v/i of wound suppurer; fig: of ill will etc s'envenimer

fes•ti•val ['festɪvl] festival m

fes•tive ['festɪv] adj de fête; the festive season la saison des fêtes

fes•tiv•i•ties [fe'stɪvətɪz] npl festivités fpl

fe•tal ['fiːtl] adj fœtal

fetch [fetʃ] v/t (go and fetch) aller chercher (from à); (come and fetch) venir chercher (from à); price atteindre

fetch•ing ['fetʃɪŋ] adj séduisant

fe•tus ['fiːtəs] fœtus m

feud [fjuːd] 1 n querelle f 2 v/i se quereller

fe•ver ['fiːvər] fièvre f

fe•ver•ish ['fiːvərɪʃ] adj also fig fiévreux*

few [fjuː] 1 adj ◇ (not many) peu de; he has so few friends il a tellement peu d'amis

◇: a few ... quelques; quite a few, a good few (a lot) beaucoup de 2 pron ◇ (not many) peu; few of them peu d'entre eux

◇: a few quelques-un(e)s m(f); quite a few, a good few beaucoup 3 npl: the few who ... les quelques or rares personnes qui ...

few•er ['fjuːər] adj moins de; fewer than ... moins de ...

few•est ['fjuːəst] adj le moins de

fi•an•cé [fɪ'ɑːnseɪ] fiancé m

fi•an•cée [fɪ'ɑːnseɪ] fiancée f

fi•as•co [fɪ'æskəʊ] fiasco m

fib [fɪb] n petit mensonge m

fi•ber ['faɪbər] n fibre f

'fi•ber•glass n fibre f de verre

fi•ber 'op•tic adj en fibres optiques

fi•ber 'op•tics npl fibres fpl optiques; nsg technology technologie f des fibres optiques

fi•bre Br → **fiber**

fick•le ['fɪkl] adj inconstant, volage

fic•tion ['fɪkʃn] (novels) romans mpl; (made-up story) fiction f

fic•tion•al ['fɪkʃnl] adj character de roman

fic•ti•tious [fɪk'tɪʃəs] adj fictif*

fid•dle ['fɪdl] 1 n F (violin) violon m; it's a fiddle (cheat) c'est une magouille F 2 v/i: fiddle with tripoter; fiddle around with tripoter 3 v/t accounts, results truquer

fi•del•i•ty [fɪ'delətɪ] fidélité f

fid•get ['fɪdʒɪt] v/i remuer, gigoter F

fid•get•y ['fɪdʒɪtɪ] adj remuant

field [fiːld] champ m; for sport terrain m; (competitors in race) concurrent(e)s m(f)pl; of research, knowledge etc domaine m; there's a strong field for the 1500m il y a une forte concurrence pour le 1500 mètres; that's not my field ce n'est pas de mon domaine

field•er ['fiːldər] in baseball joueur m de champ, défenseur m

'field e•vents npl concours mpl

'field work recherche(s) f(pl) de terrain

fierce [fɪrs] adj animal féroce; wind, storm violent

fierce•ly ['fɪrslɪ] adv avec férocité

fi•er•y ['faɪrɪ] adj ardent, fougueux*

fif•teen [fɪf'tiːn] quinze

fif•teenth [fɪf'tiːnθ] quinzième;→ **fifth**

fifth [fɪfθ] cinquième; May fifth, Br the fifth of May le cinq mai

fifth•ly ['fɪfθlɪ] adv cinquièmement

fif•ti•eth ['fɪftɪɪθ] cinquantième

fif•ty ['fɪftɪ] cinquante

fif•ty-'fif•ty adv moitié-moitié

fig [fɪg] figue f

fight [faɪt] 1 n MIL, in boxing combat m; (argument) dispute f; fig: for survival, championship etc lutte f (for pour) 2 v/t (pret & pp fought) enemy, person combattre; in boxing se battre contre; disease, injustice lutter contre 3 v/i se battre; (argue) se disputer

◆ fight for v/t rights, cause se battre pour

fight•er ['faɪtər] combattant(e) m(f); (airplane) avion m de chasse; (boxer) boxeur m; she's a fighter c'est une battante

fight•ing ['faɪtɪŋ] n physical combat m; verbal dispute f

fig•ment ['fɪgmənt]: it's just a figment of your imagination ce n'est qu'un produit de ton imagination

fig•u•ra•tive ['fɪgjərətɪv] adj use of word figuré; art figuratif*

fig•ure ['fɪgjər] 1 n (digit) chiffre m; of person ligne f; (form, shape) figure f; (human form) silhouette f; bad for your figure mauvais pour la ligne 2 v/t F (*think*) penser

◆ **figure on** v/t F (*plan*) compter; **be figuring on doing sth** compter faire qch

◆ **figure out** v/t (*understand*) comprendre; *calculation* calculer

'**fig•ure skat•er** patineur(-euse) *m(f)* artistique

'**fig•ure skat•ing** patinage *m* artistique

file[1] [faɪl] **1** *n of documents* dossier *m*, classeur *m*; COMPUT fichier *m* **2** v/t *documents* classer

◆ **file away** v/t *documents* classer

◆ **file for** v/t *divorce* demander

file[2] [faɪl] *n for wood, fingernails* lime *f*

'**file cab•i•net** classeur *m*

'**file man•ag•er** COMPUT gestionnaire *m* de fichiers

fi•li•al ['fɪlɪəl] *adj* filial

fill [fɪl] **1** v/t remplir; *tooth* plomber; *prescription* **2** *n*: **eat one's fill** manger à sa faim

◆ **fill in** v/t *form* remplir; *hole* boucher; **fill s.o.** mettre qn au courant (**on sth** de qch)

◆ **fill in for** v/t remplacer

◆ **fill out 1** v/t *form* remplir **2** v/i (*get fatter*) grossir

◆ **fill up 1** v/t remplir (jusqu'au bord) **2** v/i *of stadium, theater* se remplir

fil•let ['fɪlɪt] *n* filet *m*

fil•let 'steak filet *m* de bœuf

fill•ing ['fɪlɪŋ] **1** *n in sandwich* garniture *f*; *in tooth* plombage *m* **2** *adj food* nourrissant

'**fill•ing sta•tion** station-service *f*

film [fɪlm] **1** *n for camera* pellicule *f*; (*movie*) film *m* **2** v/t *person, event* filmer

'**film-mak•er** réalisateur(-trice) *m/f* de films

'**film star** star *f* de cinéma

'**film stu•di•o** studio *m* de cinéma

fil•ter ['fɪltər] **1** *n* filtre *m* **2** v/t *coffee, liquid* filtrer

◆ **filter through** v/i *of news reports* filtrer

'**fil•ter pa•per** papier-filtre *m*

'**fil•ter tip** (*cigarette*) filtre *m*

filth [fɪlθ] saleté *f*

filth•y ['fɪlθɪ] *adj* sale; *language etc* obscène

fin [fɪn] *of fish* nageoire *f*

fi•nal ['faɪnl] **1** *adj* (*last*) dernier*; *decision* définitif*, irrévocable **2** *n* SP finale *f*

fi•na•le [fɪ'nælɪ] apothéose *f*

fi•nal•ist ['faɪnəlɪst] finaliste *m/f*

fi•nal•ize ['faɪnəlaɪz] v/t *plans, design* finaliser, mettre au point

fi•nal•ly ['faɪnəlɪ] *adv* finalement, enfin; **finally, I would like to ...** pour finir, j'aimerais ...

fi•nance ['faɪnæns] **1** *n* finance *f*; (*funds*) financement *m* **2** v/t financer

fi•nan•ces ['faɪnænsɪz] *npl* finances *fpl*

fi•nan•cial [faɪ'nænʃl] *adj* financier

fi•nan•cial•ly [faɪ'nænʃəlɪ] *adv* financièrement

fi•nan•cier [faɪ'nænsɪr] financier(-ière) *m(f)*

find [faɪnd] v/t (*pret & pp* **found**) trouver; **if you find it too difficult** si vous trouvez ça trop difficile; **find a person innocent / guilty** LAW déclarer une personne innocente / coupable

◆ **find out 1** v/t découvrir; (*enquire about*) se renseigner sur **2** v/i (*enquire*) se renseigner; (*discover*) découvrir; **you'll find out** tu verras

find•ings ['faɪndɪŋz] *npl of report* constatations *fpl*, conclusions *fpl*

fine[1] [faɪn] *adj day, weather* beau*; (*good*) bon*, excellent; *distinction* subtil; *line* fin; **how's that?** - **that's fine** que c'est-vous de ça? - c'est bien; **that's fine by me** ça me va; **how are you?** - **fine** comment vas-tu? - bien

fine[2] [faɪn] **1** *n* amende *f* **2** v/t condamner à une amende; **fine s.o. $5,000** condamner qn à une amende de 5.000 $

fine-'tooth comb: **go through sth with a fine-tooth comb** passer qch au peigne fin

fine-'tune v/t *engine* régler avec précision; *fig* peaufiner

fin•ger ['fɪŋgər] **1** *n* doigt *m* **2** v/t toucher, tripoter

'**fin•ger•nail** ongle *m*

'**fin•ger•print 1** *n* empreinte *f* digitale **2** v/t prendre les empreintes digitales de

'**fin•ger•tip** bout *m* du doigt; **have sth at one's fingertips** connaître qch sur le bout des doigts

fin•ick•y ['fɪnɪkɪ] *adj person* tatillon*; *design, pattern* alambiqué

fin•ish ['fɪnɪʃ] **1** v/t finir, terminer; **finish doing sth** finir de faire qch **2** v/i finir **3** *n of product* finition *f*; *of race* arrivée *f*

◆ **finish off** v/t finir

◆ **finish up** v/t *food* finir; **he finished up living there** il a fini par habiter là

◆ **finish with** v/t *boyfriend etc* en finir avec

'**fin•ish line**, *Br* **fin•ish•ing line** ['fɪnɪʃɪŋ] ligne *f* d'arrivée

Fin•land ['fɪnlənd] Finlande *f*

Finn [fɪn] Finlandais(e) *m(f)*

Finn•ish ['fɪnɪʃ] **1** *adj* finlandais, finnois **2** *n* (*language*) finnois *m*

fir [fɜːr] sapin *m*

fire ['faɪr] **1** *n* feu *m*; (*blaze*) incendie *m*;

(electric, gas) radiateur *m*; **be on fire** être en feu; **catch fire** prendre feu; **set sth on fire, set fire to sth** mettre le feu à qch **2** *v/i (shoot)* tirer **3** *v/t F (dismiss)* virer F

'fire a•larm signal *m* d'incendie

'fire•arm arme *f* à feu

'fire bri•gade *Br* sapeurs-pompiers *mpl*

'fire•crack•er pétard *m*

'fire de•part•ment sapeurs-pompiers *mpl*

'fire door porte *f* coupe-feu

'fire drill exercice *m* d'évacuation

'fire en•gine *esp Br* voiture *f* de pompiers

'fire es•cape *ladder* échelle *f* de secours; *stairs* escalier *m* de secours

'fire ex•tin•guish•er extincteur *m* (d'incendie)

'fire fight•er pompier *m*

'fire•guard garde-feu *m*

'fire•man pompier *m*

'fire•place cheminée *f*

'fire sta•tion caserne *f* de pompiers

'fire truck voiture *f* de pompiers

'fire•wood bois *m* à brûler

'fire•works *npl* pièce *f* d'artifice; *(display)* feu *m* d'artifice

firm¹ [fɜːrm] *adj* ferme; *a firm deal* un marché ferme

firm² [fɜːrm] *n* COMM firme *f*

first [fɜːrst] **1** *adj* premier*; *who's first please?* à qui est-ce? **2** *n* premier(-ière) *m(f)* **3** *adv* arrive, finish le / la premier (-ière) *m(f)*; *(beforehand)* d'abord; *first of all (for one reason)* d'abord; *at first* au début

first aid premiers secours *mpl*

first-'aid box, first-'aid kit trousse *f* de premier secours

'first•born *adj* premier-né

first class **1** *adj* ticket, seat de première classe **2** *adv* travel en première classe

first-'class *adj (very good)* de première qualité

first 'floor rez-de-chaussée *m*; *Br* premier étage *m*

first'hand *adj* de première main

First 'La•dy of US première dame *f*

first•ly ['fɜːrstlɪ] *adv* premièrement

first 'name prénom *m*

first 'night première *f*

first of•fend•er délinquant(e) *m(f)* primaire

first-'rate *adj* de premier ordre

fis•cal ['fɪskl] *adj* fiscal

fis•cal 'year année *f* fiscale

fish [fɪʃ] **1** *n (pl fish)* poisson *m*; *drink like a fish* F boire comme un trou F; *feel like a fish out of water* ne pas se sentir dans son élément **2** *v/i* pêcher

'fish•bone arête *f*

fish•er•man ['fɪʃərmən] pêcheur *m*

fish 'fin•ger *Br* bâtonnet *m* de poisson

fish•ing ['fɪʃɪŋ] pêche *f*

'fish•ing boat bateau *m* de pêche

'fish•ing line ligne *f* (de pêche)

'fish•ing rod canne *f* à pêche

'fish stick bâtonnet *m* de poisson

fish•y ['fɪʃɪ] *adj* F *(suspicious)* louche

fist [fɪst] poing *m*

fit¹ [fɪt] *n* MED crise *f*, attaque *f*; *a fit of rage / jealousy* une crise de rage / jalousie

fit² [fɪt] *adj physically* en forme; *morally* digne; *keep fit* garder la forme

fit³ [fɪt] **1** *v/t (pret & pp -ted) of clothes* aller à; *(install, attach)* poser; *it doesn't fit me any more* je ne rentre plus dedans **2** *v/i of clothes* aller; *of piece of furniture etc* (r)entrer; *it doesn't fit of clothing* ce n'est pas la bonne taille **3** *n*: *it's a tight fit* c'est juste

♦ fit in **1** *v/i of person in group* s'intégrer; *it fits in with our plans* ça cadre avec nos projets **2** *v/t*: *fit s.o. in in schedule* trouver un moment pour qn

fit•ful ['fɪtfl] *adj sleep* agité

fit•ness ['fɪtnɪs] *physical* (bonne) forme *f*

'fit•ness cen•ter, *Br* 'fit•ness cen•tre centre *m* sportif

fit•ted 'car•pet ['fɪtɪd] *Br* moquette *f*

fit•ted 'kitch•en cuisine *f* aménagée

fit•ted 'sheet drap *m* housse

fit•ter ['fɪtər] *n* monteur(-euse) *m(f)*

fit•ting ['fɪtɪŋ] *adj* approprié

fit•tings ['fɪtɪŋz] *npl* installations *fpl*

five [faɪv] cinq

fix [fɪks] **1** *n (solution)* solution *f*; *be in a fix* F être dans le pétrin F **2** *v/t (attach)* attacher; *(repair)* réparer; *(arrange: meeting etc)* arranger; *lunch* préparer; *dishonestly: match etc* truquer; *fix sth onto sth* attacher qch à qch; *I'll fix you a drink* je vous offre un verre

♦ fix up *v/t meeting* arranger

fixed [fɪkst] *adj* fixe

fix•ings ['fɪksɪnz] *npl* garniture *f*

fix•ture ['fɪkstʃər] *device* appareil *m* fixe; *piece of furniture* meuble *m* fixe

♦ fiz•zle out ['fɪzl] *v/i* F tomber à l'eau

fiz•zy ['fɪzɪ] *adj Br* drink pétillant

flab [flæb] *on body* graisse *f*

flab•ber•gast ['flæbərgæst] *v/t* F: *be flabbergasted* être abasourdi

flab•by ['flæbɪ] *adj* muscles, stomach mou*

flag¹ [flæg] *n* drapeau *m*; NAUT pavillon *m*

flag² [flæg] *v/i (pret & pp -ged) (tire)* faiblir

♦ flag up *v/t* signaler

'flag•pole mât *m* (de drapeau)

fla•grant ['fleɪgrənt] *adj* flagrant

'flag•ship *fig: store* magasin *m* le plus important; *product* produit *m* phare

'flag•staff mât *m* (de drapeau)

'flag•stone dalle *f*

flair [fler] (*talent*) flair *m*; **have a natural flair for** avoir un don pour

flake [fleɪk] *n of snow* flocon *m*; *of plaster* écaille *f*; **flake of skin** petit bout *m* de peau morte

◆ **flake off** *v/i of plaster, paint* s'écailler; *of skin* peler

flak•y ['fleɪkɪ] *adj skin* qui pèle; *paint* qui s'écaille

flak•y 'pas•try pâte *f* feuilletée

flam•boy•ant [flæm'bɔɪənt] *adj personality* extravagant

flam•boy•ant•ly [flæm'bɔɪəntlɪ] *adv dressed* avec extravagance

flame [fleɪm] *n* flamme *f*; **go up in flames** être détruit par le feu

flam•ma•ble ['flæməbl] *adj* inflammable

flan [flæn] tarte *f*

flank [flæŋk] **1** *n* flanc *m* **2** *v/t:* **be flanked by** être flanqué de

flap [flæp] **1** *n of envelope, pocket, table* rabat *m*; **be in a flap** F être dans tous ses états **2** *v/t* (*pret & pp* **-ped**) *wings* battre **3** *v/i of flag* battre

flare [fler] **1** *n* (*distress signal*) signal *m* lumineux; *in dress* godet *m* **2** *v/t nostrils* dilater

◆ **flare up** *v/i of violence, rash* éclater; *of fire* s'enflammer; (*get very angry*) s'emporter

flash [flæʃ] **1** *n of light* éclair *m*; PHOT flash *m*; **in a flash** F en un rien de temps; **have a flash of inspiration** avoir un éclair de génie; **flash of lightning** éclair *m* **2** *v/i of light* clignoter **3** *v/t:* **flash one's headlights** faire des appels de phares

'flash•back *n in movie* flash-back *m*

'flash•light lampe *f* de poche; PHOT flash *m*

flash•y ['flæʃɪ] *adj pej* voyant

flask [flæsk] (*hip flask*) fiole *f*

flat [flæt] **1** *adj* plat; *beer* éventé; *battery, tire* à plat; *sound, tone* monotone; **and that's flat** F un point c'est tout; **A/B flat** MUS la / si bémol **2** *adv* MUS trop bas; **flat out** *work* le plus possible; *run, drive* le plus vite possible **3** *n pneu m* crevé

flat² [flæt] *n Br* (*apartment*) appartement *m*

flat-chest•ed [flæt'tʃestɪd] *adj* plat

flat•ly ['flætlɪ] *adv refuse, deny* catégoriquement

'flat rate tarif *m* unique

flat•ten ['flætn] *v/t land, road* aplanir; *by bombing, demolition* raser

flat•ter ['flætər] *v/t* flatter

flat•ter•er ['flætərər] flatteur(-euse) *m(f)*

flat•ter•ing ['flætərɪŋ] *adj comments* flatteur*; *color, clothes* avantageux*

flat•ter•y ['flætərɪ] flatterie *f*

flat•u•lence ['flætjʊləns] flatulence *f*

'flat•ware couverts *mpl*

flaunt [flɔːnt] *v/t wealth, car, jewelery* étaler; *girlfriend* afficher

flau•tist ['flɔːtɪst] flûtiste *m/f*

fla•vor ['fleɪvər] **1** *n* goût *m*; *of ice cream* parfum *m* **2** *v/t food* assaisonner

fla•vor•ing ['fleɪvərɪŋ] arôme *m*

flaw [flɔː] *n* défaut *m*, imperfection *f*; *in system, plan* défaut *m*, inconvénient *m*

flaw•less ['flɔːlɪs] *adj* parfait

flea [fliː] puce *f*

fleck [flek] petite tache *f*

fled [fled] *pret & pp* → **flee**

flee [fliː] *v/i* (*pret & pp* **fled**) s'enfuir

fleece [fliːs] **1** *v/t* F arnaquer F **2** *n jacket* (*veste f*) polaire *f*

fleet [fliːt] *n* NAUT flotte *f*; *of taxis, trucks* parc *m*

fleet•ing ['fliːtɪŋ] *adj visit etc* très court; **catch a fleeting glimpse of …** apercevoir … l'espace d'un instant

flesh [fleʃ] *also of fruit* chair *f*; **meet a person in the flesh** rencontrer une personne en chair et en os

flew [fluː] *pret* → **fly**

flex [fleks] *v/t muscles* fléchir

flex•i•bil•i•ty [fleksə'bɪlɪtɪ] flexibilité *f*

flex•i•ble ['fleksəbl] *adj* flexible

'flex•time horaire *m* à la carte

flick [flɪk] *v/t tail* donner un petit coup de; **she flicked her hair out of her eyes** elle a repoussé les cheveux qui lui tombaient devant les yeux

◆ **flick through** *v/t magazine* feuilleter

flick•er ['flɪkər] *v/i of light, screen* vaciller

fli•er ['flaɪr] (*circular*) prospectus *m*

flies [flaɪz] *npl Br: on pants* braguette *f*

flight [flaɪt] *in airplane* vol *m*; (*fleeing*) fuite *f*; **capable of flight** capable de voler; **flight (of stairs)** escalier *m*

'flight at•tend•ant *male* steward *m*; *female* hôtesse *f* de l'air

'flight crew équipage *m*

'flight deck AVIAT poste *m* de pilotage; *of aircraft carrier* pont *m* d'envol

'flight num•ber numéro *m* de vol

'flight path trajectoire *f* de vol

'flight re•cord•er enregistreur *m* de vol

'flight time *departure* heure *f* de vol; *duration* durée *f* de vol

flight•y ['flaɪtɪ] *adj* frivole

flim•sy ['flɪmzɪ] *adj structure, furniture* fragile; *dress, material* léger*; *excuse* faible

flinch [flɪntʃ] *v/i* tressaillir

fling [flɪŋ] **1** *v/t* (*pret & pp* **flung**) jeter; **fling o.s. into a chair** se jeter dans un fauteuil **2** *n* F (*affair*) aventure *f*

◆ **flip through** [flɪp] *v/t* (*pret & pp* **-ped**) *book, magazine* feuilleter

flip•per ['flɪpər] *for swimming* nageoire *f*

flirt [flɜːrt] **1** *v/i* flirter **2** *n* flirteur(-euse) *m(f)*

flir•ta•tious [flɜːr'teɪʃəs] *adj* flirteur*

float [floʊt] *v/i also* FIN flotter

float•ing vot•er ['floʊtɪŋ] indécis(e) *m(f)*

flock [flɑːk] **1** *n of sheep* troupeau *m* **2** *v/i* venir en masse

flog [flɑːg] *v/t* (*pret & pp* **-ged**) (*whip*) fouetter

flood [flʌd] **1** *n* inondation *f* **2** *v/t of river* inonder; **flood its banks** déborder

◆ **flood in** *v/i* arriver en masse

flood•ing ['flʌdɪŋ] inondation(s) *f(pl)*

'flood•light *n* projecteur *m*

'flood•lit *adj match* illuminé (aux projecteurs)

'flood wa•ters *npl* inondations *fpl*

floor [flɔːr] **1** *n* sol *m*; *wooden* plancher *m*; (*story*) étage *m* **2** *v/t of problem, question* déconcerter; (*astound*) sidérer

'floor•board planche *f*

'floor cloth serpillière *f*

'floor lamp lampadaire *m*

flop [flɑːp] **1** *v/i* (*pret & pp* **-ped**) s'écrouler; F (*fail*) faire un bide **2** *n* F (*failure*) bide *m* F

flop•py ['flɑːpɪ] **1** *adj* (*not stiff*) souple; (*weak*) mou* **2** *n* (*also* **floppy disk**) disquette *f*

flor•ist ['flɔːrɪst] fleuriste *m/f*

floss [flɑːs] *for teeth* fil *m* dentaire; **floss one's teeth** se passer du fil dentaire entre les dents

flour ['flaʊr] farine *f*

flour•ish ['flʌrɪʃ] *v/i of plants* fleurir; *of business, civilization* prospérer

flour•ish•ing ['flʌrɪʃɪŋ] *adj business, trade* fleurissant, prospère

flow [floʊ] **1** *v/i of river* couler; *of electric current* passer; *of traffic* circuler; *of work* se dérouler **2** *n of river* cours *m*; *of information, ideas* circulation *f*

'flow•chart organigramme *m*

flow•er ['flaʊr] **1** *n* fleur *f* **2** *v/i* fleurir

'flow•er•bed platebande *f*

'flow•er•pot pot *m* de fleurs

'flow•er show exposition *f* florale

flow•er•y ['flaʊrɪ] *adj pattern, style* fleuri

flown [floʊn] *pp* → **fly³**

flu [fluː] grippe *f*

fluc•tu•ate ['flʌktʃʊeɪt] *v/i* fluctuer

fluc•tu•a•tion [flʌktʃʊ'eɪʃn] fluctuation *f*

flu•en•cy ['fluːənsɪ] *in a language* maîtrise *f* (*in* de); **fluency in French is a requirement** il est nécessaire de maîtriser parfaitement le français

flu•ent ['fluːənt] *adj person* qui s'exprime avec aisance; **he speaks fluent Spanish** il parle couramment l'espagnol

flu•ent•ly ['fluːəntlɪ] *adv* couramment; *in own language* avec aisance

fluff [flʌf] *material* peluche *f*; **a bit of fluff** une peluche

fluff•y ['flʌfɪ] *adj material, clouds* duveteux*; *hair* flou; **fluffy toy** peluche *f*

fluid ['fluːɪd] *n* fluide *m*

flung [flʌŋ] *pret & pp* → **fling**

flunk [flʌŋk] *v/t* F: *subject* rater

flu•o•res•cent [flʊ'resnt] *adj light* fluorescent

flur•ry ['flʌrɪ] *of snow* rafale *f*

flush [flʌʃ] **1** *v/t*: **flush the toilet** tirer la chasse d'eau; **flush sth down the toilet** jeter qch dans les W.-C. **2** *v/i* (*go red in the face*) rougir; **the toilet won't flush** la chasse d'eau ne marche pas **3** *adj* (*level*) de même niveau; **be flush with ...** être au même niveau que ...

◆ **flush away** *v/t down toilet* jeter dans les W.-C.

◆ **flush out** *v/t rebels etc* faire sortir

flus•ter ['flʌstər] *v/t* faire perdre la tête à; **get flustered** s'énerver

flute [fluːt] MUS, *glass* flûte *f*

flut•ist ['fluːtɪst] flûtiste *m/f*

flut•ter ['flʌtər] *v/i of bird* voleter; *of wings* battre; *of flag* s'agiter; *of heart* palpiter

fly¹ [flaɪ] *n* (*insect*) mouche *f*

fly² [flaɪ] *n on pants* braguette *f*

fly³ [flaɪ] **1** *v/i* (*pret* **flew**, *pp* **flown**) *of bird, airplane* voler; *in airplane* voyager en avion, prendre l'avion; *of flag* flotter; (*rush*) se précipiter; **fly into a rage** s'emporter **2** *v/t* (*pret* **flew**, *pp* **flown**) *airplane* prendre; *of pilot* piloter, voler; *airline* voyager par; (*transport by air*) envoyer par

◆ **fly away** *v/i of bird, airplane* s'envoler

◆ **fly back** *v/i* (*travel back*) revenir en avion

◆ **fly in** *v/i of airplane, passengers* arriver **2** *v/t supplies etc* amener en avion

◆ **fly off** *v/i of hat etc* s'envoler

◆ **fly out** *v/i* partir (en avion)

◆ **fly past** *v/i in formation* faire un défilé aérien; *of time* filer

fly•ing ['flaɪɪŋ]: **I hate flying** je déteste

prendre l'avion

fly•ing 'sau•cer soucoupe *f* volante

foal [fəʊl] poulain *m*

foam [fəʊm] *n on sea* écume *f*; *on drink* mousse *f*

foam 'rub•ber caoutchouc *m* mousse

FOB [efəʊ'biː] *abbr* (= *free on board*) F.A.B. (franco à bord)

fo•cus ['fəʊkəs] **1** *n of attention* centre *m*; PHOT mise *f* au point; *be in focus / out of focus* PHOT être / ne pas être au point **2** *v/t*: *focus one's attention on* concentrer son attention sur **3** *v/i* fixer (son regard)

◆ **focus on** *v/t problem, issue* se concentrer sur; PHOT mettre au point sur

fod•der ['fɒdər] fourrage *m*

fog [fɒg] brouillard *m*

◆ **fog up** *v/i* (*pret & pp* **-ged**) se couvrir de buée

'fog•bound *adj* bloqué par le brouillard

fog•gy ['fɒgɪ] *adj* brumeux*; *I haven't the foggiest idea* je n'en ai pas la moindre idée

foi•ble ['fɔɪbl] manie *f*

foil[1] [fɔɪl] *n in silver* feuille *f* d'aluminium; *kitchen foil* papier *m* d'aluminium

foil[2] *v/t* (*thwart*) faire échouer

fold[1] [fəʊld] **1** *v/t paper etc* plier; *fold one's arms* croiser les bras **2** *v/i of business* fermer (ses portes) **3** *n in cloth etc* pli *m*

◆ **fold up 1** *v/t* plier **2** *v/i of chair, table* se (re)plier

fold[2] *n for sheep etc* enclos *m*

fold•er ['fəʊldər] *for documents* chemise *f*, pochette *f*; COMPUT dossier *m*

fold•ing ['fəʊldɪŋ] *adj* pliant; *folding chair* chaise *f* pliante

fo•li•age ['fəʊlɪɪdʒ] feuillage *m*

folk [fəʊk] (*people*) gens *mpl*; *my folks* (*family*) ma famille; *hi there folks* F salut tout le monde

'folk dance danse *f* folklorique

'folk mu•sic folk *m*

'folk sing•er chanteur(-euse) *m(f)* de folk

'folk song chanson *f* folk

fol•low ['fɒləʊ] **1** *v/t also TV progam*, (*understand*) suivre **2** *v/i logically* s'ensuivre; *you go first and I'll follow* passez devant, je vous suis; *it follows from this that ...* il s'ensuit que ...; *as follows: the items we need are as follows: ...* les articles dont nous avons besoin sont les suivants ...

◆ **follow up** *v/t letter, inquiry* donner suite à

fol•low•er ['fɒləʊər] *of politician* partisan(e) *m(f)*; *of football team* supporteur(-trice) *m(f)*

fol•low•ing ['fɒləʊɪŋ] **1** *adj* suivant **2** *n people* partisans *mpl*; *the following* la chose suivante

'fol•low-up meet•ing réunion *f* complémentaire

'fol•low-up vis•it *to doctor etc* visite *f* de contrôle

fol•ly ['fɒlɪ] (*madness*) folie *f*

fond [fɒnd] *adj* (*loving*) aimant, tendre; *memory* agréable; *be fond of* beaucoup aimer

fon•dle ['fɒndl] *v/t* caresser

fond•ness ['fɒndnɪs] *for s.o.* tendresse *f* (*for* pour); *for sth* penchant *m* (*for* pour)

font [fɒnt] *for printing* police *f*; *in church* fonts *mpl* baptismaux

food [fuːd] nourriture *f*; *French food* la cuisine française; *there's no food* il n'y a rien à manger

'food chain chaîne *f* alimentaire

food•ie ['fuːdɪ] F fana *m/f* de cuisine F

'food mix•er mixeur *m*

food poi•son•ing ['fuːdpɔɪznɪŋ] intoxication *f* alimentaire

fool [fuːl] **1** *n* idiot(e) *m(f)*; *make a fool of o.s.* se ridiculiser **2** *v/t* berner; *he fooled them into thinking ...* il leur a fait croire que ...

◆ **fool around** *v/i* faire l'imbécile (les imbéciles); *sexually* avoir des liaisons

◆ **fool around with** *v/t knife, drill etc* jouer avec; *sexually* coucher avec

'fool•har•dy *adj* téméraire

fool•ish ['fuːlɪʃ] *adj* idiot, bête

fool•ish•ly ['fuːlɪʃlɪ] *adv* bêtement

'fool•proof *adj* à toute épreuve

foot [fʊt] (*pl*: *feet*) *also measurement* pied *m*; *of animal* patte *f*; *on foot* à pied; *I've been on my feet all day* j'ai été debout toute la journée; *be back on one's feet* être remis sur pied; *at the foot of* page au bas de; *hill* au pied de; *put one's foot in it* F mettre les pieds dans le plat F

foot•age ['fʊtɪdʒ] séquences *fpl*

'foot•ball football *m* américain; (*soccer*) football *m*, foot *m* F; (*ball*) ballon *m* de football

foot•bal•ler ['fʊtbɔːlər] joueur(-euse) *m(f)* de football américain; *soccer* footballeur(-euse) *m(f)*

'foot•ball play•er joueur(-euse) *m(f)* de football américain; *soccer* joueur(-euse) *m(f)* de football

'foot•bridge passerelle *f*

foot•hills ['fʊthɪlz] *npl* contreforts *mpl*

'foot•hold *in climbing* prise *f* de pied; *gain a foothold* fig prendre pied

foot•ing ['fʊtɪŋ] (*basis*) position *f*; *lose one's footing* perdre pied; *be on the*

same/a different footing être / ne pas être au même niveau; **be on a friendly footing with** entretenir des rapports amicaux avec

'foot•lights ['futlaɪts] npl rampe f

'foot•mark trace f de pas

'foot•note note f (de bas de page)

'foot•path sentier m

'foot•print trace f de pas; of PC etc (surface f d')encombrement m

'foot•step pas m; **follow in s.o.'s footsteps** marcher sur les pas de qn, suivre les traces de

'foot•stool tabouret m (pour les pieds)

'foot•wear chaussures fpl

for [fər], [fɔːr] prep ◇ purpose, destination etc pour; **a train for ...** un train à destination de ...; **clothes for children** vêtements mpl pour enfants; **what's for lunch?** qu'est-ce qu'il y a pour le déjeuner?; **a check for $500** un chèque de 500 $; **what is this for?** pour quoi est-ce que c'est fait?; **what for?** pourquoi?

◇ time pendant; **for three days/two hours** pendant trois jours / deux heures; **it lasted for three days** ça a duré trois jours; **it will last for three days** ça va durer trois jours; **I've been waiting for an hour** j'attends depuis une heure; **I waited for an hour** j'ai attendu (pendant) une heure; **please get it done for Monday** faites-le pour lundi s'il vous plaît

◇ distance: **I walked for a mile** j'ai marché un mile; **it stretches for 100 miles** ça s'étend sur 100 miles

◇ (in favor of) pour; **I am for the idea** je suis pour cette idée

◇ (instead of, in behalf of) pour; **let me do that for you** laissez-moi le faire pour vous

◇ (in exchange for) pour; **I bought it for $25** je l'ai acheté pour 25 $; **how much did you sell it for?** pour combien l'as-tu vendu?

for•bade [fər'bæd] pret → forbid

for•bid [fər'bɪd] v/t (pret forbade, pp forbidden) interdire; **forbid s.o. to do sth** interdire à qn de faire qch

for•bid•den [fər'bɪdn] **1** adj interdit; **smoking forbidden** sign défense de fumer; **parking forbidden** sign stationnement interdit **2** pp → forbid

for•bid•ding [fər'bɪdɪŋ] adj menaçant

force [fɔːrs] **1** n force f; **come into force** of law etc entrer en vigueur; **the forces** MIL les forces fpl armées **2** v/t door, lock forcer; **force s.o. to do sth** forcer qn à faire qch; **force sth open** ouvrir qch

de force

◆ **force back** v/t réprimer

forced [fɔːrst] adj laugh, confession forcé

forced 'land•ing atterrissage m forcé

force•ful ['fɔːrsfl] adj argument, speaker puissant; character énergique

force•ful•ly ['fɔːrsflɪ] adv énergiquement

for•ceps ['fɔːrseps] npl MED forceps m

for•ci•ble ['fɔːrsəbl] adj entry de force; argument puissant

for•ci•bly ['fɔːrsəblɪ] adv restrain par force

ford [fɔːrd] n gué m

fore [fɔːr] n: **come to the fore** person se faire remarquer; theory être mis en évidence

'fore•arm avant-bras m

fore•bears ['fɔːrberz] npl aïeux mpl

fore•bod•ing [fər'boudɪŋ] pressentiment m

'fore•cast **1** n of results pronostic m; of weather prévisions fpl **2** v/t (pret & pp forecast) result pronostiquer; future, weather prévoir

'fore•court of garage devant m

fore•fa•thers ['fɔːrfɑːðərz] npl ancêtres mpl

'fore•fin•ger index m

'fore•front: **be in the forefront of** être au premier rang de

'fore•gone adj: **that's a foregone conclusion** c'est prévu d'avance

'fore•ground premier plan m

'fore•hand in tennis coup m droit

'fore•head front m

for•eign ['fɑːrən] adj étranger*; travel, correspondent à l'étranger

for•eign af'fairs npl affaires fpl étrangères

for•eign 'aid aide f aux pays étrangers

for•eign 'bod•y corps m étranger

for•eign 'cur•ren•cy devises fpl étrangères

for•eign•er ['fɑːrənər] étranger(-ère) m(f)

for•eign ex'change change m; currency devises fpl étrangères

for•eign 'le•gion Légion f (étrangère)

'Foreign Of•fice in UK ministère m des Affaires étrangères

for•eign 'pol•i•cy politique f étrangère

For•eign 'Sec•re•ta•ry in UK ministre m/f des Affaires étrangères

'fore•man chef m d'équipe

'fore•most adv (uppermost) le plus important; (leading) premier*

fo•ren•sic 'med•i•cine [fə'rensɪk] médecine f légale

fo•ren•sic 'scien•tist expert m légiste

'fore•run•ner *person* prédécesseur *m*; *thing* ancêtre *m/f*

fore'saw *pret* → **foresee**

fore'see *v/t (pret* **foresaw**, *pp* **foreseen**) prévoir

fore'see•a•ble *adj* prévisible; **in the foreseeable future** dans un avenir prévisible

fore'seen *pp* → **foresee**

'fore•sight prévoyance *f*

for•est ['fɔːrɪst] forêt *f*

for•est•ry ['fɔːrɪstrɪ] sylviculture *f*

'fore•taste avant-goût *m*

fore'tell *v/t (pret & pp* **foretold**) prédire

fore'told *pret & pp* → **foretell**

fore•ev•er [fə'revər] *adv* toujours; **it's forever raining here** il n'arrête pas de pleuvoir ici

'fore•word avant-propos *m*

for•feit ['fɔːrfɪt] *v/t right, privilege etc* perdre; *(give up)* renoncer à

for•gave [fɔːr'geɪv] *pret* → **forgive**

forge [fɔːrdʒ] *v/t (counterfeit)* contrefaire

♦ forge ahead *v/i* avancer

forg•er ['fɔːrdʒər] faussaire *m/f*

forg•er•y ['fɔːrdʒərɪ] *bank bill* faux billet *m*; *document* faux *m*; *signature* contrefaçon *f*

for•get [fər'get] *v/t & v/i (pret* **forgot**, *pp* **forgotten**) oublier

for•get•ful [fər'getfl] *adj*: **you're so forgetful** tu as vraiment mauvaise mémoire

for'get-me-not *flower* myosotis *m*

for•give [fər'gɪv] **1** *v/t (pret* **forgave**, *pp* **forgiven**): **forgive s.o. sth** pardonner qch à qn **2** *v/i (pret* **forgave**, *pp* **forgiven**) pardonner

for•giv•en [fər'gɪvn] *pp* → **forgive**

for•give•ness [fər'gɪvnɪs] pardon *m*

for•got [fər'gɑːt] *pret* → **forget**

for•got•ten [fər'gɑːtn] **1** *adj* oublié; *author* tombé dans l'oubli **2** *pp* → **forget**

fork [fɔːrk] *n* fourchette *f*; *for gardening* fourche *f*; *in road* embranchement *m*

♦ fork out *v/i* F *(pay)* casquer F

fork•lift 'truck chariot *m* élévateur (à fourches)

form [fɔːrm] **1** *n (shape)* forme *f*; *document* formulaire *m*; **be on / off form** être / ne pas être en forme **2** *v/t* former; *friendship* développer; *opinion* se faire **3** *v/i (take shape, develop)* se former

for•mal ['fɔːrml] *adj language* soutenu; *word* du langage soutenu; *dress* de soirée; *manner, reception* cérémonieux*; *recognition etc* officiel*

for•mal•i•ty [fɔːr'mælətɪ] *of language* caractère *m* soutenu; *of occasion* cérémonie *f*; **it's just a formality** c'est juste

une formalité; **the formalities** les formalités *fpl*

for•mal•ly ['fɔːrmlɪ] *adv speak, behave* cérémonieusement; *accepted, recognized* officiellement

for•mat ['fɔːrmæt] **1** *v/t (pret & pp* **-ted**) *diskette, document* formater **2** *n* format *m*

for•ma•tion [fɔːr'meɪʃn] formation *f*

for•ma•tive ['fɔːrmətɪv] *adj* formateur*; **in his formative years** dans sa période formatrice

for•mer ['fɔːrmər] *adj* ancien*, précédent; **the former** le premier, la première

for•mer•ly ['fɔːrmərlɪ] *adv* autrefois

for•mi•da•ble ['fɔːrmɪdəbl] *adj* redoutable

for•mu•la ['fɔːrmjʊlə] MATH, *chemical* formule *f*; *fig* recette *f*

for•mu•late ['fɔːrmjʊleɪt] *v/t (express)* formuler

for•ni•cate ['fɔːrnɪkeɪt] *v/i fml* forniquer

for•ni•ca•tion [fɔːrnɪ'keɪʃn] *fml* fornication *f*

fort [fɔːrt] MIL fort *m*

forth [fɔːrθ] *adv*: **travel back and forth** faire la navette; **and so forth** et ainsi de suite; **from that day forth** à partir de ce jour-là

forth•com•ing ['fɔːrθkʌmɪŋ] *adj (future)* futur; *personality* ouvert

'forth•right *adj* franc*

for•ti•eth ['fɔːrtɪɪθ] quarantième

fort•night ['fɔːrtnaɪt] *Br* quinze jours *mpl*, quinzaine *f*

for•tress ['fɔːrtrɪs] MIL forteresse *f*

for•tu•nate ['fɔːrtʃnət] *adj decision etc* heureux*; **be fortunate** avoir de la chance; **be fortunate enough to ...** avoir la chance de ...

for•tu•nate•ly ['fɔːrtʃnətlɪ] *adv* heureusement

for•tune ['fɔːrtʃən] *(fate)* destin *m*; *(luck)* chance *f*; *(lot of money)* fortune *f*; **tell s.o.'s fortune** dire la bonne aventure à qn

'for•tune-tell•er diseur(-euse) *m(f)* de bonne aventure

for•ty ['fɔːrtɪ] quarante; **have forty winks** F faire une petite sieste

fo•rum ['fɔːrəm] *fig* tribune *f*

for•ward ['fɔːrwərd] **1** *adv push, nudge* en avant; *walk / move / drive forward* avancer; **from that day forward** à partir de ce jour-là **2** *adj pej: person* effronté **3** *n* SP avant *m* **4** *v/t letter* faire suivre

for•ward•ing ad•dress ['fɔːrwərdɪŋ] nouvelle adresse *f*

'for•ward•ing a•gent COMM transitaire *m/f*

for•ward-look•ing ['fɔːrwərdlʊkɪŋ] *adj* moderne, tourné vers l'avenir

fos•sil ['fɑːsl] fossile *m*

fos•sil•ized ['fɑːsəlaɪzd] *adj* fossilisé

fos•ter ['fɑːstər] *v/t child* servir de famille d'accueil à; *attitude, belief* encourager

'fos•ter child enfant placé(e) *m(f)*

'fos•ter home foyer *m* d'accueil

'fos•ter par•ents *npl* parents *mpl* d'accueil

fought [fɔːt] *pret & pp* → **fight**

foul [faʊl] **1** *n* SP faute *f* **2** *adj smell, taste* infect; *weather* sale **3** *v/t* SP commettre une faute contre

found[1] [faʊnd] *v/t institution, school etc* fonder

found[2] [faʊnd] *pret & pp* → **find**

foun•da•tion [faʊn'deɪʃn] *of theory etc* fondement *m*; *(organization)* fondation *f*

foun•da•tions [faʊn'deɪʃnz] *npl of building* fondations *fpl*

found•er ['faʊndər] *n* fondateur(-trice) *m(f)*

found•ing ['faʊndɪŋ] *n* fondation *f*

foun•dry ['faʊndrɪ] fonderie *f*

foun•tain ['faʊntɪn] fontaine *f*; *with vertical spout* jet *m* d'eau

'foun•tain pen stylo *m* plume

four [fɔːr] **1** *adj* quatre **2** *n*: **on all fours** à quatre pattes

four-let•ter 'word gros mot *m*

four-post•er ('bed) lit *m* à baldaquin

'four-star *adj hotel etc* quatre étoiles

four•teen ['fɔːrtiːn] quatorze

four•teenth ['fɔːrtiːnθ] quatorzième → **fifth**

fourth [fɔːrθ] quatrième; → **fifth**

four-wheel 'drive MOT quatre-quatre *m*

fowl [faʊl] volaille *f*

fox [fɑːks] **1** *n* renard *m* **2** *v/t (puzzle)* mystifier

foy•er ['fɔɪər] hall *m* d'entrée

frac•tion ['frækʃn] *also* MATH fraction *f*

frac•tion•al•ly ['frækʃnəlɪ] *adv* très légèrement

frac•ture ['fræktʃər] **1** *n* fracture *f* **2** *v/t* fracturer; *he fractured his arm* il s'est fracturé le bras

fra•gile ['frædʒəl] *adj* fragile

frag•ment ['frægmənt] *n* fragment *m*; bribe *f*

frag•men•ta•ry [fræg'mentərɪ] *adj* fragmentaire

fra•grance ['freɪgrəns] parfum *m*

fra•grant ['freɪgrənt] *adj* parfumé, odorant

frail [freɪl] *adj* frêle, fragile

frame [freɪm] **1** *n of picture, bicycle* cadre *m*; *of window* châssis *m*; *of eyeglasses*

monture *f*; *frame of mind* état *m* d'esprit **2** *v/t picture* encadrer; F *person* monter un coup contre

'frame-up F coup *m* monté

'frame•work structure *f*; *within the framework of* dans le cadre de

France [fræns] France *f*

fran•chise ['fræntʃaɪz] *n for business* franchise *f*

frank [fræŋk] *adj* franc*

frank•furt•er ['fræŋkfɜːrtər] saucisse *f* de Francfort

frank•ly ['fræŋklɪ] *adv* franchement

frank•ness ['fræŋknɪs] franchise *f*

fran•tic ['fræntɪk] *adj* frénétique, fou*

fran•ti•cal•ly ['fræntɪklɪ] *adv* frénétiquement; *busy* terriblement

fra•ter•nal [frə'tɜːrnl] *adj* fraternel*

fraud [frɔːd] fraude *f*; *person* imposteur *m*

fraud•u•lent ['frɔːdjʊlənt] *adj* frauduleux*

fraud•u•lent•ly ['frɔːdjʊləntlɪ] *adv* frauduleusement

frayed [freɪd] *adj cuffs* usé

freak [friːk] **1** *n (unusual event)* phénomène *m* étrange; *(two-headed person, animal etc)* monstre *m*; F *(strange person)* taré(e) *m(f)* F; *movie / jazz freak* F mordu(e) *m(f)* de cinéma / jazz F **2** *adj wind, storm etc* anormalement violent

freck•le ['frekl] tache *f* de rousseur

free [friː] **1** *adj* libre; *no cost* gratuit; *free and easy* sans gêne; *for free travel, get sth* gratuitement **2** *v/t prisoners* libérer

free•bie ['friːbɪ] Br F cadeau *m*

free•dom ['friːdəm] liberté *f*

free•dom of 'speech liberté *f* d'expression

free•dom of the 'press liberté *f* de la presse

free 'en•ter•prise libre entreprise *f*

free 'kick *in soccer* coup *m* franc

free•lance ['friːlæns] **1** *adj* indépendant, free-lance *inv* **2** *adv work* en indépendant, en free-lance

free•lanc•er ['friːlænsər] travailleur (-euse) indépendant(e) *m(f)*

free•load•er ['friːloʊdər] F parasite *m*, pique-assiette *m/f*

free•ly ['friːlɪ] *adv admit* volontiers

free mar•ket e'con•o•my économie *f* de marché

free-range 'chick•en poulet *m* fermier

free-range 'eggs *npl* œufs *mpl* fermiers

free 'sam•ple échantillon *m* gratuit

free 'speech libre parole *f*

'free•way autoroute *f*

free•wheel *v/i on bicycle* être en roue libre

free 'will libre arbitre *m*; *he did it of his*

F

own free will il l'a fait de son plein gré

freeze [friːz] **1** v/t (pret **froze**, pp **frozen**) food, river congeler; wages geler; bank account bloquer; **freeze a video** faire un arrêt sur image **2** v/i of water geler
♦ **freeze over** v/i of river geler

'freeze-dried adj lyophilisé

freez•er ['friːzər] congélateur m

freez•ing ['friːzɪŋ] **1** adj glacial; **it's freezing (cold)** of weather, in room il fait un froid glacial; of sea elle est glaciale; **I'm freezing (cold)** je gèle **2** n: **10 below freezing** 10 degrés au-dessous de zéro, moins 10

'freez•ing com•part•ment freezer m

'freez•ing point point m de congélation

freight [freɪt] n fret m

'freight car on train wagon m de marchandises

freight•er ['freɪtər] ship cargo m; airplane avion-cargo m

'freight train train m de marchandises

French [frentʃ] **1** adj français **2** n language français m; **the French** les Français mpl

French 'bread baguette f

French 'doors npl porte-fenêtre f

'French fries npl frites fpl

'French kiss patin m f

'French•man Français m

French Ri•vi•er•a Côte f d'Azur;

'French-speak•ing adj francophone

'French•wom•an Française f

fren•zied ['frenzɪd] adj attack, activity forcené; mob déchaîné

fren•zy ['frenzɪ] frénésie f

fre•quen•cy ['friːkwənsɪ] also of radio fréquence f

fre•quent¹ ['friːkwənt] adj fréquent; **how frequent are the trains?** il y a des trains tous les combien? F

fre•quent² [frɪ'kwent] v/t bar etc fréquenter

fre•quent•ly ['friːkwəntlɪ] adv fréquemment

fres•co ['freskoʊ] fresque f

fresh [freʃ] adj fruit, meat etc, (cold) frais*; (new: start) nouveau*; sheets propre; (impertinent) insolent; **don't you get fresh with me!** ne me parle pas comme ça

fresh 'air air m

fresh•en ['freʃn] v/i of wind se rafraîchir
♦ **freshen up 1** v/i se rafraîchir **2** v/t room, paintwork rafraîchir

fresh•ly ['freʃlɪ] adv fraîchement

'fresh•man étudiant(e) m(f) de première année

fresh•ness ['freʃnɪs] of fruit, meat, style, weather fraîcheur f; of approach nouveauté f

fresh 'or•ange Br orange f pressée

'fresh-wa•ter adj fish d'eau douce; fishing en eau douce

fret¹ [fret] v/i (pret & pp **-ted**) s'inquiéter

fret² n of guitar touche f

Freud•i•an ['frɔɪdɪən] adj freudien*

fric•tion ['frɪkʃn] friction f

'fric•tion tape chatterton m

Fri•day ['fraɪdeɪ] vendredi m

fridge [frɪdʒ] frigo m

friend [frend] ami(e) m(f); **make friends** of one person se faire des amis; of two people devenir amis; **make friends with s.o.** devenir ami(e) avec qn

friend•li•ness ['frendlɪnɪs] amabilité f

friend•ly ['frendlɪ] adj smile, meeting, match, relations amical; restaurant, hotel, city sympathique; person amical, sympathique; (easy to use) convivial; argument entre amis; **be friendly with s.o.** (be friends) être ami(e) avec qn

friend•ship ['frendʃɪp] amitié f

fries [fraɪz] npl frites fpl

fright [fraɪt] peur f; **give s.o. a fright** faire peur à qn

fright•en ['fraɪtn] v/t faire peur à, effrayer; **be frightened** avoir peur (**of** de); **don't be frightened** n'aie pas peur
♦ **frighten away** v/t faire fuir

fright•en•ing ['fraɪtnɪŋ] adj noise, person, prospect effrayant

frig•id ['frɪdʒɪd] adj sexually frigide

frill [frɪl] on dress etc, (extra) falbala m

frill•y ['frɪlɪ] adj à falbalas

fringe [frɪndʒ] frange f; of city périphérie f; of society marge f

'fringe ben•e•fits npl avantages mpl sociaux

frisk [frɪsk] v/t fouiller

frisk•y ['frɪskɪ] adj puppy etc vif*
♦ **fritter away** ['frɪtər] v/t time, fortune gaspiller

friv•ol•i•ty [frɪ'vɑːlətɪ] frivolité f

friv•o•lous ['frɪvələs] adj frivole

frizz•y ['frɪzɪ] adj hair crépu

frog [frɑːg] grenouille f

'frog•man homme-grenouille m

from [frɑːm] prep ◇ in time de; **from 9 to 5 (o'clock)** de 9 heures à 5 heures; **from the 18th century** à partir du XVIIIᵉ siècle; **from today on** à partir d'aujourd'hui ◇ in space de; **from here to there** d'ici là (-bas) ◇ origin de; **a letter from Joe** une lettre de Joe; **it doesn't say who it's from** ça ne dit pas de qui c'est; **I am from New Jersey** je viens du New Jersey; **made from bananas** fait avec des bananes

◊ (*because of*) à cause de; **tired from the journey** fatigué par le voyage; **it's from overeating** c'est d'avoir trop mangé

front [frʌnt] **1** *n of building* façade *f*, devant *m*; *of book* (*cover organization*) façade *f*; MIL, *of weather* front *m*; **in front** devant; *in a race* en tête; **in front of** devant; **at the front of** à l'avant de **2** *adj wheel, seat* avant **3** *v/t TV program* présenter

front 'cov•er couverture *f*

front 'door porte *f* d'entrée

front 'en•trance entrée *f* principale

fron•tier ['frʌntɪr] *also fig* frontière *f*

'front line MIL front *m*

front 'page *of newspaper* une *f*

front page 'news: be front page news faire la une des journaux

'front row première rang *m*

front seat 'pas•sen•ger *in car* passager (-ère) *m(f)* avant

front-wheel 'drive traction *f* avant

frost [frɑːst] *n* gel *m*, gelée *f*

'frost•bite gelure *f*

'frost•bit•ten *adj* gelé

frosted glass ['frɑːstɪd] verre *m* dépoli

frost•ing ['frɑːstɪŋ] *on cake* glaçage *m*

frost•y ['frɑːstɪ] *adj also fig* glacial

froth [frɑːθ] *n* écume *f*, mousse *f*

froth•y ['frɑːθɪ] *adj cream etc* écumeux*, mousseux*

frown [fraun] **1** *n* froncement *m* de sourcils **2** *v/i* froncer les sourcils

froze [frouz] *pret* → **freeze**

fro•zen ['frouzn] **1** *adj* gelé; *wastes* glacé; *food* surgelé; **I'm frozen** je suis gelé **2** *pp* → **freeze**

fro•zen 'food surgelé *mpl*

fruit [fruːt] *fruit m*; *collective* fruits *mpl*

'fruit cake cake *m*

fruit•ful ['fruːtfl] *adj discussions etc* fructueux*

'fruit juice jus *m* de fruit

fruit 'sal•ad salade *f* de fruits

frus•trate ['frʌstreɪt] *v/t person* frustrer; *plans* contrarier

frus•trat•ed ['frʌstreɪtɪd] *adj look, sigh* frustré

frus•trat•ing ['frʌstreɪtɪŋ] *adj* frustrant

frus•trat•ing•ly [frʌ'streɪtɪŋlɪ] *adv*: **frustratingly slow / hard** d'une lenteur / difficulté frustrante

frus•tra•tion [frʌ'streɪʃn] frustration *f*

fry [fraɪ] *v/t* (*pret & pp -ied*) (faire) frire

fried 'egg [fraɪd] œuf *m* sur le plat

fried po'ta•toes *npl* pommes *fpl* de terre sautées

'fry•pan poêle *f* (à frire)

fuck [fʌk] *v/t* V baiser V; **fuck!** putain! V; **fuck you!** va te faire enculer! V; **fuck that!** j'en ai rien à foutre! F

◆ **fuck off** *v/i* V se casser P; **fuck off!** va te faire enculer! V

fuck•ing ['fʌkɪŋ] V **1** *adj*: **this fucking rain / computer** cette putain de pluie / ce putain d'ordinateur V **2** *adv*: **don't be fucking stupid** putain, sois pas stupide V

fu•el ['fjuːəl] **1** *n* carburant *m* **2** *v/t fig* entretenir

fu•gi•tive ['fjuːdʒətɪv] *n* fugitif(-ive) *m(f)*

ful•fil *Br* → **fulfill**

ful•fill [fol'fɪl] *v/t dreams* réaliser; *task* accomplir; *contract, responsibilities* remplir; **feel fulfilled** *in job, life* avoir un sentiment d'accomplissement

ful•fill•ing [fol'fɪlɪŋ] *adj job* qui donne un sentiment d'accomplissement

ful•fil•ment *Br* → **fulfillment**

ful•fill•ment [fol'fɪlmənt] *of contract etc* exécution *f*; *moral, spiritual* accomplissement *m*

full [fol] *adj* (*plein*) (*of*); *hotel, account* complet*; **full up** *hotel etc* complet; **full up: be full** *with food* avoir trop mangé; **pay in full** tout payer

'full back arrière *m*

full 'board *Br* pension *f* complète

'full-grown *adj* adulte

'full-length *adj dress* long*; **full-length movie** long métrage *m*

full 'moon pleine lune *f*

full 'stop *Br* point *m*

full-'time *adj & adv* à plein temps

ful•ly ['folɪ] *adv trained, recovered* complètement; *understand* parfaitement; *describe, explain* en détail; **be fully booked** *hotel* être complet*

fum•ble ['fʌmbl] *v/t catch* mal attraper

◆ **fumble around** *v/i* fouiller

fume [fjuːm] *v/i*: **be fuming** F être furieux*

fumes [fjuːmz] *npl from vehicles, machines* fumée *f*; *from chemicals* vapeurs *fpl*

fun [fʌn] **1** *n* amusement *m*; **it was great fun** on s'est bien amusé; **bye, have fun!** au revoir, amuse-toi bien!; **for fun** pour s'amuser; **make fun of** se moquer de **2** *adj* F marrant F

func•tion ['fʌŋkʃn] **1** *n* (*purpose*) fonction *f*; (*reception etc*) réception *f* **2** *v/i* fonctionner; **function as** faire fonction de

func•tion•al ['fʌŋkʃnl] *adj* fonctionnel*

fund [fʌnd] **1** *n* fonds *m* **2** *v/t project etc* financer

fun•da•men•tal [fʌndə'mentl] *adj* fondamental

fun•da•men•tal•ist [fʌndə'mentlɪst] *n* fondamentaliste *m/f*

fun•da•men•tal•ly [fʌndə'mentlɪ] *adv* fondamentalement

fund•ing ['fʌndɪŋ] (*money*) financement *m*

funds [fʌndz] *npl* fonds *mpl*

fu•ne•ral ['fjuːnərəl] enterrement *m*, obsèques *fpl*

'fu•ne•ral di•rec•tor entrepreneur(-euse) *m(f)* de pompes funèbres

'fu•ne•ral home établissement *m* de pompes funèbres

fun•gus ['fʌŋɡəs] champignon *m*; mold moisissure *f*

fu•nic•u•lar ('rail•way) [fjuː'nɪkjʊlər] funiculaire *m*

fun•nel ['fʌnl] *n* of ship cheminée *f*

fun•nies ['fʌnɪz] *npl* F pages *fpl* drôles

fun•ni•ly ['fʌnɪlɪ] *adv* (*oddly*) bizarrement; (*comically*) comiquement; **funnily enough** chose curieuse

fun•ny ['fʌnɪ] *adj* (*comical*) drôle; (*odd*) bizarre, curieux*

'fun•ny bone petit juif *m*

fur [fɜːr] fourrure *f*

fu•ri•ous ['fjʊrɪəs] *adj* furieux*; **at a furious pace** à une vitesse folle

fur•nace ['fɜːrnɪs] four(neau) *m*

fur•nish ['fɜːrnɪʃ] *v/t* room meubler; (*supply*) fournir

fur•ni•ture ['fɜːrnɪtʃər] meubles *mpl*; **a piece of furniture** un meuble

fur•ry ['fɜːrɪ] *adj* animal à poil

fur•ther ['fɜːrðər] **1** *adj* (*additional*) supplémentaire; (*more distant*) plus éloigné; **at the further side of the field** de l'autre côté du champ; **until further notice** jusqu'à nouvel ordre; **have you anything further to say?** avez-vous quelque chose

d'autre à dire? **2** *adv* walk, drive plus loin; **further, I want to say …** de plus, je voudrais dire …; **two miles further (on)** deux miles plus loin **3** *v/t* cause etc faire avancer, promouvoir

fur•ther•more *adv* de plus, en outre

fur•thest ['fɜːrðɪst] **1** *adj* le plus lointain; **the furthest point north** le point le plus au nord **2** *adv* le plus loin; **the furthest north** le plus au nord

fur•tive ['fɜːrtɪv] *adj* glance furtif*

fur•tive•ly ['fɜːrtɪvlɪ] *adv* furtivement

fu•ry ['fjʊrɪ] (*anger*) fureur *f*

fuse [fjuːz] **1** *n* ELEC fusible *m*, plomb *m* F **2** *v/i* ELEC: **the lights have fused** les plombs ont sauté **3** *v/t* ELEC faire sauter

'fuse•box boîte *f* à fusibles

fu•se•lage ['fjuːzəlɑːʒ] fuselage *m*

'fuse wire fil *m* à fusible

fu•sion ['fjuːʒn] fusion *f*

fuss [fʌs] *n* agitation *f*; **make a fuss** (*complain*) faire des histoires; (*behave in exaggerated way*) faire du cinéma; **make a fuss of s.o.** (*be very attentive to*) être aux petits soins pour qn

fuss•y ['fʌsɪ] *adj* person difficile; design etc trop compliqué; **be a fussy eater** être difficile (sur la nourriture)

fu•tile ['fjuːtl] *adj* futile

fu•til•i•ty [fjuː'tɪlətɪ] futilité *f*

fu•ton ['fuːtɑːn] futon *m*

fu•ture ['fjuːtʃər] **1** *n* avenir *f*; GRAM futur *m*; **in future** à l'avenir **2** *adj* futur

fu•tures ['fjuːtʃərz] *npl* FIN opérations *fpl* à terme

'fu•tures mar•ket FIN marché *m* à terme

fu•tur•is•tic [fjuːtʃə'rɪstɪk] *adj* design futuriste

fuzz•y ['fʌzɪ] *adj* hair duveteux*, crépu; (*out of focus*) flou; **fuzzy logic** logique *f* floue

G

gab [ɡæb] *n*: **have the gift of the gab** F avoir le bagout F

gab•ble ['ɡæbl] *v/i* bredouiller

gad•get ['ɡædʒɪt] gadget *m*

gaffe [ɡæf] gaffe *f*

gag [ɡæɡ] **1** *n* bâillon *m*; (*joke*) gag *m* **2** *v/t* (*pret & pp* **-ged**) also fig bâillonner

gai•ly ['ɡeɪlɪ] *adv* (*blithely*) gaiement

gain [ɡeɪn] *v/t* respect, knowledge acquérir; victory remporter; advantage, sympathy gagner; **gain 10 pounds / speed** prendre 10 livres / de la vitesse

ga•la ['ɡɑːlə] gala *m*

gal•ax•y ['ɡæləksɪ] ASTR galaxie *f*

gale [ɡeɪl] coup *m* de vent, tempête *f*

gal•lant ['ɡælənt] *adj* galant

gall blad•der ['gɒːlblædər] vésicule f biliaire

gal•le•ry ['gælərı] *for art, in theater* galerie f

gal•ley ['gælɪ] *on ship* cuisine f

◆ **gal•li•vant around** ['gælɪvænt] *v/i* vadrouiller

gal•lon ['gælən] gallon m; **gallons of tea** F des litres de thé F

gal•lop ['gæləp] *v/i* galoper

gal•lows ['gæləʊz] *npl* gibet m

gall•stone ['gɒːlstəʊn] calcul m biliaire

ga•lore [gə'lɔːr] *adj: apples / novels galore* des pommes / romans à gogo

gal•va•nize ['gælvənaɪz] *v/t also fig* galvaniser

gam•ble ['gæmbl] *v/i* jouer

gam•bler ['gæmblər] joueur(-euse) m(f)

gam•bling ['gæmblɪŋ] jeu m

game [geɪm] n *also in tennis* jeu m; **have a game of tennis / chess** faire une partie de tennis / d'échecs

'game reserve réserve f naturelle

gam•mon ['gæmən] *Br* jambon m fumé

gang [gæŋ] gang m

◆ **gang up on** *v/t* se liguer contre

'gang rape 1 n viol m collectif **2** *v/t* commettre un viol collectif sur

gan•grene ['gæŋgriːn] MED gangrène f

gang•ster ['gæŋstər] gangster m

'gang war•fare guerre f des gangs

'gang•way passerelle f

gaol [dʒeɪl] → **jail**

gap [gæp] trou m; *in time* intervalle m; *between two personalities* fossé m

gape [geɪp] *v/i of person* rester bouche bée; *of hole* être béant

◆ **gape at** *v/t* rester bouche bée devant

gap•ing ['geɪpɪŋ] *adj hole* béant

gar•age [gə'rɑːʒ] n garage m

'ga•rage sale vide-grenier m (chez un particulier)

gar•bage ['gɑːrbɪdʒ] ordures *fpl*; (*fig: nonsense*) bêtises *fpl*

'gar•bage bag sac-poubelle m

'gar•bage can poubelle f

'gar•bage truck benne f à ordures

gar•bled ['gɑːrbld] *adj message* confus

gar•den ['gɑːrdn] jardin m

'gar•den cen•ter jardinerie f

gar•den•er ['gɑːrdnər] jardinier(-ière) m(f)

gar•den•ing ['gɑːrdnɪŋ] jardinage m

gar•gle ['gɑːrgl] *v/i* se gargariser

gar•goyle ['gɑːrgɔɪl] gargouille f

gar•ish ['gerɪʃ] *adj* criard

gar•land ['gɑːrlənd] n guirlande f, couronne f

gar•lic ['gɑːrlɪk] ail m

gar•lic 'bread pain chaud à l'ail

gar•ment ['gɑːrmənt] vêtement m

gar•nish ['gɑːrnɪʃ] *v/t* garnir (**with** de)

gar•ri•son ['gærɪsn] n garnison f

gar•ter ['gɑːrtər] jarretière f

gas [gæs] n gaz m; (*gasoline*) essence f

gash [gæʃ] n entaille f

gas•ket ['gæskɪt] joint m d'étanchéité

gas•o•line ['gæsəliːn] essence f

gasp [gæsp] **1** n *in surprise* hoquet m; *with exhaustion* halètement m **2** *v/i with exhaustion* haleter; **gasp for breath** haleter; **gasp with surprise** pousser une exclamation de surprise

'gas ped•al accélérateur m

'gas pipe•line gazoduc m

'gas pump pompe f (à essence)

'gas sta•tion station-service f

'gas stove cuisinière f à gaz

gas•tric ['gæstrɪk] *adj* MED gastrique

gas•tric 'flu MED grippe f gastro-intestinale

gas•tric 'juices *npl* sucs *mpl* gastriques

gas•tric 'ul•cer MED ulcère m à l'estomac

gate [geɪt] *also at airport* porte f

'gate•crash *v/t* s'inviter à

'gate•way entrée f; *also fig* porte f

gath•er ['gæðər] **1** *v/t facts, information* recueillir; **am I to gather that …?** dois-je comprendre que …?; **gather speed** prendre de la vitesse **2** *v/i (understand)* comprendre

◆ **gather up** *v/t possessions* ramasser

gath•er•ing ['gæðərɪŋ] n (*group of people*) assemblée f

gau•dy ['gɒːdɪ] *adj* voyant, criard

gauge [geɪdʒ] **1** n jauge f **2** *v/t oil pressure* jauger; *opinion* mesurer

gaunt [gɒːnt] *adj* émacié

gauze [gɒːz] gaze f

gave [geɪv] *pret* → **give**

gaw•ky ['gɒːkɪ] *adj* gauche

gawp [gɒːp] *v/i* F rester bouche bée (at devant)

gay [geɪ] **1** n (*homosexual*) homosexuel(le) m(f), gay m **2** *adj* homosexuel*, gay *inv*

gaze [geɪz] **1** n regard m (fixe) **2** *v/i* regarder fixement

◆ **gaze at** *v/t* regarder fixement

GB [dʒiː'biː] *abbr* (= **Great Britain**) Grande-Bretagne f

GDP [dʒiːdiː'piː] *abbr* (= **gross domestic product**) P.I.B. m (= Produit m Intérieur Brut)

gear [gɪr] n (*equipment*) équipement m; *in vehicles* vitesse f

'gear•box MOT boîte f de vitesses

'gear le•ver, **'gear shift** MOT levier m de

vitesse

geese [giːs] pl → **goose**

gel [dʒel] for hair, shower gel m

gel•a•tine ['dʒelətiːn] gélatine f

gel•ig•nite ['dʒelɪɡnaɪt] gélignite f

gem [dʒem] pierre f précieuse; fig perle f

Gem•i•ni ['dʒemɪnaɪ] ASTROL les Gémeaux

gen•der ['dʒendər] genre m

gene [dʒiːn] gène m; **it's in his genes** c'est dans ses gènes

gen•e•ral ['dʒenrəl] **1** n MIL général(e) m(f); **in general** en général **2** adj général

gen•e•ral e'lec•tion Br élections fpl générales

gen•er•al•i•za•tion [dʒenrəlaɪ'zeɪʃn] généralisation f

gen•er•al•ize ['dʒenrəlaɪz] v/i généraliser

gen•er•al•ly ['dʒenrəlɪ] adv généralement; **generally speaking** de manière générale

gen•e•rate ['dʒenəreɪt] v/t (create) engendrer, produire; electricity produire; in linguistics générer

gen•e•ra•tion [dʒenə'reɪʃn] génération f

gene'ra•tor gap conflit m des générations

gen•e•ra•tor ['dʒenəreɪtər] générateur m

ge•ner•ic drug [dʒə'nerɪk] MED médicament m générique

gen•e•ros•i•ty [dʒenə'rɑːsətɪ] générosité f

gen•e•rous ['dʒenərəs] adj généreux*

ge•net•ic [dʒɪ'netɪk] adj génétique

ge•net•i•cal•ly [dʒɪ'netɪklɪ] adv génétiquement; **genetically modified** génétiquement modifié, transgénique

ge•net•ic 'code code m génétique

ge•net•ic en•gi'neer•ing génie m génétique

ge•net•ic 'fin•ger•print empreinte f génétique

ge•net•i•cist [dʒɪ'netɪsɪst] généticien(ne) m(f)

ge•net•ics [dʒɪ'netɪks] nsg génétique f

ge•ni•al ['dʒiːnjəl] adj person cordial, agréable; company agréable

gen•i•tals ['dʒenɪtlz] npl organes mpl génitaux

ge•ni•us ['dʒiːnjəs] génie m

gen•o•cide ['dʒenəsaɪd] génocide m

gen•tle ['dʒentl] adj doux*; breeze léger*

gen•tle•man ['dʒentlmən] monsieur m; **he's a real gentleman** c'est un vrai gentleman

gen•tle•ness ['dʒentlnɪs] douceur f

gen•tly ['dʒentlɪ] adv doucement; blow légèrement

gents [dʒents] nsg Br: toilet toilettes fpl

(pour hommes)

gen•u•ine ['dʒenʊɪn] adj authentique

gen•u•ine•ly ['dʒenʊɪnlɪ] adv vraiment, sincèrement

ge•o•graph•i•cal [dʒɪə'græfɪkl] adj géographique

ge•og•ra•phy [dʒɪ'ɑːɡrəfɪ] géographie f

ge•o•log•i•cal [dʒɪə'lɑːdʒɪkl] adj géologique

ge•ol•o•gist [dʒɪ'ɑːlədʒɪst] géologue m/f

ge•ol•o•gy [dʒɪ'ɑːlədʒɪ] géologie f

ge•o•met•ric, ge•o•met•ri•cal [dʒɪə'metrɪk(l)] adj géométrique

ge•om•e•try [dʒɪ'ɑːmətrɪ] géométrie f

ge•ra•ni•um [dʒə'reɪniəm] géranium m

ger•i•at•ric [dʒerɪ'ætrɪk] **1** adj gériatrique **2** n patient(e) m(f) gériatrique

germ [dʒɜːrm] also of idea etc germe m

Ger•man ['dʒɜːrmən] **1** adj allemand **2** n person Allemand(e) m(f); language allemand m

Ger•man 'mea•sles nsg rubéole f

Ger•man 'shep•herd berger m allemand

Ger•ma•ny ['dʒɜːrmənɪ] Allemagne f

ger•mi•nate ['dʒɜːrmɪneɪt] v/i of seed germer

germ 'war•fare guerre f bactériologique

ges•tic•u•late [dʒe'stɪkjuleɪt] v/i gesticuler

ges•ture ['dʒestʃər] n also fig geste m

get [get] v/t (pret & pp **got**, pp also **gotten**) ◊ (obtain) obtenir; (buy) acheter; (fetch) aller chercher (**s.o. sth** qch pour qn); (receive: letter) recevoir; (receive: knowledge, respect etc) acquérir; (catch: bus, train etc) prendre; (understand) comprendre

◊ : **when we get home** quand nous arrivons chez nous

◊ (become) devenir; **get old / tired** vieillir / se fatiguer

◊ (causative): **get sth done** (by s.o. else) faire faire qch; **get s.o. to do sth** faire faire qch à qn; **I got her to change her mind** je lui ai fait changer d'avis; **get one's hair cut** se faire couper les cheveux; **get sth ready** préparer qch

◊ (have opportunity): **get to do sth** pouvoir faire qch

◊ : **have got** avoir

◊ : **have got to** devoir; **I have got to study** je dois étudier, il faut que j'étudie (subj)

◊ : **get going** (leave) s'en aller; (start) s'y mettre; **get to know** commencer à bien connaître

♦ **get along** v/i (progress) faire des progrès; (come to party etc) venir; with s.o. s'entendre

◆ **get around** v/i (travel) voyager; (be mobile) se déplacer

◆ **get at** v/t (criticize) s'en prendre à; (imply, mean) vouloir dire

◆ **get away 1** v/i (leave) partir **2** v/t: **get sth away from s.o.** retirer qch à qn

◆ **get away with** v/t: **let s.o. get away with sth** tolérer qch à qn

◆ **get back 1** v/i (return) revenir; **I'll get back to you on that** je vous recontacterai à ce sujet **2** v/t health, breath, girlfriend etc retrouver; possession récupérer

◆ **get by** v/i (pass) passer; financially s'en sortir

◆ **get down 1** v/i from ladder etc descendre; (duck) se baisser; (be informal) se détendre, se laisser aller **2** v/t (depress) déprimer

◆ **get down to** v/t (start: work) se mettre à; (reach: real facts) en venir à

◆ **get in 1** v/i (of train, plane) arriver; (come home) rentrer; to car entrer; **how did they get in?** of thieves, mice etc comment sont-ils entrés? **2** v/t to suitcase etc rentrer

◆ **get off 1** v/i from bus or train descendre; (finish work) finir; (not be punished) s'en tirer **2** v/t (remove) enlever; **get off the grass!** va-t-en de la pelouse!

◆ **get off with** v/t Br F (sexually) coucher avec F; **get off with a small fine** s'en tirer avec une petite amende

◆ **get on 1** v/i to bike, bus, train monter; (be friendly) s'entendre; (advance: of time) se faire tard; (become old) prendre de l'âge; (progress: of book) avancer; **how is she getting on at school?** comment ça se passe pour elle à l'école?; **it's getting on** (getting late) il se fait tard; **he's getting on** il prend de l'âge; **he's getting on for 50** il approche de la cinquantaine **2** v/t: **get on the bus / one's bike** monter dans le bus / sur son vélo; **get one's hat on** mettre son chapeau; **I can't get these pants on** je n'arrive pas à enfiler ce pantalon

◆ **get on with** v/t one's work continuer; (figure out) se débrouiller avec

◆ **get out 1** v/i of car, prison etc sortir; **get out!** va-t-en!; **let's get out of here** allons-nous-en!; **I don't get out much these days** je ne sors pas beaucoup ces temps-ci **2** v/t nail, sth jammed, stain enlever; gun, pen sortir; **what do you get out of it?** qu'est-ce que ça t'apporte?

◆ **get over** v/t fence franchir; disappointment, lover se remettre de

◆ **get over with** v/t en finir avec; **let's get**

it over with finissons-en avec ça

◆ **get through** v/i on telephone obtenir la communication; (make self understood) se faire comprendre; **get through to s.o.** se faire comprendre de qn

◆ **get up 1** v/i in morning, from chair, of wind se lever **2** v/t (climb: hill) monter

'**get•a•way** from robbery fuite f

'**get•a•way car** voiture utilisée pour s'enfuir

'**get-to•geth•er** n réunion f

ghast•ly ['gɑːstlɪ] adj horrible, affreux*

gher•kin ['gɜːkɪn] cornichon m

ghet•to ['getou] ghetto m

ghost [goust] fantôme m, spectre m

ghost•ly ['goustlɪ] adj spectral

ghost town ville f fantôme

'**ghost•writ•er** nègre m

ghoul [guːl] personne f morbide; **he's a ghoul** il est morbide

ghoul•ish ['guːlɪʃ] adj macabre

gi•ant ['dʒaɪənt] **1** n géant(e) m(f) **2** adj géant

gib•ber•ish ['dʒɪbərɪʃ] F charabia m

gibe [dʒaɪb] n raillerie f, moquerie f

gib•lets ['dʒɪblɪts] npl abats mpl

gid•di•ness ['gɪdɪnɪs] vertige m

gid•dy ['gɪdɪ] adj: **feel giddy** avoir le vertige

gift [gɪft] cadeau m; talent don m

gift•ed ['gɪftɪd] adj doué

'**gift•wrap 1** n papier m cadeau **2** v/t (pret & pp **-ped**): **giftwrap sth** faire un paquet-cadeau

gig [gɪg] F concert m

gi•ga•byte ['gɪgəbaɪt] COMPUT gigaoctet m

gi•gan•tic [dʒaɪ'gæntɪk] adj gigantesque

gig•gle ['gɪgl] **1** v/i glousser **2** n gloussement m; **a fit of the giggles** une crise de fou rire

gig•gly ['gɪglɪ] adj qui rit bêtement

gill [gɪl] of fish ouïe f

gilt [gɪlt] n dorure f; **gilts** FIN fonds mpl d'État

gim•mick ['gɪmɪk] truc F

gim•mick•y ['gɪmɪkɪ] adj à trucs

gin [dʒɪn] gin m; **gin and tonic** gin m tonic

gin•ger ['dʒɪndʒər] **1** n spice gingembre m **2** adj hair, cat roux*

gin•ger 'beer limonade f au gingembre

'**gin•ger•bread** pain m d'épice

gin•ger•ly ['dʒɪndʒərlɪ] adv avec précaution

gip•sy ['dʒɪpsɪ] gitan(e) m(f)

gi•raffe [dʒɪ'ræf] girafe f

gird•er ['gɜːrdər] n poutre f

girl [gɜːrl] (jeune) fille f

'**girl•friend** of boy petite amie f; younger

also copine f; *of girl* amie f, *younger also* copine f

girl•ie mag•a•zine ['gɜːrlɪ] magazine m de cul F

girl•ish ['gɜːrlɪʃ] adj de jeune fille

girl 'scout éclaireuse f

gist [dʒɪst] point m essentiel, essence f

give [gɪv] v/t (pret gave, pp given) donner; present offrir; (supply: electricity etc) fournir; talk, lecture faire; cry, groan pousser; **give her my love** faites-lui mes amitiés

◆ **give away** v/t as present donner; (betray) trahir; **give o.s. away** se trahir

◆ **give back** v/t rendre

◆ **give in 1** v/i (surrender) céder, se rendre **2** v/t (hand in) remettre

◆ **give off** v/t smell, fumes émettre

◆ **give onto** v/t open onto donner sur

◆ **give out 1** v/t leaflets etc distribuer **2** v/i of supplies, strength s'épuiser

◆ **give up 1** v/t smoking etc arrêter; **give up smoking** arrêter de fumer; **give o.s. up to the police** se rendre à la police **2** v/i (cease habit) arrêter; (stop making effort) abandonner, renoncer; **I give up** (can't guess) je donne ma langue au chat

◆ **give way** v/i of bridge etc s'écrouler

give-and-'take concessions fpl mutuelles

giv•en ['gɪvn] **1** adj donné **2** pp → **give**

'giv•en name prénom m

giz•mo ['gɪzmoʊ] F truc m, bidule m F

gla•ci•er ['gleɪʃər] glacier m

glad [glæd] adj heureux*

glad•ly ['glædlɪ] adv volontiers, avec plaisir

glam•or ['glæmər] éclat m, fascination f

glam•or•ize ['glæməraɪz] v/t donner un aspect séduisant à

glam•or•ous ['glæmərəs] adj séduisant, fascinant; job prestigieux*

glamour Br → **glamour**

glance [glæns] **1** n regard m, coup m d'œil **2** v/i jeter un regard, lancer un coup d'œil

◆ **glance at** v/t jeter un regard sur, lancer un coup d'œil à

gland [glænd] glande f

glan•du•lar fe•ver ['glændʒələr] mononucléose f infectieuse

glare [gler] **1** n of sun, headlights éclat m (éblouissant) **2** v/i of sun, headlights briller d'un éclat éblouissant

◆ **glare at** v/t lancer un regard furieux à

glar•ing ['glerɪŋ] adj mistake flagrant

glar•ing•ly ['glerɪŋlɪ] adv: **be glaringly obvious** sauter aux yeux

glass [glæs] material, for drink verre m

glass 'case vitrine f

glass•es npl lunettes fpl

'glass•house serre f

glaze [gleɪz] n vernis m

◆ **glaze over** v/i of eyes devenir vitreux

glazed [gleɪzd] adj expression vitreux*

gla•zier ['gleɪzɪr] vitrier m

glaz•ing ['gleɪzɪŋ] vitrerie f

gleam [gliːm] **1** n lueur f **2** v/i luire

glee [gliː] joie f

glee•ful ['gliːful] adj joyeux*

glib [glɪb] adj désinvolte

glib•ly ['glɪblɪ] adv avec désinvolture

glide [glaɪd] v/i glisser; of bird, plane planer

glid•er ['glaɪdər] planeur m

glid•ing ['glaɪdɪŋ] n sport vol m à voile

glim•mer ['glɪmər] n of light faible lueur f; **a glimmer of hope** une lueur d'espoir **2** v/i jeter une faible lueur

glimpse [glɪmps] **1** n: **catch a glimpse of** ... entrevoir **2** v/t entrevoir

glint [glɪnt] **1** n lueur f, reflet m **2** v/i of light luire, briller; of eyes luire

glis•ten ['glɪsn] v/i of light luire; of water miroiter; of silk chatoyer

glit•ter ['glɪtər] v/i of light, jewels briller, scintiller

glit•te•ra•ti npl le beau monde

gloat [gloʊt] v/i jubiler

◆ **gloat over** v/t se réjouir de

glo•bal ['gloʊbl] adj (worldwide) mondial; (without exceptions) global

glo•bal e'con•o•my économie f mondiale

glo•bal•i•za•tion [gloʊbəlaɪzeɪʃn] of markets etc mondialisation f

glo•bal•ly ['gloʊbəlɪ] adv (on worldwide basis) mondialement; (without exceptions) globalement

glo•bal 'mar•ket marché m international

glo•bal warm•ing ['wɔːrmɪŋ] réchauffement m de la planète

globe [gloʊb] globe m

gloom [gluːm] (darkness) obscurité f; mood tristesse f, mélancolie f

gloom•i•ly ['gluːmɪlɪ] adv tristement, mélancoliquement

gloom•y ['gluːmɪ] adj sombre

glo•ri•ous ['glɔːrɪəs] adj weather, day magnifique; victory glorieux*

glo•ry ['glɔːrɪ] n gloire f

gloss [glɑːs] n (shine) brillant m, éclat m; (general explanation) glose f, commentaire m

◆ **gloss over** v/t passer sur

glos•sa•ry ['glɑːsərɪ] glossaire m

'gloss paint peinture f brillante

gloss•y ['glɑːsɪ] **1** adj paper glacé **2** n magazine magazine m de luxe

glove [glʌv] gant m

'glove com•part•ment in car boîte f à

gants

'glove pup•pet marionnette *f* (à gaine)

glow [glou] **1** *n of light* lueur *f*; *of fire* rougeoiement *m*; *in cheeks* couleurs *fpl* **2** *v/i of light* luire; *of fire* rougeoyer; *of cheeks* être rouge

glow•er ['glaur] *v/i* lancer un regard noir (at à)

glow•ing ['glouɪŋ] *adj description* élogieux*

glu•cose ['glu:kous] glucose *m*

glue [glu:] **1** *n* colle *f* **2** *v/t*: **glue sth to sth** coller qch à qch; **be glued to the TV** *F* être collé devant la télé *F*

glum [glʌm] *adj* morose

glum•ly ['glʌmlɪ] *adv* d'un air morose

glut [glʌt] *n* surplus *m*

glut•ton ['glʌtən] glouton(ne) *m(f)*

glut•ton•y ['glʌtənɪ] gloutonnerie *f*

GM [dʒi:'em] *abbr* (= **genetically modified**) génétiquement modifié

GMT [dʒi:em'ti:] *abbr* (= **Greenwich Mean Time**) G.M.T. *m* = Temps *m* moyen de Greenwich)

gnarled [nɑ:rld] *adj branch, hands* noueux*

gnat [næt] moucheron *m*

gnaw [nɒ:] *v/t bone* ronger

GNP [dʒi:en'pi:] *abbr* (= **gross national product**) P.N.B. *m* (= Produit *m* national brut)

go [gou] **1** *n*: **on the go** actif **2** *v/i* (*pret* **went**, *pp* **gone**) ◇ aller; (*leave: of train, plane*) partir; (*leave: of people*) s'en aller, partir; (*work, function*) marcher, fonctionner; (*come out: of stain etc*) s'en aller; (*cease: of pain etc*) partir, disparaître; (*match: of colors etc*) aller ensemble; **go shopping / jogging** aller faire les courses / faire du jogging; **I must be going** je dois partir, je dois m'en aller; **let's go!** allons-y!; **go for a walk** aller se promener; **go to bed** aller se coucher; **go to school** aller à l'école; **how's the work going?** comment va le travail?; **they're going for $50** (*being sold at*) ils sont à 50 $; **hamburger to go** hamburger à emporter; **the milk is all gone** il n'y a plus du tout de lait

◇ (*become*) devenir; **she went all red** elle est devenue toute rouge

◇ *to express the future, intention*: **be going to do sth** aller faire qch; **I'm not going to**

◆ **go ahead** *v/i*: **she just went ahead** elle l'a fait quand même; **go ahead!** (*on you go*) allez-y!

◆ **go ahead with** *v/t plans etc* commencer

◆ **go along with** *v/t suggestion* accepter

◆ **go at** *v/t* (*attack*) attaquer

◆ **go away** *v/i of person* s'en aller, partir; *of rain* cesser; *of pain, clouds* partir, disparaître

◆ **go back** *v/i* (*return*) retourner; (*date back*) remonter (**to** à); **we go back a long way** on se connaît depuis longtemps; **go back to sleep** se rendormir

◆ **go by** *v/i of car, people, time* passer

◆ **go down** *v/i* descendre; *of sun* se coucher; *of ship* couler; *of swelling* diminuer; **go down well / badly** *of suggestion etc* être bien / mal reçu

◆ **go for** *v/t* (*attack*) attaquer; (*like*) beaucoup aimer

◆ **go in** *v/i to room, house* entrer; *of sun* se cacher; (*fit: of part etc*) s'insérer; **it won't go in** ça ne va pas rentrer

◆ **go in for** *v/t competition, race* prendre part à; (*like*) aimer; *sport* jouer à

◆ **go off 1** *v/i* (*leave*) partir; *of bomb* exploser; *of gun* partir; *of light* s'éteindre; *of alarm* se déclencher **2** *v/t* (*stop liking*) se lasser de; **I've gone off the idea** l'idée ne me plaît plus

◆ **go on** *v/i* (*continue*) continuer; (*happen*) se passer; **can I? - yes, go on** est-ce que je peux? - oui, vas-y; **go on, do it!** (*encouraging*) allez, fais-le!; **what's going on?** qu'est-ce qui se passe?; **don't go on about it** arrête de parler de cela

◆ **go on at** *v/t* (*nag*) s'en prendre à

◆ **go out** *v/i of person* sortir; *of light, fire* s'éteindre

◆ **go out with** *v/t romantically* sortir avec

◆ **go over** *v/t* (*check*) revoir

◆ **go through** *v/t hard times* traverser; *illness* subir; (*check*) revoir; (*read through*) lire en entier

◆ **go through with** *v/t* aller jusqu'au bout de; **go through with it** aller jusqu'au bout

◆ **go under** *v/i* (*sink*) couler; *of company* faire faillite

◆ **go up** *v/i* (*climb*) monter; *of prices* augmenter

◆ **go without 1** *v/t food etc* se passer de **2** *v/i* s'en passer

goad [goud] *v/t*: **goad s.o. into doing sth** talonner qn jusqu'à ce qu'il fasse (*subj*) qch

'go-a•head 1 *n* feu vert *m* **2** *adj* (*enterprising, dynamic*) entreprenant, dynamique

goal [goul] *in sport*, (*objective*) but *m*

goal•ie ['goulɪ] *F* gardien *m* de but *F*

'goal•keep•er gardien *m* de but

'goal kick remise *f* en jeu

'goal•mouth entrée *f* des buts

'goal•post poteau *m* de but

G

'goal•scor•er buteur *m*; *their top goal-scorer* leur meilleur buteur

goat [gəʊt] chèvre *m*

gob•ble up ['gɑːbl] *v/t* dévorer

◆ **gobble up** *v/t* engloutir

gob•ble•dy•gook ['gɑːbldɪguːk] F charabia *m* F

'go-be•tween intermédiaire *m/f*

god [gɑːd] dieu *m*; *thank God!* Dieu merci!; *oh God!* mon Dieu!

'god•child filleul(e) *m(f)*

'god•daught•er filleule *f*

god•dess ['gɑːdɪs] déesse *f*

'god•fa•ther *also in mafia* parrain *m*

god•for•sak•en ['gɑːdfərseɪkn] *adj place, town* perdu

'god•moth•er marraine *f*

'god•pa•rents *npl* parrains *mpl*

'god•send don *m* du ciel

'god•son filleul *m*

go•fer ['gəʊfər] F coursier(-ière) *m(f)*

gog•gles ['gɑːgl] *npl* lunettes *fpl*

go•ing ['gəʊɪŋ] *adj price etc* actuel*; *go-ing concern* affaire *f* qui marche

go•ings-on [gəʊɪŋz'ɑːn] *npl* activités *fpl*; *there were some strange goings-on* il se passait de drôles de choses

gold [gəʊld] **1** *n* or *m*; *medal* médaille *f* d'or **2** *adj watch, necklace etc* en or; *ingot* d'or

gold•en ['gəʊldn] *adj sky* doré; *hair also* d'or

gold•en 'hand•shake (grosse) prime *f* de départ

gold•en 'wed•ding (an•ni•ver•sa•ry) noces *fpl* d'or

'gold•fish poisson *m* rouge

'gold mine *fig* mine *f* d'or

'gold•smith orfèvre *m*

golf [gɑːlf] golf *m*

'golf ball balle *f* de golf

'golf club *organization, stick* club *m* de golf

'golf course terrain *m* de golf

golf•er ['gɑːlfər] golfeur(-euse) *m(f)*

gone [gɑːn] *pp* → **go**

gong [gɑːŋ] gong *m*

good [gʊd] *adj* bon*; *weather* beau*; *child* sage; *a good many* beaucoup; *a good many ...* beaucoup de ...; *be good at ...* être bon en ...; *it's good for you* for health c'est bon pour la santé

good•bye [gʊd'baɪ] au revoir

'good-for-noth•ing *n* bon(ne) *m(f)* à rien

Good 'Fri•day Vendredi *m* saint

good-hu•mored [gʊd'hjuːmərd] *adj* jovial

good-look•ing [gʊd'lʊkɪŋ] *adj woman* beau*

good-na•tured [gʊd'neɪtʃərd] bon*; *au bon naturel*

good•ness ['gʊdnɪs] *moral* bonté *f*; *of fruit etc* bonnes choses *fpl*; *thank good-ness!* Dieu merci!

goods [gʊdz] *npl* COMM marchandises *fpl*

'good•will bonne volonté *f*, bienveillance *f*

good•y-good•y ['gʊdigʊdi] *n* F petit(e) saint(e) *m(f)*; *child* enfant *m/f* modèle

goo•ey ['guːi] *adj* gluant

goof [guːf] *v/i* F gaffer F

goose [guːs] (*pl* **geese**) oie *f*

goose•ber•ry ['gʊzberɪ] *n* F groseille *f* (à maquereau)

'goose bumps *npl* chair *f* de poule

'goose pim•ples *npl* chair *f* de poule

gorge [gɔːrdʒ] **1** *n in mountains* gorge *f* **2** *v/t*: *gorge o.s. on sth* se gorger de qch

gor•geous ['gɔːrdʒəs] *adj* magnifique, superbe

go•ril•la [gə'rɪlə] gorille *m*

gosh [gɑːʃ] *int* ça alors!

go-'slow grève *f* perlée

gos•pel ['gɑːspl] *in Bible* évangile *m*

gos•pel 'truth parole *f* d'évangile

gos•sip ['gɑːsɪp] **1** *n* potins *mpl*; *malicious* commérages *mpl*; *person* commère *f* **2** *v/i* bavarder; *maliciously* faire des commérages

'gos•sip col•umn échos *mpl*

'gos•sip col•um•nist échotier(-ière) *m(f)*

gos•sip•y ['gɑːsɪpi] *adj letter* plein de potins

got [gɑːt] *pret & pp* → **get**

got•ten ['gɑːtn] *pp* → **get**

gour•met ['gʊrmeɪ] *n* gourmet *m*, gastronome *m/f*

gov•ern ['gʌvərn] *v/t country* gouverner

gov•ern•ment ['gʌvərnmənt] gouvernement *m*; *government spending* dépenses *fpl* publiques; *government loan* emprunt *m* d'Etat

gov•er•nor ['gʌvərnər] gouverneur *m*

gown [gaʊn] robe *f*; (*wedding dress*) robe *f* de mariée; *of academic, judge* toge *f*; *of surgeon* blouse *f*

grab [græb] *v/t* (*pret & pp -bed*) saisir; *food* avaler; *grab some sleep* dormir un peu

grace [greɪs] *of dancer etc* grâce *f*; *before meals* bénédicité *m*

grace•ful ['greɪsfl] *adj* gracieux*

grace•ful•ly ['greɪsflɪ] *adv move* gracieusement

gra•cious ['greɪʃəs] *adj person* bienveillant; *style, living* élégant; *good gra-cious!* mon Dieu!

grade [greɪd] **1** *n* (*quality*) qualité *f*; EDU classe *f*; (*mark*) note *f* **2** *v/t* classer;

school work noter

grade 'cross•ing passage m à niveau

'grade school école f primaire

gra•di•ent ['greidiənt] pente f, inclinaison f

grad•u•al ['grædʒʊəl] adj graduel*, progressif*

grad•u•al•ly ['grædʒʊəli] adv peu à peu, progressivement

grad•u•ate ['grædʒʊət] 1 n diplômé(e) m(f) 2 v/i ['grædʒʊeit] obtenir son diplôme (from de)

grad•u•a•tion [grædʒʊ'eiʃn] obtention f du diplôme

grad•u•a•tion cer•e•mon•y cérémonie f de remise de diplômes

graf•fi•ti [grə'fi:ti:] graffitis mpl; single graffiti m

graft [græft] 1 n BOT, MED greffe f; F (corruption) corruption f; Br F (hard work) corvée f 2 v/t BOT, MED greffer

grain [grein] blé m; of rice etc, in wood grain m; it goes against the grain for me to do this c'est contre ma nature de faire ceci

gram [græm] gramme m

gram•mar ['græmər] grammaire f

'gram•mar school Br lycée m

gram•mat•i•cal [grə'mætikl] adj grammatical

gram•mat•i•cal•ly adv grammaticalement

grand [grænd] 1 adj grandiose; F (very good) génial F 2 n F ($1000) mille dollars mpl

gran•dad ['grændæd] grand-père m

'grand•child grandchild fils m, petite-fille f

'grand•child•ren npl petits-enfants mpl

'grand•daugh•ter petite-fille f

gran•deur ['grændʒər] grandeur f, splendeur f

'grand•fa•ther grand-père m

'grand•fa•ther clock horloge f de parquet

gran•di•ose ['grændiəʊs] adj grandiose, pompeux*

grand 'ju•ry grand jury m

'grand•ma mamie f F

'grand•moth•er grand-mère f

'grand•pa papi m F

'grand•par•ents npl grands-parents mpl

grand pi'an•o piano m à queue

grand 'slam in tennis grand chelem m

'grand•son petit-fils m

'grand•stand tribune f

gran•ite ['grænit] granit m

gran•ny ['græni] F mamie f F

grant [grænt] 1 n money subvention f 2 v/t wish, visa, request accorder; take s.o./sth for granted considérer qn / qch com-

me acquis

gran•u•lat•ed sug•ar ['grænʊleitid] sucre m en poudre

gran•ule ['grænu:l] grain m

grape [greip] (grain m de) raisin m; some grapes du raisin

'grape•fruit pamplemousse m

'grape•fruit juice jus m de pamplemousse

'grape•vine: hear sth on the grapevine apprendre qch par le téléphone arabe

graph [græf] graphique m, courbe f

graph•ic ['græfik] 1 adj (vivid) très réaliste 2 n COMPUT graphique m; graphics graphiques mpl

graph•ic•al•ly ['græfikli] adv describe de manière réaliste

graph•ic de•sign•er graphiste m/f

◆ grap•ple with ['græpl] v/t attacker en venir aux prises avec; problem etc s'attaquer à

grasp [græsp] 1 n physical prise f; mental compréhension f 2 v/t physically saisir; (understand) comprendre

grass [græs] n herbe f

'grass•hop•per sauterelle f

grass 'roots npl people base f

grass 'wid•ow: I'm a grass widow this week je suis célibataire cette semaine

gras•sy ['græsi] adj herbeux*, herbu

grate[1] [greit] n metal grill grille f

grate[2] [greit] 1 v/t in cooking râper 2 v/i: grate on the ear faire mal aux oreilles

grate•ful ['greitful] adj reconnaissant; be grateful to s.o. être reconnaissant envers qn

grate•ful•ly ['greitfuli] adv avec reconnaissance

grat•er ['greitər] râpe f

grat•i•fy ['grætifai] v/t (pret & pp -ied) satisfaire, faire plaisir à

grat•ing ['greitiŋ] 1 n grille f 2 adj sound, voice grinçant

grat•i•tude ['grætitu:d] gratitude f, reconnaissance f

gra•tu•i•tous [grə'tu:itəs] adj gratuit

gra•tu•i•ty [grə'tu:əti] gratification f, pourboire m

grave[1] [greiv] n tombe f

grave[2] [greiv] adj error, face, voice grave

grav•el ['grævl] gravier m

'grave•stone pierre f tombale

'grave•yard cimetière m

◆ grav•i•tate toward ['græviteit] v/t être attiré par

grav•i•ty ['grævəti] PHYS, of situation gravité f

gra•vy ['greivi] jus m de viande

gray [grei] adj gris; be going gray grisonner

gray-haired [greɪˈheɪd] *adj* aux cheveux gris

graze[1] [greɪz] *v/i* of cow, horse paître

graze[2] [greɪz] **1** *v/t* arm etc écorcher; **graze one's arm** s'écorcher le bras **2** *n* écorchure *f*

grease [griːs] for cooking graisse *f*; for car lubrifiant *m*

grease•proof 'pa•per papier *m* sulfurisé

greas•y [ˈgriːsɪ] *adj* gras*; (covered in grease)* graisseux*

great [greɪt] *adj* grand; *mistake, sum of money* gros*; *composer, writer* grand; F *(very good)* super F; **great to see you!** ravi de te voir!

Great 'Brit•ain Grande-Bretagne *f*

great-'grand•daugh•ter arrière-petite-fille *f*

great-'grand•fa•ther arrière-grand-père *m*

great-'grand•moth•er arrière-grand-mère *f*

great-'grand•par•ents *npl* arrière-grands-parents *mpl*

great-'grand•son arrière-petit-fils *m*

great•ly [ˈgreɪtlɪ] *adv* beaucoup; **not greatly different** pas très différent

great•ness [ˈgreɪtnɪs] grandeur *f*, importance *f*

Greece [griːs] Grèce *f*

greed [griːd] for money avidité *f*; for food also gourmandise *f*

greed•i•ly [ˈgriːdɪlɪ] *adv* avec avidité

greed•y [ˈgriːdɪ] *adj* for money avide; for food also gourmand

Greek [griːk] **1** *n* Grec(que) *m(f)*; language grec *m* **2** *adj* grec*

green [griːn] *adj* vert; environmentally écologique

green 'beans *npl* haricots *mpl* verts

'green belt ceinture *f* verte

'green•field site terrain *m* non construit

'green•horn F blanc-bec *m*

'green•house serre *f*

'green•house ef•fect effet *m* de serre

'green•house gas gaz *m* à effet de serre

greens [griːnz] *npl* légumes *mpl* verts

green 'thumb: have a green thumb avoir la main verte

greet [griːt] *v/t* saluer; *(welcome)* accueillir

greet•ing [ˈgriːtɪŋ] salut *m*

'greet•ing card carte *f* de vœux

gre•gar•i•ous [grɪˈgeərɪəs] *adj* person sociable

gre•nade [grɪˈneɪd] grenade *f*

grew [gruː] *pret* → **grow**

grey [greɪ] *adj* Br → **gray**

'grey•hound lévrier *m*, levrette *f*

grid [grɪd] grille *f*

'grid•iron SP terrain *m* de football

'grid•lock in traffic embouteillage *m*

grief [griːf] chagrin *m*, douleur *f*

grief-strick•en [ˈgriːfstrɪkn] *adj* affligé

griev•ance [ˈgriːvəns] grief *m*

grieve [griːv] *v/i* être affligé; **grieve for s.o.** pleurer qn

grill [grɪl] **1** *n* on window grille *f* **2** *v/t* (interrogate) mettre sur la sellette

grille [grɪl] grille *f*

grim [grɪm] *adj* sinistre, sombre

gri•mace [grɪˈmæs] *n* grimace *f*

grime [graɪm] saleté *f*, crasse *f*

grim•ly [ˈgrɪmlɪ] *adv* determined etc fermement; say, warn sinistrement

grim•y [ˈgraɪmɪ] *adj* sale, crasseux*

grin [grɪn] **1** *n* (large) sourire *m* **2** *v/i* (pret & pp **-ned**) sourire

grind [graɪnd] *v/t* (pret & pp **ground**) coffee moudre; meat hacher; **grind one's teeth** grincer des dents

grip [grɪp] **1** *n* on rope etc prise *f*; **be losing one's grip** (losing one's skills) baisser **2** *v/t* (pret & pp **-ped**) saisir, serrer

gripe [graɪp] **1** *n* plainte *f* **2** *v/i* rouspéter F

grip•ping [ˈgrɪpɪŋ] *adj* prenant, captivant

gris•tle [ˈgrɪsl] cartilage *m*

grit [grɪt] **1** *n* for roads gravillon *m*; **a bit of grit in eye** une poussière **2** *v/t* (pret & pp **-ted**): **grit one's teeth** grincer des dents

grit•ty [ˈgrɪtɪ] *adj* F book, movie etc réaliste

groan [groʊn] **1** *n* gémissement *m* **2** *v/i* gémir

gro•cer [ˈgroʊsər] épicier(-ère) *m(f)*

gro•cer•ies [ˈgroʊsərɪz] *npl* (articles *mpl*) d')épicerie *f*, provisions *fpl*

gro•cer•y store [ˈgroʊsərɪ] épicerie *f*; **at the grocery store** chez l'épicier, à l'épicerie

grog•gy [ˈgrɑːgɪ] *adj* F groggy F

groin [grɔɪn] ANAT aine *f*

groom [gruːm] **1** *n* for bride marié *m*; for horse palefrenier(-ère) *m(f)* **2** *v/t* horse panser; (train, prepare) préparer, former; **well groomed** in appearance très soigné

groove [gruːv] rainure *f*; on record sillon *m*

grope [groʊp] **1** *v/i* in the dark tâtonner **2** *v/t* sexually peloter F

◆ **grope for** *v/t* door handle chercher à tâtons; right word chercher

gross [groʊs] *adj* (coarse, vulgar) grossier*; exaggeration énorme; FIN brut

gross 'do•mes•tic prod•uct produit *m* intérieur brut

gross 'na•tion•al prod•uct produit *m* national brut

ground¹ [graund] **1** *n* sol *m*, terre *f*; *area of land, for football, fig* terrain; *(reason)* raison *f*, motif *m*; ELEC terre *f*; *on the ground* par terre **2** *v/t* ELEC mettre une prise de terre à

'ground con•trol contrôle *m* au sol
'ground crew personnel *m* au sol
'ground floor *Br* rez-de-chaussée *m*
ground² *pret & pp* → grind
ground•ing ['graundɪŋ] *in subject* bases *fpl*

ground•less ['graundlɪs] *adj* sans fondement

'ground meat viande *f* hachée
'ground•nut arachide *f*
'ground plan projection *f* horizontale
'ground staff SP personnel *m* d'entretien; *at airport* personnel *m* au sol
'ground•work travail *m* préparatoire
Ground 'Ze•ro Ground Zero *m*
group [gru:p] **1** *n* groupe *m* **2** *v/t* grouper
group•ie ['gru:pɪ] F groupie *f* F
group 'ther•a•py thérapie *f* de groupe
grouse [graus] **1** *n* F rouspéter F **2** *v/i* F plainte *f*
grov•el ['grɑ:vl] *v/i fig* ramper *(to* devant)
grow [grou] **1** *v/i (pret grew, pp grown)* *of child, animal, anxiety* grandir; *of plants, hair, beard* pousser; *of number, amount* augmenter; *of business* se développer; *(become)* devenir **2** *v/t flowers* faire pousser

◆ grow up *of person* devenir adulte; *of city* se développer; *grow up!* sois adulte!
growl [graul] **1** *n* grognement *m* **2** *v/i* grogner
grown [groun] *pp* → grow
'grown-up **1** *n* adulte *m/f* **2** *adj* adulte
growth [grouθ] *of person, company* croissance *f*; *(increase)* augmentation *f*; MED tumeur *f*
grub [grʌb] *of insect* larve *f*, ver *m*
grub•by ['grʌbɪ] *adj* malpropre
grudge [grʌdʒ] **1** *n* rancune *f*; *bear a grudge* avoir de la rancune **2** *v/t (give unwillingly)* accorder à contrecœur; *grudge s.o. sth (resent)* en vouloir à qn de qch
grudg•ing ['grʌdʒɪŋ] *adj* accordé à contrecœur; *person* plein de ressentiment
grudg•ing•ly ['grʌdʒɪŋlɪ] *adv* à contre-cœur
gru•el•ing, *Br* gruel•ling ['gru:əlɪŋ] *adj* *climb, task* épuisant, éreintant
gruff [grʌf] *adj* bourru, revêche
grum•ble ['grʌmbl] *v/i* ronchonner
grum•bler ['grʌmblər] grognon(ne) *m(f)*

grump•y ['grʌmpɪ] *adj* grincheux*
grunt [grʌnt] **1** *n* grognement *m* **2** *v/i* grogner
guar•an•tee [gærən'ti:] **1** *n* garantie *f*; *guarantee period* période *f* de garantie **2** *v/t* garantir
guar•an•tor [gærən'tɔ:r] garant(e) *m(f)*
guard [gɑ:rd] **1** *n* garde *f*, *in prison* gardien(ne) *m(f)*; MIL garde *f*; *be on one's guard* être sur ses gardes; *be on one's guard against* faire attention à **2** *v/t* garder

◆ guard against *v/t* se garder de
'guard dog chien *m* de garde
guard•ed ['gɑ:rdɪd] *adj reply* prudent, réservé
guard•i•an ['gɑ:rdɪən] LAW tuteur(-trice) *m(f)*
guard•i•an 'an•gel ange-gardien *m*
guer•ril•la [gə'rɪlə] guérillero *m*
guer•ril•la 'war•fare guérilla *f*
guess [ges] **1** *n* conjecture *f* **2** *v/t answer* deviner **3** *v/i* deviner; *I guess so* je crois; *I guess not* je ne crois pas
'guess•work conjecture(s) *f(pl)*
guest [gest] invité(e) *m(f)*; *in hotel* hôte *m/f*
'guest•house pension *f* de famille
'guest•room chambre *f* d'amis
guf•faw [gʌ'fɔ:] **1** *n* gros rire *m* **2** *v/i* s'esclaffer
guid•ance ['gaɪdəns] conseils *mpl*
guide [gaɪd] **1** *n person* guide *m/f*; *book* guide *m* **2** *v/t* guider
'guide•book guide *m*
guid•ed mis•sile ['gaɪdɪd] missile *m* téléguidé
'guide dog *Br* chien *m* d'aveugle
guid•ed 'tour visite *f* guidée
guilt [gɪlt] culpabilité *f*
guilt•y ['gɪltɪ] *adj* coupable; *have a guilty conscience* avoir mauvaise conscience
guin•ea pig ['gɪnɪpɪg] cochon *m* d'Inde, cobaye *m*; *fig* cobaye *m*
guise [gaɪz]: *under the guise of* sous l'apparence de
gui•tar [gɪ'tɑ:r] guitare *f*
gui'tar case étui *m* à guitare
gui•tar•ist [gɪ'tɑ:rɪst] guitariste *m/f*
gui'tar play•er guitariste *m/f*
gulf [gʌlf] golfe *m*; *fig* gouffre *m*, abîme *m*; *the Gulf* le Golfe
gull [gʌl] mouette *f*; *bigger* goéland *m*
gul•let ['gʌlɪt] ANAT gosier *m*
gul•li•ble ['gʌlɪbl] *adj* crédule
gulp [gʌlp] **1** *n of drink* gorgée *f*; *of food* bouchée *f* **2** *v/i in surprise* dire en s'étranglant

◆ **gulp down** v/t drink avaler à grosses gorgées; food avaler à grosses bouchées
gum¹ [gʌm] n in mouth gencive f
gum² [gʌm] n (glue) colle f; (chewing gum) chewing-gum m
gump•tion ['gʌmpʃn] jugeote f F
gun [gʌn] arme f à feu; pistol pistolet m; revolver revolver m; rifle fusil m; cannon canon m
◆ **gun down** v/t (pret & pp **-ned**) abattre
'gun•fire coups mpl de feu
'gun•man homme m armé
'gun•point: at gunpoint sous la menace d'une arme
'gun•shot coup m de feu
'gun•shot wound blessure f par balle
gur•gle ['gɜːrgl] v/i of baby gazouiller; of drain gargouiller
gu•ru ['guːruː] fig gourou m
gush [gʌʃ] v/i of liquid jaillir
gush•y ['gʌʃi] adj F (enthusiastic) excessif*
gust [gʌst] rafale f, coup m de vent
gus•to ['gʌstoʊ]: with gusto avec enthousiasme
gust•y ['gʌsti] adj weather très venteux*; gusty wind vent soufflant en rafales
gut [gʌt] 1 n intestin m; F (stomach) bide

m F 2 v/t (pret & pp **-ted**) (destroy) ravager; (strip down) casser
gut 'feel•ing F intuition f
guts [gʌts] npl entrailles fpl; F (courage) cran m F; hate s.o.'s guts ne pas pouvoir saquer qn F
guts•y ['gʌtsi] adj F (brave) qui a du cran F
gut•ter ['gʌtər] on sidewalk caniveau m; on roof gouttière f
'gutter-press Br presse f de bas-étage
guy [gaɪ] F type m F; hey, you guys salut, vous
guz•zle ['gʌzl] v/t food engloutir; drink avaler
gym [dʒɪm] sports club club m de gym; in school gymnase m; activity gym f, gymnastique f
gym•na•si•um [dʒɪm'neɪziəm] gymnase m
gym•nast ['dʒɪmnæst] gymnaste m/f
gym•nas•tics [dʒɪm'næstɪks] gymnastique f
gy•ne•col•o•gy, Br **gy•nae•col•o•gy** [gaɪnɪ'kɑːlədʒi] gynécologie f
gy•ne'col•o•gist, Br **gy•nae•col•o•gist** [gaɪnɪ'kɑːlədʒɪst] gynécologue m/f
gyp•sy ['dʒɪpsi] gitan(e) m(f)

H

hab•it ['hæbɪt] habitude f; get into the habit of doing sth prendre l'habitude de faire qch
hab•it•a•ble ['hæbɪtəbl] adj habitable
hab•i•tat ['hæbɪtæt] habitat m
ha•bit•u•al [hə'bɪtʃʊəl] adj habituel*; smoker, drinker invétéré
hack [hæk] n (poor writer) écrivaillon(ne) m(f)
hack•er ['hækər] COMPUT pirate m informatique
hack•neyed ['hæknɪd] adj rebattu
had [hæd] pret & pp → **have**
had•dock ['hædək] aiglefin m; smoked haddock haddock m
haem•or•rhage Br → **hemorrhage**
hag•gard ['hægərd] adj hagard, égaré
hag•gle ['hægl] v/i chipoter (for, over sur)
hail [heɪl] n grêle f
'hail•stone grêlon m
'hail•storm averse f de grêle

hair [her] cheveux mpl; single cheveu m; on body poils mpl; single poil m
'hair•brush brosse f à cheveux
'hair•cut coupe f de cheveux
'hair•do coiffure f
'hair•dress•er coiffeur(-euse) m(f); at the hairdresser chez le coiffeur
'hair•dri•er, 'hair•dry•er sèche-cheveux m
hair•less ['herlɪs] adj person sans cheveux, chauve; chin imberbe; animal sans poils
'hair•pin épingle f à cheveux
hair•pin 'curve virage m en épingle à cheveux
hair-rais•ing ['hereɪzɪŋ] adj horrifique, à faire dresser les cheveux sur la tête
hair re•mov•er ['herɪmuːvər] crème f épilatoire
'hair's breadth fig: by a hair's breadth de justesse
hair-split•ting ['hersplɪtɪŋ] n ergotage m

'hair spray laque *f*

'hair•style coiffure *f*

'hair•styl•ist coiffeur(-euse) *m(f)*

hair•y ['heri] *adj arm*, *animal* poilu; F (*frightening*) effrayant

half [hæf] **1** *n* (*pl* halves [hævz]) moitié *f*; **half past ten** dix heures et demie; **half an hour** une demi-heure; **half a pound** une demi-livre; **go halves with s.o. on sth.** se mettre de moitié avec qn pour qch, partager avec qn pour qch **2** *adj* demi; **at half price** à moitié prix; **half size** demi-taille *f* **3** *adv* à moitié

half-heart•ed [hæf'hɑːrtɪd] *adj* tiède, hésitant

half 'time *n* SP mi-temps *f*

half-time *adj* à mi-temps; **half-time score** score *m* à la mi-temps

half'way **1** *adj*: **reach the halfway point** être à la moitié **2** *adv in space, distance* à mi-chemin; *finished* à moitié

hall [hɔːl] (*large room*) salle *f*; (*hallway in house*) vestibule *m*

Hal•low•e'en [hæloʊ'wiːn] halloween *f*

halo ['heɪloʊ] auréole *f*; ASTR halo *m*

halt [hɔːlt] **1** *v/i* faire halte, s'arrêter **2** *v/t* arrêter **3** *n*: **come to a halt** *of traffic, production* être interrompu; *of person* faire halte, s'arrêter

halve [hæv] *v/t* couper en deux; *input, costs* réduire de moitié

ham [hæm] jambon *m*

ham•burg•er ['hæmbɜːrgər] hamburger *m*

ham•mer ['hæmər] **1** *n* marteau *m* **2** *v/i* marteler, battre au marteau; **hammer at the door** frapper à la porte à coups redoublés

ham•mock ['hæmək] hamac *m*

ham•per¹ ['hæmpər] *n for food* panier *m*

ham•per² ['hæmpər] *v/t* (*obstruct*) entraver, gêner

ham•ster ['hæmstər] hamster *m*

hand [hænd] *n* main *f*; *of clock* aiguille *f*; (*worker*) ouvrier(-ère) *m(f)*; **at hand, to hand** *thing* sous la main; **at hand** *person* à disposition; **at first hand** de première main; **by hand** à la main; **on the one hand ..., on the other hand** d'une part ..., d'autre part; **in hand** (*being done*) en cours; **on your right hand** sur votre droite; **hands off!** n'y touchez pas!; **hands up!** haut les mains!; **change hands** changer de propriétaire *or* de mains; **give s.o. a hand** donner un coup de main à qn

◆ hand back *v/t* transmettre

◆ hand in *v/t* remettre

◆ hand on *v/t* transmettre

◆ hand out *v/t* distribuer

◆ hand over *v/t* donner; *to authorities* livrer

'hand•bag *Br* sac *m* à main

'hand bag•gage bagages *mpl* à main

'hand•book livret *m*, guide *m*

'hand•cuff *v/t* menotter

hand•cuffs ['hæn(d)kʌfs] *npl* menottes *fpl*

hand•i•cap ['hændɪkæp] handicap *m*

hand•i•capped ['hændɪkæpt] *adj* handicapé

hand•i•craft ['hændɪkræft] artisanat *m*

hand•i•work ['hændɪwɜːrk] *object* ouvrage *m*

hand•ker•chief ['hæŋkərʧɪf] mouchoir *m*

han•dle ['hændl] **1** *n of door, suitcase, bucket* poignée *f*; *of knife, pan* manche *m* **2** *v/t goods* manier, manipuler; *case, deal's* occuper de; *difficult person* gérer; **let me handle this** laissez-moi m'en occuper

han•dle•bars ['hændlbɑːrz] *npl* guidon *m*

'hand lug•gage bagages *m* à main

hand•made [hæn(d)'meɪd] *adj* fait (à la) main

'hand•rail *of stairs* balustrade *f*, main *f* courante; *of bridge* garde-fou *m*, balustrade *f*

'hand•shake poignée *f* de main

hands-off [hændz'ɑːf] *adj approach* théorique; *manager* non-interventionniste

hand•some ['hænsəm] *adj* beau*

hands-on [hændz'ɑːn] *adj* pratique; *manager* impliqué; **he has a hands-on style** il s'implique (dans ce qu'il fait)

'hand•writ•ing écriture *f*

'hand•writ•ten *adj* écrit à la main

hand•y ['hændɪ] *adj tool, device* pratique; **it might come in handy** ça pourrait servir, ça pourrait être utile

hang [hæŋ] **1** *v/t* (*pret & pp* hung) *picture* accrocher; *person* pendre **2** *v/i of dress, hair* tomber; *of washing* pendre **3** *n*: **get the hang of sth** F piger qch *f*

◆ hang around *v/i* F traîner; **who does he hang around with?** avec qui traîne-t-il?

◆ hang on *v/i* (*wait*) attendre

◆ hang on to *v/t* (*keep*) garder

◆ hang up *v/i* TELEC raccrocher

han•gar ['hæŋər] hangar *m*

hang•er ['hæŋər] *for clothes* cintre *m*

'hang glid•er *person* libériste *m/f*; *device* deltaplane *m*

'hang glid•ing deltaplane *m*

'hang•o•ver gueule *f* de bois

'hang-up F complexe *m*

◆ han•ker after ['hæŋkər] *v/t* rêver de

H

han•kie, han•ky ['hæŋkɪ] F mouchoir *m*

hap•haz•ard [hæp'hæzərd] *adj* au hasard, au petit bonheur

hap•pen ['hæpn] *v/i* se passer, arriver; *if you happen to see him* si par hasard vous le rencontrez; *what has happened to you?* qu'est-ce qui t'est arrivé?

◆ **happen across** *v/t* tomber sur

hap•pen•ing ['hæpnɪŋ] événement *m*

hap•pi•ly ['hæpɪlɪ] *adv* gaiement; *spend* volontiers; *(luckily)* heureusement

hap•pi•ness ['hæpɪnɪs] bonheur *m*

hap•py ['hæpɪ] *adj* heureux*

hap•py-go-luck•y *adj* insouciant

'hap•py hour happy hour *f*

har•ass [hə'ræs] *v/t* harceler, tracasser

har•assed [hər'æst] *adj* surmené

har•ass•ment [hə'ræsmənt] harcèlement *m*; *sexual harassment* harcèlement *m* sexuel

har•bor ['hɑːrbər] **1** *n* port *m* **2** *v/t criminal* héberger; *grudge* entretenir

hard [hɑːrd] **1** *adj* dur; *(difficult)* dur, difficile; *facts* brut; *evidence* concret*; *be hard of hearing* être dur d'oreille **2** *adv work* dur; *rain, pull, push* fort; *try hard to do sth* faire tout son possible pour faire qch

'hard•back *n* livre *m* cartonné

hard-boiled [hɑːrd'bɔɪld] *adj egg* dur

'hard cop•y copie *f* sur papier

'hard core *n pornography* (pornographie *f*) hard *m*

'hard cur•ren•cy monnaie *f* forte

'hard disk disque *m* dur

hard•en ['hɑːrdn] **1** *v/t* durcir **2** *v/i of glue, attitude* se durcir

'hard hat casque *m*; *(construction worker)* ouvrier *m* du bâtiment

hard-head•ed [hɑːrd'hedɪd] *adj* réaliste, qui garde la tête froide

hard-heart•ed [hɑːrd'hɑːrtɪd] *adj* au cœur dur

hard 'line ligne *f* dure; *take a hard line on* adopter une ligne dure sur

hard'lin•er dur(e) *m(f)*

hard•ly ['hɑːrdlɪ] *adv* à peine; *see s.o. etc* presque pas; *expect* sûrement pas; *hardly ever* presque jamais

hard•ness ['hɑːrdnɪs] dureté *f*; *(difficulty)* difficulté *f*

hard'sell techniques *fpl* de vente agressives

hard•ship ['hɑːrdʃɪp] privation *f*, gêne *f*

hard 'up *adj* fauché*

'hard•ware quincaillerie *f*; COMPUT hardware *m*, matériel *m*

'hard•ware store quincaillerie *f*

hard-'work•ing *adj* travailleur*

har•dy ['hɑːrdɪ] *adj* robuste

hare [her] lièvre *m*

hare-brained ['herbreɪnd] *adj* écervelé

harm [hɑːrm] **1** *n* mal *m*; *it wouldn't do any harm to ...* ça ne ferait pas de mal de ... **2** *v/t physically* faire du mal à; *non-physically* nuire à; *economy, relationship* endommager, nuire à

harm•ful ['hɑːrmfl] *adj substance* nocif*; *influence* nuisible

harm•less ['hɑːrmlɪs] *adj* inoffensif*

har•mo•ni•ous [hɑːr'mounɪəs] *adj* harmonieux*

har•mo•nize ['hɑːrmənaɪz] *v/i* s'harmoniser

har•mo•ny ['hɑːrmənɪ] harmonie *f*

harp [hɑːrp] *n* harpe *f*

◆ **harp on about** *v/t* rabâcher F

har•poon [hɑːr'puːn] harpon *m*

harsh [hɑːrʃ] *adj criticism, words* rude, dur; *color* criard; *light* cru

harsh•ly ['hɑːrʃlɪ] *adv* durement, rudement

har•vest ['hɑːrvɪst] *n* moisson *f*

hash [hæʃ] F pagaille *f*, gâchis *m*; *make a hash of* faire un beau gâchis de

hash•ish ['hæʃiːʃ] ha(s)chisch *m*

'hash mark caractère *m* #, dièse F

haste [heɪst] *n* hâte *f*

has•ten ['heɪsn] *v/i: hasten to do sth* se hâter de faire qch

hast•i•ly ['heɪstɪlɪ] *adv* à la hâte, précipitamment

hast•y ['heɪstɪ] *adj* hâtif*, précipité

hat [hæt] chapeau *m*

hatch [hætʃ] *n for serving food* guichet *m*; *on ship* écoutille *f*

◆ **hatch out** *v/i of eggs* éclore

hatch•et ['hætʃɪt] hachette *f*; *bury the hatchet* enterrer la hache de guerre

hate [heɪt] **1** *n* haine *f* **2** *v/t* détester, haïr

ha•tred ['heɪtrəd] haine *f*

haugh•ty ['hɔːtɪ] *adj* hautain, arrogant

haul [hɔːl] **1** *n of fish* coup *m* de filet **2** *v/t (pull)* tirer, traîner

haul•age ['hɔːlɪdʒ] transports *mpl* (routiers)

'haul•age com•pa•ny entreprise *f* de transports (routiers)

haunch [hɔːntʃ] *of person* hanche *f*; *of animal* arrière-train *m*; *squatting on their haunches* accroupis

haunt [hɔːnt] **1** *v/t* hanter; *this place is haunted* ce lieu est hanté **2** *n* lieu *m* fréquenté, repaire *m*

haunt•ing ['hɔːntɪŋ] *adj tune* lancinant

have [hæv] **1** *v/t (pret & pp had) (own)* avoir ◊ *breakfast, lunch* prendre ◊ : *you've been had* F tu t'es fait avoir F

461   **heard**

◇ : **can I have …?** est-ce que je peux or
puis-je avoir …?; **do you have …?** est-ce
que vous avez …?

◇ (*must*): **have** (**got**) **to** devoir; **you
don't have to do it** tu n'es pas obligé
de le faire; **do I have to pay?** est-ce qu'il
faut payer?

◇ (*causative*): **have sth done** faire faire
qch; **I'll have it sent to you** je vous le fe-
rai envoyer; **I had my hair cut** je me suis
fait couper les cheveux; **will you have
him come in?** faites-le entrer **2** *v/aux*

◇ (*past tense*): **have you seen her?** l'as-
tu vue?; **they have arrived** ils sont arri-
vés; **I hadn't expected that** je ne m'at-
tendais pas à cela

◇ *tags*: **you haven't seen him, have
you?** tu ne l'as pas vu, n'est-ce pas?;
he had signed it, hadn't he? il l'avait
bien signé, n'est-ce pas?

♦ **have back** *v/t*: **when can I have it
back?** quand est-ce que je peux le récu-
pérer?

♦ **have on** *v/t* (*wear*) porter; **do you have
anything on tonight?** (*have planned*)
est-ce que vous avez quelque chose de
prévu ce soir?

ha•ven ['heɪvn] *fig* havre *m*
hav•oc ['hævək] ravages *mpl*; **play havoc
with** mettre sens dessus dessous
hawk [hɔːk] *also fig* faucon *m*
hay [heɪ] foin *m*
'hay fe•ver rhume *m* des foins
haz•ard ['hæzərd] *n* danger *m*, risque *m*
'haz•ard lights *npl* MOT feux *mpl* de dé-
tresse
haz•ard•ous ['hæzərdəs] *adj* dangereux*,
risqué; **hazardous waste** déchets *mpl*
dangereux
haze [heɪz] brume *f*
ha•zel ['heɪzl] *n tree* noisetier *m*
'ha•zel•nut noisette *f*
haz•y ['heɪzɪ] *adj view* brumeux*; *image*
flou; *memories* vague; **I'm a bit hazy
about it** don't remember je ne m'en sou-
viens que vaguement; *don't understand*
je ne comprends que vaguement
he [hiː] *pron* il; *stressed* lui; **he was the
one who …** c'est lui qui …; **there he
is** le voilà; **he who …** celui qui

head [hed] **1** *n* tête *f*; (*boss, leader*) chef
m/f; *of delegation* chef *m/f*; *Br: of school*
directeur (-trice) *m(f)*; *on beer* mousse *f*;
of nail bout *m*; *of line* tête *f*; **$15 a head**
15 $ par personne; **heads or tails** pile
ou face?; **at the head of the list** en tête
de liste; **fall head over heels** faire la cul-
bute; **fall head over heels in love with**
tomber éperdument amoureux* de; **lose

one's head (*go crazy*) perdre la tête **2** *v/t*
(*lead*) être à la tête de; *ball* jouer de la
tête

♦ **head for** *vt* se diriger vers
'head•ache mal *m* de tête
'head•band bandeau *m*
head•er ['hedər] *in soccer* (coup *m* de) tê-
te *f*; *in document* en-tête *m*
'head•hunt *v/t*: **be headhunted** COMM être
recruté (par un chasseur de têtes)
'head•hunt•er COMM chasseur *m* de têtes
head•ing ['hedɪŋ] titre *m*
'head•lamp phare *m*
'head•light phare *m*
'head•line *in newspaper* (gros) titre *m*,
manchette *f*; **make the headlines** faire
les gros titres
'head•long *adv fall* de tout son long
'head•mas•ter *Br: of school* directeur *m*;
of high school proviseur *m*
'head•mis•tress *Br: of school* directrice
f; *of high school* proviseur *f*
head 'of•fice *of company* bureau *m* cen-
tral
head-'on 1 *adv crash* de front **2** *adj* frontal
'head•phones *npl* écouteurs *mpl*
'head•quar•ters *npl* quartier *m* général
'head•rest appui-tête *m*
'head•room *under bridge* hauteur *f* limi-
te; *in car* hauteur *f* au plafond
'head•scarf foulard *m*
'head•strong *adj* entêté, obstiné
head 'wait•er maître *m* d'hôtel
'head•wind vent *m* contraire
head•y ['hedɪ] *adj drink, wine etc* capi-
teux*
heal [hiːl] *v/t* guérir
♦ **heal up** *v/i* se guérir
health [helθ] santé *f*; **your health!** à votre
santé!
'health care soins *mpl* médicaux
'health club club *m* de gym
'health food aliments *mpl* diététiques
'health food store magasin *m* d'aliments
diététiques
'health in•su•rance assurance *f* maladie
'health re•sort station *f* thermale
health•y ['helθɪ] *adj person* en bonne san-
té; *food, lifestyle, economy* sain
heap [hiːp] *n* tas *m*
♦ **heap up** *v/t* entasser
hear [hɪr] *v/t & v/i* (*pret & pp* **heard**) en-
tendre
♦ **hear about** *v/t* entendre parler de;
have you heard about Mike? as-tu en-
tendu ce qui est arrivé à Mike?
♦ **hear from** *v/t* (*have news from*) avoir
des nouvelles de
heard [hɜːrd] *pret & pp* → **hear**

hear•ing ['hɪrɪŋ] ouïe f; LAW audience f; **within hearing** à portée de voix; **out of hearing** hors de portée de voix

'hear•ing aid appareil m acoustique, audiophone m

'hear•say: **by hearsay** par ouï-dire

hearse [hɜːrs] corbillard m

heart [hɑːrt] also fig cœur m; **know sth by heart** connaître qch par cœur

'heart at•tack crise f cardiaque

'heart•beat battement m de cœur

'heart•break•ing adj navrant

'heart•brok•en adj: **be heartbroken** avoir le cœur brisé

'heart•burn brûlures fpl d'estomac

'heart fail•ure arrêt m cardiaque

'heart•felt adj sympathy sincère, profond

hearth [hɑːrθ] foyer m, âtre f

heart•less ['hɑːrtlɪs] adj insensible, cruel*

heart•rend•ing ['hɑːrtrendɪŋ] adj plea, sight déchirant, navrant

hearts [hɑːrts] npl in cards cœur m

'heart throb F idole f, coqueluche f

'heart trans•plant greffe f du cœur

heart•y ['hɑːrtɪ] adj appetite gros*; meal copieux*; person jovial, chaleureux*

heat [hiːt] chaleur f; in contest (épreuve f) éliminatoire f

◆ **heat up** v/t réchauffer

heat•ed ['hiːtɪd] adj swimming pool chauffé; discussion passionné

heat•er ['hiːtər] radiateur m; in car chauffage m

hea•then ['hiːðn] n païen(ne) m(f)

heath•er ['heðər] bruyère f

heat•ing ['hiːtɪŋ] chauffage m

'heat•proof, 'heat-re•sis•tant adj résistant à la chaleur

'heat•stroke coup m de chaleur

'heat•wave vague f de chaleur

heave [hiːv] v/t (lift) soulever

heav•en ['hevn] ciel m; **good heavens!** mon Dieu!

heav•en•ly ['hevnlɪ] adj F divin

heav•y ['hevɪ] adj also food, loss lourd; cold grand; rain, accent fort; traffic, smoker, drinker, bleeding gros*

heav•y-'du•ty adj très résistant

'heav•y•weight adj SP poids lourd

heck•le ['hekl] v/t interpeller, chahuter

hec•tic ['hektɪk] adj agité, bousculé

hedge [hedʒ] n haie f

'hedge•hog ['hedʒhɑːg] hérisson m

'hedge•row ['hedʒroʊ] haie f

heed [hiːd] **1** v/t faire attention à, tenir compte de **2** n: **pay heed to** faire attention à, tenir compte de

heel [hiːl] talon m

'heel bar talon-minute m

hef•ty ['heftɪ] adj gros*; person also costaud

height [haɪt] of person taille f; of building hauteur f; of airplane altitude f; **at the height of the season** en pleine saison

height•en ['haɪtn] v/t effect, tension accroître

heir [er] héritier m

heir•ess ['erɪs] héritière f

held [held] pret & pp → **hold**

hel•i•cop•ter ['helɪkɑːptər] hélicoptère m

hell [hel] enfer m; **what the hell are you doing?** F mais enfin qu'est-ce que tu fais?; **go to hell!** F va te faire foutre! P; **a hell of a lot of** F tout un tas de F; **one hell of a nice guy** F un type vachement bien F; **it hurts like hell** ça fait vachement mal F

hel•lo [ha'loʊ] bonjour; TELEC allô; **say hello to s.o.** dire bonjour à qn

helm [helm] NAUT barre f

hel•met ['helmɪt] casque m

help [help] **1** n aide f; **help!** à l'aide!, au secours! **2** v/t aider; **help s.o. to food** se servir; **I can't help it** je ne peux pas m'en empêcher; **I couldn't help laughing** je n'ai pas pu m'empêcher de rire; **it can't be helped** on n'y peut rien

help•er ['helpər] aide m/f, assistant(e) m(f)

help•ful ['helpfl] adj advice utile; person serviable

help•ing ['helpɪŋ] of food portion f

help•less ['helplɪs] adj (unable to cope) sans défense; (powerless) sans ressource, impuissant

help•less•ness ['helplɪsnɪs] impuissance f

'help screen COMPUT écran m d'aide

hem [hem] n of dress etc ourlet m

hem•i•sphere ['hemɪsfɪr] hémisphère m

'hem•line ourlet m; **hemlines are going up** les jupes raccourcissent

hem•or•rhage ['hemərɪdʒ] **1** n hémorragie f **2** v/i faire une hémorragie

hen [hen] poule f

hench•man ['hentʃmən] pej acolyte m

'hen par•ty soirée f entre femmes; before wedding soirée entre femmes avant un mariage

hen-pecked ['henpekt] adj dominé par sa femme

hep•a•ti•tis [hepə'taɪtɪs] hépatite f

her [hɜːr] **1** adj son, sa; pl ses **2** pron object la; before vowel l'; indirect object lui, à elle; with preps elle; **I know her** je la connais; **I gave her a dollar** je lui ai donné un dollar; **this is for her** c'est pour

elle; **who? - her** qui? - elle
herb [ɜːrb] herbe f
herb(al) tea ['ɜːrb(əl)] tisane f
herd [hɜːrd] n troupeau m
here [hɪr] adv ici; **in here, over here** ici; **here's to you!** as toast à votre santé!; **here you are** giving sth voilà; **here we are!** finding sth le / la voilà!
he·red·i·ta·ry [hə'redɪteri] adj disease héréditaire
he·red·i·ty [hə'redɪti] hérédité f
her·i·tage ['herɪtɪdʒ] héritage m
her·mit ['hɜːrmɪt] ermite m
her·ni·a ['hɜːrnɪə] MED hernie f
he·ro ['hɪrou] héros m
he·ro·ic [hɪ'rouɪk] adj héroïque
he·ro·i·cal·ly [hɪ'rouɪklɪ] adv héroïquement
her·o·in ['herouɪn] héroïne f
her·o·in ad·dict héroïnomane m/f
her·o·ine ['herouɪn] héroïne f
her·o·ism ['herouɪzm] héroïsme m
her·on ['herən] héron m
her·pes ['hɜːrpiːz] MED herpès m
her·ring ['herɪŋ] hareng m
hers [hɜːrz] pron le sien, la sienne; pl les siens, les siennes; **it's hers** c'est à elle
her·self [hɜːr'self] pron elle-même; reflexive se; after prep elle; **she hurt herself** elle s'est blessée; **by herself** toute seule
hes·i·tant ['hezɪtənt] adj hésitant
hes·i·tant·ly ['hezɪtəntlɪ] adv avec hésitation
hes·i·tate ['hezɪteɪt] v/i hésiter
hes·i·ta·tion [hezɪ'teɪʃn] hésitation f
het·er·o·sex·u·al [hetərou'sekʃuəl] adj hétérosexuel
hey·day ['heɪdeɪ] apogée m, âge m d'or
hi [haɪ] int salut
hi·ber·nate ['haɪbərneɪt] v/i hiberner
hic·cup ['hɪkʌp] n hoquet m; (minor problem) hic m F; **have the hiccups** avoir le hoquet
hick [hɪk] pej F paysan m
'hick town pej F bled m F
hid [hɪd] pret → **hide**
hid·den [hɪd'n] 1 adj caché 2 pp → **hide**
hid·den a'gen·da fig motifs mpl secrets
hide[1] [haɪd] 1 v/t (pret hid, pp hidden) cacher 2 v/i se cacher
hide[2] [haɪd] n of animal peau f; as product cuir m
hide-and-'seek cache-cache m
'hide·a·way cachette f
hid·e·ous ['hɪdɪəs] adj affreux*, horrible
hid·ing[1] ['haɪdɪŋ] (beating) rossée f
hid·ing[2] ['haɪdɪŋ]: **be in hiding** être caché; **go into hiding** prendre le maquis
'hid·ing place cachette f

hi·er·ar·chy ['haɪrɑːrkɪ] hiérarchie f
hi-fi ['haɪfaɪ] chaîne f hi-fi
high [haɪ] 1 adj building, quality, society, opinion haut; salary, price, rent, temperature élevé; wind fort; speed grand; on drugs défoncé F; **it's high time he came** il est grand temps qu'il vienne (subj) 2 n MOT quatrième f; cinquième f; in statistics pointe f, plafond m; EDU collège m, lycée m 3 adv haut; **that's as high as we can go** on ne peut pas monter plus
'high·brow adj intellectuel*
'high·chair chaise f haute
high-'class adj de première classe, de première qualité
high 'div·ing plongeon m de haut vol
high-'fre·quen·cy adj de haute fréquence
high-'grade adj ore à haute teneur; **high--grade gasoline** supercarburant m
high-hand·ed [haɪ'hændɪd] adj arbitraire
high-heeled [haɪ'hiːld] adj à hauts talons
'high jump saut m en hauteur
high-'lev·el adj à haut niveau
'high life grande vie f
'high·light 1 n (main event) point m marquant, point m culminant; in hair reflets mpl, mèches fpl 2 v/t with pen surligner; COMPUT mettre en relief
'high·light·er pen surligneur m
high·ly ['haɪlɪ] adv desirable, likely fort(ement), très; **be highly paid** être très bien payé; **think highly of s.o.** penser beaucoup de bien de qn; très estimé
high per'form·ance adj drill, battery haute performance
high-pitched [haɪ'pɪtʃt] adj aigu*
'high point of life, career point m marquant, point m culminant
high-pow·ered [haɪ'pauərd] adj engine très puissant; intellectual, salesman très compétent
high 'pres·sure n weather anticyclone m
high-'pres·sure adj TECH à haute pression; salesman de choc; job, lifestyle dynamique
high 'priest grand prêtre m
'high school collège m, lycée m
high so'ci·e·ty haute société f
high-speed 'train train m à grande vitesse, T.G.V. m
high-'strung adj nerveux*, très sensible
high-'tech 1 n technologie f de pointe, high-tech m 2 adj de pointe, high-tech
high-'ten·sion adj cable haute tension
high 'tide marée f haute
high 'volt·age haute tension f
high 'wa·ter marée f haute
'high·way grande route f
'high wire in circus corde f raide

H

hi•jack ['haɪdʒæk] **1** v/t plane, bus détourner **2** n of plane, bus détournement m

hi•jack•er ['haɪdʒækər] of plane pirate m de l'air; of bus pirate m de la route

hike¹ [haɪk] **1** n randonnée f à pied **2** v/i marcher à pied, faire une randonnée à pied

hike² [haɪk] n in prices hausse f

hik•er ['haɪkər] randonneur(-euse) m(f)

hik•ing [haɪk] n randonnée f (pédestre)

'hik•ing boots npl chaussures fpl de marche

hi•lar•i•ous [hɪ'leriəs] adj hilarant, désopilant

hill [hɪl] colline f; (slope) côte f

hill•bil•ly ['hɪlbɪlɪ] F habitant m des montagnes du sud-est des États-Unis

'hill•side (flanc m) of coteau m

'hill•top sommet m de la colline

hill•y ['hɪlɪ] adj montagneux*; road vallonné

hilt [hɪlt] poignée f

him [hɪm] pron object le; before vowel l'; indirect object, with preps lui; **I know him** je le connais; **I gave him a dollar** je lui ai donné un dollar; **this is for him** c'est pour lui; **who? - him** qui? - lui

him•self [hɪm'self] pron lui-même; reflexive se; after prep lui; **he hurt himself** il s'est blessé; **by himself** tout seul

hind [haɪnd] adj de derrière, postérieur

hin•der ['hɪndər] v/t gêner, entraver; **hinder s.o. from doing sth** empêcher qn de faire qch

hin•drance ['hɪndrəns] obstacle m; **be a hindrance to s.o./sth** gêner qn / qch

hind•sight ['haɪndsaɪt]: **with hindsight** avec du recul

hinge [hɪndʒ] charnière f; on door also gond m

◆ hinge on v/t dépendre de

hint [hɪnt] n (clue) indice m; (piece of advice) conseil m; (implied suggestion) allusion f, signe m; of red, sadness etc soupçon m

hip [hɪp] n hanche f

hip 'pock•et poche f revolver

hip•po•pot•a•mus [hɪpə'pɑːtəməs] hippopotame m

hire ['haɪr] v/t louer; workers engager, embaucher

his [hɪz] **1** adj son, sa; pl ses **2** pron le sien, la sienne; pl les siens, les siennes; **it's his** c'est à lui

His•pan•ic [hɪ'spænɪk] **1** n Latino-Américain(e) m(f), Hispano-Américain(e) m(f) **2** adj latino-américain, hispano-américain

hiss [hɪs] v/i of snake, audience siffler

his•to•ri•an [hɪ'stɔːrɪən] historien(ne) m(f)

his•tor•ic [hɪ'stɑːrɪk] adj historique

his•tor•i•cal [hɪ'stɑːrɪkl] adj historique

his•to•ry ['hɪstərɪ] histoire f

hit [hɪt] **1** v/t (pret & pp hit) also ball frapper; (collide with) heurter; **he was hit by a bullet** il a été touché par une balle; **it suddenly hit me** (I realized) j'ai réalisé tout d'un coup; **hit town** arriver en ville **2** n (blow) coup m; MUS, (success) succès m; on website visiteur m; **be a big hit with** of idea avoir un grand succès auprès de

◆ hit back v/i physically rendre son coup à; verbally, with actions riposter

◆ hit on v/t idea trouver

◆ hit out at v/t (criticize) attaquer

hit-and-run adj: **hit-and-run accident** accident m avec délit de fuite; **hit-and-run driver** conducteur(-trice) m(f) en délit de fuite

hitch [hɪtʃ] **1** n (problem) anicroche f, accroc m; **without a hitch** sans accroc **2** v/t attacher; **hitch a ride** faire de l'auto-stop

hitch 3 v/i (hitchhike) faire du stop

◆ hitch up v/t wagon, trailer remonter

'hitch•hike v/i faire du stop

'hitch•hik•er auto-stoppeur(-euse) m(f)

'hitch•hik•ing auto-stop m, stop m

hi-'tech **1** n technologie f de pointe, high-tech m **2** adj de pointe, high-tech

'hit•list liste f noire

'hit•man tueur m à gages

hit-or-'miss adj aléatoire

'hit squad commando m

HIV [eɪtʃaɪ'viː] abbr (= human immunodeficiency virus) V.I.H. m (= Virus de l'Immunodéficience Humaine); **people with HIV** les séropositifs

hive [haɪv] for bees ruche f

◆ hive off v/t COMM (separate off) séparer

HIV-'pos•i•tive adj séropositif*

hoard [hɔːrd] **1** n réserves fpl **2** v/t money amasser; in times of shortage faire des réserves de

hoard•er ['hɔːrdər]: **be a hoarder** ne jamais rien jeter

hoarse [hɔːrs] adj rauque

hoax [hoʊks] n canular m; **bomb hoax** fausse alerte f à la bombe

hob [hɑːb] on cooker plaque f chauffante

hob•ble ['hɑːbl] v/i boitiller

hob•by ['hɑːbɪ] passe-temps m (favori), hobby m

ho•bo ['hoʊboʊ] F vagabond m

hock•ey ['hɑːkɪ] (ice hockey) hockey m (sur glace)

hog [hɑːg] n (pig) cochon m

hoist [hɔɪst] **1** n palan m **2** v/t hisser

ho•kum ['houkəm] n (nonsense) balivernes fpl; (sentimental stuff) niaiseries fpl

hold [hould] 1 v/t (pret & pp held) in hand tenir; (support, keep in place) soutenir, maintenir en place; passport, license détenir; prisoner, suspect garder, détenir; (contain) contenir; job, post avoir, occuper; course tenir; **hold one's breath** retenir son souffle; **he can hold his drink** il tient bien l'alcool; **hold s.o. responsible** tenir qn responsable; **hold that ...** (believe, maintain) estimer que ..., maintenir que ...; **hold the line** TELEC ne quittez pas! 2 n in ship cale f; in plane soute f; **take hold of sth** saisir qch; **lose one's hold on sth** on rope etc lâcher qch; **lose one's hold on reality** perdre le sens de réalités

◆ hold against v/t: **hold sth against s.o.** en vouloir à qn de qch

◆ hold back 1 v/t crowds contenir; facts, information retenir 2 v/i (not tell all) se retenir

◆ hold on v/i (wait) attendre; TELEC ne pas quitter; **now hold on a minute!** pas si vite!

◆ hold on to v/t (keep) garder; belief se cramponner à, s'accrocher à

◆ hold out 1 v/t hand tendre; prospect offrir, promettre 2 v/i of supplies durer; of trapped miners etc tenir (bon)

◆ hold up v/t hand lever; bank etc attaquer; (make late) retenir; **hold sth up as an example** citer qch en exemple

◆ hold with v/t (approve of) approuver

hold•er ['houldər] (container) boîtier m; of passport, ticket, record détenteur (-trice) m(f)

hold•ing com•pa•ny ['houldɪŋ] holding m

'hold•up (robbery) hold-up m; (delay) retard m

hole [houl] trou m

hol•i•day ['hɑːlədeɪ] single day jour m de congé; Br: period vacances fpl; **take a holiday** prendre un jour de congé / des vacances

Hol•land ['hɑːlənd] Hollande f

hol•low ['hɑːlou] adj creux*; promise faux*

hol•ly ['hɑːlɪ] houx m

hol•o•caust ['hɑːləkɔːst] holocauste m

hol•o•gram ['hɑːləgræm] hologramme m

hol•ster ['houlstər] holster m

ho•ly ['houlɪ] adj saint

Ho•ly 'Spir•it Saint-Esprit m

'Ho•ly Week semaine f sainte

home [houm] 1 n maison f; (native country, town) patrie f; for old people maison f de retraite; **at home** chez moi; (in my country) dans mon pays; SP à domicile; **make o.s. at home** faire comme chez soi; **at home and abroad** dans son pays et à l'étranger; **work from home** travailler chez soi or à domicile 2 adv à la maison, chez soi; (in own country) dans son pays; (in own town) dans sa ville; **go home** rentrer (chez soi or à la maison); (to country) rentrer dans son pays; **to town** rentrer dans sa ville

'home ad•dress adress f personnelle

home 'bank•ing services mpl télématiques (bancaires)

home•com•ing ['houmkʌmɪŋ] retour m (à la maison)

home com'put•er ordinateur m familial

'home game match m à domicile

home•less ['houmlɪs] 1 adj sans abri, sans domicile fixe 2 npl: **the homeless** les sans-abri mpl, les S.D.F. mpl (sans domicile fixe)

'home•lov•ing adj casanier*

home•ly ['houmlɪ] adj (homelike) simple, comme à la maison; (not good-looking) sans beauté

home'made adj fait (à la) maison

home 'mov•ie vidéo f amateur

ho•me•op•a•thy [houmɪ'ɑːpəθɪ] homéopathie f

'home page COMPUT page f d'accueil

'home•sick adj: **be homesick** avoir le mal du pays

'home town ville f natale

home•ward ['houmwərd] 1 adv to own house vers la maison; to own country vers son pays 2 adj: **the homeward journey** le retour

'home•work EDU devoirs mpl

'home•work•ing COMM travail m à domicile

hom•i•cide ['hɑːmɪsaɪd] crime homicide m; police department homicides mpl

hom•o•graph ['hɑːməgræf] homographe m

ho•mo•pho•bi•a [houmə'foubɪə] homophobie f

ho•mo•sex•u•al [houmə'sekʃuəl] 1 adj homosexuel* 2 n homosexuel(le) m(f)

hon•est ['ɑːnɪst] adj honnête, sincère

hon•est•ly ['ɑːnɪstlɪ] adv honnêtement; **honestly!** vraiment!

hon•es•ty ['ɑːnɪstɪ] honnêteté f

hon•ey ['hʌnɪ] miel m; F (darling) chéri(e) m(f)

'hon•ey•comb rayon m de miel

'hon•ey•moon n lune f de miel

honk [hɑːŋk] v/t horn klaxonner

honk•y ['hɑːŋkɪ] pej P blanc(he) m(f)

H

hon•or ['ɑːnər] **1** n honneur f **2** v/t honorer
hon•or•a•ble ['ɑːnrəbl] adj honorable
hon•our Br → honor
hood [hʊd] over head capuche f; over cooker hotte f; MOT capot m; F (gangster) truand m
hood•lum ['huːdləm] voyou m
hoof [huːf] sabot m
hook [hʊk] to hang clothes on patère f; for fishing hameçon m; **off the hook** TELEC décroché
hooked [hʊkt] adj accro F; **be hooked on sth** être accro de qch
hook•er ['hʊkər] F putain f P; in rugby talonneur m
hoo•li•gan ['huːlɪgən] voyou m, hooligan m
hoo•li•gan•ism ['huːlɪgənɪzm] hooliganisme m
hoop [huːp] cerceau m
hoot [huːt] **1** v/t horn donner un coup de **2** v/i of car klaxonner; of owl huer
hoo•ve•râ ['huːvər] Br **1** n aspirateur m **2** v/t carpets passer l'aspirateur sur; room passer l'aspirateur dans
hop¹ [hɑːp] n plant houblon m
hop² [hɑːp] v/i (pret & pp **-ped**) sauter, sautiller
hope [hoʊp] **1** n espoir m; **there's no hope of that** ça ne risque pas d'arriver **2** v/i espérer; **hope for sth** espérer qch; **I hope so** je l'espère, j'espère que oui; **I hope not** j'espère que non **3** v/t: **hope that ...** espérer que ...
hope•ful ['hoʊpfl] adj plein d'espoir; (promising) prometteur*
hope•ful•ly ['hoʊpflɪ] adv say, wait avec espoir; (I/we hope) avec un peu de chance
hope•less ['hoʊplɪs] adj position, propect sans espoir, désespéré; (useless: person) nul*
ho•ri•zon [hə'raɪzn] horizon m
hor•i•zon•tal [hɑːrɪ'zɑːntl] adj horizontal
hor•mone ['hɔːrmoʊn] hormone f
horn [hɔːrn] of animal corne f; MOT klaxon m
hor•net ['hɔːrnɪt] frelon m
horn-rimmed spec•ta•cles [hɔːrnrɪmd'spektəklz] lunettes fpl à monture d'écaille
horn•y ['hɔːrnɪ] adj F sexually excité; **he's one horny guy** c'est un chaud lapin F
hor•o•scope ['hɑːrəskoʊp] horoscope m
hor•ri•ble ['hɑːrɪbl] adj horrible, affreux*
hor•ri•fy ['hɑːrɪfaɪ] v/t (pret & pp **-ied**) horrifier
hor•ri•fy•ing ['hɑːrɪfaɪɪŋ] adj horrifiant
hor•ror ['hɑːrər] horreur f
'hor•ror mov•ie film m d'horreur

hors d'oeu•vre [ɔːr'dɜːrv] hors d'œuvre m
horse [hɔːrs] cheval m
'horse•back: **on horseback** à cheval, sur un cheval
horse 'chest•nut marron m d'Inde
'horse•pow•er cheval-vapeur m
'horse race course f de chevaux
'horse•shoe fer m à cheval
hor•ti•cul•ture ['hɔːrtɪkʌltʃər] horticulture f
hose [hoʊz] n tuyau m; (garden hose) tuyau m d'arrosage
hos•pice ['hɑːspɪs] hospice m
hos•pi•ta•ble ['hɑːspɪtəbl] adj hospitalier*
hos•pi•tal ['hɑːspɪtl] hôpital m; **go into the hospital** aller à l'hôpital
hos•pi•tal•i•ty [hɑːspɪ'tælətɪ] hospitalité f
host [hoʊst] n at party, reception hôte m/f; of TV program présentateur(-trice) m(f)
hos•tage ['hɑːstɪdʒ] otage m; **be taken hostage** être pris en otage
'hos•tage tak•er ['teɪkər] preneur(-euse) m(f) d'otages
hos•tel ['hɑːstl] for students foyer m; (youth hostel) auberge f de jeunesse
hos•tess ['hoʊstɪs] hôtesse f
hos•tile ['hɑːstl] adj hostile
hos•til•i•ty [hɑː'stɪlətɪ] of attitude hostilité f; **hostilities** hostilités fpl
hot [hɑːt] adj chaud; (spicy) épicé, fort; (good) bon*; **I'm hot** j'ai chaud; **it's hot** weather il fait chaud; food etc c'est chaud
'hot dog hot-dog m
ho•tel [hoʊ'tel] hôtel m
'hot•plate plaque f chauffante
'hot spot military, political point m chaud
hour ['aʊr] heure f
hour•ly ['aʊrlɪ] adj de toutes les heures; **at hourly intervals** toutes les heures
house [haʊs] n maison f; **at your house** chez vous
'house•boat house-boat m, péniche f (aménagée)
'house•break•ing cambriolage m
'house•hold ménage m, famille f
'house•hold 'name nom m connu de tous
'house hus•band homme m au foyer
'house•keep•er ['haʊskiːpər] femme f de ménage
'house•keep•ing activity ménage m; money argent m du ménage
House of Rep•re•sent•a•tives Chambre f des Représentants
house•warm•ing (par•ty) ['haʊswɔːrmɪŋ] pendaison f de crémaillère
'house•wife femme f au foyer
'house•work travaux mpl domestiques

hous•ing ['hauzɪŋ] logement *m*; TECH boîtier *m*

'hous•ing con•di•tions *npl* conditions *fpl* de logement

hov•el ['hɑːvl] taudis *m*, masure *f*

hov•er ['hɑːvər] *v/i* planer

'hov•er•craft aéroglisseur *m*

how [hau] *adv* comment; ***how are you?*** comment allez-vous?, comment ça va?; ***how about a drink?*** et si on allait prendre un pot?; ***how much?*** combien?; ***how much is it?*** *cost* combien ça coûte?; ***how many?*** combien?; ***how often?*** tous les combien?; ***how funny / sad!*** comme c'est drôle / triste!

how•ev•er *adv* cependant; ***however big / rich they are*** qu'ils soient (*subj*) grands / riches ou non

howl [haul] *v/i* hurler

hub [hʌb] *of wheel* moyeu *m*

'hub•cap enjoliveur *m*

◆ **hud•dle together** ['hʌdl] *v/i* se blottir les uns contre les autres

Hud•son Bay ['hʌdsn] Baie *f* d'Hudson

hue [hjuː] teinte *f*

huff [hʌf]: ***be in a huff*** être froissé, être fâché

hug [hʌg] *v/t* (*pret & pp* **-ged**) serrer dans ses bras, étreindre

huge [hjuːdʒ] *adj* énorme, immense

hull [hʌl] coque *f*

hul•la•ba•loo [hʌləbə'luː] vacarme *m*, brouhaha *m*

hum [hʌm] **1** *v/t* (*pret & pp* **-med**) *song, tune* fredonner **2** *v/i of person* fredonner; *of machine* ronfler

hu•man ['hjuːmən] **1** *n* être *m* humain **2** *adj* humain

hu•man 'be•ing être *m* humain

hu•mane [hjuː'meɪn] *adj* humain, plein d'humanité

hu•man•i•tar•i•an [hjuːmænɪ'teriən] *adj* humanitaire

hu•man•i•ty [hjuː'mænətɪ] humanité *f*

hu•man 'race race *f* humaine

hu•man re'sources *npl department* ressources *fpl* humaines

hum•ble ['hʌmbl] *adj attitude, person* humble, modeste; *origins, meal, house* modeste

hum•drum ['hʌmdrʌm] *adj* monotone, banal

hu•mid ['hjuːmɪd] *adj* humide

hu•mid•i•fi•er [hjuː'mɪdɪfaɪr] humidificateur *m*

hu•mid•i•ty [hjuː'mɪdətɪ] humidité *f*

hu•mil•i•ate [hjuː'mɪlɪeɪt] *v/t* humilier

hu•mil•i•at•ing [hjuː'mɪlɪeɪtɪŋ] *adj* humiliant

hu•mil•i•a•tion [hjuːmɪlɪ'eɪʃn] humiliation *f*

hu•mil•i•ty [hjuː'mɪlətɪ] humilité *f*

hu•mor ['hjuːmər] humour *m*; (*mood*) humeur *f*; ***sense of humor*** sens *m* de l'humour

hu•mor•ous ['hjuːmərəs] *adj movie etc* drôle; *movie etc* comique

hu•mour *Br* → **humor**

hump [hʌmp] **1** *n* bosse *f* **2** *v/t* F (*carry*) trimballer F

hunch [hʌntʃ] (*idea*) intuition *f*, pressentiment *m*

hun•dred ['hʌndrəd] cent *m*

hun•dredth ['hʌndrədθ] centième *m*

'hun•dred•weight quintal *m*

hung [hʌŋ] *pret & pp* → **hang**

Hun•gar•i•an [hʌŋ'geriən] **1** *adj* hongrois **2** *n person* Hongrois(e) *m(f)*; *language* hongrois *m*

Hun•ga•ry ['hʌŋgərɪ] Hongrie *f*

hun•ger ['hʌŋgər] faim *f*

hung-'o•ver *adj*: ***be hung-over*** avoir la gueule de bois F

hun•gry ['hʌŋgrɪ] *adj* affamé; ***I'm hungry*** j'ai faim

hunk [hʌŋk] *n* gros morceau *m*; F *man* beau mec F

hun•ky-do•rey [hʌŋkɪ'dɔːrɪ] *adj* F au poil F

hunt [hʌnt] **1** *n* chasse *f* (***for*** à); *for new leader, missing child etc* recherche *f* (***for*** de) **2** *v/t animal* chasser

◆ **hunt for** *v/t* chercher

hunt•er ['hʌntər] chasseur(-euse) *m(f)*

hunt•ing ['hʌntɪŋ] chasse *f*

hur•dle ['hɜːrdl] SP haie *f*; (*fig: obstacle*) obstacle *m*

hur•dler ['hɜːrdlər] SP sauteur(-euse) *m(f)* de haies

hur•dles *npl* SP haies *fpl*

hurl [hɜːrl] *v/t* lancer, jeter

hur•ray [hʊ'reɪ] *int* hourra

hur•ri•cane ['hʌrɪkən] ouragan *m*

hur•ried ['hʌrɪd] *adj* précipité; *meal also* pris à la hâte; *piece of work also* fait à la hâte

hur•ry ['hʌrɪ] **1** *n* hâte *f*, précipitation *f*; ***be in a hurry*** être pressé **2** *v/i* (*pret & pp* **-ied**) se dépêcher, se presser

◆ **hurry up** *v/i* se dépêcher, se presser; ***hurry up!*** dépêchez-vous! **2** *v/t* presser

hurt [hɜːrt] **1** *v/i* (*pret & pp* **hurt**) faire mal; ***does it hurt?*** est-ce que ça vous fait mal? **2** *v/t* (*pret & pp* **hurt**) *physically* faire mal à, blesser; *emotionally* blesser

hus•band ['hʌzbənd] mari *m*

hush [hʌʃ] *n* silence *m*; ***hush!*** silence!, chut!

◆ **hush up** v/t scandal etc étouffer

husk [hʌsk] of peanuts etc écale f

hus•ky ['hʌskɪ] adj voice rauque

hus•tle ['hʌsl] **1** n agitation f; **hustle and bustle** tourbillon m **2** v/t person bousculer

hus•tler ['hʌslər] F conman etc arnaqueur(-euse) m(f); dynamic person battant(e) m(f); prostitute prostitué(e) m(f)

hut [hʌt] cabane f, hutte f

hy•a•cinth ['haɪəsɪnθ] jacinthe f

hy•brid ['haɪbrɪd] n hybride m

hy•drant ['haɪdrənt] prise f d'eau; (fire hydrant) bouche f d'incendie

hy•drau•lic [haɪ'drɔːlɪk] adj hydraulique

hy•dro•e•lec•tric [haɪdrouɪ'lektrɪk] adj hydroélectrique

hy•dro•foil ['haɪdrəfɔɪl] hydrofoil m

hy•dro•gen ['haɪdrədʒən] hydrogène m

'**hy•dro•gen bomb** bombe f à hydrogène

hy•giene ['haɪdʒiːn] hygiène f

hy•gien•ic [haɪ'dʒiːnɪk] adj hygiénique

hymn [hɪm] hymne m

hype [haɪp] n battage m publicitaire

hy•per•ac•tive [haɪpər'æktɪv] adj hyperactif*

hy•per•mar•ket ['haɪpərmɑːrkɪt] Br hypermarché m

hy•per•sen•si•tive [haɪpər'sensɪtɪv] adj hypersensible

hy•per•ten•sion [haɪpər'tenʃn] hypertension f

hy•per•text ['haɪpərtekst] COMPUT hypertexte m

hy•phen ['haɪfn] trait m d'union

hyp•no•sis [hɪp'nousɪs] hypnose f

hyp•no•ther•a•py [hɪpnou'θerəpɪ] hypnothérapie f

hyp•no•tize ['hɪpnətaɪz] v/t hypnotiser

hy•po•chon•dri•ac [haɪpə'kɑːndrɪæk] n hypocondriaque m/f

hy•poc•ri•sy [hɪ'pɑːkrəsɪ] hypocrisie f

hyp•o•crite ['hɪpəkrɪt] hypocrite m/f

hyp•o•crit•i•cal [hɪpə'krɪtɪkl] adj hypocrite

hy•po•ther•mi•a [haɪpou'θɜːrmɪə] hypothermie f

hy•poth•e•sis [haɪ'pɑːθəsɪs] (pl **hypotheses** [haɪ'pɑːθəsiːz]) hypothèse f

hy•po•thet•i•cal [haɪpə'θetɪkl] adj hypothétique

hys•ter•ec•to•my [hɪstə'rektəmɪ] hystérectomie f

hys•te•ri•a [hɪ'stɪrɪə] hystérie f

hys•ter•i•cal [hɪ'sterɪkl] adj person, laugh hystérique; F (very funny) à mourir de rire F

hys•ter•ics [hɪ'sterɪks] npl crise f de nerfs; laughter fou rire m

I

I [aɪ] pron je; before vowels j'; stressed moi; **you and I are going to talk** toi et moi, nous allons parler

ice [aɪs] glace f; on road verglas m; **break the ice** fig briser la glace

◆ **ice up** v/i of engine, wings se givrer

ice•berg ['aɪsbɜːrg] iceberg m

'**ice•box** glacière f

'**ice•break•er** ['aɪsbreɪkər] ship brise-glace m

'**ice cream** glace f

'**ice cream par•lor**, Br '**ice cream parlour** salon m de dégustation de glaces

'**ice cube** glaçon m

iced [aɪst] adj drink glacé

iced 'cof•fee café m frappé

'**ice hock•ey** hockey m sur glace

'**ice rink** patinoire f

'**ice skate** patin m (à glace)

'**ice skat•ing** patinage m (sur glace)

i•ci•cle ['aɪsɪkl] stalactite f

i•con ['aɪkɑːn] cultural symbole m; COMPUT icône f

i•cy ['aɪsɪ] adj road, surface gelé; welcome glacial

ID [aɪ'diː] abbr (= identity) identité f; **do you have any ID on you?** est-ce que vous avez des papiers mpl d'identité or vous avez une preuve d'identité sur vous?

i•dea [aɪ'diːə] idée f; **good idea!** bonne idée!; **I have no idea** je n'en ai aucune idée; **it's not a good idea to ...** ce n'est pas une bonne idée de ...

i•deal [aɪ'diːəl] adj (perfect) idéal

i•deal•is•tic [aɪdiːə'lɪstɪk] adj idéaliste

i•deal•ly [aɪ'diːəlɪ] adv situated etc idéalement; **ideally, we would do it like this** dans l'idéal, on le ferait comme ça i•den•ti•cal [aɪ'dentɪkl] *adj* identique; **identical twins** boys vrais jumeaux *mpl*; girls vraies jumelles *fpl*

i•den•ti•fi•ca•tion [aɪdentɪfɪ'keɪʃn] identification *f*; (*papers etc*) papiers *mpl* d'identité, preuve *f* d'identité

i•den•ti•fy [aɪ'dentɪfaɪ] *v/t* (*pret & pp -ied*) identifier

i•den•ti•ty [aɪ'dentətɪ] identité *f*; **identity card** carte *f* d'identité

i•de•o•log•i•cal [aɪdɪə'lɑːdʒɪkl] *adj* idéologique

i•de•ol•o•gy [aɪdɪ'ɑːlədʒɪ] idéologie *f*

id•i•om ['ɪdɪəm] (*saying*) idiome *m*

id•i•o•mat•ic [ɪdɪə'mætɪk] *adj* (*natural*) idiomatique

id•i•o•syn•cra•sy [ɪdɪə'sɪŋkrəsɪ] particularité *f*

id•i•ot ['ɪdɪət] idiot *m*(e)

id•i•ot•ic [ɪdɪ'ɑːtɪk] *adj* idiot, bête

i•dle ['aɪdl] **1** *adj* (*not working*) inoccupé; (*lazy*) paresseux*; *threat* oiseux*; *machinery* non utilisé; **in an idle moment** dans un moment d'oisiveté **2** *v/i of engine* tourner au ralenti
♦ **idle away** *v/t the time etc* passer à ne rien faire

i•dol ['aɪdl] idole *f*

i•dol•ize ['aɪdəlaɪz] *v/t* idolâtrer, adorer (à l'excès)

i•dyl•lic [ɪ'dɪlɪk] *adj* idyllique

if [ɪf] *conj* si; **what if he …?** et s'il …?; **if not** sinon

ig•nite [ɪg'naɪt] *v/t* mettre le feu à, enflammer

ig•ni•tion [ɪg'nɪʃn] *in car* allumage *m*; **ignition key** clef *f* de contact

ig•no•rance ['ɪgnərəns] ignorance *f*

ig•no•rant ['ɪgnərənt] *adj* ignorant; (*rude*) grossier*

ig•nore [ɪg'nɔːr] *v/t* ignorer

ill [ɪl] *adj* malade; **fall ill, be taken ill** tomber malade; **feel ill at ease** se sentir mal à l'aise

il•le•gal [ɪ'liːgl] *adj* illégal

il•le•gi•ble [ɪ'ledʒəbl] *adj* illisible

il•le•git•i•mate [ɪlɪ'dʒɪtɪmət] *adj child* illégitime

ill-fat•ed [ɪl'feɪtɪd] *adj* néfaste

il•lic•it [ɪ'lɪsɪt] *adj* illicite

il•lit•e•rate [ɪ'lɪtərət] *adj* illettré

ill-man•nered [ɪl'mænərd] *adj* mal élevé

ill-na•tured [ɪl'neɪtʃərd] *adj* méchant, désagréable

ill•ness ['ɪlnɪs] maladie *f*

il•log•i•cal [ɪ'lɑːdʒɪkl] *adj* illogique

ill-tem•pered [ɪl'tempərd] *adj* de méchant caractère; *temporarily* de mauvaise humeur

ill'treat *v/t* maltraiter

il•lu•mi•nate [ɪ'luːmɪneɪt] *v/t building etc* illuminer

il•lu•mi•nat•ing [ɪ'luːmɪneɪtɪŋ] *adj remarks etc* éclairant

il•lu•sion [ɪ'luːʒn] illusion *f*

il•lus•trate ['ɪləstreɪt] *v/t* illustrer

il•lus•tra•tion [ɪlə'streɪʃn] illustration *f*

il•lus•tra•tor [ɪlə'streɪtər] illustrateur(-trice) *m*(*f*)

ill 'will rancune *f*

im•age ['ɪmɪdʒ] (*picture*), of politician, company image *f*; (*exact likeness*) portrait *m*

'im•age-con•scious *adj* soucieux* de son image

i•ma•gi•na•ble [ɪ'mædʒɪnəbl] *adj* imaginable; **the smallest size imaginable** la plus petite taille qu'on puisse imaginer

i•ma•gi•na•ry [ɪ'mædʒɪnərɪ] *adj* imaginaire

i•ma•gi•na•tion [ɪmædʒɪ'neɪʃn] imagination *f*; **it's all in your imagination** tout est dans votre tête

i•ma•gi•na•tive [ɪ'mædʒɪnətɪv] *adj* imaginatif*

i•ma•gine [ɪ'mædʒɪn] *v/t* imaginer; **I can just imagine it** je peux l'imaginer; **you're imagining things** tu te fais des idées

im•be•cile ['ɪmbəsiːl] imbécile *m*/*f*

IMF [aɪem'ef] *abbr* (= **International Monetary Fund**) F.M.I. *m* (= Fonds *m* Monétaire International)

im•i•tate ['ɪmɪteɪt] *v/t* imiter

im•i•ta•tion [ɪmɪ'teɪʃn] imitation *f*

im•mac•u•late [ɪ'mækjʊlət] *adj* impeccable; (*spotless*) immaculé

im•ma•te•ri•al [ɪmə'tɪrɪəl] *adj* (*not relevant*) peu important

im•ma•ture [ɪmə'tʊr] *adj* immature

im•me•di•ate [ɪ'miːdɪət] *adj* immédiat

im•me•di•ate•ly [ɪ'miːdɪətlɪ] *adv* immédiatement; **immediately after the bank** juste après la banque

im•mense [ɪ'mens] *adj* immense

im•merse [ɪ'mɜːrs] *v/t* immerger, plonger; **immerse o.s. in** se plonger dans

im•mi•grant ['ɪmɪgrənt] *n* immigrant(e) *m*(*f*), immigré(e) *m*(*f*)

im•mi•grate ['ɪmɪgreɪt] *v/i* immigrer

im•mi•gra•tion [ɪmɪ'greɪʃn] immigration *f*; **Immigration** government department l'immigration *f*

im•mi•nent ['ɪmɪnənt] *adj* imminent

im•mo•bi•lize [ɪ'moʊbɪlaɪz] *v/t factory, person* immobiliser; *car* immobiliser

im•mo•bi•liz•er [ɪ'moʊbɪlaɪzər] *on car* système *m* antidémarrage im•mod•e•rate [ɪˈmɑːdərət] adj immodéré

im•mor•al [ɪˈmɒːrəl] adj immoral

im•mor•al•i•ty [ɪmɒːˈrælɪtɪ] immoralité f

im•mor•tal [ɪˈmɒːrtl] adj immortel*

im•mor•tal•i•ty [ɪmɒːrˈtælɪtɪ] immortalité f

im•mune [ɪˈmjuːn] adj to illness, infection immunisé (to contre); from ruling exempt (from de)

im•mune sys•tem MED système m immunitaire

im•mu•ni•ty [ɪˈmjuːnətɪ] to infection immunité f; from ruling exemption f; diplomatic immunity immunité f diplomatique

im•pact [ˈɪmpækt] n impact m; on impact au moment de l'impact

◆ impact on v/t avoir un impact sur, affecter

im•pair [ɪmˈper] v/t affaiblir, abîmer

im•paired [ɪmˈperd] adj affaibli, abîmé

im•par•tial [ɪmˈpɑːrʃl] adj impartial

im•pass•a•ble [ɪmˈpæsəbl] adj road impraticable

im•passe [ˈɪmpæs] in negotiations etc impasse f

im•pas•sioned [ɪmˈpæʃnd] adj speech, plea passionné

im•pas•sive [ɪmˈpæsɪv] adj impassible

im•pa•tience [ɪmˈpeɪʃəns] impatience f

im•pa•tient [ɪmˈpeɪʃənt] adj impatient

im•pa•tient•ly [ɪmˈpeɪʃəntlɪ] adv impatiemment

im•peach [ɪmˈpiːtʃ] v/t President mettre en accusation

im•pec•ca•ble [ɪmˈpekəbl] adj impeccable

im•pec•ca•bly [ɪmˈpekəblɪ] adv impeccablement

im•pede [ɪmˈpiːd] v/t gêner, empêcher

im•ped•i•ment [ɪmˈpedɪmənt] obstacle obstacle m; speech impediment défaut m d'élocution

im•pend•ing [ɪmˈpendɪŋ] adj imminent

im•pen•e•tra•ble [ɪmˈpenɪtrəbl] adj impénétrable

im•per•a•tive [ɪmˈperətɪv] 1 adj impératif*; it is imperative that ... il est impératif que ... (+subj) 2 n GRAM impératif m

im•per•cep•ti•ble [ɪmpɜːrˈseptɪbl] adj imperceptible

im•per•fect [ɪmˈpɜːrfekt] 1 adj imparfait 2 n GRAM imparfait m

im•pe•ri•al [ɪmˈpɪrɪəl] adj impérial

im•per•son•al [ɪmˈpɜːrsənl] adj impersonnel*

im•per•so•nate [ɪmˈpɜːrsəneɪt] v/t as a joke imiter; illegally se faire passer pour

im•per•son•a•tor [ɪmˈpɜːrsəneɪtər] imitateur(-trice) m(f); female impersonator travesti m

im•per•ti•nence [ɪmˈpɜːrtɪnəns] impertinence f

im•per•ti•nent [ɪmˈpɜːrtɪnənt] adj impertinent

im•per•tur•ba•ble [ɪmpərˈtɜːrbəbl] adj imperturbable

im•per•vi•ous [ɪmˈpɜːrvɪəs] adj: impervious to insensible à

im•pe•tu•ous [ɪmˈpetʃuəs] adj impétueux*

im•pe•tus [ˈɪmpətəs] of campaign etc force f, élan m

im•ple•ment [ˈɪmplɪmənt] 1 n instrument m, outil m 2 v/t [ˈɪmplɪment] measures etc appliquer

im•pli•cate [ˈɪmplɪkeɪt] v/t impliquer (in dans)

im•pli•ca•tion [ɪmplɪˈkeɪʃn] implication f

im•plic•it [ɪmˈplɪsɪt] adj implicite; trust absolu

im•plore [ɪmˈplɔːr] v/t implorer (s.o. to do sth qn de faire qch)

im•ply [ɪmˈplaɪ] v/t (pret & pp -ied) impliquer; (suggest) suggérer

im•po•lite [ɪmpəˈlaɪt] adj impoli

im•port [ˈɪmpɔːrt] 1 n importation f 2 v/t importer

im•por•tance [ɪmˈpɔːrtəns] importance f

im•por•tant [ɪmˈpɔːrtənt] adj important

im•por•ter [ɪmˈpɔːrtər] importateur(--trice) m(f)

im•pose [ɪmˈpəʊz] v/t tax imposer; impose o.s. on s.o. s'imposer à qn

im•pos•ing [ɪmˈpəʊzɪŋ] adj imposant

im•pos•si•bil•i•ty [ɪmpɑːsɪˈbɪlɪtɪ] impossibilité f

im•pos•si•ble [ɪmˈpɑːsɪbl] adj impossible

im•pos•tor [ɪmˈpɑːstər] imposteur m

im•po•tence [ˈɪmpətəns] impuissance f

im•po•tent [ˈɪmpətənt] adj impuissant

im•pov•e•rished [ɪmˈpɑːvərɪʃt] adj appauvri

im•prac•ti•cal [ɪmˈpræktɪkl] adj person dénué de sens pratique; suggestion peu réaliste

im•press [ɪmˈpres] v/t impressionner; I'm not impressed ça ne m'impressionne pas

im•pres•sion [ɪmˈpreʃn] impression f; (impersonation) imitation f; make a good/bad impression on s.o. faire une bonne / mauvaise impression sur qn; I get the impression that ... j'ai l'impression que ...

im•pres•sion•a•ble [ɪmˈpreʃənəbl] adj influençable

im•pres•sive [ɪmˈpresɪv] *adj* impressionnant

im•print [ˈɪmprɪnt] *n* of credit card empreinte *f*

im•pris•on [ɪmˈprɪzn] *v/t* emprisonner

im•pris•on•ment [ɪmˈprɪznmənt] emprisonnement *m*

im•prob•a•ble [ɪmˈprɑ:bəbəl] *adj* improbable

im•prop•er [ɪmˈprɑ:pər] *adj behavior* indécent, déplacé; *use etc* incorrecte

im•prove [ɪmˈpruːv] 1 *v/t* améliorer 2 *v/i* s'améliorer

im•prove•ment [ɪmˈpruːvmənt] amélioration *f*

im•pro•vize [ˈɪmprəvaɪz] *v/i* improviser

im•pu•dent [ˈɪmpjʊdənt] *adj* impudent

im•pulse [ˈɪmpʌls] impulsion *f*; *do sth on (an) impulse* faire qch sous le coup d'une impulsion *or* sur un coup de tête

'im•pulse buy achat *m* impulsif

im•pul•sive [ɪmˈpʌlsɪv] *adj* impulsif*

im•pu•ni•ty [ɪmˈpjuːnəti] impunité *f*; *with impunity* impunément

im•pure [ɪmˈpjʊr] *adj* impur

in [ɪn] 1 *prep* dans; *in Washington / Rouen* à Washington / Rouen; *in the street* dans la rue; *in the box* dans la boîte; *wounded in the leg / arm* blessé à la jambe / au bras ◊ *with time etc*; *in 1999* en 1999; *in the morning* le matin; *in the mornings* le matin; *in the summer* l'été; *in August* en août, au mois d'août; *in two hours* from now dans deux heures; *over period of* en deux heures; *I haven't been to France in years* il y a des années que je n'ai pas été en France ◊ *manner*: *in English / French* en anglais / français; *in a loud voice* d'une voix forte; *in his style* à sa manière; *in yellow* en jaune ◊ : *in crossing the road* (*while*) en traversant la route; *in agreeing to this* (*by virtue of*) en acceptant ceci ◊ : *in his novel* dans son roman; *in Faulkner* chez Faulkner ◊ : *three in all* trois en tout (et pour tout); *one in ten* un sur dix 2 *adv* (*at home, in the building etc*) là; (*arrived: train*) arrivé; (*in its position*) dedans; *in here* ici; *when the diskette is in* quand la disquette est à l'intérieur 3 *adj* (*fashionable, popular*) à la mode

in•a•bil•i•ty [ɪnəˈbɪlɪtɪ] incapacité *f*

in•ac•ces•si•ble [ɪnəkˈsesɪbl] *adj* inaccessible

in•ac•cu•rate [ɪnˈækjʊrət] *adj* inexact, incorrect

in•ac•tive [ɪnˈæktɪv] *adj* inactif*; *volcano* qui n'est pas en activité

in•ad•e•quate [ɪnˈædɪkwət] *adj* insuffisant, inadéquat

in•ad•vis•a•ble [ɪnədˈvaɪzəbl] *adj* peu recommandé

in•an•i•mate [ɪnˈænɪmət] *adj* inanimé

in•ap•pro•pri•ate [ɪnəˈprəʊprɪət] *adj* peu approprié

in•ar•tic•u•late [ɪnɑːrˈtɪkjʊlət] *adj person* qui s'exprime mal

in•au•di•ble [ɪnˈɔːdəbl] *adj* inaudible

in•au•gu•ral [ɪˈnɔːgjʊrəl] *adj speech* inaugural

in•au•gu•rate [ɪˈnɔːgjʊreɪt] *v/t* inaugurer

in•born [ˈɪnbɔːrn] *adj* inné

in•bred [ˈɪnbred] *adj* inné

in•breed•ing [ˈɪnbriːdɪŋ] unions *fpl* consanguines

inc. *abbr* (= *incorporated*) S.A. *f* (= Société *f* Anonyme)

in•cal•cu•la•ble [ɪnˈkælkjʊləbl] *adj damage* incalculable

in•ca•pa•ble [ɪnˈkeɪpəbl] *adj* incapable; *be incapable of doing sth* être incapable de faire qch

in•cen•di•a•ry de•vice [ɪnˈsendərɪ] bombe *f* incendiaire

in•cense¹ [ˈɪnsens] *n* encens *m*

in•cense² [ɪnˈsens] *v/t* rendre furieux*

in•cen•tive [ɪnˈsentɪv] encouragement *m*, stimulation *f*

in•ces•sant [ɪnˈsesnt] *adj* incessant

in•ces•sant•ly [ɪnˈsesntli] *adv* sans arrêt

in•cest [ˈɪnsest] inceste *m*

inch [ɪntʃ] pouce *m*

in•ci•dent [ˈɪnsɪdənt] incident *m*

in•ci•den•tal [ɪnsɪˈdentl] *adj* fortuit; *incidental expenses* frais *mpl* accessoires

in•ci•den•tal•ly [ɪnsɪˈdentli] *adv* soit dit en passant

in•ci•sion [ɪnˈsɪʒn] incision *f*

in•ci•sive [ɪnˈsaɪsɪv] *adj mind, analysis* incisif*

in•cite [ɪnˈsaɪt] *v/t* inciter; *incite s.o. to do sth* inciter qn à faire qch

in•clem•ent [ɪnˈklemənt] *adj weather* inclément

in•cli•na•tion [ɪnklɪˈneɪʃn] (*liking*) penchant *m*; (*tendency*) tendance *f*

in•cline [ɪnˈklaɪn] *v/t*: *be inclined to do sth* avoir tendance à faire qch

in•close, in•clos•ure → enclose, enclosure

in•clude [ɪnˈkluːd] *v/t* inclure, comprendre

in•clud•ing [ɪnˈkluːdɪŋ] *prep* y compris; *including service* service compris

in•clu•sive [ɪn'kluːsɪv] **1** adj price tout compris **2** prep: **inclusive of** en incluant **3** adv tout compris; **from Monday to Thursday inclusive** du lundi au jeudi inclus

in•co•her•ent [ɪnkou'hɪrənt] adj incohérent

in•come ['ɪnkəm] revenu m

'in•come tax impôt m sur le revenu

in•com•ing ['ɪnkʌmɪŋ] adj tide montant; flight, mail qui arrive; phonecall de l'extérieur; president nouveau*

in•com•pa•ra•ble [ɪn'kɑːmpərəbl] adj incomparable

in•com•pat•i•bil•i•ty [ɪnkəmpætɪ'bɪlɪtɪ] incompatibilité f

in•com•pat•i•ble [ɪnkəm'pætɪbl] adj incompatible

in•com•pe•tence [ɪn'kɑːmpɪtəns] incompétence f

in•com•pe•tent [ɪn'kɑːmpɪtənt] adj incompétent

in•com•plete [ɪnkəm'pliːt] adj incomplet*

in•com•pre•hen•si•ble [ɪnkɑːmprɪ'hensɪbl] adj incompréhensible

in•con•cei•va•ble [ɪnkən'siːvəbl] adj inconcevable

in•con•clu•sive [ɪnkən'kluːsɪv] adj peu concluant

in•con•gru•ous [ɪn'kɑːŋgruəs] adj incongru

in•con•sid•er•ate [ɪnkən'sɪdərət] adj action inconsidéré; **be inconsiderate of** person manquer d'égards

in•con•sis•tent [ɪnkən'sɪstənt] adj incohérent; person inconstant; **inconsistent with** incompatible avec

in•con•so•la•ble [ɪnkən'soʊləbl] adj inconsolable

in•con•spic•u•ous [ɪnkən'spɪkjuəs] adj discret*

in•con•ve•ni•ence [ɪnkən'viːnɪəns] n inconvénient m

in•con•ve•ni•ent [ɪnkən'viːnɪənt] adj time inopportun; place, arrangement peu commode

in•cor•po•rate [ɪn'kɔːrpəreɪt] v/t incorporer

in•cor•rect [ɪnkə'rekt] adj incorrect

in•cor•rect•ly [ɪnkə'rektlɪ] adv incorrectement, mal

in•cor•ri•gi•ble [ɪn'kɑːrɪdʒəbl] adj incorrigible

in•crease **1** v/t & v/i [ɪn'kriːs] augmenter **2** n ['ɪnkriːs] augmentation f

in•creas•ing [ɪn'kriːsɪŋ] adj croissant

in•creas•ing•ly [ɪn'kriːsɪŋlɪ] adv de plus en plus

in•cred•i•ble [ɪn'kredɪbl] adj (amazing, very good) incroyable

in•crim•i•nate [ɪn'krɪmɪneɪt] v/t incriminer; **incriminate o.s.** s'incriminer

in•cu•ba•tor ['ɪnkjubeɪtər] for chicks incubateur m; for babies couveuse f

in•cur [ɪn'kɜːr] v/t (pret & pp **-red**) costs encourir; debts contracter; s.o.'s anger s'attirer

in•cu•ra•ble [ɪn'kjurəbl] adj also fig incurable

in•debt•ed [ɪn'detɪd] adj: **be indebted to s.o.** être redevable à qn (**for sth** de qch)

in•de•cent [ɪn'diːsnt] adj indécent

in•de•ci•sive [ɪndɪ'saɪsɪv] adj argument peu concluant; person indécis

in•de•ci•sive•ness [ɪndɪ'saɪsɪvnɪs] indécision f

in•deed [ɪn'diːd] adv (in fact) vraiment; (yes, agreeing) en effet; **very much indeed** beaucoup

in•de•fi•na•ble [ɪndɪ'faɪnəbl] adj indéfinissable

in•def•i•nite [ɪn'defɪnɪt] adj indéfini; **indefinite article** GRAM article m indéfini

in•def•i•nite•ly [ɪn'defɪnɪtlɪ] adv indéfiniment

in•del•i•cate [ɪn'delɪkət] adj indélicat

in•dent ['ɪndent] **1** n in text alinéa m **2** v/t [ɪn'dent] line renforcer

in•de•pen•dence [ɪndɪ'pendəns] indépendance f

In•de'pen•dence Day fête f de l'Indépendance

in•de•pen•dent [ɪndɪ'pendənt] adj indépendant

in•de•pen•dent•ly [ɪndɪ'pendəntlɪ] adv deal with indépendamment; **independently of** indépendamment de

in•de•scri•ba•ble [ɪndɪ'skraɪbəbl] adj indescriptible; (very bad) inqualifiable

in•de•scrib•a•bly [ɪndɪ'skraɪbəblɪ] adv: **indescribably beautiful** d'une beauté indescriptible; **indescribably bad** book, movie inqualifiable

in•de•struc•ti•ble [ɪndɪ'strʌktəbl] adj indestructible

in•de•ter•mi•nate [ɪndɪ'tɜːrmɪnət] adj indéterminé

in•dex ['ɪndeks] for book index m

'in•dex card fiche f

'in•dex fin•ger index m

In•di•a ['ɪndɪə] Inde f

In•di•an ['ɪndɪən] **1** adj indien **2** n also American Indien(ne) m(f)

In•di•an 'sum•mer été m indien

in•di•cate ['ɪndɪkeɪt] **1** v/t indiquer **2** v/i Br: when driving mettre ses clignotants

in•di•ca•tion [ɪndɪ'keɪʃn] indication f, signe *m*

in•di•ca•tor ['ɪndɪkeɪtər] *Br: on car clignotant m*

in•dict [ɪn'daɪt] *v/t* accuser

in•dif•fer•ence [ɪn'dɪfrəns] indifférence *f*

in•dif•fer•ent [ɪn'dɪfrənt] *adj* indifférent; *(mediocre)* médiocre

in•di•gest•i•ble [ɪndɪ'dʒestɪbl] *adj* indigeste

in•di•ges•tion [ɪndɪ'dʒestʃn] indigestion *f*

in•dig•nant [ɪn'dɪgnənt] *adj* indigné

in•dig•na•tion [ɪndɪg'neɪʃn] indignation *f*

in•di•rect [ɪndɪ'rekt] *adj* indirect

in•di•rect•ly [ɪndɪ'rektlɪ] *adv* indirectement

in•dis•creet [ɪndɪ'skriːt] *adj* indiscret*

in•dis•cre•tion [ɪndɪ'skreʃn] *act* indiscrétion *f*, faux pas *m* F

in•dis•crim•i•nate [ɪndɪ'skrɪmɪnət] *adj* aveugle; *accusations* à tort et à travers

in•dis•pen•sa•ble [ɪndɪ'spensəbl] *adj* indispensable

in•dis•posed [ɪndɪ'spoʊzd] *adj (not well)* indisposé

in•dis•pu•ta•ble [ɪndɪ'spjuːtəbl] *adj* incontestable

in•dis•pu•ta•bly [ɪndɪ'spjuːtəblɪ] *adv* incontestablement

in•dis•tinct [ɪndɪ'stɪŋkt] *adj* indistinct

in•dis•tin•guish•a•ble [ɪndɪ'stɪŋgwɪʃəbl] *adj* indifférenciable

in•di•vid•u•al [ɪndɪ'vɪdʒʊəl] **1** *n* individu *m* **2** *adj (separate)* particulier*; *(personal)* individuel*

in•di•vid•u•al•ist•ic [ɪndɪ'vɪdʒʊəlɪstɪk] *adj* individualiste

in•di•vid•u•al•i•ty [ɪndɪvɪdʒʊ'ælɪtɪ] individualité *f*

in•di•vid•u•al•ly [ɪndɪ'vɪdʒʊəlɪ] *adv* individuellement

in•di•vis•i•ble [ɪndɪ'vɪzɪbl] *adj* indivisible

in•doc•tri•nate [ɪn'dɑːktrɪneɪt] *v/t* endoctriner

in•do•lence ['ɪndələns] indolence *f*

in•do•lent ['ɪndələnt] *adj* indolent

In•do•ne•sia [ɪndə'niːʒə] Indonésie *f*

In•do•ne•sian [ɪndə'niːʒən] **1** *adj* indonésien* **2** *n person* Indonésien(ne) *m(f)*

in•door ['ɪndɔːr] *activities, games* d'intérieur; *sport* en salle; *arena* couvert

in•doors [ɪn'dɔːrz] *adv* à l'intérieur; *(at home)* à la maison

in•dorse → **endorse**

in•dulge [ɪn'dʌldʒ] **1** *v/t tastes* satisfaire; *indulge o.s.* se faire plaisir **2** *v/i: indulge in sth* se permettre qch

in•dul•gence [ɪn'dʌldʒəns] *of tastes, appetite etc* satisfaction *f*; *(laxity)* indulgence *f*

in•dul•gent [ɪn'dʌldʒənt] *adj (not strict enough)* indulgent

in•dus•tri•al [ɪn'dʌstrɪəl] *adj* industriel*; *industrial action* action *f* revendicative

in•dus•tri•al dis'pute conflit *m* social

in•dus•tri•al•ist [ɪn'dʌstrɪəlɪst] industriel(le) *m(f)*

in•dus•tri•al•ize [ɪn'dʌstrɪəlaɪz] **1** *v/t* industrialiser **2** *v/i* s'industrialiser

in•dus•tri•al 'waste déchets *mpl* industriels

in•dus•tri•ous [ɪn'dʌstrɪəs] *adj* travailleur*

in•dus•try ['ɪndəstrɪ] industrie *f*

in•ef•fec•tive [ɪnɪ'fektɪv] *adj* inefficace

in•ef•fec•tu•al [ɪnɪ'fektʃʊəl] *adj person* inefficace

in•ef•fi•cient [ɪnɪ'fɪʃənt] *adj* inefficace

in•el•i•gi•ble [ɪn'elɪdʒɪbl] *adj* inéligible

in•ept [ɪ'nept] *adj* inepte

in•e•qual•i•ty [ɪnɪ'kwɑːlɪtɪ] inégalité *f*

in•es•ca•pa•ble [ɪnɪ'skeɪpəbl] *adj* inévitable

in•es•ti•ma•ble [ɪn'estɪməbl] *adj* inestimable

in•ev•i•ta•ble [ɪn'evɪtəbl] *adj* inévitable

in•ev•i•ta•bly [ɪn'evɪtəblɪ] *adv* inévitablement

in•ex•cu•sa•ble [ɪnɪk'skjuːzəbl] *adj* inexcusable

in•ex•haus•ti•ble [ɪnɪg'zɔːstəbl] *adj* supply inépuisable

in•ex•pen•sive [ɪnɪk'spensɪv] *adj* bon marché, pas cher*

in•ex•pe•ri•enced [ɪnɪk'spɪrɪənst] *adj* inexpérimenté

in•ex•plic•a•ble [ɪnɪk'splɪkəbl] *adj* inexplicable

in•ex•pres•si•ble [ɪnɪk'spresɪbl] *adj joy* inexprimable

in•fal•li•ble [ɪn'fælɪbl] *adj* infaillible

in•fa•mous ['ɪnfəməs] *adj* infâme

in•fan•cy ['ɪnfənsɪ] *of person* petite enfance *f*; *of state, institution* débuts *mpl*

in•fant ['ɪnfənt] petit(e) enfant *m(f)*

in•fan•tile ['ɪnfəntaɪl] *adj pej* infantile

in•fant mor'tal•i•ty rate taux *m* de mortalité infantile

in•fan•try ['ɪnfəntrɪ] infanterie *f*

'in•fan•try sol•dier soldat *m* d'infanterie, fantassin *m*

'in•fant school *Br* école *f* maternelle

in•fat•u•at•ed [ɪn'fætʃueɪtɪd] *adj: be infatuated with s.o.* être entiché de qn

in•fect [ɪn'fekt] *v/t* contaminer; *become infected of person* être contaminé; *of wound* s'infecter

in•fec•tion [ɪn'fekʃn] contamination *f*; *(disease), of wound* infection *f* in•fec•tious [ɪnˈfekʃəs] adj disease infectieux*; fig: laughter contagieux*

in•fer [ɪnˈfɜːr] v/t (pret & pp -red): infer X from Y déduire X de Y

in•fe•ri•or [ɪnˈfɪrɪər] adj inférieur

in•fe•ri•or•i•ty [ɪnfɪrɪˈɑːrətɪ] in quality infériorité f

in•fe•ri•or•i•ty com•plex complexe m d'infériorité

in•fer•tile [ɪnˈfɜːrtl] adj stérile

in•fer•til•i•ty [ɪnfərˈtɪlɪtɪ] stérilité f

in•fi•del•i•ty [ɪnfɪˈdelɪtɪ] infidélité f

in•fil•trate [ˈɪnfɪltreɪt] v/t infiltrer

in•fi•nite [ˈɪnfɪnət] adj infini

in•fin•i•tive [ɪnˈfɪnətɪv] infinitif m

in•fin•i•ty [ɪnˈfɪnətɪ] infinité f; MATH infini m

in•firm [ɪnˈfɜːrm] adj infirme

in•fir•ma•ry [ɪnˈfɜːrmərɪ] infirmerie f

in•fir•mi•ty [ɪnˈfɜːrmətɪ] infirmité f

in•flame [ɪnˈfleɪm] v/t enflammer

in•flam•ma•ble [ɪnˈflæməbl] adj inflammable

in•flam•ma•tion [ɪnfləˈmeɪʃn] MED inflammation f

in•flat•a•ble [ɪnˈfleɪtəbl] adj dinghy gonflable

in•flate [ɪnˈfleɪt] v/t tire, dinghy gonfler

in•fla•tion [ɪnˈfleɪʃən] inflation f

in•fla•tion•a•ry [ɪnˈfleɪʃənərɪ] adj inflationniste

in•flec•tion [ɪnˈflekʃn] of voice inflexion f

in•flex•i•ble [ɪnˈfleksɪbl] adj attitude, person inflexible

in•flict [ɪnˈflɪkt] v/t: inflict sth on s.o. infliger qch à qn

'in-flight adj en vol; in-flight entertainment divertissements mpl en vol

in•flu•ence [ˈɪnfluəns] 1 n influence f; be a good / bad influence on s.o. avoir une bonne / mauvaise influence sur qn 2 v/t influencer

in•flu•en•tial [ɪnfluˈenʃl] adj influent

in•flu•en•za [ɪnfluˈenzə] grippe f

in•form [ɪnˈfɔːrm] 1 v/t: inform s.o. about sth informer qn de qch; please keep me informed veuillez me tenir informé 2 v/i: inform on s.o. dénoncer qn

in•for•mal [ɪnˈfɔːrml] adj meeting, agreement non-officiel*; form of address familier*; conversation, dress simple

in•for•mal•i•ty [ɪnfɔːrˈmælɪtɪ] of meeting, agreement caractère m non officiel; of form of address familiarité f; of conversation, dress simplicité f

in•for•mant [ɪnˈfɔːrmənt] informateur (-trice) m(f)

in•for•ma•tion [ɪnfərˈmeɪʃn] renseignements mpl

in•for•ma•tion ˈsci•ence informatique f

in•for•ma•tion ˈsci•en•tist informaticien(ne) m(f)

in•for•ma•tion tech•nol•o•gy informatique f

in•for•ma•tive [ɪnˈfɔːrmətɪv] adj instructif*

in•form•er [ɪnˈfɔːrmər] dénonciateur (-trice) m(f)

in•fra-red [ɪnfrəˈred] adj infrarouge

in•fra•struc•ture [ˈɪnfrəstrʌktʃər] infrastructure f

in•fre•quent [ɪnˈfriːkwənt] adj rare

in•fu•ri•ate [ɪnˈfjʊrieɪt] v/t rendre furieux*

in•fu•ri•at•ing [ɪnˈfjʊrieɪtɪŋ] adj exaspérant

in•fuse [ɪnˈfjuːz] v/i of tea infuser

in•fu•sion [ɪnˈfjuːʒn] (herb tea) infusion f

in•ge•ni•ous [ɪnˈdʒiːnɪəs] adj ingénieux*

in•ge•nu•i•ty [ɪndʒɪˈnuːətɪ] ingéniosité f

in•got [ˈɪŋɡət] lingot m

in•gra•ti•ate [ɪnˈɡreɪʃɪeɪt] v/t: ingratiate o.s. with s.o. s'insinuer dans les bonnes grâces de qn

in•grat•i•tude [ɪnˈɡrætɪtuːd] ingratitude f

in•gre•di•ent [ɪnˈɡriːdɪənt] for cooking ingrédient m; ingredients fig: for success recette f (for pour)

in•hab•it [ɪnˈhæbɪt] v/t habiter

in•hab•it•a•ble [ɪnˈhæbɪtəbl] adj habitable

in•hab•i•tant [ɪnˈhæbɪtənt] habitant(e) m(f)

in•hale [ɪnˈheɪl] 1 v/t inhaler, respirer 2 v/i when smoking avaler la fumée

in•ha•ler [ɪnˈheɪlər] inhalateur m

in•her•it [ɪnˈherɪt] v/t hériter

in•her•i•tance [ɪnˈherɪtəns] héritage m

in•hib•it [ɪnˈhɪbɪt] v/t conversation etc empêcher; growth, entraver

in•hib•it•ed [ɪnˈhɪbɪtɪd] adj inhibé

in•hi•bi•tion [ɪnhɪˈbɪʃn] inhibition f

in•hos•pi•ta•ble [ɪnhɑːˈspɪtəbl] adj inhospitalier*

'in-house adj & adv sur place

in•hu•man [ɪnˈhjuːmən] adj inhumain

i•ni•tial [ɪˈnɪʃl] 1 adj initial 2 n initiale f 3 v/t (write initials on) parapher

i•ni•tial•ly [ɪˈnɪʃlɪ] adv au début

i•ni•ti•ate [ɪˈnɪʃɪeɪt] v/t procedure lancer; person initier

i•ni•ti•a•tion [ɪnɪʃɪˈeɪʃn] lancement m; of person initiation f

i•ni•ti•a•tive [ɪˈnɪʃɪətɪv] initiative f; do sth on one's own initiative faire qch de sa propre initiative

in•ject [ɪnˈdʒekt] v/t injecter

in•jec•tion [ɪnˈdʒekʃn] injection f

'in•joke: *it's an in-joke* c'est une plaisan-terie entre nous / eux

in•jure ['ɪndʒər] *v/t* blesser

in•jured ['ɪndʒərd] **1** *adj leg, feelings* blessé **2** *npl*: *the injured* les blessés *mpl*

in•ju•ry ['ɪndʒərɪ] blessure *f*

'in•ju•ry time SP arrêt(s) *m(pl)* de jeu

in•jus•tice [ɪn'dʒʌstɪs] injustice *f*

ink [ɪŋk] encre *f*

'ink•jet [*printer*] imprimante *f* à jet d'encre

in•land ['ɪnlənd] *adj* intérieur

in-laws ['ɪnlɔːz] *npl* belle-famille *f*

in•lay ['ɪnleɪ] *n* incrustation *f*

in•let ['ɪnlet] *of sea* bras *m* de mer; *in machine* arrivée *f*

in•mate ['ɪnmeɪt] *of prison* détenu(e) *m(f)*; *of mental hospital* interné(e) *m(f)*

inn [ɪn] auberge *f*

in•nate [ɪ'neɪt] *adj* inné

in•ner ['ɪnər] *adj courtyard* intérieur; *thoughts* intime; *ear* interne

'in•ner 'cit•y quartiers défavorisés situés au milieu d'une grande ville

'in•ner•most *adj* le plus profond

'in•ner tube chambre *f* à air

in•no•cence ['ɪnəsəns] innocence *f*

in•no•cent ['ɪnəsənt] *adj* innocent

in•noc•u•ous [ɪ'nɑːkjʊəs] *adj* inoffensif*

in•no•va•tion [ɪnə'veɪʃn] innovation *f*

in•no•va•tive ['ɪnəvətɪv] *adj* innovant

in•no•va•tor ['ɪnəveɪtər] innovateur(-trice) *m(f)*

in•nu•me•ra•ble [ɪ'nuːmərəbl] *adj* innombrable

i•noc•u•late [ɪ'nɑːkjʊleɪt] *v/t* inoculer

i•noc•u•la•tion [ɪnɑːkjʊ'leɪʃn] inoculation *f*

in•of•fen•sive [ɪnə'fensɪv] *adj* inoffensif*

in•or•gan•ic [ɪnɔːr'gænɪk] *adj* inorganique

in-pa•tient patient(e) hospitalisé(e) *m(f)*

in•put ['ɪnput] **1** *n into project etc* apport *m*, contribution *f*; COMPUT entrée *f* **2** *v/t* (*pret & pp* **-ted** *or* **input**) *into project* apporter; COMPUT entrer

in•quest ['ɪnkwest] enquête *f* (*on* sur)

in•quire [ɪn'kwaɪr] *v/i* se renseigner; *inquire into causes of disease etc* faire des recherches sur; *cause of an accident etc* enquêter sur

in•qui•ry [ɪn'kwaɪrɪ] demande *f* de renseignements; *government inquiry* enquête *f* officielle

in•quis•i•tive [ɪn'kwɪzətɪv] *adj* curieux*

in•sane [ɪn'seɪn] *adj* fou*

in•san•i•ta•ry [ɪn'sænɪterɪ] *adj* insalubre

in•san•i•ty [ɪn'sænɪtɪ] folie *f*

in•sa•ti•a•ble [ɪn'seɪʃəbl] *adj* insatiable

in•scrip•tion [ɪn'skrɪpʃn] inscription *f*

in•scru•ta•ble [ɪn'skruːtəbl] *adj* impénétrable

in•sect ['ɪnsekt] insecte *m*

in•sec•ti•cide [ɪn'sektɪsaɪd] insecticide *m*

in•se•cure [ɪnsɪ'kjur] *adj*: *feel / be insecure not safe* ne pas se sentir en sécurité; *not sure of self* manquer d'assurance

in•se•cu•ri•ty [ɪnsɪ'kjʊrɪtɪ] *psychological* manque *m* d'assurance

in•sen•si•tive [ɪn'sensɪtɪv] *adj* insensible (*to* à)

in•sen•si•tiv•i•ty [ɪnsensɪ'tɪvɪtɪ] insensibilité *f*

in•sep•a•ra•ble [ɪn'seprəbl] *adj* inséparable

in•sert **1** ['ɪnsɜːrt] *n in magazine etc* encart *m* **2** [ɪn'sɜːrt] *v/t*: *insert sth into sth* insérer qch dans qch

in•ser•tion [ɪn'sɜːrʃn] insertion *f*

in•side [ɪn'saɪd] **1** *n of house, box* intérieur *m*; *somebody on the inside* quelqu'un qui connaît la maison; *inside out* à l'envers; *turn sth inside out* retourner qch; *know sth inside out* connaître qch à fond **2** *prep* à l'intérieur de; *they went inside the house* ils sont entrés dans la maison; *inside of 2 hours* en moins de 2 heures **3** *adv* à l'intérieur; *we went inside* nous sommes entrés (à l'intérieur); *we looked inside* nous avons regardé à l'intérieur **4** *adj*: *inside information* informations *fpl* internes; *inside lane* SP couloir *m* intérieur; *Br*: *on road: in UK* voie *f* de gauche; *in France* voie *f* de droite; *inside pocket* poche *f* intérieure

in•sid•er [ɪn'saɪdər] initié(e) *m(f)*

in•sid•er 'deal•ing FIN délit *m* d'initié

in•sides [ɪn'saɪdz] *npl* (*stomach*) ventre *m*

in•sid•i•ous [ɪn'sɪdɪəs] *adj* insidieux*

in•sight ['ɪnsaɪt] aperçu *m* (*into* de); (*insightfulness*) perspicacité *f*

in•sig•nif•i•cant [ɪnsɪg'nɪfɪkənt] *adj* insignifiant

in•sin•cere [ɪnsɪn'sɪr] *adj* peu sincère

in•sin•cer•i•ty [ɪnsɪn'serɪtɪ] manque *f* de sincérité

in•sin•u•ate [ɪn'sɪnjʊeɪt] *v/t* (*imply*) insinuer

in•sist [ɪn'sɪst] *v/i* insister

◆ insist on *v/t* insister sur

in•sis•tent [ɪn'sɪstənt] *adj* insistant

in•so•lent ['ɪnsələnt] *adj* insolent

in•sol•u•ble [ɪn'sɑːljʊbl] *adj problem, substance* insoluble

in•sol•vent [ɪn'sɑːlvənt] *adj* insolvable

in•som•ni•a [ɪn'sɑːmnɪə] insomnie *f*

in•spect [ɪn'spekt] *v/t work, tickets, baggage* contrôler; *building, factory, school* inspecter

in•spec•tion [ɪn'spekʃn] *of work, tickets, baggage* inspection; *of building, factory, school* inspection *f*

in•spec•tor [ɪn'spektər] *in factory, of police* inspecteur(-trice) *m(f)*

in•spi•ra•tion [ɪnspə'reɪʃn] inspiration *f*

in•spire [ɪn'spaɪr] *v/t* inspirer

in•sta•bil•i•ty [ɪnstə'bɪlɪtɪ] instabilité *f*

in•stall [ɪn'stɔːl] *v/t* installer

in•stal•la•tion [ɪnstə'leɪʃn] installation *f*; *military installation* installation *f* militaire

in•stall•ment, *Br* in•stal•ment [ɪn'stɔːlmənt] *of story, TV drama etc* épisode *m*; *(payment)* versement *m*

in•stall•ment plan vente *f* à crédit

in•stance ['ɪnstəns] *(example)* exemple *m*; *for instance* par exemple

in•stant ['ɪnstənt] 1 *adj* instantané 2 *n* instant *m*; *in an instant* dans un instant

in•stan•ta•ne•ous [ɪnstən'teɪnɪəs] *adj* instantané

in•stant 'cof•fee café *m* soluble

in•stant•ly ['ɪnstəntlɪ] *adv* immédiatement

in•stead [ɪn'sted] *adv* à la place; *instead of me* à ma place; *instead of going home* au lieu de rentrer à la maison

in•step ['ɪnstep] cou-de-pied *m*; *of shoe* cambrure *f*

in•stinct ['ɪnstɪŋkt] instinct *m*

in•stinc•tive [ɪn'stɪŋktɪv] *adj* instinctif*

in•sti•tute ['ɪnstɪtuːt] 1 *n* institut *m*; *(special home)* établissement *m* 2 *v/t new law, inquiry* instituer

in•sti•tu•tion [ɪnstɪ'tuːʃn] institution *f*

in•struct [ɪn'strʌkt] *v/t (order)* ordonner; *(teach)* instruire; *instruct s.o. to do sth (order)* ordonner à qn de faire qch

in•struc•tion [ɪn'strʌkʃn] instruction *f*; *instructions for use* mode *m* d'emploi

in•struc•tion man•u•al manuel *m* d'utilisation

in•struc•tive [ɪn'strʌktɪv] *adj* instructif*

in•struc•tor [ɪn'strʌktər] moniteur(-trice) *m(f)*

in•stru•ment ['ɪnstrəmənt] instrument *m*

in•sub•or•di•nate [ɪnsə'bɔːrdɪneɪt] *adj* insubordonné

in•suf•fi•cient [ɪnsə'fɪʃnt] *adj* insuffisant

in•su•late ['ɪnsəleɪt] *v/t* ELEC, *against cold* isoler *(against de)*

in•su•la•tion [ɪnsə'leɪʃn] isolation *f*; *material* isolement *m*

in•su•lin ['ɪnsəlɪn] insuline *f*

in•sult ['ɪnsʌlt] *n* insulte *f* 2 [ɪn'sʌlt] *v/t* insulter

in•sur•ance [ɪn'ʃʊrəns] assurance *f*

in•sur•ance com•pa•ny compagnie *f* d'assurance

in•sur•ance pol•i•cy police *f* d'assurance

in•sur•ance pre•mi•um prime *f* d'assurance

in•sure [ɪn'ʃʊr] *v/t* assurer

in•sured [ɪn'ʃʊrd] 1 *adj* assuré 2 *n: the insured* les assurés *mpl*

in•sur•moun•ta•ble [ɪnsər'maʊntəbl] *adj* insurmontable

in•tact [ɪn'tækt] *adj (not damaged)* intact

in•take ['ɪnteɪk] *of college etc* admission *f*

in•te•grate ['ɪntɪgreɪt] *v/t* intégrer

in•te•grat•ed cir•cuit ['ɪntɪgreɪtɪd] circuit *m* intégré

in•teg•ri•ty [ɪn'tegrɪtɪ] *(honesty)* intégrité *f*

in•tel•lect ['ɪntəlekt] intellect *m*

in•tel•lec•tu•al [ɪntə'lektʊəl] 1 *adj* intellectuel* 2 *n* intellectuel(le) *m(f)*

in•tel•li•gence [ɪn'telɪdʒəns] intelligence *f*; *(information)* renseignements *mpl*

in•tel•li•gence of•fi•cer officier *m* de renseignements

in•tel•li•gence ser•vice service *m* des renseignements

in•tel•li•gent [ɪn'telɪdʒənt] *adj* intelligent

in•tel•li•gi•ble [ɪn'telɪdʒəbl] *adj* intelligible

in•tend [ɪn'tend] *v/i: intend to do sth* avoir l'intention de; *that's not what I intended* ce n'était pas ce que je voulais

in•tense [ɪn'tens] *adj* intense; *personality* passionné

in•ten•si•fy [ɪn'tensɪfaɪ] 1 *v/t (pret & pp -ied) effect, pressure* intensifier 2 *v/i of pain, fighting* s'intensifier

in•ten•si•ty [ɪn'tensɪtɪ] intensité *f*

in•ten•sive [ɪn'tensɪv] *adj* intensif*

in•ten•sive 'care (u•nit) MED service *m* de soins intensifs

in•ten•sive course *of language study* cours *mpl* intensifs

in•tent [ɪn'tent] *adj: be intent on doing sth (determined to do)* être (bien) décidé à faire qch

in•ten•tion [ɪn'tenʃn] intention *f*; *I have no intention of ... (refuse to)* je n'ai pas l'intention de ...

in•ten•tion•al [ɪn'tenʃənl] *adj* intentionnel*

in•ten•tion•al•ly [ɪn'tenʃnlɪ] *adv* délibérément

in•ter•ac•tion [ɪntər'ækʃn] interaction *f*

in•ter•ac•tive [ɪntər'æktɪv] *adj* interactif*

in•ter•cede [ɪntər'siːd] *v/i* intercéder

in•ter•cept [ɪntər'sept] *v/t* intercepter

in•ter•change ['ɪntərtʃeɪndʒ] *n of highways* échangeur *m*

in•ter•change•a•ble [ɪntər'tʃeɪndʒəbl] *adj* interchangeable

in•ter•com ['ɪntərkɑːm] interphone *m*

in•ter•course ['ɪntərkɔːrs] *sexual* rapports *mpl*

in•ter•de•pend•ent [ɪntərdɪ'pendənt] *adj* interdépendant

in•ter•est ['ɪntrəst] **1** *n* intérêt *m*; *financial* intérêt(s) *m(pl)*; **take an interest in sth** s'intéresser à qch **2** *v/t* intéresser

in•ter•est•ed ['ɪntrəstɪd] *adj* intéressé; **be interested in sth** être intéressé par qch; **thanks, but I'm not interested** merci, mais ça ne m'intéresse pas

in•ter•est-free 'loan prêt *m* sans intérêt

in•ter•est•ing ['ɪntrəstɪŋ] *adj* intéressant

'in•ter•est rate FIN taux *m* d'intérêt

in•ter•face ['ɪntərfeɪs] **1** *n* interface *f* **2** *v/i* avoir une interface (**with** avec)

in•ter•fere [ɪntər'fɪr] *v/i* se mêler (**with** de)

♦ **interfere with** *v/t controls* toucher à; *plans* contrecarrer

in•ter•fer•ence [ɪntər'fɪrəns] ingérence *f*; *on radio* interférence *f*

in•te•ri•or [ɪn'tɪriər] **1** *adj* intérieur **2** *n* intérieur *m*; **Department of the Interior** ministère *m* de l'Intérieur

in•te•ri•or   'dec•o•ra•tor décorateur (-trice) *m(f)* d'intérieur

in•te•ri•or de'sign design *m* d'intérieurs

in•te•ri•or de'sign•er designer *m/f* d'intérieurs

in•ter•lude ['ɪntərluːd] intermède *m*

in•ter•mar•ry [ɪntər'mærɪ] *v/i* (*pret & pp -ied*) se marier entre eux

in•ter•me•di•ar•y [ɪntər'miːdɪərɪ] *n* intermédiaire *m/f*

in•ter•me•di•ate [ɪntər'miːdɪət] *adj stage, level* intermédiaire; *course* (de niveau) moyen

in•ter•mis•sion [ɪntər'mɪʃn] *in theater* entracte *m*

in•tern[1] [ɪn'tɜːrn] *v/t* interner

in•tern[2] ['ɪntɜːrn] *n* MED interne *m/f*

in•ter•nal [ɪn'tɜːrnl] *adj* interne; *trade* intérieur

in•ter•nal com'bus•tion en•gine moteur *m* à combustion interne

In•ter•nal 'Rev•e•nue (Ser•vice) (direction *f* générale des) impôts *mpl*

in•ter•nal•ly [ɪn'tɜːrnəlɪ] *adv in organization* en interne; **bleed internally** avoir des saignements internes; **not to be taken internally** à usage externe

in•ter•na•tion•al [ɪntər'næʃnl] **1** *adj* international **2** *n match* match *m* international; *player* international(e) *m(f)*

In•ter•na•tion•al Court of 'Jus•tice Cour *f* internationale de justice

in•ter•na•tion•al•ly [ɪntər'næʃnəlɪ] *adv* internationalement

In•ter•na•tion•al 'Mon•e•tar•y Fund Fonds *m* monétaire international, F.M.I. *m*

In•ter•net ['ɪntərnet] Internet *m*; **on the Internet** sur Internet

in•ter•nist [ɪn'tɜːrnɪst] spécialiste *m(f)* des maladies organiques

in•ter•pret [ɪn'tɜːrprɪt] *v/t & v/i* interpréter

in•ter•pre•ta•tion [ɪntɜːrprɪ'teɪʃn] interprétation *f*

in•ter•pret•er [ɪn'tɜːrprɪtər] interprète *m/f*

in•ter•re•lat•ed [ɪntərɪ'leɪtɪd] *adj facts* en corrélation

in•ter•ro•gate [ɪn'terəgeɪt] *v/t* interroger

in•ter•ro•ga•tion [ɪntera'geɪʃn] interrogatoire *m*

in•ter•rog•a•tive [ɪntə'rɑːgətɪv] *n* GRAM interrogatif*

in•ter•ro•ga•tor [ɪntera'geɪtər] interrogateur(-trice) *m(f)*

in•ter•rupt [ɪntə'rʌpt] *v/t & v/i* interrompre

in•ter•rup•tion [ɪntə'rʌpʃn] interruption *f*

in•ter•sect [ɪntər'sekt] **1** *v/t* couper, croiser **2** *v/i* s'entrecouper, s'entrecroiser

in•ter•sec•tion ['ɪntərsekʃn] *of roads* carrefour *m*

in•ter•state ['ɪntərsteɪt] *n* autoroute *f*

in•ter•val ['ɪntərvl] intervalle *m*; *in theater, at concert* entracte *m*; **sunny intervals** éclaircies *fpl*

in•ter•vene [ɪntər'viːn] *v/i of person, police etc* intervenir

in•ter•ven•tion [ɪntər'venʃn] intervention *f*

in•ter•view ['ɪntərvjuː] **1** *n on TV, in paper* interview *f*; *for job* entretien *m* **2** *v/t on TV, for paper* interviewer; *for job* faire passer un entretien à

in•ter•view•ee [ɪntərvjuː'iː] *on TV* personne *f* interviewée; *for job* candidat(e) *m(f)* (qui passe un entretien)

in•ter•view•er ['ɪntərvjuːər] *on TV, for paper* intervieweur(-euse) *m(f)*; *for job* personne *f* responsable d'un entretien

in•tes•tine [ɪn'testɪn] intestin *m*

in•ti•ma•cy ['ɪntɪməsɪ] *of friendship* intimité *f*; *sexual* rapports *mpl* intimes

in•ti•mate ['ɪntɪmət] *adj friend, thoughts* intime; **be intimate with s.o.** *sexually* avoir des rapports intimes avec qn

in•tim•i•date [ɪn'tɪmɪdeɪt] *v/t* intimider

in•tim•i•da•tion [ɪntɪmɪ'deɪʃn] intimidation *f*

in•to ['ɪntuː] *prep*: **he put it into his suit-**

case il l'a mis dans sa valise; **translate into English** traduire en anglais; **2 into 12 is …** 12 divisé par 2 égale …; **be into sth** F (like) aimer qch; **politics etc** être engagé dans qch; **he's really into …** (likes) …, c'est son truc F; **once you're into the job** une fois que tu t'es habitué au métier

in•tol•e•ra•ble [ɪnˈtɑːlərəbl] adj intolérable

in•tol•e•rant [ɪnˈtɑːlərənt] adj intolérant

in•tox•i•cat•ed [ɪnˈtɑːksɪkeɪtɪd] adj ivre

in•tran•si•tive [ɪnˈtrænsɪtɪv] adj intransitif*

in•tra•ve•nous [ɪntrəˈviːnəs] adj intraveineux*

in•trep•id [ɪnˈtrepɪd] adj intrépide

in•tri•cate [ˈɪntrɪkət] adj compliqué, complexe

in•trigue 1 [ˈɪntriːg] n intrigue f 2 [ɪnˈtriːg] v/t intriguer

in•tri•guing [ɪnˈtriːgɪŋ] adj intrigant

in•tro•duce [ɪntrəˈduːs] v/t new technique etc introduire; **introduce s.o. to s.o.** présenter qn à qn; **introduce s.o. to sth** new sport, activity initier qn à qch; type of food etc faire connaître qch à qn; **may I introduce …?** puis-je vous présenter …?

in•tro•duc•tion [ɪntrəˈdʌkʃn] to person présentations fpl; in book, of new techniques introduction f; to a new sport initiation f (**to** à)

in•tro•vert [ˈɪntrəvɜːrt] n introverti(e) m(f)

in•trude [ɪnˈtruːd] v/i déranger, s'immiscer

in•trud•er [ɪnˈtruːdər] n intrus(e) m(f)

in•tru•sion [ɪnˈtruːʒn] intrusion f

in•tu•i•tion [ɪntuːˈɪʃn] intuition f

in•vade [ɪnˈveɪd] v/t envahir

in•val•id¹ [ɪnˈvælɪd] adj non valable

in•va•lid² [ˈɪnvəlɪd] n MED invalide m/f

in•val•i•date [ɪnˈvælɪdeɪt] v/t claim, theory invalider

in•val•u•a•ble [ɪnˈvæljʊbl] adj help, contributor inestimable

in•var•i•a•bly [ɪnˈveɪriəblɪ] adv (always) invariablement

in•va•sion [ɪnˈveɪʒn] invasion f

in•vent [ɪnˈvent] v/t inventer

in•ven•tion [ɪnˈvenʃn] invention f

in•ven•tive [ɪnˈventɪv] adj inventif

in•ven•tor [ɪnˈventər] inventeur(-trice) m(f)

in•ven•to•ry [ˈɪnvəntɔːrɪ] inventaire m

in•verse [ɪnˈvɜːrs] adj order inverse

in•vert [ɪnˈvɜːrt] v/t inverser

in•vert•ed com•mas [ɪnˈvɜːrtɪd] Br guillemets mpl

in•ver•te•brate [ɪnˈvɜːrtɪbrət] n invertébré m

in•vest [ɪnˈvest] v/t & v/i investir

in•ves•ti•gate [ɪnˈvestɪgeɪt] v/t crime enquêter sur; scientific phenomenon étudier

in•ves•ti•ga•tion [ɪnvestɪˈgeɪʃn] of crime enquête f; in science étude f

in•ves•ti•ga•tive jour•nal•ism [ɪnˈvestɪgətɪv] journalisme m d'investigation

in•vest•ment [ɪnˈvestmənt] investissement m

in•ves•tor [ɪnˈvestər] investisseur m

in•vig•o•rat•ing [ɪnˈvɪgəreɪtɪŋ] adj climate vivifiant

in•vin•ci•ble [ɪnˈvɪnsəbl] adj invincible

in•vis•i•ble [ɪnˈvɪzɪbl] adj invisible

in•vi•ta•tion [ɪnvɪˈteɪʃn] invitation f

in•vite [ɪnˈvaɪt] v/t inviter

◆ invite in v/t inviter à entrer

in•voice [ˈɪnvɔɪs] 1 n facture f 2 v/t customer facturer

in•vol•un•ta•ry [ɪnˈvɑːləntərɪ] adj involontaire

in•volve [ɪnˈvɑːlv] v/t hard work nécessiter; expense entraîner; (concern) concerner; **what does it involve?** qu'est-ce que cela implique?; **get involved with sth** with company s'engager avec qch; with project s'impliquer dans qch; of police intervenir dans qch; **get involved with s.o.** romantically avoir une liaison avec qn; **you're far too involved with him** emotionally tu t'investis trop (dans ta relation) avec lui

in•volved [ɪnˈvɑːlvd] adj (complex) compliqué

in•volve•ment [ɪnˈvɑːlvmənt] in project etc, crime, accident participation f; in politics engagement m; (implicating) implication f (**in** dans)

in•vul•ne•ra•ble [ɪnˈvʌlnərəbl] adj invulnérable

in•ward [ˈɪnwərd] 1 adj intérieur 2 adv vers l'intérieur

in•ward•ly [ˈɪnwərdlɪ] adv intérieurement, dans son / mon etc for intérieur

i•o•dine [ˈaɪoʊdiːn] iode m

IOU [aɪoʊˈjuː] abbr (= I owe you) reconnaissance f de dette

IQ [aɪˈkjuː] abbr (= intelligence quotient) Q.I. m (= Quotient m intellectuel)

I•ran [ɪˈrɑːn] Iran m

I•ra•ni•an [ɪˈreɪnɪən] 1 adj iranien* 2 n Iranien(ne) m(f)

I•raq [ɪˈrækː] Iraq m

I•ra•qi [ɪˈrækːɪ] 1 adj irakien* 2 n Irakien(ne) m(f)

Ire•land [ˈaɪrlənd] Irlande f

i•ris ['aɪrɪs] *of eye, flower* iris *m*

I•rish ['aɪrɪʃ] **1** *adj* irlandais **2** *npl:* **the Irish** les Irlandais

'I•rish•man Irlandais *m*

'I•rish•wom•an Irlandaise *f*

i•ron ['aɪərn] **1** *n substance* fer *m; for clothes* fer *m* à repasser **2** *v/t shirts etc* repasser

i•ron•ic(•al) [aɪ'rɑːnɪk(l)] *adj* ironique

i•ron•ing ['aɪərnɪŋ] repassage *m;* **do the ironing** repasser, faire le repassage

'i•ron•ing board planche *f* à repasser

'i•ron•works usine *f* de sidérurgie

i•ron•y ['aɪrənɪ] ironie *f*

ir•ra•tion•al [ɪ'ræʃənl] *adj* irrationnel*

ir•rec•on•ci•la•ble [ɪrekən'saɪləbl] *adj people* irréconciliable; *positions* inconciliable

ir•re•cov•e•ra•ble [ɪrɪ'kʌvərəbl] *adj data* irrécupérable; *loss* irrémédiable

ir•re•gu•lar [ɪ'regjʊlər] *adj* irrégulier*

ir•rel•e•vant [ɪ'reləvənt] *adj* hors de propos; *that's completely irrelevant* ça n'a absolument aucun rapport

ir•rep•a•ra•ble [ɪ'repərəbl] *adj* irréparable

ir•re•place•a•ble [ɪrɪ'pleɪsəbl] *adj object, person* irremplaçable

ir•re•pres•si•ble [ɪrɪ'presəbl] *adj sense of humor* à toute épreuve; *person* qui ne se laisse pas abattre

ir•re•proach•a•ble [ɪrɪ'prəʊtʃəbl] *adj* irréprochable

ir•re•sis•ti•ble [ɪrɪ'zɪstəbl] *adj* irrésistible

ir•re•spec•tive [ɪrɪ'spektɪv] *adv:* **irrespective of** sans tenir compte de

ir•re•spon•si•ble [ɪrɪ'spɑːnsəbl] *adj* irresponsable

ir•re•trie•va•ble [ɪrɪ'triːvəbl] *adj data* irrécupérable; *loss* irréparable

ir•rev•e•rent [ɪ'revərənt] *adj* irrévérencieux*

ir•rev•o•ca•ble [ɪ'revəkəbl] *adj* irrévocable

ir•ri•gate ['ɪrɪgeɪt] *v/t* irriguer

ir•ri•ga•tion [ɪrɪ'geɪʃn] irrigation *f*

ir•ri•ga•tion ca'nal canal *m* d'irrigation

ir•ri•ta•ble ['ɪrɪtəbl] *adj* irritable

ir•ri•tate ['ɪrɪteɪt] *v/t* irriter

ir•ri•ta•ting ['ɪrɪteɪtɪŋ] *adj* irritant

ir•ri•ta•tion [ɪrɪ'teɪʃn] irritation *f*

IRS [aɪɑːr'es] *abbr* (= **Internal Revenue Service**) (direction *f* générale des) impôts *mpl*

Is•lam ['ɪzlɑːm] *religion* islam *m; peoples, civilization* Islam *m*

Is•lam•ic [ɪz'læmɪk] *adj* islamique

is•land ['aɪlənd] île *f;* **(traffic) island** refuge *m*

is•land•er ['aɪləndər] insulaire *m/f*

i•so•late ['aɪsəleɪt] *v/t* isoler

i•so•lat•ed ['aɪsəleɪtɪd] *adj house, occurence* isolé

i•so•la•tion [aɪsə'leɪʃn] *of a region* isolement *m;* **in isolation** isolément

i•so•la•tion ward salle *f* des contagieux

ISP [aɪes'piː] *abbr* (= **Internet service provider**) fournisseur *m* Internet

Is•rael ['ɪzreɪl] Israël *m*

Is•rae•li [ɪz'reɪlɪ] **1** *adj* israélien* **2** *n person* Israélien(ne) *m(f)*

is•sue ['ɪʃuː] **1** *n (matter)* question *f*, problème *m; (result)* résultat *m; of magazine* numéro *m;* **the point at issue** le point en question; **take issue with** *s.o.* ne pas être d'accord avec; *sth* contester **2** *v/t supplies* distribuer; *coins, warning* émettre; *passport* délivrer

it [ɪt] *pron* ◇ *as subject* il, elle; **what color's your car? - it's black** de quelle couleur est ta voiture? - elle est noire; **where's your bathroom? - it's through there** où est la salle de bains - c'est par là ◇ *as object* le, la; **give it to him** donne-le-lui
◇ *with prepositions:* **on top of it** dessus; **it's just behind it** c'est juste derrière; **let's talk about it** parlons-en; **we went to it** nous y sommes allés
◇ *impersonal:* **it's raining** il pleut; **it's me / him** c'est moi / lui; **it's your turn** c'est ton tour; **that's it!** *(that's right)* c'est ça!; *(finished)* c'est fini!

IT [aɪ'tiː] *abbr* (= **information technology**) informatique *f*

I•tal•i•an [ɪ'tæljən] **1** *adj* italien* **2** *n person* Italien(ne) *m(f); language* italien *m*

It•a•ly ['ɪtəlɪ] Italie *f*

itch [ɪtʃ] **1** *n* démangeaison *f* **2** *v/i:* **it itches** ça me démange

i•tem ['aɪtəm] *on shopping list, in accounts* article *m; on agenda* point *m;* **item of news** nouvelle *f*

i•tem•ize ['aɪtəmaɪz] *v/t invoice* détailler

i•tin•e•ra•ry [aɪ'tɪnəreri] itinéraire *m*

its [ɪts] *adj* son, sa; *pl* ses

it's [ɪts] → **it is, it has**

it•self [ɪt'self] *pron reflexive* se; *stressed* lui-même; elle-même; **by itself** *(alone)* tout(e) seul(e) *m(f);* *(automatically)* tout(e) seul(e)

i•vo•ry ['aɪvərɪ] ivoire *m*

i•vy ['aɪvɪ] lierre *m*

J

jab [dʒæb] **1** v/t (pret & pp **-bed**) planter (*into* dans); *jab one's elbow/a stick into s.o.* donner un coup de coude / bâton à qn **2** n in boxing coup m droit

jab•ber ['dʒæbər] v/i baragouiner

jack [dʒæk] MOT cric m; in cards valet m

◆ **jack up** v/t MOT soulever (avec un cric)

jack•et ['dʒækɪt] (*coat*) veste f; of book couverture f

jack•et po•ta•to pomme f de terre en robe des champs

'jack-knife v/i of truck se mettre en travers

'jack•pot jackpot m; *hit the jackpot* gagner le jackpot

jade [dʒeɪd] n jade m

jad•ed ['dʒeɪdɪd] adj blasé

jag•ged ['dʒægɪd] adj découpé, dentelé

jail [dʒeɪl] prison f

jam¹ [dʒæm] n for bread confiture f

jam² [dʒæm] **1** n MOT embouteillage m; F (*difficulty*) pétrin m F; *be in a jam* être dans le pétrin **2** v/t (pret & pp **-med**) (*ram*) fourrer; (*cause to stick*) bloquer; *broadcast* brouiller; *be jammed* of roads être engorgé; of door, window être bloqué **3** v/i (*stick*) se bloquer; (*squeeze*) s'entasser

◆ **jam** v/t into suitcase etc entasser

◆ **jam on** v/t: *jam on the brakes* freiner brutalement

jam-'packed adj F plein à craquer F (*with* de)

jan•i•tor ['dʒænɪtər] concierge m/f

Jan•u•a•ry ['dʒænjuerɪ] janvier m

Ja•pan [dʒə'pæn] Japon m

Jap•a•nese [dʒæpə'niːz] **1** adj japonais **2** n person Japonais(e) m(f); *language* japonais m; *the Japanese* les Japonais mpl

jar¹ [dʒɑːr] n container pot m

jar² [dʒɑːr] v/i (pret & pp **-red**) of noise irriter; of colors détonner; *jar on s.o.'s ears* écorcher les oreilles de qn

jar•gon ['dʒɑːrgən] jargon m

jaun•dice ['dʒɔːndɪs] n jaunisse f

jaun•diced ['dʒɔːndɪst] adj fig cynique

jaunt [dʒɔːnt] n excursion f

jaunt•y ['dʒɔːntɪ] adj enjoué

jav•e•lin ['dʒævlɪn] (*spear*) javelot m; event (lancer m du) javelot m

jaw [dʒɔː] n mâchoire f

jay•walk•er ['dʒeɪwɔːkər] piéton(ne) m(f) imprudent

'jay•walk•ing traversement m imprudent d'une route

jazz [dʒæz] n jazz m

◆ **jazz up** v/t F égayer

jeal•ous ['dʒeləs] adj jaloux*

jeal•ous•ly ['dʒeləslɪ] adv jalousement

jeal•ous•y ['dʒeləsɪ] jalousie f

jeans [dʒiːnz] npl jean m

jeep [dʒiːp] jeep f

jeer [dʒɪr] **1** n raillerie f; of crowd huée f **2** v/i of crowd huer; *jeer at* railler, se moquer de

Jel•lo® ['dʒelou] gelée f

jel•ly ['dʒelɪ] jam confiture f

'jel•ly bean bonbon m mou

'jel•ly•fish méduse f

jeop•ar•dize ['dʒepərdaɪz] v/t mettre en danger

jeop•ar•dy ['dʒepərdɪ]: *be in jeopardy* être en danger

jerk¹ [dʒɜːrk] **1** n secousse f, saccade f **2** v/t tirer d'un coup sec

jerk² [dʒɜːrk] n F couillon m F

jerk•y ['dʒɜːrkɪ] adj movement saccadé

jer•sey ['dʒɜːrzɪ] (*sweater*) tricot m; fabric jersey m

jest [dʒest] **1** n plaisanterie f; *in jest* en plaisantant **2** v/i plaisanter

Je•sus ['dʒiːzəs] Jésus

jet [dʒet] **1** n (*airplane*) avion m à réaction, jet m; of water jet m; (*nozzle*) bec m **2** v/i (pret & pp **-ted**) (*travel*) voyager en jet

jet-'black adj (noir) de jais

'jet en•gine moteur m à réaction, réacteur m

'jet•lag (troubles mpl dus au) décalage m horaire

jet•lagged ['dʒetlægd] adj: *I'm still jet-lagged* je souffre encore du décalage horaire

jet•ti•son ['dʒetɪsn] v/t jeter par-dessus bord; fig abandonner

jet•ty ['dʒetɪ] jetée f

Jew [dʒuː] Juif(-ive) m(f)

jew•el ['dʒuːəl] bijou m; fig: person perle f

jew•el•er, Br jew•el•ler ['dʒuːlər] bijoutier (-ère) m(f)

jew•el•ry, Br jew•el•lery ['dʒuːlrɪ] bijoux mpl

Jew•ish ['dʒuːɪʃ] adj juif*

jif•fy ['dʒɪfɪ] F: *in a jiffy* en un clin m d'œil

jig•saw (puz•zle) ['dʒɪgsɔː] puzzle m

jilt [dʒɪlt] v/t laisser tomber

jin•gle ['dʒɪŋgl] **1** n song jingle m **2** v/i of keys, coins cliqueter

jinx [dʒɪŋks] *n* person porte-malheur *m/f*; **there's a jinx on this project** ce projet porte malheur *or* porte la guigne

jit•ters ['dʒɪtərz] F: **get the jitters** avoir la frousse

jit•ter•y ['dʒɪtərɪ] *adj* F nerveux*

job [dʒɑːb] (*employment*) travail *m*, emploi *m*, boulot *m* F; (*task*) travail *m*; **jobs** *newspaper section* emplois *mpl*; **out of a job** sans travail, sans emploi; **it's a good job you remembered** heureusement que tu t'en es souvenu; **you'll have a job** (*it'll be difficult*) tu vas avoir du mal

'job de•scrip•tion description *f* d'emploi

'job hunt: be job hunting être à la recherche d'un emploi

job•less ['dʒɑːblɪs] *adj* sans travail, sans emploi

job sat•is'fac•tion satisfaction *f* dans le travail

jock•ey ['dʒɑːkɪ] *n* jockey *m*

jog [dʒɑːg] **1** *n* footing *m*, jogging *m*; *pace* petit trot *m*; **go for a jog** aller faire du footing *or* jogging **2** *v/i* (*pret & pp -ged*) *as exercise* faire du footing *or* jogging; **he just jogged the last lap** il a fait le dernier tour de piste en trottinant **3** *v/t*: **jog s.o.'s elbow** donner à qn un coup léger dans le coude; **jog s.o.'s memory** rafraîchir la mémoire de qn

♦ **jog along** *v/i* F aller son petit bonhomme de chemin F; *of business* aller tant bien que mal

jog•ger ['dʒɑːgər] person joggeur(-euse) *m(f)*; *shoe* chaussure *f* de jogging

jog•ging ['dʒɑːgɪŋ] jogging *m*; **go jogging** faire du jogging *or* du footing

'jog•ging suit survêtement *m*, jogging *m*

john [dʒɑːn] F (*toilet*) petit coin *m* F

join [dʒɔɪn] **1** *n* point *m* **2** *v/t of roads, rivers* se rejoindre; (*become a member*) devenir membre **3** *v/t* (*connect*) relier; *person, of road* rejoindre; *club* devenir membre de; (*go to work for*) entrer dans

♦ **join in** *v/i* participer; **we joined in (with them) and sang …** nous nous sommes joints à eux pour chanter …

♦ **join up** *v/i* Br MIL s'engager dans l'armée

join•er ['dʒɔɪnər] menuisier(-ère) *m(f)*

joint [dʒɔɪnt] **1** *n* ANAT articulation *f*; *in woodwork* joint *m*; *of meat* rôti *m*; F (*place*) boîte *f* F; *of cannabis* joint *m* **2** *adj* (*shared*) joint

joint ac'count compte *m* joint

joint 'ven•ture entreprise *f* commune

joke [dʒoʊk] **1** *n story* plaisanterie *f*, blague *f* F; (*practical joke*) tour *m*; **play a joke on** jouer un tour à; **it's no joke**

ce n'est pas drôle **2** *v/i* plaisanter

jok•er ['dʒoʊkər] *person* farceur(-euse) *m(f)*, blagueur(-euse) *m(f)* F; *pej* plaisantin *m*; *in cards* joker *m*

jok•ing ['dʒoʊkɪŋ]: **joking apart** plaisanterie mise à part

jok•ing•ly ['dʒoʊkɪŋlɪ] *adv* en plaisantant

jol•ly ['dʒɑːlɪ] *adj* joyeux*

jolt [dʒoʊlt] **1** *n* (*jerk*) cahot *m*, secousse *f* **2** *v/t* (*push*) pousser

jos•tle ['dʒɑːsl] *v/t* bousculer

♦ **jot down** [dʒɑːt] *v/t* (*pret & pp -ted*) noter

jour•nal ['dʒɜːrnl] (*magazine*) revue *f*; (*diary*) journal *m*

jour•nal•ism ['dʒɜːrnəlɪzm] journalisme *m*

jour•nal•ist ['dʒɜːrnəlɪst] journaliste *m/f*

jour•ney ['dʒɜːrnɪ] *n* voyage *m*; **the daily journey to the office** le trajet quotidien jusqu'au bureau

jo•vi•al ['dʒoʊvɪəl] *adj* jovial

joy [dʒɔɪ] joie *f*

'joy•stick COMPUT manette *f* (de jeux)

ju•bi•lant ['dʒuːbɪlənt] *adj* débordant de joie

ju•bi•la•tion [dʒuːbɪ'leɪʃn] jubilation *f*

judge [dʒʌdʒ] **1** *n* juge *m/f* **2** *v/t* juger; *measurement, age* estimer **3** *v/i* juger

judg(e)•ment ['dʒʌdʒmənt] jugement *m*; (*opinion*) avis *m*; **the Last Judg(e)ment** REL le Jugement dernier

'Judg(e)•ment Day le Jugement dernier

ju•di•cial [dʒuː'dɪʃl] *adj* judiciaire

ju•di•cious [dʒuː'dɪʃəs] *adj* judicieux*

ju•do ['dʒuːdoʊ] judo *m*

jug [dʒʌg] Br pot *m*

jug•gle ['dʒʌgl] *v/t also fig* jongler avec

jug•gler ['dʒʌglər] jongleur(-euse) *m(f)*

juice [dʒuːs] *n* jus *m*

juic•y ['dʒuːsɪ] *adj* juteux*; *news, gossip* croustillant

juke•box ['dʒuːkbɑːks] juke-box *m*

Ju•ly [dʒoʊ'laɪ] juillet *m*

jum•ble ['dʒʌmbl] *n* méli-mélo *m*

♦ **jumble up** *v/t* mélanger

jum•bo (*jet*) ['dʒʌmboʊ] jumbo-jet *m*, gros-porteur *m*

jum•bo-sized ['dʒʌmboʊsaɪzd] *adj* F géant

jump [dʒʌmp] **1** *n* saut *m*; (*increase*) bond *m*; **with one jump** d'un seul bond; **give a jump** *of surprise* sursauter **2** *v/i* sauter; *in surprise* sursauter; (*increase*) faire un bond; **jump to one's feet** se lever d'un bond; **jump to conclusions** tirer des conclusions hâtives **3** *v/t fence etc* sauter; F (*attack*) attaquer; **jump the lights** griller un feu (rouge)

J

◆ **jump at** *v/t opportunity* sauter sur
jump•er[1] ['dʒʌmpər] *dress* robe-chasuble *f; Br* pull *m*
jump•er[2] ['dʒʌmpər] SP sauteur(-euse) *m(f)*
jump•y ['dʒʌmpɪ] *adj* nerveux*
junc•tion ['dʒʌŋkʃn] *of roads* jonction *f*
junc•ture ['dʒʌŋktʃər] *fml:* **at this juncture** à ce moment
June [dʒuːn] juin *m*
jun•gle ['dʒʌŋgl] jungle *f*
ju•ni•or ['dʒuːnjər] **1** *adj (subordinate)* subalterne; *(younger)* plus jeune; **William Smith Junior** William Smith fils **2** *n in rank* subalterne *m/f;* **she is ten years my junior** elle est ma cadette de dix ans
ju•ni•or 'high collège *m*
junk [dʒʌŋk] camelote *f* F
'junk food cochonneries *fpl*
junk•ie ['dʒʌŋkɪ] F drogué(e) *m(f)*, camé(e) *m(f)* F
'junk mail prospectus *mpl*
'junk shop brocante *f*
'junk•yard dépotoir *m*
jur•is•dic•tion [dʒʊrɪs'dɪkʃn] LAW juridiction *f*
ju•ror ['dʒʊrər] juré(e) *m(f)*
ju•ry ['dʒʊrɪ] jury *m*
just [dʒʌst] **1** *adj law, war, cause* juste **2** *adv (barely, only)* juste; **just as intelligent** tout aussi intelligent; **I've just seen**

her je viens de la voir; **just about** *(almost)* presque; **I was just about to leave when ...** j'étais sur le point de partir quand ...; **just as he ...** *at the very time* au moment même où il ...; **just like yours** exactement comme le vôtre; **just like that** *(abruptly)* tout d'un coup, sans prévenir; **just now** *(a few moments ago)* à l'instant, tout à l'heure; *(at this moment)* en ce moment; **just be quiet!** veux-tu te taire!
jus•tice ['dʒʌstɪs] justice *f*
jus•ti•fi•a•ble [dʒʌstɪ'faɪəbl] *adj* justifiable
jus•ti•fia•bly [dʒʌstɪ'faɪəblɪ] *adv* à juste titre
jus•ti•fi•ca•tion [dʒʌstɪfɪ'keɪʃn] justification *f*
jus•ti•fy ['dʒʌstɪfaɪ] *v/t (pret & pp -ied) also text* justifier
just•ly ['dʒʌstlɪ] *adv (fairly)* de manière juste; *(rightly)* à juste titre
◆ **jut out** [dʒʌt] *v/i (pret & pp -ted)* être en saillie
ju•ve•nile ['dʒuːvənəl] **1** *adj crime* juvénile; *court* pour enfants; *pej: attitude* puéril **2** *n fml* jeune *m/f,* adolescent(e) *m(f)*
ju•ve•nile de'lin•quen•cy délinquance *f* juvénile
ju•ve•nile de'lin•quent délinquant(e) juvénile *m(f)*

K

k [keɪ] *abbr (= kilobyte)* Ko *m (= kilo-octet m)*; *(= thousand)* mille
kan•ga•roo ['kæŋgəruː] kangourou *m*
ka•ra•te [kə'rɑːtɪ] karaté *m*
ka'ra•te chop coup *m* de karaté
ke•bab [kɪ'bæb] kébab *m*
keel [kiːl] NAUT quille *f*
◆ **keel over** *v/i of structure* se renverser; *of person* s'écrouler
keen [kiːn] *adj (intense)* vif*; *esp Br: person* enthousiaste; **be keen to do sth** *esp Br* tenir à faire qch
keep [kiːp] **1** *n (maintenance)* pension *f;* **for keeps** F pour de bon **2** *v/t (pret & pp kept) also (not give back, not lose)* garder; *(detain)* retenir; *in specific place* mettre; *family* entretenir; *dog etc* avoir; *bees, cattle* élever; *promise* tenir; **keep**

s.o. company tenir compagnie à qn; **keep s.o. waiting** faire attendre qn; **keep sth to o.s.** *(not tell)* garder qch pour soi; **keep sth from s.o.** cacher qch à qn; **keep s.o. from doing sth** empêcher qn de faire qch; **keep trying!** essaie encore!; **don't keep interrupting!** arrête de m'interrompre tout le temps! **3** *v/i (remain)* rester; *of food, milk* se conserver
◆ **keep away 1** *v/i* se tenir à l'écart *(from* de); **keep away from** tiens-toi à l'écart de; **keep away from drugs** ne pas toucher à la drogue **2** *v/t* tenir à l'écart; **keep s.o. away from sth** tenir qn à l'écart de qch; **it's keeping the tourists away** cela dissuade les touristes de venir
◆ **keep back** *v/t (hold in check)* retenir;

information cacher (**from** de)
◆ **keep down** *v/t costs, inflation etc* réduire; *food* garder; **keep one's voice down** parler à voix basse; **keep the noise down** ne pas faire de bruit
◆ **keep in** *v/t in hospital* garder; *in school* mettre en retenue
◆ **keep off 1** *v/t (avoid)* éviter; **keep off the grass!** ne marchez pas sur la pelouse! **2** *v/i:* **if the rain keeps off** s'il ne pleut pas
◆ **keep on 1** *v/i* continuer; **keep on doing sth** continuer de faire qch **2** *v/t in job, jacket etc* garder
◆ **keep on at** *v/t (nag)* harceler
◆ **keep out** *v/t the cold* protéger de; *person* empêcher d'entrer **2** *v/i* rester à l'écart; **keep out!** *as sign* défense d'entrer; **you keep out of this!** ne te mêle pas de ça!
◆ **keep to** *v/t path* rester sur; *rules* s'en tenir à; **keep to the point** rester dans le sujet
◆ **keep up 1** *v/i when walking, running etc* suivre; **keep up with** aller au même rythme que; *(stay in touch with)* rester en contact avec **2** *v/t pace, payments* continuer; *bridge, pants* soutenir
keep•ing ['ki:pɪŋ] *n:* **be in keeping with** être en accord avec
'**keep•sake** souvenir *m*
keg [keg] tonnelet *m*, barillet *m*
ken•nel ['kenl] niche *f*
ken•nels ['kenlz] *npl* chenil *m*
kept [kept] *pret & pp* → **keep**
ker•nel ['kɜːrnl] *of nut* intérieur *m*
ker•o•sene ['kerəsiːn] AVIAT kérosène *m*; *for lamps* pétrole *m* (lampant)
ketch•up ['ketʃʌp] ketchup *m*
ket•tle ['ketl] bouilloire *f*
key [kiː] **1** *n* clef *f*, clé *f*; COMPUT, MUS touche *f* **2** *adj (vital)* clef *inv*, clé *inv* **3** *v/t & v/i* COMPUT taper
◆ **key in** *v/t data* taper
'**key•board** COMPUT, MUS clavier *m*
'**key•board•er** COMPUT claviste *m/f*
'**key•card** carte-clé *f*, carte-clef *f*
keyed-up [kiːd'ʌp] *adj* tendu
'**key•hole** trou *m* de serrure
key•note '**speech** discours *m* programme
'**key•ring** porte-clefs *m*
kha•ki ['kæki] *adj color* kaki *inv*
kick [kɪk] **1** *n* coup *m* de pied; F *(thrill):* **get a kick out of sth** éprouver du plaisir à qch; *(just) for kicks* F *(juste)* pour le plaisir **2** *v/t ball, shins* donner un coup de pied dans; *person* donner un coup de pied à; **kick the habit** F *of smoker* arrêter de fumer; F *of drug-addict* décro-

cher F **3** *v/i of person* donner un coup de pied / des coups de pied; *of horse* ruer
◆ **kick around** *v/t ball* taper dans; *(treat harshly)* maltraiter; F *(discuss)* débattre
◆ **kick in 1** *v/t P money* cracher F **2** *v/i (start to operate)* se mettre en marche
◆ **kick off** *v/i* SP donner le coup d'envoi; F *(start)* démarrer F
◆ **kick out** *v/t* mettre à la porte; **be kicked out of the company / army** être mis à la porte de la société/l'armée
◆ **kick up** *v/t:* **kick up a fuss** piquer une crise F
'**kick•back** F *(bribe)* dessous-de-table *m* F
'**kick•off** SP coup *m* d'envoi
kid [kɪd] **1** *n* F *(child)* gamin(e) *m(f)*; **kid brother / sister** petit frère *m*/petite sœur *f* **2** *v/t (pret & pp -ded)* F taquiner **3** *v/i* F plaisanter; **I was only kidding** je plaisantais; *no kidding!* sans blague! F
kid•der ['kɪdər] F farceur(-euse) *m(f)*
kid 'gloves: *handle s.o. with kid gloves* prendre des gants avec qn
kid•nap ['kɪdnæp] *v/t (pret & pp -ped)* kidnapper
kid•nap•(p)er ['kɪdnæpər] kidnappeur (-euse) *m(f)*
'**kid•nap•(p)ing** ['kɪdnæpɪŋ] kidnapping *m*
kid•ney ['kɪdni] ANAT rein *m*; *in cooking* rognon *m*
'**kid•ney bean** haricot *m* nain
'**kid•ney ma•chine** MED rein *m* artificiel
kill [kɪl] *v/t also time* tuer; **kill o.s.** se suicider; **kill o.s. laughing** F être mort de rire F
kill•er ['kɪlər] *(murderer)* tueur(-euse) *m(f)*; *of disease etc* tuer
kil•ling ['kɪlɪŋ] *n* meurtre *m*; **make a killing** F *(lots of money)* réaliser un profit énorme
kiln [kɪln] four *m*
ki•lo ['kiːloʊ] kilo *m*
ki•lo•byte ['kɪloʊbaɪt] kilo-octet *m*
ki•lo•gram ['kɪloʊɡræm] kilogramme *m*
ki•lo•me•ter, *Br* **ki•lo•me•tre** [kɪ'lɑːmɪtər] kilomètre *m*
kind[1] [kaɪnd] *adj* gentil; **that's very kind of you** c'est très aimable à vous
kind[2] [kaɪnd] *n (sort)* sorte *f*, genre *m*; *(make, brand)* marque *f*; **what kind of …?** quelle sorte de …?; **all kinds of people** toutes sortes de gens; **you'll do nothing of the kind!** tu n'en feras rien!; **kind of sad / strange** F plutôt *or* un peu triste / bizarre; **kind of green** F dans les tons verts
kin•der•gar•ten ['kɪndərɡɑːrtn] jardin *m* d'enfants

kind-heart•ed [kaɪnd'hɑːrtɪd] *adj* bien-veillant, bon*

kind•ly ['kaɪndlɪ] **1** *adj* gentil, bon* **2** *adv* aimablement; **kindly don't interrupt** voulez-vous bien ne pas m'interrompre

kind•ness ['kaɪndnɪs] bonté *f*, gentillesse *f*

king [kɪŋ] roi *m*

king•dom ['kɪŋdəm] royaume *m*

'king-size *adj* F *bed* géant; *cigarettes* long*

kink [kɪŋk] *in hose etc* entortillement *m*

kink•y ['kɪŋkɪ] F bizarre

ki•osk ['kiːɑːsk] kiosque *m*

kiss [kɪs] **1** *n* baiser *m*, bisou *m* F **2** *v/t* embrasser **3** *v/i* s'embrasser

kiss of 'life *Br* bouche-à-bouche *m*

kit [kɪt] *(equipment)* trousse *f*; *for assembly* kit *m*

kitch•en ['kɪtʃɪn] cuisine *f*

kitch•en•ette [kɪtʃɪ'net] kitchenette *f*

kitch•en 'sink: everything but the kitchen sink F tout sauf les murs

kite [kaɪt] cerf-volant *m*

kit•ten ['kɪtn] chaton(ne) *m(f)*

kit•ty ['kɪtɪ] *money* cagnotte *f*

klutz [klʌts] F *(clumsy person)* empoté(e) *m(f)* F

knack [næk]: **have the knack of doing sth** avoir le chic pour faire qch; **there's a knack to it** il y a un truc F

knead [niːd] *v/t dough* pétrir

knee [niː] *n* genou *m*

'knee•cap *n* rotule *f*

kneel [niːl] *v/i (pret & pp knelt)* s'age-nouiller

'knee-length *adj* à la hauteur du genou

knelt [nelt] *pret & pp → kneel*

knew [nuː] *pret → know*

knick-knacks ['nɪknæks] *npl* F bibelots *mpl*, babioles *fpl*

knife [naɪf] **1** *n (pl: knives* [naɪvz]*)* couteau *m* **2** *v/t* poignarder

knight [naɪt] chevalier *m*

knit [nɪt] *v/t & v/i (pret & pp -ted)* tricoter

◆ **knit together** *v/i of broken bone* se souder

knit•ting ['nɪtɪŋ] tricot *m*

'knit•ting nee•dle aiguille *f* à tricoter

'knit•wear tricot *m*

knob [nɑːb] *on door* bouton *m*; *of butter* noix *f*

knock [nɑːk] **1** *n on door*, *(blow)* coup *m* **2** *v/t (hit)* frapper; *knee etc* se cogner; F *(criticize)* débiner F; **knock s.o. to the ground** jeter qn à terre **3** *v/i on door* frapper

◆ **knock around 1** *v/t (beat)* maltraiter **2** *v/i* F *(travel)* vadrouiller F

◆ **knock down** *v/t* renverser; *wall, building* abattre; F *(reduce the price of)* solder **(to** à**)**

◆ **knock off 1** *v/t* P *(steal)* piquer F; **knock it off!** arrête ça! **2** *v/i* F *(stop work)* s'ar-rêter (de travailler)

◆ **knock out** *v/t* assommer; *boxer* mettre knock-out; *power lines etc* détruire; *(eliminate)* éliminer

◆ **knock over** *v/t* renverser

'knock•down *adj: a knockdown price* un prix très bas

knock-kneed [nɑːk'niːd] *adj* cagneux*

'knock•out *n in boxing* knock-out *m*

knot [nɑːt] **1** *n* nœud *m* **2** *v/t (pret & pp -ted)* nouer

knot•ty ['nɑːtɪ] *problem* épineux*

know [noʊ] *v/t (pret knew, pp known)* savoir; *person, place, language* connaî-tre; *(recognize)* reconnaître; **know how to do sth** savoir faire qch; **will you let her know that …?** pouvez-vous lui faire savoir que …? *v/i* savoir; **know about sth** être au courant de qch **3** *n: be in the know** F être au courant (de l'affaire)

'know-how F savoir-faire *m*

know•ing ['noʊɪŋ] *adj smile* entendu

know•ing•ly ['noʊɪŋlɪ] *adv (wittingly)* sciemment, en connaissance de cause; *smile etc* d'un air entendu

'know-it-all F je-sais-tout *m/f*

knowl•edge ['nɑːlɪdʒ] savoir *m*; *of a subject* connaissance(s) *f(pl)*; **to the best of my knowledge** autant que je sache, à ma connaissance; **have a good knowledge of …** avoir de bonnes connaissances en …

knowl•edge•a•ble ['nɑːlɪdʒəbl] *adj* bien informé

known [noʊn] *pp → know*

knuck•le ['nʌkl] articulation *f* du doigt

◆ **knuckle down** *v/i* F s'y mettre

◆ **knuckle under** *v/i* F céder

KO [keɪ'oʊ] *(knockout)* K.-O. *m*

Ko•ran [kə'ræn] Coran *m*

Ko•re•a [kə'riːə] Corée *f*

Ko•re•an [kə'riːən] **1** *adj* coréen* **2** *n* Co-réen(ne) *m(f)*; *language* coréen *m*

ko•sher ['koʊʃər] *adj* REL casher *inv*; F ré-glo *inv* F; **there's something not quite kosher about …** il y a quelque chose de pas très catholique dans …

kow•tow ['kaʊtaʊ] *v/i* F faire des courbet-tes **(to** à**)**

ku•dos ['kjuːdɑːs] prestige *m*

L

lab [læb] labo *m*

la•bel ['leɪbl] **1** *n* étiquette *f* **2** *v/t* (*pret & pp* **-ed**, *Br* **-led**) *also fig* étiqueter; **label s.o. a liar** traiter qn de menteur

la•bor ['leɪbər] **1** *n also in pregnancy* travail *m*; **be in labor** être en train d'accoucher **2** *v/i* travailler

la•bo•ra•to•ry ['læbrətɔːrɪ] laboratoire *m*

la•bo•ra•to•ry tech'ni•cian laborantin *m(f)*

la•bored ['leɪbərd] *adj* style, speech laborieux*

la•bor•er ['leɪbərər] travailleur *m* manuel

la•bo•ri•ous [lə'bɔːrɪəs] *adj* style, task laborieux*

'**la•bor u•ni•on** syndicat *m*

'**la•bor ward** MED salle *f* d'accouchement

la•bour *Br* → **labor**

'**La•bour Par•ty** *Br* POL parti *m* travailliste

lace [leɪs] *n* material dentelle *f*; for shoe lacet *m*

♦ **lace up** *v/t* shoes lacer

lack [læk] **1** *n* manque *m* **2** *v/t* manquer de **3** *v/i*: **be lacking** manquer

lac•quer ['lækər] *n* laque *f*

lad [læd] garçon *m*, jeune homme *m*

lad•der ['lædər] échelle *f*

la•den ['leɪdn] *adj* chargé (**with** de)

la•dies room ['leɪdiːz] toilettes *fpl* (pour dames)

la•dle ['leɪdl] louche *f*

la•dy ['leɪdɪ] dame *f*

'**la•dy•bug** coccinelle *f*

'**la•dy•like** *adj* distingué

lag [læg] *v/t* (*pret & pp* **-ged**) pipes isoler

♦ **lag behind** *v/i* être en retard, être à la traîne

la•ger ['lɑːgər] *Br* bière *f* blonde

la•goon [lə'guːn] lagune *f*; small lagon *m*

laid [leɪd] *pret & pp* → **lay**

laid•back *adj* relax F, décontracté

lain [leɪn] *pp* → **lie**

lake [leɪk] lac *m*

lamb [læm] agneau *m*

lame [leɪm] *adj* person boîteux*; excuse mauvais

la•ment [lə'ment] **1** *n* lamentation *f* **2** *v/t* pleurer

♦ **lament•a•ble** ['læməntəbl] *adj* lamentable

lam•i•nat•ed ['læmineɪtɪd] *adj* flooring, paper stratifié; wood contreplaqué; with plastic plastifié; **laminated glass** verre *m* feuilleté

lamp [læmp] lampe *f*

'**lamp•post** réverbère *m*

'**lamp•shade** abat-jour *m inv*

land [lænd] **1** *n* terre *f*; (*country*) pays *m*; **by land** par (voie de) terre; **on land** à terre; **work on the land** as farmer travailler la terre **2** *v/t* airplane faire atterrir; job décrocher F **3** *v/i* of airplane atterrir; of ball, sth thrown tomber; of jumper retomber

land•ing ['lændɪŋ] *n* of airplane atterrissage *m*; (*top of staircase*) palier *m*

'**land•ing field** terrain *m* d'atterrissage

'**land•ing gear** train *m* d'atterrissage

'**land•ing strip** piste *f* d'atterrissage

'**land•la•dy** propriétaire *f*; of rented room logeuse *f*; *Br* of bar patronne *f*

'**land•lord** propriétaire *m*; of rented room logeur *m*; *Br* of bar patron *m*

'**land•mark** point *m* de repère; **be a landmark in** *fig* faire date dans

'**land own•er** propriétaire *m* foncier, propriétaire *m* terrien

land•scape ['lændskeɪp] **1** *n* paysage *m* **2** *adv* print en format paysage

'**land•slide** glissement *m* de terrain

land•slide 'vic•to•ry victoire *f* écrasante

lane [leɪn] in country petite route *f* (de campagne); (*alley*) ruelle *f*; MOT voie *f*

lan•guage ['læŋgwɪdʒ] langue *f*; (*style, code etc*) langage *m*

'**lan•guage lab** laboratoire *m* de langues

lank [læŋk] *adj* hair plat

lank•y ['læŋkɪ] *adj* person dégingandé

lan•tern ['læntərn] lanterne *f*

lap[1] [læp] *n* of track tour *m*

lap[2] [læp] *n* of water clapotis *m*

♦ **lap up** *v/t* (*pret & pp* **-ped**) milk etc laper; flattery se délecter de

lap[3] [læp] *n* of person genoux *mpl*

la•pel [lə'pel] revers *m*

lapse [læps] **1** *n* (*mistake, slip*) erreur *f*; in behavior écart *m* (de conduite); of attention baisse *f*; of time intervalle *m*; **lapse of memory** trou *m* de mémoire **2** *v/i* expirer

♦ **lapse into** *v/t* silence, despair sombrer dans; language revenir à

lap•top ['læptɒp] COMPUT portable *m*

lar•ce•ny ['lɑːrsənɪ] vol *m*

lard [lɑːrd] lard *m*

lard•er ['lɑːrdər] garde-manger *m inv*

large [lɑːrdʒ] *adj* building, country, hands grand; sum of money, head gros*; **at**

large *criminal, animal* en liberté
large•ly ['lɑ:rdʒlɪ] *adv* (*mainly*) en grande partie
lark [lɑ:rk] *bird* alouette *f*
lar•va ['lɑ:rvə] larve *f*
lar•yn•gi•tis [lærɪn'dʒaɪtɪs] laryngite *f*
lar•ynx ['lærɪŋks] larynx *m*
la•ser ['leɪzər] laser *m*
'la•ser beam rayon *m* laser
'la•ser print•er imprimante *f* laser
lash[1] [læʃ] *v/t with whip* fouetter
♦ **lash down** *v/t with rope* attacher
♦ **lash out** *v/i with fists* donner des coups (*at* à); *with words* se répandre en invectives (*at* contre)
lash[2] [læʃ] *n* (*eyelash*) cil *m*
lass [læs] jeune fille *f*
last[1] [læst] **1** *adj* dernier*; *last but one* avant-dernier *m*; *last night* hier soir **2** *adv* arrive, leave en dernier; *he finished last in race* il est arrivé dernier; *when I last spoke to her* la dernière fois que je lui ai parlé; *at last* enfin; *last but not least* enfin et surtout
last[2] [læst] *v/i* durer
last•ing ['læstɪŋ] *adj* durable
last•ly ['læstlɪ] *adv* pour finir
latch [lætʃ] verrou *m*
late [leɪt] **1** *adj* (*behind time*) en retard; *in day* tard; *it's getting late* il se fait tard; *of late* récemment; *in the late 20th century* vers la fin du XXᵉ siècle **2** *adv* arrive, leave tard
late•ly ['leɪtlɪ] *adv* récemment
lat•er ['leɪtər] *adv* plus tard; *see you later!* à plus tard!; *later on* plus tard
lat•est ['leɪtɪst] *adj* dernier*
lathe [leɪð] *n* tour *m*
la•ther ['lɑ:ðər] *from soap* mousse *f*; *the horse was in a lather* le cheval était couvert d'écume
Lat•in ['lætɪn] **1** *adj* latin **2** *n* latin *m*
Lat•in A'mer•i•ca Amérique *f* latine
Lat•in A'mer•i•can 1 *n* Latino-Américain *m* **2** *adj* latino-américain
lat•i•tude ['lætɪtu:d] *also* (*freedom*) latitude *f*
lat•ter ['lætər] **1** *adj* dernier* **2** *n*: *the latter* ce dernier, cette dernière
laugh [læf] **1** *n* rire *m*; *it was a laugh* F on s'est bien amusés **2** *v/i* rire
♦ **laugh at** *v/t* rire de; (*mock*) se moquer de
laugh•ing stock ['læfɪŋ]: *make o.s. a laughing stock* se couvrir de ridicule; *be a laughing stock* être la risée de tous
laugh•ter ['læftər] rires *mpl*
launch [lɔ:ntʃ] **1** *n boat* vedette *f*; *of rocket, product* lancement *m*; *of ship* mise *f* à

l'eau **2** *v/t rocket, product* lancer; *ship* mettre à l'eau
'launch cer•e•mo•ny cérémonie *f* de lancement
'launch pad plate-forme *f* de lancement
laun•der ['lɔ:ndər] *v/t clothes, money* blanchir
laun•dro•mat ['lɔ:ndrəmæt] laverie *f* automatique
laun•dry ['lɔ:ndrɪ] *place* blanchisserie *f*; *clothes* lessive *f*; *get one's laundry done* faire sa lessive
lau•rel ['lɔ:rəl] laurier *m*
lav•a•to•ry ['lævətərɪ] W.-C. *mpl*
lav•en•der ['lævəndər] lavande *f*
lav•ish ['lævɪʃ] *adj* somptueux*
law [lɔ:] loi *f*; *as subject* droit *m*; *be against the law* être contraire à la loi; *forbidden by law* interdit par la loi
law-a•bid•ing ['lɔ:əbaɪdɪŋ] *adj* respectueux* des lois
'law court tribunal *m*
law•ful ['lɔ:ful] *adj* légal; *wife, child* légitime
law•less ['lɔ:lɪs] *adj* anarchique
lawn [lɔ:n] pelouse *f*
'lawn mow•er tondeuse *f* (à gazon)
'law•suit procès *m*
law•yer ['lɔ:jər] avocat *m*
lax [læks] *adj* laxiste; *security* relâché
lax•a•tive ['læksətɪv] *n* laxatif *m*
lay[1] [leɪ] *pret* → **lie**
lay[2] [leɪ] *v/t* (*pret & pp* **laid**) (*put down*) poser; *eggs* pondre; V *sexually* s'envoyer V
♦ **lay into** *v/t* (*attack*) attaquer
♦ **lay off** *v/t workers* licencier; *temporarily* mettre au chômage technique
♦ **lay on** *v/t* (*provide*) organiser
♦ **lay out** *v/t objects* disposer; *page* faire la mise en page de
'lay•a•bout *Br* F glandeur *m* F
'lay-by *Br: on road* bande *f* d'arrêt d'urgence
lay•er ['leɪr] couche *f*
'lay•man REL laïc *m*; *fig* profane *m*
'lay•off *from employment* licenciement *m*
♦ **laze around** [leɪz] *v/i* paresser
la•zy ['leɪzɪ] *adj person* paresseux*; *day* tranquille, paisible
lb *abbr* (= *pound*) livre *f*
LCD [elsi:'di:] *abbr* (= *liquid crystal display*) affichage *m* à cristaux liquides
lead[1] [li:d] **1** *v/t* (*pret & pp* **led**) *procession, race* mener; *company, team* être à la tête de; (*guide, take*) mener, conduire **2** *v/i in race, competition* mener; (*provide leadership*) diriger; *a street leading to the square* une rue partant de la place; *a*

street leading into the square une rue menant à la place; *where is this leading?* à quoi ceci va nous mener? **3** *n in race* tête *f*; *be in the lead* mener; *take the lead* prendre l'avantage; *lose the lead* perdre l'avantage
◆ **lead on** *v/i (go in front)* passer devant
◆ **lead up to** *v/t* answer; *what is she leading up to?* où veut-elle en venir?
lead² [liːd] *n* for dog laisse *f*
lead³ [led] *n substance* plomb *m*
lead•ed ['ledɪd] *adj* gas au plomb
lead•er ['liːdər] *of state* dirigeant *m*; *in race* leader *m*; *of group* chef *m*
lead•er•ship ['liːdərʃɪp] *of party* direction *f*; *leadership skills* qualités *fpl* de chef
'lead•er•ship con•test POL bataille *f* pour la direction du parti
lead-free ['ledfriː] *adj* gas sans plomb
lead•ing ['liːdɪŋ] *adj* runner en tête (de la course); *company, product* premier*
'lead•ing-edge *adj* company, technology de pointe
leaf [liːf] (*pl* leaves [liːvz]) feuille *f*
◆ **leaf through** *v/t* feuilleter
leaf•let ['liːflət] dépliant *m*; *instruction leaflet* mode *m* d'emploi
league [liːg] ligue *f*
leak [liːk] **1** *n also of information* fuite *f* **2** *v/i of pipe* fuir; *of boat* faire eau **3** *v/t information* divulguer
◆ **leak out** *v/i of air, gas* fuir; *of news* transpirer
leak•y ['liːki] *adj* pipe qui fuit; *boat* qui fait eau
lean¹ [liːn] **1** *v/i (be at an angle)* pencher; *lean against sth* s'appuyer contre qch **2** *v/t* appuyer
lean² [liːn] *adj* meat maigre; *style, prose* sobre
leap [liːp] **1** *n* saut *m*; *a great leap forward* un grand bond en avant **2** *v/i* sauter
'leap year année *f* bissextile
learn [lɜːrn] *v/t &v/i* apprendre; *learn how to do sth* apprendre à faire qch
learn•er ['lɜːrnər] apprenant(e) *m(f)*
'learn•er driv•er apprenti *m* conducteur
learn•ing ['lɜːrnɪŋ] *n (knowledge)* savoir *m*; *act* apprentissage *m*
'learn•ing curve courbe *f* d'apprentissage
lease [liːs] **1** *n* for apartment bail *m*; *for equipment* location *f* **2** *v/t* apartment, equipment louer
◆ **lease out** *v/t* apartment, equipment louer
lease 'pur•chase crédit-bail *m*
leash [liːʃ] *for dog* laisse *f*
least [liːst] **1** *adj (slightest)* (le ou la)

moindre, (le ou la) plus petit(e); *smallest quantity of* le moins de **2** *adv* (le) moins **3** *n* le moins; *not in the least suprised* absolument pas surpris; *at least* au moins
leath•er ['leðər] **1** *n* cuir *m* **2** *adj* de cuir
leave [liːv] **1** *n (vacation)* congé *m*; *(permission)* permission *f*; *on leave* en congé **3** *v/t (pret & pp left)* quitter; *city, place also* partir de; *food, scar, memory* laisser; *(forget, leave behind)* oublier; *let's leave things as they are* laissons faire les choses; *how did you leave things with him?* où en es-tu avec lui?; *leave sth alone* ne pas toucher à qch; *leave s.o. alone* laisser qn tranquille; *be left* rester **2** *v/i (pret & pp left)* of person, plane etc partir
◆ **leave behind** *v/t intentionally* laisser; *(forget)* oublier
◆ **leave on** *v/t hat, coat* garder; *TV, computer* laisser allumé
◆ **leave out** *v/t* word, figure omettre; *(not put away)* ne pas ranger; *leave me out of this* laissez-moi en dehors de ça
leav•ing par•ty ['liːvɪŋ] soirée *f* d'adieu
lec•ture ['lektʃər] **1** *n* conférence *f*; *at university* cours *m* **2** *v/i at university* donner des cours
'lec•ture hall amphithéâtre *m*
lec•tur•er ['lektʃərər] conférencier *m*; *at university* maître *m* de conférences
led [led] *pret & pp* → **lead1**
LED [eliː'diː] *abbr (= light-emitting diode)* DEL *f* (= diode électroluminescente)
ledge [ledʒ] *of window* rebord *m*; *on rock face* saillie *f*
ledg•er ['ledʒər] COMM registre *m* de comptes
leek [liːk] poireau *m*
leer [lɪr] *n* sexual regard *m* vicieux; *evil* regard *m* malveillant
left¹ [left] **1** *adj* gauche **2** *n* gauche *f*; *on the left (of sth)* à gauche (de qch); *to the left* à gauche **3** *adv* turn, look à gauche
left² [left] *pret & pp* → **leave**
'left-hand *adj* gauche; *curve* à gauche
left-hand 'drive conduite *f* à gauche
left-hand•ed [left'hændɪd] gaucher
left 'lug•gage (of•fice) Br consigne *f*
'left-overs *npl of food* restes *mpl*
left 'wing POL gauche *f*; SP ailier *m* gauche
'left-wing *adj* POL de gauche
leg [leg] jambe *f*; *of animal* patte *f*; *of table etc* pied *m*; *pull s.o.'s leg* faire marcher qn
leg•a•cy ['legəsi] héritage *m*, legs *m*
le•gal ['liːgl] *adj (allowed)* légal; *relating to the law* juridique
le•gal ad'vis•er conseiller(-ère) *m(f)* juri-

dique

le•gal•i•ty [lɪˈgælətɪ] légalité f
le•gal•ize [ˈliːgəlaɪz] v/t légaliser
le•gend [ˈledʒənd] légende f
le•gen•da•ry [ˈledʒəndrɪ] adj légendaire
le•gi•ble [ˈledʒəbl] adj lisible
le•gion•naire [liːdʒəˈner] légionnaire m
le•gis•late [ˈledʒɪsleɪt] v/i légiférer
le•gis•la•tion [ledʒɪsˈleɪʃn] (laws) législation f; (passing of laws) élaboration f des lois
le•gis•la•tive [ˈledʒɪslətɪv] adj législatif*
le•gis•la•ture [ˈledʒɪsləʃər] POL corps m législatif
le•git•i•mate [lɪˈdʒɪtɪmət] adj légitime
'leg room place f pour les jambes
lei•sure [ˈliːʒər] loisir m; (free time) temps m libre; **at your leisure** à loisir
'lei•sure cen•ter, Br **lei•sure cen•tre** centre m de loisirs
lei•sure•ly [ˈliːʒərlɪ] adj pace, lifestyle tranquille
'lei•sure time temps m libre
le•mon [ˈlemən] citron m
le•mon•ade [leməˈneɪd] citronnade f; carbonated limonade f
'le•mon juice jus m de citron
'le•mon tea thé m au citron
lend [lend] v/t (pret & pp **lent**) prêter; **lend s.o. sth** prêter qch à qn
length [leŋθ] longueur f; (piece: of material) pièce f; of piping, road tronçon m; **at length** describe, explain en détail; (eventually) finalement
length•en [ˈleŋθən] v/t sleeve etc allonger; contract prolonger
length•y [ˈleŋθɪ] adj speech, stay long*
le•ni•ent [ˈliːnɪənt] adj indulgent
lens [lenz] of microscope etc lentille f; of eyeglasses verre m; of camera objectif m; of eye cristallin m
'lens cov•er of camera capuchon m d'objectif
Lent [lent] REL Carême m
lent [lent] pret & pp → **lend**
len•til [ˈlentl] lentille f
'len•til soup soupe f aux lentilles
Leo [ˈliːəʊ] ASTROL Lion m
leop•ard [ˈlepərd] léopard m
le•o•tard [ˈliːəʊtɑːrd] justaucorps m
les•bi•an [ˈlezbɪən] **1** n lesbienne f **2** adj lesbien*
less [les] **1** adv moins; **eat less** manger moins; **less interesting** moins intéressant; **it cost less** c'était moins cher; **less than $200** moins de 200 dollars **2** adj money, salt moins de
less•en [ˈlesn] **1** v/t réduire **2** v/i diminuer
les•son [ˈlesn] leçon f; at school cours m

let [let] v/t (pret & pp **let**) (allow) laisser; Br house louer; **let s.o. do sth** laisser qn faire qch; **let him come in!** laissez-le entrer!; **let him stay if he wants to** laissez-le rester s'il le souhaite, qu'il reste s'il le souhaite; **let's stay here** restons ici; **let's not argue** ne nous disputons pas; **let alone** encore moins; **let me go!** lâchez-moi!; **let go of sth** of rope, handle lâcher qch
◆ **let down** v/t hair détacher; blinds baisser; (disappoint) décevoir; dress, pants allonger
◆ **let in** v/t to house laisser entrer
◆ **let off** v/t (not punish) pardonner; from car laisser descendre; **he was let off with a small fine** il s'en est tiré avec une petite amende
◆ **let out** v/t from room, building laisser sortir; jacket etc agrandir; groan, yell laisser échapper; Br (rent) louer
◆ **let up** v/i (stop) s'arrêter
le•thal [ˈliːθl] mortel
le•thar•gic [lɪˈθɑːrdʒɪk] adj léthargique
leth•ar•gy [ˈleθərdʒɪ] léthargie f
let•ter [ˈletər] of alphabet, in mail lettre f
'let•ter•box Br boîte f aux lettres
'let•ter•head (heading) en-tête m; (headed paper) papier m à en-tête
letter of 'cred•it COMM lettre f de crédit
let•tuce [ˈletɪs] laitue f
'let•up: without (a) letup sans répit
leu•ke•mi•a [luːˈkiːmɪə] leucémie f
lev•el [ˈlevl] **1** adj field, surface plat; in competition, scores à égalité; **draw level with s.o.** rattraper qn **2** n (amount, quantity) niveau m; on scale, in hierarchy échelon m; **on the level** sur un terrain plat; F (honest) réglo F
lev•el-head•ed [levlˈhedɪd] adj pondéré
le•ver [ˈlevər] **1** n levier m **2** v/t: **lever sth open** ouvrir qch à l'aide d'un levier
lev•er•age [ˈlevrɪdʒ] effet m de levier; (influence) poids m
lev•y [ˈlevɪ] v/t (pret & pp **-ied**) taxes lever
lewd [luːd] adj obscène
li•a•bil•i•ty [laɪəˈbɪlətɪ] (responsibility) responsabilité f; (likeliness) disposition f (**to** à)
li•a•ble [ˈlaɪəbl] adj (answerable) responsable (**for** de); **be liable to** (likely) être susceptible à
◆ **li•ai•se** [lɪˈeɪz] v/t assurer la liaison avec
li•ai•son [lɪˈeɪzɑːn] (contacts) communication(s) f
li•ar [laɪr] menteur(-euse) m(f)
li•bel [ˈlaɪbl] **1** n diffamation f **2** v/t diffamer

lib•er•al ['lɪbərəl] adj (broad-minded) largue d'esprit; (generous: portion etc) généreux*; POL libéral

lib•er•ate ['lɪbəreɪt] v/t libérer

lib•er•at•ed ['lɪbəreɪtɪd] adj woman libéré

lib•er•a•tion [lɪbə'reɪʃn] libération f

lib•er•ty ['lɪbərtɪ] liberté f; at liberty prisoner en liberté; be at liberty to do sth être libre de faire qch

Li•bra ['liːbrə] ASTROL Balance f

li•brar•i•an [laɪ'breriən] bibliothécaire m/f

li•bra•ry ['laɪbrərɪ] bibliothèque f

Lib•y•a ['lɪbɪə] Libye f

Lib•y•an ['lɪbɪən] 1 adj libyen* 2 n Libyen(ne) m(f)

lice [laɪs] pl → louse

li•cence ['laɪsns] Br → license 1 n

li•cense ['laɪsns] 1 n permis m; Br: for TV redevance f 2 v/t company accorder une licence à (to do pour faire); be licensed equipment être autorisé; gun être déclaré

'li•cense num•ber numéro m d'immatriculation

'li•cense plate of car plaque f d'immatriculation

lick [lɪk] v/t lécher; lick one's lips fig se frotter les mains

lick•ing ['lɪkɪŋ] F (defeat) raclée f F; get a licking prendre une raclée

lid [lɪd] couvercle m

lie¹ [laɪ] 1 n (untruth) mensonge m 2 v/i mentir

lie² [laɪ] v/i (pret lay, pp lain) of person (lie down) s'allonger; (be lying down) être allongé; of object être; (be situated) être, se trouver

◆ lie down v/i se coucher, s'allonger

lieu [luː]: in lieu of au lieu de; in lieu of payment en guise de paiement

lieu•ten•ant [luˈtenənt] lieutenant m

life [laɪf] (pl lives [laɪvz]) vie f; of machine durée f de vie; all her life toute sa vie; that's life! c'est la vie!

'life belt bouée f de sauvetage

'life•boat canot m de sauvetage

life ex•pect•an•cy ['laɪfekspektənsɪ] espérance f de vie

'life•guard maître nageur m

'life his•to•ry vie f

life im•pris•on•ment emprisonnement m à vie

'life in•sur•ance assurance-vie f

'life jack•et gilet m de sauvetage

life•less ['laɪflɪs] adj body inanimé; personality mou*; town mort

life•like ['laɪflaɪk] adj réaliste

life•long adj de toute une vie

'life mem•ber membre m à vie

life pre•serv•er ['laɪfprɪzɜːrvər] for swimmer bouée f de sauvetage

'life-sav•ing adj medical equipment de sauvetage; drugs d'importance vitale

life-sized ['laɪfsaɪzd] adj grandeur nature

'life sup•port sys•tem respirateur m (artificiel)

'life-threat•en•ing adj illness extrêmement grave

'life•time vie f; in my lifetime de mon vivant

lift [lɪft] 1 v/t soulever 2 v/i of fog se lever 3 n Br (elevator) ascenseur m; give s.o. a lift in car emmener qn en voiture

◆ lift off v/i of rocket décoller

'lift-off of rocket décollage m

lig•a•ment ['lɪgəmənt] ligament m

light¹ [laɪt] 1 n lumière f; in the light of à la lumière de; do you have a light? vous avez du feu? 2 v/t (pret & pp lit) fire, cigarette allumer; (illuminate) éclairer 3 adj (not dark) clair

light² [laɪt] 1 adj (not heavy) léger* 2 adv: travel light voyager léger

◆ light up 1 v/t (illuminate) éclairer 2 v/i (start to smoke) s'allumer une cigarette

'light bulb ampoule f

light•en¹ ['laɪtn] v/t color éclaircir

light•en² ['laɪtn] v/t load alléger

◆ lighten up v/i of person se détendre

light•er ['laɪtər] for cigarettes briquet m

light-head•ed [laɪt'hedɪd] (dizzy) étourdi

light-heart•ed [laɪt'hɑːrtɪd] adj mood enjoué; criticism, movie léger*

'light•house phare m

light•ing ['laɪtɪŋ] éclairage m

light•ly ['laɪtlɪ] adv touch légèrement; get off lightly s'en tirer à bon compte

light•ness¹ ['laɪtnɪs] of room, color clarté f

light•ness² ['laɪtnɪs] in weight légèreté f

'light•ning ['laɪtnɪŋ] éclair m, foudre f

'light•ning rod paratonnerre m

'light•weight in boxing poids m léger

'light year année-lumière f

like¹ [laɪk] 1 prep comme; be like s.o./sth ressembler à qn / qch; what is she like? in looks, character comment est-elle?; it's not like him not his character ça ne lui ressemble pas 2 conj F (as) comme; like I said comme je l'ai dit

like² [laɪk] v/t aimer; I like it ça me plaît (bien); I like Susie j'aime bien Susie; romantically she likes him il lui plaît (bien); I would like ... je voudrais, j'aimerais ...; I would like to leave je voudrais or j'aimerais partir; would you like ...? voulez-vous ...?; would you like to ...? as-tu envie

L

de …?; **like to do sth** aimer faire qch; **if you like** si vous voulez

like•a•ble ['laɪkəbl] agréable, plaisant

like•li•hood ['laɪklɪhʊd] probabilité f; **in all likelihood** selon toute probabilité

like•ly ['laɪklɪ] **1** adj probable **2** adv probablement

like•ness ['laɪknɪs] ressemblance f

like•wise ['laɪkwaɪz] adv de même, aussi

lik•ing ['laɪkɪŋ] for person affection f; for sth penchant m; **to your liking** à votre goût; **take a liking to s.o.** se prendre d'affection pour qn; **take a liking to sth** se mettre à aimer qch

li•lac ['laɪlək] flower, color lilas m

li•ly ['lɪlɪ] lis m

li•ly of the 'val•ley muguet m

limb [lɪm] membre m

lime[1] [laɪm] fruit citron m vert; tree limettier m

lime[2] [laɪm] substance chaux f

lime[3] [laɪm] (linden tree) tilleul m

lime'green adj jaune-vert

lime•light: be in the limelight être sous les projecteurs

lim•it ['lɪmɪt] **1** n limite f; **within limits** dans une certaine mesure; **off limits** interdit d'accès; **that's the limit!** F ça dépasse les bornes!, c'est le comble! **2** v/t limiter

lim•i•ta•tion [lɪmɪ'teɪʃn] limitation f; **know one's limitations** connaître ses limites

lim•it•ed com•pa•ny ['lɪmɪtɪd] société f à responsabilité limitée

li•mo ['lɪmoʊ] F limousine f

lim•ou•sine ['lɪməziːn] limousine f

limp[1] [lɪmp] adj mou*

limp[2] [lɪmp] **1** n claudication f; **he has a limp** il boite **2** v/i boiter

line[1] [laɪn] n on paper, road, of text, TELEC ligne f; RAIL voie f; of people file f; of trees rangée f; of poem vers m; of business domaine m, branche f; **hold the line** ne quittez pas; **draw the line at sth** refuse to do se refuser à faire qch, not tolerate ne pas tolérer qch; **line of inquiry** piste f; **line of reasoning** raisonnement m; **stand in line** faire la queue; **in line with** conformément à, en accord avec

line[2] [laɪn] v/t with material recouvrir, garnir; clothes doubler

◆ **line up** v/i se mettre en rang(s)

lin•e•ar ['lɪnɪər] adj linéaire

lin•en ['lɪnɪn] material lin m; (sheets etc) linge m

lin•er ['laɪnər] ship paquebot m de grande ligne

lines•man ['laɪnzmən] SP juge m de tou-

che; tennis juge m de ligne

'line•up for sports event sélection f

lin•ger ['lɪŋgər] v/i of person s'attarder, traîner; of pain persister

lin•ge•rie ['lænʒərɪ] lingerie f

lin•guist ['lɪŋgwɪst] linguiste m; **she's a good linguist** elle est douée pour les langues

lin•guis•tic [lɪŋ'gwɪstɪk] adj linguistique

lin•ing ['laɪnɪŋ] of clothes doublure f; of brakes, pipes garniture f

link [lɪŋk] **1** n (connection) lien m; in chain maillon m **2** v/t lier, relier; **her name has been linked with …** son nom a été associé à …

◆ **link up** v/i se rejoindre; TV se connecter

li•on ['laɪən] lion m

li•on•ess ['laɪənes] lionne f

lip [lɪp] lèvre f

'lip•read v/i (pret & pp **-read** [-red]) lire sur les lèvres

'lip•stick rouge m à lèvres

li•queur [lɪ'kjʊr] liqueur f

liq•uid ['lɪkwɪd] **1** n liquide m **2** adj liquide

liq•ui•date ['lɪkwɪdeɪt] v/t liquider

liq•ui•da•tion [lɪkwɪ'deɪʃn] liquidation f; **go into liquidation** entrer en liquidation

liq•uid•i•ty [lɪ'kwɪdɪtɪ] FIN liquidité f

liq•uid•ize ['lɪkwɪdaɪz] v/t passer au mixeur, rendre liquide

liq•uid•iz•er ['lɪkwɪdaɪzər] mixeur m

liq•uor ['lɪkər] alcool m

'liq•uor store magasin m de vins et spiritueux

lisp [lɪsp] **1** n zézaiement m **2** v/i zézayer

list [lɪst] **1** n liste f **2** v/t faire la liste de; (enumerate) énumérer; COMPUT lister

◆ **listen in** v/i écouter

◆ **listen to** v/t radio, person écouter

lis•ten ['lɪsn] v/i écouter

lis•ten•er ['lɪsnər] to radio auditeur (-trice) m(f); **he's a good listener** il sait écouter

list•ings mag•a•zine ['lɪstɪŋz] programme m télé / cinéma

list•less ['lɪstlɪs] adj amorphe

lit [lɪt] pret & pp → **light**

li•ter ['liːtər] litre m

lit•e•ral ['lɪtərəl] adj littéral

lit•e•ral•ly ['lɪtərəlɪ] adv littéralement

lit•e•ra•ry ['lɪtərerɪ] adj littéraire

lit•e•rate ['lɪtərət] adj lettré; **be literate** savoir lire et écrire

lit•e•ra•ture ['lɪtrətʃər] littérature f; about a product documentation f

li•tre ['liːtər] Br → **liter**

lit•ter ['lɪtər] détritus mpl, ordures fpl; of animal portée f

'lit•ter bin Br poubelle f

lit•tle ['lɪtl] **1** *adj* petit; **the little ones** les petits **2** *n* peu *m*; **the little I know** le peu que je sais; **a little** un peu; **a little bread / wine** un peu de pain / vin **3** *adv* peu; **little by little** peu à peu; **a little bigger** un peu plus gros; **a little before 6** un peu avant 6h00

live¹ [lɪv] *v/i (reside)* vivre, habiter; *(be alive)* vivre

◆ **live on 1** *v/t rice, bread* vivre de **2** *v/i (continue living)* survivre

◆ **live up** *v/t:* **live it up** faire la fête

◆ **live up to** *v/t* être à la hauteur de; **live up to expectations** *person* être à la hauteur; *vacation, product* tenir ses promesses

◆ **live with** *v/t* vivre avec; *(accept)* se faire à; **I can live with it** je peux m'y faire

live² [laɪv] *adj broadcast* en direct; *bomb* non désamorcé

live•li•hood ['laɪvlɪhud] gagne-pain *m inv;* **earn one's livelihood from ...** gagner sa vie grâce à ...

live•li•ness ['laɪvlɪnɪs] vivacité *f*

live•ly ['laɪvlɪ] *adj person, city* plein de vie, vivant; *party* animé; *music* entraînant

liv•er ['lɪvər] foie *m*

live•stock ['laɪvstɑːk] bétail *m*

liv•id ['lɪvɪd] *adj (angry)* furieux*

liv•ing ['lɪvɪŋ] **1** *adj* vivant **2** *n* vie *f;* **earn one's living** gagner sa vie; **standard of living** niveau *m* de vie

'liv•ing room salle *f* de séjour

liz•ard ['lɪzərd] lézard *m*

load [loud] **1** *n* charge *f,* chargement *m;* ELEC charge *f;* **loads of** F plein de **2** *v/t truck, camera, gun, software* charger

load•ed ['loudɪd] *adj* F *(very rich)* plein aux as F; *(drunk)* bourré F

loaf [louf] *(pl* **loaves** [louvz]*):* **a loaf of bread** un pain

◆ **loaf around** *v/i* F traîner

loaf•er ['loufər] *shoe* mocassin *m*

loan [loun] **1** *n* prêt *m;* **I've got it on loan** on me l'a prêté **2** *v/t:* **loan s.o. sth** prêter qch à qn

loathe [louð] *v/t* détester

loath•ing ['louðɪŋ] dégoût *m*

lob•by ['lɑːbɪ] **1** *n in hotel* hall *m; in theater* entrée *f,* vestibule *m;* POL lobby *m* **2** *v/t politician* faire pression sur

◆ **lobby for** *v/t* faire pression pour obtenir

lobe [loub] *of ear* lobe *m*

lob•ster ['lɑːbstər] homard *m*

lo•cal ['loukl] **1** *adj* local; **I'm not local** je ne suis pas de la région / du quartier **2** *n* habitant *m* de la région / du quartier

'lo•cal call TELEC appel *m* local

lo•cal e'lec•tions élections *fpl* locales

lo•cal 'gov•ern•ment autorités *f* locales

lo•cal•i•ty [lou'kælɪtɪ] endroit *m*

lo•cal•ize ['loukəlaɪz] *v/t* localiser

lo•cal•ly ['loukəlɪ] *adv live, work* dans le quartier, dans la région

lo•cal 'pro•duce produits *mpl* locaux

'lo•cal time heure *f* locale

lo•cate [lou'keɪt] *v/t new factory etc* établir; *(identify position of)* localiser; **be located** se trouver

lo•ca•tion [lou'keɪʃn] *(siting)* emplacement *m; (identifying position of)* localisation *f;* **on location** *movie* en extérieur

lock¹ [lɑːk] *of hair* mèche *f*

lock² [lɑːk] **1** *n on door* serrure *f* **2** *v/t door* fermer à clef; **lock sth in position** verrouiller qch, bloquer qch

◆ **lock away** *v/t* mettre sous clef

◆ **lock in** *v/t person* enfermer à clef

◆ **lock out** *v/t of house* enfermer dehors; **I locked myself out** je me suis enfermé dehors

◆ **lock up** *v/t in prison* mettre sous les verrous, enfermer

lock•er ['lɑːkər] casier *m*

'lock•er room vestiaire *m*

lock•et ['lɑːkɪt] médaillon *m*

lock•smith ['lɑːksmɪθ] serrurier *m*

lo•cust ['loukəst] locuste *f,* sauterelle *f*

lodge [lɑːdʒ] **1** *v/t complaint* déposer **2** *v/i of bullet, ball* se loger, rester coincé

lodg•er ['lɑːdʒər] Br locataire *m/f; with meals* pensionnaire *m/f*

loft [lɑːft] grenier *m; apartment* loft *m; raised bed area* mezzanine *f*

'loft con•ver•sion Br grenier *m* aménagé

loft•y ['lɑːftɪ] *adj heights* haut; *ideals* élevé

log [lɑːg] bûche *f; (written record)* journal *m* de bord

◆ **log off** *v/i (pret & pp* **-ged***)* se déconnecter

◆ **log on** *v/i* se connecter

◆ **log on to** *v/t* se connecter à

'log•book journal *m* de bord

log 'cab•in cabane *f* en rondins

log•ger•heads ['lɑːgərhedz]: **be at loggerheads** être en désaccord

lo•gic ['lɑːdʒɪk] logique *f*

lo•gi•cal ['lɑːdʒɪkl] *adj* logique

lo•gi•cal•ly ['lɑːdʒɪklɪ] *adv* logiquement

lo•gis•tics [lə'dʒɪstɪks] logistique *f*

lo•go ['lougou] logo *m,* sigle *m*

loi•ter ['lɔɪtər] *v/i* traîner

lol•li•pop ['lɑːlɪpɑːp] sucette *f*

Lon•don ['lʌndn] Londres

lone•li•ness ['lounlɪnɪs] *of person* solitude *f; of place* isolement *m*

lone•ly ['lounlɪ] *adj person* seul, solitaire;

L

place isolé

lon•er ['ləʊnər] solitaire *m/f*

long¹ [lɒŋ] **1** *adj* long*; *it's a long way* c'est loin **2** *adv* longtemps; *don't be long* dépêche-toi; *how long will it take?* combien de temps cela va-t-il prendre?; **5** *weeks is too long* 5 semaines, c'est trop long; *will it take long?* est-ce que cela va prendre longtemps?; *that was long ago* c'était il y a longtemps; *long before then* bien avant cela; *before long* in the past peu après; *in the future* dans peu de temps; *we can't wait any longer* nous ne pouvons pas attendre plus longtemps; *he no longer works here* il ne travaille plus ici; *so long as* (provided) pourvu que; *so long!* à bientôt!

long² [lɒŋ] *v/i*: *long for sth* avoir très envie de qch, désirer (ardemment) qch; *be longing to do sth* avoir très envie de faire qch

long-'dis•tance *adj phonecall* longue distance; *race* de fond; *flight* long-courrier

lon•gev•i•ty [lɒnˈdʒevɪtɪ] longévité *f*

long•ing ['lɒŋɪŋ] *n* désir *m*, envie *f*

lon•gi•tude ['lɒndʒɪtuːd] longitude *f*

'long jump saut *m* en longueur

'long-range *adj missile* à longue portée; *forecast* à long terme

long-'sight•ed [lɒŋˈsaɪtɪd] *adj* hypermétrope; *due to old age* presbyte

long-sleeved [lɒŋˈsliːvd] *adj* à manches longues

long-'stand•ing *adj* de longue date

'long-term *adj* à long terme; *unemployment* de longue durée

'long wave RAD grandes ondes *fpl*

long-'wind•ed [lɒŋˈwɪndɪd] *adj story, explanation* interminable; *person* intarissable

loo [luː] *Br F* toilettes *fpl*

look [lʊk] **1** *n* (appearance) air *m*, apparence *f*; (glance) coup *m* d'œil, regard *m*; *give s.o./sth a look* regarder qn / qch; *have a look at sth* (examine) examiner qch, regarder qch; *can I have a look?* je peux regarder?, fais voir; *can I have a look around?* in shop etc puis-je jeter un coup d'œil?; *looks* (beauty) beauté *f*; *she still has her looks* elle est toujours aussi belle **2** *v/i* regarder; (search) chercher, regarder; (seem) avoir l'air; *you look tired* tu as l'air fatigué

◆ **look after** *v/t* s'occuper de

◆ **look ahead** *v/i* fig regarder en avant

◆ **look around** *v/i* jeter un coup d'œil

◆ **look at** *v/t* regarder; (examine) examiner; (consider) voir, envisager

◆ **look back** *v/i* regarder derrière soi

◆ **look down on** *v/t* mépriser

◆ **look for** *v/t* chercher

◆ **look forward to** *v/t* attendre avec impatience, se réjouir de; *I'm not looking forward to it* je ne suis pas pressé que ça arrive

◆ **look in on** *v/t* (visit) passer voir

◆ **look into** *v/t* (investigate) examiner

◆ **look on 1** *v/i* (watch) regarder **2** *v/t*: *look on s.o./sth as* considérer qn / qch comme

◆ **look onto** *v/t garden, street* donner sur

◆ **look out** *v/i* of window etc regarder dehors; (pay attention) faire attention; *look out!* attention!

◆ **look out for** *v/t* essayer de repérer; *be on guard against*) se méfier de; (take care of) prendre soin de

◆ **look out of** *v/t window* regarder par

◆ **look over** *v/t house, translation* examiner

◆ **look through** *v/t magazine, notes* parcourir, feuilleter

◆ **look to** *v/t* (rely on) compter sur

◆ **look up 1** *v/i from paper etc* lever les yeux; (improve) s'améliorer; *things are looking up* ça va mieux **2** *v/t word, phone number* chercher; (visit) passer voir

◆ **look up to** *v/t* (respect) respecter

'look•out *person* sentinelle *f*; *be on the lookout for* être à l'affût de

◆ **loom up** [luːm] *v/i out of mist etc* surgir

loon•y ['luːnɪ] **1** *n* F dingue *m/f* F **2** *adj* F dingue F

loop [luːp] *n* boucle *f*

'loop•hole in law etc lacune *f*

loose [luːs] *adj knot* lâche; *connection, screw* desserré; *clothes* ample; *morals* relâché; *wording* vague; *loose change* petite monnaie *f*; *loose ends* of problem, discussion derniers détails *mpl*

loose•ly ['luːslɪ] *adv tied* sans serrer; *worded* de manière approximative

loos•en ['luːsn] *v/t collar, knot* desserrer

loot [luːt] **1** *n* butin *m* **2** *v/i* se livrer au pillage

loot•er ['luːtər] pilleur(-euse) *m(f)*

◆ **lop off** [lɒp] *v/t (pret & pp -ped)* couper, tailler

lop-sid•ed [lɒpˈsaɪdɪd] *adj* déséquilibré, disproportionné

Lord [lɔːrd] (god) Seigneur *m*

Lord's 'Prayer Pater *m*

lor•ry ['lɒrɪ] *Br* camion *m*

lose [luːz] **1** *v/t (pret & pp lost)* perdre; *I'm lost* je suis perdu; *get lost!* F va te faire voir! F **2** *v/i* sp perdre; *of clock* retarder

◆ **lose out** *v/i* être perdant

los•er ['lu:zər] perdant(e) m(f)

loss [lɑːs] perte f; **make a loss** subir une perte; **be at a loss** ne pas savoir quoi faire

lost [lɑːst] **1** adj perdu **2** pret & pp → **lose**

lost-and-'found (of•fice) (bureau m des) objets mpl trouvés

lot [lɑːt]: **the lot** tout, le tout; **a lot, lots** beaucoup; **a lot of, lots of** beaucoup de; **a lot better** beaucoup mieux; **quite a lot of people / snow** pas mal de gens / neige

lo•tion ['ləʊʃn] lotion f

lot•te•ry ['lɑːtəri] loterie f

loud [laʊd] adj music, voice fort; color criard; **say it out loud** dites-le à voix haute

loud'speak•er haut-parleur m

lounge [laʊndʒ] salon m

◆ **lounge around** v/i paresser

'lounge suit Br complet m

louse [laʊs] (pl **lice** [laɪs]) pou m

lous•y ['laʊzi] adj F minable F, mauvais; **I feel lousy** je suis mal fichu F

lout [laʊt] rustre m

lov•a•ble ['lʌvəbl] adj sympathique, adorable

love [lʌv] **1** n amour m; in tennis zéro m; **be in love** être amoureux (**with** de); **fall in love** tomber amoureux (**with** de); **make love** faire l'amour (**to** avec); **yes, my love** oui mon amour **2** v/t aimer; wine, music adorer; **love to do sth** aimer faire qch

'love af•fair aventure f

'love let•ter billet m doux

'love life vie f sentimentale; **how's your love life?** comment vont tes amours?

love•ly ['lʌvli] adj beau*; house, wife ravissant; character charmant; meal délicieux*; **we had a lovely time** nous nous sommes bien amusés; **it's lovely to be here again** c'est formidable d'être à nouveau ici

lov•er ['lʌvər] man amant m; woman maîtresse f; person in love amoureux(-euse) m(f); of good food etc amateur m

lov•ing ['lʌvɪŋ] adj affectueux*

lov•ing•ly ['lʌvɪŋli] adv avec amour

low [loʊ] **1** adj bas*; quality mauvais; **be feeling low** être déprimé; **be low on gas / tea** être à court d'essence / de thé **2** n in weather dépression f; in sales, statistics niveau m bas

'low•brow adj peu intellectuel*

'low-cal•o•rie adj (à) basses calories

'low-cut adj dress décolleté

low•er ['loʊər] v/t baisser; to the ground faire descendre; boat mettre à la mer

'low-fat adj allégé

'low-key adj discret*, mesuré

'low•lands npl plaines fpl

low-'pres•sure ar•e•a zone f de basse pression

'low sea•son basse saison f

'low tide marée f basse

loy•al ['lɔɪəl] adj fidèle, loyal

loy•al•ly ['lɔɪəli] adv fidèlement

loy•al•ty ['lɔɪəlti] loyauté f

loz•enge ['lɑːzɪndʒ] shape losange m; tablet pastille f

LP [el'piː] abbr (= **long-playing record**) 33 tours m

Ltd abbr (= **limited**) company à responsabilité limitée

lu•bri•cant ['luːbrɪkənt] lubrifiant m

lu•bri•cate ['luːbrɪkeɪt] v/t lubrifier

lu•bri•ca•tion [luːbrɪ'keɪʃn] lubrification f

lu•cid ['luːsɪd] adj (clear) clair; (sane) lucide

luck [lʌk] chance f, hasard m; **bad luck** malchance f; **hard luck!** pas de chance!; **good luck** (bonne) chance f; **good luck!** bonne chance!

◆ **luck out** v/i F avoir du bol F

luck•i•ly ['lʌkɪli] adv heureusement

luck•y ['lʌki] adj person chanceux*; number porte-bonheur inv; coincidence heureux*; **it's her lucky day!** c'est son jour de chance!; **you were lucky** tu as eu de la chance; **he's lucky to be alive** il a de la chance d'être encore en vie; **that's lucky!** c'est un coup de chance!

lu•cra•tive ['luːkrətɪv] adj lucratif*

lu•di•crous ['luːdɪkrəs] adj ridicule

lug [lʌg] v/t (pret & pp **-ged**) F traîner

lug•gage ['lʌgɪdʒ] bagages mpl

luke•warm ['luːkwɔːrm] adj also fig tiède

lull [lʌl] **1** n in storm, fighting accalmie f; in conversation pause f **2** v/t: **lull s.o. into a false sense of security** endormir la vigilance de qn

lul•la•by ['lʌləbaɪ] berceuse f

lum•ba•go [lʌmˈbeɪgoʊ] lumbago m

lum•ber ['lʌmbər] (timber) bois m de construction

lu•mi•nous ['luːmɪnəs] adj lumineux*

lump [lʌmp] of sugar morceau m; (swelling) grosseur f

◆ **lump together** v/t mettre dans le même panier

lump 'sum forfait m

lump•y ['lʌmpi] adj liquid, sauce grumeleux*; mattress défoncé

lu•na•cy ['luːnəsi] folie f

lu•nar ['luːnər] adj lunaire

lu•na•tic ['luːnətɪk] n fou m, folle f

lunch [lʌntʃ] déjeuner m; **have lunch** dé-

L

jeuner
'**lunch box** panier-repas *m*
'**lunch break** pause-déjeuner *f*
'**lunch hour** heure *f* du déjeuner
'**lunch•time** heure *f* du déjeuner, midi *m*
lung [lʌŋ] poumon *m*
'**lung can•cer** cancer *m* du poumon
◆ **lunge at** [lʌndʒ] *v/t* se jeter sur
lurch [lɜːrtʃ] *v/i of person* tituber; *of ship* tanguer
lure [lʊr] **1** *n* attrait *m*, appât *m* **2** *v/t* attirer, entraîner
lu•rid ['lʊrɪd] *adj color* cru; *details* choquant
lurk [lɜːrk] *v/i of person* se cacher; *of doubt* persister
lus•cious ['lʌʃəs] *adj fruit, dessert* succu-

lent; *F woman, man* appétissant
lush [lʌʃ] *adj vegetation* luxuriant
lust [lʌst] *n* désir *m*; *rel* luxure *f*
Lux•em•bourg ['lʌksmbɜːrg] **1** *n* Luxembourg *m* **2** *adj* luxembourgeois
Lux•em•bourg•er ['lʌksmbɜːrgər] Luxembourgeois(e) *m(f)*
lux•u•ri•ous [lʌg'ʒʊrɪəs] *adj* luxueux*
lux•u•ri•ous•ly [lʌg'ʒʊrɪəslɪ] *adv* luxueusement
lux•u•ry ['lʌkʃərɪ] **1** *n* luxe *m* **2** *adj* de luxe
lymph gland ['lɪmfglænd] ganglion *m* lymphatique
lynch [lɪntʃ] *v/t* lyncher
Ly•ons ['liːɒːn] Lyon
lyr•i•cist ['lɪrɪsɪst] parolier(-ière) *m(f)*
lyr•ics ['lɪrɪks] *npl* paroles *fpl*

M

M [em] *abbr* (= *medium*) M
MA [em'eɪ] *abbr* (= *Master of Arts*) maîtrise *f* de lettres
ma'am [mæm] madame
ma•chine [mə'ʃiːn] **1** *n* machine *f* **2** *v/t with sewing machine* coudre à la machine; TECH usiner
ma'chine gun *n* mitrailleuse *f*
ma•chine-'read•a•ble *adj* lisible par ordinateur
ma•chin•e•ry [mə'ʃiːnərɪ] (*machines*) machines *fpl*
ma•chine trans'la•tion traduction *f* automatique
ma•chis•mo [mə'kɪzmoʊ] machisme *m*
ma•cho ['mætʃoʊ] *adj* macho *inv*; *macho type* macho *m*
mack•in•tosh ['mækɪntɑːʃ] imperméable *m*
mac•ro ['mækroʊ] COMPUT macro *f*
mad [mæd] *adj* (*insane*) fou*; F (*angry*) furieux*; *be mad about* F (*keen on*) être fou de; *drive s.o. mad* rendre qn fou; *go mad also with enthusiasm* devenir fou; *like mad* F *run, work* comme un fou
mad•den ['mædən] *v/t* (*infuriate*) exaspérer
mad•den•ing ['mædnɪŋ] *adj* exaspérant
made [meɪd] *pret & pp* → *make*
'**mad•house** *fig* maison *f* de fous
mad•ly ['mædlɪ] *adv* follement, comme un fou; *madly in love* éperdument amou-

reux*
'**mad•man** fou *m*
mad•ness ['mædnɪs] folie *f*
Ma•don•na [mə'dɑːnə] Madone *f*
Ma•fi•a ['mɑːfɪə]: *the Mafia* la Mafia
mag•a•zine [mægə'ziːn] *printed* magazine *m*
mag•got ['mægət] ver *m*
Ma•gi ['meɪdʒaɪ] REL: *the Magi* les Rois *mpl* mages
mag•ic ['mædʒɪk] **1** *adj* magique **2** *n* magie *f*; *like magic* comme par enchantement
mag•i•cal ['mædʒɪkl] *adj* magique
mag•i•cian [mə'dʒɪʃn] magicien(ne) *m(f)*; *performer* prestidigitateur(-trice) *m(f)*
mag•ic 'spell sort *m*; *formula* formule *f* magique
mag•ic 'trick tour *m* de magie
mag•ic 'wand baguette *f* magique
mag•nan•i•mous [mæg'nænɪməs] *adj* magnanime
mag•net ['mægnɪt] aimant *m*
mag•net•ic [mæg'netɪk] *adj also fig* magnétique
mag•net•ic 'stripe piste *f* magnétique
mag•net•ism ['mægnetɪzm] *also fig* magnétisme *m*
mag•nif•i•cence [mæg'nɪfɪsəns] magnificence *f*
mag•nif•i•cent [mæg'nɪfɪsənt] *adj* magni-

fique

mag•ni•fy ['mægnɪfaɪ] *v/t* (*pret & pp* **-ied**) grossir; *difficulties* exagérer

mag•ni•fy•ing glass ['mægnɪfaɪɪŋ] loupe *f*

mag•ni•tude ['mægnɪtuːd] ampleur *f*

ma•hog•a•ny [mə'hɑːgənɪ] acajou *m*

maid [meɪd] *servant* domestique *f*; *in hotel* femme *f* de chambre

maid•en name ['meɪdn] nom *m* de jeune fille

maid•en 'voy•age premier voyage *m*

mail [meɪl] **1** *n* courrier *m*, poste *f*; **put sth in the mail** poster qch **2** *v/t letter* poster

'mail•box boîte *f* aux lettres

'mail•ing list ['meɪlɪŋ] fichier *m* d'adresses

'mail•man facteur *m*

mail-'or•der cat•a•log, *Br* **mail-'or•der cat•a•logue** catalogue *m* de vente par correspondance

mail-'or•der firm société *f* de vente par correspondance

'mail•shot mailing *m*, publipostage *m*

maim [meɪm] *v/t* estropier, mutiler

main [meɪn] *adj* principal

'main course plat *m* principal

main 'en•trance entrée *f* principale

'main•frame ordinateur *m* central

'main•land continent *m*

main•ly ['meɪnlɪ] *adv* principalement, surtout

main 'road route *f* principale

'main•stream *n* courant *m* dominant

'main street rue *f* principale

main•tain [meɪn'teɪn] *v/t peace, law and order* maintenir; *pace, speed* soutenir; *relationship, machine, building* entretenir; *family* subvenir aux besoins de; *innocence, guilt* affirmer; **maintain that** soutenir que

main•te•nance ['meɪntənəns] *of machine, building* entretien *m*; *Br money* pension *f* alimentaire; *of law and order* maintien *m*

'main•te•nance costs *npl* frais *mpl* d'entretien

'main•te•nance staff personnel *m* d'entretien

ma•jes•tic [mə'dʒestɪk] *adj* majestueux*

maj•es•ty ['mædʒəstɪ] majesté *f*; *Her Majesty* Sa Majesté

ma•jor ['meɪdʒər] **1** *adj* (*significant*) important, majeur; *in C major* MUS en do majeur **2** *n* MIL commandant *m*

◆ **major** *in v/t* se spécialiser en

ma•jor•i•ty [mə'dʒɑːrətɪ] majorité *f*, plupart *f*; POL majorité *f*; **be in the majority** être majoritaire

make [meɪk] **1** *n* (*brand*) marque *f* **2** *v/t*

(*pret & pp* **made**) ◇ faire; (*manufacture*) fabriquer; (*earn*) gagner; **make a decision** prendre une décision; **make a telephone call** téléphoner, passer un coup de fil; **made in Japan** fabriqué au Japon; **3 and 3 make 6** 3 et 3 font 6; **make it** (*catch bus, train*) arriver à temps; (*come*) venir; (*succeed*) réussir; (*survive*) s'en sortir; **what time do you make it?** quelle heure as-tu?; **make believe** prétendre; **make do with** se contenter de, faire avec; **what do you make of it?** qu'en dis-tu?

◇ : **make s.o. do sth** (*force to*) forcer qn à faire qch; (*cause to*) faire faire qch à qn; **you can't make me do it!** tu ne m'obligeras pas à faire ça!; **what made you think that?** qu'est-ce qui t'a fait penser ça?; **make s.o. happy / angry** rendre qn heureux / furieux;

◆ **make for** *v/t* (*go toward*) se diriger vers

◆ **make off** *v/i* s'enfuir

◆ **make off with** *v/t* (*steal*) s'enfuir avec

◆ **make out 1** *v/t list, check* faire; (*see*) voir, distinguer; (*imply*) prétendre **2** *v/i* F *kiss etc* se peloter; *have sex* s'envoyer en l'air F

◆ **make over** *v/t*: **make sth over to s.o** céder qch à qn

◆ **make up 1** *v/i of woman, actor* se maquiller; *after quarrel* se réconcilier **2** *v/t story, excuse* inventer; *face* maquiller; (*constitute*) constituer; **be made up of** être constitué de; **make up one's mind** se décider; **make it up** *after quarrel* se réconcilier

◆ **make up for** *v/t* compenser; *I'll try to make up for it* j'essaierai de me rattraper; **make up for lost time** rattraper son retard

'make-be•lieve: **it's just make-believe** c'est juste pour faire semblant

mak•er ['meɪkər] (*manufacturer*) fabricant *m*

make•shift ['meɪkʃɪft] *adj* de fortune

'make-up (*cosmetics*) maquillage *m*

'make-up bag trousse *f* de maquillage

mal•ad•just•ed [mælə'dʒʌstɪd] *adj* inadapté

male [meɪl] *adj* masculin; BIOL, TECH mâle; *male bosses / teachers* patrons / enseignants hommes *pl*; *of* (*man*) homme *m*; *animal, bird, fish* mâle *m*

male chau•vin•ism ['ʃoʊvɪnɪzm] machisme *m*

male chau•vin•ist 'pig macho *m*

male 'nurse infirmier *m*

ma•lev•o•lent [mə'levələnt] *adj* malveillant

mal·func·tion [mæl'fʌŋkʃn] **1** n mauvais fonctionnement m, défaillance f **2** v/i mal fonctionner

mal·ice ['mælɪs] méchanceté f, malveillance f

ma·li·cious [mə'lɪʃəs] adj méchant, malveillant

ma·lig·nant [mə'lɪɡnənt] adj tumor malin*

mall [mɔːl] (shopping mall) centre m commercial

mal·nu·tri·tion [mælnuː'trɪʃn] malnutrition f

mal·treat [mæl'triːt] v/t maltraiter

mal·treat·ment [mæl'triːtmənt] mauvais traitement m

mam·mal ['mæml] mammifère m

mam·moth ['mæməθ] adj (enormous) colossal, géant

man [mæn] **1** n (pl **men** [men]) homme m; (humanity) l'homme m; in checkers pion m **2** v/t (pret & pp **-ned**) telephones être de permanence à; front desk être de service à; **manned by a crew of three** avec un équipage de trois personnes

man·age ['mænɪdʒ] **1** v/t business diriger; money gérer; bags porter; **manage to ...** réussir à ...; **I couldn't manage another thing** to eat je ne peux plus rien avaler **2** v/i (cope) se débrouiller; **can you manage?** tu vas y arriver?

man·age·a·ble ['mænɪdʒəbl] adj gérable; vehicle maniable; task faisable

man·age·ment ['mænɪdʒmənt] (managing) gestion f, direction f; (managers) direction f; **under his management** sous sa direction

man·age·ment 'buy·out rachat m d'entreprise par la direction

man·age·ment con'sul·tant conseiller (-ère) m(f) en gestion

'man·age·ment stud·ies études fpl de gestion

'man·age·ment team équipe f dirigeante

man·ag·er ['mænɪdʒər] directeur(-trice) m(f); of store, restaurant, hotel gérant(e) m(f); of department responsable m/f; of singer, band, team manageur(-euse) m(f); **can I talk to the manager?** est-ce que je peux parler au directeur?

man·a·ge·ri·al [mænɪ'dʒɪriəl] adj directeur, de gestionnaire; **a managerial post** un poste d'encadrement

man·ag·ing di'rec·tor ['mænɪdʒɪŋ] directeur(-trice) m(f) général(e)

man·da·rin or·ange [mændərɪn'ɔːrɪndʒ] mandarine f

man·date ['mændeɪt] mandat m

man·da·to·ry ['mændətɔːri] adj obligatoire

mane [meɪn] of horse crinière f

ma·neu·ver [mə'nuːvər] **1** n manœuvre f **2** v/t manœuvrer

man·gle ['mæŋɡl] v/t (crush) broyer, déchiqueter

man·han·dle ['mænhændl] v/t person malmener; object déplacer manuellement

man·hood ['mænhʊd] (maturity) âge m d'homme; (virility) virilité f

'man-hour heure f de travail

'man-hunt chasse f à l'homme

ma·ni·a ['meɪnɪə] (craze) manie f

ma·ni·ac ['meɪnɪæk] F fou m, folle f

man·i·cure ['mænɪkjʊr] manucure f

man·i·fest ['mænɪfest] **1** adj manifeste **2** v/t manifester; **manifest itself** se manifester

ma·nip·u·late [mə'nɪpjʊleɪt] v/t manipuler

ma·nip·u·la·tion [mənɪpjʊ'leɪʃn] manipulation f

ma·nip·u·la·tive [mənɪpjʊ'lətɪv] adj manipulateur*

man'kind humanité f

man·ly ['mænlɪ] adj viril

'man-made adj synthétique

man·ner ['mænər] of doing sth manière f, façon f; (attitude) comportement m

man·ners ['mænərz] npl manières fpl; **good/bad manners** bonnes / mauvaises manières fpl; **have no manners** n'avoir aucun savoir-vivre

ma·noeu·vre [mə'nuːvər] Br → **maneuver**

'man·pow·er main-d'œuvre f

man·sion ['mænʃn] (grande) demeure f

'man·slaugh·ter Br homicide m involontaire

man·tel·piece ['mæntlpiːs] manteau m de cheminée

man·u·al ['mænjʊəl] **1** adj manuel* **2** n manuel m

man·u·al·ly ['mænjʊəlɪ] adv manuellement

man·u·fac·ture [mænjʊ'fæktʃər] **1** n fabrication f **2** v/t equipment fabriquer

man·u·fac·tur·er [mænjʊ'fæktʃərər] fabricant m

man·u·fac·tur·ing [mænjʊ'fæktʃərɪŋ] n industry industrie f

ma·nure [mə'nʊr] fumier m

man·u·script ['mænjʊskrɪpt] manuscrit m

man·y ['menɪ] **1** adj beaucoup de; **many times** bien des fois; **not many people** pas beaucoup de gens; **too many problems** trop de problèmes; **as many as**

possible autant que possible **2** *pron* beaucoup; **a great many, a good many** un bon nombre; **how many do you need?** combien en veux-tu?

man-year année de travail moyenne par personne

map [mæp] *n* carte *f*; *of town* plan *m*
◆ **map out** *v/t* (*pret* & *pp* **-ped**) planifier

ma•ple ['meipl] érable *m*

ma•ple 'syr•up sirop *m* d'érable

mar [mɑːr] *v/t* (*pret* & *pp* **-red**) gâcher

mar•a•thon ['mærəθɑːn] *race* marathon *m*

mar•ble ['mɑːrbl] *material* marbre *m*

March [mɑːrtʃ] mars *m*

march [mɑːrtʃ] **1** *n also* (*demonstration*) marche *f* **2** *v/i* marcher au pas; *in protest* défiler

march•er ['mɑːrtʃər] manifestant(e) *m(f)*

mare ['mer] jument *f*

mar•ga•rine [mɑːrdʒə'riːn] margarine *f*

mar•gin ['mɑːrdʒin] *of page*, COMM marge *f*; **by a narrow margin** de justesse

mar•gin•al ['mɑːrdʒinl] *adj* (*slight*) léger*

mar•gin•al•ly ['mɑːrdʒinli] *adv* (*slightly*) légèrement

mar•i•hua•na, mar•i•jua•na [mæri'hwɑːnə] marijuana *f*

ma•ri•na [mə'riːnə] port *m* de plaisance

mar•i•nade [mæri'neid] *n* marinade *f*

mar•i•nate ['mærineit] *v/t* mariner

ma•rine [mə'riːn] **1** *adj* marin **2** *n* MIL. marine *m*

mar•i•tal ['mæritl] *adj* conjugal

mar•i•tal 'sta•tus situation *f* de famille

mar•i•time ['mæritaim] *adj* maritime

mark [mɑːrk] **1** *n* marque *f*; (*stain*) tache *f*; (*sign, token*) signe *m*; (*trace*) trace *f*; Br EDU note *f*; **leave one's mark** marquer de son influence **2** *v/t* marquer; (*stain*) tacher; Br EDU noter; (*indicate*) indiquer, marquer **3** *v/i* *of fabric* se tacher
◆ **mark down** *v/t goods* démarquer; *price* baisser
◆ **mark out** *v/t with a line etc* délimiter; *fig* (*set apart*) distinguer
◆ **mark up** *v/t price* majorer; *goods* augmenter le prix de

marked [mɑːrkt] *adj* (*definite*) marqué

mark•er ['mɑːrkər] (*highlighter*) marqueur *m*

mar•ket ['mɑːrkit] **1** *n* marché *m*; **on the market** sur le marché **2** *v/t* commercialiser

mar•ket•a•ble ['mɑːrkitəbl] *adj* commercialisable

mar•ket e'con•o•my économie *f* de marché

'mar•ket for•ces *npl* forces *fpl* du marché

mar•ket•ing ['mɑːrkitiŋ] marketing *m*

'mar•ket•ing cam•paign campagne *f* de marketing

'mar•ket•ing de•part•ment service *m* marketing

'mar•ket•ing mix marchéage *m*

'mar•ket•ing strat•e•gy stratégie *f* marketing

mar•ket 'lead•er *product* produit *m* vedette; *company* leader *m* du marché

'mar•ket place *in town* place *f* du marché; *for commodities* marché *m*

mar•ket 're•search étude *f* de marché

'mar•ket 'share part *f* du marché

mark-up ['mɑːrkʌp] majoration *f*

mar•ma•lade ['mɑːrməleid] marmelade *f* (*d'oranges*)

mar•riage ['mæridʒ] mariage *m*

'mar•riage cer•tif•i•cate acte *m* de mariage

'mar•riage 'guid•ance coun•se•lor *or Br* **coun•sel•lor** conseiller *m* conjugal, conseillère *f* conjugale

mar•ried ['mærid] *adj* marié; **be married to** être marié à

'mar•ried life vie *f* conjugale

mar•ry ['mæri] *v/t* (*pret* & *pp* **-ied**) épouser, se marier avec; *of priest* marier; **get married** se marier

Mar•seilles [mɑːr'sei] Marseille

marsh [mɑːrʃ] *Br* marais *m*

mar•shal ['mɑːrʃl] *n in police* chef *m* de la police; *in security service* membre *m* du service d'ordre

marsh•mal•low ['mɑːrʃmæləu] guimauve *f*

marsh•y ['mɑːrʃi] *adj Br* marécageux*

mar•tial arts [mɑːrʃl'ɑːrtz] *npl* arts *mpl* martiaux

mar•tial 'law loi *f* martiale

mar•tyr ['mɑːrtər] *also fig* martyr(e) *m(f)*

mar•vel ['mɑːrvl] *n* (*wonder*) merveille *f*
◆ **marvel at** *v/t* s'émerveiller devant

mar•vel•ous, *Br* **mar•vel•lous** ['mɑːrvələs] *adj* merveilleux*

Marx•ism ['mɑːrksizm] marxisme *m*

Marx•ist ['mɑːrksist] **1** *adj* marxiste **2** *n* marxiste *m/f*

mar•zi•pan ['mɑːrzipæn] pâte *f* d'amandes

mas•ca•ra [mæ'skærə] mascara *m*

mas•cot ['mæskət] mascotte *f*

mas•cu•line ['mæskjulin] *adj also* GRAM masculin

mas•cu•lin•i•ty [mæskju'linəti] (*virility*) masculinité *f*

mash [mæʃ] *v/t* réduire en purée

mashed po•ta•toes [mæʃt] *npl* purée *f* (*de pommes de terre*)

mask [mæsk] **1** *n* masque *m* **2** *v/t feelings*

M

masquer

mask•ing tape ['mæskɪŋ] ruban *m* de masquage

mas•och•ism ['mæsəkɪzm] masochisme *m*

mas•och•ist ['mæsəkɪst] masochiste *m/f*

ma•son ['meɪsn] maçon *m*

ma•son•ry ['meɪsnrɪ] maçonnerie *f*

mas•que•rade [mæskə'reɪd] **1** *n fig* mascarade *f* **2** *v/i:* **masquerade as** se faire passer pour

mass[1] [mæs] **1** *n* (*great amount*) masse *f*; **the masses** les masses *fpl*; **masses of** F des tas de F **2** *v/i* se masser

mass[2] [mæs] REL messe *f*

mas•sa•cre ['mæsəkər] **1** *n also fig* massacre *m* **2** *v/t also fig* F massacrer

mas•sage ['mæsɑːʒ] **1** *n* massage *m* **2** *v/t* masser; *figures* manipuler

'**mas•sage par•lor**, *Br* '**mas•sage par•lour** salon *m* de massage

mas•seur [mæ'sɜːr] masseur *m*

mas•seuse [mæ'sɜːz] masseuse *f*

mas•sive ['mæsɪv] *adj* énorme; *heart attack* grave

mass 'me•di•a *npl* médias *mpl*

mass-pro'duce *v/t* fabriquer en série

mass pro'duc•tion fabrication *f* en série

'**mass trans•it** transports *mpl* publics

mast [mæst] *of ship* mât *m*; *for radio signal* pylône *m*

mas•ter ['mæstər] **1** *n of dog* maître *m*; *of ship* capitaine *m*; **be a master of** être maître dans l'art de **2** *v/t* maîtriser

'**mas•ter bed•room** chambre *f* principale

'**mas•ter key** passe-partout *m inv*

mas•ter•ly ['mæstərlɪ] *adj* magistral

'**mas•ter•mind 1** *n* cerveau *m* **2** *v/t* organiser

Mas•ter of 'Arts maîtrise *f* de lettres

mas•ter of 'cer•e•mo•nies maître de cérémonie, animateur *m*

'**mas•ter•piece** chef-d'œuvre *m*

'**mas•ter's (de•gree)** maîtrise *f*

'**mas•ter•y** ['mæstərɪ] maîtrise *f*

mas•tur•bate ['mæstərbeɪt] *v/i* se masturber

mat [mæt] *for floor* tapis *m*; *for table* napperon *m*

match[1] [mætʃ] *n for cigarette* allumette *f*

match[2] [mætʃ] **1** *n* (*competition*) match *m*, partie *f*; **be no match for s.o.** ne pas être à la hauteur de qn; **meet one's match** trouver un adversaire à sa taille **2** *v/t* (*be the same as*) être assorti à; (*equal*) égaler **3** *v/i of colors, patterns* aller ensemble

'**match•box** boîte *f* d'allumettes

match•ing ['mætʃɪŋ] *adj* assorti

'**match point** *in tennis* balle *f* de match

'**match stick** allumette *f*

mate [meɪt] **1** *n of animal* mâle *m*, femelle *f*; NAUT second *m* **2** *v/i* s'accoupler

ma•te•ri•al [mə'tɪrɪəl] **1** *n* (*fabric*) tissu *m*; (*substance*) matériau *m*, matière *f*; **materials** matériel *m* **2** *adj* matériel*

ma•te•ri•al•ism [mə'tɪrɪəlɪzm] matérialisme *m*

ma•te•ri•al•ist [mə'tɪrɪəlɪst] matérialiste *m/f*

ma•te•ri•al•is•tic [mətɪrɪə'lɪstɪk] *adj* matérialiste

ma•te•ri•al•ize [mə'tɪrɪəlaɪz] *v/i* (*appear*) apparaître; (*happen*) se concrétiser

ma•ter•nal [mə'tɜːrnl] *adj* maternel*

ma•ter•ni•ty [mə'tɜːrnətɪ] maternité *f*

ma'ter•ni•ty dress robe *f* de grossesse

ma'ter•ni•ty leave congé *m* de maternité

ma'ter•ni•ty ward maternité *f*

math [mæθ] maths *fpl*

math•e•mat•i•cal [mæθə'mætɪkl] *adj* mathématique

math•e•ma•ti•cian [mæθəmə'tɪʃn] mathématicien(ne) *m/f*

math•e•mat•ics [mæθ'mætɪks] *nsg* mathématiques *fpl*

maths [mæθs] *Br →* **math**

mat•i•née ['mætɪneɪ] matinée *f*

ma•tri•arch ['meɪtrɪɑːrk] femme *f* chef de famille

mat•ri•mo•ny ['mætrəmoʊnɪ] mariage *m*

matt [mæt] *adj* mat

mat•ter ['mætər] **1** *n* (*affair*) affaire *f*, question *f*; PHYS matière *f*; **as a matter of course** systématiquement; **as a matter of fact** en fait; **what's the matter?** qu'est-ce qu'il y a?; **no matter what she says** quoi qu'elle dise **2** *v/i* importer; **it doesn't matter** cela ne fait rien

mat•ter-of-'fact impassible

mat•tress ['mætrɪs] matelas *m*

ma•ture [mə'tjʊr] **1** *adj* mûr **2** *v/i of person* mûrir; *of insurance policy etc* arriver à échéance

ma•tu•ri•ty [mə'tjʊrətɪ] maturité *f*

maul [mɔːl] *v/t of animal* déchiqueter; *of critics* démolir

max•i•mize ['mæksɪmaɪz] *v/t* maximiser

max•i•mum ['mæksɪməm] **1** *adj* maximal, maximum **2** *n* maximum *m*

May [meɪ] mai *m*

may [meɪ] ◇ *possibility:* **it may rain** il va peut-être pleuvoir, il risque de pleuvoir; **you may be right** tu as peut-être raison, il est possible que tu aies raison; **it may not happen** cela n'arrivera peut-être pas ◇ *permission* pouvoir; **may I help?** puis-je aider?; **you may go if you like**

tu peux partir si tu veux
◇ **wishing**: *may your dreams come true* que vos rêves se réalisent (*subj*)
may•be ['meɪbiː] *adv* peut-être
'May Day le premier mai
may•o, may•on•naise ['meɪoʊ, meɪə'neɪz] mayonnaise *f*
may•or ['meɪər] maire *m*
maze [meɪz] labyrinthe *m*
MB *abbr* (= *megabyte*) Mo (= méga-octet)
MBA [embiː'eɪ] *abbr* (= *master of business administration*) MBA *m*
MBO [embiː'oʊ] *abbr* (= *management buyout*) rachat *m* d'entreprise par la direction
MC [em'siː] *abbr* (= *master of ceremonies*) maître *m* de cérémonie
MD [em'diː] *abbr* (= *Doctor of Medicine*) docteur *m* en médecine; (= *managing director*) DG *m* (= directeur général)
me [miː] *pron me*; *before vowel* m'; *after prep* moi; *he knows me* il me connaît; *she gave me a dollar* elle m'a donné un dollar; *it's for me* c'est pour moi; *it's me* c'est moi
mead•ow ['medoʊ] pré *m*
mea•ger, *Br* **mea•gre** ['miːgər] *adj* maigre
meal [miːl] repas *m*; *enjoy your meal!* bon appétit!
'meal•time heure *f* du repas
mean[1] [miːn] *adj with money* avare; (*nasty*) mesquin
mean[2] [miːn] **1** *v/t* (*pret & pp* **meant**) (*signify*) signifier, vouloir dire; *do you mean it?* vous êtes sérieux*?; *you weren't meant to hear that* tu n'étais pas supposé entendre cela; *mean to do sth* avoir l'intention de faire qch; *be meant for* être destiné à; *of remark* être adressé à; *doesn't it mean anything to you?* (*doesn't it matter?*) est-ce que cela ne compte pas pour toi? **2** *v/i* (*pret & pp* **meant**): *mean well* avoir de bonnes intentions
mean•ing ['miːnɪŋ] *of word* sens *m*
mean•ing•ful ['miːnɪŋful] *adj* (*comprehensible*) compréhensible; (*constructive*) significatif*; *glance* éloquent
mean•ing•less ['miːnɪŋlɪs] *adj sentence etc* dénué de sens; *gesture* insignifiant
means [miːnz] *m/pl financial* moyens *mpl*; *nsg* (*way*) moyen *m*; *a means of transport* un moyen de transport; *by all means* (*certainly*) bien sûr; *by no means rich / poor* loin d'être riche / pauvre; *by means of* au moyen de
meant *pret & pp* → **mean**[2]
mean•time ['miːntaɪm] *adv* pendant ce

temps, entre-temps
mean•while ['miːnwaɪl] *adv* pendant ce temps, entre-temps
mea•sles ['miːzlz] *nsg* rougeole *f*
mea•sure ['meʒər] **1** *n* (*step*) mesure *f*; *we've had a measure of success* nous avons eu un certain succès **2** *v/t & v/i* mesurer
◆ **measure out** *v/t* doser, mesurer
◆ **measure up to** *v/t* être à la hauteur de
mea•sure•ment ['meʒərmənt] *action* mesure *f*; (*dimension*) dimension *f*; *take s.o.'s measurements* prendre les mensurations de qn; *system of measurement* système *m* de mesures
mea•sur•ing tape ['meʒərɪŋ] mètre *m* ruban
meat [miːt] viande *f*
'meat•ball boulette *f* de viande
'meat•loaf pain *m* de viande
me•chan•ic [mɪ'kænɪk] mécanicien(ne) *m(f)*
me•chan•i•cal [mɪ'kænɪkl] *adj device* mécanique; *gesture etc also* machinal
me•chan•i•cal en•gi•neer ingénieur *m* mécanicien
me•chan•i•cal en•gi•neer•ing génie *m* mécanique
me•chan•i•cal•ly [mɪ'kænɪkli] *adv* mécaniquement; *do sth* machinalement
mech•a•nism ['mekənɪzm] mécanisme *m*
mech•a•nize ['mekənaɪz] *v/t* mécaniser
med•al [medl] médaille *f*
med•al•ist, *Br* **med•al•list** ['medəlɪst] médaillé *m*
med•dle [medl] *v/i in affairs* se mêler (*in* de); *with object* toucher (*with* à)
me•di•a ['miːdɪə] *npl*: *the media* les médias *mpl*
'me•di•a cov•er•age couverture *f* médiatique
'me•di•a e•vent événement *m* médiatique
'me•di•a hype battage *m* médiatique
me•di•a strip [miːdɪən'strɪp] terre-plein *m* central
'me•di•a stud•ies études *fpl* de communication
me•di•ate ['miːdɪeɪt] *v/i* arbitrer
me•di•a•tion [miːdɪ'eɪʃn] médiation *f*
me•di•a•tor ['miːdɪeɪtər] médiateur (-trice) *m(f)*
med•i•cal ['medɪkl] **1** *adj* médical **2** *n* visite *f* médicale
'med•i•cal cer•tif•i•cate certificat *m* médical
'med•i•cal ex•am•i•na•tion visite *f* médicale
'med•i•cal his•to•ry dossier *m* médical
'med•i•cal pro•fes•sion médecine *f*;

M

(*doctors*) corps *m* médical

'med•i•cal re•cord dossier *m* médical

Med•i•care ['medɪker] assistance médicale pour les personnes âgées

med•i•cat•ed ['medɪkeɪtɪd] *adj* pharmaceutique, traitant

med•i•ca•tion [medɪ'keɪʃn] médicaments *mpl*

med•i•ci•nal [mɪ'dɪsɪnl] *adj* médicinal

med•i•cine ['medsən] *science* médecine *f*; (*medication*) médicament *m*

'med•i•cine cab•i•net armoire *f* à pharmacie

med•i•e•val [medɪ'iːvl] *adj* médiéval; *fig* moyenâgeux*

me•di•o•cre [miːdɪ'oʊkər] *adj* médiocre

me•di•oc•ri•ty [miːdɪ'ɑːkrətɪ] *of work etc* médiocrité *f*; *person* médiocre *m/f*

med•i•tate ['medɪteɪt] *v/i* méditer

med•i•ta•tion [medɪ'teɪʃn] méditation *f*

Med•i•ter•ra•ne•an [medɪtə'reɪnɪən] **1** *adj* méditerranéen **2** *n:* **the Mediterranean** la Méditerranée

me•di•um ['miːdɪəm] **1** *adj* (*average*) moyen*; *steak* à point **2** *n in size* taille *f* moyenne; (*vehicle*) moyen *m*; (*spiritualist*) médium *m*

me•di•um-sized ['miːdɪəmsaɪzd] *adj* de taille moyenne

me•di•um 'term: **in the medium term** à moyen terme

'me•di•um wave RAD ondes *fpl* moyennes

med•ley ['medlɪ] (*assortment*) mélange *m*; *of music* pot-pourri *m*

meek [miːk] *adj* docile, doux*

meet [miːt] **1** *v/t* (*pret & pp met*) rencontrer; (*be introduced to*) faire la connaissance de; (*collect*) (aller / venir) chercher; *in competition* affronter; *of eyes* croiser; (*satisfy*) satisfaire **2** *v/i* (*pret & pp met*) se rencontrer; *by appointment* se retrouver; *of eyes* se croiser; *of committee etc* se réunir; **have you two met?** est-ce que vous vous connaissez? **3** *n* SP rencontre *f*

◆ meet with *v/t person, opposition etc* rencontrer

meet•ing ['miːtɪŋ] *by accident* rencontre *f*; *in business, of committee* réunion *f*; **he's in a meeting** il est en réunion

'meet•ing place lieu *m* de rendez-vous

meg•a•byte ['megəbaɪt] COMPUT méga-octet *m*

mel•an•chol•y ['melənkəlɪ] *adj* mélancolique

mel•low ['meloʊ] **1** *adj* doux* **2** *v/i of person* s'adoucir

me•lo•di•ous [mɪ'loʊdɪəs] *adj* mélodieux*

mel•o•dra•mat•ic [melədrə'mætɪk] *adj* mélodramatique

mel•o•dy ['melədɪ] mélodie *f*

mel•on ['melən] melon *m*

melt [melt] **1** *v/i* fondre **2** *v/t* faire fondre

◆ melt away *v/i fig* disparaître

◆ melt down *v/t metal* fondre

'melt•ing pot ['meltɪŋpɑːt] *fig* creuset *m*

mem•ber ['membər] membre *m*

Mem•ber of 'Con•gress membre *m* du Congrès

Mem•ber of 'Par•lia•ment *Br* député *m*

mem•ber•ship ['membərʃɪp] adhésion *f*; *number of members* membres *mpl*

'mem•ber•ship card carte *f* de membre

mem•brane ['membreɪn] membrane *f*

me•men•to [me'mentoʊ] souvenir *m*

mem•o ['memoʊ] note *f* (de service)

mem•oirs ['memwɑːrz] *npl* mémoires *fpl*

'mem•o pad bloc-notes *m*

mem•o•ra•ble ['memərəbl] *adj* mémorable

me•mo•ri•al [mɪ'mɔːrɪəl] **1** *adj* commémoratif* **2** *n* mémorial *m*; **be a memorial to s.o.** *also fig* célébrer la mémoire de qn

Me'mo•ri•al Day jour *m* commémoration des soldats américains morts à la guerre

mem•o•rize ['meməraɪz] *v/t* apprendre par cœur

mem•o•ry ['memərɪ] mémoire *f*; *sth remembered* souvenir *m*; **have a good / bad memory** avoir une bonne / mauvaise mémoire; **in memory of** à la mémoire de

men [men] *pl* → man

men•ace ['menɪs] **1** *n* menace *f*; *person* danger *m* **2** *v/t* menacer

men•ac•ing ['menɪsɪŋ] *adj* menaçant

mend [mend] **1** *v/t* réparer; *clothes* raccommoder **2** *n:* **be on the mend** *after illness* être en voie de guérison

me•ni•al ['miːnɪəl] *adj* subalterne

men•in•gi•tis [menɪn'dʒaɪtɪs] méningite *f*

men•o•pause ['menoʊpɔːz] ménopause *f*

'men's room toilettes *fpl* pour hommes

men•stru•ate ['menstrʊeɪt] *v/i* avoir ses règles

men•stru•a•tion [menstrʊ'eɪʃn] menstruation *f*

men•tal ['mentl] *adj* mental; *ability, powers* intellectuel*; *health, suffering* moral; *F* (*crazy*) malade F

men•tal a'rith•me•tic calcul *m* mental

men•tal 'cru•el•ty cruauté *f* mentale

men•tal hos•pi•tal hôpital *m* psychiatrique

men•tal 'ill•ness maladie *f* mentale

men•tal•i•ty [men'tælɪtɪ] mentalité *f*

men•tal•ly ['mentəlɪ] *adv* (*inwardly*) inté-

men•tal•ly 'hand•i•capped *adj* handicapé mental

men•tal•ly 'ill *adj* malade mental

men•tion ['menʃn] **1** *n* mention *f* **2** *v/t* mentionner; ***don't mention it*** (*you're welcome*) il n'y a pas de quoi!

men•tor ['mentɔːr] mentor *m*

men•u ['menjuː] *also* COMPUT menu *m*

mer•ce•na•ry ['mɜːsɪnerɪ] **1** *adj* intéressé **2** *n* MIL mercenaire *m*

mer•chan•dise ['mɜːtʃəndaɪz] marchandises *fpl*

mer•chant ['mɜːtʃnt] négociant *m*, commerçant *m*

mer•chant 'bank *Br* banque *f* d'affaires

mer•ci•ful ['mɜːsɪfl] *adj* clément; *God* miséricordieux*

mer•ci•ful•ly ['mɜːsɪflɪ] *adv* (*thankfully*) heureusement

mer•ci•less ['mɜːsɪlɪs] *adj* impitoyable

mer•cu•ry ['mɜːrkjʊrɪ] mercure *m*

mer•cy ['mɜːrsɪ] clémence *f*, pitié *f*; ***be at s.o.'s mercy*** être à la merci de qn

mere [mɪr] *adj* simple

mere•ly ['mɪrlɪ] *adv* simplement, seulement

merge [mɜːrdʒ] *v/i of two lines etc* se rejoindre; *of companies* fusionner

merg•er ['mɜːrdʒər] COMM fusion *f*

mer•it ['merɪt] **1** *n* mérite *m* **2** *v/t* mériter

mer•ry ['merɪ] *adj* gai, joyeux*; ***Merry Christmas!*** Joyeux Noël!

'mer•ry-go-round manège *m*

mesh [meʃ] *of net* maille(s) *f(pl)*; *of grid* grillage *m*

mess [mes] (*untidiness*) désordre *m*, pagaille *f*; (*trouble*) gâchis *m*; ***be a mess*** *of room, desk, hair* être en désordre; *of situation, life* être une désastre

◆ **mess around 1** *v/i* perdre son temps **2** *v/t* se moquer de

◆ **mess around with** *v/t* jouer avec; *s.o.'s wife* s'amuser avec

◆ **mess up** *v/t room, papers* mettre en désordre; *task* bâcler; *plans, marriage* gâcher

mes•sage ['mesɪdʒ] *also of movie etc* message *m*

mes•sen•ger ['mesɪndʒər] (*courier*) messager *m*

mess•y ['mesɪ] *adj room* en désordre; *person* désordonné; *job* salissant; *divorce, situation* pénible

met [met] *pret & pp* → **meet**

me•tab•o•lism [mə'tæbəlɪzm] métabolisme *m*

met•al ['metl] **1** *adj* en métal **2** *n* métal *m*

me•tal•lic [mɪ'tælɪk] *adj* métallique; *paint* métallisé; *taste* de métal

met•a•phor ['metəfər] métaphore *f*

me•te•or ['miːtɪɔːr] météore *m*

me•te•or•ic [miːtɪ'ɑːrɪk] *adj fig* fulgurant

me•te•or•ite [miːtɪəraɪt] météorite *m* or *f*

me•te•or•o•log•i•cal [miːtɪərə'lɑːdʒɪkl] *adj* météorologique

me•te•or•ol•o•gist [miːtɪə'rɑːlədʒɪst] météorologiste *m/f*

me•te•or•ol•o•gy [miːtɪə'rɑːlədʒɪ] météorologie *f*

me•ter[1] ['miːtər] *for gas, electricity* compteur *m*; (*parking meter*) parcmètre *m*

me•ter[2] ['miːtər] *unit of length* mètre *m*

'me•ter read•ing relevé *m* (de compteur)

meth•od ['meθəd] méthode *f*

me•thod•i•cal [mə'θɑːdɪkl] *adj* méthodique

me•thod•i•cal•ly [mə'θɑːdɪklɪ] *adv* méthodiquement

me•tic•u•lous [mə'tɪkjʊləs] *adj* méticuleux*

me•tre ['miːtə(r)] *Br* → **meter**

met•ric ['metrɪk] *adj* métrique

me•trop•o•lis [mɪ'trɑːpəlɪs] métropole *f*

met•ro•pol•i•tan [metrə'pɑːlɪtən] *adj* citadin; *area* urbain

mew [mjuː] → **miaow**

Mex•i•can ['meksɪkən] **1** *adj* mexicain **2** *n* Mexicain(e) *m(f)*

Mex•i•co ['meksɪkoʊ] Mexique *m*

mez•za•nine (floor) ['mezənɪn] mezzanine *f*

mi•aow [mɪaʊ] **1** *n* miaou *m* **2** *v/i* miauler

mice [maɪs] *pl* → **mouse**

mick•ey mouse [mɪkɪ'maʊs] *adj F course, qualification* bidon F

'mi•cro•chip puce *f*

'mi•cro•cli•mate microclimat *m*

mi•cro•cosm ['maɪkrəkɑːzm] microcosme *m*

'mi•cro•e•lec•tron•ics microélectronique *f*

'mi•cro•film microfilm *m*

'mi•cro•or•gan•ism micro-organisme *m*

'mi•cro•phone microphone *m*

mi•cro'pro•ces•sor microprocesseur *m*

'mi•cro•scope microscope *m*

mi•cro•scop•ic [maɪkrə'skɑːpɪk] *adj* microscopique

'mi•cro•wave *oven* micro-ondes *m inv*

mid [mɪd] *adj*: ***in the mid nineties*** au milieu des années 90; ***she's in her mid thirties*** elle a dans les trente-cinq ans

mid•air [mɪd'er]: ***in midair*** en vol

mid•day [mɪd'deɪ] midi *m*

mid•dle ['mɪdl] **1** *adj* du milieu **2** *n* milieu

M

m; **in the middle of** au milieu de; **in the middle of winter** en plein hiver; **in the middle of September** à la mi-septembre; **be in the middle of doing sth** être en train de faire qch

'mid•dle-aged *adj* entre deux âges

'Mid•dle A•ges *npl* Moyen Âge *m*

mid•dle-'class *adj* bourgeois

'mid•dle class(•es) classe(s) moyenne(s) *f(pl)*

Mid•dle 'East Moyen-Orient *m*

'mid•dle•man intermédiaire *m*

mid•dle 'man•age•ment cadres *mpl* moyens

mid•dle 'name deuxième prénom *m*

'mid•dle•weight *boxer* poids moyen *m*

mid•dling ['mɪdlɪŋ] *adj* médiocre, moyen*

mid•field•er [mɪd'fi:ldər] *in soccer* milieu *m* de terrain

midg•et ['mɪdʒɪt] *adj* miniature

'mid•night minuit *m*; **at midnight** à minuit

'mid•sum•mer milieu *m* de l'été

'mid•way *adv* à mi-chemin; **midway through** au milieu de

'mid•week *adv* en milieu de semaine

'Mid•west Middle West *m*

'mid•wife sage-femme *f*

'mid•win•ter milieu *m* de l'hiver

might¹ [maɪt] *v/aux*: **I might be late** je serai peut-être en retard; **it might rain** il va peut-être pleuvoir; **it might never happen** cela n'arrivera peut-être jamais; **I might have lost it** *but I'm not sure* je l'ai peut-être perdu; **that would have been possible** j'aurais pu l'avoir perdu; **he might have left** il est peut-être parti; **you might as well spend the night here** tu ferais aussi bien de passer la nuit ici; **you might have told me!** vous auriez pu m'avertir!

might² [maɪt] *n (power)* puissance *f*

might•y ['maɪtɪ] **1** *adj* puissant **2** *adv* F *(extremely)* vachement F, très

mi•graine ['mi:greɪn] migraine *f*

mi•grant work•er ['maɪgrənt] travailleur *m* itinérant

mi•grate [maɪ'greɪt] *v/i* migrer

mi•gra•tion [maɪ'greɪʃn] migration *f*

mike [maɪk] F micro *m*

mild [maɪld] *adj* doux*; *taste* léger*

mil•dew ['mɪldu:] mildiou *m*

mild•ly ['maɪldlɪ] *adv* doucement; *spicy* légèrement; **to put it mildly** pour ne pas dire plus

mild•ness ['maɪldnɪs] douceur *f*; *of taste* légèreté *f*

mile [maɪl] mile *m*; **miles easier** F bien

plus facile; **it's miles away!** F c'est vachement loin! F

mile•age ['maɪldʒ] kilométrage *m*; *distance* nombre *m* de miles

'mile•stone *fig* événement *m* marquant, jalon *m*

mil•i•tant ['mɪlɪtənt] **1** *adj* militant **2** *n* militant(e) *m(f)*

mil•i•ta•ry ['mɪlɪterɪ] **1** *adj* militaire **2** *n*: **the military** l'armée *f*

mil•i•ta•ry a'cad•e•my école *f* militaire

mil•i•ta•ry po'lice police *f* militaire

mil•i•ta•ry 'serv•ice service *m* militaire

mi•li•tia [mɪ'lɪʃə] milice *f*

milk [mɪlk] **1** *n* lait *m* **2** *v/t* traire

milk 'choc•o•late chocolat *m* au lait

'milk-shake milk-shake *m*

milk•y ['mɪlkɪ] *adj* au lait; *(made with milk)* lacté

Milk•y 'Way Voie *f* lactée

mill [mɪl] *for grain* moulin *m*; *for textiles* usine *f*

◆ mill around *v/i* grouiller

mil•len•ni•um [mɪ'lenɪəm] millénaire *m*

mil•li•gram ['mɪlɪgræm] milligramme *m*

mil•li•me•ter, *Br* mil•li•me•tre ['mɪlɪmi:tər] millimètre *m*

mil•lion ['mɪljən] million *m*

mil•lion•aire [mɪljə'ner] millionnaire *m/f*

mime [maɪm] *v/t* mimer

mim•ic ['mɪmɪk] **1** *n* imitateur(-trice) *m(f)* **2** *v/t (pret & pp* -**ked)** imiter

mince [mɪns] *v/t* hacher

'mince•meat *préparation de fruits secs et d'épices servant à fourrer des tartelettes*

mind [maɪnd] **1** *n* esprit *m*; **it's all in your mind** tu te fais des idées; **be out of one's mind** avoir perdu la tête; **bear** or **keep sth in mind** ne pas oublier qch; **I've a good mind to …** j'ai bien envie de …; **change one's mind** changer d'avis; **it didn't enter my mind** cela ne m'est pas venu à l'esprit; **give s.o. a piece of one's mind** dire son fait à qn; **make up one's mind** se décider; **have sth on one's mind** être préoccupé par qch; **keep one's mind on sth** se concentrer sur qch **2** *v/t (look after)* surveiller; *(heed)* faire attention à; **would you mind answering a few questions?** est-ce que cela vous dérangerait de répondre à quelques questions?; **I don't mind herbal tea** je n'ai rien contre une tisane; **I don't mind what he thinks** il peut penser ce qu'il veut, cela m'est égal; **do you mind if I smoke?, do you mind my smoking?** cela ne vous dérange pas si je fume?; **would you mind opening the window?** pourrais-tu ouvrir la fenêtre?; **mind the step!** attention à la marche!; **mind your own business!** occupe-toi de tes affaires! **3** v/i: **mind!** (be careful) fais attention!; **never mind!** peu importe!; **I don't mind** cela m'est égal

mind-bog•gling ['maɪndbɑːɡlɪŋ] adj ahurissant

mind•less ['maɪndlɪs] adj violence gratuit

mine[1] [maɪn] pron le mien m, la mienne f; pl les miens, les miennes; **it's mine** c'est à moi

mine[2] [maɪn] **1** n for coal etc mine f **2** v/i: **mine for** coal etc extraire

mine[3] [maɪn] **1** n explosive mine f **2** v/t miner

'mine•field MIL champ m de mines; fig poudrière f

min•er ['maɪnər] mineur m

min•er•al ['mɪnərəl] n minéral m

'min•e•ral wa•ter eau f minérale

'mine•sweep•er ['maɪnswiːpər] NAUT dragueur m de mines

min•gle ['mɪŋɡl] v/i of sounds, smells se mélanger; at party se mêler (aux gens)

min•i ['mɪni] skirt minijupe f

min•i•a•ture ['mɪnɪtʃər] adj miniature

'min•i•bus minibus m

min•i•mal ['mɪnɪməl] adj minime

min•i•mal•ism ['mɪnɪməlɪzm] minimalisme m

min•i•mize ['mɪnɪmaɪz] v/t réduire au minimum; (downplay) minimiser

min•i•mum ['mɪnɪməm] **1** adj minimal, minimum **2** n minimum m

min•i•mum 'wage salaire m minimum

min•ing ['maɪnɪŋ] exploitation f minière

'min•i•se•ries nsg TV mini-feuilleton m

'min•i•skirt minijupe f

min•is•ter ['mɪnɪstər] POL, REL ministre m

min•is•te•ri•al [mɪnɪ'stɪriəl] adj ministériel*

min•is•try ['mɪnɪstri] POL ministère m

mink [mɪŋk] vison m

mi•nor ['maɪnər] **1** adj mineur, de peu d'importance; pain léger*; **in D minor** MUS en ré mineur **2** n LAW mineur(e) m(f)

mi•nor•i•ty [maɪ'nɑːrəti] minorité f; **be in the minority** être en minorité

mint [mɪnt] n herb menthe f; chocolate chocolat m à la menthe; hard candy bonbon m à la menthe

mi•nus ['maɪnəs] **1** n (minus sign) moins m **2** prep moins

mi•nus•cule ['mɪnəskjuːl] adj minuscule

min•ute[1] ['mɪnɪt] n of time minute f; **in a minute** (soon) dans une minute; **just a minute** une minute m, un instant m

mi•nute[2] [maɪ'nuːt] adj (tiny) minuscule; (detailed) minutieux*; **in minute detail**

dans les moindres détails

'min•ute hand grande aiguille f

mi•nute•ly [maɪ'nuːtli] adv (in detail) minutieusement; (very slightly) très légèrement

min•utes ['mɪnɪts] npl of meeting procès-verbal m

mir•a•cle ['mɪrəkl] miracle m

mi•rac•u•lous [mɪ'rækjʊləs] adj miraculeux*

mi•rac•u•lous•ly [mɪ'rækjʊləsli] adv par miracle

mi•rage [mɪ'rɑːʒ] mirage m

mir•ror ['mɪrər] **1** n miroir m; MOT rétroviseur m **2** v/t refléter

mis•an•thro•pist [mɪ'zænθrəpɪst] misanthrope m/f

mis•ap•pre•hen•sion [mɪsæprɪ'henʃn]: **be under a misapprehension** se tromper

mis•be•have [mɪsbə'heɪv] v/i se conduire mal

mis•be•hav•ior, Br **mis•be•hav•iour** [mɪsbə'heɪvɪər] mauvaise conduite f

mis•cal•cu•late [mɪs'kælkjuleɪt] **1** v/t mal calculer **2** v/i se tromper dans ses calculs

mis•cal•cu•la•tion [mɪs'kælkjuleɪʃn] erreur f de calcul; fig mauvais calcul m

mis•car•riage [mɪs'kærɪdʒ] MED fausse couche f; **miscarriage of justice** erreur f judiciaire

mis•car•ry [mɪs'kæri] v/i (pret & pp **-ied**) of plan échouer

mis•cel•la•ne•ous [mɪsə'leɪnɪəs] adj divers; collection varié

mis•chief ['mɪstʃɪf] (naughtiness) bêtises fpl

mis•chie•vous ['mɪstʃɪvəs] adj (naughty) espiègle; (malicious) malveillant

mis•con•cep•tion [mɪskən'sepʃn] idée f fausse

mis•con•duct [mɪs'kɑːndʌkt] mauvaise conduite f; **professional misconduct** faute f professionnelle

mis•con•strue [mɪskən'struː] v/t mal interpréter

mis•de•mea•nor, Br **mis•de•mea•nour** [mɪsdə'miːnər] délit m

mi•ser ['maɪzər] avare m/f

mis•e•ra•ble ['mɪzrəbl] adj (unhappy) malheureux*; weather, performance épouvantable

mi•ser•ly ['maɪzərli] adj avare; sum dérisoire

mis•er•y ['mɪzəri] (unhappiness) tristesse f; (wretchedness) misère f

mis•fire [mɪs'faɪr] v/i of scheme rater; of joke tomber à plat

mis•fit ['mɪsfɪt] in society marginal(e)

M

m(f)

mis•for•tune [mɪsˈfɔːrtʃən] malheur *m*, malchance *f*

mis•giv•ings [mɪsˈgɪvɪŋz] *npl* doutes *mpl*

mis•guid•ed [mɪsˈgaɪdɪd] *adj* malavisé, imprudent

mis•han•dle [mɪsˈhændl] *v/t situation* mal gérer

mis•hap [ˈmɪshæp] incident *m*

mis•in•form [mɪsɪnˈfɔːrm] *v/t* mal informer

mis•in•ter•pret [mɪsɪnˈtɜːrprɪt] *v/t* mal interpréter

mis•in•ter•pre•ta•tion [mɪsɪntɜːrprɪˈteɪʃn] mauvaise interprétation *f*

mis•judge [mɪsˈdʒʌdʒ] *v/t* mal juger

mis•lay [mɪsˈleɪ] *v/t (pret & pp -laid)* égarer

mis•lead [mɪsˈliːd] *v/t (pret & pp -led)* induire en erreur, tromper

mis•lead•ing [mɪsˈliːdɪŋ] *adj* trompeur*

mis•man•age [mɪsˈmænɪdʒ] *v/t* mal gérer

mis•man•age•ment [mɪsˈmænɪdʒmənt] mauvaise gestion *f*

mis•match [ˈmɪsmætʃ] divergence *f*

mis•placed [mɪsˈpleɪst] *adj enthusiasm* déplacé; *loyalty* mal placé

mis•print [ˈmɪsprɪnt] *n* faute *f* typographique

mis•pro•nounce [mɪsprəˈnaʊns] *v/t* mal prononcer

mis•pro•nun•ci•a•tion [mɪsprənʌnsiˈeɪʃn] mauvaise prononciation *f*

mis•read [mɪsˈriːd] *v/t (pret & pp -read* [red]) *word, figures* mal lire; *situation* mal interpréter; *I must have misread the 6 as 8* j'ai dû confondre le 6 avec un 8

mis•rep•re•sent [mɪsreprɪˈzent] *v/t* présenter sous un faux jour

miss¹ [mɪs]: *Miss Smith* mademoiselle Smith; *miss!* mademoiselle!

miss² [mɪs] **1** *n* SP coup *m* manqué **2** *v/t* manquer, rater; *bus, train etc* rater; *(not notice)* rater, ne pas remarquer; *I miss you* tu me manques; *I miss New York* New York me manque; *I miss having a garden* je regrette de ne pas avoir de jardin **3** *v/i* rater son coup

mis•shap•en [mɪsˈʃeɪpən] *adj* déformé; *person, limb* difforme

mis•sile [ˈmɪsəl] *mil* missile *m*; *stone etc* projectile *m*

miss•ing [ˈmɪsɪŋ] *adj*: *be missing* have disappeared avoir disparu; *member of school party, one of a set etc* ne pas être là; *the missing child* l'enfant qui a disparu; *one of them is missing* il en manque un(e)

mis•sion [ˈmɪʃn] mission *f*

mis•sion•a•ry [ˈmɪʃənrɪ] REL missionnaire *m/f*

mis•spell [mɪsˈspel] *v/t* mal orthographier

mist [mɪst] brume *f*

◆ **mist over** *v/i of eyes* s'embuer

◆ **mist up** *v/i of mirror, window* s'embuer

mis•take [mɪˈsteɪk] **1** *n* erreur *f*, faute *f*; *make a mistake* faire une erreur, se tromper; *by mistake* par erreur **2** *v/t (pret mistook, pp mistaken)* se tromper de; *mistake s.o./sth for s.o./sth* prendre qn / qch pour qn / qch d'autre

mis•tak•en [mɪˈsteɪkən] **1** *adj* erroné, faux*; *be mistaken* faire erreur, se tromper **2** *pp → mistake*

mis•ter [ˈmɪstər] → *Mr*

mis•took [mɪˈstʊk] *pret → mistake*

mis•tress [ˈmɪstrɪs] maîtresse *f*

mis•trust [mɪsˈtrʌst] **1** *n* méfiance *f* **2** *v/t* se méfier de

mist•y [ˈmɪstɪ] *adj weather* brumeux*; *eyes* embué; *misty blue color* bleuâtre

mis•un•der•stand [mɪsʌndərˈstænd] *v/t (pret & pp -stood)* mal comprendre

mis•un•der•stand•ing [mɪsʌndərˈstændɪŋ] malentendu *m*

mis•use 1 [mɪsˈjuːs] *n* mauvais usage *m* **2** [mɪsˈjuːz] *v/t* faire mauvais usage de; *word* employer à tort

miti•gat•ing cir•cum•stan•ces [ˈmɪtɪgeɪtɪŋ] *npl* circonstances *fpl* atténuantes

mitt [mɪt] *in baseball* gant *m*

mit•ten [ˈmɪtən] moufle *f*

mix [mɪks] **1** *n* mélange *m*; *in cooking: ready to use* préparation *f* **2** *v/t* mélanger; *cement* malaxer **3** *v/i socially* aller vers les gens, être sociable

◆ **mix up** *v/t* confondre; *get out of order* mélanger; *mix s.o. up with s.o.* confondre qn avec qn; *be mixed up emotionally* être perdu; *of figures, papers* être en désordre; *be mixed up in* être mêlé à; *get mixed up with* (se mettre à) fréquenter

◆ **mix with** *v/t (associate with)* fréquenter

mixed [mɪkst] *adj economy, school, races* mixte; *reactions, reviews* mitigé

mixed 'mar•riage mariage *m* mixte

mix•er [ˈmɪksər] *for food* mixeur *m*; *drink* boisson non-alcoolisée que l'on mélange avec certains alcools; *she's a good mixer* elle est très sociable

mix•ture [ˈmɪkstʃər] mélange *m*; *medicine* mixture *f*

mix-up [ˈmɪksʌp] confusion *f*

moan [moʊn] **1** *n of pain* gémissement *m* **2** *v/i of pain* gémir

mob [mɑːb] **1** *n* foule *f* **2** *v/t (pret & pp -bed)* assaillir

mo•bile ['moubəl] **1** adj mobile; **be mobile** have car être motorisé; willing to travel être mobile; after breaking leg etc pouvoir marcher **2** n for decoration mobile m; Br: phone portable m
mo•bile 'home mobile home m
mo•bile 'phone Br téléphone m portable
mo•bil•i•ty [mə'bɪlətɪ] mobilité f
mob•ster ['mɑːbstər] gangster m
mock [mɑːk] **1** adj faux*, feint; **mock exam** examen m blanc **2** v/t se moquer de, ridiculiser
mock•e•ry ['mɑːkərɪ] (derision) moquerie f; (travesty) parodie f
mock-up ['mɑːkʌp] (model) maquette f
mode [moud] mode m
mod•el ['mɑːdl] **1** adj employee, husband modèle; boat, plane modèle réduit inv **2** n (miniature) maquette f; (pattern) modèle m; (fashion model) mannequin m; **male model** mannequin m homme **3** v/t présenter **4** v/i for designer être mannequin; for artist, photographer poser
mo•dem ['moudem] modem m
mod•e•rate ['mɑːdərət] **1** adj also POL modéré **2** n POL modéré m **3** v/t ['mɑːdəreɪt] modérer
mod•e•rate•ly ['mɑːdərətlɪ] adv modérément
mod•e•ra•tion [mɑːdə'reɪʃn] (restraint) modération f; **in moderation** avec modération
mod•ern ['mɑːdərn] adj moderne
mod•ern•i•za•tion [mɑːdərnaɪ'zeɪʃn] modernisation f
mod•ern•ize ['mɑːdərnaɪz] **1** v/t moderniser **2** v/i se moderniser
mod•ern 'lan•gua•ges npl langues fpl vivantes
mod•est ['mɑːdɪst] adj modeste; wage, amount modique
mod•es•ty ['mɑːdɪstɪ] of house, apartment simplicité f; of wage modicité f; (lack of conceit) modestie f
mod•i•fi•ca•tion [mɑːdɪfɪ'keɪʃn] modification f
mod•i•fy ['mɑːdɪfaɪ] v/t (pret & pp **-ied**) modifier
mod•u•lar ['mɑːdʒələr] adj modulaire
mod•ule ['mɑːdʒuːl] module m
moist [mɔɪst] adj humide
mois•ten ['mɔɪsn] v/t humidifier, mouiller légèrement
mois•ture ['mɔɪstʃər] humidité f
mois•tur•iz•er ['mɔɪstʃəraɪzər] for skin produit m hydratant
mo•lar ['moulər] molaire f
mo•las•ses [mə'læsɪz] nsg mélasse f
mold¹ [mould] on food moisi m, moisissu-

re(s) f(pl)
mold² [mould] **1** n moule m **2** v/t clay etc modeler; character, person façonner
mold•y ['mouldɪ] adj food moisi
mole [moul] on skin grain m de beauté; animal taupe f
mo•lec•u•lar [mə'lekjʊlər] adj moléculaire
mol•e•cule ['mɑːlɪkjuːl] molécule f
mo•lest [mə'lest] v/t child, woman agresser (sexuellement)
mol•ly•cod•dle ['mɑːlɪkɑːdl] v/t F dorloter
mol•ten ['moultən] adj en fusion
mom [mɑːm] F maman f
mo•ment ['moumənt] instant m, moment m; **at the moment** en ce moment; **for the moment** pour l'instant
mo•men•tar•i•ly [moumən'terɪlɪ] adv (for a moment) momentanément; (in a moment) dans un instant
mo•men•ta•ry ['moumənterɪ] adj momentané
mo•men•tous [mə'mentəs] adj capital
mo•men•tum [mə'mentəm] élan m
mon•arch ['mɑːnərk] monarque m
mon•as•ter•y ['mɑːnəstrɪ] monastère m
mo•nas•tic [mə'næstɪk] adj monastique
Mon•day ['mʌndeɪ] lundi m
mon•e•ta•ry ['mʌnɪterɪ] adj monétaire
mon•ey ['mʌnɪ] argent m; **I'm not made of money** je ne suis pas cousu d'or
'mon•ey belt sac m à banane
'mon•ey-lend•er ['mʌnɪlendər] prêteur m
'mon•ey mar•ket marché m monétaire
'mon•ey or•der mandat m postal
mon•grel ['mʌŋgrəl] bâtard m
mon•i•tor ['mɑːnɪtər] **1** n COMPUT moniteur m **2** v/t surveiller, contrôler
monk [mʌŋk] moine m
mon•key ['mʌŋkɪ] singe m; F child polisson m
◆ **monkey around with** v/t F jouer avec; stronger trafiquer F
'mon•key wrench clef f anglaise
mon•o•gram ['mɑːnəgræm] monogramme m
mon•o•grammed ['mɑːnəgræmd] adj orné d'un monogramme
mon•o•log, Br **mon•o•logue** ['mɑːnəlɑːg] monologue m
mo•nop•o•lize [mə'nɑːpəlaɪz] v/t exercer un monopole sur; fig monopoliser
mo•nop•o•ly [mə'nɑːpəlɪ] monopole m
mo•not•o•nous [mə'nɑːtənəs] adj monotone
mo•not•o•ny [mə'nɑːtənɪ] monotonie f
mon•soon [mɑːn'suːn] mousson f
mon•ster ['mɑːnstər] n monstre m

mon•stros•i•ty [ma:n'stra:səti] horreur f
mon•strous ['ma:nstrəs] *adj* monstrueux*

month [mʌnθ] mois *m*
month•ly ['mʌnθlɪ] **1** *adj* mensuel* **2** *adv* mensuellement; *I'm paid monthly* je suis payé au mois **3** *n magazine* mensuel *m*
Mon•tre•al [ma:ntrɪ'ɒ:l] Montréal
mon•u•ment ['ma:njʊmənt] monument *m*
mon•u•ment•al [ma:njʊ'mentl] *adj fig* monumental
mood [mu:d] (*frame of mind*) humeur f; (*bad mood*) mauvaise humeur f; *of meeting, country* état *m* d'esprit; *be in a good / bad mood* être de bonne / mauvaise humeur; *be in the mood for* avoir envie de
mood•y ['mu:dɪ] *adj changing moods* lunatique; (*bad-tempered*) maussade
moon [mu:n] *n* lune f
moon•light 1 *n* clair *m* de lune **2** *v/i* F travailler au noir
moon•lit *adj* éclairé par la lune
moor [mʊr] *v/t boat* amarrer
moor•ings ['mʊrɪŋz] *npl* mouillage *m*
moose [mu:s] original *m*
mop [ma:p] **1** *n for floor* balai-éponge; *for dishes* éponge f à manche **2** *v/t* (*pret & pp -ped*) *floor* laver; *eyes, face* éponger, essuyer
◆ **mop up** *v/t* éponger; MIL balayer
mope [moʊp] *v/i* se morfondre
mo•ped ['moʊped] *Br* mobylette f
mor•al ['mɔ:rəl] **1** *adj* moral **2** *n of story* morale f; *morals* moralité f
mo•rale [mɔ:'ræl] moral *m*
mo•ral•i•ty [mə'rælətɪ] moralité f
mor•bid ['mɔ:rbɪd] *adj* morbide
more [mɔ:r] **1** *adj* plus de; *could you make a few more sandwiches?* pourriez-vous faire quelques sandwichs de plus?; *some more tea?* encore un peu de thé?; *there's no more coffee* il n'y a plus de café; *more and more students / time* de plus en plus d'étudiants / de temps **2** *adv* plus; *more important* plus important; *more and more* de plus en plus; *more or less* plus ou moins; *once more* une fois de plus; *more than* plus de; *I don't live there any more* je n'habite plus là-bas **3** *pron* plus; *do you want some more?* est-ce que tu en veux encore or davantage?; *a little more* un peu plus
more•o•ver [mɔ:'roʊvər] *adv* de plus
morgue [mɔ:rg] morgue f
morn•ing ['mɔ:rnɪŋ] matin *m*; *in the morning* le matin; (*tomorrow*) demain

matin; *this morning* ce matin; *tomorrow morning* demain matin; *good morning* bonjour
'morn•ing sick•ness nausées *fpl* du matin
mo•ron ['mɔ:ra:n] F crétin *m*
mo•rose [mə'roʊs] *adj* morose
mor•phine ['mɔ:rfi:n] morphine f
mor•sel ['mɔ:rsl] morceau *m*
mor•tal ['mɔ:rtl] **1** *adj* mortel* **2** *n* mortel *m*
mor•tal•i•ty [mɔ:r'tælətɪ] condition f mortelle; (*death rate*) mortalité f
mor•tar¹ ['mɔ:rtər] MIL mortier *m*
mor•tar² ['mɔ:rtər] (*cement*) mortier *m*
mort•gage ['mɔ:rgɪdʒ] **1** *n* prêt *m* immobilier; *on own property* hypothèque f **2** *v/t* hypothéquer
mor•ti•cian [mɔ:r'tɪʃn] entrepreneur *m* de pompes funèbres
mor•tu•a•ry ['mɔ:rtʃʊerɪ] morgue f
mo•sa•ic [moʊ'zeɪɪk] mosaïque f
Mos•cow ['ma:skaʊ] Moscou
Mos•lem ['muzlɪm] **1** *adj* musulman **2** *n* Musulman(e) *m(f)*
mosque [ma:sk] mosquée f
mos•qui•to [ma:s'ki:toʊ] moustique *m*
moss [ma:s] mousse f
moss•y ['ma:sɪ] *adj* couvert de mousse
most [moʊst] **1** *adj* la plupart de; *most people* la plupart des gens **2** *adv* (*very*) extrêmement, très; *play, swim, eat etc* le plus; *the most beautiful / interesting* le plus beau / intéressant; *most of all* surtout **3** *pron*: *most of* la plupart de; *at (the) most* au maximum; *that's the most I can offer* c'est le maximum que je peux proposer; *make the most of* profiter au maximum de
most•ly ['moʊstlɪ] *adv* surtout
mo•tel [moʊ'tel] motel *m*
moth [ma:θ] papillon *m* de nuit
'moth•ball boule f de naphtaline
moth•er ['mʌðər] **1** *n* mère f **2** *v/t* materner
'moth•er•board COMPUT carte f mère
'moth•er•hood maternité f
'Moth•er•ing Sun•day → **Mother's Day**
'moth•er-in-law (*pl mothers-in-law*) belle-mère f
moth•er•ly ['mʌðərlɪ] *adj* maternel*
moth•er-of-'pearl nacre f
'Mother's Day la fête des Mères
'moth•er tongue langue f maternelle
mo•tif [moʊ'ti:f] motif *m*
mo•tion ['moʊʃn] **1** *n* (*movement*) mouvement *m*; (*proposal*) motion f; *set things in motion* mettre les choses en route **2** *v/t*: *he motioned me forward* il m'a fait

signe d'avancer

mo•tion•less ['məʊʃnlɪs] *adj* immobile

mo•ti•vate ['məʊtɪveɪt] *v/t* motiver

mo•ti•va•tion [məʊtɪ'veɪʃn] motivation *f*

mo•tive ['məʊtɪv] *for crime* mobile *m*

mo•tor ['məʊtər] moteur *m*

'mo•tor•bike moto *f*

'mo•tor•boat bateau *m* à moteur

'mo•tor•cade ['məʊtərkeɪd] cortège *m* (de voitures)

'mo•tor•cy•cle moto *f*

'mo•tor•cy•clist motocycliste *m/f*

'mo•tor home camping-car *m*

'mo•tor•ist ['məʊtərɪst] automobiliste *m/f*

'mo•tor me•chan•ic mécanicien(ne) *m(f)*

'mo•tor rac•ing course *f* automobile

'mo•tor•scoot•er scooter *m*

'mo•tor ve•hi•cle véhicule *m* à moteur

'mo•tor•way *Br* autoroute *f*

mot•to ['mɑːtəʊ] devise *f*

mould *etc* (mould) *Br* → **mold** *etc*

mound [maʊnd] (*hillock*) monticule *m*; (*pile*) tas *m*

mount [maʊnt] **1** *n* (*mountain*) mont *m*; (*horse*) monture *f* **2** *v/t steps, photo* monter; *horse, bicycle* monter sur; *campaign* organiser **3** *v/i* monter

♦ **mount up** *v/i* s'accumuler, s'additionner

moun•tain ['maʊntɪn] montagne *f*

'moun•tain bike vélo *m* tout-terrain, V.T.T. *f*

moun•tain•eer [maʊntɪ'nɪr] alpiniste *m/f*

moun•tain•eer•ing [maʊntɪ'nɪrɪŋ] alpinisme *m*

moun•tain•ous ['maʊntɪnəs] *adj* montagneux*

mount•ed po•lice ['maʊntɪd] police *f* montée

mourn [mɔːrn] **1** *v/t* pleurer **2** *v/i*: **mourn for** pleurer

mourn•er ['mɔːrnər] parent / ami *m* du défunt

mourn•ful ['mɔːrnfl] *adj* triste, mélancolique

mourn•ing ['mɔːrnɪŋ] deuil *m*; **be in mourning** être en deuil; **wear mourning** porter le deuil

mouse [maʊs] (*pl* **mice** [maɪs]) *also* COMPUT souris *f*

'mouse mat COMPUT tapis *m* de souris

mous•tache *Br* → **mustache**

mouth [maʊθ] *of person* bouche *f*; *of animal* gueule *f*; *of river* embouchure *f*

mouth•ful ['maʊθfʊl] *of food* bouchée *f*; *of drink* gorgée *f*

'mouth•or•gan harmonica *m*

'mouth•piece *of instrument* embouchure *f*; (*spokesperson*) porte-parole *m inv*

mouth-to-'mouth bouche-à-bouche *m*

'mouth•wash bain *m* de bouche

'mouth•wa•ter•ing *adj* alléchant, appétissant

move [muːv] **1** *n* mouvement *m*; *in chess etc* coup *m*; (*step, action*) action *f*; (*change of house*) déménagement *m*; **it's up to you to make the first move** c'est à toi de faire le premier pas; **get a move on!** F grouille-toi! F; **don't make a move!** ne bouge pas!, pas un geste! **2** *v/t object* déplacer; *limbs* bouger; (*transfer*) transférer; *emotionally* émouvoir; **move house** déménager **3** *v/i* bouger; (*transfer*) être transféré

♦ **move around** *v/i* bouger, remuer; *from place to place* bouger, déménager

♦ **move away** *v/i* s'éloigner, s'en aller; (*move house*) déménager

♦ **move in** *v/i* emménager

♦ **move on** *v/i* *to another town* partir; **move on to another subject** passer à un autre sujet; **I want to move on (to another job)** je veux changer de travail

♦ **move out** *v/i* *of house* déménager; *of area* partir

♦ **move up** *v/i* *in league* monter; (*make room*) se pousser

move•ment ['muːvmənt] *also organization, mus* mouvement *m*

mov•ers ['muːvərz] *npl* déménageurs *mpl*

mov•ie ['muːvɪ] film *m*; **go to a /the movies** aller au cinéma

mov•ie•go•er ['muːvɪgəʊər] amateur *m* de cinéma, cinéphile *m/f*

'mov•ie thea•ter cinéma *m*

mov•ing ['muːvɪŋ] *adj parts of machine* mobile; *emotionally* émouvant

mow [məʊ] *v/t grass* tondre

♦ **mow down** *v/t* faucher

mow•er ['məʊər] tondeuse *f* (à gazon)

MP [em'piː] *abbr* *Br* POL (= **Member of Parliament**) député *m*; (= **Military Policeman**) membre *m* de la police militaire

mph [empiː'eɪtʃ] *abbr* (= **miles per hour**) miles *m* à l'heure

Mr ['mɪstər] Monsieur, M.

Mrs ['mɪsɪz] Madame, Mme

Ms [mɪz] Madame, Mme

Mt *abbr* (= **Mount**) Mt (= mont)

much [mʌtʃ] **1** *adj* beaucoup de; **so much money** tant d'argent; **as much as ...** autant (de) ... que ... **2** *adv* beaucoup; **very much** beaucoup; **too much** trop **3** *pron* beaucoup; **nothing much** pas grand-chose; **as much as ...** autant que ...; **I thought as much** c'est bien ce qu'il me semblait

muck [mʌk] (*dirt*) saleté *f*

mu•cus ['mjuːkəs] mucus *m*

mud [mʌd] boue *f*

mud•dle ['mʌdl] **1** *n* (*mess*) désordre *m*; (*confusion*) confusion *f* **2** *v/t* embrouiller

◆ **muddle up** *v/t* mettre en désordre; (*confuse*) mélanger

mud•dy ['mʌdɪ] *adj* boueux*

mues•li ['mjuːzlɪ] muesli *m*

muf•fin ['mʌfɪn] muffin *m*

muf•fle ['mʌfl] *v/t* étouffer

◆ **muffle up** *v/i* se couvrir, s'emmitoufler

muf•fler ['mʌflər] мот silencieux *m*

mug¹ [mʌɡ] *for tea, coffee* chope *f*; F (*face*) gueule *f* F; F fool poire *f* F

mug² *v/t* (*pret & pp* **-ged**) (*attack*) agresser, attaquer

mug•ger ['mʌɡər] agresseur *m*

mug•ging ['mʌɡɪŋ] agression *f*

mug•gy ['mʌɡɪ] *adj* lourd, moite

mule [mjuːl] *animal* mulet *m*, mule *f*; *slipper* mule *f*

◆ **mull over** [mʌl] *v/t* bien réfléchir à

mul•ti•lat•e•ral [mʌltɪ'lætərəl] *adj* POL multilatéral

mul•ti•lin•gual [mʌltɪ'lɪŋɡwəl] *adj* multilingue

mul•ti•me•di•a [mʌltɪ'miːdɪə] **1** *adj* multimédia **2** *n* multimédia *m*

mul•ti•na•tion•al [mʌltɪ'næʃnl] **1** *adj* multinational **2** *n* COMM multinationale *f*

mul•ti•ple ['mʌltɪpl] *adj* multiple

mul•ti•ple 'choice ques•tion question *f* à choix multiple

mul•ti•ple scle•ro•sis [skle'rəʊsɪs] sclérose *f* en plaques

mul•ti•pli•ca•tion [mʌltɪplɪ'keɪʃn] multiplication *f*

mul•ti•ply ['mʌltɪplaɪ] **1** *v/t* (*pret & pp* **-ied**) multiplier **2** *v/i* se multiplier

mum [mʌm] *Br* maman *f*

mum•ble ['mʌmbl] **1** *n* marmonnement *m* **2** *v/t & v/i* marmonner

mum•my ['mʌmɪ] *Br* F maman *f*

mumps [mʌmps] *nsg* oreillons *mpl*

munch [mʌnʧ] *v/t* mâcher

mu•ni•ci•pal [mjuː'nɪsɪpl] *adj* municipal

mu•ral ['mjʊərəl] peinture *f* murale

mur•der ['mɜːrdər] **1** *n* meurtre *m* **2** *v/t person* assassiner; *song* massacrer

mur•der•er ['mɜːrdərər] meurtrier(-ière) *m(f)*

mur•der•ous ['mɜːrdrəs] *adj* rage, look meurtrier*

murk•y ['mɜːrkɪ] *adj also fig* trouble

mur•mur ['mɜːrmər] **1** *n* murmure *m* **2** *v/t* murmurer

mus•cle ['mʌsl] muscle *m*

mus•cu•lar ['mʌskjʊlər] *adj* pain, strain musculaire; *person* musclé

muse [mjuːz] *v/i* songer

mu•se•um [mjuː'zɪəm] musée *m*

mush•room ['mʌʃrʊm] **1** *n* champignon *m* **2** *v/i* fig proliférer

mu•sic ['mjuːzɪk] musique *f*; *in written form* partition *f*

mu•sic•al ['mjuːzɪkl] **1** *adj* musical; *person* musicien*; *voice* mélodieux*, musical **2** *n* comédie *f* musicale

'mu•sic(•al) box boîte *f* à musique

mu•sic•al 'in•stru•ment instrument *m* de musique

mu•si•cian [mjuː'zɪʃn] musicien(ne) *m(f)*

mus•sel ['mʌsl] moule *f*

must [mʌst] **1** *v/aux* ◇ *necessity* devoir; **I must be on time** je dois être à l'heure, il faut que je sois (*subj*) à l'heure; **I must** il le faut; **I mustn't be late** je ne dois pas être en retard, il ne faut pas que je sois en retard

◇ *probability* devoir; **it must be about 6 o'clock** il doit être environ six heures; **they must have arrived by now** ils doivent être arrivés maintenant **2** *n*: **insurance is a must** l'assurance est obligatoire

mus•tache [mə'stæʃ] moustache *f*

mus•tard ['mʌstərd] moutarde *f*

'must-have F **1** *adj* incontournable **2** *n* must *m*

mus•ty ['mʌstɪ] *adj room* qui sent le renfermé; *smell* de moisi, de renfermé

mute [mjuːt] *adj* muet*

mut•ed ['mjuːtɪd] *adj* sourd; *criticism* voilé

mu•ti•late ['mjuːtɪleɪt] *v/t* mutiler

mu•ti•ny ['mjuːtɪnɪ] **1** *n* mutinerie *f* **2** *v/i* (*pret & pp* **-ied**) se mutiner

mut•ter ['mʌtər] **1** *v/i* marmonner **2** *v/t* marmonner; *curse, insult* grommeler

mut•ton ['mʌtn] mouton *m*

mu•tu•al ['mjuːʧʊəl] *adj* (*reciprocal*) mutuel*, réciproque; (*common*) commun

muz•zle ['mʌzl] **1** *n of animal* museau *m*; *for dog* muselière *f* **2** *v/t*: **muzzle the press** bâillonner la presse

my [maɪ] *adj* mon *m*, ma *f*; *pl* mes

my•op•ic [maɪ'ɑːpɪk] *adj* myope

my•self [maɪ'self] *pron* moi-même; *reflexive* me; *before vowel* m'; *after prep* moi; **I hurt myself** je me suis blessé; **by myself** tout seul

mys•te•ri•ous [mɪ'stɪrɪəs] *adj* mystérieux*

mys•te•ri•ous•ly [mɪ'stɪrɪəslɪ] *adv* mystérieusement

mys•te•ry ['mɪstərɪ] mystère *m*; (*mystery*

story) roman *m* à suspense
mys•ti•fy ['mɪstɪfaɪ] *v/t* (*pret & pp* **-ied**) rendre perplexe; *of tricks* mystifier; **be mystified** être perplexe

myth [mɪθ] *also fig* mythe *m*
myth•i•cal ['mɪθɪkl] *adj* mythique
my•thol•o•gy [mɪ'θɑːlədʒɪ] mythologie *f*

N

nab [næb] *v/t* (*pret & pp* **-bed**) F (*take for o.s.*) s'approprier
nag [næg] **1** *v/i* (*pret & pp* **-ged**) *of person* faire des remarques continuelles **2** *v/t* (*pret & pp* **-ged**) harceler; **nag s.o. to do sth** harceler qn pour qu'il fasse (*subj*) qch
nag•ging ['nægɪŋ] *adj pain* obsédant; **I have this nagging doubt that …** je n'arrive pas à m'empêcher de penser que …
nail [neɪl] *for wood* clou *m*; *on finger, toe* ongle *m*
'**nail clip•pers** *npl* coupe-ongles *m inv*
'**nail file** lime *f* à ongles
'**nail pol•ish** vernis *m* à ongles
'**nail pol•ish re•mov•er** [rɪ'muːvər] dissolvant *m*
'**nail scis•sors** *npl* ciseaux *mpl* à ongles
'**nail var•nish** *Br* vernis *m* à ongles
na•ked ['neɪkɪd] *adj* nu; **to the naked eye** à l'œil nu
name [neɪm] **1** *n* nom *m*; **what's your name?** comment vous appelez-vous?; **call s.o. names** insulter qn, traiter qn de tous les noms; **make a name for o.s.** se faire un nom **2** *v/t* appeler
◆ **name for** *v/t*: **name s.o. for s.o.** appeler qn comme qn
name•ly ['neɪmlɪ] *adv* à savoir
'**name•sake** homonyme *m/f*
'**name•tag** *on clothing etc* étiquette *f* (portant le nom du propriétaire)
nan•ny ['nænɪ] nurse *f*
nap [næp] *n* sieste *f*; **have a nap** faire une sieste
nape [neɪp] *nape* (**of the neck**) nuque *f*
nap•kin ['næpkɪn] (*table napkin*) serviette *f* (de table); (*sanitary napkin*) serviette *f* hygiénique
nar•cot•ic [nɑːr'kɑːtɪk] *n* stupéfiant *m*
nar'cot•ics a•gent agent *m* de la brigade des stupéfiants
nar•rate ['næreɪt] *v/t sound track* raconter
nar•ra•tion [næ'reɪʃn] (*telling*) narration

f; *for documentary* commentaire *m*
nar•ra•tive ['nærətɪv] **1** *adj poem, style* narratif* **2** *n* (*story*) récit *m*
nar•ra•tor [næ'reɪtər] narrateur(-trice) *m(f)*
nar•row ['nærou] *adj* étroit; *victory* serré
nar•row•ly ['næroulɪ] *adv win* de justesse; **narrowly escape sth** échapper de peu à qch
nar•row-mind•ed [næroʊ'maɪndɪd] *adj* étroit d'esprit
na•sal ['neɪzl] *adj voice* nasillard
nas•ty ['næstɪ] *adj person, thing to say* méchant; *smell* nauséabond; *weather, cut, wound, disease* mauvais
na•tion ['neɪʃn] nation *f*
na•tion•al ['næʃənl] **1** *adj* national **2** *n* national *m*, ressortissant *m*; **a French national** un(e) ressortissant(e) *m(f)* français(e)
na•tion•al 'an•them hymne *m* national
na•tion•al 'debt dette *f* publique
na•tion•al•ism ['næʃənəlɪzm] nationalisme *m*
na•tion•al•i•ty [næʃə'nælətɪ] nationalité *f*
na•tion•al•ize ['næʃənəlaɪz] *v/t industry etc* nationaliser
na•tion•al 'park parc *m* national
na•tive ['neɪtɪv] **1** *adj* natal; *wit etc* inné; *population* indigène; **native tongue** langue *f* maternelle **2** *n* natif(-ive) *m(f)*; (*tribesman*) indigène *m*
na•tive 'coun•try pays *m* natal
na•tive 'speak•er locuteur *m* natif; **an English native speaker** un / une anglophone
NATO ['neɪtou] *abbr* (= **North Atlantic Treaty Organization**) OTAN *f* (= Organisation du traité de l'Atlantique Nord)
nat•u•ral ['nætʃrəl] *adj* naturel*; **a natural blonde** une vraie blonde
nat•u•ral 'gas gaz *m* naturel
nat•u•ral•ist ['nætʃrəlɪst] naturaliste *m/f*
nat•u•ral•ize ['nætʃrəlaɪz] *v/t*: **become naturalized** se faire naturaliser

nat•u•ral•ly ['nætʃərəlɪ] adv (of course) bien entendu; behave, speak naturellement, avec naturel; (by nature) de nature

nat•u•ral 'sci•ence sciences fpl naturelles

na•ture ['neɪtʃər] nature f

'na•ture re•serve réserve f naturelle

naugh•ty ['nɔːtɪ] adj vilain; photograph, word etc coquin

nau•se•a ['nɔːzɪə] nausée f

nau•se•ate ['nɔːzɪeɪt] v/t fig écœurer

nau•se•at•ing ['nɔːzɪeɪtɪŋ] adj écœurant

nau•seous ['nɔːʃəs] adj: feel nauseous avoir la nausée

nau•ti•cal ['nɔːtɪkl] adj nautique, marin

'nau•ti•cal mile mille m marin

na•val ['neɪvl] adj naval, maritime; history de la marine

'na•val base base f navale

na•vel ['neɪvl] nombril m

nav•i•ga•ble ['nævɪgəbl] adj river navigable

nav•i•gate ['nævɪgeɪt] v/i also COMPUT naviguer; in car diriger

nav•i•ga•tion [nævɪ'geɪʃn] navigation f; in car indications fpl

nav•i•ga•tor ['nævɪgeɪtər] navigateur m

na•vy ['neɪvɪ] marine f

na•vy 'blue 1 adj bleu marine inv 2 n bleu m marine

near [nɪr] 1 adv près; come nearer approche-toi 2 prep près de; near the bank près de la banque 3 adj proche; the nearest bus stop l'arrêt de bus le plus proche; in the near future dans un proche avenir

near•by [nɪr'baɪ] adv live à proximité, tout près

near•ly ['nɪrlɪ] adv presque; I nearly lost / broke it j'ai failli le perdre / casser; he was nearly crying il était au bord des larmes

near-sight•ed [nɪr'saɪtɪd] adj myope

neat [niːt] adj room, desk bien rangé; person ordonné; in appearance soigné; whiskey etc sec*; solution ingénieux*; F (terrific) super inv F

ne•ces•sar•i•ly ['nesəserəlɪ] adv nécessairement, forcément

ne•ces•sa•ry ['nesəserɪ] adj nécessaire; it is necessary to ... il faut ...

ne•ces•si•tate [nɪ'sesɪteɪt] v/t nécessiter

ne•ces•si•ty [nɪ'sesɪtɪ] nécessité f

neck [nek] n cou m; of dress, sweater col m

neck•lace ['neklɪs] collier m

'neck•line of dress encolure f

'neck•tie cravate f

née [neɪ] adj née

need [niːd] 1 n besoin m; if need be si besoin est; in need dans le besoin; be in need of sth avoir besoin de qch; there's no need to be rude / upset ce n'est pas la peine d'être impoli / triste 2 v/t avoir besoin de; you'll need to buy one il faudra que tu en achètes un; you don't need to wait vous n'êtes pas obligés d'attendre; I need to talk to you il faut que je te parle; need I say more? dois-je en dire plus?

nee•dle ['niːdl] aiguille f

'nee•dle•work travaux mpl d'aiguille

need•y ['niːdɪ] adj nécessiteux*

neg•a•tive ['negətɪv] 1 adj négatif* 2 n PHOT négatif m; answer in the negative répondre par la négative

ne•glect [nɪ'glekt] 1 n négligence f; state abandon m 2 v/t négliger; neglect to do sth omettre de faire qch

ne•glect•ed [nɪ'glektɪd] adj négligé, à l'abandon; feel neglected se sentir négligé or délaissé

neg•li•gence ['neglɪdʒəns] négligence f

neg•li•gent ['neglɪdʒənt] adj négligent

neg•li•gi•ble ['neglɪdʒəbl] adj quantity négligeable

ne•go•ti•a•ble [nɪ'gouʃəbl] adj salary, contract négociable

ne•go•ti•ate [nɪ'gouʃɪeɪt] 1 v/i négocier 2 v/t deal négocier; obstacles franchir; bend in road négocier, prendre

ne•go•ti•a•tion [nɪgouʃɪ'eɪʃn] négociation f

ne•go•ti•a•tor [nɪ'gouʃɪeɪtər] négociateur(-trice) m(f)

Ne•gro ['niːgrou] Noir(e) m(f)

neigh [neɪ] v/i hennir

neigh•bor ['neɪbər] voisin(e) m(f)

neigh•bor•hood ['neɪbərhud] in town quartier m; in the neighborhood of fig environ

neigh•bor•ing ['neɪbərɪŋ] adj voisin

neigh•bor•ly ['neɪbərlɪ] adj aimable

neigh•bour etc Br → neighbor etc

nei•ther ['niːðər] 1 adj: neither player aucun(e) des deux joueurs 2 pron ni l'un ni l'autre 3 adv: neither ... nor ... ni ... ni ... 4 conj: neither do / can I moi non plus

ne•on light ['niːɑːn] néon m

neph•ew ['nefjuː] neveu m

nerd [nɜːrd] F barjo m F

nerve [nɜːrv] ANAT nerf m; (courage) courage m; (impudence) culot m F; it's bad for my nerves ça me porte sur les nerfs; she gets on my nerves elle me tape sur les nerfs

nerve-rack•ing ['nɜːrvrækɪŋ] adj angoissant, éprouvant

ner•vous ['nɜːrvəs] adj nerveux*; be nervous about doing sth avoir peur

de faire qch
ner•vous 'break•down dépression f nerveuse
ner•vous 'en•er•gy vitalité f; *be full of nervous energy* avoir de l'énergie à revendre
ner•vous•ness ['nɜːrvəsnɪs] nervosité f
ner•vous 'wreck paquet *m* de nerfs
nerv•y ['nɜːrvɪ] *adj* (*fresh*) effronté, culotté F
nest [nest] *n* nid *m*
nes•tle ['nesl] *v/i* se blottir
Net [net] *n* COMPUT Internet *m*; *on the Net* sur Internet
net[1] [net] *n for fishing, tennis etc* filet *m*
net[2] [net] *adj price etc* net*
net 'pro•fit bénéfice *m* net
net•tle ['netl] *n* ortie *f*
'net•work *also* COMPUT réseau *m*
neu•rol•o•gist [nʊ'rɑːlədʒɪst] neurologue *m/f*
neu•ro•sis [nʊ'roʊsɪs] névrose *f*
neu•rot•ic [nʊ'rɑːtɪk] *adj* névrosé
neu•ter ['nuːtər] *v/t animal* castrer
neu•tral ['nuːtrl] *adj* neutre **2** *n gear* point *m* mort; *in neutral* au point mort
neu•tral•i•ty [nuː'trælətɪ] neutralité *f*
neu•tral•ize ['nuːtrəlaɪz] *v/t* neutraliser
nev•er ['nevər] *adv* jamais; *I've never been to New York* je ne suis jamais allé à New York; *you're never going to believe this* tu ne vas jamais me croire; *he never said that, did he?* il n'a pas dit cela!; *you never promised, did you?* tu n'as rien promis?; *never!* *in disbelief*: non!
nev•er-'end•ing *adj* continuel*, interminable
nev•er•the•less [nevərðə'les] *adv* néanmoins
new [nuː] *adj* nouveau*; (*not used*) neuf*; *this system is still new to me* je ne suis pas encore habitué à ce système; *I'm new to the job* je suis nouveau dans le métier?; *that's nothing new* vous ne m'apprenez rien
'new•born *adj* nouveau-né
new•com•er ['nuːkʌmər] nouveau venu *m*, nouvelle venue *f*
New•found•land ['nuːfʌndlænd] Terre-Neuve *f*
new•ly ['nuːlɪ] *adv* (*recently*) récemment, nouvellement
'new•ly-weds [wedz] *npl* jeunes mariés *mpl*
new 'moon nouvelle lune *f*
news [nuːz] *nsg* nouvelle *f(pl)*; *on TV, radio* informations *fpl*; *that's news to me!* on en apprend tous les jours!

'news a•gen•cy agence *f* de presse
'news•cast TV journal *m* télévisé
'news•cast•er TV présentateur(-trice) *m(f)*
'news•deal•er marchand(e) *m(f)* de journaux
'news flash flash *m* d'information
'news•pa•per journal *m*
'news•read•er TV *etc* présentateur(-trice) *m(f)*
'news re•port reportage *m*
'news•stand kiosque *m* à journaux
'news•ven•dor vendeur(-euse) *m(f)* de journaux
'New Year nouvel an *m*; *Happy New Year!* Bonne année!
New Year's 'Day jour *m* de l'an
New Year's 'Eve la Saint-Sylvestre
New Zea•land ['ziːlənd] la Nouvelle-Zélande *f*
New Zea•land•er ['ziːləndər] Néo-Zélandais(e) *m(f)*
next [nekst] **1** *adj* prochain; *the next house / door* la maison / porte d'à côté; *the next week / month he came back again* il est revenu la semaine suivante / le mois suivant; *who's next?* to be served, interviewed *etc* c'est à qui (le tour)? **2** *adv* (*after*) ensuite, après; *next to* (*beside, in comparison with*) à côté de
next-'door **1** *adj neighbor* d'à côté **2** *adv live* à côté
next of 'kin parent *m* le plus proche; *have the next of kin been informed?* est-ce qu'on a prévenu la famille?

N

nib•ble ['nɪbl] *v/t cheese* grignoter; *ear* mordiller
nice [naɪs] *adj* agréable; *person also* sympathique; *house, hair* beau*; *be nice to your sister!* sois gentil* avec ta sœur!; *that's very nice of you* c'est très gentil de votre part
nice•ly ['naɪslɪ] *adv written, presented, welcome, treat* bien; (*pleasantly*) agréablement, joliment
ni•ce•ties ['naɪsɪtɪz] *npl*: *social niceties* mondanités *fpl*
niche [niːʃ] *n in market* créneau *m*; (*special position*) place *f*
nick [nɪk] *n on face, hand* coupure *f*; *in the nick of time* juste à temps
nick•el ['nɪkl] nickel *m*; *coin* pièce *f* de cinq cents
'nick•name *n* surnom *n*
niece [niːs] nièce *f*
nig•gard•ly ['nɪɡərdlɪ] *adj amount* maigre; *person* avare
night [naɪt] nuit *f*; (*evening*) soir *m*; *tomorrow night* demain soir; *11 o'clock*

at night onze heures du soir; *travel by night* voyager de nuit; *during the night* pendant la nuit; *stay the night* passer la nuit; *work nights* travailler de nuit; *good night* going to bed bonne nuit; leaving office, friends' house etc bonsoir; *in the middle of the night* en pleine nuit

'night•cap drink boisson f du soir

'night•club boîte f de nuit

'night•dress chemise f de nuit

'night•fall: *at nightfall* à la tombée de la nuit

'night flight vol m de nuit

'night•gown chemise f de nuit

night•in•gale ['naɪtɪŋgeɪl] rossignol m

'night•life vie f nocturne

night•ly ['naɪtlɪ] 1 adj de toutes les nuits; *in evening* de tous les soirs 2 adv toutes les nuits; *in evening* tous les soirs

'night•mare also fig cauchemar m

'night por•ter gardien m de nuit

'night school cours mpl du soir

'night shift équipe f de nuit

'night•shirt chemise f de nuit (d'homme)

'night•spot boîte f (de nuit)

'night•time: *at nighttime, in the night-time* la nuit

nil [nɪl] Br zéro

nim•ble ['nɪmbl] adj agile; *mind* vif*

nine [naɪn] neuf

nine•teen [naɪn'tiːn] dix-neuf

nine•teenth [naɪn'tiːnθ] dix-neuvième; → fifth

nine•ti•eth ['naɪntɪɪθ] quatre-vingt-dixième

nine•ty ['naɪntɪ] quatre-vingt-dix

ninth [naɪnθ] neuvième; → fifth

nip [nɪp] n (pinch) pincement m; (bite) morsure f

nip•ple ['nɪpl] mamelon m

ni•tro•gen ['naɪtrədʒn] azote m

no [noʊ] 1 adv non 2 adj aucun, pas de; *there's no coffee left* il ne reste plus de café; *I have no family / money* je n'ai pas de famille/d'argent; *I have no idea* je n'en ai aucune idée; *I'm no linguist / expert* je n'ai rien d'un linguiste / expert; *no smoking / parking* défense de fumer / de stationner

no•bil•i•ty [noʊ'bɪlətɪ] noblesse f

no•ble ['noʊbl] adj noble

no•bod•y ['noʊbədɪ] 1 pron personne; *nobody knows* personne ne le sait; *there was nobody at home* il n'y avait personne 2 n: *he's a nobody* c'est un nul

nod [naːd] 1 n signe m de tête 2 v/i (pret & pp -ded) faire un signe de tête

◆ nod off v/i (fall asleep) s'endormir

no-hop•er [noʊ'hoʊpər] F raté(e) m(f) F

noise [nɔɪz] bruit m

nois•y ['nɔɪzɪ] adj bruyant; *be noisy* of person faire du bruit

nom•i•nal ['naːmɪnl] adj nominal; (token) symbolique

nom•i•nate ['naːmɪneɪt] v/t (appoint) nommer; *nominate s.o. for a post* (propose) proposer qn pour un poste

nom•i•na•tion [naːmɪ'neɪʃn] (appointment) nomination f; (person proposed) candidat m; *who was your nomination?* qui aviez-vous proposé pour le poste?

nom•i•nee [naːmɪ'niː] candidat m

non ... [naːn] non ...

non•al•co•hol•ic adj non alcoolisé

non•a•ligned ['naːnəlaɪnd] adj non-aligné

non•cha•lant ['naːnʃəlɑːnt] adj nonchalant

non•com•mis•sioned 'of•fi•cer ['naːnkə-mɪʃnd] sous-officier m

non•com•mit•tal [naːnkə'mɪtl] adj person, response évasif*

non•de•script ['naːndɪskrɪpt] adj quelconque; color indéfinissable

none [nʌn] pron aucun(e); *none of the students* aucun des étudiants; *there is / are none left* il n'en reste plus; *none of the water was left* il ne restait pas une seule goutte d'eau

non•en•ti•ty [naː'nentətɪ] être m insignifiant

none•the•less [nʌnðə'les] adv néanmoins

non•ex•ist•ent adj inexistant

non'fic•tion ouvrages mpl non littéraires

non•(in)'flam•ma•ble adj ininflammable

non•in•ter•fer•ence non-ingérence f

non•in•ter•ven•tion non-intervention f

non-'i•ron adj shirt infroissable

'no-no: *that's a no-no* F c'est hors de question

no-'non•sense adj approach pragmatique

non'pay•ment non-paiement m

non•pol'lut•ing adj non polluant

non'res•i•dent n non-résident m; in hotel client m de passage

non•re'turn•a•ble adj deposit non remboursable

non•sense ['naːnsəns] absurdité(s) f(pl); *don't talk nonsense* ne raconte pas n'importe quoi; *nonsense, it's easy!* mais non, c'est facile!, n'importe quoi, c'est facile!

non'skid adj tires antidérapant

non'slip adj surface antidérapant

non'smok•er person non-fumeur(-euse)

m(f)

non·stand·ard *adj* non standard *inv; use of word* impropre

non·stick *adj pan* antiadhésif*

non·stop 1 *adj flight, train* direct; *chatter* incessant **2** *adv fly, travel* sans escale; *chatter, argue* sans arrêt

non·swim·mer: be a nonswimmer ne pas savoir nager

non·u·nion *adj worker* non syndiqué

non·vi·o·lence non-violence *f*

non·vi·o·lent *adj* non-violent

noo·dles ['nuːdlz] *npl* nouilles *fpl*

nook [nʊk] coin *m*

noon [nuːn] midi *m*; **at noon** à midi

noose [nuːs] nœud *m* coulant

nor [nɔːr] *conj* ni; **I neither know nor care what he's doing** je ne sais pas ce qu'il fait et ça ne m'intéresse pas non plus; **nor do I** moi non plus

norm [nɔːrm] norme *f*

nor·mal ['nɔːrml] *adj* normal

nor·mal·i·ty [nɔːr'mælətɪ] normalité *f*

nor·mal·ize ['nɔːrməlaɪz] *v/t relationships* normaliser

nor·mal·ly ['nɔːrməlɪ] *adv* normalement

Norman 1 *adj* normand **2** *n* Normand(e) *m(f)*

north [nɔːrθ] **1** *n* nord *m*; **to the north of** au nord de **2** *adj* nord *inv; wind* du nord; **north Chicago** le nord de Chicago **3** *adj travel* vers le nord; **north of** au nord de

North A·mer·i·ca Amérique *f* du Nord

North A·mer·i·can 1 *adj* nord-américain **2** *n* Nord-Américain(e) *m(f)*

north·east 1 *n* nord-est *m* **2** *adj* nord-est *inv; wind* du nord-est **3** *adv travel* vers le nord-est; **northeast of** au nord-est de

nor·ther·ly ['nɔːrðərlɪ] *adj wind* du nord; *direction* vers le nord

nor·thern ['nɔːrðərn] du nord

nor·thern·er ['nɔːrðərnər] habitant *m* du Nord

North Ko·re·a Corée *f* du Nord

North Ko·re·an 1 *adj* nord-coréen* **2** *n* Nord-Coréen(ne) *m(f)*

North Pole pôle *m* Nord

North Sea Mer *f* du Nord

north·ward ['nɔːrθwərd] *adv travel* vers le nord

north·west [nɔːrθ'west] **1** *n* nord-ouest *m* **2** *adj* nord-ouest *inv; wind* du nord-ouest **3** *adv travel* vers le nord-ouest; **northwest of** au nord-ouest de

Nor·way ['nɔːrweɪ] Norvège *f*

Nor·we·gian [nɔːr'wiːdʒn] **1** *adj* norvégien* **2** *n* Norvégien(ne) *m(f); language* norvégien *m*

nose [noʊz] nez *m*; **it was right under my**

nose! c'était juste sous mon nez

◆ **nose around** *v/i* F fouiner, fureter

'nose·bleed: have a nosebleed saigner du nez

nos·tal·gia [nɑː'stældʒə] nostalgie *f*

nos·tal·gic [nɑː'stældʒɪk] *adj* nostalgique

nos·tril ['nɑːstrəl] narine *f*

nos·y ['noʊzɪ] *adj* F curieux*, indiscret*

not [nɑːt] *adv* ◇ *with verbs* ne … pas; **it's not allowed** ce n'est pas permis; **he didn't help** il n'a pas aidé

◇ *pas;* **not now** pas maintenant; **not there** pas là; **not a lot** pas beaucoup

no·ta·ble ['noʊtəbl] *adj* notable

no·ta·ry ['noʊtərɪ] notaire *m*

notch [nɑːtʃ] *n* entaille *f*

note [noʊt] *n* MUS, *(memo to self, comment on text)* note *f; (short letter)* mot *m; take notes* prendre des notes; **take note of sth** noter qch, prendre note de qch

◆ **note down** *v/t* noter

'note·book carnet *m;* COMPUT ordinateur *m* bloc-notes

not·ed ['noʊtɪd] *adj* célèbre

'note·pad bloc-notes *m*

'note·pa·per papier *m* à lettres

noth·ing ['nʌθɪŋ] *pron* rien; **she said nothing** elle n'a rien dit; **nothing but** rien que; **nothing much** pas grand-chose; **for nothing** *(for free)* gratuitement; *(for no reason)* pour un rien; **I'd like nothing better** je ne demande pas mieux; **nothing new** rien de neuf

no·tice ['noʊtɪs] **1** *n on bulletin board, in street* affiche *f; (advance warning)* avertissement *m*, préavis *m; in newspaper* avis *m; to leave job* démission *f; to leave house* préavis *m; at short notice* dans un délai très court; **until further notice** jusqu'à nouvel ordre; **give s.o. his / her notice** *to quit job* congédier qn, renvoyer qn; **notice s.o.** *to leave house* donner congé à qn; **hand in one's notice** *to employer* donner sa démission; **four weeks' notice** un préavis de quatre semaines; **take notice of s.o./sth** faire attention à qn / qch; **take no notice of s.o./sth** ne pas faire attention à qn / qch **2** *v/t* remarquer

no·tice·a·ble ['noʊtɪsəbl] *adj* visible

no·ti·fy ['noʊtɪfaɪ] *v/t (pret & pp -ied):* **notify s.o. of sth** signaler qch à qn

no·tion ['noʊʃn] idée *f*

no·tions ['noʊʃnz] *npl* articles *mpl* de mercerie

no·to·ri·ous [noʊ'tɔːrɪəs] *adj* notoire; **be notorious for** être bien connu pour

nou·gat ['nuːgət] nougat *m*

N

noun [naʊn] substantif *m*, nom *m*

nou•rish•ing ['nʌrɪʃɪŋ] adj nourrissant

nou•rish•ment ['nʌrɪʃmənt] nourriture *f*

nov•el ['nɑːvl] *n* roman *m*

nov•el•ist ['nɑːvlɪst] romancier(-ière) *m(f)*

nov•el•ty ['nɑːvəltɪ] nouveauté *f*

No•vem•ber [noʊ'vembər] novembre *m*

nov•ice ['nɑːvɪs] (*beginner*) novice *m*, débutant *m*

now [naʊ] adv maintenant; **now and again, now and then** de temps à autre; **by now** maintenant; **from now on** dorénavant, désormais; **right now** (*immediately*) tout de suite; (*at this moment*) à l'instant même; **just now** (*at this moment*) en ce moment, maintenant; (*a little while ago*) à l'instant; **now, now!** allez allez!; **now, where did I put it?** où est-ce que j'ai bien pu le mettre?

now•a•days ['naʊədeɪz] adv aujourd'hui, de nos jours

no•where ['noʊwer] adv nulle part; **it's nowhere near finished** c'est loin d'être fini

noz•zle ['nɑːzl] *of hose* ajutage *m*; *of engine, gas pipe etc* gicleur *m*

nu•cle•ar [nuː'klɪər] adj nucléaire

nu•cle•ar 'en•er•gy énergie *f* nucléaire

nu•cle•ar fis•sion ['fɪʃn] fission *f* nucléaire

'nu•cle•ar-free adj interdit au nucléaire

nu•cle•ar 'phys•ics physique *f* nucléaire

nu•cle•ar 'pow•er *energy* énergie *f* nucléaire; POL puissance *f* nucléaire

nu•cle•ar 'pow•er sta•tion centrale *f* nucléaire

nu•cle•ar re'ac•tor réacteur *m* nucléaire

nu•cle•ar 'waste déchets *mpl* nucléaires

nu•cle•ar 'weap•on arme *f* nucléaire

nude [nuːd] **1** adj nu **2** *n painting* nu *m*; **in the nude** tout nu

nudge [nʌdʒ] *v/t person* donner un coup de coude à; *parked car* pousser (un peu)

nud•ist ['nuːdɪst] *n* nudiste *m/f*

nui•sance ['nuːsns] *person, thing* peste *f*, plaie *f* F; *event, task* ennui *m*; **make a nuisance of o.s.** être embêtant F; **what a nuisance!** que c'est agaçant!

nuke [nuːk] *v/t* F détruire à l'arme atomique

null and 'void [nʌl] adj nul* et non avenu

numb [nʌm] adj engourdi; *emotionally* insensible

num•ber ['nʌmbər] **1** *n* nombre *m*; *symbol* chiffre *m*; *of hotel room, house, phone number etc* numéro *m* **2** *v/t* (*put a number on*) numéroter

nu•mer•al ['nuːmərəl] chiffre *m*

nu•me•rate ['nuːmərət] adj: **be numerate** savoir compter

nu•me•rous ['nuːmərəs] adj nombreux*

nun [nʌn] religieuse *f*

nurse [nɜːrs] *n* infirmier(-ière) *m(f)*

nur•se•ry ['nɜːrsərɪ] (*nursery school*) maternelle *f*; *for plants* pépinière *f*

'nur•se•ry rhyme comptine *f*

'nur•se•ry school école *f* maternelle

'nur•se•ry school teach•er instituteur *m* de maternelle

nurs•ing ['nɜːrsɪŋ] profession *f* d'infirmier; **she went into nursing** elle est devenue infirmière

'nurs•ing home *for old people* maison *f* de retraite

nut [nʌt] (*walnut*) noix *f*; (*Brazil*) noix *f* du Brésil; (*hazelnut*) noisette *f*; (*peanut*) cacahuète *f*; *for bolt* écrou *m*; **nuts** F (*testicles*) couilles *fpl* P

'nut•crack•ers npl casse-noisettes *m inv*

nu•tri•ent ['nuːtrɪənt] élément *m* nutritif

nu•tri•tion [nuː'trɪʃn] nutrition *f*

nu•tri•tious [nuː'trɪʃəs] adj nutritif*

nuts [nʌts] adj F (*crazy*) fou*; **be nuts about s.o.** être fou de qn

'nut•shell: **in a nutshell** en un mot

nut•ty ['nʌtɪ] adj taste de noisettes; *chocolate* aux noisettes; F (*crazy*) fou*

ny•lon ['naɪlɑːn] **1** adj en nylon **2** *n* nylon *m*

O

oak [ouk] chêne *m*

oar [ɔːr] aviron *m*, rame *f*

o•a•sis [ou'eɪsɪs] (*pl* oases [ou'eɪsiːz]) *also fig* oasis *f*

oath [ouθ] LAW serment *m*; (*swearword*) juron *m*; be on oath être sous serment

oats [outs] *npl* avoine *f*

o•be•di•ence [ou'biːdɪəns] obéissance *f*

o•be•di•ent [ou'biːdɪənt] *adj* obéissant

o•be•di•ent•ly [ou'biːdɪəntlɪ] *adv* docilement

o•bese [ou'biːs] *adj* obèse

o•bes•i•ty [ou'biːsɪtɪ] obésité *f*

o•bey [ou'beɪ] *v/t* obéir à

o•bit•u•a•ry [ou'bɪtʃuerɪ] nécrologie *f*

ob•ject¹ ['ɑːbdʒɪkt] *n* (*thing*) objet *m*; (*aim*) objectif *m*, but *m*; GRAM complément *m* d'objet

ob•ject² [əb'dʒekt] *v/i* protester; if nobody objects si personne n'y voit d'objection

◆ object to *v/t* s'opposer à; I object to that je ne suis pas d'accord avec ça

ob•jec•tion [əb'dʒekʃn] objection *f*

ob•jec•tio•na•ble [əb'dʒekʃnəbl] *adj* (*unpleasant*) désagréable

ob•jec•tive [əb'dʒektɪv] 1 *adj* objectif* 2 *n* objectif *m*

ob•jec•tive•ly [əb'dʒektɪvlɪ] *adv* objectivement

ob•jec•tiv•i•ty [ɑːbdʒek'tɪvətɪ] objectivité *f*

ob•li•ga•tion [ɑːblɪ'geɪʃn] obligation *f*; be under an obligation to s.o. être redevable (de qch) à qn, avoir une dette envers qn

ob•lig•a•to•ry [ə'blɪgətɔːrɪ] *adj* obligatoire

o•blige [ə'blaɪdʒ] *v/t*: much obliged! merci beaucoup!

o•blig•ing [ə'blaɪdʒɪŋ] *adj* serviable, obligeant

o•blique [ə'bliːk] 1 *adj* reference indirect; line oblique 2 *n in punctuation* barre *f* oblique

o•blit•er•ate [ə'blɪtəreɪt] *v/t* city détruire; memory effacer

o•bliv•i•on [ə'blɪvɪən] oubli *m*; fall into oblivion tomber dans l'oubli

o•bliv•i•ous [ə'blɪvɪəs] *adj*: be oblivious of sth ne pas être conscient de qch

ob•long ['ɑːblɑːŋ] 1 *adj* oblong* 2 *n* rectangle *m*

ob•nox•ious [ɑːb'nɑːkʃəs] *adj* person odieux*; smell abominable

ob•scene [əb'siːn] *adj* obscène; salary, poverty scandaleux*

ob•scen•i•ty [əb'senətɪ] obscénité *f*

ob•scure [əb'skjʊr] *adj* obscur; village inconnu

ob•scu•ri•ty [əb'skjʊrətɪ] (*anonymity*) obscurité *f*

ob•ser•vance [əb'zɜːrvns] observance *f*

ob•ser•vant [əb'zɜːrvnt] *adj* observateur*

ob•ser•va•tion [ɑːbzər'veɪʃn] observation *f*

ob•ser•va•to•ry [əb'zɜːrvətɔːrɪ] observatoire *m*

ob•serve [əb'zɜːrv] *v/t* observer, remarquer

ob•serv•er [əb'zɜːrvər] observateur (-trice) *m(f)*

ob•sess [əb'ses] *v/t*: be obsessed by *or* with être obsédé par

ob•ses•sion [əb'seʃn] obsession *f* (with de)

ob•ses•sive [əb'sesɪv] *adj* person, behavior obsessionnel*

ob•so•lete ['ɑːbsəliːt] *adj* obsolète

ob•sta•cle ['ɑːbstəkl] *also fig* obstacle *m*

ob•ste•tri•cian [ɑːbstə'trɪʃn] obstétricien(ne) *m(f)*

ob•stet•rics [ɑːb'stetrɪks] *nsg* obstétrique *f*

ob•sti•na•cy ['ɑːbstɪnəsɪ] entêtement *m*, obstination *f*

ob•sti•nate ['ɑːbstɪnət] *adj* obstiné

ob•sti•nate•ly ['ɑːbstɪnətlɪ] *adv* avec obstination, obstinément

ob•struct [ɑːb'strʌkt] *v/t* road, passage bloquer, obstruer; investigation entraver; police gêner

ob•struc•tion [əb'strʌkʃn] on road etc obstacle *m*

ob•struc•tive [əb'strʌktɪv] *adj* behavior qui met des bâtons dans les roues; tactics obstructionniste

ob•tain [əb'teɪn] *v/t* obtenir

ob•tain•a•ble [əb'teɪnəbl] *adj* products disponible

ob•tru•sive [əb'truːsɪv] *adj* person, noise etc importun; object voyant

ob•tuse [əb'tuːs] *adj fig* obtus

ob•vi•ous ['ɑːbvɪəs] *adj* évident, manifeste; (not subtle) flagrant, lourd

ob•vi•ous•ly ['ɑːbvɪəslɪ] *adv* manifestement; obviously! évidemment!

O

oc•ca•sion [əˈkeɪʒn] (time) occasion f
oc•ca•sion•al [əˈkeɪʒnl] adj occasion-
nel*; I like the occasional whiskey j'ai-
me prendre un whisky de temps en temps
oc•ca•sion•al•ly [əˈkeɪʒnəlɪ] adv de
temps en temps, occasionnellement
oc•cult [əˈkʌlt] 1 adj occulte 2 n: the oc-
cult les sciences fpl occultes
oc•cu•pant [ˈɑːkjʊpənt] occupant(e)
m(f)
oc•cu•pa•tion [ɑːkjʊˈpeɪʃn] (job) métier
m, profession f; of country occupation f
oc•cu•pa•tion•al ˈther•a•pist [əˈkjuː-
peɪʃnl] ergothérapeute m/f
oc•cu•pa•tion•al ˈther•a•py ergothérapie
f
oc•cu•py [ˈɑːkjʊpaɪ] v/t (pret & pp -ied)
occuper; occupy one's mind s'occuper
l'esprit
oc•cur [əˈkɜːr] v/i (pret & pp -red) (hap-
pen) avoir lieu, se produire; it occurred
to me that ... il m'est venu à l'esprit que
...
oc•cur•rence [əˈkɜːrəns] (event) fait m
o•cean [ˈoʊʃn] océan m
o•ce•a•nog•ra•phy [oʊʃnˈɑːgrəfɪ] océa-
nographie f
o'clock [əˈklɑːk]: at five o'clock à cinq
heures
Oc•to•ber [ɑːkˈtoʊbər] octobre m
oc•to•pus [ˈɑːktəpəs] pieuvre f
OD [oʊˈdiː] v/i F: OD on drug faire une
overdose de
odd [ɑːd] adj (strange) bizarre; (not even)
impair; the odd one out l'intrus; 50 odd
50 et quelques, une cinquantaine
'odd•ball F original m
odds [ɑːdz] npl: be at odds with être en
désaccord avec; the odds are 10 to one
betting la cote est à 10 contre 1; the odds
are that ... il y a de fortes chances que ...;
against all the odds contre toute atten-
te
odds and 'ends npl petites choses fpl, bri-
coles fpl
'odds-on adj: the odds-on favorite le
grand favori
o•di•ous [ˈoʊdɪəs] adj odieux*
o•dom•e•ter [oʊˈdɑːmətər] odomètre m
o•dor, Br o•dour [ˈoʊdər] odeur f
of [ɑːv], [əv] prep possession de; the
name of the street / hotel le nom de
la rue / de l'hôtel; the color of the paper
la couleur du papier; the works of Dick-
ens les œuvres de Dickens; five minutes
of ten dix heures moins cinq; die of can-
cer mourir d'un cancer; love of money /
adventure l'amour de l'argent /
l'aventure; of the three this is ... des

trois, c'est ...; that's nice of him c'est
gentil de sa part
off [ɑːf] 1 prep: off the main road away
from en retrait de la route principale;
near près de la route principale; $20
off the price 20 dollars de réduction;
he's off his food il n'a pas d'appétit 2
adv: be off of light, TV, machine être
éteint; of brake être desserré; of lid,
top ne pas être mis; not at work ne pas
être là; canceled être annulé; we're off
tomorrow leaving nous partons demain;
I'm off to New York je m'en vais à New
York; I must be off il faut que je m'en
aille (subj); with his pants / hat off sans
son pantalon / chapeau; take a day off
prendre un jour de congé; it's 3 miles
off c'est à 3 miles; it's a long way off
c'est loin; he got into his car and drove
off il est monté dans sa voiture et il est
parti; off and on de temps en temps 3
adj: the off switch le bouton d'arrêt
of•fence Br → offense
of•fend [əˈfend] v/t (insult) offenser, bles-
ser
of•fend•er [əˈfendər] LAW délinquant(e)
m(f)
of•fense [əˈfens] LAW minor infraction f;
serious délit m; take offense at sth s'of-
fenser de qch
of•fen•sive [əˈfensɪv] 1 adj behavior, re-
mark offensant, insultant; smell repous-
sant 2 n MIL offensive f; go on(to) the of-
fensive passer à l'offensive
of•fer [ˈɑːfər] 1 n offre f 2 v/t offrir; offer
s.o. sth offrir qch à qn
off'hand 1 adj attitude désinvolte 2 adv
comme ça
of•fice [ˈɑːfɪs] bureau m; (position) fonc-
tion f
'of•fice block immeuble m de bureaux
'of•fice hours npl heures fpl de bureau
of•fi•cer [ˈɑːfɪsər] MIL officier m; in police
agent m de police
of•fi•cial [əˈfɪʃl] 1 adj officiel* 2 n civil
servant etc fonctionnaire m/f
of•fi•cial•ly [əˈfɪʃlɪ] adv officiellement;
(strictly speaking) en théorie
of•fi•ci•ate [əˈfɪʃɪeɪt] v/i officier
of•fi•cious [əˈfɪʃəs] adj trop zélé
'off-line 1 adj hors connexion 2 adv work
hors connexion; go off-line se déconnec-
ter
'off-peak adj rates en période creuse
'off-sea•son 1 adj rates, vacation hors-sai-
son 2 n basse saison f
'off•set v/t (pret & pp -set) losses, disad-
vantage compenser
'off•shore adj offshore

'off·side 1 *adj Br wheel etc* côté conducteur 2 *adv* sp hors jeu

'off·spring progéniture *f*

'off-the-rec·ord *adj* officieux*

'off-white *adj* blanc cassé *inv*

of·ten ['ɒfn] *adv* souvent; *how often do you go there?* vous y allez tous les combien?; *how often have you been there?* combien de fois y êtes-vous allé?; *every so often* de temps en temps

oil [ɔɪl] 1 *n* huile *f*; *petroleum* pétrole *m* 2 *v/t* lubrifier, huiler

'oil change vidange *f*

'oil com·pa·ny compagnie *f* pétrolière

'oil-field champ *m* pétrolifère

oil-fired ['ɔɪlfaɪrd] *adj central heating* au mazout

'oil paint·ing peinture *f* à l'huile

'oil-pro·duc·ing coun·try pays *m* producteur de pétrole

'oil re·fin·e·ry raffinerie *f* de pétrole

'oil rig *at sea* plate-forme *f* de forage; *on land* tour *f* de forage

'oil·skins *npl* ciré *m*

'oil slick marée *f* noire

'oil tank·er *ship* pétrolier *m*

'oil well puits *m* de pétrole

oil·y ['ɔɪlɪ] *adj* graisseux*; *skin, hair* gras*

oint·ment ['ɔɪntmənt] pommade *f*

ok [oʊˈkeɪ] *adj & adv* F: *can I? - ok* je peux? - d'accord; *is it ok with you if ... ?* ça te dérange si ...?; *does that look ok?* est-ce que ça va?; *that's ok by me* ça me va; *are you ok?* (*well, not hurt*) ça va?; *are you ok for Friday?* es-tu d'accord pour vendredi?; *he's ok* (*is a good guy*) il est bien; *is this bus ok for ...?* est-ce que ce bus va à ...?

old [oʊld] *adj* vieux*; (*previous*) ancien*; *how old is he?* quel âge a-t-il?; *he's getting old* il vieillit

'old age vieillesse *f*

old-fash·ioned [oʊldˈfæʃnd] *adj* démodé

ol·ive ['ɑːlɪv] olive *f*

'ol·ive oil huile *f* d'olive

O·lym·pic Games [əˈlɪmpɪk] *npl* Jeux *mpl* Olympiques

om·e·let, *Br* om·e·lette ['ɑːmlət] omelette *f*

om·i·nous ['ɑːmɪnəs] *adj signs* inquiétant

o·mis·sion [oʊˈmɪʃn] omission *f*

o·mit [oʊˈmɪt] *v/t* (*pret & pp* *-ted*) omettre; *omit to do sth* omettre de faire qch

om·nip·o·tent [ɑːmˈnɪpətənt] *adj* omnipotent

om·nis·ci·ent [ɑːmˈnɪsɪənt] *adj* omniscient

on [ɑːn] 1 *prep* sur; *on the table* sur la table; *on the bus / train* dans le bus / train;

on the island / on Haiti sur l'île/à Haïti; *on the third floor* au deuxième étage; *on TV / the radio* à la télé / radio; *hang sth on the wall* accrocher qch au mur; *don't put anything on it* ne pose rien dessus; *on Sunday* dimanche; *on Sundays* le dimanche; *on the 1st of ...* le premier ...; *this is on me* (*I'm paying*) c'est moi qui paie; *have you any money on you?* as-tu de l'argent sur toi?; *on his arrival* à son arrivée; *on his departure* au moment de son départ; *on hearing this* en entendant ceci 2 *adv*: *be on* of light, TV, *computer etc* être allumé; *of brake* être serré; *of lid, top* être mis; *of program: being broadcast* passer; *of meeting etc: be scheduled to happen* avoir lieu; *what's on tonight?* qu'est-ce qu'il y a ce soir?; (*what's planned?*) qu'est-ce qu'on fait ce soir?; *with his jacket / hat on* sa veste sur le dos / son chapeau sur la tête; *you're on* (*I accept your offer etc*) c'est d'accord; *that's not on* (*not allowed, not fair*) cela ne se fait pas; *on you go* (*go ahead*) vas-y; *walk / talk on* continuer à marcher / parler; *and so on* et ainsi de suite; *on and on* *talk etc* pendant des heures 3 *adj*: *the on switch* le bouton marche

once [wʌns] 1 *adv* (*one time*) une fois; (*formerly*) autrefois; *once again, once more* encore une fois; *at once* (*immediately*) tout de suite; (*at the same time*) en même temps; *all at once* (*suddenly*) tout à coup; (*all*) *at once* (*together*) tous en même temps; *once upon a time there was ...* il était une fois ...; *once in a while* de temps en temps; *once and for all* une fois pour toutes; *for once* pour une fois 2 *conj* une fois que; *once you have finished* une fois que tu auras terminé

one [wʌn] 1 *n number* un *m* 2 *adj* un(e); *one day* un jour; *that's one fierce dog* c'est un chien vraiment féroce 3 *pron* ◇ : *one is bigger than the other* l'un(e) est plus grand(e) que l'autre; *which one?* lequel / laquelle?; *one by one* un(e) à la fois; *the little ones* les petits *mpl*; *I for one* pour ma part

◇ *fml on*: *what can one say / do?* qu'est-ce qu'on peut dire / faire?

◇ : *one another* l'un(e) l'autre; *we help one another* nous nous entraidons; *they respect one another* ils se respectent

one-'off *n*: *be a one-off* être unique; (*exception*) être exceptionnel*

one-'par·ent 'fam·i·ly famille *f* monoparentale

one'self *pron*: *hurt oneself* se faire mal;

for oneself pour soi *or* soi-même; **do sth by oneself** faire qch tout seul

one-sid•ed ['wʌn'saɪdɪd] *adj* discussion, fight déséquilibré

'**one-track mind** *hum*: **have a one-track mind** ne penser qu'à ça

'**one-way street** rue *f* à sens unique

'**one-way tick•et** aller *m* simple

on•ion ['ʌnjən] oignon *m*

'**on-line** *adj & adv* en ligne; **go on-line to** se connecter à

'**on-line serv•ice** COMPUT service *m* en ligne

on•look•er ['ɒnlʊkər] spectateur(-trice) *m(f)*

on•ly ['əʊnlɪ] **1** *adv* seulement; **he's only six** il n'a que six ans; **not only X but also Y** non seulement X mais aussi Y; **only just** de justesse **2** *adj* seul, unique; **only son / daughter** fils *m*/ fille *f* unique

'**on•set** début *m*

'**on•side**: **be onside** *adv* SP ne pas être hors jeu

on-the-job 'train•ing formation *f* sur le tas

on•to ['ɒntuː] *prep* (*on top of*) sur; **the police are onto him** la police est sur sa piste

on•ward ['ɒnwərd] *adv* en avant; **from … onward** à partir de …

ooze [uːz] **1** *v/i of liquid, mud* suinter **2** *v/t*: **he oozes charm** il déborde de charme

o•paque [əʊ'peɪk] *adj glass* opaque

OPEC ['əʊpek] *abbr* (= *Organization of Petroleum Exporting Countries*) OPEP *f* (= Organisation des pays exportateurs de pétrole)

o•pen ['əʊpən] **1** *adj* ouvert; *relationship* libre; *countryside* découvert, dégagé; **in the open air** en plein air; **be open to abuse** présenter des risques d'abus **2** *v/t* ouvrir **3** *v/i of door, shop, flower* s'ouvrir

♦ **open up** *v/i of person* s'ouvrir

o•pen-'air *adj meeting, concert* en plein air; *pool* découvert

'**o•pen day** journée *f* portes ouvertes

o•pen-end•ed [əʊpn'endɪd] *adj contract etc* flexible

o•pen•ing ['əʊpənɪŋ] *in wall etc* ouverture *f*; *of film, novel etc* début *m*; (*job*) poste *m* (vacant)

'**o•pen•ing hours** *npl* heures *fpl* d'ouverture

o•pen•ly ['əʊpənlɪ] *adv* (*honestly, frankly*) ouvertement

o•pen-mind•ed [əʊpn'maɪndrɪd] *adj* à l'esprit ouvert, ouvert

o•pen 'plan of•fice bureau *m* paysagé

'**o•pen tick•et** billet *m* open

op•e•ra ['ɒpərə] opéra *m*

'**op•e•ra glass•es** *npl* jumelles *fpl* de théâtre

'**op•e•ra house** opéra *m*

'**op•e•ra sing•er** chanteur(-euse) *m(f)* d'opéra

op•e•rate ['ɒpəreɪt] **1** *v/i of company* opérer; *of airline, bus service* circuler; *of machine* fonctionner; MED opérer **2** *v/t machine* faire marcher

♦ **operate on** *v/t* MED opérer

op•e•rat•ing in•struc•tions ['ɒpəreɪtɪŋ] *npl* mode *m* d'emploi

'**op•e•rat•ing room** MED salle *f* d'opération

'**op•e•rat•ing sys•tem** COMPUT système *m* d'exploitation

op•e•ra•tion [ɒpə'reɪʃn] MED opération *f* (chirurgicale); *of machine* fonctionnement *m*; **operations** *of company* activités *fpl*; **have an operation** MED se faire opérer

op•e•ra•tor ['ɒpəreɪtər] *of machine* opérateur(-trice) *m(f)*; (*tour operator*) tour-opérateur *m*, voyagiste *m*; TELEC standardiste *m/f*

oph•thal•mol•o•gist [ɒpθæl'mɒlədʒɪst] ophtalmologue *m/f*

o•pin•ion [ə'pɪnjən] opinion *f*; **in my opinion** à mon avis

o'pin•ion poll sondage *m* d'opinion

op•po•nent [ə'pəʊnənt] adversaire *m/f*

op•por•tune ['ɒpərtuːn] *adj fml* opportun

op•por•tun•ist [ɒpər'tuːnɪst] opportuniste *m/f*

op•por•tu•ni•ty [ɒpər'tuːnətɪ] occasion *f*

op•pose [ə'pəʊz] *v/t* s'opposer à; **be opposed to** être opposé à; **as opposed to** contrairement à

op•po•site ['ɒpəzɪt] **1** *adj* opposé; *meaning* contraire; **the opposite sex** l'autre sexe **2** *adv* en face; **the house opposite** la maison d'en face **3** *prep* en face de **4** *n* contraire *m*; **they're opposites** in character ils ont des caractères opposés

op•po•site 'num•ber homologue *m/f*

op•po•si•tion [ɒpə'zɪʃn] opposition *f*

op•press [ə'pres] *v/t people* opprimer

op•pres•sive [ə'presɪv] *adj rule, dictator* oppressif*; *weather* accablant

opt [ɒpt] *v/t*: **opt to do sth** choisir de faire qch

op•ti•cal il•lu•sion ['ɒptɪkl] illusion *f* d'optique

op•ti•cian [ɒp'tɪʃn] opticien(ne) *m(f)*

op•ti•mism ['ɒptɪmɪzəm] optimisme *m*

op•ti•mist ['ɒptɪmɪst] optimiste *m/f*

op•ti•mist•ic [ɑ:ptɪˈmɪstɪk] *adj* optimiste

op•ti•mist•ic•ally [ɑ:ptɪˈmɪstɪklɪ] *adv* avec optimisme

op•ti•mum [ˈɑːptɪməm] **1** *adj* optimum *inv in feminine*, optimal **2** *n* optimum *m*

op•tion [ˈɑːpʃn] option *f*; *I had no option but to …* je n'ai pas pu faire autrement que de …

op•tion•al [ˈɑːpʃnl] *adj* facultatif*

op•tion•al ex•tras *npl* options *fpl*

or [ɔːr] *conj* ou; *or else!* sinon …

o•ral [ˈɔːrəl] *adj exam* oral; *hygiene* dentaire; *sex* buccogénital

or•ange [ˈɔːrɪndʒ] **1** *adj color* orange *inv* **2** *n fruit* orange *f*; *color* orange *m*

or•ange•ade *still* orangeade *f*; *carbonated* soda *m* à l'orange

'or•ange juice jus *m* d'orange

or•a•tor [ˈɔːrətər] orateur(-trice) *m(f)*

or•bit [ˈɔːrbɪt] **1** *n of earth* orbite *f*; *send into orbit satellite* mettre sur orbite **2** *v/t the earth* décrire une orbite autour de …

or•chard [ˈɔːrtʃərd] verger *m*

or•ches•tra [ˈɔːrkəstrə] orchestre *m*

or•chid [ˈɔːrkɪd] orchidée *f*

or•dain [ɔːrˈdeɪn] *v/t priest* ordonner

or•deal [ɔːrˈdiːl] épreuve *f*

or•der [ˈɔːrdər] **1** *n* ordre *m*; *for goods, in restaurant* commande *f*; *an order of fries* une portion de frites; *in order to* pour; *out of order (not functioning)* hors service; *(not in sequence)* pas dans l'ordre **2** *v/t (put in sequence, proper layout)* ranger; *goods, meal* commander; *order s.o. to do sth* ordonner à qn de faire qch **3** *v/i in restaurant* commander

or•der•ly [ˈɔːrdərlɪ] **1** *adj lifestyle* bien réglé **2** *n in hospital* aide-soignant *m*

or•di•nal num•ber [ˈɔːrdɪnl] ordinal *m*

or•di•nar•i•ly [ɔːrdɪˈnerɪlɪ] *adv (as a rule)* d'habitude

or•di•nar•y [ˈɔːrdɪnerɪ] *adj* ordinaire

ore [ɔːr] minerai *m*

or•gan [ˈɔːrɡən] ANAT organe *m*; MUS orgue *m*

or•gan•ic [ɔːrˈɡænɪk] *adj food, fertilizer* biologique

or•gan•i•cal•ly [ɔːrˈɡænɪklɪ] *adv grown* biologiquement

or•gan•ism [ˈɔːrɡənɪzm] organisme *m*

or•gan•i•za•tion [ɔːrɡənaɪˈzeɪʃn] organisation *f*

or•gan•ize [ˈɔːrɡənaɪz] *v/t* organiser

or•gan•iz•er [ˈɔːrɡənaɪzər] *person* organisateur(-trice) *m(f)*; *electronic agenda m* électronique

or•gasm [ˈɔːrɡæzm] orgasme *m*

O•ri•ent [ˈɔːrɪənt] Orient *m*

o•ri•ent *v/t (direct)* orienter; *orient o.s. (get bearings)* s'orienter

O•ri•en•tal [ɔːrɪˈentl] **1** *adj* oriental **2** *n* Oriental(e) *m(f)*

or•i•gin [ˈɔːrɪdʒɪn] origine *f*

o•rig•i•nal [əˈrɪdʒənl] **1** *adj (not copied)* original; *(first)* d'origine, initial **2** *n painting etc* original *m*

o•rig•i•nal•i•ty [ərɪdʒəˈnælətɪ] originalité *f*

o•rig•i•nal•ly [əˈrɪdʒənlɪ] *adv* à l'origine; *(at first)* au départ

o•rig•i•nate [əˈrɪdʒɪneɪt] **1** *v/t scheme, idea* être à l'origine de **2** *v/i of idea, belief* émaner *(from* de); *of family* être originaire *(from* de)

o•rig•i•na•tor [əˈrɪdʒɪneɪtər] *of scheme etc* auteur *m*, initiateur *m*; *he's not an originator* il n'a pas l'esprit d'initiative

or•na•ment [ˈɔːrnəmənt] *n* ornement *m*

or•na•men•tal [ɔːrnəˈmentl] *adj* décoratif*

or•nate [ɔːrˈneɪt] *adj architecture* chargé; *prose style* fleuri

or•phan [ˈɔːrfn] *n* orphelin(e) *m(f)*

or•phan•age [ˈɔːrfənɪdʒ] orphelinat *m*

or•tho•dox [ˈɔːrθədɑːks] *adj* REL, *fig* orthodoxe

or•tho•pe•dic, *Br also* **or•tho•pae•dic** [ɔːrθəˈpiːdɪk] *adj* orthopédique

os•ten•si•bly [ɑːˈstensəblɪ] *adv* en apparence

os•ten•ta•tion [ɑːstenˈteɪʃn] ostentation *f*

os•ten•ta•tious [ɑːstenˈteɪʃəs] *adj* prétentieux*, tape-à-l'œil *inv*

os•ten•ta•tious•ly [ɑːstenˈteɪʃəslɪ] *adv* avec ostentation

os•tra•cize [ˈɑːstrəsaɪz] *v/t* frapper d'ostracisme

oth•er [ˈʌðər] **1** *adj* autre; *the other day (recently)* l'autre jour; *every other day / person* un jour / une personne sur deux; *other people* d'autres **2** *n: the other* l'autre *m/f*

oth•er•wise [ˈʌðərwaɪz] **1** *conj* sinon **2** *adv (differently)* autrement

ot•ter [ˈɑːtər] loutre *f*

ought [ɔːt] *v/aux: I/you ought to know* je / tu devrais le savoir; *you ought to have done it* tu aurais dû le faire

ounce [aʊns] once *f*

our [ˈaʊər] *adj* notre; *pl* nos

ours [ˈaʊərz] *pron* le nôtre, la nôtre; *pl* les nôtres; *it's ours* c'est à nous

our•selves [aʊrˈselvz] *pron* nous-mêmes; *reflexive* nous; *after prep* nous; *by ourselves* tout seuls, toutes seules

oust [aʊst] *v/t from office* évincer

out [aʊt] *adv*: *be out* of light, fire être éteint; *of flower* être épanoui, être en fleur; *of sun* briller; *(not at home, not in building)* être sorti; *of calculations* être faux*; *(be published)* être sorti; *of secret* être connu; *(no longer in competition)* être éliminé; *(no longer in fashion)* être passé de mode; **out here in Dallas** ici à Dallas; **he's out in the garden** il est dans le jardin; **(get) out! (get) out of my room!** sors de ma chambre!; **that's out!** *(out of the question)* hors de question!; **he's out to win** *(fully intends to)* il est bien décidé à gagner

'out•board 'mo•tor moteur m hors-bord

'out•break *of war* déclenchement m; *of violence* éruption f

'out•build•ing dépendance f

'out•burst *emotional* accès m, crise f

'out•cast exclu(e) m(f)

'out•come résultat m

'out•cry tollé m

out'dat•ed *adj* démodé, dépassé

out'do *v/t (pret* **-did**, *pp* **-done)** surpasser

'out•door *adj activities* de plein air; *life* au grand air; *toilet* extérieur

'out•doors *adv* dehors

out•er ['autər] *adj wall etc* extérieur

out•er 'space espace m extra-atmosphérique

'out•fit *(clothes)* tenue f, ensemble m; *(company, organization)* boîte f F

'out•go•ing *adj flight* en partance; *personality* extraverti; *president* sortant

out'grow *v/t (pret* **-grew**, *pp* **-grown)** *old ideas* abandonner avec le temps; *clothes* devenir trop grand pour

'out•ing ['autɪŋ] *(trip)* sortie f

out'last *v/t* durer plus longtemps que; *person* survivre à

'out•let *of pipe* sortie f; *for sales* point m de vente

'out•line **1** *n* silhouette f; *of plan, novel* esquisse f **2** *v/t plans etc* ébaucher

out'live *v/t* survivre à

'out•look *(prospects)* perspective f

out•ly•ing ['autlaɪɪŋ] *adj areas* périphérique, excentré

out'num•ber *v/t* être plus nombreux que

out of *prep* ◇ *motion* de, hors de; **run out of the house** sortir de la maison en courant

◇ *position:* **20 miles out of Detroit** à 32 kilomètres de Détroit

◇ *cause* par; **out of jealousy** par jalousie

◇ *without:* **we're out of gas / beer** nous n'avons plus d'essence / de bière

◇ *from a group* sur; **5 out of 10** 5 sur 10

◇ **: made out of wood** en bois

out-of-'date *adj* dépassé; *(expired)* périmé

out-of-the-'way *adj* à l'écart

'out•pa•tient malade m en consultation externe

'out•pa•tients' (clin•ic) service m de consultations externes

out•per'form *v/t* l'emporter sur

'out•put **1** *n of factory* production f, rendement m; COMPUT sortie f **2** *v/t (pret & pp* **-ted** *or* **output)** *(produce)* produire

'out•rage **1** *n feeling* indignation f; *act* outrage m **2** *v/t* faire outrage à; **I was outraged to hear …** j'étais outré d'apprendre …

out•ra•geous [aut'reɪdʒəs] *adj acts* révoltant; *prices* scandaleux*

'out•right **1** *adj winner* incontesté; *disaster, disgrace* absolu **2** *adv pay* comptant; *buy* au comptant; *kill* sur le coup; *refuse* catégoriquement

out'run *v/t (pret* **-ran**, *pp* **-run)** distancer

'out•set début m; **from the outset** dès le début

out'shine *v/t (pret & pp* **-shone)** éclipser

out'side **1** *adj* extérieur **2** *adv* dehors, à l'extérieur **3** *prep* à l'extérieur de; *(in front of)* devant; *(apart from)* en dehors de **4** *n of building, case etc* extérieur m; **at the outside** tout au plus

out•side 'broad•cast émission f en extérieur

out'sid•er [aut'saɪdər] *in election, race* outsider m; *in life* étranger m

'out•size *adj clothing* grande taille

'out•skirts *npl of town* banlieue f

out'smart *v/t* → **outwit**

'out•source *v/t* externaliser

out'spo•ken *adj franc*

out'stand•ing *adj* exceptionnel*, remarquable; *invoice, sums* impayé

out•stretched ['autstretʃt] *adj hands* tendu

out'vote *v/t* mettre en minorité

out•ward ['autwərd] *adj appearance* extérieur; **outward journey** voyage m aller

out•ward•ly ['autwərdlɪ] *adv* en apparence

out'weigh *v/t* l'emporter sur

out'wit *v/t (pret & pp* **-ted)** se montrer plus malin* que

o•val ['ouvl] *adj* ovale

o•va•ry ['ouvərɪ] ovaire m

o•va•tion [ou'veɪʃn] ovation f; **give s.o. a standing ovation** se lever pour ovationner qn

ov•en ['ʌvn] four m

'ov•en glove, 'ov•en mitt gant m de cuisine

'ov•en-proof *adj* qui va au four

'ov•en-read•y *adj* prêt à cuire

o•ver ['ouvər] **1** *prep* (*above*) au-dessus de; (*across*) de l'autre côté de; (*more than*) plus de; (*during*) pendant; **she walked over the street** elle traversa la rue; **travel all over Brazil** voyager à travers le Brésil; **you find them all over Brazil** vous les trouvez partout au Brésil; **she's over 40** elle a plus de 40 ans; **let's talk over a drink** discutons-en autour d'un verre; **we're over the worst** le pire est passé; **over and above** en plus de **2** *adv*: **be over** (*finished*) être fini; (*left*) rester; **there were just 6 over** il n'en restait que 6; **over to you** (*your turn*) c'est à vous; **over in Japan** au Japon; **over here** ici; **over there** là-bas; **it hurts all over** ça fait mal partout; **painted white all over** peint tout en blanc; **it's all over** c'est fini; **over and over again** maintes et maintes fois; **do sth over** (*again*) refaire qch

o•ver•all ['ouvərɔ:l] **1** *adj length* total **2** *adv measure* en tout; (*in general*) dans l'ensemble

o•ver•alls ['ouvərɔ:lz] *npl* bleu m de travail

o•ver•awe [ouvər'ɔ:] *v/t* impressionner, intimider

o•ver•bal•ance *v/i of person* perdre l'équilibre

o•ver•bear•ing *adj* dominateur*

'o•ver•board *adv* par-dessus bord; **man overboard!** un homme à la mer!; **go overboard for s.o./sth** s'emballer pour qn / qch

'o•ver•cast *adj sky* couvert

'o•ver•charge *v/t* faire payer trop cher à

'o•ver•coat *n* pardessus m

o•ver•come *v/t* (*pret* **-came**, *pp* **-come**) *difficulties, shyness* surmonter; **be overcome by emotion** être submergé par l'émotion

o•ver•crowd•ed *adj city* surpeuplé; *train* bondé

o•ver•do *v/t* (*pret* **-did**, *pp* **-done**) (*exaggerate*) exagérer; *in cooking* trop cuire; **you're overdoing things** tu en fais trop

o•ver•done *adj meat* trop cuit

'o•ver•dose *n* overdose *f*

'o•ver•draft *n* découvert *m*; **have an overdraft** être à découvert

o•ver•draw *v/t* (*pret* **-drew**, *pp* **-drawn**) *account* mettre à découvert; **be $800 overdrawn** avoir un découvert de 800 dollars, être à découvert de 800 dollars

o•ver•dressed [ouvər'drest] *adj* trop habillé

'o•ver•drive MOT overdrive *m*

o•ver•due *adj* en retard

o•ver•es•ti•mate *v/t abilities, value* surestimer

o•ver•ex•pose *v/t photograph* surexposer

'o•ver•flow[1] *n pipe* trop-plein *m inv*

o•ver•flow[2] *v/i of water* déborder

o•ver•grown *adj garden* envahi par les herbes; **he's an overgrown baby** il est resté très bébé

o•ver•haul *v/t engine, brakes etc* remettre à neuf; *plans, voting system* remanier

'o•ver•head **1** *adj* au-dessus; **overhead light** *in ceiling* plafonnier *m* **2** *n* FIN frais *mpl* généraux

o•ver•hear *v/t* (*pret & pp* **-heard**) entendre (*par hasard*)

o•ver•heat•ed *adj room* surchauffé; *engine* qui chauffe; *fig: economy* en surchauffe

o•ver•joyed [ouvər'dʒɔid] *adj* ravi, enchanté

'o•ver•kill: **that's overkill** c'est exagéré

'o•ver•land **1** *adj transport* par terre; **overland route** voie *f* de terre **2** *adv travel* par voie de terre

o•ver•lap *v/i* (*pret & pp* **-ped**) *of tiles, periods etc* se chevaucher; *of theories* se recouper

o•ver•leaf: **see overleaf** voir au verso

o•ver•load *v/t vehicle, electric circuit* surcharger

o•ver•look *v/t of tall building etc* surplomber, dominer; *of window, room* donner sur; (*not see*) laisser passer

o•ver•ly ['ouvərli] *adv* trop; **not overly ...** pas trop ...

'o•ver•night *adv stay, travel* la nuit; *fig: change, learn etc* du jour au lendemain

'o•ver•pass *n* pont *m*

o•ver•pop•u•lat•ed [ouvər'pɑ:pjəleitid] *adj* surpeuplé

o•ver•pow•er *v/t physically* maîtriser

o•ver•pow•er•ing [ouvər'pauriŋ] *adj smell* suffocant; *sense of guilt* irrépressible

o•ver•priced [ouvər'praist] *adj* trop cher*

o•ver•rat•ed [ouvə'reitid] *adj* surfait

o•ver•re•act *v/i* réagir de manière excessive

o•ver•re•ac•tion *n* réaction *f* disproportionnée

o•ver•ride *v/t* (*pret* **-rode**, *pp* **-ridden**) *decision* annuler; *technically* forcer

o•ver•rid•ing *adj concern* principal

o•ver•rule *v/t decision* annuler

o•ver•run *v/t* (*pret* **-ran**, *pp* **-run**) *country* envahir; *time* dépasser; **be overrun with tourists** être envahi par; *rats* être infesté de

o•ver•seas **1** *adj travel etc* à l'étranger **2** *adv* à l'étranger

o•ver•see *v/t* (*pret* **-saw**, *pp* **-seen**) superviser

o•ver•shad•ow v/t fig éclipser

'o•ver•sight omission f, oubli m

o•ver•sim•pli•fi•ca•tion [ouvərsɪmplɪfɪ'-keɪʃn] schématisation f

o•ver•sim•pli•fy v/t (pret & pp -ied) schématiser

o•ver•sleep v/i (pret & pp -slept) se réveiller en retard

o•ver•state v/t exagérer

o•ver•state•ment exagération f

o•ver•step v/t (pret & pp -ped): overstep the mark fig dépasser les bornes

o•ver•take v/t (pret -took, pp -taken) in work, development dépasser, devancer; Br мот dépasser, doubler

o•ver•throw¹ v/t (pret -threw, pp -thrown) government renverser

'o•ver•throw² n of government renversement m

'o•ver•time n 1 sp temps m supplémentaire, prolongation f 2 adv: work overtime faire des heures supplémentaires

o•ver•ture ['ouvərtʃur] mus ouverture f; make overtures to faire des ouvertures à

o•ver•turn 1 v/t also government renverser 2 v/i of vehicle se retourner

'o•ver•view vue f d'ensemble

o•ver'weight adj trop gros*

o•ver•whelm [ouvər'welm] v/t with work accabler, surcharger; with emotion submerger; be overwhelmed by by response être bouleversé par

o•ver•whelm•ing [ouvər'welmɪŋ] adj guilt, fear accablant, irrépressible; relief énorme; majority écrasant

o•ver•work 1 n surmenage m 2 v/i se surmener 3 v/t surmener

owe [ou] v/t devoir (s.o. à qn); owe s.o. an apology devoir des excuses à qn; how much do I owe you? combien est-ce que je te dois?

ow•ing to ['ouɪŋ] prep à cause de

owl [aul] hibou m, chouette f

own¹ [oun] v/t posséder

own² [oun] 1 adj propre 2 pron: an apartment of my own un appartement à moi; on my / his own tout seul

◆ own up v/i avouer

own•er ['ounər] propriétaire m/f

own•er•ship ['ounərʃɪp] possession f, propriété f

ox•ide ['aːksaɪd] oxyde m

ox•y•gen ['aːksɪdʒən] oxygène m

oy•ster ['ɔɪstər] huître f

oz abbr (= ounce(s))

o•zone ['ouzoun] ozone m

'o•zone lay•er couche f d'ozone

PA [piː'eɪ] abbr (= personal assistant) secrétaire m/f

pace [peɪs] 1 n (step) pas m; (speed) allure f 2 v/i: pace up and down faire les cent pas

'pace•mak•er med stimulateur m cardiaque, pacemaker m; sp lièvre m

Pa•cif•ic [pə'sɪfɪk]: the Pacific (Ocean) le Pacifique, l'océan m Pacifique

pac•i•fi•er ['pæsɪfaɪər] for baby sucette f

pac•i•fism ['pæsɪfɪzm] pacifisme m

pac•i•fist ['pæsɪfɪst] n pacifiste m/f

pac•i•fy ['pæsɪfaɪ] v/t (pret & pp -ied) calmer, apaiser

pack [pæk] 1 n (backpack) sac m à dos; of cereal, cigarettes etc paquet m; of cards jeu m 2 v/t item of clothing etc mettre dans ses bagages; goods emballer; pack one's bag faire sa valise 3 v/i faire ses

bagages

pack•age ['pækɪdʒ] 1 n (parcel) paquet m; of offers etc forfait m 2 v/t in packs conditionner; idea, project présenter

'pack•age deal for holiday forfait m

'pack•age tour voyage m à forfait

pack•ag•ing ['pækɪdʒɪŋ] of product conditionnement; material emballage m; of idea, project présentation f; of rock star etc image f (de marque)

packed [pækt] adj (crowded) bondé

pack•et ['pækɪt] paquet m

pact [pækt] pacte m

pad¹ [pæd] 1 n protective tampon m de protection; over wound tampon m; for writing bloc m 2 v/t (pret & pp -ded) with material rembourrer; speech, report délayer

pad² [pæd] v/i (pret & pp -ded) (move

quietly) marcher à pas feutrés

pad•ded ['pædɪd] *adj jacket* matelassé, rembourré

pad•ding ['pædɪŋ] *material* rembourrage *m*; *in speech etc* remplissage *m*

pad•dle¹ ['pædl] **1** *n for canoe* pagaie *f* **2** *v/i in canoe* pagayer

paddle² ['pædl] *v/i in water* patauger

pad•dock ['pædək] paddock *m*

pad•lock ['pædlɑːk] **1** *n* cadenas *m* **2** *v/t*: cadenasser; **padlock sth to sth** attacher qch à qch à l'aide d'un cadenas

page¹ [peɪdʒ] *n/t of book etc* page *f*; *page number* numéro *m* de page

page² [peɪdʒ] *v/t* (*call*) (faire) appeler

pag•er ['peɪdʒər] pager *m*, radiomessageur *m*; *for doctor* bip *m*

paid [peɪd] *pret & pp* → *pay*

paid em•ploy•ment travail *m* rémunéré

pail [peɪl] seau *m*

pain [peɪn] *n* douleur *f*; *be in pain* souffrir; *take pains to do sth* se donner de la peine pour faire qch; *a pain in the neck* F un casse-pieds

pain•ful ['peɪnfʊl] *adj arm, leg etc* douloureux*; (*distressing*) pénible; (*laborious*) difficile

pain•ful•ly ['peɪnflɪ] *adv* (*extremely, acutely*) terriblement

'pain•kill•er analgésique *m*

pain•less ['peɪnlɪs] *adj* indolore; *fig* F pas méchant F

pains•tak•ing ['peɪnzteɪkɪŋ] *adj* minutieux*

paint [peɪnt] **1** *n* peinture *f* **2** *v/t* peindre **3** *v/i as art form* faire de la peinture, peindre

'paint•brush pinceau *m*

paint•er ['peɪntər] peintre *m*

paint•ing ['peɪntɪŋ] *activity* peinture *f*; *picture* tableau *m*

'paint•work peinture *f*

pair [per] paire *f*; *of people, animals, birds* couple *m*; *a pair of shoes / sandals* une paire de chaussures / sandales; *a pair of pants* un pantalon; *a pair of scissors* des ciseaux *mpl*

pa•ja•ma 'jack•et veste *f* de pyjama

pa•ja•ma 'pants *npl* pantalon *m* de pyjama

pa•ja•mas [pə'dʒɑːməz] *npl* pyjama *m*

Pa•ki•stan ['pækɪ'stɑːn] Pakistan *m*

Pa•ki•sta•ni [pækɪ'stɑːnɪ] **1** *adj* pakistanais **2** *n* Pakistanais(e) *m(f)*

pal [pæl] F (*friend*) copain *m*, copine *f*, pote *m* F; *hey pal, got a light?* eh toi, t'as du feu?

pal•ace ['pælɪs] palais *m*

pal•ate ['pælət] ANAT, *fig* palais *m*

pa•la•tial [pə'leɪʃl] *adj* somptueux*

pale [peɪl] *adj* pâle; *go pale* pâlir

Pal•e•stine ['pæləstaɪn] Palestine *f*

Pal•e•stin•i•an [pælə'stɪnɪən] **1** *adj* palestinien **2** *n* Palestinien(ne) *m(f)*

pal•let ['pælɪt] palette *f*

pal•lor ['pælər] pâleur *f*

palm¹ [pɑːm] *of hand* paume *f*

palm² [pɑːm] *tree* palmier *m*

pal•pi•ta•tions [pælpɪ'teɪʃnz] *npl* MED palpitations *fpl*

pal•try ['pɔːltrɪ] *adj* dérisoire

pam•per ['pæmpər] *v/t* choyer, gâter

pam•phlet ['pæmflɪt] *for information* brochure *f*; *political tract*

pan [pæn] **1** *n* casserole *f*; *for frying* poêle *f* **2** *v/t* (*pret & pp -ned*) F (*criticize*) démolir

◆ **pan out** *v/i* (*develop*) tourner

pan•cake ['pænkeɪk] crêpe *f*

pan•da ['pændə] panda *m*

pan•de•mo•ni•um [pændɪ'moʊnɪəm] désordre *m*

◆ **pan•der to** ['pændər] *v/t* céder à

pane [peɪn]: *a pane of glass* un carreau, une vitre

pan•el ['pænl] panneau *m*; *people* comité *m*; *on TV program* invités *mpl*

pan•el•ing, *Br* **pan•el•ling** ['pænlɪŋ] lambris *m*

pang [pæŋ] *of remorse* accès *m*; *pangs of hunger* des crampes d'estomac

pan•han•dle ['pænhændl] *v/i* F faire la manche F

pan•ic ['pænɪk] **1** *n* panique *f* **2** *v/i* (*pret & pp -ked*) s'affoler, paniquer; *don't panic!* ne t'affole pas!

'pan•ic buy•ing achat *m* en catastrophe

'pan•ic sel•ling FIN vente *f* en catastrophe

'pan•ic-strick•en *adj* affolé, pris de panique

pan•o•ra•ma [pænə'rɑːmə] panorama *m*

pa•no•ra•mic [pænə'ræmɪk] *adj view* panoramique

pan•sy ['pænzɪ] *flower* pensée *f*

pant [pænt] *v/i of person* haleter

pan•ties ['pæntɪz] *npl* culotte *f*

pan•ti•hose → **pantyhose**

pants [pænts] *npl* pantalon *m*; *a pair of pants* un pantalon

pan•ty•hose ['pæntɪhoʊz] *npl* collant *m*

pa•pal ['peɪpəl] *adj* papal

pa•per ['peɪpər] **1** *n material* papier *m*; (*newspaper*) journal *m*; (*wallpaper*) papier *m* peint; *academic* article *m*, exposé *m*; (*examination paper*) épreuve *f*; *papers* (*documents*) documents *mpl*; (*identity papers*) papiers *mpl* **2** *adj* (*made of paper*) en papier **3** *v/t room, walls* tapisser

P

'pa•per•back livre *m* de poche

pa•per 'bag sac *m* en papier

'pa•per boy livreur *m* de journaux

'pa•per clip trombone *m*

'pa•per cup gobelet *m* en carton

'pa•per•work tâches *fpl* administratives

Pap test [pæp] MED frottis *m*

par [pɑːr] *in golf* par *m*; **be on a par with** être comparable à; **feel below par** ne pas être dans son assiette

par•a•chute ['pærəʃuːt] **1** *n* parachute *m* **2** *v/i* sauter en parachute **3** *v/t troops, supplies* parachuter

par•a•chut•ist ['pærəʃuːtɪst] parachutiste *m/f*

pa•rade [pə'reɪd] **1** *n* (*procession*) défilé *m* **2** *v/i of soldiers* défiler; *showing off* parader, se pavaner **3** *v/t knowledge, new car* faire étalage de

par•a•dise ['pærədaɪs] *m*, *fig* paradis *m*

par•a•dox ['pærədɑːks] paradoxe *m*

par•a•dox•i•cal [pærə'dɑːksɪkl] *adj* paradoxal

par•a•dox•i•cal•ly [pærə'dɑːksɪklɪ] *adv* paradoxalement

par•a•graph ['pærəgræf] paragraphe *m*

par•al•lel ['pærəlel] **1** *n* parallèle *f*; GEOG, *fig* parallèle *m*; **do two things in parallel** faire deux choses en même temps **2** *adj also fig* parallèle **3** *v/t* (*match*) égaler

pa•ral•y•sis [pə'rælɪsɪs] *also fig* paralysie *f*

par•a•lyze ['pærəlaɪz] *v/t* paralyser

par•a•med•ic [pærə'medɪk] auxiliaire *m/f* médical(e)

pa•ram•e•ter [pə'ræmɪtər] paramètre *m*

par•a•mil•i•tar•y [pærə'mɪlɪterɪ] **1** *adj* paramilitaire **2** *n* membre *m* d'une organisation paramilitaire

par•a•mount ['pærəmaʊnt] *adj* suprême, primordial; **be paramount** être de la plus haute importance

par•a•noi•a [pærə'nɔɪə] paranoïa *f*

par•a•noid ['pærənɔɪd] *adj* paranoïaque

par•a•pher•na•li•a [pærəfər'neɪlɪə] attirail *m*, affaires *fpl*

par•a•phrase ['pærəfreɪz] *v/t* paraphraser

par•a•pleg•ic [pærə'pliːdʒɪk] *n* paraplégique *m/f*

par•a•site ['pærəsaɪt] *also fig* parasite *m*

par•a•sol ['pærəsɔːl] parasol *m*

par•a•troop•er ['pærətruːpər] parachutiste *m*, para *m* F

par•cel ['pɑːrsl] *n* colis *m*, paquet *m*

♦ **parcel up** *v/t* emballer

parch [pɑːrtʃ] *v/t* dessécher; **be parched** F *of person* mourir de soif

par•don ['pɑːrdn] **1** *n* LAW grâce *f*; **I beg your pardon?** (*what did you say?*) comment?; (*I'm sorry*) je vous demande pardon **2** *v/t* pardonner; LAW gracier; **pardon me?** pardon?

pare [per] *v/t* (*peel*) éplucher

par•ent ['perənt] père *m*; mère *f*; **my parents** mes parents; **as a parent** en tant que parent

pa•ren•tal [pə'rentl] *adj* parental

'par•ent com•pa•ny société *f* mère

pa•ren•the•sis [pə'renθəsɪz] (*pl* **parentheses** [pə'renθəsiːz]) parenthèse *f*

'par•ent-tea•cher as•so•ci•a•tion association *f* de parents d'élèves

par•ish ['pærɪʃ] paroisse *f*

park[1] [pɑːrk] *n* parc *m*

park[2] [pɑːrk] **1** *v/t* MOT garer **2** *v/i* MOT stationner, se garer

par•ka ['pɑːrkə] parka *m* or *f*

park•ing ['pɑːrkɪŋ] MOT stationnement *m*; **no parking** défense de stationner, stationnement interdit

'park•ing brake frein *m* à main

'park•ing ga•rage parking *m* couvert

'park•ing lot parking *m*, parc *m* de stationnement

'park•ing me•ter parcmètre *m*

'park•ing place place *f* de stationnement

'park•ing tick•et contravention *f*

par•lia•ment ['pɑːrləmənt] parlement *m*

par•lia•men•ta•ry [pɑːrlə'mentərɪ] *adj* parlementaire

pa•role [pə'roʊl] **1** *n* libération *f* conditionnelle; **be on parole** être en liberté conditionnelle **2** *v/t* mettre en liberté conditionnelle

par•rot ['pærət] *n* perroquet *m*

pars•ley ['pɑːrslɪ] persil *m*

part [pɑːrt] **1** *n* partie *f*; (*episode*) épisode *m*; *of machine* pièce *f*; *in play, movie* rôle *m*; *in hair* raie *f*; **take part in** participer à, prendre part à **2** *adv* (*partly*) en partie **3** *v/i of two people* se séparer; *I parted from her* je l'ai quittée **4** *v/t*: **part one's hair** se faire une raie

♦ **part with** *v/t* se séparer de

'part ex•change: **take sth in part exchange** reprendre qch

par•tial ['pɑːrʃl] *adj* (*incomplete*) partiel*; **be partial to** avoir un faible pour, bien aimer

par•tial•ly ['pɑːrʃəlɪ] *adv* en partie, partiellement

par•ti•ci•pant [pɑːr'tɪsɪpənt] participant(e) *m(f)*

par•ti•ci•pate [pɑːr'tɪsɪpeɪt] *v/i* participer (*in* à), prendre part (*in* à)

par•ti•ci•pa•tion [pɑːrtɪsɪ'peɪʃn] participation *f*

par•ti•cle ['pɑːrtɪkl] PHYS particule *f*

par•tic•u•lar [pər'tɪkjələr] *adj* particulier*; *(fussy)* à cheval (*about* sur), exigeant; *this plant is a particular favorite of mine* j'aime tout particulièrement cette plante; *in particular* en particulier

par•tic•u•lar•ly [pər'tɪkjələrlɪ] *adv* particulièrement

part•ing ['pɑːrtɪŋ] *of people* séparation *f*; *Br: in hair* raie *f*

par•ti•tion [pɑːr'tɪʃn] **1** *n (screen)* cloison *f*; *of country* partage *m*, division *f* **2** *v/t country* partager, diviser

♦ **partition off** *v/t* cloisonner

part•ly ['pɑːrtlɪ] *adv* en partie

part•ner ['pɑːrtnər] *n* partenaire *m*; COMM associé *m*; *in relationship* compagnon (-ne) *m(f)*

part•ner•ship ['pɑːrtnərʃɪp] COMM, *in relationship* association *f*; *in particular activity* partenariat *m*

part of 'speech classe *f* grammaticale

'part own•er copropriétaire *m/f*

part-time *adj & adv* à temps partiel

part-tim•er employé(e) *m(f)* à temps partiel

par•ty ['pɑːrtɪ] **1** *n (celebration)* fête *f*; *for adults in the evening also* soirée *f*; POL parti *m*; *(group of people)* groupe *m*; *be a party to* prendre part à **2** *v/i (pret & pp -ied)* F faire la fête

par•ty-poop•er ['pɑːrtɪpuːpər] F trouble-fête *m inv*

pass [pæs] **1** *n for entry* laissez-passer *m inv*; SP passe *f*; *in mountains* col *m*; *make a pass at* faire des avances à; **2** *v/t (go past)* passer devant; *another car* doubler, dépasser; *competitor* dépasser; *(go beyond)* dépasser; *(approve)* approuver; *pass an exam* réussir un examen; *pass sentence* LAW prononcer le verdict; *pass the time* of *person* passer le temps; *of activity* faire passer le temps **3** *v/i (go past)* passer; *in exam* être reçu; SP faire une passe; *(go away)* passer

♦ **pass around** *v/t* faire passer

♦ **pass away** *v/i (euph: die)* s'éteindre

♦ **pass by 1** *v/t (go past)* passer devant/à côté de **2** *v/i (go past)* passer

♦ **pass on 1** *v/t information, book* passer; *costs* répercuter; *savings* faire profiter de **2** *v/i (euph: die)* s'éteindre

♦ **pass out** *v/i (faint)* s'évanouir

♦ **pass through** *v/t town* traverser

♦ **pass up** *v/t* F *chance* laisser passer

pass•a•ble ['pæsəbl] *adj road* praticable; *(acceptable)* passable

pas•sage ['pæsɪdʒ] *(corridor)* couloir *m*; *from book, of time* passage *m*; *with the passage of time* avec le temps

pas•sage•way ['pæsɪdʒweɪ] passage *m*

pas•sen•ger ['pæsɪndʒər] passager(-ère) *m(f)*

'pas•sen•ger seat siège *m* du passager

pas•ser-by [pæsər'baɪ] *(pl passers-by)* passant(e) *m(f)*

pas•sion ['pæʃn] passion *f*

pas•sion•ate ['pæʃnət] *adj lover* passionné; *(fervent)* fervent, véhément

pas•sive ['pæsɪv] **1** *adj* passif* **2** *n* GRAM passif *m*; *in the passive* à la voix passive

'pass mark EDU moyenne *f*

'Pass•o•ver REL la Pâque

'pass•port passeport *m*

'pass•port con•trol contrôle *m* des passeports

'pass•word mot *m* de passe

past [pæst] **1** *adj (former)* passé, ancien*; *the past few days* ces derniers jours; *that's all past now* c'est du passé **2** *n* passé *m*; *in the past* autrefois **3** *prep* après; *it's past 7 o'clock* il est plus de 7 heures; *it's half past two* il est deux heures et demie **4** *adv*: *run past* passer en courant

pas•ta ['pæstə] pâtes *fpl*

paste [peɪst] **1** *n (adhesive)* colle *f* **2** *v/t (stick)* coller

pas•tel ['pæstl] *n* pastel *m*; *pastel blue* bleu pastel

pas•time ['pæstaɪm] passe-temps *m inv*

past•or ['pæstər] pasteur *m*

past par•ti•ci•ple [pɑːr'tɪsɪpl] GRAM participe *m* passé

pas•tra•mi [pæ'strɑːmɪ] bœuf *m* fumé et épicé

pas•try ['peɪstrɪ] *for pie* pâte *f*; *small cake* pâtisserie *f*

'past tense GRAM passé *m*

pas•ty ['peɪstɪ] *adj complexion* blafard

pat [pæt] **1** *n* petite tape *f*; *give s.o. a pat on the back fig* féliciter qn **2** *v/t (pret & pp -ted)* tapoter

patch [pætʃ] **1** *n on clothing* pièce *f*; *(period of time)* période *f*; *(area)* tache *f*; *of fog* nappe *f*; *go through a bad patch* traverser une mauvaise passe; *be not a patch on* F être loin de valoir **2** *v/t clothing* rapiécer

♦ **patch up** *v/t (repair temporarily)* rafistoler F; *quarrel* régler

patch•work ['pætʃwɜːrk] **1** *adj quilt* en patchwork **2** *n* patchwork *m*

patch•y ['pætʃɪ] *adj* inégal

pâ•té [puː'teɪ] pâté *m*

pa•tent ['peɪtnt] **1** *adj (obvious)* manifeste **2** *n for invention* brevet *m* **3** *v/t invention* breveter

pa•tent 'leath•er cuir *m* verni

pa·tent·ly ['peɪtntlɪ] adv (clearly) manifestement

pa·ter·nal [pə'tɜːrnl] adj paternel*

pa·ter·nal·ism [pə'tɜːrnlɪzm] paternalisme m

pa·ter·nal·is·tic [pətɜːrnl'ɪstɪk] adj paternaliste

pa·ter·ni·ty [pə'tɜːrnɪtɪ] paternité f

path [pæθ] chemin m; surfaced walkway allée f; fig voie f

pa·thet·ic [pə'θetɪk] adj touchant; F (very bad) pathétique

path·o·log·i·cal [pæθə'lɑːdʒɪkl] adj pathologique

pa·thol·o·gist [pə'θɑːlədʒɪst] pathologiste m/f

pa·thol·o·gy [pə'θɑːlədʒɪ] pathologie f; department service m de pathologie

pa·tience ['peɪʃns] patience f

pa·tient ['peɪʃnt] **1** adj patient; **just be patient!** patience! **2** n patient m

pa·tient·ly ['peɪʃntlɪ] adv patiemment

pat·i·o ['pætɪoʊ] Br patio m

pat·ri·ot ['peɪtrɪət] patriote m/f

pat·ri·ot·ic [peɪtrɪ'ɑːtɪk] adj person patriote; song patriotique

pa·tri·ot·ism ['peɪtrɪətɪzm] patriotisme m

pa·trol [pə'troʊl] **1** n patrouille f; **be on patrol** être de patrouille **2** v/t (pret & pp **-led**) streets, border patrouiller dans/à

pa'trol car voiture f de police

pa·trol·man agent m de police

pa'trol wag·on fourgon m cellulaire

pa·tron ['peɪtrən] of store, movie theater client(e) m(f); of artist, charity etc protecteur(-trice) m(f); **be patron of sth** parrainer qch

pa·tron·ize ['pætrənaɪz] v/t person traiter avec condescendance

pa·tron·iz·ing ['pætrənaɪzɪŋ] adj condescendant

pa·tron 'saint patron(ne) m(f)

pat·ter ['pætər] **1** n of rain etc bruit m, crépitement m; of feet, mice etc trottinement m; F of salesman boniment m **2** v/i crépiter, tambouriner

pat·tern ['pætərn] n on fabric motif m; for knitting, sewing patron m; (model) modèle m; in events scénario m; **eating / sleeping patterns** habitudes fpl alimentaires / de sommeil; **there's a regular pattern to his behavior** il y a une constante dans son comportement

pat·terned ['pætərnd] adj imprimé

paunch [pɔːntʃ] ventre m, brioche f F

pause [pɔːz] **1** n pause f, arrêt m **2** v/i faire une pause, s'arrêter **3** v/t tape mettre en mode pause

pave [peɪv] v/t paver; **pave the way for** fig ouvrir la voie à

pave·ment ['peɪvmənt] (roadway) chaussée f; Br (sidewalk) trottoir m

pav·ing stone ['peɪvɪŋ] pavé m

paw [pɔː] **1** n patte f **2** v/t F tripoter

pawn[1] [pɔːn] n in chess, fig pion m

pawn[2] [pɔːn] v/t mettre en gage

'pawn·brok·er prêteur m sur gages

'pawn·shop mont-de-piété m

pay [peɪ] **1** n paye f, salaire m; **in the pay of** à la solde de **2** v/t (pret & pp **paid**) payer; bill also régler; **pay attention** faire attention; **pay s.o. a compliment** faire un compliment à qn **3** v/i (pret & pp **paid**) payer; (be profitable) rapporter, être rentable; **it doesn't pay to ...** on n'a pas intérêt à ...; **pay for** purchase payer; **you'll pay for this!** fig tu vas me le payer!

◆ **pay back** v/t rembourser; (get revenge on) faire payer à

◆ **pay in** v/t to bank déposer, verser

◆ **pay off 1** v/t debt rembourser; corrupt official acheter **2** v/i (be profitable) être payant, être rentable

◆ **pay up** v/i payer

pay·a·ble ['peɪəbl] adj payable

'pay check salaire m, chèque m de paie

'pay·day jour m de paie

pay·ee [peɪ'iː] bénéficiaire m/f

'pay en·ve·lope salaire m/m

pay·er ['peɪər] payeur(-euse) m(f)

pay·ment ['peɪmənt] of bill règlement m, paiement m; money paiement m, versement m

'pay phone téléphone m public

'pay·roll money argent m de la paye; employees personnel m; **be on the payroll** être employé

'pay·slip feuille f de paie, bulletin m de salaire

PC [piː'siː] abbr (= **personal computer**) P.C. m; (= **politically correct**) politiquement correct

PDA [piːdiː'eɪ] abbr (= **personal digital assistant**) organiseur m électronique

pea [piː] petit pois m

peace [piːs] paix f

peace·a·ble ['piːsəbl] adj person pacifique

peace·ful ['piːsfʊl] adj paisible, tranquille; demonstration pacifique

peace·ful·ly ['piːsflɪ] adv paisiblement

peach [piːtʃ] pêche f

pea·cock ['piːkɑːk] paon m

peak [piːk] **1** n of mountain pic m; fig apogée f; **reach a peak of physical fitness** être au meilleur de sa forme **2** v/i culminer

'peak con•sump•tion consommation f en heures pleines

'peak hours npl of electricity consumption heures fpl pleines; of traffic heures fpl de pointe

pea•nut ['pi:nʌt] cacahuète f; **get paid peanuts** F être payé trois fois rien; **that's peanuts to him** F pour lui c'est une bagatelle

pea•nut 'but•ter beurre m de cacahuètes

pear [per] poire f

pearl [pɜːrl] perle f

peas•ant ['peznt] paysan(ne) m(f)

peb•ble ['pebl] caillou m, galet m

pe•can ['pi:kən] pécan m

peck [pek] 1 n (bite) coup m de bec; (kiss) bise f (rapide) 2 v/t (bite) donner un coup de bec à; (kiss) embrasser rapidement

pe•cu•li•ar [pɪ'kjuːljər] adj (strange) bizarre; **peculiar to** (special) propre à

pe•cu•li•ar•i•ty [pɪkjuːlɪ'ærətɪ] (strangeness) bizarrerie f; (special feature) particularité f

ped•al ['pedl] 1 n of bike pédale f 2 v/i (pret & pp **pedaled**, Br **pedalled**) pédaler; **he pedaled off home** il est rentré chez lui à vélo

pe•dan•tic [pɪ'dæntɪk] adj pédant

ped•dle ['pedl] v/t drugs faire du trafic de

ped•es•tal ['pedəstl] for statue socle m, piédestal m

pe•des•tri•an [pɪ'destrɪən] n piéton(ne) m(f)

pe•des•tri•an 'cros•sing Br passage m (pour) piétons

pe•di•at•ric [piːdɪ'ætrɪk] adj pédiatrique

pe•di•a•tri•cian [piːdɪæ'trɪʃn] pédiatre m/f

pe•di•at•rics [piːdɪ'ætrɪks] nsg pédiatrie f

ped•i•cure ['pedɪkjur] soins mpl des pieds

ped•i•gree ['pedɪgriː] 1 adj avec pedigree 2 n of dog, racehorse pedigree m; of person arbre m généalogique

pee [piː] v/i F faire pipi F

peek [piːk] 1 n coup m d'œil (furtif) 2 v/i jeter un coup d'œil, regarder furtivement

peel [piːl] 1 n peau f 2 v/t fruit, vegetables éplucher, peler 3 v/i of nose, shoulders peler; of paint s'écailler

◆ peel off 1 v/t enlever 2 v/i of wrapper se détacher, s'enlever

peep [piːp] → peek

'peep•hole judas m; in prison guichet m

peer[1] [pɪr] n (equal) pair m; of same age group personne f du même âge

peer[2] v/i regarder; **peer through the mist** of person essayer de regarder à travers la brume; **peer at** regarder (fixement),

scruter

peeved [piːvd] adj F en rogne F

peg [peg] n for hat, coat patère f; for tent piquet m; **off the peg** de confection

pe•jo•ra•tive [pɪ'dʒɔːrətɪv] adj péjoratif*

pel•let ['pelɪt] boulette f; for gun plomb m

pelt [pelt] 1 v/t: **pelt s.o. with sth** bombarder qn de qch 2 v/i F (race) aller à toute allure; **it's pelting down** F il pleut à verse

pel•vis ['pelvɪs] bassin m

pen[1] [pen] n stylo m; (ballpoint) stylo m (à) bille

pen[2] [pen] (enclosure) enclos m

pen[3] → penitentiary

pe•nal•ize ['piːnəlaɪz] v/t pénaliser

pen•al•ty ['penltɪ] sanction f; LAW peine f; fine amende f; SP pénalisation f; soccer penalty m; rugby coup m de pied de pénalité; **take the penalty** soccer tirer le penalty; rugby tirer le coup de pied de pénalité

'pen•al•ty ar•e•a soccer surface f de réparation

'pen•al•ty clause LAW clause f pénale

'pen•al•ty kick soccer penalty m; rugby coup m de pied de pénalité

'pen•al•ty 'shoot-out épreuve f des tirs au but

'pen•al•ty spot point m de réparation

pen•cil ['pensɪl] crayon m (de bois)

'pen•cil sharp•en•er ['ʃɑːrpnər] taille--crayon m inv

pen•dant ['pendənt] necklace pendentif m

pend•ing ['pendɪŋ] 1 prep en attendant 2 adj: **be pending** (awaiting decision) en suspens; (about to happen) imminent

pen•e•trate ['penɪtreɪt] v/t pénétrer

pen•e•trat•ing ['penɪtreɪtɪŋ] adj stare pénétrant; scream perçant; analysis perspicace

pen•e•tra•tion [penɪ'treɪʃn] pénétration f

'pen friend correspondant(e) m(f)

pen•guin ['peŋgwɪn] manchot m

pen•i•cil•lin [penɪ'sɪlɪn] pénicilline f

pe•nin•su•la [pə'nɪnsʊlə] presqu'île f

pe•nis ['piːnɪs] pénis m, verge f

pen•i•tence ['penɪtəns] pénitence f, repentir m

pen•i•tent ['penɪtənt] adj pénitent, repentant

pen•i•ten•ti•a•ry [penɪ'tenʃərɪ] pénitencier m

'pen name nom m de plume

pen•nant ['penənt] fanion m

pen•ni•less ['penɪlɪs] adj sans le sou

pen•ny ['penɪ] cent m

'pen pal correspondant(e) m(f)

pen•sion ['penʃn] retraite f, pension f

◆ **pension off** v/t mettre à la retraite
'pen•sion fund caisse f de retraite
'pen•sion scheme régime m de retraite
pen•sive ['pensɪv] adj pensif*
Pen•ta•gon ['pentəgɑːn]: **the Pentagon** le Pentagone
pen•tath•lon [pen'tæθlən] pentathlon m
Pen•te•cost ['pentɪkɑːst] Pentecôte f
pent•house ['penthaus] penthouse m, appartement m luxueux (édifié sur le toit d'un immeuble)
pent-up ['pentʌp] adj refoulé
pe•nul•ti•mate [pe'nʌltɪmət] adj avant-dernier
peo•ple ['piːpl] npl gens mpl nsg (race, tribe) peuple m; **10 people** 10 personnes; **the people** le peuple; **the American people** les Américains; **people say ...** on dit ...
pep•per ['pepər] spice poivre m; vegetable poivron m
'pep•per•mint candy bonbon m à la menthe; flavoring menthe f poivrée
'pep talk discours m d'encouragement
per [pɜːr] prep par; **per annum** par an; **how much per kilo?** combien c'est le kilo?
per•ceive [pər'siːv] v/t percevoir
per•cent [pər'sent] adv pour cent
per•cen•tage [pər'sentɪdʒ] pourcentage m
per•cep•ti•ble [pər'septəbl] adj perceptible
per•cep•ti•bly [pər'septəblɪ] adv sensiblement
per•cep•tion [pər'sepʃn] perception f; of situation also vision f; (insight) perspicacité f
per•cep•tive [pər'septɪv] adj person, remark perspicace
perch [pɜːrtʃ] **1** n for bird perchoir m **2** v/i se percher; of person s'asseoir
per•co•late ['pɜːrkəleɪt] v/i of coffee passer
per•co•la•tor ['pɜːrkəleɪtər] cafetière f à pression
per•cus•sion [pər'kʌʃn] percussions fpl
per•cus•sion in•stru•ment instrument m à percussion
pe•ren•ni•al [pə'renɪəl] n BOT plante f vivace
per•fect ['pɜːrfɪkt] **1** adj parfait **2** n GRAM passé m composé **3** v/t [pər'fekt] parfaire, perfectionner
per•fec•tion [pər'fekʃn] perfection f; **to perfection** à la perfection
per•fec•tion•ist [pər'fekʃnɪst] n perfectionniste m/f
per•fect•ly ['pɜːrfɪktlɪ] adv parfaitement;

(totally) tout à fait
per•fo•rat•ed ['pɜːrfəreɪtɪd] adj perforé; **perforated line** pointillé m
per•fo•ra•tions [pɜːrfə'reɪʃnz] npl pointillés mpl
per•form [pər'fɔːrm] **1** v/t (carry out) accomplir, exécuter; of actor, musician etc jouer **2** v/i of actor, musician, dancer jouer; of machine fonctionner
per•form•ance [pər'fɔːrməns] by actor, musician etc interprétation f; (event) représentation f; of employee, company etc résultats mpl; of machine performances fpl, rendement m
per'form•ance car voiture f puissante
per•form•er [pər'fɔːrmər] artiste m/f, interprète m/f
per•fume ['pɜːrfjuːm] parfum m
per•func•to•ry [pər'fʌŋktərɪ] adj sommaire
per•haps [pər'hæps] adv peut-être
per•il ['perəl] péril m
per•il•ous ['perələs] adj périlleux*
pe•rim•e•ter [pə'rɪmɪtər] périmètre m
pe'rim•e•ter fence clôture f
pe•ri•od ['pɪrɪəd] période f; (menstruation) règles fpl; punctuation mark point m; **I don't want to, period!** je ne veux pas, un point c'est tout!
pe•ri•od•ic [pɪrɪ'ɑːdɪk] adj périodique
pe•ri•od•i•cal [pɪrɪ'ɑːdɪkl] n périodique m
pe•ri•od•i•cal•ly [pɪrɪ'ɑːdɪklɪ] adv périodiquement
pe•riph•e•ral [pə'rɪfərəl] **1** adj (not crucial) secondaire **2** n COMPUT périphérique m
pe•riph•e•ry [pə'rɪfərɪ] périphérie f
per•ish ['perɪʃ] v/i of rubber se détériorer; of person périr
per•ish•a•ble ['perɪʃəbl] adj food périssable
per•jure ['pɜːrdʒər] v/t: **perjure o.s.** faire un faux témoignage
per•ju•ry ['pɜːrdʒərɪ] faux témoignage m
perk [pɜːrk] n of job avantage m
◆ **perk up 1** v/t F remonter le moral à **2** v/i F se ranimer
perk•y ['pɜːrkɪ] adj F (cheerful) guilleret
perm [pɜːrm] **1** n permanente f **2** v/t: **have one's hair permed** se faire faire une permanente
per•ma•nent ['pɜːrmənənt] adj permanent; address fixe
per•ma•nent•ly ['pɜːrmənəntlɪ] adv en permanence, définitivement
per•me•a•ble ['pɜːrmɪəbl] adj perméable
per•me•ate ['pɜːrmɪeɪt] v/t also fig imprégner
per•mis•si•ble [pər'mɪsəbl] adj permis

per•mis•sion [pər'mɪʃn] permission f
per•mis•sive [pər'mɪsɪv] adj permissif*
per•mis•sive so'ci•e•ty société f permissive

per•mit ['pɜːrmɪt] 1 n permis m 2 v/t (pret & pp -ted) [pər'mɪt] permettre, autoriser; permit s.o. to do sth permettre à qn de faire qch

per•pen•dic•u•lar [pɜːrpən'dɪkjʊlər] adj perpendiculaire
per•pet•u•al [pər'petʃʊəl] adj perpétuel*
per•pet•u•al•ly [pər'petʃʊəlɪ] adv perpétuellement, sans cesse
per•pet•u•ate [pər'petʃʊeɪt] v/t perpétuer
per•plex [pər'pleks] v/t laisser perplexe
per•plexed [pər'plekst] adj perplexe
per•plex•i•ty [pər'pleksɪtɪ] perplexité f
per•se•cute ['pɜːrsɪkjuːt] v/t persécuter
per•se•cu•tion [pɜːrsɪ'kjuːʃn] persécution f
per•se•cu•tor [pɜːrsɪ'kjuːtər] persécuteur(-trice) m(f)
per•se•ver•ance [pɜːrsɪ'vɪrəns] persévérance f
per•se•vere [pɜːrsɪ'vɪr] v/i persévérer
per•sist [pər'sɪst] v/i persister; persist in doing sth persister à faire qch, s'obstiner à faire qch
per•sis•tence [pər'sɪstəns] persistance f
per•sis•tent [pər'sɪstənt] adj person tenace, têtu; questions incessant; rain, unemployment etc persistant
per•sis•tent•ly [pər'sɪstəntlɪ] adv (continually) continuellement
per•son ['pɜːrsn] personne f; in person en personne
per•son•al ['pɜːrsənl] adj personnel*
per•son•al as'sist•ant secrétaire m/f particulier(-ère); assistant(e) m(f)
'per•son•al col•umn annonces fpl personnelles
per•son•al com'put•er ordinateur m individuel
per•son•al 'hy•giene hygiène f intime
per•son•al•i•ty [pɜːrsə'nælətɪ] personnalité f
per•son•al•ly ['pɜːrsənəlɪ] adv (for my part) personnellement; come, intervene en personne; know personnellement; don't take it personally n'y voyez rien de personnel
per•son•al 'or•gan•iz•er organiseur m, agenda m électronique; in book form agenda m
per•son•al 'pro•noun pronom m personnel
per•son•al 'ster•e•o baladeur m
per•son•i•fy [pɜːr'sɑːnɪfaɪ] v/t (pret & pp -ied) of person personnifier

per•son•nel [pɜːrsə'nel] (employees) personnel m; department service m du personnel
per•son•nel man•a•ger directeur(-trice) m(f) du personnel
per•spec•tive [pər'spektɪv] in art perspective f; get sth into perspective relativiser qch, replacer qch dans son contexte
per•spi•ra•tion [pɜːrspɪ'reɪʃn] transpiration f
per•spire [pɜːr'spaɪr] v/i transpirer
per•suade [pər'sweɪd] v/t person persuader, convaincre; persuade s.o. to do sth persuader ou convaincre qn de faire qch
per•sua•sion [pər'sweɪʒn] persuasion f
per•sua•sive [pər'sweɪsɪv] adj person persuasif*; argument convaincant
per•ti•nent ['pɜːrtɪnənt] adj fml pertinent
per•turb [pər'tɜːrb] v/t perturber
per•turb•ing [pər'tɜːrbɪŋ] adj perturbant, inquiétant
pe•ruse [pə'ruːz] v/t fml lire
per•va•sive [pər'veɪsɪv] adj influence, ideas envahissant
per•verse [pər'vɜːrs] adj (awkward) contrariant; sexually pervers
per•ver•sion [pər'vɜːrʃn] sexual perversion f
per•vert ['pɜːrvɜːrt] n sexual pervers(e) m(f)
pes•si•mism ['pesɪmɪzm] pessimisme m
pes•si•mist ['pesɪmɪst] pessimiste m/f
pes•si•mist•ic [pesɪ'mɪstɪk] adj pessimiste
pest [pest] parasite m; F person peste f, plaie f
pes•ter ['pestər] v/t harceler; pester s.o. to do sth harceler qn pour qu'il fasse (subj) qch
pes•ti•cide ['pestɪsaɪd] pesticide m
pet [pet] 1 n animal animal m domestique; (favorite) chouchou m F; do you have any pets? as-tu des animaux? 2 adj préféré, favori; pet subject sujet m de prédilection; my pet rabbit mon lapin (apprivoisé) 3 v/t (pret & pp -ted) animal caresser 4 v/i (pret & pp -ted) of couple se caresser, se peloter F
pet•al ['petl] pétale m
◆ pe•ter out ['piːtər] v/i cesser petit à petit
pe•tite [pə'tiːt] adj menu
pe•ti•tion [pə'tɪʃn] n pétition f
'pet name surnom m, petit nom m
pet•ri•fied ['petrɪfaɪd] adj pétrifié
pet•ri•fy ['petrɪfaɪ] v/t (pret & pp -ied) pétrifier
pet•ro•chem•i•cal [petrou'kemɪkl] adj

P

pétrochimique

pet•rol ['petrl] *Br* essence *f*

pe•tro•le•um [pɪ'trouliəm] pétrole *m*

pet•ting ['petɪŋ] pelotage *m* F

pet•ty ['petɪ] *adj person, behavior* mesquin; *details, problem* insignifiant

pet•ty 'cash petite caisse *f*

pet•u•lant ['petʃələnt] *adj* irritable; *remark* irrité

pew [pju:] banc *m* d'église

pew•ter ['pju:tər] étain *m*

phar•ma•ceu•ti•cal [fɑːrmə'suːtɪkl] *adj* pharmaceutique

phar•ma•ceu•ti•cals [fɑːrmə'suːtɪklz] *npl* produits *mpl* pharmaceutiques

phar•ma•cist ['fɑːrməsɪst] pharmacien (-ne) *m(f)*

phar•ma•cy ['fɑːrməsɪ] *store* pharmacie *f*

phase [feɪz] phase *f*
◆ **phase in** *v/t* introduire progressivement
◆ **phase out** *v/t* supprimer progressivement

PhD [piːeɪtʃ'diː] *abbr* (= *Doctor of Philosophy*) doctorat *m*

phe•nom•e•nal [fə'nɑːmɪnl] *adj* phénoménal

phe•nom•e•nal•ly [fə'nɑːmɪnəlɪ] *adv* prodigieusement

phe•nom•e•non [fə'nɑːmɪnən] phénomène *m*

phil•an•throp•ic [fɪlən'θrɑːpɪk] *adj person* philanthrope; *action* philanthropique

phi•lan•thro•pist [fɪ'lænθrəpɪst] philanthrope *m/f*

phi•lan•thro•py [fɪ'lænθrəpɪ] philanthropie *f*

Phil•ip•pines ['fɪlɪpiːnz]: **the Philippines** les Philippines *fpl*

phil•is•tine ['fɪlɪstaɪn] *n* inculte *m/f*

phi•los•o•pher [fɪ'lɑːsəfər] philosophe *m/f*

phil•o•soph•i•cal [fɪlə'sɑːfɪkl] *adj* philosophique; *attitude etc* philosophe

phi•los•o•phy [fɪ'lɑːsəfɪ] philosophie *f*

pho•bi•a ['foubɪə] phobie *f* (**about** de)

phone [foun] **1** *n* téléphone *m*; **be on the phone** (*have a phone*) avoir le téléphone; *be talking* être au téléphone **2** *v/t* téléphoner à **3** *v/i* téléphoner

'phone book annuaire *m*

'phone booth cabine *f* téléphonique

'phone-call coup *m* de fil *or* de téléphone

'phone card télécarte *f*

'phone num•ber numéro *m* de téléphone

pho•net•ics [fə'netɪks] phonétique *f*

pho•n(e)y ['founɪ] *adj* F faux*

pho•to ['foutou] photo *f*

'pho•to al•bum album *m* photos

'pho•to•cop•i•er photocopieuse *f*, photocopieur *m*

'pho•to•cop•y 1 *n* photocopie *f* **2** *v/t* (*pret & pp* **-ied**) photocopier

pho•to•gen•ic [foutou'dʒenɪk] *adj* photogénique

pho•to•graph ['foutəgræf] **1** *n* photographie *f* **2** *v/t* photographier

pho•tog•ra•pher [fə'tɑːgrəfər] photographe *m/f*

pho•tog•ra•phy [fə'tɑːgrəfɪ] photographie *f*

phrase [freɪz] **1** *n* expression *f*; *in grammar* syntagme *m* **2** *v/t* formuler, exprimer

'phrase-book guide *m* de conversation

phys•i•cal ['fɪzɪkl] **1** *adj* physique **2** *n* MED visite *f* médicale

phys•i•cal 'hand•i•cap handicap *m* physique

phys•i•cal•ly ['fɪzɪklɪ] *adv* physiquement

phys•i•cal•ly 'hand•i•cap•ped *adj*: **be physically handicapped** être handicapé physique

phy•si•cian [fɪ'zɪʃn] médecin *m*

phys•i•cist ['fɪzɪsɪst] physicien(ne) *m(f)*

phys•ics ['fɪzɪks] physique *f*

phys•i•o•ther•a•pist [fɪzɪou'θerəpɪst] kinésithérapeute *m/f*

phys•i•o•ther•a•py [fɪzɪou'θerəpɪ] kinésithérapie *f*

phy•sique [fɪ'ziːk] physique *m*

pi•a•nist ['pɪənɪst] pianiste *m/f*

pi•an•o [pɪ'ænou] piano *m*

pick [pɪk] **1** *n*: **take your pick** fais ton choix **2** *v/t* (*choose*) choisir; *flowers, fruit* cueillir; **pick one's nose** se mettre les doigts dans le nez **3** *v/i*: **pick and choose** faire la fine bouche
◆ **pick at** *v/t*: **pick at one's food** manger du bout des dents, chipoter
◆ **pick on** *v/t* (*treat unfairly*) s'en prendre à; (*select*) désigner, choisir
◆ **pick out** *v/t* (*identify*) reconnaître
◆ **pick up 1** *v/t* prendre; *phone* décrocher; *from ground* ramasser; (*collect*) passer prendre; *information* recueillir; *in car* prendre; *in sexual sense* lever F; *language, skill* apprendre; *habit* prendre; *illness* attraper; (*buy*) dénicher, acheter; *criminal* arrêter **2** *v/i* *of business, economy* reprendre; *of weather* s'améliorer

pick•et ['pɪkɪt] **1** *n of strikers* piquet *m* de grève **2** *v/t*: **picket a factory** faire le piquet de grève devant une usine

'pick•et line piquet *m* de grève

pick•le ['pɪkl] *v/t* conserver dans du vinaigre

pick•les ['pɪklz] *npl* pickles *mpl*

'pick•pock•et voleur *m* à la tire, pick-pocket *m*
pick-up (truck) ['pɪkʌp] pick-up *m*, camionnette *f*
pick•y ['pɪkɪ] *adj* F difficile
pic•nic ['pɪknɪk] 1 *n* pique-nique *m* 2 *v/i* (*pret & pp* -ked) pique-niquer
pic•ture ['pɪktʃər] 1 *n* (*photo*) photo *f*; (*painting*) tableau *m*; (*illustration*) image *f*; (*movie*) film *m*; **keep s.o. in the picture** tenir qn au courant 2 *v/t* imaginer
♦ **picture together** *v/t broken plate* recoller; *evidence* regrouper
'pic•ture book livre *m* d'images
'pic•ture 'post•card carte *f* postale
pic•tur•esque [pɪktʃə'resk] *adj* pittoresque
pie [paɪ] tarte *f*; *with top* tourte *f*
piece [piːs] morceau *m*; (*component*) pièce *f*; *in board game* pion *m*; *a piece of bread* un morceau de pain; *a piece of advice* un conseil; *go to pieces* s'effondrer; *take to pieces* démonter
♦ **piece together** *v/t broken plate* recoller; *evidence* regrouper
piece•meal ['piːsmiːl] *adv* petit à petit
piece•work ['piːswɜːrk] travail *m* à la tâche
pier [pɪr] *Br: at seaside* jetée *f*
pierce [pɪrs] *v/t* (*penetrate*) transpercer; *ears* percer; *have one's ears / navel pierced* se faire percer les oreilles / le nombril
pierc•ing ['pɪrsɪŋ] *adj noise, eyes* perçant; *wind* pénétrant
pig [pɪɡ] cochon *m*, porc *m*; (*unpleasant person*) porc *m*
pi•geon ['pɪdʒɪn] pigeon *m*
'pi•geon•hole 1 *n* casier *m* 2 *v/t person* cataloguer; *proposal* mettre de côté
pig•gy•bank ['pɪɡɪbæŋk] tirelire *f*
pig•head•ed ['pɪɡhedɪd] *adj* obstiné; *that pigheaded father of mine* mon père, cette tête de lard F
'pig•pen porcherie *f*
'pig•skin porc *m*
'pig•tail *plaited* natte *f*
pile [paɪl] *of books, plates etc* pile *f*; *of earth, sand etc* tas *m*; *a pile of work* F un tas de boulot F
♦ **pile up 1** *v/i of work, bills* s'accumuler 2 *v/t* empiler
piles [paɪlz] *nsg* MED hémorroïdes *fpl*
'pile-up MOT carambolage *m*
pil•fer•ing ['pɪlfərɪŋ] chapardage *m* F
pil•grim ['pɪlɡrɪm] pèlerin(e) *m(f)*
pil•grim•age ['pɪlɡrɪmɪdʒ] pèlerinage *m*
pill [pɪl] pilule *f*; *be on the pill* prendre la pilule
pil•lar ['pɪlər] pilier *m*
pil•lion ['pɪljən] *of motorbike* siège *m* arrière

pil•low ['pɪloʊ] oreiller *m*
'pil•low•case taie *f* d'oreiller
pi•lot ['paɪlət] 1 *n* AVIAT, NAUT pilote *m* 2 *v/t airplane* piloter
'pi•lot light *on cooker* veilleuse *f*
'pi•lot plant usine-pilote *f*
'pi•lot scheme projet-pilote *m*
pimp [pɪmp] *n* maquereau *m*, proxénète *m*
pim•ple ['pɪmpl] bouton *m*
PIN [pɪn] *abbr* (= *personal identification number*) code *m* confidentiel
pin [pɪn] 1 *n for sewing* épingle *f*; *in bowling* quille *f*; (*badge*) badge *m*; *fiche f* 2 *v/t* (*pret & pp* -ned) (*hold down*) clouer; (*attach*) épingler
♦ **pin down** *v/t* (*identify*) identifier; *pin s.o. down to a date* obliger qn à s'engager sur une date
♦ **pin up** *v/t notice* accrocher, afficher
pin•cers ['pɪnsərz] *npl of crab* pinces *fpl*; *a pair of pincers tool* des tenailles *fpl*
pinch [pɪntʃ] 1 *n* pincement *m*; *of salt, sugar etc* pincée *f*; *at a pinch* à la rigueur 2 *v/t* pincer 3 *v/i of shoes* serrer
pine¹ [paɪn] *n tree, wood* pin *m*
pine² [paɪn] *v/i* se languir
♦ **pine for** *v/t* languir de
pine•ap•ple ['paɪnæpl] ananas *m*
ping [pɪŋ] 1 *n* tintement *m* 2 *v/i* tinter
ping-pong ['pɪŋpɑːŋ] ping-pong *m*
pink [pɪŋk] *adj* rose
pin•na•cle ['pɪnəkl] *fig* apogée *f*
'pin•point *v/t* indiquer précisément; *find* identifier
pins and 'nee•dles *npl* fourmillements *mpl*; *have pins and needles in one's feet* avoir des fourmis dans les pieds
'pin•stripe *adj* rayé
pint [paɪnt] pinte *f* (0,473 litre aux États-Unis et 0,568 en Grande-Bretagne)
'pin-up (girl) pin-up *f inv*
pi•o•neer [paɪə'nɪr] 1 *n fig* pionnier(-ière) *m(f)* 2 *v/t* lancer
pi•o•neer•ing [paɪə'nɪrɪŋ] *adj work* innovateur*
pi•ous ['paɪəs] *adj* pieux*
pip [pɪp] *n Br: of fruit* pépin *m*
pipe [paɪp] 1 *n for smoking* pipe *f*; *for water, gas, sewage* tuyau *m* 2 *v/t* transporter par tuyau
♦ **pipe down** *v/i* F se taire; *tell the kids to pipe down* dis aux enfants de la boucler F
piped mu•sic [paɪpt'mjuːzɪk] musique *f* de fond
'pipe•line *for oil* oléoduc *m*; *for gas* gazoduc *m*; *in the pipeline fig* en perspective

pip•ing hot [paɪpɪŋ'hɑːt] *adj* très chaud

pi•rate ['paɪrət] **1** *n* pirate *m* **2** *v/t software* pirater

Pis•ces ['paɪsiːz] ASTROL Poissons *mpl*

piss [pɪs] **1** *n* P (*urine*) pisse *f* P **2** *v/i* P (*urinate*) pisser F

pissed [pɪst] *adj* P (*annoyed*) en rogne F; *Br* P (*drunk*) bourré

pis•tol ['pɪstl] pistolet *m*

pis•ton ['pɪstən] piston *m*

pit [pɪt] *n* (*hole*) fosse *f*; (*coalmine*) mine *f*

pitch¹ [pɪtʃ] *n* ton *m*

pitch² [pɪtʃ] **1** *v/i in baseball* lancer **2** *v/t tent* planter; *ball* lancer

'pitch-black *adj* noir comme jais; *pitch-black night* nuit *f* noire

pitch•er¹ ['pɪtʃər] *in baseball* lanceur *m*

pitch•er² ['pɪtʃər] *container* pichet *m*

pit•e•ous ['pɪtɪəs] *adj* pitoyable

pit•fall ['pɪtfɔːl] piège *m*

pith [pɪθ] *of citrus fruit* peau *f* blanche

pit•i•ful ['pɪtɪfl] *adj* pitoyable

pit•i•less ['pɪtɪləs] *adj* impitoyable

pits [pɪts] *npl in motor racing* stand *m* de ravitaillement

'pit stop *in motor racing* arrêt *m* au stand

pit•tance ['pɪtns] somme *f* dérisoire

pit•y ['pɪtɪ] **1** *n* pitié *f*; *take pity on* avoir pitié de; *it's a pity that ...* c'est dommage que ...; *what a pity!* quel dommage! **2** *v/t* (*pret & pp -ied*) *person* avoir pitié de

piv•ot ['pɪvət] *v/i* pivoter

piz•za ['piːtsə] pizza *f*

plac•ard ['plækɑːrd] pancarte *f*

place [pleɪs] **1** *n* endroit *m*; *in race, competition* place *f*; (*seat*) place *f*; *at my / his place* chez moi / lui; *I've lost my place in book* j'ai perdu ma page; *in place of* à la place de; *feel out of place* ne pas se sentir à sa place; *take place* avoir lieu; *in the first place* (*firstly*) premièrement; (*in the beginning*) au début **2** *v/t* (*put*) mettre, poser; (*identify*) situer; *place an order* passer une commande

'place mat set *m* de table

place•ment ['pleɪsmənt] *of trainee* stage *m*

plac•id ['plæsɪd] *adj* placide

pla•gia•rism ['pleɪdʒərɪzm] plagiat *m*

pla•gia•rize ['pleɪdʒəraɪz] *v/t* plagier

plague [pleɪg] **1** *n* peste *f* **2** *v/t* (*bother*) harceler, tourmenter

plain¹ [pleɪn] *n* plaine *f*

plain² [pleɪn] **1** *adj* (*clear, obvious*) clair, évident; (*not ornate*) simple; (*not patterned*) uni; (*not pretty*) quelconque, ordinaire; (*blunt*) franc*; *plain chocolate* chocolat *m* noir **2** *adv* tout simplement; *it's plain crazy* c'est de la folie pure

'plain clothes: *in plain clothes* en civil

plain•ly ['pleɪnlɪ] *adv* (*clearly*) manifestement; (*bluntly*) franchement; (*simply*) simplement

plain-spo•ken *adj* direct, franc*

plain•tiff ['pleɪntɪf] plaignant *m*

plain•tive ['pleɪntɪv] *adj* plaintif*

plan [plæn] **1** *n* plan *m*, projet *m*; (*drawing*) plan *m* **2** *v/t* (*pret & pp -ned*) (*prepare*) organiser, planifier; (*design*) concevoir; *plan to do, plan on doing* prévoir de faire, compter faire **3** *v/i* faire des projets

plane¹ [pleɪn] *n* AVIAT avion *m*

plane² [pleɪn] *tool* rabot *m*

plan•et ['plænɪt] planète *f*

plank [plæŋk] *of wood* planche *f*; *fig: of policy* point *m*

plan•ning ['plænɪŋ] organisation *f*, planification *f*; *at the planning stage* à l'état de projet

plant¹ [plænt] **1** *n* BOT plante *f* **2** *v/t* planter

plant² [plænt] *n* (*factory*) usine *f*; (*equipment*) installation *f*, matériel *m*

plan•ta•tion [plæn'teɪʃn] plantation *f*

plaque¹ [plæk] *on wall* plaque *f*

plaque² [plæk] *on teeth* plaque *f* dentaire

plas•ter ['plæstər] **1** *n on wall, ceiling* plâtre *m* **2** *v/t wall, ceiling* plâtrer; *be plastered with* être couvert de

'plas•ter cast plâtre *m*

plas•tic ['plæstɪk] **1** *adj* en plastique **2** *n* plastique *m*

'plas•tic bag sac *m* plastique

'plas•tic mon•ey cartes *fpl* de crédit

plas•tic 'sur•geon spécialiste *m* en chirurgie esthétique

plas•tic 'sur•ger•y chirurgie *f* esthétique

plate [pleɪt] *n for food* assiette *f*; (*sheet of metal*) plaque *f*

pla•teau ['plætoʊ] plateau *m*

plat•form ['plætfɔːrm] (*stage*) estrade *f*; *of railroad station* quai *m*; *fig: political* plate-forme *f*

plat•i•num ['plætɪnəm] **1** *adj* en platine **2** *n* platine *m*

plat•i•tude ['plætɪtuːd] platitude *f*

pla•ton•ic [plə'tɑːnɪk] *adj relationship* platonique

pla•toon [plə'tuːn] *of soldiers* section *f*

plat•ter ['plætər] *for food* plat *m*

plau•si•ble ['plɔːzəbl] *adj* plausible

play [pleɪ] **1** *n also* TECH, SP jeu *m*; *in theater, on TV* pièce *f* **2** *v/i* jouer **3** *v/t musical instrument* jouer de; *piece of music* jouer; *game* jouer à; *opponent* jouer contre; (*perform: Macbeth etc*) jouer; *play a joke on* jouer un tour à

◆ **play around** *v/i* F (*be unfaithful*) coucher à droite et à gauche; **play around with s.o.** coucher avec qn

◆ **play down** v/t minimiser

◆ **play up** v/t of machine, child faire des siennes; **my back is playing up** mon dos me fait souffrir

'**play•act** v/i (pretend) jouer la comédie, faire semblant

'**play•back** enregistrement m

'**play•boy** play-boy m

play•er ['pleɪr] SP joueur(-euse) m(f); (musician) musicien(ne) m(f); (actor) acteur(-trice) m(f); in business acteur m; **he's a guitar player** il joue de la guitar

'**play•ful** ['pleɪfl] adj enjoué

'**play•ground** aire f de jeu

'**play•group** garderie f

'**play•ing card** ['pleɪɪŋ] carte f à jouer

'**play•ing field** terrain m de sport

'**play•mate** camarade m de jeu

'**play•wright** ['pleɪraɪt] dramaturge m/f

pla•za ['plɑːzə] for shopping centre m commercial

plc [piːel'siː] abbr Br (= **public limited company**) S.A. f (= société anonyme)

plea [pliː] n appel

plead [pliːd] v/i: **plead for** mercy etc implorer; **plead guilty / not guilty** plaider coupable / non coupable; **plead with** implorer, supplier

pleas•ant ['pleznt] adj agréable

please [pliːz] **1** adv s'il vous plaît, s'il te plaît; **more tea? – yes, please** encore un peu de thé? – oui, s'il vous plaît; **please do** je vous en prie **2** v/t plaire à; **please yourself** comme tu veux

pleased [pliːzd] adj content, heureux*; **pleased to meet you** enchanté

pleas•ing ['pliːzɪŋ] adj agréable

pleas•ure ['pleʒər] plaisir m; **it's a pleasure** (you're welcome) je vous en prie; **with pleasure** avec plaisir

pleat [pliːt] n in skirt pli m

pleat•ed skirt ['pliːtɪd] jupe f plissée

pledge [pledʒ] **1** n (promise) promesse f, engagement m; as guarantee gage m; **Pledge of Allegiance** serment m d'allégeance **2** v/t (promise) promettre; money mettre en gage, engager

plen•ti•ful ['plentɪfl] adj abondant; **be plentiful** abonder

plen•ty ['plentɪ] (abundance) abondance f; **plenty of** beaucoup de; **that's plenty** c'est largement suffisant; **there's plenty for everyone** il y en a (assez) pour tout le monde

pli•a•ble adj flexible

pli•ers npl pinces fpl; **a pair of pliers** des pinces

plight [plaɪt] détresse f

plod [plɑːd] v/i (pret & pp **-ded**) (walk) marcher d'un pas lourd

◆ **plod on** v/i with a job persévérer

plod•der ['plɑːdər] at work, school bûcheur(-euse) m(f)

plot¹ [plɑːt] n of land parcelle f

plot² [plɑːt] **1** n (conspiracy) complot m; of novel intrigue f **2** v/t (pret & pp **-ted**) comploter; **plot s.o.'s death** comploter de tuer qn **3** v/i comploter

plot•ter ['plɑːtər] conspirateur(-trice) m(f); COMPUT traceur m

plough [plaʊ] Br → **plow**

plow [plaʊ] **1** n charrue f **2** v/t & v/i labourer

◆ **plow back** v/t profits réinvestir

pluck [plʌk] v/t chicken plumer; **pluck one's eyebrows** s'épiler les sourcils

◆ **pluck up** v/t: **pluck up courage** prendre son courage à deux mains

plug [plʌg] **1** n for sink, bath bouchon m; electrical prise f; (spark plug) bougie f; for new book etc coup m de pub F; **give sth a plug** faire de la pub pour qch F **2** v/t (pret & pp **-ged**) hole boucher; new book etc faire de la pub pour F

◆ **plug away** v/i s'acharner, bosser F

◆ **plug in** v/t brancher

plum [plʌm] **1** n fruit prune f; tree prunier m **2** adj F: **a plum job** un boulot en or F

plum•age ['pluːmɪdʒ] plumage m

plumb [plʌm] adj d'aplomb

◆ **plumb in** v/t washing machine raccorder

plumb•er ['plʌmər] plombier m

plumb•ing ['plʌmɪŋ] plomberie f

plum•met ['plʌmɪt] v/i of airplane plonger, piquer; of share prices dégringoler, chuter

plump [plʌmp] adj person, chicken dodu; hands, feet potelé; face, cheek rond

◆ **plump for** v/t F se décider pour

plunge [plʌndʒ] **1** n plongeon m; in prices chute f; **take the plunge** se jeter à l'eau **2** v/i tomber; of prices chuter **3** v/t plonger; knife enfoncer; **the city was plunged into darkness** la ville était plongée dans l'obscurité

plung•ing ['plʌndʒɪŋ] adj neckline plongeant

plu•per•fect ['pluːpɜːrfɪkt] GRAM plus-que-parfait m

plu•ral ['plʊrəl] **1** adj pluriel* **2** n pluriel m; **in the plural** au pluriel

plus [plʌs] **1** prep plus **2** adj de; **$500 plus** plus de 500 $ **3** n sign signe m plus; (advantage) plus m **4** conj (moreover, in addition) en plus

P

plush [plʌʃ] *adj* luxueux*

ply•wood ['plaɪwud] contreplaqué *m*

PM [pi:'em] *abbr Br* (= *Prime Minister*) Premier ministre

p.m. [pi:'em] *abbr* (= *post meridiem*) *afternoon* de l'après-midi; *evening* du soir

pneu•mat•ic [nu:'mætɪk] *adj* pneumatique

pneu•mat•ic 'drill marteau-piqueur *m*

pneu•mo•ni•a [nu:'mounɪə] pneumonie *f*

poach¹ [poutʃ] *v/t cook* pocher

poach² [poutʃ] *v/t salmon etc* braconner

poached egg [poutʃ'teg] œuf *m* poché

poach•er ['poutʃər] *of salmon etc* braconnier *m*

P.O. Box [pi:'ouba:ks] *abbr* (= *Post Office Box*) boîte *f* postale, B. P. *f*

pock•et ['pa:kɪt] **1** *n* poche *f*; *line one's own pockets* se remplir les poches; *be out of pocket* en être de sa poche **F 2** *adj* (*miniature*) de poche **3** *v/t* empocher, mettre dans sa poche

'pock•et•book *purse* pochette *f*; (*billfold*) portefeuille *m*; *book* livre *m* de poche

pock•et 'cal•cu•la•tor calculatrice *f* de poche

'pock•et•knife couteau *m* de poche, canif *m*

po•di•um ['poudɪəm] estrade *f*; *for winner* podium *m*

po•em ['pouɪm] poème *m*

po•et ['pouɪt] poète *m*, poétesse *f*

po•et•ic [pou'etɪk] *adj* poétique

po•et•ic 'jus•tice justice *f* divine

po•et•ry ['pouɪtrɪ] poésie *f*

poign•ant ['pɔɪnjənt] *adj* poignant

point [pɔɪnt] **1** *n of pencil, knife* pointe *f*; *in competition, exam* point *m*; (*purpose*) objet *m*; (*moment*) moment *m*; *in argument, discussion* point *m*; *in decimals* virgule *f*; *that's beside the point* là n'est pas la question; *be on the point of doing sth* être sur le point de faire qch; *get to the point* en venir au fait; *the point is …* le fait est (que) …; *there's no point in waiting* ça ne sert à rien d'attendre **2** *v/i* montrer (du doigt), pointer **3** *v/t gun* braquer, pointer

◆ **point at** *v/t with finger* montrer du doigt, désigner

◆ **point out** *v/t sights* montrer; *advantages etc* faire remarquer

◆ **point to** *v/t with finger* montrer du doigt, désigner; *fig* (*indicate*) indiquer

'point-blank 1 *adj: at point-blank range* à bout portant **2** *adv refuse, deny* catégoriquement, de but en blanc

point•ed ['pɔɪntɪd] *adj remark* acerbe, mordant

point•er ['pɔɪntər] *for teacher* baguette *f*; (*hint*) conseil *m*; (*sign, indication*) indice *m*

point•less ['pɔɪntləs] *adj* inutile; *it's pointless trying* ça ne sert à rien d'essayer

point of 'sale *place* point *m* de vente; *promotional material* publicité *f* sur les lieux de vente, P.L.V. *f*

point of 'view point *m* de vue

poise [pɔɪz] assurance *f*, aplomb *m*

poised [pɔɪzd] *adj person* posé

poi•son ['pɔɪzn] **1** *n* poison *m* **2** *v/t* empoisonner

poi•son•ous ['pɔɪznəs] *adj snake, spider* venimeux*; *plant* vénéneux*

poke [pouk] **1** *n* coup *m* **2** *v/t* (*prod*) pousser; (*stick*) enfoncer; *poke one's head out of the window* passer la tête par la fenêtre; *poke fun at* se moquer de; *poke one's nose into* mettre son nez dans

◆ **poke around** *v/i* **F** fouiner **F**

pok•er ['poukər] *card game* poker *m*

pok•y ['poukɪ] *adj* (*cramped*) exigu*

Po•land ['pouland] la Pologne

po•lar ['poulər] *adj* polaire

'po•lar bear ours *m* polaire

po•lar•ize ['poularaɪz] *v/t* diviser

Pole [poul] Polonais(e) *m(f)*

pole¹ [poul] *of wood, metal* perche *f*

pole² [poul] *of earth* pôle *m*

'pole star étoile *f* Polaire

'pole-vault *n event* saut *m* à la perche

pole-vault•er ['poulvɔːltər] perchiste *m/f*

po•lice [pə'li:s] *n* police *f*

po'lice car voiture *f* de police

po'lice•man gendarme *m*; *criminal* policier *m*

po•lice state État *m* policier

po•lice sta•tion gendarmerie *f*; *for criminal matters* commissariat *m*

po'lice•wo•man femme *f* gendarme; *criminal* femme *f* policier

pol•i•cy¹ ['pa:ləsɪ] politique *f*

pol•i•cy² ['pa:ləsɪ] (*insurance policy*) police *f* (d'assurance)

po•li•o ['poulɪou] polio *f*

Pol•ish ['poulɪʃ] **1** *adj* polonais **2** *n* polonais *m*

pol•ish ['pa:lɪʃ] **1** *n for furniture, floor* cire *f*; *for shoes* cirage *m*; *for metal* produit *m* lustrant; (*nail polish*) vernis *m* (à ongles) **2** *v/t* faire briller, lustrer; *shoes* cirer; *speech* parfaire

◆ **polish off** *v/t food* finir

◆ **polish up** *v/t skill* perfectionner

pol•ished ['pa:lɪʃt] *adj performance* impeccable

po•lite [pəˈlaɪt] *adj* poli
po•lite•ly [pəˈlaɪtlɪ] *adv* poliment
po•lite•ness [pəˈlaɪtnɪs] politesse *f*
po•lit•i•cal [pəˈlɪtɪkl] *adj* politique
po•lit•i•cal•ly cor•rect [pəlɪtɪklɪ kəˈrekt] *adj* politiquement correct
pol•i•ti•cian [pɑlɪˈtɪʃn] politicien *m*, homme *m*/femme *f* politique
pol•i•tics [ˈpɑlɪtɪks] politique *f*; **what are his politics?** quelles sont ses opinions politiques?
poll [poʊl] **1** *n* (*survey*) sondage *m*; **the polls** (*election*) les élections *fpl*, le scrutin; **go to the polls** (*vote*) aller aux urnes **2** *v/t people* faire un sondage auprès de; *votes* obtenir
pol•len [ˈpɑːlən] pollen *m*
pol•len count taux *m* de pollen
poll•ing booth [ˈpoʊlɪŋ] isoloir *m*
poll•ing day jour *m* des élections
poll•ster [ˈpɑːlstər] sondeur *m*
pol•lu•tant [pəˈluːtənt] polluant *m*
pol•lute [pəˈluːt] *v/t* polluer
pol•lu•tion [pəˈluːʃn] pollution *f*
po•lo [ˈpoʊloʊ] sp polo *m*
'po•lo neck *sweater* pull *m* à col roulé
'po•lo shirt polo *m*
pol•y•es•ter [pɑlɪˈestər] polyester *m*
pol•y•eth•yl•ene [pɑlɪˈeθɪliːn] polyéthylène *m*
pol•y•sty•rene [pɑlɪˈstaɪriːn] polystyrène *m*
pol•y•un•sat•u•rat•ed [pɑlɪʌnˈsætʃəreɪtɪd] *adj* polyinsaturé
pom•pous [ˈpɑːmpəs] *adj person* prétentieux*, suffisant*; *speech* pompeux*
pond [pɑːnd] étang *m*; *artificial* bassin *m*
pon•der [ˈpɑːndər] *v/i* réfléchir
pon•tiff [ˈpɑːntɪf] pontife *m*
po•ny [ˈpoʊnɪ] poney *m*
'po•ny•tail queue *f* de cheval
poo•dle [ˈpuːdl] caniche *m*
pool¹ [puːl] (*swimming pool*) piscine *f*; *of water, blood* flaque *f*
pool² [puːl] *game* billard *m* américain
pool³ [puːl] **1** *n* (*common fund*) caisse *f* commune **2** *v/t resources* mettre en commun
'pool hall salle *f* de billard
'pool ta•ble table *f* de billard
poop [puːp] F caca *m* F
pooped [puːpt] *adj* F crevé F
poor [pʊr] **1** *adj* pauvre; *quality etc* médiocre, mauvais; **be in poor health** être en mauvaise santé; **poor old Tony!** ce pauvre Tony! **2** *npl*: **the poor** les pauvres *mpl*
poor•ly [ˈpʊrlɪ] **1** *adj* (*unwell*) malade **2** *adv* mal

pop¹ [pɑːp] **1** *n noise* bruit *m* sec **2** *v/i* (*pret & pp* **-ped**) *of balloon etc* éclater; *of cork* sauter **3** *v/t* (*pret & pp* **-ped**) *cork* faire sauter; *balloon* faire éclater
pop² [pɑːp] **1** *adj* MUS pop *inv* **2** *n* pop *f*
pop³ [pɑːp] F (*father*) papa *m*
pop⁴ [pɑːp] *v/t* (*pret & pp* **-ped**) F (*put*) mettre; **pop one's head around the door** passer la tête par la porte
◆ **pop in** *v/i* F (*make brief visit*) passer
◆ **pop out** *v/i* F (*go out for a short time*) sortir
◆ **pop up** *v/i* F (*appear*) surgir; *of missing person* réapparaître
pop con•cert concert *m* de musique pop
'pop•corn pop-corn *m*
Pope [poʊp] pape *m*
'pop group groupe *m* pop
pop•py [ˈpɑːpɪ] *flower* coquelicot *m*
Pop•si•cle® [ˈpɑːpsɪkl] glace *f* à l'eau
'pop song chanson *f* pop
pop•u•lar [ˈpɑːpjələr] *adj* populaire
pop•u•lar•i•ty [pɑːpjəˈlærətɪ] popularité *f*
pop•u•late [ˈpɑːpjəleɪt] *v/t* peupler
pop•u•la•tion [pɑːpjəˈleɪʃn] population *f*
por•ce•lain [ˈpɔːrsəlɪn] **1** *adj* en porcelaine **2** *n* porcelaine *f*
porch [pɔːrtʃ] porche *m*
por•cu•pine [ˈpɔːrkjʊpaɪn] porc-épic *m*
pore [pɔːr] *of skin* pore *m*
◆ **pore over** *v/t* étudier attentivement
pork [pɔːrk] porc *m*
porn [pɔːrn] F porno *m* F
porn(o) [pɔːrn, ˈpɔːrnoʊ] *adj* F porno F
por•no•graph•ic [pɔːrnəˈɡræfɪk] *adj* pornographique
por•nog•ra•phy [pɔːrˈnɑːɡrəfɪ] pornographie *f*
po•rous [ˈpɔːrəs] *adj* poreux*
port¹ port *m*
port² [pɔːrt] *adj* (*left-hand*) de bâbord
por•ta•ble [ˈpɔːrtəbl] **1** *adj* portable, portatif* **2** *n* COMPUT portable *m*; *TV* téléviseur *m* portable *or* portatif
por•ter [ˈpɔːrtər] (*doorman*) portier *m*
port•hole [ˈpɔːrthoʊl] NAUT hublot *m*
por•tion [ˈpɔːrʃn] partie *f*, part *f*; *of food* portion *f*
por•trait [ˈpɔːrtreɪt] **1** *n* portrait *m* **2** *adv print* en mode portrait, à la française
por•tray [pɔːrˈtreɪ] *v/t of artist* représenter; *of actor* interpréter, présenter; *of author* décrire
por•tray•al [pɔːrˈtreɪəl] *by actor* interprétation *f*; *by author* description *f*
Por•tu•gal [ˈpɔːrtʃəɡl] le Portugal
Por•tu•guese [pɔːrtʃəˈɡiːz] **1** *adj* portugais **2** *n person* Portugais(e) *m(f)*; *language* portugais *m*

pose [pəʊz] **1** n attitude f; *it's all a pose* c'est de la frime! **2** v/i for artist poser; *pose as* se faire passer pour **3** v/t problem poser; *pose a threat* constituer une menace

posh [pɒʃ] adj Br F chic inv, snob inv

po•si•tion [pə'zɪʃn] **1** n position f; *what would you do in my position?* que feriez-vous à ma place? **2** v/t placer

pos•i•tive ['pɒzətɪv] adj positif*; GRAM affirmatif*; *be positive (sure)* être sûr

pos•i•tive•ly ['pɒzətɪvlɪ] adv vraiment

pos•sess [pə'zes] v/t posséder

pos•ses•sion [pə'zeʃn] possession f; *possessions* possessions fpl, biens mpl

pos•ses•sive [pə'zesɪv] adj person, GRAM possessif*

pos•si•bil•i•ty [pɒsə'bɪlətɪ] possibilité f

pos•si•ble ['pɒsəbl] adj possible; *the fastest possible route* l'itinéraire le plus rapide possible; *the best possible solution* la meilleure solution possible

pos•si•bly ['pɒsəblɪ] adv (perhaps) peut-être; *they're doing everything they possibly can* ils font vraiment tout leur possible; *how could I possibly have known that?* je ne vois vraiment pas comment j'aurais pu le savoir; *that can't possibly be right* ce n'est pas possible

post¹ [pəʊst] **1** n of wood, metal poteau m **2** v/t notice afficher; profits enregistrer; *keep s.o. posted* tenir qn au courant

post² [pəʊst] **1** n (place of duty) poste m **2** v/t soldier, employee affecter; guards poster

post³ [pəʊst] **1** n Br (mail) courrier m **2** v/t Br: letter poster

post•age ['pəʊstɪdʒ] affranchissement m, frais mpl de port

postage stamp fml timbre m

post•al ['pəʊstl] adj postal

post•card carte f postale

post•code Br code m postal

post•date v/t postdater

post•er ['pəʊstər] poster m, affiche f

pos•te•ri•or [pɑː'stɪrɪər] n hum postérieur m F, popotin m F

pos•ter•i•ty [pɑː'sterətɪ] postérité f

post•grad•u•ate ['pəʊstɡrædʒʊət] **1** adj de troisième cycle **2** n étudiant(e) m(f) de troisième cycle

post•hu•mous ['pɑːstʃəməs] adj posthume

post•hu•mous•ly ['pɑːstʃəməslɪ] adv à titre posthume; *publish sth posthumously* publier qch après la mort de l'auteur

post•ing ['pəʊstɪŋ] (assignment) affectation f, nomination f

post•mark cachet m de la poste

post-mor•tem [pəʊst'mɔːrtəm] autopsie f

post of•fice poste f

post•pone [pəʊst'pəʊn] v/t remettre (à plus tard), reporter

post•pone•ment [pəʊst'pəʊnmənt] report m

pos•ture ['pɑːstʃər] n posture f

post-war adj d'après-guerre

pot¹ [pɑːt] for cooking casserole f; for coffee cafetière f; for tea théière f; for plant pot m

pot² [pɑːt] F (marijuana) herbe f, shit m F

po•ta•to [pə'teɪtoʊ] pomme f de terre

po•ta•to chips, Br **po•ta•to crisps** npl chips fpl

po•tent ['poʊtənt] adj puissant, fort

po•ten•tial [pə'tenʃl] **1** adj potentiel* **2** n potentiel m

po•ten•tial•ly [pə'tenʃəlɪ] adv potentiellement

pot•hole in road nid-de-poule m

pot•ter ['pɑːtər] n potier(-ière) m(f)

pot•ter•y ['pɑːtərɪ] poterie f; items poteries fpl

pot•ty ['pɑːtɪ] n for baby pot (de bébé) m

pouch [paʊtʃ] bag petit sac m; of kangaroo poche f

poul•try ['poʊltrɪ] volaille f; meat volaille f

pounce [paʊns] v/i of animal bondir; fig sauter

pound¹ [paʊnd] n weight livre f (0,453 kg)

pound² [paʊnd] n for strays, cars fourrière f

pound³ [paʊnd] v/i of heart battre (la chamade); *pound on* (hammer on) donner de grands coups sur; of rain battre contre

pound 'ster•ling livre f sterling

pour [pɔːr] **1** v/t liquid verser **2** v/i: *it's pouring (with rain)* il pleut à verse
◆ **pour out** v/t liquid verser; troubles déballer F

pout [paʊt] v/i faire la moue

pov•er•ty ['pɑːvərtɪ] pauvreté f

pov•er•ty-strick•en ['pɑːvərtɪstrɪkn] adj miséreux*

pow•der ['paʊdər] **1** n poudre f **2** v/t: *powder one's face* se poudrer le visage

pow•der room euph toilettes fpl pour dames

pow•er ['paʊər] **1** n (strength) puissance f, force f; (authority) pouvoir m/; (energy) énergie f; (electricity) courant m; *in power* au pouvoir; *fall from power* POL perdre le pouvoir **2** v/t: *be powered by* fonctionner à

pow•er-as•sist•ed adj assisté

pow•er drill perceuse f

'pow•er fail•ure panne f d'électricité
pow•er•ful ['pauərfl] adj puissant
pow•er•less ['pauərlɪs] adj impuissant; **be powerless to …** ne rien pouvoir faire pour …
'pow•er line ligne f électrique
'pow•er out•age panne f d'électricité
'pow•er sta•tion centrale f électrique
'pow•er steer•ing direction f assistée
'pow•er u•nit bloc m d'alimentation
PR [piː'ɑːr] abbr (= **public relations**) relations fpl publiques
prac•ti•cal ['præktɪkl] adj pratique
prac•ti•cal 'joke farce f
prac•tic•al•ly ['præktɪklɪ] adv behave, think d'une manière pratique; (almost) pratiquement
prac•tice ['præktɪs] 1 n pratique f; training also entraînement m; (rehearsal) répétition f; (custom) coutume f; **in practice** (in reality) en pratique; **be out of practice** manquer d'entraînement; **practice makes perfect** c'est en forgeant qu'on devient forgeron 2 v/i s'entraîner 3 v/t travailler; speech répéter; law, medicine exercer
prac•tise Br → **practice** v/i & v/t
prag•mat•ic [præg'mætɪk] adj pragmatique
prag•ma•tism ['prægmətɪzm] pragmatisme m
prai•rie ['prerɪ] prairie f, plaine f
praise [preɪz] 1 n louange f, éloge m 2 v/t louer
'praise•wor•thy adj méritoire, louable
prank [præŋk] blague f, farce f
prat•tle ['prætl] v/i jacasser
prawn [prɔːn] crevette f
pray [preɪ] v/i prier
prayer [prer] prière f
preach [priːtʃ] v/t & v/i prêcher
preach•er ['priːtʃər] pasteur m
pre•am•ble [priː'æmbl] préambule m
pre•car•i•ous [prɪ'kerɪəs] adj précaire
pre•car•i•ous•ly [prɪ'kerɪəslɪ] adv précairement
pre•cau•tion [prɪ'kɔːʃn] précaution f
pre•cau•tion•a•ry [prɪ'kɔːʃnrɪ] adj measure préventif*, de précaution
pre•cede [prɪ'siːd] v/t précéder
pre•ce•dent ['presɪdənt] précédent m
pre•ced•ing [prɪ'siːdɪŋ] adj précédent
pre•cinct ['priːsɪŋkt] (district) circonscription f (administrative)
pre•cious ['preʃəs] adj précieux*
pre•cip•i•tate [prɪ'sɪpɪteɪt] v/t crisis précipiter
pré•cis ['preɪsiː] n résumé m
pre•cise [prɪ'saɪs] adj précis

pre•cise•ly [prɪ'saɪslɪ] adv précisément
pre•ci•sion [prɪ'sɪʒn] précision f
pre•co•cious [prɪ'kouʃəs] adj child précoce
pre•con•ceived ['priːkənsiːvd] adj idea préconçu
pre•con•di•tion [priːkən'dɪʃn] condition f requise
pred•a•tor ['predətər] prédateur m
pred•a•to•ry ['predətrɪ] adj prédateur*
pre•de•ces•sor ['priːdɪsesər] prédécesseur m
pre•des•ti•na•tion [priːdestɪ'neɪʃn] prédestination f
pre•des•tined [priː'destɪnd] adj: **be predestined to** être prédestiné à
pre•dic•a•ment [prɪ'dɪkəmənt] situation f délicate
pre•dict [prɪ'dɪkt] v/t prédire, prévoir
pre•dict•a•ble [prɪ'dɪktəbl] adj prévisible
pre•dic•tion [prɪ'dɪkʃn] prédiction f
pre•dom•i•nant [prɪ'dɑːmɪnənt] adj prédominant
pre•dom•i•nant•ly [prɪ'dɑːmɪnəntlɪ] adv principalement
pre•dom•i•nate [prɪ'dɑːmɪneɪt] v/i prédominer
pre•fab•ri•cat•ed [priː'fæbrɪkeɪtɪd] adj préfabriqué
pref•ace ['prefɪs] n préface f
pre•fer [prɪ'fɜːr] v/t (pret & pp **-red**) préférer; **prefer X to Y** préférer X à Y, aimer mieux X que Y
pref•e•ra•ble ['prefərəbl] adj préférable
pref•e•ra•bly ['prefərəblɪ] adv de préférence
pref•e•rence ['prefərəns] préférence f
pref•er•en•tial [prefə'renʃl] adj préférentiel*
pre•fix ['priːfɪks] préfixe m
preg•nan•cy ['pregnənsɪ] grossesse f
preg•nant ['pregnənt] adj enceinte; animal pleine
pre•heat ['priːhiːt] v/t oven préchauffer
pre•his•tor•ic [priːhɪs'tɑːrɪk] adj also fig préhistorique
pre•judge [priː'dʒʌdʒ] v/t situation préjuger de; person porter un jugement prématuré sur
prej•u•dice ['predʒudɪs] 1 n (bias) préjugé m 2 v/t person influencer; chances compromettre; reputation nuire à, porter préjudice à
prej•u•diced ['predʒudɪst] adj partial
pre•lim•i•na•ry [prɪ'lɪmɪnerɪ] adj préliminaire
pre•mar•i•tal [priː'mærɪtl] adj sex avant le mariage
pre•ma•ture [priːmə'tʊr] adj prématuré

pre•med•i•tat•ed [priːˈmedɪteɪtɪd] *adj* prémédité

prem•i•er [ˈpremɪr] POL Premier ministre *m*

prem•i•ère [premɪˈer] *n* première *f*

prem•is•es [ˈpremɪsɪz] *npl* locaux *mpl*; **live on the premises** vivre sur place

pre•mi•um [ˈpriːmɪəm] *in insurance* prime *f*

pre•mo•ni•tion [premɔˈnɪʃn] prémonition *f*, pressentiment *m*

pre•na•tal [priːˈneɪtl] *adj* prénatal

pre•oc•cu•pied [priːˈɑːkjupaɪd] *adj* préoccupé

prep•a•ra•tion [prepəˈreɪʃn] préparation *f*; **in preparation for** en prévision de; **preparations** préparatifs *mpl*

pre•pare [priˈper] **1** *v/t of meal etc*; **be prepared to do sth** *willing, ready* être prêt à faire qch; **be prepared for sth** *(be expecting)* s'être préparé à qch, s'attendre à qch; *(be ready)* s'être préparé pour qch, être prêt pour qch **2** *v/i* se préparer

prep•o•si•tion [prepəˈzɪʃn] préposition *f*

pre•pos•ter•ous [priˈpɑːstərəs] *adj* absurde, ridicule

pre•req•ui•site [priːˈrekwɪzɪt] condition *f* préalable

pre•scribe [priˈskraɪb] *v/t of doctor* prescrire

pre•scrip•tion [priˈskrɪpʃn] MED ordonnance *f*

pres•ence [ˈprezns] présence *f*; **in the presence of** en présence de

presence of 'mind présence *f* d'esprit

pres•ent¹ [ˈpreznt] **1** *adj (current)* actuel*; **be present** être présent **2** *n*: **the present** *also* GRAM le présent; **at present** en ce moment; *(for the time being)* pour le moment

pres•ent² [ˈpreznt] *n (gift)* cadeau *m*

pre•sent³ [priˈzent] *v/t award, bouquet* remettre; *program* présenter; **present s.o. with sth, present sth to s.o.** remettre *or* donner qch à qn

pre•sen•ta•tion [preznˈteɪʃn] présentation *f*

pres•ent-day [prezntˈdeɪ] *adj* actuel*

pre•sent•er [priˈzentər] présentateur (-trice) *m(f)*

pres•ent•ly [ˈprezntlɪ] *adv (at the moment)* à présent; *(soon)* bientôt

'pres•ent tense présent *m*

pres•er•va•tion [prezərˈveɪʃn] *of environment* préservation *f*; *of building* protection *f*; *of standards, peace* maintien *m*

pre•ser•va•tive [priˈzɜːrvətɪv] conservateur *m*

pre•serve [priˈzɜːrv] **1** *n (domain)* domai-

ne *m* **2** *v/t standards, peace etc* maintenir; *wood etc* préserver; *food* conserver, mettre en conserve

pre•side [priˈzaɪd] *v/i at meeting* présider; **preside over a meeting** présider une réunion

pres•i•den•cy [ˈprezɪdənsɪ] présidence *f*

pres•i•dent [ˈprezɪdnt] POL président(e) *m(f)*; *of company* président-directeur *m* général, PDG *m*

pres•i•den•tial [prezɪˈdenʃl] *adj* présidentiel*

press¹ [pres] *n*: **the press** la presse

press² [pres] **1** *v/t button* appuyer sur; *hand* serrer; *grapes, olives* presser; *clothes* repasser; **press s.o. to do sth** *(urge)* presser qn de faire qch **2** *v/i*: **press for** faire pression pour obtenir, exiger

'press a•gen•cy agence *f* de presse

'press con•fer•ence conférence *f* de presse

press•ing [ˈpresɪŋ] *adj* pressant

pres•sure [ˈpreʃər] **1** *n* pression *f*; **be under pressure** être sous pression; **he's under pressure to resign** on fait pression sur lui pour qu'il démissionne *(subj)* **2** *v/t* faire pression sur

pres•tige [preˈstiːʒ] prestige *m*

pres•ti•gious [preˈstɪdʒəs] *adj* prestigieux*

pre•su•ma•bly [priˈzuːməblɪ] *adv* sans doute, vraisemblablement

pre•sume [priˈzuːm] *v/t* présumer; **presume to do** *fml* se permettre de faire

pre•sump•tion [priˈzʌmpʃn] *of innocence, guilt* présomption *f*

pre•sump•tu•ous [priˈzʌmptʊəs] *adj* présomptueux*

pre•sup•pose [priːsəˈpoʊz] *v/t* présupposer

pre-tax [ˈpriːtæks] *adj* avant impôts

pre•tence *Br* → **pretense**

pre•tend [priˈtend] **1** *v/t* prétendre; **the children are pretending to be spacemen** les enfants se prennent pour des astronautes **2** *v/i* faire semblant

pre•tense [priˈtens] hypocrisie *f*, semblant *m*; **under the pretense of cooperation** sous prétexte de coopération

pre•ten•tious [priˈtenʃəs] *adj* prétentieux*

pre•text [ˈpriːtekst] prétexte *m*

pret•ty [ˈprɪtɪ] **1** *adj* joli **2** *adv (quite)* assez; **pretty much complete** presque complet; **are they the same? - pretty much** c'est la même chose? - à quelque chose près

pre•vail [priˈveɪl] *v/i (triumph)* prévaloir, l'emporter

pre•vail•ing [prɪ'veɪlɪŋ] *adj wind* dominant; *opinion* prédominant; *(current)* actuel*

pre•vent [prɪ'vent] *v/t* empêcher; *disease* prévenir; **prevent s.o. (from) doing sth** empêcher qn de faire qch

pre•ven•tion [prɪ'venʃn] prévention *f*; **prevention is better than cure** mieux vaut prévenir que guérir

pre•ven•tive [prɪ'ventɪv] *adj* préventif*

pre•view ['priːvjuː] **1** *n* avant-première *f* **2** *v/t* voir en avant-première

pre•vi•ous ['priːvɪəs] *adj (earlier)* antérieur; *(the one before)* précédent

pre•vi•ous•ly ['priːvɪəslɪ] *adv* auparavant, avant

pre-war ['priːwɔːr] *adj* d'avant-guerre

prey [preɪ] proie *f*

◆ **prey on** *v/t* chasser, se nourrir de; *fig of con man etc* s'attaquer à

price [praɪs] **1** *n* prix *m* **2** *v/t* COMM fixer le prix de

price•less ['praɪslɪs] *adj* inestimable, sans prix

'**price tag** étiquette *f*, prix *m*

'**price war** guerre *f* des prix

price•y ['praɪsɪ] *adj* F cher*

prick¹ [prɪk] **1** *n pain* piqûre *f* **2** *v/t (jab)* piquer

prick² [prɪk] *n* V *(penis)* bite *f* V; *person* con *m* F

◆ **prick up** *v/t*: **prick up one's ears** *of dog* dresser les oreilles; *of person* dresser l'oreille

prick•le ['prɪkl] *on plant* épine *f*, piquant *m*

prick•ly ['prɪklɪ] *adj beard, plant* piquant; *(irritable)* irritable

pride [praɪd] **1** *n* fierté *f*; *(self-respect)* amour-propre *m*, orgueil *m* **2** *v/t*: **pride o.s. on** être fier de

priest [priːst] prêtre *m*

pri•ma•ri•ly [praɪ'merɪlɪ] *adv* essentiellement, principalement

pri•ma•ry ['praɪmərɪ] **1** *adj* principal **2** *n* POL (élection *f*) primaire *f*

prime [praɪm] **1** *adj* fondamental; **of prime importance** de la plus haute importance **2** *n*: **be in one's prime** être dans la fleur de l'âge

prime 'min•is•ter Premier ministre *m*

'**prime time** TV heures *fpl* de grande écoute

prim•i•tive ['prɪmɪtɪv] *adj* primitif*; *conditions* rudimentaire

prince [prɪns] prince *m*

prin•cess [prɪn'ses] princesse *f*

prin•ci•pal ['prɪnsəpl] **1** *adj* principal **2** *n of school* directeur(-trice) *m(f)*

prin•ci•pal•ly ['prɪnsəplɪ] *adv* principalement

prin•ci•ple ['prɪnsəpl] principe *m*; **on principle** par principe; **in principle** en principe

print [prɪnt] **1** *n in book, newspaper etc* texte *m*, caractères *mpl*; *(photograph)* épreuve *f*; **out of print** épuisé **2** *v/t* imprimer; *(use block capitals)* écrire en majuscules

◆ **print out** *v/t* imprimer

print•ed mat•ter ['prɪntɪd] imprimés *mpl*

print•er ['prɪntər] *person* imprimeur *m*; *machine* imprimante *f*

'**print•ing press** ['prɪntɪŋ] presse *f*

'**print•out** impression *f*, sortie *f* (sur) imprimante

pri•or ['praɪr] **1** *adj* préalable, antérieur **2** *prep*: **prior to** avant

pri•or•i•tize [praɪ'ɑːrɪtaɪz] *v/t (put in order of priority)* donner un ordre de priorité à; *(give priority to)* donner la priorité à

pri•or•i•ty [praɪ'ɑːrətɪ] priorité *f*; **have priority** être prioritaire, avoir la priorité

pris•on ['prɪzn] prison *f*

pris•on•er ['prɪznər] prisonnier(-ière) *m(f)*; **take s.o. prisoner** faire qn prisonnier

pris•on•er of 'war prisonnier(-ière) *m(f)* de guerre

pri•va•cy ['prɪvəsɪ] intimité *f*

pri•vate ['praɪvət] **1** *adj; letter* personnel*; *secretary* particulier* **2** *n* MIL simple soldat *m*; **in private** *talk to s.o.* en privé

pri•vate•ly ['praɪvətlɪ] *adv talk to s.o.* en privé; *(inwardly)* intérieurement; **privately owned** privé; **privately funded** à financement privé

'**pri•vate sec•tor** secteur *m* privé

pri•va•tize ['praɪvətaɪz] *v/t* privatiser

priv•i•lege ['prɪvəlɪdʒ] privilège *m*

priv•i•leged ['prɪvəlɪdʒd] *adj* privilégié; *(honored)* honoré

prize [praɪz] **1** *n* prix *m* **2** *v/t* priser, faire (grand) cas de

'**prize-win•ner** gagnant *m*

'**prize-win•ning** *adj* gagnant

pro¹ [prou] *n*: **the pros and cons** le pour et le contre

pro² [prou] F *professional* pro *m/f inv* F

pro³ [prou] *prep (in favor of)* pro-; **be pro ... être pour ...

prob•a•bil•i•ty [prɑːbə'bɪlətɪ] probabilité *f*

prob•a•ble ['prɑːbəbl] *adj* probable

prob•a•bly ['prɑːbəblɪ] *adv* probablement

pro•ba•tion [prə'beɪʃn] *in job* période *f* d'essai; LAW probation *f*, mise *f* à l'épreu-

P

ve; **be on probation** *in job* être à l'essai

pro•ba•tion of•fi•cer contrôleur(-euse) *m(f)* judiciaire

pro•ba•tion pe•ri•od *in job* période *f* d'essai

probe [prəʊb] **1** *n* (*investigation*) enquête *f*; *scientific* sonde *f* **2** *v/t* sonder; (*investigate*) enquêter sur

prob•lem ['prɑːbləm] problème *m*; **no problem** pas de problème; *it doesn't worry me* c'est pas grave; **I don't have a problem with that** ça ne me pose pas de problème

pro•ce•dure [prəˈsiːdʒər] procédure *f*

pro•ceed [prəˈsiːd] *v/i* (*go: of people*) se rendre; *of work etc* avancer, se dérouler; **proceed to do sth** se mettre à faire qch

pro•ceed•ings [prəˈsiːdɪŋz] *npl* (*events*) événements *mpl*

pro•ceeds ['prəʊsiːdz] *npl* bénéfices *mpl*

pro•cess ['prɑːses] **1** *n* processus *m*; *industrial* procédé *m*, processus *m*; **in the process** (*while doing it*) ce faisant; **by a process of elimination** (en procédant) par élimination **2** *v/t food*, *raw materials* transformer; *data*, *application* traiter

pro•ces•sion [prəˈseʃn] procession *f*

pro•claim [prəˈkleɪm] *v/t* proclamer

prod [prɑːd] **1** *n* (petit) coup *m* **2** *v/t* (*pret & pp* **-ded**) donner un (petit) coup à, pousser

prod•i•gy ['prɑːdɪdʒɪ] prodige *m*; (*child*) **prodigy** enfant *m/f* prodige

pro•duce[1] ['prɑːduːs] *n* produits *mpl* (agricoles)

pro•duce[2] [prəˈduːs] *v/t* produire; (*bring about*) provoquer; (*bring out*) sortir

pro•duc•er [prəˈduːsər] producteur *m*

prod•uct ['prɑːdʌkt] produit *m*

pro•duc•tion [prəˈdʌkʃn] production *f*

pro•duc•tion ca•pac•i•ty capacité *f* de production

pro•duc•tion costs *npl* coûts *mpl* de production

pro•duc•tive [prəˈdʌktɪv] *adj* productif*

pro•duc•tiv•i•ty [prɑːdʌkˈtɪvətɪ] productivité *f*

pro•fane [prəˈfeɪn] *adj language* blasphématoire

pro•fess [prəˈfes] *v/t* (*claim*) prétendre

pro•fes•sion [prəˈfeʃn] profession *f*

pro•fes•sion•al [prəˈfeʃnl] **1** *adj* professionnel*; *piece of work* de haute qualité; **take professional advice** consulter un professionnel; **do a very professional job** faire un travail de professionnel; **turn professional** passer professionnel **2** *n* (*doctor, lawyer etc*) personne *f* qui exerce une profession libérale; *not amateur* professionnel(le) *m(f)*

pro•fes•sion•al•ly [prəˈfeʃnlɪ] *adv play sport* professionnellement; (*well, skillfully*) de manière professionnelle

pro•fes•sor [prəˈfesər] professeur *m*

pro•fi•cien•cy [prəˈfɪʃnsɪ] compétence *f*; *in a language* maîtrise *f*

pro•fi•cient [prəˈfɪʃnt] *adj* excellent, compétent; **must be proficient in French** doit être capable de maîtriser le français

pro•file ['prəʊfaɪl] profil *m*

prof•it ['prɑːfɪt] **1** *n* bénéfice *m*, profit *m* **2** *v/i*: **profit by** *or* **profit from** profiter de

prof•it•a•bil•i•ty [prɑːfɪtəˈbɪlətɪ] rentabilité *f*

prof•it•a•ble ['prɑːfɪtəbl] *adj* rentable

prof•it mar•gin marge *f* bénéficiaire

'prof•it shar•ing participation *f* aux bénéfices

pro•found [prəˈfaʊnd] *adj* profond

pro•found•ly [prəˈfaʊndlɪ] *adv* profondément

prog•no•sis [prɑːgˈnəʊsɪs] MED pronostic *m*

pro•gram ['prəʊgræm] **1** *n* programme *m*; *on radio, TV* émission *f* **2** *v/t* (*pret & pp* **-med**) programmer

pro•gramme *Br* → **program**

pro•gram•mer ['prəʊgræmər] COMPUT programmeur(-euse) *m(f)*

pro•gress **1** *n* ['prɑːgres] progrès *m(pl)*; **make progress** faire des progrès; *of patient* aller mieux; *of building* progresser, avancer; **in progress** en cours **2** [prəˈgres] *v/i* (*in time*) avancer, se dérouler; (*move on*) passer à; (*make progress*) faire des progrès, progresser; **how is the work progressing?** ça avance bien?

pro•gres•sive [prəˈgresɪv] *adj* (*enlightened*) progressiste; (*which progresses*) progressif*

pro•gres•sive•ly [prəˈgresɪvlɪ] *adv* progressivement

pro•hib•it [prəˈhɪbɪt] *v/t* défendre, interdire

pro•hi•bi•tion [prəʊɪˈbɪʃn] interdiction *f*; **during Prohibition** pendant la prohibition

pro•hib•i•tive [prəˈhɪbɪtɪv] *adj prices* prohibitif*

proj•ect[1] ['prɑːdʒekt] *n* projet *m*; EDU étude *f*, dossier *m*; (*housing area*) cité *f* (H.L.M.)

pro•ject[2] [prəˈdʒekt] **1** *v/t figures, sales* prévoir; *movie* projeter **2** *v/i* (*stick out*) faire saillie

pro•jec•tion [prəˈdʒekʃn] (*forecast*) projection *f*, prévision *f*

pro•jec•tor [prəˈdʒektər] *for slides* projecteur *m*

pro•lif•ic [prə'lɪfɪk] *adj* prolifique

pro•log, *Br* **pro•logue** ['proʊlɑːg] prologue *m*

pro•long [prə'lɒːŋ] *v/t* prolonger

prom [prɑːm] (*school dance*) bal *m* de fin d'année

prom•i•nent ['prɑːmɪnənt] *adj* nose, chin proéminent; *visually* voyant; (*significant*) important

prom•is•cu•i•ty [prɑːmɪ'skjuːətɪ] promiscuité *f*

pro•mis•cu•ous [prə'mɪskjʊəs] *adj* dévergondé, dissolu

prom•ise ['prɑːmɪs] **1** *n* promesse *f* **2** *v/t* promettre; *promise to do sth* promettre de faire qch; *promise s.o. sth* promettre qch à qn **3** *v/i* promettre

prom•is•ing ['prɑːmɪsɪŋ] *adj* prometteur*

pro•mote [prə'moʊt] *v/t* employee, idea promouvoir; COMM *also* faire la promotion de

pro•mot•er [prə'moʊtər] *of sports event* organisateur *m*

pro•mo•tion [prə'moʊʃn] promotion *f*

prompt [prɑːmpt] **1** *adj* (*on time*) ponctuel*; (*speedy*) prompt **2** *adv*: *at two o'clock prompt* à deux heures pile *ou* précises **3** *v/t* (*cause*) provoquer; *actor* souffler à; *something prompted me to turn back* quelque chose me poussa à me retourner **4** *n* COMPUT invite *f*

prompt•ly ['prɑːmptlɪ] *adv* (*on time*) ponctuellement; (*immediately*) immédiatement

prone [proʊn] *adj*: *be prone to* être sujet à

pro•noun ['proʊnaʊn] pronom *m*

pro•nounce [prə'naʊns] *v/t* prononcer

pro•nounced [prə'naʊnst] *adj* accent prononcé; views arrêté

pron•to ['prɑːntoʊ] *adv* F illico (presto) F

pro•nun•ci•a•tion [prənʌnsɪ'eɪʃn] prononciation *f*

proof [pruːf] *n* preuve *f*; *of book* épreuve *f*

prop[1] [prɑːp] *n* THEA accessoire *m*

prop[2] [prɑːp] *v/t* (*pret & pp -ped*) appuyer (*against contre*)

◆ **prop up** *v/t also fig* soutenir

prop•a•gan•da [prɑːpə'gændə] propagande *f*

pro•pel [prə'pel] *v/t* (*pret & pp -led*) propulser

pro•pel•lant [prə'pelənt] *in aerosol* gaz *m* propulseur

pro•pel•ler [prə'pelər] hélice *f*

prop•er ['prɑːpər] *adj* (*real*) vrai; (*correct*) bon*, correct; (*fitting*) convenable, correct

prop•er•ly ['prɑːpərlɪ] *adv* (*correctly*) cor-

rectement; (*fittingly also*) convenablement

prop•er•ty ['prɑːpərtɪ] propriété *f*; (*possession also*) bien(s) *m(pl)*; *it's his property* c'est à lui

'**prop•er•ty de•vel•op•er** promoteur *m* immobilier

'**prop•er•ty mar•ket** marché *m* immobilier; *for land* marché *m* foncier

proph•e•cy ['prɑːfəsɪ] prophétie *f*

proph•e•sy ['prɑːfəsaɪ] *v/t* (*pret & pp -ied*) prophétiser, prédire

pro•por•tion [prə'pɔːrʃn] proportion *f*; *a large proportion of Americans* une grande partie de la population américaine

pro•por•tion•al [prə'pɔːrʃnl] *adj* proportionnel*

pro•por•tion•al rep•re•sen•ta•tion [reprəzen'teɪʃn] POL représentation *f* proportionnelle

pro•pos•al [prə'poʊzl] proposition *f*; *of marriage* demande *f* en mariage

pro•pose [prə'poʊz] **1** *v/t* (*suggest*) proposer; *propose to do sth* (*plan*) se proposer de faire qch **2** *v/i* (*make offer of marriage*) faire sa demande en mariage (*to* à)

prop•o•si•tion [prɑːpə'zɪʃn] **1** *n* proposition *f* **2** *v/t* woman faire des avances à

pro•pri•e•tor [prə'praɪətər] propriétaire *m*

pro•pri•e•tress [prə'praɪətrɪs] propriétaire *f*

prose [proʊz] prose *f*

pros•e•cute ['prɑːsɪkjuːt] *v/t* LAW poursuivre (en justice)

pros•e•cu•tion [prɑːsɪ'kjuːʃn] LAW poursuites *fpl* (judiciaires); *lawyers* accusation *f*, partie *f* plaignante

pros•e•cu•tor → *public prosecutor*

pros•pect ['prɑːspekt] **1** *n* (*chance, likelihood*) chance(s) *f(pl)*; (*thought of something in the future*) perspective *f*; *prospects* perspectives *fpl* (d'avenir) **2** *v/i*: *prospect for* gold chercher

pro•spec•tive [prə'spektɪv] *adj* potentiel*, éventuel*

pros•per ['prɑːspər] *v/i* prospérer

pros•per•i•ty [prɑː'sperətɪ] prospérité *f*

pros•per•ous ['prɑːspərəs] *adj* prospère

pros•ti•tute ['prɑːstɪtuːt] *n* prostituée *f*; *male prostitute* prostitué *m*

pros•ti•tu•tion [prɑːstɪ'tuːʃn] prostitution *f*

pros•trate ['prɑːstreɪt] *adj*: *be prostrate with grief* être accablé de chagrin

pro•tect [prə'tekt] *v/t* protéger

pro•tec•tion [prə'tekʃn] protection *f*

pro•tec•tion mon•ey argent versé à un

racketteur

pro•tec•tive [prə'tektɪv] adj protecteur*

pro•tec•tive 'cloth•ing vêtements mpl de protection

pro•tec•tor [prə'tektər] protecteur(-trice) m(f)

pro•tein ['prouti:n] protéine f

pro•test ['proutest] 1 n protestation f; (demonstration) manifestation f 2 v/t [prə'test] (object to) protester contre 3 v/i [prə'test] protester; (demonstrate) manifester

Prot•es•tant ['prɑ:tɪstənt] 1 adj protestant 2 n protestant(e) m(f)

pro•test•er [prə'testər] manifestant(e) m(f)

pro•to•col ['proutəkɑ:l] protocole m

pro•to•type ['proutətaɪp] prototype m

pro•tract•ed [prə'træktɪd] adj prolongé, très long*

pro•trude [prə'tru:d] v/i of eyes, ear être saillant; from pocket etc sortir

pro•trud•ing [prə'tru:dɪŋ] adj saillant; ears décollé; chin avancé; teeth en avant

proud [praud] adj fier*; be proud of être fier de

proud•ly ['praudlɪ] adv fièrement, avec fierté

prove [pru:v] v/t prouver

prov•erb ['prɑ:vɜ:rb] proverbe m

pro•vide [prə'vaɪd] v/t fournir; provide sth to s.o., provide s.o. with sth fournir qch à qn

◆ provide for v/t family pourvoir or subvenir aux besoins de; of law etc prévoir

pro•vid•ed [prə'vaɪdɪd] conj: provided (that) (on condition that) pourvu que (+subj), à condition que (+subj)

prov•ince ['prɑ:vɪns] province f

pro•vin•cial [prə'vɪnʃl] adj also pej provincial; city de province

pro•vi•sion [prə'vɪʒn] (supply) fourniture f; of services prestation f; in a law, contract disposition f

pro•vi•sion•al [prə'vɪʒnl] adj provisoire

pro•vi•so [prə'vaɪzou] condition f

prov•o•ca•tion [prɑ:və'keɪʃn] provocation f

pro•voc•a•tive [prə'vɑ:kətɪv] adj provocant

pro•voke [prə'vouk] v/t provoquer

prow [prau] NAUT proue f

prow•ess ['prauɪs] talent m, prouesses fpl

prowl [praul] v/i of tiger etc chasser; of burglar rôder

'prowl car voiture f de patrouille

prowl•er ['praulər] rôdeur(-euse) m(f)

prox•im•i•ty [prɑ:k'sɪmətɪ] proximité f

prox•y ['prɑ:ksɪ] (authority) procuration

f; person mandataire m/f

prude [pru:d] puritain m

pru•dence ['pru:dns] prudence f

pru•dent ['pru:dnt] adj prudent

prud•ish ['pru:dɪʃ] adj prude

prune¹ [pru:n] n pruneau m

prune² [pru:n] v/t plant tailler; fig: costs etc réduire; fig: essay élaguer

pry [praɪ] v/i (pret & pp -ied) être indiscret, fouiner

◆ pry into v/t mettre son nez dans, s'immiscer dans

PS ['pi:es] abbr (= postscript) P.-S. m

pseu•do•nym ['su:dənɪm] pseudonyme m

psy•chi•at•ric [saɪkɪ'ætrɪk] adj psychiatrique

psy•chi•a•trist [saɪ'kaɪətrɪst] psychiatre m/f

psy•chi•a•try [saɪ'kaɪətrɪ] psychiatrie f

psy•chic ['saɪkɪk] adj power parapsychique; phenomenon paranormal; I'm not psychic! je ne suis pas devin!

psy•cho ['saɪkou] F psychopathe m/f

psy•cho•a•nal•y•sis [saɪkouən'æləsɪs] psychanalyse f

psy•cho•an•a•lyst [saɪkou'ænəlɪst] psychanalyste m/f

psy•cho•an•a•lyze [saɪkou'ænəlaɪz] v/t psychanalyser

psy•cho•log•i•cal [saɪkə'lɑ:dʒɪkl] adj psychologique

psy•cho•log•i•cal•ly [saɪkə'lɑ:dʒɪklɪ] adv psychologiquement

psy•chol•o•gist [saɪ'kɑ:lədʒɪst] psychologue m/f

psy•chol•o•gy [saɪ'kɑ:lədʒɪ] psychologie f

psy•cho•path ['saɪkoupæθ] psychopathe m/f

psy•cho•so•mat•ic [saɪkousə'mætɪk] adj psychosomatique

PTO [pi:ti:'ou] abbr (= please turn over) T.S.V.P. (= tournez s'il vous plaît)

pub [pʌb] Br pub m

pu•ber•ty ['pju:bərtɪ] puberté f

pu•bic hair [pju:bɪk'her] poils mpl pubiens; single poil m pubien

pub•lic ['pʌblɪk] 1 adj public* 2 n: the public le public; in public en public

pub•li•ca•tion [pʌblɪ'keɪʃn] publication f

pub•lic 'hol•i•day jour m férié

pub•lic•i•ty [pʌb'lɪsətɪ] publicité f

pub•li•cize ['pʌblɪsaɪz] v/t (make known) faire connaître, rendre public; COMM faire de la publicité pour

pub•lic do•main ['dou'meɪn]: be public domain faire partie du domaine public

pub•lic 'li•bra•ry bibliothèque f municipale

pub•lic•ly ['pʌblɪklɪ] *adv* en public, publiquement

pub•lic 'pros•e•cu•tor procureur *m* général

pub•lic re•la•tions *npl* relations *fpl* publiques

'pub•lic school école *f* publique; *Br* école privée (du secondaire)

'pub•lic sec•tor secteur *m* public

pub•lish ['pʌblɪʃ] *v/t* publier

pub•lish•er ['pʌblɪʃər] éditeur(-trice) *m(f)*; maison *f* d'édition

pub•lish•ing ['pʌblɪʃɪŋ] édition *f*

'pub•lish•ing com•pa•ny maison *f* d'édition

pud•dle ['pʌdl] flaque *f*

Puer•to Ri•can [pwertou'riːkən] **1** *adj* portoricain **2** *n* Portoricain(e) *m(f)*

Puer•to Ri•co [pwertou'riːkou] Porto Rico

puff [pʌf] **1** *n* of wind bourrasque *f*; of smoke bouffée *f* **2** *v/i* (*pant*) souffler, haleter; *puff on a cigarette* tirer sur une cigarette

puff•y ['pʌfɪ] *adj* eyes, face bouffi, gonflé

puke [pjuːk] *v/i* P dégueuler F

pull [pʊl] **1** *n* on rope coup *m*; F (*appeal*) attrait *m*; F (*influence*) influence *f* **2** *v/t* tirer; *tooth* arracher; *muscle* se déchirer **3** *v/i* tirer

◆ **pull ahead** *v/i* in race, competition prendre la tête

◆ **pull apart** *v/t* (*separate*) séparer

◆ **pull away 1** *v/t* retirer **2** *v/i* of car, train s'éloigner

◆ **pull down** *v/t* (*lower*) baisser; (*demolish*) démolir

◆ **pull in** *v/i* of bus, train arriver

◆ **pull off** *v/t* leaves se détacher; *clothes* enlever; F deal etc décrocher; *he pulled it off* il a réussi

◆ **pull out 1** *v/t* sortir; *troops* retirer **2** *v/i* from agreement, competition, of troops se retirer; of ship partir

◆ **pull over** *v/i* se garer

◆ **pull through** *v/i* from illness s'en sortir

◆ **pull together 1** *v/i* (*cooperate*) travailler ensemble **2** *v/t*: *pull o.s. together* se reprendre

◆ **pull up 1** *v/t* (*raise*) remonter; *plant* arracher **2** *v/i* of car etc s'arrêter

pul•ley ['pʊlɪ] poulie *f*

pull•o•ver ['pʊloʊvər] pull *m*

pulp [pʌlp] pulpe *f*; for paper-making pâte *f* à papier

pul•pit ['pʊlpɪt] chaire *f*

'pulp nov•el roman *m* de gare

pul•sate [pʌl'seɪt] *v/i* of heart, blood battre; of rhythm vibrer

pulse [pʌls] pouls *m*

pul•ver•ize ['pʌlvəraɪz] *v/t* pulvériser

pump [pʌmp] **1** *n* pompe *f* **2** *v/t* pomper

◆ **pump up** *v/t* gonfler

pump•kin ['pʌmpkɪn] potiron *m*

pun [pʌn] jeu *m* de mots

punch [pʌntʃ] **1** *n* blow coup *m* de poing; *implement* perforeuse *f* **2** *v/t* with fist donner un coup de poing à; *hole* percer; *ticket* composter

'punch line chute *f*

punc•tu•al ['pʌŋktʃʊəl] *adj* ponctuel*

punc•tu•al•i•ty [pʌŋktʃʊ'ælɪtɪ] ponctualité *f*

punc•tu•al•ly ['pʌŋktʃʊəlɪ] *adv* à l'heure, ponctuellement

punc•tu•ate ['pʌŋktʃʊeɪt] *v/t* GRAM ponctuer

punc•tu•a•tion [pʌŋktʃʊ'eɪʃn] ponctuation *f*

punc•tu•a•tion mark signe *m* de ponctuation

punc•ture ['pʌŋktʃər] **1** *n* piqûre *f* **2** *v/t* percer, perforer

pun•gent ['pʌndʒənt] *adj* âcre, piquant

pun•ish ['pʌnɪʃ] *v/t* punir

pun•ish•ing ['pʌnɪʃɪŋ] *adj* schedule, pace éprouvant, épuisant

pun•ish•ment ['pʌnɪʃmənt] punition *f*

punk [pʌŋk]: *punk (rock)* MUS musique *f* punk

pu•ny ['pjuːnɪ] *adj* person chétif*

pup [pʌp] chiot *m*

pu•pil¹ ['pjuːpl] of eye pupille *f*

pu•pil² ['pjuːpl] (*student*) élève *m/f*

pup•pet ['pʌpɪt] also fig marionnette *f*

'pup•pet gov•ern•ment gouvernement *m* fantoche

pup•py ['pʌpɪ] chiot *m*

pur•chase¹ ['pɜːrtʃəs] **1** *n* achat *m* **2** *v/t* acheter

pur•chase² ['pɜːrtʃəs] (*grip*) prise *f*

pur•chas•er ['pɜːrtʃəsər] acheteur(-euse) *m(f)*

pure [pjʊr] *adj* pur; *white* immaculé; *pure new wool* pure laine *f* vierge

pure•ly ['pjʊrlɪ] *adv* purement

pur•ga•to•ry ['pɜːrgətɔːrɪ] purgatoire *m*; fig enfer *m*

purge [pɜːrdʒ] **1** *n* POL purge *f* **2** *v/t* POL épurer

pu•ri•fy ['pjʊrɪfaɪ] *v/t* (*pret & pp -ied*) water épurer

pu•ri•tan ['pjʊrɪtən] *n* puritain(e) *m(f)*

pu•ri•tan•i•cal [pjʊrɪ'tænɪkl] *adj* puritain

pu•ri•ty ['pjʊrɪtɪ] pureté *f*

pur•ple ['pɜːrpl] *adj* reddish pourpre; bluish violet*

P

Pur•ple 'Heart MIL *décoration remise aux blessés de guerre*

pur•pose ['pɜːrpəs] (*aim, object*) but *m*; **on purpose** exprès

pur•pose•ful ['pɜːrpəsfʊl] *adj* résolu, déterminé

pur•pose•ly ['pɜːrpəslɪ] *adv* exprès

purr [pɜːr] *v/i of cat* ronronner

purse [pɜːrs] *n* (*pocketbook*) sac *m* à main; *Br: for money* porte-monnaie *m inv*

pur•sue [pər'suː] *v/t* poursuivre

pur•su•er [pər'suːər] poursuivant(e) *m(f)*

pur•suit [pər'suːt] poursuite *f*; (*activity*) activité *f*; **those in pursuit** les poursuivants

pus [pʌs] pus *m*

push [pʊʃ] **1** *n* (*shove*) poussée *f*; **at the push of a button** en appuyant sur un bouton **2** *v/t* (*shove, pressure*) pousser; *button* appuyer sur; F *drugs* revendre, trafiquer; **be pushed for** F être à court de, manquer de; **be pushing 40** F friser la quarantaine **3** *v/i* pousser

◆ **push along** *v/t cart etc* pousser

◆ **push away** *v/t* repousser

◆ **push off** *v/t lid* soulever

◆ **push on** *v/i* (*continue*) continuer (sa route)

◆ **push up** *v/t prices* faire monter

push•er ['pʊʃər] F *of drugs* dealer(-euse) *m(f)*

'push-up *n*: **do push-ups** faire des pompes

push•y ['pʊʃɪ] *adj* F qui se met en avant

puss, pus•sy (*cat*) [pʊs, 'pʊsɪ (kæt)] F minou *m*

◆ **pus•sy•foot around** ['pʊsɪfʊt] *v/i* F tourner autour du pot F

put [pʊt] *v/t* (*pret & pp put*) mettre; *question* poser; *put the cost at* estimer le prix à

◆ **put across** *v/t idea etc* faire comprendre

◆ **put aside** *v/t money* mettre de côté; *work* mettre de côté

◆ **put away** *v/t in closet etc* ranger; *in institution* enfermer; *in prison* emprisonner; (*consume*) consommer, s'enfiler F; *money* mettre de côté; *animal* faire piquer

◆ **put back** *v/t* (*replace*) remettre

◆ **put by** *v/t money* mettre de côté

◆ **put down** *v/t* poser; *deposit* verser; *rebellion* réprimer; (*belittle*) rabaisser; *in writing* mettre (par écrit); *put one's foot down in car* appuyer sur le champignon F; (*be firm*) se montrer ferme; *put sth down to sth* (*attribute*) mettre qch sur le compte de qch

◆ **put forward** *v/t idea etc* soumettre, suggérer

◆ **put in** *v/t* mettre; *time* passer; *request, claim* présenter, déposer

◆ **put in for** *v/t* (*apply for*) demander

◆ **put off** *v/t light, radio, TV* éteindre; (*postpone*) repousser; (*deter*) dissuader; (*repel*) dégoûter; *put s.o. off sth* dégoûter qn de qch; *you've put me off* (*the idea*) tu m'as coupé l'envie

◆ **put on** *v/t light, radio, TV* allumer; *music, jacket etc* mettre; (*perform*) monter; *accent etc* prendre; *put on make-up* se mettre du maquillage; *put on the brake* freiner; *put on weight* prendre du poids; *she's just putting it on* (*pretending*) elle fait semblant

◆ **put out** *v/t hand* tendre; *fire, light* éteindre

◆ **put through** *v/t on phone* passer

◆ **put together** *v/t* (*assemble*) monter; (*organize*) organiser

◆ **put up** *v/t hand* lever; *person* héberger; (*erect*) ériger; *prices* augmenter; *poster* accrocher; *money* fournir; *put sth up for sale* mettre qch en vente; *put your hands up!* haut les mains!

◆ **put up with** *v/t* (*tolerate*) supporter, tolérer

putt [pʌt] *v/i in golf* putter

put•ty ['pʌtɪ] mastic *m*

puz•zle ['pʌzl] **1** *n* (*mystery*) énigme *f*, mystère *m*; *game* jeu *m*, casse-tête *m*; (*jigsaw puzzle*) puzzle *m* **2** *v/t* laisser perplexe

puz•zling ['pʌzlɪŋ] *adj* curieux*

PVC [piːviːˈsiː] *abbr* (= *polyvinyl chloride*) P.V.C. *m* (= polychlorure de vinyle)

py•ja•mas *Br* → *pajamas*

py•lon ['paɪlɑːn] pylône *m*

Py•re•nees ['pɪrəniːz] *npl* Pyrénées *fpl*

Q

quack¹ [kwæk] **1** *n of duck* coin-coin *m inv* **2** *v/i* cancaner

quack² [kwæk] *n* F *(bad doctor)* charlatan *m*

quad•ran•gle ['kwɑːdræŋgl] *figure* quadrilatère *m; courtyard* cour *f*

quad•ru•ped ['kwɑːdrʊped] quadrupède *m*

quad•ru•ple ['kwɑːdrʊpl] *v/i* quadrupler

quad•ru•plets ['kwɑːdrʊ plɪts] *npl* quadruplés *mpl*

quads [kwɑːdz] *npl* F quadruplés *mpl*

quag•mire ['kwægmaɪr] bourbier *m*

quail [kweɪl] *v/i* flancher

quaint [kweɪnt] *adj cottage* pittoresque; *(eccentric: ideas etc)* curieux*

quake [kweɪk] **1** *n (earthquake)* tremblement *m de terre* **2** *v/i of earth, with fear* trembler

qual•i•fi•ca•tion [kwɑːlɪfɪ'keɪʃn] *from university etc* diplôme *m; of remark etc* restriction *f*; **have the right qualifications for a job** avoir les qualifications requises pour un poste

qual•i•fied ['kwɑːlɪfaɪd] *adj doctor, engineer etc* qualifié; *(restricted)* restreint; **I am not qualified to judge** je ne suis pas à même de juger

qual•i•fy ['kwɑːlɪfaɪ] **1** *v/t (pret & pp -ied) of degree, course etc* qualifier; *remark etc* nuancer **2** *v/i (get degree etc)* obtenir son diplôme; *in competition* se qualifier; **that doesn't qualify as ...** on ne peut pas considérer cela comme ...

qual•i•ty ['kwɑːlətɪ] qualité *f*

qual•i•ty con'trol contrôle *m de qualité*

qualm [kwɑːm] scrupule *m*; **have no qualms about ...** n'avoir aucun scrupule à ...

quan•da•ry ['kwɑːndərɪ] dilemme *m*

quan•ti•fy ['kwɑːntɪfaɪ] *v/t (pret & pp -ied)* quantifier

quan•ti•ty ['kwɑːntətɪ] quantité *f*

quan•tum phys•ics ['kwɑːntəm] physique *f* quantique

quar•an•tine ['kwɑːrəntiːn] *n* quarantaine *f*

quar•rel ['kwɑːrəl] **1** *n* dispute *f*, querelle *f* **2** *v/i (pret & pp -ed, Br pp -led)* se disputer

quar•rel•some ['kwɑːrəlsʌm] *adj* agressif*, belliqueux*

quar•ry¹ ['kwɑːrɪ] *in hunt* gibier *m*

quar•ry² ['kwɑːrɪ] *for mining* carrière *f*

quart [kwɔːrt] quart *m de gallon (0,946 litre)*

quar•ter ['kwɔːrtər] **1** *n* quart *m*; *(25 cents)* vingt-cinq cents *mpl*; *(part of town)* quartier *m*; **divide the pie into quarters** couper la tarte en quatre (parts); **a quarter of an hour** un quart d'heure; **a quarter of 5** cinq heures moins le quart; **a quarter after 5** cinq heures et quart **2** *v/t* diviser en quatre

'quar•ter•back SP quarterback *m*, quart *m* arrière

quar•ter'fi•nal quart *m de finale*

quar•ter'fi•nal•ist quart *m de finaliste*, quart-finaliste *m*

quar•ter•ly ['kwɔːrtərlɪ] **1** *adj* trimestriel* **2** *adv* trimestriellement, tous les trois mois

'quar•ter•note MUS noire *f*

quar•ters ['kwɔːrtərz] *npl* MIL quartiers *mpl*

quar•tet [kwɔːr'tet] MUS quatuor *m*

quartz [kwɔːrts] quartz *m*

quash [kwɑːʃ] *v/t rebellion* réprimer, écraser; *court decision* casser, annuler

qua•ver ['kweɪvər] **1** *n in voice* tremblement *m* **2** *v/i of voice* trembler

quay [kiː] quai *m*

'quay•side quai *m*

quea•sy ['kwiːzɪ] *adj* nauséeux*; **feel queasy** avoir mal au cœur, avoir la nausée

Que•bec [kwə'bek] Québec *m*

queen [kwiːn] reine *f*

queen 'bee reine *f des abeilles*

queer [kwɪr] *adj (peculiar)* bizarre

queer•ly ['kwɪrlɪ] *adv* bizarrement

quell [kwel] *v/t* réprimer

quench [kwentʃ] *v/t thirst* étancher, assouvir; *flames* éteindre, étouffer

que•ry ['kwɪrɪ] **1** *n* question *f* **2** *v/t (pret & pp -ied) (express doubt about)* mettre en doute; *(check)* vérifier; **query sth with s.o.** poser des questions sur qch à qn, vérifier qch auprès de qn

quest [kwest] quête *f*

ques•tion ['kwestʃn] **1** *n* question *f*; **in question** *(being talked about)* en question; **be in question** *(in doubt)* être mis en question; **it's a question of money** c'est une question d'argent; **that's out of the question** c'est hors de question **2** *v/t person* questionner, interroger; *(doubt)* mettre en question

ques•tion•a•ble ['kwestʃnəbl] *adj* contestable, discutable

ques•tion•ing ['kwestʃnɪŋ] **1** *adj look, tone* interrogateur* **2** *n* interrogatoire *m*

'**ques•tion mark** point *m* d'interrogation

ques•tion•naire [kwestʃə'ner] questionnaire *m*

queue [kjuː] *Br* **1** *n* queue *f* **2** *v/i* faire la queue

quib•ble ['kwɪbl] *v/i* chipoter, chercher la petite bête

quick [kwɪk] *adj* rapide; *be quick!* fais vite!, dépêche-toi!; *let's go for a quick drink* on va se prendre un petit verre?; *can I have a quick look?* puis-je jeter un coup d'œil?; *that was quick!* c'était rapide!

quick•ly ['kwɪklɪ] *adv* vite, rapidement

'**quick•sand** sables *mpl* mouvants

'**quick•sil•ver** mercure *m*

quick•wit•ted [kwɪk'wɪtɪd] *adj* vif*, à l'esprit vif

qui•et ['kwaɪət] *adj street, house, life* calme, tranquille; *music* doux; *engine* silencieux*; *voice* bas*; *keep quiet about sth* ne pas parler de qch, garder qch secret; *quiet!* silence!

♦ **quieten down** ['kwaɪətn] **1** *v/t class, children* calmer, faire taire **2** *v/i of children, situation* se calmer

quiet•ly ['kwaɪətlɪ] *adv* doucement, sans bruit; *(unassumingly, peacefully)* tranquillement

quiet•ness ['kwaɪətnɪs] calme *m*, tranquillité *f*

quilt [kwɪlt] *on bed* couette *f*

quilt•ed ['kwɪltɪd] *adj* matelassé

quin•ine ['kwiːniːn] quinine *f*

quin•tet [kwɪn'tet] MUS quintette *m*

quip [kwɪp] **1** *n* trait *m* d'esprit **2** *v/i* (*pret* & *pp* **-ped**) plaisanter, railler

quirk [kwɜːrk] manie *f*, lubie *f*

quirk•y ['kwɜːrkɪ] *adj* bizarre, excentrique

quit [kwɪt] **1** *v/t* (*pret* & *pp* **quit**) *job* quitter; *quit doing sth* arrêter de faire qch **2** *v/i* (*leave job*) démissionner; COMPUT quitter; *get or be given one's notice to quit* from landlord recevoir son congé

quite [kwaɪt] *adv* (*fairly*) assez; (*completely*) tout à fait; *not quite ready* pas tout à fait prêt; *I didn't quite understand* je n'ai pas bien compris; *is that right? - not quite* c'est cela? - non, pas exactement; *quite!* parfaitement!; *quite a lot* pas mal, beaucoup; *quite a few* plusieurs, un bon nombre; *it was quite a surprise/change* c'était vraiment une surprise / un changement

quits [kwɪts] *adj*: *be quits with s.o.* être quitte envers qn

quit•ter ['kwɪtər] F lâcheur *m*

quiv•er ['kwɪvər] *v/i* trembler

quiz [kwɪz] **1** *n on TV* jeu *m* télévisé; *on radio* jeu *m* radiophonique; *at school* interrogation *f* **2** *v/t* (*pret* & *pp* **-zed**) interroger, questionner

'**quiz mas•ter** animateur *m* de jeu

quo•ta ['kwoʊtə] quota *m*

quo•ta•tion [kwoʊ'teɪʃn] *from author* citation *f*; *price* devis *m*

quo'ta•tion marks *npl* guillemets *mpl*; *in quotation marks* entre guillemets

quote [kwoʊt] **1** *n from author* citation *f*; *price* devis *m*; (*quotation mark*) guillemet *m*; *in quotes* entre guillemets **2** *v/t text* citer; *price* proposer **3** *v/i*: *quote from an author* citer un auteur; *quote for a job* faire un devis pour un travail

R

rab•bi ['ræbaɪ] rabbin *m*

rab•bit ['ræbɪt] lapin *m*

rab•ble ['ræbl] cohue *f*, foule *f*

rab•ble-rous•er ['ræblrauzər] agitateur(-trice) *m(f)*

ra•bies ['reɪbiːz] *nsg* rage *f*

rac•coon [rə'kuːn] raton *m* laveur

race[1] [reɪs] *n of people* race *f*

race[2] [reɪs] **1** *n* SP course *f*; *the races*

horses les courses **2** *v/i* (*run fast*) courir à toute vitesse; *he raced through his work* il a fait son travail à toute vitesse **3** *v/t*: *I'll race you* le premier arrivé a gagné

'**race•course** champ *m* de courses, hippodrome *m*

'**race•horse** cheval *m* de course

'**race riot** émeute *f* raciale

'race•track *for cars* circuit *m*, piste *f*; *for horses* champ *m* de courses, hippodrome *m*

ra•cial ['reɪʃl] *adj* racial; *racial equality* égalité *f* des races

'rac•ing ['reɪsɪŋ] course *f*

'rac•ing bike vélo *m* de course

ra•cism ['reɪsɪzm] racisme *m*

ra•cist ['reɪsɪst] **1** *adj* raciste **2** *n* raciste *m/f*

rack [ræk] **1** *n for bikes: on car* porte vélo *m inv*; *at station etc* râtelier *m* à vélos; *for bags on train* porte-bagages *m inv*; *for CDs* range-CD *m inv* **2** *v/t*: *rack one's brains* se creuser la cervelle

rack•et[1] ['rækɪt] SP raquette *f*

rack•et[2] ['rækɪt] *(noise)* vacarme *m*; *criminal activity* escroquerie *f*

ra•dar ['reɪdɑːr] radar *m*

'ra•dar screen écran *m* radar

'ra•dar trap contrôle-radar *m*

ra•di•ance ['reɪdɪəns] éclat *m*, rayonnement *m(f)*

ra•di•ant ['reɪdɪənt] *adj smile, appearance* radieux*

ra•di•ate ['reɪdɪeɪt] *v/i of heat, light* irradier, rayonner

ra•di•a•tion [reɪdɪ'eɪʃn] *nuclear* radiation *f*

ra•di•a•tor ['reɪdɪeɪtər] *in room, car* radiateur *m*

rad•i•cal ['rædɪkl] **1** *adj* radical **2** *n* POL radical(e) *m(f)*

rad•i•cal•ism ['rædɪkəlɪzm] POL radicalisme *m*

rad•i•cal•ly ['rædɪklɪ] *adv* radicalement

ra•di•o ['reɪdɪoʊ] radio *f*; *on the radio* à la radio; *by radio* par radio

ra•di•o•ac•tive *adj* radioactif*

ra•di•o•ac•tive 'waste déchets *mpl* radioactifs

ra•di•o•ac•tiv•i•ty radioactivité *f*

ra•di•o a'larm radio-réveil *m*

ra•di•og•ra•pher [reɪdɪ'ɑːɡrəfər] radiologue *m(f)*

ra•di•og•ra•phy [reɪdɪ'ɑːɡrəfɪ] radiographie *f*

'ra•di•o sta•tion station *f* de radio

'ra•di•o tax•i radio-taxi *m*

ra•di•o'ther•a•py radiothérapie *f*

rad•ish ['rædɪʃ] radis *m*

ra•di•us ['reɪdɪəs] rayon *m*

raf•fle ['ræfl] *n* tombola *f*

raft [ræft] radeau *m*; *fig: of new measures etc* paquet *m*

raf•ter ['ræftər] chevron *m*

rag [ræɡ] *n for cleaning etc* chiffon *m*; *in rags* en haillons

rage [reɪdʒ] **1** *n* colère *f*, rage *f*; *be in a*

rage être furieux*; *be all the rage* F faire fureur **2** *v/i of person* être furieux*, rager; *of storm* faire rage

rag•ged ['ræɡɪd] *adj edge* irrégulier*; *appearance* négligé; *clothes* en loques

raid [reɪd] **1** *n by troops* raid *m*; *by police* descente *f*; *by robbers* hold-up *m*; FIN raid *m* **2** *v/t of troops* attaquer; *of police* faire une descente dans; *of robbers* attaquer; *fridge, orchard* faire une razzia dans

raid•er [reɪd] *(robber)* voleur *m*

rail [reɪl] *n on track* rail *m*; *(handrail)* rampe *f*; *for towel* porte-serviettes *m inv*; *by rail* en train

rail•ings ['reɪlɪŋz] *npl around park etc* grille *f*

'rail•road *system* chemin *m* de fer; *track* voie *f* ferrée

'rail•road sta•tion gare *f*

'rail•way Br chemin *m* de fer; *track* voie *f* ferrée

rain [reɪn] **1** *n* pluie *f*; *in the rain* sous la pluie **2** *v/i* pleuvoir; *it's raining* il pleut

'rain•bow arc-en-ciel *m*

'rain•check: *can I take a raincheck on that?* peut-on remettre cela à plus tard?

'rain•coat imperméable *m*

'rain•drop goutte *f* de pluie

'rain•fall précipitations *fpl*

'rain for•est forêt *f* tropicale (humide)

'rain•proof *adj fabric* imperméable

'rain•storm pluie *f* torrentielle

rain•y ['reɪnɪ] *adj* pluvieux*; *it's rainy* il pleut beaucoup

raise [reɪz] **1** *n in salary* augmentation *f* (de salaire) **2** *v/t shelf etc* surélever; *offer* augmenter; *children* élever; *question* soulever; *money* rassembler

rai•sin ['reɪzn] raisin *m* sec

rake [reɪk] *n for garden* râteau *m*

♦ rake up *v/t leaves* ratisser; *fig* révéler, mettre au grand jour

ral•ly ['rælɪ] *n (meeting, reunion)* rassemblement *m*; MOT rallye *m*; *in tennis* échange *m*

♦ rally round **1** *v/i (pret & pp -ied)* se rallier **2** *v/t (pret & pp -ied)*: *rally round s.o.* venir en aide à qn

RAM [ræm] *abbr* COMPUT (= *random access memory*) RAM *f*, mémoire *f* vive

ram [ræm] **1** *n* bélier *m* **2** *v/t (pret & pp -med) ship, car* heurter, percuter

ram•ble ['ræmbl] **1** *n walk* randonnée *f* **2** *v/i walk* faire de la randonnée; *when speaking* discourir; *(talk incoherently)* divaguer

ram•bler ['ræmblər] *walker* randonneur (-euse) *m(f)*

R

ram•bling ['ræmblɪŋ] **1** *adj speech* décousu **2** *n walking* randonnée *f*; *in speech* digression *f*

ramp [ræmp] rampe *f* (d'accès), passerelle *f*; *for raising vehicle* pont *m* élévateur

ram•page ['ræmpeɪdʒ] **1** *v/i* se déchaîner; *rampage through the streets* tout saccager dans les rues **2** *n*: *go on the rampage* tout saccager

ram•pant ['ræmpənt] *adj inflation* galopant

ram•part ['ræmpɑːrt] rempart *m*

ram•shack•le ['ræmʃækl] *adj* délabré

ran [ræn] *pret* → **run**

ranch [ræntʃ] *n* ranch *m*

ranch•er ['ræntʃər] propriétaire *m/f* de ranch

'ranch•hand employé *m* de ranch

ran•cid ['rænsɪd] *adj* rance

ran•cor, *Br* **ran•cour** ['ræŋkər] rancœur *f*

R & D [ɑːrən'diː] (= *research and development*) R&D *f* (= recherche et développement)

ran•dom ['rændəm] **1** *adj* aléatoire, au hasard; *random sample* échantillon *m* pris au hasard; *random violence* violence *f* aveugle **2** *n*: *at random* au hasard

ran•dy ['rændɪ] *adj Br* F en manque F, excité

rang [ræŋ] *pret* → **ring**

range [reɪndʒ] **1** *n of products* gamme *f*; *of guns* portée *f*; *of airplane* autonomie *f*; *of voice, instrument* registre *m*; *of mountains* chaîne *f*; *at close range* de très près **2** *v/i*: *range from X to Y* aller de X à Y

rang•er ['reɪndʒər] garde *m* forestier

rank [ræŋk] **1** *n* MIL grade *m*; *in society* rang *m*; *the ranks* MIL les hommes *mpl* de troupe **2** *v/t* classer

♦ **rank among** *v/t* compter parmi

ran•kle ['ræŋkl] *v/i* rester sur le cœur

ran•sack ['rænsæk] *v/t searching* fouiller; *plundering* saccager

ran•som ['rænsəm] *n money* rançon *f*; *hold s.o. to ransom* also fig tenir qn en otage (contre une rançon)

'ran•som mon•ey rançon *f*

rant [rænt] *v/i*: *rant and rave* pester, tempêter

rap [ræp] **1** *n at door etc* petit coup *m* sec; MUS rap *m* **2** *v/t* (*pret & pp* **-ped**) *table etc* taper sur

♦ **rap at** *v/t window etc* frapper à

rape[1] [reɪp] **1** *n* viol *m* **2** *v/t* violer

rape[2] *n* BOT colza *m*

'rape vic•tim victime *f* d'un viol

rap•id ['ræpɪd] *adj* rapide

ra•pid•i•ty [rə'pɪdətɪ] rapidité *f*

rap•id•ly ['ræpɪdlɪ] *adv* rapidement

rap•ids ['ræpɪdz] *npl* rapides *mpl*

rap•ist ['reɪpɪst] violeur *m*

rap•port [ræ'pɔːr] relation *f*, rapports *mpl*

rap•ture ['ræptʃər]: *go into raptures over* s'extasier sur

rap•tur•ous ['ræptʃərəs] *adj welcome* enthousiaste; *applause* frénétique

rare [rer] *adj* rare; *steak* saignant, bleu

rare•ly ['rerlɪ] *adv* rarement

rar•i•ty ['rerətɪ] rareté *f*

ras•cal ['ræskl] coquin *m*

rash[1] [ræʃ] *n* MED éruption *f* (cutanée)

rash[2] [ræʃ] *adj action, behavior* imprudent, impétueux*

rash•ly ['ræʃlɪ] *adv* sans réfléchir, sur un coup de tête

rasp•ber•ry ['ræzberɪ] framboise *f*

rat [ræt] *n* rat *m*

rate [reɪt] **1** *n* taux *m*; (*price*) tarif *m*; (*speed*) rythme *m*; *rate of interest* FIN taux *m* d'intérêt; *at this rate* (*at this speed*) à ce rythme; (*carrying on like this*) si ça continue comme ça; *at any rate* en tout cas **2** *v/t* (*rank*) classer (among parmi); (*consider*) considérer (as comme); *how do you rate this wine?* que pensez-vous de ce vin?

rather ['ræðər] *adv* (*fairly, quite*) plutôt; *I would rather stay here* je préférerais rester ici; *or would you rather …?* ou voulez-vous plutôt …?

rat•i•fi•ca•tion [rætɪfɪ'keɪʃn] *of treaty* ratification *f*

rat•i•fy ['rætɪfaɪ] *v/t* (*pret & pp* **-ied**) ratifier

rat•ings ['reɪtɪŋz] *npl* indice *m* d'écoute

ra•tio ['reɪʃɪoʊ] rapport *m*, proportion *f*

ra•tion ['ræʃn] **1** *n* ration *f* **2** *v/t supplies* rationner

ra•tion•al ['ræʃənl] *adj* rationnel*

ra•tion•al•i•ty [ræʃə'nælɪtɪ] rationalité *f*

ra•tion•al•i•za•tion [ræʃənəlaɪ'zeɪʃn] rationalisation *f*

ra•tion•al•ize ['ræʃənəlaɪz] **1** *v/t* rationaliser **2** *v/i* (se) chercher des excuses

ra•tion•al•ly ['ræʃənlɪ] *adv* rationnellement

'rat race jungle *f*; *get out of the rat race* sortir du système

rat•tle ['rætl] **1** *n of bottles, chains* cliquetis *m*; *in engine* bruit *m* de ferraille; *of windows* vibration *f*; *toy* hochet *m* **2** *v/t chains etc* entrechoquer, faire du bruit avec **3** *v/i* faire du bruit; *of engine* faire un bruit de ferraille; *of crates, bottles* s'entrechoquer; *of chains* cliqueter

♦ **rattle off** *v/t poem, list of names* débiter (à toute vitesse)

♦ **rattle through** *v/t* expédier

'rat•tle•snake serpent *m* à sonnette

rau•cous ['rɔːkəs] *adj laughter, party* bruyant

rav•age ['rævɪdʒ] **1** *n*: *the ravages of time* les ravages *mpl* du temps **2** *v/t*: *ravaged by war* ravagé par la guerre

rave [reɪv] **1** *n party* rave *f*, rave-party *f* **2** *v/i* délirer; *rave about sth* (*be very enthusiastic*) s'emballer pour qch

ra•ven ['reɪvn] corbeau *m*

rav•en•ous ['rævənəs] *adj* affamé; *appetite* féroce, vorace

'rave re•view critique *f* élogieuse

ra•vine [rə'viːn] ravin *m*

rav•ing ['reɪvɪŋ] *adv*: *raving mad* fou à lier

rav•ish•ing ['rævɪʃɪŋ] *adj* ravissant

raw [rɔː] *adj meat, vegetable* cru; *sugar, iron* brut

raw ma•te•ri•als *npl* matières *fpl* premières

ray [reɪ] rayon *m*; *a ray of hope* une lueur d'espoir

raze [reɪz] *v/t*: *raze to the ground* raser

ra•zor ['reɪzər] rasoir *m*

'ra•zor blade lame *f* de rasoir

re [riː] *prep* COMM en référence à; *re* : ... objet : ...

reach [riːtʃ] **1** *n*: *within reach* à portée; *out of reach* hors de portée **2** *v/t* atteindre; *destination* arriver à; (*go as far as*) arriver (jusqu')à; *decision, agreement* aboutir à, parvenir à

◆ reach out *v/i* tendre la main / le bras

re•act [rɪ'ækt] *v/i* réagir

re•ac•tion [rɪ'ækʃn] réaction *f*

re•ac•tion•ar•y [rɪ'ækʃnrɪ] **1** *adj* POL réactionnaire, réac *F inv in feminine* **2** *n* POL réactionnaire *m/f*, réac *m/f* F

re•ac•tor [rɪ'æktər] *nuclear* réacteur *m*

read [riːd] **1** *v/t* (*pret & pp read* [red]) *also* COMPUT lire **2** *v/i* lire; *read to s.o.* faire la lecture à qn

◆ read out *v/t aloud* lire à haute voix

◆ read up on *v/t* étudier

read•a•ble ['riːdəbl] *adj* lisible

read•er ['riːdər] *person* lecteur(-trice) *m(f)*

read•i•ly ['redɪlɪ] *adv admit, agree* volontiers, de bon cœur

read•i•ness ['redɪnɪs] *to agree, help* empressement *m*, bonne volonté *f*; *be in (a state of) readiness* être prêt

read•ing ['riːdɪŋ] *activity* lecture *f*; *from meter etc* relevé *m*

'read•ing mat•ter lecture *f*

re•ad•just [riːə'dʒʌst] **1** *v/t equipment, controls* régler (de nouveau) **2** *v/i conditions* se réadapter (*to* à)

read•y ['redɪ] *adj* (*prepared, willing*) prêt; *get* (*o.s.*) *ready* se préparer; *get sth ready* préparer qch

read•y 'cash (argent *m*) liquide *m*

'read•y-made *adj stew etc* cuisiné; *solution* tout trouvé

read•y-to-'wear *adj* de confection; *ready--to-wear clothing* prêt-à-porter *m*

real [riːl] *adj not imaginary* réel*; *not fake* vrai, véritable

'real es•tate immobilier *m*, biens *mpl* immobiliers

'real es•tate a•gent agent *m* immobilier

re•al•ism ['rɪəlɪzm] réalisme *m*

re•al•ist ['rɪəlɪst] réaliste *m/f*

re•al•is•tic [rɪə'lɪstɪk] *adj* réaliste

re•al•is•tic•al•ly [rɪə'lɪstɪklɪ] *adv* de façon réaliste

re•al•i•ty [rɪ'ælətɪ] réalité *f*

re'al•i•ty TV télé-réalité *f*

re•a•li•za•tion [rɪəlaɪ'zeɪʃn] *of hopes etc* réalisation *f*; (*awareness*) prise *f* de conscience; *come to the realization that ...* se rendre compte que ...

re•al•ize ['rɪəlaɪz] *v/t* se rendre compte de, prendre conscience de; FIN réaliser; *the sale realized $50m* la vente a rapporté 50 millions de dollars; *I realize now that ...* je me rends compte maintenant que ...

real•ly ['rɪəlɪ] *adv* vraiment; *not really* pas vraiment

'real time COMPUT temps *m* réel

'real-time *adj* COMPUT en temps réel

re•al•tor ['riːltər] agent *m* immobilier

re•al•ty ['riːltɪ] biens *mpl* immobiliers

reap [riːp] *v/t* moissonner; *fig* récolter

re•ap•pear [riːə'pɪr] *v/i* réapparaître

re•ap•pear•ance [riːə'pɪrəns] réapparition *f*

rear [rɪr] **1** *adj* arrière *inv*, de derrière **2** *n* arrière *m*

rear 'end F *of person* derrière *m*

'rear-end *v/t* F: *be rear-ended* se faire rentrer dedans (par derrière) F

'rear light *of car* feu *m* arrière

re•arm [riː'ɑːrm] *v/t & v/i* réarmer

'rear•most *adj* dernier*, du fond

re•ar•range [riːə'reɪndʒ] *v/t flowers* réarranger; *furniture* déplacer, changer de place; *schedule, meetings* réorganiser

rear-view 'mir•ror rétroviseur *m*, rétro *m* F

rea•son ['riːzn] **1** *n* (*cause*), *faculty* raison

f; *see* / *listen to reason* entendre raison, se rendre à la raison 2 *v/i*: *reason with s.o.* raisonner qn

rea•so•na•ble ['riːznəbl] *adj* person, behavior, price raisonnable; *a reasonable number of people* un certain nombre de gens

rea•son•a•bly ['riːznəblɪ] *adv* act, behave raisonnablement; (*quite*) relativement

rea•son•ing ['riːznɪŋ] raisonnement *m*

re•as•sure [riːə'ʃʊr] *v/t* rassurer

re•as•sur•ing [riːə'ʃʊrɪŋ] *adj* rassurant

re•bate ['riːbeɪt] (*refund*) remboursement *m*

reb•el[1] ['rebl] *n* rebelle *m/f*; *rebel troops* troupes *fpl* rebelles

re•bel[2] [rɪ'bel] *v/i* (*pret & pp* *-led*) se rebeller, se révolter

re•bel•lion [rɪ'beljən] rébellion *f*

re•bel•lious [rɪ'beljəs] *adj* rebelle

re•bel•lious•ly [rɪ'beljəslɪ] *adv* de façon rebelle

re•bel•lious•ness [rɪ'beljəsnɪs] esprit *m* de rébellion

re•bound [rɪ'baʊnd] *v/i* of ball etc rebondir

re•buff [rɪ'bʌf] *n* rebuffade *f*

re•build ['riːbɪld] *v/t* (*pret & pp* *-built*) reconstruire

re•buke [rɪ'bjuːk] *v/t* blâmer

re•call [rɪ'kɔːl] *v/t* goods, ambassador rappeler; (*remember*) se souvenir de, se rappeler (*that* que); *I don't recall saying that* je ne me rappelle pas avoir dit cela

re•cap ['riːkæp] *v/i* (*pret & pp* *-ped*) récapituler

re•cap•ture [riː'kæptʃər] *v/t* reprendre

re•cede [rɪ'siːd] *v/i* of flood waters baisser, descendre; of sea se retirer

re•ced•ing [rɪ'siːdɪŋ] *adj* forehead, chin fuyant; *have a receding hairline* se dégarnir

re•ceipt [rɪ'siːt] for purchase reçu *m* (*for* de), ticket *m* de caisse; *acknowledge receipt of sth* accuser réception de qch; *receipts* FIN recette(s) *f(pl)*

re•ceive [rɪ'siːv] *v/t* recevoir

re•ceiv•er [rɪ'siːvər] TELEC combiné *m*; for radio (poste *m*) récepteur *m*; *pick up* / *replace the receiver* décrocher / raccrocher

re•ceiv•er•ship [rɪ'siːvərʃɪp]: *be in receivership* être en liquidation judiciaire

re•cent ['riːsnt] *adj* récent

re•cent•ly ['riːsntlɪ] *adv* récemment

re•cep•tion [rɪ'sepʃn] réception *f*; (*welcome*) accueil *m*

re'cep•tion desk réception *f*

re•cep•tion•ist [rɪ'sepʃnɪst] réceptionniste *m/f*

re•cep•tive [rɪ'septɪv] *adj*: *be receptive to sth* être réceptif à qch

re•cess ['riːses] *n* in wall etc renfoncement *m*, recoin *m*; EDU récréation *f*; of legislature vacances *fpl* judiciaires

re•ces•sion [rɪ'seʃn] economic récession *f*

re•charge [riː'tʃɑːrdʒ] *v/t* battery recharger

re•ci•pe ['resəpɪ] recette *f*

're•ci•pe book livre *m* de recettes

re•cip•i•ent [rɪ'sɪpɪənt] of parcel etc destinataire *m/f*; of payment bénéficiaire *m/f*

re•cip•ro•cal [rɪ'sɪprəkl] *adj* réciproque

re•cit•al [rɪ'saɪtl] MUS récital *m*

re•cite [rɪ'saɪt] *v/t* poem réciter; details, facts énumérer

reck•less ['reklɪs] *adj* imprudent

reck•less•ly ['reklɪslɪ] *adv* imprudemment

reck•on ['rekən] *v/t* (*think, consider*) penser

◆ **reckon on** *v/t* compter sur

◆ **reckon with** *v/t*: *have s.o./sth to reckon with* devoir compter avec qn / qch

reck•on•ing ['rekənɪŋ] calculs *mpl*; *by my reckoning* d'après mes calculs

re•claim [rɪ'kleɪm] *v/t* land from sea gagner sur la mer; lost property récupérer

re•cline [rɪ'klaɪn] *v/i* s'allonger

re•clin•er [rɪ'klaɪnər] chair chaise *f* longue, relax *m*

re•cluse [rɪ'kluːs] reclus *m*

rec•og•ni•tion [rekəg'nɪʃn] reconnaissance *f*; *changed beyond recognition* méconnaissable

rec•og•niz•a•ble [rekəg'naɪzəbl] *adj* reconnaissable

rec•og•nize ['rekəgnaɪz] *v/t* reconnaître

re•coil [rɪ'kɔɪl] *v/i* reculer

rec•ol•lect [rekə'lekt] *v/t* se souvenir de

rec•ol•lec•tion [rekə'lekʃn] souvenir *m*

rec•om•mend [rekə'mend] *v/t* recommander

rec•om•men•da•tion [rekəmen'deɪʃn] recommandation *f*

rec•om•pense ['rekəmpens] *n* compensation *f*, dédommagement *m*

rec•on•cile ['rekənsaɪl] *v/t* réconcilier; differences concilier; facts faire concorder; *reconcile o.s. to sth* se résigner à qch; *be reconciled* of two people s'être réconcilié

rec•on•cil•i•a•tion [rekənsɪlɪ'eɪʃn] réconciliation *f*; of differences, facts conciliation *f*

re•con•di•tion [riːkən'dɪʃn] *v/t* refaire, remettre à neuf re•con•nais•sance [rɪ'kɑ:nɪsəns] MIL reconnaissance f

re•con•sid•er [ri:kən'sɪdər] 1 v/t reconsidérer 2 v/i reconsidérer la question

re•con•struct [ri:kən'strʌkt] v/t reconstruire; *crime* reconstituer

rec•ord¹ ['rekərd] n MUS disque m; SP etc record m; *written document etc* rapport m; *in database* article m, enregistrement m; *records (archives)* archives fpl, dossiers mpl; *keep a record of sth* garder une trace de qch; *say sth off the record* dire qch officieusement; *have a criminal record* avoir un casier judiciaire; *have a good record for* avoir une bonne réputation en matière de

rec•ord² [rɪ'kɔ:rd] v/t *electronically* enregistrer; *in writing* consigner

'rec•ord-break•ing adj record inv, qui bat tous les records

re•cor•der [rɪ'kɔ:rdər] MUS flûte f à bec

'rec•ord hold•er recordman m, recordwoman f

re•cord•ing [rɪ'kɔ:rdɪŋ] enregistrement m

re•cord•ing stu•di•o studio m d'enregistrement

'rec•ord play•er platine f (tourne-disque)

re•count [rɪ'kaunt] v/t *(tell)* raconter

re•count [ˌriː'kaunt] 1 n *of votes* recompte m 2 v/t recompter

re•coup [rɪ'ku:p] v/t *financial losses* récupérer

re•cov•er [rɪ'kʌvər] 1 v/t retrouver 2 v/i *from illness* se remettre; *of economy, business* reprendre

re•cov•er•y [rɪ'kʌvərɪ] *of sth lost* récupération f; *from illness* rétablissement m; *he has made a good recovery* il s'est bien remis

rec•re•a•tion [rekrɪ'eɪʃn] récréation f

rec•re•a•tion•al [rekrɪ'eɪʃnl] adj *done for pleasure* de loisirs; *recreational drug* drogue f récréative

re•cruit [rɪ'kru:t] 1 n recrue f 2 v/t recruter

re•cruit•ment [rɪ'kru:tmənt] recrutement m

rec•tan•gle ['rektæŋgl] rectangle m

rec•tan•gu•lar [rek'tæŋgjulər] adj rectangulaire

rec•ti•fy ['rektɪfaɪ] v/t *(pret & pp -ied)* rectifier

re•cu•pe•rate [rɪ'ku:pəreɪt] v/i récupérer

re•cur [rɪ'kɜ:r] v/i *(pret & pp -red)* of *error, event* se reproduire, se répéter; *of symptoms* réapparaître

re•cur•rent [rɪ'kʌrənt] adj récurrent

re•cy•cla•ble [ri:'saɪkləbl] adj recyclable

re•cy•cle [ri:'saɪkl] v/t recycler

re•cy•cling [ri:'saɪklɪŋ] recyclage m

red [red] 1 adj rouge 2 n: *in the red* FIN dans le rouge

Red 'Cross Croix-Rouge f

re•dec•o•rate [ri:'dekəreɪt] v/t refaire

re•deem [rɪ'di:m] v/t *debt* rembourser; *sinners* racheter

re•deem•ing [rɪ'di:mɪŋ] adj: *his one redeeming feature* sa seule qualité

re•demp•tion [rɪ'dempʃn] REL rédemption f

re•de•vel•op [ri:dɪ'veləp] v/t *part of town* réaménager, réhabiliter

red-handed [red'hændɪd] adj: *catch s.o. red-handed* prendre qn en flagrant délit

'red•head roux m, rousse f

red-'hot adj chauffé au rouge, brûlant

red-'let•ter day jour m mémorable, jour m à marquer d'une pierre blanche

red 'light *for traffic* feu m rouge

red 'light dis•trict quartier m chaud

red 'meat viande f rouge

'red•neck F plouc m F

re•dou•ble [ri:'dʌbl] v/t: *redouble one's efforts* redoubler ses efforts

red 'pep•per poivron m rouge

red 'tape F paperasserie f

re•duce [rɪ'du:s] v/t réduire; diminuer

re•duc•tion [rɪ'dʌkʃn] réduction f; diminution f

re•dun•dant [rɪ'dʌndənt] adj *(unnecessary)* redondant; *be made redundant* Br: *at work* être licencié

reed [ri:d] BOT roseau m

reef [ri:f] *in sea* récif m

'reef knot Br nœud m plat

reek [ri:k] v/i empester *(of sth* qch), puer *(of sth* qch)

reel [ri:l] n *of film, thread* bobine f
◆ reel off v/t débiter

re-e•lect v/t réélire

re-e•lec•tion réélection f

re-'en•try *of spacecraft* rentrée f

ref [ref] F arbitre m

re•fer [rɪ'fɜ:r] 1 v/t *(pret & pp -red)*: *refer a decision / problem to s.o.* soumettre une décision / un problème à qn 2 v/i *(pret & pp -red)*: *refer to (allude to)* faire allusion à; *dictionary etc* se reporter à

ref•er•ee [refə'ri:] SP arbitre m; *for job:* personne qui fournit des références

ref•er•ence ['refərəns] *(allusion)* allusion f; *for job* référence f; *(reference number)* (numéro m de) référence f; *with reference to* en ce qui concerne

'ref•er•ence book ouvrage m de référence

'ref•er•ence li•bra•ry bibliothèque f d'ouvrages de référence; *in a library* salle f des références

'ref•er•ence num•ber numéro *m* de référence

ref•er•ren•dum [refə'rendəm] référendum *m*

re•fill ['ri:fɪl] *v/t tank, glass* remplir

re•fine [rɪ'faɪn] *v/t oil, sugar* raffiner; *technique* affiner

re•fined [rɪ'faɪnd] *adj manners, language* raffiné

re•fine•ment [rɪ'faɪnmənt] *to process, machine* perfectionnement *m*

re•fin•e•ry [rɪ'faɪnərɪ] raffinerie *f*

re•fla•tion ['ri:fleɪʃn] relance *f*

re•flect [rɪ'flekt] **1** *v/t light* réfléchir, refléter; *fig* refléter; *be reflected in* se réfléchir dans, se refléter dans **2** *v/i (think)* réfléchir

re•flec•tion [rɪ'flekʃn] *also fig* reflet *m*; *(consideration)* réflexion *f*; *on reflection* après réflexion

re•flex ['ri:fleks] *in body* réflexe *m*

're•flex re•ac•tion réflexe *m*

re•form [rɪ'fɔ:rm] **1** *n* réforme *f* **2** *v/t* réformer

re•form•er [rɪ'fɔ:rmər] réformateur (-trice) *m(f)*

re•frain¹ [rɪ'freɪn] *v/i fml* s'abstenir (*from* de); *please refrain from smoking* prière de ne pas fumer

re•frain² [rɪ'freɪn] *n in song* refrain *m*

re•fresh [rɪ'freʃ] *v/t* rafraîchir; *of sleep, rest* redonner des forces à; *feel refreshed* se sentir revigoré

re•fresh•er course [rɪ'freʃər] cours *m* de remise à niveau

re•fresh•ing [rɪ'freʃɪŋ] *adj drink* rafraîchissant; *experience* agréable

re•fresh•ments [rɪ'freʃmənts] *npl* rafraîchissements *mpl*

re•frig•e•rate [rɪ'frɪdʒəreɪt] *v/t* réfrigérer; *keep refrigerated* conserver au réfrigérateur

re•frig•e•ra•tor [rɪ'frɪdʒəreɪtər] réfrigérateur *m*

re•fu•el [ri:'fjʊəl] **1** *v/t airplane* ravitailler **2** *v/i of airplane* se ravitailler (en carburant)

ref•uge ['refju:dʒ] refuge *m*; *take refuge from storm etc* se réfugier

ref•u•gee [refjʊ'dʒi:] réfugié(e) *m(f)*

refu'gee camp camp *m* de réfugiés

re•fund 1 *n* ['ri:fʌnd] remboursement *m* **2** *v/t* [rɪ'fʌnd] rembourser

re•fus•al [rɪ'fju:zl] refus *m*

re•fuse [rɪ'fju:z] **1** *v/i* refuser **2** *v/t* refuser; *refuse s.o. sth* refuser qch à qn; *refuse to do sth* refuser de faire qch

re•gain [rɪ'geɪn] *v/t control, territory, the lead* reprendre; *composure* retrouver

re•gal ['ri:gl] *adj* royal

re•gard [rɪ'gɑ:rd] **1** *n: have great regard for s.o.* avoir beaucoup d'estime pour qn; *in this regard* à cet égard; *with regard to* en ce qui concerne; *(kind) regards* cordialement; *give my regards to Paula* transmettez mes amitiés à Paula; *with no regard for* sans égard pour **2** *v/t: regard s.o./sth as sth* considérer qn/qch comme qch; *as regards* en ce qui concerne

re•gard•ing [rɪ'gɑ:rdɪŋ] *prep* en ce qui concerne

re•gard•less [rɪ'gɑ:rdlɪs] *adv* malgré tout, quand même; *regardless of* sans se soucier de

re•gime [reɪ'ʒi:m] *(government)* régime *m*

re•gi•ment ['redʒɪmənt] *n* régiment *m*

re•gion ['ri:dʒən] région *f*; *in the region of* environ

re•gion•al ['ri:dʒənl] *adj* régional

re•gis•ter ['redʒɪstər] **1** *n* registre *m* **2** *v/t birth, death* déclarer; *vehicle* immatriculer; *letter* recommander; *emotion* exprimer; *send a letter registered* envoyer une lettre en recommandé **3** *v/i for a course* s'inscrire; *with police* se déclarer (*with* à)

re•gis•tered let•ter ['redʒɪstərd] lettre *f* recommandée

re•gis•tra•tion [redʒɪ'streɪʃn] *of birth, death* déclaration *f*; *of vehicle* immatriculation *f*; *for a course* inscription *f*

re•gis'tra•tion num•ber *Br* мот numéro *m* d'immatriculation

re•gret [rɪ'gret] **1** *v/t (pret & pp* -**ted**) regretter **2** *n* regret *m*

re•gret•ful [rɪ'gretfəl] *adj* plein de regrets

re•gret•ful•ly [rɪ'gretfəlɪ] *adv* avec regret

re•gret•ta•ble [rɪ'gretəbl] *adj* regrettable

re•gret•ta•bly [rɪ'gretəblɪ] *adv* malheureusement

reg•u•lar ['regjʊlər] **1** *adj* régulier*; *(normal, ordinary)* normal **2** *n at bar etc* habitué(e) *m(f)*

reg•u•lar•i•ty [regjʊ'lærətɪ] régularité *f*

reg•u•lar•ly ['regjʊlərlɪ] *adv* régulièrement

reg•u•late ['regjʊleɪt] *v/t* régler; *expenditure* contrôler

reg•u•la•tion [regjʊ'leɪʃn] *(rule)* règlement *m*

re•hab ['ri:hæb] F *of alcoholic etc* désintoxication *f*; *of criminal* réinsertion *f*; *of disabled or sick person* rééducation *f*

re•ha•bil•i•tate [ri:hə'bɪlɪteɪt] *v/t ex-criminal* réinsérer; *disabled person* rééduquer

re•hears•al [rɪ'hɜ:rsl] répétition *f*

remain

re•hearse [rɪˈhɜːrs] v/t & v/i répéter

reign [reɪn] **1** n règne m **2** v/i régner

re•im•burse [riːɪmˈbɜːrs] v/t rembourser

rein [reɪn] rêne f

re•in•car•na•tion [riːɪnkɑːrˈneɪʃn] réincarnation f

re•in•force [riːɪnˈfɔːrs] v/t renforcer; *argument* étayer

re•in•forced con•crete [riːɪnˈfɔːrst] béton m armé

re•in•force•ments [riːɪnˈfɔːrsmənts] npl MIL renforts mpl

re•in•state [riːɪnˈsteɪt] v/t person in office réintégrer, rétablir dans ses fonctions; paragraph etc réintroduire

re•it•e•rate [riːˈɪtəreɪt] v/t réitérer

re•ject [rɪˈdʒekt] v/t rejeter

re•jec•tion [rɪˈdʒekʃn] rejet m; **he felt a sense of rejection** il s'est senti rejeté

re•lapse [rɪˈlæps] n MED rechute f; **have a relapse** faire une rechute

re•late [rɪˈleɪt] **1** v/t story raconter; **relate X to Y** connect établir un rapport entre X et Y, associer X à Y **2** v/i: **relate to** be connected with se rapporter à; **he doesn't relate to people** il a de la peine à communiquer avec les autres

re•lat•ed [rɪˈleɪtɪd] adj by family apparenté; events, ideas etc associé; **are you two related?** êtes-vous de la même famille?

re•la•tion [rɪˈleɪʃn] in family parent(e) m(f); (connection) rapport m, relation f; **business / diplomatic relations** relations d'affaires / diplomatiques

re•la•tion•ship [rɪˈleɪʃnʃɪp] relation f; sexual liaison f, aventure f

rel•a•tive [ˈrelətɪv] **1** adj relatif*; **X is relative to Y** X dépend de Y **2** n parent(e) m(f)

rel•a•tive•ly [ˈrelətɪvlɪ] adv relativement

re•lax [rɪˈlæks] **1** v/i se détendre; **relax!, don't get angry** du calme! ne t'énerve pas **2** v/t muscle relâcher, décontracter; rules etc assouplir

re•lax•a•tion [riːlækˈseɪʃn] détente f, relaxation f; of rules etc assouplissement m

re•laxed [rɪˈlækst] adj détendu, décontracté

re•lax•ing [rɪˈlæksɪŋ] adj reposant, relaxant

re•lay¹ [riːˈleɪ] v/t message transmettre; radio, TV signals relayer, retransmettre

re•lay² [ˈriːleɪ] n: **relay** (race) (course f de) relais m

re•lease [rɪˈliːs] **1** n from prison libération f; of CD, movie etc sortie f; CD, record album m, nouveauté f; movie film m, nouveauté f **2** v/t prisoner libérer; CD, record, movie sortir; parking brake des-

serrer; information communiquer

rel•e•gate [ˈrelɪgeɪt] v/t reléguer

re•lent [rɪˈlent] v/i se calmer, se radoucir

re•lent•less [rɪˈlentlɪs] adj (determined) acharné; rain etc incessant

re•lent•less•ly [rɪˈlentlɪslɪ] adv (tirelessly) avec acharnement; rain sans cesse

rel•e•vance [ˈreləvəns] pertinence f, rapport m

rel•e•vant [ˈreləvənt] adj pertinent; **it's not relevant to our problem** ça n'a rien à voir avec notre problème

re•li•a•bil•i•ty [rɪlaɪəˈbɪlətɪ] fiabilité f

re•li•a•ble [rɪˈlaɪəbl] adj fiable

re•li•a•bly [rɪˈlaɪəblɪ] adv: **I am reliably informed that …** je sais de source sûre que …

re•li•ance [rɪˈlaɪəns] on person, information confiance f (on en); on equipment etc dépendance f (on vis-à-vis de)

re•li•ant [rɪˈlaɪənt] adj: **be reliant on** dépendre de

rel•ic [ˈrelɪk] relique f

re•lief [rɪˈliːf] soulagement m; **that's a relief** c'est un soulagement; **in relief** in art en relief

re•lieve [rɪˈliːv] v/t pressure, pain soulager, alléger; (take over from) relayer, relever; **be relieved** at news être soulagé

re•li•gion [rɪˈlɪdʒən] religion f

re•li•gious [rɪˈlɪdʒəs] adj religieux*; person croyant, pieux*

re•li•gious•ly [rɪˈlɪdʒəslɪ] adv (conscientiously) religieusement

re•lin•quish [rɪˈlɪŋkwɪʃ] v/t abandonner

rel•ish [ˈrelɪʃ] **1** n sauce relish f; (enjoyment) délectation f **2** v/t idea, prospect se réjouir de

re•live [riːˈlɪv] v/t past, event revivre

re•lo•cate [riːləˈkeɪt] v/i of business déménager, se réimplanter; of employee être muté

re•lo•ca•tion [riːləˈkeɪʃn] of business délocalisation f, réimplantation f; of employee mutation f

re•luc•tance [rɪˈlʌktəns] réticence f, répugnance f

re•luc•tant [rɪˈlʌktənt] adj réticent, hésitant; **be reluctant to do sth** hésiter à faire qch

re•luc•tant•ly [rɪˈlʌktəntlɪ] adv avec réticence, à contrecœur

◆ **re•ly on** [rɪˈlaɪ] v/t (pret & pp **-ied**) compter sur, faire confiance à; **rely on s.o. to do sth** compter sur qn pour faire qch

re•main [rɪˈmeɪn] v/i rester; **remain silent** garder le silence

R

re•main•der [rɪ'meɪndər] 1 n also MATH reste m 2 v/t book solder

re•main•ing [rɪ'meɪnɪŋ] adj restant; the remaining refugees le reste des réfugiés

re•mains [rɪ'meɪnz] npl of body restes mpl

re•make ['riːmeɪk] n of movie remake m, nouvelle version f

re•mand [rɪ'mænd] 1 n: be on remand in prison être en détention provisoire; on bail être en liberté provisoire 2 v/t: remand s.o. in custody placer qn en détention provisoire

re•mark [rɪ'mɑːrk] 1 n remarque f 2 v/t (comment) faire remarquer

re•mark•a•ble [rɪ'mɑːrkəbl] adj remarquable

re•mark•a•bly [rɪ'mɑːrkəblɪ] adv remarquablement

re•mar•ry [rɪ'mærɪ] v/i (pret & pp -ied) se remarier

rem•e•dy ['remədɪ] n MED, fig remède m

re•mem•ber [rɪ'membər] 1 v/t se souvenir de, se rappeler; remember to lock the door! n'oublie pas de fermer la porte à clef!; remember me to her transmettez-lui mon bon souvenir 2 v/i se souvenir; I don't remember je ne me souviens pas

re•mind [rɪ'maɪnd] v/t: remind s.o. to do sth rappeler à qn de faire qch; remind X of Y rappeler Y à X; you remind me of your father tu me rappelles ton père; remind s.o. of sth (bring to their attention) rappeler qch à qn

re•mind•er [rɪ'maɪndər] rappel m

rem•i•nisce [remɪ'nɪs] v/i évoquer le passé

rem•i•nis•cent [remɪ'nɪsənt] adj: be reminiscent of sth rappeler qch, faire penser à qch

re•miss [rɪ'mɪs] adj fml négligent

re•mis•sion [rɪ'mɪʃn] MED rémission f; go into remission of patient être en sursis

rem•nant ['remnənt] vestige m, reste m

re•morse [rɪ'mɔːrs] remords m

re•morse•less [rɪ'mɔːrslɪs] adj impitoyable; demands incessant

re•mote [rɪ'moʊt] adj village isolé; possibility, connection vague; ancestor lointain; (aloof) distant

re•mote 'ac•cess COMPUT accès m à distance

re•mote con'trol also for TV télécommande f

re•mote•ly [rɪ'moʊtlɪ] adv related, connected vaguement; I'm not remotely interested je ne suis pas du tout intéressé; it's just remotely possible c'est tout juste possible

re•mote•ness [rɪ'moʊtnəs] isolement m

re•mov•a•ble [rɪ'muːvəbl] adj amovible

re•mov•al [rɪ'muːvl] enlèvement m; of unwanted hair épilation f; of demonstrators expulsion f; of doubt dissipation f; removal of stains détachage m

re•move [rɪ'muːv] v/t enlever; demonstrators expulser; doubt, suspicion dissiper

re•mu•ner•a•tion [rɪmjuːnə'reɪʃn] rémunération f

re•mu•ner•a•tive [rɪ'mjuːnərətɪv] adj rémunérateur

Re•nais•sance [rɪ'neɪsəns] Renaissance f

re•name [riː'neɪm] v/t rebaptiser; file renommer

ren•der ['rendər] v/t rendre; render s.o. helpless laisser qn sans défense; render s.o. unconscious faire perdre connaissance à qn

ren•der•ing ['rendərɪŋ] of piece of music interprétation f

ren•dez-vous ['rɑːndeɪvuː] n rendez-vous m

re•new [rɪ'nuː] v/t contract, license renouveler; discussion reprendre

re•new•a•ble [rɪ'nuːəbl] adj resource renouvelable

re•new•al [rɪ'nuːəl] of contract etc renouvellement m; of talks reprise f

re•nounce [rɪ'naʊns] v/t title, rights renoncer à

ren•o•vate ['renəveɪt] v/t rénover

ren•o•va•tion [renə'veɪʃn] rénovation f

re•nown [rɪ'naʊn] renommée f; renom m

re•nowned [rɪ'naʊnd] adj renommé; réputé

rent [rent] 1 n loyer m; for rent à louer 2 v/t louer

rent•al ['rentl] for apartment loyer m; for TV, car location f

'rent•al a•gree•ment contrat m de location

'rent•al car voiture f de location

rent-'free adv sans payer de loyer

re•o•pen [riː'oʊpn] 1 v/t business, store, case rouvrir; negotiations reprendre 2 v/i of store etc rouvrir

re•or•gan•i•za•tion [riːɔːrgənaɪ'zeɪʃn] réorganisation f

re•or•gan•ize [riː'ɔːrgənaɪz] v/t réorganiser

rep [rep] COMM représentant(e) m(f) (de commerce)

re•paint [riː'peɪnt] v/t repeindre

re•pair [rɪ'per] 1 v/t réparer 2 n réparation f; in a good / bad state of repair en bon / mauvais état

re'pair•man réparateur m

re•pa•tri•ate [ri:'pætrɪeɪt] v/t rapatrier

re•pa•tri•a•tion [ri:pætrɪ'eɪʃn] rapatriement m

re•pay [ri:'peɪ] v/t (pret & pp **-paid**) rembourser

re•pay•ment [ri:'peɪmənt] remboursement m

re•peal [rɪ'pi:l] v/t law abroger

re•peat [rɪ'pi:t] **1** v/t répéter; *performance, experiment* renouveler; **am I repeating myself?** est-ce que je me répète? **2** n TV *program etc* rediffusion f

re•peat 'busi•ness COMM: **get repeat business** recevoir de nouvelles commandes (d'un client)

re•peat•ed [rɪ'pi:tɪd] adj répété

re•peat•ed•ly [rɪ'pi:tɪdlɪ] adv à plusieurs reprises

re•pel [rɪ'pel] v/t (pret & pp **-led**) repousser; (disgust) dégoûter

re•pel•lent [rɪ'pelənt] **1** adj repoussant, répugnant **2** n (insect repellent) répulsif m

re•pent [rɪ'pent] v/i se repentir (**of** de)

re•per•cus•sions [ri:pər'kʌʃnz] npl répercussions fpl

rep•er•toire ['repərtwɑ:r] répertoire m

rep•e•ti•tion [repɪ'tɪʃn] répétition f

rep•e•ti•tive [rɪ'petɪtɪv] adj répétitif*

re•place [rɪ'pleɪs] v/t (put back) remettre; (take the place of) remplacer

re•place•ment [rɪ'pleɪsmənt] person remplaçant m; product produit m de remplacement

re•place•ment 'part pièce f de rechange

re•play ['ri:pleɪ] **1** n recording relecture f, replay m; match nouvelle rencontre f, replay m **2** v/t match rejouer

re•plen•ish [rɪ'plenɪʃ] v/t container remplir (de nouveau); supplies refaire; **replenish one's supplies of sth** se réapprovisionner en qch

rep•li•ca ['replɪkə] réplique f

re•ply [rɪ'plaɪ] **1** n réponse f **2** v/t & v/i (pret & pp **-ied**) répondre

re•port [rɪ'pɔ:rt] **1** n (account) rapport m, compte-rendu m; in newspaper bulletin m **2** v/t to authorities déclarer, signaler; **report one's findings to s.o.** rendre compte des résultats de ses recherches à qn; **report s.o. to the police** dénoncer qn à la police; **he is reported to be in Washington** il serait à Washington, on dit qu'il est à Washington **3** v/i (present o.s.) se présenter; **this is Joe Jordan reporting from Moscow** de Moscou, Joe Jordan

◆ report to v/t in business être sous les ordres de; **who do you report to?** qui est

votre supérieur (hiérarchique)?

re'port card bulletin m scolaire

re•port•er [rɪ'pɔ:rtər] reporter m/f

re•pos•sess [ri:pə'zes] v/t COMM reprendre possession de, saisir

rep•re•hen•si•ble [reprɪ'hensəbl] adj répréhensible

rep•re•sent [reprɪ'zent] v/t représenter

Rep•re•sen•ta•tive [reprɪ'zentətɪv] POL député m

rep•re•sen•ta•tive [reprɪ'zentətɪv] **1** adj (typical) représentatif* **2** n représentant(e) m(f)

re•press [rɪ'pres] v/t réprimer

re•pres•sion [rɪ'preʃn] POL répression f

re•pres•sive [rɪ'presɪv] adj POL répressif*

re•prieve [rɪ'pri:v] **1** n LAW sursis m; fig also répit m **2** v/t prisoner accorder un sursis à

rep•ri•mand ['reprɪmænd] v/t réprimander

re•print ['ri:prɪnt] **1** n réimpression f **2** v/t réimprimer

re•pri•sal [rɪ'praɪzl] représailles fpl; **take reprisals** se venger, exercer des représailles; **in reprisal for** en représailles à

re•proach [rɪ'prouʧ] **1** n reproche m; **be beyond reproach** être irréprochable **2** v/t reprocher; **reproach s.o. for sth** reprocher qch à qn

re•proach•ful [rɪ'prouʧfəl] adj réprobateur*, chargé de reproche

re•proach•ful•ly [rɪ'prouʧfəlɪ] adv look avec un air de reproche; say sur un ton de reproche

re•pro•duce [ri:prə'du:s] **1** v/t reproduire **2** v/i BIOL se reproduire

re•pro•duc•tion [ri:prə'dʌkʃn] reproduction f; piece of furniture copie f

re•pro•duc•tive [riprə'dʌktɪv] adj BIOL reproducteur*

rep•tile ['reptaɪl] reptile m

re•pub•lic [rɪ'pʌblɪk] république f

Re•pub•li•can [rɪ'pʌblɪkn] **1** adj républicain **2** n Républicain(e) m(f)

re•pu•di•ate [rɪ'pju:dɪeɪt] v/t (deny) nier

re•pul•sive [rɪ'pʌlsɪv] adj repoussant, répugnant

rep•u•ta•ble ['repjʊtəbl] adj de bonne réputation, respectable

rep•u•ta•tion [repjʊ'teɪʃn] réputation f; **have a good / bad reputation** avoir bonne / mauvaise réputation

re•put•ed [rɪ'pju:təd] adj: **be reputed to be** avoir la réputation d'être

re•put•ed•ly [rɪ'pju:tədlɪ] adv à ce que l'on dit, apparemment

re•quest [rɪ'kwest] **1** n demande f; **on request** sur demande **2** v/t demander re•quiem ['rekwɪəm] MUS requiem m

re•quire [rɪ'kwaɪr] v/t (need) avoir besoin de; *it requires great care* cela demande beaucoup de soin; *as required by law* comme l'exige la loi; *guests are required to ...* les clients sont priés de ...

re•quired [rɪ'kwaɪrd] adj (necessary) requis; *required reading* ouvrage(s) m(pl) au programme

re•quire•ment [rɪ'kwaɪrmənt] (need) besoin m, exigence f; (condition) condition f (requise)

req•ui•si•tion [rekwɪ'zɪʃn] v/t réquisitionner

re-route [riː'ruːt] v/t airplane etc dérouter

re•run ['riːrʌn] 1 n of TV program rediffusion f 2 v/t (pret -ran, pp -run) tape repasser

re•sched•ule [riː'skedʒuːl] v/t changer l'heure / la date de

res•cue ['reskjuː] 1 n sauvetage m; *come to s.o.'s rescue* venir au secours de qn 2 v/t sauver, secourir

'res•cue par•ty équipe f de secours

re•search [rɪ'sɜːrtʃ] n recherche f

◆ research into v/t faire des recherches sur

re•search and de'vel•op•ment recherche f et développement

re•search as•sis•tant assistant(e) m(f) de recherche

re•search•er [rɪ'sɜːrtʃər] chercheur (-euse) m(f)

're•search proj•ect projet m de recherche

re•sem•blance [rɪ'zembləns] ressemblance f

re•sem•ble [rɪ'zembl] v/t ressembler à

re•sent [rɪ'zent] v/t ne pas aimer; person also en vouloir à

re•sent•ful [rɪ'zentfəl] adj plein de ressentiment

re•sent•ful•ly [rɪ'zentfəlɪ] adv say avec ressentiment

re•sent•ment [rɪ'zentmənt] ressentiment m (of par rapport à)

res•er•va•tion [rezər'veɪʃn] of room, table réservation f; mental, (special area) réserve f; *I have a reservation* in hotel, restaurant j'ai réservé

re•serve [rɪ'zɜːrv] 1 n (store, aloofness) réserve f; SP remplaçant(e) m(f); *re-serves* FIN réserves fpl; *keep sth in reserve* garder qch en réserve 2 v/t seat, judgment réserver

re•served [rɪ'zɜːrvd] adj table, manner réservé

res•er•voir ['rezərvwɑːr] for water réservoir m

re•shuf•fle ['riːʃʌfl] Br POL1 n remanie-

ment m 2 v/t remanier

re•side [rɪ'zaɪd] v/i fml résider

res•i•dence ['rezɪdəns] fml: house etc résidence f; (stay) séjour m

'res•i•dence per•mit permis m de séjour

res•i•dent ['rezɪdənt] 1 adj manager etc qui habite sur place 2 n résident(e) m(f), habitant(e) m(f); on street riverain(e) m(f); in hotel client(e) m(f); pensionnaire m(f)

res•i•den•tial [rezɪ'denʃl] adj résidentiel*

res•i•due ['rezɪduː] résidu m

re•sign [rɪ'zaɪn] 1 v/t position démissionner de; *resign o.s. to* se résigner à 2 v/i from job démissionner

res•ig•na•tion [rezɪg'neɪʃn] from job démission f; mental résignation f

re•signed [rɪ'zaɪnd] adj résigné; *we have become resigned to the fact that ...* nous nous sommes résignés au fait que ...

re•sil•i•ent [rɪ'zɪlɪənt] adj personality fort; material résistant

res•in ['rezɪn] résine f

re•sist [rɪ'zɪst] 1 v/t résister à; new measures s'opposer à 2 v/i résister

re•sist•ance [rɪ'zɪstəns] résistance f

re•sist•ant [rɪ'zɪstənt] adj material résistant

res•o•lute ['rezəluːt] adj résolu

res•o•lu•tion [rezə'luːʃn] résolution f

re•solve [rɪ'zɑːlv] v/t mystery résoudre; *resolve to do sth* se résoudre à faire qch

re•sort [rɪ'zɔːrt] n place lieu m de vacances; at seaside station f balnéaire; for health cures station f thermale; *as a last resort* en dernier ressort or recours

◆ resort to v/t avoir recours à, recourir à

◆ re•sound with [rɪ'zaʊnd] v/t résonner de

re•sound•ing [rɪ'zaʊndɪŋ] adj success, victory retentissant

re•source [rɪ'sɔːrs] ressource f; *be left to one's own resources* être livré à soi-même

re•source•ful [rɪ'sɔːrsfʊl] adj ingénieux*

re•spect [rɪ'spekt] 1 n respect m; *show respect to* montrer du respect pour; *with respect to* en ce qui concerne; *in this / that respect* à cet égard; *in many respects* à bien des égards; *pay one's last respects to s.o.* rendre un dernier hommage à qn 2 v/t respecter

re•spec•ta•bil•i•ty [rɪspektə'bɪlətɪ] respectabilité f

re•spec•ta•ble [rɪ'spektəbl] adj respectable

re•spec•ta•bly [rɪ'spektəblɪ] adv convenablement, comme il faut

R

re•spect•ful [rɪ'spektfəl] adj respectueux*

re•spect•ful•ly [rɪ'spektflɪ] adv respectueusement

re•spec•tive [rɪ'spektɪv] adj respectif*

re•spec•tive•ly [rɪ'spektɪvlɪ] adv respectivement

res•pi•ra•tion [respɪ'reɪʃn] respiration f

res•pi•ra•tor ['respɪreɪtər] MED respirateur m

re•spite ['respaɪt] répit m; *without respite* sans répit

re•spond [rɪ'spɑːnd] v/i répondre; (*react also*) réagir

re•sponse [rɪ'spɑːns] réponse f; (*reaction also*) réaction f

re•spon•si•bil•i•ty [rɪspɑːnsɪ'bɪlətɪ] responsabilité f; *accept responsibility for* accepter la responsabilité de; *a job with more responsibility* un poste avec plus de responsabilités

re•spon•si•ble [rɪ'spɑːnsəbl] adj responsable (*for* de); *a responsible job* un poste à responsabilités

re•spon•sive [rɪ'spɑːnsɪv] adj *audience* réceptif*; TECH qui répond bien

rest¹ [rest] 1 n repos m; *during walk, work* pause f; *set s.o.'s mind at rest* rassurer qn 2 v/i se reposer; *rest on* (*be based on*) reposer sur; (*lean against*) être appuyé contre; *it all rests with him* tout dépend de lui 3 v/t (*lean, balance*) poser

rest² [rest]: *the rest* objects le reste; *people* les autres

res•tau•rant ['restərɑnt] restaurant m

'res•tau•rant car wagon-restaurant m

'rest cure cure f de repos

rest•ful ['restfl] adj reposant

'rest home maison f de retraite

rest•less ['restlɪs] adj agité; *have a restless night* passer une nuit agitée; *be restless unable to stay in one place* avoir la bougeotte F

rest•less•ly ['restlɪslɪ] adv nerveusement

res•to•ra•tion [restə'reɪʃn] of building restauration f

re•store [rɪ'stɔːr] v/t building etc restaurer; (*bring back*) rendre, restituer; *confidence* redonner

re•strain [rɪ'streɪn] v/t retenir; *restrain o.s.* se retenir

re•straint [rɪ'streɪnt] (*moderation*) retenue f

re•strict [rɪ'strɪkt] v/t restreindre, limiter; *I'll restrict myself to ...* je me limiterai à ...

re•strict•ed [rɪ'strɪktɪd] adj restreint, limité

re•strict•ed 'ar•e•a MIL zone f interdite

re•stric•tion [rɪ'strɪkʃn] restriction f

'rest room toilettes fpl

re•sult [rɪ'zʌlt] n résultat m; *as a result of this* par conséquent

◆ result from v/t résulter de, découler de

◆ result in v/t entraîner, avoir pour résultat

re•sume [rɪ'zuːm] v/t & v/i reprendre

ré•su•mé ['rezʊmeɪ] of career curriculum m inv, C.V. m inv

re•sump•tion [rɪ'zʌmpʃn] reprise f

re•sur•face [riː'sɜːrfɪs] 1 v/t roads refaire (le revêtement de) 2 v/i (*reappear*) refaire surface

Res•ur•rec•tion [rezə'rekʃn] REL Résurrection f

re•sus•ci•tate [rɪ'sʌsɪteɪt] v/t réanimer

re•sus•ci•ta•tion [rɪsʌsɪ'teɪʃn] réanimation f

re•tail ['riːteɪl] 1 adv: *sell sth retail* vendre qch au détail 2 v/i: *retail at* se vendre à

re•tail•er ['riːteɪlər] détaillant(e) m(f)

're•tail out•let point m de vente, magasin m (de détail)

're•tail price prix m de détail

re•tain [rɪ'teɪn] v/t garder, conserver

re•tain•er [rɪ'teɪnər] FIN provision f

re•tal•i•ate [rɪ'tælɪeɪt] v/i riposter, se venger

re•tal•i•a•tion [rɪtælɪ'eɪʃn] riposte f; *in retaliation for* pour se venger de

re•tard•ed [rɪ'tɑːrdɪd] adj mentally attardé, retardé

re•think [riː'θɪŋk] v/t (pret & pp -thought) repenser

re•ti•cence ['retɪsns] réserve f

re•ti•cent ['retɪsnt] adj réservé

re•tire [rɪ'taɪr] v/i from work prendre sa retraite; fml: go to bed aller se coucher

re•tired [rɪ'taɪrd] adj à la retraite

re•tire•ment [rɪ'taɪrmənt] retraite f; act départ m à la retraite

re•tire•ment age âge m de la retraite

re•tir•ing [rɪ'taɪrɪŋ] adj réservé

re•tort [rɪ'tɔːrt] 1 n réplique f 2 v/t répliquer

re•trace [rɪ'treɪs] v/t: *retrace one's footsteps* revenir sur ses pas

re•tract [rɪ'trækt] v/t claws, undercarriage rentrer; statement retirer

re•train [riː'treɪn] v/i se recycler

re•treat [rɪ'triːt] 1 v/i also MIL battre en retraite 2 n MIL, place retraite f

re•trieve [rɪ'triːv] v/t récupérer

re•triev•er [rɪ'triːvər] dog chien m d'arrêt, retriever m

ret•ro•ac•tive [retroʊ'æktɪv] adj law etc rétroactif*

ret•ro•ac•tive•ly [retroʊ'æktɪvlɪ] adv ré-

R

troactivement, par rétroaction

ret•ro•grade ['retrəgreɪd] *adj move, decision* rétrograde

ret•ro•spect ['retrəspekt]: *in retrospect* rétrospectivement

ret•ro•spec•tive [retrə'spektɪv] *n* rétrospective *f*

re•turn [rɪ'tɜːrn] **1** *n* retour *m*; (*profit*) bénéfice *m*; *return (ticket)* Br aller *m* retour; *by return (mail)* par retour (du courrier); *many happy returns (of the day)* bon anniversaire; *in return for* en échange de; *contre* **2** *v/t* (*give back*) rendre; (*send back*) renvoyer; (*put back*) remettre; *return the favor* rendre la pareille **3** *v/i* (*go back*) retourner; (*come back*) revenir

re'turn flight vol *m* (de) retour

re'turn jour•ney retour *m*

re•u•ni•fi•ca•tion [riːjuːnɪfɪ'keɪʃn] réunification *f*

re•un•ion [riː'juːnjən] réunion *f*

re•u•nite [riːjuː'naɪt] *v/t* réunir; *country* réunifier

re•us•a•ble [riː'juːzəbl] *adj* réutilisable

re•use [riː'juːz] *v/t* réutiliser

rev [rev] *n*: *revs per minute* tours *mpl* par minute

◆ **rev up** *v/t* (*pret & pp* *-ved*) *engine* emballer

re•val•u•a•tion [riːvæljʊ'eɪʃn] réévaluation *f*

re•veal [rɪ'viːl] *v/t* révéler; (*make visible*) dévoiler

re•veal•ing [rɪ'viːlɪŋ] *adj remark* révélateur*; *dress* suggestif*

◆ **rev•el in** ['revl] *v/t* (*pret & pp* *-ed*, *Br* *-led*) se délecter de; *revel in doing sth* se délecter à faire qch

rev•e•la•tion [revə'leɪʃn] révélation *f*

re•venge [rɪ'vendʒ] *n* vengeance *f*; *take one's revenge* se venger; *in revenge for* pour se venger de

rev•e•nue ['revənuː] revenu *m*

re•ver•be•rate [rɪ'vɜːrbəreɪt] *v/i of sound* retentir, résonner

re•vere [rɪ'vɪr] *v/t* révérer

rev•e•rence ['revərəns] déférence *f*, respect *m*

Rev•e•rend ['revərənd] *Protestant* pasteur *m*; *Catholic* abbé *m*; *Anglican* révérend *m*

rev•e•rent ['revərənt] *adj* respectueux*

re•verse [rɪ'vɜːrs] **1** *adj sequence* inverse; *in reverse order* à l'envers **2** *n* (*opposite*) contraire *m*; (*back*) verso *m*; MOT *gear* marche *f* arrière **3** *v/t sequence* inverser; *vehicle* faire marche arrière avec **4** *v/i* MOT faire marche arrière

re•vert [rɪ'vɜːrt] *v/i*: *revert to* revenir à; *habit* reprendre; *the land reverted to …* la terre est retournée à l'état de …

re•view [rɪ'vjuː] **1** *n of book, movie* critique *f*; *of troops* revue *f*; *of situation etc* bilan *m* **2** *v/t book, movie* faire la critique de; *troops* passer en revue; *situation etc* faire le bilan de; EDU réviser

re•view•er [rɪ'vjuːər] *of book, movie* critique *m*

re•vise [rɪ'vaɪz] *v/t opinion* revenir sur; *text* réviser

re•vi•sion [rɪ'vɪʒn] *of text* révision *f*

re•viv•al [rɪ'vaɪvl] *of custom, old style etc* renouveau *m*; *of patient* rétablissement *m*; *a revival of interest in* un regain d'intérêt pour

re•vive [rɪ'vaɪv] **1** *v/t custom, old style etc* faire renaître; *patient* ranimer **2** *v/i of business* reprendre

re•voke [rɪ'vouk] *v/t law* abroger; *license* retirer

re•volt [rɪ'voult] **1** *n* révolte *f* **2** *v/i* se révolter

re•volt•ing [rɪ'voultɪŋ] *adj* répugnant

rev•o•lu•tion [revə'luːʃn] révolution *f*

rev•o•lu•tion•ar•y [revə'luːʃnərɪ] **1** *adj* révolutionnaire **2** *n* révolutionnaire *m/f*

rev•o•lu•tion•ize [revə'luːʃnaɪz] *v/t* révolutionner

re•volve [rɪ'vɑːlv] *v/i* tourner (*around* autour de)

re•volv•er [rɪ'vɑːlvər] revolver *m*

re•volv•ing door [rɪ'vɑːlvɪŋ] tambour *m*

re•vue [rɪ'vjuː] THEA revue *f*

re•vul•sion [rɪ'vʌlʃn] dégoût *m*, répugnance *f*

re•ward [rɪ'wɔːrd] **1** *n financial* récompense *f*; (*benefit derived*) gratification *f* **2** *v/t financially* récompenser

re•ward•ing [rɪ'wɔːrdɪŋ] *adj experience* gratifiant, valorisant

re•wind [riː'waɪnd] *v/t* (*pret & pp* *-wound*) *film, tape* rembobiner

re•wire [riː'waɪr] *v/t* refaire l'installation électrique de

re•write [riː'raɪt] *v/t* (*pret* *-wrote*, *pp* *-written*) réécrire

rhet•o•ric ['retərɪk] rhétorique *f*

rhe•tor•i•cal ques•tion [rɪ'tɑːrɪkl] question *f* pour la forme, question *f* rhétorique

rheu•ma•tism ['ruːmətɪzm] rhumatisme *m*

rhi•no•ce•ros [raɪ'nɑːsərəs] rhinocéros *m*

rhu•barb ['ruːbɑːrb] rhubarbe *f*

rhyme [raɪm] **1** *n* rime *f* **2** *v/i* rimer (*with* avec)

rhythm ['rɪðm] rythme *m*

rib [rɪb] ANAT côte *f*

rib•bon ['rɪbən] ruban *m*

rice [raɪs] riz *m*

rich [rɪtʃ] **1** *adj person, food* riche **2** *npl:* **the rich** les riches *mpl*

rich•ly ['rɪtʃlɪ] *adv deserved* largement, bien

rick•et•y ['rɪkətɪ] *adj* bancal, branlant

ric•o•chet ['rɪkəʃeɪ] *v/i* ricocher (*off* sur)

rid [rɪd] *v/t* (*pret & pp* **rid**): **get rid of** se débarrasser de

rid•dance ['rɪdns]: **good riddance!** bon débarras!

rid•den ['rɪdn] *pp* → **ride**

rid•dle¹ ['rɪdl] *n puzzle* devinette *f*

riddle² ['rɪdl] *v/t:* **be riddled with** être criblé de

ride [raɪd] **1** *n on horse* promenade *f* (à cheval); *excursion in vehicle* tour *m*; (*journey*) trajet *m*; **do you want a ride into town?** est-ce que tu veux que je t'emmène en ville?; **you've been taken for a ride** fig F tu t'es fait avoir F **2** *v/t* (*pret* **rode**, *pp* **ridden**) *horse* monter; *bike* se déplacer en; **can you ride a bike?** sais-tu faire du vélo?; **can I ride your bike?** est-ce que je peux monter sur ton vélo? **3** *v/i* (*pret* **rode**, *pp* **ridden**) *on horse* monter à cheval; *on bike* rouler (à vélo); **ride on a bus** prendre le bus / train; **those riding at the back of the bus** ceux qui étaient à l'arrière du bus

rid•er ['raɪdər] *on horse* cavalier(-ière) *m(f)*; *on bike* cycliste *m/f*

ridge [rɪdʒ] (*raised strip*) arête *f* (saillante); *along edge* rebord *m*; *of mountain* crête *f*; *of roof* arête *f*

rid•i•cule ['rɪdɪkjuːl] **1** *n* ridicule *m* **2** *v/t* ridiculiser

ri•dic•u•lous [rɪ'dɪkjələs] *adj* ridicule

ri•dic•u•lous•ly [rɪ'dɪkjələslɪ] *adv* ridiculement

rid•ing ['raɪdɪŋ] *on horseback* équitation *f*

ri•fle ['raɪfl] *n* fusil *m*, carabine *f*

rift [rɪft] *in earth* fissure *f*; *in party etc* division *f*, scission *f*

rig [rɪg] **1** *n* (*oil rig*) tour *f* de forage; *at sea* plateforme *f* de forage; (*truck*) semi-remorque *m* **2** *v/t* (*pret & pp* **-ged**) *elections* truquer

right [raɪt] **1** *adj* bon*; (*not left*) droit; **be right** *of answer* être juste; *of person* avoir raison; *of clock* être à l'heure; **it's not right to ...** ce n'est pas bien de ...; **the right thing to do** la chose à faire; **put things right** arranger les choses; **that's right!** c'est ça!; **that's all right** (*doesn't matter*) ce n'est pas grave; *when s.o. says*

thank you je vous en prie; **it's all right** (*is acceptable*) ça me va; **I'm all right** *not hurt* je vais bien; *have enough* ça ira pour moi; (*all*) **right, that's enough!** bon, ça suffit! **2** *adv* (*directly*) directement, juste; (*correctly*) correctement, bien; (*completely*) tout, complètement; (*not left*) à droite; **right now** (*immediately*) tout de suite; (*at the moment*) en ce moment; **it's right here** c'est juste là **3** *n civil, legal* droit *m*; (*not left*), POL droite *f*; **on the right** *also* POL à droite; **turn to the right, take a right** tourner à droite; **be in the right** avoir raison; **know right from wrong** savoir discerner le bien du mal

'right-an•gle angle *m* droit; **at right-angles to** perpendiculairement à

'right•ful ['raɪtfəl] *adj heir, owner etc* légitime

'right-hand *adj:* **on the right-hand side** à droite

right-hand 'drive MOT (voiture *f* avec) conduite *f* à droite

right-hand•ed [raɪt'hændɪd] *adj person* droitier*

right-hand 'man bras *m* droit

right of 'way *in traffic* priorité *f*; *across land* droit *m* de passage

right 'wing POL droite *f*; SP ailier *m* droit

right-'wing *adj* POL de droite

right-wing ex'trem•ist POL extrémiste *m/f* de droite

rig•id ['rɪdʒɪd] *adj also fig* rigide

rig•or ['rɪgər] *of discipline* rigueur *f*

rig•or•ous ['rɪgərəs] *adj* rigoureux*

rig•or•ous•ly ['rɪgərəslɪ] *adv check, examine* rigoureusement

rig•our Br → **rigor**

rile [raɪl] *v/t* F agacer

rim [rɪm] *of wheel* jante *f*; *of cup* bord *m*; *of eyeglasses* monture *f*

ring¹ [rɪŋ] *n* (*circle*) cercle *m*; *on finger* anneau *m*; *in boxing* ring *m*; *at circus* piste *f*

ring² [rɪŋ] **1** *n of bell* sonnerie *f*; *of voice* son *m*; **give s.o. a ring** Br TELEC passer un coup de fil à qn **2** *v/t* (*pret* **rang**, *pp* **rung**) *bell* (faire) sonner; Br TELEC téléphoner à **3** *v/i* (*pret* **rang**, *pp* **rung**) *of bell* sonner, retentir; Br TELEC téléphoner; **please ring for attention** prière de sonner

'ring•lead•er meneur(-euse) *m(f)*

'ring-pull anneau *m* (d'ouverture)

rink [rɪŋk] patinoire *f*

rinse [rɪns] **1** *n for hair color* rinçage *m* **2** *v/t clothes, dishes, hair* rincer

ri•ot ['raɪət] **1** *n* émeute *f* **2** *v/i* participer à une émeute; **start to riot** créer une émeute

R

ri•ot•er ['raɪətər] émeutier(-ière) m(f)
'ri•ot po•lice police f anti-émeute
rip [rɪp] **1** n in cloth etc accroc m **2** v/t (pret & pp -**ped**) cloth etc déchirer; **rip sth open** letter ouvrir qch à la hâte
◆ **rip off** v/t F cheat arnaquer F
◆ **rip up** v/t letter, sheet déchirer
ripe [raɪp] adj mûr
rip•en ['raɪpn] v/i of fruit mûrir
ripe•ness ['raɪpnɪs] of fruit maturité f
'rip-off F arnaque f F
rip•ple ['rɪpl] on water ride f, ondulation f
rise [raɪz] **1** v/i (pret **rose**, pp **risen**) from chair, bed, of sun se lever; of rocket, price, temperature monter **2** n in price, temperature hausse f, augmentation f; in water level élévation f, augmentation f; Br: in salary augmentation f; **give rise to** donner lieu à, engendrer
ris•en ['rɪzn] pp → **rise**
ris•er ['raɪzər]: **be an early riser** être matinal, être lève-tôt inv F; **be a late riser** être lève-tard inv F
risk [rɪsk] **1** n risque m; **take a risk** prendre un risque **2** v/t risquer; **let's risk it** c'est un risque à courir, il faut tenter le coup F
risk•y ['rɪskɪ] adj risqué
ris•qué [rɪ'skeɪ] adj osé
rit•u•al ['rɪtʊəl] **1** adj rituel* **2** n rituel m
ri•val ['raɪvl] **1** n rival(e) m(f) **2** v/t (match) égaler; (compete with) rivaliser avec; **I can't rival that** je ne peux pas faire mieux
ri•val•ry ['raɪvlrɪ] rivalité f
riv•er ['rɪvər] rivière f; bigger fleuve m
'riv•er•bank rive f
'riv•er•bed lit m de la rivière / du fleuve
'riv•er•side **1** adj en bord de rivière **2** n berge f, bord m de l'eau
riv•et ['rɪvɪt] **1** n rivet m **2** v/t riveter, river
riv•et•ing ['rɪvɪtɪŋ] adj story etc fascinant
Riv•i•er•a [rɪvɪ'erə] French Côte f d'Azur
road [roʊd] route f; in city rue f; **it's just down the road** c'est à deux pas d'ici
'road•block barrage m routier
'road hog chauffard m
'road-hold•ing of vehicle tenue f de route
'road map carte f routière
road 'safe•ty sécurité f routière
'road•side: **at the roadside** au bord de la route
'road•sign panneau m (de signalisation)
'road•way chaussée f
'road•wor•thy adj en état de marche
roam [roʊm] v/i errer
roar [rɔːr] **1** n rugissement m; of rapids, traffic grondement m; of engine vrombissement m **2** v/i rugir; of rapids, traffic

gronder; of engine vrombir; **roar with laughter** hurler de rire, rire à gorge déployée
roast [roʊst] **1** n of beef etc rôti m **2** v/t rôtir **3** v/i of food rôtir; **we're roasting** on étouffe
roast 'beef rôti m de bœuf, rosbif m
roast 'pork rôti m de porc
rob [rɑːb] v/t (pret & pp -**bed**) person voler, dévaliser; bank cambrioler, dévaliser; **I've been robbed** j'ai été dévalisé
rob•ber ['rɑːbər] voleur(-euse) m(f)
rob•ber•y ['rɑːbərɪ] vol m
robe [roʊb] of judge, priest robe f; (bathrobe) peignoir m; (dressing gown) robe f de chambre
rob•in ['rɑːbɪn] rouge-gorge m
ro•bot ['roʊbɑːt] robot m
ro•bust [roʊ'bʌst] adj robuste
rock [rɑːk] **1** n rocher m; MUS rock m; **on the rocks** drink avec des glaçons; marriage en pleine débâcle **2** v/t baby bercer; cradle balancer; (surprise) secouer, ébranler **3** v/i on chair, of boat se balancer
'rock band groupe m de rock
rock 'bot•tom: **reach rock bottom** toucher le fond; of levels of employment, currency être au plus bas
'rock-bot•tom adj price le plus bas possible
'rock climb•er varappeur(-euse) m(f)
'rock climb•ing varappe f
rock•et ['rɑːkɪt] **1** n fusée f **2** v/i of prices etc monter en flèche
'rock•ing chair ['rɑːkɪŋ] rocking-chair m
'rock•ing horse cheval m à bascule
rock 'n' roll [rɑːkn'roʊl] rock-and-roll m inv
'rock star rock-star f
rock•y ['rɑːkɪ] adj rocheux*; path rocailleux*; F marriage instable, précaire; **I'm feeling kind of rocky** F je ne suis pas dans mon assiette F
Rock•y 'Moun•tains npl Montagnes fpl Rocheuses
rod [rɑːd] baguette f, tige f; for fishing canne f à pêche
rode [roʊd] pret → **ride**
ro•dent ['roʊdnt] rongeur m
rogue [roʊg] vaurien m, coquin m
role [roʊl] rôle m
'role mod•el modèle m
roll [roʊl] **1** n (bread roll) petit pain m; of film pellicule f; of thunder grondement m; (list, register) liste f **2** v/i of ball, boat rouler **3** v/t: **roll sth into a ball** mettre qch en boule; **roll sth along the ground** faire rouler qch sur le sol
◆ **roll over 1** v/i se retourner **2** v/t person,

object tourner; (*renew*) renouveler; (*extend*) prolonger

◆ **roll up** *v/t sleeves* retrousser **2** *v/i* F (*arrive*) se pointer F

'roll call appel *m*

roll•er ['roulər] *for hair* rouleau *m*, bigoudi *m*

'roll•er blade® *n* roller *m* (en ligne)

roll•er coast•er ['roulərkoustər] montagnes *fpl* russes

'roll•er skate *n* patin *m* à roulettes

'roll•ing pin ['roulɪŋ] rouleau *m* à pâtisserie

ROM [rɑːm] *abbr* COMPUT (= *read only memory*) ROM *f*, mémoire *f* morte

Ro•man ['roumən] **1** *adj* romain **2** *n* Romain(e) *m(f)*

Ro•man Cath•o•lic 1 *adj* REL catholique **2** *n* catholique *m/f*

ro•mance [roumæns] (*affair*) idylle *f*; *novel, movie* histoire *f* d'amour

ro•man•tic [rou'mæntɪk] *adj* romantique

ro•man•ti•cal•ly [rou'mæntɪklɪ] *adv* de façon romantique; *be romantically involved with s.o.* avoir une liaison avec qn

roof [ruːf] toit *m*; *have a roof over one's head* avoir un toit

'roof box MOT coffre *m* de toit

'roof-rack MOT galerie *f*

rook•ie ['rukɪ] F bleu *m* F

room [ruːm] *n* pièce *f*, salle *f*; (*bedroom*) chambre *f*; (*space*) place *f*; *there's no room for* il n'y a pas de place pour

'room clerk réceptionniste *m*

roommate *in apartment* colocataire *m/f*; *in room* camarade *m/f* de chambre

'room ser•vice service *m* en chambre

'room tem•per•a•ture température *f* ambiante

room•y ['ruːmɪ] *adj* spacieux*; *clothes* ample

root [ruːt] *n of plant, word* racine *f*; *roots of person* racines *fpl*

◆ **root for** *v/t* F encourager

◆ **root out** *v/t* (*get rid of*) éliminer; (*find*) dénicher

rope [roup] corde *f*; *show s.o. the ropes* F montrer à qn comment ça marche

◆ **rope off** *v/t* fermer avec une corde

ro•sa•ry ['rouzərɪ] REL rosaire *m*, chapelet *m*

rose¹ [rouz] BOT rose *f*

rose² [rouz] *pret* → *rise*

rose•ma•ry ['rouzmərɪ] romarin *m*

ros•ter ['rɑːstər] tableau *m* de service

ros•trum ['rɑːstrəm] estrade *f*

ros•y ['rouzɪ] *adj also fig* rose

rot [rɑːt] **1** *n* pourriture *f* **2** *v/i* (*pret & pp*

-ted) pourrir

ro•tate [rou'teɪt] **1** *v/i* tourner **2** *v/t* (*turn*) (faire) tourner; *crops* alterner

ro•ta•tion [rou'teɪʃn] rotation *f*; *do sth in rotation* faire qch à tour de rôle

rot•ten ['rɑːtn] *adj food, wood etc* pourri; F *trick, thing to do* dégueulasse F; *weather, luck* pourri F

rough [rʌf] **1** *adj surface* rugueux*; *hands, skin* rêche; *voice* rude; (*violent*) brutal; *crossing, seas* agité; (*approximate*) approximatif*; *rough draft* brouillon *m* **2** *adv*: *sleep rough* dormir à la dure **3** *n in golf* rough *m* **4** *v/t*: *rough it* F vivre à la dure

◆ **rough up** *v/t* F tabasser F

rough•age ['rʌfɪdʒ] *n in food* fibres *fpl*

rough•ly ['rʌflɪ] *adv* (*approximately*) environ, à peu près; (*harshly*) brutalement; *roughly speaking* en gros

round [raund] **1** *adj* rond, circulaire; *in round figures* en chiffres ronds **2** *n of mailman, doctor* tournée *f*; *of toast* tranche *f*; *of drinks* tournée *f*; *of competition* manche *f*, tour *m*; *in boxing match* round *m* **3** *v/t corner* tourner **4** *adv & prep* → **around**

◆ **round off** *v/t edges* arrondir; *meeting, night out* conclure

◆ **round up** *v/t figure* arrondir; *suspects* ramasser F

round•a•bout ['raundəbaut] **1** *adj* détourné, indirect; *come by a roundabout route* faire un détour **2** *n Br: on road* rond-point *m*

'round-the-world *adj* autour du monde

round 'trip aller-retour *m*

round trip 'tick•et billet *m* aller-retour

'round-up *of cattle* rassemblement *m*; *of suspects* rafle *f*; *of news* résumé *m*

rouse [rauz] *v/t from sleep* réveiller; *interest, emotions* soulever

rous•ing ['rauzɪŋ] *adj speech, finale* exaltant

route [raut] *n* itinéraire *m*

rou•tine [ruː'tiːn] **1** *adj* de routine; *behavior* routinier **2** *n* routine *f*; *as a matter of routine* systématiquement

row¹ [rou] *n* (*line*) rangée *f*; *of troops* rang *m*; *5 days in a row* 5 jours de suite

row² [rou] **1** *v/t*: *he rowed them across the river* il leur a fait traverser la rivière en barque **2** *v/i* ramer

row³ [rau] *n* (*quarrel*) dispute *f*; (*noise*) vacarme *m*

'row•boat ['roubout] bateau *m* à rames

row•dy ['raudɪ] *adj* tapageur*, bruyant

roy•al ['rɔɪəl] *adj* royal

R

roy•al•ty ['rɔɪəltɪ] *(royal persons)* (membres *mpl* de) la famille royale; *on book, recording* droits *mpl* d'auteur

rub [rʌb] *v/t* (*pret & pp* **-bed**) frotter

◆ **rub down** *v/t paintwork* poncer; *with towel* se sécher

◆ **rub in** *v/t cream, ointment* faire pénétrer; **don't rub it in!** *fig* pas besoin d'en rajouter! F

◆ **rub off** 1 *v/t* enlever (en frottant) 2 *v/i:* **rub off on s.o.** déteindre sur qn

rub•ber ['rʌbər] 1 *n material* caoutchouc *m*; P *(condom)* capote *f* F 2 *adj* en caoutchouc

rub•ber band élastique *m*

rub•ber 'gloves *npl* gants *mpl* en caoutchouc

'rub•ber•neck F *at accident etc* badaud(e) *m(f)*

rub•ble ['rʌbl] *from building* gravats *mpl*, décombres *mpl*

ru•by ['ruːbɪ] *n jewel* rubis *m*

ruck•sack ['rʌksæk] sac *m* à dos

rud•der ['rʌdər] gouvernail *m*

rud•dy ['rʌdɪ] *adj complexion* coloré

rude [ruːd] *adj* impoli; *word, gesture* grossier*

rude•ly ['ruːdlɪ] *adv (impolitely)* impoliment

rude•ness ['ruːdnɪs] impolitesse *f*

ru•di•men•ta•ry [ruːdɪ'mentərɪ] *adj* rudimentaire

ru•di•ments ['ruːdɪmənts] *npl* rudiments *mpl*

rue•ful ['ruːfl] *adj* contrit, résigné

rue•ful•ly ['ruːfəlɪ] *adv* avec regret; *smile* d'un air contrit

ruf•fi•an ['rʌfɪən] voyou *m*, brute *f*

ruf•fle ['rʌfl] 1 *n on dress* ruche *f* 2 *v/t hair* ébouriffer; *person* énerver; **get ruffled** s'énerver

rug [rʌg] tapis *m*; *blanket* couverture *f*; **travel rug** plaid *m*, couverture *f* de voyage

rug•by ['rʌgbɪ] rugby *m*

'rug•by match match *m* de rugby

'rug•by play•er joueur *m* de rugby, rugbyman *m*

rug•ged ['rʌgɪd] *adj scenery, cliffs* découpé, escarpé; *face* aux traits rudes; *resistance* acharné

ru•in ['ruːɪn] 1 *n* ruine *f*; **in ruins** en ruine 2 *v/t* ruiner; *party, birthday, plans* gâcher; **be ruined** *financially* être ruiné

rule [ruːl] 1 *n* règle *f*; *of monarch* règne *m*; **as a rule** en règle générale 2 *v/t country* diriger, gouverner; **the judge ruled that ...** le juge a déclaré que ... 3 *v/i of monarch* régner

◆ **rule out** *v/t* exclure

rul•er ['ruːlər] *for measuring* règle *f*; *of state* dirigeant(e) *m(f)*

rul•ing ['ruːlɪŋ] 1 *n* décision *f* 2 *adj party* dirigeant, au pouvoir

rum [rʌm] *n drink* rhum *m*

rum•ble ['rʌmbl] *v/i of stomach* gargouiller; *of thunder* gronder

◆ **rum•mage around** ['rʌmɪdʒ] *v/i* fouiller

'rum•mage sale vente *f* de bric-à-brac

ru•mor, *Br* **ru•mour** ['ruːmər] 1 *n* bruit *m*, rumeur *f* 2 *v/t:* **it is rumored that ...** il paraît que ..., le bruit court que ...

rump [rʌmp] *of animal* croupe *f*

rum•ple ['rʌmpl] *v/t clothes, paper* froisser

'rump•steak rumsteck *m*

run [rʌn] 1 *n on foot* course *f*; *in pantyhose* échelle *f*; **the play has had a three-year run** la pièce est restée trois ans à l'affiche; **go for a run** *for exercise* aller courir; **make a run for it** s'enfuir; **a criminal on the run** un criminel en cavale F; **in the short / long run** à court / long terme; **a run on the dollar** une ruée sur le dollar 2 *v/i* (*pret* **ran**, *pp* **run**) *of person, animal* courir; *of river, paint, makeup, nose, faucet* couler; *of trains, buses* passer, circuler; *of eyes* pleurer; *of play* être à l'affiche, se jouer; *of engine, machine* marcher, tourner; *of software* fonctionner; *in election* se présenter; **run for President** être candidat à la présidence 3 *v/t* (*pret* **ran**, *pp* **run**) *race, 3 miles* courir; *business, hotel, project etc* diriger; *software* exécuter, faire tourner; *car* entretenir; *risk* courir; **he risk his eye down the page** il lut la page en diagonale

◆ **run across** *v/t (meet, find)* tomber sur

◆ **run away** *v/i* s'enfuir; **run away (from home)** *for a while* faire une fugue; *for good* s'enfuir de chez soi; **run away with s.o./sth** partir avec qn / qch

◆ **run down** 1 *v/t (knock down)* renverser; *(criticize)* critiquer; *stocks* diminuer 2 *v/i of battery* se décharger

◆ **run into** *v/t (meet)* tomber sur; *difficulties* rencontrer

◆ **run off** 1 *v/i* s'enfuir 2 *v/t (print off)* imprimer, tirer

◆ **run out** *v/i of contract* expirer; *of time* s'écouler; *of supplies* s'épuiser

◆ **run out of** *v/t time, patience, supplies* ne plus avoir de; **I run out of gas** je suis tombé en panne d'essence

◆ **run over** 1 *v/t (knock down)* renverser; *(go through)* passer en revue, récapituler 2 *v/i of water etc* déborder

◆ **run through** *v/t (rehearse)* répéter; *(go*

over) passer en revue, récapituler

◆ **run up** *v/t debts* accumuler; *clothes* faire re

'**run•a•way** *n* fugueur(-euse) *m(f)*

run-'down *adj person* fatigué, épuisé; *area, building* délabré

rung[1] [rʌŋ] *of ladder* barreau *m*

rung[2] [rʌŋ] *pp* → **ring**

run•ner ['rʌnər] coureur(-euse) *m(f)*

run•ner 'beans *npl* haricots *mpl* d'Espagne

run•ner-'up second(e) *m(f)*

run•ning ['rʌnɪŋ] **1** *n* SP course *f*; *of business* direction *f*, gestion *f* **2** *adj*: **for two days running** pendant deux jours de suite

'**run•ning mate** POL candidat *m* à la vice-présidence

run•ning 'wa•ter eau *f* courante

run•ny ['rʌnɪ] *adj substance* liquide; *nose* qui coule

'**run-up** SP élan *m*; **in the run-up to** pendant la période qui précède, juste avant

'**run•way** AVIAT piste *f*

rup•ture ['rʌptʃər] **1** *n also fig* rupture *f* **2** *v/i of pipe* éclater

ru•ral ['rʊrəl] *adj* rural

ruse [ru:z] ruse *f*

rush [rʌʃ] **1** *n* ruée *f*, course *f*; **do sth in a rush** faire qch en vitesse *or* à la hâte; **be**

in a rush être pressé; **what's the big rush?** pourquoi se presser? **2** *v/t person* presser, bousculer; *meal* avaler (à toute vitesse); **rush s.o. to the hospital** emmener qn d'urgence à l'hôpital **3** *v/i* se presser, se dépêcher

'**rush hour** heures *fpl* de pointe

Rus•sia ['rʌʃə] Russie *f*

Rus•sian ['rʌʃən] **1** *adj* russe **2** *n* Russe *m/f*; *language* russe *m*

rust [rʌst] **1** *n* rouille *f* **2** *v/i* se rouiller

rus•tle[1] ['rʌsl] **1** *n* of silk, leaves bruissement *m* **2** *v/i* of silk, leaves bruisser

rus•tle[2] ['rʌsl] *v/t cattle* voler

'**rust-proof** *adj* antirouille *inv*

rust re•mov•er ['rʌstrimu:vər] antirouille *m*

rust•y ['rʌstɪ] *adj also fig* rouillé; **I'm a little rusty** j'ai un peu perdu la main

rut [rʌt] *in road* ornière *f*; **be in a rut** *fig* être tombé dans la routine

ruth•less ['ru:θlɪs] *adj* impitoyable, sans pitié

ruth•less•ly ['ru:θlɪslɪ] *adv* impitoyablement

ruth•less•ness ['ru:θlɪsnɪs] dureté *f* (impitoyable)

rye [raɪ] seigle *m*

'**rye bread** pain *m* de seigle

S

sab•bat•i•cal [sə'bætɪkl] *n*: **year's sabbatical** année *f* sabbatique

sab•o•tage ['sæbətɑːʒ] **1** *n* sabotage *m* **2** *v/t* saboter

sab•o•teur [sæbə'tɜːr] saboteur(-euse) *m(f)*

sac•cha•rin ['sækərɪn] saccharine *f*

sa•chet ['sæʃeɪ] *of shampoo, cream etc* sachet *m*

sack [sæk] **1** *n bag, for groceries* sac *m*; **get the sack** F se faire virer F **2** *v/t* F virer F

sa•cred ['seɪkrɪd] *adj* sacré

sac•ri•fice ['sækrɪfaɪs] **1** *n* sacrifice *m*; **make sacrifices** *fig* faire des sacrifices **2** *v/t also fig* sacrifier

sac•ri•lege ['sækrɪlɪdʒ] REL, *fig* sacrilège *m*

sad [sæd] *adj* triste

sad•dle ['sædl] **1** *n* selle *f* **2** *v/t horse* seller; **saddle s.o. with sth** *fig* mettre qch sur le dos de qn

sa•dism ['seɪdɪzm] sadisme *m*

sa•dist ['seɪdɪst] sadique *m/f*

sa•dis•tic [sə'dɪstɪk] *adj* sadique

sad•ly ['sædlɪ] *adv say, sing etc* tristement; *(regrettably)* malheureusement

sad•ness ['sædnɪs] tristesse *f*

safe [seɪf] **1** *adj (not dangerous)* pas dangereux*; *driver* prudent; *(not in danger)* en sécurité; *investment, prediction* sans risque **2** *n* coffre-fort *m*

'**safe•guard 1** *n*: **as a safeguard against** par mesure de protection contre **2** *v/t* protéger

'**safe•keep•ing**: **give sth to s.o. for safekeeping** confier qch à qn

safe•ly ['seɪflɪ] *adv arrive, (successfully)*

S

bel et bien; *drive, assume* sans risque
safe•ty ['seɪftɪ] *of equipment, wiring, person* sécurité *f; of investment, prediction* sûreté *f*
'safe•ty belt ceinture *f* de sécurité
'safe•ty-con•scious *adj* sensible à la sécurité
safe•ty 'first: *learn safety first* apprendre à faire attention sur la route
'safe•ty pin épingle *f* de nourrice
sag [sæg] **1** *n in ceiling etc* affaissement *m* **2** *v/i (pret & pp **-ged**) of ceiling* s'affaisser; *of rope* se détendre; *fig: of output, production* fléchir
sa•ga ['sɑːgə] saga *f*
sage [seɪdʒ] *n herb* sauge *f*
Sa•git•tar•i•us [sædʒɪ'teriəs] ASTROL Sagittaire *m*
said [sed] *pret & pp → say*
sail [seɪl] **1** *n of boat* voile *f; trip* voyage *m* (en mer); *go for a sail* faire un tour (en bateau) **2** *v/t yacht* piloter **3** *v/i* faire de la voile; *depart* partir
'sail•board 1 *n* planche *f* à voile **2** *v/i* faire de la planche à voile
'sail•board•ing planche *f* à voile
'sail•boat bateau *m* à voiles
sail•ing ['seɪlɪŋ] SP voile *f*
'sail•ing ship voilier *m*
sail•or ['seɪlər] marin *m; be a good / bad sailor* avoir / ne pas avoir le pied marin
'sailor's knot nœud *m* plat
saint [seɪnt] saint(e) *m(f)*
sake [seɪk]: *for my / your sake* pour moi / toi; *for the sake of* pour
sal•ad ['sæləd] salade *f*
'sal•ad dress•ing vinaigrette *f*
sal•a•ry ['sælərɪ] salaire *m*
'sal•a•ry scale échelle *f* des salaires
sale [seɪl] vente *f; reduced prices* soldes *mpl; for sale sign* à vendre; *be on sale* être en vente; *at reduced prices* être en solde
sales [seɪlz] *npl department* vente *f*
'sales clerk *in store* vendeur(-euse) *m(f)*
'sales fig•ures *npl* chiffre *m* d'affaires
'sales•man vendeur *m; (rep)* représentant *m*
'sales man•ag•er directeur *m* commercial, directrice *f* commerciale
'sales meet•ing réunion *f* commerciale
'sales team équipe *f* de vente
'sales•wom•an vendeuse *f*
sa•lient ['seɪlɪənt] *adj* marquant
sa•li•va [sə'laɪvə] salive *f*
salm•on ['sæmən] *(pl salmon)* saumon *m*
sa•loon [sə'luːn] *(bar)* bar *m*
salt [sɒlt] **1** *n* sel *m* **2** *v/t food* saler
'salt•cel•lar salière *f*

salt 'wa•ter eau *f* salée
'salt-wa•ter fish poisson *m* de mer
salt•y ['sɒltɪ] *adj* salé
sal•u•tar•y ['sæljʊtərɪ] *adj experience* salutaire
sa•lute [sə'luːt] **1** *n* MIL salut *m; take the salute* passer les troupes en revue **2** *v/t* MIL, *fig* saluer **3** *v/i* MIL faire un salut
sal•vage ['sælvɪdʒ] *v/t from wreck* sauver
sal•va•tion [sæl'veɪʃn] *also fig* salut *m*
Sal•va•tion 'Ar•my Armée *f* du Salut
same [seɪm] **1** *adj* même **2** *pron: the same* le / la même; *pl* les mêmes; *Happy New Year - the same to you* Bonne année - à vous aussi; *he's not the same any more* il n'est plus celui qu'il était; *all the same (even so)* quand même; *men are all the same* les hommes sont tous les mêmes; *it's all the same to me* cela m'est égal **3** *adv: smell / look / sound the same* se ressembler, être pareil
sam•ple ['sɑːmpl] *n of work, cloth* échantillon *m; of urine* échantillon *m,* prélèvement *m; of blood* prélèvement *m*
sanc•ti•mo•ni•ous [sæŋktɪ'moʊnɪəs] *adj* moralisateur*
sanc•tion ['sæŋkʃn] **1** *n (approval)* approbation *f; (penalty)* sanction *f* **2** *v/t (approve)* approuver
sanc•ti•ty ['sæŋktətɪ] caractère *m* sacré
sanc•tu•a•ry ['sæŋktʃʊerɪ] REL sanctuaire *m; for wild animals* réserve *f*
sand [sænd] **1** *n* sable *m* **2** *v/t with sandpaper* poncer au papier de verre
san•dal ['sændl] sandale *f*
'sand•bag sac *m* de sable
'sand•blast *v/t* décaper au jet de sable
'sand dune dune *f*
sand•er ['sændər] *tool* ponceuse *f*
'sand•pa•per 1 *n* papier *m* de verre **2** *v/t* poncer au papier de verre
'sand•stone grès *m*
sand•wich ['sænwɪtʃ] **1** *n* sandwich *m* **2** *v/t: be sandwiched between two …* être coincé entre deux …
sand•y ['sændɪ] *adj beach* de sable; *soil* sablonneux*; *feet, towel* plein de sable; *hair* blond roux
sane [seɪn] *adj* sain (d'esprit)
sang [sæŋ] *pret → sing*
san•i•tar•i•um [sænɪ'terɪəm] sanatorium *m*
san•i•ta•ry ['sænɪterɪ] *adj conditions, installations* sanitaire; *(clean)* hygiénique
'san•i•ta•ry nap•kin serviette *f* hygiénique
san•i•ta•tion [sænɪ'teɪʃn] *(sanitary installations)* installations *fpl* sanitaires; *(removal of waste)* système *m* sanitaire

san·i·ta·tion de·part·ment voirie *f*

san·i·ety ['sænətɪ] santé *f* mentale

sank [sæŋk] *pret* → **sink**

San·ta Claus ['sæntəklɔːz] le Père Noël

sap [sæp] **1** *n in tree* sève *f* **2** *v/t* (*pret & pp -ped*) *s.o.'s energy* saper

sap·phire ['sæfaɪr] *n* jewel saphir *m*

sar·casm ['sɑːrkæzm] sarcasme *m*

sar·cas·tic [sɑːr'kæstɪk] *adj* sarcastique

sar·cas·ti·cal·ly [sɑːr'kæstɪklɪ] *adv* sarcastiquement

sar·dine [sɑːr'diːn] sardine *f*

sar·don·ic [sɑːr'dɑːnɪk] *adj* sardonique

sar·don·i·cal·ly [sɑːr'dɑːnɪklɪ] *adv* sardoniquement

sash [sæʃ] *on dress* large ceinture *f* à nœud; *on uniform* écharpe *f*

sat [sæt] *pret & pp* → **sit**

Sa·tan ['seɪtn] Satan *m*

satch·el ['sætʃl] *for schoolchild* cartable *m*

sat·el·lite ['sætəlaɪt] satellite *m*

sat·el·lite dish antenne *f* parabolique

sat·el·lite T'V télévision *f* par satellite

sat·in ['sætɪn] *n* satin *m*

sat·ire ['sætaɪr] satire *f*

sa·tir·i·cal [sə'tɪrɪkl] *adj* satirique

sat·i·rist ['sætərɪst] satiriste *m/f*

sat·i·rize ['sætəraɪz] *v/t* satiriser

sat·is·fac·tion [sætɪs'fækʃn] satisfaction *f*; *get satisfaction out of doing sth* trouver de la satisfaction à faire qch; *I get a lot of satisfaction out of my job* mon travail me donne grande satisfaction; *is that to your satisfaction?* êtes-vous satisfait?

sat·is·fac·to·ry [sætɪs'fæktərɪ] *adj* satisfaisant; (*just good enough*) convenable; *this is not satisfactory* c'est insuffisant

sat·is·fy ['sætɪsfaɪ] *v/t* (*pret & pp -ied*) satisfaire; *I am satisfied* had enough to eat je n'ai plus faim; *I am satisfied that he ... convinced* je suis convaincu qu'il ...; *I hope you're satisfied!* te voilà satisfait!

Sat·ur·day ['sætərdeɪ] samedi *m*

sauce [sɔːs] sauce *f*

'sauce·pan casserole *f*

sau·cer ['sɔːsər] soucoupe *f*

sau·cy ['sɔːsɪ] *adj person, dress* déluré

Sa·u·di A·ra·bi·a [saʊdɪə'reɪbɪə] Arabie *f* saoudite

Sa·u·di A·ra·bi·an [saʊdɪə'reɪbɪən] **1** *adj* saoudien* **2** *n* Saoudien(ne) *m(f)*

sau·na ['sɔːnə] sauna *m*

saun·ter ['sɔːntər] *v/i* flâner

sau·sage ['sɔːsɪdʒ] saucisse *f*; *dried* saucisson *m*

sav·age ['sævɪdʒ] **1** *adj* féroce **2** *n* sauvage *m/f*

sav·age·ry ['sævɪdʒrɪ] férocité *f*

save [seɪv] **1** *v/t* (*rescue*) SP sauver; (*economize, put aside*) économiser; (*collect*) faire collection de; COMPUT sauvegarder **2** *v/i* (*put money aside*) faire des économies; SP arrêter le ballon **3** *n* SP arrêt *m*

◆ **save up for** *v/t* économiser pour acheter

sav·er ['seɪvər] *person* épargneur(-euse) *m(f)*

sav·ing ['seɪvɪŋ] (*amount saved*) économie *f*; *activity* épargne *f*

sav·ings ['seɪvɪŋz] *npl* économies *fpl*

'sav·ings ac·count compte *m* d'épargne

sav·ings and 'loan caisse *f* d'épargne-logement

'sav·ings bank caisse *f* d'épargne

sa·vior, *Br* **sa·viour** ['seɪvjər] REL sauveur *m*

sa·vor ['seɪvər] *v/t* savourer

sa·vor·y ['seɪvərɪ] *adj* (*not sweet*) salé

sa·vour *etc Br* → **savor** *etc*

saw[1] [sɔː] *pret* → **see**

saw[2] [sɔː] **1** *n tool* scie *f* **2** *v/t* scier

◆ **saw off** *v/t* enlever à la scie

'saw·dust sciure *f*

sax·o·phone ['sæksəfoun] saxophone *m*

say [seɪ] **1** *v/t* (*pret & pp* **said**) dire; *that is to say* c'est-à-dire; *what do you say to that?* qu'est-ce que tu en penses?; *what does the note say?* que dit le message? **2** *n*: *have one's say* dire ce qu'on a à dire; *have a say in sth* avoir son mot à dire dans qch

say·ing ['seɪɪŋ] dicton *m*

scab [skæb] *on wound* croûte *f*

scaf·fold·ing ['skæfəldɪŋ] échafaudage *m*

scald [skɔːld] *v/t* ébouillanter

scale[1] [skeɪl] *on fish* écaille *f*

scale[2] [skeɪl] **1** *n of project, map etc, on thermometer* échelle *f*; MUS gamme *f*; *on a larger / smaller scale* à plus grande / petite échelle **2** *v/t cliffs etc* escalader

◆ **scale down** *v/t* réduire l'ampleur de

scale 'draw·ing dessin *m* à l'échelle

scales [skeɪlz] *npl for weighing* balance *f*

scal·lop ['skæləp] *n shellfish* coquille *f* Saint-Jacques

scalp [skælp] *n cuir m* chevelu

scal·pel ['skælpl] scalpel *m*

scam [skæm] F arnaque *m* F

scan [skæn] **1** *n* MED scanographie *f* **2** *v/t* (*pret & pp -ned*) *horizon, page* parcourir du regard; MED faire une scanographie de; COMPUT scanner

◆ **scan in** *v/t* COMPUT scanner

scan·dal ['skændl] scandale *m*

scan·dal·ize ['skændəlaɪz] *v/t* scandaliser

scan·dal·ous ['skændələs] *adj* scanda-

S

leux*

Scan•di•na•vi•a [skændɪˈneɪvɪə] Scandinavie f

Scan•di•na•vi•an [skændɪˈneɪvɪən] **1** adj scandinave **2** n Scandinave m/f

scan•ner [ˈskænər] MED, COMPUT scanneur m

scant [skænt] adj: **have scant consideration for sth** attacher peu d'importance à qch

scant•i•ly [ˈskæntɪlɪ] adv: **scantily clad** en tenue légère

scant•y [ˈskæntɪ] adj dress réduit au minimum

scape•goat [ˈskeɪpɡoʊt] bouc m émissaire

scar [skɑːr] **1** n cicatrice f **2** v/t (pret & pp **-red**) marquer d'une cicatrice; **be scarred for life by sth** fig être marqué à vie par qch

scarce [skers] adj in short supply rare; **make o.s. scarce** se sauver

scarce•ly [ˈskerslɪ] adv à peine

scar•ci•ty [ˈskersɪtɪ] manque m

scare [sker] **1** v/t faire peur à; **be scared of** avoir peur de **2** n (panic, alarm) rumeurs fpl alarmantes; **give s.o. a scare** faire peur à qn

♦ scare away v/t faire fuir

'scare•crow épouvantail m

scare•mon•ger [ˈskermʌŋɡər] alarmiste m/f

scarf [skɑːrf] around neck écharpe f; over head foulard m

scar•let [ˈskɑːrlət] adj écarlate

scar•let 'fe•ver scarlatine f

scar•y [ˈskerɪ] adj effrayant

scath•ing [ˈskeɪðɪŋ] adj cinglant

scat•ter [ˈskætər] **1** v/t leaflets, seed éparpiller **2** v/i of people se disperser

scat•ter•brained [ˈskætərbreɪnd] adj écervelé

scat•tered [ˈskætərd] adj showers intermittent; villages, family éparpillé

scav•enge [ˈskævɪndʒ] v/i: **scavenge for sth** fouiller pour trouver qch

scav•eng•er [ˈskævɪndʒər] animal, bird charognard m; person fouilleur(euse) m(f)

sce•na•ri•o [sɪˈnɑːrɪoʊ] scénario m

scene [siːn] THEA, (view, sight, argument) scène f; of accident, crime, novel, movie lieu m; **make a scene** faire une scène; **scenes** THEA décor(s) m(pl); **the jazz/ rock scene** le monde du jazz/rock; **behind the scenes** dans les coulisses

sce•ne•ry [ˈsiːnərɪ] paysage m; THEA décor(s) m(pl)

scent [sent] n (smell) odeur f; (perfume)

parfum m; of animal piste f

scep•tic etc Br → skeptic etc

sched•ule [ˈskedjuːl, Br; ˈʃedjuːl] **1** n of events calendrier m; for trains horaire m; of lessons, work programme m; **be on schedule** of work, workers être dans les temps; of train être à l'heure; **be behind schedule** être en retard **2** v/t (put on schedule) prévoir

sched•uled flight [ˈʃeduːld] vol m régulier

scheme [skiːm] **1** n plan m **2** v/i (plot) comploter

schem•ing [ˈskiːmɪŋ] adj intrigant

schiz•o•phre•ni•a [skɪtsəˈfriːnɪə] schizophrénie f

schiz•o•phren•ic [skɪtsəˈfrenɪk] **1** adj schizophrène **2** n schizophrène m/f

schol•ar [ˈskɑːlər] érudit(e) m(f)

schol•ar•ly [ˈskɑːlərlɪ] adj savant, érudit

schol•ar•ship [ˈskɑːlərʃɪp] (learning) érudition f; financial award bourse f

school [skuːl] n école f; (university) université f

'school bag (satchel) cartable m

'school•boy écolier m

'school•chil•dren npl écoliers mpl

'school days npl années fpl d'école

'school•girl écolière f

'school•teach•er → teacher

sci•at•i•ca [saɪˈætɪkə] sciatique f

sci•ence [ˈsaɪəns] science f

sci•ence 'fic•tion science-fiction f

sci•en•tif•ic [saɪənˈtɪfɪk] adj scientifique

sci•en•tist [ˈsaɪəntɪst] scientifique m/f

scis•sors [ˈsɪzərz] npl ciseaux mpl

scoff¹ [skɑːf] v/t food engloutir

scoff² [skɑːf] v/i (mock) se moquer

♦ scoff at v/t se moquer de

scold [skoʊld] v/t réprimander

scoop [skuːp] **1** n for ice-cream cuiller f à glace; for grain, flour pelle f; on dredger benne f preneuse; of ice cream boule f; story scoop m **2** v/t of machine ramasser; ice cream prendre une boule de

♦ scoop up v/t ramasser

scoot•er [ˈskuːtər] with motor scooter m; child's trottinette f

scope [skoʊp] ampleur f; (freedom, opportunity) possibilités fpl; **he wants more scope** il voudrait plus de liberté

scorch [skɔːrtʃ] v/t brûler

scorch•ing [ˈskɔːrtʃɪŋ] adj très chaud

score [skɔːr] **1** n SP score m; (written music) partition f; of movie etc musique f; **what's the score?** SP quel est le score?; **have a score to settle with s.o.** avoir un compte à régler avec qn; **keep (the) score** marquer les points **2** v/t goal, point marquer; *(cut: line)* rayer **3** *v/i* SP marquer; *(keep the score)* marquer les points; ***that's where he scores*** c'est son point fort

'score•board tableau *m* des scores

scor•er ['skɔːrər] *of goal, point, (score-keeper)* marqueur(-euse) *m(f)*

scorn [skɔːn] **1** *n* mépris *m*; ***pour scorn on sth*** traiter qch avec mépris **2** *v/t idea, suggestion* mépriser

scorn•ful ['skɔːnful] *adj* méprisant

scorn•ful•ly ['skɔːnfulɪ] *adv* avec mépris

Scor•pi•o ['skɔːrpɪoʊ] ASTROL Scorpion *m*

Scot [skɑːt] Écossais(e) *m(f)*

Scotch [skɑːtʃ] *n (whiskey)* scotch *m*

Scotch 'tape® scotch *m*

scot-'free *adv*: ***get off scot-free*** se tirer d'affaire F

Scot•land ['skɑːtlənd] Écosse *f*

Scots•man ['skɑːtsmən] Écossais *m*

Scots•wom•an ['skɑːtswʊmən] Écossaise *f*

Scot•tish ['skɑːtɪʃ] *adj* écossais

scoun•drel ['skaʊndrəl] gredin *m*

scour¹ ['skaʊər] *v/t (search)* fouiller

scour² ['skaʊər] *v/t pans* récurer

scout [skaʊt] *n (boy scout)* scout *m*

scowl [skaʊl] **1** *n* air *m* renfrogné **2** *v/i* se renfrogner

scram [skræm] *v/i (pret & pp -med)* F ficher le camp F

scram•ble ['skræmbl] **1** *n (rush)* course *f* folle **2** *v/t message* brouiller **3** *v/i*: ***he scrambled to his feet*** il se releva d'un bond

scram•bled eggs ['skræmbld] *npl* œufs *mpl* brouillés

scrap [skræp] **1** *n metal* ferraille *f*; *(fight)* bagarre *f*; *of food, paper* bout *m*; ***there isn't a scrap of evidence*** il n'y a pas la moindre preuve **2** *v/t (pret & pp -ped) idea, plan etc* abandonner

scrape [skreɪp] **1** *n on paint, skin* éraflure *f* **2** *v/t paintwork, arm etc* érafler; *vegetables* gratter; ***scrape a living*** vivoter

◆ **scrape through** *v/i in exam* réussir de justesse

'scrap heap tas *m* de ferraille; ***good for the scrap heap*** *also fig* bon pour la ferraille

scrap 'met•al ferraille *f*

scrap 'pa•per brouillon *m*

scrap•py ['skræpɪ] *adj work, essay* décousu; *person* bagarreur*

scratch [skrætʃ] **1** *n mark* égratignure *f*; ***have a scratch*** *to stop itching* se gratter; ***start from scratch*** partir de zéro; ***not up to scratch*** pas à la hauteur **2** *v/t (mark: skin, paint)* égratigner; *of cat* griffer; *because of itch* se gratter; ***he scratched his head*** il se gratta la tête **3** *v/i of cat* griffer

scrawl [skrɔːl] **1** *n* gribouillis *m* **2** *v/t* gribouiller

scraw•ny ['skrɔːnɪ] *adj* décharné

scream [skriːm] **1** *n* cri *m*; ***screams of laughter*** hurlements *mpl* de rire **2** *v/i* pousser un cri

screech [skriːtʃ] **1** *n of tires* crissement *m*; *(scream)* cri *m* strident **2** *v/i of tires* crisser; *(scream)* pousser un cri strident

screen [skriːn] **1** *n in room, hospital* paravent *m*; *in movie theater, of TV, computer* écran *m*; ***on the screen*** *in movie* à l'écran; ***on (the) screen*** COMPUT sur l'écran **2** *v/t (protect, hide)* cacher; *movie* projeter; *for security reasons* passer au crible

'screen•play scénario *m*

'screen sav•er COMPUT économiseur *m* d'écran

'screen test *for movie* bout *m* d'essai

screw [skruː] **1** *n* vis *m*; ***I had a good screw*** V j'ai bien baisé V **2** *v/t attach* visser (***to*** à); F *(cheat)* rouler F; V *(have sex with)* baiser V

◆ **screw up 1** *v/t eyes* plisser; *paper* chiffonner; F *(make a mess of)* foutre en l'air F **2** *v/i* F merder F

'screw•driv•er tournevis *m*

screwed up [skruːd'ʌp] *adj* F *psychologically* paumé F

'screw top *on bottle* couvercle *m* à pas de vis

screw•y ['skruːɪ] *adj* F déjanté F

scrib•ble ['skrɪbl] **1** *n* griffonnage *m* **2** *v/t (write quickly)* griffonner **3** *v/i* gribouiller

scrimp [skrɪmp] *v/i*: ***scrimp and save*** économiser au bout de tous les moyens

script [skrɪpt] *for movie* scénario *m*; *for play* texte *m*; *form of writing* script *m*

Scrip•ture ['skrɪptʃər]: ***the Scriptures*** les Saintes Écritures *fpl*

'script•writ•er scénariste *m/f*

◆ **scroll down** *v/i* COMPUT faire défiler vers le bas

◆ **scroll up** *v/i* COMPUT faire défiler vers le haut

scrounge [skraʊndʒ] *v/t* se faire offrir

scroung•er ['skraʊndʒər] profiteur (-euse) *m(f)*

scrub [skrʌb] *v/t (pret & pp -bed) floor* laver à la brosse; ***scrub one's hands*** se brosser les mains

scrub•bing brush ['skrʌbɪŋ] *for floor* brosse *f* dure

scruff•y ['skrʌfɪ] *adj* débraillé

scrum [skrʌm] *in rugby* mêlée *f*

S

scrum'half demi *m* de mêlée

◆ **scrunch up** [skrʌntʃ] *v/t* plastic cup etc écraser

scru•ples ['skru:plz] *npl* scrupules *mpl*; **have no scruples about doing sth** n'avoir aucun scrupule à faire qch

scru•pu•lous ['skru:pjʊləs] *adj morally,* (*thorough*) scrupuleux*

scru•pu•lous•ly ['skru:pjʊləslɪ] *adv* (*meticulously*) scrupuleusement

scru•ti•nize ['skru:tɪnaɪz] *v/t* (*examine closely*) scruter

scru•ti•ny ['skru:tɪnɪ] examen *m* minutieux*; **come under scrutiny** faire l'objet d'un examen minutieux

scu•ba div•ing ['sku:bə] plongée *f* sous-marine autonome

scuf•fle ['skʌfl] *n* bagarre *f*

sculp•tor ['skʌlptər] sculpteur(-trice) *m(f)*

sculp•ture ['skʌlptʃər] sculpture *f*

scum [skʌm] *on liquid* écume *f; pej: people* bande *f* d'ordures F; **he's scum** c'est une ordure, c'est un salaud

sea [si:] mer *f; by the sea* au bord de la mer

'sea•bed fond *m* de la mer

'sea•bird oiseau *m* de mer

sea•far•ing ['si:ferɪŋ] *adj nation* de marins

'sea•food fruits *mpl* de mer

'sea•front bord *m* de mer

'sea•go•ing *adj vessel* de mer

'sea•gull mouette *f*

seal¹ [si:l] *n animal* phoque *m*

seal² [si:l] **1** *n on document* sceau *m*; TECH étanchéité *f; device* joint *m* (d'étanchéité) **2** *v/t container* sceller

◆ **seal off** *v/t area* boucler

'sea lev•el: **above / below sea level** au-dessus / au-dessous du niveau de la mer

seam [si:m] *on garment* couture *f; of ore* veine *f*

'sea•man marin *m*

'sea•port port *m* maritime

'sea pow•er *nation* puissance *f* maritime

search [sɜ:rtʃ] **1** *n* recherche *f* (**for** de); **be in search of** être à la recherche de **2** *v/t city, files* chercher dans

◆ **search for** *v/t* chercher

search•ing ['sɜ:rtʃɪŋ] *adj look, question* pénétrant

'search•light projecteur *m*

'search par•ty groupe à la recherche d'un disparu ou de disparus

'search war•rant mandat *m* de perquisition

'sea•shore plage *f*

'sea•sick *adj:* **get seasick** avoir le mal de mer

'sea•side: **at the seaside** au bord de la mer; **go to the seaside** aller au bord de la mer

'sea•side re•sort station *f* balnéaire

sea•son ['si:zn] *n also for tourism etc* saison *f; plums are / aren't in season* c'est / ce n'est pas la saison des prunes

sea•son•al ['si:znl] *adj vegetables, employment* saisonnier*

sea•soned ['si:znd] *adj wood* sec*; *traveler, campaigner* expérimenté

sea•son•ing ['si:znɪŋ] assaisonnement *m*

'sea•son tick•et carte *f* d'abonnement

seat [si:t] **1** *n place; chair* siège *m; of pants* fond *m; please take a seat* veuillez vous asseoir **2** *v/t: the hall can seat 200 people* la salle contient 200 places assises; *please remain seated* veuillez rester assis

'seat belt ceinture *f* de sécurité

'sea ur•chin oursin *m*

'sea•weed algues *fpl*

se•clud•ed [sɪ'klu:dɪd] *adj* retiré

se•clu•sion [sɪ'klu:ʒn] isolement *m*

sec•ond¹ ['sekənd] **1** *n of time* seconde *f; just a second* un instant; *the second of June* le deux juin **2** *adj* deuxième **3** *adv come in* deuxième; *he's the second tallest in the school* c'est le deuxième plus grand de l'école **4** *v/t motion* appuyer

se•cond² [sɪ'kɑ:nd] *v/t: be seconded to* être détaché à

sec•ond•a•ry ['sekəndrɪ] *adj* secondaire; *of secondary importance* secondaire

sec•ond•a•ry ed•u•ca•tion enseignement *m* secondaire

sec•ond-'best *adj runner, time* deuxième; (*inferior*) de second ordre

sec•ond 'gear MOT seconde *f*

sec•ond 'class *adj ticket* de seconde classe

sec•ond 'floor premier étage *m*, Br deuxième étage *m*

sec•ond 'gear MOT seconde *f*

'sec•ond hand *n on clock* trotteuse *f*

sec•ond-'hand *adj & adv* d'occasion

sec•ond•ly ['sekəndlɪ] *adv* deuxièmement

sec•ond-'rate *adj* de second ordre

sec•ond 'thoughts: *I've had second thoughts* j'ai changé d'avis

se•cre•cy ['si:krəsɪ] secret *m*

se•cret ['si:krət] **1** *n* secret *m; do sth in secret* faire qch en secret **2** *adj* secret*

se•cret 'a•gent agent *m* secret

sec•re•tar•i•al [sekrə'terɪəl] *adj tasks, job* de secrétariat

sec•re•tar•y ['sekrəterɪ] secrétaire *m/f;*

pol ministre *m/f*

Sec•re•ta•ry of 'State *in USA* secrétaire *m/f* d'État

se•crete [sɪ'kriːt] *v/t* (*give off*) sécréter; (*hide*) cacher

se•cre•tion [sɪ'kriːʃn] sécrétion *f*

se•cre•tive ['siːkrətɪv] *adj* secret*

se•cret•ly ['siːkrətlɪ] *adv* en secret

se•cret po'lice police *f* secrète

se•cret 'ser•vice services *mpl* secrets

sect [sekt] secte *f*

sec•tion ['sekʃn] section *f*

sec•tor ['sektər] secteur *m*

sec•u•lar ['sekjulər] *adj* séculier*

se•cure [sɪ'kjur] **1** *adj shelf etc* bien fixé; *job, contract* sûr **2** *v/t shelf etc* fixer; *s.o.'s help, finances* se procurer

se•cu•ri•ties mar•ket *fin* marché *m* des valeurs, marché *m* des titres

se•cu•ri•ty [sɪ'kjurətɪ] sécurité *f*; *for investment* garantie *f*; **tackle security problems** POL combattre l'insécurité

se•cu•ri•ty a•lert alerte *f* de sécurité

se•cu•ri•ty check contrôle *m* de sécurité

se•cu•ri•ty-con•scious *adj* sensible à la sécurité

se•cu•ri•ty for•ces *npl* forces *fpl* de sécurité

se•cu•ri•ty guard garde *m* de sécurité

se•cu•ri•ty risk *person* menace potentielle à la sécurité de l'État ou d'une organisation

se•dan [sɪ'dæn] *mot* berline *f*

se•date [sɪ'deɪt] *v/t* donner un calmant à

se•da•tion [sɪ'deɪʃn]: **be under sedation** être sous calmants

sed•a•tive ['sedətɪv] *n* calmant *m*

sed•en•ta•ry ['sedənterɪ] *adj job* sédentaire

sed•i•ment ['sedɪmənt] sédiment *m*

se•duce [sɪ'duːs] *v/t* séduire

se•duc•tion [sɪ'dʌkʃn] séduction *f*

se•duc•tive [sɪ'dʌktɪv] *adj dress, offer* séduisant

see [siː] *v/t* (*pret* **saw**, *pp* **seen**) *with eyes,* (*understand*) voir; *romantically* sortir avec; **I see** je vois; **oh, I see** ah bon!; **can I see the manager?** puis-je voir le directeur?; **you should see a doctor** tu devrais aller voir un docteur; **see s.o. home** raccompagner qn chez lui; **I'll see you to the door** je vais vous raccompagner à la porte; **see you!** F à plus! F

◆ **see about** *v/t*: **I'll see about it** je vais m'en occuper

◆ **see off** *v/t at airport etc* raccompagner; (*chase away*) chasser; **they came to see me off** ils sont venus me dire au revoir

◆ **see out** *v/t*: **see s.o. out** raccompagner qn

◆ **see to** *v/t*: **see to sth** s'occuper de qch; **see to it that sth gets done** veiller à ce que qch soit fait

seed [siːd] *single* graine *f*; *collective* graines *fpl*; *of fruit* pépin *m*; *in tennis* tête *f* de série; **go to seed** *of person* se laisser aller; *of district* se dégrader

seed•ling ['siːdlɪŋ] semis *m*

seed•y ['siːdɪ] *adj* miteux*

see•ing 'eye dog ['siːɪŋ] chien *m* d'aveugle

see•ing (that) ['siːɪŋ] *conj* étant donné que

seek [siːk] *v/t* (*pret & pp* **sought**) chercher

seem [siːm] *v/i* sembler; **it seems that ...** il semble que ... (+*subj*)

seem•ing•ly ['siːmɪŋlɪ] *adv* apparemment

seen [siːn] *pp* → **see**

seep [siːp] *v/i of liquid* suinter

◆ **seep out** *v/i of liquid* suinter

see•saw ['siːsɔː] *n* bascule *f*

seethe [siːð] *v/i fig*: **seethe (with rage)** être furieux

'see-through *adj dress, material* transparent

seg•ment ['segmənt] segment *m*; *of orange* morceau *m*

seg•ment•ed [seg'mentɪd] *adj* segmenté

seg•re•gate ['segrɪgeɪt] *v/t* séparer

seg•re•ga•tion [segrɪ'geɪʃn] *of races* ségrégation *f*; *of sexes* séparation *f*

seis•mol•o•gy [saɪz'mɑːlədʒɪ] sismologie *f*

seize [siːz] *v/t opportunity, arm, of police etc* saisir; *power* s'emparer de

◆ **seize up** *v/i of engine* se gripper

sei•zure ['siːʒər] *med* crise *f*; *of drugs etc* saisie *f*

sel•dom ['seldəm] *adv* rarement

se•lect [sɪ'lekt] **1** *v/t* sélectionner **2** *adj group of people* choisi; *hotel, restaurant etc* chic *inv*

se•lec•tion [sɪ'lekʃn] sélection *f*

se•lec•tion pro•cess sélection *f*

se•lec•tive [sɪ'lektɪv] *adj* sélectif*

self [self] (*pl* **selves** [selvz]) moi *m*

self-ad•dressed en•ve•lope [selfə'drest]: **please send us a self-addressed envelope** veuillez nous envoyer une enveloppe à votre nom et adresse

self-as•sur•ance confiance *f* en soi

self-as•sured [selfə'ʃurd] *adj* sûr de soi

self-cen•tered, *Br* **self-cen•tred** [self'-sentərd] *adj* égocentrique

self-'clean•ing *adj oven* autonettoyant

self-con•fessed [selfkən'fest] *adj* de son

S

propre aveu

self-'con•fi•dence confiance en soi
self-'con•fi•dent adj sûr de soi
self-'con•scious adj intimidé; about sth gêné (about par)
self-'con•scious•ness timidité f; about sth gêne f (about par)
self-con•tained [selfkən'teɪnd] adj apartment indépendant
self-con'trol contrôle m de soi
self-de'fense, Br self-defence autodéfense f; LAW légitime défense f
self-'dis•ci•pline autodiscipline f
self-'doubt manque m de confiance en soi
self-em•ployed [selfɪm'plɔɪd] adj indépendant
self-es'teem amour-propre m
self-'ev•i•dent adj évident
self-ex'pres•sion expression f
self-'gov•ern•ment autonomie f
self-'in•terest intérêt m
self•ish ['selfɪʃ] adj égoïste
self•less ['selflɪs] adj désintéressé
self-made 'man self-made man m
self-'pit•y apitoiement m sur soi-même
self-'por•trait autoportrait m
self-pos•sessed [selfpə'zest] adj assuré
self-re'li•ant adj autonome
self-re'spect respect m de soi
self-'right•eous [self'raɪtʃəs] adj pej content de soi
self-'sat•is•fied [self'sætɪzfaɪd] adj pej suffisant
self-'ser•vice adj libre-service
self-ser•vice 'res•tau•rant self m
self-'taught adj autodidacte
sell [sel] 1 v/t (pret & pp sold) vendre 2 v/i (pret & pp sold) of products se vendre
◆ sell out v/i: we've sold out nous avons tout vendu
◆ sell out of v/t vendre tout son stock de
◆ sell up v/t vout vendre
'sell-by date date f limite de vente; be past its sell-by date être périmé; he's past his sell-by date F il a fait son temps
sell•er ['selər] vendeur(-euse) m(f)
sell•ing ['selɪŋ] COMM vente f
'sell•ing point COMM point m fort
Sel•lo•tape® ['seləteɪp] Br scotch m
se•men ['siːmən] sperme m
se•mes•ter [sɪ'mestər] semestre m
sem•i ['semi] truck semi-remorque f
'sem•i•cir•cle demi-cercle m
sem•i•cir•cu•lar adj demi-circulaire
sem•i•co•lon point-virgule m
sem•i•con'duc•tor ELEC semi-conducteur m
sem•i•fi•nal demi-finale f
sem•i•nar ['seminɑːr] séminaire m

sem•i'skilled adj worker spécialisé
sen•ate ['senət] POL Sénat m
sen•a•tor ['senətər] sénateur(-trice) m(f)
send [send] v/t (pret & pp sent) envoyer (to a); send s.o. to s.o. envoyer qn chez qn; send her my best wishes envoyez-lui tous mes vœux
◆ send back v/t renvoyer
◆ send for v/t doctor faire venir; help envoyer chercher
◆ send in v/t troops, form envoyer; next interviewee faire entrer
◆ send off v/t letter, fax etc envoyer
send•er ['sendər] of letter expéditeur (-trice) m(f)
se•nile ['siːnaɪl] adj sénile
se•nil•i•ty [sɪ'nɪlətɪ] sénilité f
se•nior ['siːnjər] adj (older) plus âgé; in rank supérieur; be senior to s.o. in rank être au-dessus de qn
se•nior 'cit•i•zen personne f âgée
se•ni•or•i•ty [siːnjɒ'rɒtɪ] in job ancienneté f
sen•sa•tion [sen'seɪʃn] sensation f; cause a sensation faire sensation; be a sensation (s.o./sth very good) être sensationnel*
sen•sa•tion•al [sen'seɪʃnl] adj sensationnel*
sense [sens] 1 n sens m; (common sense) bon sens m; (feeling) sentiment m; in a sense dans un sens; talk sense, man! sois raisonnable!; come to one's senses revenir à la raison; it doesn't make sense cela n'a pas de sens; there's no sense in waiting cela ne sert à rien d'attendre 2 v/t sentir
sense•less ['senslɪs] adj (pointless) stupide; accusation gratuit
sen•si•ble ['sensəbl] adj sensé; clothes, shoes pratique
sen•si•bly ['sensəblɪ] adv raisonnablement
sen•si•tive ['sensətɪv] adj skin, person sensible
sen•si•tiv•i•ty [sensə'tɪvətɪ] of skin, person sensibilité f
sen•sor ['sensər] détecteur m
sen•su•al ['senʃʊəl] adj sensuel*
sen•su•al•i•ty [senʃʊ'ælətɪ] sensualité f
sen•su•ous ['senʃʊəs] adj voluptueux*
sent [sent] pret & pp → send
sen•tence ['sentəns] 1 n GRAM phrase f; LAW peine f 2 v/t LAW condamner
sen•ti•ment ['sentɪmənt] (sentimentality) sentimentalité f; (opinion) sentiment m
sen•ti•men•tal [sentɪ'mentl] adj sentimental
sen•ti•men•tal•i•ty [sentɪmen'tælətɪ]

S

sentimentalité f

sen•try ['sentri] sentinelle f

sep•a•rate[1] ['seprət] adj séparé; **keep sth separate from sth** ne pas mélanger qch avec qch

separate[2] ['sepəraɪt] **1** v/t séparer (**from** de) **2** v/i of couple se séparer

sep•a•rat•ed ['sepəraɪtɪd] adj couple séparé

sep•a•rate•ly ['sepərətlɪ] adv séparément

sep•a•ra•tion [sepə'reɪʃn] séparation f

Sep•tem•ber [sep'tembər] septembre m

sep•tic ['septik] adj septique; **go septic** of wound s'infecter

se•quel ['siːkwəl] suite f

se•quence ['siːkwəns] ordre m; **in sequence** l'un après l'autre; **out of sequence** en désordre; **the sequence of events** le déroulement des événements

se•rene [sɪ'riːn] adj serein

ser•geant ['sɑːrdʒənt] sergent m

se•ri•al ['sɪrɪəl] n feuilleton m

se•ri•al•ize ['sɪrɪəlaɪz] v/t novel on TV adapter en feuilleton

'se•ri•al kill•er tueur(-euse) m(f) en série

'se•ri•al num•ber of product numéro m de série

'se•ri•al port COMPUT port m série

se•ries ['sɪriːz] nsg série f

se•ri•ous ['sɪrɪəs] adj person, company sérieux*; illness, situation, damage grave; **I'm serious** je suis sérieux; **we'd better have a serious think about it** nous ferions mieux d'y penser sérieusement

se•ri•ous•ly ['sɪrɪəslɪ] adv injured gravement; understaffed sérieusement; **seriously intend to …** avoir sérieusement l'intention de …; **seriously?** vraiment?; **take s.o. seriously** prendre qn au sérieux

se•ri•ous•ness ['sɪrɪəsnɪs] of person, situation, illness etc gravité f

ser•mon ['sɜːrmən] sermon m

ser•vant ['sɜːrvənt] domestique m/f

serve [sɜːrv] **1** n in tennis service m **2** v/t food, customer, one's country etc servir; **it serves you / him right** c'est bien fait pour toi / lui **3** v/i (give out food), in tennis servir; **serve in a government** of politician être membre d'un gouvernement

◆ **serve up** v/t meal servir

serv•er ['sɜːrvər] in tennis serveur(-euse) m(f); COMPUT serveur m

ser•vice ['sɜːrvɪs] **1** n also in tennis service m; for vehicle, machine entretien m; **services** services mpl; **the services** MIL les forces fpl armées **2** v/t vehicle, machine entretenir

'ser•vice ar•e•a aire f de services

'ser•vice charge in restaurant, club service m

'ser•vice in•dus•try industrie f de services

'ser•vice•man MIL militaire m

'ser•vice pro•vid•er COMPUT fournisseur m de service

'ser•vice sec•tor secteur m tertiaire

'ser•vice sta•tion station-service f

ser•vile ['sɜːrvaɪl] adj pej servile

serv•ing ['sɜːrvɪŋ] of food portion f

ses•sion ['seʃn] of Congress, parliament session f; with psychiatrist, specialist etc séance f; meeting, talk discussion f

set [set] **1** n (collection) série f; (group of people) groupe m; MATH ensemble m; THEA (scenery) décor m; for movie plateau m; in tennis set m; **television set** poste m de télévision **2** v/t (pret & pp **set**) (place) poser; movie, novel etc situer; date, time, limit fixer; mechanism, alarm clock mettre; broken limb remettre en place; jewel sertir; (typeset) composer; **set the table** mettre la table; **set s.o. a task** donner une tâche à qn **3** v/i (pret & pp **set**) of sun se coucher; of glue durcir **4** adj views, ideas arrêté; (ready) prêt; **be dead set on doing sth** être fermement résolu à faire qch; **be set in one's ways** être conservateur; **set meal** table f d'hôte

◆ **set apart** v/t distinguer (**from** de)

◆ **set aside** v/t for future use mettre de côté

◆ **set back** v/t in plans etc retarder; **it set me back $400** F cela m'a coûté 400 $

◆ **set off** v/i on journey partir **2** v/t alarm etc déclencher

◆ **set out 1** v/i on journey partir **2** v/t ideas, proposal, goods exposer; **set out to do sth** (intend) chercher à faire qch

◆ **set to** v/i (start on a task) s'y mettre

◆ **set up 1** v/t company, equipment, machine monter; market stall installer; meeting arranger; F (frame) faire un coup à **2** v/i in business s'établir

'set•back revers m

set•tee [se'tiː] (couch, sofa) canapé m

set•ting ['setɪŋ] of novel, play, house cadre m

set•tle ['setl] **1** v/i of bird se poser; of sediment, dust se déposer; of building se tasser; to live s'installer **2** v/t dispute, issue, debts régler; nerves, stomach calmer; **that settles it!** ça règle la question!

◆ **settle down** v/i (stop being noisy) se calmer; (stop wild living) se ranger; in an area s'installer

◆ **settle for** v/t (take, accept) accepter

◆ **set•tle up** *v/i pay bill* payer, régler; ***set-tle up with s.o.*** payer qn

set•tled ['setld] *adj weather* stable

set•tle•ment ['setlmənt] *of claim, debt, dispute, (payment)* règlement *m*; *of building* tassement *m*

set•tler ['setlər] *in new country* colon *m*

'set-up *(structure)* organisation *f*; *(relationship)* relation *f*; F *(frameup)* coup *m* monté

sev•en ['sevn] sept

sev•en•teen [sevn'tiːn] dix-sept

sev•en•teenth [sevn'tiːnθ] dix-septième; → ***fifth***

sev•enth ['sevnθ] septième; → ***fifth***

sev•en•ti•eth ['sevntɪɪθ] soixante-dixième

sev•en•ty ['sevntɪ] soixante-dix

sev•er ['sevər] *v/t arm, cable etc* sectionner; *relations* rompre

sev•e•ral ['sevrl] *adj & pron* plusieurs

se•vere [sɪ'vɪr] *adj illness* grave; *penalty* lourd; *winter, weather* rigoureux*; *disruption* gros*; *teacher, parents* sévère

se•vere•ly [sɪ'vɪrlɪ] *adv punish, speak* sévèrement; *injured* grièvement; *disrupted* fortement

se•ver•i•ty [sɪ'verətɪ] *of illness* gravité *f*; *of penalty* lourdeur *f*; *of winter* rigueur *f*; *of teacher, parents* sévérité *f*

sew [sou] *v/t & v/i (pret -ed, pp sewn)* coudre

◆ **sew on** *v/t button* coudre

sew•age ['suːɪdʒ] eaux *fpl* d'égouts

'sew•age plant usine *f* de traitement des eaux usées

sew•er ['suːər] égout *m*

sew•ing ['souɪŋ] *skill* couture *f*; *(that being sewn)* ouvrage *m*

'sew•ing ma•chine machine *f* à coudre

sewn [soun] *pp →* ***sew***

sex [seks] sexe *m*; ***have sex with*** coucher avec, avoir des rapports sexuels avec

sex•ist ['seksɪst] **1** *adj* sexiste **2** *n* sexiste *m/f*

sex•u•al ['sekʃʊəl] *adj* sexuel*

sex•u•al as•sault violences *fpl* sexuelles

sex•u•al ha•rass•ment harcèlement *m* sexuel

sex•u•al 'in•ter•course rapports *mpl* sexuels

sex•u•al•i•ty [sekʃʊ'ælətɪ] sexualité *f*

sex•u•al•ly ['sekʃʊlɪ] *adv* sexuellement

sex•u•al•ly trans•mit•ted dis'ease maladie *f* sexuellement transmissible

sex•y ['seksɪ] *adj* sexy *inv*

shab•bi•ly ['ʃæbɪlɪ] *adv dressed* pauvrement; *treat* mesquinement

shab•bi•ness ['ʃæbɪnɪs] *of coat, clothes*

aspect *m* usé

shab•by ['ʃæbɪ] *adj coat etc* usé; *treatment* mesquin

shack [ʃæk] cabane *f*

shade [ʃeɪd] **1** *n for lamp* abat-jour *m*; *of color* nuance *f*; *on window* store *m*; ***in the shade*** à l'ombre **2** *v/t from sun* protéger du soleil; *from light* protéger de la lumière

shades [ʃeɪdz] *npl* F lunettes *fpl* de soleil

shad•ow ['ʃædou] *n* ombre *f*

shad•y ['ʃeɪdɪ] *adj spot* ombragé; *fig: character, dealings* louche

shaft [ʃæft] *of axle* arbre *m*; *of mine* puits *m*

shag•gy ['ʃægɪ] *adj hair* hirsute; *dog* à longs poils

shake [ʃeɪk] **1** *n*: ***give sth a good shake*** bien agiter qch **2** *v/t (pret **shook**, pp **shaken**) bottle* agiter; *emotionally* bouleverser; ***shake one's head*** *in refusal* dire non de la tête; ***shake hands*** *of two people* se serrer la main; ***shake hands with s.o.*** serrer la main à qn **3** *v/i (pret **shook**, pp **shaken**) of hands, voice, building* trembler

shak•en ['ʃeɪkn] **1** *adj emotionally* bouleversé **2** *pp →* ***shake***

'shake-up remaniement *m*

shak•y ['ʃeɪkɪ] *adj table etc* branlant; *after illness, shock* faible; *voice, hand* tremblant; *grasp of sth, grammar etc* incertain

shall [ʃæl] *v/aux ◇ future*: ***I shall do my best*** je ferai de mon mieux; ***I shan't see them*** je ne les verrai pas
◇ *suggesting*: ***shall we go now?*** si nous y allions maintenant?

shal•low ['ʃælou] *adj water* peu profond; *person* superficiel*

sham•bles ['ʃæmblz] *nsg*: ***be a shambles*** *room etc* être en pagaille; *elections etc* être un vrai foutoir F

shame [ʃeɪm] **1** *n* honte *f*; ***bring shame on*** déshonorer; ***shame on you!*** quelle honte!; ***what a shame!*** quel dommage! **2** *v/t* faire honte à; ***shame s.o. into doing sth*** faire honte à qn pour qu'il fasse (*subj*) qch

shame•ful ['ʃeɪmful] *adj* honteux*

shame•ful•ly ['ʃeɪmfulɪ] *adv* honteusement

shame•less ['ʃeɪmlɪs] *adj* effronté

sham•poo [ʃæm'puː] **1** *n* shampo(o)ing *m*; ***a shampoo and set*** un shampo(o)ing et mise en plis **2** *v/t* faire un shampo(o)ing à; ***shampoo one's hair*** se faire un shampo(o)ing

shape [ʃeɪp] **1** *n* forme *f* **2** *v/t clay, character* façonner; *the future* influencer

◆ **shape up** v/i of person s'en sortir; of plans etc se présenter

shape•less ['ʃeɪplɪs] adj dress etc informe

shape•ly ['ʃeɪplɪ] adv figure bien fait

share [ʃer] 1 n part f; FIN action f; **do one's share of the work** fournir sa part de travail 2 v/t food, room, feelings, opinions partager 3 v/i partager

◆ **share out** v/t partager

'share•hold•er actionnaire m/f

shark [ʃɑːrk] fish requin m

sharp [ʃɑːrp] 1 adj knife tranchant; fig: mind, pain vif*; taste piquant; **C/G sharp** MUS do / sol dièse 2 adv MUS trop haut; **at 3 o'clock sharp** à 3 heures pile

sharp•en ['ʃɑːrpən] v/t knife, skills aiguiser

sharpen pencil tailler

sharp 'prac•tice procédés mpl malhonnêtes

shat [ʃæt] pret & pp → **shit**

shat•ter ['ʃætər] 1 v/t glass, illusions briser 2 v/i of glass se briser

shat•tered ['ʃætərd] adj F (exhausted) crevé F; F (very upset) bouleversé

shat•ter•ing ['ʃætərɪŋ] adj news, experience bouleversant

shave [ʃeɪv] 1 v/t raser 2 v/i se raser 3 n: **have a shave** se raser; **that was a close shave** on l'a échappé belle

◆ **shave off** v/t beard se raser; piece of wood enlever

shav•en ['ʃeɪvn] adj head rasé

shav•er ['ʃeɪvər] rasoir m électrique

'shav•ing brush ['ʃeɪvɪŋ] blaireau m

'shav•ing soap savon m à barbe

shawl [ʃɔːl] châle m

she [ʃiː] pron elle; **she was the one who ...** c'est elle qui ...; **there she is** la voilà; **she who ...** celle qui ...

shears [ʃɪrz] npl for gardening cisailles fpl; for sewing grands ciseaux mpl

sheath [ʃiːθ] n for knife étui m; contraceptive préservatif m

shed¹ [ʃed] v/t (pret & pp **shed**) blood, tears verser; leaves perdre; **shed light on** fig faire la lumière sur

shed² [ʃed] n abri m

sheep [ʃiːp] (pl **sheep**) mouton m

'sheep•dog chien m de berger

sheep•ish ['ʃiːpɪʃ] adj penaud

'sheep•skin adj en peau de mouton

sheer [ʃɪr] adj madness, luxury etc pur; drop, cliffs abrupt

sheet [ʃiːt] for bed drap m; of paper, metal, glass feuille f

shelf [ʃelf] étagère f; **shelves set of shelves** étagères f(pl)

'shelf•life of product durée f de conservation avant vente

shell [ʃel] 1 n of mussel, egg coquille f; of tortoise carapace f; MIL obus m; **come out of one's shell** fig sortir de sa coquille 2 v/t peas écosser; MIL bombarder

'shell•fire bombardements mpl; **come under shellfire** être bombardé

'shell•fish nsg or npl fruits mpl de mer

shel•ter ['ʃeltər] 1 n (refuge), at bus stop etc abri m 2 v/i from rain, bombing etc s'abriter (**from** de) 3 v/t (protect) protéger

shel•tered ['ʃeltərd] adj place protégé; **lead a sheltered life** mener une vie protégée

shelve [ʃelv] v/t fig mettre en suspens

shep•herd ['ʃepərd] n berger(-ère) m(f)

sher•iff ['ʃerɪf] shérif m

sher•ry ['ʃerɪ] xérès m

shield [ʃiːld] 1 n MIL bouclier m; sports trophy plaque f; badge: of policeman plaque f 2 v/t (protect) protéger

shift [ʃɪft] 1 n (change) changement m; (move, switchover) passage m (**to** à); period of work poste m; people équipe f 2 v/t (move) déplacer, changer de place; production, employee transférer; stains etc faire partir; **shift the emphasis onto** reporter l'accent sur 3 v/i (move) se déplacer; of foundations bouger; in attitude, opinion, of wind virer

'shift key COMPUT touche f majuscule

'shift work travail m par roulement

'shift work•er ouvrier m posté

shift•y ['ʃɪftɪ] adj pej: person louche; eyes fuyant

shil•ly-shal•ly ['ʃɪlɪʃælɪ] v/i (pret & pp **-ied**) hésiter

shim•mer ['ʃɪmər] v/i miroiter

shin [ʃɪn] n tibia m

shine [ʃaɪn] 1 v/i (pret & pp **shone**) briller; fig: of student etc être brillant (**at, in** en) 2 v/t (pret & pp **shone**): **shine a flashlight in s.o.'s face** braquer une lampe sur le visage de qn 3 n on shoes etc brillant m

shin•gle ['ʃɪŋgl] on beach galets mpl

shin•gles ['ʃɪŋglz] nsg MED zona m

shin•y ['ʃaɪnɪ] adj surface brillant

ship [ʃɪp] 1 n bateau m, navire m 2 v/t (pret & pp **-ped** (send) expédier, envoyer; by sea expédier par bateau 3 v/i (pret & pp **-ped** of new product être lancé (sur le marché)

ship•ment ['ʃɪpmənt] (consignment) expédition f, envoi m

'ship•own•er armateur m

ship•ping ['ʃɪpɪŋ] (sea traffic) navigation f; (sending) expédition f, envoi m; (sending by sea) envoi par bateau

S

'ship•ping com•pa•ny compagnie *f* de navigation

'ship•ping costs *npl* frais *mpl* d'expédition; *by ship* frais *mpl* d'embarquement

'ship•wreck 1 *n* naufrage *m* 2 *v/t: be shipwrecked* faire naufrage

'ship•yard chantier *m* naval

shirk [ʃɜːrk] *v/t* esquiver

shirk•er ['ʃɜːrkər] tire-au-flanc *m*

shirt [ʃɜːrt] chemise *f*; *in his shirt sleeves* en bras de chemise

shit [ʃɪt] 1 *n* P (*excrement, bad quality goods etc*) merde *f* P; *I need a shit* je dois aller chier P 2 *v/i* (*pret & pp* shat) P chier P 3 *int* P merde P

shit•ty ['ʃɪtɪ] *adj* F dégueulasse F

shiv•er ['ʃɪvər] *v/i* trembler

shock [ʃɑːk] 1 *n* choc *m*; ELEC décharge *f*; *be in shock* MED être en état de choc 2 *v/t* choquer

shock ab•sorb•er ['ʃɑːkəbzɔːrbər] MOT amortisseur *m*

shock•ing ['ʃɑːkɪŋ] *adj behavior, poverty* choquant; F (*very bad*) épouvantable

shock•ing•ly ['ʃɑːkɪŋlɪ] *adv behave* de manière choquante

shod•dy ['ʃɑːdɪ] *adj goods* de mauvaise qualité; *behavior* mesquin

shoe [ʃuː] chaussure *f*, soulier *m*

'shoe•horn chausse-pied *m*

'shoe•lace lacet *m*

'shoe•mak•er cordonnier(-ière) *m(f)*

shoe mend•er ['ʃuːmendər] cordonnier (-ière) *m(f)*

'shoe•store magasin *m* de chaussures

'shoe•string: *do sth on a shoestring* faire qch à peu de frais

shone [ʃɑːn] *pret & pp* → shine

◆ shoo away [ʃuː] *v/t children, chicken* chasser

shook [ʃʊk] *pret* → shake

shoot [ʃuːt] 1 *n* BOT pousse *f* 2 *v/t* (*pret & pp* shot) tirer sur; *and kill* tuer d'un coup de feu; *movie* tourner; *I've been shot* j'ai reçu un coup de feu; *shoot s.o. in the leg* tirer une balle dans la jambe de qn 3 *v/i* (*pret & pp* shot) tirer

◆ shoot down *v/t airplane* abattre; *fig*: *suggestion* descendre

◆ shoot off *v/i* (*rush off*) partir comme une flèche

◆ shoot up *v/i of prices* monter en flèche; *of children, new buildings etc* pousser; F: *of drug addict* se shooter F

'shoot•ing star ['ʃuːtɪŋ] étoile *f* filante

shop [ʃɑːp] 1 *n* magasin *m*; *talk shop* parler affaires 2 *v/i* (*pret & pp* -ped) faire ses courses; *go shopping* faire les courses

shop•keep•er ['ʃɑːpkiːpər] commerçant *m*,-ante *f*

shop•lift•er ['ʃɑːplɪftər] voleur(-euse) *m(f)* à l'étalage

shop•lift•ing ['ʃɑːplɪftɪŋ] *n* vol *m* à l'étalage

shop•ping ['ʃɑːpɪŋ] *items* courses *fpl*; *I hate shopping* je déteste faire les courses; *do one's shopping* faire ses courses

'shop•ping bag sac *m* à provisions

'shop•ping cen•ter, *Br* 'shop•ping cen•tre centre *m* commercial

'shop•ping list liste *f* de comissions

'shop•ping mall centre *m* commercial

shop 'stew•ard délégué *m* syndical, déléguée *f* syndicale

shore [ʃɔːr] rivage *m*; *on shore* not at sea à terre

short [ʃɔːrt] 1 *adj* court; *in height* petit; *time is short* il n'y a pas beaucoup de temps; *be short of* manquer de 2 *adv*: *cut a vacation / meeting short* abréger des vacances / une réunion; *stop a person short* couper la parole à une personne; *go short of* se priver de; *in short* bref

short•age ['ʃɔːrtɪdʒ] manque *m*

short 'cir•cuit *n* court-circuit *m*

short•com•ing ['ʃɔːrtkʌmɪŋ] défaut *m*

'short•cut raccourci *m*

short•en ['ʃɔːrtn] *v/t* raccourcir

short•en•ing ['ʃɔːrtnɪŋ] matière *f* grasse

'short•fall déficit *m*

'short•hand sténographie *f*

short-handed [ʃɔːrt'hændɪd] *adj*: *be short-handed* manquer de personnel

short-lived ['ʃɔːrtlɪvd] *adj* de courte durée

short•ly ['ʃɔːrtlɪ] *adv* (*soon*) bientôt; *shortly before / after that* peu avant / après

short•ness ['ʃɔːrtnɪs] *of visit* brièveté *f*; *in height* petite taille *f*

shorts [ʃɔːrts] *npl* short *m*; *underwear* caleçon *m*

short•sight•ed [ʃɔːrt'saɪtɪd] *adj* myope; *fig* peu perspicace

short-sleeved ['ʃɔːrtsliːvd] *adj* à manches courtes

short-staffed [ʃɔːrt'stæft] *adj*: *be short-staffed* manquer de personnel

short 'sto•ry nouvelle *f*

short-tem•pered [ʃɔːrt'tempərd] *adj by nature* d'un caractère emporté; *at a particular time* de mauvaise humeur

'short-term *adj* à court terme

'short wave ondes *fpl* courtes

shot[1] [ʃɑːt] *from gun* coup *m* de feu; (*photograph*) photo *f*; (*injection*) piqûre *f*; *be a good / poor shot* être un bon /

mauvais tireur; (*turn*) tour *m*; *like a shot* accept sans hésiter; *run off* comme une flèche; *it's my shot* c'est mon tour

shot² [ʃɒt] *pret & pp* → **shoot**

'**shot•gun** fusil *m* de chasse

'**shot put** lancer *m* du poids

should [ʃʊd] *v/aux*: *what should I do?* que dois-je faire?; *you shouldn't do that* tu ne devrais pas faire ça; *that should be long enough* cela devrait être assez long; *you should have heard him* tu aurais dû l'entendre

'**shoul•der** [ˈʃəʊldər] *n* épaule *f*

'**shoul•der bag** sac *m* à bandoulière

'**shoul•der blade** omoplate *f*

'**shoul•der strap** *of brassière, dress* bretelle *f*; *of bag* bandoulière *f*

shout [ʃaʊt] **1** *n* cri *m* **2** *v/i* crier; *shout for help* appeler à l'aide **3** *v/t order* crier

◆ **shout at** *v/t* crier après

shout•ing [ˈʃaʊtɪŋ] cris *mpl*

shove [ʃʌv] **1** *n*: *give s.o. a shove* pousser qn **2** *v/t & v/i* pousser

◆ **shove in** *v/i*: *this guy shoved in front of me* ce type m'est passé devant

◆ **shove off** *v/i* F (*go away*) ficher le camp F

shov•el [ˈʃʌvl] **1** *n* pelle *f* **2** *v/t* (*pret & pp -ed, Br -led*) *snow* enlever à la pelle

show [ʃəʊ] **1** *n* THEA, TV spectacle *m*; (*display*) démonstration *f*; *on show at exhibition* exposé; *it's all done for show* pej c'est fait juste pour impressionner **2** *v/t* (*pret -ed, pp shown*) *passport, interest, emotion* etc montrer; *at exhibition* présenter; *movie* projeter; *show s.o. sth, show sth to s.o.* montrer qch à qn **3** *v/i* (*pret -ed, pp shown*) (*be visible*) se voir; *of movie* passer

◆ **show around** *v/t for tourists, visitors* faire faire la visite à

◆ **show in** *v/t* faire entrer

◆ **show off 1** *v/t skills* faire étalage de **2** *v/i pej* crâner

◆ **show up 1** *v/t s.o.'s shortcomings* etc faire ressortir; *don't show me up in public* ne me fais pas honte en public **2** *v/i* F (*arrive, turn up*) se pointer F; (*be visible*) se voir

'**show busi•ness** monde *m* du spectacle

'**show•case** *n also fig* vitrine *f*

'**show•down** confrontation *f*

show•er [ˈʃaʊər] **1** *n of rain* averse *f*; *to wash* douche *f*; *party*: petite fête avant un mariage ou un accouchement à laquelle tout le monde apporte un cadeau; *take a shower* prendre une douche **2** *v/i* prendre une douche **3** *v/t*: *shower s.o. with compliments / praise* couvrir qn

de compliments / louanges

'**show•er cap** bonnet *m* de douche

'**show•er cur•tain** rideau *m* de douche

'**show•er•proof** *adj* impermeable

'**show•jump•er** *person* cavalier *m* d'obstacle, cavalière *f* d'obstacle

show•jump•ing [ˈʃəʊdʒʌmpɪŋ] concours *m* hippique, jumping F

shown [ʃəʊn] *pp* → **show**

'**show-off** *pej* prétentieux(-euse) *m(f)*

'**show•room** salle *f* d'exposition; *in showroom condition* à l'état de neuf

show•y [ˈʃəʊɪ] *adj* voyant

shrank [ʃræŋk] *pret* → **shrink¹**

shred [ʃred] **1** *n of paper* etc lambeau *m*; *of meat* etc morceau *m*; *not a shred of evidence* pas la moindre preuve **2** *v/t* (*pret & pp -ded*) *documents* déchiqueter; *in cooking* râper

shred•der [ˈʃredər] *for documents* déchiqueteuse *f*

shrewd [ʃruːd] *adj* perspicace

shrewd•ly [ˈʃruːdlɪ] *adv* avec perspicacité

shrewd•ness [ˈʃruːdnɪs] perspicacité *f*

shriek [ʃriːk] **1** *n* cri *m* aigu **2** *v/i* pousser un cri aigu

shrill [ʃrɪl] *adj* perçant

shrimp [ʃrɪmp] crevette *f*

shrine [ʃraɪn] *holy place* lieu *m* saint

shrink¹ [ʃrɪŋk] *v/i* (*pret shrank, pp shrunk*) *of material* rétrécir; *of support* diminuer

shrink² [ʃrɪŋk] *n* F (*psychiatrist*) psy *m* F

'**shrink-wrap** **1** *v/t* (*pret & pp -ped*) emballer sous pellicule plastique **2** *n material* pellicule *f* plastique

shriv•el [ˈʃrɪvl] *v/i* (*pret & pp -ed, Br -led*) se flétrir

shrub [ʃrʌb] arbuste *m*

shrub•be•ry [ˈʃrʌbərɪ] massif *m* d'arbustes

shrug [ʃrʌɡ] **1** *n* haussement *m* d'épaules **2** *v/i* (*pret & pp -ged*) hausser les épaules **3** *v/t* (*pret & pp -ged*): *shrug one's shoulders* hausser les épaules

shrunk [ʃrʌŋk] *pp* → **shrink¹**

shud•der [ˈʃʌdər] **1** *n of fear, disgust* frisson *m*; *of earth, building* vibration *f* **2** *v/i with fear, disgust* frissonner; *of earth, building* vibrer; *I shudder to think* je n'ose y penser

shuf•fle [ˈʃʌfl] **1** *v/t cards* battre **2** *v/i in walking* traîner les pieds

shun [ʃʌn] *v/t* (*pret & pp -ned*) fuir

shut [ʃʌt] **1** *v/t* (*pret & pp shut*) fermer **2** *v/i* (*pret & pp shut*) *of door, box* se fermer; *of store* fermer; *they were shut* c'était fermé

◆ **shut down 1** *v/t business* fermer; *com-*

puter éteindre **2** v/i of business fermer ses portes; of computer s'éteindre

◆ **shut off** v/t gas, water etc couper

◆ **shut up** v/i F (be quiet) se taire; **shut up!** tais-toi!

shut•ter ['ʃʌtər] on window volet m; PHOT obturateur m

'**shut•ter speed** PHOT vitesse f d'obturation

shut•tle ['ʃʌtl] v/i faire la navette (**be-tween** entre)

'**shut•tle bus** at airport navette f

'**shut•tle•cock** SP volant m

'**shut•tle ser•vice** navette f

shy [ʃaɪ] adj timide

shy•ness ['ʃaɪnɪs] timidité f

Si•a•mese twins [saɪəmiːz'twɪnz] npl boys frères mpl siamois; girls sœurs fpl siamoises

sick [sɪk] adj malade; sense of humor noir; **be sick** (vomit) vomir; **be sick of** (fed up with) en avoir marre de qch

sick•en ['sɪkn] **1** v/t (disgust) écœurer; make ill rendre malade **2** v/i: **be sicken-ing for** couver

sick•en•ing ['sɪknɪŋ] adj écœurant

'**sick leave** congé m de maladie; **be on sick leave** être en congé de maladie

sick•ly ['sɪklɪ] adj person maladif*; color écœurant

sick•ness ['sɪknɪs] maladie f; (vomiting) vomissements mpl

side [saɪd] n côté m; SP équipe f; **take sides** (favor one side) prendre parti; **I'm on your side** je suis de votre côté; **side by side** côte à côte; **at the side of the road** au bord de la route; **on the big / small side** plutôt grand / petit

◆ **side with** v/t prendre parti pour

'**side•board** buffet m

'**side•burns** npl pattes fpl

'**side dish** plat m d'accompagnement

'**side ef•fect** effet m secondaire

'**side•line 1** n activité f secondaire **2** v/t: **feel sidelined** se sentir relégué à l'arrière-plan

'**side sal•ad** salade f

'**side•step** v/t (pret & pp **-ped**) éviter; fig also contourner

'**side street** rue f transversale

'**side•track** v/t distraire; **get sidetracked** être pris par autre chose

'**side•walk** trottoir m

side•walk 'ca•fé café-terrasse m

side•ways ['saɪdweɪz] adv de côté

siege [siːdʒ] siège m; **lay siege to** assiéger

sieve [sɪv] n for flour tamis m

sift [sɪft] v/t flour tamiser; data passer en revue

◆ **sift through** v/t details, data passer en revue

sigh [saɪ] **1** n soupir m; **heave a sigh of relief** pousser un soupir de soulagement **2** v/i soupirer

sight [saɪt] n spectacle m; (power of see-ing) vue f; **sights** of city monuments mpl; **he can't stand the sight of blood** il ne supporte pas la vue du sang; **catch sight of** apercevoir; **know by sight** con-naître de vue; **be within sight of** se voir de; **out of sight** hors de vue; **what a sight you look!** de quoi tu as l'air!; **lose sight of** objective etc perdre de vue

sight•see•ing ['saɪtsiːɪŋ] tourisme m; **go sightseeing** faire du tourisme

'**sight•see•ing tour** visite f guidée

sight•seer ['saɪtsiːər] touriste m/f

sign [saɪn] **1** n (indication) signe m; (road-sign) panneau m; outside shop, on build-ing enseigne f; **it's a sign of the times** c'est un signe des temps **2** v/t & v/i signer

◆ **sign in** v/i signer le registre

sig•nal ['sɪgnl] **1** n signal m; **be sending out all the right / wrong signals** fig en-voyer le bon / mauvais message **2** v/i (pret & pp **-ed**, Br **-led**) of driver mettre son clignotant

sig•na•to•ry ['sɪgnətɔːrɪ] n signataire m/f

sig•na•ture ['sɪgnəʃər] signature f

'**sig•na•ture tune** indicatif m

sig•net ring ['sɪgnɪtrɪŋ] chevalière f

sig•nif•i•cance [sɪg'nɪfɪkəns] importance f

sig•nif•i•cant [sɪg'nɪfɪkənt] adj event, sum of money, improvement etc impor-tant

sig•nif•i•cant•ly [sɪg'nɪfɪkəntlɪ] adv larg-er, more expensive nettement

sig•ni•fy ['sɪgnɪfaɪ] v/t (pret & pp **-ied**) si-gnifier

'**sign lan•guage** langage m des signes

'**sign•post** poteau m indicateur

si•lence ['saɪləns] **1** n silence m; **in si-lence** work, march en silence; **silence!** silence! **2** v/t faire taire

si•lenc•er ['saɪlənsər] on gun silencieux m

si•lent ['saɪlənt] adj silencieux*; movie muet*; **stay silent** (not comment) se tai-re

'**si•lent part•ner** COMM commanditaire m

sil•hou•ette [sɪluː'et] n silhouette f

sil•i•con ['sɪlɪkən] silicium m

sil•i•con 'chip puce f électronique

sil•i•cone ['sɪlɪkoʊn] silicone f

silk [sɪlk] **1** adj shirt etc en soie **2** n soie f

silk•y ['sɪlkɪ] adj hair, texture soyeux*

sil•li•ness ['sɪlɪnɪs] stupidité f

sil•ly ['sɪlɪ] *adj* bête

si•lo ['saɪləʊ] AGR, MIL silo *m*

sil•ver ['sɪlvər] **1** *adj ring* en argent; *hair* argenté **2** *n metal* argent *m*; *medal* médaille *f* d'argent; *(silver objects)* argenterie *f*

'**sil•ver med•al** médaille *f* d'argent

sil•ver-plat•ed [sɪlvər'pleɪtɪd] *adj* argenté

sil•ver•ware ['sɪlvərweɪ] argenterie *f*

sil•ver 'wed•ding noces *fpl* d'argent

sim•i•lar ['sɪmɪlər] *adj* semblable (*to* à)

sim•i•lar•i•ty [sɪmɪ'lærətɪ] ressemblance *f*

sim•i•lar•ly ['sɪmɪlərlɪ] *adv*: *be similarly dressed* être habillé de la même façon; *similarly, you must ...* de même, tu dois ...

sim•mer ['sɪmər] *v/i in cooking* mijoter; *with rage* bouillir de rage

◆ **simmer down** *v/i* se calmer

sim•ple ['sɪmpl] *adj* simple

sim•ple-mind•ed [sɪmpl'maɪndɪd] *adj pej* simple, simplet*

sim•plic•i•ty [sɪm'plɪsətɪ] simplicité *f*

sim•pli•fy ['sɪmplɪfaɪ] *v/t (pret & pp -ied)* simplifier

sim•plis•tic [sɪm'plɪstɪk] *adj* simpliste

sim•ply ['sɪmplɪ] *adv (absolutely)* absolument; *(in a simple way)* simplement; *it is simply the best* c'est le meilleur, il n'y a pas de doute

sim•u•late ['sɪmjʊleɪt] *v/t* simuler

sim•ul•ta•ne•ous [saɪməl'teɪnɪəs] *adj* simultané

sim•ul•ta•ne•ous•ly [saɪməl'teɪnɪəslɪ] *adv* simultanément

sin [sɪn] **1** *n* péché *m* **2** *v/i (pret & pp -ned)* pécher

since [sɪns] **1** *prep* depuis; *I've been here since last week* je suis là depuis la semaine dernière **2** *adv* depuis; *I haven't seen him since* je ne l'ai pas revu depuis **3** *conj in expressions of time* depuis que; *(seeing that)* puisque; *since you left* depuis que tu es parti; *since you don't like it* puisque ça ne te plaît pas

sin•cere [sɪn'sɪr] *adj* sincère

sin•cere•ly [sɪn'sɪrlɪ] *adv* sincèrement; *hope* vivement; *Sincerely yours* Je vous prie d'agréer, Madame / Monsieur, l'expression de mes sentiments les meilleurs

sin•cer•i•ty [sɪn'serətɪ] sincérité *f*

sin•ful ['sɪnful] *adj deeds* honteux*; *sinful person* pécheur *m*, pécheresse *f*; *it is sinful to ...* c'est un péché de ...

sing [sɪŋ] *v/t & v/i (pret sang, pp sung)* chanter

singe [sɪndʒ] *v/t* brûler légèrement

sing•er ['sɪŋər] chanteur(-euse) *m(f)*

sin•gle ['sɪŋgl] **1** *adj (sole)* seul; *(not dou-* ble)* simple; *bed* à une place; *(not married)* célibataire; *there wasn't a single ...* il n'y avait pas un seul ...; *in single file* en file indienne **2** *n* MUS single *m*; *(single room)* chambre *f* à un lit; *person* personne *f* seule; *singles in tennis* simple *m*

◆ **single out** *v/t (choose)* choisir; *(distinguish)* distinguer

sin•gle-breast•ed [sɪŋgl'brestɪd] *adj* droit

sin•gle-hand•ed [sɪŋgl'hændɪd] **1** *adj* fait tout seul **2** *adv* tout seul

Sin•gle 'Mar•ket *in Europe* Marché *m* unique

sin•gle-mind•ed [sɪŋgl'maɪndɪd] *adj* résolu

sin•gle 'moth•er mère *f* célibataire

sin•gle 'pa•rent mère / père qui élève ses enfants tout seul

sin•gle pa•rent 'fam•i•ly famille *f* monoparentale

sin•gle 'room chambre *f* à un lit

sin•gu•lar ['sɪŋgjʊlər] **1** *adj* GRAM au singulier **2** *n* GRAM singulier *m*; *in the singular* au singulier

sin•is•ter ['sɪnɪstər] *adj* sinistre

sink [sɪŋk] **1** *n* évier *m* **2** *v/i (pret sank, pp sunk) of ship, object* couler; *of sun* descendre; *of interest rates, pressure etc* baisser; *he sank onto the bed* il s'est effondré sur le lit **3** *v/t (pret sank, pp sunk) ship* couler; *money* investir

◆ **sink in** *v/i of liquid* pénétrer; *it still hasn't really sunk in* je n'arrive pas encore très bien à m'en rendre compte

sin•ner ['sɪnər] pécheur *m*, pécheresse *f*

si•nus ['saɪnəs] sinus *m*

si•nus•i•tis [saɪnə'saɪtɪs] MED sinusite *f*

sip [sɪp] **1** *n* petite gorgée *f*; *try a sip* tu veux goûter? **2** *v/t (pret & pp -ped)* boire à petites gorgées

sir [sɜːr] monsieur *m*

si•ren ['saɪrən] *on police car* sirène *f*

sir•loin ['sɜːrlɔɪn] aloyau *m*

sis•ter ['sɪstər] sœur *f*

'**sis•ter-in-law** (*pl sisters-in-law*) belle-sœur *f*

sit [sɪt] *v/i (pret & pp sat) (sit down)* s'asseoir; *she was sitting* elle était assise

◆ **sit down** *v/i* s'asseoir

◆ **sit up** *v/i in bed* se dresser; *(straighten back)* se tenir droit; *(wait up at night)* rester debout

sit•com ['sɪtkɑːm] sitcom *m*

site [saɪt] **1** *n* emplacement *m*; *of battle* site *m* **2** *v/t new offices etc* situer

sit•ting ['sɪtɪŋ] *n of committee, court, for*

artist séance *f*; *for meals* service *m*

'sit•ting room salon *m*

sit•u•at•ed ['sɪtʃueɪtɪd] *adj*: **be situated** être situé

sit•u•a•tion [sɪtʃu'eɪʃn] situation *f*; *of building etc* emplacement *m*

six [sɪks] six

'six-pack *of beer* pack *m* de six

six•teen [sɪks'tiːn] seize

six•teenth [sɪks'tiːnθ] seizième; → **fifth**

sixth [sɪksθ] sixième; → **fifth**

six•ti•eth ['sɪkstɪəθ] soixantième

six•ty ['sɪkstɪ] soixante

size [saɪz] *of room, jacket* taille *f*; *of project* envergure *f*; *of loan* montant *m*; *of shoes* pointure *f*

◆ size up *v/t* évaluer

size•a•ble ['saɪzəbl] *adj meal, house* assez grand; *order, amount of money* assez important

siz•zle ['sɪzl] *v/i* grésiller

skate [skeɪt] **1** *n* patin *m* **2** *v/i* patiner

'skate•board *n* skateboard *m*

'skate•board•er skateur(-euse) *m(f)*

'skate•board•ing skateboard *m*

skat•er ['skeɪtər] patineur(-euse) *(m)f*

skat•ing ['skeɪtɪŋ] patinage *f*

'skat•ing rink patinoire *f*

skel•e•ton ['skelɪtn] squelette *m*

'skel•e•ton key passe-partout *m*

skep•tic ['skeptɪk] sceptique *m/f*

skep•ti•cal ['skeptɪkl] *adj* sceptique

skep•ti•cism ['skeptɪsɪzm] scepticisme *m*

sketch [sketʃ] **1** *n* croquis *m*; THEA sketch *m* **2** *v/t* esquisser

'sketch•book carnet *m* à croquis

sketch•y ['sketʃɪ] *adj knowledge etc* sommaire

skew•er ['skjuər] *n* brochette *f*

ski [skiː] **1** *n* ski *m* **2** *v/i* faire du ski; **we skied back** nous sommes revenus en skiant

skid [skɪd] **1** *n* dérapage *m* **2** *v/i* (*pret & pp* **-ded**) déraper

ski•er ['skiːər] skieur(-euse) *m(f)*

ski•ing ['skiːɪŋ] ski *m*

'ski in•struc•tor moniteur(-trice) *m(f)* de ski

'ski jump saut *m* à ski; *structure* tremplin *m*

skil•ful *etc Br* → **skillful** *etc*

'ski lift remonte-pente *m*, téléski *m*

skill [skɪl] technique *f*; **skills** connaissances *fpl*, compétences *fpl*; **with great skill** avec adresse

skilled [skɪld] *adj person* habile

skilled 'work•er ouvrier *m* qualifié, ouvrière *f* qualifiée

skill•ful ['skɪlfʊl] *adj* habile

skill•ful•ly ['skɪlfʊlɪ] *adv* habilement

skim [skɪm] *v/t* (*pret & pp* **-med**) *surface* effleurer

◆ skim off *v/t the best* retenir

◆ skim through *v/t text* parcourir

'skimmed milk [skɪmd] lait *m* écrémé

skimp•y ['skɪmpɪ] *adj account etc* sommaire; *dress* étriqué

skin [skɪn] **1** *n* peau *f* **2** *v/t* (*pret & pp* **-ned**) *animal* écorcher; *tomato, peach* peler

'skin div•ing plongée *f* sous-marine autonome

skin•flint ['skɪnflɪnt] F radin(e) *m(f)* F

'skin graft greffe *f* de la peau

skin•ny ['skɪnɪ] *adj* maigre

'skin-tight *adj* moulant

skip [skɪp] **1** *n* (*little jump*) saut *m* **2** *v/i* (*pret & pp* **-ped**) sautiller **3** *v/t* (*pret & pp* **-ped**) (*omit*) sauter

'ski pole bâton *m* de ski

skip•per ['skɪpər] capitaine *m/f*

'ski re•sort station *f* de ski

skirt [skɜːrt] *n* jupe *f*

'ski run piste *f* de ski

'ski tow téléski *m*

skull [skʌl] crâne *m*

skunk [skʌŋk] mouffette *f*

sky [skaɪ] ciel *m*

'sky•light lucarne *f*

'sky•line *of city* silhouette *f*

'sky•scrap•er ['skaɪskreɪpər] gratte-ciel *m inv*

slab [slæb] *of stone, butter* plaque *f*; *of cake* grosse tranche *f*

slack [slæk] *adj rope* mal tendu; *discipline* peu strict; *person* négligent; *work* négligé; *period* creux*

slack•en ['slækn] *v/t rope* détendre; *pace* ralentir

◆ slacken off *v/i of trading, pace* se ralentir

slacks [slæks] *npl* pantalon *m*

slain [sleɪn] *pp* → **slay**

slam [slæm] *v/t & v/i* (*pret & pp* **-med**) claquer

◆ slam down *v/t* poser brutalement

slan•der ['slændər] **1** *n* calomnie *f* **2** *v/t* calomnier

slan•der•ous ['slændərəs] *adj* calomnieux*

slang [slæŋ] *also of a specific group* argot *m*

slant [slænt] **1** *v/i* pencher **2** *n* inclinaison *f*; *given to a story* perspective *f*

slant•ing ['slæntɪŋ] *adj roof* en pente; *eyes* bridé

slap [slæp] **1** n (blow) claque f **2** v/t (pret & pp **-ped**) donner une claque à; **slap s.o. in the face** gifler qn

'slap•dash adj work sans soin; person négligent

slash [slæʃ] **1** n cut entaille f; in punctuation barre f oblique **2** v/t painting, skin entailler; prices, costs réduire radicalement; **slash one's wrists** s'ouvrir les veines

slate [sleɪt] n material ardoise f

slaugh•ter ['slɔːtər] **1** n of animals abattage m; of people, troops massacre m **2** v/t animals abattre; people, troops massacrer

'slaugh•ter•house for animals abattoir m

Slav [slɑːv] adj slave

slave [sleɪv] n esclave m/f

'slave-driv•er F négrier(-ère) m(f) F

slay [sleɪ] v/t (pret **slew**, pp **slain**) tuer

slay•ing ['sleɪɪŋ] (murder) meurtre m

sleaze [sliːz] POL corruption f

slea•zy ['sliːzɪ] adj bar, character louche

sled, sledge [sled, sledʒ] traîneau m

'sledge ham•mer masse f

sleep [sliːp] **1** n sommeil m; **go to sleep** s'endormir; **I need a good sleep** j'ai besoin de dormir; **a good night's sleep** une bonne nuit de sommeil; **I couldn't get to sleep** je n'ai pas réussi à m'endormir **2** v/i (pret & pp **slept**) dormir; **sleep late** faire la grasse matinée

◆ sleep on v/t: **sleep on it** attendre le lendemain pour décider; **sleep on it!** la nuit porte conseil!

◆ sleep with v/t (have sex with) coucher avec

sleep•i•ly ['sliːpɪlɪ] adv say d'un ton endormi; look at s.o. d'un air endormi

'sleep•ing bag ['sliːpɪŋ] sac m de couchage

'sleep•ing car RAIL wagon-lit m

'sleep•ing pill somnifère m

sleep•less ['sliːplɪs] adj: **a sleepless night** une nuit blanche

'sleep•walk•er somnambule m/f

'sleep•walk•ing somnambulisme m

sleep•y ['sliːpɪ] adj person qui a envie de dormir; yawn, fawn; town endormi; **I'm sleepy** j'ai sommeil

sleet [sliːt] n neige f fondue

sleeve [sliːv] n of jacket etc manche f

sleeve•less ['sliːvlɪs] adj sans manches

sleigh [sleɪ] traîneau m

sleight of 'hand [slaɪt] trick tour m de passe-passe

slen•der ['slendər] adj mince; chance, income, margin faible

slept [slept] pret & pp → sleep

slew [sluː] pret → slay

slice [slaɪs] **1** n of bread, pie tranche f; fig: of profits part f **2** v/t loaf etc couper en tranches

sliced 'bread [slaɪst] pain m coupé en tranches

slick [slɪk] **1** adj performance habile; pej (cunning) rusé **2** n of oil marée f noire

slid [slɪd] pret & pp → slide

slide [slaɪd] **1** n for kids toboggan m; PHOT diapositive f **2** v/i (pret & pp **slid**) glisser; of exchange rate etc baisser **3** v/t (pret & pp **slid**) item of furniture faire glisser

'slid•ing door ['slaɪdɪŋ] porte f coulissante

slight [slaɪt] **1** adj person, figure frêle; (small) léger*; **no, not in the slightest** non, pas le moins du monde **2** n (insult) affront m

slight•ly ['slaɪtlɪ] adv légèrement

slim [slɪm] **1** adj person mince; chance faible **2** v/i (pret & pp **-med**) être au régime

slime [slaɪm] (mud) vase f; of slug, snail bave f

slim•y ['slaɪmɪ] adj liquid etc vaseux*

sling [slɪŋ] **1** n for arm écharpe f **2** v/t (pret & pp **slung**) F (throw) lancer

'sling-shot catapulte f

slip [slɪp] **1** n on ice etc glissade f; (mistake) erreur f; **a slip of paper** un bout de papier; **a slip of the tongue** un lapsus; **give s.o. the slip** se dérober à qn **2** v/i (pret & pp **-ped**) on ice etc glisser; in quality, quantity baisser; **he slipped out of the room** il se glissa hors de la pièce **3** v/t (pret & pp **-ped**) (put) glisser; **it slipped my mind** cela m'est sorti de la tête

◆ slip away v/i of time passer; of opportunity se dérober; (die quietly) s'éteindre

◆ slip off v/t jacket etc enlever

◆ slip on v/t jacket etc enfiler

◆ slip out v/i (go out) sortir

◆ slip up v/i (make a mistake) faire une gaffe

slipped 'disc [slɪpt] hernie f discale

slip•per ['slɪpər] chausson m

slip•per•y ['slɪpərɪ] adj glissant

slip•shod ['slɪpʃɑːd] adj négligé

'slip-up (mistake) gaffe f

slit [slɪt] **1** n (tear) déchirure f; (hole), in skirt fente f **2** v/t (pret & pp **slit**) ouvrir, fendre; **slit s.o.'s throat** couper la gorge à qn

slith•er ['slɪðər] v/i of person déraper; of snake ramper

sliv•er ['slɪvər] of wood, glass éclat m; of soap, cheese, garlic petit morceau m

slob [slɑːb] pej rustaud(e) m(f)

slob•ber ['slɑːbər] v/i baver

S

slog [slɑːg] *n long walk* trajet *m* pénible; *hard work* corvée *f*

slo•gan ['sloʊgən] slogan *m*

slop [slɑːp] *v/t (pret & pp -ped) (spill)* renverser

slope [sloʊp] **1** *n* inclinaison *f*; *of mountain* côté *m*; **built on a slope** construit sur une pente **2** *v/i* être incliné; *the road slopes down to the sea* la route descend vers la mer

slop•py ['slɑːpɪ] *adj* F *work, in dress* négligé; *(too sentimental)* gnangnan F

slot [slɑːt] *n* fente *f*; *in schedule* créneau *m*

◆ **slot in 1** *v/t (pret & pp -ted)* insérer **2** *v/i (pret & pp -ted)* s'insérer

slot ma•chine *for vending* distributeur *m* (automatique); *for gambling* machine *f* à sous

slouch [slaʊtʃ] *v/i* être avachi; *don't slouch!* tiens-toi droit!

slov•en•ly ['slʌvnlɪ] *adj* négligé

slow [sloʊ] *adj* lent; *be slow of clock* retarder; *they were not slow to …* ils n'ont pas été longs à …

◆ **slow down 1** *v/t* ralentir **2** *v/i* ralentir; *in life* faire moins de choses

slow•down *in production* ralentissement *m*

slow•ly ['sloʊlɪ] *adv* lentement

slow 'mo•tion: *in slow motion* au ralenti

slow•ness ['sloʊnɪs] lenteur *f*

slow•poke F lambin(e) *m(f)* F

slug [slʌg] *n animal* limace *f*

slug•gish ['slʌgɪʃ] *adj pace, start* lent; *river* à cours lent

slum [slʌm] *n area* quartier *m* pauvre; *house* taudis *m*

slum•ber par•ty ['slʌmbər] *soirée où des enfants/adolescents se réunissent chez l'un d'entre eux et restent dormir là-bas*

slump [slʌmp] **1** *n in trade* effondrement *m* **2** *v/i of economy* s'effondrer; *of person* s'affaisser

slung [slʌŋ] *pret & pp* → **sling**

slur [slɜːr] **1** *n on s.o.'s character* tache *f* **2** *v/t (pret & pp -red) words* mal articuler

slurp [slɜːrp] *v/t* faire du bruit en buvant

slurred [slɜːrd] *adj speech* mal articulé

slush [slʌʃ] *neige f* fondue; *pej (sentimental stuff)* sensiblerie *f*

'slush fund caisse *f* noire

slush•y ['slʌʃɪ] *adj snow* à moitié fondu; *movie, novel* fadement sentimental

slut [slʌt] *pej* pute *f* F

sly [slaɪ] *adj (furtive)* sournois; *(crafty)* rusé; *on the sly* en cachette

smack [smæk] **1** *n:* **a smack on the bottom** une fessée; *a smack in the face* une

gifle **2** *v/t:* *smack a child's bottom* donner une fessée à un enfant; *smack s.o.'s face* gifler qn

small [smɔːl] **1** *adj* petit **2** *n: the small of the back* la chute des reins

small 'change monnaie *f*

'small hours *npl* heures *fpl* matinales

'small•pox ['smɔːlpɑːks] variole *f*

'small print texte *m* en petits caractères

'small talk papotage *m*; *make small talk* faire de la conversation

smart [smɑːrt] **1** *adj in appearance* élégant; *(intelligent)* intelligent; *pace* vif*; *get smart with s.o.* faire le malin avec qn **2** *v/i (hurt)* brûler

'smart ass F frimeur(-euse) *m(f)* F

'smart bomb bombe *f* intelligente

'smart card carte *f* à puce, carte *f* à mémoire

◆ **smart•en up** ['smɑːrtn] *v/t* rendre plus élégant

smart•ly ['smɑːrtlɪ] *adv dressed* avec élégance

smash [smæʃ] **1** *n noise* fracas *m*; *(car crash)* accident *m*; *in tennis* smash *m* **2** *v/t break* fracasser; *(hit hard)* frapper; *smash sth to pieces* briser qch en morceaux **3** *v/i break* se fracasser; *the driver smashed into …* le conducteur heurta violemment …

◆ **smash up** *v/t place* tout casser dans

smash 'hit F: *be a smash hit* avoir un succès foudroyant

smat•ter•ing ['smætərɪŋ]: *have a smattering of Chinese* savoir un peu de chinois

smear [smɪr] **1** *n of ink etc* tache *f*; *Br MED* frottis *m*; *on character* diffamation *f* **2** *v/t smudge: paint* faire des traces sur; *character* entacher; *smear X with Y, smear Y on X cover, apply* appliquer Y sur X; *stain, dirty* faire des taches de Y sur X

'smear cam•paign campagne *f* de diffamation

smell [smel] **1** *n* odeur *f*; *sense of smell* sens *m* de l'odorat **2** *v/t* sentir **3** *v/i unpleasantly* sentir mauvais; *(sniff)* renifler; *what does it smell of?* qu'est-ce que ça sent? *you smell of beer* tu sens la bière; *it smells good* ça sent bon

smell•y ['smelɪ] *adj:* qui sent mauvais; *have smelly feet* puer des pieds; *it's smelly in here* ça sent mauvais ici

smile [smaɪl] **1** *n* sourire *m* **2** *v/i* sourire

◆ **smile at** *v/t* sourire à

smirk [smɜːrk] **1** *n* petit sourire *m* narquois **2** *v/i* sourire d'un air narquois

smog [smɑːg] smog *m*

smoke [smoʊk] **1** *n* fumée *f*; *have a*

smoke fumer (une cigarette) **2** v/t also food fumer **3** v/i of person fumer

smok•er ['smoʊkər] person fumeur (-euse) m(f)

smok•ing ['smoʊkɪŋ] n tabagisme m; **smoking is bad for you** c'est mauvais de fumer; **no smoking** défense de fumer

'**smok•ing car** RAIL compartiment m fumeurs

smok•y ['smoʊkɪ] adj room, air enfumé

smol•der ['smoʊldər] v/i of fire couver; fig: with anger, desire se consumer (**with** de)

smooth [smuːð] **1** adj surface, skin, sea lisse; ride, flight, crossing bon*; pej: person mielleux* **2** v/t hair lisser

◆ **smooth down** v/t with sandpaper etc lisser

◆ **smooth out** v/t paper, cloth défroisser

◆ **smooth over** v/t: **smooth things over** arranger les choses

smooth•ly ['smuːðlɪ] adv (without any problems) sans problème

smoth•er ['smʌðər] v/t person, flames étouffer; **smother s.o. with kisses** couvrir qn de baisers; **smother the bread with jam** recouvrir le pain de confiture

smoul•der Br → **smolder**

smudge [smʌdʒ] **1** n tache f **2** v/t ink, mascara, paint faire des traces sur

smug [smʌg] adj suffisant

smug•gle ['smʌgl] v/t passer en contrebande

smug•gler ['smʌglər] contrebandier (-ière) m(f)

smug•gling ['smʌglɪŋ] contrebande f

smug•ly ['smʌglɪ] adv say d'un ton suffisant; smile d'un air suffisant

smut•ty ['smʌtɪ] adj joke, sense of humor grossier*

snack [snæk] n en-cas m

'**snack bar** snack m

snag [snæg] n (problem) hic m F

snail [sneɪl] escargot m

snake [sneɪk] n serpent m

snap [snæp] **1** n sound bruit m sec; PHOT instantané m **2** v/t (pret & pp **-ped**) break casser; (say sharply) dire d'un ton cassant **3** v/i (pret & pp **-ped**) break se casser net **4** adj decision, judgment rapide, subit

◆ **snap up** v/t bargains sauter sur

snap fast•en•er ['snæpfæsnər] bouton-pression m

snap•py ['snæpɪ] adj person, mood cassant; decision, response prompt; **be a snappy dresser** s'habiller chic

'**snap•shot** photo f

snarl [snɑːrl] **1** n of dog grondement **2** v/i of dog gronder en montrant les dents

snatch [snætʃ] **1** v/t (grab) saisir; F (steal) voler; F (kidnap) enlever **2** v/i: **don't snatch!** ne l'arrache pas!

snaz•zy ['snæzɪ] adj necktie etc qui tape F

sneak [sniːk] **1** v/t (remove, steal) chiper F; **sneak a glance at** regarder à la dérobée **2** v/i (pret & pp **sneaked** or F **snuck**): **sneak into the room** entrer furtivement dans la pièce; **sneak out of the room** sortir furtivement de la pièce

sneak•ers ['sniːkərz] npl tennis mpl

sneak•ing ['sniːkɪŋ] adj: **have a sneaking suspicion that …** soupçonner que …, avoir comme l'impression que … F

sneak•y ['sniːkɪ] adj F (underhanded) sournois

sneer [snɪr] **1** n ricanement m **2** v/i ricaner

sneeze [sniːz] **1** n éternuement m **2** v/i éternuer

snick•er ['snɪkər] **1** n rire m en dessous **2** v/i pouffer de rire

sniff [snɪf] v/t & v/i renifler

snip [snɪp] n Br F (bargain) affaire f

snip•er ['snaɪpər] tireur m embusqué

snitch [snɪtʃ] **1** n (telltale) mouchard(e) m(f) **2** v/i (tell tales) vendre la mèche

sniv•el ['snɪvl] v/i (pret & pp **-ed**, Br **-led**) pleurnicher

snob [snɑːb] snob m/f

snob•ber•y ['snɑːbərɪ] snobisme m

snob•bish ['snɑːbɪʃ] adj snob inv

◆ **snoop around** v/i fourrer le nez partout

snoot•y ['snuːtɪ] adj arrogant

snooze [snuːz] **1** n petit somme m; **have a snooze** faire un petit somme **2** v/i roupiller F

snore [snɔːr] v/i ronfler

snor•ing ['snɔːrɪŋ] ronflement m

snor•kel ['snɔːrkl] n of swimmer tuba m

snort [snɔːrt] v/i of bull, horse s'ébrouer; of person grogner

snout [snaʊt] of pig, dog museau m

snow [snoʊ] **1** n neige f **2** v/i neiger

◆ **snow under** v/t: **be snowed under with work** être submergé de travail

'**snow•ball** n boule f de neige

'**snow•bound** adj pris dans la neige

'**snow chains** npl MOT chaînes fpl à neige

'**snow•drift** amoncellement m de neige

'**snow•drop** perce-neige m

'**snow•flake** flocon m de neige

'**snow•man** bonhomme m de neige

'**snow•plow** chasse-neige m inv

'**snow•storm** tempête f de neige

snow•y ['snoʊɪ] adj weather neigeux*; roads, hills enneigé

S

snub [snʌb] **1** *n* rebuffade *f* **2** *v/t* (*pret & pp* **-bed**) snober

snub-nosed ['snʌbnəʊzd] *adj* au nez retroussé

snuck [snʌk] *pret & ptp* → **sneak**

snug [snʌg] *adj* bien au chaud; (*tight-fitting*) bien ajusté; (*too tight*) un peu trop serré

◆ **snug•gle down** ['snʌgl] *v/i* se blottir

◆ **snuggle up** *v/i* se blottir contre

so [səʊ] **1** *adv* ◇ si, tellement; *so kind* tellement gentil; *not so much for me thanks* pas autant pour moi merci; *so much better / easier* tellement mieux / plus facile; *eat / drink so much* tellement manger /boire; *there were so many people* il y avait tellement de gens; *I miss you so* tu me manques tellement

◇ : *so am I / do I* moi aussi; *so is /does she* elle aussi; *and so on* et ainsi de suite; *so as to be able to …* afin de pouvoir …; *you didn't tell me – I did so* tu ne me l'as pas dit - si, je te l'ai dit **2** *pron*: *I hope so* je l'espère bien; *I think so* je pense que oui; *50 or so* une cinquantaine, à peu près cinquante **3** *conj* (*for that reason*) donc; (*in order that*) pour que (+*subj*); *and so I missed the train* et donc j'ai manqué le train; *so (that) I could come too* pour que je puisse moi aussi venir; ; *so what?* F et alors?

soak [səʊk] *v/t* (*steep*) faire tremper; *of water, rain* tremper

◆ **soak up** *v/t liquid* absorber; *soak up the sun* prendre un bain de soleil

soaked [səʊkt] *adj* trempé; *be soaked to the skin* être mouillé jusqu'aux os

soak•ing (*wet*) ['səʊkɪŋ] *adj* trempé

so-and-so ['səʊənsəʊ] F *unknown person* un tel, une telle; *euph: annoying person* crétin(e) *m(f)*

soap [səʊp] *n for washing* savon *m*

soap, '**soap op•e•ra** feuilleton *m*

soap•y ['səʊpɪ] *adj water* savonneux*

soar [sɔ:r] *v/i of rocket, prices etc* monter en flèche

sob [sa:b] **1** *n* sanglot *m* **2** *v/i* (*pret & pp* **-bed**) sangloter

so•ber ['səʊbər] *adj* (*not drunk*) en état de sobriété; (*serious*) sérieux*

◆ **sober up** *v/i* dessoûler F

so-'called *adj* referred to as comme on le / la / les appelle; *incorrectly referred to as* soi-disant *inv*

soc•cer ['sa:kər] football *m*

'**soc•cer hoo•li•gan** hooligans *mpl*

so•cia•ble ['səʊʃəbl] *adj* sociable

so•cial ['səʊʃl] *adj* social; (*recreational*) mondain

so•cial 'dem•o•crat social-démocrate *m/f* (*pl* sociaux-démocrates)

so•cial•ism ['səʊʃəlɪzm] socialisme *m*

so•cial•ist ['səʊʃəlɪst] **1** *adj* socialiste **2** *n* socialiste *m/f*

so•cial•ize ['səʊʃəlaɪz] *v/i* fréquenter des gens

'**so•cial life**: *I don't have much social life* je ne vois pas beaucoup de monde

so•cial 'sci•ence sciences *fpl* humaines

'**so•cial work** travail *m* social

'**so•cial work•er** assistant sociale *m*, assistante sociale *f*

so•ci•e•ty [sə'saɪətɪ] société *f*

so•ci•ol•o•gist [səʊsɪ'ɑ:lədʒɪst] sociologue *m/f*

so•ci•ol•o•gy [səʊsɪ'ɑ:lədʒɪ] sociologie *f*

sock[1] [sa:k] *for wearing* chaussette *f*

sock[2] [sa:k] **1** *n* (*punch*) coup *m* **2** *v/t* (*punch*) donner un coup de poing à

sock•et ['sa:kɪt] ELEC *for light bulb* douille *f*; (*wall socket*) prise *f* de courant; *of bone* cavité *f* articulaire; *of eye* orbite *f*

so•da ['səʊdə] (*soda water*) eau *f* gazeuse; (*soft drink*) soda *m*; (*ice-cream soda*) soda *m* à la crème glacée; *whiskey and so- da* un whisky soda

sod•den ['sa:dn] *adj* trempé

so•fa ['səʊfə] canapé *m*

'**so•fa bed** canapé-lit *m*

soft [sa:ft] *adj* doux*; (*lenient*) gentil*; *have a soft spot for* avoir un faible pour

'**soft drink** boisson *f* non alcoolisée

'**soft drug** drogue *f* douce

soft•en ['sa:fn] **1** *v/t position* assouplir; *impact, blow* adoucir **2** *v/i of butter, ice-cream* se ramollir

soft•ly ['sa:ftlɪ] *adv* doucement

soft 'toy peluche *f*

soft•ware ['sa:ftwer] logiciel *m*

sog•gy ['sa:gɪ] *adj soil* détrempé; *pastry* pâteux*

soil [sɔɪl] **1** *n* (*earth*) terre *f* **2** *v/t* salir

so•lar en•er•gy ['səʊlər] énergie *f* solaire

'**so•lar pan•el** panneau *m* solaire

'**so•lar sys•tem** système *m* solaire

sold [səʊld] *pret & pp* → **sell**

sol•dier ['səʊldʒər] soldat *m*

◆ **soldier on** *v/i* continuer coûte que coûte

sole[1] [səʊl] *n of foot* plante *f*; *of shoe* semelle *f*

sole[2] [səʊl] *adj* seul; *responsibility* exclusif*

sole[3] [səʊl] *fish* sole *f*

sole•ly ['səʊlɪ] *adv* exclusivement; *she was not solely to blame* elle n'était pas la seule responsable

sol•emn ['sɑːləm] *adj* solennel*

so•lem•ni•ty [sə'lemnətɪ] solennité *f*

sol•emn•ly ['sɑːləmlɪ] *adv* solennellement

so•lic•it [sə'lɪsɪt] *v/i of prostitute* racoler

so•lic•i•tor [sə'lɪsɪtər] *Br* avocat *m*; *for property, wills* notaire *m*

sol•id ['sɑːlɪd] *adj* (*hard*) dur; (*without holes*) compact; *gold, silver etc, support* massif*; (*sturdy*) evidence solide; *frozen solid* complètement gelé; *a solid hour* toute une heure

sol•i•dar•i•ty [sɑːlɪ'dærətɪ] solidarité *f*

so•lid•i•fy [sə'lɪdɪfaɪ] *v/i* (*pret & pp -ied*) se solidifier

sol•id•ly ['sɑːlɪdlɪ] *adv built* solidement; *in favor of* massivement

so•lil•o•quy [sə'lɪləkwɪ] *on stage* monologue *m*

sol•i•taire [sɑːlɪ'ter] *card game* réussite *f*

sol•i•ta•ry ['sɑːlɪterɪ] *adj life, activity* solitaire; (*single*) isolé

sol•i•ta•ry con•fine•ment régime *m* cellulaire

sol•i•tude ['sɑːlɪtuːd] solitude *f*

so•lo ['soulou] **1** *adj* en solo **2** *n* MUS solo *m*

so•lo•ist ['soulouɪst] soliste *m/f*

sol•u•ble ['sɑːljubl] *adj substance, problem* soluble

so•lu•tion [sə'luːʃn] *also mixture* solution *f*

solve [sɑːlv] *v/t* résoudre

sol•vent ['sɑːlvənt] *adj financially* solvable

som•ber ['sɑːmbər] *adj* (*dark, serious*) sombre

som•bre ['sɑːmbər] *Br* → **somber**

some [sʌm] **1** *adj* ◇ : *some cream / chocolate / cookies* de la crème / du chocolat / des biscuits
◇ (*certain*): *some people say that ...* certains disent que ...
◇ : *that was some party!* c'était une sacrée fête!, quelle fête!; *he's some lawyer!* quel avocat! **2** *pron*
◇ : *some of the money* une partie de l'argent; *some of the group* certaines personnes du groupe, certains du groupe
◇ : *would you like some?* est-ce que vous en voulez?; *give me some* donnez-m'en **3** *adv*
◇ (*a bit*) un peu; *we'll have to wait some* on va devoir attendre un peu
◇ (*around*): *some 500 letters* environ 500 lettres

some•bod•y ['sʌmbɑdɪ] *pron* quelqu'un

'some•day *adv* un jour

'some•how *adv* (*by one means or another*) d'une manière ou d'une autre; (*for some unknown reason*) sans savoir pourquoi

'some•one *pron* → **somebody**

'some•place *adv* → **somewhere**

som•er•sault ['sʌmərsɔːlt] **1** *n* roulade *f*; *by vehicle* tonneau *m* **2** *v/i of vehicle* faire un tonneau

'some•thing *pron* quelque chose; *would you like something to drink / eat?* voulez-vous boire / manger quelque chose?; *something strange* quelque chose de bizarre; *are you bored or something?* tu t'ennuies ou quoi?

'some•time *adv* un de ces jours; *sometime last year* dans le courant de l'année dernière

'some•times ['sʌmtaɪmz] *adv* parfois

'some•what *adv* quelque peu

'some•where **1** *adv* quelque part **2** *pron*: *let's go somewhere quiet* allons dans un endroit calme; *somewhere to park* un endroit où se garer

son [sʌn] fils *m*

so•na•ta [sə'nɑːtə] MUS sonate *f*

song [sɑːŋ] chanson *f*

'song•bird oiseau *m* chanteur

'song•writ•er *of music* compositeur *m*, compositrice *f*; *of words* auteur *m* de chansons; *both* auteur-compositeur *m*

'son-in-law (*pl* **sons-in-law**) beau-fils *m*

son•net ['sɑːnɪt] sonnet *m*

son of a 'bitch V fils *m* de pute V

soon [suːn] *adv* (*in a short while*) bientôt; (*quickly*) vite; (*early*) tôt; *come back soon* reviens vite; *it's too soon* c'est trop tôt; *soon after* peu de (temps) après; *how soon* dans combien de temps; *as soon as* dès que; *as soon as possible* le plus tôt possible; *sooner or later* tôt ou tard; *the sooner the better* le plus tôt sera le mieux; *see you soon* à bientôt

soot [sʊt] suie *f*

soothe [suːð] *v/t* calmer

so•phis•ti•cat•ed [sə'fɪstɪkeɪtɪd] *adj* sophistiqué

so•phis•ti•ca•tion [sə'fɪstɪkeɪʃn] sophistication *f*

soph•o•more ['sɑːfəmɔːr] étudiant(e) *m(f)* de deuxième année

sop•py ['sɑːpɪ] *adj* F gnangnan F

so•pra•no [sə'prɑːnou] *n* soprano *m/f*

sor•did ['sɔːrdɪd] *adj affair, business* sordide

sore [sɔːr] **1** *adj* (*painful*): *is it sore?* ça vous fait mal?; *have a sore throat* avoir mal à la gorge; *be sore* F (*angry*) être fâché; *get sore* se fâcher **2** *n* plaie *f*

sor•row ['sɑːrou] chagrin *m*

sor•ry ['sɑːrɪ] *adj* day triste; *sight* misérable; *(I'm) sorry!* (apologizing) pardon!; *be sorry* être désolé; *I was sorry to hear of your mother's death* j'ai été peiné d'apprendre le décès de ta mère; *I won't be sorry to leave here* je ne regretterai pas de partir d'ici; *I feel sorry for her* elle me fait pitié

sort [sɔːrt] **1** *n* sorte *f*; *sort of ...* F plutôt; *it looks sort of like a pineapple* ça ressemble un peu à un ananas; *is it finished? - sort of?* F c'est fini? - en quelque sorte **2** *v/t also* COMPUT trier

◆ **sort out** *v/t papers* ranger; *problem* résoudre

SOS [esou'es] S.O.S. *m*; *fig: plea for help* appel *m* à l'aide

so-'so *adv* F comme ci comme ça F

sought [sɔːt] *pret & pp* → **seek**

soul [soul] *also fig* âme *f*; *there wasn't a soul* il n'y avait pas âme qui vive; *he's a kind soul* c'est une bonne âme

sound¹ [saund] **1** *adj* (*sensible*) judicieux*; *judgment* solide; (*healthy*) en bonne santé; *business* qui se porte bien; *walls* en bon état; *sleep* profond **2** *adv*: *be sound asleep* être profondément endormi

sound² [saund] **1** *n* son *m*; (*noise*) bruit *m* **2** *v/t* (*pronounce*) prononcer; MED ausculter; *sound s.o.'s chest* ausculter qn; *sound one's horn* klaxonner **3** *v/i*: *that sounds interesting* ça a l'air intéressant; *that sounds like a good idea* ça a l'air d'être une bonne idée; *she sounded unhappy* elle avait l'air malheureuse; *it sounds hollow* ça sonne creux

◆ **sound out** *v/t* sonder

'sound ef•fects *npl* effets *mpl* sonores

sound•ly ['saundlɪ] *adv sleep* profondément; *beaten* à plates coutures

'sound•proof *adj room* insonorisé

'sound•track bande *f* sonore

soup [suːp] soupe *f*

'soup bowl bol *m* de soupe

souped-up [suːpt'ʌp] *adj* F gonflé F

'soup plate assiette *f* à soupe

'soup spoon cuillère *f* à soupe

sour ['sauər] *adj apple, milk* aigre; *expression* revêche; *comment* désobligeant

source [sɔːrs] *of river, noise, information etc* source *f*

sour(ed) 'cream [sauərd] crème *f* aigre

south [sauθ] **1** *n* sud *m*; *the South of France* le Midi; *to the south of* au sud de **2** *adj* sud *inv*; *wind* du sud; *south Des Moines* le sud de Des Moines **3** *adv travel* vers le sud; *south of* au sud de

South 'Af•ri•ca Afrique *f* du sud

South 'Af•ri•can 1 *adj* sud-africain **2** *n* Sud-Africain(e) *m(f)*

South A'mer•i•ca Amérique *f* du sud

South A'mer•i•can 1 *adj* sud-américain **2** *n* Sud-Américain(e) *m(f)*

south'east 1 *n* sud-est *m* **2** *adj* sud-est *inv*; *wind* du sud-est **3** *adv travel* vers le sud-est; *southeast of* au sud-est de

south'east•ern *adj* sud-est *inv*

south•er•ly ['sʌðərlɪ] *adj wind* du sud; *direction* vers le sud

south•ern ['sʌðərn] *adj* du Sud

south•ern•er ['sʌðərnər] habitant(e) *m(f)* du Sud; *US* HIST sudiste *m/f*

south•ern•most ['sʌðərnmoust] *adj* le plus au sud

South 'Pole pôle *m* Sud

south•ward ['sauθwərd] *adv* vers le sud

south'west 1 *n* sud-ouest *m* **2** *adj* sud-ouest *inv*; *wind* du sud-ouest **3** *adv* vers le sud-ouest; *southwest of* au sud-ouest de

south'west•ern *adj part of a country etc* sud-ouest *inv*

sou•ve•nir [suːvə'nɪr] souvenir *m*

sove•reign ['saːvrɪn] *adj state* souverain

sove•reign•ty ['saːvrɪntɪ] *of state* souveraineté *f*

So•vi•et ['souvɪət] *adj* soviétique

So•vi•et 'U•nion Union *f* soviétique

sow¹ [sau] *n* (*female pig*) truie *f*

sow² [sou] *v/t* (*pret* **sowed**, *pp* **sown**) *seeds* semer

sown [soun] *pp* → **sow²**

soy bean ['sɔɪbiːn] soja *m*

soy 'sauce sauce *f* au soja

space [speɪs] *n* (*outer space, area*) espace *m*; (*room*) place *f*

◆ **space out** *v/t* espacer

spaced out [speɪst'aut] *adj* F défoncé F

'space-bar COMPUT barre *f* d'espacement

'space•craft vaisseau *m* spatial

'space•ship vaisseau *m* spatial

'space shut•tle navette *f* spatiale

'space sta•tion station *f* spatiale

'space•suit scaphandre *m* de cosmonaute

spa•cious ['speɪʃəs] *adj* spacieux*

spade [speɪd] *for digging* bêche *f*; *spades in card game* pique *m*

spa•ghet•ti [spə'getɪ] *nsg* spaghetti *mpl*

Spain [speɪn] Espagne *f*

span [spæn] *v/t* (*pret & pp* **-ned**) (*cover*) recouvrir; *of bridge* traverser

Span•iard ['spænjərd] Espagnol *m*, Espagnole *f*

Span•ish ['spænɪʃ] **1** *adj* espagnol **2** *n language* espagnol *m*; *the Spanish* les Espagnols

spank [spæŋk] *v/t* donner une fessée à

spank•ing ['spæŋkɪŋ] fessée *f*

span•ner ['spænər] *Br* clef *f*

spare [sper] **1** *v/t time* accorder; *(lend: money)* prêter; *(do without)* se passer de; *money to spare* argent en trop; *time to spare* temps libre; *can you spare the time?* est-ce que vous pouvez trouver un moment?; *(left over, in excess)* il y en avait cinq de trop **2** *adj (extra) cash* en trop; *eyeglasses, clothes* de rechange **3** *n*: **spares** *(spare parts)* pièces *fpl* de rechange

spare 'part pièce *f* de rechange

spare 'ribs *npl* côtelette *f* de porc dans l'échine

spare 'room chambre *f* d'ami

spare 'time temps *m* libre

spare 'tire MOT pneu *m* de rechange

spare 'tyre *Br* → **spare tire**

spar•ing ['sperɪŋ] *adj*: **be sparing with** économiser

spar•ing•ly ['sperɪŋlɪ] *adv* en petite quantité

spark [spɑːrk] *n* étincelle *f*

spar•kle ['spɑːrkl] *v/i* étinceler

spark•ling wine ['spɑːrklɪŋ] vin *m* mousseux

'spark plug bougie *f*

spar•row ['spærou] moineau *m*

sparse [spɑːrs] *adj vegetation* épars

sparse•ly ['spɑːrslɪ] *adv*: **sparsely populated** faiblement peuplé

spar•tan ['spɑːrtn] *adj room* spartiate

spas•mod•ic [spæz'mɑːdɪk] *adj visits, attempts* intermittent; *conversation* saccadé

spat [spæt] *pret & pp* → **spit**

spate [speɪt] *fig* série *f*, avalanche *f*

spa•tial ['speɪʃl] *adj* spatial

spat•ter ['spætər] *v/t mud, paint* éclabousser

speak [spiːk] **1** *v/i* (*pret* **spoke**, *pp* **spoken**) parler (*to*, *with* à); *we're not speaking (to each other)* (*we've quarreled*) on ne se parle plus; *speaking* TELEC lui-même, elle-même **2** *v/t* (*pret* **spoke**, *pp* **spoken**) *foreign language* parler; *speak one's mind* dire ce que l'on pense

◆ **speak for** *v/t* parler pour

◆ **speak out** *v/i* s'élever (*against* contre)

◆ **speak up** *v/i* (*speak louder*) parler plus fort

speak•er ['spiːkər] *at conference* intervenant(e) *m(f)*; *(orator)* orateur(-trice) *m(f)*; *of sound system* haut-parleur *m*; *French / Spanish speaker* francophone *m/f*/hispanophone *m/f*

spear•mint ['spɪrmɪnt] menthe *f* verte

spe•cial ['speʃl] *adj* spécial; *effort, day etc* exceptionnel*; *be on special* être en réduction

spe•cial ef'fects *npl* effets *mpl* spéciaux, trucages *mpl*

spe•cial•ist ['speʃlɪst] spécialiste *m/f*

spe•cial•i•ty [speʃɪ'ælɪtɪ] *Br* → **specialty**

spe•cial•ize ['speʃəlaɪz] *v/i* se spécialiser (*in* en, dans); *we specialize in ...* nous sommes spécialisés en ...

spe•cial•ly ['speʃlɪ] *adv* → **especially**

spe•cial•ty ['speʃəltɪ] spécialité *f*

spe•cies ['spiːʃiːz] *nsg* espèce *f*

spe•cif•ic [spə'sɪfɪk] *adj* spécifique

spe•cif•i•cal•ly [spə'sɪfɪklɪ] *adv* spécifiquement; *I specifically told you that ...* je vous avais bien dit que ...

spec•i•fi•ca•tions [spesɪfɪ'keɪʃnz] *npl of machine etc* spécifications *fpl*, caractéristiques *mpl*

spe•ci•fy ['spesɪfaɪ] *v/t* (*pret & pp* **-ied**) préciser

spe•ci•men ['spesɪmən] *of work* spécimen *m*; *of blood, urine* prélèvement *m*

speck [spek] *of dust, soot* grain *m*

spec•ta•cle ['spektəkl] (*impressive sight*) spectacle *m*

spec•tac•u•lar [spek'tækjulər] *adj* spectaculaire

spec•ta•tor [spek'teɪtər] spectateur (-trice) *m(f)*

spec'ta•tor sport sport que l'on regarde en spectateur

spec•trum ['spektrəm] *fig* éventail *m*

spec•u•late ['spekjuleɪt] *v/i also* FIN spéculer (*about, on* sur)

spec•u•la•tion [spekju'leɪʃn] spéculations *fpl*; FIN spéculation *f*

spec•u•la•tor ['spekjuleɪtər] FIN spéculateur(-trice) *m(f)*

sped [sped] *pret & pp* → **speed**

speech [spiːtʃ] (*address*) discours *m*; (*ability to speak*) parole *f*; (*way of speaking*) élocution *f*

'speech de•fect trouble *m* d'élocution

speech•less ['spiːtʃlɪs] *adj with shock, surprise* sans voix

'speech ther•a•pist orthophoniste *m/f*

'speech ther•a•py orthophonie *f*

'speech writ•er personne qui écrit les discours d'une autre

speed [spiːd] **1** *n* vitesse *f*; *at a speed of ...* à une vitesse de ... **2** *v/i* (*pret & pp* **sped**) (*go quickly*) se précipiter; *of vehicle* foncer; (*drive too quickly*) faire de la vitesse

◆ **speed by** *v/i* passer à toute vitesse

◆ **speed up 1** *v/i* aller plus vite **2** *v/t* ac-

S

célérer

'speed•boat vedette f; *with outboard motor* hors-bord m inv

'speed bump dos d'âne m, ralentisseur m

speed•i•ly ['spi:dɪlɪ] adv rapidement

speed•ing ['spi:dɪŋ] *when driving* excès m de vitesse

'speed•ing fine contravention f pour excès de vitesse

'speed lim•it limitation f de vitesse

speed•om•e•ter [spi'dɑːmɪtər] compteur m de vitesse

'speed trap contrôle m de vitesse

speed•y ['spi:dɪ] adj rapide

spell[1] [spel] 1 v/t word écrire, épeler; **how do you spell it?** comment ça s'écrit? 2 v/i: **he can/can't spell** il a une bonne/mauvaise orthographe

spell[2] n *(period of time)* période f

spell[3] n *magic* sort m

'spell•bound adj sous le charme

'spell•check COMPUT correction f orthographique; **do a spellcheck** effectuer une correction orthographique (**on** sur)

'spell•check•er COMPUT correcteur m d'orthographe, correcteur m orthographique

spell•ing ['spelɪŋ] orthographe f

spend [spend] v/t (pret & pp spent) money dépenser; time passer

'spend•thrift n pej dépensier(-ière) m(f)

spent [spent] pret & pp → spend

sperm [spɜːrm] spermatozoïde m; *(semen)* sperme m

'sperm bank banque f de sperme

'sperm count taux m de spermatozoïdes

sphere [sfɪr] n *(seasoning)* sphère f; **sphere of influence** sphère f d'influence

spice [spaɪs] n *(seasoning)* épice f

spic•y ['spaɪsɪ] adj food épicé

spi•der ['spaɪdər] araignée f

'spi•der•web toile f d'araignée

spike [spaɪk] n pointe f; *on plant, animal* piquant m

'spike heels npl talons mpl aiguille

spill [spɪl] 1 v/t renverser 2 v/i se répandre 3 n of oil, chemicals déversement m accidentel

spin[1] [spɪn] 1 n *(turn)* tour m 2 v/t (pret & pp spun) faire tourner 3 v/i (pret & pp spun) of wheel tourner; **my head is spinning** j'ai la tête qui tourne

spin[2] v/t (pret & pp spun) wool etc filer; web tisser

◆ spin around v/i of person faire volte-face; of car faire un tête-à-queue; of dancer, several times tourner

◆ spin out v/i faire durer

spin•ach ['spɪnɪdʒ] épinards mpl

spin•al ['spaɪnl] adj de vertèbres

spin•al col•umn colonne f vertébrale

spin•al cord moelle f épinière

'spin doc•tor F conseiller(-ère) m(f) en communication

'spin-dry v/t essorer

'spin-dry•er essoreuse f

spine [spaɪn] of person, animal colonne f vertébrale; of book dos m; on plant, hedgehog épine f

spine•less ['spaɪnlɪs] adj *(cowardly)* lâche

'spin-off retombée f

spin•ster ['spɪnstər] célibataire f

spin•y ['spaɪnɪ] adj épineux*

spi•ral ['spaɪrəl] 1 n spirale f 2 v/i (pret & pp -ed, Br -led) *(rise quickly)* monter en spirale

spi•ral 'stair•case escalier m en colimaçon

spire ['spaɪr] of church flèche f

spir•it ['spɪrɪt] esprit m; *(courage)* courage m; **in a spirit of cooperation** dans un esprit de coopération

spir•it•ed ['spɪrɪtɪd] adj *(energetic)* énergique

'spir•it lev•el niveau m à bulle d'air

spir•its[1] ['spɪrɪts] npl *(alcohol)* spiritueux mpl

spir•its[2] npl *(morale)* moral m; **be in good/poor spirits** avoir/ne pas avoir le moral

spir•i•tu•al ['spɪrɪtʊəl] adj spirituel*

spir•i•tu•al•ism ['spɪrɪtʊəlɪzm] spiritisme m

spir•i•tu•al•ist ['spɪrɪtʊəlɪst] n spirite m/f

spit [spɪt] v/i (pret & pp spat) of person cracher; **it's spitting with rain** il bruine

◆ spit out v/t food, liquid recracher

spite [spaɪt] n malveillance f; **in spite of** en dépit de

spite•ful ['spaɪtfl] adj malveillant

spite•ful•ly ['spaɪtflɪ] adv avec malveillance

spit•ting 'im•age ['spɪtɪŋ]: **be the spitting image of s.o.** être qn tout craché F

splash [splæʃ] 1 n noise plouf m; *(small amount of liquid)* goutte f; of color tache f 2 v/t person éclabousser; water, mud asperger 3 v/i of person patauger; **splash against sth** of waves s'écraser contre qch

◆ splash down v/i of spacecraft amerrir

◆ splash out v/i in spending faire une folie

'splash•down amerrissage m

splen•did ['splendɪd] adj magnifique

splen•dor, Br splen•dour ['splendər] splendeur f

splint [splɪnt] n MED attelle f

splin•ter ['splɪntər] **1** *n of wood, glass* éclat *m*; *of bone* esquille *f*; *in finger* écharde *f* **2** *v/i* se briser

'splin•ter group groupe *m* dissident

split [splɪt] **1** *n damage: in wood* fente *f*; *in fabric* déchirure *f*; *(disagreement)* division *f*; *(of profits etc)* partage *m*; *(share)* part *f* **2** *v/t (pret & pp split) fabric* déchirer; *log* fendre en deux; *(cause disagreement, divide)* diviser **3** *v/i (pret & pp split) of fabric* se déchirer; *of wood* se fendre; *(disagree)* se diviser (**on, over** au sujet de)

◆ **split up** *v/i of couple* se séparer

split per•son•al•i•ty PSYCH dédoublement *m* de personnalité

split•ting ['splɪtɪŋ] *adj:* **a splitting headache** un mal de tête terrible

splut•ter ['splʌtər] *v/i* bredouiller

spoil [spɔɪl] *v/t child* gâter; *surprise, party* gâcher

'spoil•sport F rabat-joie *m/f*

spoilt [spɔɪlt] *adj child* gâté; **be spoilt for choice** avoir l'embarras du choix

spoke¹ [spəʊk] *n of wheel* rayon *m*

spoke² [spəʊk] *pret → speak*

spo•ken ['spəʊkən] *pp → speak*

spokes•man ['spəʊksmən] porte-parole *m*

spokes•per•son ['spəʊkspɜːrsən] porte-parole *m/f*

spokes•wom•an ['spəʊkswʊmən] porte-parole *f*

sponge [spʌndʒ] *n* éponge *f*

◆ **sponge off, sponge on** *v/t* F vivre aux crochets de F

'sponge cake génoise *f*

spong•er ['spʌndʒər] F parasite *m/f*

spon•sor ['spɑːnsər] **1** *n (guarantor)* répondant(e) *m(f)*; *for club membership* parrain *m*, marraine *f*; RAD, TV, SP sponsor *m/f* **2** *v/t for immigration etc* se porter garant de; *for club membership* parrainer; RAD, TV, SP sponsoriser

spon•sor•ship ['spɑːnsərʃɪp] RAD, TV, SP, *of exhibition etc* sponsorisation *f*

spon•ta•ne•ous [spɑːn'teɪnɪəs] *adj* spontané

spon•ta•ne•ous•ly [spɑːn'teɪnɪəslɪ] *adv* spontanément

spook•y ['spuːkɪ] *adj* F qui fait froid dans le dos

spool [spuːl] *n* bobine *f*

spoon [spuːn] *n* cuillère *f*

'spoon-feed *v/t (pret & pp -fed)* fig mâcher tout à

spoon•ful ['spuːnfʊl] cuillerée *f*

spo•rad•ic [spə'rædɪk] *adj* intermittent

sport [spɔːrt] *n* sport *m*

sport•ing ['spɔːrtɪŋ] *adj event* sportif*; *(fair, generous)* chic *inv*; **a sporting gesture** un geste élégant

'sports car [spɔːrts] voiture *f* de sport

'sports•coat veste *f* sport

'sports jour•nal•ist journaliste *m* sportif, journaliste *f* sportive

'sports•man sportif *m*

'sports med•i•cine médecine *f* du sport

'sports news *nsg* nouvelles *fpl* sportives

'sports page page *f* des sports

'sports•wear vêtements *mpl* de sport

'sports•wom•an sportive *f*

sport•y ['spɔːrtɪ] *adj person* sportif*

spot¹ [spɑːt] *n on skin* bouton *m*; *part of pattern* pois *m*; **a spot of ...** *(a little)* un peu de ...

spot² *n (place)* endroit *m*; **on the spot** sur place; *(immediately)* sur-le-champ; **put s.o. on the spot** mettre qn dans l'embarras

spot³ *v/t (pret & pp -ted) (notice, identify)* repérer

spot 'check *n* contrôle *m* au hasard; **carry out spot checks** effectuer des contrôles au hasard

spot•less ['spɑːtlɪs] *adj* impeccable

'spot•light *beam* feu *m* de projecteur; *device* projecteur *m*

spot•ted ['spɑːtɪd] *adj fabric* à pois

spot•ty ['spɑːtɪ] *adj with pimples* boutonneux*

spouse [spaʊs] *fml* époux *m*, épouse *f*

spout [spaʊt] **1** *n* bec *m* **2** *v/i of liquid* jaillir **3** *v/t* F débiter

sprain [spreɪn] **1** *n* foulure *f*; *serious* entorse *f* **2** *v/t ankle, wrist* se fouler; *seriously* se faire une entorse à

sprang ['spræŋ] *pret → spring³*

sprawl [sprɔːl] *v/i* s'affaler; *of city* s'étendre (de tous les côtés); **send s.o. sprawling** *of punch* envoyer qn par terre

sprawl•ing ['sprɔːlɪŋ] *adj* tentaculaire

spray [spreɪ] **1** *n of sea water* embruns *mpl*; *from fountain* gouttes *fpl* d'eau; *for hair* laque *f*; *container* atomiseur *m* **2** *v/t perfume, hair lacquer, furniture polish* vaporiser; *paint, weed-killer etc* pulvériser; **spray s.o. with sth** asperger qn de qch; **spray graffiti on sth** peindre des graffitis à la bombe sur qch

'spray•gun pulvérisateur *m*

spread [spred] **1** *n of disease, religion etc* propagation *f*; F *(big meal)* festin *m* **2** *v/t (pret & pp spread) (lay)* étaler; *butter; news, rumor, disease* répandre; *arms, legs* étendre **3** *v/i (pret & pp spread)* se répandre; *of butter* s'étaler

'spread•sheet COMPUT feuille *f* de calcul;

S

program tableur *m*

spree [spriː] F: **go (out) on a spree** faire la bringue F; **go on a shopping spree** aller claquer son argent dans les magasins F

sprig [sprɪg] *n* brin *m*

spright•ly ['spraɪtlɪ] *adj* alerte

spring[1] [sprɪŋ] *n season* printemps *m*

spring[2] [sprɪŋ] *n device* ressort *m*

spring[3] [sprɪŋ] **1** *n* (*jump*) bond *m*; (*stream*) source *f* **2** *v/i* (*pret* **sprang**, *pp* **sprung**) bondir; **spring from** venir de, provenir de

'**spring•board** tremplin *m*

spring 'chick•en *hum*: **she's no spring chicken** elle n'est plus toute jeune

spring-'clean•ing nettoyage *m* de printemps

'**spring•time** printemps *m*

spring•y ['sprɪŋɪ] *adj mattress, ground, walk* souple

sprin•kle ['sprɪŋkl] *v/t* saupoudrer; **sprinkle sth with sth** saupoudrer qch de qch

sprin•kler ['sprɪŋklər] *for garden* arroseur *m*; *in ceiling* extincteur *m*

sprint [sprɪnt] **1** *n* sprint *m* **2** *v/i* SP sprinter; *fig* piquer un sprint F

sprint•er ['sprɪntər] SP sprinteur(-euse) *m(f)*

sprout [spraʊt] **1** *v/i of seed* pousser **2** *n*: (**Brussels**) **sprouts** choux *mpl* de Bruxelles

spruce [spruːs] *adj* pimpant

sprung [sprʌŋ] *pp* → **spring**[3]

spry [spraɪ] *adj* alerte

spun [spʌn] *pret & pp* → **spin**

spur [spɜːr] *n* éperon *m*; *fig* aiguillon *m*; **on the spur of the moment** sous l'impulsion du moment

◆ **spur on** *v/t* (*pret & pp* **-red**) (*encourage*) encourager

spurt [spɜːrt] **1** *n in race* accélération *f*; **put on a spurt** *in race* sprinter; *fig*: *in work* donner un coup de collier **2** *v/i of liquid* jaillir

sput•ter ['spʌtər] *v/i of engine* tousser

spy [spaɪ] **1** *n* espion(ne) *m(f)* **2** *v/i* (*pret & pp* **-ied**) faire de l'espionnage **3** *v/t* (*pret & pp* **-ied**) (*see*) apercevoir

◆ **spy on** *v/t* espionner

squab•ble ['skwɑːbl] **1** *n* querelle *f* **2** *v/i* se quereller

squad [skwɑːd] escouade *f*, groupe *m*; SP équipe *f*

squal•id ['skwɑːlɪd] *adj* sordide

squal•or ['skwɑːlər] misère *f*

squan•der ['skwɑːndər] *v/t* gaspiller

square [skwer] **1** *adj in shape* carré; **square mile / yard** mile / yard carré **2** *n shape*, MATH carré *m*; *in town* place *f*; *in board game* case *f*; **we're back to square one** nous sommes revenus à la case départ

◆ **square up** *v/i* (*settle accounts*) s'arranger; **square up with s.o.** régler ses comptes avec qn

square 'root racine *f* carrée

squash[1] [skwɑːʃ] *n vegetable* courge *f*

squash[2] [skwɑːʃ] *n game* squash *m*

squash[3] [skwɑːʃ] *v/t* (*crush*) écraser

squat [skwɑːt] **1** *adj in shape* ramassé **2** *v/i* (*pret & pp* **-ted**) *sit* s'accroupir; *illegally* squatter

squat•ter ['skwɑːtər] squatteur(-euse) *m(f)*

squeak [skwiːk] **1** *n of mouse* couinement *m*; *of hinge* grincement *m* **2** *v/i of mouse* couiner; *of hinge* grincer; *of shoes* crisser

squeak•y ['skwiːkɪ] *adj hinge* grinçant; *shoes* qui crissent; **squeaky voice** petite voix aiguë

'**squeak•y clean** *adj* F blanc* comme neige

squeal [skwiːl] **1** *n* cri *m* aigu; *of brakes* grincement *m* **2** *v/i* pousser des cris aigus; *of brakes* grincer

squeam•ish ['skwiːmɪʃ] *adj* trop sensible

squeeze [skwiːz] **1** *n*: **with a squeeze of her shoulder** en lui pressant l'épaule; **give s.o.'s hand a squeeze** serrer la main de qn **2** *v/t hand* serrer; *shoulder*, (*remove juice from*) presser; *fruit, parcel* palper; **squeeze sth out of s.o.** soutirer qch à qn

◆ **squeeze in** *v/i to car etc* rentrer en se serrant **2** *v/t* réussir à faire rentrer

◆ **squeeze up** *v/i to make space* se serrer

squid [skwɪd] calmar *m*

squint [skwɪnt] *n*: **have a squint** loucher

squirm [skwɜːrm] *v/i* (*wriggle*) se tortiller; *in embarrassment* être mal à l'aise

squir•rel ['skwɪrl] écureuil *m*

squirt [skwɜːrt] **1** *v/t* faire gicler **2** *n* F *pej* morveux(-euse) *m(f)*

St *abbr* (= **saint**) St(e) (= saint(e)); (= **street**) rue

stab [stæb] **1** *n* F: **have a stab** essayer (**at doing sth** de faire qch) **2** *v/t* (*pret & pp* **-bed**) *person* poignarder

sta•bil•i•ty [stəˈbɪlətɪ] stabilité *f*

sta•bil•ize ['steɪbɪlaɪz] **1** *v/t* stabiliser **2** *v/i* se stabiliser

sta•ble[1] ['steɪbl] *n for horses* écurie *f*

sta•ble[2] ['steɪbl] *adj* stable

stack [stæk] **1** *n* (*pile*) pile *f*; (*smokestack*) cheminée *f*; **stacks of** F énormément de **2** *v/t* empiler

sta•di•um ['steɪdɪəm] stade *m*

staff [stæf] *npl* (*employees*) personnel *m*; (*teachers*) personnel *m* enseignant

staf•fer ['stæfər] employé(e) *m(f)*

'staff•room *Br: in school* salle *f* des professeurs

stag [stæg] cerf *m*

stage¹ [steɪdʒ] *n in life, project, journey* étape *f*

stage² [steɪdʒ] 1 *n* THEA scène *f*; **go on the stage** devenir (acteur-trice) *f* 2 *v/t play* mettre en scène; *demonstration* organiser

'stage•coach diligence *f*

'stage door entrée *f* des artistes

'stage fright trac *m*

'stage hand machiniste *m/f*

stag•ger ['stægər] 1 *v/i* tituber 2 *v/t* (*amaze*) ébahir; *coffee breaks etc* échelonner

stag•ger•ing ['stægərɪŋ] *adj* stupéfiant

stag•nant ['stægnənt] *adj water, economy* stagnant

stag•nate [stæg'neɪt] *v/i fig: of person, mind* stagner

stag•na•tion [stæg'neɪʃn] stagnation *f*

'stag par•ty enterrement *m* de vie de garçon

stain [steɪn] 1 *n* (*dirty mark*) tache *f*; *for wood* teinture *f* 2 *v/t* (*dirty*) tacher; *wood* teindre 3 *v/i of wine etc* tacher; *of fabric* se tacher

stained-glass 'win•dow [steɪnd] vitrail *m*

stain•less steel [steɪnlɪs'stiːl] 1 *adj* en acier inoxydable 2 *n* acier inoxydable

stain re•mov•er ['steɪnrɪmuːvər] détachant *m*

stair [ster] marche *f*; **the stairs** l'escalier *m*

'stair•case escalier *m*

stake [steɪk] 1 *n of wood* pieu *m*; *when gambling* enjeu *m*; (*investment*) investissements *mpl*; **be at stake** être en jeu 2 *v/t tree* soutenir avec un pieu; *money* jouer; *person* financer

stale [steɪl] *adj bread* rassis; *air* empesté; *fig: news* plus très frais*

'stale•mate *in chess* pat *m*; *fig* impasse *f*; **reach stalemate** finir dans l'impasse

stalk¹ [stɔːk] *n of fruit, plant* tige *f*

stalk² [stɔːk] *v/t animal, person* traquer

stalk•er ['stɔːkər] *of person* harceleur *m*, -euse *f*

stall¹ [stɔːl] *n at market* étalage *m*; *for cow, horse* stalle *f*

stall² [stɔːl] 1 *v/i of vehicle, engine* caler; (*play for time*) chercher à gagner du temps 2 *v/t engine* caler; *person* faire attendre

stal•li•on ['stæljən] étalon *m*

stalls [stɔːlz] *npl* THEA orchestre *m*

stal•wart ['stɔːlwərt] *adj supporter* fidèle

stam•i•na ['stæmɪnə] endurance *f*

stam•mer ['stæmər] 1 *n* bégaiement *m* 2 *v/i* bégayer

stamp¹ [stæmp] 1 *n for letter* timbre *m*; *device, mark* tampon *m* 2 *v/t letter* timbrer; *document, passport* tamponner; *I sent them a self-addressed stamped envelope* je leur ai envoyé une enveloppe timbrée à mon adresse

stamp² [stæmp] *v/t: stamp one's feet* taper du pied

◆ stamp out *v/t* (*eradicate*) éradiquer

'stamp col•lec•ting philatélie *f*

'stamp col•lec•tion collection *f* de timbres

'stamp col•lec•tor collectionneur(-euse) *m(f)* de timbres

stam•pede [stæm'piːd] 1 *n of cattle etc* débandade *f*; *of people* ruée *f* 2 *v/i of cattle* s'enfuir à la débandade; *of people* se ruer

stance [stæns] position *f*

stand [stænd] 1 *n at exhibition* stand *m*; (*witness stand*) barre *f* des témoins; (*support, base*) support *m*; **take the stand** LAW venir à la barre 2 *v/i* (*pret & pp stood*) (*be situated*) se trouver; *as opposed to sit* rester debout; (*rise*) se lever; *stand still* ne bouge pas; *where do I stand with you?* quelle est ma position vis-à-vis de toi? 3 *v/t* (*pret & pp stood*) (*tolerate*) supporter; (*put*) mettre; *you don't stand a chance* tu n'as aucune chance; *stand s.o. a drink* payer à boire à qn; *stand one's ground* tenir ferme

◆ stand back *v/i* reculer

◆ stand by 1 *v/i* (*not take action*) rester là sans rien faire; (*be ready*) se tenir prêt 2 *v/t person* soutenir; *decision* s'en tenir à

◆ stand down *v/i* (*withdraw*) se retirer

◆ stand for *v/t* (*tolerate*) supporter; (*represent*) représenter

◆ stand in for *v/t* remplacer

◆ stand out *v/i be visible* ressortir

◆ stand up 1 *v/i* se lever 2 *v/t* F: *stand s.o. up* poser un lapin à qn F

◆ stand up for *v/t* défendre

◆ stand up to *v/t* (*face*) tenir tête à

stan•dard ['stændərd] 1 *adj procedure etc* normal; *standard practice* pratique *f* courante 2 *n* (*level*) niveau *m*; *moral* critère *m*; TECH norme *f*; *be up to standard of work* être à la hauteur; *set high standards* être exigeant

stan•dard•ize ['stændərdaɪz] *v/t* normaliser

stan•dard of 'liv•ing niveau *m* de vie

'stand•by 1 *n ticket* stand-by *m*; *be on standby* at airport être en stand-by; *be*

S

ready to act être prêt à intervenir **2** *adv fly* en stand-by

'**stand·by pas·sen·ger** stand-by *m/f inv*

stand·ing ['stændɪŋ] *n in society* position *f* sociale; (*repute*) réputation *f*; *a musician / politician of some standing* un musicien / un politicien réputé; *a friendship of long standing* une amitié de longue date

'**stand·ing room** places *fpl* debout

'**stand·off·ish** [stænd'ɔːfɪʃ] *adj* distant

'**stand·point** point *m* de vue

'**stand·still**: *be at a standstill* être paralysé; *of traffic also* être immobilisé; *bring to a standstill* paralyser; *traffic also* immobiliser

stank [stæŋk] *pret* → **stink**

stan·za ['stænzə] strophe *f*

sta·ple¹ ['steɪpl] *n foodstuff* aliment *m* de base

sta·ple² ['steɪpl] **1** *n fastener* agrafe *f* **2** *v/t* agrafer

sta·ple gun agrafeuse *f*

sta·pler ['steɪplər] agrafeuse *f*

star [stɑːr] **1** *n in sky* étoile *f*; *fig also* vedette *f* **2** *v/t* (*pret & pp* **-red**) *of movie* avoir comme vedette(s) **3** *v/i* (*pret & pp* **-red**) *in movie* jouer le rôle principal

'**star·board** *adj* de tribord

starch [stɑːrtʃ] *in foodstuff* amidon *m*

stare [ster] **1** *n* regard *m* fixe **2** *v/i* **stare into space** regarder dans le vide; *it's rude to stare* ce n'est pas poli de fixer les gens

◆ **stare at** *v/t* regarder fixement, fixer

'**star·fish** étoile *f* de mer

stark [stɑːrk] **1** *adj landscape, color* austère; *reminder, contrast etc* brutal **2** *adv*: *stark naked* complètement nu

star·ling ['stɑːrlɪŋ] étourneau *m*

star·ry ['stɑːrɪ] *adj night* étoilé

star·ry-eyed [stɑːrɪ'aɪd] *adj person* idéaliste

Stars and 'Stripes bannière *f* étoilée

start [stɑːrt] **1** *n* début *m*; *make a start on sth* commencer qch; *get off to a good / bad start* in race faire un bon / mauvais départ; *in marriage, career* bien / mal démarrer; *from the start* dès le début; *well, it's a start* c'est un début **2** *v/i* commencer; *of engine, car* démarrer; *starting from tomorrow* à partir de demain **3** *v/t* commencer; *engine, car* mettre en marche; *business* monter; *start to do sth, start doing sth* commencer à faire qch

start·er ['stɑːrtər] *part of meal* entrée *f*; *of car* démarreur *m*

'**start·ing point** point *m* de départ

'**start·ing sal·a·ry** salaire *m* de départ

star·tle ['stɑːrtl] *v/t* effrayer

star·tling ['stɑːrtlɪŋ] *adj* surprenant

starv·a·tion [stɑːr'veɪʃn] inanition *f*; *die of starvation* mourir de faim

starve [stɑːrv] *v/i* souffrir de la faim; *starve to death* mourir de faim; *I'm starving* F je meurs de faim F

state¹ [steɪt] **1** *n* (*condition, country, part of country*) état *m*; *the States* les États-Unis *mpl* **2** *adj capital, dinner* d'état; *banquet, occasion etc* officiel*

state² [steɪt] *v/t* déclarer; *qualifications, name and address* décliner

'**State De·part·ment** Département *m* d'État (américain)

state·ment ['steɪtmənt] *to police* déclaration *f*; (*announcement*) communiqué *m*; (*bank statement*) relevé *m* de compte

state of e'mer·gen·cy état *m* d'urgence

state-of-the-'art *adj* de pointe

states·man ['steɪtsmən] homme *m* d'État

state troop·er ['truːpər] policier *m* d'état

state 'vis·it visite *f* officielle

stat·ic (**e·lec·tric·i·ty**) ['stætɪk] électricité *f* statique

sta·tion ['steɪʃn] **1** *n* RAIL gare *f*; *of subway*, RAD station *f*; TV chaîne *f* **2** *v/t guard etc* placer; *be stationed at* of soldier être stationné à

sta·tion·a·ry ['steɪʃnərɪ] *adj* immobile

sta·tion·er·y ['steɪʃnərɪ] papeterie *f*

'**sta·tion·er·y store** papeterie *f*

sta·tion 'man·ag·er RAIL chef *m* de gare

'**sta·tion wag·on** break *m*

sta·tis·ti·cal [stə'tɪstɪkl] *adj* statistique

sta·tis·ti·cal·ly [stə'tɪstɪklɪ] *adv* statistiquement

sta·tis·ti·cian [stætɪs'tɪʃn] statisticien (-ne) *m(f)*

sta·tis·tics [stə'tɪstɪks] *nsg science* statistique *f npl figures* statistiques *fpl*

stat·ue ['stætʃuː] statue *f*

Stat·ue of 'Lib·er·ty Statue *f* de la Liberté

sta·tus ['steɪtəs] (*position*) statut *m*; (*prestige*) prestige *m*

'**sta·tus bar** COMPUT barre *f* d'état

'**sta·tus sym·bol** signe *m* extérieur de richesse

stat·ute ['stætʃuːt] loi *f*

staunch [stɔːntʃ] *adj* fervent

stay [steɪ] **1** *n* séjour *m* **2** *v/i* rester; *come to stay for a week* venir passer une semaine; *stay in a hotel* descendre dans un hôtel; *I am staying at Hotel ...* je suis descendu à l'Hôtel ...; *stay right there!* tenez-vous là!; *stay put* ne pas bouger

◆ **stay away** *v/i* ne pas s'approcher

◆ **stay away from** v/t éviter

◆ **stay behind** v/i rester; *in school* rester après la classe

◆ **stay up** v/i (*not go to bed*) rester debout

stead•i•ly ['stedɪlɪ] *adv improve etc* de façon régulière

stead•y ['stedɪ] **1** *adj hand* ferme; *voice* posé; (*regular*) régulier*; (*continuous*) continu; **be steady on one's feet** être d'aplomb sur ses jambes **2** *adv*: **be going steady** *of couple* sortir ensemble; **be going steady (with s.o.)** sortir avec qn; **steady on!** calme-toi! **3** v/t (*pret & pp -ied*) *person* soutenir; **one's voice** raffermir

steak [steɪk] bifteck *m*

steal [stiːl] **1** v/t (*pret stole, pp stolen*) *money etc* voler **2** v/i (*pret stole, pp stolen*) (*be a thief*) voler; **steal in / out** entrer / sortir à pas feutrés

stealth bomb•er [stelθ] avion *m* furtif

stealth•y ['stelθɪ] *adj* furtif*

steam [stiːm] **1** *n* vapeur *f* **2** v/t *food* cuire à la vapeur

◆ **steam up 1** v/i *of window* s'embuer **2** v/t: **be steamed up** F être fou de rage

steam•er ['stiːmər] *for cooking* cuiseur *m* à vapeur

'steam i•ron fer *m* à vapeur

steel [stiːl] **1** *adj* (*made of steel*) en acier **2** *n* acier *m*

'steel•work•er ouvrier(-ière) *m(f)* de l'industrie sidérurgique

steep[1] [stiːp] *adj hill etc* raide; F *prices* excessif

steep[2] [stiːp] v/t (*soak*) faire tremper

stee•ple ['stiːpl] *of church* flèche *f*

'stee•ple•chase *in athletics* steeple-chase *m*

steep•ly ['stiːplɪ] *adv*: **climb steeply** *of path* monter en pente raide; *of prices* monter en flèche

steer[1] [stɪr] *n animal* bœuf *m*

steer[2] [stɪr] v/t diriger

steer•ing ['stɪrɪŋ] *n of motor vehicle* direction *f*

'steer•ing wheel volant *m*

stem[1] [stem] *n of plant* tige *f*; *of glass* pied *m*; *of pipe* tuyau *m*; *of word* racine *f*

◆ **stem from** v/t (*pret & pp -med*) provenir de

stem[2] [stem] v/t (*block*) enrayer

stem•ware ['stemwer] verres *mpl*

stench [stentʃ] odeur *f* nauséabonde

sten•cil ['stensl] **1** *n tool* pochoir *m*; *pattern* peinture *f* au pochoir **2** v/t (*pret & pp -ed, Br -led*) *pattern* peindre au pochoir

step [step] **1** *n* (*pace*) pas *m*; (*stair*) marche *f*; (*measure*) mesure *f*; **step by step**

progressivement **2** v/i (*pret & pp -ped*) *in puddle, on nail* marcher; **step forward / back** faire un pas en avant / en arrière

◆ **step down** v/i *from post etc* se retirer

◆ **step up** v/t (*increase*) augmenter

'step•broth•er demi-frère *m*

'step•daugh•ter belle-fille *f*

'step•fa•ther beau-père *m*

'step•lad•der escabeau *m*

'step•ping stone ['stepɪŋ] pierre *f* de gué; *fig* tremplin *m*

'step•sis•ter demi-sœur *f*

'step•son beau-fils *m*

ster•e•o ['steriou] *n* (*sound system*) chaîne *f* stéréo

ster•e•o•type ['sterioutaip] stéréotype *m*

ster•ile ['sterəl] *adj* stérile

ster•il•ize ['sterəlaiz] v/t stériliser

ster•ling ['stɜːrlɪŋ] *n* FIN sterling *m*

stern[1] [stɜːrn] *adj* sévère

stern[2] [stɜːrn] *n* NAUT arrière *m*

stern•ly ['stɜːrnlɪ] *adv* sévèrement

ster•oids ['sterɔɪdz] *npl* stéroïdes *mpl*

steth•o•scope ['steθəskoup] stéthoscope *m*

Stet•son® ['stetsn] stetson *m*

stew [stuː] *n* ragoût *m*

stew•ard ['stuːərd] *on plane, ship* steward *m*; *at demonstration, meeting* membre *m* du service d'ordre

stew•ard•ess ['stuːərdes] *on plane, ship* hôtesse *f*

stewed [stuːd] *adj*: **stewed apples** compote *f* de pommes

stick[1] [stɪk] *n* morceau *m* de bois; *of policeman* bâton *m*; (*walking stick*) canne *f*; **live in the sticks** F habiter dans un trou perdu F

stick[2] [stɪk] **1** v/t (*pret & pp stuck*) *with adhesive* coller (**to** à); F (*put*) mettre **2** v/i (*pret & pp stuck*) (*jam*) se coincer; (*adhere*) adhérer

◆ **stick around** v/i F rester là

◆ **stick by** v/t F ne pas abandonner

◆ **stick out** v/i (*protrude*) dépasser; (*be noticeable*) ressortir; **his ears stick out** il a les oreilles décollées

◆ **stick to** v/t (*adhere to*) coller à; F (*keep to*) s'en tenir à; F (*follow*) suivre

◆ **stick together** v/i F rester ensemble

◆ **stick up** v/t *poster, leaflet* afficher; **stick 'em up** F les mains en l'air!

◆ **stick up for** v/t F défendre

stick•er ['stɪkər] autocollant *m*

'stick-in-the-mud F encroûté(e) *m(f)*

stick•y ['stɪkɪ] *adj hands, surface* gluant; *label* collant

stiff [stɪf] **1** *adj brush, cardboard, mixture*

S

etc dur; *muscle, body* raide; *in manner*
guindé; *drink* bien tassé; *competition*
acharné; *fine* sévère **2** *adv*: **be scared
stiff** F être mort de peur; **be bored stiff**
F s'ennuyer à mourir

stiff•en ['stɪfn] *v/i* se raidir

◆ **stiffen up** *v/i of muscle* se raidir

stiff•ly ['stɪflɪ] *adv* avec raideur; *fig: smile,
behave* de manière guindée

stiff•ness ['stɪfnəs] *of muscles* raideur *f*;
fig: in manner aspect *m* guindé

sti•fle ['staɪfl] *v/t yawn, laugh, criticism,
debate* étouffer

sti•fling ['staɪflɪŋ] *adj* étouffant; **it's sti-
fling in here** on étouffe ici

stig•ma ['stɪgmə] honte *f*

sti•let•tos [stɪ'letəʊz] *npl Br: shoes* talons
mpl aiguille

still¹ [stɪl] **1** *adj* calme **2** *adv*: **keep still!**
reste tranquille!; **stand still!** ne bouge
pas!

still² [stɪl] *adv* (*yet*) encore, toujours;
(*nevertheless*) quand même; **do you still
want it?** est-ce que tu le veux encore?;
she still hasn't finished elle n'a pas tou-
jours pas fini; **she might still come** il
se peut encore qu'elle vienne; **they are
still my parents** ce sont quand même
mes parents; **still more** (*even more*) en-
core plus

'still•born *adj* mort-né; **be stillborn** être
mort à la naissance, être mort-né

still 'life nature *f* morte

stilt•ed ['stɪltɪd] *adj* guindé

stim•u•lant ['stɪmjʊlənt] stimulant *m*

stim•u•late ['stɪmjʊleɪt] *v/t* stimuler

stim•u•lat•ing ['stɪmjʊleɪtɪŋ] *adj* stimu-
lant

stim•u•la•tion [stɪmjʊ'leɪʃn] stimulation *f*

stim•u•lus ['stɪmjʊləs] (*incentive*) stimu-
lation *f*

sting [stɪŋ] **1** *n from bee, jellyfish* piqûre *f*
2 *v/t & v/i* (*pret & pp* **stung**) piquer

sting•ing ['stɪŋɪŋ] *adj remark, criticism*
blessant

sting•y ['stɪndʒɪ] *adj* F radin F

stink [stɪŋk] **1** *n* (*bad smell*) puanteur *f*; F
(*fuss*) grabuge *m* F; **make a stink** F faire
du grabuge F **2** *v/i* (*pret* **stank**, *pp* **stunk**)
(*smell bad*) puer; F (*be very bad*) être nul

stint [stɪnt] *n* période *f*; **do a six-month
stint in prison** / **in the army** faire six
mois de prison / dans l'armée

◆ **stint on** *v/t* F lésiner sur

stip•u•late ['stɪpjʊleɪt] *v/t* stipuler

stip•u•la•tion [stɪpjʊ'leɪʃn] condition *f*;
of will, contract stipulation *f*

stir [stɜːr] **1** *n*: **give the soup a stir** re-
muer la soupe; **cause a stir** faire du bruit

2 *v/t* (*pret & pp* **-red**) remuer **3** *v/i* (*pret &
pp* **-red**) *of sleeping person* bouger

◆ **stir up** *v/t crowd* agiter; *bad memories*
remuer; **stir things up** *cause problems*
semer la zizanie

stir-'cra•zy *adj* F: **be stir-crazy** être deve-
nu fou en raison d'un confinement pro-
longé

'stir-fry *v/t* (*pret & pp* **-ied**) faire sauter

stir•ring ['stɜːrɪŋ] *adj music, speech*
émouvant

stir•rup ['stɪrəp] étrier *m*

stitch [stɪtʃ] **1** *n* point *m*; **stitches** MED
points *mpl* de suture; **be in stitches**
laughing se tordre de rire; **have a stitch**
avoir un point de côté **2** *v/t* (*sew*) coudre

◆ **stitch up** *v/t wound* recoudre

stitch•ing ['stɪtʃɪŋ] (*stitches*) couture *f*

stock [staːk] **1** *n* (*reserve*) réserves *fpl*;
COMM *of store* stock *m*; *animals* bétail
m; FIN actions *fpl*; *for soup etc* bouillon
m; **be in** / **out of stock** être en stock /
épuisé; **take stock** faire le bilan **2** *v/t*
COMM avoir (en stock)

◆ **stock up on** *v/t* faire des réserves de

'stock•brok•er agent *m* de change

'stock ex•change bourse *f*

'stock•hold•er actionnaire *m/f*

stock•ing ['staːkɪŋ] bas *m*

stock•ist ['staːkɪst] revendeur *m*

'stock mar•ket marché *m* boursier

'stock•mar•ket 'crash krach *m* boursier

'stock•pile **1** *n of food, weapons* stocks
mpl de réserve **2** *v/t* faire des stocks de

'stock•room *of store* réserve *f*

stock-'still *adv*: **stand stock-still** rester
immobile

'stock•tak•ing inventaire *m*

stock•y ['staːkɪ] *adj* trapu

stodg•y ['staːdʒɪ] *adj food* bourratif*

sto•i•cal ['stəʊɪkl] *adj* stoïque

sto•i•cism ['stəʊɪsɪzm] stoïcisme *m*

stole [stəʊl] *pret* → **steal**

sto•len ['stəʊlən] *pp* → **steal**

stom•ach ['stʌmək] **1** *n* (*insides*) estomac
m; (*abdomen*) ventre *m* **2** *v/t* (*tolerate*)
supporter

'stom•ach-ache douleur *f* à l'estomac

stone [stəʊn] *n material*, (*precious stone*)
pierre *f*; (*pebble*) caillou *m*; *in fruit* noyau
m

stoned [stəʊnd] *adj* F *on drugs* défoncé F

stone-'deaf *adj* sourd comme un pot

'stone•wall *v/i* F atermoyer

ston•y ['stəʊnɪ] *adj ground, path* pier-
reux*

stood [stʊd] *pret & pp* → **stand**

stool [stuːl] *seat* tabouret *m*

stoop¹ [stuːp] **1** *n* dos *m* voûté **2** *v/i* (*bend*

down) se pencher

stoop² [stu:p] *n* (*porch*) perron *m*

stop [stɒp] **1** *n for train, bus* arrêt *m*;
come to a stop s'arrêter; **put a stop
to** arrêter **2** *v/t* (*pret & pp -ped*) arrêter;
(*prevent*) empêcher; **stop doing sth**
arrêter de faire qch; **stop to do sth** s'arrê-
ter pour faire qch; **it has stopped rain-
ing** il s'est arrêté de pleuvoir; **I stopped
her from leaving** je l'ai empêchée de
partir; **stop a check** faire opposition à
un chèque **3** *v/i* (*pret & pp -ped*) (*come
to a halt*) s'arrêter

◆ **stop by** *v/i* (*visit*) passer
◆ **stop off** *v/i* faire étape
◆ **stop over** *v/i* faire escale
◆ **stop up** *v/t sink* boucher

'stop•gap bouche-trou *m*

'stop•light (*traffic light*) feu *m* rouge;
(*brake light*) stop *m*

'stop•o•ver étape *f*

stop•per ['stɒpər] *for bottle* bouchon *m*

'stop sign stop *m*

'stop•watch chronomètre *m*

stor•age ['stɔ:rɪdʒ] COMM emmagasinage
m; *in house* rangement *m*; **in storage** en
dépôt

'stor•age ca•pac•i•ty COMPUT capacité *f*
de stockage

'stor•age space espace *m* de rangement

store [stɔ:r] **1** *n* magasin *m*; (*stock*) provi-
sion *f*; (*storehouse*) entrepôt *m* **2** *v/t* en-
treposer; COMPUT stocker

'store•front devanture *f* de magasin

'store•house entrepôt *m*

store•keep•er ['stɔ:rki:pər] commer-
çant(e) *m(f)*

'store•room réserve *f*

sto•rey ['stɔ:rɪ] *Br → story²*

stork [stɔ:rk] cigogne *f*

storm [stɔ:rm] *n with rain, wind* tempête
f; (*thunderstorm*) orage *m*

'storm drain égout *m* pluvial

'storm warn•ing avis *m* de tempête

'storm win•dow fenêtre *f* extérieure

storm•y *adj weather, relationship* ora-
geux*

sto•ry¹ ['stɔ:rɪ] (*tale, account*, F: *lie*) his-
toire *f*; *recounted by victim* récit *m*;
(*newspaper article*) article *m*

sto•ry² ['stɔ:rɪ] *of building* étage *m*

stout [staut] *adj person* corpulent, cos-
taud; *boots* solide; *defender* acharné

stove [stouv] *for cooking* cuisinière *f*; *for
heating* poêle *m*

◆ **stow** [stou] *v/t* ranger

◆ **stow away** *v/i* s'embarquer clandesti-
nement

'stow•a•way passager clandestin *m*, pas-

sagère clandestine *f*

strag•gler ['stræglər] retardataire *m/f*

straight [streɪt] **1** *adj line, back, knees*
droit; *hair* raide; (*honest, direct*) franc*;
(*not criminal*) honnête; *whiskey etc* sec*;
(*tidy*) en ordre; (*conservative*) sérieux*;
(*not homosexual*) hétéro F; **be a straight
A student** être un étudiant excellent;
keep a straight face garder son sérieux
2 *adv* (*in a straight line*) droit; (*directly,
immediately*) directement; **think
straight** avoir les idées claires; **I can't
think straight any more!** je n'arrive
pas à me concentrer!; **stand up straight!**
tiens-toi droit!; **look s.o. straight in the
eye** regarder qn droit dans les yeux; **go
straight** F *of criminal* revenir dans le
droit chemin; **give it to me straight** F di-
tes-le moi franchement; **straight ahead**
be situated, walk, drive, look tout droit;
carry straight on *of driver etc* continuer
tout droit; **straight away, straight off**
tout de suite; **straight out** très claire-
ment; **straight up** *without ice* sans glace

straight•en ['streɪtn] *v/t* redresser

◆ **straighten out 1** *v/t situation* arranger;
F *person* remettre dans le droit chemin **2**
v/i of road redevenir droit

◆ **straighten up** *v/i* se redresser

straight'for•ward *adj* (*honest, direct*) di-
rect; (*simple*) simple

strain¹ [streɪn] **1** *n on rope, engine* tension
f; *on heart* pression *f*; **suffer from strain**
souffrir de tension nerveuse **2** *v/t back* se
fouler; *eyes* s'abîmer; *fig: finances, budg-
et* grever

strain² [streɪn] *v/t vegetables* faire égout-
ter; *oil, fat etc* filtrer

strain³ [streɪn] *n of virus etc* souche *f*

strained [streɪnd] *adj relations* tendu

strain•er ['streɪnər] *for vegetables etc* pas-
soire *f*

strait [streɪt] GEOG détroit *m*

strait•laced [streɪt'leɪst] *adj* collet monté

Straits of 'Dover Pas *m* de Calais

strand¹ [strænd] *n of hair* mèche *f*; *of
wool, thread* brin *m*

strand² [strænd] *v/t* abandonner à son
sort; **be stranded** se retrouver bloqué

strange [streɪndʒ] *adj* (*odd, curious*)
étrange, bizarre; (*unknown, foreign*) in-
connu

strange•ly ['streɪndʒlɪ] *adv* (*oddly*) bizar-
rement; **strangely enough, ...** c'est bi-
zarre, mais ...

strang•er ['streɪndʒər] étranger(-ère)
m(f); **he's a complete stranger** je ne
le connais pas du tout; **I'm a stranger**

S

here myself moi non plus je ne suis pas d'ici

stran•gle ['stræŋgl] v/t person étrangler

strap [stræp] n of purse, shoe lanière f; of brassiere, dress bretelle f; of watch bracelet m

◆ **strap in** v/t (pret & pp **-ped**) attacher

◆ **strap on** v/t attacher

strap•less ['stræplɪs] adj sans bretelles

stra•te•gic [strə'ti:dʒɪk] adj stratégique

strat•e•gy ['strætədʒɪ] stratégie f

straw [strɔ:] 1 n material, for drink paille f; **that is the last straw** F c'est la goutte d'eau qui fait déborder le vase 2 adj hat, bag, mat de paille; seat en paille

straw•ber•ry ['strɔːberɪ] fraise f

stray [streɪ] 1 adj animal, bullet perdu 2 n animal m errant 3 v/i of animal vagabonder; of child s'égarer; fig: of eyes, thoughts errer (**to** vers)

streak [striːk] 1 n of dirt, paint traînée f; in hair mèche f; fig: of nastiness etc pointe f 2 v/i move quickly filer 3 v/t: **be streaked with** être strié de

streak•y ['striːkɪ] adj window etc couvert de traces

stream [striːm] 1 n ruisseau m; fig: of people, complaints flot m; **come on stream** of new car etc entrer en production; of power plant être mis en service 2 v/i: **people streamed out of the building** des flots de gens sortaient du bâtiment; **tears were streaming down my face** mon visage ruisselait de larmes; **sunlight streamed into the room** le soleil entrait à flots dans la pièce

stream•er ['striːmər] for party serpentin m

'**stream•line** v/t fig rationaliser

'**stream•lined** adj car, plane caréné; fig: organization rationalisé

street [striːt] rue f

'**street•car** tramway m

'**street cred** [kred] F image f de marque

'**street•light** réverbère m

'**street peo•ple** npl sans-abri mpl

'**street val•ue** of drugs prix m à la revente

'**street•walk•er** F racoleuse f

'**street•wise** adj débrouillard; **this kid is totally streetwise** ce gamin est un vrai gavroche

strength [streŋθ] force f; (strong point) point m fort

strength•en [streŋθn] 1 v/t body fortifier; bridge, currency, bonds etc consolider 2 v/i se consolider

stren•u•ous ['strenjʊəs] adj climb, walk etc fatigant; effort acharné

stren•u•ous•ly ['strenjʊəslɪ] adv deny vigoureusement

stress [stres] 1 n (emphasis) accent m; (tension) stress m; **be under stress** souffrir de stress 2 v/t syllable accentuer; importance etc souligner; **I must stress that ...** je dois souligner que ...

stressed 'out [strest] adj F stressé F

stress•ful ['stresful] adj stressant

stretch [stretʃ] 1 n of land, water étendue f; of road partie f; **at a stretch** (non-stop) d'affilée 2 adj fabric extensible 3 v/t material tendre; small income tirer le maximum de; F rules assouplir; **he stretched out his hand** il tendit la main; **a job that stretches me** un métier qui me pousse à donner le meilleur de moi-même 4 v/i to relax muscles, to reach sth s'étirer; (spread) s'étendre (from de; to jusqu'à); of fabric: give être extensible; of fabric: sag s'élargir

stretch•er ['stretʃər] brancard m

strict [strɪkt] adj strict

strict•ly ['strɪktlɪ] adv strictement; **it is strictly forbidden** c'est strictement défendu

strict•ness ['strɪktnəs] sévérité f

strid•den ['strɪdn] pp → **stride**

stride [straɪd] 1 n (grand) pas m; **take sth in one's stride** ne pas se laisser troubler par qch; **make great strides** fig faire de grands progrès 2 v/i (pret & pp **strode**, **stridden**) marcher à grandes enjambées

stri•dent ['straɪdnt] adj strident; fig: demands véhément

strike [straɪk] 1 n of workers grève f; in baseball balle f manquée; of oil découverte f; **be on strike** être en grève; **go on strike** faire grève 2 v/i (pret & pp **struck**) of workers faire grève; (attack: of wild animal) attaquer; of killer frapper; of disaster arriver; of clock sonner 3 v/t (pret & pp **struck**) also fig frapper; match allumer; oil découvrir; **he struck his head against the table** il s'est cogné la tête contre la table; **she struck me as being ...** elle m'a fait l'impression d'être ...; **the thought struck me that ...** l'idée que ... m'est venue à l'esprit

◆ **strike out** v/t delete rayer

strike•break•er ['straɪkbreɪkər] briseur (-euse) m(f) de grève

strik•er ['straɪkər] (person on strike) gréviste m/f; in soccer buteur m

strik•ing ['straɪkɪŋ] adj (marked, eye-catching) frappant

string [strɪŋ] n ficelle f; of violin, tennis racket corde f; **the strings** musicians les cordes; **pull strings** user de son influence; **a string of** (series) une série de

♦ **string along** (*pret & pp* **strung**) F **1** *v/i*: *do you mind if I string along?* est-ce que je peux vous suivre? **2** *v/t*: *string s.o. along* tromper qn, faire marcher qn

♦ **string up** F pendre

stringed 'in•stru•ment [strɪŋd] instrument *m* à cordes

strin•gent ['strɪndʒənt] *adj* rigoureux*

'string play•er joueur(-euse) *m(f)* d'un instrument à cordes

strip [strɪp] **1** *n* bande *f*; (*comic strip*) bande *f* dessinée; *of soccer team* tenue *f* **2** *v/t* (*pret & pp* **-ped**) *paint, sheets* enlever; *of wind* arracher; (*undress*) déshabiller; *strip s.o. of* sth enlever qch à qn **3** *v/i* (*pret & pp* **-ped**) (*undress*) se déshabiller; *of stripper* faire du strip-tease

'strip club boîte *f* de strip-tease

stripe [straɪp] rayure *f*; MIL galon *m*

striped [straɪpt] *adj* rayé

'strip mall centre *m* commercial (*linéaire*)

strip•per ['strɪpər] strip-teaseuse *f*; *male stripper* strip-teaseur *m*

'strip show strip-tease *m*

strip'tease strip-tease *m*

strive [straɪv] *v/i* (*pret* **strove**, *pp* **striv•en**): *strive to do sth* s'efforcer de faire qch; *over a period of time* lutter *or* se battre pour faire qch; *strive for* essayer d'obtenir

striv•en ['strɪvn] *pp* → **strive**

strobe [stroub], **'strobe light** lumière *f* stroboscopique

strode [stroud] *pret* → **stride**

stroke [strouk] **1** *n* MED attaque *f*; *in writing* trait *m* de plume; *in painting* coup *m* de pinceau; *style of swimming* nage *f*; *a stroke of luck* un coup de chance; *she never does a stroke (of work)* elle ne fait jamais rien **2** *v/t* caresser

stroll [stroul] **1** *n*: *go for or take a stroll* aller faire une balade **2** *v/i* flâner; *he just strolled into the room* il est entré dans la pièce sans se presser

stroll•er ['stroulər] *for baby* poussette *f*

strong [strɑːŋ] *adj* fort; *structure* solide; *candidate* sérieux*; *support, supporter* vigoureux*

'strong•hold *fig* bastion *m*

strong•ly ['strɑːŋlɪ] *adv* fortement; *she feels very strongly about it* cela lui tient très à cœur

strong-mind•ed [strɑːŋ'maɪndɪd] *adj*: *be strong-minded* avoir de la volonté

'strong point point *m* fort

'strong•room chambre *f* forte

strong-willed [strɑːŋ'wɪld] *adj* qui sait ce qu'il veut

strove [strouv] *pret* → **strive**

struck [strʌk] *pret & pp* → **strike**

struc•tur•al ['strʌktʃərəl] *adj* *damage* de structure; *fault, problems, steel* de construction

struc•ture ['strʌktʃər] **1** *n* (*something built*) construction *f*; *fig: of novel, poem etc* structure *f* **2** *v/t* structurer

strug•gle ['strʌɡl] **1** *n* (*fight*) lutte *f*; *it was a struggle at times* ça a été très dur par moments **2** *v/i with a person* se battre; *struggle to do sth / for sth* avoir du mal à faire qch/à obtenir qch

strum [strʌm] *v/t* (*pret & pp* **-med**) *guitar* pincer les cordes de

strung [strʌŋ] *pret & pp* → **string**

strut [strʌt] *v/i* (*pret & pp* **-ted**) se pavaner

stub [stʌb] **1** *n of cigarette* mégot *m*; *of check, ticket* souche *f* **2** *v/t* (*pret & pp* **-bed**): *stub one's toe* se cogner le pied (*on* contre)

♦ **stub out** *v/t* écraser

stub•ble ['stʌbl] *on face* barbe *f* piquante

stub•born ['stʌbərn] *adj person, refusal etc* entêté; *defense* farouche

stub•by ['stʌbɪ] *adj fingers* boudiné

stuck [stʌk] **1** *pret & pp* → **stick 2** *adj* F: *be stuck on s.o.* être fou* de qn

stuck-'up *adj* F snob *inv*

stu•dent ['stuːdnt] *at high school* élève *m/f*; *at college, university* étudiant(e) *m(f)*

stu•dent 'driv•er apprenti(e) conducteur(-trice) *m(f)*

stu•dent 'nurse élève-infirmier *m*, élève-infirmière *f*

stu•dent 'teach•er professeur *m/f* stagiaire

stu•di•o ['stuːdɪou] *of artist* atelier *m*; (*film studio, TV studio, recording studio*) studio *m*

stu•di•ous ['stuːdɪəs] *adj* studieux*

stud•y ['stʌdɪ] **1** *n room* bureau *m*; (*learning*) études *fpl*; (*investigation*) étude *f* **2** *v/t* (*pret & pp* **-ied**) *at school, university* étudier; (*examine*) examiner **3** *v/i* (*pret & pp* **-ied**) étudier

stuff [stʌf] **1** *n* (*things*) trucs *mpl*; *substance, powder etc* truc *m*; (*belongings*) affaires *fpl* **2** *v/t turkey* farcir; *stuff sth into sth* fourrer qch dans qch

stuff•ing ['stʌfɪŋ] *for turkey* farce *f*; *in chair, teddy bear* rembourrage *m*

stuff•y ['stʌfɪ] *adj room* mal aéré; *person* vieux jeu *inv*

stum•ble ['stʌmbl] *v/i* trébucher

♦ **stumble across** *v/t* trouver par hasard

♦ **stumble over** *v/t object, words* trébucher sur

stum•bling block ['stʌmblɪŋ] pierre *f*

S

d'achoppement

stump [stʌmp] **1** *n of tree* souche *f* **2** *v/t*: *I'm stumped* je colle F

◆ **stump up** *v/t* F *(pay)* cracher F

stun [stʌn] *v/t (pret & pp -ned)* étourdir; *animal* assommer; *fig (shock)* abasourdir

stung [stʌŋ] *pret & pp* → **sting**

stunk [stʌŋk] *pp* → **stink**

stun•ning ['stʌnɪŋ] *adj (amazing)* stupéfiant; *(very beautiful)* épatant

stunt [stʌnt] *for publicity* coup *m* de publicité; *in movie* cascade *f*

'stunt•man *in movie* cascadeur *m*

stu•pe•fy ['stu:pɪfaɪ] *v/t (pret & pp -ied)* stupéfier

stu•pen•dous [stu:'pendəs] *adj* prodigieux*

stu•pid ['stu:pɪd] *adj* stupide

stu•pid•i•ty [stu:'pɪdətɪ] stupidité *f*

stu•por ['stu:pər] stupeur *f*

stur•dy ['stɜːrdɪ] *adj* robuste

stut•ter ['stʌtər] *v/i* bégayer

style [staɪl] *n (method, manner)* style *m*; *(fashion)* mode *f*; *(fashionable elegance)* classe *f*; *in style* à la mode; *go out of style* passer de mode

styl•ish ['staɪlɪʃ] *adj* qui a de la classe

styl•ist ['staɪlɪst] *(hair stylist, interior designer)* styliste *m/f*

sub•com•mit•tee ['sʌbkəmɪtɪ] sous-comité *m*

sub•con•scious [sʌb'kɑːnʃəs] *adj* subconscient; *the subconscious mind* le subconscient

sub•con•scious•ly [sʌb'kɑːnʃəslɪ] *adv* subconsciemment

sub•con•tract [sʌbkən'trakt] *v/t* sous-traiter

sub•con•trac•tor [sʌbkən'traktər] sous-traitant *m*

sub•di•vide [sʌbdɪ'vaɪd] *v/t* sous-diviser

sub•due [səb'du:] *v/t rebellion, mob* contenir

sub•dued [səb'du:d] *adj person* réservé; *lighting* doux*

sub•head•ing ['sʌbhedɪŋ] sous-titre *m*

sub•hu•man [sʌb'hju:mən] *adj* sous-humain

sub•ject ['sʌbdʒɪkt] **1** *n of country, GRAM, (topic)* sujet *m*; *(branch of learning)* matière *f*; *change the subject* changer de sujet **2** *adj*: *be subject to* être sujet à; *subject to availability* tickets dans la limite des places disponibles; *goods* dans la limite des stocks disponibles **3** *v/t* [səb'dʒekt] soumettre *(to* à)

sub•jec•tive [səb'dʒektɪv] *adj* subjectif *f*

sub•junc•tive [səb'dʒʌŋktɪv] *n* GRAM subjonctif *m*

sub•let ['sʌblet] *v/t (pret & pp -let)* sous-louer

sub•ma'chine gun [sʌbmə'ʃiːŋɡʌn] mitraillette *f*

sub•ma•rine ['sʌbməriːn] sous-marin *m*

sub•merge [səb'mɜːrdʒ] **1** *v/t in sth* immerger *(in* dans); *be submerged of rocks, iceberg* être submergé *2 v/i of submarine* plonger

sub•mis•sion [səb'mɪʃn] *(surrender)* soumission *f*; *to committee etc* soumission *f*

sub•mis•sive [səb'mɪsɪv] *adj* soumis

sub•mit [səb'mɪt] *(pret & pp -ted)* **1** *v/t plan, proposal* soumettre **2** *v/i* se soumettre

sub•or•di•nate [sə'bɔːrdɪnət] **1** *adj employee, position* subalterne **2** *n* subordonné(e) *m(f)*

sub•poe•na [sə'piːnə] LAW **1** *n* assignation *f* **2** *v/t person* assigner à comparaître

◆ **subscribe to** [səb'skraɪb] *v/t magazine etc* s'abonner à; *theory* souscrire à

sub•scrib•er [səb'skraɪbər] *to magazine* abonné(e) *m(f)*

sub•scrip•tion [səb'skrɪpʃn] abonnement *m*

sub•se•quent ['sʌbsɪkwənt] *adj* ultérieur

sub•se•quent•ly ['sʌbsɪkwəntlɪ] *adv* par la suite

◆ **subside** [səb'saɪd] *v/i of flood waters* baisser; *of high winds* se calmer; *of building* s'affaisser; *of fears, panic* s'apaiser

sub•sid•i•a•ry [səb'sɪdɪrɪ] *n* filiale *f*

sub•si•dize ['sʌbsɪdaɪz] *v/t* subventionner

sub•si•dy ['sʌbsɪdɪ] subvention *f*

◆ **subsist on** *v/t* subsister de

sub•sis•tence lev•el: *live at subsistence level* vivre à la limite de la subsistance

sub•stance ['sʌbstəns] *(matter)* substance *f*

sub•stan•dard [sʌb'stændərd] *adj* de qualité inférieure

sub•stan•tial [səb'stænʃl] *adj (considerable)* considérable; *meal* consistant

sub•stan•tial•ly [səb'stænʃlɪ] *adv (considerably)* considérablement; *(in essence)* de manière générale

sub•stan•ti•ate [səb'stænʃɪeɪt] *v/t* confirmer

sub•stan•tive [səb'stæntɪv] *adj* réel*

sub•sti•tute ['sʌbstɪtuːt] **1** *n for commodity* substitut *m* *(for* de); SP remplaçant(e) *m(f)* *(for* de) **2** *v/t* remplacer; *substitute X for Y* remplacer Y par X **3** *v/i*: *substitute for s.o.* remplacer qn

sub•sti•tu•tion [sʌbstɪ'tuːʃn] *act* remplacement *m*; *make a substitution* SP faire un remplacement

sub•ti•tle ['sʌbtaɪtl] n sous-titre m; **with subtitles** sous-titré

sub•tle ['sʌtl] adj subtil

sub•tract [səb'trækt] v/t number soustraire

sub•urb ['sʌbɜːrb] banlieue f; **the sub-urbs** la banlieue

sub•ur•ban [sə'bɜːrbən] adj typique de la banlieue; pej: attitudes etc de banlieusards

sub•ver•sive [səb'vɜːrsɪv] 1 adj subversif* 2 n personne f subversive

sub•way ['sʌbweɪ] métro m

sub•ze•ro [sʌb'zɪːrou] adj temperature en-dessous de zéro

suc•ceed [sək'siːd] 1 v/i (be successful) réussir; **succeed in doing sth** réussir à faire qch; **to throne, presidency** succéder à, hériter de 2 v/t (come after) succéder à

suc•ceed•ing [sək'siːdɪŋ] adj suivant

suc•cess [sək'ses] réussite f; **be a suc-cess** avoir du succès

suc•cess•ful [sək'sesfʊl] adj person qui a réussi; talks, operation, marriage réussi; **be successful in doing sth** réussir à faire qch

suc•cess•ful•ly [sək'sesfʊlɪ] adv avec succès

suc•ces•sion [sək'seʃn] (sequence), to office succession f; **in succession** d'affilée

suc•ces•sive [sək'sesɪv] adj successif*; **on three successive days** trois jours de suite

suc•ces•sor [sək'sesər] successeur m

suc•cinct [sək'sɪŋkt] adj succinct

suc•cu•lent ['sʌkjʊlənt] adj succulent

suc•cumb [sə'kʌm] v/i (give in) succomber; **succumb to temptation** succomber à la tentation

such [sʌtʃ] 1 adj: such a (so much of a) un tel, une telle; **it was such a surprise** c'était une telle surprise ◇ (of that kind): such as tel / telle que; **there is no such word as ...** le mot ... n'existe pas; **such people are ...** de telles personnes sont ... 2 adv tellement; **such an easy question** une question tellement facile; **as such** en tant que tel

suck [sʌk] 1 v/t candy etc sucer; **suck one's thumb** sucer son pouce 2 v/i P: **it sucks** c'est merdique P

◆ **suck up** v/t moisture absorber

◆ **suck up to** v/t F lécher les bottes à

suck•er ['sʌkər] F person niais(e) m(f); F (lollipop) sucette f

suc•tion ['sʌkʃn] succion f

sud•den ['sʌdn] adj soudain; **all of a sud-**

den tout d'un coup

sud•den•ly ['sʌdnlɪ] adv tout à coup, soudain, soudainement; **so suddenly** telle-ment vite

suds [sʌdz] npl (soap suds) mousse f de savon

sue [suː] v/t poursuivre en justice

suede [sweɪd] n daim m

suf•fer ['sʌfər] 1 v/i souffrir; **be suffering from** souffrir de 2 v/t experience subir

suf•fer•ing ['sʌfərɪŋ] n souffrance f

suf•fi•cient [sə'fɪʃnt] adj suffisant; **not have sufficient funds / time** ne pas avoir assez d'argent / de temps; **just one hour will be sufficient** une heure suffira

suf•fi•cient•ly [sə'fɪʃntlɪ] adv suffisam-ment

suf•fo•cate ['sʌfəkeɪt] 1 v/i s'étouffer 2 v/t étouffer

suf•fo•ca•tion [sʌfə'keɪʃn] étouffement m

sug•ar ['ʃʊgər] 1 n sucre m 2 v/t sucrer

'**sug•ar bowl** sucrier m

'**sug•ar cane** canne f à sucre

sug•gest [sə'dʒest] v/t suggérer

sug•ges•tion [sə'dʒestʃən] suggestion f

su•i•cide ['suːɪsaɪd] also fig suicide m; **commit suicide** se suicider

'**su•i•cide bomb at•tack** attentat m suici-de

'**su•i•cide bomb•er** kamikaze m/f

'**su•i•cide pact** accord passé entre deux personnes pour se suicider ensemble

suit [suːt] 1 n for man costume m; for woman tailleur m; in cards couleur f 2 v/t of clothes, color aller à; **red suits you** le rouge te va bien; **suit yourself!** F fais comme tu veux!; **be suited for sth** être fait pour qch

suit•a•ble ['suːtəbl] adj approprié, conve-nable

suit•a•bly ['suːtəblɪ] adv convenablement

'**suit•case** valise f

suite [swiːt] of rooms suite f; furniture sa-lon m trois pièces; MUS suite m

sul•fur ['sʌlfər] soufre m

sul•fur•ic ac•id [sʌl'fjuːrɪk] acide m sul-furique

sulk [sʌlk] v/i bouder

sulk•y ['sʌlkɪ] adj boudeur*

sul•len ['sʌlən] adj maussade

sul•phur etc Br → **sulfur** etc

sul•try ['sʌltrɪ] adj climate lourd; sexually sulfureux*

sum [sʌm] (total, amount) somme f; in arithmetic calcul m; **a large sum of mon-ey** une grosse somme d'argent; **sum in-sured** montant assuré; **the sum total of his efforts** la somme de ses efforts

sum up

◆ **sum up** (*pret & pp* **-med**) **1** *v/t* (*summarize*) résumer; (*assess*) se faire une idée de; *that just about sums him up* c'est tout à fait lui **2** *v/i* LAW résumer les débats
sum•ma•rize ['sʌməraɪz] *v/t* résumer
sum•ma•ry ['sʌmərɪ] *n* résumé *m*
sum•mer ['sʌmər] été *m*
sum•mit ['sʌmɪt] *of mountain*, POL sommet *m*
'**sum•mit meet•ing** → **summit**
sum•mon ['sʌmən] *v/t staff, meeting* convoquer
◆ **summon up** *v/t strength* faire appel à
sum•mons ['sʌmənz] *nsg* LAW assignation *f* (à comparaître)
sump [sʌmp] *for oil* carter *m*
sun [sʌn] soleil *m*; *in the sun* au soleil; *out of the sun* à l'ombre; *he has had too much sun* il s'est trop exposé au soleil
'**sun•bathe** *v/i* prendre un bain de soleil
'**sun•bed** lit *m* à ultraviolets
'**sun•block** écran *m* solaire
'**sun•burn** coup *m* de soleil
'**sun•burnt** *adj*: *be sunburnt* avoir des coups de soleil
Sun•day ['sʌndeɪ] dimanche *m*
'**sun•dial** cadran *m* solaire
sun•dries ['sʌndrɪz] *npl expenses* frais *mpl* divers; *items* articles *mpl* divers
sung [sʌŋ] *pp* → **sing**
'**sun•glass•es** *npl* lunettes *fpl* de soleil
sunk [sʌŋk] *pp* → **sink**
sunk•en ['sʌŋkn] *adj cheeks* creux*
sun•ny ['sʌnɪ] *adj day* ensoleillé; *disposition* gai; *it's sunny* il y a du soleil
'**sun•rise** lever *m* du soleil
'**sun•set** coucher *m* du soleil
'**sun•shade** *handheld* ombrelle *f*; *over table* parasol *m*
'**sun•shine** soleil *m*
'**sun•stroke** insolation *f*
'**sun•tan** bronzage *m*; *get a suntan* bronzer
su•per ['su:pər] **1** *adj* F super *inv* F **2** *n* (*janitor*) concierge *m/f*
su•perb [su'pɜːrb] *adj* excellent
su•per•fi•cial [su:pər'fɪʃl] *adj* superficiel*
su•per•flu•ous [su'pɜːrfluəs] *adj* superflu
su•per•hu•man *adj efforts* surhumain
su•per•in•ten•dent [su:pərɪn'tendənt] *of apartment block* concierge *m/f*
su•pe•ri•or [su'pɪriər] **1** *adj quality, hotel, attitude* supérieur **2** *n in organization, society* supérieur *m*
su•per•la•tive [su'pɜːrlətɪv] **1** *adj* (*superb*) excellent **2** *n* GRAM superlatif *m*
'**su•per•mar•ket** supermarché *m*
'**su•per•mod•el** top model *m*

su•per•nat•u•ral 1 *adj powers* surnaturel* **2** *n*: *the supernatural* le surnaturel
'**su•per•pow•er** POL superpuissance *f*
su•per•son•ic [su:pər'sɑːnɪk] *adj flight, aircraft* supersonique
su•per•sti•tion [su:pər'stɪʃn] superstition *f*
su•per•sti•tious [su:pər'stɪʃəs] *adj person* superstitieux*
su•per•vise ['su:pərvaɪz] *v/t children activities etc* surveiller; *workers* superviser
su•per•vi•sor ['su:pərvaɪzər] *at work* superviseur *m*
sup•per ['sʌpər] dîner *m*
sup•ple ['sʌpl] *adj* souple
sup•ple•ment ['sʌplɪmənt] *n* (*extra payment*) supplément *m*
sup•pli•er [sə'plaɪr] COMM fournisseur (-euse) *m(f)*
sup•ply [sə'plaɪ] **1** *n of electricity, water etc* alimentation *f* (*of* en); *supply and demand* l'offre et la demande; *supplies of food* provisions *fpl*; *office supplies* fournitures *fpl* de bureau **2** *v/t* (*pret & pp* **-ied**) *goods* fournir; *supply s.o. with sth* fournir qch à qn; *be supplied with ...* être pourvu de ...
sup•port [sə'pɔːrt] **1** *n for structure* support *m*; (*backing*) soutien *m* **2** *v/t building, structure* supporter; *financially* entretenir; (*back*) soutenir
sup•port•er [sə'pɔːrtər] *of politician, football etc team* supporter(-trice) *m(f)*; *of theory* partisan(e) *m(f)*
sup•port•ive [sə'pɔːrtɪv] *adj attitude* de soutien; *person* qui soutient; *be very supportive of s.o.* beaucoup soutenir qn
sup•pose [sə'pouz] *v/t* (*imagine*) supposer; *I suppose so* je suppose que oui; *be supposed to do sth* (*be meant to, said to*) être censé faire qch; *supposing ...* (et) si ...
sup•pos•ed•ly [sə'pouzɪdlɪ] *adv*: *this is supposedly the ...* c'est soi-disant *or* apparemment le ...
sup•pos•i•to•ry [sə'pɑːzɪtɔːrɪ] MED suppositoire *m*
sup•press [sə'pres] *v/t rebellion etc* réprimer
sup•pres•sion [sə'preʃn] répression *f*
su•prem•a•cy [su:'preməsɪ] suprématie *f*
su•preme [su:'priːm] *adj* suprême
sur•charge ['sɜːrtʃɑːrdʒ] surcharge *f*
sure [ʃʊr] **1** *adj* sûr; *I'm sure* as answer j'en suis sûr; *be sure that* être sûr que; *be sure about sth* être sûr de qch; *make sure that ...* s'assurer que ...; *be sure enough* en effet; *it sure is hot today* F il fait vraiment chaud aujourd'hui; *sure!* F

S

mais oui, bien sûr!

sure•ly ['ʃʊrlɪ] *adv with negatives* quand même; (*gladly*) avec plaisir; *surely there is someone here who ...* il doit bien y avoir quelqu'un ici qui ...

surf [sɜːrf] **1** *n on sea* écume *f* **2** *v/t the Net* surfer sur

sur•face ['sɜːrfɪs] **1** *n of table, water etc* surface *f*; *on the surface fig* en surface **2** *v/i of swimmer, submarine* faire surface; (*appear*) refaire surface

'sur•face mail courrier *m* par voie terrestre ou maritime

'surf•board planche *f* de surf

surf•er ['sɜːrfər] *on sea* surfeur(-euse) *m(f)*

surf•ing ['sɜːrfɪŋ] surf *m*; *go surfing* faire du surf

surge [sɜːrdʒ] *n electric current* surtension *f*; *in demand, interest, growth etc* poussée *f*

◆ **surge forward** *v/i of crowd* s'élancer en masse

sur•geon ['sɜːrdʒən] chirurgien *m(f)*

sur•ge•ry ['sɜːrdʒərɪ] chirurgie *f*; *undergo surgery* subir une opération (chirurgicale)

sur•gi•cal ['sɜːrdʒɪkl] *adj* chirurgical

sur•gi•cal•ly ['sɜːrdʒɪklɪ] *adv remove* par opération chirurgicale

sur•ly ['sɜːrlɪ] *adj* revêche

sur•mount [sər'maʊnt] *v/t difficulties* surmonter

sur•name [sɜːrneɪm] nom *m* de famille

sur•pass [sər'pæs] *v/t* dépasser

sur•plus ['sɜːrpləs] **1** *n* surplus *m* **2** *adj* en surplus

sur•prise [sər'praɪz] **1** *n* surprise *f* **2** *v/t* étonner; *be / look surprised* être / avoir l'air surpris

sur•pris•ing [sər'praɪzɪŋ] *adj* étonnant

sur•pris•ing•ly [sər'praɪzɪŋlɪ] *adv* étonnamment; *not surprisingly, ...* comme on pouvait s'y attendre, ...

sur•ren•der [sə'rendər] **1** *v/i of army* se rendre **2** *v/t weapons etc* rendre **3** *n capitulation f; (handing in)* reddition *f*

sur•ro•gate moth•er ['sʌrəgət] mère *f* porteuse

sur•round [sə'raʊnd] **1** *v/t* entourer; *be surrounded by* être entouré par **2** *n of picture etc* bordure *f*

sur•round•ing [sə'raʊndɪŋ] *adj* environnant

sur•round•ings [sə'raʊndɪŋz] *npl* environs *mpl; setting* cadre *m*

sur•vey¹ [sər'veɪ] *n of modern literature etc* étude *f; of building* inspection *f;*

(*poll*) sondage *m* **2** *v/t* [sər'veɪ] (*look at*) contempler; *building* inspecter

sur•vey•or [sɜːr'veɪər] expert *m*

sur•vive [sər'vaɪv] **1** *v/i* survivre; *how are you? - I'm surviving* comment ça va? - pas trop mal; *his two surviving daughters* ses deux filles encore en vie **2** *v/t accident, operation,* (*outlive*) survivre à

sur•vi•vor [sər'vaɪvər] survivant(e) *m(f);* *he's a survivor fig* c'est un battant

sus•cep•ti•ble [sə'septəbl] *adj emotionally* influençable; *be susceptible to the cold* être frileux*; *be susceptible to the heat* être sensible à la chaleur

sus•pect 1 *n* ['sʌspekt] suspect(e) *m(f)* **2** *v/t* [sə'spekt] *person* soupçonner; (*suppose*) croire

sus•pect•ed [sə'spektɪd] *adj murderer* soupçonné; *cause, heart attack etc* présumé

sus•pend [sə'spend] *v/t* (*hang*), *from office* suspendre

sus•pend•ers [sə'spendərz] *npl for pants* bretelles *fpl; Br* porte-jarretelles *m*

sus•pense [sə'spens] suspense *m*

sus•pen•sion [sə'spenʃn] *in vehicle, from duty* suspension *f*

sus'pen•sion bridge pont *m* suspendu

sus•pi•cion [sə'spɪʃn] soupçon *m*

sus•pi•cious [sə'spɪʃəs] *adj (causing suspicion)* suspect; (*feeling suspicion*) méfiant; *be suspicious of s.o.* se méfier de qn

sus•pi•cious•ly [sə'spɪʃəslɪ] *adv behave* de manière suspecte; *ask* avec méfiance

sus•tain [sə'steɪn] *v/t* soutenir

sus•tain•a•ble [sə'steɪnəbl] *adj economic growth* durable

swab [swɑːb] *n* tampon *m*

swag•ger ['swægər] *n* démarche *f* crâneuse

swal•low¹ ['swɑːloʊ] *v/t & v/i* avaler

swal•low² ['swɑːloʊ] *n bird* hirondelle *f*

swam [swæm] *pret → swim*

swamp [swɑːmp] **1** *n* marécage *m* **2** *v/t:* *be swamped with with letters, work etc* être submergé de

swamp•y ['swɑːmpɪ] *adj ground* marécageux*

swan [swɑːn] cygne *m*

swap [swɑːp] (*pret & pp* **-ped**) **1** *v/t* échanger; *swap sth for sth* échanger qch contre qch **2** *v/i* échanger

swarm [swɔːrm] **1** *n of bees* essaim *m* **2** *v/i of ants, tourists etc* grouiller; *the town was swarming with ...* la ville grouillait de ...; *the crowd swarmed out of the stadium* la foule est sortie en masse

S

du stade

swar•thy ['swɔːrðɪ] *adj face, complexion* basané

swat [swɑːt] *v/t* (*pret & pp* **-ted**) *insect* écraser

sway [sweɪ] **1** *n* (*influence, power*) emprise *f* **2** *v/i in wind* se balancer; *because drunk, ill* tituber

swear [swer] (*pret* **swore**, *pp* **sworn**) **1** *v/i* (*use swearword*) jurer; **swear at s.o.** injurier qn **2** *v/t* LAW, (*promise*) jurer (**to do sth** de faire qch)

◆ **swear•word** juron *m*

sweat [swet] **1** *n* sueur *f*; **covered in sweat** trempé de sueur **2** *v/i* transpirer, suer

'**sweat band** bandeau *m* en éponge

sweat•er ['swetər] pull *m*

sweats [swets] *npl* SP survêtement *m*

'**sweat•shirt** sweat(-shirt) *m*

sweat•y ['swetɪ] *adj hands, forehead* plein de sueur

Swede [swiːd] Suédois(e) *m(f)*

Swe•den ['swiːdn] Suède *f*

Swed•ish ['swiːdɪʃ] **1** *adj* suédois **2** *n* suédois *m*

sweep [swiːp] **1** *v/t* (*pret & pp* **swept**) *floor, leaves* balayer **2** *n* (*long curve*) courbe *f*

◆ **sweep up** *v/t mess, crumbs* balayer

sweep•ing ['swiːpɪŋ] *adj statement* hâtif*; *changes* radical

sweet [swiːt] *adj taste, tea* sucré; F (*kind*) gentil*; F (*cute*) mignon*

'**sweet•corn** maïs *m*

sweet•en ['swiːtn] *v/t drink, food* sucrer

sweet•en•er ['swiːtnər] *for drink* édulcorant *m*

'**sweet•heart** amoureux(-euse) *m(f)*

swell [swel] **1** *v/i* (*pp* **swollen**) *of wound, limb* enfler **2** *adj* F (*good*) super F *inv* **3** *n of the sea* houle *f*

swell•ing ['swelɪŋ] *n* MED enflure *f*

swel•ter•ing ['sweltərɪŋ] *adj heat, day* étouffant

swept [swept] *pret & pp* → **sweep**

swerve [swɜːrv] *v/i of driver, car* s'écarter brusquement

swift [swɪft] *adj* rapide

swim [swɪm] **1** *v/i* (*pret* **swam**, *pp* **swum**) nager; **go swimming** aller nager; **my head is swimming** j'ai la tête qui tourne **2** *n* baignade *f*; **go for a swim** aller nager, aller se baigner

swim•mer ['swɪmər] nageur(-euse) *m(f)*

swim•ming ['swɪmɪŋ] natation *f*

'**swim•ming pool** piscine *f*

'**swim•suit** maillot *m* de bain

swin•dle ['swɪndl] **1** *n* escroquerie *f* **2** *v/t person* escroquer; **swindle s.o. out of sth** escroquer qch à qn

swine [swaɪn] F *person* salaud *m* P

swing [swɪŋ] **1** *n* oscillation *f*; *for child* balançoire *f*; **swing to the Democrats** revirement *m* d'opinion en faveur des démocrates **2** *v/t* (*pret & pp* **swung**) *object in hand, hips* balancer **3** *v/i* (*pret & pp* **swung**) se balancer; (*turn*) tourner; *of public opinion etc* virer

swing-'door porte *f* battante

Swiss [swɪs] **1** *adj* suisse **2** *n person* Suisse *m/f*; **the Swiss** les Suisses *mpl*

switch [swɪtʃ] **1** *n for light* bouton *m*; (*change*) changement *m* **2** *v/t* (*change*) changer de **3** *v/i* (*change*) passer (**to** à)

◆ **switch off** *v/t lights, engine*, PC éteindre; *engine* arrêter

◆ **switch on** *v/t lights, engine*, PC allumer; *engine* démarrer

'**switch•board** standard *m*

'**switch•o•ver** *to new system* passage *m*

Swit•zer•land ['swɪtsərlənd] Suisse *f*

swiv•el ['swɪvl] *v/i* (*pret & pp* **-ed**, Br **-led**) *of chair, monitor* pivoter

swol•len ['swoʊlən] **1** *pp* → **swell 2** *adj stomach* ballonné; *ankles, face, cheek* enflé

swoop [swuːp] *v/i of bird* descendre

◆ **swoop down on** *v/t prey* fondre sur

◆ **swoop on** *v/t nightclub, hideout* faire une descente dans

sword [sɔːrd] épée *f*

swore [swɔːr] *pret* → **swear**

sworn [swɔːrn] *pp* → **swear**

swum [swʌm] *pp* → **swim**

swung [swʌŋ] *pret & pp* → **swing**

syc•a•more ['sɪkəmɔːr] sycomore *m*

syl•la•ble ['sɪləbl] syllabe *f*

syl•la•bus ['sɪləbəs] programme *m*

sym•bol ['sɪmbl] symbole *m*

sym•bol•ic [sɪmˈbɑːlɪk] *adj* symbolique

sym•bol•ism ['sɪmbəlɪzm] *in poetry, art* symbolisme *m*

sym•bol•ist ['sɪmbəlɪst] symboliste *m/f*

sym•bol•ize ['sɪmbəlaɪz] *v/t* symboliser

sym•met•ri•cal [sɪˈmetrɪkl] *adj* symétrique

sym•me•try ['sɪmətrɪ] symétrie *f*

sym•pa•thet•ic [sɪmpəˈθetɪk] *adj* (*showing pity*) compatissant; (*understanding*) compréhensif*; **be sympathetic toward** *person* être compréhensif envers; *idea* avoir des sympathies pour

◆ **sym•pa•thize with** ['sɪmpəθaɪz] *v/t person* compatir avec; *views* avoir des

sympathies pour
sym•pa•thiz•er ['sɪmpəθaɪzər] POL sympathisant(e) *m(f)*
sym•pa•thy ['sɪmpəθɪ] *(pity)* compassion *f*; *(understanding)* compréhension (**for** de); ***you have our deepest sympathy*** *on bereavement* nous vous présentons toutes nos condoléances; ***don't expect any sympathy from me!*** ne t'attends pas à ce que j'aie pitié de toi!
sym•pho•ny ['sɪmfənɪ] symphonie *f*
'**sym•pho•ny or•ches•tra** orchestre *m* symphonique
symp•tom ['sɪmptəm] MED, *fig* symptôme *m*
symp•to•mat•ic [sɪmptə'mætɪk] *adj*: ***be symptomatic of*** *fig* être symptomatique de
syn•chro•nize ['sɪŋkrənaɪz] *v/t* synchroniser
syn•o•nym ['sɪnənɪm] synonyme *m*
sy•non•y•mous [sɪ'nɑːnɪməs] *adj* synonyme; ***be synonymous with*** *fig* être sy-

nonyme de
syn•tax ['sɪntæks] syntaxe *f*
syn•the•siz•er ['sɪnθəsaɪzər] MUS synthétiseur *m*
syn•thet•ic [sɪn'θetɪk] *adj* synthétique
syph•i•lis ['sɪfɪlɪs] *nsg* syphilis *f*
Syr•i•a ['sɪrɪə] Syrie *f*
Syr•i•an ['sɪrɪən] **1** *adj* syrien* **2** *n* Syrien(ne) *m(f)*
sy•ringe [sɪ'rɪndʒ] *n* seringue *f*
syr•up ['sɪrəp] sirop *m*
sys•tem ['sɪstəm] système *m*; *(orderliness)* ordre *m*; *(computer)* ordinateur *m*; ***system crash*** COMPUT panne *f* du système; ***the digestive system*** l'appareil *m* digestif
sys•te•mat•ic [sɪstə'mætɪk] *adj approach, person* systématique
sys•tem•at•i•cal•ly [sɪstə'mætɪklɪ] *adv* systématiquement
sys•tems an•a•lyst ['sɪstəmz] COMPUT analyste-programmeur(-euse) *m(f)*

T

tab [tæb] *n for pulling* languette *f*; *in text* tabulation *f*; ***pick up the tab*** régler la note
ta•ble ['teɪbl] *n* table *f*; *of figures* tableau *m*
'**ta•ble•cloth** nappe *f*
'**ta•ble lamp** petite lampe *f*
ta•ble of 'con•tents table *f* des matières
'**ta•ble•spoon** cuillère *f* à soupe
tab•let ['tæblɪt] MED comprimé *m*
'**ta•ble ten•nis** tennis *m* de table
tab•loid ['tæblɔɪd] *n newspaper* journal *m* à sensation; ***the tabloids*** la presse à sensation
ta•boo [tə'buː] *adj* tabou *inv in feminine*
tac•it ['tæsɪt] *adj* tacite
tac•i•turn ['tæsɪtɜːrn] *adj* taciturne
tack [tæk] **1** *n* nail clou *m* **2** *v/t in sewing* bâtir **3** *v/i of yacht* louvoyer
tack•le ['tækl] **1** *n (equipment)* attirail *m*; SP tacle *m*; *in rugby* plaquage *m* **2** *v/t* SP tacler; *in rugby* plaquer; *problem* s'attaquer à; *(confront)* confronter; *physically* s'opposer à
tack•y ['tækɪ] *adj paint, glue* collant; F *(cheap, poor quality)* minable F

tact [tækt] tact *m*
tact•ful ['tæktful] *adj* diplomate
tact•ful•ly ['tæktflɪ] *adv* avec tact
tac•ti•cal ['tæktɪkl] *adj* tactique
tac•tics ['tæktɪks] *npl* tactique *f*
tact•less ['tæktlɪs] *adj* qui manque de tact, peu délicat
tad•pole ['tædpoul] têtard *m*
tag [tæg] *n (label)* étiquette *f*
◆ **tag along** *v/i (pret & pp -ged)* venir aussi
tail [teɪl] *n* queue *f*
'**tail•back** Br: *in traffic* bouchon *m*
'**tail light** feu *m* arrière
tai•lor ['teɪlər] *n* tailleur *m*
tai•lor-made [teɪlər'meɪd] *adj also fig* fait sur mesure
'**tail pipe** *of car* tuyau *m* d'échappement
'**tail wind** vent *m* arrière
taint•ed ['teɪntɪd] *adj food* avarié; *atmosphere* gâté
Tai•wan [taɪ'wɑn] Taïwan
Tai•wan•ese [taɪwɑn'iːz] **1** *adj* taïwanais **2** *n* Taïwanais(e) *m(f)*
take [teɪk] *v/t (pret* **took***, pp* **taken***)* prendre; *(transport, accompany)* amener;

subject at school, photograph, photo-copy, stroll faire; *exam* passer; *(endure)* supporter; *(require: courage etc)* demander; **take s.o. home** ramener qn chez lui; **how long does it take?** *journey, order* combien de temps est-ce que cela prend?; **how long will it take you to …?** combien de temps est-ce que tu vas mettre pour …?

◆ **take after** *v/t* ressembler à

◆ **take apart** *v/t (dismantle)* démonter; F *(criticize)* démolir F; F *in fight, game* battre à plates coutures

◆ **take away** *v/t object* enlever; *pain* faire disparaître; MATH soustraire *(from de)*; **15 take away 5 is 10** 15 moins 5 égalent 10; **take sth away from s.o.** *driver's license etc* retirer qch à qn; *toys, knife etc* confisquer qch à qn

◆ **take back** *v/t object* rapporter; *person to a place* ramener; *that takes me back of music, thought etc* ça me rappelle le bon vieux temps; **she wouldn't take him back** *husband* elle ne voulait pas qu'il revienne

◆ **take down** *v/t from shelf, wall* enlever; *scaffolding* démonter; *pants* baisser; *(write down)* noter

◆ **take in** *v/t (take indoors)* rentrer; *(give accommodation to)* héberger; *(make narrower)* reprendre; *(deceive)* duper; *(include)* inclure

◆ **take off** *v/t clothes, hat* enlever; *10% etc* faire une réduction de; *(mimic)* imiter; **can you take a bit off here?** *to hairdresser* est-ce que vous pouvez couper un peu là?; **take a day / week off** prendre un jour / une semaine de congé 2 *v/i of airplane* décoller; *(become popular)* réussir

◆ **take on** *v/t job* accepter; *staff* embaucher

◆ **take out** *v/t from bag, pocket* sortir *(from de)*; *appendix, tooth, word from text* enlever; *money from bank* retirer; *to dinner, theater etc* emmener; *dog* sortir; *kids* emmener quelque part; *insurance policy* souscrire à; **he's taking her out** *(dating)* il sort avec elle; **take it out on s.o.** en faire pâtir qn

◆ **take over** *v/t company etc* reprendre; **tourists take over the town** les touristes prennent la ville d'assaut 2 *v/i* POL arriver au pouvoir; *of new director* prendre ses fonctions; *(do sth in s.o.'s place)* prendre la relève; **take over from s.o.** remplacer qn

◆ **take to** *v/t: she didn't take to him / the idea** *(like)* il/l'idée ne lui a pas plu; **take to doing sth** *(form habit of)* se mettre à

faire qch; **she took to drink** elle s'est mise à boire

◆ **take up** *v/t carpet etc* enlever; *(carry up)* monter; *dress etc* raccourcir; *judo, Spanish etc* se mettre à; *new job* commencer; *space, time* prendre; **I'll take you up on your offer** j'accepterai votre offre

'take-home pay salaire *m* net

tak•en ['teɪkən] *pp* → **take**

'take-off *of airplane* décollage *m*; *(impersonation)* imitation *f*

'take•o•ver COMM rachat *m*

'take•o•ver bid offre *f* publique d'achat, OPA *f*

ta•kings ['teɪkɪŋz] *npl* recette *f*

tal•cum pow•der ['tælkəmpaʊdər] talc *m*

tale [teɪl] histoire *f*

tal•ent ['tælənt] talent *m*

tal•ent•ed ['tæləntɪd] *adj* doué

'tal•ent scout dénicheur(-euse) *m(f)* de talents

talk [tɔːk] **1** *v/i* parler; **can I talk to …?** est-ce que je pourrais parler à …? **2** *v/t English etc* parler; **talk business / politics** parler affaires / politique; **talk s.o. into doing sth** persuader qn de faire qch **3** *n (conversation)* conversation *f*; *(lecture)* exposé *m*; **give a talk** faire un exposé; **he's all talk** *pej* il ne fait que parler; **talks** *(negotiations)* pourparlers *mpl*

◆ **talk back** *v/i* répondre

◆ **talk down to** *v/t* prendre de haut

◆ **talk over** *v/t* discuter

talk•a•tive ['tɔːkətɪv] *adj* bavard

talk•ing-to ['tɔːkɪŋtuː] savon *m* F; **give s.o. a talking-to** passer un savon à qn F

'talk show talk-show *m*

tall [tɔːl] *adj* grand

tall 'or•der: that's a tall order c'est beaucoup demander

tall 'tale histoire *f* à dormir debout

tal•ly ['tælɪ] **1** *n* compte *m* **2** *v/i (pret & pp -ied)* correspondre; *of stories* concorder

◆ **tally with** *v/t* correspondre à; *of stories* concorder

tame [teɪm] *adj which has been tamed* apprivoisé; *not wild* pas sauvage; *joke etc* fade

◆ **tam•per with** ['tæmpər] *v/t* toucher à

tam•pon ['tæmpɑːn] tampon *m*

tan [tæn] **1** *n from sun* bronzage; *color* marron *m* clair **2** *v/i (pret & pp -ned) in sun* bronzer **3** *v/t (pret & pp -ned) leather* tanner

tan•dem ['tændəm] *bike* tandem *m*

tan•gent ['tændʒənt] MATH tangente *f*

tan•ge•rine [tændʒə'riːn] *fruit* mandarine *f*

tan•gi•ble ['tændʒɪbl] *adj* tangible

tan•gle ['tæŋgl] *n* enchevêtrement *m*
◆ tangle up *v/t*: **get tangled up** *of string etc* s'emmêler

tan•go ['tæŋgoʊ] *n* tango *m*

tank [tæŋk] MOT, *for water* réservoir *m*; *for fish* aquarium *m*; MIL char *m*; *for skin diver* bonbonne *f* d'oxygène

tank•er ['tæŋkər] *(oil tanker)* pétrolier *m*; *truck* camion-citerne *m*

'tank top débardeur *m*

tanned [tænd] *adj* bronzé

Tan•noy® ['tænɔɪ] système *m* de hauts-parleurs; **over the Tannoy** dans le haut-parleur

tan•ta•liz•ing ['tæntəlaɪzɪŋ] *adj* alléchant

tan•ta•mount ['tæntəmaʊnt]: **be tanta-mount to** équivaloir à

tan•trum ['tæntrəm] caprice *m*

tap [tæp] **1** *n Br (faucet)* robinet *m* **2** *v/t (pret & pp -ped) (knock)* taper; *phone* mettre sur écoute
◆ tap into *v/t resources* commencer à exploiter

'tap dance *n* claquettes *fpl*

tape [teɪp] **1** *n for recording* bande *f*; *recording* cassette *f*; *sticky* ruban *m* adhésif **2** *v/t conversation etc* enregistrer; *with sticky tape* scotcher

'tape deck platine *f* cassettes

'tape drive COMPUT lecteur *m* de bandes

'tape meas•ure mètre *m* ruban

ta•per ['teɪpər] *v/i of stick* s'effiler; *of column, pant legs* se rétrécir
◆ taper off *v/i* diminuer peu à peu

'tape re•cord•er magnétophone *m*

'tape re•cord•ing enregistrement *m*

tap•es•try ['tæpɪstrɪ] tapisserie *f*

tar [tɑːr] *n* goudron *m*

tar•dy ['tɑːrdɪ] *adj reply, arrival* tardif*

tar•get ['tɑːrgɪt] **1** *n in shooting* cible *f*; *fig* objectif *m* **2** *v/t market* cibler

'tar•get au•di•ence public *m* cible

'tar•get date date *f* visée

'tar•get fig•ure objectif *m*

'tar•get group COMM groupe *m* cible

'tar•get mar•ket marché *m* cible

tar•iff ['tærɪf] *(customs tariff)* taxe *f*; *(prices)* tarif *m*

tar•mac ['tɑːrmæk] *at airport* tarmac *m*

tar•nish ['tɑːrnɪʃ] *v/t* ternir

tar•pau•lin [tɑːr'pɔːlɪn] bâche *f*

tart [tɑːrt] *n* tarte *f*

tar•tan ['tɑːrtn] tartan *m*

task [tæsk] *n* tâche *f*

'task force commission *f*; MIL corps *m* expéditionnaire

tas•sel ['tæsl] gland *m*

taste [teɪst] **1** *n* goût *m*; **he has no taste** il

n'a pas de goût **2** *v/t* goûter; *(perceive taste of)* sentir; *try, fig* goûter à **3** *v/i*: **it tastes like …** ça a (un) goût de …; **it tastes very nice** c'est très bon

taste•ful ['teɪstfl] *adj* de bon goût

taste•ful•ly ['teɪstflɪ] *adv* avec goût

taste•less ['teɪstlɪs] *adj food* fade; *remark, décor* de mauvais goût

tast•ing ['teɪstɪŋ] *of wine* dégustation *f*

tast•y ['teɪstɪ] *adj* savoureux*

tat•tered ['tætərd] *adj* en lambeaux

tat•ters ['tætərz]: **in tatters** en lambeaux; *fig* ruiné

tat•too [tə'tuː] *n* tatouage *m*

tat•ty ['tætɪ] *adj Br* F miteux*

taught [tɔːt] *pret & pp* → **teach**

taunt [tɔːnt] **1** *n* raillerie *f* **2** *v/t* se moquer de

Tau•rus ['tɔːrəs] ASTROL Taureau *m*

taut [tɔːt] *adj* tendu

taw•dry ['tɔːdrɪ] *adj* clinquant

tax [tæks] **1** *n on income* impôt *m*; *on goods, services* taxe *f*; **before / after tax** brut / net, avant / après déductions **2** *v/t income* imposer; *goods, services* taxer

tax•a•ble 'in•come revenu *m* imposable

tax•a•tion [tæk'seɪʃn] *act* imposition *f*; *(taxes)* charges *fpl* fiscales

'tax brack•et fourchette *f* d'impôts

'tax-de•duct•i•ble *adj* déductible des impôts

'tax e•va•sion fraude *f* fiscale

'tax-free *adj goods* hors taxe

'tax ha•ven paradis *m* fiscal

tax•i ['tæksɪ] *n* taxi *m*

'tax•i driv•er chauffeur *m* de taxi

tax•ing ['tæksɪŋ] *adj* exténuant

'tax•i stand, *Br* 'tax•i rank station *f* de taxis

'tax•pay•er contribuable *m/f*

'tax re•turn *form* déclaration *f* d'impôts

'tax year année *f* fiscale

TB [tiː'biː] *abbr (= tuberculosis)* tuberculose *f*

tea [tiː] *drink* thé *m*

'tea•bag ['tiːbæg] sachet *m* de thé

teach [tiːtʃ] **1** *v/t (pret & pp taught)* *subject* enseigner; *person, student* enseigner à; **teach s.o. sth** enseigner qch à qn; **teach s.o. to do sth** apprendre à qn à faire qch; **who taught you?** qui était ton prof? **2** *v/i (pret & pp taught)* enseigner

teach•er ['tiːtʃər] professeur *m/f*; *in elementary school* instituteur(-trice) *m(f)*

'teach•ers' lounge salle *f* des professeurs

teach•er 'train•ing formation *f* pédagogique

teach•ing ['tiːtʃɪŋ] *profession* enseignement *m*

'teach•ing aid outil *m* pédagogique

'tea•cup tasse *f* à thé

teak [tiːk] tek *m*

tea leaves *npl* feuilles *fpl* de thé

team [tiːm] équipe *f*

'team mate coéquipier(-ière) *m(f)*

team 'spirit esprit *m* d'équipe

team•ster ['tiːmstər] camionneur(-euse) *m(f)*

'team•work travail *m* d'équipe

tea•pot ['tiːpɑːt] théière *f*

tear¹ [ter] **1** *n in cloth etc* déchirure *f* **2** *v/t* (*pret* **tore**, *pp* **torn**) *paper, cloth* déchirer; **be torn** (**between two alternatives**) être tiraillé (entre deux possibilités) **3** *v/i* (*pret* **tore**, *pp* **torn**) (*run fast, drive fast*): **she tore down the street** elle a descendu la rue en trombe

◆ **tear down** *v/t poster* arracher; *building* démolir

◆ **tear out** *v/t* arracher (*from* de)

◆ **tear up** *v/t* déchirer; *fig: contract etc* annuler

tear² [tɪr] *n in eye* larme *f*; **burst into tears** fondre en larmes; **be in tears** être en larmes

'tear•drop ['tɪrdrɑːp] larme *f*

tear•ful ['tɪrfl] *adj look* plein de larmes; **be tearful** *person* être en larmes

'tear gas gaz *m* lacrymogène

tea•room ['tiːruːm] salon *m* de thé

tease [tiːz] *v/t* taquiner

'tea•spoon cuillère *f* à café

teat [tiːt] *of animal* tétine *f*

tech•ni•cal [teknɪkl] *adj* technique

tech•ni•cal•i•ty [teknɪˈkælətɪ] (*technical nature*) technicité *f*; LAW point *m* de droit; **that's just a technicality** c'est juste un détail

tech•ni•cal•ly ['teknɪklɪ] *adv* (*strictly speaking*) en théorie; *written* en termes techniques

tech•ni•cian [tekˈnɪʃn] technicien(ne) *m(f)*

tech•nique [tekˈniːk] technique *f*

tech•no•log•i•cal [teknəˈlɑːdʒɪkl] *adj* technologique

tech•nol•o•gy [tekˈnɑːlədʒɪ] technologie *f*

tech•no•pho•bi•a [teknəˈfoʊbɪə] technophobie *f*

ted•dy bear ['tedɪber] ours *m* en peluche

te•di•ous ['tiːdɪəs] *adj* ennuyeux*

tee [tiː] *n in golf* tee *m*

teem [tiːm] *v/i*: **be teeming with rain** pleuvoir des cordes; **be teeming with tourists / ants** grouiller de touristes /

fourmis

teen•age ['tiːneɪdʒ] *adj magazines, fashion* pour adolescents; **teenage boy / girl** adolescent / adolescente

teen•ag•er ['tiːneɪdʒər] adolescent(e) *m(f)*

teens [tiːnz] *npl* adolescence *f*; **be in one's teens** être adolescent; **reach one's teens** devenir adolescent

tee•ny ['tiːnɪ] *adj* F tout petit

teeth [tiːθ] *pl* → **tooth**

teethe [tiːð] *v/i* faire ses dents

'teeth•ing prob•lems ['tiːðɪŋ] *npl* problèmes *mpl* initiaux

tee•to•tal [tiːˈtoʊtl] *adj* qui ne boit jamais d'alcool

tee•to•tal•er [tiːˈtoʊtlər] *personne qui ne boit jamais d'alcool*

tel•e•com•mu•ni•ca•tions [telɪkəmjuːnɪˈkeɪʃnz] télécommunications *fpl*

tel•e•gram ['telɪɡræm] télégramme *m*

'tel•e•graph pole ['telɪɡræfpoʊl] Br poteau *m* télégraphique

tel•e•path•ic [telɪˈpæθɪk] *adj* télépathique; **you must be telepathic!** vous devez avoir le don de télépathie!

tel•ep•a•thy [tɪˈlepəθɪ] télépathie *f*

tel•e•phone ['telɪfoʊn] **1** *n* téléphone *m*; **be on the telephone** (*be speaking*) être au téléphone; (*possess a phone*) avoir le téléphone **2** *v/t person* téléphoner à **3** *v/i* téléphoner

'tel•e•phone bill facture *f* de téléphone

'tel•e•phone book annuaire *m*

'tel•e•phone booth cabine *f* téléphonique

'tel•e•phone call appel *m* téléphonique

'tel•e•phone con•ver•sa•tion conversation *f* téléphonique

'tel•e•phone di•rec•to•ry annuaire *m*

'tel•e•phone ex•change central *m* téléphonique

'tel•e•phone mes•sage message *m* téléphonique

'tel•e•phone num•ber numéro *m* de téléphone

tel•e•pho•to lens [telɪˈfoʊtoʊlenz] téléobjectif *m*

tel•e•sales ['telɪseɪlz] *npl or nsg* télévente *f*

tel•e•scope ['telɪskoʊp] télescope *m*

tel•e•scop•ic [telɪˈskɑːpɪk] *adj* télescopique

tel•e•thon ['telɪθɑːn] téléthon *m*

tel•e•vise ['telɪvaɪz] *v/t* téléviser

tel•e•vi•sion ['telɪvɪʒn] *also set* télévision *f*; **on television** à la télévision; **watch television** regarder la télévision

'tel•e•vi•sion au•di•ence audience *f* de téléspectateurs

'tel•e•vi•sion pro•gram émission f télévisée

'tel•e•vi•sion set poste m de télévision

'tel•e•vi•sion stu•di•o studio m de télévision

tell [tel] **1** v/t (pret & pp **told**) story raconter; lie dire; **I can't tell the difference** je n'arrive pas à faire la différence; **tell s.o. sth** dire qch à qn; **don't tell Mom** ne le dis pas à maman; **could you tell me the way to …?** pourriez-vous m'indiquer où se trouve …?; **tell s.o. to do sth** dire à qn de faire qch; **you're telling me!** F tu l'as dit! F **2** v/i (have effect) se faire sentir; **the heat is telling on him** il ressent les effets de la chaleur; **time will tell** qui vivra verra

◆ tell off v/t F (reprimand) remonter les bretelles à F

tell•er ['telər] in bank guichetier(-ière) m(f)

tell•ing ['telɪŋ] adj blow percutant; sign révélateur*

tell•ing 'off F: **get a telling off** se faire remonter les bretelles F

tell•tale ['telteɪl] **1** adj signs révélateur* **2** n rapporteur (-euse) m(f)

temp [temp] **1** n employée intérimaire m/f **2** v/i faire de l'intérim

tem•per ['tempər] character caractère m; (bad temper) mauvaise humeur f; **have a terrible temper** être coléreux*; **now then, temper!** maintenant, on se calme!; **be in a temper** être en colère; **keep one's temper** garder son calme; **lose one's temper** se mettre en colère

tem•per•a•ment ['tempramənt] tempérament m

tem•per•a•men•tal [tempra'mentl] adj (moody) capricieux*

tem•per•ate ['tempərət] adj tempéré

tem•per•a•ture ['temprətʃər] température f

tem•ple¹ ['templ] REL temple m

tem•ple² ['templ] ANAT tempe f

tem•po ['tempou] MUS tempo m; of work rythme m

tem•po•rar•i•ly [tempə'rerɪlɪ] adv temporairement

tem•po•ra•ry ['tempərerɪ] adj temporaire

tempt [tempt] v/t tenter

temp•ta•tion [temp'teɪʃn] tentation f

tempt•ing ['temptɪŋ] adj tentant

ten [ten] dix

te•na•cious [tɪ'neɪʃəs] adj tenace

te•nac•i•ty [tɪ'næsɪtɪ] ténacité f

ten•ant ['tenənt] locataire m/f

tend¹ [tend] v/t lawn entretenir; sheep garder; the sick soigner

tend² [tend] v/i: **tend to do sth** avoir tendance à faire qch; **tend toward sth** pencher vers qch

ten•den•cy ['tendənsɪ] tendance f

ten•der¹ ['tendər] adj (sore) sensible; (affectionate), steak tendre

ten•der² ['tendər] n COMM offre f

ten•der•ness ['tendərnɪs] of kiss etc tendresse f; of steak tendreté f

ten•don ['tendən] tendon m

ten•nis ['tenɪs] tennis m

'ten•nis ball balle f de tennis

'ten•nis court court m de tennis

'ten•nis play•er joueur(-euse) m(f) de tennis

'ten•nis rack•et raquette f de tennis

ten•or ['tenər] n MUS ténor m

tense¹ [tens] n GRAM temps m

tense² [tens] adj tendu

◆ tense up v/i se crisper

ten•sion ['tenʃn] tension f

tent [tent] tente f

ten•ta•cle ['tentəkl] tentacule m

ten•ta•tive ['tentətɪv] adj smile, steps hésitant; conclusion, offer provisoire

ten•ter•hooks ['tentərhuks]: **be on tenterhooks** être sur des charbons ardents

tenth [tenθ] dixième; → **fifth**

tep•id ['tepɪd] adj also fig tiède

term [tɜːrm] (period, word) terme m; EDU trimestre m; (condition) condition f; **be on good/bad terms with s.o.** être en bons / mauvais termes avec qn; **in the long/short term** à long / court terme; **come to terms with** accepter qch

ter•mi•nal ['tɜːrmɪnl] **1** n at airport aérogare m; for buses terminus m; for containers, COMPUT terminal m; ELEC borne f **2** adj illness incurable

ter•mi•nal•ly ['tɜːrmɪnəlɪ] adv: **terminally ill** en phase terminale

ter•mi•nate ['tɜːrmɪneɪt] **1** v/t mettre fin à; **terminate a pregnancy** interrompre une grossesse **2** v/i se terminer

ter•mi•na•tion [tɜːrmɪ'neɪʃn] of contract résiliation f; in pregnancy interruption f volontaire de grossesse

ter•mi•nol•o•gy [tɜːrmɪ'nɑːlədʒɪ] terminologie f

ter•mi•nus ['tɜːrmɪnəs] terminus m

ter•race ['terəs] on hillside, (patio) terrasse f

ter•ra cot•ta [terə'kɑːtə] adj en terre cuite

ter•rain [te'reɪn] terrain m

ter•res•tri•al [te'restrɪəl] **1** adj television terrestre **2** n terrien(ne) m(f)

ter•ri•ble ['terəbl] adj horrible, affreux*

ter•ri•bly ['terəblɪ] adv (very) très

ter•rif•ic [tə'rɪfɪk] adj génial

T

ter•rif•i•cal•ly [təˈrɪfɪklɪ] adv (very) extrê-
mement, vachement F

ter•ri•fy [ˈterɪfaɪ] v/t (pret & pp **-ied**) ter-
rifier; **be terrified** être terrifié

ter•ri•fy•ing [ˈterɪfaɪɪŋ] adj terrifiant

ter•ri•to•ri•al [terəˈtɔːrɪəl] adj territorial

ter•ri•to•ri•al 'wa•ters npl eaux fpl terri-
toriales

ter•ri•to•ry [ˈterɪtɔːrɪ] territoire m; fig do-
maine m

ter•ror [ˈterər] terreur f

ter•ror•ism [ˈterərɪzm] terrorisme m

ter•ror•ist [ˈterərɪst] terroriste m/f

'ter•ror•ist at•tack attentat m terroriste

'ter•ror•ist or•gan•i•za•tion organisation
f terroriste

ter•ror•ize [ˈterəraɪz] v/t terroriser

terse [tɜːrs] adj laconique

test [test] **1** n scientific, technical test m;
academic, for driving examen m; **put
sth to the test** mettre qch à l'épreuve
2 v/t person, machine, theory tester, met-
tre à l'épreuve; **test s.o. on a subject** in-
terroger qn sur une matière

tes•ta•ment [ˈtestəmənt] to s.o.'s life té-
moignage m (**to** de); **Old / New Testa-
ment** REL Ancien / Nouveau Testament
m

test-drive [ˈtestdraɪv] v/t (pret **-drove**, pp
-driven) car essayer

tes•ti•cle [ˈtestɪkl] testicule m

tes•ti•fy [ˈtestɪfaɪ] v/i (pret & pp **-ied**) LAW
témoigner

tes•ti•mo•ni•al [testɪˈmounɪəl] références
fpl

tes•ti•mo•ny [ˈtestɪmənɪ] LAW témoignage
m

'test tube éprouvette f

'test-tube ba•by bébé-éprouvette m

tes•ty [ˈtestɪ] adj irritable

tet•a•nus [ˈtetənəs] tétanos m

teth•er [ˈteðər] **1** v/t horse attacher **2** n: **be
at the end of one's tether** être au bout
du rouleau

text [tekst] **1** n texte m; message texto m,
SMS m **2** v/t envoyer un texto à

'text•book manuel m

tex•tile [ˈtekstaɪl] textile m

'text mes•sage texto m, SMS m

tex•ture [ˈtekstʃər] texture f

Thai [taɪ] **1** adj thaïlandais **2** n person
Thaïlandais(e) m(f); language thaï m

Thai•land [ˈtaɪlænd] Thaïlande f

than [ðæn] adv que; with numbers e;
faster than me plus rapide que moi;
more than 50 plus de 50

thank [θæŋk] v/t remercier; **thank you**
merci; **no thank you** (non) merci

thank•ful [ˈθæŋkfl] adj reconnaissant

thank•ful•ly [ˈθæŋkfʊlɪ] adv avec recon-
naissance; (luckily) heureusement

thank•less [ˈθæŋklɪs] adj task ingrat

thanks [θæŋks] npl remerciements mpl;
thanks! merci!; **thanks to** grâce à

Thanks•giv•ing (Day) [θæŋksˈgɪvɪŋ(deɪ)]
jour m de l'action de grâces, Thanksgiv-
ing m (fête célébrée le 4ème jeudi de no-
vembre)

that [ðæt] **1** adj ce, cette; masculine before
vowel cet; **that one** celui-là, celle-là **2**
pron ◇ cela, ça; **give me that** donne-
-moi ça
◇ : **that's mine** c'est à moi; **that's tea**
c'est du thé; **that's very kind** c'est très
gentil; **what is that?** qu'est-ce que
c'est que ça?; **who is that?** qui est-ce?
3 relative pron que; **the person / car that
you see** la personne / voiture que vous
voyez **4** adv (so) aussi; **that big / expen-
sive** aussi grand / cher **5** conj que; **I think
that ...** je pense que …

thaw [θɔː] v/i of snow fondre; of frozen
food se décongeler

the [ðə] le, la; pl les; **to the station / to the
ater** à la gare / au théâtre; **the more I try**
plus j'essaie

the•a•ter [ˈθɪətər] théâtre m

'the•a•ter crit•ic critique m/f de théâtre

the•a•tre Br → **theater**

the•at•ri•cal [θɪˈætrɪkl] adj also fig théâ-
tral

theft [θeft] vol m

their [ðer] adj leur; pl leurs; (his or her)
son, sa; pl ses; **everybody has their fa-
vorite** tout le monde a son favori

theirs [ðerz] pron le leur, les leurs; **it's
theirs** c'est à eux / elles

them [ðem] pron ◇ object les; indirect ob-
ject leur; with prep eux, elles; **I know
them** je les connais; **I gave them a dollar**
je leur ai donné un dollar; **this is for
them** c'est pour eux / elles; **who? - them**
qui? - eux / elles
◇ (him or her) le, l'; indirect object, with
prep lui; **if someone asks you should
help them** si quelqu'un demande tu de-
vrais l'aider; **does anyone have a pen
with them?** est-ce que quelqu'un a un
crayon sur lui?

theme [θiːm] thème m

'theme park parc m à thème

'theme song chanson f titre d'un film

them•selves [ðemˈselvz] pron eux-mê-
mes, elles-mêmes; reflexive se; after prep
eux, elles; **they gave themselves a hol-
iday** ils se sont offerts des vacances; **by
themselves** (alone) tout seuls, toutes
seules

then [ðen] *adv (at that time)* à l'époque; *(after that)* ensuite; *deducing* alors; **by then** alors; **he'll be dead by then** il sera mort d'ici là

the•o•lo•gi•an [θɪə'loʊdʒɪən] théologien(-ne) *m(f)*

the•o•lo•gy [θɪ'ɑːlədʒɪ] théologie *f*

the•o•ret•i•cal [θɪə'retɪkl] *adj* théorique

the•o•ret•i•cal•ly [θɪə'retɪklɪ] *adv* en théorie

the•o•ry ['θɪrɪ] théorie *f*; **in theory** en théorie

ther•a•peu•tic [θerə'pjuːtɪk] *adj* thérapeutique

ther•a•pist ['θerəpɪst] thérapeute *m/f*

ther•a•py ['θerəpɪ] thérapie *f*

there [ðer] *adv* là; **over there / down there; there is / are ...** il y a ...; **is / are there ...?** est-ce qu'il y a ...?, y a-t-il ...?; **there is / are not ...** il n'y a pas ...; **there you are** voilà; **there and back** aller et retour; **there he is!** le voilà!; **there, there!** allons, allons; **we went there yesterday** nous y sommes allés hier

there•a•bouts [ðerə'baʊts] *adv:* **$500 or thereabouts** environ 500 $

there•fore ['ðerfɔːr] *adv* donc

ther•mom•e•ter [θər'mɑːmɪtər] thermomètre *m*

ther•mos flask ['θɜːrməsflæsk] thermos *m*

ther•mo•stat ['θɜːrməstæt] thermostat *m*

these [ðiːz] **1** *adj* ces **2** *pron* ceux-ci, celles-ci

the•sis ['θiːsɪs] *(pl theses* ['θiːsiːz]*)* thèse *f*

they [ðeɪ] *pron* ◇ ils, elles; *stressed* eux, elles; **they were the ones who ...** c'était eux / elles que ...; **there they are** les voilà ◇ *(he or she)* il; **if anyone looks at this they will see that ...** si quelqu'un regarde ça il verra que ...; **they say that ...** on dit que ...; **they are changing the law** la loi va être changée

thick [θɪk] *adj* épais*; F *(stupid)* lourd; **it's 3 cm thick** ça fait 3 cm d'épaisseur

thick•en ['θɪkən] *v/t sauce* épaissir

thick•set ['θɪkset] *adj* trapu

thick-skinned ['θɪkskɪnd] *adj fig* qui a la peau dure

thief [θiːf] *(pl thieves* [θiːvz]*)* voleur (-euse) *m(f)*

thigh [θaɪ] cuisse *f*

thim•ble ['θɪmbl] dé *m* à coudre

thin [θɪn] *adj material* léger*, fin; *layer* mince; *person* maigre; *line* fin; *soup* liquide; **his hair's getting thin** il perd ses cheveux

thing [θɪŋ] chose *f*; **things** *(belongings)* affaires *fpl*; **how are things?** comment ça va?; **it's a good thing you told me** tu as bien fait de me le dire; **that's a strange thing to say** c'est bizarre de dire ça

thing•um•a•jig ['θɪŋʌmədʒɪg] F machin *m* F

think [θɪŋk] **1** *v/i (pret & pp thought)* penser; **I think so** je pense que oui; **I don't think so** je ne pense pas; **I think so too** je le pense aussi; **think hard!** creuse-toi la tête! F; **I'm thinking about emigrating** j'envisage d'émigrer; **I'll think about it** *offer* je vais y réfléchir **2** *v/t (pret & pp thought)* penser; **what do you think (of it)?** qu'est-ce que tu en penses?

◆ **think over** *v/t* réfléchir à

◆ **think through** *v/t* bien examiner

◆ **think up** *v/t plan* concevoir

'think tank comité *m* d'experts

thin-skinned ['θɪnskɪnd] *adj fig* susceptible

third [θɜːrd] troisième; *(fraction)* tiers *m*; → **fifth**

third•ly ['θɜːrdlɪ] *adv* troisièmement

third-'par•ty tiers *m*

third-party in•sur•ance *Br* assurance *f* au tiers

third 'per•son GRAM troisième personne *f*

'third-rate *adj* de dernier ordre

'Third World Tiers-Monde *m*

thirst [θɜːrst] soif *f*

thirst•y ['θɜːrstɪ] *adj* assoiffé; **be thirsty** avoir soif

thir•teen [θɜːr'tiːn] treize

thir•teenth [θɜːr'tiːnθ] treizième; → **fifth**

thir•ti•eth ['θɜːrtɪɪθ] trentième

thir•ty ['θɜːrtɪ] trente

this [ðɪs] **1** *adj* ce, cette; *masculine before vowel* cet; **this one** celui-ci, celle-ci **2** *pron* cela, ça; **this is good** c'est bien; **this is ...** c'est ...; *introducing s.o.* je vous présente ... **3** *adv:* **this big / high** grand / haut comme ça

thorn [θɔːrn] épine *f*

thorn•y ['θɔːrnɪ] *adj also fig* épineux*

thor•ough ['θɜːroʊ] *adj search, knowledge* approfondi; *person* méticuleux*

thor•ough•bred ['θʌrəbred] *n horse* pur-sang *m*

thor•ough•ly ['θʌrəlɪ] *adv spoilt, ashamed, agree* complètement; *clean, search for, know* à fond

those [ðoʊz] **1** *adj* ces **2** *pron* ceux-là, celles-là

though [ðoʊ] **1** *conj (although)* bien que (+subj), quoique (+subj); **as though** comme si; **it sounds as though you've**

T

understood on dirait que vous avez compris **2** *adv* pourtant; **it's not finished though** mais ce n'est pas fini

thought¹ [θɔːt] *n* pensée *f*

thought² [θɔːt] *pret & pp* → **think**

thought•ful ['θɔːtful] *adj* (*pensive*) pensif*; *book* profond; (*considerate*) attentionné

thought•ful•ly ['θɔːtflɪ] *adv* (*pensively*) pensivement; (*considerately*) de manière attentionnée

thought•less ['θɔːtlɪs] *adj* inconsidéré

thought•less•ly ['θɔːtlɪslɪ] *adv* de façon inconsidérée

thou•sand ['θaʊznd] *mille m*; **thousands of** des milliers *mpl* de; *exaggerating* des millions de

thou•sandth ['θaʊzndθ] *millième*

thrash [θræʃ] *v/t* rouer de coups; SP battre à plates coutures
♦ **thrash about** *v/i with arms etc* se débattre
♦ **thrash out** *v/t solution* parvenir à

thrash•ing ['θræʃɪŋ] *n* volée *f* de coups; **get a thrashing** SP se faire battre à plates coutures

thread [θred] **1** *n for sewing* fil *m*; *of screw* filetage *m* **2** *v/t needle, beads* enfiler

thread•bare ['θredber] *adj* usé jusqu'à la corde

threat [θret] menace *f*

threat•en ['θretn] *v/t* menacer

threat•en•ing ['θretnɪŋ] *adj gesture, letter, sky* menaçant

three [θriː] *trois*

three-'quar•ters les trois-quarts *mpl*

thresh•old ['θreʃhould] *of house, new era* seuil *m*

threw [θruː] *pret* → **throw**

thrift [θrɪft] économie *f*

thrift•y ['θrɪftɪ] *adj* économe

thrill [θrɪl] **1** *n* frisson *m* **2** *v/t:* **be thrilled** être ravi

thrill•er ['θrɪlər] thriller *m*

thrill•ing ['θrɪlɪŋ] *adj* palpitant

thrive [θraɪv] *v/i of plants* bien pousser; *of business, economy* prospérer

throat [θrout] gorge *f*

'throat loz•enge pastille *f* pour la gorge

throb [θrɑːb] **1** *n of heart* pulsation *f*; *of music* vibration *f* **2** *v/i* (*pret & pp -bed*) *of heart* battre fort; *of music* vibrer

throm•bo•sis [θrɑːm'bousɪs] thrombose *f*

throne [θroun] trône *m*

throng [θrɑːŋ] *n* foule *f*

throt•tle ['θrɑːtl] **1** *n on motorbike, boat* papillon *m* des gaz **2** *v/t* (*strangle*) étrangler
♦ **throttle back** *v/i* fermer les gaz

through [θruː] **1** *prep* ◊ (*across*) à travers; **go through the city** traverser la ville ◊ (*during*) pendant; **all through the night** toute la nuit; **Monday through Friday** du lundi au vendredi (inclus) ◊ (*by means of*) par; **arranged through an agency** organisé par l'intermédiaire d'une agence **2** *adv:* **wet through** mouillé jusqu'aux os; **watch a film / read a book through** regarder un film / lire un livre en entier **3** *adj:* **be through** (*have arrived: of news etc*) être parvenu; **you're through** TELEC vous êtes connecté; **we're through** *of couple* c'est fini entre nous; **be through with s.o./sth** en avoir fini avec qn / qch

'through flight vol *m* direct

through-'out [θruː'aʊt] **1** *prep* tout au long de, pendant tout(e); **throughout the novel** dans tout le roman **2** *adv* (*in all parts*) partout

'through train train *m* direct

throw [θrou] **1** *v/t* (*pret* **threw**, *pp* **thrown**) jeter, lancer; *of horse* désarçonner; (*disconcert*) déconcerter; *party* organiser **2** *n* jet *m*; **it's your throw** c'est à toi de lancer
♦ **throw away** *v/t* jeter
♦ **throw off** *v/t jacket etc* enlever à toute vitesse; *cold etc* se débarrasser de
♦ **throw on** *v/t clothes* enfiler à toute vitesse
♦ **throw out** *v/t old things* jeter; *from bar, home* jeter dehors, mettre à la porte; *from country* expulser; *plan* rejeter
♦ **throw up 1** *v/t ball* jeter en l'air; (*vomit*) vomir; **throw up one's hands** lever les mains en l'air **2** *v/i* (*vomit*) vomir

throw-a•way ['θrouəweɪ] *adj* (*disposable*) jetable; **a throw-away remark** une remarque en l'air

'throw-in SP remise *f* en jeu

thrown [θroun] *pp* → **throw**

thru [θruː] → **through**

thrush [θrʌʃ] *bird* grive *f*

thrust [θrʌst] *v/t* (*pret & pp* **thrust**) (*push hard*) enfoncer; **thrust one's way through the crowd** se frayer un chemin à travers la foule

thud [θʌd] *n* bruit *m* sourd

thug [θʌg] brute *f*

thumb [θʌm] **1** *n* pouce *m* **2** *v/t:* **thumb a ride** faire de l'auto-stop

thumb•tack ['θʌmtæk] punaise *f*

thump [θʌmp] **1** *n blow* coup *m* de poing; *noise* bruit *m* sourd **2** *v/t person* cogner; **thump one's fist on the table** cogner du poing sur la table **3** *v/i of heart* battre la chamade; **thump on the door** cogner sur la porte

thun•der ['θʌndər] *n* tonnerre *m*

thun•der•ous ['θʌndərəs] *adj applause* tonitruant

thun•der•storm ['θʌndərstɔːrm] orage *m*

thun•der•struck *adj* abasourdi

thun•der•y ['θʌndərɪ] *adj weather* orageux*

Thurs•day ['θɜːrzdeɪ] jeudi *m*

thus [ðʌs] *adv* ainsi

thwart [θwɔːrt] *v/t person, plans* contrarier

thyme [taɪm] thym *m*

thy•roid gland ['θaɪrɔɪdɡlænd] thyroïde *f*

tick¹ [tɪk] **1** *n of clock* tic-tac *m*; *(check-mark)* coche *f* **2** *v/i* faire tic-tac

tick•et ['tɪkɪt] *for bus, museum* ticket *m*; *for train, airplane, theater, concert, lottery* billet *m*; *for speeding, illegal parking* P.V. *m*

'**tick•et col•lec•tor** contrôleur(-euse) *m(f)*

'**tick•et in•spec•tor** contrôleur(-euse) *m(f)*

'**tick•et ma•chine** distributeur *m* de billets

'**tick•et of•fice** billetterie *f*

tick•ing ['tɪkɪŋ] *noise* tic-tac *m*

tick•le ['tɪkl] *v/t & v/i* chatouiller

tick•lish ['tɪklɪʃ] *adj person* chatouilleux*

'**tid•al wave** ['taɪdlweɪv] raz-de-marée *m*

tide [taɪd] marée *f*; *high / low tide* marée haute / basse; *the tide is in / out* la marée monte / descend

◆ **tide over** *v/t* dépanner

ti•di•ness ['taɪdɪnɪs] ordre *m*

ti•dy ['taɪdɪ] *adj person, habits* ordonné; *room, house, desk* en ordre

◆ **tidy away** *v/t (pret & pp -ied)* ranger

◆ **tidy up 1** *v/t room, shelves* ranger; *tidy o.s. up* remettre de l'ordre dans sa tenue **2** *v/i* ranger

tie [taɪ] **1** *n (necktie)* cravate *f*; *(even result)* match *m* à égalité; *he doesn't have any ties* il n'a aucune attache **2** *v/t laces* nouer; *knot* faire; *hands* lier; *tie sth to sth* attacher qch à qch; *tie two ropes together* lier deux cordes entre elles **3** *v/i* SP *of teams* faire match nul; *of runner* finir ex æquo

◆ **tie down** *v/t with rope* attacher; *fig (restrict)* restreindre

◆ **tie up** *v/t hair* attacher; *person* ligoter; *boat* amarrer; *I'm tied up tomorrow (busy)* je suis pris demain

tier [tɪr] *of hierarchy* niveau *m*; *of seats* gradin *m*

ti•ger ['taɪɡər] tigre *m*

tight [taɪt] **1** *adj clothes, knot, screw* serré; *shoes* trop petit; *(properly shut)* bien fer-

mé; *not leaving much time* juste; *security* strict; F *(drunk)* bourré F **2** *adv hold* fort; *shut* bien

tight•en ['taɪtn] *v/t control, security* renforcer; *screw* serrer; *(make tighter)* resserrer

tight-fist•ed [taɪt'fɪstɪd] *adj* radin

tight•ly *adv* → **tight** *adv*

tight•rope ['taɪtroʊp] corde *f* raide

tights [taɪts] *npl Br* collant *m*

tile [taɪl] *n on floor, wall* carreau *m*; *on roof* tuile *f*

till¹ [tɪl] *prep, conj* → **until**

till² [tɪl] *n (cash register)* caisse *f*

till³ [tɪl] *v/t soil* labourer

tilt [tɪlt] *v/t & v/i* pencher

tim•ber ['tɪmbər] bois *m*

time [taɪm] **1** *n* temps *m*; *(occasion)* fois *f*; *for the time being* pour l'instant; *have a good time* bien s'amuser; *have a good time!* amusez-vous bien!; *what's the time?, what is the time?* quelle heure est-il?; *the first time* la première fois; *four times* quatre fois; *time and again* cent fois; *all the time* pendant tout ce temps; *he knew all the time that ...* il savait depuis le début que ...; *two / three at a time* deux par deux / trois par trois; *at the same time* speak, reply etc, *(however)* en même temps; *in time* à temps; *on time* à l'heure; *in no time* in the past en un rien de temps; *in the future* dans un rien de temps **2** *v/t* chronométrer

'**time bomb** bombe *f* à retardement

'**time clock** *in factory* horloge *f* pointeuse

'**time-con•sum•ing** *adj task* de longue haleine

'**time dif•fer•ence** décalage *m* horaire

'**time-lag** laps *m* de temps

'**time lim•it** limite *f* dans le temps

time•ly ['taɪmlɪ] *adj* opportun

'**time out** SP temps *m* mort

tim•er ['taɪmər] *device* minuteur *m*

'**time-sav•ing** économie *f* de temps

'**time•scale** *of project* durée *f*

'**time switch** minuterie *f*

'**time•warp** changement *m* subit d'époque

'**time zone** fuseau *m* horaire

tim•id ['tɪmɪd] *adj* timide

tim•id•ly ['tɪmɪdlɪ] *adv* timidement

tim•ing ['taɪmɪŋ] *of actor, dancer* synchronisation *f*; *the timing of the announcement was perfect* l'annonce est venue au parfait moment

tin [tɪn] *metal* étain *m*

tin•foil ['tɪnfɔɪl] papier *m* aluminium

tinge [tɪndʒ] *n* soupçon *m*

tin•gle ['tɪŋɡl] *v/i* picoter

◆ **tin•ker with** ['tɪŋkər] *v/t engine* bricoler; *stop tinkering with it!* arrête de toucher à ça!

tin•kle ['tɪŋkl] *n of bell* tintement *m*

tin•sel ['tɪnsl] guirlandes *fpl* de Noël

tint [tɪnt] **1** *n of color* teinte *f*; *for hair* couleur *f* **2** *v/t*: *tint one's hair* se faire une coloration

tint•ed [tɪntɪd] *adj eyeglasses* teinté; *paper* de couleur pastel

ti•ny ['taɪnɪ] *adj* minuscule

tip¹ [tɪp] *n* (*end*) bout *m*

tip² [tɪp] **1** *n advice* conseil *m*, truc *m* F; *money* pourboire *m* **2** *v/t* (*pret & pp -ped*) *waiter etc* donner un pourboire à

◆ **tip off** *v/t* informer

◆ **tip over** *v/t* renverser

'tip-off renseignement *m*, tuyau *m* F; *have a tip-off that …* être informé que …

tipped [tɪpt] *adj cigarettes* à bout filtre

tip•py-toe ['tɪptou]: *on tippy-toe* sur la pointe des pieds

tip•sy ['tɪpsɪ] *adj* éméché

tire¹ ['taɪr] *n* pneu *m*

tire² ['taɪr] **1** *v/t* fatiguer **2** *v/i* se fatiguer; *he never tires of it* il ne s'en lasse pas

tired [taɪrd] *adj* fatigué; *be tired of s.o./-sth* en avoir assez de qn / qch

tired•ness ['taɪrdnɪs] fatigue *f*

tire•less ['taɪrlɪs] *adj efforts* infatigable

tire•some ['taɪrsəm] *adj* (*annoying*) fatigant

tir•ing ['taɪrɪŋ] *adj* fatigant

tis•sue ['tɪʃuː] ANAT tissu *m*; *handkerchief* mouchoir *m* en papier

'tis•sue pa•per papier *m* de soie

tit¹ [tɪt] *bird* mésange *f*

tit² [tɪt]: *give s.o. tit for tat* rendre la pareille à qn

tit³ [tɪt] V (*breast*) nichon *m* V; *get on s.o.'s tits* P casser les pieds de qn F

ti•tle ['taɪtl] *of novel, person etc* titre *m*, LAW titre *m* de propriét é (*to* de)

'ti•tle-hold•er SP tenant(e) *m(f)* du titre

'ti•tle role rôle *m* éponyme

tit•ter ['tɪtər] *v/i* rire bêtement

to [tuː], *unstressed* [tə] **1** *prep* à; *to Japan* au Japon; *to Chicago* à Chicago; *let's go to my place* allons chez moi; *walk to the station* aller à la gare à pied; *to the north / south of* au nord / sud de; *give sth to s.o.* donner qch à qn; *from Monday to Wednesday* once de lundi à mercredi; *regularly* du lundi au mercredi; *from 10 to 15 people* de 10 à 15 personnes; *5 minutes to 10* Br 10 heures moins 5 **2** *with verbs*: *to speak, to shout* parler, crier; *learn to drive* apprendre à conduire; *nice to eat* bon à manger; *too heavy to carry* trop lourd à porter; *to be*

honest with you, … pour être sincère, … **3** *adv*: *to and fro walk, pace* de long en large; *go to and fro between …* of ferry faire la navette entre …

toad [toud] crapaud *m*

toad•stool ['toudstuːl] champignon *m* vénéneux

toast [toust] **1** *n for eating* pain *m* grillé; *when drinking* toast *m*; *propose a toast to s.o.* porter un toast à qn **2** *v/t when drinking* porter un toast à

to•bac•co [tə'bækou] tabac *m*

to•bog•gan [tə'bɑːgən] *n* luge *f*

to•day [tə'deɪ] *adv* aujourd'hui

tod•dle ['tɑːdl] *v/i of child* faire ses premiers pas

tod•dler ['tɑːdlər] jeune enfant *m*, bambin *m* F

to-do [tə'duː] F remue-ménage *m*

toe [tou] **1** *n* orteil *m*; *of sock, shoe* bout *m* **2** *v/t*: *toe the line* se mettre au pas; *toe the party line* suivre la ligne du parti

toe•nail ['touneɪl] ongle *m* de pied

to•geth•er [tə'geðər] *adv* ensemble; (*at the same time*) en même temps

toil [tɔɪl] *n* labeur *m*

toi•let ['tɔɪlɪt] toilettes *fpl*; *go to the toilet* aller aux toilettes

'toi•let pa•per papier *m* hygiénique

toi•let•ries ['tɔɪlɪtrɪz] *npl* articles *mpl* de toilette

'toi•let roll rouleau *m* de papier hygiénique

to•ken ['toukən] *sign* témoignage *m*; (*gift token*) bon *m* d'achat; *instead of coin* jeton *m*

told [tould] *pret & pp* → *tell*

tol•er•a•ble ['tɑːlərəbl] *adj pain etc* tolérable; (*quite good*) acceptable

tol•er•ance ['tɑːlərəns] tolérance *f*

tol•er•ant ['tɑːlərənt] *adj* tolérant

tol•er•ate ['tɑːləreɪt] *v/t* tolérer; *I won't tolerate it!* je ne tolérerai pas ça!

toll¹ [toul] *v/i of bell* sonner

toll² [toul] *n* (*deaths*) bilan *m*

toll³ [toul] *n for bridge, road* péage *m*

'toll booth poste *m* de péage

'toll-free *adj* TELEC gratuit; *toll-free number* numéro *m* vert

'toll road route *f* à péage

to•ma•to [tə'meɪtou] tomate *f*

to•ma•to 'ketch•up ketchup *m*

to•ma•to 'sauce *for pasta etc* sauce *f* tomate

tomb [tuːm] tombe *f*

tom•boy ['tɑːmbɔɪ] garçon *m* manqué

tomb•stone ['tuːmstoun] pierre *f* tombale

tom•cat ['tɑːmkæt] matou *m*

to•mor•row [tə'mɔːrou] **1** *n* demain *m*; **the day after tomorrow** après-demain **2** *adj* demain; **tomorrow morning** demain matin

ton [tʌn] tonne *f* courte (= 907 kg)

tone [toun] of *color, conversation* ton *m*; of *musical instrument* timbre *m*; of *neighborhood* classe *f*; **tone of voice** ton *m*

◆ **tone down** *v/t demands* réduire; *criticism* atténuer

ton•er ['tounər] toner *m*

tongs [tɑːŋz] *npl* pince *f*; (*curling tongs*) fer *m* à friser

tongue [tʌŋ] langue *f*

ton•ic ['tɑːnɪk] MED fortifiant *m*

ton•ic (wa•ter) Schweppes® *m*, tonic *m*

to•night [tə'naɪt] *adv* ce soir; *sleep* cette nuit

ton•sil•li•tis [tɑːnsə'laɪtɪs] angine *f*

ton•sils ['tɑːnslz] *npl* amygdales *fpl*

too [tuː] *adv* (*also*) aussi; (*excessively*) trop; **me too** moi aussi; **too big / hot** trop grand / chaud; **too much rice** trop de riz; **eat too much** manger trop

took [tʊk] *pret* → **take**

tool [tuːl] outil *m*

toot [tuːt] *v/t* F: **toot the horn** klaxonner

tooth [tuːθ] (*pl* **teeth** [tiːθ]) dent *f*

'tooth•ache mal *m* de dents

'tooth•brush brosse *f* à dents

tooth•less ['tuːθlɪs] *adj* édenté

'tooth•paste dentifrice *m*

'tooth•pick cure-dents *m*

top [tɑːp] **1** *n also clothing* haut *m*; (*lid: of bottle etc*) bouchon *m*; *of pen* capuchon *m*; *of the class, league* premier(-ère) *m(f)*; MOT: *gear* quatrième *f*/cinquième *f*; **on top of** sur; **be at the top of** être en haut de; *league* être premier de; **get to the top of** *company, mountain etc* arriver au sommet; **be over the top** *Br* (*exaggerated*) être exagéré **2** *adj branches* du haut; *floor* dernier*; *player etc* meilleur; *speed* maximum *inv in feminine*; *note* le plus élevé; **top management** les cadres *mpl* supérieurs; **top official** haut fonctionnaire *m* **3** *v/t* (*pret & pp* **-ped**): **topped with cream** surmonté de crème chantilly

top 'hat chapeau *m* haut de forme

top 'heav•y *adj* déséquilibré

top•ic ['tɑːpɪk] sujet *m*

top•i•cal ['tɑːpɪkl] *adj* d'actualité

top•less ['tɑːplɪs] *adj waitress* aux seins nus

top•most ['tɑːpmoust] *adj branch* le plus haut; *floor* dernier*

top•ping ['tɑːpɪŋ] *on pizza* garniture *f*

top•ple ['tɑːpl] **1** *v/i* s'écrouler **2** *v/t gov-*

ernment renverser

top 'se•cret *adj* top secret *inv*

top•sy-tur•vy [tɑːpsɪ'tɜːrvɪ] *adj* sens dessus dessous

torch [tɔːrtʃ] *n with flame* flambeau *m*; *Br* lampe *f* de poche

tore [tɔːr] *pret* → **tear**

tor•ment ['tɔːrment] **1** *n* tourment *m* **2** *v/t* [tɔːr'ment] *person, animal* harceler; **tormented by doubt** tourmenté par le doute

torn [tɔːrn] *pp* → **tear**

tor•na•do [tɔːr'neɪdou] tornade *f*

tor•pe•do [tɔːr'piːdou] **1** *n* torpille *f* **2** *v/t also fig* torpiller

tor•rent ['tɑːrənt] *also fig* torrent *m*

tor•ren•tial [tə'renʃl] *adj rain* torrentiel*

tor•toise ['tɔːrtəs] tortue *f* (*terrestre*)

tor•ture ['tɔːrtʃər] **1** *n* torture *f* **2** *v/t* torturer

toss [tɑːs] **1** *v/t ball* lancer; *rider* désarçonner; *salad* remuer; **toss a coin** jouer à pile ou face **2** *v/i*: **toss and turn** se tourner et se retourner

to•tal ['toutl] **1** *n sum, amount* total; *disaster* complet*; *idiot* fini; **he's a total stranger** c'est un parfait inconnu **2** *n* total *m* **3** *v/t* (*pret & pp* **-ed**, *Br* **-led**) F *car* bousiller F

to•tal•i•tar•i•an [toutælɪ'teriən] *adj* totalitaire

to•tal•ly ['toutəlɪ] *adv* totalement

tote bag ['toutbæg] fourre-tout *m*

tot•ter ['tɑːtər] *v/i of person* tituber

touch [tʌtʃ] **1** *n sense* toucher *m*; **a touch of** (*a little*) un soupçon de; **lose touch with s.o.** perdre contact avec qn; **keep in touch with s.o.** rester en contact avec qn; **in touch** SP en touche; **be out of touch (with sth)** ne pas être au courant (*de qch*); **be out of touch with s.o.** avoir perdu le contact avec qn **2** *v/t also emotionally* toucher; *exhibits etc* toucher à **3** *v/i of two things* se toucher; **don't touch** ne touche pas à ça

◆ **touch down** *v/i of airplane* atterrir; SP faire un touché-en-but

◆ **touch on** *v/t* (*mention*) effleurer

◆ **touch up** *v/t photo* retoucher

touch•down ['tʌtʃdaun] *of airplane* atterrissage *m*; SP touché-en-but; **score a touchdown** SP faire un touché-en-but

touch•ing ['tʌtʃɪŋ] *adj emotionally* touchant

'touch•line SP ligne *f* de touche

'touch screen écran *m* tactile

touch•y ['tʌtʃɪ] *adj person* susceptible

tough [tʌf] *adj person, material* résistant; *meat, question, exam, punishment* dur

T

toughen up

◆ **tough•en up** ['tʌfn] *v/t person* endurcir

'**tough guy** F dur *m* F

tour [tʊr] **1** *n* visite *f* (**of** de); *as part of package* circuit *m* (**of** dans); *of band, theater company* tournée *f* **2** *v/t area* visiter **3** *v/i of tourist* faire du tourisme; *of band* être en tournée

'**tour guide** accompagnateur(-trice) *m(f)*

tour•ism ['tʊrɪzm] tourisme *m*

tour•ist ['tʊrɪst] touriste *m/f*

tour•ist at•trac•tion attraction *f* touristique

'**tour•ist in•dus•try** industrie *f* touristique

tour•ist in•for•ma•tion of•fice syndicat *m* d'initiative, office *m* de tourisme

'**tour•ist sea•son** saison *f* touristique

tour•na•ment ['tʊrnəmənt] tournoi *m*

'**tour op•er•a•tor** tour-opérateur *m*, voyagiste *m*

tou•sled ['tauzld] *adj hair* ébouriffé

tow [toʊ] **1** *v/t car, boat* remorquer **2** *n*: **give s.o. a tow** remorquer qn

◆ **tow away** *v/t car* emmener à la fourrière

to•wards [tə'wɔːdz], *Br* **to•ward** [tə'wɔːd] *prep in space* vers; *with attitude, feelings etc* envers; *aiming at* en vue de; **work towards a solution** essayer de trouver une solution

tow•el ['tauəl] serviette *f*

tow•er ['tauər] tour *f*

◆ **tower over** *v/t building* surplomber; *person* être beaucoup plus grand que

town [taun] ville *f*

town cen•ter, *Br* **town 'centre** centre-ville *m*

town 'coun•cil conseil *m* municipal

town 'hall hôtel *m* de ville

tow•rope ['toʊroʊp] câble *m* de remorquage

tox•ic ['tɑːksɪk] *adj* toxique

tox•ic 'waste déchets *mpl* toxiques

tox•in ['tɑːksɪn] BIOL toxine *f*

toy [tɔɪ] jouet *m*

◆ **toy with** *v/t* jouer avec; *idea* caresser

'**toy store** magasin *m* de jouets

trace [treɪs] **1** *n of substance* trace *f* **2** *v/t (find)* retrouver; *(draw)* tracer

track [træk] *n path, (racecourse)* piste *f*; *motor racing* circuit *m*; *on record, CD* morceau *m*; RAIL voie *f* (ferrée); *track 10* RAIL voie 10; *keep track of sth* suivre qch

◆ **track down** *v/t person* retrouver; *criminal* dépister; *object* dénicher

track•suit ['træksuːt] survêtement *m*

trac•tor ['træktər] tracteur *m*

trade [treɪd] **1** *n (commerce)* commerce *m*; *(profession, craft)* métier *m* **2** *v/i*

(do business) faire du commerce; *trade in sth* faire du commerce dans qch **3** *v/t (exchange)* échanger (**for** contre)

◆ **trade in** *v/t when buying* donner en reprise

'**trade fair** foire *f* commerciale

'**trade•mark** marque *f* de commerce

'**trade mis•sion** mission *f* commerciale

trad•er ['treɪdər] commerçant(e) *m(f)*

trade 'se•cret secret *m* commercial

tra•di•tion [trə'dɪʃn] tradition *f*

tra•di•tion•al [trə'dɪʃnl] *adj* traditionnel*

tra•di•tion•al•ly [trə'dɪʃnlɪ] *adv* traditionnellement

traf•fic ['træfɪk] *n on roads* circulation *f*; *at airport, in drugs* trafic *m*

◆ **traffic in** *v/t (pret & pp -ked) drugs* faire du trafic de

'**traf•fic cir•cle** rond-point *m*

'**traf•fic cop** F agent *m* de la circulation

'**traf•fic is•land** refuge *m*

'**traf•fic jam** embouteillage *m*

'**traf•fic light** feux *mpl* de signalisation

'**traf•fic po•lice** police *f* de la route

'**traf•fic sign** panneau *m* de signalisation

trag•e•dy ['trædʒədɪ] tragédie *f*

trag•ic ['trædʒɪk] *adj* tragique

trail [treɪl] **1** *n (path)* sentier *m*; *of blood* traînée *f* **2** *v/t (follow)* suivre à la trace; *(tow)* remorquer **3** *v/i (lag behind: of person)* traîner; *of team* se traîner

trail•er ['treɪlər] *pulled by vehicle* remorque *f*; *(mobile home)* caravane *f*; *of movie* bande-annonce *f*

train [treɪn] *n train m; go by train* aller en train

train [treɪn] **1** *v/t entraîner; dog* dresser, *employee* former **2** *v/i of team, athlete* s'entraîner; *of teacher etc* faire sa formation; *train as a doctor* faire des études de médecine

train•ee [treɪ'niː] stagiaire *m/f*

train•er ['treɪnər] SP entraîneur(-euse) *m(f); of dog* dresseur(-euse) *m(f)*

train•ers ['treɪnərz] *npl Br: shoes* tennis *mpl*

train•ing ['treɪnɪŋ] *of new staff* formation *f*; SP entraînement *m; be in training* SP être bien entraîné; *be out of training* SP avoir perdu la forme

'**train•ing course** cours *m* de formation

'**train•ing scheme** programme *m* de formation

'**train sta•tion** gare *f*

trait [treɪt] trait *m*

trai•tor ['treɪtər] traître *m*, traîtresse *f*

tramp [træmp] *Br: v/i* marcher à pas lourds

tramp [træmp] *pej* femme *f* facile; *Br* clochard *m*

tram•ple ['træmpl] v/t: **be trampled to death** mourir piétiné; **be trampled underfoot** être piétiné
◆ **trample on** v/t person, object piétiner
tram•po•line ['træmpəlin] trampoline m
trance [træns] transe f; **go into a trance** entrer en transe
tran•quil ['træŋkwɪl] adj tranquille
tran•quil•i•ty [træŋ'kwɪlətɪ] tranquillité f
tran•quil•iz•er, Br tran•quil•liz•er ['træŋkwɪlaɪzər] tranquillisant m
trans•act [træn'zækt] v/t deal, business faire
trans•ac•tion [træn'zækʃn] of business conduite f; piece of business transaction f
trans•at•lan•tic [trænzət'læntɪk] adj transatlantique
tran•scen•den•tal [trænsen'dentl] adj transcendental
tran•script ['trænskrɪpt] transcription f
trans•fer [træns'fɜːr] 1 v/t (pret & pp -red) transférer 2 v/i (pret & pp -red) when traveling changer; in job être muté (to à) 3 n ['trænsfɜːr] of money, in job, in travel transfert m
trans•fer•a•ble [træns'fɜːrəbl] adj ticket transférable
'trans•fer fee for sportsman prix m de transfert
trans•form [træns'fɔːrm] v/t transformer
trans•for•ma•tion [trænsfər'meɪʃn] transformation f
trans•form•er [træns'fɔːrmər] ELEC transformateur m
trans•fu•sion [træns'fjuːʒn] transfusion f
tran•sis•tor [træn'zɪstər] also radio transistor m
trans•it ['trænzɪt] transit m; **in transit** en transit
tran•si•tion [træn'zɪʒn] transition f
tran•si•tion•al [træn'zɪʒnl] adj de transition
'trans•it lounge at airport salle f de transit
'trans•it pas•sen•ger passager(-ère) m(f) en transit
trans•late [træns'leɪt] v/t& v/i traduire
trans•la•tion [træns'leɪʃn] traduction f
trans•la•tor [træns'leɪtər] traducteur (-trice) m(f)
trans•mis•sion [trænz'mɪʃn] TV, MOT transmission f
trans•mit [trænz'mɪt] v/t (pret & pp -ted) news, program diffuser; disease transmettre
trans•mit•ter [trænz'mɪtər] RAD, TV émetteur m
trans•par•en•cy [træns'pærənsɪ] PHOT diapositive f

trans•par•ent [træns'pærənt] adj transparent; (obvious) évident; **he is so transparent** c'est tellement facile de lire dans ses pensées
trans•plant ['trænsplænt] 1 n MED transplantation f; organ transplanted transplant m 2 v/t [træns'plænt] MED transplanter
trans•port ['trænspɔːrt] 1 n of goods, people transport m 2 v/t [træn'spɔːrt] goods, people transporter
trans•por•ta•tion [trænspɔːr'teɪʃn] of goods, people transport m; **means of transportation** moyen m de transport; **public transportation** transports mpl en commun; **Department of Transportation** ministère m des Transports
trans•ves•tite [træns'vestaɪt] travesti m
trap [træp] 1 n also fig piège m; **set a trap for s.o.** tendre un piège à qn 2 v/t (pret & pp -ped) also fig piéger; **be trapped** by enemy, flames, landslide etc être pris au piège
trap•door ['træpdɔːr] trappe f
tra•peze [trə'piːz] trapèze m
trap•pings ['træpɪŋz] npl of power signes extérieurs mpl
trash [træʃ] 1 n (garbage) ordures fpl; F goods etc camelote f F; fig: person vermine f 2 v/t jeter; (criticize) démolir; bar, apartment etc saccager, vandaliser
'trash can poubelle f
trash•y ['træʃɪ] adj goods de pacotille; novel de bas étage
trau•ma ['trɔːmə] traumatisme m
trau•mat•ic [trɑː'mætɪk] adj traumatisant
trau•ma•tize ['trɑːmətaɪz] v/t traumatiser
trav•el ['trævl] 1 n voyages mpl; **travels** voyages mpl 2 v/i (pret & pp -ed, Br -led) voyager 3 v/t (pret & pp -ed, Br -led) miles parcourir
'trav•el a•gen•cy agence f de voyages
'trav•el a•gent agent m de voyages
'trav•el bag sac m de voyage
trav•el•er ['trævələr] voyageur(-euse) m(f)
'trav•el•er's check chèque-voyage m
'trav•el ex•pen•ses npl frais mpl de déplacement
'trav•el in•sur•ance assurance-voyage f
trav•el•ler Br → traveler
'trav•el pro•gram, 'trav•el pro•gramme Br programme m de voyages
'trav•el sick•ness mal m des transports
trawl•er ['trɔːlər] chalutier m
tray [treɪ] for food, photocopier plateau m; to go in oven plaque f
treach•er•ous ['tretʃərəs] adj traître
treach•er•y ['tretʃərɪ] traîtrise f

T

tread [tred] **1** *n* pas *m*; *of staircase* dessus *m* des marches; *of tire* bande *f* de roulement **2** *v/i* (*pret* **trod**, *pp* **trodden**) marcher; *mind where you tread* fais attention où tu mets les pieds

◆ **tread on** *v/t person's foot* marcher sur
trea•son ['triːzn] trahison *f*
treas•ure ['treʒər] **1** *n* trésor *m* **2** *v/t gift etc* chérir
treas•ur•er ['treʒərər] trésorier(-ière) *m(f)*
Treas•ur•y De•part•ment ['treʒərɪ] ministère *m* des Finances
treat [triːt] **1** *n* plaisir *m*; *it was a real treat* c'était un vrai bonheur; *I have a treat for you* j'ai une surprise pour toi; *it's my treat* (*I'm paying*) c'est moi qui paie **2** *v/t materials, illness, (behave toward)* traiter; *treat s.o. to sth* offrir qch à qn
treat•ment ['triːtmənt] traitement *m*
trea•ty ['triːtɪ] traité *m*
tre•ble[1] ['trebl] *n* MUS soprano *m* (*de jeune garçon*)
tre•ble[2] ['trebl] **1** *adv*: *treble the price* le triple du prix **2** *v/i* tripler
tree [triː] arbre *m*
trem•ble ['trembl] *v/i* trembler
tre•men•dous [trɪ'mendəs] *adj (very good)* formidable; (*enormous*) énorme
tre•men•dous•ly [trɪ'mendəslɪ] *adv (very)* extrêmement; (*a lot*) énormément
trem•or ['tremər] *of earth* secousse *f* (sismique)
trench [trentʃ] tranchée *f*
trend [trend] tendance *f*; (*fashion*) mode *f*
trend•y ['trendɪ] *adj* branché
tres•pass ['trespæs] *v/i* entrer sans autorisation; *no trespassing* défense d'entrer

◆ **trespass on** *v/t land* entrer sans autorisation sur; *s.o.'s rights* violer; *s.o.'s time* abuser de
tres•pass•er ['trespæsər] *personne qui viole la propriété d'une autre*; *trespassers will be prosecuted* défense d'entrer sous peine de poursuites
tri•al ['traɪəl] LAW procès *m*; *of equipment* essai *m*; *be on trial* LAW passer en justice; *have sth on trial equipment* essayer qch, acheter qch à l'essai
tri•al 'pe•ri•od période *f* d'essai
tri•an•gle ['traɪæŋgl] triangle *m*
tri•an•gu•lar [traɪ'æŋgjʊlər] *adj* triangulaire
tribe [traɪb] tribu *f*
tri•bu•nal [traɪ'bjuːnl] tribunal *m*
trib•u•ta•ry ['trɪbjətərɪ] *of river* affluent *m*
trick [trɪk] **1** *n to deceive* tour *m*; (*knack*)

truc *m*; *just the trick* F juste ce qu'il me faut; *play a trick on s.o.* jouer un tour à qn **2** *v/t* rouler; *be tricked* se faire avoir
trick•e•ry ['trɪkərɪ] tromperie *f*
trick•le ['trɪkl] **1** *n* filet *m*; *fig* tout petit peu *m* **2** *v/i* couler goutte à goutte
trick•ster ['trɪkstər] escroc *m*
trick•y ['trɪkɪ] *adj* (*difficult*) délicat
tri•cy•cle ['traɪsɪkl] tricycle *m*
tri•fle ['traɪfl] *n* (*triviality*) bagatelle *f*
tri•fling ['traɪflɪŋ] *adj* insignifiant
trig•ger ['trɪgər] *n on gun* détente *f*; *on camcorder* déclencheur *m*

◆ **trigger off** *v/t* déclencher
trim [trɪm] **1** *adj* (*neat*) bien entretenu; *figure* svelte **2** *v/t* (*pret & pp* **-med**) *hair* couper un peu; *hedge* tailler; *budget, costs* réduire; (*decorate: dress*) garnir **3** *n* cut taille *f*; *in good trim* en bon état; *boxer* en forme
tri•mes•ter [trɪ'mestər] trimestre *m*
trim•ming ['trɪmɪŋ] *on clothes* garniture *f*; *with all the trimmings* avec toutes les options
trin•ket ['trɪŋkɪt] babiole *f*
tri•o ['triːoʊ] MUS trio *m*
trip [trɪp] **1** *n* (*journey*) voyage *m*; (*outing*) excursion *f*; *go on a trip to Vannes* aller visiter Vannes **2** *v/i* (*pret & pp* **-ped**) (*stumble*) trébucher **3** *v/t* (*pret & pp* **-ped**) (*make fall*) faire un croche-pied à

◆ **trip up 1** *v/t* (*make fall*) faire un croche-pied à; (*cause to go wrong*) faire trébucher **2** *v/i* (*stumble*) trébucher; (*make a mistake*) faire une erreur
tri•ple ['trɪpl] → **treble**
trip•lets ['trɪplɪts] *npl* triplé(e)s *m(f)pl*
tri•pod ['traɪpɑːd] PHOT trépied *m*
trite [traɪt] *adj* banal
tri•umph ['traɪʌmf] *n* triomphe *m*
triv•i•al ['trɪvɪəl] *adj* insignifiant
triv•i•al•i•ty [trɪvɪ'ælɪtɪ] banalité *f*
trod [trɑːd] *pret* → **tread**
trod•den ['trɑːdn] *pp* → **tread**
trol•ley ['trɑːlɪ] (*streetcar*) tramway *m*
trom•bone [trɑːm'boʊn] trombone *m*
troops [truːps] *npl* troupes *fpl*
tro•phy ['troʊfɪ] trophée *m*
trop•ic ['trɑːpɪk] GEOG tropique *m*
trop•i•cal ['trɑːpɪkl] *adj* tropical
trop•ics ['trɑːpɪks] *npl* tropiques *mpl*
trot [trɑːt] *v/i* (*pret & pp* **-ted**) trotter
trou•ble ['trʌbl] **1** *n* (*difficulties*) problèmes *mpl*; (*inconvenience*) dérangement *m*; (*disturbance*) affrontements *mpl*; *sorry to put you to any trouble* désolé de vous déranger; *go to a lot of trouble to do sth* se donner beaucoup de mal pour faire qch; *no trouble!* pas de pro-

blème!; **get into trouble** s'attirer des ennuis **2** v/t (worry) inquiéter; (bother, disturb) déranger; of back, liver etc faire souffrir

'trou•ble-free adj sans problème

'trou•ble•mak•er n fauteur(-trice) m(f) de troubles

'trou•ble•shoot•er n conciliateur(-trice) m(f)

'trou•ble•shoot•ing n dépannage m

trou•ble•some ['trʌblsəm] adj pénible

trou•sers ['trauzərz] npl Br pantalon m

trout [traut] (pl **trout**) truite f

truce [truːs] trêve f

truck [trʌk] camion m

'truck driv•er camionneur(-euse) m(f)

'truck farm jardin m maraîcher

'truck farm•er maraîcher(-ère) m(f)

'truck stop routier m

trudge [trʌdʒ] **1** v/i se traîner **2** n marche f pénible

true [truː] adj vrai; friend, American véritable; **come true** of hopes, dream se réaliser

tru•ly ['truːlɪ] adv vraiment; **Yours truly** je vous prie d'agréer mes sentiments distingués

trum•pet ['trʌmpɪt] n trompette f

trum•pet•er ['trʌmpɪtər] trompettiste m/f

trunk [trʌŋk] of tree, body tronc m; of elephant trompe f; (large suitcase) malle f; of car coffre m

trust [trʌst] **1** n confiance f; FIN fidéicommis m **2** v/t faire confiance à; **I trust you** je te fais confiance

trust•ed ['trʌstɪd] adj éprouvé

trust•ee [trʌsˈtiː] fidéicommissaire m/f

trust•ful, trust•ing ['trʌstfl, 'trʌstɪŋ] adj confiant

trust•wor•thy ['trʌstwɜːrði] adj fiable

truth [truːθ] vérité f

truth•ful ['truːθfl] adj honnête

try [traɪ] **1** v/t (pret & pp **-ied**) essayer; LAW juger; **try to do sth** essayer de faire qch; **why don't you try changing suppliers?** pourquoi tu ne changes pas de fournisseur? **2** v/i (pret & pp **-ied**) essayer; **you must try harder** tu dois faire plus d'efforts **3** n essai m; **can I have a try?** of food est-ce que je peux goûter?; at doing sth est-ce que je peux essayer?

◆ **try on** v/t clothes essayer

◆ **try out** v/t essayer

try•ing ['traɪɪŋ] adj (annoying) éprouvant

T-shirt ['tiːʃɜːrt] tee-shirt m

tub [tʌb] (bath) baignoire f; for liquid bac m; for yoghurt, ice cream pot m

'tub•by ['tʌbɪ] adj boulot f

tube [tuːb] (pipe) tuyau m; of toothpaste,

ointment tube m

tube•less ['tuːblɪs] adj tire sans chambre à air

tu•ber•cu•lo•sis [tuːbɜːrkjəˈlousɪs] tuberculose f

tuck [tʌk] **1** n in dress pli m **2** v/t (put) mettre

◆ **tuck away** v/t (put away) ranger; (eat quickly) bouffer F

◆ **tuck in 1** v/t children border; **tuck the sheets in** border un lit **2** v/i (start eating) y aller

◆ **tuck up** v/t sleeves etc retrousser; **tuck s.o. up in bed** border qn

Tues•day ['tuːzdeɪ] mardi m

tuft [tʌft] touffe f

tug¹ [tʌg] **1** n (pull): **I felt a tug at my sleeve** j'ai senti qu'on me tirait la manche **2** v/t (pret & pp **-ged**) (pull) tirer

tug² NAUT remorqueur m

tu•i•tion [tuːˈɪʃn] cours mpl

tu•lip ['tuːlɪp] tulipe f

tum•ble ['tʌmbl] v/i tomber

tum•ble-down ['tʌmbldaun] adj qui tombe en ruines

tum•bler ['tʌmblər] for drink verre m; in circus acrobate m/f

'tum•my ['tʌmɪ] F ventre m

'tum•my ache mal m de ventre

tu•mor ['tuːmər] tumeur f

tu•mult ['tuːmʌlt] tumulte m

tu•mul•tu•ous [tuːˈmʌltuəs] adj tumultueux*

tu•na ['tuːnə] thon m; **tuna sandwich** sandwich m au thon

tune [tuːn] **1** n air m; **in tune** instrument (bien) accordé; **sing in tune** chanter juste; **out of tune** instrument désaccordé; **sing out of tune** chanter faux **2** v/t instrument accorder

◆ **tune in** v/i RAD, TV se mettre à l'écoute

◆ **tune in to** v/t RAD, TV se brancher sur

◆ **tune up** v/i of orchestra, players s'accorder v/t engine régler

tune•ful ['tuːnfl] adj harmonieux*

tun•er ['tuːnər] of hi-fi tuner m

tune-up ['tuːnʌp] of engine règlement m

tun•nel ['tʌnl] n tunnel m

tur•bine ['tɜːrbaɪn] turbine f

tur•bu•lence ['tɜːrbjələns] in air travel turbulences fpl

tur•bu•lent ['tɜːrbjələnt] adj agité

turf [tɜːrf] gazon m; piece motte f de gazon

Turk [tɜːrk] Turc m, Turque f

Tur•key ['tɜːrkɪ] Turquie f

tur•key ['tɜːrkɪ] dinde f

Turk•ish ['tɜːrkɪʃ] **1** adj turc* **2** n language turc m

T

tur•moil ['tɜːrmɔɪl] confusion f

turn [tɜːrn] **1** n (rotation) tour m; in road virage m; in vaudeville numéro m; **the second turn on the right** la deuxième (route) à droite; **take turns doing sth** faire qch à tour de rôle; **it's my turn** c'est à moi; **it's not your turn yet** ce n'est pas encore à toi; **take a turn at the wheel** conduire à son tour; **do s.o. a good turn** rendre service à qn **2** v/t wheel tourner; **turn the corner** tourner au coin de la rue; **turn one's back on s.o.** also fig tourner le dos à qn **3** v/i of driver, car, wheel tourner; of person se retourner; **turn right / left here** tournez à droite / gauche ici; **it has turned sour/cold** ça s'est aigri / refroidi; **he has turned 40** il a passé les 40 ans

◆ **turn around 1** v/t object tourner; company remettre sur pied; COMM order traiter **2** v/i se retourner; with a car faire demi-tour

◆ **turn away 1** v/t (send away) renvoyer **2** v/i (walk away) s'en aller; (look away) détourner le regard

◆ **turn back 1** v/t edges, sheets replier **2** v/i of walkers etc, in course of action faire demi-tour

◆ **turn down** v/t offer, invitation rejeter; volume, TV, heating baisser; edge, collar replier

◆ **turn in 1** v/i (go to bed) aller se coucher **2** v/t to police livrer

◆ **turn off 1** v/t radio, TV, computer, heater éteindre; faucet fermer; engine arrêter; F sexually couper l'envie à **2** v/i of car, driver tourner; of machine s'éteindre

◆ **turn on 1** v/t radio, TV, computer, heater allumer; faucet ouvrir; engine mettre en marche; F sexually exciter **2** v/i of machine s'allumer

◆ **turn out 1** v/t lights éteindre **2** v/i: **as it turned out** en l'occurence; **it turned out well** cela s'est bien fini; **he turned out to be ...** il s'est avéré être ...

◆ **turn over 1** v/i in bed se retourner; of vehicle se renverser **2** v/t (put upside down) renverser; page tourner; FIN avoir un chiffre d'affaires de

◆ **turn up 1** v/t collar remonter; volume augmenter; heating monter **2** v/i (arrive) arriver, se pointer F

turn•ing ['tɜːrnɪŋ] in road virage m

'**turn•ing point** tournant m

tur•nip ['tɜːrnɪp] navet m

'**turn•out** at game f nombre m de spectateurs

'**turn•o•ver** FIN chiffre m d'affaires

'**turn•pike** autoroute f payante

'**turn sig•nal** MOT clignotant m

'**turn•stile** tourniquet m

'**turn•ta•ble** of record player platine f

tur•quoise ['tɜːrkwɔɪz] adj turquoise

tur•ret ['tʌrɪt] of castle, tank tourelle f

tur•tle ['tɜːrtl] tortue f de mer

tur•tle•neck 'sweat•er pull m à col cheminée

tusk [tʌsk] défense f

tu•tor ['tuːtər] Br: at university professeur m/f; (private) tutor professeur m particulier

tux•e•do [tʌk'siːdou] smoking m

TV [tiː'viː] télé f; **on TV** à la télé

T'V din•ner plateau-repas m

T'V guide guide m de télé

T'V pro•gram programme m télé

twang [twæŋ] **1** n in voice accent m nasillard **2** v/t guitar string pincer

tweez•ers ['twiːzərz] npl pince f à épiler

twelfth [twelfθ] douzième; → **fifth**

twelve [twelv] douze

twen•ti•eth ['twentɪɪθ] vingtième; → **fifth**

twen•ty ['twentɪ] vingt; **twenty-four seven** 24 heures/24, 7 jours/7

twice [twaɪs] adv deux fois; **twice as much** deux fois plus

twid•dle ['twɪdl] v/t tripoter; **twiddle one's thumbs** se tourner les pouces

twig [twɪg] n brindille f

twi•light ['twaɪlaɪt] crépuscule m

twin [twɪn] jumeau m, jumelle f

'**twin beds** npl lits mpl jumeaux

twinge [twɪndʒ] of pain élancement m

twin•kle ['twɪŋkl] v/i scintiller

twin 'room chambre f à lits jumeaux

'**twin town** ville f jumelée

twirl [twɜːrl] **1** v/t faire tourbillonner; mustache tortiller **2** n of cream etc spirale f

twist [twɪst] **1** v/t tordre; **twist one's ankle** se tordre la cheville **2** v/i of road faire des méandres; of river faire des lacets **3** n in rope entortillement m; in road lacet m; in plot, story dénouement m inattendu

twist•y ['twɪstɪ] adj road qui fait des lacets

twit [twɪt] Br F béta m F, bêtasse f F

twitch [twɪtʃ] **1** n nervous tic m **2** v/i (jerk) faire des petits mouvements saccadés

twit•ter ['twɪtər] v/i of birds gazouiller

two [tuː] deux; **the two of them** les deux

two-faced ['tuːfeɪst] adj hypocrite

two-stroke adj engine à deux temps

two-way 'traf•fic circulation f à double sens

ty•coon [taɪ'kuːn] magnat m

type [taɪp] **1** n (sort) type m; **what type of ...?** quel genre de ...? **2** v/i (use a keyboard) taper **3** v/t with a typewriter taper

à la machine
type•writ•er ['taɪpraɪtər] machine *f* à écrire
ty•phoid ['taɪfɔɪd] typhoïde *f*
ty•phoon [taɪ'fuːn] typhon *m*
ty•phus ['taɪfəs] typhus *m*
typ•i•cal ['tɪpɪkl] *adj* typique; *that's typical of you / him!* c'est bien de vous / lui!
typ•i•cal•ly ['tɪpɪklɪ] *adv* typiquement; *typically, he was late* il était en retard

comme d'habitude; *typically American* typiquement américain
typ•ist ['taɪpɪst] dactylo *m/f*
ty•po ['taɪpoʊ] coquille *f*
tyr•an•ni•cal [tɪ'rænɪkl] *adj* tyrannique
tyr•an•nize [tɪ'rənaɪz] *v/t* tyranniser
tyr•an•ny ['tɪrənɪ] tyrannie *f*
ty•rant ['taɪrənt] tyran *m*
tyre *Br* → **tire**[1]

U

ug•ly ['ʌglɪ] *adj* laid
UK [juː'keɪ] *abbr* (= **United Kingdom**) R.-U. *m* (= Royaume-Uni)
ul•cer ['ʌlsər] ulcère *m*
ul•ti•mate ['ʌltɪmət] *adj* (*best, definitive*) meilleur possible; (*final*) final; (*fundamental*) fondamental
ul•ti•mate•ly ['ʌltɪmətlɪ] *adv* (*in the end*) en fin de compte
ul•ti•ma•tum [ʌltɪ'meɪtəm] ultimatum *m*
ul•tra•sound ['ʌltrəsaʊnd] MED ultrason *m*
ul•tra•vi•o•let [ʌltrə'vaɪələt] *adj* ultraviolet*
um•bil•i•cal cord [ʌm'bɪlɪkl] cordon *m* ombilical
um•brel•la [ʌm'brelə] parapluie *m*
um•pire ['ʌmpaɪr] *n* arbitre *m/f*
ump•teen [ʌmp'tiːn] *adj* F des centaines de
UN [juː'en] *abbr*(= **United Nations**) O.N.U. *f* (= Organisation des Nations unies)
un•a•ble [ʌn'eɪbl] *adj*: *be unable to do sth* not know how to ne pas savoir faire qch; not be in a position to ne pas pouvoir faire qch
un•ac•cept•a•ble [ʌnək'septəbl] *adj* inacceptable
un•ac•count•a•ble [ʌnə'kaʊntəbl] *adj* inexplicable
un•ac•cus•tomed [ʌnə'kʌstəmd] *adj*: *be unaccustomed to sth* ne pas être habitué à qch
un•a•dul•ter•at•ed [ʌnə'dʌltəreɪtɪd] *adj* fig (*absolute*) à l'état pur
un-A•mer•i•can [ʌnə'merɪkən] *adj* (*not fitting*) antiaméricain; *it's un-American to run down your country* un Améri-

cain ne débine pas son pays
u•nan•i•mous [juː'nænɪməs] *adj verdict* unanime
u•nan•i•mous•ly [juː'nænɪməslɪ] *adv vote, decide* à l'unanimité
un•ap•proach•a•ble [ʌnə'proʊtʃəbl] *adj person* d'un abord difficile
un•armed [ʌn'ɑːrmd] *adj person* non armé; *unarmed combat* combat *m* à mains nues
un•as•sum•ing [ʌnə'suːmɪŋ] *adj* modeste
un•at•tached [ʌnə'tætʃt] *adj without a partner* sans attaches
un•at•tend•ed [ʌnə'tendɪd] *adj* laissé sans surveillance; *leave sth unattended* laisser qch sans surveillance
un•au•thor•ized [ʌn'ɔːθəraɪzd] *adj* non autorisé
un•a•void•a•ble [ʌnə'vɔɪdəbl] *adj* inévitable
un•a•void•a•bly [ʌnə'vɔɪdəblɪ] *adv*: *be unavoidably detained* être dans l'impossibilité absolue de venir
un•a•ware [ʌnə'wer] *adj*: *be unaware of* ne pas avoir conscience de
un•a•wares [ʌnə'werz] *adv*: *catch s.o. unawares* prendre qn au dépourvu
un•bal•anced [ʌn'bælənst] *adj also* PSYCH déséquilibré
un•bear•a•ble [ʌn'berəbl] *adj* insupportable
un•beat•a•ble [ʌn'biːtəbl] *adj* imbattable
un•beat•en [ʌn'biːtn] *adj team* invaincu
un•be•knownst: [ʌnbɪ'noʊnst] *adv*: *unbeknownst to s.o.* à l'insu de; *unbeknownst to me* à mon insu
un•be•lie•va•ble [ʌnbɪ'liːvəbl] *adj also* F incroyable
un•bi•as(s)ed [ʌn'baɪəst] *adj* impartial

U

un•block [ʌn'blɑːk] v/t pipe déboucher

un•born [ʌn'bɔːrn] adj generations, child à naître

un•break•a•ble [ʌn'breɪkəbl] adj incassable

un•but•ton [ʌn'bʌtn] v/t déboutonner

un•called-for [ʌn'kɔːldfɔːr] adj déplacé

un•can•ny [ʌn'kænɪ] adj étrange, mystérieux*

un•ceas•ing [ʌn'siːsɪŋ] adj incessant

un•cer•tain [ʌn'sɜːrtn] adj incertain; **be uncertain about sth** avoir des doutes à propos de qch

un•cer•tain•ty [ʌn'sɜːrtntɪ] of the future caractère m incertain; **there is still uncertainty about ...** des incertitudes demeurent quant à ...

un•checked [ʌn'tʃekt] adj: **let sth go unchecked** ne rien faire pour empêcher qch

un•cle [ʌŋkl] oncle m

un•com•for•ta•ble [ʌn'kʌmftəbl] adj inconfortable; **feel uncomfortable about sth** être gêné par qch; **I feel uncomfortable with him** je suis mal à l'aise avec lui

un•com•mon [ʌn'kɑːmən] adj inhabituel*

un•com•pro•mis•ing [ʌn'kɑːmprəmaɪzɪŋ] adj intransigeant

un•con•cerned [ʌnkən'sɜːrnd] adj: **be unconcerned about s.o./sth** ne pas se soucier de qn / qch

un•con•di•tion•al [ʌnkən'dɪʃnl] adj sans conditions

un•con•scious [ʌn'kɑːnʃəs] adj MED, PSYCH inconscient; **knock s.o. unconscious** assommer qn; **be unconscious of sth** (not aware) ne pas avoir conscience de qch

un•con•trol•la•ble [ʌnkən'troʊləbl] adj incontrôlable

un•con•ven•tion•al [ʌnkən'venʃnl] adj non conventionnel*

un•co•op•er•a•tive [ʌnkoʊ'ɑːpərətɪv] adj peu coopératif*

un•cork [ʌn'kɔːrk] v/t bottle déboucher

un•cov•er [ʌn'kʌvər] v/t découvrir

un•dam•aged [ʌn'dæmɪdʒd] adj intact

un•daunt•ed [ʌn'dɔːntɪd] adv: **carry on undaunted** continuer sans se laisser décourager

un•de•cid•ed [ʌndɪ'saɪdɪd] adj question laissé en suspens; **be undecided about s.o./sth** être indécis à propos de qn / qch

un•de•ni•a•ble [ʌndɪ'naɪəbl] adj indéniable

un•de•ni•a•bly [ʌndɪ'naɪəblɪ] adv indéniablement

un•der [ʌndər] **1** prep (beneath) sous;

(less than) moins de; **he is under 30** il a moins de 30 ans; **it is under review / investigation** cela fait l'objet d'un examen/d'une enquête **2** adv (anesthetized) inconscient

un•der•age adj mineur; **underage drinking** la consommation d'alcool par les mineurs

'un•der•arm adv throw par en-dessous

'un•der•car•riage train m d'atterrissage

'un•der•cov•er adj clandestin; **undercover agent** agent m secret

un•der'cut v/t (pret & pp -cut) COMM: **undercut the competition** vendre moins cher que la concurrence

'un•der•dog outsider m

un•der'done adj meat pas trop cuit; pej pas assez cuit

un•der•es•ti•mate v/t person, skills, task sous-estimer

un•der•ex'posed adj PHOT sous-exposé

un•der'fed adj mal nourri

un•der'go v/t (pret -went, pp -gone) subir

un•der'grad•u•ate Br étudiant(e) (de D.E.U.G. ou de licence)

'un•der•ground 1 adj passages etc souterrain; POL resistance, newpaper etc clandestin **2** adv work sous terre; **go underground** POL passer dans la clandestinité

'un•der•growth sous-bois m

un•der'hand adj (devious) sournois; **do sth underhand** faire qch en sous-main

un•der'lie v/t (pret -lay, pp -lain) sous-tendre

un•der'line v/t text souligner

un•der'ly•ing adj causes, problems sous-jacent

un•der'mine v/t saper

un•der•neath [ʌndər'niːθ] **1** prep sous **2** adv dessous

'un•der•pants npl slip m

'un•der•pass for pedestrians passage m souterrain

un•der•priv•i•leged [ʌndər'prɪvɪlɪdʒd] adj défavorisé

un•der'rate v/t sous-estimer

'un•der•shirt maillot m de corps

un•der•sized [ʌndər'saɪzd] adj trop petit

'un•der•skirt jupon m

un•der•staffed [ʌndər'stæft] adj en manque de personnel

un•der•stand [ʌndər'stænd] **1** v/t (pret & pp -stood) comprendre; **they are understood to be in Canada** on pense qu'ils sont au Canada **2** v/i comprendre

un•der•stand•a•ble [ʌndər'stændəbl] adj compréhensible

un•der•stand•a•bly [ʌndər'stændəblɪ] adv naturellement

un•der•stand•ing [ʌndər'stændɪŋ] **1** *adj person* compréhensif* **2** *n of problem, situation* compréhension *f*; *(agreement)* accord *m*; *my understanding of the situation is that ...* ce que je comprends dans cette situation, c'est que ...; *we have an understanding that ...* il y a un accord entre nous selon lequel ...; *on the understanding that ...* à condition que ...

'**un•der•state•ment** euphémisme *m*

un•der•take *v/t* (*pret* **-took**, *pp* **-taken**) *task* entreprendre; *undertake to do sth (agree to)* s'engager à faire qch

un•der•tak•er ['ʌndərteɪkər] *Br* entrepreneur(-euse) des pompes funèbres

'**un•der•tak•ing** *(enterprise)* entreprise *f*; *(promise)* engagement *m*

un•der•val•ue *v/t* sous-estimer

'**un•der•wear** sous-vêtements *mpl*

'**un•der•weight** *adj* en-dessous de son poids normal

'**un•der•world** *criminal* monde *m* du crime organisé

un•der•write *v/t* (*pret* **-wrote**, *pp* **-written**) FIN souscrire

un•de•served [ʌndɪ'zɜːrvd] *adj* non mérité

un•de•sir•a•ble [ʌndɪ'zaɪrəbl] *adj* indésirable; *undesirable element person* élément *m* indésirable

un•dis•put•ed [ʌndɪ'spjuːtɪd] *adj champion, leader* incontestable

un•do [ʌn'duː] *v/t* (*pret* **-did**, *pp* **-done**) défaire

un•doubt•ed•ly [ʌn'daʊtɪdlɪ] *adv* à n'en pas douter

un•dreamt-of [ʌn'dremtəv] *adj riches* inouï

un•dress [ʌn'dres] **1** *v/t* déshabiller; *get undressed* se déshabiller **2** *v/i* se déshabiller

un•due [ʌn'duː] *adj (excessive)* excessif*

un•du•ly [ʌn'duːlɪ] *adv (excessively)* excessivement

un•earth [ʌn'ɜːrθ] *v/t also fig* déterrer

un•earth•ly [ʌn'ɜːrθlɪ] *adj*: *at this unearthly hour* à cette heure impossible

un•eas•y [ʌn'iːzɪ] *adj relationship, peace* incertain; *feel uneasy about* avoir des doutes sur; *I feel uneasy about signing this* je ne suis pas sûr de vouloir signer cela

un•eat•a•ble [ʌn'iːtəbl] *adj* immangeable

un•e•co•nom•ic [ʌniːkə'nɑːmɪk] *adj* pas rentable

un•ed•u•cat•ed [ʌn'edʒəkeɪtɪd] *adj* sans instruction

un•em•ployed [ʌnɪm'plɔɪd] **1** *adj* au chô

mage **2** *npl*: *the unemployed* les chômeurs(-euses)

un•em•ploy•ment [ʌnɪm'plɔɪmənt] chômage *m*

un•end•ing [ʌn'endɪŋ] *adj* sans fin

un•e•qual [ʌn'iːkwəl] *adj* inégal; *be unequal to the task* ne pas être à la hauteur de la tâche

un•er•ring [ʌn'ɜːrɪŋ] *adj judgment, instinct* infaillible

un•e•ven [ʌn'iːvn] *adj surface, ground* irrégulier*

un•e•ven•ly [ʌn'iːvnlɪ] *adv distributed, applied* inégalement; *be unevenly matched of two contestants* être mal assorti

un•e•vent•ful [ʌnɪ'ventfl] *adj day, journey* sans événement

un•ex•pec•ted [ʌnɪk'spektɪd] *adj* inattendu

un•ex•pec•ted•ly [ʌnɪk'spektɪdlɪ] *adv* inopinément

un•fair [ʌn'fer] *adj* injuste

un•faith•ful [ʌn'feɪθfl] *adj husband, wife* infidèle; *be unfaithful to s.o.* tromper qn

un•fa•mil•i•ar [ʌnfə'mɪljər] *adj* peu familier*; *be unfamiliar with sth* ne pas (bien) connaître qch

un•fas•ten [ʌn'fæsn] *v/t belt* défaire

un•fa•vo•ra•ble [ʌn'feɪvərəbl] *adj* défavorable

un•feel•ing [ʌn'fiːlɪŋ] *adj person* dur

un•fin•ished [ʌn'fɪnɪʃt] *adj* inachevé

un•fit [ʌn'fɪt] *adj physically* peu en forme; *morally* indigne; *be unfit to eat / drink* être impropre à la consommation

un•fix [ʌn'fɪks] *v/t part* détacher

un•flap•pa•ble [ʌn'flæpəbl] *adj* imperturbable

un•fold [ʌn'foʊld] **1** *v/t sheets, letter* déplier; *one's arms* ouvrir **2** *v/i of story etc* se dérouler; *of view* se déployer

un•fore•seen [ʌnfɔːr'siːn] *adj* imprévu

un•for•get•ta•ble [ʌnfər'getəbl] *adj* inoubliable

un•for•giv•a•ble [ʌnfər'gɪvəbl] *adj* impardonnable; *that was unforgivable of you* c'était impardonnable de votre part

un•for•tu•nate [ʌn'fɔːrtʃənət] *adj* malheureux*; *that's unfortunate for you* c'est dommage pour vous

un•for•tu•nate•ly [ʌn'fɔːrtʃənətlɪ] *adv* malheureusement

un•found•ed [ʌn'faʊndɪd] *adj* non fondé

un•friend•ly [ʌn'frendlɪ] *adj person, welcome, hotel* froid; *software* rébarbatif*

un•fur•nished [ʌn'fɜːrnɪʃt] *adj* non meu

U

blé

un•god•ly [ʌn'gɑ:dli] *adj*: *at this ungodly hour* à cette heure impossible

un•grate•ful [ʌn'greɪtfl] *adj* ingrat

un•hap•pi•ness [ʌn'hæpɪnɪs] chagrin *m*

un•hap•py [ʌn'hæpi] *adj* malheureux*; *customers etc* mécontent (**with** de)

un•harmed [ʌn'hɑ:rmd] *adj* indemne

un•health•y [ʌn'helθɪ] *adj person* en mauvaise santé; *food, atmosphere* malsain; *economy, finances* qui se porte mal

un•heard-of [ʌn'hɜ:rdəv] *adj*: *be unheard-of* ne s'être jamais vu; *it was unheard-of for a woman to be in the police force* personne n'avait jamais vu de femme dans la police

un•hurt [ʌn'hɜ:rt] *adj* indemne

un•hy•gi•en•ic [ʌnhaɪ'dʒi:nɪk] insalubre

u•ni•fi•ca•tion [ju:nɪfɪ'keɪʃn] unification *f*

u•ni•form ['ju:nɪfɔ:rm] **1** *n* uniforme *m* **2** *adj* uniforme

u•ni•fy ['ju:nɪfaɪ] *v/t* (*pret & pp* -*ied*) unifier

u•ni•lat•e•ral [ju:nɪ'lætərəl] *adj* unilatéral

u•ni•lat•e•ral•ly [ju:nɪ'lætərəlɪ] *adv* unilatéralement

un•i•ma•gi•na•ble [ʌnɪ'mædʒɪnəbl] *adj* inimaginable

un•i•ma•gi•na•tive [ʌnɪ'mædʒɪnətɪv] *adj* qui manque d'imagination

un•im•por•tant [ʌnɪm'pɔ:rtənt] *adj* sans importance

un•in•hab•it•a•ble [ʌnɪn'hæbɪtəbl] *adj building, region* inhabitable

un•in•hab•it•ed [ʌnɪn'hæbɪtɪd] *adj* inhabitée

un•in•jured [ʌn'ɪndʒərd] *adj* indemne

un•in•tel•li•gi•ble [ʌnɪn'telɪdʒəbl] *adj* inintelligible

un•in•ten•tion•al [ʌnɪn'tenʃnl] *adj* non intentionnel*; *that was unintentional* ce n'était pas voulu

un•in•ten•tion•al•ly [ʌnɪn'tenʃnlɪ] *adv* sans le vouloir

un•in•te•rest•ing [ʌn'ɪntrəstɪŋ] *adj* inintéressant

un•in•ter•rupt•ed [ʌnɪntə'rʌptɪd] *adj sleep, two hours' work* ininterrompu

un•ion ['ju:njən] POL union *f*; (*labor union*) syndicat *m*

u•nique [ju:'ni:k] *adj also* F (*very good*) unique

u•nit ['ju:nɪt] unité *f*

u•nit 'cost COMM coût *m* à l'unité

u•nite [ju:'naɪt] **1** *v/t* unir **2** *v/i* s'unir

u•nit•ed [ju:'naɪtɪd] *adj* uni; *efforts* conjoint

U•nit•ed 'King•dom Royaume-Uni *m*

U•nit•ed 'Na•tions Nations *fpl* Unies

U•nit•ed States (of A•mer•i•ca) États-Unis *mpl* (d'Amérique)

u•ni•ty ['ju:nətɪ] unité *f*

u•ni•ver•sal [ju:nɪ'vɜ:rsl] *adj* universel*

u•ni•ver•sal•ly [ju:nɪ'vɜ:rsəlɪ] *adv* universellement

u•ni•verse ['ju:nɪvɜ:rs] univers *m*

u•ni•ver•si•ty [ju:nɪ'vɜ:rsətɪ] **1** *n* université *f*; *he's at university* il est à l'université **2** *adj* d'université

un•just [ʌn'dʒʌst] *adj* injuste

un•kempt [ʌn'kempt] *adj* négligé

un•kind [ʌn'kaɪnd] *adj* méchant, désagréable

un•known [ʌn'nəʊn] **1** *adj* inconnu **2** *n*: *a journey into the unknown* un voyage dans l'inconnu

un•lead•ed [ʌn'ledɪd] *adj gas* sans plomb

un•less [ən'les] *conj* à moins que (+*subj*); *don't say anything unless you are sure* ne dites rien si vous n'êtes pas sûr

un•like [ʌn'laɪk] *prep*: *the photograph was completely unlike her* la photographie ne lui ressemblait pas du tout; *it's unlike him to drink so much* cela ne lui ressemble pas de boire autant

un•like•ly [ʌn'laɪklɪ] *adj* improbable; *he is unlikely to win* il a peu de chances de gagner; *it is unlikely that …* il est improbable que … (+*subj*)

un•lim•it•ed [ʌn'lɪmɪtɪd] *adj* illimité

un•list•ed [ʌn'lɪstɪd] *adj* TELEC sur liste rouge

un•load [ʌn'ləʊd] *v/t* décharger

un•lock [ʌn'lɑ:k] *v/t* ouvrir (avec une clef)

un•luck•i•ly [ʌn'lʌkɪlɪ] *adv* malheureusement

un•luck•y [ʌn'lʌkɪ] *adj day* de malchance; *choice* malheureux*; *person* malchanceux*; *that was so unlucky for you!* tu n'as vraiment pas eu de chance!

un•made-up [ʌnmeɪd'ʌp] *adj face* non maquillé

un•manned [ʌn'mænd] *adj spacecraft* sans équipage

un•mar•ried [ʌn'mærɪd] *adj* non marié

un•mis•ta•ka•ble [ʌnmɪ'steɪkəbl] *adj handwriting* reconnaissable entre mille

un•moved [ʌn'mu:vd] *adj emotionally* pas touché

un•mu•si•cal [ʌn'mju:zɪkl] *adj person* pas musicien*; *sounds* discordant

un•nat•u•ral [ʌn'nætʃrəl] *adj* contre nature; *it's not unnatural to be annoyed* il n'est pas anormal d'être agacé

un•ne•ces•sa•ry [ʌn'nesəserɪ] *adj* non nécessaire

un•nerv•ing [ʌn'nɜ:rvɪŋ] *adj* déstabilisant

un•no•ticed [ʌn'noutɪst] adj: *it went unnoticed* c'est passé inaperçu

un•ob•tain•a•ble [ʌnəb'teɪnəbl] adj goods on ne peut se procurer; TELEC hors service

un•ob•tru•sive [ʌnəb'truːsɪv] adj discret

un•oc•cu•pied [ʌn'ɑːkjʊpaɪd] adj (*empty*) vide; *position* vacant; *person* désœuvré

un•of•fi•cial [ʌnə'fɪʃl] adj non officiel*

un•of•fi•cial•ly [ʌnə'fɪʃlɪ] adv non officiellement

un•pack [ʌn'pæk] **1** v/t *case* défaire; *boxes* déballer, vider **2** v/i défaire sa valise

un•paid [ʌn'peɪd] adj work non rémunéré

un•pleas•ant [ʌn'pleznt] adj désagréable; *he was very unpleasant to her* il a été très désagréable avec elle

un•plug [ʌn'plʌɡ] v/t (*pret & pp -ged*) *TV, computer* débrancher

un•pop•u•lar [ʌn'pɑːpjələr] adj impopulaire

un•pre•ce•dent•ed [ʌn'presɪdentɪd] adj sans précédent

un•pre•dict•a•ble [ʌnprɪ'dɪktəbl] adj person, weather imprévisible

un•pre•ten•tious [ʌnprɪ'tenʃəs] adj person, style, hotel modeste

un•prin•ci•pled [ʌn'prɪnsɪpld] adj sans scrupules

un•pro•duc•tive [ʌnprə'dʌktɪv] adj meeting, discussion, land improductif*

un•pro•fes•sion•al [ʌnprə'feʃnl] adj person, behavior non professionnel*; workmanship peu professionnel; *it's very unprofessional not to ...* ce n'est pas du tout professionnel de ne pas ...

un•prof•it•a•ble [ʌn'prɑːfɪtəbl] adj non profitable

un•pro•nounce•a•ble [ʌnprə'naunsəbl] adj imprononçable

un•pro•tect•ed [ʌnprə'tektɪd] adj sans protection; *unprotected sex* rapports mpl sexuels non protégés

un•pro•voked [ʌnprə'voukt] adj attack non provoqué

un•qual•i•fied [ʌn'kwɑːlɪfaɪd] adj non qualifié; acceptance inconditionnel*

un•ques•tion•a•bly [ʌn'kwestʃnəblɪ] adv (*without doubt*) sans aucun doute

un•ques•tion•ing [ʌn'kwestʃnɪŋ] adj attitude, loyalty aveugle

un•rav•el [ʌn'rævl] v/t (*pret & pp -ed, Br -led*) knitting etc défaire; mystery, complexities résoudre

un•read•a•ble [ʌn'riːdəbl] adj book illisible

un•re•al [ʌn'rɪəl] adj irréel*; *this is unreal!* F je crois rêver!

un•re•a•lis•tic [ʌnrɪə'lɪstɪk] adj irréaliste

un•rea•so•na•ble [ʌn'riːznəbl] adj déraisonnable

un•re•lat•ed [ʌnrɪ'leɪtɪd] adj sans relation (*to* avec)

un•re•lent•ing [ʌnrɪ'lentɪŋ] adj incessant

un•re•li•a•ble [ʌnrɪ'laɪəbl] adj pas fiable

un•rest [ʌn'rest] agitation f

un•re•strained [ʌnrɪ'streɪnd] adj emotions non contenu

un•road•wor•thy [ʌn'roudwɜːrðɪ] adj qui n'est pas en état de rouler

un•roll [ʌn'roul] v/t carpet dérouler

un•ru•ly [ʌn'ruːlɪ] adj indiscipliné

un•safe [ʌn'seɪf] adj dangereux*

un•san•i•tar•y [ʌn'sænɪterɪ] adj conditions, drains insalubre

un•sat•is•fac•to•ry [ʌnsætɪs'fæktərɪ] adj insatisfaisant; (*unacceptable*) inacceptable

un•sa•vo•ry [ʌn'seɪvərɪ] adj louche

un•scathed [ʌn'skeɪðd] adj (*not injured*) indemne; (*not damaged*) intact

un•screw [ʌn'skruː] v/t sth screwed on dévisser; top décapsuler

un•scru•pu•lous [ʌn'skruːpjələs] adj peu scrupuleux*

un•self•ish [ʌn'selfɪʃ] adj désintéressé

un•set•tled [ʌn'setld] adj incertain; lifestyle instable; bills non réglé; issue, question non décidé

un•shav•en [ʌn'ʃeɪvn] adj mal rasé

un•sight•ly [ʌn'saɪtlɪ] adj affreux*

un•skilled [ʌn'skɪld] adj worker non qualifié

un•so•cia•ble [ʌn'souʃəbl] adj peu sociable

un•so•phis•ti•cat•ed [ʌnsə'fɪstɪkeɪtɪd] adj person, beliefs, equipment peu sophistiqué

un•sta•ble [ʌn'steɪbl] adj instable

un•stead•y [ʌn'stedɪ] adj on one's feet chancelant; ladder branlant

un•stint•ing [ʌn'stɪntɪŋ] adj sans restriction; *be unstinting in one's efforts* ne pas ménager sa peine (*to* pour)

un•stuck [ʌn'stʌk] adj: *come unstuck of notice etc* se détacher; F of plan etc tomber à l'eau F

un•suc•cess•ful [ʌnsək'sesfl] adj attempt infructueux*; artist, writer qui n'a pas de succès; candidate, marriage malheureux*; *it was unsuccessful* c'était un échec; *he tried but was unsuccessful* il a essayé mais n'a pas réussi

un•suc•cess•ful•ly [ʌnsək'sesflɪ] adv try, apply sans succès

un•suit•a•ble [ʌn'suːtəbl] adj inapproprié; *the movie is unsuitable for children* le film ne convient pas aux enfants

U

un•sus•pect•ing [ʌnsəsˈpektɪŋ] *adj* qui ne se doute de rien

un•swerv•ing [ʌnˈswɜːrvɪŋ] *adj loyalty, devotion* inébranlable

un•think•a•ble [ʌnˈθɪŋkəbl] *adj* impensable

un•ti•dy [ʌnˈtaɪdɪ] *adj* en désordre

un•tie [ʌnˈtaɪ] *v/t laces, knot* défaire; *prisoner, hands* détacher

un•til [ənˈtɪl] **1** *prep* jusqu'à; *from Monday until Friday* de lundi à vendredi; *not until Friday* pas avant vendredi; *it won't be finished until July* ce ne sera pas fini avant le mois de juillet **2** *conj* jusqu'à ce que; *can you wait until I'm ready?* est-ce que vous pouvez attendre que je sois prêt?; *they won't do anything until you say so* ils ne feront rien jusqu'à ce que tu le leur dises

un•time•ly [ʌnˈtaɪmlɪ] *adj death* prématuré

un•tir•ing [ʌnˈtaɪrɪŋ] *adj efforts* infatigable

un•told [ʌnˈtoʊld] *adj riches, suffering* inouï; *story* inédit

un•trans•lat•a•ble [ʌntrænsˈleɪtəbl] *adj* intraduisible

un•true [ʌnˈtruː] *adj* faux*

un•used[1] [ʌnˈjuːzd] *adj goods* non utilisé

un•used[2] [ʌnˈjuːst] *adj*: *be unused to sth* ne pas être habitué à qch; *be unused to doing sth* ne pas être habitué à faire qch

un•u•su•al [ʌnˈjuːʒl] *adj* inhabituel*; *(strange)* bizarre; *story* insolite; *not the standard* hors norme; *it's unusual for him to ...* il est rare qu'il ... (+subj)

un•u•su•al•ly [ʌnˈjuːʒəlɪ] *adv* anormalement, exceptionnellement

un•veil [ʌnˈveɪl] *v/t memorial, statue etc* dévoiler

un•well [ʌnˈwel] *adj* malade

un•will•ing [ʌnˈwɪlɪŋ] *adj*: *be unwilling to do sth* refuser de faire qch

un•will•ing•ly [ʌnˈwɪlɪŋlɪ] *adv* à contre-cœur

un•wind [ʌnˈwaɪnd] **1** *v/t (pret & pp -wound) tape* dérouler **2** *v/i of tape, story* se dérouler; *(relax)* se détendre

un•wise [ʌnˈwaɪz] *adj* malavisé

un•wrap [ʌnˈræp] *v/t (pret & pp -ped) gift* déballer

un•writ•ten [ʌnˈrɪtn] *adj law, rule* tacite

un•zip [ʌnˈzɪp] *v/t (pret & pp -ped) dress etc* descendre la fermeture-éclair de; COMPUT décompresser

up [ʌp] **1** *adv*: *up in the sky / on the roof* dans le ciel / sur le toit; *up here* ici; *up there* là-haut; *be up (out of bed)* être de-bout; *of sun* être levé; *(built)* être construit; *of shelves* être en place; *of prices, temperature* avoir augmenté; *(have expired)* être expiré; *what's up?* F qu'est-ce qu'il y a?; *up to 1989* jusqu'à 1989; *he came up to me* il s'est approché de moi; *what are you up to these days?* qu'est-ce que tu fais en ce moment?; *what are those kids up to?* que font ces enfants?; *be up to something* être sur un mauvais coup; *I don't feel up to it* je ne m'en sens pas le courage; *it's up to you* c'est toi qui décides; *it's up to them to solve it* c'est à eux de le résoudre; *be up and about* *after illness* être de nouveau sur pied **2** *prep*: *further up the mountain* un peu plus haut sur la montagne; *he climbed up a tree* il est monté à un arbre; *they ran up the street* ils ont remonté la rue en courant; *the water goes up this pipe* l'eau monte par ce tuyau; *we traveled up to Paris* nous sommes montés à Paris **3** *n*: *ups and downs* hauts *mpl* et bas

'up•bring•ing éducation *f*

'up•com•ing *adj (forthcoming)* en perspective

up•date[1] *v/t file, records* mettre à jour; *update s.o. on sth* mettre / tenir qn au courant de qch

'up•date[2] *n of files, records, software* mise à jour

up•grade *v/t computers etc, (replace with new versions)* moderniser; *ticket etc* surclasser; *product* améliorer

up•heav•al [ʌpˈhiːvl] bouleversement *m*

up•hill [ʌpˈhɪl] **1** *adv*: *walk / go uphill* monter **2** *adj*: [ˈʌphɪl]: *uphill walk* montée *f*; *it was an uphill struggle* ça a été très difficile

up•hold *v/t (pret & pp -held) traditions, rights, decision* maintenir

up•hol•ster•y [ʌpˈhoʊlstərɪ] *fabric* garniture *f*; *padding* rembourrage *m*

'up•keep *of buildings etc* maintien *m*

'up•load *v/t* COMPUT transférer

up'mar•ket *adj* Br: *restaurant, hotel* chic *inv*; *product* haut de gamme

up•on [əˈpɑːn] *prep → on*

up•per [ˈʌpər] *adj part of sth* supérieur; *upper atmosphere* partie *f* supérieure de l'atmosphère

up•per-'class *adj accent, family* aristocratique, de la haute F

up•per 'clas•ses *npl* aristocratie *f*

'up•right **1** *adj citizen* droit **2** *adv sit* (bien) droit **3** *n (also: upright piano)* piano *f* droit

up•ris•ing [ˈʌpraɪzɪŋ] soulèvement *m*

'**up•roar** vacarme *m*; *fig* protestations *fpl*

'**up•scale** *adj restaurant, hotel* chic *inv*; *product* haut de gamme

up'set 1 *v/t* (*pret & pp* **-set**) *drink, glass* renverser; *emotionally* contrarier **2** *adj emotionally* contrarié, vexé; **get upset about sth** être contrarié par qch; **why's she upset?** qu'est-ce qu'elle a?; **have an upset stomach** avoir l'estomac dérangé

up'set•ting (*result, outcome*) résultat *m*

'**up•shot** (*result, outcome*) résultat *m*

'**up•side 'down** *adv* à l'envers; *car* renversé; **turn sth upside down** tourner qch à l'envers

up'stairs 1 *adv* en haut; **upstairs from us** au-dessus de chez nous **2** *adj room* d'en haut

'**up•start** arriviste *m/f*

'**up•stream** *adv* en remontant le courant

'**up•take**: **be quick / slow on the uptake** F piger rapidement / lentement F

up'tight *adj* F (*nervous*) tendu; (*inhibited*) coincé

up-to-'date *adj* à jour

'**up•turn** *in economy* reprise *f*

'**up•ward** ['ʌpwərd] *adv*: **fly upward** s'élever dans le ciel; **move sth upward** élever qch; **upward of 10,000** au-delà de 10.000

u•ra•ni•um [juːˈreɪnɪəm] uranium *m*

ur•ban ['ɜːrbən] *adj* urbain

ur•ban•i•za•tion [ɜːrbənaɪˈzeɪʃn] urbanisation *f*

ur•chin ['ɜːrtʃɪn] gamin *m*

urge [ɜːrdʒ] **1** *n* (forte) envie *f* **2** *v/t*: **urge s.o. to do sth** encourager qn à faire qch

◆ **urge on** *v/t* (*encourage*) encourager

ur•gen•cy ['ɜːrdʒənsɪ] *of situation* urgence *f*

ur•gent ['ɜːrdʒənt] *adj* urgent

u•ri•nate ['jʊrəneɪt] *v/i* uriner

u•rine ['jʊrɪn] urine *f*

urn [ɜːrn] urne *f*

US [juːˈes] *abbr* (= **United States**) USA *mpl*

us [ʌs] *pron* nous; **he knows us** il nous connaît; **he gave us a dollar** il nous a donné un dollar; **that's for us** c'est pour nous; **who's that? - it's us** qui est-ce? - c'est nous

USA [juːesˈeɪ] *abbr* (= **United States of America**) USA *mpl*

us•a•ble ['juːzəbl] *adj* utilisable

us•age ['juːzɪdʒ] *linguistic* usage *m*

use 1 *v/t* [juːz] *also pej: person* utiliser; **I could use a drink** F j'ai besoin d'un verre **2** *n* [juːs] utilisation *f*; **be of great use to s.o.** servir beaucoup à qn; **that's of no use to me** cela ne me sert à rien; **is that of any use?** est-ce que cela vous sert?; **it's no use** ce n'est pas la peine; **it's no use trying / waiting** ce n'est pas la peine d'essayer/d'attendre

◆ **use up** *v/t* épuiser

used¹ [juːzd] *adj car etc* d'occasion

used² [juːst] *adj*: **be used to s.o./sth** être habitué à qn / qch; **get used to s.o./sth** s'habituer à qn / qch; **be used to doing sth** être habitué à faire qch; **get used to doing sth** s'habituer à faire qch

used³ [juːst]: **I used to work there** je travaillais là-bas avant; **I used to know him well** je l'ai bien connu autrefois

use•ful ['juːsfʊl] *adj* utile

use•ful•ness ['juːsfʊlnɪs] utilité *f*

use•less ['juːslɪs] *adj* inutile; F (*no good*) nul F; **it's useless trying** ce n'est pas la peine d'essayer

us•er ['juːzər] *of product* utilisateur (-trice) *m(f)*

us•er-'friend•li•ness facilité *f* d'utilisation; COMPUT convivialité *f*

us•er-'friend•ly *adj* facile à utiliser; COMPUT convivial

ush•er ['ʌʃər] *n at wedding* placeur *m*

◆ **usher in** *v/t new era* marquer le début de

u•su•al ['juːʒl] *adj* habituel*; **as usual** comme d'habitude; **the usual, please** comme d'habitude, s'il vous plaît

u•su•al•ly ['juːʒəlɪ] *adv* d'habitude

u•ten•sil [juːˈtensl] ustensile *m*

u•te•rus ['juːtərəs] utérus *m*

u•til•i•ty [juːˈtɪlətɪ] (*usefulness*) utilité *f*; **public utilities** services *mpl* publics

u'til•i•ty pole poteau *m* télégraphique

u•til•ize ['juːtɪlaɪz] *v/t* utiliser

ut•most ['ʌtmoʊst] **1** *adj* le plus grand **2** *n*: **do one's utmost** faire tout son possible

ut•ter ['ʌtər] **1** *adj* total **2** *v/t sound* prononcer

ut•ter•ly ['ʌtərlɪ] *adv* totalement

U-turn ['juːtɜːrn] MOT demi-tour *m*; *fig* revirement *m*

U

V

va•can•cy ['veɪkənsɪ] *Br: at work* poste *m* vacant, poste *m* à pourvoir

va•cant ['veɪkənt] *adj building* inoccupé; *look, expression* vide, absent; *Br: position* vacant, à pourvoir

va•cant•ly ['veɪkəntlɪ] *adv* stare d'un air absent

va•cate [veɪ'keɪt] *v/t room* libérer

va•ca•tion [veɪ'keɪʃn] *n* vacances *fpl*; **be on vacation** être en vacances; **go to Egypt / Paris on vacation** passer ses vacances en Égypte/à Paris, aller en vacances en Égypte/à Paris

va•ca•tion•er [veɪ'keɪʃənər] vacancier *m*

vac•ci•nate ['væksɪneɪt] *v/t* vacciner; **be vaccinated against sth** être vacciné contre qch

vac•ci•na•tion [væksɪ'neɪʃn] vaccination *f*

vac•cine ['væksiːn] vaccin *m*

vac•u•um ['vækjʊəm] **1** *n* vide *m* **2** *v/t floors* passer l'aspirateur sur

'vac•u•um clean•er aspirateur *m*

'vac•u•um flask thermos *m or f*

vac•u•um-'packed *adj* emballé sous vide

va•gi•na [və'dʒaɪnə] vagin *m*

va•gi•nal ['vædʒɪnl] *adj* vaginal

va•grant ['veɪgrənt] vagabond *m*

vague [veɪg] *adj* vague

vague•ly ['veɪglɪ] *adv* vaguement

vain [veɪn] **1** *adj person* vaniteux*; *hope* vain **2** *n*: **in vain** en vain, vainement; **their efforts were in vain** leurs efforts n'ont servi à rien

val•en•tine ['væləntaɪn] *card carte f* de la Saint-Valentin; **Valentine's Day** la Saint-Valentin

val•et 1 ['væleɪ] *n person* valet *m* de chambre **2** *v/t* ['vælət] nettoyer; **have one's car valeted** faire nettoyer sa voiture

'val•et ser•vice *for clothes, cars* service *m* de nettoyage

val•iant ['væljənt] *adj* courageux*, vaillant

val•iant•ly ['væljəntlɪ] *adv* courageusement, vaillamment

val•id ['vælɪd] *adj* valable

val•i•date ['vælɪdeɪt] *v/t with official stamp* valider; *claim, theory* confirmer

va•lid•i•ty [və'lɪdətɪ] validité *f*; *of argument* justesse *f*, pertinence *f*; *of claim* bien-fondé *m*

val•ley ['vælɪ] vallée *f*

val•u•a•ble ['væljʊbl] **1** *adj ring, asset* de valeur, précieux*; *colleague, help, advice* précieux* **2** *npl*: **valuables** objets *mpl* de valeur

val•u•a•tion [vælju'eɪʃn] estimation *f*, expertise *f*

val•ue ['væljuː] **1** *n* valeur *f*; **be good value** offrir un bon rapport qualité-prix; **you got good value** tu as fait une bonne affaire; **get value for money** en avoir pour son argent; **rise / fall in value** prendre / perdre de la valeur **2** *v/t* tenir à, attacher un grand prix à; **have an object valued** faire estimer un objet

valve [vælv] *in machine* soupape *f*, valve *f*; *in heart* valvule *f*

van [væn] *small* camionnette *f*; *large* fourgon *m*

van•dal ['vændl] vandale *m*

van•dal•ism ['vændəlɪzm] vandalisme *m*

van•dal•ize ['vændəlaɪz] *v/t* vandaliser, saccager

van•guard ['vængɑːrd]: **be in the vanguard** *fig* être à l'avant-garde de

va•nil•la [və'nɪlə] **1** *n* vanille *f* **2** *adj* à la vanille

van•ish ['vænɪʃ] *v/i* disparaître; *of clouds, sadness* se dissiper

van•i•ty ['vænətɪ] *of person* vanité *f*

'van•i•ty case vanity(-case) *m*

'van•tage point ['væntɪdʒ] position *f* dominante

va•por ['veɪpər] vapeur *f*

va•por•ize ['veɪpəraɪz] *v/t of atomic bomb, explosion* pulvériser

'va•por trail *of airplane* traînée *f* de condensation

va•pour *Br →* **vapor**

var•i•a•ble ['verɪəbl] **1** *adj* variable; *moods* changeant **2** *n* MATH, COMPUT variable *f*

var•i•ant ['verɪənt] *n* variante *f*

var•i•a•tion [verɪ'eɪʃn] variation *f*

var•i•cose vein ['værɪkoʊs] varice *f*

var•ied ['verɪd] *adj* varié

va•ri•e•ty [və'raɪətɪ] variété *f*; **a variety of things to do** un grand nombre de choses à faire; **for a whole variety of reasons** pour de multiples raisons

var•i•ous ['verɪəs] *adj (several)* divers, plusieurs; *(different)* divers, différent

var•nish ['vɑːrnɪʃ] **1** *n* vernis *m* **2** *v/t* vernir

var•y ['verɪ] **1** *v/i (pret & pp -ied)* varier, changer; **it varies** ça dépend; **with vary-**

ing degrees of success avec plus ou moins de succès **2** v/t varier, diversifier; *temperature* faire varier

vase [veɪz] vase *m*

vas•ec•to•my [və'sektəmɪ] vasectomie *f*

vast [væst] *adj* vaste; *improvement, difference* considérable

vast•ly ['væstlɪ] *adv improve etc* considérablement; *different* complètement

Vat•i•can ['vætɪkən]: **the Vatican** le Vatican

vau•de•ville ['vɔːdvɪl] variétés *fpl*

vault[1] [vɔːlt] *n in roof* voûte *f*; **vaults** *of bank* salle *f* des coffres

vault[2] [vɔːlt] **1** *n* SP saut *m* **2** *v/t beam etc* sauter

VCR [viːsiːˈɑːr] *abbr* (= *video cassette recorder*) magnétoscope *m*

veal [viːl] veau *m*

veer [vɪr] v/i virer; *of wind* tourner

ve•gan ['viːgn] **1** *n* végétalien(ne) *m(f)* **2** *adj* végétalien*

vege•ta•ble ['vedʒtəbl] légume *m*

ve•ge•tar•i•an [vedʒɪ'terɪən] **1** *n* végétarien(ne) *m(f)* **2** *adj* végétarien*

vege•ta•tion [vedʒɪ'teɪʃn] végétation *f*

ve•he•mence ['viːəməns] véhémence *f*

ve•he•ment ['viːəmənt] *adj* véhément

ve•he•ment•ly ['viːəməntlɪ] *adv* avec véhémence

ve•hi•cle ['viːɪkl] véhicule *m*; *for information etc* véhicule *m*, moyen *m*

veil [veɪl] **1** *n* voile *m* **2** *v/t* voiler

vein [veɪn] ANAT veine *f*; **in this vein** *fig* dans cet esprit

Vel•cro® ['velkrou] velcro® *m*

ve•loc•i•ty [vɪ'lɑːsətɪ] vélocité *f*

vel•vet ['velvɪt] *n* velours *m*

vel•vet•y ['velvɪtɪ] *adj* velouté

ven•det•ta [ven'detə] vendetta *f*

vend•ing ma•chine ['vendɪŋ] distributeur *m* automatique

vend•or ['vendər] LAW vendeur(-euse) *m(f)*

ve•neer [və'nɪr] *n* placage *m*; *of politeness, civilization* vernis *m*

ven•e•ra•ble ['venərəbl] *adj* vénérable

ven•e•rate ['venəreɪt] v/t vénérer

ven•e•ra•tion [venə'reɪʃn] vénération *f*

ve•ne•re•al dis•ease [və'nɪrɪəl] M.S.T. *f*, maladie *f* sexuellement transmissible

ve•ne•tian blind [və'niːʃn] store *m* vénitien

ven•geance ['vendʒəns] vengeance *f*; **with a vengeance** pour de bon

ven•i•son ['venɪsn] venaison *f*, chevreuil *m*

ven•om ['venəm] venin *m*

ven•om•ous ['venəməs] *adj also fig* venimeux*

vent [vent] *n for air* bouche *f* d'aération; **give vent to** *feelings, emotions* donner libre cours à, exprimer

ven•ti•late ['ventɪleɪt] v/t ventiler, aérer

ven•ti•la•tion [ventɪ'leɪʃn] ventilation *f*, aération *f*

ven•ti•la•tion shaft conduit *m* d'aération

ven•ti•la•tor ['ventɪleɪtər] ventilateur *m*; MED respirateur *m*

ven•tril•o•quist [ven'trɪləkwɪst] ventriloque *m/f*

ven•ture ['ventʃər] **1** *n* (*undertaking*) entreprise *f*; COMM tentative *f* **2** *v/i* s'aventurer

ven•ue ['venjuː] *for meeting, concert etc* lieu *m*; *hall also* salle *f*

verb [vɜːrb] verbe *m*

ver•bal ['vɜːrbl] *adj* (*spoken*) oral, verbal; GRAM verbal

ver•bal•ly ['vɜːrbəlɪ] *adv* oralement, verbalement

ver•ba•tim [vɜːr'beɪtɪm] *adv repeat* textuellement, mot pour mot

ver•dict ['vɜːrdɪkt] LAW verdict *m*; (*opinion, judgment*) avis *m*, jugement *m*; **bring in a verdict of guilty / not guilty** rendre un verdict de culpabilité/d'acquittement

verge [vɜːrdʒ] *n of road* accotement *m*, bas-côté *m*; **be on the verge of ...** être au bord de ...

♦ **verge on** *v/t* friser

ver•i•fi•ca•tion [verɪfɪ'keɪʃn] (*check*) vérification *f*

ver•i•fy ['verɪfaɪ] *v/t* (*pret & pp* **-ied**) (*check*) vérifier, contrôler; (*confirm*) confirmer

ver•min ['vɜːrmɪn] *npl* (*insects*) vermine *f*, parasites *mpl*; (*rats etc*) animaux *mpl* nuisibles

ver•mouth [vər'muːθ] vermouth *m*

ver•nac•u•lar [vər'nækjələr] *n* langue *f* usuelle

ver•sa•tile ['vɜːrsətəl] *adj person* plein de ressources, polyvalent; *piece of equipment* multiusages; *mind* souple

ver•sa•til•i•ty [vɜːrsə'tɪlɪtɪ] *of person* adaptabilité *f*, polyvalence *f*; *of piece of equipment* souplesse *f* d'emploi

verse [vɜːrs] (*poetry*) vers *mpl*, poésie *f*; *of poem* strophe *f*; *of song* couplet *m*

versed [vɜːrst] *adj*: **be well versed in a subject** être versé dans une matière

ver•sion ['vɜːrʃn] version *f*

ver•sus ['vɜːrsəs] *prep* SP, LAW contre

ver•te•bra ['vɜːrtɪbrə] vertèbre *f*

ver•te•brate ['vɜːrtɪbreɪt] *n* vertébré *m*

ver•ti•cal ['vɜːrtɪkl] *adj* vertical

V

ver•ti•go ['vɜːrtɪɡou] vertige *m*

ver•y ['verɪ] **1** *adv* très; *was it cold? - not very* faisait-il froid? - non, pas tellement; *the very best* le meilleur **2** *adj* même; *at that very moment* à cet instant même, à ce moment précis; *in the very act* en flagrant délit; *that's the very thing I need* c'est exactement ce dont j'ai besoin; *the very thought of it makes me …* rien que d'y penser, je …; *right at the very top / bottom* tout en haut / bas

ves•sel ['vesl] NAUT bateau *m*, navire *m*

vest [vest] gilet *m* Br: *undershirt* maillot *m* (de corps)

ves•tige ['vestɪdʒ] vestige *m*; *fig* once *f*

vet¹ [vet] *n* (*veterinarian*) vétérinaire *m/f*, véto *m/f* F

vet² [vet] *v/t* (*pret & pp -ted*) *applicants etc* examiner

vet³ [vet] *n* MIL F ancien combattant *m*

vet•e•ran ['vetərən] **1** *n* vétéran *m*; (*war veteran*) ancien combattant *m*, vétéran *m* **2** *adj* (*old*) antique; (*old and experienced*) aguerri, chevronné

vet•e•ri•nar•i•an [vetərɪ'nerɪən] vétérinaire *m/f*

ve•to ['viːtou] **1** *n* veto *m inv* **2** *v/t* opposer son veto à

vex [veks] *v/t* (*concern, worry*) préoccuper

vexed [vekst] *adj* (*worried*) inquiet, préoccupé; *a vexed question* une question épineuse

vi•a ['vaɪə] *prep* par

vi•a•ble ['vaɪəbl] *adj* viable

vi•brate [vaɪ'breɪt] *v/i* vibrer

vi•bra•tion [vaɪ'breɪʃn] vibration *f*

vice¹ [vaɪs] vice *m*

vice² [vaɪs] *Br* → **vise**

vice 'pres•i•dent vice-président *m*

'vice squad brigade *f* des mœurs

vi•ce ver•sa [vaɪs'vɜːrsə] *adv* vice versa

vi•cin•i•ty [vɪ'sɪnɪtɪ] voisinage *m*, environs *mpl*; *in the vicinity of … place* à proximité de …; *amount* aux alentours de …

vi•cious ['vɪʃəs] *adj* vicieux*; *dog* méchant; *person, temper* cruel*; *attack* brutal

vi•cious 'cir•cle cercle *m* vicieux

vi•cious•ly ['vɪʃəslɪ] *adv* brutalement, violemment

vic•tim ['vɪktɪm] victime *f*

vic•tim•ize ['vɪktɪmaɪz] *v/t* persécuter

vic•tor ['vɪktər] vainqueur *m*

vic•to•ri•ous [vɪk'tɔːrɪəs] *adj* victorieux*

vic•to•ry ['vɪktərɪ] victoire *f*; *win a victory over* remporter une victoire sur

vid•e•o ['vɪdɪou] **1** *n* vidéo *f*; *actual object* cassette *f* vidéo; *have sth on video* avoir qch en vidéo **2** *v/t* filmer; *tape off TV* enregistrer

'vid•e•o cam•e•ra caméra *f* vidéo

vid•e•o cas'sette cassette *f* vidéo

vid•e•o 'con•fer•ence TELEC visioconférence *f*, vidéoconférence *f*

'vid•e•o game jeu *m* vidéo

'vid•e•o•phone visiophone *m*

'vid•e•o re•cord•er magnétoscope *m*

'vid•e•o re•cord•ing enregistrement *m* vidéo

'vid•e•o•tape bande *f* vidéo

vie [vaɪ] *v/i* rivaliser

Vi•et•nam [vɪet'næm] Vietnam *m*

Vi•et•nam•ese [vɪetnə'miːz] **1** *adj* vietnamien* **2** *n* Vietnamien(ne) *m(f)*; *language* vietnamien *m*

view [vjuː] **1** *n* vue *f*; (*assessment, opinion*) opinion *f*, avis *m*; *in view of* compte tenu de, étant donné; *he did it in full view of his parents* il l'a fait sous les yeux de ses parents; *be on view of paintings* être exposé; *with a view to* en vue de, afin de **2** *v/t events, situation* considérer, envisager; *TV program* regarder; *house for sale* visiter **3** *v/i* (*watch TV*) regarder la télévision

view•er ['vjuːər] TV téléspectateur(-trice) *m(f)*

view•find•er ['vjuːfaɪndər] PHOT viseur *m*

'view•point point *m* de vue

vig•or ['vɪɡər] vigueur *f*, énergie *f*

vig•or•ous ['vɪɡərəs] *adj* vigoureux*

vig•or•ous•ly ['vɪɡərəslɪ] *adv* vigoureusement

vig•our *Br* → **vigor**

vile [vaɪl] *adj smell etc* abominable; *action, person* ignoble

vil•la ['vɪlə] villa *f*

vil•lage ['vɪlɪdʒ] village *m*

vil•lag•er ['vɪlɪdʒər] villageois(e) *m(f)*

vil•lain ['vɪlən] escroc *m*; *in drama, literature* méchant *m*

vin•di•cate ['vɪndɪkeɪt] *v/t* (*prove correct*) confirmer, justifier; (*prove innocent*) innocenter; *I feel vindicated* cela m'a donné raison

vin•dic•tive [vɪn'dɪktɪv] *adj* vindicatif*

vin•dic•tive•ly [vɪn'dɪktɪvlɪ] *adv* vindicativement

vine [vaɪn] vigne *f*

vin•e•gar ['vɪnɪɡər] vinaigre *m*

vine•yard ['vɪnjɑːrd] vignoble *m*

vin•tage ['vɪntɪdʒ] **1** *n of wine* millésime *m* **2** *adj* (*classic*) classique; *this film is vintage Charlie Chaplin* ce film est un classique de Charlie Chaplin

vi•o•la [vɪ'oulə] MUS alto *m*

vi•o•late ['vaɪəleɪt] v/t violer

vi•o•la•tion [vaɪə'leɪʃn] violation f; (traffic violation) infraction f au code de la route

vi•o•lence ['vaɪələns] violence f; **outbreak of violence** flambée f de violence

vi•o•lent ['vaɪələnt] adj violent; **have a violent temper** être d'un naturel violent

vi•o•lent•ly ['vaɪələntlɪ] adv violemment; **fall violently in love with s.o.** tomber follement amoureux* de qn

vi•o•let ['vaɪələt] n color violet m; plant violette f

vi•o•lin [vaɪə'lɪn] violon m

vi•o•lin•ist [vaɪə'lɪnɪst] violoniste m/f

VIP [viːaɪ'piː] abbr (= **very important person**) V.I.P. m inv F, personnalité f de marque

vi•per ['vaɪpər] snake vipère f

vi•ral ['vaɪrəl] adj infection viral

vir•gin ['vɜːrdʒɪn] vierge f; male puceau m F; **be a virgin** être vierge

vir•gin•i•ty [vɜːr'dʒɪnətɪ] virginité f; **lose one's virginity** perdre sa virginité

Vir•go ['vɜːrgoʊ] ASTROL Vierge f

vir•ile ['vɪrəl] adj viril; fig vigoureux*

vir•il•i•ty [vɪ'rɪlətɪ] virilité f

vir•tu•al ['vɜːrtʃʊəl] adj quasi-; COMPUT virtuel*; **he became the virtual leader of the party** en pratique, il est devenu chef du parti

vir•tu•al•ly ['vɜːrtʃʊəlɪ] adv (almost) pratiquement, presque

vir•tu•al re'al•i•ty réalité f virtuelle

vir•tue ['vɜːrtʃuː] vertu f; **in virtue of** en vertu or raison de

vir•tu•o•so [vɜːrtʃu'oʊzoʊ] MUS virtuose m/f; **give a virtuoso performance** jouer en virtuose

vir•tu•ous ['vɜːrtʃʊəs] adj vertueux*

vir•u•lent ['vɪrʊlənt] adj disease virulent

vi•rus ['vaɪrəs] MED, COMPUT virus m

vi•sa ['viːzə] visa m

vise [vaɪz] étau m

vis•i•bil•i•ty [vɪzə'bɪlətɪ] visibilité f

vis•i•ble ['vɪzəbl] adj visible; **not visible to the naked eye** invisible à l'œil nu

vis•i•bly ['vɪzəblɪ] adv visiblement; **he was visibly moved** il était visiblement ému

vi•sion ['vɪʒn] (eyesight) vue f; REL vision f, apparition f

vis•it ['vɪzɪt] **1** n visite f; (stay) séjour m; **pay s.o. a visit** rendre visite à qn; **pay a visit to the doctor / dentist** aller chez le médecin / dentiste **2** v/t person aller voir, rendre visite à; doctor, dentist aller voir; city, country aller à/en; castle, museum visiter; website consulter

◆ **visit with** v/t bavarder avec

'vis•it•ing card ['vɪzɪtɪŋ] carte f de visite

'vis•it•ing hours npl at hospital heures fpl de visite

vis•i•tor ['vɪzɪtər] (guest) invité m; (tourist) visiteur m

vi•sor ['vaɪzər] visière f

vis•u•al ['vɪʒʊəl] adj visuel*

'vis•u•al 'aid support m visuel

'vis•u•al arts npl arts mpl plastiques

vis•u•al dis•play u•nit écran m de visualisation

vis•u•al•ize ['vɪʒʊəlaɪz] v/t (imagine) (s')imaginer; (foresee) envisager, prévoir

vis•u•al•ly ['vɪʒʊəlɪ] adv visuellement; **visually, the movie was superb** d'un point de vue visuel, le film était superbe

vis•u•al•ly im'paired adj qui a des problèmes de vue, malvoyant

vi•tal ['vaɪtl] adj (essential) vital, essentiel*; **it is vital that …** il faut absolument que …

vi•tal•i•ty [vaɪ'tælətɪ] of person, city etc vitalité f

vi•tal•ly ['vaɪtəlɪ] adv: **vitally important** d'une importance capitale

vi•tal 'or•gans npl organes mpl vitaux

vi•tal sta'tis•tics npl of woman mensurations fpl

vit•a•min ['vaɪtəmɪn] vitamine f

'vit•a•min pill comprimé m de vitamines

vit•ri•ol•ic [vɪtrɪ'ɑːlɪk] adj au vitriol; attack violent; humor caustique

vi•va•cious [vɪ'veɪʃəs] adj plein de vivacité, vif*

vi•vac•i•ty [vɪ'væsɪtɪ] vivacité f

viv•id ['vɪvɪd] adj vif*; description vivant

viv•id•ly ['vɪvɪdlɪ] adv vivement; remember clairement; describe de façon vivante; **vividly colored** aux couleurs vives

V-neck ['viːnek] col m en V

vo•cab•u•la•ry [voʊ'kæbjʊlərɪ] vocabulaire m; (list of words) glossaire m, lexique m

vo•cal ['voʊkl] adj vocal; **teachers are becoming more vocal** les enseignants se font de plus en plus entendre

'vo•cal cords npl cordes fpl vocales

'vo•cal group MUS groupe m vocal

vo•cal•ist ['voʊkəlɪst] MUS chanteur (-euse) m(f)

vo•ca•tion [və'keɪʃn] vocation f

vo•ca•tion•al [və'keɪʃnl] adj guidance professionnel*

vod•ka ['vɑːdkə] vodka f

vogue [voʊg] mode f, vogue f; **be in vogue** être à la mode or en vogue

voice [vɔɪs] **1** n voix f **2** v/t opinions exprimer

'**voice•mail** messagerie f vocale

'**voice•o•ver** voix f hors champ

void [vɔɪd] **1** n vide m **2** adj: **void of** dénué de, dépourvu de

vol•a•tile ['vɑːlətəl] adj personality, moods lunatique, versatile

vol•ca•no [vɑːl'keɪnoʊ] volcan m

vol•ley ['vɑːlɪ] n volée f

'**vol•ley•ball** volley(-ball) m

volt [voʊlt] volt m

volt•age ['voʊltɪdʒ] tension f

vol•ume ['vɑːljəm] volume m

'**vol•ume con•trol** (bouton m de) réglage m du volume

vol•un•tar•i•ly [vɑːlən'terɪlɪ] adv de son plein gré, volontairement

vol•un•ta•ry ['vɑːlənterɪ] adj volontaire; worker, work bénévole

vol•un•teer [vɑːlən'tɪr] **1** n volontaire m/f; (unpaid worker) bénévole m/f **2** v/i se porter volontaire

vo•lup•tu•ous [və'lʌptʃʊəs] adj woman, figure voluptueux*

vom•it ['vɑːmɪt] **1** n vomi m, vomissure f **2** v/i vomir

♦ **vomit up** v/t vomir

vo•ra•cious [və'reɪʃəs] adj vorace; reader avide

vo•ra•cious•ly [və'reɪʃəslɪ] adv avec voracité; read avec avidité

vote [voʊt] **1** n vote m; **have the vote** avoir le droit de vote **2** v/i POL voter (**for** pour; **against** contre) **3** v/t: **they voted him President** ils l'ont élu président; **they voted to stay** ils ont décidé de rester

♦ **vote in** v/t new member élire

♦ **vote on** v/t issue soumettre qch au vote

♦ **vote out** v/t of office ne pas réélire

vot•er ['voʊtər] POL électeur m

vot•ing ['voʊtɪŋ] POL vote m

'**vot•ing booth** isoloir m

♦ **vouch for** [vaʊtʃ] v/t truth, person se porter garant de

vouch•er ['vaʊtʃər] bon m

vow [vaʊ] **1** n vœu m, serment m **2** v/t: **vow to do sth** jurer de faire qch

vow•el [vaʊl] voyelle f

voy•age ['vɔɪɪdʒ] n voyage m

vul•gar ['vʌlgər] adj person, language vulgaire

vul•ne•ra•ble ['vʌlnərəbl] adj vulnérable

vul•ture ['vʌltʃər] also fig vautour m

W

wad [wɑːd] n of paper, absorbent cotton etc tampon m; **a wad of $100 bills** une liasse de billets de 100 $

wad•dle ['wɑːdl] v/i se dandiner

wade [weɪd] v/i patauger

♦ **wade through** v/t: **I'm wading through …** j'essaie péniblement de venir à bout de …

wa•fer ['weɪfər] cookie gaufrette f; REL hostie f

'**wa•fer-thin** adj très fin

waf•fle¹ ['wɑːfl] n to eat gaufre f

waf•fle² ['wɑːfl] v/i parler pour ne rien dire

wag [wæg] v/t & v/i (pret & pp **-ged**) remuer

wage¹ [weɪdʒ] v/t: **wage war** faire la guerre

wage² [weɪdʒ] n salaire m

wage earn•er ['weɪdʒɜːrnər] salarié(e) m(f)

'**wage freeze** gel m des salaires

'**wage ne•go•ti•a•tions** npl négociations fpl salariales

'**wage pack•et** fig salaire m

wag•gle ['wægl] v/t remuer

wag•on, Br **wag•gon** ['wægən] RAIL wagon m; **covered wagon** chariot m (bâché); **be on the wagon** F être au régime sec

wail [weɪl] **1** n hurlement m **2** v/i hurler

waist [weɪst] taille f

'**waist•coat** Br gilet m

'**waist•line** of person tour m de taille; of dress taille f

wait [weɪt] **1** n attente f **2** v/i attendre **3** v/t: **don't wait supper for me** ne m'attendez pas pour le dîner; **wait table** servir à manger

♦ **wait for** v/t attendre; **wait for me!** attends-moi!

♦ **wait on** v/t (serve) servir

♦ **wait up** v/i: **don't wait up (for me)** ne m'attends pas pour aller te coucher

W

wait•er ['weɪtər] serveur *m*; *waiter!* garçon!

wait•ing ['weɪtɪŋ] attente *f*

'wait•ing list liste *f* d'attente

'wait•ing room salle *f* d'attente

wait•ress ['weɪtrɪs] serveuse *f*

waive [weɪv] *v/t* renoncer à

wake[1] [weɪk] **1** *v/i* (*pret* **woke**, *pp* **woken**): *wake (up)* se réveiller **2** *v/t person* réveiller

wake[2] [weɪk] *n of ship* sillage *m*; *in the wake of fig* à la suite de; *follow in the wake of* venir à la suite de

'wake-up call: *have a wake-up call* se faire réveiller par téléphone

Wales [weɪlz] pays *m* de Galles

walk [wɔːk] **1** *n* marche *f*; (*path*) allée *f*; *it's a long / short walk to the office* le bureau est loin/n'est pas loin à pied; *go for a walk* aller se promener, aller faire un tour **2** *v/i* marcher; *as opposed to taking the car, bus etc* aller à pied; (*hike*) faire de la marche **3** *v/t dog* promener; *walk the streets* (*walk around*) parcourir les rues

◆ **walk out** *v/i of spouse* prendre la porte; *of theater etc* partir; (*go on strike*) se mettre en grève

◆ **walk out on** *v/t family* abandonner; *partner, boyfriend, wife* quitter

walk•er ['wɔːkər] (*hiker*) randonneur(-euse) *m(f)*; *for baby* trotte-bébé *m*; *for old person* déambulateur *m*; *be a slow / fast walker* marcher lentement / vite

walk-in 'clos•et placard *m* de plain-pied

walk•ing ['wɔːkɪŋ] *as opposed to driving* marche *f*; (*hiking*) randonnée *f*; *be within walking distance* ne pas être loin à pied

'walk•ing stick canne *f*

'Walk•man® walkman *m*

'walk•out (*strike*) grève *f*

'walk•o•ver (*easy win*) victoire *f* facile

'walk-up appartement dans un immeuble sans ascenseur

wall [wɔːl] mur *m*; *go to the wall of company* faire faillite; *drive s.o. up the wall* F rendre qn fou

wal•let ['wɑːlɪt] (*billfold*) portefeuille *m*

'wall•pa•per 1 *n also* COMPUT papier *m* peint **2** *v/t* tapisser

'Wall Street Wall Street

wal•nut ['wɔːlnʌt] *nut* noix *f*; *tree, wood* noyer *m*

waltz [wɔːls] *n* valse *f*

wan [wɑːn] *adj face* pâlot*

wan•der ['wɑːndər] *v/i* (*roam*) errer; (*stray*) s'égarer

◆ **wander around** *v/i* déambuler

wane [weɪn] *v/i of moon* décroître; *of interest, enthusiasm* diminuer

wan•gle ['wæŋgl] *v/t* F réussir à obtenir (par une combine)

want [wɑːnt] **1** *n*: *for want of* par manque de, faute de **2** *v/t* vouloir; (*need*) avoir besoin de; *want to do sth* vouloir faire qch; *I want to stay here* je veux rester ici; *I don't want to* je ne veux pas; *she wants you to go back* elle veut que tu reviennes (*subj*); *he wants a haircut* (*needs*) il a besoin d'une coupe de cheveux; *you want to be more careful* il faut que tu fasses (*subj*) plus attention **3** *v/i*: *want for nothing* ne manquer de rien

'want ad petite annonce *f*

want•ed ['wɑːntɪd] *adj by police* recherché

want•ing ['wɑːntɪŋ] *adj*: *be wanting in* manquer de

wan•ton ['wɑːntən] *adj* gratuit

war [wɔːr] guerre *f*; *fig: between competitors* lutte *f*; *the war on drugs / unemployment* la lutte antidrogue / contre le chômage; *be at war* être en guerre

war•ble ['wɔːrbl] *v/i of bird* gazouiller

ward [wɔːrd] *Br: in hospital* salle *f*; *child* pupille *m/f*

◆ **ward off** *v/t* éviter

war•den ['wɔːrdn] *of prison* gardien (ne) *m(f)*

'ward•robe *for clothes* armoire *f*; (*clothes*) garde-robe *f*

ware•house ['werhaʊs] entrepôt *m*

war•fare ['wɔːrfer] guerre *f*

'war•head ogive *f*

war•i•ly ['werɪlɪ] *adv* avec méfiance

warm [wɔːrm] *adj* chaud; *fig: welcome, smile* chaleureux*; *be warm of person* avoir chaud

◆ **warm up 1** *v/t* réchauffer **2** *v/i* se réchauffer; *of athlete etc* s'échauffer

warm•heart•ed ['wɔːrmhɑːrtɪd] *adj* chaleureux*

warm•ly ['wɔːrmlɪ] *adv* chaudement; *fig: welcome, smile* chaleureusement

warmth [wɔːrmθ] *also fig* chaleur *f*

'warm-up SP échauffement *m*

warn [wɔːrn] *v/t* prévenir

warn•ing ['wɔːrnɪŋ] avertissement *m*; *without warning start to rain etc* tout à coup; *leave s.o. etc* sans prévenir

'warn•ing light voyant *m* (d'avertissement)

warp [wɔːrp] **1** *v/t wood* gauchir; *fig: character* pervertir **2** *v/i of wood* gauchir

warped [wɔːrpt] *adj fig* tordu

W

'war•plane avion m de guerre

war•rant ['wɔːrənt] 1 n mandat m 2 v/t (deserve, call for) justifier

war•ran•ty ['wɔːrənti] (guarantee) garantie f; be under warranty être sous garantie

war•ri•or ['wɔːrɪər] guerrier(-ère) m(f)

'war•ship navire m de guerre

wart [wɔːrt] verrue f

'war•time temps m de guerre

war•y ['werɪ] adj méfiant; be wary of se méfier de

was [WAZ] pret → be

wash [wɑːʃ] 1 n: have a wash se laver; that shirt needs a wash cette chemise a besoin d'être lavée 2 v/t clothes, dishes laver; wash the dishes faire la vaisselle; wash one's hands se laver les mains 3 v/i se laver

◆ wash up v/i (wash one's hands and face) se débarbouiller

wash•a•ble ['wɑːʃəbl] adj lavable

'wash•ba•sin, 'wash•bowl lavabo m

'wash•cloth gant m de toilette

washed out [wɑːʃt'aʊt] adj (tired) usé

wash•er ['wɑːʃər] for faucet etc rondelle f; → washing machine

wash•ing ['wɑːʃɪŋ] lessive f; do the washing faire la lessive

'wash•ing ma•chine machine f à laver

'wash•room toilettes fpl

wasp [wɑːsp] insect guêpe f

waste [weɪst] 1 n gaspillage m; from industrial process déchets mpl; it's a waste of time / money c'est une perte de temps/d'argent 2 adj non utilisé 3 v/t gaspiller

◆ waste away v/i dépérir

'waste bas•ket corbeille f à papier

waste dis•pos•al (u•nit) broyeur m d'ordures

waste•ful ['weɪstful] adj person, society gaspilleur*

'waste•land désert m

waste 'pa•per papier(s) m(pl) (jeté(s) à la poubelle)

'waste pipe tuyau m d'écoulement

waste 'prod•uct déchets mpl

watch [wɑːtʃ] 1 n timepiece montre f; keep watch monter la garde 2 v/t regarder; (look after) surveiller; (spy on) épier; watch what you say fais attention à ce que tu dis 3 v/i regarder

◆ watch for v/t attendre

◆ watch out v/i faire attention; watch out! fais attention!

◆ watch out for v/t (be careful of) faire attention à

'watch•ful ['wɑːtʃful] adj vigilant

'watch•mak•er horloger(-ère) m(f)

wa•ter ['wɔːtər] 1 n eau f; waters pl NAUT eaux 2 v/t plant, garden arroser 3 v/i eyes pleurer; my eyes were watering j'avais les yeux qui pleuraient; my mouth is watering j'ai l'eau à la bouche

◆ water down v/t drink diluer

'wa•ter can•non canon m à eau

'wa•ter•col•or, Br 'wa•ter•col•our aquarelle f

'wa•ter•cress ['wɔːtərkres] cresson m

wa•tered down ['wɔːtərd] adj fig atténué

'wa•ter•fall chute f d'eau

'wa•ter•ing can ['wɔːtərɪŋ] arrosoir m

'wa•ter•ing hole hum bar m

'wa•ter lev•el niveau m de l'eau

'wa•ter lil•y nénuphar m

'wa•ter•line ligne f de flottaison

wa•ter•logged ['wɔːtərlɑːgd] adj earth, field détrempé; boat plein d'eau

'wa•ter main conduite f d'eau

'wa•ter•mark filigrane m

'wa•ter•mel•on pastèque f

'wa•ter pol•lu•tion pollution f de l'eau

'wa•ter po•lo water polo m

'wa•ter•proof adj imperméable

'water•shed fig tournant m

'wa•ter•side n bord m de l'eau; at the waterside au bord de l'eau

'wa•ter•ski•ing ski m nautique

'wa•ter•tight adj compartment étanche; fig: alibi parfait

'wa•ter•way voie f d'eau

'wa•ter•wings flotteurs mpl

'wa•ter•works: turn on the waterworks se mettre à pleurer

wa•ter•y ['wɔːtəri] adj soup, sauce trop clair; coffee trop léger*

watt [wɑːt] watt m

wave¹ [weɪv] n in sea vague f

wave² [weɪv] 1 n of hand signe m 2 v/i with hand saluer; of flag flotter; wave to s.o. saluer qn (de la main) 3 v/t flag etc agiter

'wave•length RAD longueur f d'onde; be on the same wavelength fig être sur la même longueur d'onde

wa•ver ['weɪvər] v/i hésiter

wav•y ['weɪvi] adj ondulé

wax¹ [wæks] n cire f

wax² [wæks] v/i of moon croître

way [weɪ] 1 n (method, manner) façon f; (route) chemin m (to de); the way he behaves la façon dont il se comporte; this way (like this) comme ça; (in this direction) par ici; by the way (incidentally) au fait; by way of (via) par; (in the form of) en guise de; in a way (in certain respects) d'une certaine façon; be under way être en cours; **be well under way** être bien avancé; **give way** (*collapse*) s'écrouler; **give way to** (*be replaced by*) être remplacé par; **want to have one's (own) way** n'en faire qu'à sa tête; **he always had his own way** il a toujours fait ce qu'il voulait; **OK, we'll do it your way** O.K., on va le faire à votre façon; **lead the way** passer en premier; *fig* être le premier; **lose one's way** se perdre; **be in the way** (*be an obstruction*) gêner le passage; (*disturb*) gêner; **it's on the way to the station** c'est sur le chemin de la gare; **I was on my way to the station** je me rendais à la gare; **it's a long way** c'est loin; **no way!** pas question!; **there's no way he can do it** il ne peut absolument pas le faire 2 *adv* F (*much*): **it's way too soon to decide** c'est bien trop tôt pour décider; **they're way behind with their work** ils sont très en retard dans leur travail

way 'in entrée *f*

way of 'life mode *m* de vie

way 'out sortie *f*; *fig* issue *f*

we [wiː] *pron* nous

weak [wiːk] *adj* *government, currency, person* faible; *tea, coffee* léger*

weak•en ['wiːkn] 1 *v/t* affaiblir 2 *v/i* of *currency, person* s'affaiblir; *in negotiation etc* faiblir

weak•ling ['wiːklɪŋ] faible *m/f*

weak•ness ['wiːknɪs] faiblesse *f*; **have a weakness for sth** (*liking*) avoir un faible pour qch

wealth [welθ] richesse *f*; **a wealth of** une abondance de

wealth•y ['welθɪ] *adj* riche

weap•on ['wepən] arme *f*

wear [wer] 1 *n*: **wear (and tear)** usure *f*; **this coat has had a lot of wear** cette veste est très usée; **clothes for everyday / evening wear** vêtements de tous les jours / du soir 2 *v/t* (*pret* **wore**, *pp* **worn**) (*have on*) porter; (*damage*) user; **what are you wearing to the party?** comment t'habilles-tu pour la soirée?; **what was he wearing?** comment était-il habillé? 3 *v/i* (*pret* **wore**, *pp* **worn**) (*wear out*) s'user; **wear well** (*last*) faire bon usage

◆ **wear away** 1 *v/i* s'effacer 2 *v/t* user

◆ **wear down** *v/t* user; **wear s.o. down make s.o. change their mind** avoir qn à l'usure

◆ **wear off** *v/i* of *effect, feeling* se dissiper

◆ **wear out** 1 *v/t* (*tire*) épuiser; *shoes, carpet* user 2 *v/i* of *shoes, carpet* s'user

wea•ri•ly ['wɪrɪlɪ] *adv* avec lassitude

wear•ing ['werɪŋ] *adj* (*tiring*) lassant

wear•y ['wɪrɪ] *adj* las*

weath•er ['weðər] 1 *n* temps *m*; **be feeling under the weather** ne pas être très en forme 2 *v/t crisis* survivre à

'weath•er-beat•en *adj* hâlé

'weath•er chart carte *f* météorologique

'weath•er fore•cast prévisions météorologiques *fpl*, météo *f*

'weath•er•man présentateur *m* météo

weave [wiːv] 1 *v/t* (*pret* **wove**, *pp* **woven**) *cloth* tisser; *basket* tresser 2 *v/i* (*pret* **weaved**, *pp* **weaved**) of *driver, cyclist* se faufiler

Web [web]: **the Web** COMPUT le Web

web [web] of *spider* toile *f*

webbed 'feet [webd] *npl* pieds *mpl* palmés

'web page page *f* de Web

'web site site *m* Web

wed•ding ['wedɪŋ] mariage *m*

'wed•ding an•ni•ver•sa•ry anniversaire *m* de mariage

'wed•ding cake gâteau *m* de noces

'wed•ding day jour *m* de mariage; **on my wedding day** le jour de mon mariage

'wed•ding dress robe *f* de mariée

'wed•ding ring alliance *f*

wedge [wedʒ] 1 *n to hold sth in place* cale *f*; of *cheese etc* morceau *m* 2 *v/t*: **wedge open** maintenir ouvert avec une cale

Wed•nes•day ['wenzdeɪ] mercredi *m*

weed [wiːd] 1 *n* mauvaise herbe *f* 2 *v/t* désherber

◆ **weed out** *v/t* (*remove*) éliminer

'weed•kill•er herbicide *f*

weed•y ['wiːdɪ] *adj* F chétif*

week [wiːk] semaine *f*; **a week tomorrow** demain en huit

'week•day jour *m* de la semaine

'week•end week-end *m*; **on the weekend** (*on this weekend*) ce week-end; (*on every weekend*) le week-end

week•ly ['wiːklɪ] 1 *adj* hebdomadaire 2 *n magazine* hebdomadaire *m* 3 *adv* *be published* toutes les semaines; *be paid* à la semaine

weep [wiːp] *v/i* (*pret & pp* **wept**) pleurer

weep•y ['wiːpɪ] *adj*: **be weepy** pleurer facilement

wee-wee ['wiːwiː] *n* F pipi *m* F; **do a wee-wee** faire pipi

weigh [weɪ] 1 *v/t* peser; **weigh anchor** lever l'ancre 2 *v/i* peser

◆ **weigh down** *v/t*: **be weighed down with** être alourdi par; *fig*: **with cares** être accablé de

◆ **weigh on** *v/t* inquiéter

◆ **weigh up** *v/t* (*assess*) juger

weight [weɪt] of *person, object* poids *m*;

put on weight grossir; *lose weight* maigrir

◆ **weight down** *v/t* maintenir en place avec un poids

weight•less•ness ['weɪtlɪsnɪs] apesanteur *f*

weight•lift•er ['weɪtlɪftər] haltérophile *m/f*

weight•lift•ing ['weɪtlɪftɪŋ] haltérophilie *f*

weight•y ['weɪtɪ] *adj fig (important)* sérieux*

weir [wɪr] barrage *m*

weird [wɪrd] *adj* bizarre

weird•ly ['wɪrdlɪ] *adv* bizarrement

weird•o ['wɪrdoʊ] F cinglé(e) *m(f)* F

wel•come ['welkəm] **1** *adj* bienvenu; *make s.o. welcome* faire bon accueil à qn; *you're welcome!* je vous en prie!; *you're welcome to try some* si vous voulez en essayer, vous êtes le bienvenu **2** *n also fig:* **to news, announcements** accueil *m* **3** *v/t* accueillir; *fig: news, announcement* se réjouir de; *opportunity* saisir

weld [weld] *v/t* souder

weld•er ['weldər] soudeur(-euse) *m(f)*

wel•fare ['welfer] bien-être *m; financial assistance* sécurité *f* sociale; *be on welfare* toucher les allocations

'wel•fare check chèque *m* d'allocations

wel•fare 'state État *m* providence

'wel•fare work assistance *f* sociale

'wel•fare work•er assistant social *m*, assistante sociale *f*

well[1] [wel] *n for water, oil* puits *m*

well[2] **1** *adv* bien; *you did well in the exam* tu as bien réussi l'examen; *well done!* bien!; *as well (too)* aussi; *(in addition to)* en plus de; *it's just as well you told me* tu as bien fait de me le dire; *very well* acknowledging order entendu; *reluctantly agreeing* très bien; *well, well!* surprise tiens, tiens!; *well ... uncertainty, thinking* eh bien ... **2** *adj:* *be well* aller bien; *feel well* se sentir bien; *get well soon!* remets-toi vite!

well-'bal•anced *adj person, meal, diet* équilibré

well-be•haved [welbɪ'heɪvd] *adj* bien élevé

well-'be•ing bien-être *m*

well-'built *adj also euph (fat)* bien bâti

well-'dressed [wel'drest] *adj* bien habillé

well-'done *adj meat* bien cuit

well-'earned [wel'ɜːrnd] *adj* bien mérité

well-'heeled [wel'hiːld] *adj* F cossu

well-in•formed [welɪn'fɔːrmd] *adj* bien informé; *be well-informed (knowledgeable)* être bien informé

well-'known *adj* connu

well-'made *adj* bien fait

well-man•nered [wel'mænərd] *adj* bien élevé

well-'mean•ing *adj* plein de bonnes intentions

well-'off *adj* riche

well-'paid *adj* bien payé

well-'read [wel'red] *adj* cultivé

well-'timed [wel'taɪmd] *adj* bien calculé

well-to-'do *adj* riche

well-wish•er ['welwɪʃər] personne *f* apportant son soutien; *a well-wisher at end of anonymous letter* un ami qui vous veut du bien

well-'worn *adj* usé

Welsh [welʃ] **1** *adj* gallois **2** *n language* gallois *m; the Welsh* les Gallois *mpl*

went [went] *pret* → **go**

wept [wept] *pret & pp* → **weep**

were [wɜːr] *pret pl* → **be**

West [west]: *the West* POL Western nations l'Occident *m; part of a country* l'Ouest *m*

west [west] **1** *n* ouest *m; to the west of* à l'ouest de **2** *adj* ouest *inv; wind* d'ouest; *west Chicago* l'ouest de Chicago; *West Africa* l'Afrique de l'Ouest **3** *adv travel* vers l'ouest; *west of* à l'ouest de

West 'Coast *of USA* la côte ouest

west•er•ly ['westərlɪ] *adj wind* d'ouest; *direction* vers l'ouest

West•ern ['westərn] *adj* occidental

west•ern ['westərn] **1** *adj* de l'Ouest **2** *n movie* western *m*

West•ern•er ['westərnər] occidental (e)

west•ern•ized ['westərnaɪzd] *adj* occidentalisé

west•ward ['westwərd] *adv* vers l'ouest

wet [wet] *adj* mouillé; *(rainy)* humide; *get wet* se mouiller, se faire tremper F; *it's wet today* il fait humide aujourd'hui; *be wet through* être complètement trempé; *wet paint as sign* peinture fraîche

wet 'blan•ket F rabat-joie *m*

'wet suit *for diving* combinaison *f* de plongée

whack [wæk] **1** *n* F *(blow)* coup *m* **2** *v/t* F frapper

whacked [wækt] *adj Br* F crevé F

whack•o ['wækoʊ] F dingue *m/f* F

whack•y ['wækɪ] *adj* F déjanté F

whale [weɪl] baleine *f*

whal•ing ['weɪlɪŋ] chasse *f* à la baleine

wharf [wɔːrf] *Br* quai *m*

what [wɑːt] **1** *pron* ◇ : *what?* quoi?; *what for? (why?)* pourquoi?; *so what?* et alors?

◇ *as object* que; *before vowel* qu'; *what did he say?* qu'est-ce qu'il a dit?, qu'a-t-il dit?; *what is that?* qu'est-ce que c'est?; *what is it? (what do you want?)* qu'est-ce qu'il y a?
◇ *as subject* qu'est-ce qui; *what just fell off?* qu'est-ce qui vient de tomber?
◇ *relative as object* ce que; *that's not what I meant* ce n'est pas ce que je voulais dire; *I did what I could* j'ai fait ce que j'ai pu; *I don't know what you're talking about* je ne vois pas de quoi tu parles; *take what you need* prends ce dont tu as besoin
◇ *relative as subject* ce qui; *I didn't see what happened* je n'ai pas vu ce qui s'est passé
◇ *suggestions: what about heading home?* et si nous rentrions?; *what about some lunch?* et si on allait déjeuner? **2** *adj* quel, quelle; *pl* quels, quelles; *what color is the car?* de quelle couleur est la voiture?

what•ev•er [wɑːt'evər] **1** *pron* ◇ *as subject* tout ce qui; *as object* tout ce que; *whatever is left alive* tout ce qui est encore vivant; *he eats whatever you give him* il mange tout ce qu'on lui donne
◇ *(no matter what) with noun* quel(le) que soit; *with clause* quoi que (+*subj*); *whatever the season* quelle que soit la saison; *whatever you do* quoi que tu fasses
◇ : *whatever gave you that idea?* qu'est-ce qui t'a donné cette idée?; *ok, whatever* F ok, si vous le dites **2** *adj* n'importe quel(le); *you have no reason whatever to worry* tu n'as absolument aucune raison de t'inquiéter
wheat [wiːt] *m* blé *m*
whee•dle ['wiːdl] *v/t: wheedle sth out of s.o.* soutirer qch de qn par des cajoleries
wheel [wiːl] **1** *n* roue *f*; *(steering wheel)* volant *m* **2** *v/t* bicycle, cart pousser **3** *v/i* of birds tournoyer
◆ **wheel around** *v/i* se retourner (brusquement)
'wheel•bar•row brouette *f*
'wheel•chair fauteuil *m* roulant
'wheel clamp Br sabot *m* de Denver
wheeze [wiːz] *v/i* respirer péniblement
when [wen] **1** *adv* quand; *when do you open?* quand est-ce que vous ouvrez?; *I don't know when I'll be back* je ne sais pas quand je serai de retour **2** *conj* quand; *esp with past tense also* lorsque; *when I was a child* quand *or* lorsque j'étais enfant; *on the day when …* le jour où …

when•ev•er [wen'evər] *adv* each time chaque fois que; *regardless of when* n'importe quand
where [wer] **1** *adv* où; *where from?* d'où?; *where to?* où? **2** *conj* où; *this is where I used to live* c'est là que j'habitais
where•a•bouts [werə'bauts] **1** *adv* où **2** *npl: nothing is known of his whereabouts* personne ne sait où il est
where•as *conj* tandis que
wher•ev•er [wer'evər] **1** *conj* partout où; *wherever you go, don't forget to …* où que tu ailles (*subj*), n'oublies pas de …; *sit wherever you like* assieds-toi où tu veux **2** *adv* où (donc); *wherever can it be?* où peut-il bien être?
whet [wet] *v/t (pret & pp -ted)* appetite aiguiser
wheth•er ['weðər] *conj (if)* si; *I don't know whether to tell him or not* je ne sais pas si je dois lui dire ou pas; *whether you approve or not* que tu sois (*subj*) d'accord ou pas
which [wɪtʃ] **1** *adj* quel, quelle; *pl* quels, quelles; *which boy / girl?* quel garçon / quelle fille? **2** *pron* ◇ *interrogative* lequel, laquelle; *pl* lesquels, lesquelles; *which are your favorites?* lesquels préférez-vous?; *take one, it doesn't matter which* prends-en un, n'importe lequel
◇ *relative: subject* qui; *object* que; *after prep* lequel, laquelle; *pl* lesquels, lesquelles; *the mistake which is more serious* l'erreur qui est plus grave; *the mistake which you're making* l'erreur que tu fais; *the house in which …* la maison dans laquelle …
which•ev•er [wɪtʃ'evər] **1** *adj* quel(le) que soit; *pl* quelles que soient; *whichever flight you take* quel que soit le vol que vous prenez; *choose whichever color you like* choisis la couleur que tu veux **2** *pron subject* celui / celle qui; *object* celui / celle que; *you can have whichever you want* tu peux avoir celui / celle que tu veux ◇ *no matter which* n'importe lequel / laquelle ◇ ∼ *whichever you choose* que ce soit celui / quelle que soit celle que vous choisissez
whiff [wɪf]: *catch a whiff of sth* sentir qch
while [waɪl] **1** *conj* pendant que; *(although)* bien que (+*subj*) **2** *n: a long while* longtemps; *it's been a long while since we last met* ça fait longtemps qu'on ne s'est pas vu; *for a while* pendant un moment; *I'll wait a while longer* je vais attendre un peu plus longtemps
◆ **while away** *v/t* time passer

W

whim [wɪm] caprice *m*; *on a whim* sur un coup de tête

whim•per ['wɪmpər] **1** *n* pleurnichement *m*; *of animal* geignement *m* **2** *v/i* pleurnicher; *of animal* geindre

whine [waɪn] *v/i of dog etc* gémir; F (*complain*) pleurnicher

whip [wɪp] **1** *n* fouet *m* **2** *v/t* (*pret & pp* **-ped**) (*beat*) fouetter; *cream* battre; F (*defeat*) battre à plates coutures

◆ **whip out** *v/t* F (*take out*) sortir en un tour de main

◆ **whip up** *v/t crowds* galvaniser; *hatred* attiser

whipped cream ['wɪptkriːm] crème *f* fouettée

whip•ping ['wɪpɪŋ] (*beating*) correction *f*; F (*defeat*) défaite *f* à plates coutures

whirl [wɜːrl] **1** *n*: *my mind is in a whirl* la tête me tourne **2** *v/i of leaves* tourbillonner; *of propeller* tourner

◆ **whirl around** *v/i of person* se retourner brusquement

whirl•pool *in river* tourbillon *m*; *for relaxation* bain *m* à remous

whirl•wind tourbillon *m*

whirr [wɜːr] *v/i* ronfler

whisk [wɪsk] **1** *n* fouet *m* **2** *v/t eggs* battre

◆ **whisk away** *v/t plates etc* enlever rapidement

whis•kers ['wɪskərz] *npl of man* favoris *mpl*; *of animal* moustaches *fpl*

whis•key, *Br* **whis•ky** ['wɪski] whisky *m*

whis•per ['wɪspər] **1** *n* chuchotement *m*; (*rumor*) bruit *m* **2** *v/t & v/i* chuchoter

whis•tle ['wɪsl] **1** *n sound* sifflement *m*; *device* sifflet *m* **2** *v/t & v/i* siffler

whis•tle-blow•er ['wɪslbloʊər] F personne *f* qui vend la mèche

white [waɪt] **1** *n color, of egg* blanc *m*; *person* Blanc *m*, Blanche *f* **2** *adj* blanc*; *go white* of face devenir pâle; *of hair, person* blanchir

white 'Christ•mas Noël *m* blanc

white-col•lar 'work•er col *m* blanc

'White House Maison *f* Blanche

white 'lie pieux mensonge *m*

'white meat viande *f* blanche

'white-out *in snow* visibilité *f* nulle à cause du blanc; *for text* fluide *m* correcteur

'white•wash 1 *n* blanc *m* de chaux; *fig* maquillage *m* de la vérité **2** *v/t* blanchir à la chaux

'white wine vin *m* blanc

whit•tle ['wɪtl] *v/t wood* tailler au couteau

◆ **whittle down** *v/t* réduire (**to** à)

whizz [wɪz] *n*: *be a whizz at* F être un crack en F

◆ **whizz by, whizz past** *v/i of time, car* filer

'whizz•kid F prodige *m*

who [huː] *pron* ◇ *interrogative* qui; *who was that?* c'était qui?, qui était-ce? ◇ *relative*: *subject* qui; *object* que; *the woman who saved the boy* la femme qui a sauvé le garçon; *the woman who you saw* la femme que tu as vue; *the man who she was speaking to* l'homme auquel elle parlait

who•dun•nit [huː'dʌnɪt] roman *m* policier

who•ev•er [huː'evər] *pron* ◇ qui que ce soit; *you can tell whoever you like* tu peux le dire à qui tu veux; *whoever gets the right answer ...* celui / celle qui trouve la bonne réponse ... ◇: *whoever can that be?* qui cela peut-il bien être?

whole [hoʊl] **1** *adj* entier*; *the whole ...* tout le (toute la) ...; *the whole town* toute la ville; *he drank / ate the whole lot* il a tout bu / mangé; *it's a whole lot easier / better* c'est bien plus facile / bien mieux **2** *n* tout *m*, ensemble *m*; *the whole of the United States* l'ensemble *m* des États-Unis; *on the whole* dans l'ensemble

whole-heart•ed [hoʊl'hɑːrtɪd] *adj* inconditionnel*

whole-heart•ed•ly [hoʊl'hɑːrtɪdlɪ] *adv* sans réserve

'whole•meal bread *Br* pain *m* complet

'whole•sale 1 *adj* de gros; *fig* en masse **2** *adv* au prix de gros

whole•sal•er ['hoʊlseɪlər] grossiste *m/f*

whole•some ['hoʊlsəm] *adj* sain

'whole wheat bread pain *m* complet

whol•ly ['hoʊlɪ] *adv* totalement

whol•ly owned sub'sid•i•ar•y filiale *f* à 100%

whom [huːm] *pron fml* qui

whoop•ing cough ['huːpɪŋ] coqueluche *f*

whop•ping ['wɑːpɪŋ] *adj* F énorme

whore [hɔːr] *n* putain *f*

whose [huːz] **1** *pron* ◇ *interrogative* à qui; *whose is this?* à qui c'est? ◇ *relative* dont; *a man whose wife ...* un homme dont la femme ...; *a country whose economy is booming* un pays dont l'économie prospère **2** *adj* à qui; *whose bike is that?* à qui est ce vélo?; *whose car are we taking?* on prend la voiture de qui?; *whose fault is it then?* à qui la faute alors?

why [waɪ] *adv* pourquoi; *that's why* voilà pourquoi; *why not?* pourquoi pas?; *the reason why I'm late* la raison pour laquelle je suis en retard

wick [wɪk] mèche f

wick•ed ['wɪkɪd] adj méchant; (mischievous) malicieux*; P (great) tip top F

wick•er ['wɪkər] adj osier m

wick•er 'chair chaise f en osier

wick•et ['wɪkɪt] in station, bank etc guichet m

wide [waɪd] adj street, field large; experience, range vaste; **be 12 foot wide** faire 3 mètres et demi de large

wide-a-wake adj complètement éveillé

wide•ly ['waɪdlɪ] adv largement; **widely known** très connu; **it is widely believed that ...** on pense généralement que ...

wid•en ['waɪdn] 1 v/t élargir 2 v/i s'élargir

wide-'o•pen adj grand ouvert

wide-rang•ing [waɪd'reɪndʒɪŋ] adj de vaste portée

'wide•spread adj hunger, poverty, belief répandu

wid•ow ['wɪdoʊ] n veuve f

wid•ow•er ['wɪdoʊər] veuf m

width [wɪdθ] largeur f

wield [wiːld] v/t weapon manier; power exercer

wife [waɪf] (pl **wives** [waɪvz]) femme f

wig [wɪg] perruque f

wig•gle ['wɪgl] v/t loose screw, tooth remuer; hips tortiller

wild [waɪld] 1 adj animal, flowers sauvage; teenager rebelle; party fou*; scheme délirant; applause frénétique; **be wild about** enthusiastic être dingue de F; **go wild** devenir déchaîné; (become angry) se mettre en rage; **run wild** of children faire tout et n'importe quoi; of plants pousser dans tous les sens 2 npl: **the wilds** les régions reculées

wil•der•ness ['wɪldərnɪs] désert m; fig: garden etc jungle f

'wild•fire: spread like wildfire se répandre comme une traînée de poudre

wild-'goose chase recherche f inutile

'wild•life faune f et flore f; **wildlife program** émission f sur la nature

wild•ly ['waɪldlɪ] adv applaud, kick frénétiquement; F extremely follement

wil•ful Br ➙ **willful**

will¹ [wɪl] n LAW testament m

will² [wɪl] n (willpower) volonté f

will³ [wɪl] v/aux: **I will let you know tomorrow** je vous le dirai demain; **will you be there?** est-ce que tu seras là?; **I won't be back until late** je ne reviendrai qu'assez tard; **you will call me, won't you?** tu m'appelleras, n'est-ce pas?; **I'll**

pay for this - no you won't je vais payer - non; **the car won't start** la voiture ne veut pas démarrer; **will you tell her that ...?** est-ce que tu pourrais lui dire que ...?; **will you have some more coffee?** est-ce que vous voulez encore du café?; **will you stop that!** veux-tu arrêter!

will•ing ['wɪlɪŋ] adj helper de bonne volonté; **be willing to do sth** être prêt à faire qch

will•ing•ly ['wɪlɪŋlɪ] adv (with pleasure) volontiers

will•ing•ness ['wɪlɪŋnɪs] empressement m (**to do** à faire)

wil•low ['wɪloʊ] saule m

'will•pow•er volonté f

wil•ly-nil•ly [wɪlɪ'nɪlɪ] adv (at random) au petit bonheur la chance

wilt [wɪlt] v/i of plant se faner

wil•y ['waɪlɪ] adj rusé

wimp [wɪmp] F poule f mouillée

win [wɪn] 1 n victoire f 2 v/t & v/i (pret & pp **won**) gagner; prize remporter

◆ **win back** v/t money, trust, voters regagner

wince [wɪns] v/i tressaillir

winch [wɪntʃ] n treuil m

wind¹ [wɪnd] 1 n vent m; (flatulence) gaz m; **get wind of ...** avoir vent de ... 2 v/t: **be winded** by ball etc avoir le souffle coupé

wind² [waɪnd] 1 v/i (pret & pp **wound**) of path, river serpenter; of staircase monter en colimaçon; of ivy s'enrouler 2 v/t (pret & pp **wound**) enrouler

◆ **wind down** 1 v/i of party etc tirer à sa fin 2 v/t car window baisser; business réduire progressivement

◆ **wind up** 1 v/t clock, car window remonter; speech, presentation terminer; affairs conclure; company liquider 2 v/i (finish) finir; **wind up in the hospital** finir à l'hôpital

'wind-bag n fig F moulin m à paroles F

'wind•fall fig aubaine f

'wind farm champ m d'éoliennes

wind•ing ['waɪndɪŋ] adj path qui serpente

'wind in•stru•ment instrument m à vent

'wind•mill moulin m (à vent)

win•dow ['wɪndoʊ] also COMPUT fenêtre f; of airplane, boat hublot m; of store vitrine f; **in the window** of store dans la vitrine

'win•dow box jardinière f

'win•dow clean•er person laveur(-euse) m(f) de vitres

'win•dow•pane vitre f

'win•dow seat on train place f côté fenêtre; on airplane place côté hublot

W

'win•dow-shop•ping: *go window-shopping* faire du lèche-vitrines

win•dow•sill ['wɪndoʊsɪl] rebord *m* de fenêtre

'wind•pipe trachée *f*

'wind•screen *Br* 'wind•shield pare-brise *m*

'wind•shield wip•er essuie-glace *m*

'wind•surf•er véliplanchiste *m/f*

'wind•surf•ing planche *f* à voile

'wind tur•bine éolienne *f*

wind•y ['wɪndɪ] *adj* weather, day venteux*; *it's so windy* il y a tellement de vent; *it's getting windy* le vent se lève

wine [waɪn] vin *m*

'wine bar bar *m* à vin

'wine cel•lar cave *f* (à vin)

'wine glass verre *m* à vin

'wine list carte *f* des vins

'wine mak•er vigneron(ne) *m(f)*

'wine mer•chant marchand *m* de vin

win•er•y ['waɪnərɪ] établissement *m* viticole

wing [wɪŋ] *of bird, airplane,* SP aile *f*

'wing•span envergure *f*

wink [wɪŋk] **1** *n* clin *m* d'œil; *I didn't sleep a wink* F je n'ai pas fermé l'œil de la nuit **2** *v/i of person* cligner des yeux; *wink at s.o.* faire un clin d'œil à qn

win•ner ['wɪnər] gagnant(e) *m(f)*

win•ning ['wɪnɪŋ] *adj* gagnant

'win•ning post poteau *m* d'arrivée

win•nings ['wɪnɪŋz] *npl* gains *mpl*

win•ter ['wɪntər] *n* hiver *m*

win•ter *sports npl* sports *mpl* d'hiver

win•try ['wɪntrɪ] *adj* d'hiver

wipe [waɪp] *v/t* essuyer; *tape* effacer; *wipe one's eyes/feet* s'essuyer les yeux / les pieds

◆ wipe out *v/t (kill, destroy)* détruire; *debt* amortir

wip•er ['waɪpər] → **windshield wiper**

wire ['waɪr] *n* fil *m* de fer; *electrical* fil *m* électrique

wire•less ['waɪrlɪs] **1** *n* radio *f* **2** *adj* sans fil

wire net•ting ['waɪr'netɪŋ] grillage *m*

wir•ing ['waɪrɪŋ] ELEC installation *f* électrique

wir•y ['waɪrɪ] *adj person* nerveux*

wis•dom ['wɪzdəm] sagesse *f*

'wis•dom tooth dent *f* de sagesse

wise [waɪz] *adj* sage

'wise•crack F vanne *f* F

'wise guy *pej* petit malin *m*

wise•ly ['waɪzlɪ] *adv act* sagement

wish [wɪʃ] **1** *n* vœu *m*; *make a wish* faire un vœu; *my wish came true* mon vœu s'est réalisé; *against s.o.'s wishes* contre l'avis de qn; *best wishes* cordialement; *for birthday, Christmas* meilleurs vœux **2** *v/t* souhaiter; *I wish that you didn't have to go* je regrette que tu doives partir; *I wish that I could stay here for ever* j'aimerais rester ici pour toujours; *I wish him well* je lui souhaite bien de la chance; *I wish I could* si seulement je pouvais

◆ wish for *v/t* vouloir

'wish•bone fourchette *f*

wish•ful ['wɪʃfl] *adj: that's wishful thinking* c'est prendre ses désirs pour des réalités

wish•y-wash•y ['wɪʃɪwɑːʃɪ] *adj person* mollasse; *color* délavé

wisp [wɪsp] *of hair* mèche *m*; *of smoke* traînée *f*

wist•ful ['wɪstfl] *adj* nostalgique

wist•ful•ly ['wɪstflɪ] *adv avec* nostalgie

wit [wɪt] *(humor)* esprit *m*; *person* homme *m*/femme *f* d'esprit; *be at one's wits' end* ne plus savoir que faire; *keep one's wits about one* garder sa présence d'esprit; *be scared out of one's wits* avoir une peur bleue

witch [wɪtʃ] sorcière *f*

'witch-hunt *fig* chasse *f* aux sorcières

with [wɪð] *prep* ◇ avec; *with a smile/a wave* en souriant / faisant un signe de la main; *are you with me? (do you understand?)* est-ce que vous me suivez?; *with no money* sans argent

◇ *agency, cause* de; *tired with waiting* fatigué d'attendre

◇ *characteristics* à; *the woman with blue eyes* la femme aux yeux bleus; *s.o. with experience* une personne d'expérience

◇ *at the house of* chez; *I live with my aunt* je vis chez ma tante

with•draw [wɪð'drɔː] **1** *v/t (pret -drew, pp -drawn)* retirer **2** *v/i (pret -drew, pp -drawn)* se retirer

with•draw•al [wɪð'drɔːəl] retrait *m*

with•draw•al symp•toms *npl* (symptômes *mpl* de) manque *m*

with•drawn [wɪð'drɔːn] *adj person* renfermé

with•er ['wɪðər] *v/i* se faner

with•hold *v/t (pret & pp -held)* information, name, payment retenir; consent refuser

with•in *prep (inside)* dans; *in expressions of time* en moins de; *in expressions of distance* à moins de; *is it within walking distance?* est-ce qu'on peut y aller à pied?; *we kept within the budget* nous avons respecté le budget; *within my*

power / **my capabilities** dans mon pouvoir / mes capacités; **within reach** à portée de la main

with•out *prep* sans; **without looking** / **asking** sans regarder / demander; **without an umbrella** sans parapluie

with•stand *v/t* (*pret & pp* **-stood**) résister à

wit•ness ['wɪtnɪs] **1** *n* témoin *m* **2** *v/t* être témoin de

'wit•ness stand barre *f* des témoins

wit•ti•cism ['wɪtɪsɪzm] mot *m* d'esprit

wit•ty ['wɪtɪ] *adj* plein d'esprit

wob•ble ['wɑːbl] *v/i* osciller

wob•bly ['wɑːblɪ] *adj* bancal; *tooth* qui bouge; *voice* chevrotant

woke [wouk] *pret* → *wake*

wok•en ['woukn] *pp* → *wake*

wolf [wulf] **1** *n* (*pl* **wolves**) loup *m*; (*fig: womanizer*) coureur *m* de jupons **2** *v/t*: **wolf** (**down**) engloutir

'wolf whis•tle *n* sifflement *m* (au passage d'une fille)

wom•an ['wʊmən] (*pl* **women** ['wɪmɪn]) femme *f*

wom•an 'doc•tor femme *f* médecin

wom•an 'driv•er conductrice *f*

wom•an•iz•er ['wʊmənaɪzər] coureur *m* de femmes

wom•an•ly ['wʊmənlɪ] *adj* féminin

wom•an 'priest prêtresse *f*

womb [wuːm] utérus *m*; **in his mother's womb** dans le ventre de sa mère

women ['wɪmɪn] *pl* → *woman*

women's lib [wɪmɪnz'lɪb] libération *f* des femmes

women's lib•ber [wɪmɪnz'lɪbər] militante *f* des droits de la femme

won [wʌn] *pret & pp* → *win*

won•der ['wʌndər] **1** *n* (*amazement*) émerveillement *m*; **no wonder!** pas étonnant!; **it's a wonder that ...** c'est étonnant que ... (*+subj*) **2** *v/i* se poser des questions **3** *v/t* se demander; **I wonder if you could help** je me demandais si vous pouviez m'aider

won•der•ful ['wʌndərful] *adj* merveilleux*

won•der•ful•ly ['wʌndərflɪ] *adv* (*extremely*) merveilleusement

won't [wount] → *will not*

wood [wud] bois *m*

wood•ed ['wudɪd] *adj* boisé

wood•en ['wudn] *adj* (*made of wood*) en bois

wood•peck•er ['wudpekər] pic *m*

'wood•wind MUS bois *m*

'wood•work *parts made of wood* charpente *f*; *activity* menuiserie *f*

wool [wul] laine *f*

wool•en ['wulən] **1** *adj* en laine **2** *n* lainage *m*

wool•len *Br* → **woolen**

word [wɜːrd] **1** *n* mot *m*; *of song*, (*promise*) parole *f*; (*news*) nouvelle *f*; **is there any word from ...?** est-ce qu'il y a des nouvelles de ...?; **you have my word** vous avez ma parole; **have words** (*argue*) se disputer; **have a word with s.o.** en parler à qn **2** *v/t* *article, letter* formuler

word•ing ['wɜːrdɪŋ] formulation *f*

word 'pro•cess•ing traitement *m* de texte

word 'pro•ces•sor *software* traitement *m* de texte

wore [wɔːr] *pret* → *wear*

work [wɜːrk] **1** *n* travail *m*; **out of work** au chômage; **be at work** être au travail **2** *v/i of person* travailler; *of machine*, (*succeed*) marcher **3** *v/t employee* faire travailler; *machine* faire marcher

◆ **work off** *v/t excess weight* perdre; *hangover, bad mood* faire passer

◆ **work out 1** *v/t solution*, (*find out*) trouver; *problem* résoudre **2** *v/i at gym* s'entraîner; *of relationship, arrangement etc* bien marcher

◆ **work out to** *v/t* (*add up to*) faire

◆ **work up** *v/t*: **work up enthusiasm** s'enthousiasmer; **work up an appetite** s'ouvrir l'appétit; **get worked up** *angry* se fâcher; *nervous* se mettre dans tous ses états

work•a•ble ['wɜːrkəbl] *adj solution* possible

work•a•hol•ic [wɜːrkə'hɑːlɪk] F bourreau *m* de travail

'work•day (*hours of work*) journée *f* de travail; (*not weekend*) jour *m* de travail

work•er ['wɜːrkər] travailleur(-euse) *m(f)*; **she's a good worker** elle travaille bien

'work•force main-d'œuvre *f*

'work hours *npl* heures *fpl* de travail

work•ing ['wɜːrkɪŋ] *adj day, week* de travail

'work•ing class classe *f* ouvrière

'work•ing-class *adj* ouvrier*

'work•ing con•di•tions *npl* conditions *fpl* de travail

'work•ing 'day → *workday*

'work•ing hours → *work hours*

work•ing 'knowl•edge connaissances *fpl* suffisantes

work•ing 'moth•er mère *f* qui travaille

'work•load quantité *f* de travail

'work•man ouvrier *m*

'work•man•like *adj* de professionnel*

'work•man•ship fabrication *f*

work of art

work of 'art œuvre f d'art

'work•out séance f d'entraînement

'work per•mit permis m de travail

'work•shop *also seminar* atelier m

'work sta•tion station f de travail

'work•top plan m de travail

world [wɜːrld] monde m; **the world of computers / the theater** le monde des ordinateurs / du théâtre; **out of this world** F extraordinaire

world-'class adj de niveau mondial

World 'Cup in soccer Coupe f du monde

world-'fa•mous adj mondialement connu

world•ly ['wɜːrldlɪ] adj du monde; *person* qui a l'expérience du monde

world 'pow•er puissance f mondiale

world 're•cord record m mondial

world 'war guerre f mondiale

'world•wide 1 adj mondial **2** adv dans le monde entier

worm [wɜːrm] n ver m

worn [wɔːrn] pp → **wear**

worn-'out adj shoes, carpet trop usé; *person* éreinté

wor•ried ['wʌrɪd] adj inquiet*

wor•ried•ly ['wʌrɪdlɪ] adv avec inquiétude

wor•ry ['wʌrɪ] **1** n souci m **2** v/t (pret & pp **-ied**) inquiéter **3** v/i (pret & pp **-ied**) s'inquiéter

wor•ry•ing ['wʌrɪɪŋ] adj inquiétant

worse [wɜːrs] **1** adj pire **2** adv play, perform, feel plus mal

wors•en ['wɜːrsn] v/i empirer

wor•ship ['wɜːrʃɪp] **1** n culte m **2** v/t (pret & pp **-ped**) God honorer; fig: person, money vénérer

worst [wɜːrst] **1** adj pire **2** adv: **the areas worst affected** les régions les plus (gravement) touchées; **we came off worst** nous sommes sortis perdants **3** n: **the worst** le pire; **if (the) worst comes to (the) worst** dans le pire des cas

worst-case scen•a•ri•o scénario m catastrophe

worth [wɜːrθ] adj: **$20 worth of gas** 20 $ de gaz; **be worth ...** in monetary terms valoir; **it's worth reading / seeing** cela vaut la peine d'être lu / vu; **be worth it** valoir la peine

worth•less ['wɜːrθlɪs] adj object sans valeur; *person* bon à rien

worth'while adj cause bon*; **be worthwhile** (beneficial, useful) être utile; **it's not worthwhile waiting** cela ne vaut pas la peine d'attendre

wor•thy ['wɜːrðɪ] adj person, cause digne; **be worthy of sth** (deserve) être digne de qch

would [wʊd] v/aux: **I would help if I could** je vous aiderais si je pouvais; **I said that I would go** j'ai dit que je viendrais; **would you like to go to the movies?** est-ce que tu voudrais aller au cinéma?; **would you tell her that ...?** pourriez-vous lui dire que ...?; **I would not have** or **wouldn't have been so angry if ...** je n'aurais pas été aussi en colère si ...

wound¹ [wuːnd] **1** n blessure f **2** v/t with weapon, words blesser

wound² [waʊnd] pret & pp → **wind²**

wove [woʊv] pret → **weave**

wo•ven ['woʊvn] pp → **weave**

wow [waʊ] int oh là là!

wrap [ræp] v/t (pret & pp **-ped**) parcel, gift envelopper; scarf etc enrouler

◆ **wrap up** v/i against the cold s'emmitoufler

wrap•per ['ræpər] emballage m; for candy papier m

wrap•ping ['ræpɪŋ] emballage m

'wrap•ping pa•per papier m d'emballage

wrath [ræθ] colère f

wreath [riːθ] couronne f

wreck [rek] **1** n of ship navire m naufragé; of car, person épave f; **be a nervous wreck** avoir les nerfs détraqués **2** v/t détruire

wreck•age ['rekɪdʒ] of ship épave m; of airplane débris mpl; fig: of marriage, career restes mpl

wreck•er ['rekər] truck dépanneuse f

'wreck•ing com•pa•ny ['rekɪŋ] compagnie f de dépannage

wrench [rentʃ] **1** n tool clef f **2** v/t injure fouler; (pull) arracher; **wrench one's shoulder** se fouler l'épaule; **he wrenched it away from me** il me l'a arraché

wres•tle ['resl] v/i lutter

◆ **wrestle with** v/t fig lutter contre

wres•tler ['reslər] lutteur(-euse) m(f)

wres•tling ['reslɪŋ] lutte f

'wres•tling con•test combat m de lutte

wrig•gle ['rɪgl] v/i (squirm) se tortiller

◆ **wriggle out of** v/t se soustraire à

◆ **wring out** [rɪŋ] v/t (pret & pp **wrung**) cloth essorer

wrin•kle ['rɪŋkl] **1** n in skin ride f; in clothes pli m **2** v/t clothes froisser **3** v/i of clothes se froisser

wrist [rɪst] poignet m

'wrist•watch montre f

write [raɪt] **1** v/t (pret **wrote**, pp **written**) écrire; check faire **2** v/i (pret **wrote**, pp **written**) écrire

◆ **write down** v/t écrire

◆ **write off** v/t debt amortir; car bousiller

F
writ•er ['raɪtər] *of letter, book, song* auteur *m/f; of book* écrivain *m/f*
'**write-up** F critique *f*
writhe [raɪð] *v/i* se tordre
writ•ing ['raɪtɪŋ] *(handwriting, script)* écriture *f; (words)* inscription *f; in writing* par écrit; *writings of author* écrits *mpl*
'**writ•ing pa•per** papier *m* à lettres
writ•ten ['rɪtn] *pp* → **write**
wrong [rɒŋ] **1** *adj information, decision, side* mauvais; *answer also* faux*; *be wrong of person* avoir tort; *of answer* être mauvais; *morally* être mal; *get the wrong train* se tromper de train; *what's*

wrong? qu'est-ce qu'il y a?; *there is something wrong with the car* la voiture a un problème **2** *adv: go wrong of person* se tromper; *of marriage, plan etc* mal tourner **3** *n* mal *m; injustice* injustice *f; be in the wrong* avoir tort
wrong•ful ['rɒŋfl] *adj* injuste
wrong•ly ['rɒŋlɪ] *adv* à tort
wrong 'num•ber faux numéro *m*
wrote [rəʊt] *pret* → **write**
wrought 'i•ron [rɔːt] fer *m* forgé
wrung [rʌŋ] *pret & pp* → **wring**
wry [raɪ] *adj* ironique
WWW [dʌblju:dʌblju:'dʌblju:] *abbr (= Worldwide Web)* réseau *m* mondial des serveurs multimédias, web *m*

X, Y

xen•o•pho•bi•a [zenoʊ'foʊbɪə] xénophobie *f*
X•mas ['krɪsməs, 'eksməs] *abbr (= Christmas)* Noël *m*
X-ray ['eksreɪ] **1** *n* radio *f* **2** *v/t* radiographier
xy•lo•phone [zaɪlə'foʊn] xylophone *m*
yacht [jɑːt] *n* yacht *m*
yacht•ing ['jɑːtɪŋ] voile *f*
yachts•man ['jɑːtsmən] yachtsman *m*
Yank [jæŋk] F Ricain(e) *m(f)* F
yank [jæŋk] *v/t* tirer violemment
yap [jæp] *v/i (pret & pp -ped) of small dog* japper; F *(talk a lot)* jacasser
yard[1] [jɑːrd] *of prison, institution etc* cour *f; behind house* jardin *m; for storage* dépôt *m*
yard[2] [jɑːrd] *measurement* yard *m*
'**yard•stick** point *m* de référence
yarn [jɑːrn] *n (thread)* fil *m;* F *(story)* (longue) histoire *f*
yawn [jɒːn] **1** *n* bâillement *m* **2** *v/i* bâiller
yeah [je] *adv* F ouais F
year [jɪr] *année; for years* depuis des années; *be six years old* avoir six ans
year•ly ['jɪrlɪ] **1** *adj* annuel **2** *adv* tous les ans
yearn [jɜːrn] *v/i* languir
◆ **yearn for** *v/i* avoir très envie de
yeast [jiːst] levure *f*
yell [jel] **1** *n* hurlement *m* **2** *v/t & v/i* hurler
yel•low ['jeloʊ] **1** *n* jaune **2** *adj* jaune
yel•low 'pag•es pages *fpl* jaunes

yelp [jelp] **1** *n of animal* jappement *m; of person* glapissement *m* **2** *v/i of animal* japper; *of person* glapir
yes [jes] *int* oui; *after negative question* si; *you didn't say that! - yes (, I did)* tu n'as pas dit ça - si (je l'ai dit)
'**yes•man** *pej* béni-oui-oui F
yes•ter•day ['jestərdeɪ] **1** *adv* hier **2** *n* hier *m; the day before yesterday* avant-hier
yet [jet] **1** *adv: the best yet* le meilleur jusqu'ici; *as yet* pour le moment; *have you finished yet?* as-tu (déjà) fini?; *he hasn't arrived yet* il n'est pas encore arrivé; *is he here yet? - not yet* est-ce qu'il est (déjà) là? - non, pas encore; *yet bigger* encore plus grand **2** *conj* cependant, néanmoins; *yet I'm not sure* néanmoins, je ne suis pas sûr
yield [jiːld] **1** *n from crops, investment etc* rendement *m* **2** *v/t fruit, good harvest* produire; *interest* rapporter **3** *v/i (give way)* céder; MOT céder la priorité
yo•ga ['joʊgə] yoga *m*
yog•hurt ['joʊgərt] yaourt *m*
yolk [joʊk] jaune *m (d'œuf)*
you [juː] *pron* ◇ *familiar singular: subject* tu; *object* te; *before vowels* t'; *after prep* toi; *he knows you* il te connaît; *for you* pour toi
◇ *polite singular, familiar plural and polite plural, all uses* vous
◇ *indefinite* on; *you never know* on ne sait jamais; *if you have your passport*

with you si on a son passeport sur soi
young [jʌŋ] *adj* jeune
young•ster ['jʌŋstər] jeune *m/f*; *child* pe-tit(e) *m(f)*
your [jur] *adj familiar* ton, ta; *pl* tes; *polite* votre; *pl familiar and polite* vos
yours [jurz] *pron familiar* le tien, la tienne; *pl* les tiens, les tiennes; *polite* le / la vôtre; *pl* les vôtres; *a friend of yours* un(e) de tes ami(e)s; un(e) de vos ami(e)s; *yours ... at end of letter* bien amicalement; *yours truly at end of letter* je vous prie d'agréer mes sentiments dis-tingués
your'self *pron familiar* toi-même; *polite* vous-même; *reflexive* te; *polite* se; *after*

prep toi; *polite* vous; *did you hurt your-self?* est-ce que tu t'es fait mal / est-ce que vous vous êtes fait mal?; *by yourself* tout(e) seul(e)
your'selves *pron* vous-mêmes; *reflexive* se; *after prep* vous; *did you hurt your-selves?* est-ce que vous vous êtes fait mal?; *by yourselves* tout seuls, toutes seules
youth [ju:θ] *age* jeunesse *f*; *(young man)* jeune homme *m*; *(young people)* jeunes *mpl*
'youth club centre *m* pour les jeunes
youth•ful ['ju:θfəl] *adj* juvénile
'youth hos•tel auberge *f* de jeunesse
yup•pie ['jʌpɪ] F yuppie *m/f*

Z

zap [zæp] *v/t (pret & pp -ped)* F COMPUT *(delete)* effacer; *(kill)* éliminer; *(hit)* don-ner un coup à; *(send)* envoyer vite fait
◆ **zap along** *v/i* F *(move fast)* filer; *of work* avancer vite
zapped [zæpt] *adj* F *(exhausted)* crevé F
zap•py ['zæpɪ] *adj* F *car, pace* rapide; *prose, style* vivant
zeal [zi:l] zèle *m*
ze•bra ['zebrə] zèbre *m*
ze•ro ['zɪrou] zéro *m*; *10 below zero* 10 degrés au-dessous de zéro
◆ **zero in on** *v/t (identify)* mettre le doigt sur
ze•ro 'growth croissance *f* zéro
zest [zest] *enjoyment* enthousiasme *m*; *zest for life* goût *m* de la vie
zig•zag ['zɪgzæg] **1** *n* zigzag *m* **2** *v/i (pret & pp -ged)* zigzaguer
zilch [zɪltʃ] F que dalle F
zinc [zɪŋk] zinc *m*
◆ **zip up** *v/t (pret & pp -ped) dress, jacket*

remonter la fermeture éclair de; COMPUT compresser
'zip code code *m* postal
zip•per ['zɪpər] fermeture *f* éclair
zit [zɪt] F *on face* bouton *m*
zo•di•ac ['zoudɪæk] zodiaque *m*; *signs of the zodiac* signes *mpl* du zodiaque
zom•bie ['zɑ:mbɪ] F zombie *m/f*
zone [zoun] zone *f*
zonked [zɑ:ŋkt] *adj* P *(exhausted)* crevé F
zoo [zu:] jardin *m* zoologique
zo•o•log•i•cal [zu:ə'lɑ:dʒɪkl] *adj* zoologi-que
zo•ol•o•gist [zu:'ɑ:lədʒɪst] zoologiste *m/f*
zo•ol•o•gy [zu:'ɑ:lədʒɪ] zoologie *f*
zoom [zu:m] *v/i* F *(move fast)* filer (à toute vitesse) F
◆ **zoom in on** *v/t* PHOT faire un zoom avant sur
'zoom lens zoom *m*
zuc•chi•ni [zu:'ki:nɪ] courgette *f*

APPENDIX

Remarques sur le verbe anglais

a) Conjugaison

Indicatif

1. **Le présent** conserve la même forme que l'infinitif à toutes les personnes, à l'exception de la troisième personne du singulier, pour laquelle on ajoute un -*s* à la forme infinitive, par ex. *he brings*. Si l'infinitif se termine par une sifflante (ch, sh, ss, zz), on ajoute -*es*, comme dans *he passes*. Ce *s* peut être prononcé de deux manières différentes : après une consonne sourde, il se prononce de manière sourde, par ex. *he paints* [peɪnts] ; après une consonne sonore, il se prononce de manière sonore, par ex. *he sends* [sendz]. De plus, -*es* se prononce de manière sonore lorsque le *e* fait partie de la désinence ou est la dernière lettre de l'infinitif, par ex. *he washes* ['wɑːʃɪz], *he urges* ['ɜːdʒɪz]. Dans le cas des verbes se terminant par -*y*, la troisième personne se forme en substituant -*ies* au *y* (*he worries*, *he tries*). Les verbes se terminant, à l'infinitif, par un -*y* précédé d'une voyelle sont tous réguliers (*he plays*). Le verbe *to be* est irrégulier à toutes les personnes : *I am, you are, he is, we are, you are, they are*. Trois autres verbes ont des formes particulières à la troisième personne du singulier : *do* – *he does*, *go* – *he goes*, *have* – *he has*.

Aux autres temps, les verbes restent invariables à toutes les personnes. **Le prétérit** et **le participe passé** se forment en ajoutant -*ed* à la forme infinitive (*I passed, passed*), ou bien en ajoutant uniquement -*d* au verbe se terminant par un -*e* à l'infinitif, par ex. *I faced, faced*. (Il existe de nombreux verbes irréguliers ; voir ci-après). Cette désinence -*(e)d* se prononce généralement [t] : *passed* [pæst], *faced* [feɪst] ; cependant, lorsqu'il s'agit d'un verbe dont l'infinitif se termine par une consonne sonore, un son consonantique sonore ou un *r*, elle se prononce [d] : *warmed* [wɔːrmd], *moved* [muːvd], *feared* [fɪrd]. Lorsque l'infinitif se termine par -*d* ou -*t*, la désinence -*ed* se prononce [ɪd]. Lorsque l'infinitif se termine par -*y*, ce dernier est remplacé par -*ie*, à quoi on ajoute ensuite le -*d* : *try* – *tried* [traɪd], *pity* – *pitied* ['pɪtiːd]. **Les temps composés du passé** sont formés avec l'auxiliaire *to have* et le participe passé : **passé composé** *I have faced*, **plus-que-parfait** *I had faced*. On forme **le futur** avec l'auxiliaire *will*, par ex. *I will face* ; **le conditionnel** se forme avec l'auxiliaire *would*, par ex. *I would face*.

De plus, il existe pour chaque temps une forme progressive, qui est formée avec le verbe *to be* (= être) et le participe présent (voir ci-après) : *I am going, I was writing, I had been staying, I will be waiting*, etc.

2. En anglais, **le subjonctif** n'est pratiquement plus utilisé, à l'exception de quelques cas particuliers (*if I were you, so be it, it is proposed that a vote be taken*, etc.). Le subjonctif présent conserve la forme infinitive à toutes les personnes : *that I go, that he go*, etc.

3. En anglais, **le participe présent** et **le gérondif** ont la même forme et se construisent en ajoutant la désinence -*ing* à la forme infinitive : *painting, sending*. Toutefois : 1) lorsque l'infinitif d'un verbe se termine par un -*e* muet, ce dernier disparaît lors de l'ajout de la désinence, par ex. *love* – *loving, write* – *writing* (exceptions à cette règle : *dye* – *dyeing, singe* – *singeing*, qui conservent le -*e* final de l'infinitif) ; 2) le participe présent des verbes *die, lie, vie* etc., s'écrit *dying, lying, vying*, etc.

4. Il existe une catégorie de verbes partiellement irréguliers, se terminant par une seule consonne précédée d'une voyelle unique accentuée. Pour ces verbes, on double la consonne finale avant d'ajouter les désinences -*ing* ou -*ed* :

lob	lob*bed*	lob*bing*	compel	compel*led*	compel*ling*
wed	wed*ded*	wed*ding*	control	control*led*	control*ling*
beg	beg*ged*	beg*ging*	bar	bar*red*	bar*ring*
step	step*ped*	step*ping*	stir	stir*red*	stir*ring*

Dans le cas des verbes se terminant par un -*l* précédé d'une voyelle inaccentuée, l'orthographe britannique double cette consonne au participe passé et au participe présent, mais pas l'orthographe américaine :

travel travel*l*ed, *Am* traveled travel*l*ing, *Am* traveling

Lorsqu'un verbe se termine par -*c*, on substitue -*ck* au *c*, puis on ajoute la désinence -*ed* ou -*ing* :

traffic traffic*k*ed traffic*k*ing

5. **La voix passive** se forme exactement de la même manière qu'en français, avec le verbe *to be* et le participe passé : *I am obliged, he was fined, they will be moved*, etc.

6. Lorsque l'on s'adresse, en anglais, à une ou plusieurs autres personnes, on n'emploie que le pronom *you*, qui peut se traduire à la fois par le *tu* et le *vous* du français.

b) Verbes irréguliers anglais

Vous trouverez ci-après les trois formes principales de chaque verbe : l'infinitif, le prétérit et le participe passé.

arise - arose - arisen
awake - awoke - awoken, awaked
be (am, is, are) - was (were) - been
bear - bore - borne (1)
beat - beat - beaten
become - became - become
begin - began - begun
behold - beheld - beheld
bend - bent - bent
beseech - besought, beseeched - besought, beseeched
bet - bet, betted - bet, betted
bid - bid - bid
bind - bound - bound
bite - bit - bitten
bleed - bled - bled
blow - blew - blown
break - broke - broken
breed - bred - bred
bring - brought - brought
broadcast - broadcast - broadcast
build - built - built
burn - burnt, burned - burnt, burned
burst - burst - burst
bust - bust(ed) - bust(ed)
buy - bought - bought
cast - cast - cast
catch - caught - caught
choose - chose - chosen
cleave (*cut*) - clove, cleft - cloven, cleft
cleave (*adhere*) - cleaved - cleaved
cling - clung - clung
come - came - come
cost (*vi*) - cost - cost
creep - crept - crept
crow - crowed, crew - crowed
cut - cut - cut

deal - dealt - dealt
dig - dug - dug
dive - dived, dove [douv] (2) - dived
do - did - done
draw - drew - drawn
dream - dreamt, dreamed - dreamt, dreamed
drink - drank - drunk
drive - drove - driven
dwell - dwelt, dwelled - dwelt, dwelled
eat - ate - eaten
fall - fell - fallen
feed - fed - fed
feel - felt - felt
fight - fought - fought
find - found - found
flee - fled - fled
fling - flung - flung
fly - flew - flown
forbear - forbore - forborne
forbid - forbad(e) - forbidden
forecast - forecast(ed) - forecast(ed)
forget - forgot - forgotten
forgive - forgave - forgiven
forsake - forsook - forsaken
freeze - froze - frozen
get - got - got, gotten (3)
give - gave - given
go - went - gone
grind - ground - ground
grow - grew - grown
hang - hung, hanged - hung, hanged (4)
have - had - had
hear - heard - heard
heave - heaved, naut hove - heaved, naut hove
hew - hewed - hewed, hewn
hide - hid - hidden
hit - hit - hit
hold - held - held

hurt - hurt - hurt
keep - kept - kept
kneel - knelt, kneeled - knelt, kneeled
know - knew - known
lay - laid - laid
lead - led - led
lean - leaned, leant - leaned, leant (5)
leap - leaped, leapt - leaped, leapt (5)
learn - learned, learnt - learned, learnt (5)
leave - left - left
lend - lent - lent
let - let - let
lie - lay - lain
light - lighted, lit - lighted, lit
lose - lost - lost
make - made - made
mean - meant - meant
meet - met - met
mow - mowed - mowed, mown
pay - paid - paid
plead - pleaded, pled - pleaded, pled (6)
prove - proved - proved, proven
put - put - put
quit - quit(ted) - quit(ted)
read - read [red] - read [red]
rend - rent - rent
rid - rid - rid
ride - rode - ridden
ring - rang - rung
rise - rose - risen
run - ran - run
saw - sawed - sawn, sawed
say - said - said
see - saw - seen
seek - sought - sought
sell - sold - sold
send - sent - sent
set - set - set
sew - sewed - sewed, sewn
shake - shook - shaken
shear - sheared - sheared, shorn
shed - shed - shed
shine - shone - shone
shit - shit(ted), shat - shit(ted), shat
shoe - shod - shod
shoot - shot - shot
show - showed - shown
shrink - shrank - shrunk
shut - shut - shut
sing - sang - sung
sink - sank - sunk
sit - sat - sat
slay - slew - slain
sleep - slept - slept
slide - slid - slid
sling - slung - slung

slink - slunk - slunk
slit - slit - slit
smell - smelt, smelled - smelt, smelled
smite - smote - smitten
sneak - sneaked, snuck - sneaked, snuck (7)
sow - sowed - sown, sowed
speak - spoke - spoken
speed - sped, speeded - sped, speeded (8)
spell - spelt, spelled - spelt, spelled (5)
spend - spent - spent
spill - spilt, spilled - spilt, spilled
spin - spun, span - spun
spit - spat - spat
split - split - split
spoil - spoiled, spoilt - spoiled, spoilt
spread - spread - spread
spring - sprang, sprung - sprung
stand - stood - stood
stave - staved, stove - staved, stove
steal - stole - stolen
stick - stuck - stuck
sting - stung - stung
stink - stunk, stank - stunk
strew - strewed - strewed, strewn
stride - strode - stridden
strike - struck - struck
string - strung - strung
strive - strove, strived - striven, strived
swear - swore - sworn
sweep - swept - swept
swell - swelled - swollen
swim - swam - swum
swing - swung - swung
take - took - taken
teach - taught - taught
tear - tore - torn
tell - told - told
think - thought - thought
thrive - throve - thriven, thrived (9)
throw - threw - thrown
thrust - thrust - thrust
tread - trod - trodden
understand - understood - understood
wake - woke, waked - woken, waked
wear - wore - worn
weave - wove - woven (10)
wed - wed(ded) - wed(ded)
weep - wept - wept
wet - wet(ted) - wet(ted)
win - won - won
wind - wound - wound
wring - wrung - wrung
write - wrote - written

(1) mais **be born** *naître*
(2) **dove** n'est pas utilisé en anglais britannique
(3) **gotten** n'est pas utilisé en anglais britannique
(4) **hung** pour les tableaux mais **hanged** pour les meurtriers
(5) l'anglais américain n'emploie normalement que la forme en **-ed**
(6) **pled** s'emploie en anglais américain ou écossais
(7) la forme **snuck** ne s'emploie que comme forme alternative familière en anglais américain
(8) avec **speed up** la seule forme possible est **speeded up**
(9) la forme **thrived** est plus courante
(10) mais **weaved** au sens de *se faufiler*

French verb conjugations

The verb forms given on the following pages are to be seen as models for conjugation patterns. In the French-English dictionary you will find a code given with each verb (*1a, 2b, 3c, 4d* etc). The codes refer to these conjugation models.

Alphabetical list of the conjugation patterns given

abréger 1g	couvrir 2f	manger 1l	rire 4r
acheter 1e	croire 4v	menacer 1k	saluer 1n
acquérir 2l	croître 4w	mettre 4p	savoir 3g
aimer 1b	cueillir 2c	moudre 4y	sentir 2b
aller 1o	déchoir 3m	mourir 2k	seoir 3k
appeler 1c	dire 4m	mouvoir 3d	suivre 4h
asseoir 3l	écrire 4f	naître 4g	traire 4s
avoir 1	échoir 3m	paraître 4z	vaincre 4i
blâmer 1a	employer 1h	payer 1i	valoir 3h
boire 4u	envoyer 1p	peindre 4b	vendre 4a
bouillir 2e	être 1	plaire 4aa	venir 2h
clore 4k	faillir 2n	pleuvoir 3e	vêtir 2g
conclure 4l	faire 4n	pouvoir 3f	vivre 4e
conduire 4c	falloir 3c	prendre 4q	voir 3b
confire 4o	fuir 2d	punir 2a	vouloir 3i
conjuguer 1m	geler 1d	recevoir 3a	
coudre 4d	haïr 2m	régner 1f	
courir 2i	lire 4x	résoudre 4bb	

Note:

1. The *Imparfait* and the *Participe présent* can always be derived from the 1st person plural of the present indicative, eg:.
   nous trou**vons**; je trou**vais** *etc*, trou**vant**

2. The *Passé simple* is nowadays normally replaced by the *Passé composé* in spoken French.

3. The *Imparfait du subjonctif* is nowadays almost only used in the 3rd person singular, whether in spoken or in written French. It is normally replaced by the *Présent du subjonctif*.

Auxiliaries

(A) avoir

A. Indicatif

I. Simple forms

Présent
sg. j'ai
tu as
il a
pl. nous avons
vous avez
ils ont

Imparfait
sg. j'avais
tu avais
il avait
pl. nous avions
vous aviez
ils avaient

Passé simple
sg. j'eus
tu eus
il eur
pl. nous eûmes
vous eûtes
ils eurent

Futur simple
sg. j'aurai
tu auras
il aura
pl. nous aurons
vous aurez
ils auront

Conditionnel présent
sg. j'aurais
tu aurais
il aurait
pl. nous aurions
vous auriez
ils auraient

Participe présent
ayant

Participe passé
eu (f eue)

II. Compound forms

Passé composé
j'ai eu

Plus-que-parfait
j'avais eu

Passé antérieur
j'eus eu

Futur antérieur
j'aurai eu

Conditionnel passé
j'aurais eu

Participe composé
ayant eu

Infinitif passé
avoir eu

B. Subjonctif

I. Simple forms

Présent
sg. que j'aie
que tu aies
qu'il air
pl. que nous ayons
que vous ayez
qu'ils aient

Imparfait
sg. que j'eusse
qu'il eût
que tu eusses
pl. que nous eussions
que vous eussiez
qu'ils eussent

Impératif
aie - ayons - ayez

II. Compound forms

Passé
que j'aie eu

Plus-que-parfait
que j'eusse eu

648

(1) être

Auxiliaries

A. Indicatif

I. Simple forms

Présent
- sg. je suis / tu es / il est
- pl. nous sommes / vous êtes / ils sont

Imparfait
- sg. j'étais / tu étais / il était
- pl. nous étions / vous étiez / ils étaient

Passé simple
- sg. je fus / tu fus / il fut
- pl. nous fûmes / vous fûtes / ils furent

Futur simple
- sg. je serai / tu seras / il sera
- pl. nous serons / vous serez / ils seront

Conditionnel présent
- sg. je serais / tu serais / il serait
- pl. nous serions / vous seriez / ils seraient

Participe présent
étant

Participe passé
été

II. Compound forms

Passé composé j'ai été

Plus-que-parfait j'avais été

Passé antérieur j'eus été

Futur antérieur j'aurai été

Conditionnel passé j'aurais été

Participe composé ayant été

Infinitif passé avoir été

B. Subjonctif

I. Simple forms

Présent
- sg. que je sois / que tu sois / qu'il soit
- pl. que nous soyons / que vous soyez / qu'ils soient

Imparfait
- sg. que je fusse / que tu fusses / qu'il fût
- pl. que nous fussions / que vous fussiez / qu'ils fussent

Impératif
sois – soyons – soyez

II. Compound forms

Passé: que j'aie été

Plus-que-parfait que j'eusse été

(1a) blâmer

First conjugation

I. Simple forms

	Présent		*Imperatif*
sg.	je blâme		blâme - blâmons - blâmez
	tu blâmes		NB. blâmes-en (-y)
	il blâme[1]		
			Imparfait
pl.	nous blâmons	sg.	je blâmais
	vous blâmez		tu blâmais
	ils blâment		il blâmait
		pl.	nous blâmions
	Passé simple		vous blâmiez
sg.	je blâmai		ils blâmaient
	tu blâmas		
	il blâma		*Participe présent*
pl.	nous blâmâmes		blâmant
	vous blâmâtes		
	ils blâmèrent		*Futur*
		sg.	je blâmerai
	Participe passé		tu blâmeras
	blâmé(e)		il blâmera
		pl.	nous blâmerons
	Infinitif présent		vous blâmerez
	blâmer		ils blâmeront

	Conditionnel		*Subjonctif présent*
sg.	je blâmerais		que je blâme
	tu blâmerais		que tu blâmes
	il blâmerait		qu'il blâme
pl.	nous blâmerions	pl.	que nous blâmions
	vous blâmeriez		que vous blâmiez
	ils blâmeraient		qu'ils blâment
			Subjonctif imparfait
		sg.	que je blâmasse
			que tu blâmasses
			qu'il blâmât
		pl.	que nous blâmassions
			que vous blâmassiez
			qu'ils blâmassent

II. Compound forms

Using the *Participe passé* together with **avoir** and **être**

1. Active

Passé composé: j'ai blâmé
Plus-que-parfait: j'avais blâmé
Passé antérieur: j'eus blâmé
Futur antérieur: j'aurai blâmé
Conditionnel passé: j'aurais blâmé

2. Passive

Présent: je suis blâmé
Imparfait: j'étais blâmé
Passé simple: je fus blâmé
Passé composé: j'ai été blâmé
Plus-que-parf.: j'avais été blâmé
Passé antérieur: j'eus été blâmé
Futur: je serai blâmé
Futur antérieur: j'aurai été blâmé
Conditionnel: je serais blâmé
Conditionnel passé: j'aurais été blâmé

Impératif: sois blâmé
Participe présent: étant blâmé
Participe passé: ayant été blâmé
Infinitif présent: être blâmé
Infinitif passé: avoir été blâmé

---

[1] (blâme-t-il?)

Infinitif	Notes	Présent de l'indicatif	Présent du subjonctif	Passé simple	Futur	Impératif	Participe passé
(1b) aimer	When the second syllable is not silent the **ai** is often pronounced as an open **e** [ɛ]: **aime** [ɛm] but **aimons** [emɔ̃].	aime aimes aime aimons aimez aiment	aime aimes aime aimions aimiez aiment	aimai aimas aima aimâmes aimâtes aimèrent	aimerai aimeras aimera aimerons aimerez aimeront	aime aimons aimez	aimé(e)
(1c) appeler	Note the consonant doubling.	apelle appelles appelle appelons appelez appellent	appelle appelles appelle appelions appeliez appellent	appelai appelas appela appelâmes appelâtes appelèrent	appellerai appelleras appellera appellerons appellerez appelleront	appelle appelons appelez	appelé(e)
(1d) geler	Note the switch from **e** to **è**.	gèle gèles gèle gelons gelez gèlent	gèle gèles gèle gelions geliez gèlent	gelai gelas gela gelâmes gelâtes gelèrent	gèlerai gèleras gèlera gèlerons gèlerez gèleront	gèle gelons gelez	gelé(e)
(1e) acheter	Note the **è**.	achète achètes achète achetons achetez achètent	achète achètes achète achetions achetiez achètent	achetai achetas acheta achetâmes achetâtes achetèrent	achèterai achèteras achètera achèterons achèterez achèteront	achète achetons achetez	acheté(e)

Infinitif	Notes	Présent de l'indicatif	Présent du subjonctif	Passé simple	Futur	Impératif	Participe passé
(1f) régner	Note that the **é** becomes **è** only in the *prés.* and *impér.*, not in the *fut.* or *cond.* règnent	règne règnes règne régnons régnez règnent	règne règnes règne régnions régniez règnent	régnai régnas régna régnâmes régnâtes régnèrent	régnerai régneras régnera régnerons régnerez régneront	règne régnons régnez	régné (inv)
(1g) abréger	Note that **é** becomes **è** only in the *prés.* and *impér.*, not in the *fut.* or *cond.* A silent **e** is inserted after a **g** coming before **a** and **o**.	abrège abrèges abrège abrégeons abrégez abrègent	abrège abrèges abrège abrégions abrégiez abrègent	abrégeai abrégeas abrégea abrégeâmes abrégeâtes abrégèrent	abrégerai abrégeras abrégera abrégerons abrégerez abrégeront	abrège abrégeons abrégez	abrégé(e)
(1h) employer	Note the switch from **y** to **i**.	emploie emploies emploie employons employez emploient	emploie emploies emploie employions employiez emploient	employai employas employa employâmes employâtes employèrent	emploierai emploieras emploiera emploierons emploierez emploieront	emploie employons employez	employé(e)
(1i) payer	Where both the **y** and the **i** spelling are possible, the spelling with **i** is preferred. paient, -yent	paie, paye paies, payes paie, paye payons payez paient, -yent	paie, paye paies, payes paie, paye payions payiez payèrent	payai payas paya payâmes payâtes payèrent	paierai, paye- paieras paiera paierons paierez	paie, paye payons payez	payé(e)

Infinitif	Notes	Présent de l'indicatif	Présent du subjonctif	Passé simple	Futur	Impératif	Participe passé
(1k) menacer	c takes a cedilla (ç) before a and o so as to retain the [s] sound.	menace menaces menace menaçons menacez menacent	menace menaces menace menacions menaciez menacent	menaçai menaças menaça menaçâmes menaçâtes menacèrent	menacerai menaceras menacera menacerons menacerez menaceront	menace menaçons menacez	menacé(e)
(1l) manger	A silent e is inserted after the g and before an a or o so as to keep the g soft.	*mange* manges mange mangeons mangez mangent	mange manges mange mangions mangiez mangent	mangeai mangeas mangea mangeâmes mangeâtes mangèrent	mangerai mangeras mangera mangerons mangerez mangeront	mange mangeons mangez	mangé(e)
(1m) conjuguer	The silent u is always kept, even before a and o.	conjugue conjugues conjugue conjuguons conjuguez conjuguent	conjugue conjugues conjugue conjuguions conjuguiez conjuguent	conjuguai conjuguas conjugua conjuguâmes conjuguâtes conjuguèrent	conjuguerai conjugueras conjuguera conjuguerons conjuguerez conjugueront	conjugue conjuguons conjuguez	conjugué(e)
(1n) saluer	u is pronounced shorter when another syllable follows: **salue** [saly] but **saluons** [salɥɔ̃].	salue salues salue saluons saluez saluent	salue salues salue saluions saluiez saluent	saluai saluas salua saluâmes saluâtes saluèrent	saluerai salueras saluera saluerons saluerez salueront	salue saluons saluez	salué(e)

Infinitif	Notes	Présent de l'indicatif	Présent du subjonctif	Passé simple	Futur	Impératif	Participe passé
(1o) aller	Not every form uses the stem **all**.	vais vas va allons allez vont	aille ailles aille allions alliez aillent	allai allas alla allâmes allâtes allèrent	irai iras ira irons irez iront	va (vas-y; but: va-t'en) allons allez	allé(e)
(1p) envoyer	As (1h) but with an irregular *fut.* and *cond.*	envoie envoies envoie envoyons envoyez envoient	envoie envoies envoie envoyions envoyiez envoient	envoyai envoyas envoya envoyâmes envoyâtes envoyèrent	enverrai enverras enverra enverrons enverrez enverront	envoie envoyons envoyez	envoyé(e)

(2a) punir*

The second, regular conjugation, characterized by ...iss...

Second conjugation

1. Simple forms

	Present	Imparatif	Futur	Subjonctif présent
sg.	je punis	punis	je punirai	que je punisse
	tu punis	unissons	tu puniras	que tu punisses
	il punit	punissez	il punira	qu'il punisse
pl.	nous punissons		nous punirons	que nous punissions
	vous punissez	Imparfait	vous punirez	que vous punissiez
	ils punissent	je punissais	ils puniront	qu'ils punissent

	Passé simple	tu punissais	Conditionnel	Subjonctif imparfait
sg.	je punis	il punissait	je punirais	que je punisse
	tu punis		tu punirais	que tu punisses
	il punit	nous punissions	il punirait	qu'il punît
pl.	nous punîmes	vous punissiez	nous punirions	que nous punissions
	vous punîtes	ils punissaient	vous puniriez	que vous punissiez
	ils punirent		ils puniraient	qu'ils punissent

Participe présent
punissant

Participe passé
puni(e)

Infinitif présent
punir

II. Compound forms

Using the *Participe passé* with **avoir** and **être**: see (1a)

* **fleurir** in the figurative sense normally has as *Participe présent* florissant and as *Imparfait* florissait

Infinitif	Notes	Présent de l'indicatif	Présent du subjonctif	Passé simple	Futur	Impératif	Participe passé
(2b) sentir	No ...iss...	sens sens sent sentons sentez sentent	sente sentes sente sentions sentiez sentent	sentis sentis sentit sentîmes sentîtes sentirent	sentirai sentiras sentira sentirons sentirez sentiront	sens sentons sentez	sent(e)
(2c) cueillir	*prés., fut.* and *cond.* as in the first conjugation	cueille cueilles cueille cueillons cueillez cueillent	cueille cueilles cueille cueillions cueilliez cueillent	cueillis cueillis cueillit cueillîmes cueillîtes cueillirent	cueillerai cueilleras cueillera cueillerons cueillerez cueilleront	cueille cueillons cueillez	cueillie
(2d) fuir	No **..iss...** Note the switch between **y** and **i**.	fuis fuis fuit fuyons fuyez fuient	fuie fuies fuie fuyions fuyiez fuient	fuis fuis fuit fuîmes fuîtes fuirent	fuirai fuiras fuira fuirons fuirez fuiront	fuis fuyons fuyez	fui(e)
(2e) bouillir	*prés. ind.* and derived forms as in the fourth conjugation	bous bous bout bouillons bouillez bouillent	bouille bouilles bouille bouillions bouilliez bouillent	bouillis bouillis bouillit bouillîmes bouillîtes bouillirent	bouillirai bouilliras bouillira bouillirons bouillirez bouilliront	bous bouillons bouillez	bouillie

Infinitif	Notes	Présent de l'indicatif	Présent du subjonctif	Passé simple	Futur	Impératif	Participe passé
(2f) couvrir	*prés. ind.* and derived forms as in the first conjugation; *p.p.* ends in **-ert**.	couvre couvres couvre couvrons couvrez couvrent	couvre couvres couvre couvrions couvriez couvrent	couvris couvris couvrit couvrîmes couvrîtes couvrirent	couvrirai couvriras couvrira couvrirons couvrirez couvriront	couvre couvrons couvrez	couvert(e)
(2g) vêtir	Follows (2b) apart from *p.p.* **vêtir** is rarely used other than in the form **vêtu**.	vêts vêts vêt vêtons vêtez vêtent	vête vêtes vête vêtions vêtiez vêtent	vêtis vêtis vêtit vêtîmes vêtîtes vêtirent	vêtirai vêtiras vêtira vêtirons vêtirez vêtiront	vêts vêtons vêtez	vêtu(e)
(2h) venir	*prés. ind., fut., p.p.* and derived forms as fourth conjugation. Vowel change in the *passé simple*; note the added **-d-** in the the *fut.* and *cond.*	viens viens vient venons venez viennent	vienne viennes vienne venions veniez viennent	vins vins vint vînmes vîntes vinrent	viendrai viendras viendra viendrons viendrez viendront	viens venons venez	venu(e)
(2i) courir	*prés. ind., p.p., fut.* and derived forms as in the third conjugation. *passé simple* as in the third conjugation; **-rr-** in *fut.* and *cond.*	cours cours court courons courez courent	coure coures coure courions couriez courent	courus courus courut courûmes courûtes coururent	courrai courras courra courrons courrez courront	cours courons courez	couru(e)

Infinitif	Notes	Présent de l'indicatif	Présent du subjonctif	Passé simple	Futur	Impératif	Participe passé
(2k) mourir	*prés. ind., fut.* and derived forms as in the fourth conjugation, but note vowel shift to **eu** from **ou** in the *passé simple* as in the third conjugation.	meurs meurs meurt mourons mourez meurent	meure meures meure mourions mouriez meurent	mourus mourus mourut mourûmes mourûtes moururent	mourrai mourras mourra mourrons mourrez mourront	meurs mourons mourez	mort(e)
(2l) acquérir	*pres. ind.* and derived forms as in the fourth conjugation with an **i** inserted before **e**; note vowel shift to **è** in *p.p.* with **-s**; **-err-** in *fut.* and *cond.*	acquiers acquiers acquiert acquérons acquérez acquièrent	acquière acquières acquière acquérions acquériez acquièrent	acquis acquis acquit acquîmes acquîtes acquirent	acquerrai acquerras acquerra acquerrons acquerrez acquerront	acquiers acquérons acquérez	acquis(e)
(2m) haïr	Follows (2a); but in sg. *prés. ind.* and *impér.* the dieresis on the **i** is dropped.	hais [ɛ] hais hait haïssons haïssez haïssent	haïsse haïsses haïsse haïssions haïssiez haïssent	haïs [a'i] haïs haït haïmes haïtes haïrent	haïrai haïras haïra haïrons haïrez haïront	hais haïssons haïssez	haï(e)
(2n) faillir	defective verb				faillirai failliras faillira faillirons faillirez failliront		failli

Third conjugation

I. Simple forms

(3a) recevoir

Présent
sg. je reçois
tu reçois
il reçoit

pl. nous recevons
vous recevez
ils reçoivent

Imparfait
sg. je recevais
tu recevais
il recevait

pl. nous recevions
vous receviez
ils recevaient

Passé simple
sg. je reçus
tu reçus
il reçut

pl. nous reçûmes
vous reçûtes
ils reçurent

Impératif
reçois
recevons
recevez

Participe présent
recevant

Participe passé
reçu(e)

Infinitif présent
recevoir

Futur
sg. je recevrai
tu recevras
il recevra

pl. nous recevrons
vous recevrez
ils recevront

Conditionnel
sg. je recevrais
tu recevrais
il recevrait

pl. nous recevrions
vous recevriez
ils recevraient

Subjonctif présent
sg. que je reçoive
que tu reçoives
qu'il reçoive

pl. que nous recevions
que vous receviez
qu'ils reçoivent

Subjonctif imparfait
sg. que je reçusse
que tu reçusses
qu'il reçût

pl. que nous reçussions
que vous reçussiez
qu'ils reçussent

II. Compound forms

Using the *Participe passé* together with **avoir** and **être**

Infinitif	Notes	Présent de l'indicatif	Présent du subjonctif	Passé simple	Futur	Impératif	Participe passé
(3b) voir	Switch between **i** and **y** as in (2d). Derived forms regular, but with **-err-** (instead of **-oir-**) in *fut.* and *cond.*	vois vois voit voyons voyez voient	voie voies voie voyions voyiez voient	vis *pourvoir:* je *pourvus*	verrai *pourvoir:* je *pourvoirai;* *prévoir:* je *prévoirai*	vois voyons voyez	vu(e)
(3c) falloir	Only used in the third person singular.	il faut	qu'il faille	il fallut	il faudra		fallu (*inv*)
(3d) mouvoir	Note the switch between **eu** and **ou**.	meus meus meut mouvons mouvez meuvent	meuve meuves meuve mouvions mouviez meuvent	mus mus mut mûmes mûtes murent	mouvrai mouvras mouvra mouvrons mouvrez mouvront	meus mouvons mouvez	mû, mue
(3e) pleuvoir		il pleut	qu'il pleuve	il plut	il pleuvra		plu (*inv*)
(3f) pouvoir	In the *prés. ind.* sometimes also **je puis;** interrogative **puis-je?**	peux peux peut pouvons pouvez peuvent	puisse puisses puisse puissions puissiez puissent	pus pus put pûmes pûtes purent	pourrai pourras pourra pourrons pourrez pourront		pu (*inv*)

Infinitif	Notes	Présent de l'indicatif	Présent du subjonctif	Passé simple	Futur	Impératif	Participe passé
(3g) savoir	*p.-pr.* **sachant**	sais sais sait savons savez savent	sache saches sache sachions sachiez sachent	sus sus sut sûmes sûtes surent	saurai sauras saura saurons saurez sauront	sache sachons sachez	su(e)
(3h) valoir	**prévaloir** is regular in the *prés. subj.*: **que je prévale** etc.	vaux vaux vaut valons valez valent	vaille vailles vaille valions valiez vaillent	valus valus valut valûmes valûtes valurent	vaudrai vaudras vaudra vaudrons vaudrez vaudront	valu(e)	
(3i) vouloir	Note the switch between **eu** and **ou**. In the *fut.* a **-d-** is inserted.	veux veux veut voulons voulez veulent	veuille veuilles veuille voulions vouliez veuillent	voulus voulus voulut voulûmes voulûtes voulurent	voudrai voudras voudra voudrons voudrez voudront	veuille veuillons veuillez	voulu(e)
(3k) seoir	Restricted usage: *p.-pr.* **seyant**; *impf.* **seyait**; *cond.* **siérait**	il sied					

Infinitif	Notes	Présent de l'indicatif	Présent du subjonctif	Passé simple	Futur	Impératif	Participe passé
(3l) asseoir	Apart from the *passé simple* (**assis**) and *p.p.* (**assis**), there are two forms. *Impf.* **asseyais** or **assoyais**. However it is not common to use the **oi** or **oy** forms with either **vous** or **nous**.	assieds assieds assied asseyons asseyez asseyent *or* assois assois assoit assoyons assoyez assoient	asseye asseyes asseye asseyions asseyiez asseyent *or* assoie assoies assoie assoyions assoyiez assoient	assis assis assit assîmes assîtes assirent	assiérai assiéras assiéra assiérons assiérez assiéront *or* assoirai assoiras assoira assoirons assoirez assoiront	assieds asseyons asseyez *or* assois assoyons assoyez	assis(e)
	surseoir forms **je sursois, nous sursoyons** etc, *fut.* **je surseoirai**.						
(3m) déchoir		déchois déchois déchoit déchoyons déchoyez déchoient	déchoie déchoies déchoie déchoyions déchoyiez déchoient	déchus déchus déchut déchûmes déchûtes déchurent	déchoirai déchoiras déchoira déchoirons déchoirez déchoiront		déchu(e)
échoir	defective verb	il échoit ils échoient	qu'il échoie qu'ils échoient	il échut ils échurent	il échoira ils échoiront		échu(e)

Fourth conjugation

(4a) vendre

Regular fourth conjugation, no change to stem

I. Simple forms

	Présent		*Participe passé*		*Futur*		*Subjonctif présent*
sg.	je vends*		vendu(e)	sg.	je vendrai	sg.	que je vende
	tu vends*				tu vendras		que tu vendes
	il vend*		*Impératif*		il vendra		qu'il vende
pl.	nous vendons		vends	pl.	nous vendrons	pl.	que nous vendions
	vous vendez		vendons		vous vendrez		que vous vendiez
	ils vendent		vendez		ils vendront		qu'ils vendent

	Imparfait				*Conditionnel*		*Subjonctif imparfait*
sg.	je vendais			sg.	je vendrais	sg.	que je vendisse
	tu vendais				tu vendrais		que tu vendisses
	il vendait				il vendrait		qu'il vendît
pl.	nous vendions			pl.	nous vendrions	pl.	que nous vendissions
	vous vendiez				vous vendriez		que vous vendissiez
	ils vendaient				ils vendraient		qu'ils vendissent

	Passé simple		*Participe présent*
sg.	je vendis		vendant
	tu vendis		
	il vendit		
pl.	nous vendîmes		
	vous vendîtes		
	ils vendirent		

Infinitif présent
vendre

* **rompre** has: il rompt;   **battre** has: je (tu) bats, il bat;   **foutre** has: je (tu) fous.

II. Compound forms

Using the *Participe passé* together with **avoir** and **être**, see (1a)

Infinitif	Notes	Présent de l'indicatif	Présent du subjonctif	Passé simple	Futur	Impératif	Participe passé
(4b) peindre	Switch between nasal **n** and palatalized **n (gn)**; **-d-** only before **r** in the *inf.*, *fut.* and *cond.*	peins peins peint peignons peignez peignent	peigne peignes peigne peignions peigniez peignent	peignis peignis peignit peignîmes peignîtes peignirent	peindrai peindras peindra peindrons peindrez peindront	peins peignons peignez	peint(e)
(4c) conduire	**Luire**, **reluire**, **nuire** do not take a **t** in the *p.p.*	conduis conduis conduit conduisons conduisez conduisent	conduise conduises conduise conduisions conduisiez conduisent	conduisis conduisis conduisit conduisîmes conduisîtes conduisirent	conduirai conduiras conduira conduirons conduirez conduiront	conduis conduisons conduisez	conduit(e)
(4d) coudre	**-d-** is replaced by **-s-** before endings which start with a vowel.	couds couds coud cousons cousez cousent	couse couses couse cousions cousiez cousent	cousis cousis cousit cousîmes cousîtes cousirent	coudrai coudras coudra coudrons coudrez coudront	couds cousons cousez	cousu(e)
(4e) vivre	Final **v** of the stem is dropped in the *sg. prés. ind.*; *passé simple* **vécus**; *p.p.* **vécu**	vis vis vit vivons vivez vivent	vive vives vive vivions viviez vivent	vécus vécus vécut vécûmes vécûtes vécurent	vivrai vivras vivra vivrons vivrez vivront	vis vivons vivez	vécu(e)

Infinitif	Notes	Présent de l'indicatif	Présent du subjonctif	Passé simple	Futur	Impératif	Participe passé
(4f) écrire	Before a vowel the old Latin v remains.	écris écris écrit écrivons écrivez écrivent	écrive écrives écrive écrivions écriviez écrivent	écrivis écrivis écrivit écrivîmes écrivîtes écrivirent	écrirai écriras écrira écrirons écrirez écriront	écris écrivons écrivez	écrit(e)
(4g) naître	-ss- in the *pl. prés. ind.* and derived forms; in the *sg. prés. ind.* t becomes î	nais nais naît naissons naissez naissent	naisse naisses naisse naissions naissiez naissent	naquis naquis naquit naquîmes naquîtes naquirent	naîtrai naîtras naîtra naîtrons naîtrez naîtront	nais naissons naissez	né(e)
(4h) suivre	*p.p.* as in the second conjugation	suis suis suit suivons suivez suivent	suive suives suive suivions suiviez suivent	suivis suivis suivit suivîmes suivîtes suivirent	suivrai suivras suivra suivrons suivrez suivront	suis suivons suivez	suivi(e)
(4i) vaincre	No t in the third person sg. *prés. ind.*; switch from c to qu before vowels (exception: **vaincu**).	vaincs vaincs vainc vainquons vainquez vainquent	vainque vainques vainque vainquions vainquiez vainquent	vainquis vainquis vainquit vainquîmes vainquîtes vainquirent	vaincrai vaincras vaincra vaincrons vaincrez vaincront	vaincs vainquons vainquez	vaincu(e)

Infinitif	Notes	Présent de l'indicatif	Présent du subjonctif	Passé simple	Futur	Impératif	Participe passé
(4k) clore	*prés.* third person *pl.* **closent**; likewise *prés. subj.*; third person *sg. prés. ind.* in **...ôt**	je clos tu clos il clôt ils closent	que je close		je clorai	clos	clos(e)
éclore	Only used in the third person.	il éclôt ils éclosent	qu'il éclose qu'ils éclosent		il éclora ils écloront		éclos(e)
(4l) conclure	*passé simple* follows the third conjugation. **Reclure** has **reclus(e)** in *p.p.*; likewise: **inclus(e)**; but note: **exclu(e)**.	conclus conclus conclut concluons concluez concluent	conclue conclues conclue concluions concluiez concluent	conclus conclus conclut conclûmes conclûtes conclurent	conclurai concluras conclura conclurons conclurez concluront	conclus concluons concluez	conclu(e)
(4m) dire	**Redire** is conjugated like **dire**. Other compounds have **maudire**, with the exception of **maudire**, which follows the second conjugation, except for **maudit** in the *p.p.*	dis dis dir disons dites disent	dise dises dise disions disiez disent	dis dis dit dîmes dîtes dirent	dirai diras dira dirons direz diront	dis disons dites	dit(e)

Infinitif	Notes	Présent de l'indicatif	Présent du subjonctif	Passé simple	Futur	Impératif	Participe passé
(4n) faire	Frequent vowel shifts in the stem. [fə-] in all *fut.* forms.	fais [fɛ] fais [fɛ] fait [fɛ] faisons [fəzɔ̃] faites [fɛt] font	fasse fasses fasse fassions fassiez fassent	fis fis fit fîmes fîtes firent	ferai feras fera ferons ferez feront	fais faisons faites	fait(e)
(4o) confire	**suffire** has **suffi** (*inv*) in the *p.p.*	confis confis confit confisons confisez confisent	confise confises confise confisions confisiez confisent	confis confis confit confîmes confîtes confirent	confirai confiras confira confirons confirez confiront	confis confisons confisez	confit(e)
(4p) mettre	Only one **t** in the *sg. prés. ind.* first three persons.	mets mets met mettons mettez mettent	mette mettes mette mettions mettiez mettent	mis mis mit mîmes mîtes mirent	mettrai mettras mettra mettrons mettrez mettront	mets mettons mettez	mis(e)
(4q) prendre	Omission of **d** in some forms.	prends prends prend prenons prenez prennent	prenne prennes prenne prenions preniez prennent	pris pris prit prîmes prîtes prirent	prendrai prendras prendra prendrons prendrez prendront	prends prenons prenez	pris(e)

Infinitif	Notes	Présent de l'indicatif	Présent du subjonctif	Passé simple	Futur	Impératif	Participe passé
(4r) rire	*p.p.* as in the second conjugation.	ris ris rit rions riez rient	rie ries rie riions riiez rient	ris ris rit rîmes rîtes rirent	rirai riras rira rirons rirez riront	ris rions riez	ri *(inv)*
(4s) traire	There is no *passé simple*.	trais trais trait trayons trayez traient	traie traies traie trayions trayiez traient		trairai trairas traira trairons trairez trairont	trais trayons trayez	trait(e)
(4u) boire	Note the **v** before a vowel (from the old Latin **b**); *passé simple* follows the third conjugation.	bois bois boit buvons buvez boivent	boive boives boive buvions buviez boivent	bus bus but bûmes bûtes burent	boirai boiras boira boirons boirez boiront	bois buvons buvez	bu(e)

Infinitif	Notes	Présent de l'indicatif	Présent du subjonctif	Passé simple	Futur	Impératif	Participe passé
(4v) croire	*passé simple* as in the third conjugation	crois crois croit croyons croyez croient	croie croies croie croyions croyiez croient	crus crus crut crûmes crûtes crurent	croirai croiras croira croirons croirez croiront	crois croyons croyez	cru(e)
(4w) croître	î in the *sg. pres. ind.* and the *sg. imper.*; *passé simple* as in the third conjugation	croîs croîs croît croissons croissez croissent	croisse croisses croisse croissions croissiez croissent	crûs crûs crût crûmes crûtes crûrent	croîtrai croîtras croîtra croîtrons croîtrez croîtront	croîs croissons croissez	crû, crue
(4x) lire	*passé simple* as in the third conjugation	lis lis lit lisons lisez lisent	lise lises lise lisions lisiez lisent	lus lus lut lûmes lûtes lurent	lirai liras lira lirons lirez liront	lis lisons lisez	lu(e)
(4y) moudre	*passé simple* as in the third conjugation	mouds mouds moud moulons moulez moulent	moule moules moule moulions mouliez moulent	moulus moulus moulut moulûmes moulûtes moulurent	moudrai moudras moudra moudrons moudrez moudront	mouds moulons moulez	

Infinitif	Notes	Présent de l'indicatif	Présent du subjonctif	Passé simple	Futur	Impératif	Participe passé
(4z) paraître	**i** before **t**; *passé simple* as in the third conjugation	parais parais paraît paraissons paraissez paraissent	paraisse paraisses paraisse paraissions paraissiez paraissent	parus parus parut parûmes parûtes parurent	paraîtrai paraîtras paraîtra paraîtrons paraîtrez paraîtront	parais paraissons paraissez	paru(e)
(4aa) plaire	*passé simple* as in the third conjugation; **taire** has il **tait** (without the circumflex)	plais plais plaît plaisons plaisez plaisent	plaise plaises plaise plaisions plaisiez plaisent	plus plus plut plûmes plûtes plurent	plairai plairas plaira plairons plairez plairont	plais plaisons plaisez	plu *(inv)*
(4bb) résoudre	**absoudre** has no *passé simple*, *participe passé* **absous, absoute**.	résous résous résout résolvons résolvez résolvent	résolve résolves résolve résolvions résolviez résolvent	résolus résolus résolut résolûmes résolûtes résolurent	résoudrai résoudras résoudra résoudrons résoudrez résoudront	résous résolvons résolvez	résolu(e)

Numbers / Les nombres

Cardinal Numbers / Les nombres cardinaux

0	*zero*, Br aussi *nought* zéro
1	*one* un
2	*two* deux
3	*three* trois
4	*four* quatre
5	*five* cinq
6	*six* six
7	*seven* sept
8	*eight* huit
9	*nine* neuf
10	*ten* dix
11	*eleven* onze
12	*twelve* douze
13	*thirteen* treize
14	*fourteen* quatorze
15	*fifteen* quinze
16	*sixteen* seize
17	*seventeen* dix-sept
18	*eighteen* dix-huit
19	*nineteen* dix-neuf
20	*twenty* vingt
21	*twenty-one* vingt et un
22	*twenty-two* vingt-deux
30	*thirty* trente
31	*thirty-one* trente et un
40	*forty* quarante
50	*fifty* cinquante
60	*sixty* soixante
70	*seventy* soixante-dix
71	*seventy-one* soixante et onze
72	*seventy-two* soixante-douze
79	*seventy-nine* soixante-dix-neuf
80	*eighty* quatre-vingts
81	*eighty-one* quatre-vingt-un
90	*ninety* quatre-vingt-dix
91	*ninety-one* quatre-vingt-onze
100	*a hundred, one hundred* cent
101	*a hundred and one* cent un
200	*two hundred* deux cents
300	*three hundred* trois cents
324	*three hundred and twenty-four* trois cent vingt-quatre
1000	*a thousand, one thousand* mille
2000	*two thousand* deux mille
1959	*one thousand nine hundred and fifty-nine* mille neuf cent cinquanteneuf
2000	*two thousand* deux mille
1 000 000	*a million, one million* un million
2 000 000	*two million* deux millions
1 000 000 000	*a billion, one billion* un milliard

bloop•er ['blu:pər] F gaffe f
con•flict ['ka:nflɪkt] **1** n (*disagreement*) conflit m **2** v/i [kən'flɪkt] (*clash*) s'opposer, être en conflit; *of dates* coïncider

blue

clip•pers ['klɪpərz] npl *for hair* tondeuse f; *for nails* pince f à ongles; *for gardening* sécateur m

netic
nabet

rmal

nder

italics

as•sai•lant [ə'seɪlənt] assaillant(e) m(f)

oints

flam•ma•ble ['flæməbl] adj inflammable

rords

fly•ing 'sau•cer soucoupe f volante

di•scrim•i•nate [dɪ'skrɪmɪneɪt] v/i: *discriminate against* pratiquer une discrimination contre; *be discriminated against* être victime de discrimination; *discriminate between sth and sth* distinguer qch de qch

es in
italics

en•try ['entrɪ] (*way in, admission*) entrée f; *for competition: person* participant(e) m(f); *in diary, accounts* inscription f; *in reference book* article m

italics

'brown-nose v/t P lécher le cul à P
brown 'pa•per papier m d'emballage, papier m kraft
brown pa•per 'bag sac m en papier kraft
brown 'sug•ar sucre m roux

nds

---

les / Remarques:

vingt and **cent** take an -s when preceded by another number, except if there is another number following.
If **un** is used with a following noun, then it is the only number to agree (one man **un homme**; one woman **une femme**).
1.25 (one point two five) = 1,25 (un virgule vingt-cinq)
1,000,000 (en anglais) = 1 000 000 ou 1.000.000 (in French)

Ordinal Numbers / Les nombres ordinaux

1st	*first*	1er/1ère	premier / première
2nd	*second*	2^e	deuxième
3rd	*third*	3^e	troisième
4th	*fourth*	4^e	quatrième
5th	*fifth*	5^e	cinquième
6th	*sixth*	6^e	sixième
7th	*seventh*	7^e	septième
8th	*eighth*	8^e	huitième
9th	*ninth*	9^e	neuvième
10th	*tenth*	10^e	dixième
11th	*eleventh*	11^e	onzième
12th	*twelfth*	12^e	douzième
13th	*thirteenth*	13^e	treizième
14th	*fourteenth*	14^e	quatorzième
15th	*fifteenth*	15^e	quinzième
16th	*sixteenth*	16^e	seizième
17th	*seventeenth*	17^e	dix-septième
18th	*eighteenth*	18^e	dix-huitième
19th	*nineteenth*	19^e	dix-neuvième
20th	*twentieth*	20^e	vingtième
21st	*twenty-first*	21^e	vingt et unième
22nd	*twenty-second*	22^e	vingt-deuxième
30th	*thirtieth*	30^e	trentième
31st	*thirty-first*	31^e	trente et unième
40th	*fortieth*	40^e	quarantième
50th	*fiftieth*	50^e	cinquantième
60th	*sixtieth*	60^e	soixantième
70th	*seventieth*	70^e	soixante-dixième
71st	*seventy-first*	71^e	soixante et onzième
80th	*eightieth*	80^e	quatre-vingtième
90th	*ninetieth*	90^e	quatre-vingt-dixième
100th	*hundredth*	100^e	centième
101st	*hundred and first*	101^e	cent unième
1000th	*thousandth*	1000^e	millième
2000th	*two thousandth*	2000^e	deux millième
1,000,000th	*millionth*	1 000 000^e	millionième
00,000,000th	*billionth*	1 000 000 000^e	milliardième

Fractions and other Numbers
Les fractions et autres nombres

$\frac{1}{2}$	*one half, a half*	un demi, une demie
$1\frac{1}{2}$	*one and a half*	un et demi
$\frac{1}{3}$	*one third, a third*	un tiers
$\frac{2}{3}$	*two thirds*	deux tiers
$\frac{1}{4}$	*one quarter, a quarter*	un quart
$\frac{3}{4}$	*three quarters*	trois quarts
$\frac{1}{5}$	*one fifth, a fifth*	un cinquième
$3\frac{4}{5}$	*three and four fifths*	trois et quatre cinquièmes
$\frac{1}{11}$	*one eleventh, an eleventh*	un onzième
	seven times as big, seven times bigger	sept fois plus grand
	twelve times more	douze fois plus
	first(ly)	premièrement
	second(ly)	deuxièmement
7 + 8 = 15	*seven and (or plus) eight are (or is) fifteen*	sept plus huit égalent quinze
10 − 3 = 7	*ten minus three is seven, three from ten leaves seven*	dix moins trois égalent sept, trois ôté de dix il reste sept
2 x 3 = 6	*two times three is six*	deux fois trois égalent six
20 ÷ 4 = 5	*twenty divided by four is five*	vingt divisé par quatre égalent cinq

Dates / Les dates

1996	*nineteen ninety-six*	mille neuf cent quatre-vingt-seize
2005	*two thousand (and) five*	deux mille cinq

November 10/11 (ten, eleven), *Br* the 10th/11th of November
le dix/onze novembre

March 1 (first), *Br* the 1st of March
le premier mars

Notes / Remarques:

i) **vingt** and **cent** take an -s when preceded by another number, except if there is another number following.

ii) If **un** is used with a following noun, then it is the only number to agree (one man **un homme**; one woman **une femme**).

iii) 1.25 (one point two five) = 1,25 (un virgule vingt-cinq)

iv) 1,000,000 (en anglais) = 1 000 000 ou 1.000.000 (in French)

Ordinal Numbers / Les nombres ordinaux

1st	*first*	1er/1ère	premier / première

1st — *first* — 1ᵉʳ/1ᵉʳᵉ — premier / première
2nd — *second* — 2ᵉ — deuxième
3rd — *third* — 3ᵉ — troisième
4th — *fourth* — 4ᵉ — quatrième
5th — *fifth* — 5ᵉ — cinquième
6th — *sixth* — 6ᵉ — sixième
7th — *seventh* — 7ᵉ — septième
8th — *eighth* — 8ᵉ — huitième
9th — *ninth* — 9ᵉ — neuvième
10th — *tenth* — 10ᵉ — dixième
11th — *eleventh* — 11ᵉ — onzième
12th — *twelfth* — 12ᵉ — douzième
13th — *thirteenth* — 13ᵉ — treizième
14th — *fourteenth* — 14ᵉ — quatorzième
15th — *fifteenth* — 15ᵉ — quinzième
16th — *sixteenth* — 16ᵉ — seizième
17th — *seventeenth* — 17ᵉ — dix-septième
18th — *eighteenth* — 18ᵉ — dix-huitième
19th — *nineteenth* — 19ᵉ — dix-neuvième
20th — *twentieth* — 20ᵉ — vingtième
21st — *twenty-first* — 21ᵉ — vingt et unième
22nd — *twenty-second* — 22ᵉ — vingt-deuxième
30th — *thirtieth* — 30ᵉ — trentième
31st — *thirty-first* — 31ᵉ — trente et unième
40th — *fortieth* — 40ᵉ — quarantième
50th — *fiftieth* — 50ᵉ — cinquantième
60th — *sixtieth* — 60ᵉ — soixantième
70th — *seventieth* — 70ᵉ — soixante-dixième
71st — *seventy-first* — 71ᵉ — soixante et onzième
80th — *eightieth* — 80ᵉ — quatre-vingtième
90th — *ninetieth* — 90ᵉ — quatre-vingt-dixième
100th — *hundredth* — 100ᵉ — centième
101st — *hundred and first* — 101ᵉ — cent unième
1000th — *thousandth* — 1000ᵉ — millième
2000th — *two thousandth* — 2000ᵉ — deux millième
1,000,000th — *millionth* — 1 000 000ᵉ — millionième
1,000,000,000th — *billionth* — 1 000 000 000ᵉ — milliardième

Fractions and other Numbers
Les fractions et autres nombres

$^1/_2$	one half, a half	un demi, une demie
$1\,^1/_2$	one and a half	un et demi
$^1/_3$	one third, a third	un tiers
$^2/_3$	two thirds	deux tiers
$^1/_4$	one quarter, a quarter	un quart
$^3/_4$	three quarters	trois quarts
$^1/_5$	one fifth, a fifth	un cinquième
$3\,^4/_5$	three and four fifths	trois et quatre cinquièmes
$^1/_{11}$	one eleventh, an eleventh	un onzième
	seven times as big,	sept fois plus grand
	seven times bigger	
	twelve times more	douze fois plus
	first(ly)	premièrement
	second(ly)	deuxièmement
$7 + 8 = 15$	seven and (or plus) eight are (or is) fifteen	sept plus huit égalent quinze
$10 - 3 = 7$	ten minus three is seven, three from ten leaves seven	dix moins trois égalent sept, trois ôté de dix il reste sept
$2 \times 3 = 6$	two times three is six	deux fois trois égalent six
$20 \div 4 = 5$	twenty divided by four is five	vingt divisé par quatre égalent cinq

Dates / Les dates

1996	nineteen ninety-six	mille neuf cent quatre-vingt-seize
2005	two thousand (and) five	deux mille cinq

November 10/11 (ten, eleven), *Br* the 10th/11th of November
le dix/onze novembre

March 1 (first), *Br* the 1st of March
le premier mars

Headword in **blue**	**bloop•er** ['bluːpər] F gaffe *f* **con•flict** ['kɑːnflɪkt] **1** *n* (*disagreement*) conflit *m* **2** *v/i* [kən'flɪkt] (*clash*) s'opposer, être en conflit; *of dates* coïncider
International Phonetic Alphabet	**clip•pers** ['klɪpərz] *npl for hair* tondeuse *f*; *for nails* pince *f* à ongles; *for gardening* sécateur *m*
Translation in normal characters with gender shown in *italics*	**as•sai•lant** [ə'seɪlənt] assaillant(e) *m(f)*
Hyphenation points	**flam•ma•ble** ['flæməbl] *adj* inflammable
Stress shown in headwords	**fly•ing 'sau•cer** soucoupe *f* volante
Examples and phrases in ***bold italics***	**di•scrim•i•nate** [dɪ'skrɪmɪneɪt] *v/i*: ***discriminate against*** pratiquer une discrimination contre; ***be discriminated against*** être victime de discrimination; ***discriminate between sth and sth*** distinguer qch de qch
Indicating words in *italics*	**en•try** ['entrɪ] (*way in, admission*) entrée *f*; *for competition: person* participant(e) *m(f)*; *in diary, accounts* inscription *f*; *in reference book* article *m*
Compounds	**'brown-nose** *v/t* P lécher le cul à P **brown 'pa•per** papier *m* d'emballage, papier *m* kraft **brown pa•per 'bag** sac *m* en papier kraft **brown 'sug•ar** sucre *m* roux